Esta colecção inclui livros (léxicos, gramáticas, prontuários, etc.) que, pelo seu carácter eminentemente prático, se pretende venham a constituir para os leitores um seguro instrumento de trabalho, em especial quanto ao domínio da terminologia básica dos diferentes ramos do saber. A palavra, nas suas múltiplas dimensões de articulação sonora, estrutura conceptual e expressão de pensamento e sentimento, é a matéria-prima desta colecção.

DICIONÁRIO ᴆ

Título original:
The Penguin Dictionary of Philosophy
© Thomas Mautner, 1996, 1997

Originalmente publicado pela Penguin Press, uma chancela da Penguin Books Ltd, 1997

Tradução: Desidério Murcho, Sérgio Miranda e Vítor Guerreiro

Revisão científica: Desidério Murcho

Revisão: Marcelino Amaral

Capa de FBA

Depósito Legal n.º 316818/10

Biblioteca Nacional de Portugal – Catalogação na Publicação

MAUTNER, Thomas

Dicionário de filosofia. – (Lexis)
ISBN 978-972-44-1585-7

CDU 1

Impressão:
Edições Loyola
para
EDIÇÕES 70, LDA.
Março de 2011

ISBN: 978-972-44-1585-7

Direitos reservados para todos os países de Língua Portuguesa
por Edições 70

EDIÇÕES 70, Lda.
Rua Luciano Cordeiro, 123 – 1.º Esq.º – 1069-157 Lisboa / Portugal
Tel.: 213190240 – Fax: 213190249
e-mail: geral@edicoes70.pt

www.edicoes70.pt

Esta obra está protegida pela lei. Não pode ser reproduzida,
no todo ou em parte, qualquer que seja o modo utilizado,
incluindo fotocópia e xerocópia, sem prévia autorização do Editor.
Qualquer transgressão à lei dos Direitos de Autor será passível
de procedimento judicial.

DICIONÁRIO DE
filosofia

DIREÇÃO DE THOMAS MAUTNER

Direção da Edição Portuguesa
Desidério Murcho
Universidade Federal De Ouro Preto

Tradução
Víctor Guerreiro, Sérgio Miranda
e Desidério Murcho

Índice

Sobre a edição portuguesa 9

Prefácio 11

Agradecimentos 13

Autores 17

Falsos amigos 21

Convenções 23

Abreviaturas 25

Símbolos lógicos 27

Chave de pronúncia 29

Alfabeto grego 31

Sugestões bibliográficas 33

Artigos de A a Z 35

Sobre a edição portuguesa

Mais do que uma mera tradução da obra original, esta é uma adaptação para os leitores de língua portuguesa. Acrescentei alguns artigos e melhorei outros; mas só quando as mudanças foram mais substanciais as indiquei com as minhas iniciais. Inseri também os termos gregos originais, em vez das suas transliterações, por considerar que o leitor comum nada perde e o estudante de filosofia muito ganha.

As indicações fonéticas foram também ampliadas, abrangendo muitos nomes anglófonos que não constavam, por razões óbvias, na edição original; ainda a este respeito, tive evidentemente de re-escrever e adaptar a chave de pronúncia.

No que respeita às obras referidas nos verbetes, indiquei, sempre que possível, traduções em língua portuguesa; esta indicação, todavia, não é garantia de qualidade. O ano indicado não corresponde às primeiras edições dessas traduções, que geralmente já não se encontram nas livrarias, antes às mais recentes.

Esta opção é vantajosa porque a existência de uma tradução antiga não é garantia da sua existência hoje nas livrarias, mas a existência de uma tradução recente é garantia de que será fácil encontrá-la, havendo ainda a possibilidade de uma edição mais antiga existir nas bibliotecas.

Acrescentei também os cognomes latinos dos principais filósofos medievais, pois pode satisfazer a curiosidade de alguns leitores. Noutros casos, acrescentei pequenos verbetes, como PADRES DA IGREJA, quando um ou outro verbete menciona uma expressão sem a explicar.

Algumas opções terminológicas são infelizmente contrárias à gíria comum das universidades de língua portuguesa. É o caso dos termos *fisicismo* ou *internismo*. Por decalque impensado da língua inglesa, é comum falar de *fisicalismo* ou de *internalismo;* mas estas opções são indefensáveis porque não temos em português os termos *fisical* nem *internal*; as palavras portuguesas que correspondem a *physical* e *internal* são *físico* e *interno*. É opcional, contudo, usar *fenomenalismo* ou *fenomenismo*, derivando o termo de *fenomenal* ou de *fenómeno,* respetivamente; optei pelo primeiro, por ser mais corrente.

Espero que este trabalho seja esclarecedor para professores, estudantes e para o público em geral com curiosidade filosófica.

DESIDÉRIO MURCHO
Ouro Preto, 24 de Abril de 2010

Prefácio

A filosofia é fascinante, mas o seu estudo não é isento de problemas: surgem termos cuja origem ou significado é obscuro; surge menção a nomes desconhecidos; e até a pronúncia pode ser um enigma em alguns casos. Este dicionário visa ajudar a resolver problemas deste género, que os leitores de textos filosóficos enfrentam frequentemente.

O dicionário contém verbetes sobre um vasto número de pensadores, nos quais se apresenta as suas posições. Uma característica especial são os autorretratos de filósofos contemporâneos eminentes: David Armstrong, Sir Isaiah Berlin, Simon Blackburn, Harry Frankfurt, R. M. Hare, Frank Jackson, Alasdair MacIntyre, John Passmore, Hilary Putnam, W. V. O. Quine, Richard Rorty, John Searle, Peter Singer e J. J. C. Smart.

Muitos verbetes explicam o vocabulário usado na filosofia. Destes, muitos indicam também a origem de palavras e elementos lexicais. Se a origem de palavras de aparência misteriosa for revelada, estas perdem algum do seu deslumbramento exótico, mas em contrapartida fazem mais sentido. O objetivo é desmistificar expressões que soam estranhas devido à sua origem estrangeira – habitualmente o grego, que no início era a língua da filosofia, ou o latim, posterior. Quando o uso destas línguas entre os letrados começou a declinar por volta dos finais do século XVII, a maior parte da terminologia filosófica então em uso foi importada destas línguas, sendo que desde então a necessidade, real ou imaginária, de uma nova palavra ou expressão foi habitualmente suprida recorrendo-se ao grego e ao latim. Para mencionar alguns exemplos, de entre muitas centenas, IDEALISMO foi uma palavra criada no século XVIII, AGNOSTICISMO no século XIX, FRÁSTICO no século XX. Na verdade, a prática de criar novos termos técnicos a partir de raízes gregas ou latinas está em ascensão.

Os filósofos e os conceitos que pertencem a tradições de pensamento não ocidentais ultrapassam o âmbito deste dicionário. Dada a enorme diversidade e riqueza das tradições indianas e chinesa, entre outras, a tentativa de as abranger seria uma presunção vã. Para essa tarefa, é necessária uma competência própria e outro dicionário.

As fronteiras da filosofia não têm definição clara, fornecendo este dicionário informação que está na periferia da filosofia, ou além dela, especialmente termos que têm vários significados, só alguns deles filosóficos. Um exemplo, entre muitos, é o FUNCIONALISMO. Inclui-se também algumas palavras que pertencem a campos adjacentes da filosofia, como a gramática ou a retórica. Não seria proveitoso excluí-las porque nem sempre é fácil o leitor determinar se uma palavra desconhecida que ocorre num texto filosófico é um termo técnico da filosofia ou de uma área adjacente.

Oferece-se também explicações para expressões como *ceteris paribus, de jure, ipso facto, non sequitur,* etc., que, apesar de não fazerem parte do vocabulário de qualquer disciplina em particular, ocorrem com bastante frequência no discurso filosófico.

A informação sobre a pronúncia de palavras e nomes foi bem recebida por muitos leitores. Em alguns casos, há pronúncias portuguesas «erradas» mais ou menos comuns, como é o caso de Berkeley ou Kierkegaard, mas indica-se apenas as pronúncias corretas das línguas originais em causa. Trata-se apenas de dar informação. É normal que no discurso comum em língua portuguesa as palavras ou nomes sejam pronunciadas de maneira diferente, em função dos padrões fonéticos da língua.

Como se indica nos agradecimentos, esta edição beneficiou imensamente da assistência de um número elevadíssimo de amigos e especialistas. Continuo grato a todos.

THOMAS MAUTNER
Camberra, Janeiro de 2005

Agradecimentos

Ao trabalhar neste dicionário tive a boa fortuna de ter o apoio de John Passmore. Enquanto o trabalho decorria, a expectativa de receber os comentários de um eminente filósofo e historiador da filosofia foi um grande estímulo. Passmore foi muito generoso, examinando atentamente um rascunho completo, facto a acrescentar à minha dívida de gratidão por todos os bons conselhos que recebi.

Este dicionário nasceu com o nome *The Blackwell Dictionary of Philosophy* em 1996. Foi suplantado, numa versão aumentada e corrigida, por *The Penguin Dictionary of Philosophy* em 1997, que foi reimpresso três vezes, sempre com pequenas modificações e atualizações. [Esta versão portuguesa baseia-se na edição revista de 2005]. Para a rever e melhorar, pareceu razoável procurar ajuda especializada. A meu pedido, o dicionário foi cuidadosamente examinado por Roland Hall, Kai Börge Hansen e Jonathan Rée. Todos dedicaram generosamente tempo e esforço à tarefa e apresentaram uma vasta quantidade de comentários e sugestões úteis. Outros a quem pedi comentários e sugestões deram também respostas substanciais: Stanley Paulson e Robin Small. De outros amigos a quem pedi ajuda recebi respostas em menor quantidade mas mesmo assim de inestimável valor: Brenda Almond, Sven Ove Hansson, Frank Jackson, John Kilcullen, Peter Röper, Daniel Stoljar, Paul Thom. Respostas a perguntas sobre questões específicas foram dadas por Stephen Buckle, Richard Campbell, Chris Falzon, Henry Hardy, Christine Helliwell, Dominic Hyde, Rick Kuhn, Colin McGinn, M. A. Stewart, Alan Tapper, Susan Tridgell, Birgitta Waller, David West. Hans Blom, James Grieve, Anna Wierzbicka e Kevin Windle ajudaram-me com respeito à pronúncia correta de nomes exóticos. E Jan Wilson merece um agradecimento especial pela assistência prestada na verificação dos dados bibliográficos e das provas.

A maior parte dos autores originais com quem pude estabelecer contacto deu-se ao trabalho de rever os seus verbetes originais, e alguns (indicados aqui com asterisco) escreveram verbetes novos para esta edição: Brenda Almond, David Armstrong, John Bishop, Barry Brundell, John Cottingham, Edwin Curley, Brian Garrett, Daniel Graham, William Grey*, Knud Haakonsen,

John Haldane, Bernard Harrison*, Barry Hindess, Dominic Hyde, Michael Inwood, Frank Jackson*, John Kilcullen*, Peter Lamarque, John Lechte, Alasdair McIntyre, John Marenbon, Alan Musgrave, Ruth Anna Putnam, Charles Reagan, Peter Röper, Richard Rorty, John Searle, Peter Singer, Tom Sorell, Natalie Stoljar, Harold Tarrant, Udo Thiel, Paul Thom*, Robert Wokler.

Brenda Almond fez a revisão dos primeiros rascunhos completos com muito cuidado e é graças a ela que várias infelicidades de estilo e de substância foram substancialmente reduzidas. Para garantir um elevado grau de fiabilidade, consultei também especialistas para certos grupos de verbetes. Muitos verbetes sobre lógica e filosofia grega clássica foram examinados por David Bostock, e Robert Barnes fez o mesmo com respeito a muitos verbetes sobre temas teológicos, gregos e helenísticos. Um número menor de verbetes, mas ainda assim substancial, foi criticamente examinado por Reinhart Brandt, William Grey, Frank Jackson, Barry Hindess, Dominic Hyde, Kimon Lycos, Lindis Masterman e pelos meus colegas Peter Röper e Paul Thom.

O conselho simpaticamente dado por todos estes amigos teve duas funções. Em parte (na verdade, na maior parte), confirmou que os verbetes estavam bem elaborados. Mas também ajudou a eliminar muitas infelicidades ou erros, e a introduzir muitas melhorias.

Isto aplica-se igualmente ao conselho recebido de outros autores que examinaram um número menor de verbetes ou até só um, e que também ajudaram graciosamente com os seus comentários; seguem-se os seus nomes. A lista inclui também algumas pessoas que ajudaram apresentando rascunhos preliminares que, apesar de não terem sido usados tal como estavam, foram de grande valor e em alguns casos tornaram-se praticamente indispensáveis para o verbete encontrar a sua forma final. Foi gratificante encontrar tanta ajuda combinada com conhecimento especializado um pouco por todo o mundo, e quero expressar os meus mais sinceros agradecimentos também a Anthony O'Hear, Bill Readings, Colin Groves, David Boucher, David Braddon-Mitchell, David Cooper, David Cullen, Eduard Khamara, Geoffrey Brennan, Graham Oppy, J.J.C. Smart, James Grieve, Jean Gassin, Jennifer MacMahon, John Bishop, John Kilcullen, Karl-Otto Apel, Loren Lomasky, M.A. Stewart, Moira Gatens, Murray Domney, Nicolaas Rupke, Paul Patton, Peter Lamarque, Philip Pettit, Richard Campbell, Robin Small, Roderick Chisholm, Suzanne Uniacke, Thomas Sheehan, e os meus colegas Bruin Christensen, Hugh Clapin, Penelope Deutscher, Chris Falzon, Brian Garrett, Natalie Stoljar e Udo Thiel. James Tiles ajudou a melhorar a reimpressão de 1999 (verbete «alegoria da caverna»).

Foi necessária uma verificação especial para a fonética e a etimologia: James Grieve ajudou com as palavras francesas e Colin Mayrhofer com as palavras latinas e gregas.

A necessidade de os verbetes serem escritos – tanto quanto possível – de um modo acessível ao grande público não foi esquecida. Para o conseguir, procurou-se obter reações a alguns verbetes selecionados, recorrendo a estudantes universitários e a outros membros do grande público – um exercício instrutivo – e mais tarde Yvonne Parrey prestou um grande serviço inspecionando todo o texto deste ponto de vista.

É na verdade difícil dar completa expressão aos meus sentimentos de apreço e gratidão a todas as pessoas mencionadas, cujos comentários e conselhos especializados beneficiaram este projeto. É importante salientar, contudo, que muitas partes do texto voltaram a ser revistas desde a sua revisão. De modo que se persistirem erros ou infelicidades seria arriscado culpar os meus generosos conselheiros.

Merecem igualmente reconhecimento e agradecimento, é claro, os colaboradores que forneceram um grande número de verbetes para este dicionário.

Entre os que escreveram um número considerável de artigos numa dada área estão os seguintes: Daniel Graham (filosofia grega da antiguidade); George Hughes (lógica); John Marenbon (filosofia medieval); Alan Musgrave (filosofia da ciência); Richard Popkin (primórdios da filosofia moderna); Robert Solomon (existencialismo e fenomenologia); Harold Tarrant (filosofia helenística); Alan White (filosofia britânica moderna).

Muitos destes verbetes são sobre os grandes filósofos, incluindo Platão e Aristóteles. Outros filósofos ilustres do passado foram abrangidos como se segue: Hans Burkhardt (Leibniz); John Cottingham (Descartes); Edwin Curley (Espinosa); John Haldane (S. Agostinho); Michael Inwood (Hegel); Manfred Kuehn (Kant); David Pears (Wittgenstein); Terence Penelhum (Hume); Alan Ryan (Mill); Tom Sorell (Hobbes); Udo Thiel (Locke).

As contribuições externas mencionadas até agora não foram as únicas. Muitos outros especialistas de todo o mundo deram os seus contributos. São exaustivamente mencionados na página de autores, juntamente com as iniciais que os identificam nos verbetes respetivos.

Autores

AM   Alan Musgrave
Universidade de Otago, Dunedin

AMC Alasdair MacIntyre
Universidade de Notre Dame

AR   Alan Ryan
New College, Oxford

AW Alan White
Universidade de Hull

BA   Brenda Almond
Universidade de Hull

BB   Barry Brundell
Universidade de New South Wales

BC   Bruin Christensen
Universidade Nacional da Austrália

BG   Brian Garrett
Universidade Nacional da Austrália

BHA Bernard Harrison
Universidade de Utah

BHI Barry Hindess
Universidade Nacional da Austrália

BR   Bill Readings
Universidade de Montreal

CC   Colin Cheyne
Universidade de Otago, Dunedin

CF   Chris Falzon
Universidade Nacional da Austrália

CH   Carl Huffman
Universidade de DePauw

CK   Chandran Kukathas
Universidade de New South Wales

CR   Charles Reagan
Universidade Estadual do Kansas

DA   David Armstrong
Universidade de Sydney

DB   David Bennett
Academia Australiana de Humanidades

DBM David Braddon-Mitchell
Universidade de Auckland

DG   Daniel Graham
Universidade Brigham Young

DH   Dominic Hyde
Universidade de Queensland

DM   Desidério Murcho
Universidade Federal de Ouro Preto

DPE David Pears
Christ Church, Oxford

DPR Dag Prawitz
Universidade de Estocolmo

DS   Daniel Stoljar
Universidade Nacional da Austrália

EC   Edwin Curley
Universidade de Michigan

FJA Frank Jackson
Universidade Nacional da Austrália

FJE Fiona Jenkins
Universidade Nacional da Austrália

GC   Gregory Currie
Universidade de Flinders

GH   George Hughes
Universidade de Victoria, Wellington

GS   Göran Sundholm
Universidade de Leiden

GT   Godfrey Tanner
Universidade de Newcastle, New South Wales

Autores

GW   Graham White
     Clare Hall, Cambridge

HB   Hans Burkhart
     Universidade de Erlangen

HF   Harry Frankfurt
     Universidade de Princeton

HP   Hilary Putnam
     Universidade de Harvard

HT   Harold Tarrant
     Universidade de Newcastle, New South Wales

IB   Sir Isaiah Berlin
     All Souls, Oxford

IH   Iseult Honohan
     University College, Dublin

JA   Judith Armstrong
     Universidade de Melbourne

JB   John Bishop
     Universidade de Auckland

JCD Jack Copeland
     Universidade de Canterbury, Christchurch

JCM John Cottingham
     Universidade de Reading

JH   John Haldane
     Universidade de St. Andrews

JK   John Kilcullen
     Universidade de Macquarie, Sydney

JLE John Lechte
     Universidade de Macquarie, Sydney

JLG Jacqueline Laing
     Universidade Metropolitana de Londres

JM   John Marenbon
     Trinity College, Cambridge

JP   John Passmore
     Universidade Nacional da Austrália

JR   Jennifer Rutherford
     Universidade Nacional da Austrália

JSE John Searle
     Universidade da Califórnia, Berkeley

JSH Jeremy Shearmur
     Universidade Nacional da Austrália

JSM J. J. C. Smart
     Universidade Nacional da Austrália

JT   James Tiles
     Universidade do Havai

KBH Kai Börge Hansen
     Universidade de Uppsala

KC   Keith Campbell
     Universidade de Sydney

KHA Knud Haakonsen
     Universidade de Boston

KHI Kathleen Higgins
     Universidade do Texas, Austin

KM   Karis Muller
     Universidade Nacional da Austrália

KW   Kevin Wilkinson
     Universidade Nacional da Austrália

MI   Michael Inwood
     Trinity College, Oxford

MK   Manfred Kuehn
     Universidade de Purdue

MS   M. A. Stewart
     Universidade de Lancaster

NSM Nicholas Smith
     Universidade de Macquarie

NST Natalie Stoljar
     Universidade Nacional da Austrália

PE   Peter Eldridge-Smith
     Universidade Nacional da Austrália

PL   Peter Lamarque
     Universidade de Hull

PP   Paul Patton
     Universidade de Sydney

PR   Peter Röper
     Universidade Nacional da Austrália

PS   Peter Singer
     Universidade de Princeton

PTH Paul Thom
     Universidade Nacional da Austrália

PTI Pavel Tichý
     Universidade de Otago, Dunedin

QG	Quentin Gibson *Universidade Nacional da Austrália*	SB	Simon Blackburn *Trinity College, Cambridge*
RB	Robert Barnes *Universidade Nacional da Austrália*	SH	Sven Ove Hansson *Instituto Real de Tecnologia, Estocolmo*
RCA	Richard Campbell *Universidade de Sydney*	ST	Susan Tridgell *Universidade Nacional da Austrália*
RCH	Roderick M. Chisholm *Universidade de Brown*	TC	Tim Clark *Universidade de Durham*
RH	Roland Hall *Universidade de Iorque*	TP	Terence Penelhum *Universidade de Calgary*
RMH	R. M. Hare *Universidade da Flórida*	TSO	Tom Sorell *Universidade de Essex*
RPO	Richard Popkin *Universidade de Washington, St. Louis;* *Universidade da Califórnia, Los Angeles*	TSP	Timothy Sprigge *Universidade de Edimburgo*
RPU	Ruth Anna Putnam *Wellesley College*	TVG	Tim van Gelder *Universidade de Indiana, Bloomington*
RR	Richard Rorty *Universidade de Virgínia*	UT	Udo Thiel *Universidade Nacional da Austrália*
RSM	Robin Small *Universidade de Auckland*	WG	William Grey *Universidade de Queensland*
RSO	Robert Solomon *Universidade do Texas, Austin*	WQ	Willard v. O. Quine *Universidade de Harvard*
RSY	Richard Sylvan *Universidade Nacional da Austrália*	YP	Yvonne Parrey *Universidade Nacional da Austrália*
RW	Robert Wokler *Universidade de Manchester*		

Falsos amigos

Este dicionário inclui várias palavras que foram usadas no passado em sentidos diferentes dos atuais. Isto conduz muitas vezes a incompreensões dos textos clássicos – por exemplo, de Hobbes, Locke, Hume, Bentham ou Mill. É típico dos falsos amigos – a designação comum destas palavras – o facto de não anunciarem o seu caráter ilusório, e a seguinte lista é dada aqui precisamente por essa razão. A lista contém palavras deste tipo que constituem armadilhas para os desprevenidos e que têm verbetes neste dicionário.

amuse	experimento	positivo
caráter	explanação	*pretend*
careless	fenoménico	radical
ciência	*fond*	*receive*
civilian	*indifference*	repugnância
compact	*insult*	revolução
complacency	intensão	sistema
descobrir	justo	sofisticação
diffidence	mente	verdade lógica
especioso	*nice*	vicissitude
especulativo	obnóxio	vulgar
evento	*own*	*without*
evidência	patológico	

Convenções

No uso académico normal, o nome de família só por si é muitas vezes suficiente para indicar de quem estamos a falar: por exemplo, «teoria das descrições de Russell», «teoria dos dados dos sentidos de Moore». Os filósofos são muitas vezes referidos só pelo nome de família: «Kant», «Leibniz», «Popper», «Ryle».

Quando se usa uma forma mais completa do nome, há duas variantes comuns. Alguns filósofos são referidos pelo primeiro e último nome. Assim, o autor de *An Inquiry into Meaning and Truth* é conhecido como Bertrand Russell (e não «B. Russell»). Outros filósofos são referidos pelas iniciais e sobrenome: o autor de *Principia Ethica* é conhecido como G. E. Moore (e não «George Edward Moore»).

Trata-se de meras convenções, sem qualquer significado profundo. Contudo, estar ciente delas pode ser útil. Neste dicionário estas convenções são indicadas por meio de parêntesis. Por exemplo, *Skinner, B(urrhus) F(rederick)* indica que este autor é referido como «B. F. Skinner».

Neste dicionário, O VERSALETE é usado para remeter para outro verbete.

Abreviaturas

LLP The Library of Living Philosophers (Chicago: Open Court)

VSI Very Short Introduction (Oxford: Oxford University Press)

alm.	alemão		*s.*	substantivo
fr.	francês		*sin.*	sinónimo
gr.	grego		*sing.*	singular
ing.	inglês		*vb.*	verbo
it.	italiano			
lat.	latim		†	falecido
pt.	português		*c.*	*circa*
sans.	sânscrito		cf.	confronte
			dir.	diretor
adj.	adjetivo		ed.	edição
adv.	advérbio		*e.g.*	exemplia gratia
ant.	antónimo		*fl.*	*floruit*
conj.	Conjunção		frg.	fragmento
f.	Feminino		*i.e.*	id est
pl.	plural		org.	organizador
prep.	preposição		rev.	revista
pron.	pronome		trad.	tradução
			vols.	volumes

Símbolos lógicos

Para uma explicação dos símbolos lógicos usados neste dicionário, veja-se os verbetes indicados na seguinte tabela:

∼	til
&	conjunção
∧	conjunção
∨	disjunção
⊃	condicional
≡	bicondicional
∀x	quantificador
∃x	quantificador
□	lógica modal
◇	lógica modal
⊢	consequência lógica, martelo
⊨	consequência lógica, martelo
□→	condicional contrafactual
ɩ	descrições definidas, teoria das
⟨…⟩	parêntesis angulares
{…}	chavetas
∈	pertença
ε	pertença
⇄	bicondicional
→	condicional
¬	til

Chave de pronúncia

Os símbolos usados nos guias de pronúncia (entre duas barras: / /) deste dicionário são retirados do Alfabeto Fonético Internacional. Os seguintes símbolos gráficos têm o mesmo valor fonético que na língua portuguesa: b, d, f, k, l, m, n, p, r, s, t, v. A tabela seguinte mostra a pronúncia dos outros símbolos.

símbolo	como em	símbolo	como em
a	mala	ø	francês *deux* (dø)
aː	francês *art* (aːʀ)	ʊ	inglês *book* (bʊk)
æ	inglês *act* (ækt); *hat* (hæt)	u	muro
ɑ	cana	uː	inglês *true* (truː)
aɪ	pai	y	francês *tu* (ty)
aɪə	faia	ʌ	inglês *sun* (sʌn)
aʊ	pau	ə	sede
aʊə	inglês *flour* (flaʊə)	g	gato
ɛ	anel	ʃ	acha
e	fazer	ʒ	já
ɜː	inglês *learn* (lɜːn); *term* (tɜːm)	tʃ	tchau
eɪ	lei	dʒ	djim
ɜə	inglês *fair* (fɜə); *where* (wɜə)	ɲ	ninho
h	inglês *have* (hæv)	ŋ	inglês *long* (lɒŋ)
ɪ	inglês *hit* (hɪt)	θ	inglês *thin* (θɪn)
ɪə	ía	ð	dedo
i	fila	x	alemão *ach* (ax)
iː	inglês *she* (ʃiː)	ç	alemão *ich* (iç)
ɒ	inglês *hot* (hɒt)	j	pai
əʊ	inglês *bone* (bəʊn)	ɣ	agrado
ɔ	mola	ʀ	carro
ɔː	inglês *false* (fɔːls)	s	caça
ɔɪ	dói	w	mau
o	oco	z	asa
œ	francês *peur* (pœʀ)		

Duração O símbolo ː é usado para indicar uma maior duração da vogal precedente.
Tónica O símbolo ' indica que a sílaba seguinte tem o acento tónico principal.

Alfabeto grego

maiúscula	*minúscula*	*nome*	*transliteração*
Α	α	alfa	a
Β	β	beta	b
Γ	γ	gama	g
Δ	δ	delta	d
Ε	ε	épsilon	e
Ζ	ζ	zeta	z
Η	η	eta	ē
Θ	ϑ, θ	teta	th
Ι	ι	iota	i
Κ	κ	capa	k (ou c)
Λ	λ	lambda	l
Μ	μ	mu, mi	m
Ν	ν	nu, ni	n
Ξ	ξ	csi	x
Ο	ο	ómicron	o
Π	π	pi	p
Ρ	ρ	ró	r
Σ	σ, ς	sigma	s
Τ	τ	tau	t
Υ	υ	ípsilon	y (ou u)
Φ	φ, ϕ	fi	ph
Χ	χ	qui	ch
Ψ	ψ	psi	ps
Ω	ω	ómega	ō

Sugestões bibliográficas

Muitos verbetes incluem sugestões bibliográficas. A sugestão nos verbetes assinados é em alguns casos fornecida pelo autor, noutros pelo diretor. Um ponto a ter em mente é que a bibliografia mencionada num verbete para determinado filósofo provavelmente será específica. Por exemplo, embora o verbete sobre Parménides apenas mencione obras que lhe são dedicadas, devemos ter em mente que este autor também é discutido noutras obras que abrangem os pré-socráticos ou o pensamento grego da antiguidade em geral, ou, na verdade, toda a história da filosofia ocidental.

Em língua inglesa, há duas grandes enciclopédias de filosofia em versão impressa: *The Routledge Encyclopedia of Philosophy*, 1998 (10 vols.; direção de E. Craig), de excelente qualidade; e a admirável *Encyclopedia of Philosophy*, 1967 (8 vols.; direção P. Edwards), cuja edição revista e aumentada, sob a direção de Donald M. Borchert, foi publicada em 2006 (10 vols.). Da primeira há também uma versão na Internet. Publicada exclusivamente na Internet é a *Stanford Encyclopedia of Philosophy*: os verbetes são de grande qualidade mas redigidos num nível consideravelmente avançado. No momento em que escrevo, a qualidade de outros dicionários e enciclopédias filosóficos que se encontram apenas na Internet é, quando muito, irregular.

Há um número considerável de sinopses introdutórias da história da filosofia, mas não é possível enumerá-las aqui. Até recentemente, as histórias da filosofia mais substanciais foram escritas por um autor, na sua maioria. F. C. Copleston escreveu a impressionante *A History of Philosophy* 1946-1975. Bertrand Russell fez o mesmo, embora a sua conhecida *History of Western Philosophy* 1945 (*História do Pensamento Ocidental* 2008) seja mais agradável de ler do que fiável. A melhor história da filosofia atual e atualizada é a de Anthony Kenny, *A New History of Western Philosophy*, 4 vols., 2004-2007 (*Uma Nova História da Filosofia Ocidental* 2010). Num só volume, a sua *A Brief History of Western Philosophy*, 1998 (*História Concisa da Filosofia Ocidental* 1999) é também excelente, ainda que menos minuciosa. *A Short History of Modern Philosophy*, 2001 (*Uma Breve História da Filosofia Moderna* 2008), de Roger Scruton, é também excelente, mas abrange apenas a história da filosofia a partir de Descartes.

Nas últimas décadas tornou-se comum as principais histórias da filosofia terem múltiplos autores. Cada um dos dez volumes da *Routledge History of Philosophy* contém entre dez a quinze capítulos de diferentes autores. Em contraste, cada um dos oito volumes da *Oxford History of Western Philosophy* pertence a um só autor, diferente para cada volume. Um deles merece especial menção, visto abranger uma área relativamente descurada: B. P. Copenhaver e C. S. Schmitt, *Renaissance Philosophy*. Pela mesma razão é de mencionar *The Cambridge Translations of Renaissance Philosophical Texts*, J. Kraye (org.). Outras obras históricas coletivas de grande qualidade são *The Cambridge History of Late Medieval Philosophy*, *The Cambridge History of Renaissance Philosophy*, *The Cambridge History of Seventeenth Century Philosophy*, etc. Para a antiguidade, W. K. C. Guthrie, *A History of Greek Philosophy* (6 vols.) estabeleceu-se como a principal obra canónica.

Uma excelente panorâmica da filosofia desde cerca de 1850 é dada por *A Hundred Years of Philosophy*, de John Passmore, e *Recent Philosophers*, do mesmo autor. Parte deste período é também abrangido por *The Cambridge History of Philosophy 1870-1945* (org. T. Baldwin). *Philosophical Analysis in the Twentieth Century*, 2 vols., de Scott Soames, é muitíssimo recomendável.

Muitos verbetes deste dicionário mencionam livros que têm *Companion* no título. As editoras usam esta palavra de modo algo livre. Um *Companion* pode ser pouco mais do que uma coletânea de ensaios – que podem ser de excelente qualidade – juntamente com conselhos bibliográficos complementares úteis. É o caso da série com esse nome da Cambridge University Press, que começou por dedicar um volume a cada grande filósofo, mas começou recentemente a dedicar volumes a períodos da história da filosofia e a obras de filósofos. Os poucos volumes desta série disponíveis em língua portuguesa são referidos nos verbetes relevantes. Mas há também obras com essa designação que são efetivamente enciclopédias que abrangem uma área particular da filosofia, com verbetes ordenados alfabeticamente. Todos os filósofos antigos estão publicados, com o texto original e tradução, em páginas opostas, na Loeb Classical Library (Harvard University Press/Heinemann). A maior parte das obras filosóficas antigas está também disponível noutras traduções. Destaque-se as traduções de clássicos da Hackett, de grande rigor e ao mesmo tempo com uma linguagem acessível, especialmente concebida para estudantes. A qualidade das traduções dos clássicos gregos em língua portuguesa é irregular. De qualquer modo, foram indicadas pelo menos algumas nos verbetes relevantes.

Quanto ao vocabulário grego, duas obras são recomendáveis: F. E. Peters, *The Greek Philosophical Terms* 1967 (*Termos Filosóficos Gregos* 1983) e J. O. Urmson, *The Greek Philosophical Vocabulary* 1990. Para o alemão, veja-se o índice de termos em M. Inwood, *A Hegel Dictionary* 1992 (*Dicionário Hegel* 1997).

A

abdução *s.* 1 Em Aristóteles: inferência silogística a partir de uma premissa maior, que é certa, e de uma premissa menor meramente provável, para uma conclusão meramente provável (*Analíticos Anteriores* 2, 25 69ª 20ss.).
2 Em C. S. Peirce: raciocínio com a seguinte forma: *a)* tem-se observado factos do tipo *B*, *b)* uma afirmação verdadeira com a forma *Se A, então B* pode explicar *B*. Logo, é provável que *A*.
Peirce chamou «abdução» a este padrão, supondo usar o termo no sentido aristotélico. Defendeu que a abdução é a forma canónica de estabelecer hipóteses científicas e que se a pode considerar o terceiro tipo de inferência, juntamente com a indução e a dedução. Desde então, tem-se salientado que aquilo que torna *A* provável é ser a *melhor* explicação que temos. A abdução cientificamente útil, então, é a INFERÊNCIA A FAVOR DA MELHOR EXPLICAÇÃO. A forma geral de tal inferência é: 1) *D* é um conjunto de dados; 2) *H* (uma hipótese), se fosse verdadeira, explicaria *D*; 3) nenhuma outra hipótese pode explicar *D* tão bem quanto *H*. 4) Logo, *H* é provavelmente verdadeira. Evidentemente, o raciocínio abdutivo também é comum na vida quotidiana, sempre que procuramos responder a questões sobre a razão de ser de. *sin.* retrodução.

Abelardo, Pedro (1079-1142) Cognome latino: *Doctor Scholasticus*. Formado pelos excecionais mestres do seu tempo – Roscelino, Guilherme de Champeaux e Anselmo de Laon (tendo com todos entrado em disputas), Abelardo estabelecera-se por volta de 1115 como o principal mestre parisiense de lógica. Casou com Heloísa, uma aluna, mas tornou-se monge mais tarde. Na década de 1130, contudo, retomou o ensino de lógica e teologia nas escolas parisienses.
As principais obras lógicas de Abelardo são comentários ao *Isagoge* de Porfírio e às *Categorias* e ao *De Interpretatione*, de Aristóteles, e um tratado independente, a *Dialectica*. Uma característica saliente destas obras é o desejo de Abelardo de limitar as coisas a substâncias individuais (como este homem ou aquele cão) e formas individuais (como esta brancura ou aquela racionalidade). Não há, defendia, quaisquer universais, apenas palavras (*voces* ou, o termo que mais tarde preferiu, *sermones*) que referem não apenas um indivíduo mas todos os indivíduos do mesmo género: assim, «homem» refere todos os homens e nenhum em particular, tal como se afirmo que quero um chapéu, não pretendo dizer que quero este ou aquele chapéu. Os membros de uma dada espécie partilham na verdade o *estatuto* de ser o género de coisa que são. Todos os homens têm, por exemplo, o estatuto de ser um homem – *i.e.,* de ser uma substância racional e mortal. Um estatuto, contudo, não é uma coisa, antes uma maneira de ser das coisas. De igual

modo, o *dictum* de uma afirmação – aquilo que uma afirmação diz que é – não é uma coisa.

Abelardo também dedicou muito da sua energia à lógica da inferência. Transformou o sistema de inferências tópicas, um guia da retórica para ganhar disputas, herdado da antiguidade através de Boécio, numa análise das condições de derivabilidade. Insistiu que para se derivar *q* de *p*, a impossibilidade de (*p* e não *q*) é insuficiente; além disso, *p* tem de *requerer* que ocorra *q*.

A lógica de Abelardo teve aplicações importantes na teologia, que explora quer nos próprios comentários lógicos quer na sua *Theologia Summi Boni*, revista e ampliada para formar a *Theologia Christiana*, tornando-se, numa revisão posterior, a *Theologia Scholarium*. Abelardo procurou explorar diversos problemas teológicos analisando a forma lógica correta das frases em que são formulados. Acreditava que embora os mistérios da Trindade estejam em última análise além da compreensão humana, é possível indicar, na linguagem de Porfírio, como Deus pode ser três pessoas sem comprometer a sua unidade.

Na sua maioria, as ideias de Abelardo acerca de ética encontram-se no inacabado *Scito Teipsum*, a que por vezes se chama a sua *Ética*, e no *Diálogo entre um Cristão, um Filósofo e um Judeu* (ou *Collationes*). Segundo Abelardo, a imoralidade está na intenção, na raiz da ação, e não na própria ação: não sou menos culpado de um crime que quis inteiramente praticar mas que fui, por acaso, impedido de concretizar. Tem de se distinguir, contudo, intenção de desejo (*voluntas*). Posso desejar, por exemplo, dormir com a esposa de outro homem, mas resistir ao meu desejo de o fazer – caso em que de modo algum terei pecado. Ou, por contraste, posso dormir com a sua esposa enquanto desejo que não estivesse já casada – e ser adúltero apesar do meu desejo. Peca-se *consentindo* num rumo de ação que se acredita ser contrário à vontade de Deus. Esta formulação poderia parecer levar a um completo subjetivismo moral, em especial porque Abelardo estava disposto a afirmar que todo o rumo de ação que se realiza efetivamente pertence à ordem providencial de Deus e assim se harmoniza com a sua vontade. Mas Abelardo considerava que há determinados preceitos de direito natural – sobretudo proibições, como «Não matar» ou «Não cometer adultério» – que todos os homens conhecem. Além disso, a intenção não é a medida de quão boa uma ação é (por oposição a quão má). No que diz respeito ao bem das ações, Abelardo voltou-se para uma teoria das virtudes, que foi buscar a Cícero, mas muito modificada, de modo que a justiça se torna a virtude central, fortalecida pela coragem e pela temperança e possibilitada pela sabedoria. JM

Algumas obras: Cartas de Abelardo e Heloísa 2003; *Historia Calamitatum* 2009; *Lógica para Principiantes* 2005. Outras leituras: J. Marenbon, *The Philosophy of Peter Abelard* 1996; *The Cambridge Companion to Abelard* 2004.

ab esse ad posse valet consequentia lat. A inferência a partir do efetivo para o possível é válida. Como axioma na lógica modal, chama-se por vezes a este princípio «axioma da possibilidade»; na dedução natural é a regra da introdução da possibilidade. *Ver também* MODALIDADES.

absolutismo *s.* 1 Um sistema de governo em que o poder de um governante não está sujeito a limitações constitucionais. 2 A convicção de que certas regras morais não admitem exceções. 3 A metafísica do Absoluto, especialmente a de Bradley. 4 Antirrelativismo.

absoluto (lat. *ab* de + *solutum* livre, liberto) 1 *adj.* Não relativo. Entre os seus sinónimos conta-se: independente, não relativo, incondicionado, imodificado, irrestrito, sem reservas, etc. *Ant.* relativo.
2 *s.* A metafísica tradicional tem um conceito do Absoluto, uma realidade última, omni-abrangente, aquilo que existe necessariamente e de nada mais depende, por vezes concebido como um ser pessoal ou quase pessoal. Este «Deus dos filósofos» (contrastado por Pascal com o Deus de que se tem experiência num intenso encontro pessoal) pode ser encontrado em muitas teorias metafísicas, incluindo as dos neoplatónicos, Nicolau de Cusa, Espinosa, Leibniz, Fichte, Schelling e Hegel.
Este conceito foi importante na filosofia de Spencer e desempenha um papel central na metafísica dos idealistas absolutos como Bradley, para quem o Absoluto é o todo da realidade; uma totalidade intemporal e harmoniosa.
Pode-se remontar o uso da palavra como substantivo ao *De Docta Ignorantia* (1440) de Nicolau de Cusa, mas parece não ter re-emergido até à controvérsia do panteísmo de Jacobi (*ver* CONTROVÉRSIA DO PANTEÍSMO), na década de 1780. Entrou depois no uso filosófico geral com Schelling e Hegel, no início do século XIX.

abstração *s.* 1 O processo de considerar apenas alguns aspetos de um todo. 2 O resultado deste processo. 3 (na teoria de conjuntos) Definir um conjunto como o conjunto de todos os objetos que têm uma certa propriedade. 4 Em lógica: uma operação pela qual se forma um predicado a partir de uma frase aberta. Por exemplo, da frase aberta Fx, que se pode ler «x é F», pode-se formar a expressão $\hat{x}(Fx)$ que designa a propriedade F. De igual modo, $\hat{x}(Fx \wedge Gx)$ designa a propriedade de ser simultaneamente F e G, $\hat{x}\hat{y}(Fxy)$ designa a propriedade diádica, *i.e.*, a relação F, etc.

abstrato (lat. *abstrahere* afastar) *adj.* Diz-se que uma qualidade, ideia ou conceito são abstratos quando pensamos neles isoladamente do objeto a que pertencem; *e.g.*, os triângulos de diferentes formas são todos triangulares.
Berkeley rejeitou as ideias abstratas nas secções 10 a 12 da Introdução da sua obra *Princípios do Conhecimento Humano*. Do seu ponto de vista, a ideia abstrata de triangularidade seria a ideia de uma forma partilhada por todos os triângulos – e no entanto, os triângulos têm formas muito diferentes.
Entre as entidades abstratas encontram-se não só conceitos que se pode supor originarem-se a partir de um processo de abstração, mas também números, classes, proposições, etc. Algumas características que se pode usar para os distinguir de entidades concretas são a ineficácia causal, não terem localização espácio-temporal, e a existência necessária.
Na filosofia de estilo hegeliano, não só as qualidades, ideias e conceitos, mas também os objetos individuais são considerados abstratos, na medida em que se pensa neles isoladamente do todo a que pertencem. Por exemplo, diz-se que um ser humano individual, considerado separadamente das suas relações sociais, é abstrato. Deste ponto de vista, tudo é abstrato até certo ponto, exceto o todo omni-abrangente. Nesta filosofia, a única verdade é a verdade toda: toda a abstração envolve alguma falsificação.

absurdo *adj.* (O latim *absurdus* significava literalmente *desafinado, que soa mal*, mas a palavra era também usada como a sua homóloga portuguesa atual.) Irracional; autocontraditório, manifestamente falso.
Geralmente, o absurdo é o que viola as regras da lógica ou está de qualquer outro modo flagrantemente errado. Alguns existencialistas afirmam que a existência humana é absurda porque carece de um objetivo último e é assim «destituída de sentido». **absurdidade** *s.*

absurdum, reductio ad Ver REDUCTIO.

academia *s.* 1 Nome de uma zona na antiga Atenas e da escola que Platão aí fundou cerca de 385 a.C. No século V d.C. foi um centro da oposição neoplatónica à doutrina cristã, e o édito do imperador Justiniano em 529 contra o ensino público da filosofia por pagãos levou ao seu encerramento. 2 Tendo início em Itália durante o Renascimento, uma sociedade organizada para o cultivo das letras, artes, ciência, medicina, tecnologia, etc. 3 As instituições educativas em Inglaterra e Irlanda nos séculos XVII e XVIII eram muitas vezes chamadas «academias». Algumas destas «academias dissidentes» proporcionavam estudos avançados a não anglicanos que não tinham acesso às universidades.

ação/ato moral 1 Um ato que pode ser avaliado moralmente, em contraste com um acontecimento meramente físico. *Ant.* ato amoral. 2 Um ato moralmente correto ou um bem, contrastando com um ato imoral; um ato que não é moralmente correto ou um bem. *Ant.* ato imoral.

ação afirmativa Ação concebida para dar apoio especial a membros de grupos desfavorecidas da sociedade, por exemplo facilitando o acesso à educação ou emprego.
A expressão é de origem recente, e também o debate a respeito dos méritos da ação afirmativa. A seu favor pode-se argumentar que a ação afirmativa é necessária para compensar injustiças do passado, de modo a criar uma genuína igualdade de oportunidades. Contra, pode-se argumentar que a ação afirmativa é ela própria injusta e discriminatória, ao não dar preferência com base no mérito individual.

ação básica Uma ação que não é executada por meio de outra ação. Podemos dividir as ações em dois tipos. Um tipo de ação consiste em fazer algo *por meio de* outra ação. Por exemplo, uma pessoa com um braço paralisado pode levantá-lo pegando nele com o outro braço. Em contraste, levantar normalmente um braço é uma ação básica, porque *não é* feita *por meio de* outra ação.
O termo foi introduzido por Arthur Danto, *Journal of Philosophy* 60 (1963) e *American Philosophical Quaterly* 2 (1965).

acatalepsia (gr. ἀκαταληψί ininteligibilidade; incompreensão) *s.* «A negação, por parte do cético radical, da capacidade de a mente compreender a verdade» (Francis Bacon, *Novo Organon* 1, 126).

acausal (α- gr. prefixo privativo + lat. *causa*) *adj.* Não causal. Um neologismo híbrido.

acessibilidade, relação de Termo técnico usado ao dar-se a semântica da lógica modal. É uma relação estrutural entre mundos, usada para definir condições de verdade para afirmações modais. Assim, *possivelmente p* é verdadeira num mundo *m* se, e só se, *p* for verdadeira num mundo qualquer acessível a partir de *m*, e *necessariamente p* é verdadeira num mundo *m* se, e só se, *p* for verdadeira em todos os mundos acessíveis a partir de *m*.

Isto é um refinamento, que data de meados do século XX, da ideia tradicional de que *possivelmente p* é verdadeira se, e só se, *p* for verdadeira em algum mundo possível, e *necessariamente p* é verdadeira se, e só se, *p* for verdadeira em todos os mundos possíveis.

A relação de acessibilidade pode ser especificada de diferentes maneiras. Por exemplo, se é reflexiva e transitiva, os teoremas de um sistema modal conhecido como S4 revelar-se-ão verdadeiros. Ao variar as propriedades (transitividade, simetria, e coisas semelhantes) da relação de acessibilidade, obtém-se diferentes classes de lógica modal, e assim diferentes conceitos de necessidade e possibilidade. DH

acidentalmente *adv.* Contingentemente; à maneira de um acidente.

acidente *s.* 1 Propriedade que uma coisa pode ter mas não tem de ter. Por contraste, uma propriedade essencial é algo que uma coisa tem de ter, de maneira a ser aquilo que é. 2 Algo que não pode existir por si próprio, mas só enquanto inerente a uma substância.

acontecimento Na metafísica contemporânea, a análise do conceito de acontecimento centrou-se no que consiste algo ser *um e o mesmo acontecimento*. O problema, por outras palavras, é a individuação de acontecimentos. Segue-se uma pequena amostra de tópicos que surgem destas investigações.

Uma perspetiva é que dois acontecimentos são idênticos se as suas causas forem todas idênticas e os seus efeitos forem todos idênticos. Contra esta proposta inicial de DAVIDSON, foram suscitadas várias alegações de circularidade – entre elas a de que as causas e efeitos em debate são eles próprios acontecimentos. Um problema complementar é o seguinte: o João está irritado, atende o telefone e diz «Está» num tom de voz intenso. Será que o *dizer «Está» de João*, e *o dizer «Está» de João num tom de voz intenso* são o mesmo acontecimento ou dois? A irritação de João causa o segundo, mas não o primeiro. Assim, parece que, segundo a perspetiva de Davidson, haveria dois acontecimentos.

Outra perspetiva é que dois acontecimentos são idênticos se ocorrem ao mesmo tempo no mesmo lugar. Contra esta proposta de QUINE argumentou-se que *tomar banho, cantar no banho* e *pensar na conjetura de Goldbach* são três acontecimentos, mas considerá-los-íamos um só se ocorressem ao mesmo tempo no mesmo lugar.

acosmismo (gr. α- prefixo privativo + κόσμος ordem(-mundo)) *s.* Negação da realidade do mundo. Salomão Maimon (*c.* 1752-1800) usou o termo e, um pouco mais tarde, Hegel também o fez, para caracterizar a identificação espinosista entre Deus e a natureza. Hegel considerou que Espinosa negava a existência real das coisas individuais e que afirmava que tudo o que existe é Deus (*Enciclopédia*, secção 151, adenda), mas esta interpretação é discutível.

acrasia (gr. α- prefixo privativo + κράτος poder, autoridade, controlo) *s.* Fraqueza da vontade; falta de autocontrolo. Não agir apesar de se julgar que se tem suficiente razão para agir é ser acrático. A fraqueza da vontade exprime-se na sentença *video meliora proboque, dete-*

riora sequor, de Ovídio: vejo o melhor caminho a seguir e aprovo-o, e no entanto sigo o pior. É bem conhecida daqueles que desejam largar um mau hábito mas cedem à tentação.

Segundo certas teorias morais, aprovar uma linha de ação, ou considerar correta uma ação proposta, consiste em ter a intenção de realizar a ação, ou pelo menos tentar fazê-lo. Para teorias deste tipo, a fraqueza da vontade torna-se um problema importante.

A primeira discussão ampla encontra-se na *Ética a Nicómaco* de Aristóteles, Livro 7. (Em algumas traduções, o termo grego ἀκρασία é traduzido por *incontinência* e diz-se de uma pessoa acrática que é *incontinente*.) **acrático**. *adj*.

acroamático (gr. ἀκροαματικός a ser ouvido, oral) *adj*. Próprio da preleção. Este foi contrastado com outros métodos de ensino, tais como o EROTEMÁTICO.

As palestras de Aristóteles na escola eram acroamáticas e contrastavam com o seu ensino EXOTÉRICO.

actante *s*. Termo técnico na semiótica de A. J. Greimas. Um actante é um tipo de papel básico numa história. Greimas distinguia inicialmente seis: sujeito, objeto, remetente, destinatário, auxiliar, oponente, mas o termo foi também aplicado a outros tipos de personagens que têm uma função distinta na estrutura de uma obra literária (*e.g.*, o tolo; a vítima inocente). Num enredo, diferentes atores podem representar o mesmo actante – *e.g.*, muitos vilões podem atacar o herói – e uma pessoa pode representar mais do que um actante.

ad lat. Para, em direção a; em. *Ver também* ARGUMENTUM AD.

Adão de Wodeham (*c*. 1298-1358) Discípulo e colaborador íntimo de Guilherme de Ockham. A sua obra desenvolve-se sobre o legado de Ockham, mas Adão tem também os seus próprios interesses característicos; enquanto Ockham tendia a interessar-se sobretudo pela lógica pura, os interesses de Wodeham centram-se na filosofia da mente e na epistemologia. Foi uma das pessoas de Oxford e Paris que, em meados do século XIV, contribuíram para um debate intenso sobre a natureza das proposições e dos objetos intencionais, e sobre a estrutura dos atos mentais. GW

ad baculum *Ver* ARGUMENTUM AD BACULUM.

ad fin(em) lat. no final (de um parágrafo, uma página, um capítulo, etc.).

ad hoc /adɔk/ lat. Por isto, para isto; para este propósito especial. Podemos sempre salvar uma teoria comprometida por indícios contrários introduzindo uma hipótese adicional. A acusação de que tal hipótese foi introduzida *ad hoc* sugere que a hipótese não tem mérito por si só, mas que foi introduzida *meramente* com esse propósito.

ad hominem *Ver* ARGUMENTUM AD HOMINEM.

adiáforo (do gr. ἀδιάφορος, indiferente) *s*. 1 Assunto indiferente de um ponto de vista moral. Na filosofia estoica, a maioria das coisas que se toma como importantes são consideradas adiáforas pelo sábio. 2 Assuntos indiferentes de um ponto de vista religioso. Em debates acalorados entre os primeiros reformadores protestantes do século XVI, Melanchthon argumentou que algumas decisões respeitantes à liturgia eram deste tipo, um ponto de vista energicamente rejeitado por outros, por exemplo, Matthias Flacius Illyricus.

adição *s.* Inferência a partir de uma frase para uma disjunção em que a frase é um dos disjuntos:

$$\frac{p}{p \vee q} \qquad \frac{q}{p \vee q}$$

Nos sistemas de dedução natural a regra que permite esta inferência é normalmente denominada «regra de introdução de ∨».

adicidade *sin.* **aridade**. O número de termos ou lugares numa relação; o número de argumentos ou variáveis de uma função ou operação. Assim, a adicidade de uma relação monádica, *i.e.,* uma relação de um lugar apenas, a que é comum chamar «propriedade», é 1; a adicidade de uma relação diádica é 2; de uma triádica é 3. A adicidade de uma relação poliádica é >1.

ad infinitum (lat. *ad* para; *in-* in; *finis* fim, fronteira, limite) Sem limite; para sempre.

adivinhação *s.* A arte ou prática de descobrir coisas futuras ou desconhecidas por meios paranormais. O *De divinatione* de Cícero é uma primeira discussão deste assunto.

adjunção *Ver* CONJUNÇÃO.

adjuntivo (*adj.*) *Ver* ATRIBUTIVO/PREDICATIVO.

ad lib(itum) lat. a bel-prazer de alguém; como apraz a alguém.

ad misericordiam *Ver* ARGUMENTUM AD MISERICORDIAM.

Adorno, Theodor (Wiesengrund-) (1903-1969) Um dos principais membros da Escola de Frankfurt, no exílio entre 1934 e 1949, sobretudo nos Estados Unidos. Como musicólogo e crítico da cultura contemporânea, Adorno viu uma possibilidade para a autonomia humana a nível cultural na música atonal de Schönberg, e uma grave ameaça à mesma na cultura musical de massas, especialmente o *jazz*, que condenou enfaticamente. Foi colaborador na obra coletiva intitulada *The Authoritarian Personality* (1950), uma investigação empírica das características de personalidade peculiares a quem se sente atraído pelo fascismo ou pelo nazismo. A importante *Dialektik der Aufklärung* (1947) (*Dialética do Esclarecimento*, 1985), escrita em conjunto com Horkheimer, argumenta que uma vez que a razão triunfou sobre o mito e ganhou controlo sobre a natureza, a sujeição do indivíduo à natureza foi substituída pela dominação social do indivíduo, e a filosofia do Iluminismo estava destinada a abrigar tendências totalitárias. A análise da sociedade e a abordagem da sociologia representada pelo próprio e por outros membros da Escola de Frankfurt foi criticada por Popper e Hans Albert, entre outros, num famoso debate na década de 1960, publicado como *Der Positivsmusstreit in der deutschen Soziologie* (1969). Tanto os críticos como os seguidores consideraram os seus textos obscuros: isto inclui a sua *Negative Dialektik* (1966) (*Dialética Negativa*, 2009), em que o conceito de não-identidade é usado numa crítica à sempre ameaçadora reificação, mercantilização e desumanização. O seu amigo íntimo, Gerschom Scholem, grande especialista mundial nos ditos obscuros da CABALA, afirmou não entender a *Dialética Negativa*. *Ver também* AUTORITÁRIO, PERSONALIDADE.

Algumas obras: *Teoria Estética* 2008; *Lições de Sociologia* 2004; *Poesia Lírica e Sociedade* 2003; *Dialética do Esclarecimento* 1985; *Educação e Emancipação* 2000; *Filosofia da Nova Música* 2004; *Indústria Cultural e Sociedade* 2002. Outras leituras: *The Cambridge Companion to Adorno* 2004.

adventício (lat. *ad* para + *venire* vir) *adj.* As ideias adventícias (*idées adventices*) são as que nos vêm a partir de fora, através dos sentidos. Descartes distingue-as, na terceira das *Meditações*, das ideias inatas e das ideias que nós próprios criamos.

Os direitos e obrigações adventícios são os que uma pessoa adquire ao entrar num acordo ou por meio de qualquer outro ato. Na sua obra *Lei da Natureza e das Nações* (1672), Pufendorf distingue--os dos direitos e obrigações inatos.

Alguns autores usam hoje em dia a palavra de maneira diferente, simplesmente como sinónimo de «acidental» ou «inessencial».

ad verecundiam Ver ARGUMENTUM AD VERECUNDIAM.

afeção *s.* 1 Estado ou qualidade contingente, alterável, de um ser. 2 Sentimento; emoção. 3 Sentimento positivo para com alguém, como na amizade.

afirmação da antecedente Forma de inferência válida, também conhecida como MODUS PONENS.

afirmação da consequente Um tipo de raciocínio falacioso. Por exemplo: «Se a Josefina ama o José, cozinha-lhe as refeições. A Josefina cozinha as refeições do José. Logo, a Josefina ama o José.» Isto é uma falácia. A conclusão pode ser falsa ainda que as premissas sejam verdadeiras. A forma geral da falácia é:

$$\frac{\text{Se p para q}}{p}$$

Este padrão pode enganar os incautos por causa da sua semelhança com o MODUS PONENS.

afirmativa, proposição Na lógica silogística: proposição da forma *Todo o S é P* ou da forma *Algum S é P.*

aforismo *s.* Afirmação concisa que exprime uma ideia sagaz impressionante. Entre autores eminentes que apresentam ideias filosóficas em forma aforística contam-se Francis Bacon, Pascal, La Rochefoucauld, Diderot, Lichtenberg, Nietzsche e Wittgenstein.

a fortiori lat. *a fortiori argumento.* Por uma razão mais forte; tanto mais; com tanto mais razão; com ainda maior certeza.

Agamben, Giorgio (n. 1942) Filósofo italiano, cujo pensamento rico e subtil envolve um grande leque de influências, incluindo talvez sobretudo de Heidegger (com quem Agamben estudou) e Walter Benjamin (cuja obra traduziu para italiano). Outros interlocutores cruciais são Aristóteles, Espinosa, Nietzsche, Schmitt, Arendt, Foucault, Derrida e Deleuze. Os elementos importantes dos estudos de Agamben são mais facilmente localizáveis no campo da poética (em sentido amplo, cf. POIESIS) e da estética. Todavia, foi o seu trabalho ao desenvolver o pensamento de Foucault sobre biopolítica – a política que toma como seu objeto «a própria vida» – que lhe granjeou a atenção internacional. Em *Homo Sacer: Il potere soverano e la vita nuda* 1995 (*O Poder Soberano e a Vida Nua: Homo Sacer* 1998), Agamben desenvolve um argumento a favor de que a política não se «torna» biopolítica na modernidade tardia (como pensa Foucault) mas é biopolítica desde o seu começo na famosa especificação de Aristóteles do ser político do homem. O homem é o «animal político» porque possui linguagem, por contraste com a «mera voz» que exprime prazer e dor. A política funda-se assim, argumenta Agamben, numa relação constitutiva com aquela «vida nua», que se exprime na voz, e não na linguagem, que tem de ser excluída da *polis* como o seu gesto inaugural. Por meio de um argumento complexo Agamben liga esta exclusão estrutural fundacional à análise de Carl Schmitt da importância peculiar que tem para a soberania política a capacidade de declarar estado de sítio ou «exceção» à ordem normal [*Estado de Exceção* 2010]. Passa então a argumentar (seguindo o estímulo de um comentário de Benjamin de que nos nossos dias «o estado de exceção tornou-se a regra») que no mundo contemporâneo a política entrou numa nova e perigosa relação com a «vida nua». Esta relação exprime-se de várias maneiras nas noções modernas de democracia, direitos humanos, sacralidade da vida e assim por diante.

Agamben procura tornar a violência desesperada implícita na biopolítica contemporânea, em comentários sobre fenómenos como o infortúnio dos refugiados, a guerra na antiga Jugoslávia e a «guerra contra o terror», mas talvez mais vigorosamente em *Quel che resta di Auschwitz* 1998 (*O Que Resta de Auschwitz* 2008), que controversamente trata os campos da morte da Alemanha nazi não como uma aberração da modernidade mas como perfeitamente intrínsecos à sua lógica e portanto em continuidade com os nossos valores liberais mais queridos. FJE

ágape (gr. ἀγάπη amor) *s.* A palavra comummente usada para o amor cristão. Em contraste com *eros*, um tipo de amor que mesmo nas suas manifestações mais elevadas retém um elemento de desejo autocentrado, a *ágape* é a forma de amor inteiramente não egoísta, voltada para o exterior, e é o amor cristão propriamente dito, segundo o teólogo sueco Anders Nygren, *Agape and Eros* (1932-1939), que argumentou que Agostinho fundiu ambos e que a sua influência posterior desviou do caminho correto grande parte da teologia cristã.

agathon gr. ἀγαφοῦ o bem *s.* Esta é uma palavra usada por Aristóteles quando afirma no início da *Ética a Nicómaco* que o bem é aquilo para o qual todas as coisas tendem.

agente *s.* Uma pessoa que age. No uso filosófico não se sugere que a ação é por parte de outrem.

aglomeração, princípio de Se uma pessoa tem o dever, por exemplo o dever moral, de fazer *A* e o dever de fazer *B*, parece razoável inferir que essa pessoa tem o dever de fazer ambos, *A* e *B*. Na lógica deôntica, esta regra de inferência, na sua forma geral, foi denominada «princípio de aglomeração». Afirma que $O(A) \wedge O(B)$ implica $O(A \wedge B)$, em que O significa um conceito de necessidade moral («deve», «tem de», «é obrigatório», «é imperativo», etc.)

Há objeções a este princípio deôntico de aglomeração. Argumentou-se, por exemplo, que não se aplica a deveres morais, uma vez que pode haver dilemas morais genuínos em que uma pessoa tem o dever de fazer *A* mas também um dever de fazer *B*, embora seja impossível fazer ambos, e portanto não há qualquer dever de fazer ambos. Pode-se colocar uma objeção semelhante a respeito do conceito de dever legal.

O princípio foi batizado por Bernard Williams em «Ethical Consistency», *Proceedings of the Aristotelian Society, Supplementary Volume* 39 (1965), 103--124.

Em vez de *aglomeração*, as palavras *combinação* ou *agregação* são por vezes usadas nestes contextos.

Ao princípio converso tem-se chamado *princípio de divisão*. Este afirma que $O(A \wedge B)$ implica $O(A) \wedge O(B)$.

Este princípio foi também posto em causa. Pode-se encontrar facilmente exemplos em que parece que a menos que se realize ambos os deveres, não há qualquer dever de realizar só um: *e.g.*, ensopar uma peça de roupa e lavá-la.

sin. **combinação, agregação.**

agnosticismo (gr. α- prefixo privativo + γνῶσις conhecimento) *s.* Teoria segundo a qual há coisas num domínio especificado que são incognoscíveis. Especialmente: 1) a convicção de que não podemos saber se Deus existe ou não; 2) a doutrina, que se encontra em teorias positivistas como a de du Bois--Reymond e Spencer, de que a realidade última é incognoscível. O agnosticismo poderia ser usado em defesa da crença religiosa. Afirmou-se amiúde que a *eletricidade* desafiaria para sempre a explicação científica, e também a *vida*. A ciência, com as suas limitações, deixaria lacunas; a doutrina religiosa poderia preenchê-las.

Na última metade do século XX emergiu um tipo mais radical de agnosticismo: não se trata da convicção de que não conhecemos as respostas, mas que não podemos sequer saber que perguntas fazer no que se refere a certos assuntos, especialmente a natureza da consciência e do livre-arbítrio. Isto pode estar implícito no comentário final de Thomas Nagel à sua discussão do livre-arbítrio: «Nada se afirmou sobre este assunto que se aproxime da verdade», *The View From Nowhere* 1986, p. 137 (*Visão a Partir de Lugar Nenhum* 2004). Chomsky escreveu que «nem sequer temos más ideias», sustentando que não somos capazes sequer de formular o problema da mente-corpo de maneira coerente. Nisto há talvez algo em comum com a observação de Cícero sobre a natureza da consciência, em *Sobre a Natureza dos Deuses* 1, 10, 27: «Porém, a mente nua e simples, sem qualquer acessório material que sirva como órgão de sensação, parece fugir à nossa capacidade de compreensão.» A nossa incapacidade de formular sequer certas questões é, de um certo ponto de vista, um resultado inevitável da evolução da espécie humana. *Ver* MISTERIOSISMO.

Nota: o termo foi criado por Thomas Huxley em 1869 (*Collected Essays*, vol. 5, p. 239).

agonístico (gr. ἀγών competição) *adj.* Polémico; combativo (no contexto do conflito físico, psicológico, ideológico, etc.).

Agostinho (354-430) Nome latino original: *Aurelius Augustinus*. Também conhecido como S. Agostinho de Hipona, nasceu em Tagaste, no Norte de África, em 354, fruto de um casamento misto. O seu pai, Patrício, era um pagão (embora se tenha convertido mais tarde) e a sua mãe, St.ª Mónica, uma cristã piedosa. O encontro dos mundos da antiguidade clássica, dominada pelo ideal do pensamento abstrato, e do cristianismo, construído sobre a crença judaica na história sagrada e na doutrina da encarnação de Deus em Jesus Cristo presente no Novo Testamento, foi o pano de fundo geral do desenvolvimento intelectual e espiritual de Agostinho. No decorrer da sua formação literária clássica passou do cristianismo ao paganismo e depois para a heresia maniqueia, que afirmava que o mundo era o produto de dois deuses – um bom e o outro mau. Daí foi atraído para o ceticismo filosófico e mais tarde leu certos escritos neoplatónicos (provavelmente as *Enéadas* de Plotino) que o afastaram do maniqueísmo e o aproximaram do cristianismo. Um elemento importante nesta conversão foi a afirmação neoplatónica de que o mal não é um algo, uma substância ou propriedade, antes a ausência do que devia ser, uma *privação*. Esta ideia obviava a necessidade de procurar uma fonte criativa do mal e também proporcionava um modo de conciliar a condição humana, e a do mundo mais em geral, com a existência de um criador omnisciente, omnipotente e perfeitamente bom («Todas as coisas que existem, portanto, vendo que o criador de todas é supremamente bom, são elas próprias boas […] mas a sua bondade pode ser diminuída» – *Enchiridion*, 12).

Agostinho considerava a filosofia uma procura da sabedoria e via nisto uma continuidade com o impulso religioso. Mas sustentou que enquanto a razão pode estabelecer a existência de Deus, não pode, ao contrário da revelação bíblica, mostrar as verdades históricas da criação, da queda, da encarnação e da redenção, cujo conhecimento é necessário para a salvação; e tão-pouco pode a razão, ao contrário da oração espiritual, levar a uma união beatífica com Deus aquele que a procura. Para isso tem de haver a graça e a fé. Todavia, a razão pode preparar a alma e ajudá-la a compreender e apreciar melhor o que ali cresce.

Assim que Agostinho se comprometeu com o cristianismo começou a escrever uma série de obras em que a argumentação filosófica está ao serviço do ataque contra as doutrinas que se lhe opõem e da defesa da fé católica. Por exemplo, Agostinho tenta refutar o ceticismo mostrando que a dúvida pressupõe a existência daquele que duvida e o conhecimento que este tem dos seus pensamentos imediatos («*Si fallor sum*» – «Se erro, existo», *Cidade de Deus* XI, 26). De igual modo, defende a doutrina cristã de que Deus criou o mundo a partir do nada (*ex nihilo*) contra a acusação de que isto é incoerente – porque, por exemplo, podemos sempre perguntar o que aconteceu antes de algum acontecimento – argumentando que a objeção considera erroneamente que o próprio tempo é semelhante aos acontecimentos que nele ocorrem («o tempo nada é senão uma distensão» [*Confissões* XI, 26, 33]).

Outra dimensão da apologia teológica de Agostinho que contém muito de filosoficamente interessante é a área dos problemas associados à liberdade humana e à ação e conhecimento divinos. Em escritos posteriores esses problemas passaram para primeiro plano em ligação com os esforços de Agostinho para refutar o PELAGIANISMO. Pelágio (360-420) negou a existência do pecado original – uma predisposição humana universal para a malfeitoria derivada da queda de Adão – e argumentou que os homens são totalmente livres nas suas ações e por elas podem alcançar a salvação sem a ajuda da graça divina. Por oposição a isto, Agostinho sustentou que embora sejamos agentes livres, a nossa liberdade funciona no seio de restrições fundamentais impostas pelo pecado original e que a possibilidade de tentar chegar ao nosso destino sobrenatural, e ainda mais a de o alcançarmos, depende da ajuda divina. Um problema com esse ponto de vista é a sua dificuldade em combinar a providência divina, que envolve a presciência de Deus, com a liberdade genuína da ação humana. O pensamento de Agostinho sobre esta questão não é de todo convincente, mas há analogias interessantes entre este ponto de vista e a ideia moderna de COMPATIBILISMO, que procura conciliar o determinismo e a ação livre.

Embora as reflexões filosóficas de Agostinho sejam motivadas por preocupações teológicas, é de tal modo um pensador poderoso que aquilo que produz é frequentemente de um interesse filosófico muito mais amplo e duradouro. Ao mesmo tempo, contudo, Agostinho é uma figura profundamente histórica, tanto no sentido de estar comprometido com uma revelação histórica como no sentido de a sua posição na história da filosofia fazer dele um pensador de transição, cuja formação e reações se dão em termos do pensamento anterior (em particular do neoplatonismo) e do estabelecimento de alicerces para o desenvolvimento de uma filosofia cristã mais sistemática do tipo sintetizado pelos escolásticos medievais, em especial Tomás de Aquino. Diz-se por vezes que este substitui ao dualismo platónico de Agostinho (do corpo e da alma, da sensação e do intelecto, dos mundos empíricos e da realidade transcendental) uma metafísica mais naturalista inspirada por Aristóteles. Mas ao ler a *Suma Teológica* logo se torna claro que Tomás de Aquino está em dívida para com Agostinho e que procura evitar contradizê-lo, ao mesmo tempo que elabora uma síntese mais extensa da Bíblia e da filosofia. Apesar de os esforços de Tomás de Aquino terem sido mais bem-sucedidos, não teriam sido aceites se não fosse Agostinho – o primeiro grande filósofo cristão. JH

Algumas traduções: O Mestre 1995; *Diálogo Sobre a Ordem* e *Diálogo Sobre o Livre-Arbítrio* 2001; *Diálogo Sobre a Felicidade* 1988; *Trindade* 2007; *A Cidade de Deus* 2008; *Confissões* 2000. Leituras: G. B. Matthews, *Santo Agostinho* 2008; H. Chadwick, *Augustine* (VSI) 1986; *The Cambridge Companion to Augustine* 2001.

Agripa (*fl.* 230? d.C.; gr. Ἀγρίππας) Filósofo cético grego. Pouco se sabe sobre Agripa, exceto que resumiu os argumentos a favor do ceticismo em cinco «tropos»: 1) a diversidade de opinião sobre o mesmo assunto; 2) a regressão infinita em cada prova, visto que cada premissa tem por sua vez de ser provada; 3) a diversidade de maneiras em que um objeto aparece aos observadores, variando com diferenças entre eles e diferenças no ambiente do objeto; 4) a arbitrariedade em todas as tentativas de interromper dogmaticamente uma regressão infinita; 5) a natureza de cada prova, que a faz cair em petição de princípio. O último ponto, elaborado por Sexto Empírico e reafirmado por John Stuart Mill cerca de mil e seiscentos anos mais tarde, é o de que, por exemplo, no silogismo *Todo o homem é mortal, Sócrates é um homem, logo, Sócrates é mortal*, a conclusão tem de ser conhecida antes de podermos saber que a primeira premissa é verdadeira.

Agripa de Nettesheim, Heinrich Cornelius (1486-1535) Nascido em Colónia; um curioso intelectual e polemista do Renascimento. Interessou-se profundamente pela cabala, alquimia, astrologia, numerologia, etc., mas num período posterior da sua vida voltou-se contra estas disciplinas e também contra as mais respeitáveis e estabelecidas formas de conhecimento na sua *Declama-*

ção Invetiva sobre a Incerteza e Vanglória das Ciências 1526, a favor do ceticismo e da simples devoção fideísta (FIDEÍSMO). O seu *De nobilitate et praecellentia foeminei sexus* de 1529 argumenta que o sexo feminino é superior e não meramente igual ao masculino.

aidos gr. αἰδώς sentido de vergonha, timidez, modéstia, respeito *s*. Ter ou mostrar o respeito apropriado para com pessoas que o merecem. É o tema de um discurso de Protágoras no diálogo de Platão com o mesmo nome. Em Aristóteles é descrito como um meio entre a timidez e a impudência.

O *aidos* não se encontra na lista de virtudes de Aristóteles, porque o classifica como um sentimento e não como uma disposição. *Ver também* VIRTUDES.

aiōn gr. αἰών esperança de vida; idade; eternidade *s*. No gnosticismo, um atributo divino hipostasiado, concebido como um ser muito poderoso. *Ver também* ÉON.

aitia gr. αἰτία causa, fator explicativo; culpabilidade, responsabilidade.

Ajdukiewicz, Kasimierz /aɪduːkɪˈevɪtʃ/ (1890-1963) Um dos representantes principais da tradição lógico-analítica na filosofia polaca, com fortes inclinações empiristas. Tinha um vasto âmbito de interesses filosóficos e a sua influência como intelectual foi considerável. A sua conceção da lógica e da teoria do conhecimento foi descrita como convencionalismo radical. Sustentava que nas nossas linguagens naturais não há distinção estrita entre afirmações analíticas e sintéticas, nem entre regras de inferência lógica e hipóteses científicas. Deste ponto de vista, perante certas novas descobertas na física quântica, por exemplo, pode ser uma questão de conveniência e convenção rever ou não as regras ou as hipóteses. A sua gramática categorial (1935) foi uma fonte importante para o trabalho de Richard Montague. Leitura: *Scientific World Perspective and Other Essays* 1977.

ajuste perfeito Se os valores das constantes básicas estabelecidas na física teórica tivessem sido diferentes, ainda que infimamente, o universo, tal como o conhecemos, não teria existido – nem nós. O ajuste perfeito destes dados básicos é de tal modo extremamente improvável que não é razoável atribuí-lo ao mero acaso. É portanto razoável concluir que se deve ao desígnio inteligente. John Leslie em *Universes* (1989), e Peter van Inwagen em *Metaphysics* (1993), são dois filósofos contemporâneos que propõem esta variante moderna de um velho argumento. *Ver* CHIMPANZÉS DACTILOGRAFANDO.

akrasia gr. ἀκρασία *Ver* ACRASIA.

Alain /alɛ̃/ (pseudónimo de Emile Chartier) (1868-1951) Nos seus livros e colunas de jornal diárias («*Propos*»), Alain, que era professor de Filosofia no ensino secundário, lidou eclética e edificantemente com os principais pensadores e grandes temas da filosofia. Preocupava-se particularmente com defender a ideia da liberdade humana e da responsabilidade moral. A sua postura política era radical no sentido francês, *i.e.*, republicana, secular, liberal. Mais ensaísta do que filósofo sistemático, algo dado a floreados retóricos e grandes generalidades, Alain teve uma influência notavelmente forte na vida intelectual francesa do século XX, sobretudo devido à posição arraigada dos seus escritos nos currículos da filosofia francesa.

Albert, Hans (n. 1921) Filósofo e teorizador social alemão, professor em Mannheim até 1989. A sua obra mais bem conhecida, *Traktat über kritische Vernunft*, 1968, ed. rev. 1991 (*Tratado da Razão Crítica* 1976) advoga um racionalismo crítico, influenciado por Popper. O relativismo é rejeitado e o dogmatismo criticado por se apoiar em «estratégias de imunização» calculadas para evitar a crítica legítima. Albert formulou o «trilema de Münchhausen», argumentando contra o FUNDACIONALISMO que teria de aceitar como justificação de pretensões de conhecimento ou uma regressão infinita ou um círculo lógico ou uma suspensão arbitrária. Todas as três são pouco recomendáveis. Do ponto de vista de Albert, todas as pretensões de conhecimento são em princípio falíveis e abertas a revisão. Na CONTROVÉRSIA DO POSITIVISMO alemão que alcançou o seu auge no início da década de 1960, Albert e Popper eram os principais adversários de Adorno e Habermas. AM/dir.

Alberto Magno (*c*. 1200-1280) Também conhecido como Alberto, *o Grande*, tornou-se dominicano, ensinou em Colónia e Paris, e foi professor de Tomás de Aquino. Grande erudito, os seus interesses incluíam as ciências naturais e a sabedoria grega e islâmica nestas e noutras disciplinas. Alberto começou o que Tomás de Aquino continuou: a receção de Aristóteles na filosofia ocidental corrente. Escreveu uma *Suma Teológica* e comentários sobre obras de Aristóteles.

Alcorão O texto de referência do Islão, com os ensinamentos do profeta.

alef *s*. 1 Primeira letra do alfabeto hebraico: א. 2 Na matemática transfinita: qualquer número cardinal infinito. $\aleph_0$ (alef zero) designa a mais pequena cardinalidade infinita, *i.e.*, a dos números naturais.

alegoria (gr. ἄλλος outro + ἀγορεύω dirigir-se a uma assembleia) *s*. Uma história que além do seu significado aparente também tem outra mensagem moral, política ou espiritual. Exemplos são o *Pilgrim's Progress* de Bunyan e *A Quinta dos Animais* de Orwell.

alegoria da caverna Um símile na *República* de Platão, Livro 7: estamos acorrentados no interior de uma caverna e obrigados a ficar de frente para uma parede na qual se projetam sombras de ídolos que se movimentam nas nossas costas, frente a uma fogueira. Erroneamente, confundimos estas sombras pela realidade. Quando nos libertamos destas correntes (do hábito e desejo sensual), podemos examinar a fonte destas sombras e como elas são distorcidamente projetadas, *e.g.*, pelas artes populares. Porém, para se tornar plenamente esclarecido, exige-se que a mente escape da caverna (mundo sensível) e explore os arquétipos, como a forma da Justiça, da qual as nossas instituições efetivas (os ídolos) são exemplificações altamente imperfeitas. Porém, o conhecimento destas formas é incompleto, a não ser que a mente apreenda a mais elevada delas, a forma do Bem. JT/dir.

Alembert *Ver* D'ALEMBERT.

Alexander, Samuel /ˌælɪgˈzædər/ (1859-1938) Australiano que, depois dos estudos em Oxford, seguidos por uma agregação, obteve uma cátedra de Filosofia em Manchester. Tornou-se desde o virar do século uma figura importante no movimento realista, insistindo que o conhecimento é de um mundo que existe independentemente do sujeito que conhece. Contudo, Alexander diferia de outros membros deste movimento por construir um sistema metafísico naturalista com uma base realista. Foi uma hipótese histórica do tipo evolucionista emergente, resultando da reflexão sobre as características da nossa experiência, e concebida para explicá-las todas. Alexander apresentou esta teoria nas Palestras Gifford de 1916 a 1918, que foram publicadas em 1920 com o título *Space, Time, and Deity*. O espaço-tempo é concebido como a substância básica do universo, as categorias – as que Kant explicara na *Kritik der reinen Vernunft* 1781, 1787 (*Crítica da Razão Pura* 2008) – são as suas características ubíquas, e daí se desenvolvem as qualidades da matéria, as qualidades secundárias, e as qualidades da vida e da mente. Todas estas são qualidades *emergentes*. Em qualquer etapa, mas em particular da etapa em que a mente emergiu, a Divindade é a qualidade seguinte mais elevada a emergir – a Divindade é aquilo que está além e ainda não realizado. Não há «graus de realidade» como consideravam os idealistas, e as mentes, em particular, simplesmente existem juntamente com tudo o resto. Os valores, que ele considerava que surgem de uma certa relação entre as mentes e o mundo, foram tema de um volume suplementar, *Beauty and Other Forms of Value*, 1933. QG

Alexandre de Afrodísia (*fl. c.* 200 a.C.) Filósofo aristotélico. Muitos dos seus comentários sobre as obras de Aristóteles chegaram até nós. O comentário sobre os primeiros cinco livros da *Metafísica* é da sua autoria – o comentário sobre os restantes pertence a outro autor, cerca de oito séculos mais tarde. Alexandre interpretou a teoria de Aristóteles de que a alma é a forma do corpo de uma maneira que tende a excluir a sobrevivência individual à morte corpórea, e rejeitou o ponto de vista de que tudo na natureza existe em função do homem. A sua obra *Sobre o Destino* foi escrita contra a versão estoica do determinismo, e pensa-se que influenciou Plotino. HT/dir.

Alexandria, Escola de Ver ESCOLA DE ALEXANDRIA.

alexandristas Adeptos, especialmente durante o Renascimento, da interpretação de Aristóteles por Alexandre de Afrodísia.

álgebra de Boole Um conjunto que contém um elemento unitário, 1, e um elemento nulo, 0, e no qual os elementos se relacionam entre si por três operações: o *complemento*, a *associação* (ou soma booliana) e o *encontro* (ou produto booliano), e axiomas característicos.

Um desses conjuntos de axiomas é:

1) $p \wedge 1 = p$ 3) $p \wedge \neg p = 0$

2) $p \vee 0 = p$ 4) $p \vee \neg p = 1$

Leis da comutatividade:

5) $p \wedge q = q \wedge p$ 6) $p \vee q = q \vee p$

Leis da distributividade:

7) $p \wedge (q \vee r) = (p \wedge q) \vee (p \wedge r)$

8) $p \vee (q \wedge r) = (p \vee q) \wedge (p \vee r)$

Qualquer grupo de coisas com operações apropriadas que satisfaça estes axiomas constitui uma álgebra booliana. Assim, há uma álgebra booliana de classes de conjuntos (a soma booliana de dois conjuntos é a sua união, e o produto é a sua intersecção) e uma álgebra booliana de proposições (o complemento de uma proposição é a sua negação, o produto de duas proposições é a sua conjunção, e a soma a sua disjunção). PR

al-Ghazali, Abu Hamid Muhammad (1058-1111) Filósofo islâmico persa, conhecido como Algazel na Europa medieval. Usando técnicas filosóficas em teologia, argumentou apesar disso contra os elementos racionalistas nas teorias de Avicena e de outros pensadores fundamentais em *A Incoerência dos Filósofos* (a que Averróis mais tarde respondeu com *A Incoerência da Incoerência*). Al-Ghazali salientou a contingência de todas as coisas e a completa liberdade de decisão de Deus, inclinando-se para um misticismo neoplatónico. A sua filosofia tornou-se famosa e influente no pensamento judeu e cristão.

algoritmo *s.* Procedimento para levar a cabo («mecanicamente») um cálculo matemático ou formal: um processo eficaz que transforma uma expressão noutra, seguindo um número finito de etapas.
A palavra é derivada do nome do matemático árabe al-Khuwarizmi (*fl.* 830).

alienação *s.* 1 A renúncia ou transferência para outra parte de algo que pertence ao próprio. Um direito inalienável é, consequentemente, um direito que não pode ser renunciado ou transferido; não é claro se pode ou não ser perdido.
2 Na antiga terminologia médica: não estar no seu tino; num uso mais antigo, um psiquiatra é conhecido como alienista.
3 *a)* Um processo de estranhamento ou isolamento de um contexto natural ou social; *b)* A condição que surge como resultado de tal processo; *c)* A experiência subjetiva de estar em tal condição.

A conotação é negativa: a palavra significa algo indesejável ou desagradável.
Este conceito tornou-se um foco de interesse assim que foram publicados pela primeira vez os manuscritos económicos e filosóficos de 1844, de Marx, em 1932, e especialmente desde o final da década de 1940 até ao final da década de 1970, quando a palavra também entrou na moda como expressão de descontentamento político, pessoal ou geral.
Hegel usara este conceito na sua explicação da história da mente ou consciência absoluta, que coloca a diferença em si e então faz o melhor para superar esta autoalienação para recuperar a unidade. Também o usou na sua análise da atividade humana, cujos produtos, sejam objetos materiais, instituições sociais, ou realizações culturais, ficam separados da sua origem. Esta alienação pode ser superada alcançando-se o pleno conhecimento do objeto.
Influenciado por Hegel, Feuerbach também acreditava que a alienação é superada pela aquisição de inteleções. Na sua análise da religião, Feuerbach argumentou que, através de um erro crucial, os seres humanos são incapazes de reconhecer que a natureza humana é em si mesma boa. Ao invés, projetam as boas qualidades que pertencem à natureza humana num ser imaginário, Deus, que supostamente é o titular de todas as perfeições. Por meio desta alienação, o homem vem a considerar-se desprovido de valor, e atribui tudo o que tem valor a outro ser. Ao ganhar uma inteleção sobre a natureza do homem e a natureza da religião, a alienação e o sentimento de indignidade que a acompanha podem ser superados. Libertos deste obstáculo, os indivíduos podem atualizar o pleno potencial da sua natureza humana.
Esta abordagem foi generalizada por Marx. Não é só na religião, mas também

noutras manifestações culturais, bem como nas instituições políticas e na atividade económica efetivamente existentes, especialmente devido à ausência de controlo dos trabalhadores sobre as condições do trabalho, que os seres humanos perdem alguma da sua natureza ou essência humana, *i.e.,* ficam alienados, e assim se tornam incapazes de desenvolvimento de si e de autorrealização. Alguns movimentos políticos de inspiração marxista consideraram como seu objetivo a restruturação da sociedade humana, incluindo a produção de bens, de maneira a que a alienação seja superada e os indivíduos possam efetivar o seu pleno potencial humano.

Cinco sentidos de *alienação* foram distinguidos por M. Seeman, que escrevia na *American Sociological Review* em 1959, numa altura em que o conceito emergia como conceito central na teoria social e política: impotência, insignificância, isolamento social, anomia, estranhamento de si. Usado desta maneira, o termo descreve várias condições, independentemente do modo como surgiram. Isto vai além do uso anterior, que aplicava o termo apenas a condições que são o resultado de um *processo* de alienação.

alienans (lat. que aliena, que separa, que põe de parte) *s., adj.* Se um adjetivo A qualifica um termo N de tal modo que algo pode ser $A + N$ sem ser um N, diz-se que o adjetivo é (um) *alienans.* Exemplos: X *é uma futura mãe* não implica que X é uma mãe; Y *é um ladrão emendado* não implica que Y é um ladrão; Z *é uma potencial vítima* não implica que Z é uma vítima, etc.

Pode-se contrastar isto com os casos em que um $A + N$ tem de ser um N: X *é uma mãe extremosa* implica que X é uma mãe; Y *é um ladrão astuto* implica que Y é um ladrão; Z *é uma vítima indefesa* implica que Z é uma vítima.

Por vezes dá-se ao termo um sentido mais restrito, de modo que A é um *alienans* se, e só se, ser $A + N$ implica não ser N.

Allais, Maurice Ver PARADOXO DE ALLAIS.

Almagesto Uma obra enciclopédica sobre matemática e astronomia, em 13 livros, compilados cerca do ano de 140 por Ptolomeu (Claudius Ptolomeus de Alexandria). O seu nome é o da tradução árabe de 827. Contém, entre outras coisas, a astronomia ptolomaica que prevaleceu até à revolução copernicana.

alocrático (gr. ἄλλος outro + κρατεῖν governar) *adj.* Na teoria da interpretação, E. D. Hirsch contrastou as normas alocráticas e autocráticas de interpretação. As normas alocráticas permitem a revisão de uma interpretação à luz de novos indícios e novas teorias. A interpretação autocrática faz do leitor a autoridade última quanto à correção de uma interpretação e não é suscetível de revisão (a menos que o leitor mude de ideias).

alográfico (gr. ἄλλος outro + γράφω escrever) *adj.* Toda a cópia exata (do texto, partitura, etc.) de uma obra de arte *alográfica* representa genuinamente a obra. As obras literárias, as composições musicais, são alográficas. Por contraste, toda a cópia de uma obra de arte *autográfica* é uma mera reprodução ou uma falsificação, mas não a própria obra. As pinturas e as impressões a partir de uma chapa original são autográficas. A distinção, introduzida por Nelson Goodman em *Languages of Art* 1968 (*Linguagens da Arte* 2006), aplica-se a obras de arte para as quais há um critério de identidade.

alográfico

Uma obra autográfica é identificada através da história da sua produção, uma obra alográfica não. No início, sugere Goodman, só havia autografia: a existência e uso de uma notação adequada são condições necessárias da alografia.

alquimia *s.* Um tipo de teoria acerca de substâncias materiais, baseado em analogias próximas entre qualidades e relações materiais, por um lado, e mentais ou espirituais, por outro. Entre as suas aplicações práticas estava a preparação de medicamentos, mas mais bem conhecida é a tentativa de produzir ouro a partir de metais vis. Esse processo exigia um catalisador, conhecido como «pedra filosofal». A alquimia prosperou na baixa Idade Média e no Renascimento.

als ob alm. como se. A expressão é por vezes usada em alusão ao ficcionalismo de Vaihinger.

alter lat. outro, o outro.

alter-ego lat. o outro eu; um segundo eu.
Considerar outra pessoa verdadeiramente como amiga é considerá-la um *alter-ego*, segundo Aristóteles (*Ética a Nicómaco* 1166ª32; 1169ᵇ7).

alteridade *s.* Outridade. Sartre também usa «alteridade» para denotar separação, em contraste com reciprocidade.

alternância *s.* 1 Disjunção inclusiva: *p* ou *q* é verdadeira se, e só se, pelo menos uma delas, *p* ou *q*, é verdadeira. 2 Disjunção exclusiva: *p* ou *q* é verdadeira se, e só se, exatamente uma delas, *p* ou *q*, é verdadeira.
O uso varia. Alguns autores usam o termo no primeiro sentido, outros no segundo. *Ver também* DISJUNÇÃO.

Althusser, Louis /altysɜːʀ/ (1918--1990) Filósofo profissional e membro ativo do Partido Comunista Francês. As suas obras mais influentes foram *Pour Marx* (1965), *Lire le Capital* (1968) e os ensaios traduzidos para inglês e coligidos em *Lenin and Philosophy and Other Essays* (1978). Estes ensaios são uma tentativa incessante de estabelecer o marxismo como uma ciência da história e argumentar, contra as afirmações do humanismo marxista, que há uma descontinuidade radical entre as ideias do jovem Marx e a análise científica exposta em *O Capital*. O anti-humanismo de Althusser foi uma influência importante nos intelectuais da esquerda francesa da década de 1960. Althusser retratou-se de algumas das suas teses mais importantes em *Elements d'autocritique* (1974) e escritos posteriores, mas estas obras tiveram pouco impacto. A sua vida pública terminou em 1980, depois de estrangular a esposa, tendo sido internado numa clínica psiquiátrica.

Adaptando um argumento de Gaston Bachelard, Althusser defende que cada nova ciência emerge como o produto de uma rutura epistemológica, envolvendo uma reconstrução revolucionária de um conjunto de problemas ideologicamente gerado que a precede, e insiste que tal rutura pode ser detetada na diferença entre os escritos humanísticos do jovem Marx e os textos científicos da sua maturidade. Althusser descreve o conhecimento científico como o resultado de uma prática que não é regida pelas intenções dos próprios cientistas, mas pelo sistema de conceitos, ou problemática, que determina as questões a investigar, os tipos de indícios a procurar, e as dificuldades que se reconhece como importantes – um pouco como uma linha de montagem determina as tarefas a executar pelos que nela trabalham.

Althusser define ideologia em termos da relação «vivida» ou «imaginária» entre os indivíduos e as condições sociais da sua existência – sugerindo assim que a ideologia é uma característica inevitável da condição humana. As ideologias teóricas (*e.g.,* a física aristotélica e as ciências sociais não-marxistas) são versões elaboradas dessas relações imaginárias: parecem reger-se pelo seu próprio âmbito característico de problemas, mas também refletem as formas de subjetividade humana e as relações de classe nas quais estas formas são constituídas. Enquanto do ponto de vista de Althusser as ciências têm uma dinâmica autónoma própria, as ideologias teóricas estão sujeitas ao jogo das forças sociais antagónicas. Esta distinção entre ciência e ideologia teórica revelou-se difícil de sustentar – especialmente visto que Althusser também defende (em *Lenine et la philosophie*) que a tarefa principal da filosofia é defender as ciências contra as incursões da ideologia.

Os marxistas insistiram geralmente em que enquanto o fundamento económico da sociedade desempenha um papel fundamental, o direito, a política e a ideologia têm ainda assim algum grau de autonomia. O que mais distingue a explicação althusseriana do marxismo como uma ciência é a sua insistência em que tanto o humanismo marxista como a ortodoxia marxista analisaram equivocadamente as sociedades em termos historicistas, *i.e.,* em termos da causalidade «expressiva» de uma ideologia teórica «hegeliana» – que permite que se entenda o direito, a política e a ideologia como expressões de uma essência localizada ou nos próprios alicerces económicos ou nas relações de classe a que dão origem. Na verdade, afirma Althusser, o argumento de *O Capital* de Marx recorre a uma causalidade estrutural, uma relação entre uma estrutura e as suas partes tal que a estrutura garante as condições de existência das suas partes enquanto as partes fornecem as condições de existência da estrutura. Isto sugere que, uma vez existindo, a estrutura se autoperpetuará, uma conclusão difícil de conciliar com a insistência do próprio Althusser, noutros contextos, na importância histórica da luta de classes. Este conceito de causalidade estrutural é uma parte integral do anti-humanismo de Althusser: sugere que os indivíduos humanos não deveriam ser vistos como sujeitos criativos independentes, antes como portadores de funções que surgem da sua localização no interior de uma estrutura.
BHI

Algumas traduções: Sobre a Reprodução 2008; *Freud e Lacan, Marx e Freud* 2002; *Política e História* 2007; *Posições 1965-1975* 1977; *Aparelhos Ideológicos de Estado* 2007. Leitura: E. A. Kaplan e M. Sprinkles (orgs.), *The Althusserian Legacy* 1993.

altruísmo (lat. *alter* [o] outro) *s.* Preocupação benevolente pelos interesses e bem-estar de outros. O termo foi criado por Auguste Comte em *Cours de Philosophie Positive* (1830-1842), e tornou-se corrente em língua inglesa a partir da década de 1850, em virtude dos escritos de G. H. Lewes (1817-1878) e Herbert Spencer, *Principles of Psychology*, parte 8. Inicialmente, «altruísmo», «egoísmo» e os seus cognatos tinham uma sonoridade científica, mas fazem hoje parte da linguagem comum. O contraste fora previamente marcado por outros pares de termos: benevolência/amor-próprio; afeto público/afeto privado; amabilidade/egoísmo, etc.

Ninguém duvida de que a motivação pode ser egoísta, mas a possibilidade de altruísmo genuíno tem sido entusiasticamente debatida há séculos. Os moralistas céticos mostraram como os motivos ulteriores do interesse próprio se escondem atrás de muito altruísmo aparente. Outros fizeram a afirmação mais forte de que o altruísmo nada mais é do que egoísmo. Sustentam que a preocupação benevolente pelos outros não é senão uma maneira subtil de satisfazer os próprios desejos ou interesses. Este ponto de vista, hoje conhecido como EGOÍSMO PSICOLÓGICO, foi atacado no século XVIII por Hutcheson, Butler e Hume. As suas objeções tornaram-se amplamente aceites.

Argumentou-se que alguma motivação nem é altruísta nem egoísta, mas pode ser meramente desinteressada. *Ver* NÃO TUÍSMO.

Nota: «Egoísmo» pode denotar ou uma qualidade de caráter e conduta, ou uma teoria psicológica ou ética; «altruísmo» não é usado para denotar uma teoria.

ambientalismo s. 1 Na psicologia: a conceção de que o intelecto e o caráter de uma pessoa são determinados pelo ambiente social e natural, e que a hereditariedade não tem um papel significativo. 2 Nas ciências sociais: a conceção de que as diferenças entre as culturas humanas se devem a fatores como o solo, o clima, a provisão de alimentos, etc. 3 Na ética e na política: a conceção de que a proteção do ambiente natural é de grande importância prática e moral para a humanidade; o movimento baseado nesta conceção e que a fomenta.

ambiguidade *s.* Presença de dois (ou mais) significados. Há dois tipos principais de ambiguidade. Um exemplo de ambiguidade *semântica* (ou *lexical*) é a palavra «banco», que pode significar uma instituição financeira ou a margem íngreme de um rio. A ambiguidade *sintática* (ou *estrutural*) surge da estrutura de uma oração: «... restauração depois de 15 anos do governo trabalhista» pode ser entendida como sugerindo ou que os trabalhistas estiveram no poder durante 15 anos ou que não estiveram.

As ambiguidades podem ser desfeitas por meio de explicação. A escolha cuidadosa das palavras ajuda a impedir o seu surgimento, mas por vezes é a atenção à pontuação (ou entoação) que é necessária. Uma vírgula pode fazer uma grande diferença: se alguém diz «Chama-me, Ismael», a pessoa a quem se dirige presumivelmente tem esse nome, mas se alguém diz «Chama-me Ismael», não há motivo para tal pressuposto. Um hífen faz toda a diferença entre as expressões «galo-português» e «galo português». Um espaço pode também ajudar a salvar – ou destruir – um casamento: note-se a diferença entre «sexo extraconjugal» e «sexo extra conjugal» *Ver também* AMBIGUIDADE SISTEMÁTICA.

ambiguidade, intolerância à Incapacidade ou indisposição para aceitar que nenhuma conclusão definitiva se pode alcançar com base em indícios insuficientes. Por exemplo, à primeira vista não temos por norma informação suficiente para saber como é uma pessoa que acabámos de conhecer. A única posição racional a tomar é suspender o juízo. Mas os que não conseguem tolerar a ambiguidade são incapazes de o fazer. Apressam-se a fazer juízos, talvez apoiando-se em alguma teoria sobre tipos de caráter dada pela biologia (uma teoria de tipos raciais, digamos), pela psicologia, pela astrologia, pela numerologia, etc. Para a pessoa incapaz de manter o espírito aberto as credenciais científicas da teoria são inessenciais: o que se procura é a satisfação da necessidade de certeza.

O conceito foi usado pela primeira vez por Else Frenkel-Brunswik na década de 1940 na descrição da PERSONALIDADE AUTORITÁRIA.

Diferente disto é evidentemente a «intolerância» manifestada quando as ambiguidades subjacentes ao raciocínio falacioso são reveladas e rejeitadas.

ambiguidade sistemática Um termo por vezes usado para designar um tipo particular de ambiguidade: na teoria dos tipos de Russell, a mesma fórmula pode representar outras fórmulas que são semelhantes mas as suas variáveis individuais pertencem a um tipo diferente.

Outros usaram *ambiguidade sistemática* para o aspeto, descrito por Aristóteles, de palavras como *saudável*: uma pessoa pode ser saudável, mas não no mesmo sentido em que a comida pode ser saudável. Aristóteles viu uma ligação entre os diferentes sentidos em que a ambas se chama «saudável» porque há uma relação com uma mesma coisa, isto é, com a saúde.

âmbito *s.* O âmbito de uma função é o conjunto de valores que adquire para os diferentes valores dos seus argumentos. Ao conjunto de argumentos chama-se o «domínio» da função.

Por exemplo: se a variável *x* na função x^2 representa números reais (isto é, o domínio da função é o conjunto dos números reais), então o âmbito da função é o conjunto dos números reais não negativos.

âmbito, ambiguidade de A afirmação *não ocorre que p implica q* é ambígua. Se colocarmos «¬» no lugar de «não ocorre que», a afirmação pode ser simbolizada como ¬(*p implica q*) ou ¬*p implica q*. O âmbito do operador da negação faz a diferença. Além disso, a afirmação *Se uma pessoa mostrar coragem, ganhamos* é ambí-gua. Pode significar ou que «Há alguém tal que se esse alguém mostrar coragem, ganhamos» ou «Se qualquer pessoa mostrar coragem, ganhamos». A primeira pode ser verdadeira mesmo que uma dada exibição de coragem não leve a uma vitória; a segunda só é verdadeira se toda a exibição de coragem levar a uma vitória. No simbolismo canónico, a diferença é entre $\exists x\,(Fx \to p)$ e $\exists x\,Fx \to p$. Na primeira, *p* está no âmbito do quantificador, no segundo, está fora.

Podemos descrever as inferências erróneas devidas a essas ambiguidades como «falácias de âmbito».

amoral (gr. α- prefixo privativo + moral) *adj.* 1 Ausência de consciência moral ou preocupações morais. 2 Ausência de uma dimensão moral; não moral.

Este neologismo híbrido foi criado por Jean Guyau.

amor fati lat. *amor* amor; *fatum* fado, destino; a aceitação voluntária, na verdade, o amor, do seu próprio destino. Nietzsche vê-o como constitutivo da grandeza humana, em *Ecce Homo* (escrito no final de 1888). O seu conceito é uma variante mais extrema da noção estoica de submissão voluntária ao próprio destino.

amor platónico Amor de um tipo não sensual. No amor platónico, a beleza física ou intelectual do amado é amada por ser vista como a manifestação de um tipo de beleza mais elevado e ideal. Sócrates desenvolveu esta ideia no diálogo de Platão *Banquete*, afirmando tê-la recebido de uma sábia mulher chamada Diotima.

amour de soi /amuʀ də swa/ (fr.) Amor de si. O conceito de Rousseau inclui 1) o instinto natural, inocente, benigno de autopreservação, 2) a preocupação pelos próprios interesses que se pode exprimir sem detrimento de outros; e 3) a autoestima apropriada. Rousseau distingue-o do *amour-propre*. A sua conceção deste último é normalmente tomada como a tendência para se afirmar competitivamente à custa de outros; pode manifestar-se como egoísmo, arrogância, vaidade, etc. Argumentou-se, todavia, que isto é uma deturpação do seu verdadeiro ponto de vista: o *amour-propre* só se exprime destas maneiras negativas por causa da influência corruptora da sociedade, e em si o *amour-propre* não tem de ser mais do que a afirmação apropriada de si como igual às outras pessoas.

amour-propre /amuʀ pʀɔpʀə/ (fr.) Amor-próprio. Ver AMOUR DE SOI.

ampliação *s.* Na lógica medieval, *ampliação* é o alargamento da extensão de um termo. Um *juízo ampliativo* é um juízo sintético no sentido kantiano: o predicado não está contido no conceito do sujeito. Por contraste, um juízo clarificativo torna explícito algo que está contido no conceito do sujeito. Um *raciocínio ampliativo*, na terminologia de C. S. Peirce, tem essa denominação porque produz uma conclusão que contém mais informação do que as premissas, como na indução a partir de um número finito de instâncias observadas para concluir uma relação causal geral. *Ant.* restrição.

amplificação (lat. *amplificare* incrementar, aumentar) *s.* A expansão de uma afirmação para ter um efeito retórico.

amuse /əˈmjuːz/ (ing.) *vb.* Em uso antigo: confundir, desviar do caminho correto.

anacoluto *s.* Em gramática e retórica: uma rutura na sintaxe de uma frase que começa numa construção e termina noutra.

anacronia (gr. ἀναχρονισμός; cf. ἀνα- atrás; para; contra + χρόνος tempo) uma referência temporal incorreta) *s.* 1 Erro de cronologia. 2 Algo que ocorre fora de seu contexto histórico; *e.g.,* uma pena de ganso num escritório moderno pode-se chamar anacronismo.

anacronismo *s.* Em literatura: discrepância entre a ordem dos acontecimentos e a ordem em que são narrados; uma retrospetiva (analepse) ou uma «antecipação» (prolepse).

anáfora (gr. ἀναφορά um trazer de volta, um levar de volta) *s.* 1 Em gramática e lógica: remeter; o uso de uma palavra como substituto para uma expressão precedente. Na frase *João comprou um carro e fiz o mesmo*, as palavras *fiz* e *mesmo* são usadas anaforicamente. O uso de pronomes na terceira pessoa é normalmente anafórico. 2 Em retórica: repetição da mesma expressão em orações sucessivas. Um exemplo é o uso de «abençoados» no Sermão da Montanha.

anagoge, anagogia (gr. ἀναγωγή preparar; levantar) *s.* 1 Interpretação espiritual ou alegórica de tipo edificante, especialmente das Escrituras. 2 Na silogística de Aristóteles: redução direta a um silogismo da primeira figura, por contraste com a *apagoge*, redução indireta.

analepse (gr. ἀνα- atrás + λῆψις tomada) *s.* Em literatura: relato do que aconteceu antes, retrospetiva.

análise (gr. ἀνάλυσις desmontagem, decomposição) *s.* 1 O processo de separar os constituintes de um todo e discernir o modo como se inter-relacionam. 2 O resultado deste processo.

Em filosofia: a *análise conceptual*, ou *análise filosófica*, é, em geral, o processo (ou o seu resultado) de explicar um conceito, uma crença, uma teoria, etc., chamando a atenção para os seus constituintes, os seus pressupostos, as suas implicações, etc. Isto pode por sua vez servir como base para uma avaliação crítica.

Por vezes, a análise filosófica é mais estritamente concebida como análise *redutiva*: mostrar como os conceitos, as crenças, as teorias, etc., podem ser reduzidos a elementos pertencentes a uma categoria básica. Um exemplo seria a análise de afirmações sobre um objeto físico em conjuntos de relatos sobre dados sensoriais.

As análises filosóficas podem tomar diferentes formas. Por vezes dá-se por garantido que todas têm a mesma forma básica, como: 1) *BC* é o mesmo que *A*; ou 2) *BC* é uma condição necessária e suficiente de *A*.

Um exemplo é esta análise do conceito de *viuvez*: *ser uma viúva* é o mesmo que *ser mulher* e *não* ser *casada* e *ter sido casada* e *ter o seu último casamento terminado pela morte do marido*.

Outro exemplo é esta análise do conceito de *validade*: um argumento é *válido* se, e só se, *for impossível que todas as suas premissas sejam verdadeiras e que a sua conclusão seja falsa*.

Mas é um erro pensar que todas as análises filosóficas seguem tais padrões. Por exemplo, a análise das afirmações de dever como tendo essencialmente uma força motivadora não pode ser acomodada a este modelo.

Em psicologia: psicanálise.

Em matemática: o cálculo diferencial e integral foi também outrora denominado «análise infinitesimal». No uso matemático corrente, a análise é o ramo que lida com os limites de funções, sequências e séries.

análise não canónica Uma teoria matemática concebida por Abraham Robinson (1918-1974). Skolem concebera modelos não canónicos da teoria de primeira ordem da aritmética elementar e Robinson mostrou como o mesmo procedimento pode ser usado para obter modelos não canónicos de uma teoria de primeira ordem dos números reais. Estes modelos contêm, juntamente com os números reais, infinitesimais com as propriedades consideradas pelos matemáticos dos séculos XVII e XVIII, mas não sujeitos às objeções cogentes que Berkeley, em *The Analyst* (1734) levantou especialmente contra o uso que Newton fez dos infinitesimais.

Analítica Na *Kritik der reinen Vernunft* (1781, 1787) (*Crítica da Razão Pura* 2008) de Kant, a Analítica Transcendental é a parte na secção da Lógica Transcendental que investiga os princípios *a priori* que determinam o âmbito e legitimidade das operações mentais, enquanto a Dialética Transcendental é a parte que lida com os sofismas e ilusões a que a mente humana é atreita. Kant adotou estes termos a partir da lógica do seu tempo, em que a parte chamada «analítica» formula testes (negativos) de verdade, e a parte chamada «dialética» explica como surgem o erro e o sofisma.

Analítica Transcendental Ver ESTÉTICA TRANSCENDENTAL.

analítico *adj*. A distinção importante entre *analítico* e *sintético* foi antecipada em Locke e Leibniz, mas a terminologia corrente foi introduzida por Kant. As suas definições são: uma afirmação analítica é aquela em que o predicado está contido no conceito do sujeito. Uma afirmação sintética é aquela em que o predicado não está contido no conceito do sujeito. Exemplos: *Todas as rosas vermelhas são vermelhas* é analítica, uma vez que o predicado *vermelho* está contido no conceito *rosas vermelhas*. *Todos os solteiros são não casados* é analítica, uma vez que se pressupõe que o predicado *não casado* está contido no conceito de *solteiro*.

Numa afirmação sintética, o predicado acrescenta algo novo. Por exemplo, *Todas as rosas são vermelhas* é sintética, uma vez que o predicado *vermelho* não está contido no conceito de *rosa*. Mais uma vez, *Todos os solteiros são felizes* é sintética, uma vez que o predicado *feliz* não está contido no conceito *solteiro*.

Note-se que a formulação de Kant é «... contido no *conceito do* sujeito», e não simplesmente «... contido no sujeito». A razão é que, na sua terminologia, o predicado está contido no sujeito em *todas* as afirmações verdadeiras, mas está contido no conceito do sujeito apenas em *algumas* afirmações verdadeiras, *i.e.*, nas analíticas.

As definições de Kant aplicam-se apenas a afirmações sujeito-predicado. As definições mais recentes aplicam-se também a afirmações de outros tipos, *e.g.*, «Uma afirmação analítica é aquela que é verdadeira em virtude do seu significado». Todas as afirmações que são analíticas no sentido kantiano também o são no sentido moderno, e todas as que são sintéticas no sentido kantiano também o são no sentido moderno.

Uma afirmação analítica não pode ser negada sem autocontradição; uma afirmação sintética pode. Assim, se uma afirmação é analítica, é logicamente necessária, e se é sintética, é logicamente contingente.

A distinção foi posta em causa na filosofia contemporânea. Um dos ataques iniciais bem conhecidos foi o de W. V. O. Quine no famoso artigo «Two Dogmas of Empiricism», em *Philosophical Review* 60 (1951), reimpresso em *From a Logical Point of View*, 1953.

Analíticos *s*. Os *Analíticos Anteriores* e os *Analíticos Posteriores* de Aristóteles são duas obras sobre lógica, constituindo a terceira parte do seu *Organon*. A primeira contém a sua teoria do silogismo, a última a sua teoria do conhecimento científico e da demonstração, definições, e origem do conhecimento.

analogia *s*. Similaridade, semelhança.

Um dos usos deste conceito dá-se nas tentativas de explicar como as afirmações religiosas podem fazer sentido. O problema é que se as nossas palavras são usadas no sentido comum, Deus é reduzido a proporções humanas, mas se não o são, que sentido podem fazer? Uma importante discussão encontra-se em Tomás de Aquino, *Suma Teológica* 1.ª, q. 13, 5 e 6: alguns predicados, todos eles negativos, aplicam-se univocamente a Deus, *e.g.*, «eterno», «simples». Mas na sua maior parte, os predicados não são aplicados a Deus unívoca nem equivocamente, mas por analogia. A *analogia do ser* é baseada na ideia de que Deus, sendo a causa de seja o que for que há de bom num tipo de coisa, pode ser descrito pelo predicado que exprime a perfeição nesse tipo de coisa. Distinta desta é a *analogia da proporção*: Deus está para o homem como um pastor para as suas ovelhas.

analogia entis lat. analogia do ser.

analogias da experiência Esta é a designação kantiana (*Kritik der reinen*

Vernunft B 218-B 265; *Prolegomena* 57) de três princípios *a priori* que são pressupostos para todo o conhecimento empírico: 1) que há algo permanente subjacente a cada mudança; 2) que nada do que acontece pode ser precedido por «tempo vazio», *i.e.*, que todo o acontecimento tem uma causa (B 237); 3) que todas as coisas percecionadas como coexistentes no espaço interagem.

Kant chamou a estes princípios «analogias», porque a «inferência» a partir da perceção de certas qualidades para uma substância à qual são inerentes, ou a partir de um acontecimento para uma causa antecedente, etc., se assemelha a inferências por analogia.

analysandum (*sing.*); ***analysanda*** (*pl.*) lat. *s.* O que há a analisar.

analysans lat. *s.* Aquilo que dá a análise de um *analysandum*.

anamnese (gr. ἀνάμνησις rememorar, relembrar) *s.* No diálogo de Platão *Ménon* (80ᵉ-86ᶜ), um rapaz escravo sem instrução é capaz de exibir conhecimento geométrico simplesmente respondendo a perguntas que Sócrates lhe faz. A explicação proposta é que o rapaz já tinha este conhecimento embora dele não estivesse ciente, e que as perguntas de Sócrates apenas o ajudaram a trazer este conhecimento à consciência. Na verdade, a rememoração é invocada para explicar a nossa capacidade de raciocinar logicamente. No diálogo *Fédon* (72ᵉ-77ᵃ) argumenta-se que temos ideias de vários tipos de perfeição que não podem basear-se na experiência, uma vez que nada no mundo de que temos experiência é perfeito; pelo que a rememoração é invocada para explicar a nossa compreensão de certos conceitos que não são adequadamente exemplificados na experiência. Em ambos os passos Platão sugere que a alma se recorda do que já viu ou aprendeu numa existência anterior, mas não neste mundo.

anancásticas, frases Representam algo como necessário (praticamente, tecnicamente, moralmente, factualmente). O termo foi introduzido por G. H. von Wright em *Varieties of Goodness* (1963).

ananke gr. ἀνάγκη necessidade.

anarquia *s.* 1 Condição de desordem social e política (especialmente se devida à ausência de controlo governamental). 2 Condição política defendida pelo anarquismo.

anarquismo (gr. ἀν- prefixo privativo + ἀρχή regra, poder regente) *s.* Uma teoria ou movimento político que interpreta os ideais da liberdade humana e igualdade de uma maneira muito estrita, de modo a excluir todas as relações de dominação; particularmente importante é a recusa de aceitar a legitimidade do poder de Estado. Todas as estruturas políticas em que há governantes e governados, todas as relações de autoridade e subordinação, são rejeitadas como injustas e com fundamento último na força bruta. As instituições políticas e económicas, fundamentalmente organizadas ou protegidas pelo poder do Estado, são para abolir. Ao invés, a organização social deveria basear-se em pequenas comunidades autónomas em que os indivíduos cooperam livremente em prol de objetivos comuns e participam em formas cooperativas de produção. Só em tais condições podem os seres humanos prosperar e alcançar o seu pleno potencial.

Pode-se remontar o anarquismo moderno à obra de William Godwin, *An* anarquismo

Enquiry Concerning the Principles of Political Justice (1793), 3.ª ed. rev. 1798. Proudhon, o primeiro a usar o termo, ligava o ideal anarquista à abolição da propriedade privada. Bakunine (1814--1876) foi outro dos primeiros anarquistas importantes. Desde o começo, o antiautoritarismo anarquista levou a conflitos teóricos e políticos com o socialismo e o comunismo. A hostilidade perante as estruturas de dominação existentes também fez alguns grupos anarquistas recorrerem à «propaganda pelos atos» (*i.e.,* atos de terrorismo). Como movimento político, o anarquismo esteve provavelmente na sua maior força no período de 1871-1914.

Há também variantes libertárias de anarquismo, menos radicais, que defendem um Estado mínimo que proporciona margem de ação máxima à iniciativa privada e à livre concorrência.

Leituras: Ideias deste tipo são propostas, por exemplo, em R. P. Wolff, *In Defense of Anarchism*, ed. rev. 1998, e Robert Nozick, *Anarchy, State and Utopia* 1974 (*Anarquia, Estado e Utopia* 2009).

anatomia No uso antigo: processo ou resultado de dissecar um corpo. «A anatomia de um homem […] descobre [*i.e.,* revela] mais de 600 músculos diferentes […]», Hume, *Dialogues concerning Natural Religion* 1779, cap. 11 (*Diálogos sobre a Religião Natural* 2005).

anatómico (gr. ἀν- prefixo privativo + ἄτομος indivisível) *adj.* Uma propriedade anatómica é necessariamente partilhada: não pode ser tida em exclusivo. *Ser um irmão* é anatómico, visto que é impossível que exatamente uma pessoa seja um irmão. Por contraste, uma propriedade «atómica» pode pertencer a uma só coisa.

Este uso ocorre em J. Fodor e E. LePore, *Holism: A Shopper's Guide* (1992).

Anaxágoras de Clazómenas (*c.* 500--428 a.C.; gr. Ἀναξαγόρας) Anaxágoras fez pela primeira vez da Mente um princípio de explicação filosófica. Depois de passar trinta anos em Atenas, associado a Péricles, entre outros importantes líderes políticos, retirou-se para Lâmpsaco para fugir a uma acusação de impiedade. A sua filosofia foi uma tentativa de fornecer uma base adequada para a filosofia natural perante as objeções de Parménides. Aceitando de Parménides o princípio 1) de que nada é gerado ou destruído, defende a realidade da mudança sustentando 2) que há uma mistura universal de tudo em tudo, 3) que a matéria é infinitamente divisível e 4) que seja o que for que predomina numa dada mistura determina o caráter dessa mistura.

Como não há geração nem destruição, toda a substância que encontramos na experiência tem de existir sempre; quando uma substância parece transformar-se noutra, *e.g.,* quando a água parece transformar-se em ar pela evaporação, aquilo que realmente testemunhamos é a emergência ou «separação» de uma segunda substância previamente contida na primeira: o ar já estava na água. Como a água predominava na mistura, não percecionámos o ar, mas não obstante estava lá. E como qualquer substância pode acabar por produzir qualquer outra, temos de supor que há vestígios de qualquer substância em todas as outras substâncias. Deste ponto de vista tem de haver um elemento correspondente a cada tipo de substância que percecionamos: água, ar, sangue, osso, etc. Apesar de a teoria física de Anaxágoras ser menos económica do que a do seu contemporâneo Empédocles, que trabalha com apenas quatro elementos, Anaxágoras pode afirmar que satisfaz melhor as exigências de Parménides porque não exige a geração de novas substâncias a partir dos elementos, como na teoria de Empédocles.

Como a maioria dos seus contemporâneos, Anaxágoras procurou descrever a origem e natureza do universo. Postulou um caos inicial em que nenhuma substância distinta era discernível, mas que continha «sementes» de todas as coisas. Além da mistura das substâncias havia o Espírito (*nous*), que, embora tendo extensão espacial, não se mistura com qualquer outra coisa, mas tem um princípio de autorregência e o poder para controlar as substâncias físicas. A Mente iniciou um movimento circular que separou as substâncias em diferentes regiões, formando uma Terra discoide rodeada por céus que se moviam num movimento em vórtice. A velocidade do vórtice apanhou rochas e fê-las brilhar pela sua fricção, produzindo os corpos celestes. A explicação naturalista que Anaxágoras deu dos corpos celestes parece ter motivado a acusação de impiedade de que foi alvo.

Anaxágoras sustentava que a Mente ordenava todas as coisas, do passado, presente ou futuro. Platão e Aristóteles louvaram Anaxágoras por fazer a Mente a causa da ordem no universo, mas criticaram-no por não conseguir explorar a sua ideia sagaz, pois apelava a causas mecânicas em vez de a razões e propósitos para descrever como o universo surgiu. Não obstante, fez pela primeira vez uma distinção categorial entre a mente e a matéria, e atribuiu um papel causal essencial à mente. DG

Anaximandro (*c.* 612-545 a.C.; gr. Ἀναξίμανδρος) O segundo principal filósofo da Grécia antiga, natural de Mileto e sucessor de Tales. Como Tales, pensou que havia uma única fonte material de todas as coisas, mas pensava que não se tratava de qualquer elemento determinado: era o *APEIRON* ou ilimitado. O mundo surgiu quando algo que produz calor e frio foi cindido, surgindo daí a Terra, rodeada de nevoeiro e uma parede de fogo. O fogo separou-se em anéis concêntricos rodeados por nevoeiro; através de buracos no nevoeiro vemos a luz das estrelas (no anel ou faixa mais próxima da Terra), a Lua (anel mediano) e o Sol (anel exterior). Uma Terra discoide está em equilíbrio no centro por causa da simetria do mundo. As estações surgem da predominância de poderes quentes ou frios, húmidos ou secos; estes poderes começam a existir a partir dos seus opostos e dissolvem-se neles segundo uma ordem determinada pela avaliação do Tempo, um agente quase personificado. Anaximandro desenhou um mapa da Terra e explicou fenómenos meteorológicos apelando a poderes e processos naturais. Também explicou o surgimento da vida por um simples processo evolutivo. Com as suas conjeturas audazes, Anaximandro parece ter estabelecido a tónica e definido o conteúdo da filosofia grega antiga. DG

Leitura: Robert Hahn, *Anaximander and the Architects* 2001: Charles H. Kahn, *Anaximander and the Origins of Greek Cosmology* (1960) 1994.

Anaxímenes de Mileto (*fl. c.* 545 a.C.; gr. Ἀναξιμένης) Terceiro principal filósofo da Grécia antiga. Como Tales e Anaximandro, era natural de Mileto. Sustentou que a matéria original do universo era o ar. Quando o ar é rarefeito torna-se fogo; quando é condensado ou «pressionado» torna-se sucessivamente vento, nuvens, água, terra e pedras. Uma Terra plana viaja numa almofada de ar, enquanto os céus giram em seu redor como uma boina de feltro. O cosmo está rodeado por uma extensão ilimitada de ar, que é divino, e pode controlar o mundo, dado que o ar é o princípio da vida que controla os humanos. Anaxímenes usa a sua teoria física para explicar fenómenos meteorológicos e geológicos. A sua noção de rarefação e condensação como princípios de transformação física apontam para uma abordagem científica da natureza. DG

Leitura: D. W. Graham, «A New Look at Anaximenes», *History of Philosophy Quarterly* 20 (2003).

Anderson, John (1893-1962) Filósofo escocês-australiano. Nascido em Lanarkshire, tendo estudado na Universidade de Glasgow, a princípio matemática e filosofia natural (*i.e.*, física) e depois filosofia, foi nomeado professor de Filosofia em Sydney em 1927, depois de lecionar em universidades galesas e escocesas.

Sob a influência de Edward Caird, Glasgow fora um centro promotor de um hegelianismo tolerante de base ampla, mas na altura em que chegou à Austrália Anderson era um realista, positivista, marxista e empirista. Este último era um sentido especial, pois Anderson rejeitava tanto a distinção clássica entre proposições analíticas e sintéticas como o ponto de vista de que a experiência imediata que temos é de dados sensoriais elementares. Tal «empirismo», segundo argumentou, devia antes ser descrito como «racionalismo» na medida em que era uma procura da certeza, ainda que procurasse essa certeza na nossa experiência dos dados sensoriais em vez de em primeiros princípios. Na verdade, não temos experiência senão de estados de coisas complexos, situações acerca das quais, em virtude da sua infinita complexidade, podemos sempre estar enganados. Ao denominar-se «empirista» afirmava que não temos qualquer outra fonte de informação acerca destes estados de coisas senão a que conseguimos retirar da observação e da investigação empírica, mesmo que nunca de maneira a excluir o risco de erro.

A sua ontologia era em termos gerais heraclitiana. As coisas persistem na medida em que há um grau de equilíbrio entre as forças que as constituem: isto verifica-se tanto a respeito da mente, em que o conflito se dá entre as paixões, e da sociedade, onde se dá entre movimentos sociais, como no mundo em geral. Não há entidades livres de conflito seja na forma de Deus, egos ou sociedades. Rompeu com o marxismo para ver no conflito algo simultaneamente perpétuo e desejável.

Na sua ética, como na estética, Anderson defendeu o objetivismo. Algumas formas de atividade humana têm a propriedade de ser boas, algumas obras de arte a de ser belas. Em lógica, Anderson defendeu uma versão consideravelmente elaborada da lógica tradicional; em matemática, uma versão empirista. Entre os seus alunos mais bem conhecidos incluem-se John Mackie, David Armstrong e John Passmore, mas Anderson granjeou também a atenção de pensadores políticos e jurídicos e de antropólogos. Enquanto Platão via os filósofos como potenciais reis, Anderson via-os como críticos perpétuos.

Polemista inveterado e professor consciencioso de turmas vastas, Anderson não publicou qualquer obra substancial. A sua influência exerceu-se sobretudo através das suas aulas; mas pode-se captar as linhas gerais dos seus pontos de vista nos ensaios sucintos publicados em *Studies in Empirical Philosophy* (1962), *Education and Inquiry* (1980) e *Art and Reality* (1982). JP

Ver também *Space-Time and the Proposition* (2005).

andreia gr. ανδρεία virilidade, bravura, valentia, coragem. *s.* Uma das quatro VIRTUDES CARDEAIS.

androcentrismo (gr. ἀνήρ homem) *s.* Preconceito machista; ênfase nos interesses ou pontos de vista masculinos. Cf. GINOCENTRISMO.

androginia (gr. ἀνήρ homem; γυνή mulher) *s.* Hermafroditismo; identidade sexual incerta, combinando características masculinas e femininas.

Em teoria feminista, a palavra é muitas vezes usada para significar uma condição livre de género, *i.e.*, ausência de diferenças socialmente induzidas entre os sexos. Neste uso, diz-se que os guardiães na república de Platão têm um caráter andrógino no sentido de que os machos e as fêmeas têm a mesma educação, estilo de vida e virtudes. A psicologia jungiana é outra área na qual o conceito é importante.

a necesse ad esse valet consequentia lat. A inferência a partir do necessário para o efetivo é válida. Como axioma na lógica modal, a este princípio se chama por vezes «axioma da necessidade»; na dedução natural, é a regra da eliminação da necessidade. *Ver também* MODALIDADES.

anfibolia (gr. ἀμφίβολος arremessar em duas direções, também anfibologia) *s.* Equívoco, ambiguidade. Aristóteles distinguiu (*Refutações Sofísticas* 4, 106ª22) a anfibologia, *i.e.*, a ambiguidade sintática, daquilo a que chamou homonímia, *i.e.*, a ambiguidade semântica.

Num apêndice à Analítica Transcendental na *Kritik der reinen Vernunft* 1781, 1787 (*Crítica da Razão Pura* 2008), Kant discute a «anfibologia dos conceitos da reflexão». Estes são os conceitos de identidade/diferença; compatibilidade/oposição; interno/externo; matéria/forma. Quando estes conceitos são aplicados, temos de tornar claro se os relacionamos com o domínio do intelecto ou com o domínio dos fenómenos. A falta de clareza neste ponto conduz à confusão, e é, do ponto de vista de Kant, uma imperfeição na metafísica de Leibniz.

Angst (alm. ansiedade, angústia, terror) *s.* Como outras disposições, a ansiedade não tem objeto intencional, por contraste com, por exemplo, o medo, que é medo *de* algo. Foi introduzida como tópico filosófico por Kierkegaard na obra intitulada «O Conceito de Angústia», em dinamarquês *Begrebet Angest* (1844). É o estado de espírito de uma pessoa que se apercebe de que pode usar a sua liberdade, quando o caminho que pode ser escolhido não é compreendido e no entanto exerce uma atração. Em Heidegger, é o estado de espírito que surge ao contemplar o puro nada, o que é exemplificado pela morte, quando o modo canónico de olhar para o mundo perde o seu caráter óbvio. É possível que se deva interpretar isto como sugerindo que *Angst* é o estado de espírito que surge quando nos apercebemos do facto de que o enquadramento que tomamos por garantido quando nos vemos a nós próprios como existindo no mundo não é dado de uma vez para sempre: a ansiedade surge do pensamento de que o enquadramento que usamos para dar sentido a nós próprios e ao mundo no qual nos vemos inseridos não é o único possível.

animismo (lat. *anima* fôlego, princípio vital; alma, espírito) *s.* Crença de que os objetos materiais e o ambiente físico estão imbuídos de um tipo de alma ou espírito. O termo foi introduzido pelo antropólogo E. B. Taylor (1832-1917) para designar aquilo que considerava a fase inicial da evolução da religião, comum entre os povos primitivos. Para as teorias filosóficas de que toda a matéria contém um elemento mental, o termo *pampsiquismo* é mais apropriado.

anomia (fr. *anomie*, do privativo grego α- e νόμος lei, ordem) *s*. **1** Condição em que os vínculos sociais tradicionais e as ligações pessoais foram dissolvidos e com eles o sentimento de pertença que o indivíduo tem perante a sociedade. Um aumento na proporção de crimes e suicídios é um sintoma desta condição. O uso da palavra neste sentido fixou-se através dos escritos de Émile Durkheim publicados na década de 1890, especialmente o seu *Le Suicide* (1897) (*O Suicídio* 2000). **2** O termo fora, todavia, criado antes, tendo recebido um sentido mais favorável (agora obsoleto) por Jean Guyau em *Esquisse d'une morale sans obligation ni sanction* (1885) para designar a característica essencial da moralidade do futuro: o indivíduo não seria mais oprimido por uma moralidade legalista que estabelece deveres com castigos para o seu incumprimento. Ao invés, a mais elevada moralidade do futuro seria orientada por valores ideais livremente adotados pelo indivíduo. *Ver também* ANTINOMIANISMO.

Anschauung alm. um olhar sobre *s*. **1** Ponto de vista, opinião, conceção. *Weltanschauung* = mundividência; *Lebensanschauung* = filosofia de vida: *i.e.*, um ponto de vista sobre o sentido da vida e o destino do homem. **2** Intuição; aperceção imediata, perceção imediata.

A palavra é usada por Kant e muitos outros como equivalente do latim *intuitio*. Na *Kritik der reinen Vernunft* (1781, 1787) (*Crítica da Razão Pura* 2008), o espaço e o tempo são a forma da *Anschauung* sensível (*i.e.*, das nossas experiências sensoriais). Os tradutores de Kant e Hegel usam regularmente *intuição* como seu equivalente.

Anscombe, Elizabeth (1919-2001) Pertenceu ao círculo íntimo de Wittgenstein e teve uma cátedra em Cambridge, de 1970 a 1986. O seu próprio trabalho, muito do qual contra a corrente, abrange a ética, a filosofia da mente, a filosofia da religião, e é célebre pela sua penetração analítica e por uma forte tendência absolutista antiutilitarista sobre certas questões de ética. Argumentou que a filosofia moral moderna (num ensaio de 1958 com esse título) se encontra num estado de profunda confusão, pois rejeita a noção de um Deus legislador, e no entanto funciona com noções como «dever moral» e «moralmente errado» que não fazem qualquer sentido sem um tal legislador, promovendo o regresso a Aristóteles e o abandono da compreensão legalista da ética. Anscombe traduziu a obra de Wittgenstein *Philosophische Untersuchungen* (1953), e foi a autora de *Intention* (1957), *Three Philosophers* (1963) (juntamente com o seu marido P. T. Geach), e um número considerável de ensaios que se pode encontrar em *Collected Papers*, 3 vols., 1981, e *Human Life, Action and Ethics* 2005.

Anselmo de Cantuária (1033-1109) Cognome latino: *Doctor Marianus*. Nascido em Aosta, Itália, Anselmo tornou-se monge e depois abade de Bec, na Normandia, e em 1093 arcebispo de Cantuária. De 1070 em diante produziu uma série de tratados sobre problemas importantes em teologia e aquilo a que se chamaria hoje filosofia da religião. Nestes se incluía uma explicação ousadamente inovadora da razão por que Deus se tornou homem (*Cur Deus Homo*), e discussões da verdade, justiça, pecado, livre-arbítrio e da Trindade. Embora Anselmo fosse profundamente influenciado pelos Padres da Igreja (especialmente Agostinho) e pelas Escrituras, nunca o ostenta. Os seus tratados, por vezes em forma de diálogo, parecem reflexões que consideram um assunto a partir de primeiros princípios. Há uma simplicidade enganadora no seu estilo que frequentemente disfarça uma lógica sofisticada e rigorosa. Uma breve monografia, *De grammatico*, mostra mais explicitamente o interesse de Anselmo pelos problemas lógicos levantados pelas *Categorias* de Aristóteles e pela teoria do significado.

Anselmo é sobretudo conhecido pelos filósofos como o autor do famoso ARGUMENTO ONTOLÓGICO a favor da existência de Deus, proposto perto do início do seu *Proslogion*. Deus, segundo afirma Anselmo, é aquilo mais grandioso do que nada pode ser pensado. Suponhamos que alguém nega que Deus existe – *i.e.*, que existe na realidade: ainda assim, pode compreender o conceito daquilo mais grandioso do que o qual nada pode ser pensado. Aquilo mais grandioso do que o qual nada pode ser pensado existe, portanto, na sua mente. Mas, argumenta Anselmo, é mais grandioso existir na realidade e na mente, do que existir apenas na mente. Se aquilo mais grandioso do que o qual nada pode ser pensado existisse apenas na mente, poder-se-ia pensar em algo semelhante em tudo exceto que existiria na realidade bem como no pensamento. Seria portanto mais grandioso. Mas não pode ser este o caso, se se trata daquilo mais grandioso do que o qual nada pode ser pensado. Logo, aquilo mais grandioso do que o qual nada pode ser pensado tem de existir tanto na mente como na realidade, de contrário não seria aquilo mais grandioso do que o qual nada pode ser pensado.

O argumento ontológico foi discutido em toda a Idade Média e posteriormente. Tomás rejeitou-o, observando que a existência de Deus não é, como o argumento sugere, em si mesmo evidente. Duns Escoto aceitou uma versão muito modificada e sofisticada do argumento. Descartes fez da sua própria adaptação peculiar do argumento uma das bases do seu pensamento, ao passo que Kant o rejeitou. Cinco euros são mais grandiosos do que três euros; mas é errado, advertiu Kant, afirmar que cinco euros reais são mais grandiosos do que cinco euros imaginários. O argumento ontológico assenta neste tipo de raciocínio, em que a existência é tratada como uma perfeição. Alguns filósofos novecentistas, todavia, reformularam o argumento de maneiras que não estão sujeitas a esta objeção, e o argumento de Anselmo continua a ter interesse para os lógicos modais e os filósofos da religião. JM

Algumas traduções: Proslogion 1996; *Por Que Deus se Fez Homem?* 2003. Leitura: *The Cambridge Companion to Anselm* 2005.

an sich/für sich Ver EM SI.

antecedentalismo *s.* Teorias morais segundo as quais as circunstâncias antecedentes podem ser relevantes para determinar se uma ação é ou não correta. Pode-se contrastar tais teorias morais com o consequencialismo, segundo o qual só o valor das consequências de uma ação determina se esta é ou não correta.

A diferença pode ser ilustrada do seguinte modo. De um ponto de vista antecedencialista, o audaz salvador de uma vítima de acidente encurralada *merece* uma recompensa, e esta é a razão pela qual é correto oferecer uma recompensa. De um ponto de vista consequencialista, as considerações retrospetivas são, como tais, irrelevantes: é correto oferecer uma recompensa se, e só se, fazê-lo terá, em geral, consequências benéficas.

Trata-se de um neologismo introduzido em finais da década de 1980 como termo contrastante a «consequencialismo», mas raramente é usado. Há também uma forma variante, «antecedentismo».

antecedente *s.* A oração numa afirmação condicional que formula a condição. Numa condicional com a forma *se p, então q*, *p* é a antecedente. À outra afirmação, *q*, chama-se «consequente».

No cálculo de sequentes de Gentzen, a parte à esquerda num sequente chama-se «antecedente», e a parte à direita chama-se a *sucedente*. À regra do MODUS PONENS chama-se por vezes «regra da afirmação da antecedente». Há uma falácia conhecida como NEGAÇÃO DA ANTECEDENTE.

antecipações da perceção Sob esta designação, Kant (*Kritik der Reinen Vernunft* B207-B218) formula um princípio *a priori* da experiência: em cada perceção, o real que é objeto de sensação tem uma certa magnitude intensiva, *i.e.*, um certo grau.

antífase (gr. ἀντί- contra + φάσις discurso, dicção) *s.* **1** Contradição; a afirmação (κατάφασις) e negação (ἀπόφασις) da mesma proposição. **2** A contraditória; negação de uma dada proposição.

anti-humanismo *s.* Em geral, um ponto de vista que rejeita o humanismo (em qualquer dos muitos sentidos desse termo). Em particular, o *anti-humanismo* tem sido usado desde a década de 1960 para referir o ponto de vista sustentado por intelectuais franceses proeminentes (estruturalistas, althusserianos), de que a liberdade humana é em grande medida ilusória. A ação humana é determinada por estruturas (sociais, económicas, linguísticas) sobre as quais nenhum indivíduo pode ter controlo. O último Heidegger entendia o humanismo, representado por Descartes e Sartre, entre outros, como «autocentrado» e rejeitou-o a favor de uma atitude de «abertura, atenção, ao Ser». *Ver também* HUMANISMO.

antilogismo *s.* **1** Um grupo de três proposições $\{p_1, p_2, \text{não } q\}$ tal que a verdade conjunta de quaisquer duas delas envolve a falsidade da terceira. O termo foi introduzido neste sentido por Christine Ladd-Franklin. Permite uma formulação muito sucinta de um critério para a validade de uma forma silogística. Sejam p_1, p_2 e q proposições categóricas. O argumento silogístico

$$\frac{p_1 \quad p_2}{q}$$

é válido se, e só se, $\{p_1, p_2, \text{não } q\}$ for um antilogismo. **2** Mais em geral, o antilogismo de um argumento silogístico que parte das premissas $p_1, \ldots p_n$ para concluir q foi definido como o grupo de n + 1 proposições $\{p_1, \ldots p_n, \text{não } q\}$.

antinomia (gr. ἀντί- contra + νόμος lei) *s.* **1** Na lógica moderna, uma conclusão logicamente impossível, estabelecida por uma demonstração aparentemente correta. Frank Ramsey (1903-1930) distinguiu antinomias semânticas – cuja formulação exige noções como nomear, significado, verdade – de antinomias lógicas ou de teoria de conjuntos. *O Mentiroso, o paradoxo de Grelling* e *o paradoxo de Richard* são normalmente considerados antinomias semânticas, enquanto as antinomias de *Russell, Cantor* e de *Burali-Forti* pertencem ao tipo lógico. A palavra «paradoxo» é também usada frequentemente para estas antinomias. Leitura: S. Read, *Thinking about Logic* 1995.

2 Na secção intitulada Dialética Transcendental da *Kritik der reinen Vernunft* 1781, 1787, B432-B595 (*Crítica da Razão Pura* 2008), Kant apresenta quatro antinomias: quatro pares de teses e antíteses, das quais se fornece em simultâneo demonstrações. (Kant também se lhes refere coletivamente no singular, como «a antinomia da pura razão».) A primeira tese é a de que o mundo tem um começo no tempo e é limitado no espaço. A segunda tese é a de que há substâncias últimas simples. A terceira tese é a de que nem tudo no mundo é determinado por causas naturais, *i.e.,* há liberdade. A quarta tese é a de que existe um ser absolutamente necessário, *i.e.,* que nem tudo existe contingentemente. Cada uma das quatro teses exprime uma exigência da razão em encontrar uma base última para tudo o que é condicionado (*e.g.,* uma Primeira Causa), e a antítese em cada caso exprime uma exigência da razão em considerar que toda a condição está por sua vez condicionada (*e.g.,* considerar cada causa por sua vez como efeito de outra coisa). Kant resolve as antinomias afirmando que em cada antinomia se pode pensar que uma das duas afirmações em conflito se aplica a fenómenos (as coisas tal como nos aparecem), a outra a númenos (as coisas tal como são em si). De um modo semelhante, apresenta uma antinomia da razão prática na sua *Crítica da Razão Prática,* e mais duas ainda na *Crítica da Faculdade do Juízo.*

antinomianismo (gr. ἀντί- contra + νόμος lei) *s.* O ponto de vista de que as leis não podem determinar que conduta é a correta: o que é correto torna-se evidente aos indivíduos quando consultam a sua consciência.

Este ponto de vista tem sido amiúde combinado com a doutrina de que aqueles que receberam a graça divina se encontram num estado de perfeição sem pecado. Pelo que estão isentos da lei e não podem praticar qualquer mal. Esta é uma interpretação da doutrina paulista de que a lei foi superada pelo Evangelho. Embora adotada por alguns indivíduos e seitas cristãos, é amplamente rejeitada por todas as principais igrejas. Os sectários antinomianistas obscureceram amiúde a distinção entre a liberdade e a licenciosidade.

antinomismo (gr. ἀντί- contra + νόμος lei) *s.* Tipo de filosofia, ou atitude intelectual mais geral, na qual se pretende usar ANTINOMIAS, ou oposições supostamente presentes no pensamento alheio, para daí retirar uma conclusão cética, mística ou em geral contrária à possibilidade de uma compreensão genuína das coisas. *Ver* CETICISMO; ZEN. DM

Antíoco de Ascalão (*c.* 125-68 a.C.) Sob a liderança de Antíoco, a Academia fez um desvio do ceticismo para o platonismo. Era anticético e argumentou que as diferenças entre as doutrinas de Platão, Aristóteles e dos estoicos não eram essenciais. A sua teoria do conhecimento ganhou expressão através de «Lúculo» em *Academica,* de Cícero, e as suas ideias morais no Livro 5 de *De finibus.* HT/dir.

antirrealismo *s.* Em geral, um ponto de vista que rejeita o realismo (em qualquer dos muitos sentidos desse termo). Em particular, o *antirrealismo* (inicialmente também denominado *construtivismo*) tem sido usado desde a década de 1960 como nome do ponto de vista segundo o qual não se pode considerar uma afirmação verdadeira ou falsa se os indícios a favor ou contra a mesma estiverem em princípio indisponíveis. Por outras palavras, o antirrealismo neste sentido é a rejeição do princípio da bivalência para uma certa classe de afirmações. Um representante proeminente é Michael DUMMETT. Pode-se assim entender que o antirrealismo sugere que toda a verdade pode ser conhecida e que se não é possível saber se é ou não verdade que *p*, então *p* não pode ser verdadeira. *Ver também* VERIFICACIONISMO.

antissimétrica *adj.* *Ver* SIMÉTRICA.

Antístenes (*c.* 445-360 a.C.; gr. Ἀντισθένης) Amigo de Sócrates, considerado o fundador da Escola CÍNICA. Só alguns fragmentos dos seus muitos escritos chegaram até nós. Sustentou o ponto de vista, mais tarde adotado pelos estoicos, de que uma vez obtida a sabedoria não se pode perdê-la, e de que os verdadeiros sábios (que são obviamente escassos) não podem jamais agir tolamente. Usou Hércules como símbolo da vida ideal: *agir* bem, especialmente na superação da adversidade, é a virtude e produz felicidade.

antítese (gr. ἀντί- contra + θέσις posição; proposição) *s.* 1 Uma afirmação oposta: contrária ou contraditória. 2 Em retórica: contraste impressionante; expressão que contém uma justaposição equilibrada de duas ideias contrastantes.

Cada uma das quatro antinomias (ANTINOMIA) discutidas por Kant consiste em duas proposições: uma tese e uma antítese. Na filosofia de Hegel, os termos «tese» e «antítese» aplicam-se não só a proposições mas também a forças históricas ou sociais em conflito entre si. Tais conflitos, chamados «contradições» na filosofia hegeliana, chegam a uma resolução numa síntese em que os elementos conflituantes foram absorvidos.

antónima *s.* Palavra oposta a outra em significado. Por exemplo, *interno* e *externo* são antónimas; assim como *sinónima* e *antónima*.

antropocentrismo (gr. ἄνθρωπος homem, ser humano + κένιρον centro) *s.* Conceção que coloca a humanidade no centro do universo; tendência a atribuir uma importância particular aos seres humanos e às preocupações humanas no esquema geral das coisas.

Esta tendência está presente em muitas mundividências religiosas ou filosóficas tradicionais, e nos primórdios da ciência. Exprime-se, por exemplo, no ponto de vista de que tudo na natureza existe em prol do homem. Na era moderna, a oposição a esta tendência tem aumentado. Um dos primeiros críticos importantes foi Espinosa.

antropofobia (gr. ἄνθρωπος homem, ser humano + φοβία medo, terror, horror) Em Kant: aversão pela companhia humana, embora compatível com a benevolência para com a humanidade. É assim que a palavra é definida por Kant na sua *Metafísica da Moral*, na secção 26 da Teoria da Virtude.

antropologia (gr. ἄνθρωπος homem, ser humano) *s.* Literalmente: a ciência do homem. Vários tipos de teoria e disciplina têm recebido esta designação: 1) Em antropologia filosófica: teoria da natureza humana; 2) Em antropologia física: o estudo científico das diferenças físicas entre membros de diferentes grupos humanos; 3) Em antropologia social: o estudo científico dos costumes sociais e instituições de grupos humanos e sociedades; normalmente definidos de modo mais estrito para denotar apenas o estudo das sociedades primitivas; 4) Em antropologia cultural: o estudo científico de culturas, especialmente de sociedades que não foram significativamente influenciadas pela civilização ocidental. Uma vertente importante (F. Boas, R. Benedict, M. Mead, R. Linton, A. Kardiner) deu especial ênfase à interação entre normas culturais e a emergência de certos tipos de personalidade.

antropologia filosófica A investigação ou teoria filosófica sobre a natureza humana.

antropomorfismo (gr. ἄνθρωπος homem, ser humano + μορφή feitio, forma) *s.* Atribuição de características humanas a seres não humanos. As conceções que representam Deus (ou os deuses) de modo intimamente semelhante a um ser humano são antropomórficas. O primeiro dos ataques conhecidos ao antropomorfismo religioso foi feito por Xenófanes.
Mais geralmente, designa-se «antropomórfico» o uso de conceitos que se aplicam apropriadamente apenas a seres humanos na descrição, interpretação e explicação do comportamento não humano (de animais, plantas, ecossistemas ou objetos inanimados). Foi G. H. Lewes (1817-1878), cônjuge da romancista George Eliot, quem introduziu este uso em finais da década de 1850.

antropomorfita *s.* Adepto de uma heresia do século IV que interpretava certas descrições bíblicas de Deus muito literalmente, e assim concebia Deus à imagem do homem.

antroposcopismo (gr. ἄνθρωπος homem, ser humano + σκοπιά um olhar sobre, observação) *s.* Perspetiva de que só os seres humanos são abrangidos pela teoria moral, e de que a relevância moral de entidades não humanas (animais, o ambiente) é indireta e secundária.
O uso da palavra neste sentido no início da década de 1990 é de viabilidade incerta. Num sentido diferente, *antroposcopia* foi usada no século XIX como sinónimo de *fisiognomia* (a arte de julgar o caráter de uma pessoa a partir de características físicas, sobretudo faciais).

antroposofia *s.* Um sistema exaustivo de ideias de tipo teosófico, desenvolvido por Rudolf Steiner (1861-1925). O seu objetivo é orientar o indivíduo, por meio de um processo de autodesenvolvimento, no sentido de recuperar o contacto com um mundo espiritual.

apagoge s. gr. ἀπαγωγή redução.

aparência *s.* Na filosofia kantiana e idealista, o termo é usado com sentido técnico. *Ver* FENÓMENO.

apatia (gr. ἀπάθεια de α- prefixo privativo + πάθος afeção, emoção) *s.* Um estado de distanciamento sereno ou indiferença em que não se é afetado pelas vicissitudes da vida; considerada pelos estoicos como a condição mais desejada, visto que, do seu ponto de vista, as emoções são irracionais e logo contrárias à natureza. Insistiram que não a devemos confundir com a mera frieza ou insensibilidade.

apeiron (gr. de α- prefixo privativo + πέρας fronteira, limite) *s.* O indeterminado, sem fronteiras, o ilimitado, o infinito. É a fonte última da realidade a partir da qual os seres definidos particulares emergem ao qual por fim regressam, segundo Anaximandro, como diz Aristóteles na sua *Física* 1, 3.

Apel, Karl-Otto /ˈaːpəl/ (n. 1922) Filósofo alemão, lecionou nas universidades de Kiel, Saarbrücken e, entre 1972 e 1990, em Frankfurt. A direção fundamental do esforço filosófico de Apel tem sido no sentido de uma versão modernizada da filosofia transcendental de Kant. Kant pretendia determinar as condições universais e necessárias do conhecimento empírico. Mas, do ponto de vista de Apel, o progresso da ciência desde o tempo de Kant mostrou que não é possível considerar que certas categorias (*e.g.,* causalidade) e formas da intuição (*e.g.,* o espaço tridimensional euclidiano) são universais e necessárias. Ao invés, o que se pode estabelecer são as condições universais e necessárias sob as quais se pode alcançar um acordo quando as pessoas fazem reivindicações de legitimidade opostas. Apel chama a esta transformação da abordagem kantiana «pragmática transcendental»: «transcendental» porque é o estudo de pressuposições universais e necessárias; «pragmática» porque os objetos de investigação são *atos* – atos de fala, tais como afirmar, negar, provar, refutar, etc.

Quando as pessoas entram em discussão de modo a chegar a um acordo sobre a verdade do assunto em causa, fazem as seguintes quatro afirmações importantes: 1) que aquilo que é dito faz sentido; 2) que é verdade; 3) que é sincero (*i.e.,* quem fala acredita que é verdade); 4) que é comunicado de um modo normativamente correto. Esta última condição, como Apel explicou, traz consigo um reconhecimento implícito da igualdade e autonomia de todos os interlocutores. Na verdade, Apel entende isto como uma sugestão de que quando participamos num discurso com outros, reconhecemos implicitamente a noção de uma *comunidade* de participantes em discurso – mesmo que isto seja um ideal regulador em vez de uma prática efetiva.

Apel, na esteira de Peirce, considera que afirmar a verdade (segunda condição acima), é afirmar que se poderia alcançar o acordo, em condições ideais e envolvendo todos os seres racionais possíveis. Resumindo: a verdade é o consenso universal a longo prazo. Este é um conceito limitador, como uma ideia reguladora kantiana – podemos mover-nos na direção do objetivo, mas nunca o alcançamos inteiramente.

Estes quatro pressupostos são necessários, no sentido de que a sua rejeição se refuta a si mesma, do mesmo modo que «eu não existo» é refutada (mas não contradita) pelo facto de eu o dizer. Apel usa a expressão «contradição pragmática» (PARADOXO PRAGMÁTICO) para distinguir a autorrefutação da contradição lógica.

Esta teoria de pressupostos necessários permite a Apel opor-se às tendências relativistas na filosofia do século XX, e estabelecer limites ao tipo de falibilismo representado por Quine, Popper, Albert, etc. Afirmar, como o fazem estes autores, que todas as teorias e hipóteses são em princípio refutáveis, pressupõe que haja um ponto fixo: a sua posição exige pelo menos que o conceito de refutação seja ele próprio fixo. O antirrelativismo de Apel aplica-se também à ética. Aqui, o pressuposto do consenso ideal entre agentes racionais (Apel refere a conceção de Kohlberg de uma pretensa «reciprocidade universal de assunção de papéis»)

leva a uma ÉTICA DO DISCURSO com ingredientes distintivamente deontológicos, de tipo kantiano. BC
Algumas traduções: Estudos de Moral Moderna 1994; *Ética e Responsabilidade* 2007; *Transformação da Filosofia*, 2 vols., 2000.

aperceção *s*. Apercebimento das nossas próprias representações mentais; também, consciência do nosso próprio eu. O termo foi introduzido por Leibniz nos *Princípios da Natureza e da Graça*, secção 4. Leibniz precisava de um equivalente francês para «consciência» (tal como o termo inglês era usado por Locke), mas o francês *conscience* seria mal compreendido porque [como em português], é ambíguo entre *consciência moral* e *consciência de si*.
Ver também CONSCIÊNCIA.

aphairesis (gr. ἀφαίρεσις) 1 Em Aristóteles: abstração. 2 No neoplatonismo: negação, como método para formar uma conceção do ser mais majestoso.

apocalipse *s*. 1 Revelação profética. 2 Uma sequência de desastres finais. O segundo sentido surgiu devido ao último livro do Novo Testamento, chamado O Apocalipse, ou Revelação (abreviando A Revelação de S. João, *o Divino*), prevê a destruição, seguida da condenação, no dia do Juízo Final.

apocatástase (gr. ἀποκατάστασις estabelecer algo outra vez) *s*. Restauração. O termo é frequentemente usado com referência à doutrina de Orígenes, de uma ἀποκατάστασις πάνιω (apocatástase total), uma restauração de todas as coisas no fim do tempo, exceto indivíduos em si mesmo ou irremediavelmente malévolos, que deixarão de existir. Segue-se daqui que os tormentos dos condenados não são eternos. As principais igrejas cristãs rejeitaram isto (primeiro no concílio de Constantinopla em 553) como heresia e afirmaram veementemente a eternidade do inferno.

apócrifo *adj*. De autenticidade, autoridade ou autoria duvidosa. *Ver também* CÂNONE.

apodeixis gr. ἀπόδειξις *s*. Chamar a atenção, apontar para; demonstração, prova.

apodítico (gr. ἀποδεικτιός demonstrativo) *adj*. Uma proposição apodítica afirma aquilo que *tem de ser*, por oposição a uma assertória, que afirma aquilo que *é*, e a uma problemática, que afirma aquilo que *pode ser*. Estes são os termos que Kant usa para distinguir entre o necessário, o efetivo e o possível. *Ver também APODEIXIS*.

apódose (gr. ἀπόδοσις) *s*. A consequente numa afirmação condicional. O termo correlato para a antecedente é PRÓTASE.

apofântica *s*. Na terminologia de Husserl, teoria geral do significado e verdade proposicionais.

apófase (gr. ἀπόφασις negação) *s*. Termo aristotélico para uma proposição (categórica) negativa. Em retórica, trata-se da negação simulada da intenção, *e.g.*, «Longe de mim querer chamar a atenção para o passado sórdido do meu adversário…».

apolíneo *adj*. Nietzsche, em *O Nascimento da Tragédia a partir do Espírito da Música* (1872), fez a distinção entre duas tendências fundamentais na vida humana, a apolínea e a dionisíaca (ou dionísico). Usou Apolo para simbolizar a harmonia clássica, o equilíbrio e o autocontrolo; Dioniso era o tipo para a força vital exuberante, capaz de excesso. O espírito apolíneo da serenidade exprime-se na escultura e pintura clássicas; a música e a poesia lírica transmitem o espírito dionisíaco que afirma a vida.

apologética (gr. ἀπολογία defesa [contra uma acusação]) *s*. Defesa contra a crítica hostil. A palavra é muitas vezes usada para a defesa de crenças religiosas e para o ramo da teologia que se ocupa desta defesa.

apophansis (gr. ἀπόφανσις afirmação, declaração) *s*. Termo aristotélico para a proposição (categórica). O seu termo para uma proposição afirmativa é κατάφασις, para uma negativa, ἀπόφασις. Em *Sobre a Interpretação*, Aristóteles distingue o discurso apofântico, que através da afirmação ou negação apresenta algo como verdadeiro ou falso, de outras formas de discurso: *a*) oração (na religião); *b*) discurso pragmático (o assunto da retórica); *c*) poesia e ficção (o assunto da poética).

aporia (gr. α- prefixo privativo + πόρος caminho, passagem) *s*. Dificuldade aparentemente insolúvel; quebra-cabeças ou paradoxo; condição de não saber o que pensar.

Aristóteles sugere que a investigação deve começar por um exame cuidadoso das aporias. Foi assim que fez, por exemplo, ao listar quinze dessas aporias na *Metafísica*, livro B, 1-6.

Em retórica, trata-se da dúvida simulada ou genuína sobre o que fazer ou dizer.

A palavra entrou na moda com a teoria literária DESCONSTRUTIVA, para referir o caráter autocontraditório ou autorrefutativo de um texto. **Aporético**, **aporemático** *adj*.

aposta de Pascal Se Deus existe, é infinitamente incompreensível. Assim, a razão humana não tem como determinar se existe ou não. Não podemos decidir com base no raciocínio. Mas temos de decidir. Como? Pascal sugere que adotar a crença em Deus, e viver uma vida cristã, é a aposta mais segura. Caso ganhemos a aposta, ganhamos uma beatitude eterna. Caso percamos, a perda é totalmente insignificante. A alternativa, a saber, a descrença, pode no máximo levar a um ganho insignificante, e na pior das hipóteses a uma perda imensa.

Frente à objeção de que não se pode simplesmente decidir acreditar e realmente começar a acreditar em algo, a réplica de Pascal é que se alguém deseja acreditar, mudar o seu modo de vida, dominar as suas paixões, rezar, ir à missa, etc., pode causar o surgimento da crença.

a posteriori lat. do que vem depois. *adv., adj*. O conhecimento *a posteriori* e as asserções *a posteriori* são as que se baseiam na experiência, ou dependem ou derivam dela.

apóstrofe (gr. ἀποστροφή um desvio, afastamento) *s*. Digressão temporária, em que o falante se dirige diretamente a um ser ausente ou presente, abstrato ou concreto, pessoal ou impessoal, *e.g.*, a invocação de uma musa por um poeta.

Esta figura de estilo é rara nos escritos filosóficos. Kant, imitando Rousseau, tem uma apóstrofe famosa, dirigida ao dever: «Dever! Nome sublime e poderoso que nada abranges de encantador ou insinuante mas exiges submissão e porém procuras não mover a vontade por coisa alguma que evoque a aversão natural ou o terror, mas apenas preserva uma lei» (*Crítica da Razão Prática*, AA p. 87).

apotegma *s.* Máxima concisa e substancial.

apoteose (gr. ἀπό- afastado, longe + θεός deus) *s.* Deificação; atribuição de estatuto divino a um ser.

a priori/a posteriori (*adv.*, *adj.*) lat. do que vem primeiro (antes)/do que vem mais tarde (depois) **1** A distinção entre raciocinar *da base para a consequência* e raciocinar *da consequência para a base* remonta a Aristóteles, e foi adotada por filósofos medievais árabes e cristãos, incluindo Tomás de Aquino. Alberto de Saxónia (*c.* 1316-1390) é mencionado frequentemente como o primeiro a usar este par de termos. A influente Lógica de PORT-ROYAL (1662) explica (parte 4, fim do capítulo 1) que uma prova *a priori* demonstra efeitos a partir das suas causas e uma prova *a posteriori* demonstra causas a partir dos seus efeitos. Samuel Clarke (1675-1729) descreve o argumento ontológico a favor da existência de Deus como *a priori*, enquanto o argumento (no capítulo 3 das *Meditações* de Descartes) a partir da minha ideia de Deus para a sua existência é *a posteriori*.
2 O par de termos foi mais tarde aplicado não tanto a tipos de raciocínio, antes a tipos de conceitos, de proposições e de conhecimento. O conhecimento *a posteriori* tem base na experiência, o conhecimento *a priori* é independente da experiência. Os dois tipos de conhecimento foram atribuídos a faculdades mentais diferentes (sensibilidade por oposição ao intelecto ou à razão). Pode-se encontrar o novo uso em Leibniz, *Discurso sobre Metafísica* secção 8, e na Introdução de Kant à segunda edição da sua *Kritik der reinen Vernunft* 1787 (*Crítica da Razão Pura* 2008), secção 1.

Tradicionalmente, as verdades da metafísica, da matemática, da geometria e da lógica foram consideradas cognoscíveis, e na verdade algumas delas conhecidas, *a priori*. Certas verdades morais (*e.g.*, que se deve honrar os pais) foram também consideradas *a priori*. Os quatro exemplos seguintes dão uma ideia de que regras são conhecidas *a priori*, segundo muitas teorias clássicas.

Para dar um exemplo da *metafísica*, sabemos *a priori* que todo o acontecimento tem uma causa. A observação e a experiência não nos farão mudar de ideias nesta matéria. Se não encontramos a causa de algum acontecimento não inferimos que não há causa alguma – pressupomos que há e ainda não foi descoberta.

O mesmo se aplica ao nosso conhecimento de que 2 + 2 = 4. Não há observação ou experiência que nos pudesse fazer mudar de ideias. Em geral, o nosso conhecimento das verdades *matemáticas* é *a priori*.

Para dar um exemplo da *lógica*, sabemos *a priori* que qualquer argumento desta forma (*modus ponens*) é válido:

$$\frac{\text{Se } A, \text{ então } B \quad A}{B}$$

Ou seja, o conhecimento que temos da sua validade não *depende da* observação e da experiência.

Mais uma vez, em *ética*, o nosso conhecimento de que se deve cumprir as promessas não depende da observação ou experiência.

Contra tudo isto, poder-se-ia argumentar que nestes exemplos não poderíamos conhecer estas verdades independentemente de experiência anterior: temos de aprender uma língua, temos de ser instruídos em aritmética, etc. Em resposta, pode-se afirmar que as supostas verdades acima exemplificadas não *dependem* dessa experiência, e que a ideia geral do *a priori* pode ser formulada com maior precisão: «Pode-se saber *a priori* que *p*, se alguém cuja experiência seja suficiente para saber o que «*p*» significa não exige qualquer experiência *adicional* de modo a saber que *p*.» Pelo que se sabe *a priori* que 2 + 2 = 4, porque alguém que aprendeu a compreender o que a expressão «2 + 2 = 4» significa não precisa de mais experiência para saber que 2 + 2 = 4.

Há uma grande diversidade de opiniões filosóficas a respeito de afirmações de que o conhecimento de um certo tipo é *a priori*. Muitos filósofos antimetafísicos consideram que todas as pretensões de conhecimento metafísico são espúrias. Os não cognitivistas morais afirmam que não há conhecimento moral algum. Outros filósofos aceitam que há conhecimento metafísico, conhecimento moral, etc., mas argumentam que não é *a priori* mas sim *a posteriori*.

Nota: a priori/a posteriori formam um par de opostos; assim como *necessário//contingente* e *analítico/sintético*. Não há sinonímia entre quaisquer destes pares. Mas será que algum deles é co-extensional com outro? Por exemplo, será que todas as afirmações sintéticas são *a posteriori*, e conversamente? Será que todas as afirmações necessárias são analíticas? Sobre estas perguntas, há diferenças vincadas de opinião filosófica.

aptidão *s.* Um credor tem o direito a ser pago; uma vítima inocente de infortúnio merece ser auxiliado, mas não tem esse direito. Grócio (1583-1645) usou os substantivos latinos *ius* (direito) e *aptitudo* (merecimento, mérito, aptitude), traduzido por vezes por «aptidão», para marcar esta distinção.

aptidões *Ver* NUSSBAUM.

Aquiles e a tartaruga *Ver* ZENÃO DE ELEIA.

Aquino *Ver* TOMÁS DE AQUINO.

Arcesilau (*c.* 315-240 a.C.; gr. Ἀρκεσίλαος) Filósofo cético, dirigente da Academia em Atenas. Nenhum escrito seu nos chegou. Rejeitou a metafísica platónica dogmática que fora cultivada na Academia e as pretensões dogmáticas ao conhecimento feitas pelos estoicos. Atribui-se-lhe o ter sido o primeiro a usar o conceito de *epoche*, a suspensão do juízo. Todavia, Arcesilau admitiu que mesmo na ausência de conhecimento genuíno podemos pensar e agir sobre bases que, embora não sejam certas, são «razoáveis».

archē /arkɜ̃/ gr. ἀρχή começo, origem; princípio regente *s*. Em filosofia o termo foi usado desde cedo, nas teorias dos filósofos jónios (Tales, Anaximandro, Anaxímenes) para referir a realidade primordial; mas como *princípio* tem uma série de sentidos relacionados.

Arendt, Hannah /ˈaːrɜnt/ (1906--1975) Filósofa política judeo-germânica. Foi aluna de Heidegger e de Jaspers, tendo ambos exercido influência no seu trabalho. No exílio depois de 1933, fugiu de França para os Estados Unidos em 1941. *The Origins of Totalitarianism* (1951) (*Origens do Totalitarismo* 1989), identifica nas ditaduras nazi e bolchevique uma nova forma de governo e sociedade em que formas extremas de dominação são justificadas em nome da necessidade natural; Arendt faz remontar as suas raízes às condições de isolamento da sociedade moderna que erodem a vida política, incluindo a ascensão do imperialismo e antissemitismo no século XIX. Em *The Human Condition* (1958) (*A Condição Humana*, 2005), *On Revolution* (1963) (*Sobre a Revolução*, 2001), e *On Violence* (1970) (*Sobre a Violência*, 2009), emerge uma conceção alternativa idealizada da política, que mistura elementos heroicos gregos e populares revolucionários. Aí, indivíduos diversos mas iguais tomam novas iniciativas e simultaneamente alcançam a liberdade, exprimem as suas identidades e criam o poder coletivo, participando numa esfera pública que é protegida essencialmente de preocupações económicas privadas e sociais. *Eichmann in Jerusalem* (1963) (*Eichmann em Jerusalém* 1999) sublinhou as limitações do pensamento racional para restringir a ação má e levou, em *Life of the Mind* (1978) (*A Vida do Espírito* 2009), a uma exploração do papel do juízo em assuntos práticos. IH

Leitura: The Cambridge Companion to Arendt 2000.

Areopagitica Panfleto publicado em 1644 por John Milton, no qual argumentava a favor da liberdade de imprensa e contra a censura prévia. O título alude a reivindicações do tipo que se ouve perante o tribunal cujas sessões decorriam no Areópago na antiga Atenas (*Areopagítica*, 2009).

aretaico *adj*. Respeitante a conceitos de virtude.

aretē *s*. O grego ἀρετή significa «excelência», «boa qualidade», «boa disposição». Nas traduções usa-se frequentemente «virtude» como equivalente. Isto é aceitável se compreendido no sentido mais antigo, geral, que nos permite, por exemplo, falar das virtudes de um medicamento. As chamadas «virtudes morais» são apenas *um* tipo de *aretē*.

argumentável *adj*. De uma opinião ou teoria serem *argumentáveis* decorre que há razões plausíveis *a seu favor*. De uma opinião ou teoria serem *discutíveis* decorre que há razões plausíveis *contra* as mesmas.

argumento *s*. 1 Conjunto de proposições das quais uma, a conclusão, se segue supostamente das outras, as premissas. Um argumento é válido ou inválido; correto ou incorreto; sólido ou não; não se pode afirmar que é verdadeiro ou falso. Evidentemente, pode-se afirmar de cada uma das proposições constituintes, incluindo as premissas e a conclusão, que são verdadeiras ou falsas. 2 Em matemática e lógica: um membro do domínio de uma função. Na notação canónica, a letra x assinala o lugar do argumento da função representada por $f(x)$, e x, y são letras que assinalam os lugares do argumento da função $f(x,y)$. 3 Disputa. 4 Debate. 5 Sumário de uma obra literária, *i.e.*, uma formulação concisa do seu conteúdo fundamental. *Ver também* ARGUMENTO COSMOLÓGICO; ARGUMENTOS DO DESÍGNIO; ARGUMENTO ONTOLÓGICO.

argumento circular Um conjunto de proposições que juntas constituem um argumento e no qual uma das premissas é idêntica à conclusão. Uma pessoa que usa um argumento circular com o propósito de estabelecer a conclusão será sempre acusada de PETIÇÃO DE PRINCÍPIO (*petitio principii*).

argumento cosmológico Argumento que parte de alguns traços gerais do mundo, *e.g.,* o facto de haver movimento ou mudanças no universo material, para concluir a existência de uma causa primeira, usualmente identificada com Deus. Os *argumentos da contingência* são frequentemente também colocados sob esta denominação. Estes argumentos consistem em raciocinar a partir da natureza contingente das coisas no mundo para chegar à existência de um ser necessário, geralmente identificado com Deus.

argumento da contingência Um argumento que parte da natureza contingente do mundo e conclui a existência de um ser necessário. Alguns argumentos tradicionais a favor da existência de Deus são deste tipo.

argumento da funda Um argumento que usa pouquíssimo para conseguir muito (como fez David contra Golias [I Samuel, 17]). Inspirado por Frege, e por vezes chamado «o argumento de Frege», foi principalmente usado, em particular por Davidson, com o objetivo de refutar a teoria da verdade como correspondência. Segundo o argumento da funda, essa teoria implica (juntamente com um par de outros pressupostos muito plausíveis) que todas as frases verdadeiras correspondem a um só facto. Isto é inacreditável, e logo a teoria é inaceitável. Argumentos rápidos semelhantes acerca de entidades que não factos receberam a mesma designação.
Leitura: Frank Stoutland, «What Philosophers Should Know about Truth and the Slingshot», Sintonen *et al.* (orgs.), *Realism in Action* 2004; Stephen Neale, *Facing Facts* 2001.

argumento da linguagem privada Um argumento que parece ser proposto em *Philosophische Untersuchungen* (1953) de Wittgenstein (*Investigações Filosóficas* 2008). Usar uma linguagem é uma atividade regida por regras. A questão é saber em que sentido se pode dizer que um indivíduo completamente isolado segue (ou viola) uma regra, se é que se pode dizê-lo.

Wittgenstein distinguiu entre hábitos e regras. Um indivíduo isolado pode obviamente ter certos *hábitos,* mas a continuação ou não destes hábitos não é uma questão de ter ou não razão. É possível distinguir entre o que é correto ou incorreto somente se uma *regra* puder ser invocada; mas seguir ou quebrar uma regra só faz sentido se houver interação social e comunicação, e neste sentido não se pode seguir uma regra solitariamente. Ora, visto que o uso da linguagem consiste em seguir, pelo menos na sua maior parte, as regras da linguagem, não pode haver uma linguagem privada.

Segue-se que usar uma linguagem é inconsistente com o solipsismo e de modo geral com a opinião de que podemos usar a linguagem para falar de coisas que são em princípio inacessíveis aos outros. Isto tem profundas implicações para as teorias tradicionais do conhecimento, que tendem a presumir que o conhecimento se funda sobre uma base de experiências estritamente privadas.

Desde a década de 1950, tem havido um debate contínuo, reativado na década de 1980 devido à discussão de Kripke em *Wittgenstein on Rules and Private Language* (1982), sobre o que Wittgenstein queria dizer, e se o que queria dizer é defensável.

argumento da última pessoa «Ainda que P fosse o último ser humano (ou ser senciente) a existir, seria mesmo assim pior se *P* causasse a destruição de uma grande obra de arte (ou de uma floresta tropical, etc.) do que se não o fizesse». Esta é a premissa principal de um tipo de argumento para estabelecer valores não antropocêntricos. Apela à intuição. A intuição contrária é que as alternativas não diferem em valor.

argumento do caso paradigmático Um argumento que parte do facto de que aprendemos a usar certas palavras por referência a casos efetivos, concluindo que tais palavras têm um sentido pleno. Este tipo de argumento tem sido usado para remover dúvidas sobre a existência do tempo, do livre-arbítrio, do conhecimento seguro, e muito mais.

Um argumento paradigmático do caso paradigmático é o proposto por Antony Flew no artigo «Philosophy and Language» (A. Flew (org.), *Essays in Conceptual Analysis* 1956): «Todos aprendemos a usar corretamente a expressão 'por seu livre-arbítrio' ao sermos confrontados com exemplificações óbvias, casos paradigmáticos, de tais situações. Portanto, os filósofos, entre outros, que negaram a existência de livre-arbítrio estão enganados».

Argumentos deste tipo foram muito apelativos para muitos filósofos das décadas de 1950 e 1960 que foram influenciados pelo segundo Wittgenstein (*Investigações Filosóficas*, I 50-57; 215), mas rapidamente foram alvo de crítica. Uma objeção é que a conformidade com as normas linguísticas não é suficiente para garantir a verdade. Tem-se observado também que o argumento vale somente para as expressões que aprendemos quando nos são apresentados exemplos genuínos a que se refere a expressão ensinada; porém, muitas expressões são ensinadas de outro modo.

Um argumento semelhante aparece em Cícero no *De divinatione*, I, 65: o uso da palavra *praesagire* (precognição) não se teria tornado estabelecido se não houvesse este tipo de coisa.

argumento do conhecimento Argumento concebido para refutar as teorias fisicistas da consciência. Segundo o fisicismo, tudo o que há a saber quanto a determinado estado ou acontecimento mental subjetivo *é* conhecido por uma pessoa que saiba tudo o que ocorre no sistema nervoso relevante. A objeção levantada pelo «argumento do conhecimento» é que, deste ponto de vista fisicista, seria possível a uma pessoa daltónica saber o que é ver a cor vermelha. Mas isto é falso, pois se o seu daltonismo for curado, o observador que vir a cor vermelha pela primeira vez passará a saber algo que antes não sabia. O argumento foi batizado pelo filósofo australiano Frank JACKSON no artigo «Epiphenomenal Qualia», *Philosophical Quarterly* 32 (1982), e tem sido desde então muito discutido.

argumento(s) do desígnio Estes argumentos partem de observações, em especial de regularidades no funcionamento da natureza e da adaptação de meios a fins; inferem que esta ordem tem de ser produto de desígnio; e consideram que isto estabelece a existência de um ser inteligente sobrenatural, normalmente identificado com Deus.

Argumentos deste tipo foram usados pelos estoicos da antiguidade, como Crísipo, e ocorrem, *e.g.*, no *De Natura Deorum* (*Da Natureza dos Deuses* 2004) de Cícero. A Quinta Via de Tomás de Aquino (*Summa Theologiae*, 1ª, q2, art. 3) oferece uma versão do argumento. Desde o fim da Idade Média, os autores que procuraram estabelecer a existência de Deus pela argumentação racional fizeram um uso frequente, eloquente e persuasivo do argumento. No século XVIII, todavia, foram levantadas as objeções hoje clássicas ao argumento por David Hume em *Dialogues concerning Natural Religion* (1779) (*Diálogos sobre a Religião Natural* 2005), e por Immanuel Kant na *Kritik der reinen Vernunft* (1781, 1787) (*Crítica da Razão Pura* 2008), em especial o capítulo 3, secção 6 da Dialética Transcendental, que tem o título «Impossibilidade de uma prova físico-teológica».

As objeções foram desconsideradas por defensores posteriores do argumento, *e.g.*, William Paley, na sua *Teologia Natural* (1802) e os autores dos *Bridgewater Treatises* na década de 1830, e mesmo hoje em dia muitos autores não as levam a sério. Por outro lado, as objeções ao argumento foram reforçadas com a publicação de *A Origem das Espécies* (1859), de Darwin, na medida em que a teoria da seleção natural forneceu uma explicação científica de como o propósito aparente na natureza pode existir sem um criador. R. Dawkins, *O Relojoeiro Cego* (1986) e *A Escalada do Monte Improvável* (1996), mostra como estruturas muito mais intricadas do que um relógio podem emergir mesmo na ausência de um criador. *Ver também* FÍSICO-TEOLOGIA.

argumento dominador *Ver* ARGUMENTO RÉGIO.

argumento ontológico Um argumento ontológico a favor da existência de Deus é uma tentativa de demonstrar racionalmente que Deus existe, sem apelar à revelação, das Escrituras ou outra. Difere de outros argumentos desse género por nada tomar como ponto de partida senão o conceito de Deus.

Um argumento deste género foi pela primeira vez proposto por ANSELMO DE CANTUÁRIA (1033-1109), em *Proslogion*, c. 1077. As três premissas principais são que 1) Deus é um ser mais grandioso do que qualquer um que se possa conceber, e 2) ou tal ser existe na imaginação e na realidade, ou apenas na imaginação; 3) um ser que existe em ambas é mais grandioso do que o que existe apenas na nossa imaginação. Logo, o ser mais grandioso concebível existe em ambas, e consequentemente existe na realidade.

Outro argumento que começa com o próprio conceito de Deus foi proposto por DESCARTES. As duas premissas principais são: 1) Deus é um ser com todas as perfeições positivas, *i.e.*, nada lhe falta; 2) um ser que não existe falta-lhe algo. Logo, Deus existe.

No século XX, Norman Malcom e Charles Hartshorne formularam variantes MODAIS do argumento, argumentando a partir de um conceito de Deus para chegar à existência necessária de Deus.

As objeções mais conhecidas são as de HUME e KANT. Hume apela ao princípio de que todas as proposições que afirmam a existência de algo são contingentes. Kant argumenta que a existência não é um «predicado genuíno»: uma vez definido um conceito (em termos de «predicados genuínos»), a questão de o conceito se aplicar ou não a algo que existe está ainda em aberto.

argumento preguiçoso Um argumento a favor do fatalismo proposto por Crísipo e criticado por Cícero em *De fato* (*Sobre o Destino*, 2001). O argumento tem como premissa que o que será, será. Por exemplo: «Se o destino decretou que irás melhorar, então irás melhorar, quer vás ao médico, quer não. Se o destino decretou que não irás melhorar, então não irás melhorar, quer vás ao médico, quer não. O destino decretou um ou outro. Logo, é escusado ir ao médico.» O argumento é denominado «preguiçoso» porque a sua conclusão encoraja a inação.

argumento régio O Argumento Régio não tinha este nome por ter um estatuto predominante, mas por ser acerca de um rei ou governante. (Do mesmo modo, o paradoxo Sorites não tinha este nome por ser um monte, mas por ser acerca de um monte.) A premissa central do argumento era esta condicional:
Se Apolo previu que Cípselo não se tornará rei de Corinto, Cípselo não se tornará rei de Corinto.
A palavra grega κύριος (senhor) pode ser traduzida por «rei», e como o exemplo era acerca de um rei, ficou conhecido como «argumento régio». *Ver* DIODORO DE CRONOS.

argumentos morais a favor da existência de Deus Muitos argumentos a favor da existência de Deus invocam a moralidade. Podem basear-se em pressupostos como os seguintes: 1) que a consciência moral só pode ser explicada admitindo que se trata da voz de Deus; 2) que os conceitos morais (dever, correção, justiça, etc.) não fazem sentido a não ser que se definam em termos da vontade de Deus; 3) que a moralidade deriva a sua força compulsiva de recompensas e castigos num estado futuro, administrado por Deus; 4) Em Kant: que é uma exigência da razão que pelo menos a longo prazo haja uma proporção adequada entre o valor moral e a felicidade de uma pessoa, e que portanto como agentes temos o direito de aceitar a existência de Deus (e a imortalidade da alma) como um «postulado prático».

argumento(s) teleológico(s) a favor da existência de Deus *Ver* ARGUMENTOS DO DESÍGNIO.

argumento transcendental Para Kant, o termo *transcendental* significa o conhecimento que diz respeito às condições *a priori* do conhecimento. Alargando este sentido kantiano, a expressão *argumento transcendental* passou a ser adotada num sentido mais geral. Esta moda, em especial nas décadas de 1960 e 1970, teve origem num passo de P. F. Strawson, *Individuals* (1959), em que argumentava que a nossa atividade de identificar e re-identificar particulares pressupõe que *objeto material* é uma categoria básica na nossa conceção do mundo, de modo que as dúvidas quanto à existência dos objetos materiais são insustentáveis. Strawson caracterizou este argumento como transcendental, popularizando a expressão, durante algum tempo livremente usada por muitos filósofos para denotar argumentos que derivam condições necessárias de uma teoria ou prática, e especialmente para o uso de certos conceitos ou categorias. Um argumento transcendental é, assim, um argumento que mostra que uma certa condição fundamental *tem de ocorrer* – ou *temos de supor que ocorre* – para que certo tipo de experiência, discurso ou prática (dado em si como garantido) faça sentido ou tenha qualquer legitimidade. Estes usos diferem do de Kant por não se pressupor que a condição fundamental é uma verdade sintética *a priori*.

argumentum ad… Muitas formas de persuasão, amiúde descritas como «falácias», *i.e.*, erros de raciocínio, têm nomes latinos com a forma *argumentum ad…* Muitos destes nomes foram inventados recentemente.

argumentum ad baculum (lat. *baculum* pau) Um apelo ao báculo, *i.e.*, uma ameaça explícita ou velada, proferida de modo a obter o assentimento a uma proposição. Isto é por vezes descrito como uma falácia, mas poder-se-ia dizer que «fazer uma oferta que não pode ser recusada» não é uma falácia: não pode ser um exemplo de raciocínio inválido, visto que não é um exemplo de raciocínio pelo qual a verdade da conclusão é supostamente estabelecida. Um apelo ao báculo é antes um método de obter o assentimento a uma proposição por outros meios que não a argumentação ponderada. Pela mesma razão, outras formas de persuasão tão-pouco são falácias.

argumentum ad hominem Diz-se que um argumento é *ad hominem* (latim: dirigido à pessoa) se é concebido para rejeitar a opinião do adversário atacando o próprio adversário por ser 1) inconsistente ou 2) não é digno de confiança ou 3) hipócrita.

1 Neste caso, o argumento é concebido para mostrar que o ponto de vista do adversário é incompatível com outras opiniões efetivamente professadas por si. Na formulação de Locke (*Essay Concerning Human Understanding* 4, 17, 21) «opor a um homem as consequências retiradas dos seus próprios princípios ou concessões». São semelhantes os argumentos concebidos para mostrar que o ponto de vista do adversário é incompatível com outra opinião com a qual está logicamente comprometido, ainda que talvez não as professe explicitamente. Um exemplo deste uso ocorre em John Mackie, «Simple Truth», *Truth, Probability and Paradox*, 1973, p. 26. Mackie discute o ponto de vista de que a verdade simples não nos é acessível, e que tudo aquilo a que temos acesso é a utilidade de uma proposição. Este ponto de vista pode ser refutado, segundo afirma, pelo argumento *ad hominem* de que alguém que declara que uma certa teoria é útil afirma implicitamente a verdade simples dessa asserção. O termo *retorsão*, mais antigo, foi usado para argumentos deste tipo, pelos quais se mostra que o adversário aceita aquilo que afirma rejeitar. 2 Neste caso, o argumento aponta para defeitos no caráter do adversário: «dado o registo das *tuas* desonestidades, não aceitaremos a tua opinião.» 3 Neste caso, o argumento tem o propósito de mostrar que é conveniente ao adversário adotar aquela opinião, por motivos ulteriores ou interesse próprio.

Os argumentos *ad hominem* são tradicionalmente considerados falaciosos, porque uma opinião *pode* estar correta ainda que a pessoa que a defende seja tola (mentalmente confusa) ou um patife (hipócrita, indigna de confiança, desonesta, etc.), e mesmo que a opinião favoreça os interesses privados da pessoa. Mas mesmo se essa opinião *pode* estar correta, é *provável*, sob determinadas condições, que seja falsa: não é sensato confiar demasiado nas opiniões de uma pessoa tola, desonesta ou preconceituosa. Nada há de falacioso nisto. Na avaliação de testemunhos, temos normalmente razão ao confiar menos numa pessoa que tem um registo de desonestidades. Pelo que um argumento deste tipo pode ser uma inferência provável sólida.

argumentum ad misericordiam (lat.) Um apelo à compaixão de modo a obter assentimento.

argumentum ad populum (lat. *populus* povo) Um apelo à opinião popular de modo a obter assentimento.

argumentum ad verecundiam (lat. *verecundia* respeito) Exigir respeito pela autoridade, antiguidade ou estatuto, etc., de modo a obter assentimento.

arianismo Doutrina teológica sobre a natureza da divindade, batizada em nome de Ário (c. 250-336), um presbítero em Alexandria, segundo a qual Cristo não tem a mesma substância que Deus, o Pai, que é o Ser Supremo. Sustentou-se que este ponto de vista era incompatível com a doutrina da encarnação de Deus em Cristo e foi condenado no Concílio de Niceia, o primeiro concílio ecuménico, em 325. O chamado «Credo de Niceia», uma versão reformulada de resoluções trinitárias adotadas por aquele concílio, foi há muito adotado como parte da ortodoxia. Desde o século XVII, uma série de autores importantes, incluindo filósofos como Locke e Samuel Clarke, sustentaram crenças arianas ou socinianas (SOCINIANISMO).

aridade *Ver* ADICIDADE.

Aristipo (c. 435-355 a.C.; gr. Ἀρίστιππος) Filósofo grego, seguidor de Sócrates, natural de Cirene, no Norte de África, donde deriva o nome da filosofia cirenaica. Diz-se que ensinava que a fruição do momento presente é o bem mais elevado.

aristocracia (gr. ἀριστοκρατία governo dos melhores) *s*. 1 Classe de pessoas que gozam de um estatuto elevado e privilégios hereditários. 2 Um Estado governado por uma classe alta privilegiada, normalmente com pertença hereditária. 3 Um sistema de governo dominado por quem é considerado o melhor ou o mais apto para a tarefa. 4 O corpo administrativo em tal sistema.

Na *Política*, Aristóteles discute em pormenor os méritos relativos da aristocracia, da monarquia e da democracia, e os deméritos relativos das suas formas degeneradas, oligarquia, tirania, e aquilo a que mais tarde se chamou «oclocracia» (governo da populaça).

Aristóteles (384-322 a.C.; gr. Ἀριστοτέλης) Nascido em Estagira, no Norte da Grécia, Aristóteles produziu o sistema filosófico mais exaustivo e poderoso da antiguidade. Através do seu pai, médico do rei Amyntas II, Aristóteles tinha ligações à casa real da Macedónia. Entrou na Academia de Platão em 367, onde passou vinte anos como estudante, colega, professor e autor. Por altura da morte de Platão, c. 347, Aristóteles juntou-se a um grupo de filósofos da corte de Hérmias em Assos, na costa setentrional egeia da Ásia Menor, onde casou com a sobrinha do governante. Cerca de dois anos depois partiu para a ilha adjacente de Lesbos, ao que parece para fazer investigação biológica com o seu colega Teofrasto. Em 343-2 juntou-se à corte de Filipe da Macedónia para ensinar o príncipe-herdeiro, Alexandre. Em 336 Alexandre tornou-se rei aquando da morte do pai, e cerca de um ano mais tarde Aristóteles regressou a Atenas para fundar uma escola de filosofia, o Liceu, ou o Peripatos. Reuniram-se pensadores de relevo na sua escola para estudar filosofia e ciência. Aristóteles saiu de Atenas pouco depois da morte de Alexandre, em 323, para escapar à perseguição da fação antimacedónica, e morreu em Cálcis.

Escritos: embora profundamente influenciado pelo trabalho de Platão, Aristóteles parece nunca ter sido um platónico ortodoxo. Evidentemente, desenvolveu muitas das suas doutrinas características enquanto ainda estava na Academia e disputou a liderança dos seguidores de Platão após a sua morte, mas perdeu-a em favor de Espêusipo. Publicou inicialmente diálogos, entre outros textos populares, mas a publicação das suas lições anos após a sua morte fez a dada altura que os seus diálogos fossem negligenciados; só os conhecemos a partir de fragmentos e relatos. Os extensos tratados que chegaram até nós representam muitas das suas lições, mas não todas. O âmbito dos seus interesses é indicado por uma lista de alguns dos seus escritos mais importantes: *Categorias* (tipos de predicação, ou classificação básica de coisas existentes); *Analíticos Anteriores* (o primeiro tratado alguma vez escrito sobre lógica formal); *Analíticos Posteriores* (filosofia da ciência e teoria do conhecimento); *Física* (princípios da ciência); *Da Alma* (psicologia); *Metafísica* (metafísica); *Ética a Nicómaco* (teoria moral); *Política* (teoria política); *Poética* (teoria da literatura). Além disto, escreveu amplamente sobre biologia e sobre tópicos tão diversos como dialética, retórica, química, geologia, meteorologia e cosmologia.

Princípios básicos: o compromisso filosófico mais básico que Aristóteles tinha era com o senso comum: opondo-se tanto às formas ideais de Platão como aos átomos materiais dos atomistas, Aristóteles procurou uma teoria que permitisse simultaneamente um lugar para valores morais e para verdades científicas – uma teoria, além disso, que não postulasse entidades invisíveis e incognoscíveis, como formas e átomos. A sua solução foi a teoria da substância (*ousia*). Nas *Categorias*, Aristóteles explica que as substâncias são os sujeitos últimos de todas as propriedades. Sócrates é um homem e Sócrates é pálido; a humanidade e a palidez são portanto características que pertencem a Sócrates. As realidades últimas («substâncias primeiras») são coisas concretas, e das coisas concretas os exemplos preferidos de Aristóteles são indivíduos biológicos como Sócrates. As coisas concretas são as realidades últimas porque se não existissem, nada mais existiria sequer. Por outras palavras, se não houvesse coisas como Sócrates e Cálias, características como a humanidade e a palidez nada teriam a que pertencer e portanto não existiriam. (Podemos muito bem perguntar como Sócrates existiria sem características como a humanidade e a palidez, mas o problema não parece colocar-se a Aristóteles.)

Aristóteles também reconhece substâncias «secundárias», como Homem, que é a classe ou propriedade definidora de Sócrates, e características como a Palidez (alhures chamadas «acidentes»), que Sócrates pode perder sem deixar de ser Sócrates – *e.g.*, quando fica bronzeado. Além disso, noutro local Aristóteles distingue entre «universais», como humanidade e palidez, que podem pertencer a muitas coisas (*e.g.*, a Sócrates e a Cálias) e «indivíduos», como Sócrates, que são únicos. As realidades últimas, as substâncias primeiras, são substâncias individuais.

Munido desta teoria do ser, Aristóteles podia argumentar que as formas de Platão são basicamente universais equivocadamente tratados por Platão como se fossem indivíduos. Há realmente universais, mas a sua existência depende de objetos particulares como Sócrates, em vez de, como defende Platão, os objetos particulares dependerem de formas. As realidades últimas são precisamente as coisas com que estamos familiarizados na nossa experiência: pessoas, cães, cavalos.

Lógica e ciência: toda a substância primeira é subsumida numa substância segunda, *e.g.*, Sócrates é um Homem. Nas substâncias segundas, Aristóteles distingue entre a classe ou propriedade de nível inferior, chamada «espécie» – *e.g.*, Homem, Cavalo – e a de nível superior, chamada «género» – *e.g.*, Animal. Toda a espécie tem uma «essência» ou natureza definível, que consiste na «differentia» ou especificação de um género, *e.g.*, o Homem é um Animal Racional. Usando estas relações entre universais, Aristóteles é capaz de derivar uma *lógica* de relações entre universais (*Analíticos Anteriores*). Por exemplo, se todos os homens são animais, e todos os animais são seres vivos, então todos os homens são seres vivos, *i.e.*, em geral, se todos os A são B e todos os B são C, então todos os A são C. Assim, podemos produzir regras lógicas para inferir novas frases a partir de frases dadas com uma dada forma lógica: podemos deduzir conclusões a partir de premissas. O sistema de lógica de Aristóteles forneceu o modelo canónico da lógica até ao século XIX.

Usando esta noção de lógica, Aristóteles desenvolveu pela primeira vez a conceção de ciência como um corpo de conhecimentos com uma estrutura lógica (*Analíticos Posteriores*). Uma ciência, *e.g.*, a geometria, começa com primeiros princípios, que são verdadeiros e necessários, e deduz a partir desses princípios todas as verdades da ciência. Mas como conhecemos os primeiros princípios? Não podem ser deduzidos de outros princípios, pois assim essoutros serão os princípios e há que por sua vez perguntar como os conhecemos. Tão-pouco podem ser deduzidos das nossas conclusões, pois nesse caso a nossa prova seria circular. Temos de os conhecer por qualquer outro meio que não a dedução. Começamos com a experiência e por indução chegamos a verdades cada vez mais gerais, usando uma faculdade noética (*nous*).

Dado que Aristóteles caracteriza a ciência como uma estrutura lógica, seria de esperar que os seus tratados científicos fossem rigorosamente dedutivos. São, todavia, muito mais dialéticos do que demonstrativos. Para Aristóteles, o conceito básico de filosofia natural ou «física» é o movimento ou mudança. Os corpos naturais diferem dos corpos artificiais porque têm uma fonte de movimento ou mudança em si próprios (*Física*, Livro 2). Por exemplo, as plantas crescem, os animais mexem-se de um lado para o outro, e os quatro elementos reconhecidos pelos Gregos – terra, água, ar, fogo – movem-se por si próprios para os seus lugares naturais: a terra para o centro do universo, a água à volta desta (os mares), o ar à volta da água, e o fogo à volta do ar. Assim, o cientista natural tem de compreender a mudança, e a mudança pressupõe três princípios: a privação, o sujeito e a forma. Por exemplo, quando Sócrates aprende música, temos um sujeito (Sócrates) que não era musical (privação) a receber uma forma (musical) (*Física*, Livro 1). Mas há uma mudança importante que é difícil de analisar: é o facto de o próprio Sócrates vir a ser, de nascer. Como podemos compreender esse acontecimento? Pois Sócrates é, ao que parece, uma substância indivisível. Se seguimos o modelo, temos de supor que um sujeito vem a ser homem a partir do não ser homem. Por analogia com, por exemplo, uma estátua que vem a ganhar forma a partir do bronze, podemos compreender o sujeito como «matéria» (*hyle*). Assim chegamos a uma análise forma-matéria da substância: as substâncias sensíveis não são realmente simples mas compostas de uma forma numa matéria.

Aristóteles reconhece quatro «causas» que vê como respostas diferentes a perguntas «Por quê?», *i.e.*, tipos diferentes de explicação. Por que razão há aqui uma estátua? Porque foi feita por Fídias (causa eficiente ou motora) com a forma de Atena (causa formal) a partir de bronze (causa material) para adornar o templo (causa final). Na natureza como na arte, a causa mais importante é a final. Pois nos objetos naturais, *e.g.*, animais, as partes existem em prol do todo. Na verdade, todo o universo está ordenado como um todo de partes que funcionam harmoniosamente juntas, uma esfera enorme mas finita com uma Terra esférica no centro. Nos extensos textos sobre biologia e cosmologia, Aristóteles procura revelar o papel da forma e função na natureza. A natureza do universo, direcionada a fins, é ainda mais destacada pela presença de um «primeiro motor imóvel», que Aristóteles identifica com Deus, e que causa a rotação da esfera exterior dos céus. O motor imóvel, concebido como uma mente sem corpo, serve como objetivo e ideal de todos os movimentos celestes.

Os escritos de Aristóteles mostram os esforços incansáveis de uma mente penetrante para alargar o âmbito do conhecimento humano e para organizar todo o conhecimento segundo algumas, poucas, ideias sagazes centrais. Aristóteles foi um dos maiores cientistas da antiguidade por causa da sua capacidade de levar a cabo observações detalhadas ao serviço de uma investigação sistemática. Os seus contributos mais duradouros para a ciência empírica dão-se na biologia, em que os seus escritos incluem os resultados de dissecações e extensas observações de campo, incluindo alguns relatos de fenómenos que só foram reconfirmados no século XIX. Embora Aristóteles fosse um observador diligente, não reconhecia qualquer método experimental. O seu instrumento mais poderoso para eliminar teorias incorretas era a análise argumentativa e não os indícios experimentais.

Metafísica: ao passo que a ciência física de Aristóteles ficou obsoleta, em larga medida, a sua metafísica conserva o seu interesse intrínseco. Num certo sentido, a metafísica é Sabedoria, lida com os princípios e causas últimos, *e.g.*, as quatro causas na sua aplicação à natureza (*Metafísica*, Livro 1). Mas noutro sentido é a sua Filosofia Primeira, o estudo do «ser enquanto ser», *i.e.*, do próprio Ser, em vez de num papel restrito como o ser em movimento (estudado pela física (*ibid.*, Livro 4). Em contextos diferentes Aristóteles reconhece o papel da filosofia primeira como o de defender primeiros princípios (*ibid.*, Livro 4), de identificar o tipo mais elevado de substância, *i.e.*, Deus (*ibid.*, Livro 6, Livro 12), ou de revelar o que é a realidade última (*ibid.*, Livros 7-8). A última questão é crucial, porque ao dividir a substância em forma e matéria, Aristóteles reabriu a questão do que era a entidade última: será o composto de forma e matéria (*e.g.*, Sócrates), ou a matéria (o seu corpo), ou a forma (a sua alma)? Aristóteles tende para a última resposta, mas não sem deparar com sérias dificuldades, que o levam a pôr a questão de como será que a forma e a matéria se relacionam. No Livro 9 discute a sua teoria do ato e potência, os estados que se aplicam, respetivamente, à forma e à matéria. Aristóteles explica que a potência existe em prol do ato, mas não mostra claramente como resolve isso o problema dos Livros 7-8. A conceção final de Aristóteles sobre o que é a realidade última continua a não ser clara, e é objeto de considerável controvérsia académica.

Ética e teoria política: na teoria ética, Aristóteles usa a natureza humana para determinar a vida boa. Todos afirmam que a vida boa é a felicidade, mas as pessoas não concordam acerca daquilo em que consiste a felicidade. A resposta, segundo Aristóteles, tem de depender da compreensão daquilo que os seres humanos essencialmente são – a sua função distintiva. A felicidade, a vida boa, consiste em funcionar bem. Visto que a capacidade humana distintiva é a razão, a vida distintivamente humana é a vida vivida em concordância com a razão, e consequentemente a vida boa para os seres humanos é a vida da razão vivida «com excelência» (ou «com virtude» – *kat'areten*) (*Ética a Nicómaco*, Livro 1). Aristóteles parece vacilar entre declarar que a vida boa é a vida dominada por uma única atividade, nomeadamente a contemplação dos resultados do raciocínio (teórico), ou uma vida que inclua muitas atividades diferentes. A última abordagem parece muito mais defensável, mas no Livro 10 da *Ética a Nicómaco* Aristóteles parece defender a primeira. Aristóteles distingue entre excelência moral e excelência intelectual, sendo que uma se obtém pelo hábito e a outra por aprendizagem (*Ética a Nicómaco*, Livro 2). A excelência moral é a capacidade racional adquirida para escolher o meio-termo entre extremos; *e.g.*, a coragem é a tendência para agir com a quantidade correta de audácia de modo a evitar o medo cobarde por um lado e o excesso de confiança aventureira por outro. *Ver também* VIRTUDES. Para Aristóteles, a teoria política está na continuidade da ética, pois o homem é um animal político ou social por natureza. Portanto é natural para os seres humanos viver em sociedades e comportarem-se moralmente entre si (*Política*, Livro 1). Rejeitando o conceito platónico de um Estado ideal, Aristóteles distingue entre as boas e más formas de governo consoante um governo é constitucional ou arbitrário, e recomenda uma constituição mista que favorece a classe média (*ibid.*, Livro 4).

Influência: Aristóteles parece ter influenciado a primeira geração de filósofos helenísticos, incluindo Epicuro e Zenão, *o Estoico*. Mas os seus escritos sofreram um longo período de negligência, vindo apenas a ser recuperados no século I a.C. A partir desse momento, os especialistas estudaram e comentaram Aristóteles continuamente no mundo da antiguidade, não raro dando contributos centrais para a ciência fazendo observações a Aristóteles ou corrigindo-o. Em geral, a sua mundividência de um universo finito e teleológico parece ter dominado o pensamento da antiguidade. Na altura da queda do Império Romano as suas obras, com exceção de alguns tratados traduzidos por Boécio, perderam-se para o Ocidente porque não tinham sido traduzidos para latim e os estudiosos ocidentais já não sabiam ler grego. No Oriente, todavia, os tratados de Aristóteles eram ainda estudados no Império Bizantino grego e traduzidos para siríaco (séculos IV a VIII d.C.) e depois para árabe (século IX) de modo a proporcionar a base intelectual de uma cultura árabe florescente.

Na Europa, o pouco que se sabia de Aristóteles inspirou o debate sobre os universais (séculos XI e XII). No século XII as obras de Aristóteles causaram sensação quando começaram a ser traduzidas para latim a partir de manuscritos árabes e gregos. No século XIII o crescimento das universidades permitiu e encorajou o estudo intensivo do seu vasto e rigoroso corpo de conhecimento; fez-se traduções revistas e traduziu-se comentários gregos e árabes. Os receios iniciais quanto aos elementos pagãos nas obras de Aristóteles foram suavizados quando Tomás de Aquino fez da teoria aristotélica a base da teologia católica. Aristóteles rapidamente se tornou na influência dominante da filosofia medieval «escolástica».

Nos séculos XV e XVI os estudiosos da Renascença tendiam a alinhar filosoficamente ou com Platão ou com Aristóteles. Mas com a chegada da Revolução Científica, a teoria aristotélica caiu na linha de fogo de pensadores progressistas como Galileu Galilei e Francis Bacon. A filosofia escolástica continuou a dominar os estudos universitários durante algum tempo, mas Aristóteles era cada vez mais considerado um teórico e um antiexperimentalista, por estar associado aos professores escolásticos. Aristóteles começou mais uma vez a ser apreciado por filósofos anti-idealistas no século XIX, e no século XX as suas obras foram intensivamente estudadas, quer por filósofos do continente europeu, quer por anglo-americanos.

A influência de Aristóteles foi tão profunda que muitas das suas conceções se tornaram indispensáveis para a análise filosófica e até para o uso quotidiano; *e.g.*, as suas noções de categorias, particulares e universais, substância, essência, propriedade, acidente, matéria e forma, ato e potência. Aristóteles aperfeiçoou a compreensão de todos os assuntos que investigou distinguindo, por exemplo, entre ação voluntária, involuntária e deliberada em ética; identificando o enredo e o caráter como elementos da análise literária; discutindo o género, a espécie e a diferença na classificação; fornecendo condições de identidade para acontecimentos; e estabelecendo as noções básicas da lógica, *e.g.*, proposição, premissa, conclusão, dedução, indução, necessidade, possibilidade, axioma, demonstração. Apesar de a noção básica de filosofia sistemática ter origem em Platão, Aristóteles enriqueceu-a com um impulso para a precisão conceptual, compartimentalização, e atenção à minúcia que encorajou a especialização científica, por um lado, e o rigor filosófico, por outro. Com Aristóteles o mundo aprendeu o que é ter uma mundividência científica. DG

Método de citação: usam-se dois métodos de referência, conjunta ou separadamente: 1) nome da obra, número do livro, número do capítulo. Por exemplo: *Ética a Nicómaco*, Livro 2, capítulo 5; 2) nome da obra, letra de página e coluna na edição Bekker, Berlim, 1831-1870, e, opcionalmente, número da linha. Por exemplo, 1037ª7 significa página 1037, coluna a, linha 7. Os livros da *Metafísica* são frequentemente citados não pelo número mas por letras gregas, do seguinte modo: A (1); α (II); B (III); Γ (IV); Δ (V); E (VI); Z (VII); H (VIII); Θ (IX); I (X); K (XI); Λ (XII); M (XIII); N (XIV).

Algumas traduções: Categorias 1995; *Ética a Nicómaco* 2004; *Poética* 1995; *Retórica* 2006; *Tópicos* 2007; *Da Alma* 2001. Leituras: J. Barnes (org.) *Aristóteles* 2009; J. Barnes, *Aristóteles* 2001; W. D. Ross, *Aristóteles* 1987; C. Shields, *Aristotle* 2006; J. Annas, *The Morality of Happiness* 1993; T. Irwin, *Aristotle's First Principles* 1988.

arminianismo Posição teológica, batizada em nome do teólogo reformador holandês Jacob Arminius (1560-1609). Era semipelagiano e rejeitava a doutrina da predestinação. No importante sínodo de Dort (Dordrecht), 1618-1619, os protestantes arminianos foram condenados a favor de um calvinismo mais rigoroso; um membro proeminente do partido derrotado foi GRÓCIO. Com efeito, embora não nominalmente, prevaleceu nas igrejas metodista, batista, e muitas igrejas protestantes estabelecidas.

Armstrong, David (Malet) (n. 1926) Professor de Filosofia na Universidade de Sydney entre 1964 e 1991.

Autorretrato filosófico: tornar-me aluno de John Anderson na Universidade de Sydney no final da década de 1940 foi crucial para a minha formação intelectual. Embora o meu próprio pensamento a dada altura tenha divergido do de Anderson numa série de aspetos, sempre aceitei a insistência de Anderson (que nessa altura não estava em voga) da necessidade de um filósofo elaborar uma posição sistemática. Aceitei também o naturalismo de Anderson: que a realidade é constituída pelo sistema espácio-temporal único, sem que a humanidade tenha qualquer lugar privilegiado nesse sistema. Também aceitei a teoria pluralista de Anderson sobre a sociedade e a sua crítica do totalitarismo, em particular do comunismo, um movimento do qual Anderson antes se considerara aliado.

Inicialmente, o meu trabalho incidiu sobre a teoria da perceção. Em *Perception and the Physical World* (1961) argumento que a perceção não é mais do que a aquisição de crenças ou informação subverbal sobre o ambiente atual e o estado corpóreo de quem perceciona. Passando para o tópico mais geral do problema da mente-corpo, argumentei em *A Materialist Theory of the Mind* (1968), que o mental devia ser *definido* em termos puramente causais, mas depois *identificado* com processos puramente físicos no cérebro e em estados do cérebro. Num trabalho posterior (1973) inspirado neste caso pelos pontos de vista de F. P. Ramsey, as crenças são identificadas com mapas na mente, pelos quais nos orientamos, e o conhecimento com a fidedignidade empírica do mapa.

Em 1978 publiquei uma obra em dois volumes sobre a teoria dos *universais*, *Universals and Scientific Realism*. Aceitando, como Anderson, a existência objetiva, independente da mente, de qualidades e relações, argumentei que cabia à ciência total, e não aos filósofos, estabelecer que propriedades e relações o mundo contém exatamente. Como Anderson, defendi que ao falarmos das *mesmas* propriedades e relações isto tem de ser entendido estritamente como indicação de que diferentes particulares podem ter a mesmíssima qualidade ou estar relacionados pela mesmíssima relação. No modo de falar dos filósofos isto significa que defendi a existência de universais, uma posição relativamente invulgar para um empirista.

A isto se seguiu em 1983 uma obra sobre a natureza das leis da natureza, *What is a Law of Nature?* Juntamente com outros e contra a ortodoxia prevalecente que sustenta que as leis são meras regularidades no comportamento das coisas, argumentei que as leis são conexões de universais, que *explicam* as regularidades. Seguiu-se o trabalho sobre a teoria da possibilidade, *Universals* (1989). As possibilidades eram consideradas recombinações (ficcionais) de entidades efetivamente existentes. Seguiu-se em 1997 uma tentativa de esboçar uma metafísica ou ontologia, *A World of States of Affairs*. Argumentei que o mundo é um mundo de estados de coisas (os «factos» de Russell e Wittgenstein).

A noção de um veridador, ou «fazedor de verdade», aquilo que na realidade faz as verdades serem verdadeiras, foi importante para mim desde cerca de 1958. No meu *Truth and Truthmakers* (2004) procurei desenvolver um pouco mais a teoria da veridação, e aplicar o conceito sistematicamente à minha própria ontologia. DA

Arnauld, Antoine /aʀno/ (1612--1694) Teólogo, filósofo e polemista francês; figura de proa entre os jansenistas de Port-Royal. Coautor, com Pierre Nicole, da Lógica de PORT-ROYAL, 1662 (*La logique ou l'art de penser*). Os seus escritos filosóficos mostram grande penetração e lucidez. Nas suas objeções às *Meditações* de Descartes (quarto conjunto) foi o primeiro a levantar o problema do Círculo Cartesiano. Muito mais tarde, envolveu-se num debate prolongado, a que pertence o seu *Traité des vraies et des fausses idées* (1683), com Malebranche. Numa série de outros textos e em correspondência com Leibniz, iniciada em 1686, Arnauld submeteu o *Discurso sobre Metafísica* a uma crítica incisiva: Leibniz defendera que o conceito individual de um indivíduo, *e.g.*, um ser humano, contém toda a verdade acerca desse indivíduo, mas Arnauld objetou que isto excluiria a liberdade humana.

Leitura: E. J. Kramer (org.), *Interpreting Arnauld* 1996.

Arnold, Matthew (1822-1888) Poeta, crítico literário e social e pensador político inglês. Crítico liberal da religião dogmática, argumentou em *Literature and Dogma* (1873) a favor de uma nova fé, mais esclarecida. Criticou também a cultura da sociedade contemporânea, composta, na sua opinião, de alto a baixo por «bárbaros», «filisteus» e pela «populaça», (*Culture and Anarchy* 1869//1993). O aperfeiçoamento exigiria ação governamental positiva, especialmente na área da educação.

Aron, Raymond /aRɔ̃/ (1905-1983) Pensador político francês, professor de Sociologia na Sorbonne entre 1955 e 1968, e no Colégio de França entre 1970 e 1979. Como a maioria dos intelectuais que se tornaram proeminentes em França depois de 1945, manteve-se afastado da política gaullista, embora se tenha associado às Forças Francesas Livres em Londres, preparando a publicação mensal de *La France Libre*, de 1940 a 1944, mas diferia de muitos deles, *e.g.*, Merleay-Ponty, ao rejeitar também a teoria marxista e a prática comunista. Isto levou a uma rutura com Sartre, até então um amigo íntimo, cerca de 1946. Em *L'Opium des Intellectuels* (1955), lança um ataque aberto à tendência, comum entre os intelectuais ocidentais, de condenar o seu próprio sistema político e desculpar a desumanidade sistemática do comunismo soviético. (Sempre rejeitou com igual firmeza as ideias e objetivos da direita política.) Neste e noutros escritos, Aron também criticou a crença marxista em leis históricas. Tão-pouco aceitou a noção de que os modelos abstratos podem ser um instrumento útil para explicar e prever acontecimentos políticos. Do seu ponto de vista, a explicação histórica baseia-se na compreensão das ações dos agentes históricos.

Na vida pública intelectual francesa do pós-guerra, Aron estava praticamente só no seu interesse positivo pelas ideias filosóficas correntes no mundo anglófono.

O seu perfil moral rejeita a noção de que a história, os interesses de classe ou a exigência de conformidade social podiam fornecer os critérios morais últimos. Rejeitando as justificações ideológicas do mal, insistiu, com espírito kantiano, em que os agentes humanos podem e devem permitir que os princípios prevaleçam sobre a ideologia e o «pragmatismo». Permanece todavia uma tensão, trazida para primeiro plano nos escritos políticos de Kant, entre os ideais morais com que se deve avaliar a ação, e as forças efetivas que moldaram realmente a história. Muito do que hoje valorizamos na civilização moderna é o resultado da força e da fraude. Dado isto, como vamos encarar a história? Tais questões levaram naturalmente a um estudo de Tucídides; Aron escreveu também um importante estudo sobre Clausewitz: *Penser la Guerre* (1976).

Do ponto de vista de Aron, a base para a reflexão crítica sobre a sociedade tem de ser os valores e ideais amplamente aceites na sociedade contemporânea: liberdade, igualdade, justiça social, progresso tecnológico, etc. Mas insistiu em que esses ideais estão determinados a entrar em conflito. Por exemplo, como podem as exigências da tecnologia moderna produtora de riqueza ser conciliadas com a igualdade humana? Nenhuma teoria geral ou ideologia pode dar uma resposta.

arquétipo (gr. ἀρχέτυπον modelo, original) *s.* Um padrão ou modelo original: **1** Em epistemologia: conceito que ocorre em Descartes, Malebranche, Cudworth, Locke e Berkeley, entre outros. Nas *Meditações* (III, 33), Descartes insiste que uma série de ideias que se geram umas às outras tem de ter início num arquétipo. Locke usa a palavra «padrão» como sinónimo e considera um arquétipo aquilo com que as nossas ideias têm de se conformar para ser adequadas (*Essay Concerning Human Understanding* 2, 20, 1); mas também defende que, na sua maioria, as ideias complexas são arquétipos feitos pela própria mente (4, 4, 5). Em Malebranche e Berkeley, os arquétipos são ideias na mente de Deus, independentemente de serem percecionadas por uma mente humana e anteriores a esta. Termo correlacionado: *éctipo*. A relação de um éctipo com um arquétipo é como a relação de uma cópia com o seu original. Cudworth (*True Intellectual System...* 1687 [37, 3, 1, 1]), Locke e Berkeley estavam entre aqueles que usavam a palavra. **2** Em religião comparada: em *The Golden Bough* (1890-1915), um estudo histórico e transcultural de grande fôlego sobre a religião, o ritual e o mito, Sir James Frazer (1854-1941) aplicou o termo a padrões partilhados por uma grande diversidade de tradições religiosas e culturais. **3** Na psicologia junguiana: C. G. Jung (1885-1961) afirmou, primeiro em 1912, que os padrões e símbolos nos sonhos e imaginário dos indivíduos, e nas religiões e mitos em todo o mundo, exibem semelhanças impressionantes, e descreveu estas características comuns como arquétipos (um termo que encontrou em Santo Agostinho). São predisposições universais para formar certas imagens, presentes no inconsciente coletivo como resíduos da memória ancestral herdada.

arrependimento Distingue-se dois tipos de arrependimento, ódio do crime ou pecado que cometemos, em especial na teologia cristã tradicional: a *atrição* surge do medo pela retribuição justa de Deus; a *contrição* surge do amor perante Deus.

artes liberais As três artes verbais do TRIVIUM: gramática, lógica (ou dialética) e retórica, e as quatro artes matemáticas do QUADRIVIUM: aritmética, geometria, astronomia e música. O *trivium* era a primeira parte, e o *quadrivium* a segunda, do currículo escolar que, por volta do século IX, tinha sido amplamente adotado. JM

árvore de Porfírio Um dispositivo concebido por PORFÍRIO para mostrar como a realidade e os nossos conceitos estão ordenados. Tome-se um conceito, como a substância (este é o exemplo clássico). Podemos colocá-lo no topo de uma árvore finita com ramificações dicotómicas, em que cada um dos níveis inferiores é obtido pelo acréscimo de uma diferença específica (Figura 1).

FIGURA 1 **Árvore de Porfírio**

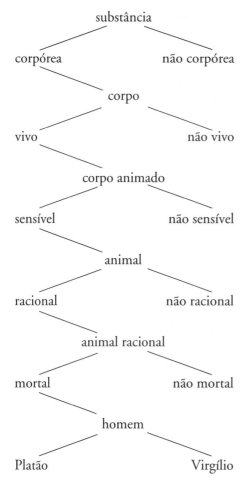

árvore no pátio Era uma vez um jovem que disse:

«Meu Deus,
Acho muitíssimo estranho
Que esta árvore que bem vejo
Possa continuar a existir
Quando ninguém anda pelo pátio.»

Recebendo como resposta:

«Caro Senhor,
O seu espanto é estranho:
Eu ando sempre pelo pátio.
E é por isso que a árvore
Continua a existir
Dado ser observada por este
Respeitosamente seu,
Deus.»

Estes versos divertidos, escritos por Ronald Knox (1888-1957), autor proeminente de Oxford e pensador católico, clarificam um ponto central da filosofia de Berkeley.

árvores lógicas Método de demonstração da lógica elementar para mostrar que um conjunto de fórmulas é inconsistente. É provavelmente o mais simples de todos os procedimentos de demonstração da lógica elementar, e mostra-se muito facilmente a sua COMPLETUDE. O método foi concebido por E. W. Beth (1908-1964) e tornou-se gradualmente aceite desde a década de 1960. Inicialmente denominado *tableau semântico*, esta designação tem vindo a ser abandonada porque o método é, em rigor, sintático, diferindo das demonstrações tradicionais por ter um caráter gráfico.

ascensão semântica A mudança que consiste em deixar de falar *em* certos termos e passar a falar *acerca* deles. São exemplos as mudanças seguintes: de *Há marsupiais na Tasmânia* para «*Marsupial*» aplica-se a algumas criaturas na Tasmânia; de *Malmö é uma cidade* para «*Malmö*» *é o nome de uma cidade*; da discussão sobre a brancura da neve para a discussão sobre a verdade de *A neve é branca*. A mudança do modo material para o formal é um caso de ascensão semântica. O termo foi introduzido por

W. V. O. Quine na última secção de *Word and Object* (1960) (*Palavra e Objeto*, 2010).

ascética (gr. ἀσκέω treino, exercício) 1 Na ética tradicional, a parte que ensina as medidas práticas a tomar de modo a adquirir e desenvolver disposições moralmente boas. Kant aceita este uso na sua *Metafísica da Moral* (1797). Depois de uma secção sobre didática, que lida com o modo de ensinar deveres e virtudes, há uma secção sobre ascética, que discute a formação do caráter. O objetivo da ascética neste sentido é, como no caso dos exercícios de aptidão física, realizar tarefas difíceis com prazer e com esforço muito reduzido. 2 A ascética no sentido de exercícios de abnegação e de autoflagelação, encorajados em certos contextos religiosos, foi enfaticamente rejeitada por Kant que, como Hume, reprovava as características pessoais que tende a produzir.

aspas As aspas podem ser usadas para indicar: 1) que uma palavra ou expressão está a ser nomeada. Assim, escrevemos *os cães têm quatro patas* e *«cães» tem quatro letras*, e escrevemos *«a neve é branca» é verdadeira se, e só se, a neve é branca;* 2) que as palavras estão a ser citadas, não sendo do próprio autor, *e.g.*, «Não voltes», disse Jill a Jack; 3) que o autor quer distanciar-se do uso das palavras. Por exemplo, «paradigma» sugere que a palavra citada deve inspirar algum grau de consternação.

asseidade (lat. *aseitas*, de *a* de, por + *se* o próprio) *s*. Propriedade de ter em si o fundamento da sua existência, de não depender de mais coisa alguma para existir. A palavra ocorre na filosofia escolástica tardia. Schopenhauer atribuiu asseidade à Vontade, Eduard von Hartmann ao Inconsciente. A palavra raramente é usada hoje.

Alguns autores fazem uma distinção subtil entre *ens a se* (um ser por si), que depende de *nada* para existir, e *causa sui* (um ser que é causa de si), cuja existência depende de *si próprio*. Anselmo e Duns Escoto descreveram Deus como *ens a se*.

asserível/asserível Alguns autores usam esta diferença para assinalar uma distinção: se há justificação para *uma opinião*, esta é asserível; se há justificação para *o proferir* de uma opinião, esta é asserível. A primeira diz respeito ao que se pensa; a segunda diz respeito ao que se diz. A distinção original em língua inglesa (*assertible/assertable*) encontra-se em Frank Jackson, *Conditionals* 1987, pp. 9ss.

assertórico *adj*. Uma proposição *assertórica* é aquela que afirma simplesmente que algo é ou não é, por contraste com uma proposição *apodíctica*, que afirma que algo tem de ser, e com uma proposição *problemática*, que afirma que algo pode ser. A palavra *assertórica* neste sentido entrou no uso filosófico comum a partir da sua utilização por parte de Kant, *Kritik der reinen Vernunft* (1781, 1787) (*Crítica da Razão Pura* 2008). GH

assimétrica *adj*. Ver SIMÉTRICA.

assíndeto *s*. Omissão de palavras de ligação entre orações: *e.g.*, «Vim, Vi, Venci», em que se omite o «e».

astrologia *s*. A antiga arte da adivinhação baseada na suposta influência dos corpos celestes nos assuntos humanos e no caráter humano.

Muitos pensadores da antiguidade aceitaram várias formas de adivinhação, incluindo a astrologia; outros permaneceram indecisos. Alguns, poucos, opuseram-se-lhe firmemente, entre eles Xenófanes, Epicuro e a sua escola, Carnéades, e Panécio. No pensamento cristão, a astrologia foi frequentemente rejeitada. Santo Agostinho argumentou (*Cidade de Deus*, Livro 5) que se o destino de uma pessoa está escrito nas estrelas, não pode haver lugar para a liberdade humana e nenhuma possibilidade de aceitar ou rejeitar livremente a graça.

O ponto de vista contemporâneo sobre a astrologia é que os aparentes sucessos da previsão astrológica não têm força probativa. Há três tipos de fatores de distorção: um é a seletividade: os êxitos são registados, os fracassos não; outro é a vagueza: a descrição de uma personalidade ou a previsão de um acontecimento são tão indefinidas que podem ajustar-se a quase qualquer resultado; um terceiro é a impostura e a fraude.

asylum ignorantiae lat. refúgio da ignorância. Um conceito ou método obscuro, não aberto ao escrutínio crítico, ao qual se recorre de modo a disfarçar a própria ignorância ou ausência de reflexão crítica.

ataraxia (gr. ἀταραξία imperturbabilidade, serenidade, paz de espírito) *s*. Como Pirro, entre outros céticos da antiguidade, os epicuristas ensinavam que a *ataraxia* é o ingrediente essencial da felicidade, o estado mais desejável da existência humana. Era por vezes contrastada com a *apatheia* (APATIA) estoica, mas por vezes ambas eram ecleticamente identificadas.

Leitura: J. Annas, *The Morality of Happiness* 1993; G. Striker, *Essays on Hellenistic Epistemology and Ethics* 1996.

ateísmo (gr. α- prefixo privativo + θεός deus) *s*. Ponto de vista de que não há qualquer ser divino, nenhum Deus. Esta é a proposição no centro do debate moderno. Nesse debate, os lados opostos pressupõem que da existência de Deus decorre a existência da providência divina e a possibilidade da intervenção divina no mundo.

Diferente é o ateísmo compreendido numa tradição que remonta pelo menos a Epicuro, em que se fazia a distinção entre aqueles elementos. O essencial para o ateísmo no sentido mais antigo não é tanto a resposta negativa à questão meramente teórica da existência dos deuses ou de Deus. Essencial é a negação da existência de um ser que se interessa pela humanidade, que é capaz de intervir no mundo e de mudar o curso dos acontecimentos, e até de os harmonizar com um desígnio geral e providente. Também é essencial a rejeição da crença de que a oração pode fazer alguma diferença, e a rejeição da crença de que aos malfeitores espera um castigo num estado no futuro. Em contraste com o ateísmo moderno, portanto, o ateísmo tradicional pode deixar em aberto a questão de Deus existir ou não. Pode tolerar descobertas estranhas em astrofísica. Mas, à semelhança do ateísmo moderno, é o ponto de vista de que não há qualquer ser divino cuja existência fosse de algum modo relevante para a condução das nossas vidas.

Podemos distinguir o ateísmo do *panteísmo* e do *agnosticismo*. O panteísmo é o ponto de vista de que Deus e o mundo são em certo sentido idênticos. As opiniões diferem sobre a questão de isto ser ou não uma forma de ateísmo. O agnosticismo (em religião) é o ponto de vista de que nos é impossível saber se Deus existe. *Ver também* ATEÍSMO PRÁTICO.

Leitura: M. Martin (org.), *Um Mundo sem Deus* 2010; J. Mackie, *The Miracle of Theism* 1982; J. J. C. Smart e J. Haldane, *Atheism and Theism*, 2.ª ed., 2002; W. L. Craig e W. Sinnott-Armstrong, *God? A Debate between a Christian and an Atheist* 2003.

ateísmo prático 1 A opinião (epicurista) de que os deuses existem, mas nada fazem que tenha impacto na vida humana. Cudworth usa «ateísmo prático» neste sentido, ou seja, a crença que Deus, embora possa existir, é um ser que não se ocupa da vida humana. **2** A atitude de uma pessoa que não é influenciada por qualquer crença em Deus ou em deuses, e cujas ações não estão, portanto, sob qualquer restrição moral. Bayle foi um antigo adversário desta opinião de que a descrença leva à imoralidade.

ateologia *s.* Teoria concebida para refutar a existência de Deus. A palavra foi usada pela primeira vez no século XVII.

atitude/crença *s.* Duas pessoas podem concordar quanto a todos os factos relevantes e ainda assim ter um desacordo genuíno quando os avaliam. Isto é um problema para a teoria emotivista da ética, segundo a qual em tal situação não há factos – e portanto nada – sobre que discordar. A solução proposta por Charles Stevenson introduz uma distinção: o desacordo quanto à avaliação dos factos não é um desacordo *doxástico* (de crença) mas sim um desacordo em *atitude*. Stevenson desenvolveu esta distinção em *Ethics and Language* (1944).

atitude proposicional Esperar, temer, desejar ou lamentar que *p* é ter uma atitude quanto à proposição *p* e, por isso, receberam a designação de «atitudes proposicionais», primeiro por Bertrand Russell em *An Inquiry into Meaning and Truth* (1940). (Em 1918 manifestara relutância em usar a expressão, visto que «atitude» é um termo psicológico.) Aplicou a expressão também a acreditar, pensar, saber, etc., que *p*. Comum a todos os contextos das atitudes proposicionais é serem intensionais (com *s*), ou seja, expressões com a mesma denotação não podem ser livremente permutadas *salva veritate* (*i.e.*, sem mudança do valor de verdade). Por exemplo, *Édipo deseja que Jocasta se torne a sua esposa* é verdadeiro; Jocasta é a sua mãe (*i.e.*, «Jocasta» e «a mãe de Édipo» têm a mesma denotação); mas *Édipo deseja que a sua mãe se torne a sua esposa* é falso.

ato ilocutório *Ver* ILOCUTÓRIO, ATO.

atomismo (gr. ἄτομος indivisível) *s.* Nome dado a uma teoria materialista segundo a qual nada existe senão átomos e vazio. Os átomos são partículas indivisíveis de matéria. O vazio é onde estas partículas se movem. As diferenças de tipo quantitativo entre os átomos (tamanho, forma, e coisas semelhantes) e as várias velocidades e direções do movimento dos átomos no vazio são usadas para explicar o facto de no mundo haver todo o tipo de coisas e acontecimentos diferentes. A teoria teve origem em Leucipo e Demócrito. Foi posteriormente adotada, com algumas modificações, por Epicuro e Lucrécio e recuperada na era moderna por Gassendi.

Diferente deste ponto de vista metafísico de que *tudo* é composto de átomos, é a hipótese científica de que *tudo o que é material* tem esta composição. Esta hipótese científica mostrou-se bastante frutuosa durante muito tempo, embora se descobrisse a dada altura que os pontos identificados como átomos não são qualitativamente indistinguíveis nem indivisíveis. Consequentemente, o nome «átomo», que por razões de conveniência continuou a ser usado, não se lhes aplica estritamente. *Ver também* EPICURISMO; ATOMISMO LÓGICO.

atomismo lógico Uma teoria ontológica segundo a qual a realidade é em última análise composta de factos atómicos. A existência de um facto atómico não implica logicamente a existência de qualquer outro facto atómico. A teoria foi articulada por Bertrand Russell nas décadas de 1910 e 1920 (apesar de ser desenvolvida em manuscritos desde 1901), por Wittgenstein no *Tractatus Logico-Philosophicus*, por G. E. Moore, John Wisdom, etc.

A maior parte dos atomistas lógicos encarava os factos atómicos como simples dados empíricos, e considerava-se que o modo como se combinavam para formar factos moleculares era verofuncional. Ou seja, os factos atómicos são representados por proposições atómicas, e os factos moleculares por compostos verofuncionais de proposições atómicas.

A filosofia teria naturalmente como método a análise, no sentido em que se exibiria as constituintes atómicas do objeto de uma investigação filosófica, e o seu modo de combinação. A teoria foi batizada por Russell em 1918, para sublinhar o contraste com o que se pode chamar «holismo lógico», *i.e.*, o ponto de vista de que o mundo é tal que nenhuma parte pode genuinamente ser conhecida a menos que se conheça o todo.

Leitura: J. O. Urmson, *Philosophical Analysis* 1958.

átomo *Ver* ATOMISMO.

ator *s.* 1 Uma pessoa que representa um papel numa peça. 2 Uma pessoa que age, um agente.

atos, psicologia dos Tipo de teoria que confere um papel central à distinção entre o caráter e o conteúdo de um ato mental. Esta linha de investigação remonta a Brentano, que ensinava que o que distingue o mental do físico é a natureza intencional dos atos mentais: *i.e.*, que o conteúdo de um ato mental pode ser algo que não existe. Exemplos disso são crenças na existência de unicórnios ou um medo infundado. Diversos autores influenciados por Brentano, entre os quais Meinong, Stumpf, Höfler, Husserl, Kreibig e Witasek, desenvolveram teorias em que esta distinção ato/conteúdo desempenha um papel significativo. *Ver também* MEINONG.

atos de fala Os jurisconsultos aperceberam-se há muito daquilo que o filósofo Gilbert Ryle mais tarde sublinhou: que, não raro, ao fazer uma coisa, *e.g.*, excluir alguém de um clube, estamos com isso a fazer outra (*e.g.*, a insultar essa pessoa) e a dar origem a outra (*e.g.*, magoar os seus sentimentos). A aplicação corrente desta noção sagaz aos atos de fala deve-se ao trabalho de J. L. Austin (1911-1960) sobre os usos da linguagem. Nas suas palestras William James de 1955, postumamente publicadas como *How to Do Things with Words* (1976) (*Quando Dizer é Fazer* 1990), Austin distinguiu entre três coisas que podemos estar a fazer, aquilo a que chamou executar três tipos de atos de fala, ao fazer uma locução. Primeiro, ao fazer determinados ruídos (um ato fonético), que são também palavras dispostas numa certa construção gramatical (um ato fático) e com um certo significado (um ato rético), *dizemos* algo e *fazemos* algo: nomeadamente, realizamos um ato de afirmar algo (um ato *locutório* que inclui estes três subatos), *e.g.*, «Naquele emprego ganha-se mal».

Segundo, *ao* afirmá-lo, ou seja, ao realizar um ato locutório, geralmente por causa de determinadas convenções, também *fazemos* algo mais (realizamos um ato *ilocutório*), *e.g.*, aconselhamos ou avisamos um estudante para não aceitar aquele emprego, o que não é em si meramente um ato de afirmar algo. Podemos dizer que a nossa locução tem a «força» dessa ilocução, *e.g.*, conselho ou aviso. Terceiro, *ao* afirmar isto e aquilo, ou seja, ao realizar um ato locutório e, portanto, ao fazer também isto e aquilo, podemos alcançar certos efeitos não convencionais, intencionalmente ou não (realizamos um ato *perlocutório*), *e.g.*, persuadir o estudante a não aceitar aquele emprego. Austin concluiu as suas palestras com listas do que considerava espécies diferentes de atos ilocutórios, como veridictivos (*e.g.*, avaliar, absolver), exercitivos (*e.g.*, avisar, aconselhar), comissivos (*e.g.*, prometer, apostar), behabitivos (*e.g.*, desculpar, acolher) e expositivos (*e.g.*, afirmar, definir).

Ao que parece, a teoria dos atos de fala tem a sua origem na filosofia linguística norte-americana, mas desde a década de 1980 que há cada vez mais consciência da existência de filósofos que a antecipam, como Anton Marty (1847-1914) e Adolf Reinach (1883--1917), sob influência de Brentano ou Husserl. AW

atos e omissões, doutrina dos A convicção de que os atos são moralmente diferentes das omissões, mesmo que as consequências sejam as mesmas; em especial, a convicção de que praticar um ato com certas más consequências previstas é moralmente pior do que uma inação que tenha as mesmas más consequências previstas. Por exemplo, em igualdade de circunstâncias, matar é pior do que meramente deixar morrer.

Outra forma de designar a convicção de que é pior fazer o mal do que permitir que seja feito é *Doutrina de Fazer e Permitir*.

atos locutórios Ver ATOS DE FALA.

atributivo/predicativo *adj.* «Vermelho» funciona como um adjetivo gramaticalmente atributivo na expressão «um livro vermelho» e como um adjetivo gramaticalmente predicativo na expressão «este livro é vermelho». P. T. Geach, no artigo seminal «God and Evil», *Analysis* 17 (1956), usou estes termos para fazer uma distinção lógica relacionada: «Direi que numa expressão «um *AB*» (em que «*A*» é um adjetivo e «*B*» um substantivo) «*A*» é um adjetivo (logicamente) predicativo se a predicação «é um *A B*» se divide logicamente num par de predicações «é um *B*» e «é *A*»; de outro modo direi que «*A*» é um adjetivo (logicamente) atributivo». Tal como usados nas seguintes frases abertas, os adjetivos são todos (logicamente) atributivos: *X* é uma *grande* mosca, *X* é um *pequeno* elefante, *X* é uma nota *falsa*, *X* é o *hipotético* pai de *Y*, *X* é um *futuro* campeão.

Um modo diferente de distinguir os dois tipos é este: conjuntamente, das duas frases, «*X* é uma ave vermelha» e «uma ave é um animal», decorre que *X* é um animal vermelho. As inferências desta forma verificam-se para adjetivos logicamente predicativos, mas não para atributivos.

Sin. auxiliar/predicativo.

atributivo/referencial *adj.* As descrições definidas, *i.e.*, expressões com a forma «o tal e tal», podem ser usadas de dois modos diferentes. São usadas atributivamente numa asserção que afirma algo sobre seja quem for ou o que for tal e tal. São usadas *referencialmente* numa asserção para indicar o indivíduo específico acerca do qual são feitas. Por exemplo, «O homem que assassinou Smith deve ser louco» é usada atributivamente se significa que quem quer que seja o assassino, deve ser louco; mas é usada referencialmente se quem está a falar usa a descrição definida «O homem que assassinou Smith» para chamar a atenção do ouvinte para uma pessoa particular (a quem o primeiro imputa a autoria do crime). A distinção foi formulada nestes termos por Keith Donnellan em «Reference and Definite Descriptions», *Philosophical Review* 75 (1966).

atributo *s.* 1 Uma propriedade. 2 Uma propriedade essencial.

Descartes distingue as qualidades, que são contingentes, como a suavidade de um pedaço de cera, dos atributos, que não são contingentes, como a extensão espacial de um pedaço de cera. A mesma distinção terminológica foi observada anteriormente, nomeadamente por Tomás de Aquino: as propriedades de Deus não são contingentes e são apropriadamente denominadas «atributos» (divinos): simplicidade, perfeição, imutabilidade, etc. (*Summa contra gentiles* 1, 1, 14; *Summa Theologiae* 1ª, qq. 3-14). Segundo Espinosa, a substância, *i.e.*, a Natureza, *i.e.*, Deus, tem um número infinito de atributos. Só temos conhecimento de dois: a consciência e a extensão.

atrição *Ver* CONTRIÇÃO.

atualismo *Ver* EFETIVISMO.

aufheben /'aʊfheːbəN/ (alm.) *vb.* Superar, cancelar, negar. Na filosofia de Hegel: numa síntese, a tese e a antítese são *aufgehoben*, *i.e.*, superadas; ao mesmo tempo que são também preservadas, *aufbewahrt*.

Aufklärung /'aʊfkɛːrʊkŋ/ (*alm.*) ILUMINISMO.

Austin, J(ohn) L(angshaw) (1911-1960) Professor de Filosofia em Oxford a partir de 1952 e principal figura da chamada «filosofia da linguagem comum» ou filosofia linguística. O seu método característico de investigar a natureza de ideias como a perceção, o conhecimento, a intenção, a ação ou a liberdade, que são de interesse para os filósofos, era um exame rigoroso, detalhado, paciente, exaustivo e cooperativo dos modos como estes termos são normalmente usados na linguagem comum. Mas isto, para Austin, era apenas o ponto de partida. Esta abordagem, que é uma variação sobre um método tão velho quanto Aristóteles mas que só se tornou dominante no século XX, vê-se com a maior clareza em «A Plea for Excuses», *Philosophical Papers* (1979). A sua esperança era portanto tornar a filosofia mais semelhante às ciências empíricas. Isto foi limitado pela sua morte prematura. A influência de Austin fez-se sentir sobretudo durante a sua vida, por meio do ensino, e pela publicação póstuma das suas lições sobre perceção, *Sense and Sensibilia* (1979) (*Sentido e Percepção*, 2004), e sobre os atos de fala, *How to Do Things with Words* (1976) (*Quando Dizer é Fazer*, 1990).

Nas primeiras, atacou a teoria tradicional, conhecida no século XVIII como «a via das ideias» e no século XX como «a teoria dos dados sensoriais» – especificamente numa versão publicada por A. J. Ayer – de que tudo o que percecionamos (*i.e.*, vemos, ouvimos, cheiramos, etc.) real, efetiva ou diretamente são aparências dos objetos e não os próprios objetos: uma teoria que sempre foi buscar muita da sua plausibilidade ao chamado «argumento da ilusão» que parecia mostrar que o que realmente vemos, tanto quando vemos um punhal como quando temos a ilusão de ver um punhal, é apenas a aparência de um punhal. Somos levados erroneamente a supor que há uma entidade chamada «parecer» porque podemos apropriadamente afirmar «aquilo parece vermelho».

Nas últimas lições, Austin distingue entre três tipos diferentes de atos de fala que podemos realizar, *i.e.*, três tipos de coisas que podemos fazer quando proferimos algo: nomeadamente, o que dizemos (uma locução), *e.g.*, «Está um touro naquele campo», o que fazemos *ao* dizer isso (uma ilocução), *e.g.*, avisar alguém para não entrar no campo, e o que fazemos *por* dizer isso (uma perlocução), *e.g.*, convencer a pessoa de que não deve entrar. AW

Austin, John (1790-1859) Inglês, filósofo da moral e do direito, durante algum tempo professor de Jurisprudência no University College de Londres. Na primeira parte das *Lectures on Jurisprudence*, que foram publicadas separadamente com o título *The Province of Jurisprudence Determined* (1832-1995), Austin desenvolveu com grande clareza uma teoria moral utilitarista e uma análise do conceito de lei e de sistema jurídico. Na esteira de Bentham, Austin sustentou que toda a lei propriamente dita é uma ordem por um superior. A superioridade consiste na capacidade de fazer aplicar a obediência. A ação ordenada é um dever.

Na esteira de Locke, Austin distinguiu três tipos de deveres. Os deveres *religiosos* são aqueles conformes ao princípio da utilidade ou ao princípio da maior felicidade. São ordenados por Deus, visto que Deus deseja a nossa maior felicidade. Austin chama-lhes «deveres» porque são ordenados por um superior, e chama-lhes «religiosos» porque o superior em causa é Deus. (Hoje, seria natural considerá-los deveres morais, visto que são aqueles que estão conformes ao princípio de utilidade.) Os deveres *morais*, na terminologia de Austin (e de Bentham), são os estabelecidos pelo código moral que prevalece numa dada sociedade. Chamam-se «deveres» porque são as ordens da sociedade. Os deveres *legais* são os que, em última instância, o poder soberano, numa sociedade política, ordena. É portanto possível a um sistema jurídico ser incompatível com o dever moral, e com um dever «religioso». A existência de uma lei é uma coisa, escreve Austin, o seu mérito ou demérito outra.

Austin acreditava que uma série de conceitos jurídicos básicos e gerais, tais como direitos, obrigações, contrato, lei e soberania, são comuns a todos os sistemas jurídicos propriamente ditos, e procurou dar-lhes uma análise precisa. A esta abordagem da teoria do direito – que se centra na análise e não inclui em princípio na explicação as dimensões histórica, social e moral da lei – chama-se por vezes «jurisprudência analítica».

autarcia (ou autarquia) (gr. αὐτό- próprio + ἀρκέω ser suficiente) *s.* 1 Autossuficiência. Uma condição importante para a vida boa, segundo os ensinamentos dos cínicos e dos estoicos 2 Autossuficiência económica de um país (raramente).

autarquia (gr. αὐτό- próprio + ἀρκέω norma) *s.* 1 Autocracia. 2 Autogestão (raramente). *Ver também* AUTARCIA; *ARQUĒ*.

autenticidade *s.* A qualidade de ser genuíno, ser fiel a si próprio. A noção de autenticidade tem sido uma das preocupações centrais e seguramente mais influentes da filosofia do existencialismo, embora as suas raízes se encontrem em grande parte da filosofia ocidental. Sócrates podia facilmente ser visto como um filósofo preocupado com a autenticidade do eu – a genuinidade dos seus pensamentos e ações. Procurou erguer-se além da mera opinião para alcançar o conhecimento, o autoconhecimento em particular: o autoconhecimento, argumentava Sócrates, é necessário para se ser fiel a si próprio e só então poderá uma pessoa ter virtude. Agostinho preocupava-se com a natureza espiritual do «verdadeiro» eu, por oposição às exigências inautênticas do desejo e do corpo. Jean-Jacques Rousseau também contrastou o eu verdadeiro, autêntico, natural, que ele, em oposição firme à tradição dominante, declarou enfaticamente que era essencialmente bom, sendo a «corrupção» imposta pela sociedade. Kierkegaard, o primeiro existencialista, insistiu que o eu autêntico era o eu pessoalmente *escolhido*, por oposição à nossa identidade pública ou «gregária». Esta oposição entre o indivíduo genuíno e o público ou «o rebanho» foi retomada por Nietzsche cinquenta anos mais tarde, e tanto Kierkegaard como Nietzsche influenciaram Martin Heidegger, cuja conceção de autenticidade (alm. *Eigentlichkeit*) chegou a dominar o pensamento existencialista contemporâneo. Ser autêntico ou genuíno era reconhecer resolutamente a própria individualidade e distinguir o nosso próprio ser-no-mundo essencial da nossa identidade pública como *das Man*, o nome heideggeriano para o eu social anónimo. Jean-Paul Sartre utilizou aquilo a que Theodor Adorno mais tarde chamou «o jargão da autenticidade» na sua conceção da «má-fé» (*mauvaise foi*), que se baseava claramente na noção heideggeriana de autenticidade. A noção positiva de autenticidade («boa-fé») permaneceu um problema para Sartre, todavia, e uma das críticas persistentes ao existencialismo é a falta de clareza ou impossibilidade do ideal de autenticidade. RSO

autocontradição *s.* Uma proposição autocontraditória é a que implica simultaneamente uma proposição *p* e a sua negação, *não p*, e logo a conjunção *p e não p*.
É comummente tomado por garantido que todas as proposições com a forma *p e não p*, e portanto todas as autocontradições, não podem ser verdadeiras, tendo antes de ser falsas. Muitas refutações filosóficas consistem em mostrar que uma perspetiva apresentada conduz à autocontradição.

autocracia (gr. αὐτό- próprio + κράτος poder, poderio, força) *s.* 1 Governo absoluto, *i.e.*, governo monárquico sem limitações constitucionais. 2 Um Estado sob o governo absoluto. 3 Em Kant, mas hoje raro: autodomínio, a capacidade de controlar as próprias inclinações. 4 Na teoria literária, o adjetivo (autocrático) é usado como termo contrastante com ALOCRÁTICO.

autodidata *s.* Uma pessoa que aprendeu sozinha.

autográfico *Ver* ALOGRÁFICO.

autológico *adj.* Que se descreve a si mesmo. *Ver* PARADOXO DE GRELLING.

autonímia (gr. αὐτό- auto + ὄνομα nome) *s.* O uso de uma expressão, de preferência juntamente com um dispositivo apropriado como aspas, para referir a própria expressão. Assim, «cão» refere autonimicamente a *palavra* cão mas «a palavra de três letras composta, por ordem, pela terceira, primeira e décima quinta letras do alfabeto» refere a mesma palavra não autonimicamente mas heteronimicamente. O termo foi introduzido por Carnap em *Logische Syntax der Sprache* (1937). **autónimo** *adj*.

autonomia (gr. αὐτό- próprio + νόμος lei) *s*. **1** Em política: autogestão; autodomínio; independência política.
2 Em ética: capacidade de uma pessoa para a autodeterminação; capacidade para se ver a si próprio como o autor de uma lei moral à qual se está vinculado.
Este é um conceito central na ética de Kant: a autonomia mostra-se quando uma pessoa se decide livremente, por respeito a um imperativo moral, a agir moralmente, independentemente de quaisquer incentivos exteriores.
Kant foi inspirado pela teoria política de Rousseau (*Contrato Social* 1762), que vê o povo simultaneamente como soberano e súbdito. Na sua teoria, as pessoas estão vinculadas a leis, mas só às que elas próprias fizeram. Kant aplicou uma conceção semelhante à pessoa individual no fim do capítulo 2 dos *Fundamentação da Metafísica dos Costumes* (1785). Kant usou-a para descrever como podemos ser estritamente vinculados por uma exigência de moralidade, e no entanto ter a liberdade e dignidade essencial ao estatuto de pessoa. O nosso assentimento a uma exigência de moralidade só tem valor moral genuíno se resultar do puro respeito por uma lei que é vista como emanando da nossa autolegislação (*Crítica da Razão Prática* 1,1, secção 8).
O oposto é a HETERONOMIA. A autoridade da lei é colocada no exterior do próprio indivíduo. Quando se pratica o dever heteronomamente, é-se determinado pela esperança ou pelo medo de algo exterior. Os quatro tipos de princípios heterónomos (não confundir com *heterónimo*) são, segundo Kant, aqueles em que a ação moral é determinada por um desejo de 1) bem-estar para si próprio; 2) de aceitação social; 3) de autoaperfeiçoamento; ou 4) de aprovação divina.

3 Na análise filosófica: alguns filósofos usam *autonomia* como sinónimo de *independência lógica* ou *conceptual*. Assim, «autonomia da ética» foi usada para o ponto de vista de que os conceitos e afirmações da ética constituem uma categoria própria. Jodl usou a expressão na sua história da ética (1912) para descrever a rejeição, por parte de Gizycki (1854-1894), do ponto de vista de que a religião tem qualquer tipo de relevância para a ética. Em geral, a expressão é usada para o ponto de vista de que os conceitos e afirmações da ética não podem ser deduzidos a partir de conceitos e afirmações não éticos, nem a eles reduzidos. É neste sentido de independência lógica que um autor usou «autonomia da cor» para dizer que os conceitos de cor não podem ser reduzidos a outros conceitos.
Aviso: este uso alargado é potencialmente confuso. Um autor usa «autonomia das instituições» para dizer que as afirmações sobre instituições não são redutíveis a afirmações sobre os indivíduos que estão envolvidos nelas. Isto está em desacordo com o uso comum: a autonomia de uma instituição como uma universidade seria naturalmente compreendida como denotativa de que essa instituição se governa a si própria.

autoridade *s*. **1** Um direito, um poder (no sentido deôntico), de decidir sobre assuntos numa dada área. **2** Uma pessoa ou uma instituição que tem autoridade no sentido 1. **3** A qualidade de uma fonte de informação, em virtude da qual nos podemos basear nela para determinar assuntos em dúvida ou disputa. 4 Uma fonte de informação (uma pessoa, um livro, uma tradição) que tem autoridade no sentido 3.

autoritarismo *s.* 1 Sistema de tomada de decisões sem a devida consulta das partes envolvidas. 2 Atitude que favorece a tomada de decisão sem a devida consulta das partes envolvidas. Por exemplo, a preferência por um sistema político em que uma junta governa sem consideração pelas opiniões dos governados.

autorrealização *s.* Consiste em realizar tudo o que está potencialmente presente no eu. Algumas teorias, em especial na filosofia romântica, consideram que a autorrealização é o maior bem, e que a supressão do potencial de uma pessoa é um grande mal.

Esta doutrina, se apresentada sem qualificações, parece problemática. Normalmente não consideraríamos um grande mal a supressão de determinadas tendências num potencial assassino. Uma qualificação frequentemente introduzida é a de que o eu, cuja realização é o maior bem, é o *verdadeiro* eu de uma pessoa.

autorrefutação *s.* Uma afirmação é autorrefutante se for possível, assim que foi proferida, o ouvinte inferir que não pode ser verdadeira. Por exemplo, a afirmação «Nunca digo uma palavra» não pode ser simultaneamente proferida e verdadeira. Isto é um exemplo de autorrefutação *pragmática*: o ato de afirmar mostra que aquilo que se afirma é falso. Há também proposições *logicamente* autorrefutantes. Por exemplo, uma afirmação que dá lugar ao PARADOXO DO MENTIROSO implica logicamente a sua própria falsidade, logo, implica uma contradição.

Uma afirmação autoderrotante não é o mesmo que uma afirmação autorrefutante. Uma afirmação autoderrotante é uma previsão que, ao ser feita, provoca uma situação em que é falsa. Por exemplo, num mercado, o anúncio de uma previsão de que haverá escassez de determinada mercadoria pode ser autoderrotante visto que pode provocar um aumento da oferta. Pelo contrário, o anúncio de uma previsão de que determinado banco não conseguirá honrar os seus compromissos pode ser autorrealizante.

autotélico (gr. αὐτό- próprio + τέλος propósito) *adj.* Ter em si o seu propósito.

Avenarius, Richard (1843-1896) Filósofo alemão, professor em Zurique a partir de 1877. Avenarius afirmou em *Kritik der reinen Erfahrung* (1888-1900), como o seu contemporâneo Ernst Mach, que o conhecimento só se pode basear na experiência pura, que a metafísica é para ser eliminada e que aquilo que parece uma distinção entre a mente e o corpo é simplesmente uma questão de relações diferentes entre elementos de um só tipo neutro. Tão-pouco há alguma diferença de princípio entre a experiência interior e exterior. O seu psicologismo foi criticado por Husserl, *Investigações Lógicas* (1900), e o seu positivismo foi atacado por Lenine, *Materialismo e Empiriocriticismo* (1908). GC

Averróis (1126-1198) Nome comummente usado no Ocidente para Ibn Rushd. Viveu em Espanha quando esta se encontrava sob domínio islâmico. Deu continuidade ao aristotelismo de

Avicena, ao mesmo tempo que reagiu contra ele, procurando depurá-lo dos acréscimos platonizantes, e também resistindo ao esforço do seu predecessor para o harmonizar com a doutrina islâmica. Ao contrário de filósofos islâmicos anteriores, Averróis distinguiu nitidamente os domínios da fé e da razão, mas seria incorreto atribuir-lhe a doutrina da verdade dupla, da qual os chamados averroístas latinos, *e.g.*, Boécio de Dácia e Sigério de Brabante, foram mais tarde acusados. Além do seu tratado *Tahafut Al-Tahafut*, concebido para refutar uma obra de al-Ghazali (1058-1111) que criticava o aristotelismo do ponto de vista da ortodoxia islâmica, os escritos mais importantes de Averróis foram os seus longos comentários a Aristóteles, em que procurou explicar os argumentos de Aristóteles tão cuidadosamente quanto possível.

Estes comentários exerceram grande influência no Ocidente cristão a partir do início do século XIII. Forneceram um guia quase indispensável para os intrigantes textos de Aristóteles. Esses comentários – ou uma má interpretação deles – foram também usados como fonte para a doutrina particular que se tornou conhecida como «averroísmo». Deste ponto de vista, as pessoas são individuadas pelos seus corpos e pelos seus sentidos, mas há apenas um intelecto partilhado por todos. Como esta teoria entra em conflito com as noções cristãs de imortalidade, recompensa e punição, foi citada por pensadores ocidentais sobretudo com o fim de a rejeitar, embora alguns professores das décadas de 1260 e 1270, como Sigério de Brabante, tenham aparentemente afirmado que era correta, pelo menos como interpretação de Aristóteles. JM

Avicena (980-1037) Nome comummente usado no Ocidente para Ibn Sina. Viveu na Pérsia e escreveu em persa e árabe. Herdou uma tradição de aristotelismo que remontava no mundo islâmico ao século IX, quando as versões sírias de Aristóteles começaram a ser traduzidas para árabe. Juntamente com a *kalam*, uma teologia escolástica orientada para a defesa e elaboração das verdades da fé tal como expostas no Alcorão, emergiu uma escola de filosofia, baseada especialmente em Aristóteles. A obra mais importante de Avicena, o *Kitab Al-Shifa*, é uma paráfrase e comentário sobre muitos dos escritos de Aristóteles. Apesar de Avicena considerar que apresenta o sistema de Aristóteles tal como o filósofo grego pretendia, na verdade dá às suas ideias uma direção neoplatónica e teísta. Deus é descrito como um ser necessário, ao passo que todos os outros seres no universo são meramente possíveis: podiam não ter existido. De Deus emana uma série de Inteligências, das quais a inferior é o Intelecto Agente, através do qual os seres humanos podem participar na cognição intelectual.

O *Shifa* foi traduzido em grande parte para latim no século XII e exerceu uma forte influência sobre os pensadores cristãos no início do século XIII. O aristotelismo platonizante de Avicena revelou-se apelativo para os pensadores familiarizados com Agostinho; mas mesmo depois de meados do século XIII, quando uma compreensão mais íntima dos próprios textos de Aristóteles se tornou mais comum, Avicena permaneceu uma fonte importante para os teólogos cristãos, e foi ainda lido com entusiasmo durante a Renascença.

Leitura: R. Wisnovsky, *Avicenna's Metaphysics in Context* 2003.

axiarquismo; axiarquia (gr. ἀξία dignidade, valor + ἀρχή princípio regente) *s.*

A axiarquia é a determinação da realidade pelo bem, por aquilo que é eticamente valioso ou exigido; o axiarquismo é a teoria de que a realidade é determinada deste modo, em grande parte ou inteiramente. O termo «axiarquia» foi criado por John Leslie (n. 1940), que favorece ele próprio uma teoria deste tipo:

«Até este século os filósofos na sua maioria tinham crenças axiarquistas. Uma delas é que existe um criador omnipotente e benevolente. Outra é que todas as coisas estão animadas por um desejo de bem. A que considero mais intrigante concebe o universo como o produto de uma exigência ética diretamente ativa, uma exigência que na realidade se mostra suficiente para criar coisas» (John Leslie, *Value and Existence* 1979, p. 6).

Leslie reafirma o mesmo ponto de vista, que considera ter afinidades íntimas com o neoplatonismo, em *Universes* (1989). Em *Infinite Minds* (2001), Leslie não afirma que o axiarquismo tem de ser verdadeiro, mas propõe-no como uma explicação última coerente e plausível.

axiologia (gr. ἀξία valor, dignidade) *s.* Teoria do valor. Parece que o termo foi usado pela primeira vez por Lotze, e depois por Brentano, Husserl, Scheler e Nicolai Hartmann, entre outros, principalmente para uma teoria formal do valor. Scheler contrastou-o com praxeologia, uma teoria geral da ação, mas tem sido pela maior parte contrastado com deontologia, uma teoria da ação moralmente correta.

axioma (gr. ἀξίωμα algo digno de aprovação, de estima ou aceitação) *s.* Um axioma é uma fórmula (*i.e.*, uma proposição, ou uma expressão bem formada que mediante interpretação produz uma proposição) que pertence a um sistema axiomático, sem ser derivado de qualquer outra fórmula nesse sistema.

Tradicionalmente, as proposições tomadas como axiomas foram selecionadas como tal porque se considerou que eram evidente e indubitavelmente verdadeiras por si: não havendo possibilidade nem necessidade de as demonstrar; era assim que se considerava os axiomas de Euclides. Estes pressupostos são abandonados no conceito moderno de axiomas.

Entre as proposições básicas de um sistema axiomático faz-se por vezes uma distinção entre axiomas e POSTULADOS.

axioma da abstração *Ver* COMPREENSÃO, AXIOMA DA.

axioma da escolha Informalmente expresso, trata-se de uma proposição em teoria de conjuntos que afirma que se temos qualquer coleção de conjuntos, cada um dos quais não é vazio e dos quais não há qualquer par que tenha qualquer membro em comum, então há um conjunto que contém precisamente um membro tirado de cada um dos conjuntos em causa. Esta proposição é facilmente demonstrada se a coleção original de conjuntos for finita. Mas se a coleção original for infinita, este axioma dá o exemplo mais simples e mais bem conhecido de um axioma que afirma a existência de conjuntos que não podemos especificar. Quem aborda a teoria de conjuntos a partir de um ponto de vista nominalista ou conceptualista tende a rejeitá-lo. GH

axioma do infinito Em teoria de conjuntos: um axioma que estabelece a existência de um conjunto com uma infinidade de membros individuais.

axiomas da intuição Na *Kritik der reinen Vernunft* (1781, 1787), B202-

-B207 (*Crítica da Razão Pura* 2008) de Kant, trata-se de princípios de toda a experiência percetiva: todo o fenómeno empírico, que é espácio-temporal, tem extensão, *i.e.*, pode ser compreendido como um agregado de partes. É em virtude destes axiomas que a matemática e a geometria são aplicáveis ao mundo da experiência.

Ayer, (Sir) A(lfred) J(ules) /εə/ (1910-1989) Professor de Filosofia em Londres, 1946-1959, e em Oxford, 1959-1978, alcançou desde cedo a fama pela sua popularização textualmente apelativa, *Language, Truth and Logic* (1936), 2.ª ed. rev. 1946 (*Linguagem, Verdade e Lógica* 1991), de uma abordagem analítica da filosofia que combinava uma tradição britânica com origem em Hume no século XVIII e influente em Moore e Russell no início do século XX, com um método continental formulado pelo Círculo de Viena, com cujos pontos de vista Ayer se familiarizara durante uma pós-graduação em Viena. Esta versão era conhecida como POSITIVISMO lógico (*ver* CÍRCULO DE VIENA). Dividia tudo que era suscetível de ser verdadeiro ou falso em duas categorias: uma era a das proposições necessariamente verdadeiras típicas da lógica e da matemática; a outra era a das proposições contingentemente verdadeiras da ciência e do discurso quotidiano. Sustentava-se que as primeiras eram verdadeiras em virtude do significado das palavras que as exprimem, e as segundas por concordarem com a nossa experiência sensorial. Subjacente a esta divisão estava o critério de verificabilidade do significado (ou PRINCÍPIO DA VERIFICABILIDADE), que rejeitava como destituídas de significado todas as afirmações que eram em princípio inverificáveis por qualquer destes métodos. Portanto, o que se afirma em moral, estética, teologia e em especial na metafísica é destituído de significado factual. Encontrou-se um lugar para a moral ao sugerir-se que afirmar que algo é bom ou correto ou que deve ser feito não é afirmar seja o que for de verdadeiro ou falso acerca desse algo e, portanto, seja o que for com significado, mas exprimir uma emoção de aprovação relativamente a isso. *Foundations of Empirical Knowledge* (1940) apresenta uma abordagem linguística da doutrina tradicional dos dados dos sentidos como a base do que realmente percecionamos. Mais tarde, Ayer afastou-se gradualmente das doutrinas do seu primeiro livro, e *The Problem of Knowledge* (1956) não sanciona a teoria verificacionista do significado. Ayer modificou, mas não abandonou, a sua posição empirista básica, que é também apresentada numa versão madura em *The Central Questions of Philosophy* (1973). Nos últimos anos, Ayer interessou-se pela história relativamente recente da filosofia: *The Origins of Pragmatism*; *Russell and Moore: The Analytical Heritage*; *Philosophy in the Twentieth Century*. AW

Leitura: *The Philosophy of A. J. Ayer* (LLP) 1992.

B

Baader, Franz von (1765-1841) Pensador alemão. Mineralogista de profissão, dedicou-se em exclusivo à filosofia e à teologia já tarde na vida, tendo lecionado em Munique da década de 1820 até à sua morte. Representava um ponto de vista romântico-místico, querendo ficar no âmbito da fé católica romana e opondo-se à moderna fé na razão e no progresso humano promovido no Iluminismo, rejeitando, por exemplo, a noção de Kant de autonomia moral. Este ponto de vista era semelhante ao de Schelling e houve uma influência recíproca entre eles. O seu *Fermenta cognitionis* (1822--1855) consiste em 161 «Reflexões» sobre a harmonia entre a luz da graça e a luz da razão. O objetivo é reafirmar uma tradição religiosa e mística com raízes no gnosticismo e no neoplatonismo: o interesse renovado em Jacob Boheme deve muito a Baader. Deus é mais corretamente compreendido como um processo de autocriação do que como um ser, e a natureza deve ser compreendida como um sistema não de forças mecânicas mas sim vitais, que se dão a conhecer especialmente nos fenómenos ocultos e paranormais. Também importante é *Sätze aus der erotischen Philosophie* (1828).

O contacto com William Godwin durante uma estada de quatro anos em Londres na década de 1790 fez Baaden ficar ciente da extrema miséria das classes baixas. Não aceitou o anarquismo radical de Godwin, acabando por chegar ao ponto de vista de que a ordem social e política apropriada, sob a ameaça do despotismo e da democracia liberal, é a que for estabelecida por Deus e dirigida pela autoridade religiosa. Criticava, contudo, o exercício do poder político e eclesiástico da Santa Sé, que acabou por condenar os seus textos.

Babeuf, Gracchus (François-Noël) /babœf/ (1760-1797) Jornalista francês e ativista político. O seu pensamento político era fortemente igualitarista. A divisa da Revolução Francesa fora «liberdade, igualdade, fraternidade». Isto deveria incluir, do seu ponto de vista, a igualdade económica (daí o nome pelo qual era conhecido, GRACCHUS), o que exigiria mudanças radicais na atual distribuição da riqueza. Considerando que os ideais da revolução tinham sido traídos por forças conservadoras, foi em 1796 um dos líderes de uma conspiração revolucionária falhada. Leitura: D. B. Rose, *Gracchus Babeuf* 1978.

Bachelard, Gaston /baʃlaːʀ/ (1884--1962) Pensador francês. Inicialmente um cientista, Bachelard voltou-se depois para a filosofia e lecionou em Dijon, a partir de 1930, e na Sorbonne, de 1940 a 1954. Rejeitando as teorias neokantianas e positivistas do conhecimento científico, e antecipando Nelson Goodman, Thomas Kuhn e Paul Feyerabend em vários aspetos, Bachelard argumenta em *Le Nouvel esprit scientifique* (1934) (*O Novo Espírito Científico* 2000) que uma teoria científica não é simplesmente determinada por dados básicos: é sempre uma construção criativa. O conceito de rutura epistemológica é central: a ciência rompe com o conhecimento quotidiano, e há descontinuidades radicais na história da ciência, quando as inconsistências de uma teoria a fazem ruir face ao avanço de uma teoria rival. A teoria científica é trabalho da imaginação, controlada pelo pensamento racional. Em muitas obras, *e.g., La Psychanalyse du feu* (1938) (*A Psicanálise do Fogo*, 2008), Bachelard discute também o lugar da imaginação na poesia, baseando-se na teoria psicanalítica, especialmente a de Jung. Como a ciência, a poesia lida criativamente com experiências básicas, mas de uma maneira não racional cuja comparação e contraste com a da ciência pode ser esclarecedor.

Bacon, Francis /ˈbeɪkən/ (Barão de Verulam, Visconde de S. Albano) (1561--1626) Advogado inglês, estadista e filósofo, tradicionalmente considerado a primeira figura importante da história do empirismo britânico e do desenvolvimento da mundividência científica moderna. Planeara escrever uma obra de importância, *Instauratio magna,* mas só concluiu partes. Uma, *De dignitate et augmentis scientiarium* (1623) era uma versão revista de *The Advancement of Learning* (1605) (*O Progresso do Conhecimento,* 2007) (a primeira grande obra filosófica escrita em inglês – a segunda foi o *Leviatã,* de Hobbes). O título de outra parte, o *Novum Organum* (1620) (trad. *Novum Organum,* 1991), deixou uma mensagem clara de que o aristotelismo predominante devia ser suplantado. A ciência devia visar coligir dados empíricos, usando-os para fazer generalizações indutivas, em vez de procurar explicações em termos de causas finais (*i.e.,* propósitos). Fazendo uma analogia, Bacon compara o método científico próprio com o das abelhas, que coligem sistematicamente e erguem uma estrutura, em contraste com as formigas (*i.e.,* EMPÍRICOS), que juntam um monte desordenado, e com as aranhas (*i.e.,* os metafísicos especulativos), que tecem bonitas teias que não têm contacto com a realidade. O objetivo da investigação é prático: o conhecimento da natureza dá-nos poder sobre ela. Bacon chama a atenção para as mudanças extraordinárias trazidas pela invenção da imprensa, pólvora e o magneto. Para ser bem-sucedido, é preciso compreender as fontes de erro. Uma delas é a generalização apressada. Há também hábitos comuns que tendem a desnortear-nos: Bacon apresenta uma explicação famosa dos quatro tipos de ÍDOLOS.

Edição canónica: The Oxford Francis Bacon. Algumas traduções: *Nova Atlântida e a Grande Instauração* 2008; *Ensaios sobre Moral e Política* 2001; *Ensaios* 2007. Leituras: *The Cambridge Companion to Bacon* 1996.

Bacon, Roger /ˈbeɪkən/ (*c.* 1215--1292) Cognome latino: *Doctor Mirabilis.* Pensador franciscano inglês. Estudou e lecionou em Oxford, e em Paris, na década de 1230, foi dos primeiros a abordarem nas suas aulas os novos livros de Aristóteles recentemente redescobertos. Mais tarde, contudo, condenou o estudo de Aristóteles por ser uma completa perda de tempo. Bacon desenvolveu um projeto grandioso de ciência unificada que incluiria todas as formas de conhecimento. Partes do projeto têm um caráter distintamente ocultista (astrologia, alquimia, numerologia). Bacon afirmava, por exemplo, ter determinado a data da vinda do anticristo, prevista nos escritos visionários de Joaquim de Fiore. Mas há também antecipações importantes do método e perfil da ciência moderna, ao insistir na experimentação sob controlo e no uso da matemática.

Baden, Escola de Um grupo de filósofos neokantianos. Os seus representantes principais foram Wilhelm Windelband, Heinrich Rickert, que foi o seu sucessor na cadeira de filosofia de Heidelberga, e Emil Lask († 1915). Era também conhecida como Escola do Sudoeste Alemã.

Bakunin, Mikhail Alexandrovich /bə'kuːnɪn/ (1814-1876) Pensador político russo e ativista revolucionário, líder do movimento político conhecido como ANARQUISMO. O seu objetivo era a descentralização ampla do poder económico e político. Na sua oposição ao poder estatal, os atos de violência não eram excluídos como meios. A sua oposição ao marxismo conduziu a uma divisão no movimento emergente das classes trabalhadoras.

Balguy, John (1686-1748) Clérigo inglês. Em *A Letter to a Deist* (1726) e *The Foundation of Moral Goodness* (1728) opôs-se às teorias do sentido moral defendidas por Shaftesbury e Hutcheson. O seu ponto de vista, similar ao de Samuel Clarke, era que o nosso conhecimento moral tem de se basear na inteleção racional das relações morais objetivamente existentes.

Barbeyrac, Jean /baʀbeʀak/ (1674--1744) Um refugiado da perseguição religiosa na sua França natal, Barbeyrac foi regente de uma cátedra em Lausana e, a partir de 1777, em Groningen. A sua fama deve-se principalmente às traduções para francês das principais obras latinas sobre direito natural de Grócio, Pufendorf e Cumberland, cada uma delas acompanhada de copiosas anotações e discussões da sua autoria. Defendeu Pufendorf contra a opinião adversa de Leibniz, e em *Traité de la morale des peres de l'Eglise* (1728) escreveu contra o que considerava ensinamentos morais dúbios dos Padres da Igreja.

Barcan, fórmula de Ver FÓRMULA DE BARCAN.

Barcan Marcus, Ruth /'baːkən 'maːkəs/ (n. 1921) Lógica e filósofa norte-americana, professora desde meados dos anos de 1960 em Illinois, Northwestern e Yale. Foi a primeira (em *Journal of Symbolic Logic* 1946) a desenvolver um sistema de lógica modal quantificada, *i.e.*, um sistema com fórmulas que contêm operadores modais e quantificadores. Exemplos de tais fórmulas mistas são $\forall x \Diamond Fx$ (para todo o x, possivelmente Fx) e $\Diamond \forall x Fx$ (possivelmente, para todo o x, Fx). Estas duas fórmulas não são equivalentes: uma coisa é dizer que todos os atletas têm a possibilidade de ganhar, e outra é dizer que há a possibilidade de os atletas ganharem todos.

W. V. O. Quine considerava que as teorias de Barcan não se harmonizavam com o extensionalismo por si favorecido, e com o seu ponto de vista de que algumas frases de identidade são contingentes. Isto deu origem a um importante debate, apresentado em L. Linsky (org.), *Reference and Modality* (1971). Vários dos seus artigos estão coligidos em *Modalities* 1993. dir./DM

barra de Sheffer (Em rigor, função do traço de Sheffer.) Uma função de verdade binária, normalmente simbolizada por uma barra vertical e lida como *não p e q simultaneamente*. A sua tabela de verdade é apresentada na Tabela 1.

TABELA 1 Tabela de verdade para a barra de Sheffer

p q	p | q
V V	F
V F	V
F V	V
F F	V

Todas as funções de verdade podem ser expressas com esta função de verdade binária apenas: ¬p, a negação de p, é equivalente a $p \mid p$, e $p \vee q$, a disjunção de p e q, é equivalente a $(p \mid p) \mid (q \mid q)$.

Há outra função de verdade binária $p \downarrow q$ que é também só por si suficiente. Normalmente lê-se *nem p nem q*, e os seus valores são F, F, F, V.

Barth, Karl /bart/ (1886-1968) Teólogo suíço, talvez o mais influente teólogo protestante do século XX, e o fundador da chamada «teologia dialética». Barth lecionou em Göttingen, Münster e Bona, tendo sido afastado em 1934 por razões políticas. Regeu uma cátedra em Basileia de 1935-1961. Opôs-se à tendência liberal na teologia protestante que começara com a NEOLOGIA do século XVIII e fora reforçada por Schleiermacher e Harnack, devido à sua tentativa de acomodar a fé à razão humana. Rejeitava pela mesma razão todas as formas de RELIGIÃO NATURAL medieval ou moderna, e as tentativas de sustentar a teologia na metafísica. Nem deveria a fé transigir com o mundo em questões culturais e políticas. Considerava uma ilusão a crença do século XIX no progresso; rejeitava o ponto de vista de que Deus estava do lado fosse de quem fosse na Grande Guerra; e afirmou desde cedo, pública e enfaticamente, que o cristianismo autêntico não poderia aceitar a política nazi. Entre as suas obras estão *Epístola aos Romanos* (1.ª ed. 1919, 2.ª ed. 1922), na qual o comentário alterna com observações filosóficas que revelam uma forte influência de Kierkegaard, e *Dogmática Eclesial*, 6 vols. 1956-1969.

Barthes, Roland /baʀt/ (1915-1980) Escritor francês, fazia teoria literária e era crítico da cultura e sociedade francesas. Opunha-se às convenções da estrutura social burguesa, e atacava a atitude prevalecente quanto à linguagem e à literatura que tinha as suas raízes históricas no período clássico e que há muito era alimentado no seio do centralizado sistema educativo francês, argumentando que os padrões aceites como naturais, neutros e normais não o eram.

Mythologies (1957) (*Mitologias*, 2006²) é uma colectânea de ensaios que lançam um olhar crítico sobre os códigos não assumidos adotados pelos meios de comunicação. A sua abordagem alternativa da compreensão das formas de comunicação simbólicas linguísticas e outras baseava-se no ESTRUTURALISMO. Explorou a sociologia dos signos, e aplicou a análise semiológica a fenómenos culturais não-verbais, discutindo, por exemplo, como a roupa ou um edifício podem «passar uma mensagem», em *Système de la mode* 1967 (*Sistema da Moda*, 1999).

Bataille, Georges /bataɪj/ (1897--1962) Autor de romances e poesia, assim como de ensaios, alguns dos quais filosóficos, uma figura crucial na genealogia da filosofia moderna nos domínios da desconstrução e do anti-humanismo francês. O pensamento de Bataille, que se sustentou fazendo carreira como livreiro, emerge da estética de vanguarda das décadas de 1920 e 1930, quando estava associado com o movimento surrealista e foi por curto período membro do Partido Comunista (1933-1934). Bataille é conhecido por ter dirigido e fundado a *Critique* e pelos seus romances intensamente «eróticos», e por uma colectânea de poemas. O seu pensamento, que emergiu nos primeiros ensaios, como «Na Notion de dépense» (1933) (incluído em *A Parte Maldita*, 2005) e «A estrutura psicológica do fascismo» (1934), foi caracterizado como uma filosofia de niilismo virulento. Bataille continua o projeto de Nietzsche de uma transvaloração de todos os valores, pensando as implicações da morte de Deus para produzir uma teologia ateísta anti-intelectualista sem salvação nem esperança. O seu núcleo é uma «Summa Atheologica» cujos três volumes são *L'expérience intérieure* (1943), *Le coupable* (1944) e *Sur Nietzsche* (1945). Para Bataille, grande parte do pensamento moderno e muitas estruturas sociais e económicas são maneiras de negar a natureza fundamental do ser como um processo dionisíaco sem identidade estável nem direção significativa, uma despesa e desperdício de força que mais não é do que o seu próprio fim – compare-se a segunda lei da termodinâmica. O princípio da razão e as leis da lógica são vistas como meras ficções necessárias para deixar algum espaço ao controlo humano e uma ilusão temporária de domínio cognitivo. Ambos, contudo, estão condenados, pois são meros efeitos isolados de momentos de estase nesse processo geral de dissolução com o qual Bataille advoga uma fusão quase mística, conseguida por meio de formas de experiência extrema que cultivam o aniquilamento do sentido ilusório de individualidade.

As obras posteriores alargam estas ideias a vários domínios exteriores à filosofia. A literatura, por exemplo, é entendida como um domínio no qual se afirma uma força de violência e transgressão que Bataille considera constitutiva da subjetividade e cujo escape nas sociedades pré-capitalistas era o sacrifício ou os rituais de guerra, mas que agora é negativamente encarado como «mal», *La littérature et le Mal* (1957) (*A Literatura e o Mal*, 1989). *Théorie de la Religion* (1948) apresenta as origens do capitalismo moderno como uma negação, condenada a fracassar, do princípio geral da despesa universal e do consumo escusado, no interesse da utilidade, indústria e produção, ao passo que *L'Erotisme* (1957) (*Erotismo* 1988) estuda a sexualidade humana como um domínio de prodigalidade e perda na qual a continuação da espécie é necessariamente a destruição do progenitor. As *Oeuvres complètes* de Bataille apareceram em 12 volumes, na Gallimard (1970-1988). TC

Leitura: M. Surya, *Georges Bataille: An Intellectual Biography* 2002.

batalha naval *Ver* FUTUROS CONTINGENTES.

Bauer, Bruno (1809-1882) Teólogo alemão radical e crítico social que lecionou em Berlim e Bona. O seu trabalho sobre os textos do Novo Testamento levou-o a ver que as suas bases históricas eram duvidosas. A sua teoria da religião como consciência humana alienada é semelhante à de Feuerbach. A sua análise crítica das doutrinas cristãs tradicionais acabou por levar ao seu afastamento em 1842. No mesmo ano, publicou *Die gute Sache der Freiheit*, obra na qual argumentava, à maneira de Hegel, que a Igreja e o Estado eram incompatíveis, dado que a primeira era em essência opressora, ao passo que o verdadeiro Estado é aquele no qual se realiza a liberdade. Em escritos posteriores atacou debilidades nas ideias filosófi-

cas e políticas quer da esquerda, quer da direita. Foi alvo de uma longa polémica da autoria de Marx e Engels em *A Ideologia Alemã*.
Leitura: D. Moggach, *The Philosophy and Politics of Bruno Bauer* 2003.

Baumgarten, Alexander Gottlieb (1714-1762) Filósofo alemão, adepto da filosofia de Wolff. Lecionou em Berlim e em Frankfurt an der Oder. Kant usou os seus manuais de ética e metafísica para as suas lições, mas é sobretudo conhecido pela sua *Aesthetica* (1750-1758), que visava preencher uma lacuna no sistema de Wolff e que contém uma teoria do conhecimento percetivo e uma tentativa de formular uma teoria abrangente daquilo a que desde a publicação dessa obra se passou a chamar «estética».

Bayle, Pierre /bɛl/ (1647-1706) Protestante francês, formado no colégio jesuíta de Toulouse, no qual por um breve período foi um católico convertido, e na universidade calvinista de Genebra. Lecionou em França até ter de fugir (em 1681), como muitos outros huguenotes. Começou por lecionar filosofia em Roterdão, escrevendo concomitantemente críticas aos pontos de vista intolerantes e dogmáticos quer de católicos, quer de protestantes. Tornou-se diretor de uma das primeiras revistas eruditas, *Nouvelles de la republique des lettres*, passando depois à produção da sua obra mais importante, *Dicionário Histórico e Crítico* (1697), 2.ª ed. 1702, publicado em três imensos volumes in-fólio com uma miríade de notas e digressões. Edições posteriores, que incluíam acrescentos manuscritos e emendas de Bayle, foram publicadas postumamente. Tratava-se de um dicionário biográfico de pessoas da Bíblia, da mitologia grega, do mundo da antiguidade e medieval, e de figuras políticas, filosóficas, científicas e teológicas dos tempos modernos. As entradas principais são curtas, mas têm um número vasto de notas, muitas das quais com a dimensão de um pequeno artigo. Nestas notas, Bayle tentava corrigir os erros de historiadores e cronistas anteriores, para repor a verdade histórica; mas, acima de tudo, discutia criticamente teorias filosóficas e crenças religiosas, da antiguidade a Leibniz e Malebranche, entre outros contemporâneos. A sua análise mostrava as dificuldades internas dos pontos de vista comuns, e os seus argumentos foram estudados e usados por Berkeley, Hume, Voltaire e na verdade por todos os intelectuais do século XVIII. Bayle professava o ceticismo sobre todos os tipos de filosofias e teologias, o que o levou a argumentar que a religião tem de ser aceite apenas com base na fé (FIDEÍSMO), advogando uma tolerância completa de todos os pontos de vista – heréticos, não cristãos e até ateístas. Já no primeiro livro, aparentemente escrito para demonstrar que o cometa visível em Dezembro de 1680 não era um portento de calamidades futuras, argumentou profusamente que a falsa religião não é preferível ao ateísmo, que os ateus podem ser membros moralmente retos da sociedade e que devem ser tolerados. Parte importante do argumento baseia-se na sua convicção de que a conduta humana é determinada pela paixão e não pela razão: a paixão fará uma pessoa cometer um crime ainda que a sua razão lhe diga que irá arder no inferno. Já na altura, e ainda hoje, é difícil dizer se Bayle era sincero no seu ponto de vista de que se deveria aceitar a religião com base apenas na fé. Os seus oponentes estavam convictos de que Bayle estava na verdade a tentar minar todas as crenças religiosas mostrando que eram irracionais e intelectualmente indefensáveis. Os seus argumentos céticos e a ridicularização das figuras bíblicas fizeram do seu texto o que Voltaire chamou «o arsenal do Iluminismo». Continuou a insistir na tolerância, a defender os seus argumentos céticos, e a pôr em causa filósofos e teólogos de todas as escolas, mesmo até ao fim da vida. Bayle morreu momentos depois de acabar uma diatribe a alguns dos mais importantes pensadores protestantes franceses. Positiva ou negativamente, influenciou quase todos os intelectuais do século XVIII; mas a sua influência foi lentamente diminuindo à medida que o *Dicionário* se tornou obsoleto e foi substituído por enciclopédias modernas. RPO

Leitura: Hubert Bost, *Pierre Bayle* 2006.

Beauvoir, Simone de /bovwaːʀ, simon də/ (1908-1986) Autora francesa. Foi influenciada pelo existencialismo de Jean-Paul Sartre, o seu companheiro de toda a vida, mas influenciou-o também por sua vez, dando-lhe uma consciência mais aguda da dimensão social da existência humana. Esta é uma característica importante do seu *Le Deuxième Sexe* (1949) (*O Segundo Sexo*, 2008) que apresenta uma análise poderosa do papel, quase sempre secundário, atribuído às mulheres pelos costumes sociais e pelas instituições. Este livro, e os seus ensaios, contos, romances e escritos autobiográficos acabaram por ser considerados o ponto de partida do pensamento feminista moderno.

Leitura: The Cambridge Companion to Simone de Beauvoir 2003.

behaviourismo Do ing. *behaviour*, comportamento. *Ver* COMPORTAMENTALISMO.

bellum omnium contra omnes lat. Guerra de todos contra todos.

bem e mal Três tipos de bens, cada um com os seus opostos, foram reconhecidos desde a antiguidade. Em latim: *honestum* (ou *pulchrum*), *jucundum, utile*. Em português: o bem moral, o agradável, o vantajoso. Estas e outras distinções foram subtilmente exploradas por G. H. von Wright, *The Varieties of Goodness* 1963.

beneficência *s.* Fazer o bem; a atividade de beneficiar os outros.

benevolência *s.* Boa vontade; a disposição de beneficiar os outros.

Bentham, Jeremy /ˈbɛntəm; ˈbɛnθəm/ (1748-1832) Filósofo utilitarista inglês e reformador social. Atraiu pela primeira vez a atenção como crítico do principal autor de teoria do direito do século XVIII inglês, Sir William Blackstone. A campanha de Bentham a favor de reformas sociais e políticas em todas as áreas, sobretudo no direito criminal, tinha base teórica no seu UTILITARISMO, exposto em *An Introduction to the Principles of Morals and Legislation*, obra escrita em 1780 mas que só foi publicada em 1789. Nela Bentham formulou o princípio da utilidade, que dá aprovação a uma ação na medida em que essa ação tenha uma tendência geral para promover a maior quantidade de felicidade. A felicidade é identificada com o prazer e a ausência de dor. Para determinar a tendência geral de uma ação, Bentham esboçou um cálculo da felicidade (felicífico «que faz a felicidade»), que tem em conta a intensidade, duração, plausibilidade, extensão, etc., dos prazeres e das dores.

Na teoria de Bentham, uma ação conforme ao princípio da utilidade é correta ou pelo menos não é errada; temos o dever de a fazer, ou pelo menos não é verdade que não deva ser feita. Mas Bentham não usa a palavra «dever». Para Bentham, os deveres e os direitos são noções legais, ligadas às noções de ordem e sanção. O que chamamos deveres e direitos morais exigiria um legislador moral (um ser divino, presumivelmente), mas as noções teológicas estão para lá do âmbito da sua teoria. Falar de direitos e deveres naturais sugere, digamos, uma lei sem legislador, e é tão destituído de sentido como falar de um filho sem um pai. Considerações teóricas à parte, Bentham também condenou a crença em direitos naturais por inspirar violência e derramamento de sangue, como se viu nos excessos da Revolução Francesa.

Bentham começou por acreditar que os estadistas esclarecidos e dedicados ao bem comum acabariam por triunfar sobre a estupidez conservadora, instituindo reformas progressivas para promover a felicidade pública. Quando chegou a desilusão, desenvolveu uma maior simpatia pela reforma democrática e pelo alargamento da cidadania. Acreditava que com a melhoria gradual do nível de educação da sociedade as pessoas teriam maior probabilidade de decidir e votar com base no cálculo racional daquilo que seria para seu benefício a longo prazo, o que implicaria que a decisão racional individual, sendo agregada, tenderia cada vez mais a promover a maior felicidade geral.

Bentham tinha experiência pessoal da profissão jurídica e criticava-a veementemente. Escreveu também um divertido *Handbook of Political Fallacies* (1824), que trata da lógica e retórica do debate político.

Bentham teve um lugar importante num pequeno número de homens que se tornaram conhecidos como RADICAIS FILOSÓFICOS, mas o seu utilitarismo não foi muito discutido entre filósofos até à segunda metade do século XIX. Os seus escritos prolíficos foram publicados em parte por discípulos devotos, mas alguns só foram publicados pela primeira vez na década de 1940 e até depois disso, estando ainda em curso a publicação da sua obra completa. Entre estes escritos está uma análise da lógica de conceitos DEÔNTICOS, e *On Laws in General* contém uma teoria da jurisprudência cuidadosamente elaborada.

A publicação da edição canónica, agora pela Oxford University Press, *The Collected Works of Jeremy Bentham*, está em curso. Tradução: *O Panóptico* 2008. Leitura: H.L.A. Hart, *Essays on Bentham* 1977.

Berdyaev, Nicolai Alexandrovich /bɪrˈdjajɪf/ (1874-1948) Filósofo russo, no exílio em Paris depois de 1922. Inicialmente, tinha uma atração pelo universalismo implícito no marxismo, tendo sempre mantido uma distância crítica das instituições eclesiásticas, apesar de o seu pensamento posterior ter sofrido uma viragem cristã existencialista. Em obras como *O Destino do Homem* e *O Significado da História* interpretou metaforicamente a doutrina cristã da Queda do homem como símbolo da divisão entre o espírito e o mundo dos objetos, e de maneira análoga a doutrina cristã da redenção e restauração final de todas as coisas é interpretada como algo que aponta para um tipo de existência completamente diferente, para lá da história e da sociedade.

Bergson, Henri /bɛrgsɔ̃/ (1859--1941) Professor do Colégio de França 1897-1921, recebeu o Prémio Nobel da Literatura em 1927. Bergson foi inicialmente influenciado pela filosofia de Herbert Spencer, mas rapidamente a rejeitou devido aos seus pressupostos mecanicistas. A sua análise do tempo em *Essai sur les donnés immédiates de la conscience* (1889) (*Ensaio sobre os Dados Imediatos da Consciência*, 1988) distingue o conceito científico de tempo (em última análise uma ficção, ainda que útil), enquanto algo divisível em intervalos iguais e que os relógios podem medir, da experiência intuitiva do tempo (real) como duração contínua na qual cada momento é único. A introspeção mostra também um eu livre permanente, presente ao longo do fluir do tempo. Em *L'Evolution créatrice* (1907) (*A Evolução Criadora*, 2005) argumentou que a evolução tem de ser explicada em termos de uma força vital básica (*élan vital*): uma explicação meramente mecanicista e causal não funciona. Em geral, Bergson salientou o âmbito limitado do pensamento discursivo, e portanto da ciência, com o seu determinismo e mecanicismo; os fenómenos da vida, consciência e liberdade humana só podem ser conhecidos na intuição imediata. Em *Les Deux sources de la morale et de la religion* 1932 (*As Duas Fontes da Moral e da Religião* 2005), a história é apresentada como uma luta entre dois tipos de sociedade: a sociedade aberta é livre, expansiva, criativa – tem lugar para reformadores e inovadores; a sociedade fechada é convencional, dominada por costumes estabelecidos, conservadora e sem liberdade. O pensamento de Bergson, com a sua ênfase na intuição e na liberdade humana, exerceu uma enorme influência em França, mas também internacionalmente, que só começou a esmorecer em meados do século XX.

Berkeley, George /ˈbɑːklɪ/ (1685--1753) Filósofo irlandês, bispo de Cloyne a partir de 1734. Visava refutar o materialismo por várias razões, nomeadamente porque fornecia uma base para a descrença, e, assim, considerava que a questão do que significa dizer que algo «existe» era um problema básico da filosofia. A sua resposta era que a existência de uma coisa material, como uma cadeira ou uma árvore, consistia em ser percecionada pelos sentidos – *esse est percipi*, escreveu, usando as palavras latinas – e que a existência de uma coisa não material, como a mente ou espírito do homem ou de Deus, é percecionar – *esse est percipere* – por meio dos sentidos, sentimentos, imaginação ou pensamento. Temos *ideias* do que é percecionado, e *noções* da mente ou espírito que perceciona. Os seus pontos de vista sobre a existência das coisas materiais foram publicados na primeira parte, a única que nos chegou, da sua obra principal, *A Treatise Concerning the Principles of Human Knowledge* (1710) (*Tratado do Conhecimento Humano*, 2000); os seus pontos de vista sobre a existência de mentes ou espíritos eram discutidos na segunda parte, cujo manuscrito se perdeu irremediavelelmente numa viagem à Itália, nunca tendo sido reescrito.

A aceitação do princípio de que ser é ser percecionado, a que por vezes se chama IDEALISMO, tinha como uma das suas consequências a rejeição do ponto de vista comum de que objetos como cadeiras e árvores são compostos não apenas de qualidades percetíveis como as cores, cheiros e sons, que podem depender de ser percecionadas, mas também de matéria impercecionável como átomos e moléculas, que é a causa das qualidades percecionadas. Outra consequência era que estas cadeiras e árvores deixam de existir quando não estão a ser percecionadas por qualquer mente ou espírito. Isto deu origem a dois problemas para Berkeley. Primeiro, se a existência das cadeiras e árvores que percecionamos à nossa volta depende de serem percecionadas, o que causa estas perceções, das quais a existência dessas coisas depende? Locke e os cientistas tinham respondido que as qualidades impercecionáveis dos objetos, a que chamavam «matéria», eram a causa da nossa perceção. Segundo, se estas cadeiras e árvores continuam a existir quando nós não as percecionamos, como Berkeley concordava que todos acreditamos corretamente, como pode ocorrer tal coisa? A sua resposta a ambas as perguntas foi introduzir uma mente ou espírito infinito, que identificava com Deus, sendo ele que causa, por um lado, as perceções que temos quando percecionamos cadeiras e árvores, e que, por outro lado, perpétua e continuamente perceciona essas cadeiras e árvores quando não estamos a percecioná-las. Berkeley pensava que esta resposta evitava as dificuldades sobre a natureza da matéria dos cientistas, a que o próprio Locke chamara «algo que não sabemos o quê», dando também em termos de espírito uma explicação melhor da causa da cor, cheiro e som de um objeto, dado que todos temos familiaridade com o nosso próprio poder mental para causar coisas mas não podemos, pensava, compreender como uma matéria inerte poderia causar seja o que for. Fornecia, além disso, uma refutação tanto do ceticismo quanto à natureza e à própria existência de objetos no mundo, como também do ateísmo. Preferia explicitamente esta teoria a uma alternativa que tinha considerado seriamente em *Commonplace Book*, e que foi adotada por fenomenalistas modernos como Russell e Ayer, em termos das possíveis perceções futuras dos objetos.

Já na sua primeira obra, *A New Theory of Vision* (1709) Berkeley argumentava que os objetos distantes de nós não existem. Sustentava que as perceções da visão «não sugerem ou selecionam para nós coisas que existem efetivamente à distância, admoestando-nos apenas que as ideias de tacto serão implantadas nas nossas mentes a tal e tal distância temporal». De modo algo semelhante, em lugar das entidades inobserváveis postuladas pelos cientistas, como átomos e moléculas, inseriu a nossa capacidade para fazer previsões de conjuntos futuros de observações com base em qualquer conjunto presente de observações – encarando isso como o aprender da linguagem de Deus. Esse ponto de vista é hoje em dia sustentado, sem as suas implicações teológicas, sob o nome de INSTRUMENTALISMO.

Apesar de Berkeley identificar com toda a confiança um objeto material com o agregado das suas qualidades percecionadas ou percecionáveis – teoria a que por vezes se chama «fenomenalismo» – hesitou quanto à questão de saber se uma mente ou espírito se deveria também identificar totalmente com a sua perceção ou antes como uma entidade que tem tais perceções, questão talvez tratada na segunda parte perdida dos seus *Princípios*. Coube a Hume dar esse passo mais corajoso.

Berkeley sempre insistiu que nada mais estava a fazer do que a chamar-nos de volta ao senso comum, abandonando o ceticismo que considerava inevitável nos pontos de vista de Locke. Contudo, os seus argumentos conduziram-no inexoravelmente a um sistema muitíssimo discutível de imaterialismo e de metafísica idealista.

Berkeley apresentou também o seu idealismo no mais popular *Three Dialogues between Hylas and Philonous* (1713) (*Três Diálogos entre Hylas e Philonous* 2005), no qual Hylas defende que a matéria (gr. ὕλη) existe, mas é refutado por Filonous (gr. amigo do espírito), que defende o imaterialismo de Berkeley. O fenomenalismo de Berkeley antecipou o de Mach e mais tarde o dos empiristas do século XX, tal como a sua importante crítica da dinâmica newtoniana, incluindo a rejeição da ideia do espaço absoluto, em *De Motu* (1721). *The Analyst* (1734) contém uma crítica bem argumentada do conceito de infinitesimal. O seu alvo principal são os «fluxiões» de Newton. Em *Alciphron* (1732), um conjunto de sete diálogos, as crenças cristãs e especialmente anglicanas são defendidas contra vários tipos de livres-pensadores: o ataque a Shaftesbury é notável. *The Querist*, entre outros textos ocasionais, contém inúmeras propostas de reformas económicas e políticas, concebidas para melhorar as condições de uma Irlanda reduzida à miséria. AW/dir.

A edição canónica é A. A. Luce e T. E. Jessop (orgs.), *The Works of George Berkeley*, 9 vols. 1949-1957. Leitura: D. Berman, *George Berkeley* 1994.

Berlin, Sir Isaiah /bɜːˈlɪn/ (1909--1997)

Autorretrato filosófico: certos tópicos sempre me preocuparam: a possibilidade de soluções finais para os problemas do pensamento e da vida; livre-arbítrio; a incompatibilidade entre valores absolutos; a procura de soluções políticas por parte do Iluminismo francês, marxistas e precursores da Revolução Russa; o conceito de liberdade política. Todos estes tópicos, e o tratamento que deles fiz, estão ligados.

Na meia-idade, influenciado sobretudo pelo radical russo Alexander Herzen, abandonei a filosofia a favor da história das ideias: acredito na influência dominante das ideias, que me parece pelo menos tão poderosa quanto as das forças impessoais. Mas nos primeiros anos da década de 1930, em Oxford, ocupei-me sobretudo do positivismo lógico. Tentei indicar certos defeitos da doutrina, argumentando que a verificação é um critério insuficiente do significado ou da verdade para muitos tipos de afirmações. Contudo, nunca abandonei um ponto de vista empírico, derivado sobretudo de Kant e Hume, e nunca procurei a luz na metafísica.

As minhas palestras, publicadas em livro – nas quais atacava o determinismo histórico, distinguia a liberdade negativa da positiva, e contrastava os eus empíricos e «verdadeiros» ou «genuínos» com as suas distorções éticas e políticas – provocaram comentários e controvérsias muito difundidas, que ainda continuam.

O problema do livre-arbítrio parece-me ainda por resolver. Argumento que se o determinismo for verdadeiro, não podemos sequer tentar preservar os conceitos morais comuns (não que possamos provar que o determinismo é falso).

Sublinho que certos valores absolutos são por princípio incompatíveis, e não meramente na prática: por exemplo, que a liberdade completa é incompatível com a igualdade completa, a justiça com a compaixão, o conhecimento com a felicidade, e assim por diante. Nego que a adopção por parte de indivíduos ou sociedades de alguns destes valores em vez de outros conduza ao relativismo. Ao invés, o meu ponto de vista é pluralista: os valores não são subjectivos, mas compreensíveis mesmo por quem não os adota ou por quem se lhes opõe. A comunicação humana depende do facto de a maior parte das pessoas, na maior parte dos lugares e na maior parte do tempo aceitaram constelações sobrepostas de valores, que neste sentido são objetivos. À parte alguns sofistas gregos, não encontrei verdadeiro relativismo em grande destaque, nem mesmo em Hume ou Montesquieu, até ao século XIX, altura em que se deve em grande parte ao marxismo, que sustenta que o processo produtivo ou a luta de classes determinam os valores, e que nenhum interesse humano comum existe até a ordem final ser instaurada pela revolução final.

Do meu ponto de vista, o primeiro pensador que distinguiu verdadeiramente entre valores que são igualmente absolutos, mas incompatíveis, foi Maquiavel, que pensava que a arte de governar com êxito entrava em conflito com os valores cristãos. O pensador alemão J. G. Herder compreendia as diferenças entre culturas, e entre os seus valores, mas reconhecia que os homens de uma cultura eram capazes de uma compreensão empática de outras culturas, tanto do passado como de outras partes do mundo. Estes pensadores, entre outros, levaram-me a uma investigação geral dos valores políticos, e da possibilidade de uma sociedade liberal na qual se adotam diversos valores.

Fiquei profundamente impressionado em particular com o filósofo italiano G. B. Vico, o primeiro pensador a compreender o que é uma cultura, levando-me a considerar a diferença entre as ciências e as humanidades, e a aplicação falaciosa às segundas de conceitos derivados das primeiras, como acontece com muitos sociólogos modernos.

A noção de soluções finais parece-me uma falácia, não apenas na prática, mas por princípio, dado que se os valores absolutos são incompatíveis, um mundo perfeito no qual todos os valores últimos se combinam – bondade, verdade, justiça, liberdade, autorrealização, igualdade, compaixão, beleza – não pode ser concebido, quanto mais existir. Esta falácia tornou possível os movimentos sociais e políticos mais destrutivos do século XX, incluindo o autoritarismo de direita, mas em particular a aplicação do marxismo por parte de Lenine.

Foi o romantismo, apesar de alguns dos seus infelizes resultados, que pôs pela primeira vez seriamente em causa a doutrina subjacente de que para todas as questões reais há apenas uma resposta. Os românticos sustentavam que os nossos valores não são verdades objetivas, não são descobertos mas sim inventados – por indivíduos ou grupos ou individualidades mais vastas como a Igreja, a classe, a nação, ou mesmo «forças» como a História, o Progresso ou o Espírito do Mundo.

Tentei explicar que somos hoje tanto o produto do Iluminismo quanto do romantismo, o que cria alguns conflitos irreconciliáveis. Tentei analisar a relação entre o nacionalismo moderno e a noção de soluções finais. Os meus ensaios mais recentes (reunidos em *The Crooked Timber of Humanity* (1990) (*Limites da Utopia* 1991) examinam as implicações desta ideia, e a sua incompatibilidade com as possibilidades psicológicas e práticas abertas à humanidade. IB

Traduções: A Busca do Ideal 1998; *A Apoteose da Vontade Romântica* 1999; *Pensadores Russos* 1988; *Estudos sobre a Humanidade* 2002; *Quatro Ensaios sobre a Liberdade* 1981; *O Poder das Ideias* 2006; *Rousseau e Outros Cinco Inimigos da Liberdade* 2005. Outras obras: *Against the Current: essays in the history of ideas* 1979; *Concepts and Categories* 1978; *Karl Marx* (1939, 4.ª ed. 1978); *Liberty* 2002; *Three Critics of Enlightenment: Vico, Hamann, Herder* 2000.

Berry, paradoxo de Ver PARADOXO DE BERRY.

bicondicional s. Uma bicondicional é uma *proposição composta* da forma «*p* se, e só se, *q*» (em que *p* e *q* estão no lugar de proposições).

Na lógica formal, uma bicondicional é simbolizada como *p* ⇌ *q* ou *p* ≡ *q* ou *Epq*, sendo tratada como um composto verofuncional. Isto significa que para cada atribuição de valores de verdade a *p* e *q*, o valor de verdade da proposição composta fica determinada. Como o fica é o que se mostra na Tabela 2.

TABELA 2 **Tabela de verdade para a bicondicional**

p	*q*	*p* ⇌ *q*
V	V	V
V	F	F
F	V	F
F	F	V

Como definido nesta tabela, a bicondicional é verdadeira se, e só se, as suas componentes tiverem o mesmo valor de verdade. É equivalente à proposição «(se *p*, então *q*) e (se *q*, então *p*)». Entendida deste modo, chama-se também «bicondicional material» à bicondicional. A uma bicondicional material verdadeira, *i.e.*, a uma proposição verdadeira da forma «*p* se, e só se, *q*», chama-se «equivalência material». *Ver também* CONDICIONAL.

bifurcação de Hume A dicotomia de Hume entre relações de ideias e questões de facto. A expressão inglesa *Hume's fork* foi introduzida por Anthony Flew em *Hume's Theory of Belief* (1961), mas *fork* não quer dizer «forquilha», neste contexto, antes bifurcação ou ramal.

binária, notação (lat. *bini* em dois, aos pares) A representação de números inteiros em termos de potências de 2. Por exemplo, o nosso número 2 é expresso como 10, 3 como 11 e o número 13 (= $1 \times 10^1 + 3 \times 10^0$) da nossa notação decimal normal escreve-se 1101 (= $1 \times 2^3 + 1 \times 2^2 + 0 \times 2^1 + 1 \times 2^0$) na notação binária. Foi pela primeira vez explorada por Leibniz.

binária, operação Uma operação lógica ou matemática que se aplica a *duas* coisas, *e.g.*, conjunção (entre duas proposições) ou divisão (de um número por outro).

binária, oposição Uma expressão frequentemente usada por estruturalistas e pós-estruturalistas para um par de conceitos que são de algum modo contrastados, *e.g.*, cru/cozinhado; presença//ausência; necessário/possível; discurso//escrita; masculino/feminino. Segundo Derrida, atribui-se dominância a um termo numa oposição binária, subconsciente ou implicitamente, competindo à filosofia revelar e eliminar o desequilíbrio. As oposições discutidas por Derrida e seus adeptos são sempre interpretadas como se fossem hierárquicas.

Nota: os opostos vêm aos pares, de modo que a palavra «binária» em «oposição binária» e «opostos binários» é redundante em muitos contextos. E é certamente supérflua em solecismos pleonásticos como «dicotomização binária».

binária, relação *Ver* DIÁDICA, RELAÇÃO.

binário, número Número escrito na notação binária.

biocentrismo *s.* A convicção de que a existência de vida orgânica, incluindo a vida humana, tem um lugar central no esquema geral das coisas, enquanto valor último, propósito último, ou ambos.

biopolítica Um conceito na teorização tardia de Foucault (*Nascimento da Biopolítica* 2010). Significa um novo tipo de política que emergiu na «modernidade tardia», e na qual o «biopoder» – o controlo sobre a dimensão e saúde da população governada – passou a ser exercido pelos governos, à medida que a economia política se torna mais importante.

bissexualidade *s.* 1 Hermafroditismo. 2 A presença tanto de traços psicológicos masculinos quanto femininos num indivíduo. 3 Desejar ou ter parceiros sexuais de ambos os sexos.

bivalência *s.* Com dois valores.

bivalência, princípio da O princípio de que há exatamente dois valores de verdade, verdadeiro e falso, e que, numa certa área de discurso, toda a afirmação tem exatamente um deles.

Sob a influência do trabalho de Michael Dummett, o centro da diferença entre o realismo e o antirrealismo é muitas vezes formulado em termos de bivalência. O realismo (com respeito a uma certa classe de afirmações) é definido como o ponto de vista de que o princípio da bivalência se aplica a toda a afirmação (dessa classe) ainda que *nos* seja impossível ter qualquer base para a aceitar ou rejeitar. O antirrealismo é o ponto de vista oposto de que o princípio não se aplica a menos que exista maneira de termos alguma base para a aceitar ou rejeitar: a verdade é definida como assertibilidade garantida.

Uma classe de afirmações à qual o princípio não se aplica, segundo alguns filósofos, é a classe de afirmações como «Todos os filhos de John estão a dormir». Argumenta-se que esta afirmação é verdadeira se John tiver filhos que estão a dormir, e falsa se tiver filhos mas nem todos estiverem a dormir, não sendo contudo verdadeira nem falsa caso John não tenha filhos. *Ver também* TERCEIRO EXCLUÍDO, FUTUROS CONTINGENTES, PRESSUPOSIÇÃO.

Blackburn, Simon (n. 1944)
Autorretrato filosófico: Formei-me no Trinity College de Cambridge, terminando o curso em 1965 e obtendo o doutoramento em 1970. Nesse ano tornei-me membro e tutor em Filosofia do Pembroke College de Oxford. Fui diretor da revista *Mind* de 1984 a 1990, quando saí para me tornar Edna J. Koury Distinguished Professor of Philosophy na Universidade da Carolina do Norte. Regressei a Cambridge como Professor de Filosofia em 2001, ano em que fui eleito membro da Academia Britânica. Alguns dos meus livros são *Reason and Prediction* (1973), *Spreading the Word* (1984), *Ruling Passions* (1998), *Being Good* (2001). Uma colectânea de ensaios, *Essays in Quasi-Realism,* foi publicada em 1993, e juntamente com Keith Simmons organizei a coletânea *Truth* em 1999. Traduções: *Dicionário Oxford de Filosofia* 1997, *Pense* 2001, *Luxúria* 2005, *Verdade: Um Guia para os Perplexos* 2006, *A República de Platão: Uma Biografia* 2008.

Os meus interesses têm sido bastante abrangentes, incluindo questões da teoria do conhecimento, da filosofia da linguagem e da teoria da ética. Talvez a minha preocupação central tenha sido a divisão entre juízos em que representamos o mundo e juízos em que fazemos outra coisa, como é o caso de projetar atitudes ou outras posturas práticas sobre o mundo. Apesar de esta preocupação ser dificilmente visível nos meus primeiros trabalhos sobre o problema da indução, em particular em relação a

Hume quanto à causalidade, veio à superfície mais diretamente em muitos ensaios escritos nas décadas de 1970 e 1980. O problema central tem sido a metodologia de uma tal divisão, ou alegada divisão. Para isso, inventei a figura do «quasi-realista», uma pessoa que, apesar de insistir num ponto de vista antirrealista em algumas áreas do discurso, descobre-se contudo gradualmente capaz de dizer as palavras que muitos filósofos supõem serem definidoras do realismo. Esta figura complica, ou até põe em causa, de alguns pontos de vista, a alegada divisão, tornando mais difícil encontrar o que há de genuinamente definidor num ou noutro dos dois lados da disputa. Uma exploração completa da sua importância envolveu enfrentar tópicos como a natureza da representação e o que é apelativo no minimalismo ou deflacionismo na teoria da verdade. Isto por sua vez obriga a ter o pragmatismo em linha de conta, assim como a relação entre o sucesso na representação e na prática. Apesar de a ética sempre ter sido o *locus* tradicional de muitas destas disputas, interessam-me igualmente as suas implicações mais latas, *e.g.*, em relação com problemas como a causalidade, leis naturais, probabilidade e mundos possíveis.

Sempre tive a preocupação de trazer outras pessoas para os campos elísios da filosofia, o que levou a *Spreading the Word*, e depois aos dois livros introdutórios *Pense* e *Being Good*. Tive também a sorte de conseguir um público mais vasto por via de muitas recensões e ensaios. Mantenho uma crença resoluta nas virtudes do pensamento reflexivo, e tenho orgulho de ter ajudado algumas pessoas a entrar num mundo que de outro modo poderia ter-lhes permanecido fechado. SB

Blackstone, Sir William /ˈblækstəʊn/ (1723-1780) Autor de *Commentaries on the Laws of England* (1765-1769), a primeira grande obra da jurisprudência inglesa desde *Institutes* (1628-1644), de Sir Edward Coke. Blackstone foi o alvo do primeiro livro publicado de Bentham, *A Fragment on Government* (1776), no qual foi criticado pelo seu uso eclético de ideias modernas sobre o direito natural e pela sua aceitação, muitas vezes acrítica e conservadora, dos princípios e práticas da lei inglesa.

Blanshard, Brand /ˈblænʃɑːd/ (1892--1987) Filósofo norte-americano, lecionou na Universidade de Yale. O seu ponto de vista filosófico era idealista, relacionando-se de perto com o neo--hegelianismo britânico, que expôs de um modo invulgarmente claro. Em *The Nature of Thought* (1939) criticou o empirismo contemporâneo, argumentando a favor da causalidade enquanto conexão necessária.

Blavatsky, Helena Petrovna Nome de solteira: Hahn. (1831-1891) Escritora russa. Deu o nome *teosofia* à sua combinação eclética de ocultismo e espiritualismo, generosamente entrelaçado com ingredientes gnósticos e místicos, e foi cofundadora da Sociedade Teosófica em 1875. Em 1885, a Sociedade para a Investigação Psíquica em Londres considerou que os indícios que ela apresentara para sustentar as pretensões de que tinha poderes psíquicos paranormais eram espúrios. Os seus textos, *e.g.*, *Isis Unveiled* (1879) (*Ísis sem Véu* 1995) e *The Secret Doctrine* (1888) (*A Doutrina Secreta* 1994), são provavelmente de interesse marginal para estudantes de filosofia.

Bloch, Ernst /blɔx/ (1885-1977) Filósofo alemão, duas vezes exilado: da

Alemanha, em 1933, por causa do seu marxismo (em 1938 tentou justificar os julgamentos de Moscovo) e, depois do seu regresso à Alemanha no pós-guerra, uma segunda vez, da República Democrática Alemã para a República Federal Alemã em 1961, uma vez mais por causa do seu marxismo, que se tornara bastante heterodoxo, e inaceitável para as autoridades. Entre os seus escritos prolíficos contam-se *Das Prinzip Hoffnung* (1954-1959), *Naturrecht und menschliche Würde* (1961) e *Atheismus im Christentum* (1968). Bloch considerava uma aberração burguesa que se aplaudisse «o fim da história», dado que aceitar tal coisa seria aceitar, em princípio, a condição presente da humanidade. Para Bloch, o estado efetivo do mundo deveria ser entendido como algo que alberga potencialidades. O seu princípio da esperança, a base de uma síntese de âmbito lato de um ponto de vista metafísico com temas marxistas, especialmente do jovem Marx, é uma «filosofia do futuro». Acarreta a possibilidade de um mundo melhor, um mundo sem exploração nem opressão. O marxismo metafísico e humanista de Bloch foi condenado pelos marxistas ortodoxos, mas muitíssimo apreciado pela Nova Esquerda.

Blondel, Maurice /blɔ̃dɛl/ (1861-1941) Existencialista cristão francês, professor de Filosofia em Aix-en-Provence 1897-1927. A sua obra principal é *L'Action* (1893), ed. rev. 1937.

Boaventura, S. (1221-1274) Nome de batismo: Giovanni di Fidanza. Cognome latino: *Doctor Seraphicus*. Filósofo e teólogo escolástico, lecionou em Paris e pertencia à ordem franciscana, da qual acabou por se tornar superior-geral; autor de uma biografia de S. Francisco. Influenciado principalmente por Agostinho, aceitou que a filosofia (usando apenas a razão) é capaz de chegar à verdade em muitos campos de investigação, mas para a verdade completa, especialmente em metafísica, a teologia (baseada na fé) é indispensável. Platão e Aristóteles, argumentou, viram cada qual apenas parte da verdade metafísica: Agostinho atingira a síntese, vendo que Deus, enquanto criador, usa as formas platónicas como causas exemplares. Ligou este exemplarismo filosófico a uma teologia que se baseava no início do quarto evangelho. *Itinerarium mentis in Deum* (1259), entre outros escritos, contém argumentos clássicos a favor da existência de Deus, incluindo uma reafirmação do argumento ontológico de Anselmo. Como Tomás de Aquino e Maimónides, entre outros, rejeitou o ponto de vista aristotélico de que o mundo não tinha começo temporal. Mas diferia deles por sustentar que este ponto de vista poderia ser refutado pela argumentação racional, ao passo que os outros consideravam que o ponto de vista aristotélico era filosoficamente possível, rejeitando-o apenas por razões teológicas.

Tradução: *Recondução das Ciências à Teologia* 1996.

Bobbio, Norberto (1909-2004) Professor em Turim a partir de 1948, Bobbio desenvolveu, na sua filosofia política, um «individualismo ético» com uma ênfase forte nos direitos humanos e em políticas de segurança social como meios de os proteger. Opôs-se veemente e explicitamente ao fascismo, ao clericalismo e ao comunismo. Na filosofia do direito, tentou fazer uma síntese entre a teoria pura do direito de Kelsen e o empirismo. Foi um intelectual público proeminente, com um estatuto comparável ao de Habermas na Alemanha,

Raymond Aron em França e Bertrand Russell na Inglaterra.

Bodin, Jean /bɔdẽ/ (1530-1596) Pensador político francês. Em *Six Livres de la république* (1576) introduziu o conceito de soberania, *i.e.,* autoridade sem o constrangimento de qualquer lei (exceto a de Deus), e argumentou que o governante de uma sociedade política deveria ser soberano. Antecipou, pois, Hobbes, fazendo-o a partir do contexto de um violento conflito civil e religioso, no qual só a autoridade soberana poderia salvaguardar a paz civil. Permitia, contudo, que o soberano tivesse limites constitucionais, o que introduz alguma tensão na coerência da sua teoria. Bodin aceitava muitas das superstições do seu tempo, como a numerologia e a astrologia, e escreveu um tratado contra a feitiçaria (*De la Démonomanie des sorciers* 1580). Por outro lado, o seu *Heptaplomeres...* (Diálogo de sete homens sábios) é um apelo eloquente à tolerância religiosa.

Boécio, Anício Manlio Severino (*c.* 480-524/6) Aristocrata romano que serviu Teodorico, o governante ostrogodo de Itália, tendo dedicado os seus tempos livres à filosofia até ser preso e executado com base em acusações falsas de deslealdade. As suas traduções latinas da maior parte das obras lógicas de Aristóteles eram canónicas na Idade Média, e os seus comentários (dois do *Isagoge* de Porfírio, dois do *De Interpretatione* de Aristóteles e um das *Categorias*) e manuais de lógica (especialmente a sua obra sobre a teoria dos tópicos, *De topicis differentiis*) constituíam algumas das fontes mais importantes dos lógicos até ao século XIII; transmitiram a tradição aristotélica da lógica formal que se tornara aceite nas escolas neoplatónicas. Boécio escreveu também cinco *Opuscula sacra* (*Opuscula Sacra* 2005). Três deles (I, II e V) usam técnicas de análise lógica para clarificar a doutrina cristã ortodoxa sobre a Trindade e a cristologia, defendendo-a da distorção herética. Um deles (III) é um breve tratado neoplatónico, concebido para explicar como todas as coisas, apesar de serem bens, em virtude de existirem, são contudo diferentes de Deus, o bem supremo e a fonte de todo o bem.

A obra mais famosa de Boécio, *De consolatione philosophiae* (*A Consolação da Filosofia* 1998) foi escrita na prisão, quando aguardava a execução. Boécio apresenta-se como uma pessoa dominada pela mágoa e desanimada perante a ordem de um mundo no qual o mal parece triunfar e o bem não é recompensado. Uma personificação da Filosofia aparece-lhe então na cela e, sem fazer qualquer apelo explícito à revelação cristã, propõe-se convencê-lo por meio do raciocínio que o universo se encontra de facto justamente ordenado por Deus. Os dons da fortuna, como o poder, riquezas, honra, fama e prazer acabam por se revelar ilusões, argumenta a Filosofia, quando os procuramos individualmente. São desejáveis porque cada um reflete algo do bem supremo. Mas o homem sábio deve procurar este bem supremo por si, que é o mesmo que Deus. O mal não é uma realidade mas uma privação do ser. Quanto mais intimamente um homem adere a Deus, menos estará à mercê do destino (que é apenas a efetivação quotidiana da providência divina), e mais livre será. No último livro, a discussão torna-se mais logicamente analítica, e Boécio regressa a um problema que discutira no seu comentário ao *De interpretatione* de Aristóteles. Boécio põe na sua própria boca o seguinte argumento: se Deus é presciente quanto a tudo o que vai acontecer, então tudo o que acontece, acontece por necessidade, e portanto os seres humanos não têm livre-arbítrio e não podem ser corretamente recompensados nem punidos pelo seu comportamento. A Filosofia responde fazendo uma distinção entre a necessidade estrita, que se aplica a casos de invariância natural, como o nascer do Sol todas as manhãs, e a necessidade condicional, que depende das relações entre afirmações. Se eu sei que um homem está sentado, então é condicionalmente necessário que esteja sentado. Deus, continua a Filosofia, não tem *pre*sciência dos acontecimentos, dado viver num presente eterno. Ao invés, sabe todas as coisas, do passado, presente e futuro, num único vislumbre instantâneo. Tal como a liberdade de um homem para se sentar ou ficar de pé não é afetada pelo meu conhecimento de que está sentado, também a necessidade condicional de todos os estados de coisas efetivos, porque Deus os conhece, não afeta a liberdade de ação. JM

Leitura: Henry Chadwick, *Boethius* 1981; John Marenbon, *Boethius* 2003.

Boécio da Dácia (*fl.* 1275) Professor em Paris, acusado juntamente com Sigério de Brabante de defender doutrinas averroístas. Tinha uma grande fé na razão humana e no seu potencial, e o seu pensamento parece ter tido um caráter distintamente secular. Os conflitos entre a inteleção racional e a fé poder-se-iam resolver atribuindo à fé um estatuto mais elevado, e separado. Isto parece aproximar-se do FIDEÍSMO, sendo condenado por se tratar de uma doutrina da «verdade dupla». O nome indica a sua origem dinamarquesa (e não romena); foi dominicano na sua província natal.

Tradução: A Eternidade do Mundo 1996.

Boehme, Jacob /ˈbøməˌ/ (1575-1624) Sapateiro de profissão, trabalhando na sua cidade natal em Görlitz, na Saxónia, Boehme teve uma série de experiências místico-religiosas que inspiraram uma metafísica original, por si apresentada numa linguagem sem tecnicismos. Combinava um uso especulativo corajoso de conceitos tradicionais com elementos de alquimia contemporânea e filosofia natural. Visava desenvolver uma teoria que fizesse justiça aos seus estados de exaltação mística e que ao mesmo tempo superasse as dificuldades perenes do pensamento cristão, como as aparentes incompatibilidades entre a perfeição divina e a existência do mal, e entre a providência divina e a liberdade humana. A diferença marcante com a teologia ortodoxa levou a um conflito com as autoridades eclesiásticas luteranas. Boehme tem sido considerado um dos grandes místicos especulativos e foi uma importante fonte de inspiração para Hamann, Schelling, von Baader e outros idealistas românticos. Na Inglaterra, todos os seus escritos ficaram disponíveis em tradução logo desde meados do século XVII, influenciando aí o pensamento religioso.

Bois-Reymond *Ver* DU BOIS-REYMOND.

Bolingbroke, Henry S. João, Visconde /ˈbɒlŋ3brʊk/ (1678-1751) Político conservador, ministro de Estado e, depois do seu regresso do exílio em 1723, um dos principais opositores do governo de Walpole. O estilo dos seus textos sobre política e história era muito admirado. A sua defesa de livre-pensador do deísmo e da moralidade natural provocava controvérsia; nestes escritos, a penetração filosófica não iguala a felicidade de expressão.

Bolzano, Bernard /bɔltsaˈno/ (1781--1848) Filósofo e matemático natural da Boémia, de perfil em geral antikantiano, tendo antecipado, algo incompletamente, desenvolvimentos posteriores da lógica e da análise matemática. Em particular, compreendia em parte a noção, importante em lógica formal, de que numa inferência válida qualquer interpretação dos termos das premissas que as tornem verdadeiras torna a conclusão também verdadeira. Em matemática, rejeitava a ideia de que conceitos como a continuidade devem ser em última análise entendidos fazendo apelo à intuição direta do espaço e do tempo, mostrando ao invés como podemos defini-los teoricamente. Antecipou também o antipsicologismo de Frege e Husserl na sua teoria das proposições como entidades abstratas não mentais.

Muitos dos textos de Bolzano continuaram por publicar ou foram proibidos pelos censores. Na filosofia da religião e nos escritos sociais e políticos, representava um catolicismo esclarecido progressista, sendo por isso afastado da sua cátedra em Praga em 1819. O seu *Paradoxien des Unendlichen* foi publicado postumamente em 1851. GC

bom malandro Hume observa na *Investigação sobre os Princípios da Moral* (no fim da secção 9, Parte 2) que a observância geral das regras da justiça é para benefício geral, mas que pode parecer que um bom malandro (isto é, um patife astuto) pode beneficiar ainda mais fazendo exceções a seu próprio favor. Isto leva à questão, já colocada no Livro I da *República* de Platão, da razão por que um homem que pode parecer perder por ser íntegro deve ainda assim agir honestamente.

bona fide; bona fides lat. com boa-fé; boa-fé.

Boole, George /buːl/ (1815-1864) Matemático e lógico irlandês, professor de Matemática em Queen's College, Cork, e pioneiro da lógica matemática. A sua obra principal foi *The Laws of Thought* (1854). Boole aplicou técnicas algébricas à lógica aristotélica tradicional, com alguns resultados surpreendentes. Argumentos considerados válidos desde Aristóteles eram afinal efetivamente inválidos. Boole é hoje recordado sobretudo pela ÁLGEBRA DE BOOLE, batizada em seu nome. AM

borlista Viajar sem pagar bilhete e fugir aos impostos são exemplos de borlismo. O borlista goza de um benefício que não estaria disponível se todos fugissem de igual modo ao pagamento. O borlismo é um problema importante na ética e na teoria da decisão. Parece perfeitamente racional que as pessoas deitem mão a uma borla se puderem safar-se: o aumento salarial negociado por um sindicato pode também abranger os que não são membros. Viajar sem pagar bilhete e fugir aos impostos são coisas vantajosas para o indivíduo que as pratica, e a desvantagem coletiva é de todo insignificante. No entanto, as decisões de deitar mão a uma borla parecem irracionais, visto que tendem para um resultado – o desaparecimento de um bem coletivo – que não se deseja.

Bosanquet, Bernard /ˈbəʊzənkɛt/ (1848-1923) Filósofo inglês. Lecionou no University College de Oxford entre 1870-1881, e em St. Andrews de 1903--1908, e além de escrever inúmeros livros e ensaios intervinha ativamente em organizações educativas e de caridade. As principais influências do seu pensamento vêm de Hegel e Lotze. Na sua metafísica, argumentou que há apenas um indivíduo, o Absoluto, a realidade como um todo. O que consideramos indivíduos só o são num sentido atenuado; são manifestações comparativamente constantes de algumas qualidades. Subjacente à metafísica estava um conjunto de doutrinas lógicas que, como as de Bradley, constituíam o alvo principal da crítica de Moore e Russell no início do século XX. Na sua filosofia social opunha-se aos excessos de individualismo, salientando os valores comunitários. A sua *History of Aesthetics* foi durante muito tempo uma obra de referência sobre o tema no Reino Unido.

Bossuet, Jacques Bénigne /bɔsyɛ/ (1627-1704) Clérigo francês de extraordinária eloquência, por muito tempo um favorito na corte de Luís XIV. Defendia o direito divino dos reis e a supremacia da Igreja, insistindo na necessidade de submissão obediente à autoridade, em *Politique inspirée de l'écriture sainte*. Neste e noutros textos, admiráveis pelo brilhante estilo clássico, salienta os perigos óbvios da liberdade civil e da igualdade; quanto à liberdade de consciência, os protestantes constituem uma advertência. As suas ideias hoje só são convincentes para um bando cada vez menor de monárquicos franceses católicos e conservadores, sendo de outro modo interessantes principalmente para estudantes de história intelectual.

Bourbaki, Nicolas /buʀbaki/ Pseudónimo de um grupo de matemáticos franceses. Desde 1939 o grupo publicou uma história da matemática, muitos artigos, e quase 40 volumes de *Eléments de mathématiques*. A matemática é entendida não como uma ciência de objetos matemáticos (números, vetores, espaços) mas como uma ciência geral de estruturas abstratas. A composição do grupo muda ao longo do tempo e é secreta. Sabe-se, porém, que já incluiu H. Cartan, Cl. Chevallerey, J. Dieudonné, Ch. Ehresmann, A. Weil, *et al*.

Boyle, Robert /bɔɪl/ (1627-1691) Físico inglês, hoje recordado sobretudo devido ao seu trabalho experimental com o ar e os gases. Em obras como *The Origin of Forms and Qualities* (1666), e *The Excellency and Grounds of the Mechanical Hypothesis* (1674), explorou a natureza e estatuto da teoria corpuscular da matéria. Argumentou a favor da sua superioridade relativamente às teorias aristotélicas e alquímicas, com base em razões teóricas e experimentais, e mostrou como poderia formar a base para uma explicação da natureza das espécies. Procurou mostrar que as propriedades químicas, medicinais, etc., das substâncias, tal como as propriedades «sensíveis» da cor, sabor, som, etc., podem ser reduzidas às «afeções mecânicas» da matéria; *i.e.,* aos «modos primários» (extensão, impenetrabilidade, movimento, forma, dimensão) das suas «partículas», à combinação de partículas em «corpúsculos» e às relações dos corpúsculos na textura de estruturas mais complexas. Isto difere da conceção de Locke das qualidades secundárias por dispensar completamente o conceito de «poderes». Os estudos sobre Boyle confirmaram que tinha uma visão profundamente teísta do mundo e das leis científicas, defendida nas obras *The Excellency of Theology* (1674), *A Free Inquiry into the Vulgarly Received Notion of Nature* (1686) e *Final Causes* (1688). Foi um expositor infatigável mas sem originalidade do argumento do desígnio. Em *The Christian Virtuoso* (1690) discutiu a natureza da «história natural e civil», mostrando como pode chegar à aceitação de acontecimentos antecedentemente improváveis, usando isto em defesa dos milagres bíblicos que apoiavam a revelação cristã. Deixou por publicar alguns manuscritos de juventude sobre ética que são predominantemente de inspiração estoica. MS

A edição canónica é *The Works of Robert Boyle* (org. Michael Hunter e Edward B. Davis, 14 vols., 1999). Material editorial informativo encontra-se em M. A. Stewart (org.), *Selected Philosophical Papers of Robert Boyle* 1991, e John T. Harwood (org.), *The Early Essays and Ethics of Robert Boyle* 1991. Outras leituras: Peter R. Anstey, *The Philosophy of Robert Boyle* 2000.

Bradley, F(rancis) **H**(erbert) /'brædlɪ/ (1846-1924) Membro do Merton College de Oxford a partir de 1870. A filosofia de Bradley, uma metafísica corajosa apresentada em *Appearance and Reality* (1893) com verve belicosa, considera que o sentimento (a intuição indiferenciada na qual não há distinção entre a experiência e aquilo de que se tem experiência) é o único tipo de ato mental que pode evitar as contradições inerentes às categorias básicas (coisa, qualidade, relação, etc.) que são usadas em todo o pensamento racional e discursivo. Temos de usar estas categorias, apesar de serem inadequadas; mas a realidade tem de ser uma totalidade consistente, e segue-se que o nosso intelecto não pode apreendê-la. A realidade tem também de ser um todo *único*, pois toda a pluralidade nos obriga a usar categorias que são autocontraditórias. Pela mesma razão, a realidade tem de ser algo em que não há dualidade entre conhecer e o conhecido. A totalidade completa – ou, o que é o mesmo, a experiência dela sem nada se omitir – é aquilo a que Bradley chama o Absoluto.

Como outros escritos, *Principles of Logic* (1883), mostra uma influência de Hegel – mas também de Herbart, quanto ao estilo de argumentação. Inclui várias objeções à lógica tradicional que mais tarde tiveram aceitação geral: que nem todos os juízos têm uma forma sujeito-predicado; que há argumentos válidos que não podem ser reduzidos a silogismos categóricos; que uma afirmação universal (*e.g.,* Todo o S é P) não tem implicação existencial (*i.e.,* não implica que existam coisas S). Para as suas ideias lógicas, um género de holismo é fundamental: se as inferências partindo do que é particular são de todo em todo válidas, isso só pode ser com base em pressupostos de um tipo universal. Ligado a isto está a sua rejeição do psicologismo: as relações lógicas são universais e aplicam-se aos significados; os pensamentos, pelo contrário, são particulares que vão e vêm.

Ethical Studies (1876) objeta ao individualismo e utilitarismo de autores como John Stuart Mill e Herbert Spencer, e defende vigorosamente a relevância moral da comunidade. Os papéis socialmente definidos são parte daquilo que uma pessoa é. Determinam deveres para connosco e para com os outros. Estabelecem limites à extensão da igualdade moral entre pessoas. Bradley rejeitava a ideia de que a filosofia podia dar razões a questões morais particulares. Exprimiu, contudo, as suas opiniões morais, que tinham afinidades com o DARWINISMO SOCIAL do seu tempo.

O artigo de Moore «The Refutation of Idealism» (1903), entre outros textos seus e de Bertrand Russell dos primeiros anos do século XX, tinha como principal alvo o idealismo de Bradley e Bosanquet.

Bradwardine, Thomas /'brædwədiːn/ (*c.* 1290-1349) Cognome latino: *Doctor Profundus*. Membro do Merton College de Oxford. A sua teoria do movimento corpóreo no espaço foi uma das primeiras tentativas para ir além da *Física* de Aristóteles. Na sua polémica contra Ockham e contra o pelagianismo sobre a questão da relação entre a graça e o livre-arbítrio humano, Bradwardine usou argumentos metafísicos, e não das Escrituras, contra o livre-arbítrio humano, acentuando a necessidade da graça divina. A sua teoria vê-se em dificuldades para explicar por que razão Deus não é o autor do pecado.

Braithwaite, R(ichard) B(evan) /'breɪθweɪt/ (1900-1990) Filósofo inglês, leccionou em Cambridge a partir de 1928. O método científico foi um dos seus maiores interesses, e *Scientific Explanation* (1953) é uma tentativa de desenvolver uma filosofia da ciência rigorosamente empirista, tratando de questões como «O que é uma lei da natureza?», «O que é uma teoria científica?», etc., e contém uma teoria para avaliar a aceitabilidade de afirmações de possibilidade que sejam consistentes com uma filosofia empirista. De importância seminal foi o seu *Theory of Games as a Tool for the Moral Philosopher* (1955). Em *An Empiricist View of the Nature of Religious Belief* (1957), propôs uma interpretação não cognitivista das afirmações religiosas.

Brentano, Franz (Clemens) /brɛn'taːno/ (1837-1917) Filósofo e psicólogo, leccionou nas universidades de Würzburg e Viena. As suas aulas exerceram uma influência extraordinária na filosofia posterior do continente europeu. Entre os que o foram ouvir contam-se Freud, Husserl, Anton Marty, Thomas Masaryk (o primeiro presidente da Checoslováquia), Alexius Meinong e Konrad Twardowski (o fundador da filosofia polaca contemporânea). Brentano relacionava-se também de perto com Christian von Ehrenfels, o fundador da psicologia *gestalt*.

Brentano deu importantes contributos em quase todos os ramos da filosofia. A sua abordagem geral entende-se melhor por referência ao que chamava «psicologia descritiva ou fenomenológica» (o que veio também a chamar-se «fenomenologia analítica»).

Em *Psychologie vom empirischen Standpunkt* (1874), Brentano salienta que a filosofia moderna negligenciou a intencionalidade; exemplos são o pensar, acreditar, perguntar-se, ter esperança, desejar, gostar e não gostar. (Russell chamou mais tarde a estes fenómenos «atitudes proposicionais».) Os pontos de vista de Brentano são notáveis pela sua defesa da tese da «*primazia do intencional*». Ao passo que houve quem sustentasse que se entende o significado dos nossos pensamentos por referência a uma linguagem interior, Brentano sustentava que o significado de qualquer linguagem só pode ser compreendido por referência aos pensamentos – os fenómenos intencionais – que essa linguagem pode ser usada para exprimir.

Ainda que os fenómenos intencionais sejam sempre acompanhados de fenómenos sensíveis ou de sensação, não são em si mesmos de sensação nem sensíveis. A presença de tais atitudes pode ser pelo menos tão certa e indubitável para nós quanto a presença das nossas sensações. Ao saber que tenho tal atitude, posso saber directa e imediatamente que há uma certa coisa individual – nomeadamente, quem tem essa atitude. E sou *eu*, é claro, quem faz o meu pensar.

Se, digamos, tenho esperança de que chova, então posso saber que tenho esperança de que chova; e, como ser racional, posso ter uma concepção do que é ter a esperança de que chova e ao fazê-lo posso perceber que o único tipo de entidade que pode ter a propriedade de ter a esperança de que chova é uma coisa ou substância individual.

Na esteira de Leibniz, Brentano distingue dois tipos de certeza: a certeza que podemos ter com respeito à existência dos nossos estados conscientes, e essa certeza *a priori* que pode dirigir-se às verdades necessárias. Posso ter a certeza *a priori* que não pode haver crer, desejar, ter esperança e recear a menos que exista uma *substância* que creia, deseje, tenha esperança e receie. Em tal caso, será certo para mim (Brentano diz que irei «percecionar») que há uma substância que crê, deseja, tem esperança e receia. Tendo uma teoria do conhecimento especialmente rígida, Brentano também defende que, se temos a certeza de que uma dada substância existe, somos idênticos a ela; as nossas crenças sobre *outras* substâncias além de nós mesmos são na melhor das hipóteses apenas *prováveis*.

A obra ética principal de Brentano foi *Vom Ursprung sittlicher Erkenntnis* (1889). A sua ética baseia-se na analogia que pensa existir entre atitudes intelectuais e emotivas. Em cada caso, a atitude ou é positiva ou negativa. Podemos *afirmar* ou *negar* o objeto da ideia, e podemos *gostar* desse objeto ou *detestá-lo*. E as atitudes emotivas, como as intelectuais, podem ser *corretas* ou *incorretas*. Dizer que algo é intrinsecamente um bem, segundo Brentano, é dizer que é *correto gostar* dessa coisa como fim, e dizer que uma coisa é intrinsecamente má é dizer que é *correto detestar* essa coisa como fim. Brentano considerava que podemos estar imediatamente cientes da correção de algumas das nossas atitudes emotivas, tal como podemos estar imediatamente cientes da correção (*i.e.*, da verdade) de algumas das nossas atitudes intelectuais. Em cada caso, a correção consiste numa relação apropriada ou adequada entre a atitude e o seu objeto. RCH

Leitura: The Cambridge Companion to Brentano 2004.

Bridgman, P(ercy) W(illiams) /ˈbridʒmən/ (1882-1961) Físico norte-americano, professor na Universidade de Harvard, recebeu o Prémio Nobel da Física em 1946. Em *The Logic of Modern Physics* (1927) apresentou uma teoria operacionalista (OPERACIONALISMO) dos conceitos científicos: «Em geral, queremos dizer com um conceito nada mais do que um conjunto de operações». Se uma questão específica tem significado, tem de ser possível encontrar operações que dão a resposta.

Broad, C(harlie) D(unbar) /brɔːd/ (1887-1971) Filósofo inglês, membro do Trinity College de Cambridge e proeminente representante da filosofia analítica. Do seu ponto de vista, o turvo e o poético não têm lugar na filosofia, nem deve esta ceder ao senso comum. Os seus escritos, elegantes e lúcidos, contêm clarificações cuidadosas de conceitos e problemas em muitas áreas da filosofia (talvez com a exceção do seu *Five Types of Ethical Theory* [1930], no qual o tratamento dado a alguns filósofos morais clássicos é discutível). Uma das suas mais importantes obras, *The Mind and Its Place in Nature* (1925), distingue dezassete teorias possíveis sobre a relação entre a matéria e a mente. Broad indica a título hipotético a sua preferência por uma teoria que permite a possibilidade de fenómenos mentais com existência independente. Isto está em harmonia com a atitude cautelosa mas favorável à parapsicologia nas suas *Lectures on Psychical Research* (1963).

Leitura: The Philosophy of C. D. Broad (LLP) 1959.

Brouwer, Luitzen Egbertus Jan /ˈbraʊwər/ (1881-1966) Matemático e filósofo holandês. Impressionado com os paradoxos lógicos descobertos no início do século XX, advogou, influenciado pelas ideias de Kant, uma teoria «construtivista» da matemática segundo a qual os números e outras entidades matemáticas são criados pelo pensamento humano, em vez de terem existência independente, como defendem os platónicos. Isto levou-o a supor que certas afirmações matemáticas não são verdadeiras nem falsas, contradizendo assim a «lei do terceiro excluído» dos lógicos ortodoxos. Os princípios lógicos que codificam esta nova abordagem constituem a LÓGICA INTUICIONISTA. Diz-se que o regresso de Wittgenstein à filosofia depois do interlúdio que se seguiu ao *Tractatus* resultou em parte de ter assistido a uma aula dada por Brouwer. GC

Bruno, Giordano (1548-1600) Filósofo italiano de Nápoles, um dominicano. Era um pensador heterodoxo, um aventureiro intelectual itinerante. Os seus textos e lições chocaram a assistência em Oxford, Paris e noutros lugares por causa das suas teorias audazes de magia astral e de outros elementos de HERMETISMO. A revelação de que muito do que apresentava era plagiado de outros filósofos da Renascença (Ficino, Agrippa) provocou mais um choque. Bruno sustentava que nem a Terra nem o Sol eram o centro do universo, argumentava que o universo é infinito, e identificava-o de modo panteísta com Deus. Condenado pela Inquisição a ser executado por heresia, foi queimado vivo. Dois séculos mais tarde, o seu destino fez radicais e liberais – especialmente na Itália – encará-lo como um mártir na causa do Iluminismo e um símbolo da luta contra a opressão católica conservadora; na Alemanha, o seu panteísmo e o seu misticismo inspiraram a filosofia romântica.
Traduções: Tratado da Magia 2008, *Acerca do Infinito, do Universo e dos Mundos* 2008.

Brunschvicg, Léon /brɶʃviːg/ (1869-1944) Filósofo francês, professor na Sorbonne de 1909 a 1940. Aderiu a um idealismo neokantiano, combinando-o com uma crença no progresso, tanto intelectual-científico como moral, que acabaria por derrubar as barreiras que separam as pessoas.

Buber, Martin /ˈbuːbɛ/ (1878-1965) Filósofo judeu e pensador religioso, nascido em Viena; professor de Religião Judaica e Ética em Frankfurt de 1924 a 1933, e na Universidade Hebraica de Jerusalém a partir de 1938. Foi um grande defensor da conciliação entre judeus e árabes na Palestina. Na sua filosofia, Buber salienta a relação entre o eu e o objeto. Em *Ich und Du* (1922), explica como se perdem dimensões centrais da existência humana (autenticidade, sentido de comunidade, etc.) numa pessoa cujas relações sejam todas do género eu-objeto. A religião genuína tem de encarar Deus como essencialmente um Tu; o erro de muita teologia natural e revelada é conceber a relação entre o eu e Deus em analogia com a relação que ocorre entre o eu e o objeto.
Leitura: The Philosophy of Martin Buber (LLP) 1967.

Büchner, Ludwig /ˈbyːçnər/ (1824-1899) Médico e filósofo alemão. O seu *Kraft und Stoff* (1855) foi um sucesso de vendas em defesa do naturalismo científico e do monismo, sendo a energia e a matéria diferentes manifestações da mesma coisa. Advogou uma ética utilitarista, e rejeitou doutrinas religiosas e morais sobrenaturais por serem tanto falsas como danosas.

Bultmann, Rudolf /'bʊltman/ (1884--1976) Teólogo protestante alemão, professor na Universidade de Marburgo de 1921 a 1951. No seu ponto de vista, apresentado em *Kerygma und Mythos* (1948) e noutras obras, a fiabilidade histórica dos textos dos evangelhos está aberta à dúvida. Isto não enfraquece, contudo, a fé cristã. O que é essencial não é se a mensagem é facto ou mito: o que conta é o conteúdo da mensagem. Para fazer passar a mensagem num mundo secularizado, torna-se necessária uma interpretação desmitologizada do evangelho, reduzindo o elemento histórico essencial à crucifixão. Uma interpretação existencialista é, para Bultmann, o que dá sentido ao evangelho no nosso tempo. Veja-se, *e.g., History and Eschatology* (baseado nas Palestras Gifford 1957).

burguês (fr. pessoa com plenos direitos de cidadania numa cidade ou burgo.) *s*. Na teoria marxista, um membro da burguesia, *i.e.,* a classe dos proprietários, especialmente os proprietários industriais e comerciais. Os seus interesses de classe estão em conflito com o interesse da classe dos assalariados, a classe trabalhadora. Também *adj.*

Buridano, João (*c*. 1295-1358) Nascido na diocese de Arras, frequentou a Universidade de Paris e foi *Magister Artium* (*i.e.,* professor) por volta de 1320. Teve uma carreira distinta nessa universidade, sendo por duas vezes reitor; é mencionado pela última vez em 1358, e poderá ter morrido de peste nesse ano.

Os seus interesses situavam-se na lógica e no que então se chamava «ciências naturais»; no primeiro caso, desenvolveu uma sofisticada teoria das proposições e, com base nela, fez um trabalho brilhante sobre os paradoxos lógicos. O seu trabalho em ciência é importante por conter uma nova conceção da metodologia científica, aberta à observação e sem usar explicações teleológicas, e também por usar vários conceitos inovadores: a ideia de «momento», explicando de modo não aristotélico o movimento de projéteis, e também a ideia de que poderia ser a Terra a ter rotação, e não os céus. Segundo a sua teoria da vontade, queremos o que a nossa razão nos diz que é melhor. Se duas escolhas forem igualmente boas e mais nenhuma for melhor, o agente fica «paralisado». A ilustração clássica é conhecida como «burro de Buridano»: o animal esfomeado é colocado a igual distância entre dois fardos de feno – e morre à fome. GW

Burke, Edmund /bɜːk/ (1729-1797) Filósofo e político irlandês. O seu *Philosophical Enquiry into the Origin of our Ideas of the Sublime and the Beautiful* (1757) é um clássico na história da estética moderna. A sua análise associa a beleza com um sentido de benevolência desinteressada; e o sentido do sublime surge do medo, ligado à consciência de que não há qualquer perigo real. Nos escritos políticos, as simpatias de Burke estavam do lado da Revolução de 1688 e das colónias norte-americanas no conflito com a Coroa, mas condenou a Revolução Francesa em *Reflections on the Revolution in France* (1790) (*Reflexões sobre a Revolução em França* 1997), que se tornou um clássico do pensamento político conservador. O princípio subjacente é o respeito pelos direitos herdados e pelos costumes estabelecidos, opondo-se às tentativas (respetivamente de Jaime II, Jorge III e dos revolucionários franceses) para os abolir. Do ponto de vista de Burke, em questões sociais e políticas há uma plausibilidade geral, ainda que não infalível, a favor da tradição. Se se perturba uma estrutura social estabelecida, o seu futuro não é promotedor.

A edição canónica de Oxford, *Writings and Speeches*, está em curso de publicação.

Butler, Joseph /ˈbʌtlə/ (1692-1752) Butler nasceu em Wantage, na Inglaterra, e foi contemporâneo de Samuel Clarke, mais velho, com quem se correspondia. A sua carreira foi no seio da Igreja Anglicana, sendo o seu último cargo o de bispo de Durham.

As ideias éticas de Butler são transmitidas com grande clareza e economia de exposição em *Fifteen Sermons* (1726). Na verdade, advogava especificamente a lisura e a simplicidade no raciocínio ético, defendendo que a moralidade tem de apelar ao que chamamos «senso comum sem adornos».

O prefácio de *Fifteen Sermons* sumariza os elementos da sua posição, que incluem uma teoria da natureza humana e uma conceção da natureza da obrigação. Inclui, além disso, uma refutação do hedonismo ou egoísmo psicológico.

Butler declara que a sua abordagem à questão da natureza humana, a que chamava a «economia» ou «constituição» do homem, é uma investigação empírica. Contudo, procede efetivamente por analogia, usando a noção aristotélica de que a natureza de uma coisa está relacionada com a sua função ou propósito. Tal como só se pode compreender um relógio quando se vê que as suas partes formam um *sistema* em relação recíproca, com o propósito de dizer as horas, também as partes da natureza humana – os apetites, paixões, afeções e o princípio de reflexão – têm de ser vistas nas suas relações recíprocas, e em particular nas suas relações com a autoridade da reflexão ou consciência, que esmiúça melhor em *Dissertation on the Nature of Virtue*. Butler argumenta que a natureza humana está adaptada à virtude tal como a natureza do relógio está adaptada à medição do tempo.

No entanto, acreditava que os seres humanos têm livre-arbítrio e podem, por isso, escolher seguir ou não a consciência. Criticou Shaftesbury, cujos pontos de vista «sentimentalistas» tornavam a moralidade dependente do sentimento e não da razão, por não incluir a consciência na sua conceção da moralidade, relacionando ao invés a moralidade completamente com a felicidade humana. Butler, pelo contrário, via a consciência como o auge da hierarquia que constituía a natureza humana. Entendia o amor-próprio e a benevolência como princípios importantes mas menores, ficando na base da hierarquia as paixões e apetites particulares.

Butler vê a consciência como um guia de confiança em situações particulares para qualquer pessoa imparcial que esteja disposta a sentar-se para pensar sobre um curso de ação em termos morais. Pressupõe que os veredictos da consciência, dado a sua fonte última ser Deus, serão provavelmente semelhantes em diferentes indivíduos, mas admite que a educação ou a sofisticação possam afetar adversamente o juízo. Se a consciência determina ou não *de facto* a nossa conduta é uma questão diferente: a consciência tem *autoridade*, mas nem sempre terá o *poder* necessário.

A sua refutação do egoísmo surge no Sermão 11. Procura em particular refutar o tipo de egoísmo que atribuía a Hobbes, que considera inconcebível a ideia de uma ação desinteressada, generosa ou cívica. Argumenta que temos de ter um desejo direto por certos objetos, para lá da nossa satisfação, para podermos obter satisfação quando os conquistamos. Salienta que o amor-próprio, no sentido exigido pelo argumento egoísta, seria essencialmente vácuo. Se não fosse possível querer outra coisa senão a nossa própria gratificação, nunca nos sentiríamos gratificados. A entrega a qualquer uma das paixões particulares – avidez ou crueldade, tal como benevolência – é um caso de ação desinteressada que refuta as teses do egoísta psicológico.

Em relação a este argumento, é importante notar que Butler distingue dois tipos de amor-próprio. O verdadeiro amor-próprio, que é de longo prazo, e a que chamava «amor-próprio sereno», é visto por Butler como um traço benéfico, tão proveitoso para os interesses alheios quanto para os nossos. O tipo mais imediato de egoísmo – egoísmo passional ou sensual – é visto por Butler como efetivamente o contrário disto. A maior parte das pessoas, argumenta, passa grande parte do seu tempo à procura da satisfação de paixões particulares, mas uma política bem pensada de amor-próprio sereno coincidiria efetivamente em grande parte com uma política que procurasse a virtude por si mesma.

Os *Sermões* faziam parte das leituras mais indicadas nos estudos universitários da Inglaterra do século XIX, assim como a sua *Analogy of Religion* (1736), então considerado um excelente tratado apologético. Nesta obra, Butler pressupõe a razoabilidade de aceitar os argumentos que sustentam a religião natural (deísmo), e argumenta que, dado tal pressuposto e dadas as características do mundo natural, não seria razoável rejeitar os argumentos que sustentam a revelação cristã. BA

C

cabala *s.* Tipo de misticismo judaico que floresceu na Idade Média. Algumas versões cristianizadas emergiram também no Renascimento (Pico dela Mirandola, 1486; Johann Reuchlin, 1516). A tradição é em essência religiosa, mas nas suas várias manifestações tanto pode incluir doutrinas esotéricas como práticas mágicas, *e.g.*, a alquimia, interpretações alegóricas de textos sagrados, astrologia, comunicação com espíritos, numerologia, etc.

Cabanis, Pierre-Jean-George /kabanis/ (1757-1808) Filho adotivo de madame Helvétius. Estudou medicina e escreveu sobre este tema, mas é mais conhecido pelos seus ensaios sobre a relação entre as constituições física e mental humanas, publicados em 1802 sob o título *Rapports du physique et du moral de l'homme*. Dados fisiológicos e psicológicos fornecem a base para uma teoria da natureza humana, uma teoria que difere de Condillac por levar em consideração não somente estímulos externos, mas também disposições e sensações internas. Como muitos outros positivistas no final do século XIX, Cabanis considerava que a natureza humana, como outros fenómenos naturais, pode ser analisada e explicada de modo materialista e mecanicista, mas que permaneceremos sem ter conhecimento de qualquer explicação mais fundamental.

Cabet, Etienne /kabɛ/ (1788-1856) Comunista utópico, que alcançou grande fama com o sucesso de vendas *Voyage en Icarie* (1840).

cacodemónio (gr. κακός malévolo, mau) *s*. Um mau espírito.

Caetano, Tommaso de Vio (1468--1534) Dominicano de origem napolitana, que ensinou em Pádua e Roma, e viria a ser nomeado cardeal. Autor de comentários importantes sobre a *Suma Teológica* de Tomás de Aquino e sobre algumas das obras de Aristóteles. Também produziu alguns tratados independentes. Importante entre eles é o *De nominum analogia* de 1498, com sua clássica explicação da doutrina tomista de que as nossas afirmações sobre Deus são analógicas. *Ver também* ANALOGIA.

cálculo *s*. 1 Qualquer conjunto de regras que possam ser aplicadas para calcular em matemática ou lógica. Além disso, o termo é usado para a teoria formal que apresenta regras deste tipo, *e.g.*, o cálculo *proposicional* (ou *frásico*) e o cálculo de *predicados*. 2 Abreviatura das áreas da matemática conhecidas como cálculo *diferencial* e *integral* (ou como cálculo INFINITESIMAL).

cálculo frásico Cálculo proposicional.

cálculo funcional Nome alternativo da lógica de predicados, devido ao facto de às FRASES ABERTAS com que lida se chamar também «funções proposicionais».

cálculo hedonista (gr. ἡδονή prazer) Método para estabelecer a soma total de prazer e dor produzidos por um ato, e portanto o valor total das suas consequências; também denominado *cálculo felicífico*; esboçado por Bentham no capítulo 4 de *Introduction to the Principles of Morals and Legislation* (1789). Ao determinar que ação é correta numa dada situação, devemos considerar os prazeres e dores que dela resultam com respeito à sua *intensidade, duração, certeza, propinquidade, fecundidade* (a probabilidade de a um prazer se seguirem outros, ou de a uma dor se seguirem outras), *pureza* (a probabilidade de ao prazer se seguirem dores e vice-versa), e *extensão* (o número de pessoas afetadas). De seguida, devemos considerar cursos alternativos de ação: idealmente, este método determinará que ato tem a melhor tendência, sendo, por isso, correto. Bentham tinha em vista a possibilidade de usar o cálculo para reformar o direito criminal: dado um crime de determinado tipo, seria possível determinar a penalidade mínima necessária para a sua prevenção.

cálculo proposicional Um ramo fundamental da lógica moderna que se ocupa das formas argumentativas cuja validade depende das conectivas que formam as proposições compostas a partir das proposições simples. As conectivas normalmente consideradas são as que se considera corresponder a «e», «ou», «se..., então» e «não», na medida em que estas palavras forem entendidas VEROFUNCIONALmente. As tabelas de verdade e os testes de validade das formas argumentativas por meio de tabelas de verdade estão comummente associados a sistemas de lógica proposicional. *sin.* cálculo frásico, lógica frásica.

Cálicles No diálogo de Platão *Górgias*, Cálicles defende uma doutrina extrema da justiça natural como o direito do mais forte, e desdenha das restrições artificiais e contranatura da moralidade. Provavelmente, a personagem não é ficcional, mas não há outros indícios históricos.

Calvino, João (1509-1564) Reformador protestante que com os seus ensinamentos teológicos e políticos teve influência decisiva em Genebra e noutros cantões da Suíça, nas igrejas reformadas, Países Baixos e Alemanha, e na maioria das igrejas e seitas presbiterianas, especialmente na Escócia e nos Estados Unidos. Na sua principal obra, *Christianae religionis Institutio* (*A Instituição da Religião Cristã* 2009), que foi submetida a grandes revisões, que levaram à versão final de 1560, dá ênfase à doutrina de que o intelecto, a vontade e a consciência humana, embora não fossem debilitados pela queda, passaram a ser usados de maneira corrupta e pecaminosa. As provas tradicionais da existência de Deus apelam apenas para a razão e, portanto, não têm sucesso; isto explica por que razão Calvino as omite. O entendimento puramente intelectual das Escrituras é também insuficiente para a salvação.

Por conseguinte, a compreensão científica e a racional estão num nível distinto da alcançada pela fé. Embora a conhecesse, Moisés não apresentou a explicação científica correta da criação do mundo, em vez disso deu no Génesis a explicação que é a base apropriada para a fé. A salvação é pela fé que redime o pecador. Esta fé acontece pela graça de Deus, que decidiu previamente quem será agraciado. Se decidiu isto antes ou depois da queda é uma questão de disputa entre os SUPRALAPSÁRIOS e os INFRALAPSÁRIOS. Aqueles que não são salvos sofrerão punição eterna numa existência futura.

Calvino rejeitou o ponto de vista segundo o qual a autoridade religiosa se deve subordinar à autoridade civil, e Genebra tornou-se um símbolo da política em que as disciplinas e doutrinas religiosas da igreja foram rigorosamente impostas.

calvo, paradoxo do Também conhecido como *PHALAKROS*. *Ver* SORITES.

Campanella, Tommaso (1568-1639) Batizado Giovanni Domenico Campanella, foi um dominicano italiano de origem napolitana. Escritor prolífico sobre temas filosóficos e teológicos, ficou do lado da nova ciência contra a tradição escolástica; escreveu *Apologia pro Galilaeo* (1616) (*Apologia de Galileu* 2007), mas é mais conhecido por sua utopia *Civitas solis* (1623) (*A Cidade do Sol* 2004), onde há igualdade social, nenhuma propriedade privada, trabalho para todos e cidadãos imbuídos de patriotismo e sentido de responsabilidade cívica. Passou grande parte da vida nas masmorras da Inquisição por razões que eram em parte políticas, em parte teológicas.

Camus, Albert /kamy/ (1913-1960) Escritor francês. Camus cresceu no ambiente pobre da classe trabalhadora de Argel, tornou-se jornalista, ensaísta e romancista, e recebeu o Prémio Nobel da Literatura em 1957. Entre os intelectuais franceses, foi o primeiro a dar séria atenção ao problema da Argélia. A sua condenação da tirania comunista em *L'Homme révolté* (1951) (*O Homem Revoltado* 1996) leva a um esfriamento de suas longas relações com a esquerda política e à rutura com Sartre; a sua forte crítica do fascismo e do mccarthismo rendeu-lhe poucos amigos na direita.

No centro do pensamento de Camus está a tese de que a existência humana é absurda. Uma analogia pode ilustrar este aspeto. Temos olhos para ver. Mas para realmente ver, tem de haver algo que é realmente visto. Suponhamos agora que tudo o que pudesse ser visto se escondesse da nossa visão. Neste caso, teríamos uma faculdade de ver que não levaria a lado algum, e ficaríamos cientes de viver numa noite sem fim. Camus sustenta que uma situação como esta, em que a capacidade de ver é continuamente insatisfeita, é absurda.

Isto pode aplicar-se à procura humana da unidade, e à procura do sentido na existência humana. Estamos cientes da nossa demanda pelo sentido, e com o fim da religião tradicional e seus substitutos nas formas da metafísica e ideologias políticas historicistas, tornamo-nos também cientes do facto de que esta demanda não pode ser satisfeita. Podemos então ver o absurdo da condição humana, *L'Etranger* (1942) (*O Estrangeiro* 1997). Com esta consciência vem um sentimento de desespero. Não parece haver razão para não se cometer suicídio.

Em *Le Mythe de Sisyphy* (1943) (*O Mito de Sísifo* 2004), Camus afirma que por uma recusa em admitir a derrota, o homem (simbolizado por Sísifo) pode criar sentido através de um ato livre de afirmação no qual dá sentido a uma situação que até então não o tinha. Estão aqui em causa as desgraças inerentes à condição humana em geral; a experiência da tirania comunista e fascista (Camus foi membro ativo da resistência francesa) levou-o a uma maior preocupação com as desgraças criadas pela ação humana.

Alguns intérpretes têm defendido que Camus chegou a ver a revolta metafísica implícita em *O Mito de Sísifo* como uma revolta que se exprime pelo suicídio ou (como nas revoluções comunistas e fascistas) pelo homicídio. Por trás disso está o ímpeto de destruir o mundo existente, com suas desgraças. Condenando este ímpeto e a violência revolucionária que este liberta, Camus sustentou nos seus últimos textos que nem todo ato de autoafirmação seria aceitável. A integridade moral e um ideal de solidariedade humana são ingredientes essenciais da nossa revolta contra a ausência de sentido: *La Peste* (1947) (*A Peste* 2008).

Cândido Nome da principal personagem do pequeno romance de Voltaire intitulado *Candide, ou l'optimisme* (1759) (*Cândido* 2003). No começo da narrativa, Cândido é um jovem ingénuo a quem seu tutor, o Dr. Pangloss, assegura que o nosso é o melhor de todos os mundos possíveis (uma teoria proposta por Leibniz), mas o que Cândido vive nas suas aventuras é indício do contrário.

cânone (gr. κανών metro, régua) *s*. Uma regra a partir da qual algo pode ser testado. É neste sentido que Kant, seguindo o uso epicurista, denominou a lógica um cânone para o uso de nosso entendimento.

Particularmente, «cânone» é usado para *a)* a regra a partir da qual se declara que um conjunto de textos é sagrado, autêntico ou oficial; *b)* esse conjunto de textos. Em relação à Bíblia, há diferenças entre alguns cânones protestantes e o católico romano. Obras que não são totalmente aprovadas para sua inclusão são coletivamente conhecidas como *apócrifas*.

A palavra «cânone» é também usada em estudos literários em sentido lato para denotar coletivamente as obras de literatura consideradas de importância duradoura.

Cantor, Georg /ˈkantɔr/ (1845-1918) Professor de Matemática na Universidade de Halle; criador da teoria de conjuntos e da teoria dos números transfinitos. *Ver também* DIAGONALIZAÇÃO.

cão *Ver* SILOGISMO DISJUNTIVO.

caos (gr. χάος abismo tenebroso) *s.* Um estado de desordem que na mitologia grega precede supostamente o começo do cosmo, o universo ordenado.

capaz de verdade Capaz de ser verdadeiro ou falso. Uma frase que, de determinado ponto de vista, carece de valor de verdade (*e.g.*, «O atual rei de França é calvo») é mesmo assim capaz de verdade: tem valor de verdade se a França tiver rei.

caráter *s.* Os traços da personalidade de um indivíduo. No passado, a palavra era muitas vezes usada para referir a reputação ou «imagem» de uma pessoa.

caráter fenoménico As experiências de espetar uma agulha na articulação do polegar e de colocar a mão num balde de água gelada são bem diferentes. Os filósofos da mente referem-se frequentemente a esta diferença dizendo que o caráter fenoménico da primeira é diferente do da segunda. A expressão «caráter fenoménico» é útil porque é relativamente neutra. Pode-se falar do caráter fenoménico de espetar uma agulha na articulação do polegar sem pressupor outras questões sobre, por exemplo, a exata estrutura e natureza da experiência, se alguém poderia tê-la sem um dedo ou sem o corpo, e se tais experiências podem afinal ser explicadas de um ponto de vista estritamente naturalista e científico. *Ver também* QUALIA. DS

cardinalidade *Ver* NÚMERO CARDINAL.

careless /ˈkeərlɪs/ ing., negligente. Em textos mais antigos, *e.g.,* em Hume, significa despreocupado, descontraído.

caridade *s.* Juntamente com a fé e a esperança, uma das três virtudes teológicas, apresentadas juntamente com as quatros virtudes cardeais desde a Idade Média. Na era moderna, contrasta-se comummente os deveres de caridade com os deveres de justiça, estes últimos descritos como DEVERES PERFEITOS, e os primeiros como imperfeitos.

carisma (gr. χάρισμα favor, graça) *s.* Um dote divino ou dom. Max Weber (1864-1920) distingue três tipos de legitimidade e autoridade. Além do tipo tradicional e o tipo jurídico-burocrático, há o tipo carismático, no qual a legitimidade brota das qualidades pessoais que se vê num líder.

Carlyle, Thomas /kaːˈlaɪl/ (1795-1881) Como crítico literário, cultural e social, exerceu uma grande influência no século XIX na Grã-Bretanha, onde as suas traduções e ensaios tornaram autores como Kant e Goethe mais amplamente conhecidos. Encontrou no pensamento germânico do período romântico lugar para os valores espirituais, ausentes na mentalidade comum e materialista que, em sua opinião, surgiram com a ascensão dos ideais esclarecidos do utilitarismo, igualitarismo, democracia política, etc.: onde antes houvera grandeza, havia agora somente avidez. Nos escritos sobre o heroísmo e o herói defendeu um sistema político no qual a maioria é guiada e governada por uma minoria superior. Isto obviamente entrava em conflito com os então emergentes ideais liberais e democráticos.

carnal (lat. *caro* carne) *adj*. No Novo Testamento a palavra significa o corpo, em contraste com a mente ou a alma, mas há frequentemente uma insinuação adicional de egoísmo e pecado.

Carnap, Rudolf /'karnap/ (1891--1970) Depois de estudar em Friburgo e Iena, onde frequentou cursos dados por Frege, lecionou nas universidades de Viena de 1926 a 1931, Praga de 1931 a 1936, Chicago e a partir de 1952 na Universidade da Califórnia, em Los Angeles. Tornou-se um dos principais membros do Círculo de Viena, e articulou o seu ponto de vista antimetafísico em dois trabalhos famosos: *Scheinprobleme in der Philosophie* (1928) (*Pseudoproblemas na Filosofia* 2002) e «Überwindung der Metaphysik durch logische Analyse der Sprache» (1932). Os enunciados metafísicos são rejeitados por serem destituídos de sentido, visto que não podem ser empiricamente confirmados nem refutados: como os positivistas franceses e como muitos dos adeptos de Brentano, Carnap chamou a atenção para a confusão entre filosofia e poesia. A questão de escolher entre o realismo ou o fenomenalismo em teoria do conhecimento é um exemplo de pseudoproblema. A escolha é entre enquadramentos linguísticos e só pode ser determinada por conveniência e convenção. Esta é uma aplicação do que Carnap chama «princípio de tolerância» em *Logische Syntax der Sprache* (1934). Outra aplicação é a escolha entre lógicas: «Em lógica não há padrões de conduta. Cada um tem liberdade para construir a sua própria lógica, *i.e.*, a sua própria forma de linguagem, tal como deseja». Assim, a questão sobre a existência de números, por exemplo, só faz sentido se for entendida como uma questão de saber se determinada linguagem pode acomodar termos numéricos.

Em *Der logische Aufbau der Welt* (1928), Carnap propôs um enquadramento construído sobre uma base muito ténue, consistindo numa relação, «recordação de similaridade», e dados básicos. Os dados básicos são ocorrências de experiências totalmente imediatas, e os chamados «dados dos sentidos» são construções lógicas neles baseados. Uma qualidade sensorial é por sua vez definida a partir desta base. Porém, tornou-se claro para os críticos, e para o próprio Carnap, que este projeto de construção era demais imodesto.

De maior importância foram os contributos de Carnap para a semântica formal, *Meaning and Necessity* (1947) e para a filosofia da ciência, *Logical Foundations of Probability* (1950).

O trabalho para uma edição de 14 volumes da sua obra começou em 2002.

Carnéades (214-129 a.C.; (gr. Καρνεάδης) Quando em 155 a.C. exibiu em Roma o seu virtuosismo intelectual e retórico em palestras públicas, sustentando num dia a causa da justiça e no dia seguinte, com a mesma eloquência, a da injustiça, o seu desempenho foi muito admirado pela juventude romana ociosa. Um decreto, proposto por Catão, proibiu na cidade outras demonstrações filosóficas em público.

Carnéades foi líder da Academia de Atenas e, sendo cético como o seu predecessor Arcesilau, usou os ataques deste último ao estoicismo, alargando-os a qualquer escola que propusesse um critério de verdade. No entanto, aceitou que há opiniões em que podemos confiar se forem mais ou menos prováveis: podemos admitir, mas não devemos afirmar. Esta admissão de opiniões prováveis foi o principal ponto de divergência com o chamado *ceticismo pirrónico*, posteriormente descrito por Sexto Empírico.

Muito do nosso conhecimento das suas opiniões vem de Cícero. *De Natura Deorum* (*Da Natureza dos Deuses*, 2004), livro 3, apresenta as suas objeções à teologia dos estoicos. Entendia que esta era absurda: Deus precisa de ser concebido ao mesmo tempo como finito e como infinito, como simples e complexo, permitindo e proibindo o mal, etc. Em ética é conhecido pela «divisão de Carnéades» em Cícero, *De finibus* 5, 16 ss., que distinguia nove opiniões plausíveis sobre o objetivo da vida. Apresentou boas razões a favor e contra cada uma delas.

Carroll, Lewis /ˈkærəl/ Pseudónimo de Charles Lutwidge Dodgson (1832-98). Estudante (*i.e.*, membro) de Christ Church College, Oxford, autor de *Alice in Wonderland* (1865) (*Alice no País das Maravilhas* 2010), mas também de enigmas lógico-matemáticos e trabalhos em lógica elementar que apresentam grande inventividade e muitas vezes vão além do nível do mero passatempo (*A Tangled Tale*, 1885; *Game of Logic*, 1887; *Symbolic Logic*, 1893; *Pillow Problems*, 1893). Os seus diagramas lógicos são preferidos aos de Venn em alguns manuais de lógica. *A Method of taking votes on more than two issues* (1876), negligenciado durante muito tempo sem qualquer motivo, foi um dos primeiros contributos para a teoria da decisão coletiva que lida com os PARADOXOS DA VOTAÇÃO, etc.

cartesiano *adj.* Diz respeito a Descartes. Em francês, «cartésien» tem sido sinónimo de lucidez, precisão e economia de expressão.

Cartesius Forma latina do nome de Descartes.

Cassirer, Ernst /kaˈsiːrər/ (1874-1945) Professor de Filosofia em Hamburgo de 1919 até 1933, quando foi forçado ao exílio, primeiro em Oxford, depois em Göteborg de 1935 a 1941, e a partir de então nas universidades de Yale e Colúmbia. Influenciado pelo neokantismo da Escola de Marburgo (Cohen e Natorp), desenvolveu uma filosofia em que o conceito de simbolismo é central: *Philosophie der symbolischen Formen* (1923-1929) (*A Filosofia das Formas Simbólicas* 2001-2004). Os símbolos são o meio da atividade mental, no mito, na religião, na arte, e nas ciências humanas, naturais e exatas. Estas formas simbólicas desempenham na sua teoria o papel que as categorias e formas da intuição sensível desempenham na filosofia de Kant; Cassirer via a sua própria filosofia como uma generalização da análise kantiana do entendimento puro.

Outras obras traduzidas: Ensaio sobre o Homem 2005; *Linguagem e Mito* 2006; *O Mito do Estado* 2003. Leitura: *The Philosophy of Ernst Cassirer* (LLP) 1949.

castidade *s.* 1 Como outras virtudes, consiste em seguir um curso mediano entre o excesso e a deficiência, segundo Tomás de Aquino, *Summa Theologiae* 2ª 2ae q. 151. 2 Uma virtude que consiste na completa abstinência sexual. Os teólogos morais não a consideram um dever rigoroso para todos, mas é recomendada juntamente com a pobreza e a obediência aos três conselhos evangélicos, *i.e.*, os conselhos da perfeição, vistos desde a Idade Média como a base ideal da vida religiosa.

castração, complexo de Na teoria psicanalítica: os meninos na infância estão sob a ameaça da castração, ou nisso acreditam, e as meninas pensam ter sido vítimas disso. O esforço psíquico para superar o medo ou o sentimento de castração é a principal influência formativa no desenvolvimento da personalidade.
Os críticos consideram que esta não é uma conceção plausível. Alguns dos defensores explicam que as dúvidas se devem a incompreensão: «castração» não significa realmente castração, mas sim nascimento, ausência, perda, privação, morte, etc.
Na teoria psicanalítica de Jacques Lacan, a castração, definida como a ausência simbólica de um objeto imaginário, distingue-se da frustração (uma ausência imaginária de um objeto real) e da privação (uma ausência real de um objeto simbólico). *Ver também* FALO.

casuística *s.* A determinação do que é permitido ou obrigatório nos casos de consciência ou, mais geralmente, nos casos de conflito entre deveres morais ou religiosos. Em contextos religiosos, a teoria da casuística é conhecida como teologia moral.
O uso desta palavra para denotar raciocínios morais desviantes construídos para justificar ações que são moralmente dúbias – ou pior – tem sua origem no século XVII. Ao que parece, os jesuítas confessores de pessoas de prestígio empregavam tais métodos para justificar a falta de escrúpulos morais e religiosos, e os autores jesuítas escreveram em defesa desta suposta falta de rigor moral. A crítica veio principalmente dos oponentes jansenistas. O mais famoso ataque foi o de Pascal. *Ver* PROBABILISMO.
Leitura: A. R. Jonsen e S. Toulmim, *The Abuse of Casuistry* 1988.

casus Ver DOLUS.

catacrese *s.* **1** O uso erróneo de uma palavra: por exemplo, o uso de «refutar» quando se quer dizer negar; ou de «bajular» quando se quer dizer ajudar. **2** O uso absurdo de uma palavra para se obter um efeito surpreendente: uma metáfora paradoxal. **3** O uso alargado de uma palavra para preencher um hiato lexical, *i.e.*, para aplicar a coisas para as quais não há qualquer nome.

catáfase (gr. κατάφασις afirmação, afirmativa) *s.* Termo de Aristóteles para uma proposição categórica afirmativa.

catalática (gr. καταλλακτικός cambiar; admitir numa comunidade) *s.* Investigação ou teoria dos mecanismos do mercado.

cataláxia (gr. καταλλαξία) *s.* A ordem que se realiza espontaneamente por meio de ajustamentos naturais procedentes de transações do mercado. Esta palavra foi introduzida por F. A. Hayek, mas raramente é usada.

catalepsia (gr. κατάληψις [ter uma] apreensão firme) *s.* O termo original grego foi usado, especialmente no estoicismo, para certas impressões e proposições: as apreendidas desse modo tinham certeza indubitável. A ciência – o conhecimento genuíno – era descrita como um sistema de catalepses. *Nota:* noutra aceção, é também a designação de uma perturbação mental.

catarse (gr. κάθαρσις purificação, purgação) *s.* Segundo a *Poética* de Aristóteles, capítulo 6, a tragédia desperta paixões de piedade e medo, mas por isso – este é o efeito catártico – alivia essas paixões. Alhures, usa a palavra para descrever o efeito da excitação emocional produzida pela música na realização de rituais. O termo é também usado na teoria psicanalítica de Freud para a satisfação que se tem ao trazer-se à consciência ideias e emoções reprimidas.

catástrofe s. 1 No uso geral: um desastre. 2 Na teoria literária: a viragem, o clímax, o desenlace, no drama, e especialmente na tragédia.

categoremático adj. Originalmente, expressões que podiam ocorrer como termos, quer dizer, como sujeito ou predicado, em proposições CATEGÓRICAS. Na lógica medieval, a expressão aplica-se a *todos* os símbolos que têm significado autónomo: «homem», «animal», «brancura», etc. Expressões categoremáticas eram entendidas como *representantes de* algo, em contraste com as expressões *sincategoremáticas, e.g.,* «todo», «cada», «somente», «na medida em que».

categoria (gr. κατηγορία acusação; atribuição; predicação; tipo de predicação) s. 1 O termo foi introduzido por Aristóteles. Primariamente, uma categoria é um *tipo de predicação*: a maneira pela qual um predicado se atribui a um sujeito; porém, o termo foi usado principalmente para designar um *tipo de predicado*. Aristóteles discute o assunto nos *Tópicos* 9, 103^b, e nas *Categorias* 4, 1^b, onde apresenta dez: substância, quantidade, qualidade, relação, lugar, tempo, estado, posse, atividade e passividade.

As categorias podem também ser entendidas como *tipos de ser*. Posteriormente, os filósofos da antiguidade reduziram a lista; os estoicos viam somente as quatro primeiras como fundamentais. A teoria estava em pauta durante a Idade Média graças à tradução de Boécio das *Categorias* para o latim. Os pensadores medievais introduziram uma teoria dos TRANSCENDENTAIS, quer dizer, conceitos que podem pertencer a mais de uma categoria.

2 Kant usou o termo para doze formas, presentes em qualquer pensamento discursivo, por meio das quais o entendimento estrutura toda a experiência. Derivou estas formas, ou categorias, da divisão dos juízos adotada na teoria lógica tradicional. Estão dispostas na Tabela 3.

TABELA 3 **As categorias de Kant**

Quantidade	Qualidade	Relação	Modalidade
unidade	realidade	inerência	possibilidade
pluralidade	negação	causa/efeito	existência
totalidade	limitação	reciprocidade	necessidade

O argumento de Kant para mostrar que estes são elementos necessários em todo conhecimento possível é apresentado na dedução transcendental (*i.e.,* justificação) que se faz deles na *Kritik der reinen Vernunft* (1781, 1787) (*Crítica da Razão Pura* 2008).

3 Os filósofos analíticos tentaram usar o conceito principalmente para fins de refutação filosófica. «O número 5 é par» é apenas falso, na medida em que coloca o 5 na *classe errada*; «O número 5 é verde» não é somente falso, mas é um *erro categorial*, segundo Gilbert Ryle, que introduziu este conceito em seu ensaio «Categories», de 1938. Em *The Concept of Mind* (1949), usou este conceito contra o dualismo mente-corpo. Embora se tenha revelado difícil desenvolver uma teoria coerente dos erros categoriais, o termo permanece em uso mais ou menos técnico para certos tipos de inadmis-

sibilidades *a priori*, especialmente de expressões que são gramaticalmente bem formuladas, mas que, apesar disso, são quase naturalmente classificadas como «absurdas». (Chomsky apresenta o exemplo «as ideias verdes incolores dormem furiosamente».)

categorial *adj*. Diz respeito a uma categoria.

categorias naturais Uma categoria de coisa que se distingue pela própria natureza. Assim, *ouro*, *tigre* e *água* são categorias naturais – identificam-se, respetivamente, por uma estrutura atómica, uma genética e uma molecular – enquanto *telefone*, *xadrez* e *coisa amarela* não – distinguem-se de outras categorias, respetivamente, por uma função, um conjunto de regras e uma aparência. As características de uma categoria que a distinguem de outras constituem a sua *essência*.

O conceito de categorias naturais ganhou centralidade na década de 1970 devido à nova análise apresentada por Kripke e Putnam, que rejeitaram a perspetiva predominante de que os nomes próprios conotam. Sucede o mesmo com os termos para categorias naturais. Nem estes nem os nomes podem ser definidos em termos de um conjunto de propriedades definidoras, mas referem o seu titular de um modo mais direto. Kripke (*Naming and Necessity*, 1980) e Putnam («The Meaning of 'Meaning'», *Mind, Language and Reality*, 1975) sustentaram ainda que a ciência pode descobrir as propriedades essenciais de uma categoria natural. Por exemplo, a ciência pode descobrir que aquilo que se designou «água» é H_2O. Esta, sendo uma propriedade essencial, verifica-se acerca da água não só no nosso mundo efetivo mas também em todos os mundos possíveis. Mas é uma verdade que conhecemos *a posteriori*. Logo há – segundo esta teoria – verdades necessárias *a posteriori*. Uma fonte importante desta abordagem é S. Schwartz (org.), *Naming, Necessity and Natural Kinds* (1977). Desde a década de 1970 esta abordagem ganhou um grande número de apoiantes e foi aplicada a outros âmbitos de conceitos, como os conceitos éticos (*ver* REALISMO DE CORNELL). Uma série de pensadores destacados, *e.g.*, Searle, continuaram sem se deixar persuadir e preferem versões aprimoradas da chamada teoria dos «agregados». GC/dir.

categórico *adj*. 1 Na lógica aristotélica, uma proposição de uma destas quatro formas:

Todo *S* é *P*   Nenhum *S* é *P*

Algum *S* é *P*   Algum *S* não é *P*

Definida deste modo, toda a proposição categórica é ou universal afirmativa, ou universal negativa, ou particular afirmativa, ou particular negativa. As quatro primeiras vogais do alfabeto são frequentemente usadas para as abreviar, e os quatro tipos podem, deste modo, ser escritos do seguinte modo:

SaP   SeP

SiP   SoP

Há uma mnemónica, usando o latim *affirmo* e *nego*:

$$\begin{array}{cc} & n \\ S\ a\ P & S\ e\ P \\ f\!f & g \\ S\ i\ P & S\ o\ P \\ r & \\ m & \\ o & \end{array}$$

Num *silogismo categórico* todas as proposições são categóricas.

Posteriormente, chamou-se *categóricas* a todas as proposições nas quais se diz que um predicado pertence a um sujeito, para as distinguir das proposições hipotéticas e disjuntivas.

2 Kant distinguiu as afirmações normativas *categóricas* das *hipotéticas* (chamou-lhes, de facto, «imperativos»). As hipotéticas exprimem o que um agente deve fazer, dada a condição de desejar um determinado fim. As categóricas exprimem o que se deve fazer, independentemente de qualquer condição desse género. Para Kant, uma ação tem valor moral genuíno somente se a afirmação normativa que motiva o agente for categórica.

Kant também introduziu um princípio de moralidade a que, talvez um tanto confusamente, chamou *imperativo categórico*. A sua formulação mais geral é: «Age apenas segundo uma máxima tal que possas ao mesmo tempo querer que ela se torne lei universal».

Kant dá também três formulações subsidiárias do princípio. A primeira impõe que o agente deva ser capaz de querer que a máxima seja também uma lei da natureza. A segunda, que as pessoas jamais sejam tratadas apenas como meios, mas sempre também como fins em si. A terceira, que o agente deve ser capaz de ver a sua máxima também como parte de uma legislação universal. Isto implica ver-se a si mesmo quer como legislador, quer como súbdito da lei moral.

catexe (gr. κατηχεῖν apreensão firme) *s*. Na teoria psicanalítica: concentração da energia psíquica em uma direção.
Nota: o termo original de Freud é *Besetzung*, mas o tradutor inglês, John Strachey, usou o grego *cathexis*.

causa *s*. Aristóteles distinguiu (na *Física*, 2, 3 194^b 16ss. e *Metafísica* A 3 983^a 24ss. e Δ 2, 1013^a 24ss.) quatro tipos de «causas» (gr. αἰτία), mas seria melhor chamar-lhes «fatores explicativos»: 1) a causa material (*causa materialis*) é a matéria (ὕλη) a partir da qual algo é formado; 2) a causal formal (*causa formalis*) é aquilo em virtude do qual algo é o que é; 3) a causa eficiente (*causa efficiens*) é o que gera uma mudança, *e.g.*, produz um objeto; 4) a causa final (*causa finalis*) é o propósito (τέλος) em função do qual uma ação, mudança ou uma coisa acontece.

O exemplo clássico é o de uma estátua de bronze. A causa formal é aquela pela qual a estátua representa algo, a sua forma; a causa material é o bronze; a causa eficiente é o escultor; a causa final é o propósito que a estátua deve servir.

Aristóteles considerava que a mesma coisa pode ter os quatro tipos de «causas», como a estátua de bronze (ou uma estrutura, como na *Metafísica* Livro B, 996^b 5ss.), mas não defendeu a tese de que todas as coisas têm as quatro causas.

causa final (lat. *finis* fim; propósito) Um propósito ou fim pelo qual se explica uma coisa, um acontecimento ou processo. Em Aristóteles, é um dos quatro tipos de causa ou fator explicativo. Chama-se TELEOLÓGICAS a explicações deste género. Note-se que neste contexto «final» não significa último ou conclusivo.

causa formal Um dos tipos de «causa» ou fator explicativo, em Aristóteles. A causa formal são as propriedades diferenciadoras que pertencem a um pedaço de matéria. É em virtude da causa formal que uma estátua é algo mais do que um mero bloco de mármore.

causalidade, princípio da O princípio de que toda mudança, ou qualquer acontecimento, tem uma causa.

A nossa fé neste princípio é profunda. Pressupomos sempre que há uma resposta para a questão de saber o que fez algo ocorrer, uma mudança ter lugar, uma coisa começar a existir, mesmo que não encontremos uma resposta. É a nossa aceitação do princípio racionalmente defensável? Supostamente, aplica-se sem *qualquer* exceção. Isto não pode ser estabelecido pela experiência. Pode-se justificar o princípio de algum outro modo?

causa sui lat. causa de si; o que se produz a si mesmo (Plotino *Eneádas* 6, 8, 14-16); «causa autogerada» (Berkeley, *Alciphron*, 4.º diálogo). Na metafísica medieval e na metafísica moderna, ser causa de si mesmo é uma propriedade essencial do ser absoluto. Este é o ponto de vista de Descartes (nas Respostas às objeções de Arnauld anexadas às *Meditações*), e *causa sui* é o primeiro conceito que Espinosa define na *Ética*, Livro I: «aquilo cuja essência implica a existência, ou por outras palavras, aquilo cuja natureza não pode ser concebida senão como existente». Espinosa identifica-a com Deus (ou a Natureza, ou a Substância). Na filosofia pós-kantiana, aquilo que é a sua própria causa é identificado com o eu (Fichte, Schelling). *Ver também* ASSEIDADE.

cenose (gr. κένωσις esvaziar, derramar) *s*. Em teologia, a renúncia de Cristo dos seus atributos divinos de modo a ter completa experiência da condição humana. **cenótico** *adj*. *Nota:* noutra aceção, é também a designação de uma condição patológica.

cenoticismo *s*. Teoria da encarnação de Cristo que salienta os seus atributos humanos. Cf. DOCETISMO.

cérebro numa cuba *Ver* CUBA.

certeza moral Quase uma certeza; um grau elevado de probabilidade.

Esta expressão antiga é muitas vezes mal compreendida; chama-se *moral* à certeza por se tratar do género de certeza alcançável em relação aos assuntos humanos. Esta certeza é tida como menor do que a certeza demonstrativa, alcançável nas ciências exatas. Aristóteles salienta (*Ética Nicomaqueia*, 1, 1 1094^{b}10 ss. E 1, 7 1098^{a}25 ss.) que não pode haver certeza demonstrativa nos assuntos humanos, que são de natureza contingente. Ao grau de certeza relacionada com questões práticas chamou Tomás de Aquino «certeza provável» (*Summa Theologiae*, 2ª 2ae, q. 70, ad 2), que remete para Aristóteles. A expressão é agora rara, mas é comum em textos mais antigos. Descartes escreveu: «A certeza moral é suficiente para regular a conduta da nossa vida ainda que seja em princípio possível que estejamos enganados» (*Principia philosophiae*, §4). Hume escreveu: «Todos os raciocínios têm de ser divididos em dois tipos, nomeadamente, o raciocínio demonstrativo, ou o que diz respeito a relações de ideias, e o raciocínio moral, ou o que diz respeito questões de facto e existência» (*Enquiry Concerning Human Understanding*, secção 4, parte 2). Quando chama *moral* ao segundo tipo de raciocínio é por ser meramente provável, em contraste com o raciocínio demonstrativo, que é certo.

cesuralismo Tese que afirma que há um rompimento brusco e repentino. A palavra é usada para descrever a tese de Foucault de que uma episteme se sucede a outra com pouca ou nenhuma continuidade.

ceteris paribus lat. sendo tudo o resto igual.

ceticismo (gr. σκεπτικός investigar, inquirir) *s.* O ponto de vista de que nada se pode conhecer com certeza; quando muito, apenas pode haver uma opinião privada provável.

Segundo a tradição antiga, Pirro de Élis foi o primeiro filósofo cético. Contudo, foi na Academia que o ceticismo floresceu pela primeira vez, e ao longo dos tempos chamou-se frequentemente «filosofia académica» ao ceticismo. Isto aconteceu na vigência de Arcesilau, no século III a.C., que objetou vigorosamente à doutrina estoica de que têm de ser verdadeiras as impressões que a alguém parecem irresistíveis e acima de dúvida. Só a probabilidade pode ser o nosso guia da vida. Um século mais tarde, Carnéades alargou este ponto de vista. Uma terceira fase da tradição cética da antiguidade desenvolveu-se com Enesidemo (século I a.C.), que pensava que os académicos tinham comprometido o seu ceticismo ao proporem determinados *dogmata* (dogmas). Parece que Enesidemo queria regressar à versão pirrónica, dando ênfase ao ceticismo como um modo de vida em que a serena paz de espírito, a *ataraxia*, se alcança por meio da suspensão do juízo, a *epochē*. SEXTO EMPÍRICO, a nossa principal fonte de informação, escreveu que não importa que alguns dos argumentos céticos possam não ser sólidos. O que se procura não é a prova, mas a persuasão; o que importa é ajudar os outros a praticar a *epochē* e a alcançar por esse meio a tranquilidade da mente: o que o filósofo cético tenta proporcionar não é teoria mas sim terapia.

Foi nesta fase que o termo *dogmatismo* veio a ser regularmente usado como o oposto de ceticismo. Emergia agora uma dicotomia entre dois tipos de ceticismo: um deles suspende o juízo, e em particular nem sequer afirma ou nega que a certeza é possível; o outro não vai tão longe, mas reconhece a falibilidade de todos os juízos e põe de parte a possibilidade do conhecimento com certeza. Hume, como muitos outros antes de si, chamou «pirrónico» ao tipo mais radical, em contraste com o tipo académico, moderado, a que dava preferência (*Investigação sobre o Entendimento Humano*, 1748, secção 12).

À exceção dos escritos de Sexto Empírico, quase nada dos textos destes pensadores chegou a nós, nem de Agripa (século III), de quem se afirma ter reduzido a cinco os dez «tropos» de Enesidemo, isto é, modos de reger argumentos céticos. HT/dir.

Como atitude filosófica, o ceticismo era quase desconhecido na Idade Média. Reapareceu na Renascença, em parte como resultado da redescoberta dos textos da antiguidade do cético grego Sexto Empírico, e em parte porque estas questões céticas eram relevantes para as querelas religiosas da época sobre a justificação do conhecimento religioso.

A primeira tradução completa de Sexto, na década de 1560, foi apresentada como a resposta decisiva ao calvinismo – se nada se podia saber, não se podia saber se o calvinismo é verdadeiro. Os católicos lançavam questões céticas contra os protestantes e vice-versa. Mas mesmo antes, em 1520, os argumentos de Sexto Empírico foram usados por Gianfrancesco Pico della Mirandola (1469-1533), o sobrinho de Giovanni, contra a astrologia, a adivinhação, a quiromancia e outras superstições, que nessa altura abundavam em todos os estratos da sociedade, mas também contra as teorias mais respeitáveis dessa época, tudo de modo a garantir um lugar para a fé religiosa. Na mesma altura, Erasmo de Roterdão (1466-1536) usava argumentos céticos contra o dogmatismo rigoroso de Lutero. Michel de Montaigne usou os argumentos de Sexto no seu extenso ensaio «Apologie de Raymond Sebond», *Essais* II, 12, 1576 (*Ensaios* 2001). Com o seu estilo errático, Montaigne contestava quaisquer pretensões de conhecimento em filosofia, ciência e teologia, levantando dúvidas céticas acerca do conhecimento sensorial e do raciocínio. Impôs-se a exigência cética de um critério seguro de conhecimento genuíno antes de se poder estabelecer quaisquer verdades. Como não podemos descobrir qualquer critério, só nos resta suspender o juízo e aceitar quaisquer verdades que Deus nos dá. Montaigne associou a sua apresentação do ceticismo completo a um apelo, sincero ou não, à fé, e afirmou que permaneceria católico visto que justificar a mudança de religião exigiria conhecimento que não tinha.

Os problemas suscitados por Montaigne, apresentados nos textos recuperados de Sexto, e em menor grau no *Academica* de Cícero, geraram uma crise de ceticismo. Tornaram-se na preocupação fundamental da filosofia moderna. Descartes procurou apresentar uma filosofia baseada numa verdade tão certa a ponto de não admitir quaisquer dúvidas céticas, e num critério segundo o qual é verdadeiro seja o que for que se conceba clara e distintamente. Os céticos seiscentistas posteriores – Gassendi, Foucher, Huet, Glanvill, Bayle – subverteram cada nova resposta aventada, e mostraram que todos os sistemas filosóficos estavam «cheios de contradição e absurdos». Os argumentos céticos de Bayle e a sua ampliação e desenvolvimento por Hume constituíram o desafio que cada sistema filosófico subsequente procurou superar. RPO

A questão de sermos ou não capazes de penetrar um véu da perceção, ou um véu da linguagem, e chegar assim ao conhecimento do mundo exterior, ou, mais geralmente, a questão de podermos ou não ter realmente qualquer conhecimento, foi comummente encarada como o problema central em EPISTEMOLOGIA desde Descartes e continua a ser um dos principais problemas na epistemologia contemporânea. É a questão de como superar o ceticismo.

Nota: há abordagens informativas dos autores da antiguidade em muitas obras, *e.g.*, Johnathan Barnes, *The Toils of Scepticism* (1990), R. J. Hankinson, *The Sceptics* (1995), Charlotte Stough, *Greek Scepticism* (1969). R. Popkin, *History of Scepticism from Savonarola to Bayle* (2003) é de grande valor, ainda que haja dúvidas sobre se todos os incluídos no campo cético estão onde pertencem. Michael Williams, *Unnatural Doubts* (1991) discute o ceticismo contemporâneo.

Uma nota sobre o uso: o uso atual é muitas vezes um tanto impreciso; por exemplo, considera-se que um «cético» é uma pessoa que rejeita a religião, e não uma pessoa que tem dúvidas acerca desta.

Charron, Pierre /ʃaʀɔ̃/ (1541-1603) Advogado e teólogo francês. Os seus escritos exprimem um esforço filosófico para superar os conflitos religiosos de seu tempo. A sua simpatia pela tradição da ética estoica, presente na famosa obra *De la Sagesse* (1601) (*Pequeno Tratado da Sabedoria* 2006), é similar à de seu amigo Montaigne (1533-1592) e a outros neoestoicos, como Lípsio (1547-1606) e du Vair. Charron defendeu que o conhecimento religioso e metafísico se encontra além da nossa compreensão, mas a verdade moral está inscrita no coração do homem e pode ser conhecida e aceita sem qualquer dogma religioso.

Chartier, Émile /ʃartje/ *Ver* ALAIN.

chauvinismo *s.* Patriotismo excessivo e agressivo. Chauvin, personagem de uma peça francesa da década de 1830, teve como modelo um soldado do exército de Napoleão com este nome, que era famoso pela devoção cega ao seu país.
A palavra é frequentemente usada desde a década de 1970 em sentidos deslocados. Em círculos feministas radicais, *homem chauvinista* é usado como um sinónimo de SEXISMO. No pensamento ambiental radical, *chauvinismo humano* foi introduzido por Richard e Val Routley em 1980 para criticar os pontos de vista que atribuem ao género humano uma posição privilegiada no universo, e há quem fale agora de *chauvinismo de espécie*, etc.

chavetas {*a, b*} representa o conjunto com os elementos *a* e *b*. A ordem é irrelevante: {*b, a*} é o mesmo conjunto.

chimpanzés dactilografando Ilustração usada para apoiar o argumento do desígnio a favor da existência de Deus: imagine-se uma enorme assembleia de chimpanzés, cada um com uma máquina de dactilografar, que fustiga alegre e aleatoriamente, sem parar. A probabilidade de um deles produzir uma só linha correta de Shakespeare é extremamente remota. Teriam de permanecer em atividade por muito tempo até ser razoável esperar que o conseguissem. Por isso, quando lemos um texto com versos de Shakespeare, não acreditamos que tenha sido produzido deste modo.
As estruturas ordenadas do universo físico são quase infinitamente mais improváveis. Portanto, seria completamente irrazoável pensar que poderiam ocorrer aleatoriamente. É certo que poderiam ocorrer por acaso a muito longo prazo. Mas o prazo deste mundo não é até hoje muito longo. Logo, como no exemplo acima, a existência destas estruturas deve-se ao desígnio.
O exemplo vem do matemático francês Émile Bodel, *Le Hasard* (1914), mas a ideia foi prevista muito antes de a máquina de escrever ser inventada no final do século XIX. Em Cícero, *De Natura Deorum* (*Da Natureza dos Deuses*, 2004), a experiência mental é atirar ao ar um número apropriado de formas de letras feitas de metal. É extremamente improvável que caiam no chão de modo a formar um verso correto da *Ilíada*. McTaggart, *Some Dogmas of Religion* (1906), § 198, tem outra ilustração moderna da mesma ideia: uma roleta, na qual as letras substituem os números, gera o texto de *Hamlet*.
Argumentos deste tipo parecem bem plausíveis, mas muitos filósofos, incluindo Espinosa, Diderot, Hume, Kant, McTaggart, etc., têm levantado objeções notáveis. Uma variante moderna apela ao AJUSTE PERFEITO. *Ver* ARGUMENTOS DO DESÍGNIO.

Chisholm, Roderick /'tʃɪzm/ (1916--1999) Filósofo norte-americano, foi professor na Universidade de Brown, crítico incisivo de muitas das formas predominantes de reducionismo contemporâneo: fenomenalismo, extensionalismo e fisicismo. A sua posição alternativa foi influenciada por Brentano e pelo seu círculo (Meinong, Husserl, etc.); os seus textos têm estimulado o interesse do mundo anglófono por tais autores. Algumas das suas obras: *The First Person* 1981, *Brentanto and Intrinsic Value* 1986 e *Theory of Knowledge* 3.ª ed. 1989. Leitura: *The Philosophy of Roderick M. Chisholm* (LLP) 1998.

Chodorow, Nancy Julia (n. 1944) Em oposição a Freud e Lacan, defende que a diferença psicológica básica entre os sexos tem origem no facto de, quase universalmente, as meninas receberem cuidados de uma pessoa do mesmo sexo, mas não os meninos. Em resumo, as diferenças de género típicas surgem do facto de as mulheres desempenharem o papel de mãe. Os seus textos têm reforçado a influência da teoria psicanalítica no feminismo anglófono.

Chomsky, Noam /'tʃɑmskɪ/ (n. 1928) Professor do Instituto de Tecnologia de Massachusetts, onde tem lecionado desde 1955. Tem escrito imenso nas áreas da linguística, filosofia da mente e política contemporânea. Influenciou decisivamente a teoria da linguagem e do pensamento do século XX, primeiro devido ao desenvolvimento, em *Syntactic Structures* (1957) (*Estruturas Sintácticas*, 1980) e trabalhos posteriores, de uma teoria da gramática gerativa como instrumento de análise sintática das linguagens naturais, por meio da qual as estruturas profundas subjacentes às estruturas superficiais podem ser discernidas. Isto esclarece o domínio que as pessoas têm da linguagem. Em oposição a teorias empiristas e behavioristas – Chomsky opõe-se fortemente às teorias de B. F. Skinner – tem desenvolvido uma teoria das capacidades mentais inatas, compatível com o materialismo. Defende em *Cartesian Linguistics* (1966) (*Linguística Cartesiana*, 1972) que as *performances* cognitivas muito complexas dos seres humanos não podem ser inteiramente o produto de capacidades adquiridas por meio da aprendizagem. A competência linguística é um desses casos: como indício, Chomsky salienta a rapidez com que uma criança apreende as regras de uma língua e é capaz de formular um número infinito de novas frases corretas.

As similaridades entre as estruturas profundas de diferentes línguas fornecem indícios adicionais. Chomsky tem sugerido que o seu inatismo, relacionado com a tradição cartesiana, implica que os seres humanos são basicamente similares. Contrasta o seu inatismo com o anti-inatismo da tradição empirista e de Locke que, segundo Chomsky, deixa mais espaço para a possibilidade das desigualdades humanas e, portanto, para o racismo. *Knowledge of Language* (1986) (*O Conhecimento da Língua*, 1994) é uma expressão mais recente de sua posição.

Chomsky é também conhecido como autor da tradição anarcossindicalista quanto a questões sociais e políticas. Os seus ataques às políticas do pós-guerra dos Estados Unidos para a América Latina, Vietname, etc., presentes, por exemplo, em *American Power and the New Mandarins* (1969) (*O Poder Americano e os Novos Mandarins*, 1974), receberam ampla atenção e considerável apoio, assim como as suas posições sobre outras questões políticas, mas também provocaram considerável controvérsia.

Leitura: Neil Smith, *Chomsky* (ed. rev. 2004).

Church, Alonzo /tʃɜrtʃ/ (1903-1995) Professor em Princeton e Los Angeles; um dos principais lógicos do século XX; autor de *Introduction to Mathematical Logic* (1956). Foi também fundador e primeiro diretor de *Journal of Symbolic Logic*. Ver TEOREMA DE CHURCH; TESE DE CHURCH.

cibernética (gr. κυβερνήτης timoneiro, homem do leme) *s. sing.* Teoria geral dos sistemas autorregulatórios e sistemas de controlo. O termo foi introduzido com este sentido por Norbert Wiener em 1947.

Cícero, Marco Túlio (106-43 a. C.) Estadista romano, orador, filósofo e homem de letras. Os seus textos filosóficos, grande parte dos quais foi preservada, são uma fonte importante de informações sobre a filosofia do período helenístico. Muitos são escritos na forma de diálogo, sendo muito estudados como manuais escolares e universitários, nomeadamente na Renascença e nos séculos XVIII e XIX. Juntamente com a tradução parcial de Cícero do *Timeu* de Platão, contribuíram bastante para a terminologia filosófica em latim e nas línguas europeias modernas. O *De Re publica* (*Da República*, 1995) e *De Legibus* (*Tratado das Leis*, 2004), cujos títulos são tomados de Platão, são discussões um tanto idealizadas da constituição e das leis romanas. O *Academica* é uma discussão do ceticismo académico (*ver* FILOSOFIA ACADÉMICA), particularmente em epistemologia, no qual Cícero defende uma posição cética. O *De finibus bonorum et malorum* (*Do Sumo Bem e do Sumo Mal*, 2005) compara os sistemas éticos epicurista, estoico e académico. O *Tusculanae disputationes* discute a morte, a dor e o sofrimento, entre outros males. *De Natura Deorum* (*Da Natureza dos Deuses*, 2004), uma discussão da teologia epicurista e estoica, inclui uma apresentação clássica do argumento estoico do desígnio a favor da existência de deuses, argumento que David Hume se prontificou a refutar em *Dialogues concerning Natural Religion* (1779) (*Diálogos sobre a Religião Natural*, 2005). Note-se que o próprio Cícero também critica estes argumentos de um ponto de vista cético. O *De officiis* (*Dos Deveres*, 2000) é uma tentativa também clássica de superar o conflito aparente entre a virtude e a expediência em ética. Cícero escreveu também obras influentes de retórica, nas quais defende, entre outras coisas, que um orador precisa de ter uma formação sólida em filosofia. SB

ciência *s*. Ciência, científico, etc. vêm de *scientia* (o equivalente latino do grego *episteme*) e foram reservadas ao conhecimento do que é necessariamente o caso, mesmo em escritos tão recentes quanto os de Locke e Hume. Esse conhecimento é adquirido por intuição racional ou por demonstração. O conhecimento que deriva da investigação empírica, o conhecimento de questões de facto contingentes, não era considerado ciência. Locke, por exemplo (*Ensaio sobre o Entendimento Humano*, 4, 3, 26), argumenta que o nosso conhecimento do mundo físico é experimental mas não científico. Este uso remonta a Platão e Aristóteles. Até ao fim do século XVIII, aquilo a que chamamos «ciência da natureza» era normalmente designado «filosofia natural».

ciências cognitivas 1 Nome coletivo para ramos de disciplinas (psicologia cognitiva, neuropsicologia, ciência da computação, epistemologia, etc.) que têm a cognição como objeto de investigação. 2 O termo é também usado em sentido mais restrito; *e.g.*, para a investigação que tem os processos cognitivos como tema e que se baseia na hipótese de que estes são computações no cérebro.

cientismo *s*. A crença de que os métodos das ciências naturais são aplicáveis a todas as investigações, especialmente nas ciências sociais e humanas. **cientificista**. *adj*.

Cinco Vias Tomás de Aquino apresentou cinco modos de provar a existência de Deus em *Summa Theologiae* 1ª, qu. 2, art. 3. Cada um dos cinco argumentos começa a partir de características do mundo que conhecemos. Muito sucintamente, os pontos de partida são 1) a mudança, 2) a causalidade eficiente, 3) a contingência, 4) graus de perfeição, 5) desígnio.

cínico s. **cinismo** s. Os cínicos da antiguidade, sobretudo Antístenes, um seguidor de Sócrates, e Diógenes de Sínope, defenderam a opinião de que nada do que é natural é vergonhoso. Alguns foram longe no seu desdém por modos e morais convencionais, rejeitando por princípio mesmo as decências básicas – chegaram até nós algumas lendas escabrosas. Esta atitude era parte de uma procura da independência pessoal. Foi em função disso que se esforçaram por reduzir as suas necessidades, para se tornarem indiferentes às condições externas, e para manter a compostura frente à adversidade. O objetivo era a autossuficiência. O cinismo nunca foi uma doutrina plenamente elaborada, antes um modo de vida caracterizado pela autossuficiência e independência, defendido e praticado pelos membros desta escola filosófica. Algumas das ideias dos cínicos foram adotadas pelos estoicos.

O nome está relacionado com o grego κύων (cão), e deriva do nome de um lugar, um ginásio em Atenas (κυνοσαργεσ), onde a doutrina era ensinada. Uma antiga opinião rival, menos confiável, é que a indecência desavergonhada, também encontrada na espécie canina, está na origem do nome da escola.

Outras aceções modernas são: *a)* uma atitude de desilusão pessimista, especialmente acerca dos motivos escondidos e inconfessos das pessoas; *b)* uma tendência para tratar os outros de maneira manipulativa, usando-as meramente como meios para alcançar mais adiante os seus próprios fins.

círculo cartesiano Um argumento circular, que se alega ser intrínseco à filosofia de Descartes: podemos estar certos de que o que percebemos clara e distintamente é verdadeiro porque Deus existe. Mas podemos estar certos de que Deus existe somente porque percebemos isto clara e distintamente. Este problema foi levantado por Arnauld na quarta série de Objeções anexadas às *Meditações* de Descartes.

Círculo de Viena O círculo de Viena foi um grupo de filósofos analíticos com inclinação científica e matemática, que se encontraram nos seminários privados de Moritz Schlick, nas manhãs de Sábado, em Viena a partir de 1923, e cuja perspetiva é geralmente descrita como «positivismo lógico». Formados na tradição científica e antimetafísica de Mach e Poincaré, o seu pensamento foi desde cedo influenciado pela *Allgemeine Erkenntnislehre* (1918), de Schlick, e pelo *Tractatus Logico-Philosophicus* (1921), de Wittgenstein, os quais consideravam que a tarefa da filosofia é a clarificação lógica dos conceitos básicos expressos na linguagem comum e científica. Entre os membros do grupo contava-se Viktor Kraft e Rudolf Carnap, ambos interessados numa análise da linguagem da ciência, um interesse mais bem ilustrado por *Der logische Aufbau der Welt* (1928), de Carnap; Otto Neurath, que se interessava por economia e sociologia; Herbert Feigl, por psicologia; e Friedrich Waismann, por matemática. A abordagem da filosofia proposta pelo grupo foi publicamente apresentada num panfleto, *Wissenschaftliche Weltaunffassung: der Wiener Kreis* (1929), numa série de congressos, e numa revista, *Erkenntnis*, 1930-1939. A sua introdução em Inglaterra deveu-se sobretudo à obra bastante lida de A. J. Ayer, *Language, Truth and Logic*,

1936, 2.ª ed. rev. 1946 (*Linguagem, Verdade e Lógica*, 1991).

As preocupações do Círculo não se limitavam a tópicos de filosofia académica. Um dos quatro principais objetivos listados no manifesto era a reforma educativa e social. As atitudes políticas reformistas, de bem-estar social e democráticas dos que estavam associados ao Círculo levantaram a suspeita, a hostilidade ou o ódio dos comunistas, dos reacionários de direita e dos nacional-socialistas. Quase sem exceção, os principais positivistas lógicos na Áustria e na Alemanha foram para o exílio para escapar ao regime nazi, e na década de 1940 o Círculo esmoreceu como grupo, embora algumas das suas ideias tenham continuado a viver na filosofia analítica posterior.

O seu objetivo era uma unidade da ciência expressa numa linguagem comum a ser alcançada pela análise lógica e, portanto, uma clarificação das afirmações feitas nas várias ciências. Nesta clarificação, adotaram um PRINCÍPIO DE VERIFICABILIDADE do significado que aceitava dois tipos de afirmação com significado: as analíticas (e as suas negações) e aquelas cuja verdade ou falsidade pode ser testada através da experiência percetiva. Outras afirmações eram rejeitadas como não científicas e, na verdade, como cognitivamente desprovidas de significado. Estas incluíam não só algumas especulações em ciência, como as que se fez acerca do flogisto e do éter, mas também toda a tradição metafísica. Todavia, aceitavam as afirmações lógicas e matemáticas como dotadas de significado, embora não verificáveis pela experiência percetiva, e esta é a razão pela qual se distinguiu o seu positivismo das formas anteriores com o epíteto «lógico». AW

círculo hermenêutico O círculo hermenêutico consiste no facto de que ao procurar o significado de um *texto, ação, conjunto de ideias*, etc., a interpretação de uma parte exige uma compreensão prévia do todo a que aquela pertence, e a interpretação do todo exige uma compreensão prévia das suas partes. Os textos escritos são um bom exemplo. A compreensão das partes, incluindo as suas palavras e frases, exige uma apreensão da obra mais vasta que aquelas constituem, e da tradição literária e cultural a que a obra pertence. Além disso, a compreensão da obra mais vasta pode exigir uma compreensão do género literário a que pertence, assim como da tradição literária e cultural em que se insere, e uma vez mais o género literário é entendido por via das obras que lhe pertencem. Numa terceira forma, há um círculo no sentido em que uma obra só pode ser apropriadamente compreendida apreendendo o que o autor tinha em mente, e vice-versa. Em geral, o círculo hermenêutico (expressão usada por Dilthey, que poderá tê-la criado) levanta o problema de passar da letra para o espírito, apesar de não podermos interpretar a letra a menos que compreendamos o espírito.

círculo vicioso (lat. *circulus vitiosus*) 1 Raciocínio que usa uma premissa para demonstrar (normalmente através de uma série de passos intermédios) uma conclusão, mas que também usa a conclusão para provar a premissa. 2 Uma definição em que o *definiendum* (a expressão a definir) é usado no *definiens* (a expressão definidora). Em particular, na matemática e na lógica, as definições impredicativas, nas quais o *definiens* se refere a um domínio de que o *definiendum* é um elemento, são viciosamente circulares. Foi Henri Poincaré quem primeiro usou a expressão *cercle vicieux* na rejeição das definições deste tipo particular. Mas as definições deste tipo não têm de gerar inconsistência, ou sequer indeterminação, e o matemático Hermann Weyl mostrou que a análise matemática inteiramente clássica não pode dispensá-las.

circulus vitiosus lat. CÍRCULO VICIOSO.

cirenaico *adj.* O nome da escola cirenaica vem de Aristipo de Cirene, um seguidor de Sócrates. Floresceu no século IV d. C. A sua maior preocupação era ética: como viver uma vida boa. Defendeu a doutrina hedonista de que o prazer do momento é o bem maior. No desenvolvimento desta doutrina, uma vida de prazeres conduzida racionalmente era o ideal, em contraste com a defesa cínica da abstinência.

cisma (gr. σχίσμα uma cisão, uma divisão; cf. gr. σχίζω cindir) *s.* Divisão em partidos mutuamente opostos que surgem de diferenças doutrinais no seio de uma igreja, seita, partido político, clube, escola de psicanálise, etc.
A cisão entre a Igreja oriental e ocidental em 1054, quando o patriarca em Constantinopla, Miguel Cerulário, e o papa Leão IX se excomungaram um ao outro, é conhecida como o «grande cisma». As tentativas para o colmatar ainda decorrem. Chama-se também cisma à cisão na Igreja católica apostólica romana (1378-1417), quando papas rivais residiam em Roma e Avinhão.

civilian /sɪˈvɪlyən/ ing. civil. Em inglês antigo, um especialista em DIREITO CIVIL; alguém versado em jurisprudência.

Cixious, Hélène /siksu/ (n. 1937) *Ver* ECONOMIA FEMININA.

clarividência *s.* Um meio paranormal de ter conhecimento de coisas ocultas ou distantes.

Clarke, Samuel (1674-1729) Filósofo e teólogo inglês. Um dos primeiros a darem valor à proeza de Newton. De certa forma «assombrado» por Newton, defendeu as teorias deste na sua correspondência com Leibniz. O primeiro conjunto das suas conferências, *A Demonstration of the Being and Attributes of God* (1705), inclui um novo tipo de demonstração *a priori* da existência de Deus, e no segundo conjunto *A Discourse Concerning the Unchangeable Obligations of Natural Religion and the Truth and Certainty of Christian Revelation* (1706) argumentou que existem qualidades ou relações morais objetivas que podem ser conhecidas racionalmente, em analogia com o nosso conhecimento matemático. O que é moralmente correto ou um bem – apropriado – é-o em si mesmo e não em função dos mandamentos legislativos de Deus. Neste ponto, Clarke estava de acordo com Grócio, os platónicos de Cambridge e Leibniz, entre outros, e, como eles, também acreditava que para agir em conformidade com o nosso discernimento moral sobre o que é apropriado, a maioria ou todos nós temos de ser motivados pela possibilidade de recompensas e punições num estado futuro.
Nos escritos teológicos, Clarke colocava dúvidas sobre a doutrina da Trindade, sendo acusado de ARIANISMO.
O racionalismo ético de Clarke foi um dos principais alvos das objeções de Hutcheson e Hume, criticando este último também a sua teologia natural em *Dialogues concerning Natural Religion* (1779) (*Diálogos sobre a Religião Natural* 2005); Rousseau, pelo contrário, usou-o em apoio do deísmo defendido pelo «Vicário Savoyard» em *Émile ou de*

l'éducation (1762) (*Emílio ou da Educação*, 2004).

classe *s.* Na maioria das versões modernas da teoria de conjuntos, as classes definem-se de maneira diferente dos conjuntos. Todo o predicado admissível na linguagem da teoria de conjuntos forma uma classe, mas nem todo predicado gera um conjunto. Das classes que não são conjuntos (classes próprias) dizemos que são excessivamente grandes para serem conjuntos. Os conjuntos são indivíduos e como tais são também elementos de classes e de outros conjuntos. As classes *contêm* elementos, mas as classes próprias não podem *ser* elementos. O PARADOXO DE RUSSELL é evitado quando se admite que os conjuntos que não são elementos de si mesmos formam uma classe própria (*i.e.*, uma classe, mas não um conjunto).

clássico *adj.; s.* O latim *classicus* refere-se à classe (*classis*) dos que pagavam impostos, especialmente os das classes altas, e, assim, às pessoas ricas e de posição. Os vários sentidos correntes, dos quais apenas alguns são apresentados aqui, surgem de uma antiga metáfora: supostamente, as pessoas de posição tinham classe, e esta qualidade admirável foi então por extensão atribuída a autores eminentes e às suas obras. Por exemplo, 1 Uma obra de grande valor e duradoura. 2 Pertencente à cultura da antiga Grécia e Roma. 3 O caráter de um feito que detinha autoridade, era significante ou de grande mérito, embora possa ter sido superado. É neste sentido que falamos da física clássica, da teoria clássica do direito natural, etc. A literatura clássica é composta pelas grandes obras do passado de autores como Shakespeare, Milton, Racine, Corneille, Goethe e Schiller, entre outros comparáveis a estes. O estilo clássico nas artes contrasta com o romântico, naturalista, modernista, etc.

Cleantes (331-232 a. C.) O sucessor de Zenão de Cítio na direcção da escola estoica. O maior fragmento que ainda existe do estoicismo da antiguidade é o seu hino a Zeus, que é um símbolo da providência divina, a alma de um universo inorgânico no qual cada parte tem uma sina determinada pelo destino. Defendeu o ponto de vista caracteristicamente estoico de que a virtude é o bem supremo, e parece ter sido o primeiro a defender que a virtude é viver em concordância com a natureza, que se identifica com a razão universal.

Clemente de Alexandria (*c.* 150-219) Padre da Igreja. Aceitou o ponto de vista de que a filosofia (especialmente o platonismo) poderia estar em harmonia com a doutrina cristã e ajudar a compreendê-la, sendo o meio pelo qual a verdade religiosa se tornou conhecida para os Gregos. Aceitando uma opinião defendida por Platão e Fílon, defendeu que nosso conhecimento de Deus só pode ser negativo.

clístico Não confundir com clítico. *Ver* NÊUSTICO.

coerentismo *Ver* TEORIAS DA COERÊNCIA.

cogito ergo sum lat. Penso, logo existo. *Ver* DESCARTES.

cognição *s.* Conhecimento.

cognitivismo *s.* 1 A convicção, em relação a certas áreas, de que há factos que podem, em princípio, ser conhecidos. Em ética, trata-se da convicção de que há factos éticos cognoscíveis. Alguns autores recentes preferem o termo «realismo» para este tipo de convicção e reservam «cognitivismo» para a convicção de que as *afirmações* no interior de uma área de discurso *visam* afirmar factos, de tal modo que em ética «cognitivismo» denota a convicção de que as asserções morais visam afirmar factos morais. *Ver também* NÃO COGNITIVISMO. **2** Em psicologia e filosofia da mente: a convicção de que o comportamento deve ser explicado em termos de estados e episódios internos e físicos de processamento de informação. Em muitos dos trabalhos atuais em psicologia cognitiva pressupõe-se esta convicção. **3** Em filosofia da mente: a convicção de que a cognição consiste em operações de coisas mentais que são símbolos de entidades reais. Normalmente pressupõe-se que estes símbolos mentais são identificáveis com estados neuronais. Estes estados, e os processos neuronais, podem ser entendidos por analogia com computadores. O termo contrastante é CONEXIONISMO.

cognitivo *adj*. Relativo ao conhecimento.

Cohen, Hermann /ˈkoːən/ (1842-1918) Filósofo alemão e judeu que, com Paul Nartorp, foi o principal nome da escola neokantiana de Marburgo. Interpretou a teoria de Kant do conhecimento não como uma teoria psicológica, mas como uma teoria dos pressupostos do conhecimento. Rejeitou o ponto de vista de que temos de pressupor a existência da coisa-em-si. O princípio que assegura a legitimidade das afirmações de conhecimento deve vir de nós mesmos. Se tivesse outra fonte, não poderíamos pressupor sem cometer uma petição de princípio que a nossa afirmação de que a conhecemos tinha legitimidade. O nosso conhecimento *a priori* de objetos somente apreende o que nós, como conhecedores, colocamos neles. Na sua teoria ética, Cohen procurou uma síntese de elementos judaicos, kantianos e socialistas, e conferiu à ideia de justificação um lugar central.

Nota: no final da vida, Cohen identificou-se mais intimamente com a tradição judaica; /koˈhɛn/ tornou-se então a pronúncia preferida do seu nome.

Cohen, Morris R(aphael) /ˈkoʊən/ (1880-1947) Filósofo norte-americano que lecionou em Nova Iorque e Chicago. Adotou uma posição realista moderada tanto na teoria do direito como na filosofia da ciência. Destaca-se das suas publicações *Reason and Nature* (1931) (a sua obra mais abrangente), *Law and Social Order* (1933) e (com Ernest Nagel) *An Introduction to Logic and Scientific Method* (1934).

coisa *Ver* RES.

coisa em si *s*. Este termo e o seu oposto, *coisa para nós*, são usados por Kant para distinguir um objeto tal como é concebido como um existente independente de qualquer relação com um agente cognitivo, desse mesmo objeto como algo conhecível por nós.

Coleridge, Samuel Taylor /ˈkoʊlrɪdʒ/ (1772-1834) Poeta, crítico e filósofo inglês. Na década de 1790 defendeu, com Robert Southey, uma política utópica, estritamente igualitária, denominada *pantissocracia* (do grego πάντ- todos + ἰσοκρατία poder igual). Embora não tenha sido um pensador sistemático, exerceu grande influência (testemunhada por J. S. Mill, «Essay on Coleridge», 1840), por introduzir na Grã-Bretanha a filosofia kantiana e a filosofia romântica pós-kantiana. Os filósofos românticos procuravam reviver um passado cultural e filosófico, sobretudo medieval, mas o próprio Coleridge voltou-se para os PLATÓNICOS DE CAMBRIDGE para uma alternativa ao materialismo e utilitarismo do seu tempo.

Collingwood, R(obin) **G**(eorge) /ˈkɑlɪŋˌwʊd/ (1889-1943) Filósofo inglês e arqueólogo da Grã-Bretanha romana, diversamente inspirado por Platão, Hegel e os idealistas italianos: de Ruggiero, Gentile e Croce. Lecionou filosofia em Oxford, de 1934 a 1941, e embora fosse um professor fascinante, era uma figura fora de moda numa Oxford e num universo filosófico inglês preocupados com a teoria da perceção, mas os seus escritos tardios, em especial, têm atraído a atenção de filósofos da arte, da história e da ciência.

A filosofia começa com a experiência. Esta não consiste na receção passiva de sensações, mas na prática de certas formas de atividade como a arte, a ciência e a religião. Cada uma dá ao filósofo imagens espelhadas do mundo e de conceitos relacionados. Em certas obras como *Essay on Philosophical Method* (1933), Collingwood vê o filósofo, de maneira quase platónica, como alguém que classifica, define e ordena certos conceitos de maneira peculiar à própria filosofia, os conceitos que são o seu objeto de estudo – certos conceitos como a verdade e realidade – atravessando espécies e definições, «colocando» os conceitos em relação a uma forma ideal.

Nos escritos tardios, mais influentes, junta os seus interesses arqueológicos e históricos, primeiro na sua muito lida *Autobiography* (1939). Uma proposição não deve ser concebida como uma imagem do mundo, verdadeira quando representa o mundo corretamente, mas como uma tentativa de responder a uma pergunta; é verdadeira quando é a «resposta correta» a uma pergunta particular num agregado específico de perguntas e respostas, *i.e.*, quando ajuda a avançar a investigação. Estas perguntas, e a aceitabilidade de uma resposta particular, variam no tempo, dependendo dos «pressupostos» vigentes. A filosofia é essencialmente uma investigação histórica, que procura descortinar os pressupostos de uma época específica, procurando esclarecê-los. Não há problemas filosóficos permanentes, mas há uma tarefa filosófica permanente.

As suas opiniões sobre a história e as artes, bastante influenciadas por Croce, são plenamente apresentadas em *The Principles of Art* (1938) e na sua obra póstuma *The Idea of History* (1946) (*A Ideia de História*, 1994). Na filosofia da história o seu mote principal é que a compreensão histórica depende da nossa capacidade, ao colocarmo-nos no seu lugar, de repensar a razão pela qual os agentes históricos agiram como agiram; dadas as pressuposições do tempo, se agiram de modo irracional, não temos como entender as suas ações. Há menos ênfase na história na sua filosofia da arte. Associa vigorosamente a arte às emoções – porém, não a simples expressão da emoção, nem uma tentativa de despertar emoções, que é próprio somente do que chama «mágico» –, mas a descoberta de uma «linguagem», que não tem de ser verbal, como é o caso da música e da arte pictórica. A obra de arte existe na mente do artista; para entendê-la devemos ter acesso à mente do artista.

Em conformidade com a sua abordagem geral, a sua obra póstuma *The Idea of Nature* (1945) (*Ciência e Filosofia*, 1986) defende que a ciência é essencialmente histórica, dado depender de registos da experiência. JP

Outras obras: Essays on Political Philosophy 1995; *An Essay on Metaphysics*, ed. rev. 1998; *The Principles of History and other Writings in the Philosophy of History* 1999. Outras leituras: Alan Donagan, *The Later Philosophy of R. G. Collingwood*, 2.ª ed. 1985.

Collins, Anthony /ˈkɑlɪnz/ (1676-1729) Livre-pensador inglês. Escreveu profusamente a criticar os dogmas das igrejas estabelecidas, defendendo, como Herbert de Cherbury e antes dele Locke, que deveríamos ser livres para refletir criticamente sobre as afirmações da religião e nada aceitar que seja contrário à razão. *A Discourse of Free-Thinking* (1712) é a mais conhecida das suas muitas obras, que exibe clareza e humor. *A Discourse Concerning Ridicule and Irony in Writing* (1727) é uma defesa desta prática, no espírito de Shaftesbury.

combinação, princípio de Ver AGLOMERAÇÃO, PRINCÍPIO DE.

comensurável Ver INCOMENSURABILIDADE.

commonplace book /ˈkɑmənˌpleɪs bʊk/ ing. Caderno de apontamentos usado por um autor para registar observações, citações e reflexões para referência posterior.

compact /kəmˈpækt/ (ing. compacto) No uso antigo, Locke, por exemplo, contrato; pacto.

compatibilismo *adj.* Duas crenças, teorias, etc., são compatíveis se, e somente se, puderem ser verdadeiras ao mesmo tempo. Dois factos, acontecimentos, estados de coisas, etc., são compatíveis se, e somente se, a ocorrência de um não exclui a ocorrência do outro.

Compatível e *consistente* são quase sinónimos. Há, porém, algumas diferenças subtis: uma diferença é que *compatível* é principalmente usado a respeito de exatamente *dois* itens, enquanto *consistente* é usado a respeito de qualquer número de itens. Outra diferença é que quando dois itens são igualmente objetos, acontecimentos, estados de coisas (ao invés de pensamentos, crenças, asserções, teorias), dizemos que são *compatíveis* (ao invés de consistentes). De igual modo, dizemos que duas cores são incompatíveis; dizer que elas são inconsistentes soaria estranho.

complacency /kəmˈpleɪsənsi/ (ing. complacência) **1** No uso antigo: ficar agradado com algo, frequentemente no sentido de EMPATIA com a alegria de outra pessoa. **2** No uso atual: acomodação; autossatisfação.

completude *s.* Uma propriedade de determinados sistemas formais, *e.g.*, de lógica. Intuitivamente, implica que o sistema contém tudo aquilo que deveria conter e que quaisquer novas adições levariam a problemas. A lógica proposicional comum é *semanticamente completa*, na medida em que toda a tautologia é um teorema. É também *sintaticamente completa*, no sentido em que se gera uma inconsistência caso se acrescente uma não-tese. (Há outros conceitos de completude sintática para os quais isto não vale.) A lógica comum de predicados de primeira ordem é semanticamente completa, mas não é sintaticamente completa. O teorema da incompletude de Gödel para a aritmética elementar afirma que nenhuma axiomatização sua pode ser ao mesmo tempo semanticamente completa (*i.e.*, implicar todas as verdades da aritmética e nenhuma falsidade) e consistente.

complexo de Édipo Freud propôs em *Die Traumdeutung* (1900) (*A Interpretação dos Sonhos*, 2006) que os rapazes, por volta dos três anos, se sentem sexualmente atraídos pelas suas mães e sexualmente invejosos dos seus pais. No curso normal das coisas, os pais não o toleram, surgindo na criança sentimentos de medo e culpa, que desenvolve um superego para os superar.

A relação entre esta teoria e a história de ÉDIPO é ténue e na opinião dos críticos a relação entre a teoria e a realidade ainda o é mais.

comportamentalismo *s.* **1.** Um método de investigação psicológica formulado pelo psicólogo norte-americano J. B. Watson em 1913 e explicado em detalhe em *Behaviorism* (1925): a psicologia deveria ser uma disciplina estritamente empírica, nada devendo, por isso, estudar exceto «o que um organismo faz e diz» para explicar correlações entre estímulos e reações. Aplicar este método é, digamos, «fingir que nada se sente». **2** Uma teoria segundo a qual as afirmações sobre fenómenos mentais podem ser analisadas, sem restar qualquer resíduo, em termos de afirmações sobre o comportamento e as disposições comportamentais. Uma teoria deste tipo é proposta por Gilbert Ryle, *The Concept of Mind* (1949), e Carl Hempel, «The Logical Analysis of Psychology» in H. Feigl & W. Sellars (orgs.), *Readings in Philosophical Analysis* (1949).

Leitura (sobre o comportamentalismo no sentido de Watson): John M. O'Donnell, *The Origin of Behaviorism* 1985.

composicionalidade Segundo o princípio de composicionalidade, o significado de uma expressão complexa é inteiramente determinado (derivado, construído) do significado das suas componentes e do modo como estão combinadas.

compreensão *s.* **1** O mesmo que ENTENDIMENTO. **2** INTENSÃO (de um conceito). O termo foi introduzido em *A Lógica de Port-Royal*. **3** Uma atividade mental, que envolve a interpretação. **4** Um método de obter conhecimento, apropriado nas ciências humanas, e que contrasta com o método característico das ciências naturais: o teste experimental de hipóteses. Este contraste foi objeto de particular insistência por Dilthey e Windelband. *Ver também* HERMENÊUTICA, VERSTEHEN.

compreensão, axioma da Na teoria de conjuntos: para cada propriedade exprimível na notação da teoria de conjuntos, há um conjunto que consiste de todas e somente aquelas coisas que possuem tal propriedade. Este princípio, embora plausível à primeira vista, gera paradoxos na teoria de conjuntos, como o paradoxo de Russell. Esta proposição é também denominada *princípio da compreensão* ou *axioma da abstração*.

compromisso ontológico O compromisso ontológico de uma teoria é constituído pelos seus pressupostos quanto ao que há, que tipos de entidades se pode dizer que existem. A existência de objetos individuais é habitualmente dada como garantida, mas as opiniões diferem mais quanto a genes e *quarks*, e quanto a entidades abstratas, como classes, propriedades ou números. Se as afirmações de uma teoria forem parafraseadas numa forma canónica da lógica de predicados, os compromissos ontológicos da teoria serão os domínios de variação das suas variáveis ligadas. Isto é expresso no lema de QUINE: «Ser é ser o valor de uma variável». Quine introduziu e explicou a expressão em «Designation and existence» *Journal of Philosophy* 36 (1939).

Comte, Auguste /kɔ̃t/ (1798-1857) Adquiriu um conhecimento enciclopédico em muitos ramos do conhecimento, que formou uma base para as suas palestras parisienses, organizadas em privado, e para a publicação posterior do seu *Cours de philosophie positive* (1830--42) (*Curso de Filosofia Positiva*, 2000). Analisando as tendências subjacentes à história, concebeu uma teoria, inicialmente delineada num esboço publicado em 1822, de três grandes estádios no desenvolvimento individual e histórico do espírito humano. Esta lei dos três estádios aplica-se também à evolução social. O primeiro estádio é o *teológico*. É o mais primitivo, e caracteriza-se por superstição aberta e padrões animistas de pensamento. Estes não desaparecem por completo, aperfeiçoando-se num segundo estádio, denominado *metafísico*, com o desenvolvimento da especulação abstrata e reflexão. No terceiro e mais elevado estádio, o *positivo*, do qual Hume é o maior precursor e o próprio Comte o seu principal representante filosófico, a superstição e a metafísica dão lugar à ciência.

Do ponto de vista de Comte, muitas das ciências especiais já teriam alcançado o terceiro nível, mas a que deveria ser o cume, a sociologia, estaria ainda por surgir. A sua tarefa, primeiramente assumida pelo próprio Comte, seria descobrir as leis que governam a sociedade humana. Comte dividiu-a em dois ramos principais, interdependentes: estática social e dinâmica social. O estudo da história forneceu-lhe a base indutiva para muitas das leis sociológicas que propôs.

Comte chamou «positiva» à sua filosofia. Isto foi em parte para exprimir a sua fé otimista no progresso intelectual e moral (considerava que os dois eram inseparáveis). Mas usou a palavra «positivo» principalmente para indicar que a investigação tem de responder aos dados da experiência, que deve estabelecer leis com base nestes dados, mas que não precisa de ir além deles, procurando em vão causas num suposto nível mais profundo. Neste sentido, tudo o que a ciência pode fazer é descrever factos particulares, estabelecer regularidades gerais, e fazer previsões; nada pode explicar, pelo menos se oferecer uma explicação implica uma incursão em algo subjacente à experiência.

Comte também sustentava que o desenvolvimento político se caracteriza por três estádios, que são, em sequência, a força bruta das armas, o legalismo e, finalmente, o sistema apropriado para a sociedade moderna industrializada. O modo predominante de ação de cada estádio é, respetivamente, predatório, individualista e comunitarista. Considerava que a regeneração moral da humanidade, necessária para implementar o terceiro estádio, teria de se apoiar particularmente na classe trabalhadora, em função do seu bom senso geral e desagrado da guerra, e nas mulheres, em função da sua benevolência intrínseca e disposição submissa.

Comte esteve em contacto com muitos dos principais intelectuais radicais e progressistas, incluindo John Stuart Mill, mas em muitos casos as relações inicialmente cordiais arrefeceram, visto Comte discordar dos seus princípios liberais e individualistas. Tinha forte preferência por uma sociedade altamente ordenada e unificada, em que a religião tradicional e supersticiosa cederia lugar à sua Religião da Humanidade. O conflito entre religião e ciência, que tinha surgido e se tinha tornado bastante agudo nos dois séculos precedentes, seria superado. Escreveu um catecismo positivista, e estabeleceu um calendário para a nova Igreja positivista, com o matemático da antiguidade Diofanto, Shakespeare e Adam Smith entre os seus santos, e meses com nomes como Arquimedes. Chegaram a formar-se algumas congregações positivistas.

A rejeição da religião tradicional e da metafísica, a fé na ciência e no progresso, a teoria da história, e o trabalho pioneiro em sociologia, tiveram uma forte e persistente influência sobre o pensamento posterior.

comunicável Na terminologia escolástica: que pode ser partilhado. Os universais são comunicáveis, pois é possível que dois indivíduos tenham uma propriedade em comum, *e.g.*, a *humanidade*. Por outro lado, a individualidade, *i.e.*, o ser *este* indivíduo, não é comunicável. Alguns atributos de Deus, como a benevolência, são comunicáveis, enquanto outros, *e.g.*, ser infinito, não o são.

comunismo *s.* 1 Condição na qual a propriedade é de posse comum. Em especial, a condição política que, segundo a teoria marxista, surgirá quando as tendências autodestrutivas do sistema capitalista levarem ao seu colapso e quando o período de transição que se segue, a ditadura do proletariado, chegar a seu termo. Nesta condição, não haverá propriedade privada dos meios de produção, nenhuma exploração do homem pelo homem, mas uma sociedade baseada na livre cooperação entre indivíduos e que floresce num estado de bem-estar geral económico, cultural e pessoal. 2 Uma teoria, um movimento político, ou um sistema político que defende ou pratica a abolição da propriedade privada. Particularmente, o sistema político na União Soviética tal como se desenvolveu após a Revolução de 1917 até aproximadamente 1991, na China a partir de 1949, e noutras denominadas «democracias populares» após a Segunda Guerra Mundial.

comunitarismo *s.* Teoria social e política que rejeita o individualismo considerado intrínseco à teoria política liberal, e que coloca a ênfase nos valores e finalidades de uma natureza coletiva – valores culturais ou nacionais, digamos – que são tidos como inacessíveis numa sociedade preocupada somente em proteger e promover a liberdade individual e a autodeterminação.

A teoria ética de autores que defendem o comunitarismo é em muitos casos orientada pelas virtudes, em oposição a uma ética da autonomia individual, defendendo-se que as virtudes necessárias ao florescimento humano somente podem ser exercidas numa sociedade que tem um meio de vida comunitário característico. A oposição entre as duas escolas de pensamento lembra a oposição entre Kant, para quem a autonomia é a essência da moralidade, e Hegel, com o seu conceito de *Sittlichkeit*, a vida ética, na qual a pertença do indivíduo a uma comunidade é essencial.

O termo veio a ter um uso geral com este sentido nos anos 1980 para descrever o ponto de vista de inúmeros autores, incluindo Amitai Etzioni, Alasdair MacIntyre, Michael Sandel, Charles Taylor e Michael Walzer, que se opõem a teorias como as propostas por John Rawls, Robert Nozick, Ronald Dworkin, Bruce Ackerman e James Buchanan. O debate não se confinou aos Estados Unidos. Na Alemanha, por exemplo, Jürgen Habermas tem defendido uma teoria da autonomia liberal contra os ideais comunitaristas.

comutativa, lei Uma proposição que os argumentos de uma certa função ou operador podem mudar de lugar sem afetar o resultado. Exemplos são a adição, visto que para quaisquer dois números x e y, $x+y = y+x$, e a disjunção, visto que para quaisquer duas proposições p e q, $p \lor q$ tem o mesmo valor de verdade que $q \lor p$. Por outro lado, a subtração não é comutativa, visto que $5-7 \neq 7-5$, nem é a condicional, visto que $p \to q$ e $q \to p$ não são equivalentes.

conatural *adj.* Que tem a mesma natureza.

conatus lat. diligência, esforço *s*. Uma tendência dinâmica. Em Espinosa, o *conatus* é um princípio dinâmico, o esforço de uma coisa para se manter no seu próprio ser. Vem à consciência como um impulso de autopreservação.

conceito *s.* Os conceitos podem ser expressos por termos simples ou compostos. A relação entre conceitos e termos é análoga à relação entre proposições e frases. Em cada relação, o primeiro elemento é uma entidade abstrata, o segundo uma parte da linguagem. Quando se faz uma tradução, o mesmo conceito pode ser expresso por termos diferentes (chuva/*pluie*); de igual modo, a mesma proposição pode ser expressa por uma frase diferente (está a chover/*il pleut*). É importante notar que «verdadeiro» e «falso» não se aplicam a conceitos ou termos. São as frases, asserções, proposições, crenças, teorias, doutrinas que se pode dizer serem verdadeiras ou falsas.

conceitos essencialmente contestados Noção definida por W. B. Gallie em «Essentially Contested Concepts» (*Proceedings of the Aristotelian Society*, 1956) e *Philosophy and the Historical Understanding* (1964). Entre os seus exemplos destes conceitos surgem *arte, justiça social, democracia, liberdade*. Todas as tentativas de análise destes conceitos provocariam desacordo. Gallie especifica sete características distintivas destes conceitos. Entre estas se encontra a sua complexidade interna: o conceito inclui elementos que são individualmente avaliados, mas o valor relativo destes elementos é objeto de desacordo. Outra característica é que quem usa tais conceitos está ciente de que outros utentes podem contestar o seu uso. De facto, «o seu uso apropriado envolve inevitavelmente disputas sem fim sobre o seu uso apropriado». Esta afirmação, que tem um ar paradoxal, parece sugerir que se as pessoas no futuro concordassem, digamos, sobre a natureza da democracia, não poderíamos realmente dizer que acabaram por concordar sobre a democracia. Isto porque aquilo acerca do qual concordariam não poderia ser aquele conceito essencialmente contestável sobre o qual as pessoas na metade do século XX estavam em desacordo. Alguns críticos (*e.g.*, C. Swanton, *Freedom*, 1992) sugeriram que a noção se compreende melhor se for entendida como uma distinção entre um *conceito* geral (*e.g.*, liberdade) e *conceções* rivais.

conceptual, realismo Ver REALISMO.

conceptualismo *s.* A teoria de que os universais – propriedades, relações, etc. – são conceitos que existem na mente. Opõe-se ao nominalismo, segundo o qual não há universais, mas somente nomes ou palavras, e também ao realismo, segundo o qual os universais têm uma existência independente da mente.

conclusão *s.* 1 Uma proposição inferida de outras proposições, ou que se pretende ser delas inferida. 2 A última parte de um trecho de discurso. 3 O ponto final de um trecho de discurso.

conclusão repugnante A conclusão batizada por Derek Parfit (*Reasons and Persons*, 1984), que defende resultar de pressupostos perfeitamente razoáveis. Na sua conclusão, é melhor haver algumas pessoas que gozem de um grau miserável de bem-estar do que um número menor de pessoas que gozem de um grau elevado de bem-estar, desde que o número das primeiras seja suficientemente maior do que o das segundas.

concreto, universal *Ver* UNIVERSAL CONCRETO.

concreto *Ver* ABSTRATO.

condição *s.* **1** O que é expresso pela antecedente de uma afirmação condicional. **2** O que é expresso por uma oração-que proposicional. **3** Aristóteles (*Da Interpretação* 8-9) estabelece uma distinção terminológica que foi amplamente adotada. As condições permanentes que é difícil alterar são denominadas *estados* – *e.g.*, os traços de caráter de uma pessoa. As condições temporárias – por exemplo, estar calor – não.

condição necessária/suficiente Se *A* é uma condição suficiente para *B*, então *Se A, então B* é verdadeira; se *B* é uma condição necessária para *A*, então *A, somente se B* é verdadeira.

condição *sine qua non* lat. Uma condição sem a qual não; uma condição necessária.

condicionado *Ver* RELATIVO.

condicionais conjuntivas Uma classe de afirmações condicionais. Por exemplo, «Se Jack tivesse juízo, teria pedido Jill em casamento». A estas condicionais também se chama «subjuntivas» porque em latim usariam formas verbais subjuntivas.

As condicionais deste tipo não raro exprimem conexões causais, e as suas interpretações são centrais para a análise contemporânea das leis da natureza. Muitas condicionais conjuntivas são contrafactuais. No exemplo anterior, compreende-se que Jack ter juízo é contrário ao facto. Mas há condicionais conjuntivas que não são contrafactuais, isto é, as que têm a forma «Se ocorresse *p*, então ocorreria *q*».

condicional *s.* Uma proposição composta da forma «se *p*, então *q*» (em que *p* e *q* simbolizam proposições). Quando faz parte de uma condicional, *p* é denominada *antecedente*, e *q consequente*.

Na lógica formal, simboliza-se uma condicional como $p \rightarrow q$ ou como $p \supset q$ (chamando-se *ferradura* ou, inexatamente, *gancho* a $\supset$) ou como C*pq*, e é entendida como um composto verofuncional. Isto significa que para cada atribuição de valores de verdade a *p* e a *q*, o valor de verdade da proposição composta está determinado. Como o está é mostrado na Tabela 4. Como definido nessa tabela, a condicional é verdadeira se, e somente se, ou a antecedente e a consequente forem ambas verdadeiras ou a antecedente for falsa. Quando «se *p*, então *q*» é interpretada

TABELA 4 **Tabela de verdade para a condicional**

p	*q*	$p \rightarrow q$
V	V	V
V	F	F
F	V	V
F	F	V

deste modo, é equivalente a «não ao mesmo tempo *p* e não *q*», e também equivalente a «não *p* ou *q*».

Entendida assim, uma condicional chama-se também *condicional material*. A uma condicional material verdadeira chama-se *implicação material*.

Nem todas as condicionais podem ser interpretadas como condicionais materiais. *Ver* CONDICIONAIS CONTRAFACTUAIS e CONDICIONAIS CONJUNTIVAS.

condicional contrafactual Proposição ou frase da forma seguinte (ou equivalente a uma proposição ou frase da forma seguinte): «Se *p* tivesse ocorrido, *q* teria ocorrido», ou «Se *p* ocorreu, *q* ocorreria». Uma condicional é denominada *contrafactual* porque o seu uso parece pressupor que quem a profere acredita que a sua antecedente («*p*» na formulação acima) é falsa. Alguns autores vão mais longe e insistem que para uma condicional valer como contrafactual, a sua antecedente tem de ser efetivamente falsa, mas o uso mais comum do termo não parece exigi-lo.

As condições de verdade das contrafactuais não são as mesmas para a condicional material, comummente simbolizada $p \to q$, em que a falsidade de *p* automaticamente torna a condicional verdadeira.

A questão de saber quais são as condições de verdade das contrafactuais tem sido muito discutida. A maior parte das opiniões pertence a um de três tipos básicos: 1) num deles sustenta-se que «Se *p* tivesse ocorrido, *q* ocorreria» é verdadeira se, e somente se, uma inferência que tem «*p*» e algumas outras proposições de certos tipos (*quais* tipos exatamente é uma questão em aberto) como premissas e «*q*» como conclusão, é válida. Esta é a posição de Chisholm, Goodman, Rescher, etc.; 2) um segundo tipo encara uma contrafactual em si como uma versão abreviada de uma inferência deste tipo e, portanto, pressupõe que as contrafactuais devem ser avaliadas como válidas ou inválidas, e não como verdadeiras ou falsas; 3) um terceiro tipo sustenta que «Se *p* tivesse ocorrido, *q* teria ocorrido» é verdadeira se, e somente se, em todo mundo possível em que ocorre *p*, e que, além disso, é tão semelhante quanto possível ao mundo efetivo, ocorre também *q*. Esta é a opinião de Lewis, Pollock e Stalnaker, entre outros.

As contrafactuais são condicionais conjuntivas, mas há condicionais conjuntivas que não são contrafactuais, *e.g.*, «Se *p* tivesse de ocorrer, *q* ocorreria».

Desde inícios da década de 1970, muitos autores têm usado o símbolo $A \square\!\!\rightarrow B$ para «Se *A* ocorresse, *B* ocorreria» (ou «Se *A* tivesse ocorrido, *B* teria de ocorrer»). *Sin.* Condicional contrária aos factos. GH

condicionalização *s.* **1** A conversão de um argumento numa afirmação condicional correspondente. Por exemplo, o argumento «Se é noite, está escuro; é noite; logo, está escuro» torna-se, quando condicionalizado: «Se (se é noite, está escuro), então, se é noite, está escuro».

Em sistemas formais, a condicionalização consiste em converter uma inferência «$P_1, P_2, \ldots P_n$, logo *C*' numa fórmula condicional da forma: «$P_1 \supset (P_2 \supset (\ldots (P_n \supset C) \ldots))$».

2 Uma regra lógica, também denominada regra da DEMONSTRAÇÃO CONDICIONAL.

Condillac, Etienne Bonnot de /kɔ̃dijak/ (1715-80) Filósofo francês do Iluminismo, irmão de Mably e primo de d'Alembert, manteve relações de amizade próxima com Turgot, Diderot,

Rousseau, etc. A sua primeira obra, *Essai sur l'origine des connaissances humaines* (1746), estabeleceu-o como o maior pensador empirista da história da filosofia francesa. A sua teoria, influenciada por Locke, foi revista e aprimorada ao longo da vida, como se pode ver nas mudanças introduzidas nas sucessivas edições da sua primeira obra, e também noutras obras; mas há um núcleo que permanece constante: todo o conhecimento tem a sua origem nas sensações; as faculdades e ideias da mente não são inatas, mas surgem aos poucos; o desenvolvimento do conhecimento é devido ao desenvolvimento da linguagem. No *Traité des sensations* (1754) (*Tratado das Sensações*, 1993) usa uma estátua de mármore como modelo para dar uma engenhosa explicação genética de como temos conhecimento do mundo: já faremos um grande progresso com o sentido do olfacto apenas, e os outros sentidos complementam a imagem que temos do mundo, mas só o sentido do tacto nos levará a formar a conceção de um mundo externo a nós.

Condorcet, Marie-Jean-Antoine-Nicolas de Caritat, Marquês de /kɔ̃dɔ̃rsɛ/ (1743-1794) Filósofo do Iluminismo, também ativo na vida pública, onde fez campanha para a liberdade económica, a tolerância religiosa, a reforma jurídica, a abolição da escravatura, e a remoção de privilégios da nobreza. Durante a Revolução Francesa, o seu constitucionalismo liberal e tolerante e a sua oposição à pena de morte despertaram a ira dos jacobinos, morrendo na prisão. A sua obra mais famosa, incompleta, é *Esquisse d'um tableau historique dês progrès de l'esprit humain* (1795), que avançou a tese de que no curso da história a humanidade descreve uma trajetória de progresso. Embora seja um grande proponente desta opinião, não foi o primeiro: há opiniões similares em Turgot, 1750, no «Discurso Introdutório» da *Grande Encyclopédie* de d'Alembert (1753), na «Educação do género humano» de Lessing, em 1780, etc. Condorcet analisou nove períodos salientes até à sua época. O décimo, que esperava que se seguisse do sucesso da Revolução Francesa, veria a abolição das desigualdades sociais, políticas e internacionais, e políticas racionalmente conduzidas pelo uso de técnicas matemáticas. Na verdade, o outro trabalho pelo qual é justamente famoso foi o desenvolvimento pioneiro de métodos matemáticos (cálculo de probabilidade, estatística) para aplicação em questões sociais e políticas como, *e.g.*, a demografia, a votação, e a tomada de decisões sob incerteza.

conectada *adj*. Dizemos que uma relação R está (fracamente) conectada se, e somente se, para todos os x, y no domínio, $x = y$ ou Rxy ou Ryx. (Dizemos que R está fortemente conectada se, e somente se, para todos os x, y no domínio, Rxy ou Ryx.) Por exemplo, no domínio dos positivos inteiros, a relação «menor que» está (fracamente) conectada, enquanto «menor que ou igual a» está fortemente conectada.

conectiva *s*. Termo usado na lógica proposicional para os operadores verofuncionais (conjunção, disjunção, etc.) que combinam duas ou mais proposições para formar outra proposição. Ocasionalmente a negação, um operador monádico, é também denominada *conectiva*.

conexionismo *s*. Um programa de investigação em ciência cognitiva. Os conexionistas caracterizam-se por um traço essencial: todos usam unidades de redes neuronais como modelo de processos cognitivos. De maneira geral, as unidades neuronais são semelhantes aos neurónios biológicos que se encontram no cérebro, mas são altamente simplificadas. Ao índice de ativação dos neurónios reais corresponde um nível numérico de atividade nas unidades neuronais conexionistas. As unidades neuronais são conectadas para formar redes (daí o nome). Com o tempo, cada unidade neuronal muda o seu nível de atividade em função da atividade de outras unidades às quais está conectada e da «intensidade» dessas conexões. Boa parte da investigação conexionista consiste em encontrar modos de adaptar as intensidades de conexão numa rede de tal modo que a rede como um todo venha a comportar-se de modo qualitativa e até mesmo quantitativamente semelhante ao modo como os seres humanos realizam tarefas cognitivas. O conexionismo é mais proveitosamente contrastado com a tendência em voga da abordagem computacional da cognição, que exibe processos cognitivos como manipulações de estruturas simbólicas governadas por regras, *i.e.*, como processos que em geral são do mesmo tipo que os que se encontram num computador digital pessoal.

Exceto por este comprometimento essencial, o conexionismo é um programa muito diversificado. Não obstante, deve-se distinguir cuidadosamente o conexionismo de pelo menos dois outros programas de investigação. A investigação de redes neuronais é a exploração geral das capacidades de redes de unidades neuronais, e não se interessa em particular pelo estudo das funções cognitivas. A modelagem neuronal é a modelagem matemática detalhada do comportamento de neurónios biológicos reais e de grupos de neurónios.
TVG

confirmação, paradoxo da Se uma observação O confirma uma proposição P_1, e se P_1 é logicamente equivalente a P_2, então O também confirma P_2. Seja P_1 a proposição de que *todos os corvos são pretos*. Seja P_2 a proposição de que *toda a coisa que não é preta não é um corvo*. As duas são logicamente equivalentes. A primeira pode ser simbolizada $\forall x\,(Cx \rightarrow Px)$ e a segunda $\forall x\,(\neg Px \rightarrow \neg Cx)$.

Agora observo uma folha branca de papel. O que estou vendo é algo que não é preto e não é corvo. A minha observação sustenta a proposição de que toda coisa que não é preta não é um corvo. Portanto, também sustenta a proposição equivalente de que todos os corvos são pretos.

Segue-se que a proposição de que todos os corvos são pretos é sustentada não somente pela observação de corvos pretos, mas também pela observação de papéis brancos, livros azuis, vidraças transparentes, nuvens cinzas, e assim por diante.

O paradoxo, formulado pela primeira vez em 1945 por Carl Hempel, resulta do facto de as cores verdadeiras dos corvos *não* serem descobertas pela observação de coisas que não são pretas nem corvos.

conhecer; conhecimento O conhecimento não é o mesmo que crença ou opinião. Dizer que uma pessoa *sabe* que p implica que p, mas dizer que *acredita* que p não implica que p.

As duas afirmações, *X sabe que p* e *Y sabe que não p* não podem ser simultaneamente verdadeiras, pois a primeira implica que p e a segunda implica que não p. As pessoas podem saber coisas diferentes, mas não podem saber coisas incompatíveis.

conhecimento, teoria do Investigação filosófica, ou teoria, sobre a natureza, possibilidade, âmbito e limites do conhecimento humano. *sin.* EPISTEMOLOGIA.

conhecimento médio *Ver* MOLINA.

conjetura de Goldbach /'gɔltbax/ Trata-se da conjetura de que todo o número par maior do que 2 é a soma de dois números primos. Foi proposta pelo matemático alemão (mais tarde russo) Christian Goldbach (1690-1764); ainda não foi demonstrada nem refutada.

conjugação *s.* Em gramática: 1 A principal flexão de um verbo. 2 Uma classe de verbos, *e.g.*, «a primeira conjugação», tendo a mesma flexão principal.

conjunção *s.* 1*a* Uma conjunção é uma proposição composta da forma «*p* e *q*» (em que *p* e *q* simbolizam proposições). Quando fazem parte de uma conjunção, *p* e *q* são denominadas *conjuntas*.

A operação que resulta na formação de tal proposição composta é também denominada *conjunção*. Assim, a palavra é usada tanto para a ação de conjuntar como para o resultado desta ação. A diferença entre estes dois sentidos da palavra é semelhante à diferença entre a *multiplicação* (uma operação) e o *produto* (o resultado da operação). Normalmente, o contexto torna claro qual é o sentido pretendido.

Em lógica formal, a conjunção é simbolizada de várias maneiras: pq, p & q, $p \wedge q$, Kpq, e é tratada como uma operação verofuncional. Isto significa que para cada atribuição de valores de verdade a *p* e a *q*, o valor de verdade da proposição composta (simbolizada aqui por $p \wedge q$) está determinado. Como o está é o que a Tabela 5 mostra.

TABELA 5 **Tabela de verdade para a conjunção**

p	q	$p \wedge q$
V	V	V
V	F	F
F	V	F
F	F	F

1*b* A *regra* que permite a derivação de uma conclusão da forma $p \wedge q$ de duas premissas *p* e *q* é denominada *conjunção* (ou, raramente, *adjunção*):

$$\frac{p \quad q}{p \wedge q}$$

Nos sistemas de dedução natural, esta regra de inferência é denominada «introdução de ∧».

2 Na gramática: uma termo como *e, mas, ou, embora,* ou *porque,* que liga duas frases, *e.g.*, «Jill ficou, mas Jack foi-se embora», ou dois membros da mesma classe de palavras, *e.g.*, «pão e vinho», «pobre mas honesto», «ou sim ou sopas».

conjunto infinito Um conjunto contendo um número de membros maior do que qualquer número natural. Bolzano observou em *Paradoxien des Unendlichen* (1851) que esta era uma propriedade somente de conjuntos infinitos, como o fez Cantor em 1878: num conjunto infinito podemos fazer corresponder cada um dos seus elementos a um elemento diferente de um subconjunto próprio, sem omitir qualquer elemento. Por exemplo, podemos fazer corresponder cada um dos números naturais 1, 2, 3, … *n* com um número diferente da sequência 3, 6, 9, 12 … 3*n*,…, que são membros de um subconjunto próprio dos números naturais. Mas foram Peirce e Dedekind que, logo depois, usaram este conceito como a propriedade *definidora* de um conjunto infinito.

conjunto potência O conjunto potência de um dado conjunto *S* é o conjunto de todos os subconjuntos de *S*. Por exemplo, seja *S* o conjunto {1,2,3}. Eis uma lista de todos os subconjuntos de *S*: {0}, {1}, {2}, {3}, {1,2}, {1,3}, {2,3}, {1,2,3}. Estes subconjuntos são os elementos de um conjunto potência de *S*. *S* tem três elementos, e o conjunto potência de *S* tem $2^3 = 8$ elementos. É fácil mostrar que em geral se *S* tem *n* elementos, o conjunto potência de *S* terá 2^n elementos.

O conceito de um conjunto potência também se aplica a conjuntos infinitos. Pode-se demonstrar que o conjunto potência de um dado conjunto infinito *S* tem uma cardinalidade maior do que a do próprio conjunto *S*. Ou seja, não há uma correspondência biunívoca entre os elementos de *S* e os elementos do conjunto potência de *S*. Por sua vez, o conjunto potência de *S* tem um conjunto potência maior do que ele mesmo, e assim por diante. Segue-se que há um número infinito de diferentes ordens de infinito.

conotação/denotação A conotação de um termo, frequentemente denominada o seu *significado*, é composta de uma ou mais propriedades das coisas às quais o termo se aplica. A denotação de um termo é por vezes entendida como qualquer objeto ao qual o termo se aplica, por vezes como a classe do objeto a que se aplica. Assim, a denotação de «branco» é qualquer objeto branco, ou a classe de todos os objetos brancos.

Dois termos com diferentes conotações podem ter a mesma denotação. Um exemplo tradicional é «animal racional» e «bípede sem penas». Estas duas expressões têm diferentes conotações, mas ambas denotam seres humanos.

Atenção: estes termos recebem um sentido diferente, quase oposto, em contextos não filosóficos, particularmente em contextos literários. Os matizes e o que é sugerido mas não faz parte do significado de uma palavra são denominados *conotação*. O significado primário, geralmente especificado no dicionário, é designado *denotação*. Neste uso, «lar» denota o lugar onde alguém vive, mas conota privacidade, intimidade, conforto. «Cavalo» e «corcel» denotam o mesmo quadrúpede, mas «corcel» tem uma conotação diferente de «cavalo».

consciência *s.* A faculdade de julgar moralmente as próprias ações. Este é o sentido-padrão: a minha consciência não julga as *suas* ações, somente as minhas. Mas no passado a palavra foi algumas vezes também usada para significar juízo moral em geral.

Nota: as línguas inglesa e alemã, ao contrário da portuguesa e da francesa, têm dois termos distintos para consciência, a saber, *conscience* / *consciousness* e *Gewissen* / *Bewusstsein*. O significado do primeiro é explicado acima. *Consciousness* / *Bewusstsein* designam o estar ciente, a perceção imediata da própria experiência, ou a perceção em geral.

consensus gentium lat. Consenso das nações; o acordo universal ou bastante amplo entre pessoas de todo o mundo a respeito de certos costumes e crenças. Tem sido visto, por vezes, como forte indício a favor da solidez de um costume ou crença.

consequência *s.* Algo que se segue de outra coisa: um efeito, um resultado, ou um produto.

consequencialismo *s.* O termo foi primeiramente usado para 1) uma teoria acerca da *responsabilidade*, mas é agora comummente usado para 2) uma teoria acerca do *correto* e do *incorreto*.

1 A tese de que um agente é responsável tanto pelas consequências intencionadas de um ato quanto pelas não intencionadas, mas previstas. Elizabeth Anscombe criou o novo termo *consequencialismo* para esta tese no artigo «Modern Moral Philosophy» (*Philosophy* 33 [1958], e muitas vezes reimpresso) e criticou Sidgwick e os utilitaristas posteriores por a adotarem. A tese difere, segundo Anscombe, das versões do utilitarismo propostas antes de Sidgwick. Estas versões não rejeitaram a distinção entre as consequências previstas e as intencionadas no que diz respeito à responsabilidade. A sua objeção ao consequencialismo é que, visto que olha somente para as consequências, o caráter do ato em si é eliminado da explicação, e isto tem a consequência inaceitável de um agente ser igualmente responsável pelas consequências previstas, mas não intencionadas, de um ato, não importando se o ato é corajoso ou cobarde.

2 A tese de que apenas as consequências deveriam ser levadas em consideração quando se faz juízos sobre o correto e o incorreto. Nesta forma inicial, trata-se da tese de que uma ação é justa se, e somente se, o seu resultado total for o melhor possível. Existem, contudo, muitos outros tipos, alguns dos quais serão considerados abaixo.

Este é o modo como o termo tem sido usado desde os finais da década de 1960. Anteriormente, «utilitarismo» era um termo comummente usado para o consequencialismo, e este uso permanece; mas muitos autores agora usam o termo «utilitarismo» para designar um *tipo* de consequencialismo. Alguns reservavam o termo «utilitarismo» para o ponto de vista que combina o consequencialismo com a premissa hedonista de que apenas o prazer tem valor intrínseco. Outros reservam o termo para o ponto de vista que combina o consequencialismo com a premissa eudemonística de que a felicidade (o bem-estar, a bem-aventurança) tem valor intrínseco. Estes dois pontos de vista não se distinguem sempre claramente. Outros ainda usam «utilitarismo» para o tipo de consequencialismo que sustenta que apenas a promoção da satisfação tem valor intrínseco.

Outra maneira de fazer uma distinção terminológica entre o utilitarismo e outros tipos de consequencialismo é reservar «utilitarismo» para as teorias consequencialistas que incluem a premissa da maximização: que só o melhor é suficientemente bom.

Obtém-se um levantamento (certamente incompleto) de alguns tipos de consequencialismo começando-se com o *princípio*[a] de utilidade de Bentham: um *ato*[b] é *correto*[c] se, e somente se, *ele*[d] *tende*[e] a *maximizar*[f] o *saldo líquido do montante total*[g] de *prazeres sobre dores*[h] para *todas as partes envolvidas*[i] (as letras em sobrescrito referem-se aos parágrafos abaixo).

a) O princípio de Bentham pode ser entendido de dois modos distintos: como um guia para a decisão sobre que ação executar, ou como guia para a avaliação da ação (a própria ou a de um terceiro). Se o princípio for encarado como guia para a tomada de decisão, dá origem à objeção de que não há tempo suficiente para considerar todas as consequências e realizar, para cada conjunto de consequências possíveis, todos os cálculos necessários dos seus valores. Se o princípio for encarado como guia da avaliação, pode haver menos pressão em relação ao tempo. (Mesmo assim, avaliar todas as consequências possíveis levará demasiado tempo).

b) Algumas versões do consequencialismo avaliam outras coisas que não são atos – atitudes, por exemplo, ou regras.

c) Algumas formulações não usam «correto», introduzindo outras palavras: «dever», «obrigação» ou «responsabilidade».

d) O consequencialismo dos atos considera as consequências dos atos. Outras teorias consideram as consequências de se adotar uma atitude que resultará em agir de certo modo. Além disso, a correção da minha ação de manter uma promessa depende do facto de a *minha* adoção da regra de manter promessas tender a promover o bem ou do facto de a sua adoção *por pessoas em geral* o fazer?

e) Há várias teorias consequencialistas, consoante se considera que as consequências relevantes são as efetivas, as prováveis ou as previstas. Além disso, a própria noção de consequência varia. Alguns autores até incluem a própria realização de uma ação entre as consequências e consideram que uma das consequências de realizar um ato de lealdade é o facto de ocorrer um ato de lealdade.

f) Maximizar implica a comparação com todas as alternativas relevantes. É necessário um critério qualquer para dizer quais são as alternativas relevantes; podemos conceber critérios diferentes. Além disso, algumas versões de consequencialismo rejeitam a maximização e tomam uma direção mais modesta. Sustentam a tese de que não é só o melhor que é suficientemente bom e favorecem a satisfação do suficiente. *Ver* SATISFICE.

g) Como e em que medida os bens de um indivíduo podem ser comparados com os de outro? Se podem ser comparados, podem ser manipulados como ativos e passivos financeiros? As respostas a estas perguntas diferem. Além disso, em que medida são possíveis comparações ou somatórios interpessoais? A perda de *B* pode ser contrabalançada pelo ganho de A? Na medida em que negarmos isto estaremos insistindo na distinção ou SEPARAÇÃO DE PESSOAS.

Os princípios distributivos podem também variar. Considere-se uma situação em que dez pessoas são todas muito felizes. Cinco delas gozam de 20 unidades do bem, e as outras cinco de 60. Compare-se isto com uma situação em que, uma vez mais, são bastante felizes, cada uma gozando de 40 unidades do bem. Uma destas situações é preferível à outra? Há respostas diferentes a esta e a inúmeras perguntas semelhantes sobre a distribuição.

h) O valor a ser maximizado foi, no utilitarismo *hedonista* de Bentham, o prazer e a ausência de dor. O utilitarismo *ideal* de Moore defende que a experiência do belo e as relações de amizade têm valor intrínseco. O tipo mais comum hoje em dia é o utilitarismo das *preferências*: o bem consiste na satisfação de preferências, *i.e.*, nas pessoas terem o que querem. Noutras formulações diz-se que o *bem-estar* é o bem.

i) As teorias consequencialistas diferem ainda noutro aspeto. Do «ponto de vista do total», um aumento do número total de pessoas é uma melhoria (em igualdade de circunstâncias), na medida em que os indivíduos adicionais têm um número positivo de bem-estar ou felicidade, por marginal que seja. Do «ponto de vista da média», o importante é procurar aumentar o prazer, a felicidade, o bem-estar, ou algo similar, da média. A situação na qual há um número elevado de pessoas não seria melhor (em igualdade de circunstâncias) se a média de bem-estar permanecesse a mesma.

Leitura: J. J. C. Smart e B. Williams, *Utilitarism: for and against* 1973; I.

Scheffler, *The Rejection of Consequentialism* 1994; D. Parfit, *Reasons and Persons* 1987; *The Blackwell Guide do Ethical Theory* 2000.

consequencialismo das regras *Ver* UTILITARISMO DAS REGRAS.

consequencialismo dos atos *Ver* UTILITARISMO DOS ATOS.

consequência lógica Em geral, dizer que B é uma consequência lógica de A é outra maneira de dizer que B se segue logicamente de A. No que respeita a sistemas de lógica, contudo, a consequência é definida de modo mais preciso:
1 Consequência sintática (muitas vezes simbolizada por um martelo sintático): $A_1, \ldots, A_n \vdash B$ quer dizer que as regras do sistema formal em questão permitem uma derivação da fórmula B das fórmulas $A_1, \ldots, A_n$. 2 Consequência semântica (muitas vezes simbolizada com um martelo semântico): $A_1, \ldots, A_n \vDash B$ quer dizer que não há qualquer interpretação das fórmulas em que todas as A sejam verdadeiras e B falsa.

Nos sistemas habituais de lógica elementar, estas duas relações de consequência aplicam-se conjuntamente. Por outras palavras, $A \vdash B$ se, e só se, $A \vDash B$. Um corolário do teorema da incompletude de Gödel é que, em sistemas mais avançados, isto não é possível.

consequente *s*. A oração numa afirmação condicional que afirma o que é ou deveria ser dada a condição formulada. Numa condicional da forma *se p, então q*, *q* é a consequente. A outra afirmação, *p*, é a antecedente.

consequentia; consequentiae lat. consequência(s) *s*. Derivabilidade de proposições. A teoria das consequências foi um dos ramos da nova lógica, a *logica modernorum*, que os lógicos medievais, especialmente no século XIV, elaboraram com grande subtileza teórica.

conservadorismo Concepção da política e da sociedade que dá muito valor às tradições de uma sociedade e está particularmente ciente dos riscos de reformas que, apesar das melhores intenções dos «reformadores», podem trazer consequências adversas imprevisíveis. As atitudes conservadoras incorporam aquela parte da sabedoria popular expressa em adágios como «mais vale o diabo que já se conhece», «se não se rasgou, não o remendes». A presunção conservadora é a favor da tradição e da ordem estabelecida. O contraste entre conservadores e os seus opositores não é necessariamente o que existe entre ricos e pobres, direita e esquerda, ou capitalismo e socialismo. O termo começou a ser usado no início do século XIX, designando então pontos de vista como os de Burke e de De Maistre, que condenavam os ideais da Revolução Francesa, opondo-se em geral a mudanças radicais. Portanto, nada há de anómalo em descrever políticos russos comunistas de meados da década de 1990 como conservadores. O governo conservador que introduziu mudanças sociais e culturais radicais na Inglaterra na década de 1980 não teve a plena aprovação dos conservadores genuínos, *e.g.*, Roger Scruton, *The Meaning of Conservatism*, 2001.

consiliência (lat. *con-* com + *salire* saltar) *s*. A confluência de indícios que ocorre quando dados de um campo muito diferente apoiam a mesma hipótese científica. A palavra foi introduzida com este sentido por William Whewell (1794-1866).

consistência *s*. Ausência de contradição. Um conjunto de frases é consistente se todas as frases no conjunto pudessem ser ou ter sido verdadeiras ao mesmo tempo. Por uma extensão natural de sentido, pode-se dizer também que *uma frase* é consistente se pudesse ser ou ter sido verdadeira.

Há várias definições técnicas de consistência de um *sistema formal*, captando de modos diferentes a ideia de que uma fórmula bem formada e sua negação não são ambas teses de um sistema consistente.

Constant, Benjamin /kõnstã/ (1767--1830) Nascido em Lausana, Constant passou períodos da sua vida plena de acontecimentos na Bélgica, Alemanha, Inglaterra, Escócia e França. Foi politicamente ativo, e desempenhou cargos importantes em França antes da sua oposição a Napoleão, e novamente após 1814; contraía dívidas de jogo; dos seus envolvimentos românticos o mais célebre foi o seu caso com Madame de Staël, proeminente romancista e intelectual; escreveu o romance *Adolphe*, e obras maiores sobre a história e a filosofia da religião. O seu ponto de vista sobre a ética foi influenciado pelo estoicismo e pelo kantismo, mas discordava de Kant quanto à rejeição incondicional da mentira, seguindo a opinião de Grócio e Pufendorf de que o nosso dever de falar a verdade se aplica apenas a quem tem o direito de ouvir a verdade. Constant é, porém, mais conhecido pelos seus escritos políticos, como a sua defesa veemente do liberalismo. Atacou o despotismo e a ordem oligárquica, o principal inimigo político de seu tempo, devido à influência corruptora sobre a sociedade como um todo e à supressão da autêntica individualidade.

Nota: «Benjamin Constant» foi usado como pseudónimo por Botelho de Magalhães (1838-1891), o principal representante do POSITIVISMO comtiano no Brasil e importante agente na revolução aí ocorrida em 1889.

constante *s*. Na lógica formal, as constantes lógicas são operadores com um significado específico. Na lógica proposicional, as conectivas, como ¬ (negação), ∧ (conjunção), etc., são constantes lógicas.

Na matemática, uma expressão com um valor numérico fixo, ou uma expressão tratada como se tivesse um valor numérico fixo, é denominada *constante*. De igual modo, as letras esquemáticas usadas na lógica formal para representar (um caso particular de) uma variável são algumas vezes também denominadas deste modo. Assim, as letras de predicados (habitualmente, «*F*», «*G*», etc.), usadas para predicados, são denominadas *constantes*, em contraste com as variáveis de predicados (habitualmente, «ϕ», «φ»). Letras de nomes (habitualmente, «*a*», «*b*», «*c*»...), usadas para indivíduos, são denominadas *constantes*, contrastando com as variáveis individuais (habitualmente, *x*, *y*, *z*...). E «*F*», ou «0», representando uma proposição particular falsa, é denominada *constante*, contrastando com as variáveis proposicionais (usualmente, «*p*», «*q*», «*r*»...).

constante lógica As constantes lógicas são palavras como «não», «e», «ou», «todo», «necessariamente» e as suas contrapartes simbólicas, que representam uma característica da forma de uma expressão, em contraste com o seu conteúdo variável. Por exemplo, numa expressão que tem a forma lógica ($p \vee q$), «∨» é uma constante que exprime a disjunção de duas proposições.

Apesar de termos aparentemente uma apreensão intuitiva desta noção, é difícil fornecer uma definição explícita incontroversa.

constativa *s.*, *adj.* Termo introduzido por J. L. Austin para descrever aquelas elocuções no modo indicativo que são geralmente usadas para fazer asserções verdadeiras ou falsas, contrastando com as elocuções PERFORMATIVAS. Esta distinção foi parcialmente suplantada pela sua teoria posterior dos ATOS DE FALA.

constituição *s.* 1 As leis, escritas ou não, que regulam a maneira pela qual os cargos mais elevados da autoridade num Estado são instituídos, e o âmbito e limites de tal autoridade.

2 No *Der Logische Aufbau der Welt* (1928) de Carnap, uma definição constitucional transforma uma asserção na qual um objeto *A* é mencionado numa asserção com o mesmo valor de verdade na qual outros objetos (mais básicos), que não *A*, são mencionados. O objetivo é fornecer uma base mínima para uma descrição do mundo no sentido em que os tipos de entidades básicas são em número muito reduzido. Semelhante tentativa foi realizada por Nelson Goodman em *The Structure of Appearance* (1951).

3 Na filosofia fenomenológica, constituir um objeto é uma atividade. Consiste em realizar uma operação mental que resulta em ter o objeto como tal na consciência de alguém. Assim, na teoria de Husserl da constituição fenomenológica, um ato mental *A* é constitutivo de um objeto *F* se *A* for constitutivo daquele ato mental *B* no qual *F* é objeto da experiência mais imediata. Para Husserl, tudo o que importa é a mente pensante; Heidegger, pelo contrário, sustentou que não apenas a consciência, mas também a atividade prática e a interação com as pessoas e as coisas no mundo entram nesta atividade, especialmente na formação dos conceitos de eu e de outro; Sartre e Merleau-Ponty aprofundaram a ideia, realçando o papel que o corpo do sujeito desempenha na constituição destes conceitos.

4 A posição de que uma mesa é constituída pelas partículas que a constituem é incompatível com a posição reducionista de que todo o discurso sobre a mesa pode ser reduzido a um discurso sobre partículas, e é incompatível com a posição eliminativista de que só as partículas existem e que as mesas não existem.

constitutivo *adj.* Kant distingue o uso constitutivo do uso regulativo das Ideias da razão. O primeiro leva-nos ao erro, o segundo a um desejável avanço do conhecimento. Por exemplo, é um erro pensar que, no final de contas, poderíamos vir a conhecer uma causa primeira, mas na condução da investigação teórica é uma prática acertada prosseguir na procura de causas adicionais: não há um ponto no qual estejamos autorizados a pensar que é o fim da investigação.

Searle distingue entre regras constitutivas e regras regulativas. A distinção é bem ilustrada pela comparação entre a relação do xadrez com as regras do xadrez e a relação entre conduzir um automóvel e as regras de trânsito. Sem as regras do xadrez não haveria jogo de xadrez; por outro lado, conduzir automóveis seria possível (mas mais perigoso) mesmo sem qualquer regra de trânsito.

construção lógica O conceito de uma construção lógica desempenha um papel importante no atomismo lógico, no positivismo lógico, no comportamentalismo, e noutros tipos de teorias reducionistas. Se as frases sobre *M* podem ser reduzidas a um conjunto de frases atómicas sobre $A_1, A_2 \ldots A_n$, então diz-se que M é uma construção lógica a partir de A. Assim, as mesas e cadeiras podem ser construções a partir experiências sensoriais simples; as nações podem ser construções a partir de indivíduos e normas legais (que por sua vez podem ser construções a partir de elementos mais simples); e a afirmação de que a família média tem 2,2 filhos não deve normalmente ser tomada ao pé da letra.

Assim, trata-se de um tipo de análise filosófica na qual certos conceitos, que parecem de algum modo problemáticos, se revelam redutíveis a outros que geram dificuldade menor. Russell, John Wisdom e A. J. Ayer, entre outros, usaram este método.

construtivismo *s.* **1** Em epistemologia: a teoria de que o conhecimento não é algo que adquirimos, mas algo que produzimos; que os objetos não são dados num campo de investigação para ser descobertos, sendo antes inventados ou construídos. *Ver também* CONSTRUTIVISMO SOCIAL. **2** Em matemática: a posição de que os objetos matemáticos só são admissíveis numa teoria se houver um meio efetivo pelo qual possam idealmente ser construídos. Por exemplo, qualquer número natural é admissível, visto que um procedimento de contar levará a esse número (pelo menos, a longo prazo), mas o conjunto efetivo e infinito de todos os números naturais não o é. O intuicionismo de Brower é construtivista. **3** Para um sentido relacionado do termo *ver* ANTIRREALISMO.

construtivismo social Abordagem, na sociologia do conhecimento científico, que nega que as teorias científicas possam representar a realidade. Evita-se a questão da legitimidade ou verdade de uma teoria, no sentido comummente compreendido; ao invés, as condições sociais de aceitação de uma teoria – em especial a aceitação por uma comunidade científica – tornam-se o objeto da investigação. Essa aceitação pode ser um consenso negociado entre os membros da comunidade, e os fatores que exercem influência podem incluir interesses privados, perspetivas de financiamento, oportunidades de carreira, preconceitos de diversos tipos, etc. Entre as obras iniciais importantes que apresentam esta perspetiva, também conhecida como «programa forte», estão a de David Bloor, *Knowledge and Social Imagery* (1976/ /1991 (*Conhecimento e Imaginário Social*, 2010), e Bruno Latour e S. Woolgar, *Laboratory Life: The Construction of Scientific Facts* (1979/1986 (*A Vida de Laboratório*, 1997). As implicações RELATIVISTAS são óbvias e provocaram uma oposição intensa. Alan Chalmers, *Science and its Fabrication* (1990) (*A Fabricação da Ciência*, 1994) e Ian Hacking, *The Social Construction of What?* (1999), apresentam avaliações críticas.

construtivo, dilema *Ver* DILEMA.

contável *adj.* Um conjunto contável é finito ou NUMERÁVEL.

contável, termo *Ver* TERMO DE MASSA.

conteúdo estrito Na filosofia da mente recente, as propriedades e conteúdos (de uma crença, digamos) são denominados «estritos» se forem inteiramente determinados pela condição física interna de um sujeito, e amplos se não forem inteiramente determinados deste modo. *Ver também* INTERNISMO.

conteúdo lato *Ver* INTERNISMO.

contexto *s.* O significado da palavra varia, dependendo do contexto: um dos seus significados, desde Frege, é FRASE ABERTA.

contextualismo Para o contextualismo, as asserções de conhecimento da forma «*S* sabe que *p*» devem ser entendidas como análogas a asserções da forma «*S* é alto»; *i.e.*, têm significados diferentes dependendo do contexto no qual são usadas. Num contexto no qual o que está em discussão é a altura de diversos jogadores de basquete, seria falso dizer que um jogador específico, Michael, é alto; mas num contexto em que o que está em discussão é a altura de pessoas comuns, isto poderia ser verdadeiro. Não há aqui contradição: ser alto para um jogador de basquete é diferente de ser alto para uma pessoa comum. Michael é alto enquanto pessoa comum, mas não enquanto basquetebolista. De igual modo, segundo o contextualismo, num contexto em que os padrões indiciários e de certeza são extremamente elevados, poderia ser falso dizer que sei que tenho mãos; mas num contexto no qual os padrões indiciários e de certeza são relativamente baixos, isto poderia ser verdadeiro. A atração do contextualismo reside principalmente na sua manifesta capacidade de responder ao ceticismo. Segundo a abordagem contextualista, o ceticismo triunfa ao estabelecer padrões indiciários e de certeza extremamente elevados, e neste contexto poderia ser verdade que não sabemos coisa alguma. Mas isso não vale na vida quotidiana, segundo o contextualista, pois aqui os nossos padrões indiciários são baixos. A proposta clássica está no artigo «Elusive Knowledge» de David Lewis, *Papers in Metaphysics and Epistemology* 1999. John Howthorne, *Knowledge and Lotteries* 2004, levanta algumas objeções a esta abordagem. DS

Leitura: G. Preyer e G. Peter (orgs.) *Contextualism in Philosophy* 2005; J. Koethe, *Scepticism, Knowledge, and Forms of Reasoning* 2006.

continência *Ver* ACRASIA.

contingente *adj.* 1 De uma proposição, uma afirmação, etc.: nem necessária, nem impossível. Uma proposição contingente pode ser verdadeira, mas não tem de ser verdadeira. Este é o sentido primário no uso filosófico contemporâneo. Uma proposição contingentemente falsa pode ser (ou poderia ter sido) verdadeira, mas não é. Uma proposição contingentemente verdadeira pode ser (ou poderia ter sido) falsa, mas não é. 2 De um facto, acontecimentos, etc.: ocorre, mas não necessariamente, quer dizer, poderia não ter ocorrido. 3 Num sentido diferente, contingência pode designar uma relação entre acontecimentos. Podemos dizer que um acontecimento é contingente em relação a outro anterior. Isto significa que o primeiro não ocorreria (não teria ocorrido) se não fosse pelo segundo. Este é o conceito de contingência que desempenha um papel importante, por exemplo, em Oakeshott.

continuum; contínuo *s.* O conjunto de números reais; qualquer outro conjunto da mesma ordem ou magnitude.

contra-atitude Atitude desfavorável. Patrick Nowell-Smith (*Ethics* 1954) introduziu o termo *con-attitude*, contrastando-o com PRÓ-ATITUDE.

contradição *s.* Duas afirmações, uma que afirma o que a outra nega, são *contraditórias*, *contradizem-se* entre si, e juntas formam uma contradição. Não podem ser ambas verdadeiras nem ambas falsas. Uma maneira comum de expressar uma contradição é pela negação de uma afirmação: *p* e *Não se dá o caso que p*. Uma afirmação autocontraditória consiste em duas declarações que se contradizem mutuamente, ou implica-as.

A contradição é uma relação lógica que vigora entre afirmações ou proposições. Na tradição hegeliana, o termo é usado mais livremente, e as relações de antagonismo e conflito no mundo físico ou social são descritas como contradições.

contradição pragmática *Ver* PARADOXO PRAGMÁTICO.

contrafactivo *Ver* FACTIVO.

contrafactual, condicional *Ver* CONDICIONAL CONTRAFACTUAL.

contrapartes, teoria das Desde a década de 1950, os conceitos modais são frequentemente explicados em termos de mundos possíveis, de tal modo que *necessariamente p* é interpretado como *p é verdadeiro em todo mundo possível*, e *possivelmente p* como *p é verdadeiro em algum mundo possível*.

Alguém poderia pensar que «Jack poderia ter sido mais alto do que é» é verdadeira se, e somente se, em algum mundo possível Jack existir e for maior do que é neste mundo. Uma explicação destas implica que o mesmo indivíduo Jack existe em mais de um mundo. Um número razoável de filósofos, incluindo David Lewis, sentem-se pouco à vontade com esta ideia, e propõem que um indivíduo possa existir somente num mundo, e que «Jack poderia ter sido mais algo do que é» é verdadeira se, e somente se, em algum mundo possível houver uma *contraparte* mais alta do que Jack. Uma contraparte de Jack num mundo possível é definida como um indivíduo suficientemente semelhante a Jack, e mais semelhante a Jack do que qualquer outra coisa naquele mundo.

A teoria é tema de um vivo debate. Uma dificuldade aparente é que uma afirmação sobre o que *eu poderia ter feito* (mas não fiz) será equivalente a uma afirmação sobre o que *outra pessoa* (*i.e.*, a minha contraparte) *fez* em algum mundo possível. Porém, o que tem isso a ver *comigo*?

contraposição *s.* 1 Na lógica proposicional a contraposição, também denominada *transposição*, consiste em negar a antecedente e a consequente de uma condicional, e fazê-las trocar de lugar. A condicional resultante será equivalente à original. Portanto, as inferências da seguinte forma são válidas:

$$\frac{\text{Se } A, \text{ então } B}{\text{Se não } B, \text{ então não } A}$$

2 Na lógica silogística, a contrapositiva de uma proposição categórica dada é obtida em três passos: OBVERSÃO, CONVERSÃO e obversão. No caso das proposições afirmativas universais, a contraposição é válida:

$$\frac{\text{Todo homem é um animal}}{\text{Todo o não animal é um não homem}}$$

contrária aos factos, condicional *Ver* CONDICIONAL CONTRAFACTUAL.

contrariedade *s*. Duas afirmações que não podem ser ambas verdadeiras, embora possam ser ambas falsas, são *contrárias*, e a sua relação lógica é a de *contrariedade*. Por exemplo, se as duas afirmações *Hume nasceu no País de Gales* e *Hume nasceu na Inglaterra* referem o mesmo eminente filósofo escocês, não podem ser ambas verdadeiras, mas podem ser ambas falsas – e são-no, de facto.

contrato social, teoria do A teoria de que os indivíduos, por natureza livres e iguais, concordam em renunciar a parte da sua liberdade natural ao entrar na sociedade civil e constituir uma autoridade política a que se sujeitam em prol das vantagens proporcionadas por essa mesma sociedade civil. O direito a governar e a obrigação de obedecer derivam do acordo; a esse acordo chama-se «contrato social».

Como amostra de pré-história conjetural, a teoria é bastante implausível, mas como teoria do âmbito e limites da autoridade do Estado e da obrigação dos indivíduos mostrou-se muito apelativa. Na antiguidade, Protágoras, Hípias e Licofron, entre outros sofistas, defendiam uma teoria deste tipo. Na era moderna, foi proposta sob muitas formas por muitos pensadores políticos incluindo Hobbes, Pufendorf, Locke e Rousseau. Os filósofos contemporâneos, entre os quais John Rawls e David Gauthier, recuperaram a tradição: uma sociedade justa é aquela que satisfaz as cláusulas de um contrato com o qual agentes humanos racionais, em determinadas condições específicas, poderiam concordar.

contratualismo A posição de que as regras da justiça, ou em geral da moralidade, que regem as condutas privadas e as estruturas políticas, têm de derivar a sua legitimidade de acordos efetivos entre as partes interessadas ou de acordos que teriam feito sob certas condições hipotéticas.

contrição *Ver* ARREPENDIMENTO.

controvérsia do panteísmo (ou disputa) Inicialmente, foi um desacordo entre Jacobi, que em 1783 afirmou que Lessing lhe havia revelado em segredo a sua adesão à filosofia de Espinosa, e Mendelssohn, que rejeitava a ideia, indignado com a ideia de que Lessing, seu amigo íntimo, houvesse abraçado uma posição que naquele tempo se considerava ser assumida somente pelos mais radicais e antirreligiosos livres-pensadores. Esta controvérsia deu origem a um debate geral. De um lado estavam os representantes do etos do Iluminismo, com a sua convicção de que a razão poderia fornecer um fundamento tanto das crenças religiosas e morais quanto do conhecimento científico e quotidiano. Opondo-se a esta perspetiva, Jacobi afirmou que a razão era incapaz de sustentar as nossas crenças mais significativas e as nossas aspirações mais queridas, e que isto se tornara evidente na filosofia estritamente racionalista de Espinosa, que não deixou espaço à liberdade humana, uma condição necessária da moralidade. Jacobi insistiu que é necessário conceder um lugar central à fé, ao sentimento, e mesmo à emancipação das restrições supostamente racionais das convenções sociais. Saber se o panteísmo de Espinosa tinha ou não estas consequências terríveis, tornou-se uma segunda disputa: o centro do debate no período de Kant a Hegel (e desde então) era o alcance e os limites da razão humana.

Nota: há explicações esclarecedoras em A. Altmann *Moses Mendelsohn* 1973 e F. C. Beiser *The Fate of Reason* 1987.

controvérsia do positivismo Um debate importante sobre a natureza das ciências sociais na década de 1960. Algumas contribuições importantes foram coligidas num volume publicado em 1969 (*Der Positivismusstreit in der deutschen Soziologie*). Tratou-se de uma controvérsia entre o racionalismo crítico (Albert,

Popper) e a teoria crítica (Adorno, Habermas) sobre a objetividade e a isenção de valor, os métodos das ciências sociais, e o papel político e social desempenhado pelas ciências sociais.

conversa s. 1 Na lógica das proposições categóricas (silogística) e na lógica proposicional: a proposição que resulta da CONVERSÃO. 2 Na lógica das relações: duas relações diádicas R_1ab e R_2ba são conversas entre si caso se impliquem mutuamente. Por exemplo, *a é mais velho do que b* e *b é mais novo do que a* implicam-se mutuamente; portanto, as duas relações são conversas entre si.

conversão s. 1 A conversão de uma proposição CATEGÓRICA consiste na permutabilidade dos termos sujeito e predicado. Por exemplo, a conversa de *Todo S é P* é *Todo P é S*.
A conversão de uma particular afirmativa é válida, e também a conversão de uma universal negativa. Por outras palavras: *Algum S é P* implica a sua conversa *Algum P é S*. *Nenhum S é P* implica a sua conversa *Nenhum P é S*. Mas *Todo S é P* não implica a sua conversa, nem *Algum S não é P* implica a sua conversa.
2 A conversa de uma condicional é obtida pela permutação da antecedente e da consequente. A conversa de *Se p, então q* é *Se q, então p*. A conversa de $p \to q$ é $q \to p$. Nem *Se p, então q* e nem $p \to q$ implicam a sua conversa.

Copérnico, Nicolau (1473-1543) Letrado polaco, médico e astrónomo. A sua teoria revolucionária, publicada em *De revolutionibus orbium caelestium* (1543) (*As Revoluções dos Orbes Celestes*, 1996), colocou o Sol no centro do universo, e a Terra em órbita circular.

Copleston, Frederick (1907-1994) Filósofo inglês. Ingressou na ordem dos Jesuítas em 1930, e teve uma longa associação ao Heythrop College. Entre as suas publicações na forma de livro, realce para os nove volumes de *History of Philosophy*, 1946-1975.

cópula s. A expressão que liga o predicado ao sujeito numa frase. Por exemplo, na frase *Sócrates é sábio*, a cópula é *é*. Quando o predicado se liga diretamente ao sujeito, não há cópula, como na frase *Sócrates pensa*.

coragem s. Uma das quatro VIRTUDES CARDEAIS.

Corão *Ver* ALCORÃO.

corolário (Relacionado com o lat. *corolla*: uma grinalda ornamental) s. Uma consequência que pode ser facilmente inferida da proposição para a qual se ofereceu uma demonstração.

corpuscularismo BOYLE preferia chamar «corpuscularismo» à sua teoria mecanicista da matéria, ao invés de «atomismo», termo associado a Epicuro e Lucrécio e, portanto, à irreligiosidade. *Ver também* GASSENDI.

correferencial *adj.* Que refere a mesma coisa.

cosmo (gr. κόσμος: ordem; ordem do mundo; mundo) s. Mundo.

cosmogonia (gr. κόσμος: ordem, ordem do mundo, mundo + γονεία: nascimento, génese, origem) s. Uma explicação mítica, ou uma teoria científica, sobre a origem do mundo.

cosmologia s. Como disciplina filosófica, a *cosmologia racional* foi definida por C. Wolff em 1731 como um dos três ramos do que chamou *metafísica especial*, a saber, o ramo que trata das características gerais do universo físico que podem ser conhecidas *a priori*. (Os outros dois ramos eram a psicologia racional e a teologia racional.) Wolff distinguiu-a da *cosmologia empírica*, que é *a posteriori*. Kant sustentou na *Kritik der reinen Vernunft* (1781, 1787), B435 (*Crítica da Razão Pura*, 2008) que a cosmologia racional não é uma ciência genuína e que tal como os outros ramos da metafísica é uma expressão da tendência da razão humana para ultrapassar os seus limites.

Como ramo da ciência, a cosmologia inclui partes da física teórica e da astrofísica.

cosmopolitismo (gr. κόσμος: ordem; ordem do mundo; mundo + πολίτης: cidadão) *s*. A opinião, primeiramente proposta pelos sofistas e estoicos, de que os seres humanos são por natureza cidadãos semelhantes de uma comunidade mundial, separados em sociedades particulares por convenção.

Cournot, Antoine /kuʀno/ (1801--1877) Deu contributos importantes para a teoria da probabilidade e para a economia. Foi um dos mais proeminentes eruditos franceses do seu tempo. Nos seus textos filosóficos, atacou o materialismo, favorecendo um vitalismo que seria posteriormente desenvolvido por Bergson, e defendeu uma mundividência realista. Enquanto Laplace encarou as nossas ideias de acaso como uma expressão da nossa ignorância das leis relevantes e das condições iniciais, Cournot, mesmo permanecendo determinista, argumentou a favor de uma conceção objetiva: os acontecimentos casuais emergem da confluência de sequências causais independentes.

Cousin, Victor /kuzɛ̃/ (1792-1867) Como funcionário público experiente e como ministro da Educação nas décadas de 1830 e 1840, exerceu profunda e duradoura influência no estudo da filosofia em França, dando-lhe uma orientação histórica, liberal, antimaterialista e anticlerical (mas não antirreligiosa, certamente). Foi o primeiro filósofo francês a escrever bastante sobre a história da filosofia. Os seus trabalhos revelam um ponto de vista corretamente descrito como eclético. Mostra influências de Vico, Schelling e muitos outros, mas o filósofo que teve em maior estima foi Thomas Reid, o filósofo escocês do senso comum.

Couturat, Louis /kutyʀa/ (1868--1914) O primeiro a introduzir a teoria de conjuntos moderna e a lógica formal em França. O seu *La Logique de Leibniz* (1901) foi a primeira publicação a tornar conhecidos os textos de lógica de Leibniz. Também publicou um estudo sobre Kant, e manteve correspondência com Bertrand Russell.

Crates (*c*. 365-285 a. C.) Filósofo cínico cuja procura da independência e autossuficiência o levou a renunciar à sua grande fortuna e a contentar-se com um modo de vida frugal. Juntamente com a sua esposa Hipárquia, viveu uma vida de sábio filosófico e conselheiro itinerante.

cratologia (gr. κρατείν: governar, manter sob controlo) *s*. Uma investigação, ou uma teoria, sobre o poder (social, político, etc.). A palavra tem uma origem recente e tem sido usada, embora muito raramente, em discussões sobre Foucault.

credo quia absurdum; credo quia impossible lat. Acredito porque é absurdo,

acredito porque é impossível. Tertuliano, o Padre da Igreja, exprimiu estas opiniões paradoxais sobre a morte e a ressurreição de Jesus, embora não exatamente com estas palavras que geralmente lhe são atribuídas. Cf. FIDEÍSMO.
Leitura: «Tertullian's Paradox» de Bernard Williams, *New Essays in Philosophical Theology*, org. por A. Flew e A. MacIntyre em 1955.

credo ut intelligam lat. Acredito para que possa entender. O mote de S. Anselmo para o seu *Proslogion*. A afirmação reflete um elemento importante também no pensamento de Santo Agostinho.

crematística (gr. χρηματιστική aquisição de bens; ganho de dinheiro) *s.* 1 A arte do ganho; 2 investigação ou teoria que lida com questões de preços satisfatórios para bens e serviços, se cobrar juros é moralmente aceitável, etc. O assunto é tratado na *Ética Nicomaqueia* de Aristóteles, Livro 5, 5-7 e na *Política*, Livro 1, 8-11 e discutido por muitos autores medievais, *e.g.,* Tomás de Aquino, *Summa Theologiae* 1ª 2ᵃᵉ, q. 2, art. 1 e 2ª 2ᵃᵉ, q. 78.
Nota: em Aristóteles a palavra é usada tanto para a arte da aquisição de bens materiais em geral, como também, de maneira mais restrita, para a arte do ganho monetário egoísta.

crenças, revisão de *Ver* REVISÃO DE CRENÇAS.

cresejo (crença + desejo) Só por si, as crenças não são motivadoras, como acontece com os desejos. Este era o ponto de vista de Hume. Isto levanta um problema para as crenças morais. Por exemplo, a crença moral de que dar esmolas é correto é na verdade uma crença, mas pode ser motivadora para quem a tiver. Sugeriu-se que podemos explicar este caso reconhecendo um terceiro tipo de estado mental, chamado «cresejo», além das crenças e dos desejos. Sendo simultaneamente como as crenças e como os desejos, defende-se que tem então uma DIREÇÃO DE AJUSTAMENTO nos dois sentidos. «Onde pensávamos que tínhamos o afetivo de um lado e o cognitivo do outro, temos agora apenas estados cognitivos/afetivos unificados, guiados por uma só regra: cresejos» (Blackburn, *Ruling Passions*, 1998, p. 97).
Nota: esta noção foi concebida pelo filósofo de Cambridge J. E. J. Altman em 1986 e retomada por David Lewis. É discutida por Michael Smith em *The Moral Problem* 1994.

criacionismo *s.* A opinião de que a explicação bíblica da criação do mundo é inteiramente correta, incompatível com as teorias científicas geralmente aceitas, e que estas, portanto, devem ser rejeitadas.

Crísipo (*c.* 280-208 a. C.) O terceiro líder da escola estoica, depois de Zenão de Cítio e Cleantes. De seus abundantes escritos restou muito pouco. Tinha grande reputação como lógico, continuando o desenvolvimento da lógica proposicional que teve começo com os megáricos, e parece ter sido o primeiro a formular claramente as condições de verdade das afirmações condicionais (*i.e.,* «se ..., então ...»). *Ver também* SILOGISMO DISJUNTIVO. A sua física e metafísica estoicas são materialistas, mas reconhecem um poder ativo chamado *espírito*, *razão* ou *Deus*. Adotou a doutrina do eterno retorno: toda a história de todo o universo chega a um final e é então repetida. Isto é então repetido, uma vez e outra. Como outros estoicos, exaltou a virtude, que consiste na sabedoria racional, como uma condição necessária e suficiente para a felicidade.

critério (gr. κριτήριον) *s.* Um traço distintivo; um padrão ou regra para julgar ou decidir. Os debates na antiguidade (especialmente entre os estoicos e os céticos) sobre «o critério» diziam respeito ao critério pelo qual seríamos capazes de distinguir as opiniões verdadeiras das falsas.

Crítias (*c.* 453-403 a.C.) (gr. Κριίας) Político ateniense, tio de Platão. Foi dele a mais antiga declaração registada (na peça *Sísifo*) de que a religião é inventada por políticos para controlar o povo.
Nota: atribui-se também a peça a Eurípides.

crítica *s.* (Do grego κρίσις = separar; discernir; julgar.) Esta palavra, os seus derivados e cognatos podem ser tomados em dois sentidos diferentes. Num deles, um crítico de uma obra é uma pessoa que a sujeita a um exame cuidadoso. O resultado pode ser negativo, mas não tem de o ser. Noutro sentido, a crítica implica censura. Em contextos filosóficos, o primeiro sentido é geralmente aquele que se tem em vista.

Crítica... Os títulos das três obras mais importantes de Kant são *Crítica da Razão Pura* (*Kritik der reinen Vernunft* 1781; 2.ª ed. 1787), *Crítica da Razão Prática* (*Kritik der praktischen Vernunft*, 1788) e *Crítica da Faculdade do Juízo* (*Kritik der Urteilskraft*, 1790). Nestes títulos, a expressão «crítica» significa exame e não implica censura. *Ver também* CRÍTICA.

criticar *Ver* CRÍTICA.

Crítica Superior O estudo e interpretação dos textos bíblicos usando os métodos apropriados para textos históricos seculares: observância do contexto histórico; avaliação de probabilidades; nenhum recurso a explicações sobrenaturais, etc. Os primeiros autores que aplicaram este método foram Espinosa, *Tractatus Theologico-Politicus* (1670) (*Tratado Teológico-Político*, 2008), e Richard Simon (1638-1712), *Histoire critique du Vieux Testament* (1687). A expressão «Crítica Superior» é principalmente usada para obras deste tipo do século XIX.

Em contraste, a expressão *crítica inferior* é ocasionalmente usada para a CRÍTICA TEXTUAL de textos bíblicos.

Muitos teólogos e crentes resistiram bastante à «crítica superior», temendo que pudesse enfraquecer a autoridade das Escrituras.

crítica textual O estudo académico dos manuscritos, edições e outras fontes de informação com o objetivo de estabelecer uma versão fidedigna de um texto.

Durante muito tempo, praticamente nenhuma obra filosófica clássica de língua inglesa era publicada em edições académicas fidedignas; mas às excelentes edições críticas dos textos de Locke *Two Treatises of Government* (org. Peter Laslett, 1960) e *Essay Concerning Human Understanding* (org. Peter Nidditch, 1975) muitas outras se seguiram: *e.g.,* Thomas Reid, *Inquiry into the Human Mind* (org. Derek Brookes, 1997). Há hoje, publicados ou em fase de publicação, várias edições académicas dos artigos e obras de Bacon, Hobbes, Boyle, Locke, Hume, Bentham, Mill, Peirce, Russell, etc.

Croce, Benedetto /'krotʃe/ (1866-1952) Figura importante na vida cultural e intelectual da Itália moderna. A grande reputação de Croce deve-se principalmente ao seu trabalho em estética, cuja influência sobre o filósofo inglês R. G. Collingwood é evidente. Embora o seu pensamento sobre a estética tenha mudado ao longo da vida, desde a obra inicial *Estetica come scienza dell'espressione e linguistica generale* (1902) até *La Poesia: introduzione alla critica e storia della poesia* (1936), reteve a noção idealista central de arte como intuição e expressão. A obra de arte em si não deveria ser identificada com qualquer artefacto ou manifestação externa, mas com um estado interno de conhecimento (intuição) que, com o auxílio da imaginação, transforma e unifica impressões (um processo denominado *expressão*). A obra de Croce, e a de Collingwood, ajudaram a estabelecer a ontologia – a interrogação pelo tipo de essência que as obras de arte possuem – como um problema central na estética analítica.

Na sua filosofia mais geral, inicialmente influenciado pelo positivismo e marxismo, mas depois pela obra de Vico e Hegel, distinguiu quatro níveis de atividade mental, cada qual com uma dimensão de valores característicos. Os dois primeiros são teóricos, os dois últimos são práticos: 1) no nível estético, os aspetos intelectuais e emocionais estão unificados; os valores são a beleza//fealdade; 2) o nível lógico é o lugar da análise e síntese intelectuais; os valores são a verdade/falsidade; 3) no nível económico, o princípio condutor é utilitário e egoísta; os valores são o benefício//prejuízo; 4) o movimento em direção ao universal é característico do nível ético; os valores são o moralmente bom//moralmente mau. Muitos erros, em particular na teoria estética, resultam da ausência de uma distinção entre estes níveis. Na sua teoria da história, Croce acaba por se afastar de Vico e de Hegel, e rejeita, como Windelband, a opinião de que a história deveria procurar estabelecer leis gerais. Associou a história à arte: as duas dizem respeito ao particular e ao concreto, e não ao geral e ao abstrato.

cuba, cérebro numa O modo como o mundo se nos apresenta depende de como afeta os nossos órgãos sensoriais. As máquinas de realidade virtual exploram este facto. Usam computadores para gerar simulações nas nossas periferias que são semelhantes às produzidas em casos normais por ver árvores, estar ao Sol, e assim por diante. Consequentemente, parece que vemos árvores, sentimos o Sol na nossa pele, etc., enquanto na realidade estamos dentro de um laboratório. Isto foi antecipado pela experiência mental do cérebro numa cuba, muito discutida pelos filósofos. Imaginamos um cérebro numa cuba que recebe nas suas terminações exatamente os estímulos que recebe um cérebro normal num corpo, e que gera nas suas terminações exatamente os dados de saída que gera um cérebro normal num corpo (os dados de saída que normalmente levam ao movimento dos membros, etc.). O cérebro numa cuba teria experiências subjetivas «de» um mundo exterior, e de se mover de um lado para o outro, exatamente como as nossas.

O exemplo é usado para tornar vívido o desafio do ceticismo acerca do mundo exterior. Se as minhas experiências seriam exatamente as mesmas caso fosse um cérebro numa cuba, como posso então saber que não sou um cérebro numa cuba? Alguns filósofos, todavia, negam que as minhas experiências, e as de uma réplica do meu cérebro numa cuba, possam ser as mesmas. O argumento é que a natureza da experiência está inseparavelmente ligada às conexões causais entre a experiência que temos e o nosso ambiente, de modo que, porque as minhas experiências e as do cérebro na cuba têm conexões causais completamente diferentes com o que os rodeia, as nossas experiências não podem ser as mesmas.

Um antepassado da história do cérebro na cuba é a sugestão de Descartes na primeira *Meditação*, segundo a qual todo o mundo é uma ficção criada por um génio maligno. FJA

Cudworth, Ralph /ˈkʌdwɜːθ/ (1617-1688) Um dos platónicos de Cambridge, estudante no Emmnuel College e dele membro a partir de 1639, e posteriormente, a partir de 1654, professor do Christ's College (do qual Henry More era membro). *True Intellectual System of the Universe* (1678) visa o ateísmo que, do seu ponto de vista, se funda no *materialismo* e no *hilozoísmo*. O primeiro defende que tudo é matéria inerte, enquanto o segundo que tudo é matéria animada. Acusou ambos de serem absurdos, visto não permitirem a existência de mentes. As nossas experiências não são efeitos físicos de causas físicas; além disso, tanto a crença falsa como o caráter distintamente ativo da mente resistem completamente a serem explicados em termos puramente materiais. Segue-se que algo imaterial existe e, deste modo, elimina-se um grande obstáculo à crença em Deus. Para explicar vários fenómenos ativos que não brotam do funcionamento de uma mente consciente, Cudworth empregou a noção de NATUREZAS PLÁSTICAS, que explicam o funcionamento e finalidade de muitos fenómenos naturais.

Em ética, insistiu, em *Eternal and Immutable Morality* (publicado postumamente em 1731, embora previamente conhecido como manuscrito), que «as coisas são o que são não por vontade, mas por natureza», de modo que Deus não pode só por ordem sua tornar uma ação correta ou errada. Isto opunha-se a Ockham, Calvino e Hobbes, autores que Cudworth considerava terem adotado a posição contrária.

Leitura: John Passmore, *Ralph Cudworth* 1951.

cui bono? lat. Para benefício de quem?; quem ganha?

culpa Ver DOLUS.

Cumberland, Richard /ˈkʌmbələnd/ (1632-1718) Clérigo inglês e filósofo, membro do Magdalene College, Cambridge, e posteriormente, a partir de 1691, bispo de Peterborough. O objetivo explícito da sua principal obra, *De legibus naturae* (1672), é refutar vários erros de Hobbes. Rejeita especialmente uma opinião que Hobbes foi muitas vezes acusado de sustentar: a de que na natureza não há fundamento para a moralidade, sendo simplesmente estabelecida pelo decreto de um legislador soberano num Estado. Ao sustentar que a moralidade tem fundamento natural, Cumberland também rejeita a opinião de que é arbitrariamente determinada por decreto divino. Cumberland formula um princípio de benevolência universal; argumenta que há uma inclinação natural deste tipo e que uma ação é moralmente justa se, e somente se, tende a promover o bem geral de todos. Neste aspeto, antecipa as teoria utilitaristas posteriores.

De legibus naturae é um tratado longo e sinuoso. O amigo de Locke James Tyrell produziu uma versão abreviada em inglês em 1692. Uma tradução da obra completa por John Maxwell foi publicada em 1772, e outra por John Towers em 1750.

Cusa, Nicolau Ver NICOLAU DE CUSA.

D

dactilografando, chimpanzés *Ver* CHIMPANZÉS DACTILOGRAFANDO.

dadá; dadaísmo *s.* Movimento artístico de vanguarda que começou em Zurique durante a Primeira Guerra Mundial e rapidamente se espalhou para outras cidades europeias. Os seus sentimentos antiguerra e antiburgueses, inspirados pelo menos em parte na reação contra a loucura do sacrifício humano em massa através da exploração e da guerra, e contra a hipocrisia dos seus defensores, era a base do desafio radical aos cânones estabelecidos da arte, à racionalidade e à moralidade. Os dadaístas produziram atuações em palco, poesia e fotomontagens que pareciam, ou na verdade eram, absurdas ou niilistas. O impulso veio de Tristan Tzara, poeta romeno que se estabeleceu em França. Ao dadaísmo estavam associados Marcel Duchamp, Jean Arp, Max Ernst, etc. Os anos mais ativos do movimento situaram-se entre 1916 e 1922. No início da década de 1920 surgiu o seu sucessor: o surrealismo. **dadaísta** *adj.*

dados (lat. *datum*) *s.* 1 Quantidade de informação. 2 Um facto ou uma proposição de que se pode retirar inferências. 3 Algo que se apresenta de imediato à mente. Um dado sensorial é algo diretamente apreendido pelos nossos sentidos.

dados dos sentidos (lat. *datum* dado) *s.* Um objeto imediato de perceção sensorial. Podemos ter experiências de coisas que não existem. Quem leva uma pancada forte pode ver estrelas; não há estrelas visíveis, mas há algo que a vítima vê: um dado sensorial. Muitos filósofos argumentaram que os dados dos sentidos são o objeto imediato de toda a perceção sensorial.

O termo denota pelo menos algumas das coisas a que autores mais antigos se referiam como *ideias dos sentidos* (Locke), *ideias* e *qualidades sensíveis* (Berkeley), *impressões* (Hume). O termo tornou-se corrente por volta de 1910, com os escritos de G. E. Moore e Bertrand Russell, mas fora usado muito antes pelo próprio Russell e por outros autores, *e.g.*, A. C. Fraser, Josiah Royce e William James, em *Principles of Psychology* (1890).

daimon (gr. δαίμων ser espiritual) *s.* Um ser espiritual que influencia o destino de um indivíduo. Nos diálogos de Platão, o *daimon* de Sócrates era uma voz interior que o avisava contra decisões injustas ou insensatas. (*Apol.* 21[b], 33[c]; *Críton* 44[a]; *Fédon* 60[e]; *Fedro* 242[b]). A palavra significa também divindades inferiores, *e.g.*, Eros, em *Banquete* (202[d]-203[a]).

d'Alembert, Jean Le Rond /dalɑ̃bɛːʀ/ (1717-1783) Eminente matemático, uma das luminárias do Iluminismo francês, foi, até 1759, juntamente com Diderot, codiretor da *Encyclopédie* (1751-1766). O seu *Discurso Preliminar* (tradução moderna 1995) da *Enciclopédia* esboça um empirismo derivado de Bacon e de Locke. Em assuntos religiosos, a sua correspondência mostra que passou gradualmente do deísmo e do agnosticismo para um materialismo ateu.

darwinismo A essência da teoria é revelada pelo título da obra clássica de Charles Darwin (1809-1892) *On the Origin of Species by Means of Natural Selection* (1859) (*A Origem das Espécies*, 2009).

Esta obra, e *The Descent of Man* (1871 (*A Origem do Homem e a Selecção Sexual*, 2009), provocaram um intenso debate. Pareciam infirmar os argumentos do DESÍGNIO a favor da existência de Deus. Estes argumentos tinham sido apresentados pelos estoicos, tiveram uma popularidade notável desde o final do século XVII, foram reafirmados por Paley em *Natural Theology or Evidences of the Existence and Attributes of the Deity* (1802), e nos TRATADOS DE BRIDGEWATER, etc., e continuaram a ter a aceitação geral apesar das poderosas objeções filosóficas levantadas por Hume em *Dialogues concerning Natural Religion* (1779) (*Diálogos sobre a Religião Natural*, 2005), e por Kant na *Kritik der reinen Vernunft* (1781, 1787) (*Crítica da Razão Pura*, 2008). A explicação darwinista também intensificou as dúvidas sobre a explicação bíblica da Criação, que já fora enfraquecida pela geologia. Havia também uma forte resistência ao darwinismo visto entender-se que punha em causa o orgulho e dignidade dos seres humanos. As principais igrejas, todavia, abandonaram gradualmente as condenações iniciais, e a posição quanto às teorias biológicas evolucionistas é conciliatória.

darwinismo social A teoria de Darwin foi usada para sustentar a crença de que a natureza funciona bem por meio do processo de seleção natural, uma competição na qual os mais aptos sobrevivem. Este processo não é perturbado pela interferência exterior, uma vez que, no que diz respeito à teoria, nada há de exterior. A perspetiva conhecida como «darwinismo social» defende uma tese semelhante acerca da sociedade humana: também esta funciona bem através de processos competitivos nos quais os mais aptos sobrevivem, e que não é perturbada por interferência externa com o objetivo de ajudar os menos aptos.

Teses deste tipo emergiram no fim do século XIX. Foram defendidas por uma série de autores nas ciências sociais, e por muitos políticos e líderes industriais. Na prática, esta tese de que os fracos devem ser abandonados ao seu destino pode, com restrições adequadas, ter alguma aplicação limitada à competição nos desportos e no comércio. Mas se a parte mais fraca é uma raça oprimida, uma nação conquistada, uma classe social empobrecida, ou um indivíduo afligido por uma doença ou deficiência, a tese é ao mesmo tempo teórica e moralmente duvidosa.

Dasein s. Palavra alemã canónica para *existência*. (Literalmente, significa «ser-aqui» ou «ser-aí».) Jaspers usa *Dasein* para referir a existência no sentido comum, e reserva *Existenz* para o modo autêntico da existência humana. Heidegger usa *Dasein* como termo técnico para um tipo de existência: o modo de existir dos indivíduos humanos. A característica central distintiva da existência deste tipo é pertencer apenas àquelas entidades cujo ser é para elas «uma questão». A existência de objetos individuais é de um tipo diferente. A explicação das muitas características distintivas do *Dasein* está no núcleo da filosofia de Heidegger.

Heidegger usa muitas expressões como «o *Dasein* é um ser que se intenciona e se interpreta», «o esquecimento do *Dasein*», etc. Parece que o termo «*Dasein*» é usado para denotar *indivíduos* (cuja existência é desse tipo) e não um certo tipo de *existência*. Alguns críticos consideram isto intrigante: as pessoas podem interpretar ou esquecer – mas poderemos dizer que a sua existência esquece ou compreende?

Na introdução a *Was ist Metaphysik?*, a versão publicada da sua lição inaugural em Freiburg, em 1929, Heidegger faz notar explicitamente que usará a palavra num sentido especial: «para abranger numa só palavra tanto a relação do ser com a natureza humana como a relação entre a natureza humana e a abertura («aí») do ser, a palavra *Dasein* foi escolhida para falar desse domínio do ser no qual o homem está presente enquanto homem». E também: «*Dasein* significa isso que inicialmente é para dele se ter experiência, e depois em concordância com isso pensado como um lugar, *i.e.*, como a localização da verdade do ser».

Davidson, Donald (1917-2003) Uma das principais figuras da filosofia analítica norte-americana, muito influenciado por Quine, sob cuja orientação estudou em Harvard; professor na Universidade da Califórnia, Berkeley, nos últimos anos. O trabalho principal de Davidson é na filosofia da linguagem e nas suas aplicações à filosofia da mente e à filosofia da ação. Escreveu também sobre Hume e Aristóteles. Muitos dos seus influentes artigos foram reeditados em *Essays on Actions and Events* (1980, 2.ª ed. 2001), e *Inquiries into Truth and Interpretation* (1984, 2.ª ed. 2001). Davidson procurou aplicar a teoria formal da verdade, de Tarski, à semântica da linguagem natural, sublinhando a ideia de que para uma linguagem poder ser aprendida a sua semântica tem de depender de um número finito de axiomas. Argumentou que a semântica adequada para uma linguagem devia, em princípio, mostrar como a partir de um conjunto finito de axiomas que formulam condições de satisfação e denotação do vocabulário básico (nomes e termos gerais) da linguagem, além de regras que regem as conectivas verofuncionais («e», «ou», «não») e quantificadores («todo», «algum»), juntamente com regras para a formação correta de frases, se pode derivar as condições de verdade para cada uma de um número infinito de frases declarativas. Estes teoremas derivados não são da forma *s* (*uma frase*) *significa que p* mas, seguindo Tarski, *s é verdadeira se e só se p*. Com efeito, o significado de uma frase é dado pelas condições nas quais é verdadeira. A semântica de Davidson foi elaborada na prática apenas para minúsculos fragmentos de inglês, embora o próprio Davidson tenha apresentado uma análise detalhada da forma lógica de frases que contêm verbos de ação.

A teoria formal do significado, de Davidson, é complementada por uma teoria da interpretação. Ao interpretar a linguagem de um falante nativo, segundo Davidson, pressupomos ideais de racionalidade e adotamos um princípio de caridade (CARIDADE, PRINCÍPIO DE) ao tentar compreender as suas elocuções. Estes princípios normativos de racionalidade não podem ser assimilados a um discurso puramente científico. Porém, são cruciais, do ponto de vista de Davidson, para o que é ser um ser humano e, na verdade, ter estados mentais. Atribuir significados a elocuções, intenções a ações, e estados mentais como crenças e desejos a agentes, estão todos sujeitos a uma explicação holística que pressupõe que os seres humanos são em geral racionais e são geralmente coerentes no que pensam, dizem e fazem. Davidson também usa este argumento como base para a rejeição do ceticismo extremo, a posição de que todas as crenças acerca do mundo podem ser falsas.

Na filosofia da mente, Davidson defende uma versão de materialismo não redutivo a que chamou «monismo anómalo». Embora cada acontecimento mental seja idêntico a um acontecimento neurofisiológico, não há afirmações universais verdadeiras com a forma «acontecimentos mentais do tipo F são idênticos a acontecimentos neurofisiológicos do tipo G». De igual modo, embora toda a ação seja causada por crenças e desejos, não há leis universais que liguem crenças e desejos a ações. A psicologia não é redutível à física. Os seus pontos de vista sobre estes tópicos são complementarmente desenvolvidos em *Subjective, Intersubjective, Objective* 2001 e *Problems of Rationality* 2004.

Outras leituras: Philosophy of Donald Davidson (LLP) 1999. PL

de prep. lat. sobre; acerca de, a respeito de. A palavra ocorre frequentemente em títulos de obras eruditas redigidas em latim. A forma canónica era «*n* livros sobre ...», como no título da principal obra de Grócio, *De iure belli ac pacis libri três*.

décima primeira tese *Ver* TESES SOBRE FEUERBACH.

decisionismo s. O ponto de vista de que numa dada área, como a moralidade, a política ou o direito, não há bases objetivas últimas para chegar a uma decisão.

O termo alemão *Dezisionismus* foi introduzido por Carl Schmitt e é frequentemente usado para aludir à sua teoria do amoralismo político. Num sentido diferente, o termo pode ser usado como um quase sinónimo de NÃO COGNITIVISMO (moral).

decorum lat. apropriado, ajustado, adequado, agradável *s.*, *adj.* Ações que merecem aprovação ainda que não sejam DEVERES PERFEITOS OU IMPERFEITOS. Contrastou-se o *decorum* com o *justum* (os deveres de justiça, os deveres perfeitos) e o *honestum* (os deveres da moralidade, os deveres imperfeitos). Os termos foram definidos diferentemente por TOMÁSIO.

de dicto; de re lat. acerca de uma afirmação; acerca de uma coisa. A distinção surge em ligação com certos termos que podem ser usados ou para modificar um predicado que se afirma pertencer a um sujeito (*de re*), ou para fazer uma asserção acerca da afirmação sujeito-predicado como um todo (*de dicto*). Alguns exemplos podem tornar isto mais claro.

1) «Alguém tem de ganhar o prémio» é ambígua. Pode significar que aquilo que é afirmado pela frase «Alguém ganha o prémio» tem de ocorrer; esta é a interpretação *de dicto*. Ou pode significar que há uma pessoa específica que vai ganhar o prémio; esta é a interpretação *de re*, visto que atribui *vai ganhar o prémio* a uma *coisa*. É fácil conceber circunstâncias em que a primeira seria verdadeira mas a segunda falsa.

2) Se a frase «Uma coisa branca podia ter sido preta» for compreendida *de dicto*, quer dizer que a afirmação «Algo que é branco é também preto» exprime uma possibilidade, o que é falso; mas se, ao invés, for compreendida *de re*, quer dizer que há algo que na realidade é branco mas que podia tornar-se preto ou que podia ter sido preto, o que é verdade.

3) Suponhamos que se sabe que alguém esteve aqui ontem, mas que não se sabe quem foi. Então a proposição *de dicto* «Sabe-se que alguém esteve aqui ontem» é verdadeira, mas a proposição *de re* correspondente «Sabe-se de um certo alguém que esteve aqui ontem» é falsa.

Há muitos outros termos além de «tem de», «possível» e «sabe-se» em ligação com os quais se pode fazer a distinção *de re*/*de dicto*. Alguns filósofos, todavia, acreditam que todas as proposições *de re* podem ser *analisadas* em proposições *de dicto*, embora outros o neguem.

A distinção em si remonta a Aristóteles. Encontramos os termos *de re* e *de dicto* na Idade Média, que podem ter surgido nessa altura. Os próprios lógicos medievais, todavia, usavam com maior frequência os termos *in sensu diviso* («num sentido dividido») e *in sensu composito* («num sentido composto») em vez de *de re* e *de dicto,* respetivamente. (Na lógica medieval, *dictum* era um termo técnico para uma oração substantiva ou um sintagma nominal correspondente a uma frase indicativa; *e.g.,* o *dictum* de «Algo branco é preto» pode ser «Que algo branco é preto» ou «Para algo branco ser preto». Em latim usava-se normalmente uma construção acusativa com infinitivo.) GH

dedução *s.* As premissas numa dedução não têm de ser gerais nem necessárias. Mas a esse respeito, os conceitos mais antigos de dedução diferiam:

1 Uma dedução é uma inferência válida a partir de premissas *indubitáveis*. Este é um conceito tradicional de dedução. Descartes definiu-a como uma operação pela qual temos uma inteleção sobre algo que se segue necessariamente de outras coisas que são conhecidas com certeza (Regra III em *Règles pour la direction de l'esprit*). 2 Uma dedução é uma inferência válida a partir de premissas mais *gerais* para uma conclusão menos geral, *i.e.,* mais específica. Contrasta com a indução, que é uma inferência a partir de casos particulares para uma conclusão geral. Este é o conceito aristotélico clássico. 3 Na antiga jurisprudência: uma dedução estabelece as bases legais, em contraste com as factuais, para a ação num tribunal. Este é o sentido usado metaforicamente por Kant na *Kritik der reinen Vernunft* (1781, 1787) (*Crítica da Razão Pura* 2008). A sua «dedução transcendental» das categorias é a justificação da aplicação das categorias a objetos, *i.e.,* a explicação da razão por que as categorias se aplicam necessariamente a todos os objetos da experiência. 4 No sentido moderno, uma dedução válida ou uma inferência dedutiva válida é aquela em que a conclusão é uma consequência necessária das premissas, de modo que a conclusão não pode ser falsa se todas as premissas são verdadeiras. Em contraste, a conclusão de uma INDUÇÃO válida é sustentada pelas premissas e pode ser muito provável, dadas as premissas, mas pode ser falsa ainda que todas as premissas sejam verdadeiras.

dedução natural Os sistemas de dedução natural são sistemas de lógica formal, publicados pela primeira vez em 1934 pelo lógico alemão Gerhard Gentzen e pelo lógico polaco S. Jaskowski. Diferem dos sistemas axiomáticos do tipo desenvolvido por Hilbert, Peano e Russell, entre outros, que têm como base (um pequeno número de) axiomas ou esquemas axiomáticos, e regras de transformação (regras de inferência). Os sistemas de dedução natural não precisam de axiomas: a sua base consiste em (um pequeno número de) regras pelas quais se pode fazer inferências a partir de pressupostos. Estas regras indicam como derivar fórmulas a partir de fórmulas, enquanto nos sistemas axiomáticos as regras indicam como derivar verdades lógicas a partir de verdades lógicas.

As regras de inferência em sistemas de dedução natural podem ser enquadradas como regras de introdução e eliminação para cada um dos operadores proposicionais: ¬ (negação), ∧ (conjunção), ∨ (disjunção) e → (condicional material), e, na lógica de predicados, para cada um dos quantificadores (∃ e ∀).

Exemplos: a regra de introdução da negação diz que se A está entre os pressupostos a partir dos quais se deriva uma contradição, então pode-se inferir $\neg A$ a partir dos outros pressupostos. A regra de introdução da conjunção diz que a partir de dois pressupostos A e B, pode-se inferir $A \wedge B$. A regra de eliminação para a condicional material diz que de dois pressupostos A e $A \rightarrow B$, pode-se inferir B. A regra de eliminação para o quantificador universal diz que do pressuposto $\forall x\, Fx$, pode-se inferir Fa. A formulação de algumas das outras regras é apenas ligeiramente mais complicada.

O primeiro manual a introduzir a dedução natural foi o de J. C. Cooley, *Primer of Formal Logic* (1942). Desde então, a abordagem veio a ser adotada, gradualmente, em grande escala.

Nota: chama-se «naturais» a estes sistemas porque refletem o modo como comumente fazemos inferências a partir de pressupostos. Refletem também o raciocínio hipotético comum na matemática. Isto pode ser representado em sistemas axiomáticos, mas apenas indiretamente.

dedução transcendental Na terminologia mais antiga da jurisprudência, uma dedução estabelece as bases jurídicas, ao invés das factuais, para um processo legal. Kant usa o termo num sentido mais lato: a dedução dos conceitos puros do entendimento (as categorias) consiste em justificar o uso destes conceitos. O modo de justificar o uso da maior parte dos conceitos é apelando à experiência, mas aqui a situação é diferente, dado que os conceitos em questão se aplicam *a priori,* independentemente da experiência. É por isso que se diz que a dedução é transcendental.

de facto; de jure (lat. *de + factum* feito, facto; *ius* lei, direito) Estas duas expressões assinalam o contraste entre o que efetivamente existe e o que é legítimo. Uma pessoa pode ser casada *de facto* ou *de jure*; um grupo de revolucionários que usurpa o poder pode conseguir o reconhecimento internacional *de facto* ou *de jure*.

defesa do livre-arbítrio Uma solução proposta para o problema do mal é que o mal se deve a agentes livres criados e que Deus não pode ser considerado responsável. Uma das objeções a esta solução é que, quando muito, aplicar-se-ia a males causados por agentes, mas não se aplicaria a males devidos a causas naturais, *e.g.*, o sofrimento causado por uma catástrofe natural ou por uma doença. Em resposta a isto, Alvin Plantinga (*God, Freedom and Evil*, 1978) argumentou que embora seja extremamente improvável que agentes livres (demónios) sejam responsáveis por todos estes males naturais – Plantinga não o propõe como hipótese a ser considerada seriamente – não é absolutamente impossível. É portanto *possível* que todos os males se devam a ações de agentes livres. Isto invalida a perspetiva ateísta de que é *impossível* Deus e os males efetivos no mundo coexistirem. É a este argumento de Plantinga que se chama normalmente «defesa do livre-arbítrio».

definição s. 1 Uma afirmação do que uma coisa é: uma afirmação que enuncia as propriedades essenciais das coisas a que um determinado conceito se aplica. A essa afirmação chama-se «definição real». 2 Uma afirmação respeitante ao significado linguístico, segundo a qual o significado da expressão a ser definida (o *definiendum*) é o mesmo que o significado da expressão definidora (o *definiens*).

Há uma distinção importante entre definições descritivas e estipulativas. Uma *definição descritiva* afirma que uma dada expressão linguística tem um certo significado. Tal afirmação pode ser correta ou incorreta. Uma *definição estipulativa* estabelece o significado de uma certa expressão linguística. É por isso que não se pode afirmar que as definições estipulativas são corretas ou incorretas.

As definições mencionadas até agora podem ser todas descritas como definições diretas do tipo explícito: pode-se substituir o *definens* ao *definiendum* sem mais preocupações. Outro tipo de definição direta são as contextuais. Numa definição contextual, só a afirmação toda contendo o *definiens* se pode substituir a toda a afirmação contendo o *definiendum*.

O outro tipo, as definições indiretas, inclui as definições implícitas e as definições recursivas. É frequente considerar-se que os termos indefinidos num conjunto de axiomas são implicitamente definidos pelos axiomas. Um exemplo de definição recursiva é: «y é um ancestral de x =$_{df}$ y é um progenitor de x, ou y é um progenitor de um ancestral de x».

Num sentido derivado, há também definições *ostensivas* (ou *deíticas*): estas explicam o que uma expressão significa apontando para um objeto, ação, acontecimento, etc., denotado pela expressão.

As controvérsias na filosofia, *e.g.*, sobre a natureza da *implicação*, do *estatuto de pessoa*, da *violência*, lidam amiúde com questões substantivas, embora sejam formuladas como se dissessem respeito a definições.

definição circular Uma definição é circular se visa explicar o significado de uma expressão e usa um *definiens* que não pode ser explicado sem usar o *definiendum*.

definição contextual Definição na qual a expressão a ser definida não é mencionada de modo isolado, mas no seu contexto característico. Se desejarmos definir «divisível por», o método natural seria definir o contexto característico «a dividido por b» por «o número x tal que $bx = a$». Esta é uma definição contextual de «dividido por».

definição deítica Ver DEFINIÇÃO OSTENSIVA.

definição estipulativa Uma explicitação da intenção de atribuir um significado particular a uma nova expressão, ou em atribuir um novo significado a uma expressão existente. Isto faz-se por conveniência, de modo a ter uma palavra mais curta, por exemplo, para se substituir a uma expressão mais complexa. Uma definição estipulativa pode ser conveniente ou inconveniente mas não pode ser correta ou incorreta.

definição impredicativa O termo foi introduzido por Bertrand Russell, que queria que cada predicado definisse um conjunto; mas o paradoxo de Russell mostrou que existem definições que não geram um conjunto. Este é o motivo pelo qual estas definições foram denominadas *impredicativas*. As definições impredicativas violam o princípio segundo o qual «o que envolve todos os membros de uma coleção não pode ser um membro da coleção». Violam o que Russell denominou «o princípio do círculo vicioso».

Um exemplo de conceito que requer uma definição impredicativa é *ter todas as propriedades de um grande general*.

definição nominal Uma afirmação que dá o significado de uma expressão linguística, habitualmente um substantivo. Tradicionalmente, contrasta-se isto com uma definição *real*: uma afirmação que dá a essência da coisa designada pela expressão.

definição ostensiva Uma definição ostensiva de uma expressão explica o significado da expressão apontando para o que ela denota.

A expressão foi introduzida pelo lógico de Cambridge W. E. Johnson (1858-1931) em *Logic* (1931), para descrever o modo como explicamos o significado de um nome próprio, mas a ideia é mais antiga: Wittgenstein, que discute o tema em profundidade, alega encontrar o conceito em Agostinho.

Uma ideia apelativa para os filósofos empiristas é que as definições ostensivas poderiam formar a *base* da compreensão linguística. Contudo, como Wittgenstein salienta, se explicarmos o significado de «vermelho», por exemplo apontando para um objeto vermelho que por acaso é redondo, o aprendiz, presumivelmente desconhecedor, não saberá se estamos a falar da cor, da forma, ou de qualquer outra característica.

definição persuasiva Uma afirmação que tem a forma de uma definição, mas a força de um juízo de valor. A expressão «definida» mantém o seu caráter avaliativo, mas recebe uma denotação diferente.

No seguinte exemplo de definição persuasiva, «violência» mantém o seu caráter avaliativo negativo, mas recebe uma denotação alargada: alguém afirma que todas as sociedades nas quais a riqueza não é distribuída igualmente são violentas. O seu interlocutor não fica convencido, e indica uma sociedade na qual a riqueza não é distribuída igualitariamente, mas que não é violenta. O primeiro retorque que tal sociedade é violenta de uma maneira subtil, e acrescenta como razão que *toda a situação na qual há grandes desigualdades de riqueza é uma situação de violência*. Esta afirmação adicional é uma definição persuasiva. A intenção é alargar a denotação de «violência» para incluir também situações de desigualdade económica, alargando assim a estas desigualdades a avaliação negativa que se associa à violência.

O conceito foi introduzido por C. L. Stevenson num artigo da *Mind* 47 (1938) e usado no seu livro *Ethics and Language* (1944). Na sua opinião, que pressupõe a sua teoria emotivista dos juízos de valor, as características salientes de uma definição persuasiva são o *tom emotivo constante* com uma *mudança do significado descritivo*.

definição real Nas teorias tradicionais da definição, uma definição real de algo afirma as propriedades essenciais desse algo, por contraste a uma definição nominal, que explica o significado de uma palavra.

definiens; definiendum Ver DEFINIÇÃO.

deflacionismo Uma teoria da verdade segundo a qual expressões como «é verdade que *p*» ou «é um facto que *p*» não acrescentam qualquer conteúdo à simples «*p*». Assim, «Os peixes nadam» e «É verdade que os peixes nadam» transmitem a mesma mensagem. Leitura: Paul Horwich, *Truth*, 2.ª ed. 1998.

de gustibus non disputandum lat. os gostos não se discutem.

deísmo *s.* Crença em Deus como ser pessoal perfeito; difere do TEÍSMO por não aceitar as doutrinas que exigem a crença na revelação.

Os conflitos religiosos posteriores à Reforma levaram muitos pensadores a procurar sistemas de religião natural que se baseariam em inteleções racionais, independentemente de qualquer revelação, por isso, logo universalmente aceitáveis. Foram também levados nesta direção pelas dificuldades resultantes da tentativa de conciliar a razão e a religião. A palavra *deísmo*, que podemos fazer remontar a textos franceses da década de 1560, foi usada para muitos destes sistemas. (Assim como a palavra *teísmo*: o seu sentido moderno é bastante recente.)

Herbert de Cherbury é geralmente considerado o primeiro pensador inglês a ter dado uma formulação do deísmo, na década de 1620. Sustentou que há cinco doutrinas básicas ou noções comuns de religião natural: 1) há um Deus supremo; 2) Deus deve ser venerado; 3) a veneração consiste na virtude e na piedade; 4) deve-se sentir contrição pelas ações incorretas; 5) há recompensas e castigos divinos nesta vida e na próxima. Estas doutrinas podem ser racionalmente conhecidas e constituem a base para uma verdadeira religião universal.

O principal impulso do deísmo tem expressão nos títulos de obras como *O Cristianismo não é misterioso: ou um tratado mostrando que nada no Evangelho é contrário à razão, nem acima dela: e que nenhuma doutrina cristã pode apropriadamente considerar-se um mistério* (1696), de John Toland (1670-1722), e *O cristianismo é tão velho quanto a criação: ou, o Evangelho, a re-edição da religião da natureza* (1730). A religião verdadeira é identificada com o cristianismo – mas um cristianismo «racional», reinterpretado, que não inclui qualquer revelação especial. Uma formulação clássica da posição deísta é apresentada por Rousseau em «A profissão de fé do vigário Savoyard», livro 4 de *Émile ou de l'éducation* (1762) (*Emílio ou da Educação*, 2004).

deítico *adj.* (gr. δεικτικός demonstrativo) Esta palavra e o substantivo dêixis (δεῖξις: gr. demonstração) têm dois sentidos relacionados, como ocorre também com *demonstrar* e os seus cognatos. Um sentido é o de *indicar* diretamente, o outro é o de *provar* diretamente, tendo por antónimo *elênctico*.

dêixis *Ver* DEÍTICO.

Deleuze, Gilles /dəlØːz/ (1925-1995) Um dos filósofos franceses do pós-guerra mais influentes, Deleuze, que se afastou da sua cátedra de Filosofia na Universidade de Paris em 1987, é mais geralmente conhecido pelo seu trabalho com o psicanalista Félix Guattari (1930--1992): a sua crítica da ortodoxia freudiana-marxista predominante entre os intelectuais de esquerda posterior a 1968 – *L'Anti-Oedipe* (1972) (*O Anti--Édipo*, 2004) – foi um *succès de scandale*. Estabeleceu a base de um empreendimento colaborativo de desenvolver um novo estilo de pensamento e escrita prosseguido em *Kafka: pour une littérature mineure* (1975) (*Kafka: Para Uma Literatura Menor*, 2003) e no seu *Mille Plateaux* (1980) (*Mil Planaltos*, 2008). O produto final da sua parceria, *Qu'est-ce que la philosophie?* (1991) (*O Que é a Filosofia?*, 2000), descreve a visão da filosofia como um processo de criação de conceitos que informou as obras anteriores.

Atribui-se ao livro anterior de Deleuze, *Nietzsche et la philosophie* (1962) (*Nietzsche e a Filosofia*, 2001), ter inaugurado a considerável influência de Nietzsche na filosofia pós-estruturalista francesa. Também publicou uma série de monografias sobre Hume, Proust, Kant e o bergsonismo. Todavia, a sua principal obra filosófica está contida em três livros publicados no final da década de 1960: *Différence et répétition* (1968) (*Diferença e Repetição*, 2009), *Spinoza et le problème de l'expression* (1968) (*Espinosa e os Signos*, 1989), e *Logique du sens* de (1969) (*Lógica do Sentido*, 2009). *Différence et répétition* apoia-se nos estudos anteriores em história da filosofia, bem como em aspetos da ciência e arte contemporâneas, de modo a entretecer uma física e uma metafísica da DIFERENÇA. Este empreendimento é também apresentado como uma crítica da filosofia da representação que dominou o pensamento europeu desde Platão. Para Deleuze, a experiência não é a representação de um objeto transcendental por meio de intuições e conceitos, mas a expressão ou atualização de Ideias por meio de um processo complexo de «diferenciação». A metafísica «assenta» apenas na repetição de problemas ideais, que são eles próprios definidos em termos de diferenças, e que logo redundam precisamente num não-fundamento ou afundacionalidade. *A Lógica do Sentido* desenvolve uma teoria paralela do significado, com referência a Lewis Carroll, enquanto gerado pela ausência de significado, *i.e.*, do absurdo, e revelado em paradoxos.

Mais tarde, Deleuze continuou a desenvolver a sua visão da filosofia como criação de conceitos em relação a várias atividades não filosóficas, incluindo o teatro (*Superpositions*, 1979, com C. Bene), pintura (*Francis Bacon: logique de la sensátion*, 1981; *Francis Bacon: Lógica da Sensação* 2007) e o cinema (*Cinéma 1 – L'image-mouvement*, 1983 e *Cinéma 2 – L'image-temps*, 1985; *A Imagem-Movimento*, 2004 e *A Imagem-Tempo*, 2006). Publicou também um livro sobre Foucault, um ensaio sobre Leibniz (*Le Pli*, 1988; *A Dobra*, 1991), uma colectânea de entrevistas (*Pourparlers*, 1990; *Diálogos*, 1998), e algumas coleções de ensaios. PP

de Maistre, Joseph /de mɜstʀ/ (1753--1821) Pensador político saboiano. Dirigiu ataques incisivos e eloquentes contra as ideias democráticas e igualitárias da Revolução Francesa e contra o seu espírito reformador, favorecendo a autoridade tradicional, em última instância com uma base religiosa (*Considérations sur la France* 1796 [*Considerações sobre a França*, 2010]). O seu livro sobre a soberania popular examinou minuciosamente e rejeitou o pensamento político de Rousseau. Apresentou uma defesa enérgica do dogma da infalibilidade papal em *Du Pape* (1819); saiu em defesa da Inquisição espanhola, que fora durante algum tempo abolida pelos reformadores liberais; defendeu os valores familiares tradicionais, argumentou a favor da subordinação legal das mulheres e louvou a gloriosa tarefa atribuída ao carrasco. Partindo da premissa plausível da fraqueza e corruptibilidade do homem, os seus escritos conservam interesse porquanto desenvolvem uma oposição, claramente articulada, a ideais políticos democráticos e, como foi sugerido no título de Isaiah Berlin, «Joseph de Maistre e as origens do fascismo» (em *The Crooked Timber of Humanity*, 1990), não deixam de ter relevância hoje em dia.

Demiurgo (gr. δημιουργός trabalhador, artesão) O artífice do mundo, no diálogo *Timeu* de Platão. O Demiurgo não é omnipotente, mas faz o melhor que pode, dadas as restrições impostas pelas Formas e pela Necessidade. Na especulação gnóstica, é uma divindade inferior, subordinada ao Deus supremo, produtor do mundo sensível, e portanto o originador da imperfeição e do mal.

democracia (gr. δημοκρατία governo do povo) *s.* 1 Sistema de governo em que todos os cidadãos têm direito a participar nas tomadas de decisão políticas, seja direta, seja indiretamente, através de representantes eleitos. 2 Um Estado governado democraticamente.

Embora no mundo moderno o primado da lei e o respeito por direitos humanos básicos esteja principalmente nas democracias, não há uma relação necessária entre as duas. A democracia teve má reputação desde a antiguidade, quando levava direta e frequentemente a uma tirania da maioria em que o primado de muitos se substituía ao primado da lei. Durante os últimos dois séculos, foi a democracia representativa, indireta, que passou a ser mais amplamente considerada um sistema de governo desejável.

Demócrito (*c.* 460-371 a.C.; gr. Δημόκριτος) Filósofo grego da antiguidade, de Abdera, que desenvolveu o atomismo como uma doutrina filosófica fundamental. Tendo ao que parece derivado os seus princípios de Leucipo, acerca de quem pouco se sabe, Demócrito escreveu muitas obras de desenvolvimento e aplicação do atomismo. Aceitou o argumento de Parménides de que não há geração nem destruição, mas rejeitou o argumento complementar de que não há movimento. O movimento é possível pelo vazio, que é um tipo de não ser, mas não é o nada absoluto. No vazio infinito, um número infinito de partículas microscópicas eternas, os átomos, move-se. Os átomos são sólidos e internamente imutáveis, tendo um número infinito de formas e talvez a propriedade do peso. O seu movimento é eterno e incausado. Os átomos combinam-se para formar objetos macroscópicos, e as mudanças de objetos macroscópicos resultam de reconfigurações das suas componentes atómicas. Tal como muitas palavras diferentes são compostas por algumas letras, também muitos tipos de substâncias podem ser compostos por alguns, poucos, tipos de átomos.

Na cosmologia de Demócrito, uma concentração acidental de átomos no espaço vazio inicia um movimento circular impelido por colisões. O movimento torna-se um vórtice rodeado por uma membrana esférica, dentro da qual se forma um cosmos, ou mundo. O nosso cosmos consiste numa Terra plana, rodeada de corpos celestes. Há incontáveis mundos, cada um com a sua própria configuração, mas não podemos vê-los porque a nossa própria visão é limitada pela membrana que envolve o cosmos, dentro da qual estão situadas as estrelas do nosso cosmos. No nosso cosmos, a vida surgiu a partir dos mares e propagou-se para terra, onde o género humano surgiu e desenvolveu culturas e civilizações. A dado ponto, o nosso cosmos perecerá como todas as outras combinações de átomos.

Embora Demócrito use analogias humanas para explicar processos cósmicos, explica todos os acontecimentos naturais como produtos de forças mecânicas. As substâncias semelhantes combinam-se no cosmos como os calhaus de dimensões semelhantes são peneirados pelo mar. Mesmo a alma é um composto de átomos, em particular de subtis átomos esféricos. Os objetos físicos emitem películas de átomos das suas superfícies, que atingem os sentidos e são transmitidas à alma por movimentos atómicos, explicando a perceção sensorial. As experiências imoderadas provocam o desequilíbrio na alma, resultando em sofrimento. Assim, devemos procurar a eutimia (equanimidade, alegria) cultivando o contentamento e evitando a inveja e a emulação. Esta era a razão do seu epíteto, «o filósofo que ri». A pessoa que tem equanimidade viverá de um modo legítimo, tendo uma vida harmoniosa no seio do Estado. Pelo que Demócrito pode derivar uma teoria ética detalhada, ainda que bastante convencional, dos seus princípios físicos.

Demócrito reconhece uma tensão entre a sua física e a sua explicação do conhecimento. O nosso conhecimento vem da experiência sensorial, mas a experiência sensorial não pode revelar-nos os átomos. Conhecemos as qualidades sensíveis como o doce, o amargo, o quente, o frio, o colorido, apenas por «convenção». Os objetos reais e as suas qualidades reais não são percecionados. Além disso, a nossa perceção muda com o nosso estado físico. Mas se rejeitamos os sentidos, parece que não temos conhecimento algum. Por isso, Demócrito distingue entre o conhecimento «bastardo», que deriva dos sentidos, e o conhecimento legítimo, que deriva aparentemente do raciocínio. O conhecimento que temos dos átomos tem de ser do último tipo.

Embora Demócrito não tenha tido sucessores imediatos, a sua teoria foi recuperada mais tarde por Epicuro, que a utilizou como base da sua filosofia da consolação. Através da escola epicurista as ideias atomistas foram transmitidas ao período moderno inicial, quando se tornaram a base das teorias filosóficas e científicas das quais descende a atual teoria atómica da matéria. DG

Leitura: D. Furley, *The Formation of the Atomic Theory and its Earliest Critics* 1987; C. C. Taylor, *The Atomists* 1999.

demonstração *s.* Estabelecer conclusivamente a verdade de uma proposição é demonstrá-la. Numa *demonstração direta*, estabelece-se a verdade da proposição *p* quando se deriva validamente *p* de premissas verdadeiras. Numa *demonstração indireta*, a verdade de *p* é estabelecida quando se refuta não *p*.

Note-se que «demonstração» (como «demonstrar», «demonstrável», etc.) é um termo factivo. Demonstrar algo é conseguir estabelecer isso, e é diferente de argumentar apenas a seu favor, ou seja, de procurar estabelecer tal coisa. De igual modo, refutar uma afirmação é conseguir mostrar a sua falsidade, e é mais do que argumentar apenas contra ela.

Nota: no inglês antigo, como em português corrente, Hume chama *demonstration* ao raciocínio dedutivamente válido que nos *Elementos* de Euclides estabelece um teorema, reservando a palavra *proof* para os indícios empíricos e argumentos que neles se baseiem. Isto é claramente diferente do uso inglês atual, em que *proof* é usado para o que Hume chama *demonstration*, usando-se *evidence* para o que ele chama *proof*.

demonstração condicional, regra da Também conhecida como «regra da introdução da →» (em sistemas de dedução natural). Estabelece que se *q* pode ser derivada de um conjunto de premissas que incluem *p*, então *p* → *q* pode ser derivada do conjunto de premissas que restam após a eliminação de *p*.

demonstração deítica Demonstração direta. Na terminologia da lógica antiga, o contraste entre a demonstração deítica e a elênctica é o contraste entre o que hoje se chama demonstração direta e indireta. Na anterior a conclusão é derivada diretamente a partir das premissas; na última, a negação da conclusão é refutada.

demonstração indireta Uma *demonstração indireta* de uma proposição *p* consiste em derivar uma proposição falsa ou de não *p* apenas ou de não *p* juntamente com outras premissas verdadeiras. Ver também REDUCTIO AD ABSURDUM.

demonstrativo, conhecimento *s.* O conhecimento demonstrativo é indireto, obtido por prova, em contraste com a intuição, *i.e.,* o conhecimento imediato. O contraste foi assinalado nestes termos por muitos filósofos, incluindo Locke (*Ensaio sobre o Entendimento Humano* 4, 2) e Hume (*Tratado da Natureza Humana* 1, 3, 1).

Outro contraste, em Hume, é entre o conhecimento demonstrativo, que é indubitável, dado a sua negação implicar uma autocontradição, e as crenças mais ou menos prováveis acerca de questões de facto.

de Morgan, leis de Duas regras lógicas, formuladas por Ockham no século XIV, por Geulincx no século XVII, mas que hoje recebem o nome do lógico oitocentista Augustus de Morgan (1806-1871). Como regras ou teoremas, as duas leis pertencem à lógica proposicional canónica: 1) não (*p* e *q*) é equivalente a não *p* ou não *q*; 2) não (*p* ou *q*) é equivalente a não *p* e não *q*. Por outras palavras, a negação de uma conjunção implica a disjunção dos conjuntos negados, e vice-versa. E a negação de uma disjunção implica a conjunção dos disjuntos negados, e vice-versa. Há leis análogas na teoria de conjuntos e na álgebra de Boole.

demótico (gr. δῆμος povo) *adj., s.* Que pertence ao discurso comum, em contraste com um estilo mais literário ou empolado. *sin.* vernáculo.

Dennett, Daniel (n. 1942) Filósofo norte-americano, professor na Universidade de Tufts, em Boston, desde 1971. Foi aluno de Gilbert Ryle em Oxford, entre 1963 e 1965, e sempre reconheceu calorosamente a influência de Ryle no seu próprio trabalho. O seu primeiro livro, *Content and Consciousness* foi publicado em 1969. Seguiu-se-lhe *Brainstorms* (1978) (*Brainstorms: Ensaios Filosóficos sobre a Mente e a Psicologia*, 2006), *Elbow Room* (1984), *The Intentional Stance* (1987), *Consciousness Explained* (1991), *Darwin's Dangerous Idea* (1995) (*A Ideia Perigosa de Darwin*, 2001), *Kinds of Minds* (1996) (*Tipos de Mentes*, 2001), *Brainchildren: A Collection of Essays, 1984-1996* 1998 e *Freedom Evolves* (2003) (*A Liberdade Evolui*, 2005). Estes trabalhos contêm entre outras coisas uma abordagem a algumas das questões centrais da filosofia da mente e da psicologia especulativa. Para Dennett, a filosofia da mente tem duas tarefas centrais. A primeira é explicar o conteúdo, ou intencionalidade, dos estados psicológicos: a sua capacidade para representar o mundo ou ser sobre o mundo; a segunda é explicar o carácter consciente ou fenoménico dos estados mentais: o facto de haver algo como a (experiência) de passar por esses estados. Para Dennett, o procedimento apropriado é começar por lidar com o primeiro problema, usando-o depois como plataforma para lidar com o segundo. No que respeita ao primeiro problema, a sua principal inovação é a da «postura intencional», pela qual uma pessoa ou coisa é representada como agente racional, agindo com base em crenças e desejos. A postura intencional contrasta com duas outras: a postura de desígnio, pela qual uma pessoa é tratada como uma máquina ou artefacto de desígnio, e a postura física, pela qual uma pessoa é representada como um sistema completamente físico. Alguns dos primeiros intérpretes consideravam que Dennett sugeria aqui uma abordagem instrumentalista da psicologia, segundo a qual as afirmações psicológicas são meros instrumentos de previsão, em vez de por vezes serem relatos verdadeiros de questões de facto. Mas Dennett insistiu mais tarde que defende um tipo de realismo – realismo moderado, como lhe chama.

Os principais contributos de Dennett para o problema da consciência podem encontrar-se em *Consciousness Explained*. Nesta obra, a ideia crucial é que muitos dos enigmas sobre a consciência têm origem num pressuposto implícito de que há um lugar na mente ou cérebro onde todo o pensamento e experiência estão unificados, onde «tudo se combina». Dennett pensa que podemos abandonar este pressuposto e propõe uma alternativa, a que chama «modelo dos esboços múltiplos». O livro explica o modelo dos esboços múltiplos de um modo notavelmente rico, combinando a filosofia, a psicologia, a neurociência, a biologia e a teoria literária. Em *The Intentional Stance*, Dennett discute mais plenamente a relação entre a biologia evolucionista e a filosofia da mente, e as ideias darwinistas e o seu impacto, que tem sido o enfoque de muito do seu trabalho mais recente, incluindo em particular *A Ideia Perigosa de Darwin*. Além desta obra académica, Dennett é muito bom a escrever para o grande público. O seu trabalho mais bem-sucedido é *The Mind's I* (org. em 1981 com Douglas Hofstadter). DS

Leitura: M. Elton, *Daniel Dennett* 2003.

denotação s. Diz-se que um termo geral *denota* cada objeto a que se refere; diz-se que um termo singular ou um nome próprio *designam* aquilo a que se referem. Alguns autores não fazem esta distinção terminológica, mas afirmam também, acerca de termos singulares, que denotam. *Ver também* CONOTAÇÃO.

dénouement /denuːmõ/ fr. um desligamento. Em literatura e teatro: o desenlace de um enredo, a resolução de temas numa história.

denso/ténue; pleno/ténue Uma descrição ténue apresenta o que é observável a partir do exterior. Por exemplo, o facto de alguém pestanejar, a rapidez do movimento, etc. Uma descrição ténue dá-nos apenas um registo exterior. Pode incluir poucos pormenores, ou muitos. O que omite é os significados e intenções que o pestanejar pode exprimir: talvez seja um sinal, ou um comentário irónico silencioso sobre o que se está a passar. Ou pode estar a troçar de alguém que pestanejou com essa intenção. Ou a pessoa pode estar a treinar para fazer depois essa troça. É a adição de uma ou mais *camadas de significado e intenção* como estas que transforma uma descrição ténue numa densa. Este contraste denso/ténue foi introduzido por Gilbert Ryle em dois artigos de 1966 e 1968 (no vol. 2 de *Collected Papers* 1973), sendo retomado pelo antropólogo Clifford Geertz em *The Interpretation of Cultures* (1973) (*A Interpretação das Culturas*, 1989).

Este é um uso bem delimitado. Muitos autores, contudo, adotaram «denso» como mero sinónimo de «rico», «pleno», «mais pormenorizado», etc. Rawls, *A Theory of Justice* (1971) (*Uma Teoria da Justiça*, 2008), contrasta dois tipos de teoria do bem: uma teoria ténue, que se limita ao rigorosamente essencial, e uma teoria plena. Bernard Williams, *Ethics and The Limits of Philosophy* (1985) distingue os conceitos morais «densos» (*e.g.*, coragem) dos «ténues» (*e.g.*, correção).

Nota: alguns filósofos forçam a metáfora. Um autor defende que as identidades das pessoas são ténues ou densas. Os «agentes racionais ténues» mencionados por outro autor não são necessariamente anémicos. Outro ainda refere-se à «compreensão densa» (do florescimento humano) de indivíduos e comunidades, presumivelmente sem querer sugerir que são cabeças duras.

deo gratias lat. Graças a Deus.

deôntica, lógica A lógica das afirmações deônticas. Pode-se afirmar que esta investigação começou com o artigo de von Wright de 1951 (*ver* DEÔNTICO), embora tenha havido antecipações nos escritos de Ernst Mally na década de 1920, e, muito antes, em Bentham e Leibniz.

deônticas, frases As frases deônticas são usadas para afirmar ou negar que determinada ação, ou estado de coisas, é obrigatório ou permissível. As frases deônticas simples podem ser representadas esquematicamente pelas formas *Pode p*, *Deve p*, e suas negações.

deôntico (gr. δέον, conforme, ajustado, adequado, apropriado) *adj.* Respeitante a conceitos de permissibilidade e obrigatoriedade. A palavra foi introduzida por G. H. von Wright no seu artigo pioneiro «Deontic Logic», *Mind* 60 (1951). Foi-lhe sugerida por C. D. Broad.

deôntico, hexágono Um diagrama, semelhante em natureza ao quadrado da oposição para proposições CATEGÓRICAS, que apresenta as relações lógicas básicas entre afirmações deônticas simples, tendo sido precedido por um QUADRADO DA OPOSIÇÃO deôntico, concebido pelo filósofo austríaco Alois Höfler em 1885, que por sua vez foi antecipado por Leibniz no então ainda inédito *Elementa juris naturalis* (1671). Parece ter sido concebido pela primeira vez em meados do século XX. As setas simbolizam a implicação; as forquetas a contradição (ver Figura 2).

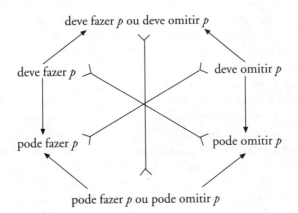

FIGURA 2 **As relações lógicas entre afirmações deônticas simples**

deônticos, conceitos Os conceitos de permissibilidade e obrigatoriedade. Podemos exprimi-los, por exemplo, por *pode, tem de, dever*, etc. Chama-se-lhes por vezes *modalidades deônticas*, e a sua lógica exibe algumas analogias com a lógica da necessidade e da possibilidade. Os conceitos deônticos podem ser comparados e contrastados com conceitos *normativos*, em que *correto* e *incorreto* são dos mais gerais, e com os conceitos *axiológicos* de *bem* e *mal, bem* e *malvadez*, etc.

deontologia *s*. 1 Esta palavra foi criada por Jeremy Bentham (1748-1832), e por ele usada para referir a «ciência da moralidade». Também usou a palavra como nome para a totalidade da sua teoria ética, incluindo tanto o princípio básico de utilidade como variadíssimas aplicações detalhadas. A sua obra *Deontology* (1834) foi compilada pelo seu editor de um modo que desagradou a muitos dos seguidores de Bentham, inclusive John Stuart Mill. 2 Um código de ética para determinadas profissões, *e.g.*, a profissão médica.

deontológico *adj*. Tem-se chamado «deontológicas» às teorias morais segundo as quais a correção ou obrigatoriedade de pelo menos algumas ações – o cumprimento de uma promessa, digamos – não é exclusivamente determinada pelo valor geral das consequências. O termo contrastante é TELEOLÓGICO.

Nota: o uso deste par de termos para assinalar o contraste entre o não consequencialismo e o consequencialismo parece infeliz. Segundo se define os termos, a deontologia de Bentham não é deontológica, e, ainda mais estranho, a ética de Aristóteles não é teleológica.

Nota: C. D. Broad usou pela primeira vez os termos em 1930 para duas aplicações diferentes de «deve»: afirmar que uma ação de determinado tipo deve ser praticada independentemente do valor das consequências prováveis é fazer uma aplicação deontológica de «deve». Em contraste, afirmar que todos deviam agir de modo a promover um fim último especificado (a felicidade do próprio agente, ou a felicidade de todos, etc.) é fazer uma aplicação teleológica de «deve». J. H. Muirhead, em *Rule and End in Morals* (1932), usou os termos para duas «posições» em ética.

deo volente lat. Queira Deus.

dependência da resposta A ideia de dependência da resposta faz eco até certo ponto da antiga noção de qualidades secundárias (*ver* QUALIDADES PRIMÁRIAS E SECUNDÁRIAS). Quando se afirma que o amarelo é um conceito que dependente da resposta, o que se pretende dizer é que uma superfície é amarela se, e só se, for percecionada como amarela em circunstâncias normais. Em geral, um conceito que depende da resposta é um conceito cuja extensão depende (*a priori*) de como reagimos (cognitivamente) sob condições favoráveis. *Ver* ENTIDADES MORAIS.

Nota: o termo inglês «response-dependence» para esta noção surgiu no final da década de 1980, inicialmente nos escritos de Mark Johnston, Crispin Wright e Philip Pettit.

depravação transmundial Noção técnica introduzida por Alvin Plantinga no decurso da sua tentativa de demonstrar que a existência do mal é consistente com a existência de um Deus omnipotente, omnisciente e sumamente bom. O argumento é uma versão da chamada «Defesa do Livre-Arbítrio», e é apresentada por Plantinga em *The Nature of Necessity* (1974) e *God, Freedom and Evil* (1974).

Um agente sofre de depravação transmundial se, e só se, qualquer mundo possível no qual esse agente é criado por Deus for um mundo em que o agente executa livremente pelo menos uma ação moralmente errada.

No decurso da sua tentativa de demonstração, Plantinga argumenta 1) que alguns mundos possíveis contendo agentes livres são mundos que Deus não pode criar, mesmo admitindo a sua omnipotência; e 2) que todos os mundos possíveis nos quais os agentes livres escolhem sempre agir corretamente, escolhendo-o livremente, podem pertencer a esta categoria porque todos os agentes livres possíveis poderão ser transmundialmente depravados. Uma crítica pertinente ao argumento de Plantinga é feita por J. L. Mackie em *The Miracle of Theism* (1982). *Ver também* DEFESA DO LIVRE-ARBÍTRIO; MUNDOS POSSÍVEIS; TEODICEIA. JB

De Rerum Natura lat. Sobre a natureza das coisas; uma obra filosófica didática, escrita em hexâmetros por LUCRÉCIO, cerca de 50 a.C.

derivabilidade s. No sentido normalmente dado pelos filósofos hoje em dia, dizer que de uma proposição *p* se deriva uma proposição *q* é simplesmente um modo alternativo (e muitas vezes conveniente) de dizer que *q* se segue logicamente de *p* ou é logicamente dedutível de *p*.

A questão de saber quais são exatamente as condições em que existe uma relação de derivabilidade entre proposições é assunto de muita controvérsia. Talvez a perspetiva mais simples, que tem sido amplamente sustentada tanto no período medieval quanto no moderno, é que de *p* se deriva *q* se, e somente se, for logicamente impossível *p* e *não q* ao mesmo tempo.

Esta perspetiva, porém, tem sido recusada, principalmente pela seguinte razão: parece claro que se uma proposição for impossível, então a sua conjunção com qualquer outra proposição é também impossível; assim, se *p* for impossível, também *p e não q* o será, independentemente do que seja *q*; assim, se a perspetiva em questão estiver correta, de qualquer proposição impossível se deriva toda e qualquer proposição, seja ela qual for – um resultado que muitos filósofos (mas não todos, de modo algum) avaliaram como intuitivamente inaceitável.

Um resultado mais restrito, a saber, que de toda a proposição autocontraditória – ou seja, da forma «*p* e não *p*» – se deriva qualquer proposição, seja ela qual for, pode ser demonstrado por um argumento que não pressupõe a explicação acima da derivabilidade, apenas os seguintes princípios: A) de que qualquer conjunção se deriva cada um dos seus membros (simplificação); B) de uma proposição deriva-se a disjunção dela mesma com qualquer outra proposição (adição); C) de uma disjunção e da negação de um dos seus membros deriva-se o outro membro (o princípio do «silogismo disjuntivo»); D) a derivabilidade é transitiva. O argumento é o seguinte:

1. *p* e não *p*
2. *p*   [de 1 pelo princípio A]
3. *p* ou *q*   [de 2 pelo princípio B]
4. não *p*   [de 1 pelo princípio A]
5. *q*   [de 3 e 4 pelo princípio C]

Portanto, pelo princípio D, de *p e não p* deriva-se *q*, sendo esta é uma proposição arbitrária qualquer.

Este argumento (ou uma variante mais simples) encontra-se nas obras de muitos lógicos medievais. Foi reavivado por C. I. Lewis e C. H. Langford, *Symbolic*

Logic (1932) e tem sido tema de muita controvérsia desde então. Parece claro que quem rejeitar a sua conclusão também tem de negar, ou pelo menos restringir, um ou mais dos princípios A-D. O candidato mais popular à rejeição é princípio C, o silogismo disjuntivo.

O uso lógico do termo inglês *entail* (derivar) surge no artigo de G. E. Moore «External and Internal Relations», *Proceedings of the Aristotelian Society* (1919--1920), reimpresso em *Philosophical Studies* (1922), que preferia este termo a *imply* (implicar), que havia sido usado com um sentido diferente por Bertrand Russell. GH

derivação *s.* 1 Na lógica em geral: uma inferência. 2 Em Pareto: uma racionalização, *i.e.,* uma construção ideológica que serve o propósito de fazer um sentimento ou preconceito não racional parecer racional.

Derrida, Jacques /dɛʀida/ (1930--2004) Nasceu em Argel e estudou na Ecole Normale Supérieure, onde regressou como professor em 1965 após cinco anos de ensino na Sorbonne. Desde 1985, lecionou na Ecole des Hautes Etudes en Sciences Sociales.

A obra de Derrida teve uma enorme popularidade, diminuindo talvez um pouco na década de 1990, entre a crítica literária e a «teoria crítica» anglófona, mas suscitou poucas simpatias entre os filósofos anglófonos, sendo a justificação mais habitual para a rejeição a de que não só é incompreensível como mistificadora, e que, se puder ser compreendida, representa uma tentativa de pôr em causa a própria possibilidade da investigação racional.

Para os que desejam avaliar independentemente a justiça destas acusações, o melhor lugar para começar é provavelmente pelo início, com o primeiro ensaio de Derrida, *La Voix et le phénomene* (1967) (*A Voz e o Fenómeno*, 1994). É um ataque à teoria do significado exposta na primeira das *Investigações Lógicas* (1900--1901) de Edmund Husserl. Husserl defende o ponto de vista de que o significado é primariamente captado pela mente por meio da sua apreensão dos atos intencionais pelos quais constitui objetos ideais (números, objetos físicos que se considera transcender a sensação, etc.) A apreensão do significado é portanto, do ponto de vista de Husserl, algo essencialmente intemporal, transcendental e pertencente à vida interior da consciência (o *puro Presente*). A linguagem, por contraste, não é qualquer destas coisas. A «vida» dos signos linguísticos é material, social, imbuída de histórias constituídas por línguas e etimologias particulares, e em geral e essencialmente dependentes de características (indexicalidade, os padrões estruturais de diferença notados por Saussure, as contingências da metonímia, etc.) que são resistentes à análise em termos da «pura» vida intencional da consciência. Husserl argumenta que estas características da linguagem são inessenciais para a análise do conceito de significado porque a própria linguagem é inessencial, sendo apenas um dispositivo convencional «externo» para representar estruturas de atos intencionais. A proposta de Husserl, resumindo, é a de que o significado e a vida da consciência, enquanto domínios de atos intencionais e objetos ideais, podem ser especificados sem referência à linguagem; e esta é a proposta que Derrida começa por atacar. A sua estratégia é argumentar minuciosamente não apenas que a «interioridade» husserliana da intencionalidade e da consciência não podem ser rigorosamente separadas das alegadas «exterioridades» da linguagem, mas que todo o projeto da fenomenologia husserliana só se torna possível por uma dependência sistemática dos recursos supostamente «inessenciais» da linguagem: uma dependência que o fenomenólogo logo tem de sistematicamente negar e relegar para as «margens» da sua vida teórica.

Este último movimento contém em germe o pensamento central da DESCONSTRUÇÃO/DESCONSTRUCIONISMO, o método crítico ao qual o nome de Derrida veio a estar principalmente associado. «Desconstruir» uma teoria ou *corpus* de textos é pôr a nu as considerações contrárias à sua perspetiva das coisas que pressupõe e no entanto obscurece e marginaliza como condição da sua existência. A desconstrução torna-se necessária pela tendência (da qual a teoria dos signos de Husserl é um exemplo notável, mas que, segundo afirma Derrida, descende do *Crátilo* de Platão e é endémico na tradição filosófica ocidental) de procurar privilegiar os termos de um esquema conceptual favorito fazendo-os assentar numa fonte de significado fora da linguagem. É a isto que Derrida chama *logocentrismo*. O logocentrismo envolve privilegiar o discurso sobre a escrita, o ideal e extratemporal sobre o material e temporal, e as intenções particulares dos falantes em ocasiões específicas sobre o que é público e repetível (*iterável*) no nosso uso dos signos. Alguns críticos, e alguns filósofos, consideraram que da crítica de Derrida ao logocentrismo decorre que nenhuma locução pode ter qualquer significado determinado ou relação com a realidade, logo, que o discurso racional e a procura da verdade são impossíveis. A resposta de Derrida, sugerida numa entrevista no início da década de 1990, seria talvez a de que o conceito de racionalidade é tão ideal e atemporal em caráter como qualquer outro conceito, e que a desconstrução liberta-nos da ossificação do pensamento envolvida em pensar que um esquema conceptual favorito é privilegiado sobre outros em virtude de ter um fundamento extralinguístico. Pode assim constituir não tanto uma demonstração da vacuidade do conceito de racionalidade, antes um convite a contemplar o alargamento do âmbito do conceito para admitir novas formas de racionalidade.

Traduções: Gramatologia 2008; *A Escritura e a Diferança* 2009; *Margens da Filosofia* 1991; *Cartão-Postal* 2007; *Do Espírito* 1990; *A Voz e o Fenómeno* 2011[2]. Outras obras: *La Voix et le phénomene* 1967; *La Dissémination* 1972; *Glas* 1974; *La Vérité en peinture* 1978; *Psyche* 1987. BHA

derrotável Uma inferência derrotável não é monotónica. *Ver* LÓGICA NÃO MONOTÓNICA

Nota: a palavra entrou no uso filosófico através de «The Ascription of Responsability and Rights», *Proceedings of the Aristotelian Society* (1948-1949), de H. L. A. Hart, que a usou para caracterizar *conceitos* cuja aplicação admite orações «a menos que» («x é um F, a menos que…»). Por uma extensão natural veio a aplicar-se a *inferências* («C segue-se de P, a menos que…»).

de Ruggiero, Guido (1888-1948) Filósofo italiano, defensor do efectivismo, uma variedade de idealismo semelhante ao de Gentile. Autor de uma importante história da filosofia. A sua *Storia del liberalismo* (1925) foi traduzida por R. G. Collingwood (*History of European Liberalism*).

desagregação Em lógica: expressão abreviada para *regra de desagregação*: de $A \rightarrow B$ e A, pode-se inferir B. Esta regra de inferência é também conhecida como MODUS PONENS. Nos sistemas de dedução natural: E→.

desambiguar *vb.* 1 Explicitar uma ambiguidade escondida numa expressão. 2 Determinar o sentido em que uma expressão ambígua será usada.

Descartes, René /'dekaʀt/ (1596-1650) Universalmente reconhecido como um dos principais arquitetos da era moderna, Descartes legou ao mundo filosófico duas doutrinas principais. A primeira foi um reducionismo físico-matemático exaustivo: todos os fenómenos observados seriam em última instância explicados por referência às interações de partículas descritíveis apenas em termos de dimensões, forma e movimento. A segunda foi uma conceção da mente como algo exterior ao âmbito da física – um fenómeno *sui generis* cuja natureza só poderia ser captada a partir de dentro, por via da reflexão introspetiva.

René Descartes nasceu na cidade entre Tours e Poitiers (anteriormente La Haye) que hoje tem o seu nome. Foi educado pelos jesuítas no então recentemente fundado colégio de La Flèche, onde recebeu uma formação sólida na filosofia escolástica, que mais tarde viria a pôr em causa. Quando era jovem, foi despertado dos seus sonos dogmáticos pelo matemático holandês Isaac Beeckman. «Só tu», escreveu Descartes a Beeckman em 1619, «me fizeste sair do estado de indolência»; passou a falar da «gigantesca tarefa» que se impusera: produzir uma «ciência completamente nova, que forneceria uma solução geral para todas as equações possíveis envolvendo qualquer género de quantidade». A visão de uma física completa, baseada na matemática, foi o que encontrou finalmente expressão no monumental *Principia philosophiae* (1644) (*Princípios da Filosofia*, 2006). Descartes delineou nesta obra um esquema explicativo baseado numa definição simples de matéria como «substância extensa» (o que tem comprimento, largura e profundidade), de modo que todas as várias formas e qualidades dos fenómenos observados podiam ser explicadas apenas por referência às propriedades geométricas do tamanho e da forma, além de determinadas leis abrangentes fundamentais (como a lei da conservação do movimento). «Aceito de bom grado», escreveu Descartes no fim da Parte II dos *Princípios*, «que não reconheço matéria alguma nas coisas corpóreas além daquilo a que os geómetras chamam quantidade, e tomam como o objeto das suas demonstrações, *i.e.*, aquilo a que todo o tipo de divisão, forma e movimento é aplicável. Além disso, a minha consideração de tal assunto nada envolve absolutamente além destas divisões, formas e movimentos: e mesmo a respeito destes, só admitirei como verdadeiro aquilo que foi deduzido de noções comuns indubitáveis de um modo tão evidente que seja próprio considerá-lo uma demonstração matemática».

Elementos desta visão matematicamente inspirada foram explorados por Descartes na sua obra inicial, *Regulae ad directionem ingenii* (*Regras para a Direcção do Espírito*, 1989), redigida no final da década de 1620 (embora só fosse publicada em 1701). «Acabei por ver», observa Descartes, «que a preocupação exclusiva da matemática é com estas questões de ordem e medida, e que é irrelevante se a medida em causa envolve ou não números, formas, estrelas, sons, ou qualquer objeto que seja. Isto fez-me perceber que tem de haver uma ciência geral que explica todas as questões que se pode levantar a respeito da ordem e da medida, independentemente do objeto de estudo». Parte do trabalho científico inicial de Descartes dizia respeito à matemática pura, outra parte à matemática aplicada; e num conjunto de três ensaios que publicou anonimamente em 1637, forneceu exemplos do seu novo método nos campos da geometria, ótica e meteorologia. Como prefácio a estas «amostras ensaísticas», inseriu uma ampla autobiografia intelectual: *Discours de la méthode pour bien conduire sa raison, et chercher la vérité dans les sciences* (*Discurso do Método*, 2006).

O *Discurso* é notável pela sua rejeição da autoridade do passado e da «opinião preconcebida», e por apelar às inteleções refletivas e sem obscuridades da pessoa comum de «bom senso», essa «coisa mais bem distribuída do mundo». Embora Descartes tenha insistido na importância da observação e da experimentação ao decidir entre hipóteses rivais, sustentou que os axiomas fundamentais da nova ciência seriam descobertos apenas pelos poderes inatos do intelecto humano: «Reparei em certas leis que Deus estabeleceu na natureza, e das quais implantou noções nos nossos espíritos, que após adequada reflexão não podemos duvidar de que são exatamente observadas em tudo o que existe ou ocorre no mundo». O apelo a Deus como origem e, em certo sentido, garante das leis relevantes, introduz um tema central da filosofia cartesiana: a perspetiva da ciência como um sistema unificado que se baseia em fundações metafísicas seguras. A Parte IV do *Discurso* descreve o caminho para essas fundações seguras, partindo da célebre «dúvida metódica» cartesiana. As vias habituais para o conhecimento, como as impressões dos sentidos, são rejeitadas por não serem fidedignas, e em vez disso procura-se uma base para a certeza em premissas que não possam ser abaladas por qualquer hipótese cética, por mais extrema que seja. Segue-se então o que é provavelmente o contributo mais conhecido de Descartes para a filosofia, o famoso argumento do «Cogito»: «Reparei de imediato que enquanto procurava deste modo considerar tudo como falso, era necessário que eu, que pensava nisto, fosse algo. E ao observar que esta verdade «penso, logo existo» (*je pense, donc je suis*) era tão firme e segura que todas as suposições mais extravagantes dos céticos eram incapazes de a abalar, decidi que podia aceitá-la sem hesitar como o primeiro princípio da filosofia que procurava».

Estas reflexões são consideravelmente ampliadas na obra-prima de Descartes: *Meditationes de prima philosophia, in qua Dei existentia et animæ immortalitas demonstratur* (1641) (*Meditações sobre a Filosofia Primeira*, 1992). As *Meditações* tinham circulado previamente em manuscrito entre alguns dos principais filósofos e teólogos da época (incluindo Thomas Hobbes, Antoine Arnauld e Pierre Gassendi), e os seus comentários críticos, juntamente com as respostas de Descartes, formaram os seis conjuntos de *Objeções e Respostas* que foram incluídos na primeira edição (a segunda edição, definitiva, incluindo um sétimo conjunto de Objeções pelo jesuíta Pierre Bourdin, surgiu no ano seguinte em Amesterdão). Nas *Meditações*, Descartes adota o caminho do pensador solitário, da dúvida e desorientação à certeza e ao conhecimento fidedigno. Tendo duvidado da própria existência do mundo em seu redor (usando a ficção de um enganador sumamente poderoso «que usa toda a sua astúcia de modo a enganar-me» – Primeira Meditação), o pensador descobre uma certeza irrefutável:

«que me engane tanto quanto possa, nunca fará que eu seja nada enquanto penso que sou alguma coisa». Argumenta então que o eu de que está ciente é «em sentido estrito apenas uma coisa que pensa» (*res cogitans*), *i.e.*, uma coisa que «duvida, compreende, afirma, nega, quer, não quer, imagina e sente» (Segunda Meditação). A partir de uma reflexão sobre as ideias encontradas neste eu consciente, o meditador identifica uma ideia, a de um ser infinito e perfeito, cujo conteúdo excede a tal ponto a minha capacidade que não a poderia ter formado pelos meus próprios meios; segue-se que o ser infinito, Deus, existe realmente, e «colocou a ideia de si próprio em mim para ser de certo modo a marca do artesão estampada na sua obra» (Terceira Meditação). Mais tarde é apresentada uma prova adicional da existência de Deus, com base na afirmação de que a existência está contida na própria definição ou essência de um ser perfeito. Esta é a versão cartesiana do chamado ARGUMENTO ONTOLÓGICO (Quinta Meditação). Tendo estabelecido a existência de Deus, o pensador consegue reconstruir fundações sólidas para o conhecimento, baseadas nas «ideias claras e distintas» do espírito, cuja fidedignidade é garantida por Deus; isto abre a possibilidade do «conhecimento pleno e certo tanto de Deus como das outras coisas cuja natureza é intelectual, e também do todo cuja natureza é o objeto de estudo da matemática pura» (Quinta Meditação).

O programa cartesiano da «metafísica fundacionalista» suscitou debates e críticas intermináveis, quer a respeito dos pormenores das controversas provas da existência de Deus, quer pela razão de um alegado defeito estrutural em todo o procedimento: se vamos usar Deus como garante da fiabilidade das perceções do espírito, como podemos confiar, antes de mais, nas premissas necessárias para provar a sua existência? (Esta preocupação, conhecida como o «círculo cartesiano», foi levantada pela primeira vez pelos críticos contemporâneos de Descartes, Marin Mersenne e Antoine Arnauld.) Talvez a parte mais controversa da metafísica de Descartes, todavia, seja a afirmação (feita na Sexta Meditação) de que a natureza do espírito como pura substância pensante é inteiramente distinta da natureza do corpo, ou da substância extensa, e portanto «é certo que sou realmente distinto do corpo, e posso existir sem este». Há dois problemas fundamentais na teoria «dualista» da mente e do corpo, de Descartes. O primeiro é que, admitindo que Descartes consegue formar *alguma* conceção de si próprio como ser consciente, sem referência ao corpo, permanece mesmo assim por demonstrar que essa conceção é logicamente completa e adequada, no sentido de podermos realmente ter uma conceção coerente do eu pensante independentemente de qualquer substrato físico (compare-se a crítica de Arnauld no Quarto Conjunto de Objeções). O segundo problema diz respeito àqueles aspetos da nossa vida mental, em especial a sensação e a emoção, que atestam o facto de que, como o próprio Descartes admitiu, «não estamos meramente presentes no corpo, mas intimamente unidos e interligados a este». No seu último livro, as *Les passions de l'âme* (1649) (*Paixões da Alma*, 2009), Descartes aprofundou a exploração deste assunto. A obra surgiu de uma correspondência com Elisabete da Boémia, e nela Descartes fala de uma «união substancial» entre o espírito e o corpo: as atividades puramente intelectuais e volitivas pertenciam em exclusivo ao espírito, os acontecimentos fisiológicos (como a digestão) pertenciam em exclusivo ao corpo, mas as emoções e sensações não podiam ser compreendidas sem referência à união dos dois. O próprio Descartes insistiu que esta união era uma «noção primitiva», mas foi incapaz de explicar claramente a sua natureza: enquanto os conceitos de espírito e corpo eram transparentes ao intelecto, a natureza da união tinha simplesmente de se «ter experiência» dela.

Os críticos novecentistas como Gilbert Ryle argumentaram que a conceção cartesiana de uma mente fantasmagórica que habita um corpo mecânico é radicalmente confusa. Outros, em particular Ludwig Wittgenstein, lançaram a dúvida sobre a própria coerência do pressuposto cartesiano de que uma explicação do mental pode ser dada a partir do ponto de vista «privado», na primeira pessoa, do pensador solitário. Mas embora a tendência da filosofia hoje seja largamente anticartesiana, não deixa de ser verdade que o enquadramento do «problema da mente-corpo» é ainda em grande medida estruturado pelo conjunto de problemas que Descartes descobriu sobre a natureza da consciência e a sua relação com o mundo físico. Para o melhor e para o pior, os escritos de Descartes exerceram uma influência duradoura sobre as nossas ideias de natureza humana, o lugar do homem no cosmos, e a natureza do próprio trabalho filosófico. JCM

Método de citação: por referência ao volume e página da edição canónica: *Oeuvres de Descartes*, org. C. Adam e P. Tannery, ed. rev. 1964-1976. Leituras: J. Cottingham (org.), *Descartes* 2009; *Dicionário Descartes* 1995; J. Cottingham, *A Filosofia de Descartes* 1999; T. Sorell, *Descartes* 2004. Em inglês: B. Williams, *Descartes: The Project of Pure Inquiry* (1978) 2004; M. Wilson, *Descartes* 1978.

descitação *s.* Remoção de um par de aspas.

descobrir *vb.* Em uso antigo: revelar. Neste sentido, uma pessoa que descobre a sua identidade não obtém autoconhecimento, mas permite que outros saibam quem ela é.

desconstrução/desconstrucionismo *s.* Forma de análise textual, normalmente combinada com revisão teórica. O seu objetivo é desmascarar e superar privilégios escondidos (conceptuais ou teóricos). A atividade desconstrutiva procura mostrar que os conceitos cruciais usados em textos de vários tipos (filosóficos, literários, jurídicos, teológicos, etc.) suprimem um conceito oposto que na verdade pressupõem. Para dar alguns exemplos, cada um dos conceitos de razão, o transcendente, o masculino, o sagrado, está ligado a, e pressupõe, um oposto que é marginalizado, excluído, suprimido e escondido: respetivamente, a paixão, o empírico, o feminino e o profano. Todavia, o conceito privilegiado não poderia sequer fazer sentido sem pressupor o seu oposto. Uma fase ou aspeto importante da desconstrução consiste em comprometer a primazia de um conceito mostrando que a prioridade assenta genuinamente no conceito suprimido, visto que é pressuposto pelo privilegiado. Por esta reversão, a primazia é então atribuída ao conceito anteriormente suprimido. Ou o privilégio é substituído pela igualdade numa segunda fase de desconstrução em que as exigências conflituantes do estatuto privilegiado são resolvidas por um novo conceito que pode incorporar os dois anteriores opostos, um pouco à maneira de uma síntese hegeliana.

Como técnica de leitura, a desconstrução procura desmontar um texto de modo a mostrar como inevitavelmente funciona contra si próprio. As palavras usadas no texto têm, por assim dizer, uma lista de prioridades escondida que desestabiliza o significado visível do texto. Por fim, a própria noção de que o texto tem um significado definido torna-se problemática.

Trata-se de um conceito crucial nos escritos de Jacques DERRIDA. Entre os que, na teoria da literatura, praticam este método, muitos dos quais estiveram associados às universidades de Yale e Johns Hopkins, encontram-se Paul de Man, Geoffrey Hartman, J. Hillis Miller, Harold Bloom e Stanley Fish.

Pensou-se que a teoria de Derrida sugere que não pode haver qualquer explicação determinada da desconstrução. Sendo este o caso, o que até agora foi afirmado tem evidentemente de ser tomado com algumas reservas. Neste ponto, os críticos hostis parecem concordar com os partidários da desconstrução, um dos quais escreveu que a própria ocorrência de «desconstrução» numa enciclopédia é paradoxal, visto que vários passos em Derrida deixam claro que fornecer uma explicação ou definição desta noção prova que não foi apropriadamente compreendida, mesmo que algumas pessoas sejam «levadas a definições». Observou-se também que «Derrida tem o problema de dizer o que quer dizer sem querer dizer o que diz.» JA

Nota: a palavra passou gradualmente a ser usada também num sentido menos específico, e é frequente querer-se referir simplesmente à análise – e especialmente ao tipo de análise que procura os pressupostos tácitos que escaparam ao exame crítico, não raro combinada com uma crítica implícita ou explícita do seu objeto. Nas décadas finais do século XX, não foi, todavia, a atividade recomendável do escrutínio crítico que provocou a hostilidade intensa e a rejeição veemente, mas o facto de muito do que passa com o rótulo de desconstrutivo ser considerado de inferior qualidade: «uma praga pretensiosa e mistificadora na paisagem intelectual».

descrição lata/restrita Uma descrição *restrita* de um estado ou entidade não depende de algo que lhe seja externo; uma descrição *lata* depende de algo externo. Por exemplo, a afirmação «o relógio diz que são 11 horas» é uma descrição lata, dado que o significado da posição dos ponteiros depende de certas convenções. Nenhuma descrição restrita – das partes do relógio e das suas inter-relações – pode incluir tal afirmação.

descrições, teoria das *Ver* DESCRIÇÕES DEFINIDAS.

descrições definidas, teoria das Uma descrição definida é uma expressão com a forma «o ϕ» em que ϕ é um substantivo singular comum ou uma expressão nominal. «O ϕ» ou, equivalentemente, «o x individual tal que ϕx», é normalmente simbolizado por meio do iota grego: ιx (ϕx).

«Teoria das descrições (definidas)» é o nome geralmente dado a um tipo de análise, sobretudo devida a Bertrand Russell, de proposições em que ocorrem descrições definidas. Nesta conceção, o que uma proposição com a forma «O ϕ é γ» significa é «Há exatamente uma coisa que é ϕ e essa coisa é γ», ou, o que é equivalente, e de certo modo mais convenientemente, «Pelo menos uma coisa é ϕ, no máximo uma coisa é ϕ, e o que quer que seja ϕ é γ». Assim, usando o exemplo de Russell, que se tornou famoso, «O Rei de França é calvo» significa «Há pelo menos um Rei de França, há no máximo um Rei de França, e o que quer que seja um Rei de França é calvo». Pode-se alargar facilmente este tipo de análise a outros tipos de proposição que contenham descrições definidas. Em geral, «O ϕ é o γ» torna-se «Exatamente uma coisa é ϕ, exatamente uma coisa é γ, e o que quer que seja ϕ é γ».

A versão russelliana mais antiga da teoria ocorre num artigo intitulado «On Denoting», *Mind* 14 (1905); a versão mais desenvolvida ocorre no volume 1 de *Principia Mathematica* (1910), de Whitehead e Russell.

Neste tipo de análise a própria descrição definida não é diretamente definida no sentido de se mostrar que é permutável por outra expressão dada. Ao invés, recebe aquilo a que se chama «definição contextual», *i.e.*, a proposição que a contém é tratada como um todo e mostra-se que é equivalente a outra expressão em que não ocorre de todo qualquer descrição definida, mas que difere sistematicamente do original também de outros modos.

Uma característica importante da teoria das descrições é fazer uma distinção clara entre 1) a contraditória de «O ϕ é γ» e 2) «O ϕ não é γ». A análise dada atrás, de «O Rei de França é calvo», por exemplo, mostra que a sua contraditória é «Ou não há de todo Rei de França, ou há mais do que um Rei de França, ou há um Rei de França que não é calvo»; mas por uma análise paralela «O Rei de França não é calvo» torna-se «Há exatamente um Rei de França e ele não é calvo», que afirma algo diferente que é relevante.

Um mérito que muitos filósofos vêm na teoria das descrições é mostrar claramente como localizar a falácia no seguinte argumento: «O ϕ é γ» e «O ϕ não é γ» são contraditórias. Logo, uma delas tem de ser verdadeira. *Mas de cada uma decorre que algo é um* ϕ. Logo, há um ϕ (um Rei de França, um quadrado redondo, uma montanha de ouro, etc.)». Pela teoria, a primeira premissa é falsa. «O ϕ é γ» e «O ϕ não é γ» não são contraditórias e podem ser ambas falsas; e na verdade são ambas falsas se não há qualquer ϕ ou se há mais do que um ϕ.
GH

Nota: a teoria tem tido opositores e há análises alternativas das descrições definidas. *Ver* STRAWSON.

descritivismo *s.* Teoria, em especial na metaética, da qual se afirma que comete aquilo a que J. L. Austin chamou «falácia descritiva», isto é, o erro de supor que o significado de uma locução é descritivo quando na verdade não o é.

A palavra «descritivismo» foi introduzida em 1963 por R. M. Hare num artigo com o mesmo título, como termo contrastante ao seu próprio prescritivismo. Hare usou-o para caracterizar o ponto de vista de alguns dos seus críticos (Elizabeth Anscombe, Philippa Foot) que, a seu ver, cometiam a falácia descritiva na sua rejeição do seu dualismo descritivo/avaliativo.

Nota: a palavra é também usada para teorias da referência segundo as quais certas expressões referenciais, como um nome, podem ser analisadas como descrições.

desencantamento Max Weber argumentou, na sua palestra seminal *Wissenschaft als Beruf* (1919), que «o destino do nosso tempo caracteriza-se pela racionalização e intelectualização e, acima de tudo, pelo 'desencantamento do mundo'». A palavra conota dois aspetos que Weber queria salientar: já não temos experiência do mundo como algo imbuído de aspetos que têm importância emocional para nós, e temos experiência disto com um sentimento de desapontamento ou perda. Weber considerou-o um aspeto importante da racionalidade moderna na ciência e na sociedade.

designador rígido Uma expressão é um designador rígido se designa a mesma entidade em todos os mundos possíveis em que essa entidade existe.

Segundo uma teoria, proposta por Saul Kripke («Naming and Necessity», D. Davidson e G. Harman [orgs.], *Semantics of Natural Language*, 1972; *Naming and Necessity*, 1980) e Hilary Putnam, em oposição à perspetiva russelliana aceite, os nomes próprios como «Sócrates», «Napoleão», etc., e os nomes de categorias naturais como «ouro», «vaca», etc. são designadores rígidos.

No mundo efetivo, Margaret Thatcher era primeiro-ministro do Reino Unido em 1985. Mas podia ter sido de outro modo, e então outra pessoa seria primeiro-ministro. Assim, não se dá necessariamente o caso de ser ela a primeiro-ministro nessa altura; logo, «primeiro-ministro» não é um designador rígido. Em contraste, argumenta Kripke, ninguém mais podia ter sido Margaret Thatcher, pelo que «Margaret Thatcher» é um designador rígido.

designar *vb.* Diz-se que um termo singular ou nome próprio designam aquilo a que se referem. *Ver também* DENOTAÇÃO.

desígnio, argumento do *Ver* ARGUMENTO(S) DO DESÍGNIO.

desígnio inteligente Em filosofia, «desígnio» é uma palavra comummente usada, como em «argumento do desígnio», com referência a teorias sobre a estrutura e a origem do universo e das espécies biológicas. A expressão «desígnio inteligente» é mais comum, em especial nos Estados Unidos, entre os que defendem o criacionismo e rejeitam a teoria da evolução. *Ver* ARGUMENTO(S) DO DESÍGNIO e FÍSICO-TEOLOGIA.

desinteresse *s.* **1** Um observador desinteressado *tem* interesses – mas não interesses egoístas. Difere de um observador *sem* interesses. O prazer estético foi caracterizado como prazer desinteressado porque no prazer estético de uma peça de música, uma escultura ou um poema, tem-se prazer nessas coisas por elas próprias. **2** Imparcialidade, apartidarismo. Neste sentido, uma parte desinteressada mostra uma preocupação imparcial; uma parte sem interesse na questão não mostra qualquer preocupação.

desmitologizar *vb.* A reinterpretação de uma doutrina religiosa (política, histórica, etc.) de modo a não aceitar literalmente os seus elementos míticos.

A desmitologização desempenha um papel muito importante na interpretação da doutrina cristã, proposta pelo teólogo protestante Rudolf Bultmann (1884-1976). O objetivo é mostrar que os elementos essenciais da fé são independentes das partes racionalmente mais indigestas do dogma tradicional. As Escrituras não devem ser compreendidas demasiado literalmente. O que realmente importa nos dogmas são as coisas que importam para o crente moderno.

determinável/determinado *s., adj.* *Forma* é um determinável do qual *quadrado, redondo, oblongo*, etc., são determinados. De igual modo, *cor* é um determinável do qual *vermelho, verde, azul,* etc. são determinados. Outros determináveis são *tamanho, peso,* etc.

Este contraste é diferente do contraste entre género e espécie. O género *animal* e a diferença específica *racional* definem conjuntamente a espécie *animal racional* (*i.e.,* os seres humanos). Aqui, os dois predicados («racional» e «animal») podem ser definidos independentemente um do outro. Não é isto o que sucede com os determináveis e os determinados.

Estes conceitos eram conhecidos dos lógicos medievais, mas a discussão moderna começou com W. E. Johnson, *Logic* 1921.

determinismo/indeterminismo *s.* O determinismo é a tese de que todos os acontecimentos e estados de coisas estão «determinados» por acontecimentos e estados de coisas anteriores.

As tentativas de tornar precisa esta afirmação variam na sua abordagem, pelo que é aconselhável ao ler discussões do determinismo ter cuidadosamente em conta a definição de cada autor. A tese tem no seu núcleo a ideia de que tudo o que acontece foi *inteiramente fixado* pelo que se passou antes: todo o acontecimento tem causas suficientes para garantir a sua ocorrência. Embora alguns filósofos admitam a noção de uma causa «probabilística» – isto é, uma causa que torna provável, até certo ponto (menos do que 1), que o efeito se seguirá – um mundo em que alguns acontecimentos tivessem causas meramente probabilísticas não seria «determinista». Para que o determinismo se verifique num mundo, cada acontecimento nesse mundo tem de ter uma causa determinista – *i.e.,* uma causa que *garante* a sua ocorrência.

Os pontos de vista sobre a causalidade, portanto, afetam a formulação da tese do determinismo. Assim, quem adota o ponto de vista da «regularidade» sobre a causalidade, por exemplo, pode tipicamente formular uma tese básica de determinismo como a afirmação de que, para todo o acontecimento ou estado de coisas *e*, há acontecimentos ou estados de coisas anteriores *c* tais que a ocorrência de *e* pode ser deduzida a partir da ocorrência de *c* mais uma formulação verdadeira das leis da natureza (relevantes). (Alguns filósofos repensariam isto para permitir a possibilidade de causas que são simultâneas, em vez de anteriores, aos seus efeitos.)

Na esteira de Laplace (1749-1827, matemático e astrónomo), exprime-se frequentemente a tese do determinismo em termos de previsibilidade «em princípio». A ideia é que se tivéssemos conhecimento de tudo o que se verifica acerca do universo num momento particular do tempo, e tivéssemos também conhecimento completo das leis da natureza, então, se o determinismo for verdadeiro, seríamos capazes de derivar deste conhecimento uma explicação completa e verdadeira do estado do universo em qualquer momento posterior. Uma variante desta formulação obtém-se omitindo a restrição de que o momento acerca do qual o conhecimento é derivado tem de ser posterior ao momento em que se presume que o estado total do universo é conhecido. Nesta formulação, num universo determinista, o seu estado total em *qualquer* outro momento é deduzível do conhecimento do seu estado total num qualquer momento, dado o conhecimento completo do modo como o universo funciona.

A teoria física contemporânea da mecânica quântica postula que o nível mais fundamental da realidade é *indeterminista* – *i.e.,* que os acontecimentos neste nível não têm causas deterministas, e só são compreensíveis subsumindo-os em leis estatísticas. A física newtoniana, todavia, permanece adequada para os assuntos práticos com os objetos de dimensões médias da experiência quotidiana, e assim fazemos muitas das nossas explicações e previsões comuns com base no pressuposto determinista com o qual geralmente se considera que a física newtoniana está comprometida.

A discussão filosófica do determinismo tem sido muitas vezes motivada pela questão de a liberdade de ação humana ser ou não possível se o universo se comporta como um sistema determinista (ou algo suficientemente próximo disso). Se tudo o que faço tem um acontecimento anterior por causa determinante, como pode algo aí depender da minha própria escolha livre? Se o meu comportamento no presente é fixado pelo modo como as coisas eram muito antes de eu nascer, e pelas leis eternas da natureza, certamente que a ideia de que exerço um controlo livre sobre as minhas próprias ações tem de ser algum tipo de ilusão. Nas palavras de Jeremy Taylor (1613-1667, teólogo anglicano), escrevendo contra Hobbes: «os homens nada seriam senão joguetes do destino». Os filósofos que concordam que não pode haver ação livre num mundo determinista são conhecidos como *incompatibilistas*. Os que afirmam a existência da ação livre, inferem por isso que o mundo efetivo é indeterminista, sendo conhecidos como *libertistas*; enquanto aqueles que afirmam o determinismo e concluem que a liberdade de ação é ilusória são conhecidos como *deterministas radicais*. Os compatibilistas sustentam que a liberdade é possível no determinismo, e, se também afirmam o determinismo, são conhecidos como *deterministas moderados*.

Há uma abordagem cuidadosa do determinismo que nos avisa que «não se pode alcançar uma compreensão real do assunto sem ao mesmo tempo construir uma filosofia da ciência exaustiva» em John Earman, *A Primer on Determinism* (1986). O problema da liberdade e do determinismo é discutido em Ted Honderich, *How Free are You? The Determinism Problem*, 2.ª ed., 2002, e John Martin Fischer, *The Metaphysics of Free Will: An Essay on Control*, 1994. JB

Nota: «determinismo» é uma palavra nova para uma teoria antiga. Tornou-se corrente em meados do século XIX por via de John Stuart Mill.

Deus Em filosofia: uma entidade única, perfeita e absoluta em alguns ou todos os aspectos, cuja existência pode dar respostas a questões fundamentais em metafísica e ética. Não é necessariamente o mesmo que o conceito religioso de um ser pessoal a quem se deve prestar culto e a quem se deve obedecer, etc.

Deus, argumentos a favor da existência de Ver CHIMPANZÉS DACTILOGRAFANDO; ARGUMENTO COSMOLÓGICO; ARGUMENTO(S) DO DESÍGNIO; AJUSTE PERFEITO; CINCO VIAS; ARGUMENTOS MORAIS; ARGUMENTO ONTOLÓGICO; FÍSICO-TEOLOGIA.

Deus, morte de Ver MORTE DE DEUS.

Deus dos filósofos Pascal registou uma experiência religiosa intensa na noite de 23 de Novembro de 1654 num pedaço de papel, encontrado no interior do forro do seu casaco depois da sua morte: «Fogo. Deus de Abraão, Deus de Isaac, Deus de Jacob, e não o dos filósofos ou dos instruídos. Certeza, sentimento, alegria, paz» etc. A alusão é ao Êxodo 3,15. Um Deus transcendente pessoal é contrastado com uma realidade última despersonalizada.

deus ex machina lat. Um deus (que desce) da maquinaria (de palco). O deus esclareceria um enredo que se tornasse demasiado complicado para os participantes meramente humanos.

deus sive natura lat. Deus ou natureza. Espinosa usa um e outro termo para designar a única substância em que todos os atributos e suas modificações inerem.

dever *Ver* OBRIGAÇÃO E DEVER.

dever perfeito O incumprimento de um dever perfeito torna admissíveis medidas coercivas contra o prevaricador; isto não acontece no caso de incumprimento de um dever imperfeito.

Geralmente, considera-se que pagar uma dívida é um dever perfeito, sendo a caridade um dever imperfeito. Na tradição do direito natural moderno, os deveres perfeitos são identificados com os deveres da justiça, enquanto os imperfeitos são os deveres de humanidade (também denominados «deveres de benevolência», «deveres de caridade» ou «deveres de virtude»). Associa-se frequentemente a isto a ideia de que os deveres perfeitos constituem um mínimo moral; os imperfeitos levam-nos a níveis mais elevados.

Quais são os deveres perfeitos e quais são os imperfeitos? Várias respostas têm sido propostas desde o século XVII. Uma delas, a de Pufendorf, é que os deveres perfeitos são os necessários para a sociedade; os imperfeitos são os desejáveis, sem ser necessários. Outra resposta é que os deveres perfeitos são os que podem ser impostos externamente, enquanto os imperfeitos não o podem. Outra resposta ainda é que os deveres perfeitos são cumpridos por não se fazer algo mais (*e.g.*, por não tomar algo que pertence a outra pessoa), e os imperfeitos são aqueles cujo cumprimento consiste em fazer-se algo. Deste ponto de vista, se o dever de pagar uma dívida for considerado perfeito, tem de ser concebido, algo artificiosamente, como um dever cumprido por não se fazer alguma coisa – neste caso, não violar o direito do credor de ser pago. Outra resposta ainda, sugerida por Mendelssohn e Kant, entre outros, é que o dever perfeito é determinado, ao passo que o dever imperfeito pode ser cumprido de diversas maneiras diferentes, consoante o agente preferir. Na *Metafísica dos Costumes* (1797), os deveres perfeitos, os deveres da justiça, são determinados porque especificados pela lei; os deveres imperfeitos, os deveres da virtude, são indeterminados porque o que se exige é a realização de fins moralmente desejáveis – nenhuma lei especifica os meios particulares pelos quais se deve alcançar o fim.

dever positivo Um dever ou obrigação de fazer *X* é positivo; um dever ou obrigação de não fazer *X* é negativo.

Dewey, John /ˈdjuːɪ/ (1859-1952) John Dewey nasceu em Burlington, Vermont, e morreu em Nova Iorque. Nos Estados Unidos, foi durante muitos anos o filósofo mais conhecido, considerando-se quase unanimemente que era a consciência filosófica do povo norte-americano. Como sucede com a consciência individual, raramente os norte-americanos faziam o que Dewey lhes aconselhava, mas tinham a impressão incómoda de que ele tinha geralmente razão. Pertenceu a uma das primeiras gerações de norte-americanos a poderem fazer trabalho académico nos EUA; depois de frequentar a Universidade de Vermont, fez um doutoramento na Universidade Johns Hopkins, onde frequentou as aulas de C. S. Peirce, G. Stanley Hall e George Sylvester Morris. Em 1884 começou a lecionar na Universidade do Michigan; em 1894 mudou-se para a Universidade de Chicago, como diretor do recentemente criado departamento de filosofia, psicologia e pedagogia; em 1904 mudou-se para a Universidade de Colúmbia, onde permaneceu até à reforma, em 1930. Depois da reforma foi professor emérito ativo, e só se afastou mais completamente em 1939. Casou-se duas vezes, teve seis filhos e adotou três; caso invulgar entre filósofos, mesmo entre os que escrevem substancialmente acerca da educação, Dewey gostava imenso de crianças.

Dewey era um homem tímido; isto pode explicar por que razão as suas *Collected Works* (org. Boydston [1967--1991]) chegam aos 37 volumes – sentia--se mais à vontade atrás da sua atormentada máquina de escrever. A sua obra organiza-se em três fases, embora não sejam estritamente definidas. Começou (1880-1885) por aceitar uma versão de Idealismo da qual se afastou depois da leitura de William James, *Princípios de Psicologia* (1890): doravante passou a adotar aquilo a que chamava ora *pragmatismo*, ora *instrumentalismo*, ora *experimentalismo*, a sua classificação preferida. Durante a década de 1920, os seus interesses passaram de questões de lógica e epistemologia para a religião, a arte, a política contemporânea e coisas semelhantes. Foi nestes anos que escreveu *Experience and Nature* (1925), *The Quest for Certainty* (1929), *Art as Experience* (1934) e *A Common Faith* (1934) e ensaios sobre política como *Liberalism and Social Action* (1935).

Dewey é mais conhecido do público em geral pelo seu trabalho em teoria da educação; de algum modo, desagradava--lhe qualquer sugestão de que era «um educador», acreditando, com razão, ser antes de mais um filósofo. Ainda assim, a perceção do público não era inteiramente errada. Em Chicago, Dewey criou a Laboratory School, onde o currículo e os métodos de ensino eram concebidos em torno da sua filosofia da educação. *The School and Society* (1899) (*A Escola e a Sociedade*, 2002), foi o primeiro êxito de vendas de Dewey, ainda que tenha aparentemente começado como um simples relatório sobre os primeiros anos de funcionamento do Lab School. Seguiu-se-lhe *The Child and the Curriculum* (1902) (*A Criança e o Currículo*, 2002), *How We Think* (1910), e *Democracy and Education* (1916) (*Democracia e Educação*, 2007). O ponto de vista de Dewey era que as crianças nem tinham uma natureza fixa que permitisse aos professores afastar-se e deixá-las crescer – o que considerava um exagero da educação «centrada na criança» – nem tinham naturezas de tal modo plásticas que permitissem aos professores moldá-las simplesmente a seu bel-prazer. Acreditava que o pensamento humano era essencialmente uma questão de resolução de problemas; a educação era uma questão de dar às crianças as aptidões mais vastas possíveis para resolver problemas. Como Dewey pensava que os seres humanos precisam de uma configuração social de modo a se desenvolverem, estas aptidões de resolução de problemas incluíam aquilo a que podemos chamar «aptidões morais».

O trabalho filosófico de Dewey desafia a classificação simples. Embora tenha escrito um manual muito bem-sucedido sobre filosofia moral – *Ethics* (1908, ed. rev. 1932) – não se preocupa fundamentalmente com o tipo de questões que atormentam na sua maioria os filósofos morais, como o problema de derivar o dever do ser, ou distinguir a correção do bem. A sua filosofia moral é em grande parte descritiva. O que nos preocupamos em fazer é ajustar-nos ao nosso ambiente e ajustar o nosso ambiente a nós, e Dewey dedica muito do seu tempo a caracterizar os modos como o fazemos. A moralidade não é uma procura de princípios últimos que reflete sofisticadamente sobre o que já fazemos. A mesma abordagem intelectual é visível naquilo que poderíamos considerar o outro lado do espetro intelectual em *Logic: The Theory of Inquiry* (1938). A filosofia da ciência começa com o facto de a ciência ser já uma atividade social em curso; não há espaço real para os filósofos dizerem aos cientistas como conduzir as suas operações – pois por que razão deveriam aqueles tomar em consideração tais conselhos? O que a filosofia nos pode dar é uma descrição geral da lógica interna de tal atividade, e assim como se harmoniza com outros modos de abordarmos o mundo.

Isto permitiu a Dewey argumentar com uma confiança pouco habitual no século XX que diferentes modos de compreender o mundo podem ser complementares entre si, em vez de rivais; assim a arte (*Art as Experience*, 1934) e a religião (*A Common Faith*, 1934) preocupam-se genuinamente com uma realidade «objetiva» em vez de sentimentos meramente «subjetivos». Dewey estava ansioso por garantir aos seus leitores que não estavam à deriva num mundo frio e estranho, e que os confortos da poesia, da religião e da arte não eram consolações privadas, mas tão respeitáveis à sua maneira como a própria ciência e a matemática. Isto deu a todo o seu trabalho um tom que hoje em dia parece algo antiquado, mas o interesse intrínseco das suas ideias granjeou a Dewey muitos admiradores nos últimos anos. AR

Leitura: The Philosophy of John Dewey (LLP) (1939) 1989.

diacrónico (gr. διά- através + χρόνος tempo) *adj.* Respeitante à mudança ao longo do tempo. O termo, juntamente com o seu antónimo, SINCRÓNICO, ganhou popularidade com Ferdinand de Saussure, que os usou para distinguir dois tipos de teoria linguística: uma preocupada com a evolução da língua, a outra com a sua estrutura.

díade (gr. δυάς um par) *s.* Um grupo de dois.

diádica, relação Uma relação entre dois indivíduos; o que é denotado por um predicado de dois lugares.

diagonalização Um dispositivo de demonstração em matemática e lógica. Foi inventado por G. Cantor (1845--1918), que o usou para provar, *inter alia*, que o conjunto infinito dos números reais é maior do que o conjunto infinito dos números naturais, no sentido de que os números reais não podem ser colocados numa correspondência de um para um com os números naturais; por outras palavras, que o conjunto de números reais não é numerável.

A demonstração começa com o pressuposto de que os números reais *podem* ser colocados numa correspondência de um para um com os números naturais, e deriva a negação do pressuposto, refutando-o desse modo.

Todo o número real pode ser representado como uma fração decimal infinita (e toda a fração decimal infinita representa um número real). Suponhamos que os números reais *podem* ser colocados numa correspondência de um para um com os números naturais. Se sim, numa lista com linhas 1, 2, 3,..., todo o número real ocorreria mais cedo ou mais tarde.

O começo da lista podia parecer algo como o seguinte (onde cada «x» é um dos números 0, 1, 2,..., 9):

1 0. $x_{11}\ x_{12}\ x_{13}\ x_{14}\ \ldots\ x_{1n}\ \ldots\ldots$
2 0. $x_{21}\ x_{22}\ x_{23}\ x_{24}\ \ldots\ x_{2n}\ \ldots\ldots$
3 0. $x_{31}\ x_{32}\ x_{33}\ x_{34}\ \ldots\ x_{3n}\ \ldots\ldots$
   $\ldots\ldots\ldots\ldots\ldots\ldots\ldots\ldots\ldots$
   $\ldots\ldots\ldots\ldots\ldots\ldots\ldots\ldots\ldots$
   $\ldots\ldots\ldots\ldots\ldots\ldots\ldots\ldots\ldots$
k 0. $x_{k1}\ x_{k2}\ x_{k3}\ x_{k4}\ \ldots\ x_{kn}\ \ldots\ldots$
   $\ldots\ldots\ldots\ldots\ldots\ldots\ldots\ldots\ldots$
   $\ldots\ldots\ldots\ldots\ldots\ldots\ldots\ldots\ldots$

Cantor mostrou que independentemente de como se construir esta lista infinita, algum número real tem de ficar de fora. Logo, não é possível que todo o número real ocorra mais cedo ou mais tarde nesta lista. Foi deste modo que o mostrou: consideremos o número diagonal

0. $x_{11}\ x_{22}\ x_{33}\ x_{44}\ \ldots\ x_{kk}\ \ldots$

Cada x_{nn} ou é igual a 1, ou não é igual a 1. Agora imagine um novo número real do seguinte modo:

Na *primeira* casa decimal, escreva 9 se $x_{11} = 1$, e escreva 1 se $x_{11} \neq 1$.

Na *segunda* casa decimal, escreva 9 se $x_{22} = 1$, e escreva 1 se $x_{22} \neq 1$.

.
.
.

Na *k-ésima* casa decimal, escreva 9 se $x_{kk} = 1$, e escreva 1 se $x_{kk} \neq 1$.

E assim por diante.

Este novo número real difere, na sua primeira casa, do primeiro número na lista anterior. Difere, na sua segunda casa decimal, do segundo número na lista... Difere na sua *k-ésima* casa decimal, do *k-ésimo* número na lista... E assim por diante. Logo, difere de todos os números na lista, pelo que descrevemos um número real que não está na lista. Isto refuta o pressuposto de que todo o número real foi listado. Logo, não há correspondência de um para um entre os números naturais e os números reais.

A mesma técnica pode ser usada para demonstrar o teorema de Cantor: que todo o conjunto tem mais subconjuntos do que elementos.

diagramas de Euler Concebidos pelo matemático suíço Leonhard Euler (1707-1783), consistem em disposições de círculos que representam os termos de proposições categóricas. Podem ser usados para testar a validade de silogismos categóricos, mas quando se usa os diagramas para este fim, prefere-se atualmente os que foram concebidos por Venn. *Ver também* DIAGRAMAS DE VENN.

diagramas de Venn Um tipo de diagrama lógico, cujo nome vem do seu inventor, o lógico de Cambridge John Venn (1834-1923).

O seu uso principal consiste em testar a validade de inferências que envolvem proposições categóricas, mas com ligeiras modificações podem também ser usados noutros ramos da lógica.

Cada termo (predicado unário; conjunto) é representado por um círculo. A inexistência é indicada pelo sombreado. Por exemplo, *Todo o S é M* é representado na Figura 3.

FIGURA 3 **Um diagrama de Venn 1**

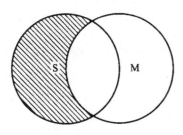

E as duas premissas, *Todo o S é M* e *Nenhum M é P* podem ser combinadas de modo a mostrar que implicam *Nenhum S é P*, como na Figura 4.

FIGURA 4 **Um diagrama de Venn 2**

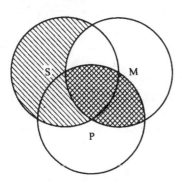

Cada círculo ou, em geral, cada curva fechada, intersecta cada um dos outros círculos ou curvas fechadas num diagrama de Venn. Isto contrasta com outros tipos de diagramas lógicos, por exemplo, os que têm o nome do matemático suíço, Leonhard Euler (1707-1783), que representa as cinco relações básicas entre extensões de termos como na Figura 5.

FIGURA 5 **Diagramas de Euler**

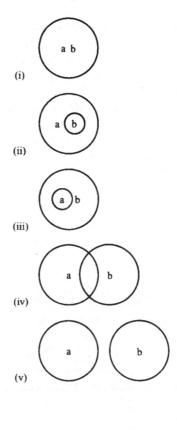

dialeteia, lógica *Ver* LÓGICA DIALETEIA.

dialética (gr. διαλεκτική (τέχμη) (a arte da) argumentação, raciocínio, debate) *s.* 1 Na Grécia antiga, a dialética era um tipo de debate encarado como um jogo ou exercício em que se colocava questões e as respostas tinham de ser, na maior parte, «sim» ou «não». Assemelhava-se à contra-interrogação formal de uma testemunha num tribunal. 2 A dialética é a arte do discurso pela qual ou refutamos ou estabelecemos uma proposição por meio de pergunta e resposta por parte dos interlocutores (Diógenes Laércio 3, 48). Este é, para Platão, um método sobremaneira adequado para encontrar a verdade, independentemente de o diálogo ser levado a cabo com outra pessoa ou no nosso próprio espírito. Aristóteles aborda a dialética em *Tópicos*, livros 7 e 8, contrastando-a com os métodos inferiores de debate usados pelos sofistas. Mas Aristóteles também pensou que a dialética, que ensina como argumentar a favor ou contra uma certa opinião, é inferior à lógica, que ensina como estabelecer demonstrações. **3** Na terminologia introduzida por Kant na *Kritik der reinen Vernunft* (1781, 1787) (*Crítica da Razão Pura*, 2008), «Dialética Transcendental» é o título que dá à discussão das ilusões a que a razão humana está sujeita. A dialética é o processo de raciocínio falacioso pelo qual a razão chega a afirmações de conhecimento indefensáveis respeitantes ao eu, ao mundo como um todo, e a Deus. (Estas são tratadas nas três principais subsecções da Dialética Transcendental: Paralogismo, Antinomia, Ideal da Razão.) **4** Hegel usou o termo *dialética* para designar um processo que dá origem a uma oposição, entre uma tese e uma antítese, que tem em si um impulso para ser resolvida por uma síntese, uma combinação em que os elementos conflituantes são preservados e de algum modo conciliados. Um exemplo é a oposição entre o ser e o não ser, superada na sua síntese, o devir. Toda a síntese dará por sua vez origem a um novo oposto, e assim por diante. Contudo, a totalidade da cadeia tem um princípio e um fim. Hegel concebia estas oposições simultaneamente como contradições e como conflitos. As resoluções eram concebidas simultaneamente como processos mentais em que dois conceitos contrários são absorvidos num novo conceito, e como processos no mundo real. No mundo real, há um processo dialético no mundo físico, na sociedade e na história da humanidade. A oposição entre forças físicas, conflito entre forças sociais, ou uma luta entre forças históricas, leva a resultados que por sua vez dão origem a uma nova etapa na dialética.

Dialética Transcendental *Ver* Estética Transcendental.

dialetismo (gr. διά- através + ἀλήθεια verdade) *s.* A posição de que as contradições podem ser verdadeiras. *Ver também* LÓGICA DIALETEIA; LÓGICA PARACONSISTENTE.

dialeto *s.* Uma variedade de uma língua natural; variedade de uma língua que se desvia daquela que é considerada a norma.

dianoia (gr. διάνοια inteligência, mente, intelecto) *s.* Aristóteles distingue entre a excelência dianoética (intelectual) e ética (moral). Tipos importantes de excelência intelectual são a φρόνησις, o bom discernimento em assuntos práticos, a τέχνη, a aptidão prática, e a σοφία, a sabedoria teórica, *i.e.*, a alta inteligência. **dianoético** *adj.*

diáspora (gr. διασπορά dispersão) *s.* O termo é usado para designar coletivamente os habitantes que não vivem na sua terra natal.

dicionário de filosofia Uma lista de termos filosóficos com explicações; o livro Δ da *Metafísica* de Aristóteles pode ter sido o primeiro.

dicotomia (gr. διξοτομία cortar em dois) *s.* Dividido em dois; especialmente, divisão de uma classe em duas subclasses que são mutuamente exclusivas e conjuntamente exaustivas.

díctico O mesmo que DEÍTICO.

Diderot, Denis /didRo/ (1713-1784) Um dos principais pensadores do Iluminismo, diretor da *Encyclopédie*. Foi extraordinariamente versátil, tendo escrito romances, sátiras, teatro, ensaios críticos sobre arte e literatura, ensaios sobre ciência natural e medicina, e cartas sobre a maior parte dos assuntos. A sua posição filosófica sofreu uma mudança: do deísmo radical para um ateísmo ainda mais radical. Ao desenvolver a sua filosofia materialista rejeitou as objeções clássicas, segundo as quais não poderia explicar em termos exclusivamente materiais a origem do movimento, da vida e da mente, argumentando que nada nos impede de pressupor que entre as características básicas de toda a partícula de matéria está o potencial para o movimento, a vida e a mente; não há, portanto, necessidade alguma de pressupor um agente imaterial ou sobrenatural. A sua filosofia política era radical: a soberania reside em última instância no povo. Fez também uma poderosa crítica das instituições políticas do seu tempo. Como é evidente pela *Encyclopédie*, Diderot dava valor à tecnologia. Admirava o engenho e destreza dos feitos humanos nas artes mecânicas, e compreendeu o seu enorme potencial para eliminar o trabalho servil e assim melhorar a condição humana.

diegese (gr. διήγεσις uma narrativa) *s.*
1 O relato de acontecimentos por um narrador. O contraste canónico, desde Platão, é entre a diegese (narrativa) e a mimese (mostrar, atuar).
2 Na moderna teoria da literatura, o termo é ao que parece usado em vários sentidos: *a*) num sentido, a diegese de uma obra é, por assim dizer, uma narrativa de fundo, o cenário sugerido, o mundo fictício ou real que constitui o *enquadramento* dentro do qual se situa o conteúdo de um filme, romance ou peça; *b*) noutro sentido, a diegese é a narrativa principal, a sequência de acontecimentos que constitui uma história, em contraste com outros aspetos da obra. Em ambos os sentidos há um contraste decorrente com outros tipos de texto: um diálogo, uma descrição, um comentário. O nível diegético da narrativa é o da história principal. O nível mais elevado, exterior à história principal, é *extradiegético*. Um conto encaixado no conto é *hipodiegético*.
A palavra é usada tanto para o *processo* de narrar como para o *produto* desse processo, isto é, a narrativa, a história.

diferença *s.* Noção muito geral, como os seus opostos, *semelhança* e *identidade*. A diferença *não* é o mesmo que a incompatibilidade. Duas coisas podem ser diferentes sem ser incompatíveis.

diferença, metafísica da Alguns filósofos franceses puseram em causa a prioridade atribuída às noções de identidade e semelhança no seio da tradição metafísica ocidental, argumentando que em Platão, por exemplo, a autoidentidade das Formas é considerada básica, enquanto a realidade empírica é compreendida em termos da sua diferença perante estas realidades últimas. Deleuze e Derrida, apoiando-se em Nietzsche, Heidegger e Freud, procuraram desalojar esta «metafísica da identidade» (ou «presença») a favor de uma metafísica da diferença.
Deleuze argumenta que uma conceção do mundo em que a diferença é o termo primário exige não só que reconceptualizemos a identidade e a semelhança como noções secundárias mas que a própria diferença entre a identidade e a diferença

tem de ser reconfigurada: propõe uma noção complexa de repetição.

Na esteira de Saussure, que argumenta que uma língua é definida não pelo conteúdo positivo do seu material significante (sons ou inscrições) mas pela estrutura das diferenças entre eles, Derrida introduz o termo *différance* para se referir ao movimento pelo qual essas diferenças começam a existir. Este movimento pode ser compreendido espacialmente bem como temporalmente. Porque a *différance* se refere às condições quase transcendentais da consciência, à conceptualidade ou ao significado linguístico como tais, Derrida insiste que não é uma palavra nem um conceito nem qualquer tipo de ser no sentido tradicional. É o seu nome abertamente paradoxal para o movimento ou «jogo» primordial do ser que dá origem às diferenças. PP

diferença, método da Um dos métodos de investigação experimental descritos por John Stuart Mill (*Logic* 3, 8). Suponhamos que um acontecimento ocorre num caso mas não noutro, e que os dois casos são exatamente semelhantes, exceto por uma circunstância; então, essa circunstância é a causa, ou uma parte necessária da causa.

diferença, política da Algumas autoras feministas atuais usam «diferença» como expressão abreviada para a diferença sexual, numa expressão como «política da diferença», por exemplo.

Há todavia feministas e autores pós-modernistas que não adotam este uso como mera abreviação, mas como expressão da sua aceitação da dimensão política da afirmação de que o pensamento ocidental privilegia a identidade à custa da diferença. Argumentam que a incapacidade de reconhecer diferenças sexuais ou raciais, em última análise devida a uma errónea «metafísica da presença», contribui para a opressão social, e instam a uma política que respeite tais diferenças. PP/dir.

diferença, princípio da Nome dado por John Rawls ao segundo dos seus princípios básicos de justiça em *A Theory of Justice* (1971) (*Uma Teoria da Justiça* 2008) §§ 11, 13, 47. Diz respeito às desigualdades sociais e económicas que podem permanecer mesmo quando o primeiro dos seus dois princípios da justiça é observado. O princípio é 1) que deve haver igualdade de oportunidade para todos os membros da sociedade, e 2) que outras desigualdades devem ser eliminadas, a menos que se possa razoavelmente esperar que a sua manutenção beneficie os menos favorecidos.

diferença específica Ver GENUS.

diferendo (fr. *différend* desacordo, disputa) *s*. Conceito central em Lyotard, por ele definido como um conflito em que se requer uma resolução racional ou equitativa, embora isso seja impossível. Subsume nesta noção várias oposições heterogéneas, de paradoxos lógicos a conflitos práticos – *e.g.*, aqueles em que uma parte injustiçada foi silenciada.

différance (fr.) *s*. Neologismo francês introduzido por Derrida, pronunciado do mesmo modo que *différence* (= diferença) e cujo fim é levar os nossos pensamentos ao deferimento (isto é, ao adiamento), à deferência (isto é, ceder a alguém ou algo), etc. É do seu ponto de vista um conceito que desafia a explicação, porque toda a tentativa de o explicar é uma tentativa de ir além dos limites da linguagem. *Ver também* DIFERENÇA, METAFÍSICA DA.

diffidence /'dɪfɪdəns/ ing. Acanhamento, falta de confiança. No inglês antigo: desconfiança (relativamente aos outros).

dificuldade egocêntrica A dificuldade egocêntrica é a suposta impossibilidade de haver um conhecimento do que está para lá dos próprios pensamentos e perceções. Não se pode saber se as próprias ideias correspondem ao mundo (se é que este existe).
A expressão foi introduzida por R. B. Perry (cujo artigo de 1910 com este título tem sido descrito como a mais importante defesa isolada do neorrealismo) para designar a conceção a partir do qual o idealismo (aqui tomado como a tese de que um objeto não pode existir a não ser que alguma mente tenha consciência dele) é erroneamente inferido. Em textos filosóficos posteriores, a sua caracterização pode variar.

dikaiosynē (gr. δικαιοσύνη justiça; moralidade). Uma das quatro VIRTUDES CARDEAIS. *Ver* JUSTO; JUSTIÇA.

dilema *s.* **1** Nome dado a vários padrões de inferência válidos. Em sistemas de dedução natural, a regra do dilema (Ev) afirma que se *c* é derivável de *p* (talvez juntamente com outras premissas), e se *c* é derivável de *q* (talvez juntamente com outras premissas), então *c* é derivável de *p* v *q* (juntamente com essoutras premissas). Esquematicamente, o padrão é como o mostramos na Figura 6.
(Esta é uma versão generalizada do dilema construtivo simples, exibido a seguir.)
Na lógica tradicional, às três inferências mostradas na Tabela 6 chama-se «dilemas». À última chamou-se «dilema negativo», às duas primeiras «dilemas

FIGURA 6 **Regra E**v

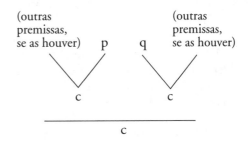

TABELA 6 **Formas de dilemas**

I	II	III
p ou não *p*	*p* ou não *p*	se *q*, então *m* ou *n*
se *p*, então *q*	se *p*, então *q*	se *m*, então *r*
se não *p*, então *q*	se não *p*, então *r*	se *n*, então *s*
q	não *r*	não *r*
	q	não *s*
		não *q*

positivos». Em textos lógicos mais recentes, os padrões de inferência chamados «dilemas» são (usando uma configuração mais moderna) sobretudo os seguintes quatro:

Dilema construtivo simples:

$$\frac{\text{se } p, \text{ então } q \quad \text{se } r, \text{ então } q \quad p \text{ ou } r}{q}$$

Dilema construtivo complexo:

$$\frac{\text{se } p, \text{ então } q \quad \text{se } r, \text{ então } s \quad p \text{ ou } r}{q \text{ ou } s}$$

Dilema destrutivo simples:

$$\frac{\text{se } p, \text{ então } q \quad \text{se } p, \text{ então } r \quad \text{não } q \text{ ou não } r}{\text{não } p}$$

Dilema destrutivo complexo:

se *p*, então *q*   se *r*, então *s*   não *q* ou não *s*
———————————————————————————————
                 não *p* ou não *r*

2 No uso comum não técnico, um dilema é uma situação que exige uma escolha difícil entre alternativas. *Ver também* DILEMA MORAL.

dilema da troca DILEMA DO PRISIONEIRO.

dilema de Êutífron No diálogo de Platão *Êutífron*, Sócrates pergunta: «Será que aquilo que é piedoso (ὅσιον) é piedoso porque os deuses o amam, ou será que os deuses amam o que é piedoso por ser piedoso?» Chamar «dilema» à pergunta é sugerir que ambas as alternativas são problemáticas.

Muitos problemas filosóficos importantes têm a mesma estrutura. Podemos gerá-los fazendo substituições: 1) substitua-se *piedoso* por *moralmente correto*, ou *moralmente bom*, etc.; 2) substitua-se *os deuses* por *Deus* ou *a Sociedade* ou *Eu*, etc.; 3) substitua-se *amam* por *aprova* ou *gosta* ou *ordena*, etc.

Fora da ética também surgem problemas filosóficos importantes semelhantes. Por exemplo: será que uma inferência é válida porque seria aceite por um pensador perfeito, ou será que um pensador perfeito aceitaria uma inferência válida por esta ser válida?

dilema do prisioneiro Dois prisioneiros, *A* e *B*, são interrogados pela polícia. Não podem comunicar entre si. A polícia precisa de uma confissão de pelo menos um dos prisioneiros. Na seguinte variante da história original, valem as três seguintes condições: 1) se nenhum dos dois confessar, os dois serão inocentados; 2) se os dois prisioneiros confessarem, ambos serão condenados a dois anos de prisão; 3) se um prisioneiro confessar e o outro não o fizer, aquele que confessar será inocentado e receberá uma recompensa avultada, enquanto aquele que não confessar será condenado a dez anos de prisão.

Nesta situação, *A* raciocinaria como se segue: «Suponhamos que *B* confessa. Então, se eu confessar, ficarei dois anos na prisão, e se não confessar, ficarei dez anos. Assim, ficarei em melhor situação se confessar. Contudo, suponhamos que *B* não confessa. Neste caso, se eu confessar, serei inocentado e receberei uma recompensa, e se não confessar, serei inocentado, mas não receberei qualquer recompensa. Também neste caso ficarei em melhor situação se confessar».

Assim, em vista deste raciocínio, *A* estará em melhor situação se confessar, independentemente do que *B* fizer. (Diz-se então que confessar é uma estratégia dominante para *B*.) Visto que a situação é inteiramente simétrica, *B* realizará o mesmo raciocínio, concluindo que também deveria confessar. Parece, pois, inteiramente racional que cada um deles confesse. Isto irá colocá-los na prisão por dois anos. Contudo, se nenhum deles confessasse, ambos seriam inocentados. A conclusão é que a decisão «racional» não leva ao melhor resultado. Mas, sem qualquer combinação prévia e sem confiança entre ambos, nenhum dos dois pode arriscar não confessar – porque se arrisca a que o outro, ao confessar, o prejudique para seu próprio benefício.

A asserção de que o resultado não é o melhor é geralmente explicada em termos da *superioridade de Pareto*: significa que há outro resultado possível que coloca pelo menos uma parte – neste caso as duas – em melhor situação sem colocar a outra numa situação pior.

As minúcias da história podem variar. O essencial é que individualmente *A* e *B* ordenem os quatro resultados nesta ordem de preferência: inocência com recompensa > inocência sem recompensa > dois anos na prisão > dez anos na prisão.

Generalizando, o mesmo problema surge onde quer que os resultados das decisões sejam ordenados no mesmo modo e as partes não possam influenciar-se mutuamente. Isto pode ser ilustrado por um diagrama, como na Quadro 1. Muitas outras situações produzem uma ordem similar de preferências, *e.g.*, quando dois países hostis, que não comunicam entre si, deliberam sobre o desarmamento nuclear.

Por volta de 1950, o psicólogo social Merrill Flood e o economista Melvin Dresher repararam pela primeira vez no problema que surge deste tipo de situação. A. W. Tucker apresentou a ilustração canónica. Tem estado no centro de um amplo debate em teoria da decisão e filosofia moral e política. Não se trata essencialmente de um problema sobre o egoísmo e o altruísmo: o problema surge tão logo a ordem das preferências das partes seja a da Figura 6, e isto é possível também entre agentes altruístas. O problema é de cooperação e não cooperação: a deliberação racional neste tipo de situação leva a uma decisão de não cooperar, mesmo que isso produza um resultado pior para ambas partes do que uma decisão de cooperação por parte dos dois. Trata-se de uma situação na qual a racionalidade individual é também uma irracionalidade coletiva.

A situação do problema muda se as partes *A* e *B* pensarem que estarão novamente juntas num dilema semelhante no futuro. Então, uma consideração adicional entra no raciocínio de cada um: «Se eu, *A*, desapontar agora *B*, poderei ficar em pior situação da próxima vez do que se não o desapontar». Numa circunstância deste tipo pode ser racional para cada parte cooperar.

Sin. Dilema da troca.

dilema moral Uma situação na qual 1) uma exigência moral entra em conflito com outra; 2) nenhuma tem precedência sobre a outra; 3) é possível obedecer a qualquer delas; 4) é impossível obedecer a ambas. (Segundo a definição de W. Sinnott-Armstrong, *Moral Dilemmas* [1998]). A questão de saber se pode haver dilemas morais genuínos tem sido muito debatida. Uma razão importante contra a possibilidade de dilemas morais é o princípio *o dever implica o poder, i.e.*, que é sempre possível, em princípio, fazer o que é correto. Contra isto levanta-se o facto de alguns problemas morais parecerem genuinamente insolúveis.

Outras leituras: C. Gowans (org.), *Moral Dilemmas* 1987; H. E. Mason (org.), *Moral Dilemmas and Moral Theory* 1996.

QUADRO 1 **Dilema do prisioneiro**

	A não confessa	*A* confessa
B não confessa	o segundo melhor para ambos	o melhor para *A* o pior para *B*
B confessa	melhor para *B* pior para *A*	o terceiro melhor para ambos

Dilthey, Wilhelm /'dɪltaɪ/ (1833-
-1911) Filósofo alemão que teve cátedras em várias universidades, por último em Berlim, de 1882 a 1905. Em oposição ao cientismo e positivismo filosóficos, Dilthey sublinhou a diferença radical entre as ciências naturais (*Naturwissenschaft*) e as ciências humanas ou culturais (*Geisteswissenschaft*) como a história, a psicologia, a filologia, a filosofia, etc. Nas anteriores procuramos causas e pedimos *explicações*, nas últimas procuramos *entender* por meio da interpretação. Dilthey teve uma influência decisiva na hermenêutica novecentista.
Leitura: R. A. Makkreel, *Dilthey: Philosopher of Human Studies*, 2.ª ed. 1992.

Ding an sich /dɪŋ æn zɪç/ alm. Coisa em si. Ver NÚMENO.

Diodoro de Cronos († *c*. 284 a.C. [e não 307, como relata Diógenes Laércio]; gr. Διόδωρος) Filósofo da escola megárica. O seu chamado «argumento régio» continha essencialmente três premissas: 1) toda a verdade do passado é necessária, 2) o impossível não se segue do possível, e 3) o possível é algo que nem é nem será verdadeiro. Diodoro afirmou que as três proposições formam uma tríade inconsistente. Aceitando as primeiras duas, rejeitou a terceira: por outras palavras, deduziu que seja o que for possível será a dada altura efetivo, ou, equivalentemente, que é impossível aquilo que não é real em momento algum do tempo.
Epicteto declarou que de quaisquer duas das três afirmações decorre a negação da terceira, e que Cleantes negara a primeira, Crísipo a segunda e Diodoro a terceira. Há razões para pensar que Diodoro respondia ao que Aristóteles escrevera sobre o problema dos FUTUROS CONTINGENTES em *Sobre a Interpretação* 9, e em *Metafísica* IX, 3. Aristóteles usou como exemplo principal a previsão de que haverá uma batalha naval amanhã; Diodoro usou a previsão (feita por Apolo) de que Cipselo não se tornará governante (*kyrios*) de Corinto. Ver ARGUMENTO RÉGIO. Para uma abordagem informativa, ver Richard Gaskin, *The Sea Battle and the Master Argument: Aristotle and Diodorus Cronus on the Metaphysics of the Future*, 1995.

Diógenes de Apolónia (século V a.C.; gr. Διογένης) Filósofo grego, contemporâneo de Sócrates. Regressou à noção de Anaxímenes de que o ar foi o elemento original do universo, mas desenvolveu-a sob a influência da filosofia mais recente, em particular a teoria da Mente, de Anaxágoras, e da teoria médica. Diógenes está subjacente a muita da especulação cosmológica e biológica atribuída a Sócrates na peça de Aristófanes *As Nuvens* (423 a.C.) HT

Diógenes de Sínope (*c*. 400-325 a.C.; gr. Διογένης) Comummente considerado o fundador da escola CÍNICA. O seu modo de vida deu-lhe fama, ou notoriedade; transportava consigo todos os seus poucos pertences, fazendo de uma pipa de vinho a sua casa, vestido apenas com uma túnica rudimentar, tudo em nome da autossuficiência (αὐτάρκεια). Diz-se que a sua defesa e prática de uma «vida segundo a natureza» ultrapassou os limites do decoro. Foi professor de Zenão de Cítio, o fundador do estoicismo, que, todavia, compreende de outro modo o ideal de vida segundo a natureza.

Diógenes Laércio (século II-III; gr. Διογένης) Pouco se sabe acerca deste autor de *As Vidas dos Filósofos*, uma compilação de fontes diversas. Contém muito que não é fidedigno, mas tem listas de obras e sumários de doutrinas fundamentais, pelo que é a fonte mais importante das doutrinas dos principais filósofos da antiguidade. Os dez livros abrangem 1) os primeiros sábios; 2) os milésios, Anaxágoras, Sócrates e as escolas socráticas; 3) Platão; 4) os sucessores de Platão; 5) Aristóteles; 6) os cínicos; 7) os estoicos; 8) os pitagóricos; 9) Heraclito, os eleatas, os atomistas, etc., Pirro e Timão. O décimo livro é sobre Epicuro e contém três importantes epístolas filosóficas deste autor (a Heródoto, a Pítocles e a Meneceu) e as *Doutrinas Principais* (κυριαι δοξαι).

dionisíaco (Também «dionísico») *Ver* APOLÍNEO.

Dionísio, o Areopagita Na Idade Média, uma série de obras foram incorretamente atribuídas a este discípulo de S. Paulo, um juiz no Areópago, um tribunal em Atenas (ver Atos 17:34). Foram provavelmente redigidas no século V por um teólogo cujas teorias têm muito em comum com o filósofo neoplatónico Próclo. Os escritos deste pseudo-Dionísio que chegaram a nós são *Os Nomes Divinos, Teologia Mística, Hierarquia Celestial, Hierarquia Eclesiástica* e dez cartas. Obtemos uma inteleção sobre o divino procurando descrever o que Deus é (esta é a via positiva ou catafática) ou procurando descrever o que ele não é (a via negativa, apofática). Destas, a última é a que mais nos aproxima da verdade. O mal é caracterizado como inexistência, uma imperfeição: algo só é mau na medida em que tem carência num dado aspeto. Sobre a doutrina da Trindade, a ortodoxia do autor é duvidosa.

Ao longo da Idade Média estes escritos foram tratados como genuínos por causa da sua suposta proveniência, e o seu autor desconhecido tornou-se um dos pensadores mais influentes na história do pensamento ocidental.

Diotima Sacerdotisa e profetisa que abrira os olhos a Sócrates para os verdadeiros mistérios de Eros, segundo o diálogo de Platão, *Banquete* 201^d-212^c.

direção da adequação A expressão foi introduzida por G. E. M. Anscombe para destacar uma diferença saliente entre os modos como os desejos e crenças se relacionam com o mundo. Um exemplo seu é a lista do conteúdo num cesto de compras. Se o conteúdo não corresponde à sua lista de compras, o comprador irá mudar o que tem no cesto. Mas ao fazer o inventário do que tem na loja, o seu dono muda a lista caso descubra que não corresponde ao que tem na loja. Os desejos visam a satisfação, isto é, que o mundo se adeque ao desejo; as crenças visam a verdade, isto é, que a crença se adeque ao mundo. Neste sentido, os desejos e as crenças têm direções de adequação opostas.

direito *s.* 1 Um poder (uma aptidão, uma faculdade), pertencente a uma pessoa, de produzir uma mudança na situação moral ou legal (*e.g.*, criando uma obrigação para si próprio ou para outrem, prescindindo de uma reivindicação, autorizando outra pessoa a produzir uma mudança, etc.). Ter um direito é, por assim dizer, estar em controlo, moral ou legalmente. 2 Permissibilidade. Neste sentido, ter o direito de fazer *x* significa que não é errado fazer *x*. 3 Permissibilidade, em combinação com a proibição de interferência. Neste sentido, ter o direito de fazer *x* significa que não é errado fazer *x*, e que é errado que alguém interfira.

Em íntima relação com estes conceitos do direito de *fazer* algo há também os conceitos do direito de *possuir* algo, *receber* algo, e que outro agente faça ou deixe de fazer algo. *Ver também* DIREITOS POSITIVOS.

O termo inglês para «direito» é «right», que pode também ser o adjetivo «correto», que tem uma denotação diferente. Pode *ser* correto que B seja ajudado por A mesmo que B não *tenha* qualquer direito a ser ajudado por A. Ao contrário, algumas teorias éticas, embora não todas, aceitam que se possa ter direito a fazer algo incorreto: A pode *ter* o direito de, digamos, despejar um inquilino pobre, ainda que isto não *fosse* correto.

Nota: a Tabela 7 mostra as divergências entre as línguas, o que torna a tradução difícil.

Direito Canónico O direito eclesiástico da Igreja Católica Apostólica Romana.

direito civil 1 O direito na Roma antiga e no Império Romano, codificado sob Justiniano no *Corpus Iuris Civilis*, 529-534. Teve uma influência considerável na maior parte da Europa, principalmente depois de o seu estudo sistemático ter sido retomado na Itália nos séculos XII e XIII, e desde então tem sido a base para o direito privado na maior parte da Europa continental. 2 O direito de uma jurisdição particular. 3 O direito que diz respeito aos direitos e deveres relacionadas com a propriedade, contrato, danos, etc., frequentemente contrastado com o direito penal.

direito natural, teorias do Remonta aos Gregos da antiguidade, em especial os estoicos (*ver* ESTOICISMO), a origem da crença num direito natural como um sistema de justiça comum a todos os

TABELA 7 «Direito» e «Lei»

português	inglês	alemão	francês	latim
1 Direito, no sentido de um corpo de leis: direito civil, direito romano, direito natural, direito administrativo, etc.	law	*Recht* (também: *objektives Recht*)	*droit* (também: *droit objectif*)	*ius* (também: *ius obiective sumptum*)
2 Um direito de uma pessoa a fazer algo ou a ter algo ou a receber algo, etc.	right	*Recht* (também: *subjektives Recht*)	*droit* (também: *droit subjectif*)	*ius* (também: *ius subiective sumptum*)
3 Uma lei, uma regra, um estatuto, um decreto.	law	*Gesetz*	*loi*	*lex*

seres humanos. Em contraste com as leis de sociedades particulares, o direito natural tem aplicação universal, não se baseando no costume, convenção ou decisão. Por vezes se defendeu que é a expressão da força divina universal.

Todos os pensadores medievais importantes, incluindo Agostinho, Tomás de Aquino e Suárez, adotaram uma teoria do direito natural, tentando elaborar a relação entre as restrições inerentes à conduta humana, que Deus introduziu na sua criação, e as restrições que nos impôs através da sua vontade legislativa.

Podemos distinguir dois tipos principais de teoria do direito natural: o frequentemente denominado «clássica» e a «moderna». A primeira é *teleológica* e remonta a Aristóteles. Baseia-se no contraste entre natureza e convenção. O direito natural exprime os fins ou objetivos que por natureza pertencem a um tipo específico de ser vivo. Estes fins formam um sistema harmonioso. As convenções, leis e ações humanas são corretas se estiverem de acordo com os objetivos da natureza; se não estiverem, são incorretas. Visto que o homem, como Aristóteles observou, é um animal social, o direito natural impõe a conduta que torne a vida social possível e permita que o indivíduo prospere no seu seio. Este tipo de teoria do direito natural foi combinado, em especial no pensamento cristão, com uma perspetiva teológica, por exemplo, de que a estrutura dotada de propósito da natureza é uma expressão da vontade divina, logo Deus ordena que a nossa conduta seja conforme à natureza e proíbe as perversões precisamente porque são contra a natureza.

Ao segundo tipo de teoria, de que Grócio e Pufendorf são considerados os fundadores, chama-se não raro «teoria moderna do direito». Entre as suas doutrinas centrais estão a liberdade e igualdade naturais de todos os seres humanos, reafirmadas por Locke, *Two Treatises of Government* (1690) (*Dois Tratados do Governo Civil*, 2006), por Rousseau, *Contrat Social* (1762) (*O Contrato Social*, 2009), e pelas declarações de direitos norte-americana e francesa. Deste ponto de vista, os indivíduos são considerados entidades soberanas por natureza, e a sua integridade e liberdade têm de ser respeitadas, do mesmo modo que a dos Estados soberanos no direito internacional. A desigualdade só pode em última análise ser justificada pelos acordos, que criam direitos e obrigações correlativas, em que as partes interessadas entram voluntariamente. Uma ação é correta se respeitar o domínio individual inato e os direitos adquiridos de todos; caso contrário, é incorreta. Assim, no contexto desta teoria, toda a conduta errada consiste em cometer um mal, infligir um dano; e o direito natural dita, em primeiro lugar, o respeito pela integridade e liberdade de cada pessoa. Podemos também combinar uma teoria do direito natural deste tipo com uma perspetiva teológica, por exemplo, de que Deus nos ordena que respeitemos a liberdade e igualdade naturais de todas as pessoas.

As teorias do direito natural que incluem pressupostos religiosos foram evidentemente rejeitadas pelos teorizadores antirreligiosos ou não religiosos. Fora isso, as objeções às teorias do direito natural são em parte morais, em parte teóricas.

Uma objeção moral à teleologia é a de que aquilo que acontece «naturalmente» não é necessariamente para o melhor. Uma objeção moral à ênfase na liberdade natural e nos direitos naturais é a de que é demasiado individualista e incompatível com os valores da comunidade. Outras objeções morais às teorias do direito natural são as seguintes:

apelou-se ao direito natural para condenar o controlo artificial da natalidade e, assim, opor-se aos esforços para evitar a pobreza e o excesso da população. Aceitou-se a distribuição injusta da riqueza, mais uma vez apelando a princípios de justiça natural. Os excessos da Revolução Francesa foram praticados em nome dos direitos humanos universais.

As objeções teóricas alegam que as pretensões de conhecimento dos fins naturais são espúrias, e que os direitos naturais são entidades misteriosas acerca das quais não pode haver conhecimento.

Entre os críticos das teorias do direito natural contam-se Bentham e Austin, entre outros utilitaristas, bem como algumas escolas mais recentes de filosofia do direito (Kelsen, o realismo jurídico). Os ataques tiveram não raro uma dimensão política, motivados por um desejo de reforma jurídica. Argumentou-se que o critério de uma boa lei não podia ser a conformidade a uma suposta lei natural, antes a conformidade ao princípio de utilidade ou qualquer outro princípio de bem-estar geral. Outros críticos – Rousseau, os filósofos românticos, a escola histórica da jurisprudência – rejeitaram a ideia de que a lei pudesse dar corpo a princípios intemporais, insistindo que a lei era, ou devia ser, a expressão da vontade dos que lhe estão sujeitos, do povo. A autoridade por detrás da lei não podia ser um conjunto de princípios abstratos válidos, devendo antes ser a genuína vontade da nação.

Embora a sua influência tenha decrescido desde o início do século XIX, a teoria do direito natural manteve os seus defensores, em especial entre os neotomistas (*e.g.*, Maritain), e recuperou terreno particularmente desde a Segunda Guerra Mundial. Na Alemanha e na Áustria foi muitas vezes considerada inseparável da religião. No Reino Unido e na América do Norte, uma série de autores como G. E. M. Anscombe, G. Grisez e J. Finnis apresentaram novas variações de temas clássicos em Aristóteles e Tomás de Aquino. As teorias do direito permaneceram também na ordem do dia. Na década de 1970, R. Nozick, *Anarchy, State and Utopia* (1974) (*Anarquia, Estado e Utopia*, 2009), entre outros, na sua esteira, usaram a teoria dos direitos naturais para defender um ideal de ação estatal mínima.

direito objetivo O direito (*i.e.*, a ordem jurídica numa sociedade). Como em francês, *direito* é ambíguo. É conveniente eliminar a ambiguidade do termo, usando *direito subjetivo* para um direito, algo que pertence a uma pessoa, e *direito objetivo* para a ordem jurídica, um sistema de regras e práticas. O mesmo acontece em italiano e alemão. Em inglês não existe essa ambiguidade, porque para o primeiro sentido usa-se *right*, e *law* para o segundo. *Ver também* DIREITO.

direito perfeito Pufendorf (1632-94) introduziu este conceito. A pessoa que «pode exigir» a realização de um dever perfeito tem um direito perfeito. A pessoa que merece ou é digna da realização de um dever imperfeito «não pode exigi-la», mas tem um direito imperfeito. Antes de Pufendorf, Grócio, entre outros, sustentou que todos os direitos se correlacionam com deveres perfeitos. Ao correlato de um dever imperfeito chamava-se «merecimento» ou «mérito»: uma pessoa necessitada pode merecer ajuda, mas «não pode exigi-la».

direito pessoal *Ver* DIREITO REAL.

direito real Em contextos jurídicos, um direito *real* é um direito a um objeto (latim *res*), tipicamente um direito de propriedade ou um direito a usar uma coisa ou uma extensão de terreno; contrasta com um direito *pessoal*, que é um direito contra outra pessoa (latim *persona*), geralmente o direito de um credor a ser pago pelo devedor.

direitos de privacidade Ver PRIVACIDADE.

direitos positivos 1 Os direitos reconhecidos pelo direito positivo. O contraste é com os direitos naturais, que não dependem de tal reconhecimento para existir. 2 O direito de uma pessoa a que outrem faça algo. O contraste é com direito negativo – o direito de uma pessoa a que outrem se abstenha de fazer algo.

discriminar *vb*. Diferenciar ou distinguir. Isto é em si inócuo e por vezes muito desejável. O que é indesejável é a discriminação contra alguém ou a favor de alguém sem justificação adequada.

discutível Ver ARGUMENTÁVEL.

disgénico *adj*. Respeitante à deterioração de qualidades herdadas numa estirpe ou linhagem.

disjunção *s*. Uma disjunção é uma *proposição composta* com a forma «*p* ou *q*» (em que *p* e *q* estão em lugar de proposições). Quando fazem parte de uma disjunção, *p* e *q* chamam-se «disjuntas». Chama-se também «disjunção» à *operação* que resulta na formação de tal proposição composta. Pelo que a palavra se aplica quer à operação, quer ao seu resultado. A diferença entre estes dois sentidos da palavra é semelhante à diferença entre a *adição* (uma operação) e a *soma* (o resultado da operação). É normalmente claro pelo contexto qual o sentido que se pretende.

Na lógica formal, a disjunção é normalmente simbolizada com *p* ∨ *q* ou *Apq*, em que o símbolo ∨ se lê «vel» (uma palavra latina para «ou») ou «cunha», sendo tratada como uma operação verofuncional. Isto significa que para cada atribuição de valor de verdade a *p* e a *q*, o valor de verdade da proposição composta está determinado, do modo que se mostra na Tabela 8.

Como determinado por esta tabela, a disjunção é verdadeira se, e só se, *uma ou ambas* as disjuntas são verdadeiras. Também se chama *disjunção inclusiva* para a distinguir da *disjunção exclusiva*, que é verdadeira se, e só se, *exatamente uma* das disjuntas é verdadeira, que consequentemente tem a tabela de verdade que mostramos na Tabela 9.

TABELA 8 **Tabela de verdade para a disjunção**

p	*q*	*p* ∨ *q*
V	V	V
V	F	V
F	V	V
F	F	F

TABELA 9 **Tabela de verdade para a disjunção exclusiva**

p	*q*	disjunção exclusiva
V	V	F
V	F	V
F	V	V
F	F	F

Não há um símbolo comummente aceite para esta função de verdade. Ocasionalmente usa-se o símbolo v, e lê-se «aut» (outra palavra latina para «ou»). Pode-se escrevê-la de muitos modos, *e.g.*, como a negação de uma bicondicional: $\neg (p \Leftrightarrow q)$

Há desacordo sobre até que ponto a primeira ou a segunda destas tabelas refletem o modo como «ou» é normalmente entendido. «Ou *p* ou *q*» seria normalmente entendido como uma disjunção exclusiva.

Para a vasta maioria dos filósofos e lógicos, falar em «disjunção» sem qualificativos significa a disjunção inclusiva, mas alguns lógicos preferem, ao invés, «alternação». Outros ainda usam «disjunção» para a disjunção inclusiva e «alternação» para a disjunção exclusiva.

Nota: a palavra tem outros sentidos. Quando Hume escreve sobre uma «disjunção de interesses» quer dizer que os interesses são divergentes ou opostos. No uso não filosófico de hoje em dia a palavra pode também significar «contraste», «desconexão», «exclusão», «rutura», etc.; mas em contextos filosóficos a palavra é quase exclusivamente usada no sentido atenuado de proposição «ou», como foi explicado.

Para outro sentido de «ou», *ver* EPEXEGESE.

disjuntivismo O argumento da ilusão levanta a questão de saber como distinguir perceções genuínas dos objetos externos das alucinações. Ver um elefante cor-de-rosa é a mesma experiência do que ter a alucinação de que está à nossa frente. O disjuntivismo, uma perspetiva proposta pela primeira vez por J. M. Hinton, *Experiences* (1973), rejeita o pressuposto de que há uma natureza mental comum entre perceções e alucinações. Não há experiência comum, apesar de muitas vezes o parecer. No caso particular dado, a experiência será uma perceção de um elefante cor-de-rosa, ou uma alucinação: daí a etiqueta «disjuntivismo», primeiro usada por Howard Robinson, *Perception* (1994). Posteriormente, tentou-se usar a mesma abordagem noutros problemas, *e.g.*, ter uma razão que é um facto objetivo e ter uma razão no sentido subjetivo. Leitura: Byrne, E. e Logue, H. (orgs), *Disjunctivism* 2009.

disjunto *s.* Afirmação componente numa disjunção.

dissectiva *adj.* Uma propriedade dissectiva é aquela que se pertence a um todo, pertence também a cada parte.

O uso da palavra neste sentido foi introduzido por Nelson Goodman, em *The Structure of Appearance* (1951). *Ver também* DIVISÃO, FALÁCIA DA.

disseminação *s.* Um termo importante nos textos de Derrida. Figura proeminentemente em *Dissemination* (1972) e em *Positions* (1972). Faz alusão ao latim *semen* (semente) e ao grego σημεῖον (sinal), mas o significado do termo é tal que só aqueles que o compreendem mal tentam explicá-lo.

distanciamento *s.* Imparcialidade; atitude de indiferença.

distinção *s.* Não pode haver distinção sem uma diferença, mas: 1) distinção não é o mesmo que separação: não se pode pegar numa superfície e separar fisicamente a sua vermelhidão da sua dureza; no entanto, a vermelhidão e a dureza não são a mesma coisa; 2) a distinção não é o mesmo que não implicação: há implicação do necessário para o possível, e no entanto são noções distintas; 3) distinção não é o mesmo que segregação: é possível participar simultaneamente na vida doméstica e na vida pública e no entanto há diferenças óbvias entre ambas.

distopia (gr. δυσ- que significa maldade ou dificuldade, e τόπος lugar) s. Uma descrição ficcional de más condições políticas e sociais; a narrativa inclui frequentemente movimentos ou desenvolvimentos sociais e políticos que prometem a utopia e inspiram a esperança, mas terminam numa utopia às avessas. Exemplos deste género são Yevgeny Zamyatin, *Nós*, 1924, Aldous Huxley, *Brave New World* (1932) (*O Admirável Mundo Novo*, 2007), Karain Boye, *Kallocain* (1940) e George Orwell, *Nineteen Eighty-Four* (1948) (*Mil Novecentos e Oitenta e Quatro*, 1991). Cf. UTOPIA.
Nota: a palavra foi introduzida por John Stuart Mill, num discurso proferido em 1868.

distribuição de termos Um termo está distribuído numa proposição categórica se, e só se, a proposição em causa implica todas as outras proposições que resultam de permutar o termo original por outro termo cuja extensão faz parte da extensão do termo original.
Por exemplo: a extensão de *poeta* faz parte da extensão de *ser humano*; portanto, de *Todo o ser humano é mortal* decorre que *Todo o poeta é mortal*. O mesmo sucede com qualquer outra subclasse de seres humanos. Consequentemente, *ser humano* ocorre distribuído em *Todo o ser humano é mortal*.
Em geral, o sujeito de uma proposição universal ocorre distribuído, bem como o predicado de uma proposição negativa. Outros termos não ocorrem distribuídos. A seguir, os termos distribuídos estão a negrito e itálico:

1) Todo o *S* é *P* 2) Nenhum *S* é *P*

3) Algum *S* é *P* 4) Algum *S* não é *P*

C. S. Peirce observou que se estas formas declarativas forem parafraseadas em termos de identidade e não identidade, «todo» é uma marca de distribuição: *todo* o *S* é idêntico a um ou outro *P*; 2) *todo* o *S* é distinto de *todo* o *P*; 3) um ou outro *P* é idêntico com um ou outro *S*; 4) um ou outro *S* é distinto de *todo* o *P*.
O conceito foi usado na lógica tradicional dos SILOGISMOS categóricos para formular critérios de validade: 1) o termo médio num silogismo ocorre distribuído pelo menos numa premissa; 2) um termo que ocorre distribuído na conclusão tem de ocorrer distribuído nas premissas. A violação da primeira regra é conhecida como a falácia do médio não distribuído.

divisão, falácia da Uma inferência que se baseia no princípio inválido de que seja o que for verdadeiro de um todo é também verdadeiro de cada parte.
Por exemplo, se uma pedra pesa 1 kg, não podemos inferir que cada parte tem também esse peso. Ou suponhamos que um comité chegou a uma decisão sensata: não podemos inferir que todos os membros o fizeram.
Há propriedades que se pertencem a um todo, pertencem também a cada parte. Nelson Goodman chamou-lhes *dissectivas*.

divisão, princípio da Ver AGLOMERAÇÃO.

docetismo (gr. δοκεῖν parecer) s. Doutrina herética que sustenta que alguns ou todos os atributos humanos de Cristo (o seu corpo, o seu sofrimento) eram meramente aparentes e não reais, e que os atributos que realmente pertencem a Cristo são divinos, e não humanos. No limite, defende-se que o corpo humano de Cristo é um mero espetro. Ideias deste tipo são sugeridas por alguns dos Padres da Igreja dos primeiros tempos, mas a versão plenamente desenvolvida da doutrina faz parte do gnosticismo.

docta ignorantia lat. Douta ignorância. A expressão, que não foi concebida para dar má reputação aos eruditos, estabeleceu-se pelo seu uso no título de um livro de Nicolau de Cusa. Denota a inteleção racional da incompreensibilidade do divino.

Dodgson, Charles Lutwidge /ˈdɒdʒsən/ Ver CARROLL.

dogma (gr. δόγμα decreto público; crença; princípio científico) *s.* 1 Um preceito, uma doutrina, considerados indisputáveis. 2 Uma doutrina ou corpo doutrinal apresentadas de modo autoritário.

dogmática *s. sing.* Estudo teológico dos dogmas da Igreja a que o teólogo está associado.

dogmático *adj.* 1 Respeitante a um dogma. 2 Respeitante ao dogmatismo.

dogmatismo *s.* 1 Os céticos da antiguidade aplicavam este termo às teorias não céticas. Pensavam que os filósofos dogmáticos eram demasiado audaciosos ao aceitar que determinadas proposições (em lógica, física ou ética) eram inequivocamente verdadeiras. Ver *também* CETICISMO.

Este contraste clássico entre o ceticismo e o dogmatismo pode ser interpretado como um contraste entre o falibilismo e o fundacionalismo. Para o falibilista, o *corpus* de pretensos conhecimentos é como um navio que se mantém a flutuar substituindo constantemente as partes velhas; para o fundacionalista, o *corpus* de pretensos conhecimentos é como um edifício que precisa de alicerces seguros.

2 Em Fichte, e noutros pós-kantianos, o termo aplicava-se especialmente ao princípio de que a realidade é independente da consciência e que é o fundamento da experiência: o conhecimento surge quando a realidade produz um impacto sobre uma mente passiva. O idealismo transcendental foi visto como superior, capaz de pôr a filosofia num caminho seguro para o conhecimento. Fichte contrastou o dogmatismo e o idealismo: o último, o ponto de vista de que a realidade última é o eu, ativo e autoconsciente, o fundamento da experiência, é o único que pode tornar legítimos os nossos valores morais e ideais. Uma pessoa para quem estas coisas importam será atraída para o idealismo, o outro tipo de pessoa para o dogmatismo. Nenhuma posição admite demonstração última: a sua escolha de filosofia depende de que tipo de pessoa se é (*Primeira Introdução à Ciência do Conhecimento*, secção 5).

3 Atualmente, o termo é sobretudo usado em sentido mais ou menos pejorativo para a adesão acrítica a uma teoria.

dolus *s.* Esta palavra latina, juntamente com *culpa* e *casus*, tem sido usada na jurisprudência tradicional para significar os graus de responsabilidade de um agente por uma ação. *Dolus* (dolo) é intenção maliciosa deliberada. *Culpa* é ser culpado, mas não ter intenção maliciosa. *Casus* significa que o que acontece foi acidental e não há que considerar o agente responsável.

dominador, argumento *Ver* ARGUMENTO RÉGIO.

domínio *s.* O *domínio* de uma função é o conjunto dos indivíduos que entram nos argumentos da função. O *âmbito* da função é o conjunto de valores da função. Se uma função for considerada um conjunto de pares ordenados de elementos $\langle x,y \rangle$, os valores para x pertencem ao domínio, e os valores para y pertencem ao âmbito.

Por exemplo, juntemos x e y num par segundo a condição: $y = \cos x$. O *domínio* desta função é o conjunto de elementos que podem substituir x, e o *âmbito* da função é o conjunto de elementos que podem substituir y.

domínio dos fins *Ver* REINO DOS FINS.

Doppelgänger /ˈdɔpəlgɛŋər/ alm. «Duplo caminhante» *s.* Um duplo fantasmagórico, ou contraparte, de uma pessoa viva.

doxa (gr. δόξα opinião, crença) *s.* Na filosofia antiga contrastava com γνῶσις ou ἐπιστήμη, isto é, conhecimento.

Em especial na tradição platónica, defendia-se o ponto de vista de que aquilo que pode ser objeto de conhecimento é de uma natureza diferente daquilo que pode ser objeto de uma opinião ou crença. Aristóteles defendeu de igual modo (*Analíticos Posteriores* 1, 33, 89ª 3-5) que a δόξα é acerca do contingente, a ἐπιστήμη (conhecimento) acerca do necessário.

Isto é contrário ao ponto de vista moderno de que o conhecimento, a opinião, a crença e outras «atitudes proposicionais» não diferem em função da diferença dos seus objetos. JM/dir.

doxografia (gr. δόξα + γράφω escrever) *s.* A explicação das opiniões de um pensador. A palavra é usada sobretudo para explicações do passado, em especial do pensamento da antiguidade.

doxologia *s.* Em religião: um hino ou oração que glorifica Deus; em especial uma certa parte da liturgia da Igreja.

Driesch, Hans (Adolf Eduard) /driːʃ/ (1867-1941) Biólogo alemão, fundador da embriologia experimental. As suas investigações levaram-no de uma conceção mecanicista a uma conceção vitalista (VITALISMO) da vida biológica, exposta nas suas palestras Gifford, *The Science and Philosophy of the Organism* (1908), e mais tarde na sua vida também se interessou por parapsicologia (*Parapsychologie*, 1932). Na sua obra académica, passou da ciência à filosofia em 1912, e mais tarde desempenhou cargos, primeiro em Heidelberga, depois em Leipzig. Sendo embora mais bem conhecido pelo seu vitalismo, Driesch também desenvolveu uma metafísica antimaterialista exaustiva.

dual *adj.*, *s.* Em lógica e matemática: uma fórmula dual, ou a dual de uma fórmula, obtém-se pela substituição de um operador por outro. Por exemplo, cada uma das fórmulas $\neg(p \wedge q) \rightleftarrows \neg p \vee \neg q$ e $\neg(p \vee q) \rightleftarrows \neg p \wedge \neg q$ é dual da outra.

Em certos casos uma demonstração geral pode estabelecer que aquilo que se verifica para uma classe de fórmulas também se verifica (com mudanças apropriadas) para as suas duais.

dualismo *s.* Teoria que tem por base *dois* conceitos ou princípios radicalmente distintos. Exemplos de dualismo são: 1) a crença religiosa em dois princípios opostos ou seres divinos, um bom e outro mau. Foi neste sentido que a palavra foi usada pela primeira vez há cerca de três séculos, para descrever a antiga religião persa; 2) em metafísica, a perspetiva de que há dois tipos de realidade: finita e infinita, matéria e forma, matéria e espírito, relativa e absoluta, etc.; 3) em filosofia da mente, dualismo psicofísico: a perspetiva de que os seres humanos são compostos por dois constituintes radicalmente distintos (corpo, constituído por matéria como outros objetos naturais, e uma mente imaterial ou alma). Outro tipo de dualismo psicofísico, diferente deste «dualismo de substância», chama-se «dualismo de propriedades» ou «dualismo de atributos», no sentido de haver dois tipos de propriedades radicalmente diferentes, físicas e não físicas, pertencentes ao mesmo cérebro ou ser humano; 4) em filosofia moral, dualismo facto/valor: a perspetiva de que as afirmações factuais não acarretam qualquer afirmação valorativa. *Ant.* monismo, pluralismo.

Nota: o termo «dualismo» é usado também noutro sentido, como sinónimo de *dualidade*, para falar apenas de um par de coisas.

dualismo facto/valor Na filosofia moral, o dualismo facto/valor é a perspetiva de que as afirmações de facto – as afirmações factuais – são de tipo diferente das afirmações de valor – as afirmações valorativas – e que nenhuma afirmação do segundo tipo pode ser inferida a partir de afirmações do primeiro tipo; por outras palavras, que as afirmações valorativas são logicamente independentes das afirmações factuais, de modo que se todos os factos forem dados, a questão de como avaliar a situação permanece em aberto.

O dualismo facto/valor e os dualismos relacionados, *e.g.*, o dualismo facto//dever, estiveram também no centro do debate na metaética do século XX. Tais dualismos são aceites tanto em algumas teorias éticas objetivistas como a de G. E. Moore, como em teorias antiobjetivistas como as de A. J. Ayer, Charles L. Stevenson, Karl Popper, R. M. Hare, John Mackie, etc. Estes dualismos foram vigorosamente contestados por muitos outros: Philippa Foot, Julius Kovesi, Renford Bambrough, Hilary Putnam, Frank Jackson, os REALISTAS DE CORNELL, etc.

Hume observa no *Treatise of Human Nature* (3, 1, 1, 27) que todo o «sistema vulgar» (ou seja, a teoria comummente aceite) da moralidade com que se deparou procede de proposições descritivas para proposições normativas sem explicar o que parece ininteligível: isto é, como semelhante transição se pode justificar. Este passo muito citado tem sido geralmente interpretado como uma afirmação de dualismo facto/valor e facto//dever.

Ver também EMOTIVISMO; NÃO COGNITIVISMO; SEM VALOR.

Nota: a controvérsia diz respeito ao *dualismo*: que há uma *distinção* entre factos e valores, factos e deveres, dificilmente se pode pôr em causa.

Leitura: W. D. Hudson (org.) *The Is/Ought Question* 1971; R. Bambrough, *Moral Scepticism and Moral Knowledge* 1981; S. Blackburn, *Ruling Passions* 1998.

du Bois-Reymond, Emil /dy bwa ʀɛmɔ̃/ (1818-186) Cientista e filósofo alemão, professor de Fisiologia em Berlim. Rejeitou o vitalismo, defendeu um positivismo científico e o materialismo, e sustentou que tudo no mundo natural está sujeito a leis estritamente deterministas. Mas a ciência, afirmou, não pode explicar tudo, e há questões filosóficas fundamentais acerca das quais devemos ter a força moral para reconhecer que somos ignorantes e assim permaneceremos (resumida no latim *ignoramus et ignorabimus*), em vez de tentar empreender o impossível além dos limites do conhecimento humano. O seu materialismo científico e determinismo, combinado com o agnosticismo filosófico, foi articulado em dois pequenos artigos: *Über die Grenzen des Naturerkennens* (1872) e *Die sieben Welträtsel* (1880), que se tornaram amplamente conhecidos e debatidos. *The Riddles of the Universe*, de Ernst Haeckel, e *Kosmogonie*, de Ehrenfels, estão entre as quase incontáveis respostas. Os «sete enigmas» são: 1) a natureza da matéria e da energia; 2) a origem do movimento; 3) a origem da vida; 4) a aparente existência de propósito na natureza; 5) a origem da experiência sensorial simples; 6) a origem da linguagem e do pensamento racional; 7) o livre-arbítrio. Embora a ciência possa ser capaz de resolver alguns destes enigmas, os primeiros três «transcendentais» permaneceriam, em seu ver, para lá dos limites do conhecimento humano.

Duhem-Quine, tese de /dyɛm kwaɪn/ Tese de que as hipóteses não se podem testar uma a uma, só em aglomerados. Se uma experiência não se ajusta à hipótese, não é óbvio que tenha de ser a hipótese a ser rejeitada; talvez o defeito esteja alhures. Por exemplo, talvez sejam os pressupostos respeitantes aos instrumentos de medida que devem ser revistos! O ponto de vista de Pierre Duhem (1861-1916), desenvolvido em *La Théorie physique, son objet et sa structure* (1906), é que aquilo que é testado é sempre todo um conjunto de pressupostos. Isto é adotado e generalizado no holismo de Quine.

Dummett, Sir Michael /ˈdʌmət/ (n. 1925) Filósofo de Oxford, membro de All Souls, 1950, Professor Wykeham de Lógica de 1979 a 1992 e membro do New College. Entre os seus compromissos exteriores à filosofia, o seu trabalho ativo contra o racismo merece menção especial.

A filosofia de Dummett inspira-se em grande medida na filosofia de Frege e Wittgenstein. Diversas obras suas ocupam-se diretamente de Frege, sendo as principais os dois livros *Frege: Philosophy of Language* (1973), e *Frege: Philosophy of Mathematics* (1991). Estes contêm explicações detalhadas das várias doutrinas de Frege, bem como a sua avaliação por Dummett, juntamente com os seus próprios contributos. Interpolado a estes dois volumes Dummett também publicou *The Interpretation of Frege's Philosophy* (1981), em que defende a sua interpretação de Frege contra diversos críticos que tinham apresentado interpretações divergentes nas discussões vívidas da filosofia de Frege que se seguiram ao primeiro livro de Dummett.

Os temas mais importantes da própria filosofia de Dummett dizem respeito à metafísica e à filosofia da linguagem, e em particular ao modo como se inter-relacionam. Até que ponto o realismo é sustentável foi questão metafísica que o próprio Dummett abordou. Dummett considera que um ingrediente essencial de uma posição antirrealista é a rejeição do princípio da bivalência da lógica clássica. Por isso, as questões metafísicas têm consequências para a lógica. Por outro lado, a questão de saber que lógica está correta tem de ser resolvida pela teoria do significado. Logo, defende Dummett, o modo correto de abordar estas questões inter-relacionadas é começar pela teoria do significado e, na posse de uma teoria correta do significado, seremos também capazes de resolver as questões lógicas e metafísicas.

Tal como Dummett a concebe, uma teoria do significado para uma língua deve explicar o que é saber o significado das várias frases da língua. Tendo em conta a natureza pública do significado, o conhecimento em causa deve manifestar-se no uso que fazemos das frases, e a teoria do significado deve descrever como o conhecimento se manifesta. Segundo Dummett, os que defendem o princípio da bivalência têm dificuldades com frases indecidíveis. Os defensores da bivalência identificam o significado de uma frase com a sua condição de verdade, e têm portanto de afirmar que podemos apreender o que é uma dada condição de verdade ser satisfeita mesmo quando – como é o caso das frases indecidíveis – não há modo de mostrar esta apreensão. Logo, conclui Dummett, uma teoria defensável do significado tem, ao invés, de identificar o significado de uma frase com algum aspeto do seu uso, considerando então diferentes modos de satisfazer este requisito. Um deles é considerar que o significado de uma frase é determinado pelo que conta como verificação da frase. Assim, chegamos a um antirrealismo que é uma generalização da posição intuicionista em matemática. Dummett não se compromete com tal posição, mas mostra-se bastante favorável à mesma, e insta a que o trabalho posterior sobre a teoria do significado seja empreendido de modo a obter uma base firme sobre a qual estas questões possam ser resolvidas.

No seu «What is a theory of meaning? II», reimpresso juntamente com outros artigos no volume *The Seas of Language* (1993), há uma apresentação inicial mas razoavelmente exaustiva de como Dummett vê a teoria do significado e a sua relação com a disputa entre o realismo e o antirrealismo. A discussão mais abrangente do caminho proposto por Dummett a partir da teoria do significado para a metafísica ocorre em *The Logical Basis of Metaphysics* (1991). Dummett também contribuiu para a filosofia do intuicionismo matemático em *Elements of Intuitionism*, que trata profusamente os vários aspetos filosóficos, lógicos e matemáticos desta doutrina. Muitos dos seus primeiros artigos estão reunidos em *Truth and Other Enigmas*, 1978. DPR

Duns Escoto, João (*c.* 1266-1308) Cognome latino: *Doctor Subtilis*. Provavelmente nascido em Duns, na Escócia; tornou-se franciscano ainda jovem. Foi ordenado sacerdote em 1291 e depois disso alternou entre Oxford e Paris (com um breve período em Cambridge); morreu em Colónia e foi sepultado na igreja franciscana local. As suas obras – palestras e comentários escritos em Oxford, Cambridge e Paris – são volumosas e complexas, e foram muito editoradas pelos seus estudantes; uma edição crítica está agora em curso, e permitir-nos-á distinguir pela primeira vez os contributos do próprio Escoto dos contributos dos seus estudantes.

A sua obra tem dois enfoques distintos: a teologia e a metafísica. Teologicamente, Escoto deu ênfase à importância da vontade de Deus e, consequentemente, à natureza contingente da criação e da redenção. (Escreveu bastante sobre o estatuto teológico da Virgem Maria, como parte do seu interesse geral no processo da redenção.) A metafísica de Duns Escoto é o seu grande feito filosófico; é o principal pensador da Idade Média Tardia a desenvolver uma metafísica no sentido aristotélico, *i.e.*, uma ciência do ser que seria anterior a todas as outras ciências. Mas a sua metafísica difere radicalmente da de Aristóteles por adotar o pressuposto da criação *ex nihilo*.

A sua metafísica começa com a noção de ser, que tem prioridade ontológica e epistémica. Ontologicamente, o ser tem dois modos (finito e infinito), que esgotam aquilo que há: o ser infinito (isto é, Deus) é necessário e incausado, ao passo que o ser finito é dependente e contingente. Escoto tem uma descrição do ser finito que é basicamente composicional: isto é, parte da matéria-prima e afirma que esta se torna uma coisa efetiva pela progressiva adição de formas, começando pela forma da corporeidade que dá à coisa quaisquer que sejam as suas propriedades físicas, e continuando com a adição de quaisquer outras formas respeitantes a essa coisa. Nestas se incluiria a natureza comum, que faz dela uma coisa da categoria a que pertence, seja esta qual for, e – caso se trate de uma coisa particular – haveria também a *haecceitas* (ecceidade), ou «istidade», que seria a natureza de algo em virtude de ser essa coisa particular. Todavia, esta composição não é simplesmente uma adição física, visto Escoto ter uma noção de identidade e distinção *formal* mais detalhada do que a identidade e distinção *reais*: assim, as várias formas adicionadas a uma coisa seriam realmente idênticas mas formalmente distintas entre si. Houve muito debate, então e posteriormente, sobre a coerência desta noção de distinção formal: todavia, proporcionou a Escoto um modo complexo e subtil de analisar o ser finito. Também a usou para a descrição do ser infinito: as identidades e não identidades paradoxais na teologia da Trindade podiam ser elaboradas em termos de distinções formais e identidades reais.

Epistemologicamente, o ser tem também prioridade: *i.e.*, é o objeto apropriado do intelecto humano. Escoto tem uma explicação basicamente aristotélica do conhecimento, começando pela experiência sensorial (que inclui uma intuição primária do ser) e abstraindo, dessa experiência, as várias formas que efetivam os objetos conhecidos. Rejeitou enfaticamente teorias que postulavam uma iluminação divina especial para um conhecimento infalivelmente certo de verdades religiosas e outras (tais teorias, de origem agostiniana, tinham sido apresentadas por Henrique de Gand, entre outros).

O argumento de Escoto a favor da existência de Deus tem três etapas principais: começa por argumentar que é possível existir um primeiro incausado em cada uma das três ordens: causalidade eficiente, causalidade final e eminência; depois, argumenta que este primeiro em cada ordem tem de ser já efetivo (de outro modo, se a sua possibilidade se devesse à possibilidade de ser causado, a sua existência não seria possível, visto que não poderia ser incausado e primeiro); por fim, argumenta que o primeiro em cada ordem é idêntico ao primeiro nas outras.

A sua teologia também sublinha a vontade divina: esta ênfase é uma característica distintamente franciscana, e permite-lhe ligar uma série de áreas distintas no seu pensamento. Assim, a sua metafísica está ligada à sua doutrina de Deus pela ideia de criação como efetivação de possibilidades. Na verdade, Escoto pode analisar as sucessivas decisões divinas envolvidas no processo da criação ordenando-as segundo a prioridade e a posterioridade; estas estão correlacionadas com as diferentes formas envolvidas na efetivação de uma coisa. Escoto precisa de algo análogo a uma distinção formal para ser capaz de falar nestas decisões sucessivas, porque não ocupam momentos distintos do tempo (a vontade divina de criar é eterna); ao invés, diz que ocupam «momentos da natureza», que não são temporalmente distintos mas podem ainda ser ordenados segundo a prioridade e a posterioridade. De igual modo, considera que a vontade divina é formalmente distinta da essência divina (mas não realmente). Deste modo, ao falar na relação entre o intelecto e a vontade divinos, pode avaliar a racionalidade da ordem criada (um produto da vontade divina), e também a racionalidade da lei moral (também um produto da vontade divina). Assim, foi capaz de conciliar duas tendências opostas na teologia daquele período: por um lado, sublinhar a liberdade divina e assim o papel da vontade divina ao criar e estabelecer a lei moral; por outro, salvaguardar a racionalidade quer da ordem criada, quer da lei moral.

Por isso, Escoto é importante não apenas pela sua metafísica (por muito impressionante que seja) e por certas doutrinas lógicas respeitantes à identidade e diferença (ainda que tenham desde então sido uma produtiva fonte de controvérsias); o que o seu pensamento como um todo representa é a integração do projeto metafísico e teológico. Este género de integração não é frequentemente alcançado ao nível em que Escoto o conseguiu, e os pensadores posteriores (em particular Ockham), embora se possam apropriar de doutrinas individuais, não procuraram o mesmo género de fusão da metafísica e da teologia que Escoto representa. GW

Leitura: R. Cross, *Duns Scotus* 1999; *The Cambridge Companion to Duns Scotus* 2003.

dupla negação A lei ou princípio da dupla negação é o efeito de que a negação da negação de uma proposição é sempre equivalente a essa mesma proposição; resumindo: não não *p* é equivalente a *p*. Este princípio tem duas partes:

1) que *p* implica não não *p*; e 2) que não não *p* implica *p*.

Na lógica proposicional canónica, as fórmulas que correspondem a 1 e 2 são ambas teoremas. Em alguns sistemas, todavia (em particular o cálculo intuicionista), a fórmula correspondente a 1 é um teorema, mas a correspondente a 2 não é. À primeira vista, isto pode parecer estranho, mas há uma série de interpretações que fazem 1 parecer intuitivamente mais plausível do que 2. Eis alguns exemplos.

A) Suponhamos que entendemos que a negação de *p* significa que *p* é impossível: então 1 redunda na afirmação de que se *p* é verdadeira, é impossível que seja impossível, mas 2 significa que a impossibilidade de *p* ser impossível é suficiente para mostrar que é verdadeira; e a anterior parece mais plausível do que a última.

B) Se interpretamos a negação como rejeição, podemos entender que 1 significa afirmar que *p* nos compromete a negar que se nega que *p* (o que parece plausível), significando 2 que negar que se nega que *p* nos compromete a afirmar que *p* (o que não parece plausível, visto que podemos não ter opiniões sobre *p*).

C) Os matemáticos da escola intuicionista rejeitam o princípio de demonstração por *reductio ad absurdum* – consideram que uma refutação da negação de *p* não é suficiente para contar como demonstração de *p*. Rejeitam assim a inferência a partir de não não *p* para *p*, mas aceitam-na a partir de *p* para não não *p*. GH

Nota: a dupla negação difere da negação repetida com o intuito de aumentar a ênfase. Um tribunal não veria com bons olhos a defesa de um atacante segundo a qual o número de vezes que a vítima gritou «não» foi par.

duplo efeito A doutrina ou princípio do duplo efeito diz respeito à avaliação moral do que uma pessoa faz, e contém uma distinção central entre o que é *previsto* pelo agente como resultado provável de uma ação e o que é *intencionado*.

Na teoria moral católica romana, em especial a tomista, a doutrina foi desenvolvida especificamente para lidar com dilemas morais, em que a conformidade a uma regra moral absoluta parece moralmente inaceitável.

Por exemplo, há uma regra moral absoluta que proíbe o assassínio. Em caso de gravidez ectópica, não é possível com a tecnologia atual salvar a vida simultaneamente à mãe e ao feto, e se a gravidez continua, ambos morrerão. Um aborto pode nesta circunstância ser um ato *com a intenção* de salvar a vida da mãe, ao passo que a morte do feto é um resultado *previsto*, não intencionado e inevitável, de salvar a vida da mãe.

A avaliação moral disto é normalmente uma avaliação da *permissibilidade* do ato, neste caso do aborto. Para que tais aparentes transgressões sejam permissíveis, tem de se formular uma série de condições: 1) o ato (o salvamento) tem ele próprio de ser moralmente bom; 2) o agente, prevendo o mau efeito, tem de não o intencionar, e deve procurar encontrar alternativas de ação; 3) o bom efeito não deve ser produzido por meio do mau efeito; 4) o bem do bom efeito intencionado tem de ter suficiente importância para superar a transgressão prevista. Estas condições foram aplicadas a muitos dilemas morais (*ver* PROBLEMA DO TRÓLEI) desde que o debate filosófico contemporâneo começou com o artigo de Philippa Foot, «Abortion and the Doctrine of Double Effect», *The Oxford Review*, n.º 5, 1967, reimpresso em *Virtues and Vices*.

Segundo muitos críticos, tentativas deste tipo para formular o princípio de modo a ser um critério útil de *permissibilidade* moral não foram bem-sucedidas. Houve quem sugerisse, todavia, que o princípio devia ser visto como um critério não de permissibilidade moral mas de *culpabilidade*. Isto é plausível, dada a origem da distinção em Tomás de Aquino que, como teólogo moral, estaria preocupado com a imputação do pecado.

Leitura: P. A. Woodward (org.), *The Doctrine of Double Effect*, 2001.

Durkheim, Émile /dyʀkɛm/ (1858--1917) Foi professor nas universidades de Bordéus e Paris, e estabeleceu a sociologia como disciplina académica em França. O seu ensino e os seus textos tiveram um impacto importante na vida intelectual e política de França e no desenvolvimento posterior da sociologia e da antropologia social.

Em *Les Règles de la méthode sociologique* (1895) (*As Regras do Método Sociológico*, 2007), Durkheim dedicou-se a estabelecer a sociologia como uma ciência positiva que lida com a sua própria realidade diferenciada. Considerava-se em geral que as propriedades e comportamento dos organismos vivos não podiam ser reduzidos aos das suas componentes químicas e físicas. De igual modo, insistiu Durkheim, o comportamento e propriedades da sociedade não podiam ser reduzidos aos dos indivíduos humanos. Enquanto a célula era a mais simples unidade biológica capaz de vida, a horda – um conjunto de indivíduos sem organização *social* interna – era a sociedade mais simples possível. Enquanto Durkheim considerava a horda uma construção hipotética, insuscetível de ser encontrada nos registos históricos, ainda assim tratava as sociedades tribais como se se tivessem desenvolvido a partir da simples justaposição de hordas.

Do seu ponto de vista, tinham estruturas sociais rudimentares e pouca diferenciação social. Por outro lado, como acontece com os animais superiores, as sociedades mais complexas tinham órgãos internos altamente especializados e um correspondente grau elevado de diferenciação social.

Durkheim trabalhou nas implicações deste ponto de vista evolucionista noutras publicações, *e.g.*, *La Division du travail social* (1893) (*Da Divisão do Trabalho Social*, 2008) e *Le Suicide* (1897) (*O Suicídio*, 2000), centrando-se na análise da solidariedade social e nos problemas sociais da sociedade moderna, no desenvolvimento do individualismo moderno, e no caráter social da religião e das categorias do pensamento. A conceção da sociedade como um organismo com vida própria levanta a questão de saber o que a mantém coesa. Durkheim argumentou que as sociedades simples se mantinham coesas por uma solidariedade mecânica baseada na semelhança, enquanto as sociedades complexas se mantinham coesas por uma solidariedade orgânica baseada na interdependência e na divisão do trabalho. Deste ponto de vista, os problemas sociais das sociedades modernas não raro refletiam o enfraquecimento dos vínculos mais antigos de solidariedade, antes de novos vínculos se terem apropriadamente desenvolvido. A resposta era reforçar a integração social, especialmente através da promoção de agrupamentos laborais e profissionais. Enquanto as sociedades simples reprimiam a expressão da individualidade, Durkheim defendia que o «culto do indivíduo» era funcional para a integração das sociedades modernas.

Correspondendo a esta conceção da sociedade está a perceção de que o indivíduo está sujeito a exigências biológicas e psicológicas, e às necessidades da sociedade. Durkheim afirmava que enquanto os apetites e impulsos emocionais refletiam as necessidades biológicas e psíquicas do indivíduo humano, a moralidade, o pensamento conceptual e mesmo as categorias fundamentais de espaço, tempo, número e causalidade eram de origem social. Na sua última obra importante, *Les Formes élémentaires de la vie religieuse* (1912) (*As Formas Elementares da Vida Religiosa*, 2003), argumentou que as características dos fenómenos sociais eram mais claramente reveladas nas formas elementares que assumiam nas sociedades mais simples. A religião era a veneração da própria sociedade, no sentido em que as ideias religiosas surgem do modo como o indivíduo subjetivamente tem experiência da poderosa influência das normas e expectativas sociais. BHI

Leitura: S. Lukes, *Emile Durkheim: His Life and Work* 1975; M. Emirbayer (org.), *Emile Durkheim: Sociologist of Modernity* 2003.

Dworkin, Ronald (Myles) /ˈdwɔːkɪn/ (n. 1931) Professor de Direito na Universidade de Nova Iorque; anteriormente professor de Jurisprudência em Oxford. Nas suas primeiras publicações importantes, *Taking Rights Seriously* (1977), ed. rev. 1978 (*Levando os Direitos a Sério*, 2007), Dworkin apresenta uma teoria da natureza do direito, que distingue do positivismo jurídico. Um dogma nuclear do positivismo, segundo Dworkin, é que o direito é um sistema de regras – as regras formuladas por estatuto e precedência, distintas das regras e princípios da moralidade. Dworkin argumenta que o positivismo dá uma explicação inadequada de como os tribunais decidem e na verdade devem decidir «casos difíceis», isto é, casos em que surgem lacunas ou indeterminações na aplicação das regras jurídicas. A explicação inadequada é essencialmente a de que os tribunais exercem discrição, e devem fazê-lo de um modo que sustente *políticas* que promovam o bem comum. A conceção preferida de Dworkin é a de que o direito não consiste apenas em regras com lacunas que têm de ser preenchidas por decisões discricionárias quando a necessidade surge, mas que também dá corpo a *princípios* morais que salvaguardam os direitos dos indivíduos contra a coletividade, especialmente o direito a igual consideração e respeito.

Mais tarde, em *A Matter of Principle* (1985) (*Uma Questão de Princípio*, 2005), mas particularmente *Law's Empire* (1986) (*O Império do Direito*, 2001), Dworkin retrabalhou e alargou a sua conceção de direito. Argumentou que a tomada de decisão jurídica não é uma questão de descrever e aplicar as convenções adotadas por uma comunidade legal, nem de promover os objetivos sociais e políticos dessa comunidade. Ao invés, o direito é uma prática social *interpretativa* que contém princípios morais e valores implícitos. A tomada de decisão na prática do direito – por outras palavras, o juízo – exige a interpretação da prática de determinar a «melhor teoria» desses princípios e valores implícitos. Dworkin usa o expediente do juiz sobre-humano, Hércules, para ajudar a fornecer um argumento detalhado para a sua teoria do «direito como integridade». O direito como integridade exige que os princípios morais intrínsecos a um sistema jurídico sejam tratados como um todo coerente, garantindo assim que os cidadãos de uma comunidade não são sujeitos a uma aplicação arbitrária destes princípios. Embora a teoria de Dworkin seja uma teoria do direito anglo-americano, pode ter uma aplicação mais geral a sistemas jurídicos que possamos caracterizar como interpretativos e que também reconheçam princípios.

Dworkin escreveu também bastante sobre filosofia política, em especial sobre liberdades civis e igualdade, e sobre a interpretação constitucional nos EUA, em que defende ideais liberais ao lidar com questões sobre a ação afirmativa, liberdade de expressão, pornografia, aborto e eutanásia. Ver *Life's Dominion* 1993 (*Domínio da Vida* 2009), *Freedom's Law* 1996 (*O Direito da Liberdade* 2006) e *Sovereign Virtue* 2000 (*A Virtude Soberana* 2005). NST

dynamis/energeia δύναμις/ἐνέργεια Palavras gregas usadas por Aristóteles, entre outros, que correspondem ao latim tardio *potentia/actus* e ao português *potência/ato* e a POTENCIALIDADE/*efetividade*.

E

ecceidade (lat. *haecceitas* istidade) *s.* **1** Aquilo em virtude do qual, segundo os seguidores de Duns Escoto (que introduziu a palavra), cada caso singular da mesma espécie se distingue de outros membros da espécie. No século XX, *ecceitismo* é usado de modo semelhante, designando a perspetiva de que os indivíduos simples têm essências individuais, isto é, propriedades que não são apenas essenciais mas também únicas dos objetos que as possuem. **2** Noutro sentido, o termo tem sido usado desde a década de 1970, no contexto das interpretações dos conceitos modais em termos de mundos possíveis: ecceitismo é a tese da identidade transmundial dos indivíduos. A tese implica que o Sócrates sentado (no mundo efetivo) é idêntico ao Sócrates que está em pé (noutro mundo possível). Isto é semelhante ao modo como pensamos que o Sócrates que defende a sua cidade (num dado momento, numa guerra) é idêntico ao Sócrates que se defende a si mesmo (noutro momento, no tribunal). Alguns autores, nomeadamente David Lewis, veem dificuldades na noção de identidade transmundial e subscrevem o antieccei-tismo. *Ver também* QUIDIDADE.

Eckhart, Mestre /ˈɛkɑrt/ (*c.* 1260--1327) Um dos mais importantes pensadores místicos da Idade Média. O seu nome próprio é incerto (Johannes?) e é também conhecido como Eckhart von Hochheim. Estudou e posteriormente lecionou em Colónia e Paris, e assumiu cargos administrativos na Ordem dos Dominicanos. A sua fama e a sua influência duradoura devem-se aos seus sermões e meditações em vernáculo, cujo tema central é a união da alma com Deus, contendo, como também os seus textos estritamente filosóficos, importantes elementos neoplatónicos O seu conceito de *scintilla animae*, a centelha da alma, é característico; trata-se daquilo que no homem não é criado nem criável, e é a base para o conhecimento de Deus e para o retorno da alma a Deus, juntamente com a rejeição de todas as coisas criadas.

Algumas teorias de Eckhart têm um tom panteísta. Por exemplo, escreveu que Deus é imanente nas suas criaturas, mas também que estas são imanentes em Deus, procurando então formular à sua maneira uma verdade metafísica sobre o insondável supremo ser (como também pseudo-Dionísio e S. Tomás de Aquino, entre outros, procuraram fazer). Algumas das suas opiniões sobre a utilidade de atos externos para a salvação, sobre a nulidade das criaturas e a necessidade de distanciamento eram considerados não ortodoxos, e a ideia de Deus como unidade essencial parecia implicar a negação da natureza trinitária de Deus. Vinte e oito teses suas foram condenadas pelo Papa em 1329. Mas as opiniões de Eckhart sobre questões teologicamente controversas não eram inequívocas, e há também afirmações de cunho mais ortodoxo nas suas obras. YP/dir.

Tradução: Sermões Alemães 2008.

eclético (gr. ἐκλεκτικός seletivo) *adj. s.* Um pensador eclético é aquele que seletivamente adota ideias de diferentes fontes, para combiná-las no desenvolvimento de uma nova teoria. Na filosofia, o termo tem em geral uma conotação pejorativa desde Hegel, sugerindo aí falta de originalidade e incapacidade para integrar os elementos selecionados num todo coerente.

Antes disso, a partir da segunda metade do século XVII, era comum uma opinião mais favorável. Os pensadores ecléticos eram louvados por não serem dogmáticos e por desejarem superar preconceitos, dogmatismos, e o respeito indevido à autoridade, em contraste com aqueles que simplesmente aderiam a uma doutrina estabelecida.

Ao longo das épocas, vários autores e escolas têm sido descritos como ecléticos: Cícero, os filósofos helenísticos (no ensaio «Sobre a origem e o progresso nas artes e ciências», Hume menciona «os ecléticos, que surgiram na época de Augusto», que professavam «escolher livremente o que lhes aprazia de cada seita diferente [...]»), Christian Tomásio, os *philosophes* do Iluminismo francês, Victor Cousin, etc.

ecofeminismo *s.* Uma teoria acerca de uma relação especial e significativa entre a mulher e a natureza. Rejeita as teorias do passado e do presente sobre a mulher e a natureza, que pressupõem a dominação do homem sobre a mulher e sobre o meio ambiente natural, tomando-as como conforme à ordem natural das coisas.

Vê uma íntima analogia entre a dominação humana da natureza e a dominação masculina das mulheres. Isto implica que as várias formas de dominação não podem ser separadas entre si, sendo o ambientalismo uma parte necessária tanto da resistência contra todos os tipos de opressão como da promoção da comunidade de todos os seres.

ecologia *s.* **1** Disciplina científica que tem por objeto os sistemas naturais de organismos biológicos. Investiga o modo como as partes destes sistemas interagem, e o impacto que as forças naturais exercem sobre elas. **2** A relação e os sistemas mencionados em 1.

Nota: a expressão, no sentido 1, foi primeiramente usada por Haeckel em 1873.

ecologia profunda Movimento ambiental com um núcleo filosófico fundado e batizado em 1973 pelo filósofo norueguês Arne Naess. Combina prescrições práticas com princípios normativos. O núcleo filosófico da ecologia profunda chama-se *ecosofia*, das palavras gregas para «lar» e «sabedoria». A ecosofia é a sabedoria de viver em harmonia com o que é, no sentido mais lato, a nossa casa, *i.e.*, a natureza. Fundamentalmente, decorre daqui um ponto de vista holista da natureza: mesmo a fronteira entre uma pessoa e tudo o mais não tem uma importância essencial – tudo é um todo homogéneo. As coisas naturais além dos seres humanos têm valor em si e por vezes têm mais valor do que os seres humanos ou as coisas valorizadas pelos seres humanos.

Um precursor da ecologia profunda foi Aldo Leopold, autor de *The Conservation Ethic* (1933) e *Sand County Almanac* (1949) (*Pensar Como Uma Montanha*, 2008). DB

economia *s.* **1** O estudo da produção, distribuição e troca de bens e serviços. **2** A administração doméstica. Este é um uso antigo, ainda encontrado na JURISPRUDÊNCIA NATURAL e na filosofia política dos séculos XVII e XVIII, em que se distinguia três tipos de relações «económicas» (*i.e.*, domésticas): marital, parental, senhor/criado. 3 A produção, distribuição e troca de bens e serviços. 4 Redução de custos; frugalidade. 5 Manutenção da casa; administração. 6 Uma estrutura ordenada.

economia de pensamento O princípio do menor esforço, proposto por Galileu e Newton como lei da mecânica, inspirou tentativas de generalização, de tal modo que seria aplicado não só aos fenómenos físicos, mas também aos mentais. Por exemplo, podemos incluir o princípio de economia do pensamento, ou seja, do menor esforço intelectual, numa teoria da evolução: um indivíduo ou uma espécie está mais bem adaptado se, *ceteris paribus*, requer menor energia para executar certas funções, inclusive intelectuais. Este princípio também foi usado por Avenarius e Mach como base para a formulação de um critério de adequação para teorias: de duas teorias em conflito, aquela que requer menor esforço para a sua formação e verificação é a correta. Por este critério, uma teoria que se limita aos dados da experiência é preferível a uma que os reconheça, mas acrescente pressupostos metafísicos.

economia feminina Conceito em destaque nos escritos da autora psicanalítica francesa Hélène Cixous. No seu *Sorties*, em *Jeune née* (1975), por exemplo, o termo «economia» faz referência tanto à riqueza material como às estruturas psicológicas. A economia masculina preocupa-se com a propriedade privada, «atos capitalistas entre adultos consencientes», e a manipulação racional dos outros. Na sua base psíquica, o desejo de dominação é preponderante. Em contraste, a economia feminina tem uma base psíquica diferente, porque a castração desempenha um papel diferente. A economia feminina preocupa-se com a comunidade, partilhando e relacionando-se com outros num espírito não mercenário.
Leitura: S. Sellers (org.), *The Hélène Cixous Reader* 1994; E. Wright (org.), *Feminism and Psychoanalysis* 1992.

economismo *s.* 1 Em alguns textos marxistas: explicações muito simplificadas e cruas de todos os aspetos da vida social e cultural em termos de forças económicas. 2 Noutros textos marxistas: a opinião de que os trabalhadores deveriam antes de mais lutar para melhorar a sua condição económica no local de trabalho, sendo a atividade com fins morais e políticos mais amplos inútil ou tarefa para outras pessoas.

ecosofia *Ver* ECOLOGIA PROFUNDA.

ecthesis (gr. ἔκθεσις exibir, expor, exemplificar) *s.* 1 O processo de separar um termo individual apara estabelecer uma tese lógica, usado por Aristóteles nos *Analíticos Anteriores*. Por exemplo, a tese «Se nenhum *S* é *P*, então nenhum *P* é *S*» pode ser demonstrada por uma forma de argumento que começa assim: «Tome-se este *s* como exemplo...» 2 A *ecthesis* do imperador bizantino Heraclito foi um édito promulgado em 628 segundo o qual Cristo tem somente uma vontade.

Édipo Segundo a lenda da antiguidade grega que constitui a base das versões de Homero e Sófocles, Édipo matou um homem numa luta de rua, sem saber que o próprio era o rei Laio de Tebas, nem que o homem era de facto o seu pai. Tendo chegado a Tebas, casou-

-se com a viúva rainha Jocasta, sem saber que era a sua mãe. Tiveram quatro filhos (Etéocles, Polinice, Antígona e Isménia). A verdade acabou por ser revelada. Jocasta cometeu suicídio e Édipo vazou os seus próprios olhos, abdicou, e exilou-se. Os seus infortúnios tinham sido profetizados pelo oráculo aquando do seu nascimento, mas apesar das tentativas então levadas a cabo para os impedir, acabaram por acontecer, tendo sido determinados pelo destino inexorável. *Ver também* COMPLEXO DE ÉDIPO.

Edwards, Jonathan /'ɛdwədz/ (1703--1758) O mais eminente filósofo norte-americano do seu tempo, Edwards, um sacerdote presbiteriano, apresentou a sua filosofia principalmente em escritos que são essencialmente teológicos. Na sua teoria idealista do conhecimento, semelhante à de Berkeley, sustentou que a cor não está *numa* coisa, tal como a dor não está *numa* agulha. Defendeu que o mesmo se aplica não só às qualidades secundárias em geral, mas também às qualidades primárias: todas são definíveis em termos de resistência física, que é o modo como percecionamos o exercício efetivo do poder de Deus. Visto que o nada absoluto é impossível, o ser é necessário, e tem de ser idêntico a Deus. Edwards também o identificou com o espaço, no qual tudo o que é criado existe e tem o seu ser. As faculdades da vontade e do intelecto no homem são passivas: não têm o poder de autodeterminação, que é próprio de Deus. Isto abre espaço para o apoio de Edward às doutrinas calvinistas tradicionais da corrupção inata e da predestinação.

efabilidade, princípio de O princípio de que todos os conteúdos mentais (pensamentos, crenças, ideias, etc.) podem em princípio ser expressos na linguagem.

eféctico (gr. ἐφεκτικός suspensão) *adj.* Relativo à *epochē*, suspensão do juízo. Os antigos céticos eram algumas vezes chamados «efécticos».

efetivismo *s.* **1** Doutrina segundo a qual o que é efetivo existe, mas o que é meramente possível não existe. É defendida por Alvin Plantinga e Robert Stalnaker, entre outros. Esta doutrina opõe-se a outra, a que por vezes se chama «possibilismo» mas mais frequentemente «realismo (modal)», defendida por David Lewis, de que existem mundos possíveis não efetivos.
2 A teoria de que são as consequências efetivas de uma ação, e não as esperadas, que são relevantes para determinar a sua correção é denominada «efetivismo» por Michael Slote, *From Morality to Virtue* (1992), sendo *expetabilismo* (anteriormente: probabilismo) o termo contrastante.
3 A teoria de que numa escolha entre opções, o correto é escolher a melhor opção, dado o que o agente *irá* fazer depois. Isto contrasta com o *possibilismo*, segundo o qual o correto é escolher a melhor opção, dado o que o agente *pode* fazer depois. O contraste pode ser ilustrado como se faz na Tabela 10.

TABELA 10 **Ações Alternativas**

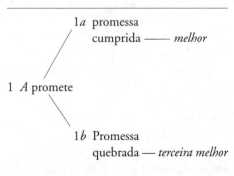

Segundo o possibilismo, *A pode* fazer o que é melhor, pelo que a ação correta para *A* é prometer. (Se *A* não prometer, *A* não pode fazer o que é melhor). Segundo o efetivismo, *A* não *vai* fazer o que é melhor, pelo que a ação correta para *A* é não prometer.

O debate em volta deste contraste começou com um artigo de Frank Jackson e Robert Pargetter em *Philosophical Review* 95 (1986).

Nota: o problema é acerca da *ação correta*. O que é *melhor* é menos problemático, e a classificação na Tabela 10 é sustentada pelas Escrituras: «É melhor não prometer de todo do que prometer e não cumprir» (Eclesiastes 5,5).

4 Um tipo de filosofia idealista, representado por Gentile, de Ruggiero, etc.

Egídio Romano *Ver* Giles de Roma.

egoísmo (gr. ἐγώ eu) *s.* Termo usado para designar uma *teoria* (1-3) ou uma *disposição* (4).

1 *Egoísmo ético* é uma teoria ética segundo a qual os indivíduos têm sempre o *dever* de agir segundo o interesse próprio; que uma ação *é correta* se, e somente se, beneficia o agente; que aquilo que é valioso e desejável é o que traz benefício para o próprio.

2 *Egoísmo psicológico* é uma teoria sobre a motivação e a conduta real das pessoas segundo a qual todas as ações *são* fruto do interesse próprio.

Podemos distinguir duas variantes. Uma afirma que a ação desinteressada é impossível, tal como é impossível um efeito não causado ou um acontecimento não causado. Uma variante menos radical não diz que a ação desinteressada seja impossível, mas considera que estas ações são sempre ou na maioria das vezes ilusórias: quando se vai além da superfície encontra-se sempre, por detrás das ações aparentemente desinteressadas, motivos de interesse próprio, geralmente disfarçados de fingimento e hipocrisia.

Na era moderna, o egoísmo psicológico, numa destas variantes acima, ou numa amálgama confusa de ambas, encontra partidários em muitos teólogos, satiristas moralizadores e filósofos, como Hobbes e Schopenhauer. As objeções antiegoístas mais comuns foram articuladas por Hutcheson, Butler e Hume. Atualmente, os pressupostos egoístas são bastante comuns entre economistas, psicólogos, políticos, etc. As explicações causais da ação apresentadas pelas ciências do comportamento operam a um nível diferente, e o egoísmo psicológico dificilmente poderá encontrar aí qualquer fundamento.

3 A opinião de que nada existe exceto o próprio eu individual e os conteúdos da consciência. Este era o sentido original de *egoísmo* quando a palavra foi primeiro inventada por Christian Wolff, no início do século XVIII. O uso da palavra com este sentido está obsoleto, usando-se agora *solipsismo*.

Nas suas lições, Kant distinguiu este «egoísmo metafísico» do «egoísmo lógico». O chamado «egoísta lógico» teria uma mente fechada e estaria disposto a aceitar somente as opiniões que se encaixassem nas suas ideias preconcebidas. Este uso teve aceitação muito restrita.

4 A disposição característica de alguém preocupado em satisfazer os seus próprios apetites, desejos e interesses, com uma desconsideração indevida dos outros. Quando entendida neste sentido, o antónimo é altruísmo.

As palavras «egoísmo» e «altruísmo» tornaram-se de uso comum no século XIX. Anteriormente, o contraste exprimia-se com as oposições «amor de si/benevolência», «interesse privado/público», «interesseiro/bondade», «insociável/sociável».

egoísmo psicológico A teoria de que toda a motivação visa satisfazer o interesse próprio. *Ver também* EGOÍSMO.

egoísta *s.* 1 Uma pessoa exclusiva ou excessivamente preocupada com a vantagem própria. 2 Uma pessoa que aprova uma teoria do egoísmo; por exemplo, um egoísta psicológico é uma pessoa que aprova o egoísmo psicológico.

egologia *s.* Termo usado por Husserl nas *Méditations cartésiennes* (1931) para a investigação ou teoria da natureza do eu transcendental. O acesso a este domínio primordial é obtido por meio da abstração de todos os objetos e propriedades da experiência. O seu relato de como isto é feito modificou-se com o passar do tempo.
Nota: Egológico é ocasionalmente usado como um sinónimo de *egocêntrico*.

Ehrenfels, Christian von /ˈeːrənfɛls/ (1859-1932) Um dos mais importantes filósofos influenciados por Brentano, professor em Praga a partir de 1896. Deu um impulso importante ao desenvolvimento da psicologia da Gestalt ao propor, em 1890 («Über Gestaltqualitäten»), uma teoria das qualidades gestálticas, que estavam associadas a, mas não decompostas em, complexos de conteúdos mentais distintos. Juntamente com Meinong, foi um dos primeiros a procurarem uma teoria filosófica *geral* do valor, em *System der Werttheorie* (1897-1898), que cobriria não apenas os valores relacionados com o carácter e a conduta, mas também os valores estéticos, económicos, etc. A ideia principal da sua análise é que o valor é relacional. Que um objeto tenha valor significa que é objeto de desejo. Algo pode ser um objeto de desejo efetivamente, quando uma pessoa acredita que este objeto existe e o deseja, ou contrafactualmente, quando uma pessoa desejaria o objeto se acreditasse na sua existência.

Posteriormente, interessou-se mais por ética aplicada – *Sexualethik* (1907) – e EUGENIA; mas também desenvolveu uma metafísica especulativa em *Kosmogonie* (1916). Rejeitou o dualismo psicológico e sustentou que a realidade última é semelhante à mental, embora não seja mental nem material. Ao mesmo tempo aceitou, com menção a Anaxágoras, uma dualidade metafísica do bem e do mal: há um princípio caótico e sem forma no universo que o princípio divino oposto tenta superar, e o homem é capaz de tomar parte nesta nobre tarefa.

eidético *s. adj.* Termo imaginado por Husserl (de *eidos*) para a intuição das essências, que é o método da investigação fenomenológica.

eidos (*sing.*) **eidē** (*pl.*) (gr. εἶδος figura, aparência visual) *s.* Termo que em Platão, como ἰδέα, se costumava traduzir por «ideia», mas hoje em dia é frequentemente traduzido por «Forma».

Einfühlung /ˈainfyːlʊŋ/ alm. EMPATIA.

élan vital /elã vital/ fr. *élan* impulso, ímpeto, anseio; na *L'Evolution créatrice* (1907) (*A Evolução Criadora*, 2005) de BERGSON, a força vital subjacente aos vários tipos de realidade. Podemos apreendê-la diretamente em certas experiências que não são atos de pensamento nem perceções dos sentidos. A matéria é uma manifestação desta força. A nível biológico, manifesta-se como uma força vital imanente em todos os organismos, incapaz de ser explicada pelas ciências físicas. É também o princípio que pode explicar a evolução em geral, sem criar o problema que surge com a hipótese do carácter aleatório da seleção natural na teoria darwinista. O *élan vital* pode também explicar as descontinuidades (em vários processos de desenvolvimento ou históricos) que a ciência é incapaz de prognosticar.

eleático *adj*. A filosofia eleática deriva o seu nome de Eleia, uma cidade ao Sul da Itália. O fundador desta escola, que floresceu no século V a.C., foi Parménides. Outros proeminentes representantes foram Zenão de Eleia e Melisso.

Electra, paradoxo de 1) Electra sabe que Orestes é o seu irmão; 2) Electra não sabe que o homem à sua frente é o seu irmão; 3) O homem à sua frente é Orestes. Estas três premissas sugerem uma conclusão contraditória, a saber, que Electra sabe e não sabe que o homem à sua frente é o seu irmão. *Ver* INTENSIONAL/EXTENSIONAL, CONTEXTO.

elemento *s*. Um fundamento; componente básico. Para Empédocles, haveria quatro elementos ou constituintes básicos de todo o mundo físico: fogo, terra, ar e água; mas este número é bem maior na química moderna.

O livro didático mais amplamente utilizado na história ocidental é provavelmente os *Elementos* de Euclides.

Na teoria dos conjuntos, «membro» e «elemento» são usados como sinónimos.

elenchos (gr. ἔλεγχος refutação) *s*. A refutação de uma opinião (ou de um oponente), especialmente expondo uma autocontradição ou autorrefutação no interior do pensamento do interlocutor.

elênctico *Ver* DEÍTICO.

elide *Ver* ELISÃO.

eliminativismo *s*. Um tipo de teoria que combina dois princípios: 1) as entidades e as propriedades que supostamente são referidas por determinado vocabulário ou discurso não existem; 2) este vocabulário ou discurso deve ser eliminado.

Há muitos exemplos de teorias eliminativistas na história da filosofia. Vários pensadores negaram a existência do tempo, da matéria, do espírito; de anjos, bruxas, demónios, e outros objetos de superstição; do flogisto, das forças vitais; dos direitos; sustentaram que uma teoria adequada não pode fazer uso destes conceitos.

Contudo, o termo entrou em circulação recentemente, e é usado principalmente na filosofia da mente, onde designa a conceção de que os conceitos mentais – por exemplo, crença, intenção e pensamento – não têm lugar numa teoria adequada, e que a nossa perspetiva de senso comum sobre a mente está fundamentalmente errada por fazer uso destes conceitos. Esta tese associa-se frequentemente à tese materialista de que o comportamento humano que a psicologia do senso comum tenta explicar só pode ser esclarecido pelos conceitos e teorias da neurofisiologia, das ciências cognitivas e outras ciências empíricas. A combinação destas duas teses foi acertadamente denominada «materialismo eliminativista»; o termo «eliminativismo» foi pela primeira vez usado por J. Cornman em 1968. O conceito foi articulado por Paul Feyerabend em «Mental events in the brain», *Journal of Philosophy* 60 (1963) e Richard Rorty, «Mind-Body Identity, Privacy and Categories», *Review of Metaphysics* 29 (1965), e posteriormente desenvolvido por Paul e Patricia Churchland entre outros. Stephen Stich adotou a mesma posição em *From Folk Psychology to Cognitive Science*

(1983), mas depois rejeitou-a em *Desconstructing the Mind* (1996).

O eliminativismo não é o mesmo que reducionismo. As teses eliminativistas assumem a forma: «Na verdade, não há mesas (estados mentais, fantasmas)»; as teses reducionistas a forma: «Na verdade, mesas (estados mentais, fantasmas) nada são senão...».

O eliminativismo não é o mesmo que não cognitivismo, não descritivismo, não factualismo. Estes negam a realidade objetiva dos valores, modalidades, qualidades secundárias, números, universais, etc. Outra coisa bem diferente é sugerir ou recomendar uma purificação linguística ou conceitual.

Ver também PSICOLOGIA POPULAR.

elipse (gr. ἔλλειψις deficiência) *s.*
1 Na gramática e retórica: omissão de parte de uma frase gramaticalmente completa.

O argumento falacioso que parte de uma premissa *S é P* para chegar à conclusão *S é* (= *S* existe) tem sido, com perspicácia, denominado «Argumento por Elipse».

2 Na lógica: um ENTIMEMA pode ser descrito como um argumento elíptico.

elisão *s.* Omissão, eliminação. A expressão tem o seu principal uso na gramática, onde denota a omissão de uma vogal ou de uma sílaba, por exemplo, *dalgum* (= de algum) e (em inglês) *don't*. O uso geral da expressão entrou em voga recentemente.

emanação *s.* Um fluir de ou um originar-se. É um conceito central na filosofia gnóstica e neoplatónica. O Uno, ou Deus, tem uma plenitude, de facto um transbordamento do ser, e as outras coisas geram-se nos seus vários níveis como emanações do divino. Este é o motivo por que dada a sua imperfeição atual e a perfeição da sua origem, têm uma compulsão interna para a sua união com o Uno.

Emerson, Ralph Waldo /'ɛməsən/ (1803-1882) Autor norte-americano, a principal figura no movimento intelectual conhecido como transcendentalismo da Nova Inglaterra. *Nature* (1836) foi uma tentativa de encontrar um sentido na vida não a partir de fora, como na religião tradicional, mas numa vida de autorrealização individual, uma vida que pode envolver uma recusa em conformar-se às convenções. Há nele uma forte influência da filosofia romântica alemã, parcialmente mediada por Coleridge e Carlyle. O seu modo preferido de escrever era o ensaio não técnico e espontâneo ou o sermão secular. A imagem convencional de Emerson tem sido a de uma figura solitária e serena dada a meditações vagas sobre a alma. Na verdade, era enérgico, ativo, constante e perseverante na luta para abolir a escravatura. Foi também um crítico da moderna sociedade massificada e industrializada, censurando o declínio da cultura, a falta de delicadeza de gosto e a supressão da individualidade.

Émile /emil/ Uma das obras mais importantes de ROUSSEAU, publicada em 1762, cujo título completo é *Émile ou de l'éducation* (*Emílio ou da Educação*, 2004). Descreve a educação que Emílio, a principal personagem, recebeu desde tenra idade até se casar com a sua prometida, Sofia. Nesta obra, Rousseau argumenta com eloquência apaixonada a favor dos princípios de uma educação centrada na criança, a favor da sua fé na bondade da natureza humana, que permaneceria incorruptível se não fossem os efeitos da cultura moderna, em «A Profissão de Fé do Vigário Saboiano», a favor da sua crença numa religião teísta não dogmática.

eminente *adj.* Em Tomás de Aquino e noutros filósofos escolásticos, diz-se que um efeito está *formalmente* contido na sua causa se a natureza do efeito está presente na sua causa. Assim, o calor (um efeito) está formalmente contido no fogo (a sua causa) porque o fogo contém o calor no seu interior. Diz-se que um efeito está *virtualmente* contido na sua causa se esta, sem conter a natureza do efeito, pode produzir o efeito. Assim, o calor num ser humano pode ser produzido por condimentos picantes ou por vinho, embora estes não contenham o calor no seu interior. A relação causal entre um escultor e uma estátua é também virtual. Diz-se que um efeito está *eminentemente* contido na sua causa se a natureza do efeito está presente na sua causa, excetuando-se as imperfeições do efeito. É neste sentido que Deus é a causa do que criou: no seu estado perfeito, estão contidas nele, mas as imperfeições que efetivamente têm não emanam dele.

Havia variações terminológicas. De facto, Antoine Le Grand (1629-1699) reduziu estas distinções a uma dicotomia: o fogo, quando produz calor num corpo, contém o efeito, *i.e.*, o calor, formalmente, pois o próprio fogo contém o calor no seu interior. Em contraste, o Sol e a Terra, quando produzem frutos, não contêm o efeito, o fruto, formalmente, mas contêm o efeito apenas eminentemente no seu interior.

Na terceira das *Meditações*, Descartes distingue três modos de realidade das coisas: 1) *Realidade objetiva* – ser objeto de uma das nossas ideias. (Isto aproxima-se do que em terminologia moderna seria a realidade subjetiva – existente somente «na» mente); 2) *Realidade formal* – ter existência efetiva no nosso mundo, representada por uma ideia (*i.e.*, existindo «fora» da mente); 3) *Realidade eminente* – ter existência sem qualquer limitação ou imperfeição, no seio do mais elevado grau do ser. Do ponto de vista do mundo no qual existimos, o que é eminentemente real existe apenas potencialmente, e não efetivamente.

emotivismo *s.* Também denominada *teoria emotiva da ética* (ou, preferencialmente, «emotivista»), o emotivismo é uma forma de não-cognitivismo moral: a teoria segundo a qual não há factos éticos, conhecimento ético nem proposições éticas informativas. As afirmações éticas não são verdadeiras nem falsas, exprimindo antes emoções, desejos ou atitudes. Por exemplo, afirmar que uma ação é moralmente justa seria mostrar uma atitude positiva favorável perante a ação. Pode haver argumentos racionais sobre os factos envolvidos no caso, mas a função do argumento racional sobre a avaliação moral destes factos é, no mínimo, subordinada: o tribunal último só podem ser os sentimentos, os desejos e as atitudes. Mas as atitudes não precisam de ser fixadas para sempre. Experiências pessoais adicionais e a influência de outras pessoas quando, por exemplo, fazem afirmações éticas, podem modificá-las.

Embora proposto inicialmente por Hägeström, o emotivismo tornou-se mais amplamente debatido na versão esboçada por Ayer em *Language, Truth and Logic* (1936, 2.ª ed. rev. 1946) (*Linguagem, Verdade e Lógica*, 1991) e plenamente articulada por Stevenson em *Ethics and Language* (1944), que o associou à sua teoria de diferentes tipos de significado (descritivo/emotivo).

O emotivismo, e de maneira geral o não-cognitivismo, não depende desta teoria particular do significado, visto haver explicações não-cognitivistas alternativas para as dicotomias cruciais envolvidas como, por exemplo, facto/valor, crença/ /atitude, teoria/prática.
Leitura: J. O. Urmson, *The Emotive Theory of Ethics* 1968.

empatia *s.* **1** Um elemento importante na perceção estética: a projeção inconsciente sobre o objeto estético das qualidades que pertencem à nossa imaginação e sentimento.

A empatia foi introduzida como conceito central na psicologia e na teoria estética de Theoder Lipps (1851-1914) em *Ästhetik* (1903-1906). O prazer estético é um deleite da nossa própria atividade *num* objeto. É central nesta teoria que, para dar um exemplo, a qualidade majestosa de uma construção ou de um fenómeno natural seja explicada pela projeção sobre o objeto de alguns dos nossos estados internos. Lipps também usou este conceito, *Einfühlung*, em alemão, para explicar a origem do nosso conhecimento das outras mentes. O equivalente inglês *empathy* foi introduzido no início do século XX pelo psicólogo E. B. Titchener (1867-1927) e inicialmente foi usado principalmente na teoria estética. Foi introduzido em português em 1958.

2 Contudo, a expressão *Einfühlung* («sentir em») havia sido usada antes por Herder para designar o entendimento intuitivo de uma tradição literária, de um povo, de uma cultura, ou de um *Zeitgeist* (espírito de uma época).

3 Mal o termo foi introduzido, rapidamente passou a ser usado para a capacidade para partilhar ou entrar no modo de pensar ou de sentir de outra pessoa, e para o entendimento compreensivo de terceiros. Previamente, em especial no século XVIII, a expressão «simpatia» era usada com este sentido, *e.g.,* Hume e Adam Smith. Mas «simpatia» é agora usada com sentidos diferentes, envolvendo a disposição favorável perante terceiros, passando «empatia» a ser usada no sentido anterior de «simpatia». *Ver também* SIMPATIA.

Empédocles (*c.* 492-432 a.C.; gr. Ἐμπεδοκλῆς) Filósofo da antiguidade grega, oriundo de Agrigento, na Sicília, estabeleceu a teoria dos quatro elementos e foi o primeiro pensador a identificar forças independentes na natureza.

O pensamento de Empédocles apresenta influências de Parménides e da tradição pitagórica. Embora aceite o argumento de Parménides de que nada possa gerar-se, rejeita a consequência que daí tira Parménides, a saber, que não há mudança. Para explicar a mudança, postula a existência de quatro «raízes» elementares – terra, água, ar e fogo – e duas forças, personificadas como Amor e Discórdia. Os quatro elementos satisfazem as exigências de Parménides porque nem se geram nem perecem; no entanto, podem auto-organizar-se em diferentes combinações e, na medida em que se misturam em diferentes proporções, podem gerar substâncias compostas, como o sangue e os ossos. As forças do Amor e da Discórdia podem explicar as possibilidades alternativas de atração ou repulsão entre diferentes elementos. Empédocles rejeitou a crítica de Parménides aos sentidos, sustentando que podem dar-nos acesso a alguns factos.

A herança pitagórica de Empédocles surge na sua conceção da alma. A alma é separada do seu estado divino por um tipo de pecado original, o consumo de carne. Reencarnando como plantas, animais e seres humanos, a alma pode recuperar o seu estatuto divino por via da busca filosófica. A carreira da alma reflete de algum modo os ciclos cósmicos, ao deslocar-se do estado do Amor para a Discórdia e de novo para o Amor. No que lhe deve ter parecido a confirmação da sua crença no seu próprio progresso espiritual, conta-se que Empédocles recebeu honras divinas como profeta e curandeiro.

O legado imediato de Empédocles foi uma filosofia natural que obedece às restrições parmenidianas ao mesmo tempo que permite a mudança natural. Os quatro elementos foram admitidos por quase todos os sucessores de Empédocles e isso permaneceu a base da teoria química até o início do período moderno. Mais importante a longo prazo foi a sua conceção de elementos imutáveis que entram em combinações químicas, um conceito que na sua forma posterior e mais desenvolvida forneceu a base da química moderna. A conceção de Empédocles do desenvolvimento de um animal, embora muitíssimo incipiente, forneceu uma primeira sugestão da teoria da seleção natural (num dado estádio no ciclo cósmico, formavam-se combinações aleatórias de membros para produzir tanto monstros, que não poderiam sobreviver, como também organismos viáveis). E em geral a sua distinção entre substâncias básicas e forças naturais foi o primeiro passo para a distinção categorial entre coisas, por um lado, e qualidades, poderes e ações, por outro. DG

empírico (gr. ἐμπειρία experiência) **1** *s*. Um empírico é um médico que simplesmente pratica, sem qualquer teoria (Leibniz, *Monadologia* 28). A palavra tem sido usada neste sentido desde Platão, e a maior parte das vezes pejorativamente, havendo a sugestão que, sem qualquer teoria, o doutor seria indistinguível de um charlatão, porque teria de proceder por tentativa e erro.

No uso corrente, as palavras *empírico* e *empirista* não significam a mesma coisa. Um empirista é alguém que concorda com o EMPIRISMO.

2 *adj*. Pertencente à experiência, especialmente à experiência sensível. Podemos dizer que uma crença, afirmação, teoria, método, etc., é empírica se tem origem na observação sensorial, se baseia nela, deriva dela ou pode por ela ser confirmada. Contrasta-se geralmente as ciências empíricas com as formais ou dedutivas, como a lógica e a matemática, cujos teoremas são admitidos como verdadeiros independentemente da experiência sensível. Pela mesma razão, contrasta-se também a investigação empírica com a metafísica transcendente.

Nota: a expressão «experiência empírica» é um pleonasmo.

Empírico Ver SEXTO EMPÍRICO.

empiriocriticismo *s*. Nome dado por Richard Avenarius (1843-1896) à sua filosofia empirista, desenvolvida de maneira independente, mas muito próxima, da filosofia de Ernst Mach (1838-1916). Ambos foram atacados por Lenine em *Materialismo e Empiriocriticismo* (1908). Karl Popper foi um dos autores influenciados por Mach, e o Círculo de Viena era inicialmente constituído por membros da Sociedade Ernst Mach, que havia sido organizada por M. Schlick.

empirismo *s*. Conceção segundo a qual todo conhecimento se baseia ou deriva da experiência sensível. O empirismo parece apelativo por conter a promessa de uma base a partir da qual se pode rejeitar firmemente a irracionalidade, a falsa profundidade, a superstição e o obscurantismo. Porém, há dificuldades teóricas importantes, visto que partes essenciais do conhecimento humano parecem realmente ser *a priori*. Por exemplo, o empirismo tem de dar conta dos princípios do espaço, tempo e causalidade que parecem ser pressupostos necessários para o conhecimento empírico, não podendo portanto ser eles mesmos baseados na experiência. Além disso, tem de se explicar a aparente natureza *a priori* das verdades da lógica, da matemática e mesmo da ética. Por negar o conhecimento inato, o empirismo tem de fornecer uma teoria alternativa para lidar com estes problemas.

John Locke, David Hume e John Stuart Mill estão os mais importantes filósofos considerados empiristas. No século XX, representantes influentes foram A. J. Ayer, Rudolf Carnap e Hans Reichenbach, entre outros positivistas lógicos. Bertrand Russell é muitas vezes incorrectamente considerado um filósofo empirista, mas, como Gottlob Frege, admite o conhecimento *a priori*, pelo que, em rigor, não o é.

Hoje em dia, o uso do termo *empirismo* para denotar o método (ou melhor, a falta dele) característico de um empírico está obsoleto, mas ainda ocorre em John Stuart Mill, que exprimiu uma opinião desfavorável à vagueza e às conjeturas características do «empirismo e da imaginação não científica», *System of Logic* (1872) livro 6, cap. 10, último parágrafo.

empirismo lógico Nome alternativo do POSITIVISMO lógico. *Ver* CÍRCULO DE VIENA.

em si/para si (alm. *an sich/für sich*; fr. *en soi/pour soi*). O contraste entre o que uma coisa é em si e como é em relação a uma consciência é um contraste comum em filosofia. Kant distingue *a coisa em si* da *coisa para nós*, *i.e.*, como é percecionada ou conhecida.

Na filosofia do século XX influenciada por Hegel, este par de conceitos tem sido usado para caracterizar o contraste entre a consciência, que se diz ser *para si* por sua própria natureza, livre e não sujeita às leis da causalidade, e uma coisa que pode ser apenas *em si* e é como um simples objeto, completamente sujeita à determinação causal do exterior. De facto, Merleau-Ponty usa «o em si» como um rótulo geral para a natureza, em contraste com a humanidade, somente na qual «o para si» está presente.

Este par de conceitos é também usado na obra de Sartre para explicar a má-fé e a inautenticidade: a tendência humana para considerar um indivíduo, e especialmente a si mesmo, como um objeto determinado e não como um agente livre, ou, por outras palavras, para ver a sua própria existência como factícia (*i.e.*, como nada mais do que uma questão de facto contingente). Isto é evitar a árdua responsabilidade. Sartre também sustenta que só o que existe *em si* tem plena realidade, enquanto o que é *para* alguma coisa é, neste aspeto, carente e, em conformidade com isto, tem em si um elemento do nada, de que temos subjetivamente experiência com um sentimento de angústia ou náusea. «É o que não é».

Na filosofia medieval, dizia-se que as substâncias existiam em si (*in se*), *i.e.*, independentemente, em contraste com os acidentes, que existem noutra coisa (*in alio*). RSO/dir.

Encyclopédie s. A grande *Encyclopédie* francesa das artes, ciências e ofícios teve uma longa história. Os seus dezasseis volumes de texto foram publicados entre 1751 e 1766, e o último dos onze volumes de ilustrações apareceu em 1772. Diderot foi o diretor-geral. Os imensos volumes continham um vasto número de artigos importantes sobre temas metafísicos, religiosos, morais e políticos, e foram influentes na divulgação das ideias do ILUMINISMO. É também notável a grande atenção dada às várias artes e ofícios, com descrições minuciosas e ilustrações dos métodos e maquinarias usados. Entre os filósofos eminentes que contribuíram para a *Encyclopédie* estão CONDILLAC, DIDEROT, D'ALEMBERT, HELVÉTIUS, HOLBACH, MONTESQUIEU, ROUSSEAU, Turgot (1727-1781) e VOLTAIRE.

endógeno *adj*. Com origem interior. *Ant*. exógeno.

endoxon (*sing*.); **endoxa** (*pl*.) (gr. ἔνδοξον) Em Aristóteles: opinião comum, aceite, respeitável.

endurantismo *Ver* PERDURANTISMO.

Enéadas (gr. Ἐννεάδες noves) Nome dado aos escritos de PLOTINO, tal como foram organizados pelo seu discípulo Porfírio em seis volumes com *nove* tratados em cada.

Enesidemo (século I a.C.) Filósofo cético. Via o ceticismo como um modo de vida em que a serena paz mental, *ataraxia*, é alcançada pela suspensão do juízo, *epochē*. Abandonando o ceticismo académico de Arcesilau e Carnéades, a quem acusou de voltar à sustentação de opiniões definitivas, afirmou que Pirro era o fundador do ceticismo genuíno.

Alguns dos seus argumentos sobre inferências causais antecipam os de Hume: não podemos percecionar nem compreender a ligação entre as causas e efeitos físicos. Além disso, mesmo que pudéssemos permaneceríamos incapazes de distinguir entre causas efetivas e supostas.

Formulou dez tropos, ou modos, de recusar o assentimento (que, argumentou-se, revelam uma influência do *Teeteto* de Platão). A reflexão sobre os mesmos mostraria que os argumentos opostos tinham igual peso, e que tal equilíbrio tornaria mais fácil suspender o juízo. Os objetos aparecem diferentemente: 1) a diferentes animais; 2) a diferentes seres humanos; 3) a diferentes órgãos sensoriais; 4) em condições diferentes; 5) em posições diferentes; 6) com diferentes sensações concomitantes; 7) em quantidades diferentes; 8) em relações diferentes; 9) segundo a frequência da ocorrência; 10) segundo diferentes tradições.

Nenhum dos seus escritos chegou até nós, e alguns intérpretes consideraram a possibilidade de Enesidemo apresentar dificuldades à teoria do conhecimento sem todavia insistir numa resposta cética. As principais fontes de informação são os textos de Fócio e de Sexto Empírico.

Nota: o título «Enesidemo» foi usado numa das primeiras críticas importantes da filosofia de Kant. Era num tratado anónimo que defendia o ceticismo humiano; o seu autor era Gottlob Ernst Schulze (1761-1833).

ênfase *s*. Na retórica: originalmente, uma figura de estilo na qual o locutor sugere algo mais do que aquilo que explicitamente declara. Por exemplo: pode-se proferir «Ele é humano» de forma a sugerir que pode errar. Há vários modos de dar a entender que algo mais se sugere. Um deles é o uso de um tom diferente de voz como, por exemplo, um tom mais forte e intenso; daí, o sentido moderno de força ou vigor de expressão.

enforcamento surpresa *Ver* PARADOXO DA PREVISÃO.

Engels, Friedrich /'ɛŋəls/ (1820-1895) Juntamente com Marx, coautor de várias publicações, incluindo *A Ideologia Alemã*, uma polémica contra outros autores radicais na década de 1840, e o *Manifesto Comunista* (1848). O seu interesse nos novos desenvolvimentos das ciências foi um dos fatores que inspiraram a sua filosofia. *Ver* MATERIALISMO DIALÉTICO E HISTÓRICO; MARXISMO.

ens lat. medieval *s*. Ser em sentido geral, seja substância ou acidente. JM

en soi /ã swa/ fr. EM SI.

enteléquia (gr. ἐντελέχεια efetivação, acabamento) *s*. Termo técnico introduzido por Aristóteles na *Metafísica* Θ, 8, 1050ª20. Pode ser entendido como o estado de perfeição em direção ao qual naturalmente tende cada coisa de determinado tipo. Os vitalistas modernos como Hans Driesch usaram o termo para a força orgânica dinâmica e não material.

entendimento *s*. Uma faculdade da mente, também chamada «intelecto». *Ver* COMPREENSÃO.

entidade *s*. Uma coisa, um ser.

entidades fictícias A ficção (do latim *fingere* fingir, dar forma ou formar, fazer) coloca problemas à filosofia, em particular a respeito da referência e da ontologia. As entidades fictícias – as personagens inventadas, os objetos ou lugares associados a romances, mitos, contos de fadas e lendas – não raro parecem de uma realidade vívida e podem ser conhecidas com grande detalhe; no entanto, não existem na realidade. A questão é ser ou não necessário atribuir-lhes algum tipo de «ser» para explicar as atitudes, cognitivas e afetivas, que as pessoas têm para com essas coisas.

Alguns filósofos, em particular MEINONG, quiseram reconhecer tais entidades como «objetos» genuínos, afirmando que têm propriedades mas apenas lhes falta a propriedade da existência. Esta perspetiva é apelativa por dar estatuto referencial pleno a nomes como «Pégaso» e «Sr. Pickwick» e mostra como «Pégaso voa» pode ser verdadeira e «O Sr. Pickwick é magro» falsa. Contudo, a teoria assenta na conceção ontologicamente problemática de um objeto inexistente.

Outros filósofos procuraram mostrar como o discurso aparentemente acerca de entidades fictícias pode ser reconstruído como um discurso sobre o que é real apenas. Assim, diz-se que o discurso acerca de Sherlock Holmes, por exemplo, é apenas um modo abreviado de falar acerca de frases nas histórias de Conan Doyle. Uma dificuldade desta conceção é que as pessoas são capazes de falar sobre Sherlock Holmes apesar de pouco saberem acerca das histórias; além disso, com asserções como «Sherlock Holmes é mais inteligente do que Poirot», por exemplo, não é sempre claro como se pode fazer a paráfrase.

Uma terceira perspetiva acerca das entidades fictícias é que não há qualquer referência envolvida, apenas uma simulação de referência. Os contadores de histórias fingem descrever acontecimentos efetivos e fingem referir-se a pessoas reais, mas na verdade o seu discurso faz parte de um jogo intrincado (normalmente sem qualquer intenção de enganar). As teorias da ficção como fingimento ou «jogo» gozam atualmente de ampla aceitação, mas mantêm o carácter problemático do lado sério da ficção e o facto de as entidades ficcionais aparentemente surgirem em contextos que não um contexto de jogo.

Caracteristicamente, os filósofos analíticos da linguagem colocaram a referência e a verdade no centro das suas teorias do significado. Se as frases adquirem significado por representarem ou por se «fixarem em» estados de coisas no mundo, então a ficção, que em todos os aspetos é perfeitamente dotada de significado, coloca um problema profundo. Não é surpreendente que os filósofos e teóricos da literatura que procuram uma revisão radical dos pressupostos canónicos acerca do significado (e da verdade) (*ver* DESCONSTRUÇÃO) dão frequentemente grande importância aos usos da linguagem na ficção narrativa. PL

Leitura: A. L. Thomasson, *Fiction and Metaphysics* 1999; R. M. Sainsbury, *Fiction and Fictionalism* 2010.

Nota: todas as entidades ficcionais são fictícias, mas nem todas as entidades fictícias são ficcionais. As primeiras surgem em ficções, como romances ou mitos; as segundas podem ser criações de mentes doentes, por exemplo, e não ter existência ficcional, mas apenas fictícia.

entidades morais (lat. *ens morale,* (*pl.*) *entia moralia*) Nome dado por Pufendorf (*The Law of Nature and Nations,* 1672, Livro 1, cap. 1) a qualidades, relações, etc., cuja existência depende da «imposição», *i.e.,* de uma decisão ou decreto, humano ou divino. Contrastam com as entidades físicas, que podem existir independentemente de qualquer vontade. Segundo esta teoria, *ter cabelo ruivo* é uma qualidade física, *ser um criado* é uma qualidade moral. Os direitos e obrigações são entidades morais. A obrigação de manter uma promessa, por exemplo, surge de um ato da vontade: o ato de prometer. *Ver também* QUALIDADES PRIMÁRIAS E SECUNDÁRIAS; DEPENDÊNCIA DA RESPOSTA.

entidade teórica Uma entidade que em si não é observável, mas é postulada numa teoria científica para explicar entidades e processos observados. O mesmo se aplica ao termo «propriedade teórica».

entimema *s.* Um argumento com uma premissa ou conclusão não formulada. Isto concorda com a definição do século XVII de um entimema como «um silogismo completo na mente e incompleto na expressão», por exemplo, «Se está chovendo, levarei o meu guarda-chuva; logo, levarei o meu guarda-chuva». Neste caso, a premissa «Está chovendo» não é formulada, talvez porque na ocasião particular seja perfeitamente óbvia.

Em alguns entimemas é a conclusão que não é explicitamente formulada, e também por ser muito óbvia. Por exemplo: «Se o Jacinto é honesto, eu sou um crocodilo» pode ser entendido como um entimema com uma premissa suprimida: «Eu não sou um crocodilo» e uma conclusão também suprimida: «O Jacinto não é honesto».

entusiasmo (gr. ἐνθουσιασμός morada no divino) *s.* Estado de exaltação religiosa. Na sua manifestação menos atrativa, o fervor exprime-se na conduta irracional, na intolerância ciosa e congéneres. É por isso que os autores dos séculos XVII e XVIII, incluindo Locke (*Ensaio sobre o Entendimento Humano,* livro 4, cap. 19: o entusiasmo tem origem na «extravagância de um cérebro acalorado e diminuto») e Leibniz, usaram o termo pejorativamente, como hoje usamos a palavra *fanatismo.* Shaftesbury opôs-se a estes autores em *Letter Concerning Enthusiasm* (1708), favorecendo uma valorização dos estados de inspiração e êxtase, e falou do «nobre entusiasmo». Ver também SCHWÄRMEREI.

enumerável adj. NUMERÁVEL.

eo ipso Adv. lat. Por esse mesmo facto.

éon (gr. αἰών esperança de vida; idade; eternidade) s. 1 Um período muito longo de tempo; no gnosticismo: um longo período durante o qual o Eu universal atinge um novo nível espiritual. 2 AIŌN.

epagoge s. (gr. ἐπαγωγή) Indução.

epexegese s. A adição de uma palavra ou de palavras visando a elucidação. Se numa expressão da forma *A ou B* o *ou* é epexegético, *A* e *B* são dois modos diferentes de exprimir a mesma coisa.

epiceno Na gramática: sem género. Em português, um substantivo epiceno, como «cobra», tem apenas uma forma para os dois géneros, adicionando-se-lhe «macho» ou «fêmea» para dar a indicação de género.

epiciclo s. Os epiciclos foram uma invenção dos antigos astrónomos gregos. Quando a ideia de que os planetas se moviam em círculos ao redor de uma Terra imóvel central se mostrou impraticável, alguns autores disseram que os planetas se moviam em círculos («epiciclos») ao redor de pontos que se moviam ao redor da Terra imóvel central. Esta era realmente uma teoria melhor para prever os movimentos dos planetas. Mas era também falsa – afinal, os planetas não se movem ao redor de uma Terra imóvel central.
«Epiciclo» e «construir epiciclos» também têm usos figurativos para esforços *ad hoc* para salvar uma hipótese dúbia. AM

Epicteto (*c.* 55-135; gr. Ἐπίκτητος) Filósofo moral estoico, originalmente um escravo, cujas opiniões chegaram a nós por meio de seu aluno Arriano, na forma de duas obras, o *Enchiridion* (manual ou guia), um sumário das suas ideias, e os *Discursos*, um registo mais extenso de preleções em oito livros, dos quais quatro sobreviveram. Estas obras, particularmente o *Enchiridion*, influenciaram Marco Aurélio e gerações de moralistas posteriores. A ênfase recai sobre o lugar ínfimo que ocupa a humanidade num universo que se move providencialmente, e na nossa incapacidade para mudar qualquer coisa que não nós mesmos. Portanto, somos encorajados a viver em harmonia e a suportar os golpes do destino como algo sem importância, esforçando-nos por maximizar a nossa virtude, pois só assim podemos encontrar a felicidade. HT

Traduções: O Manual de Epicteto 2007; *Epicteto: Testemunhos e Fragmentos* 2008. Leitura: A. A. Long, *Epictetus* 2002.

epicurismo moderno Na Renascença, o conhecimento do epicurismo antigo reativou-se devido aos escritos de Lucrécio e Diógenes Laércio. A antiga teoria atomista era vista como perigosamente irreligiosa por negar a providência divina e a imortalidade da alma. No início do século XVII, Pierre Gassendi tornou-a aceitável quer como teoria científica, quer como teoria religiosa. Procurou mostrar que a teoria atomista poderia explicar os acontecimentos físicos conhecidos melhor do que a filosofia natural aristotélica ou a nova física de Descartes. Apresentando o seu «epicurismo» como uma hipótese explicativa dos fenómenos, evitava qualquer comprometimento com um materialismo metafísico. Como padre, restringiu o atomismo epicurista ao tratamento do mundo natural; doutrinas sobre a alma ou Deus deveriam ser aceites com base na fé. Na esteira de Gassendi, o atomismo tornou-se um modelo científico popular entre os pesquisadores na Inglaterra e na França. Robert Boyle, entre outros, desenvolveu uma teoria corpuscular dos constituintes últimos da matéria.

Durante o século XVIII, os cientistas procuraram as melhores explicações em termos materialistas, alguns desenvolvendo mais a perspetiva atomista, outros algumas formas de vitalismo. Embora «a medonha hipótese de Epicuro» ainda desse lugar a opróbrios, novas formas de atomismo foram apresentadas como o melhor meio de explicar o modo como ocorriam os acontecimentos naturais. Os átomos eram ainda concebidos como unidades mínimas da matéria com propriedades um tanto vagas. No começo do século XIX, John Dalton (1766-1844) relacionou as descobertas da química com a teoria atomista. Dalton entendia os átomos não exatamente como unidade físicas pequeninas, mas como unidades que tinham propriedades químicas. Com o avanço da química foi possível ver que os vários elementos poderiam ser definidos em termos de propriedades atómicas. A partir de então, o atomismo desenvolveu-se como teoria científica independente da especulação metafísica sobre a natureza das coisas e independente das implicações morais e religiosas do epicurismo clássico.

Na filosofia moral, as ideias de Epicuro também se tornaram mais conhecidas depois da década de 1650, quando as obras de Lucrécio e de Gassendi apareceram em inglês e foram amplamente lidas. Inicialmente, contudo, o ideal de uma vida epicurista de prazer, serenidade e liberdade dos temores religiosos teve a adesão somente de um número limitado de livres-pensadores. Por outro lado, a teoria epicurista da motivação, segundo a qual todas as ações são realizadas em função do prazer ou da vantagem do agente, foi amplamente aceite pelos moralistas, incluindo teólogos que a consideraram compatível com a doutrina da corrupção e egoísmo do homem depois da queda. RPO

Epicuro (341-270 a.C.; gr. Ἐπίκουρος) Fundador da escola epicurista. Nascido em Samos, aprendeu provavelmente a filosofia atomista com o pensador democritiano Nausífanes. Estabelecendo-se em Atenas, comprou uma propriedade cujo jardim foi o centro da sua escola, na qual se admitiam escravos e mulheres.

Epicuro favoreceu uma filosofia que fosse facilmente inteligível e expressa numa linguagem inteligível para a gente comum. A sua filosofia dividia-se em três partes: ética, física e canónica. Esta última era essencialmente epistemológica. Não incluía a lógica formal, cuja utilidade era questionada. A canónica e a física estavam subordinadas à ética, que constituía a parte central do epicurismo. O objetivo era alcançar a serenidade, a paz da mente, a condição necessária para a felicidade.

Epicuro foi um hedonista: do seu ponto de vista, só o prazer era bom em si. O propósito de todas as ações, a vida epicurista, era o prazer, considerado algo natural, visivelmente procurado por todas as criaturas, e a única coisa boa em si. Mas o prazer, nesta teoria, era praticamente equivalente à ausência de dor, visto não haver um estado neutro entre os dois. Epicuro distinguiu claramente dois tipos de prazer: 1) o estado harmonioso subjacente do corpo ou da mente (prazeres catastemáticos); e 2) as alterações dos estados, atividades, etc., do corpo ou da mente (prazeres cinéticos). O primeiro tipo era preferível, e forneceria de facto a base segura para a expectativa do último. Uma vez aperfeiçoado o estado subjacente e removidas todas as dores, não haveria a possibilidade de aumentar o prazer, somente a possibilidade da sua variação em atividades diferentes. Alguns prazeres cinéticos deveriam ser rejeitados se fossem uma ameaça ao bem-estar fundamental do indivíduo. O bem-estar da mente, ou a ausência de perturbação (ἀταραξία), era particularmente importante. As virtudes, incluindo a justiça, eram explicadas em termos de interesse próprio esclarecido, com base em princípios hedonistas; nenhuma pessoa era ensinada a ser virtuosa em função de qualquer outro fim que não a maximização do prazer e a minimização da dor.

A maior ameaça ao bem-estar fundamental de alguém era o temor, e acima de tudo o temor dos deuses e o temor da morte. O propósito da física de Epicuro é entender o universo de tal modo que estes temores fossem dissipados. A teoria atomista exigia que a alma, como tudo o mais, fosse composta de átomos e de vácuo – pequenos átomos circulares que seriam rapidamente dispersados na morte, trazendo então um fim à sensação: «A morte nada é para nós». Da mesma forma, as sensações deveriam ser o produto de átomos que alcançariam e afetariam a mente, e embora conglomerados de átomos pudessem ser distorcidos na transmissão, as sensações recorrentes que formariam uma imagem clara na mente deveriam ter a sua origem em algo existente. Uma «sensação» recorrente deste tipo seriam as nossas imagens oníricas dos deuses, criaturas sobre-humanas que vivem numa condição abençoada. As imagens atómicas ténues que formariam estas imagens de deuses adviriam de outro mundo distante e as suas condições de bem-aventurança significariam que os deuses não se preocupariam com os seres humanos: tais preocupações seriam dolorosas. Assim, nada temos a temer dos deuses, como não temos de temer a morte, e não há providência ou racionalidade divina governando o universo. A física de Epicuro era diferente da de Demócrito porque introduzia um desvio atómico. Tal desvio parece ter sido uma ocorrência de baixa probabilidade, mas era necessário para explicar como os átomos, originalmente a cair uniformemente através do vácuo, haveriam de colidir de modo a gerar as interações que levariam à formação de um mundo. O desvio era também usado para afastar uma cadeia fatal de causas e efeitos (o destino), e conciliar o atomismo com o conceito de livre-arbítrio da humanidade.

A epistemologia epicurista sublinha a importância de três critérios da verdade: os cinco sentidos, as antecipações ou preconceções (πρό-ληψεως), e as afeções (πάθη). Todas as sensações seriam verdadeiras à sua maneira e todas deveriam ser consideradas ao delinear a imagem total de uma coisa; somente ao interpretá-las surgiria o erro, visto que ao formar uma opinião a mente poderia acrescentar e subtrair algo ao conteúdo de um ato de sensação. As πρό-ληψεως seriam imagens mentais das coisas construídas naturalmente (por isso, sem a intromissão da opinião falível) a partir de atos de sensação repetidos. Visto que as opiniões, diferentemente das sensações, poderiam ser verdadeiras ou falsas, criou-se um método para as diferenciar. As verdadeiras seriam as que teriam alguma confirmação (επιμαρτυρησις, testemunho confirmador) nas nossas sensações e/ou a refutação do contrário (ούκ άντιμαρτύρησις). As falsas seriam as que são refutadas e/ou [de que] haveria a confirmação do contrário.

A filosofia social e política epicurista enfatizava a quantidade de preocupações que os compromissos sociais e políticos poderiam trazer, impossibilitando-nos assim de alcançar o bem-estar mental. Em oposição aos estoicos, como também aos ideais helenísticos estabelecidos, o epicurismo defendia o afastamento da vida política, do casamento e da criação de filhos, tendo como divisa λάθε βιώσα (passe despercebido pela vida).

Depois do estoicismo, o epicurismo tornou-se a segunda das mais influentes entre as filosofias helenísticas. Devido à devoção dos epicuristas posteriores ao seu mestre, Epicuro, o essencial da filosofia permaneceu mais ou menos intocado durante séculos; mas foi acima de tudo a teologia e o hedonismo que provocaram mais críticas entre os antigos. A partir da época de Cícero, as outras escolas eram unânimes na sua oposição ao epicurismo, e este começou a perder o seu apelo em períodos imperiais posteriores, com a mudança da sensibilidade religiosa e moral.

Entre as fontes de nosso conhecimento do epicurismo antigo estão obras do próprio Epicuro, que chegaram a nós principalmente por Diógenes Laércio, que preservou a *Carta a Heródoto* (sobre a filosofia natural), a *Carta a Meneceu* (sobre a teoria ética), e *Carta a Pitocles* (sobre os fenómenos celestes, de autenticidade incerta), e as quarenta *Kyriae Doxae* (*Doutrinas principais*), e através das obras de Lucrécio, Cícero e Plutarco. HT
Leitura: J. M. Rist, *Epicurus: An Introduction* 1972; *The Epicurus Reader* 1994.

epidíctico Ver RETÓRICA.

epifania (gr. ἐπί- sobre, em cima, por cima de + φανεῖν mostrar, manifestar) s. 1 A aparição de um ser divino no mundo. 2 Uma manifestação, revelação ou desvelar de uma realidade fundamental escondida.

epifenomenalismo s. Uma teoria sobre a relação entre a matéria e a mente, segundo a qual há sempre uma base física para qualquer ocorrência mental. Os fenómenos mentais são vistos como subprodutos de uma sistema fechado de causas e efeitos físicos, não tendo poderes causais próprios (T. H. Huxley comparou-os ao apito de um comboio a vapor). AM

epifenómeno s. Um fenómeno secundário, um subproduto.

epigenético *adj.* 1 Relativo à epigénese ou epigenesia, *i.e.*, o desenvolvimento de um animal ou planta pela diferenciação gradual das células. O contraste é com a pré-formação, o suposto desenvolvimento de órgãos e partes que desde o início são diferenciados. 2 Geneticamente influenciado. Este é o sentido pretendido quando, por exemplo, sociobiólogos como E. O. Wilson e M. Ruse sustentaram que a moralidade deveria ser entendida como um conjunto de «regras epigenéticas», *i.e.*, processos ou regras que predispõem geneticamente um indivíduo a comportar-se de certas formas.

epígono (gr. ἐπίγονος descendente) s. Um seguidor banal (de um grande mestre).

Epiménides (gr. Ἐπιμενίδη) Filósofo da antiguidade grega (século VI a.C.), que compete com Eubulides, o lógico megárico, pela fama como o criador do PARADOXO DO MENTIROSO – o mais célebre de todos os paradoxos lógicos.

epistēmē (gr. ἐπιστήμη conhecimento, ciência) s. Aristóteles (na *Metafí-*

sica 1025ᵇ-1026ᵃ) divide a ἐπιστήμη em πρᾶξις (saber como agir), ποίησις (saber fazer algo) e θεωρία (apreensão intelectual, conhecimento teórico), que por sua vez possui três ramos: matemática, física (*i.e.*, o conhecimento do mundo natural) e «teologia». Torna-se claro na *Ética Nicomaqueia* (6, 3 1139ᵇ31-33), como o é em Platão, que ἐπιστήμη é o conhecimento demonstrável a partir de princípios primeiros, em contraste com o conhecimento do contingente.

Num sentido diferente, a palavra tornou-se corrente pela influência de Michel Foucault, que usa *epistēmē* em *Les Mots e les choses* (1966) (*As Palavras e as Coisas*, 1991) para as estruturas de pensamento anónimas que emergem historicamente e estabelecem condições e limites para o que se pode pensar ou dizer num certo contexto social e intelectual. Uma *epistēmē* é uma estrutura discursiva limitada temporal e culturalmente. Assim, durante o Renascimento, a *epistēmē* predominante era a procura de semelhanças. No século XVII, procurou-se diferenças e contrastes. Posteriormente, o conceito de evolução tornou-se predominante. A *epistēmē* moderna, que começa no final da Revolução Francesa, dá origem ao conceito de sujeito humano, e então surgiram as ciências humanas. Este período chega agora ao seu fim. Em *L'Archéologie du savoir* (1969) (*A Arqueologia do Saber*, 2005), Foucault modifica a noção de estruturas epistémicas fundamentais rígidas em favor das «práticas discursivas» e «discursos».

O conceito de Foucault tem algo em comum com o conceito kuhniano de paradigma e com o conceito marxista de ideologia, embora uma *epistēmē* possa ser uma estrutura num nível mais profundo que pode dar origem a diferentes ideologias e paradigmas. Porém, a palavra tem sido usada para conjuntos de ideias que podem ser descritas simplesmente como uma teoria predominante ou ideologia. Assim, Roland Barthes chamou ao materialismo dialético (na tradição marxista) e à dialética freudiana (na teoria psicanalítica) «duas grandes *epistēmē* da modernidade».

epistémico *adj.* Relativo ao conhecimento.

epistemologia *s.* Teoria do conhecimento; o ramo da filosofia que investiga a natureza e a possibilidade do conhecimento. A epistemologia trata também do alcance e dos limites do conhecimento humano, e do modo como este é adquirido e retido. Investiga ainda algumas noções correlatas como, por exemplo, perceção, memória, prova, indício, crença e certeza.

A investigação tradicional da natureza do conhecimento, de Platão ao século XX, centrou-se no problema das condições do conhecimento. A suposição tradicional era que uma pessoa sabe que p se, e somente se, 1) acredita que p, 2) p é verdadeira, 3) e essa pessoa tem boas razões para a sua crença.

Esta explicação foi agora posta em causa (*ver* PROBLEMA DE GETTIER). Uma conceção alternativa é que o conhecimento é simplesmente uma competência, baseada num mecanismo não acidental, para fornecer respostas corretas.

Bertrand Russell (influenciado, ou ao menos antecipado, por William James e John Grote) afastou-se da centralidade tradicional concedida ao conhecimento proposicional, ao distinguir entre o conhecimento de verdades e o conhecimento de coisas, como pessoas e lugares. Neste último distinguiu ainda o conhecimento por contacto direto de, por exemplo, Paris, que aqueles que estiveram realmente em Paris teriam – embora Russell pensasse que este conhecimento se limitava a coisas como dados sensíveis e imagens mentais –, e o conhecimento por descrição, que poderia simplesmente ser de Paris como a capital de França.

Gilbert Ryle ainda distinguiu entre o conhecimento de verdades, a que é habitual chamar «saber que» – por exemplo, que Paris é a capital de França –, e o conhecimento de competências, o que é comum chamar «saber-fazer» – por exemplo, saber falar francês – e considerou que ambos eram aptidões para chegar a bons resultados.

Na história da filosofia, em diferentes períodos, as teorias do conhecimento viram o conhecimento como um ato, uma tarefa, uma disposição e uma aptidão mental.

Tradicionalmente, concedeu-se muita atenção à aquisição do conhecimento, ao que Locke chamou «a origem, certeza e extensão do conhecimento». A grande divisão histórica tem sido entre os empiristas, como os filósofos britânicos Locke, Berkeley e Hume, e os racionalistas, como os filósofos continentais Descartes, Leibniz e Espinosa. Os primeiros sustentavam que todo o conhecimento deveria ser em última instância derivado, como nas ciências, das experiências sensíveis, enquanto os últimos insistiam que o conhecimento propriamente dito exigia apreensão intelectual direta ou demonstração, para a qual a nossa faculdade da razão seria indispensável.

A permear toda a epistemologia estava o desejo de fornecer um fundamento para o conhecimento que pudesse torná-lo imune ao ceticismo. Há géneros no ceticismo: um deles é que não pode haver conhecimento de outras pessoas ou de outras mentes; outro, que não pode haver conhecimento do passado; um terceiro, que não pode haver conhecimento de verdades contingentes; e finalmente, o mais radical, que nada pode ser conhecido. Isto tornou necessário examinar as noções de crença, assim como de certeza e indício (dedutivo e indutivo).

A perceção e a memória têm sido constantemente discutidas na epistemologia, ambas devido ao seu interesse intrínseco e à sua conexão com o conhecimento. A perceção é o modo pelo qual adquirimos conhecimento; a memória é o modo da sua retenção. Na discussão da perceção e da memória há uma controvérsia contínua entre realistas e representacionalistas. Os realistas pensam que percecionamos os objetos, como cadeiras e árvores, que agora nos rodeiam, e a memória diz respeito aos objetos, como cadeiras e as árvores, que nos rodearam. Pelo contrário, os representacionalistas pensam que percecionamos meramente as aparências dos objetos, dizendo a memória respeito a estas imagens. A razão habitual apresentada para apoiar a perspetiva representacionalista é que é impossível, algumas vezes na prática e talvez mesmo em princípio, distinguir entre as aparências de cadeiras e árvores reais e as aparências que nos são dadas em ilusões, alucinações, imagens refletidas, etc. De igual modo, que é impossível distinguir entre as imagens mentais que se devem à nossa recordação de acontecimentos e as que se devem à nossa imaginação. Baseados nestas aparências e nestas imagens, só podemos inferir, de acordo com os representacionalistas, a existência de cadeiras e árvores existentes agora ou previamente, e isto algumas vezes correta e outras vezes incorretamente. Alguns representacionalistas dão um passo adiante, dizendo que o que realmente «percecionamos» são essas aparências e – embora este seja um passo incomum – o que realmente «relembramos» são essas imagens. *Ver também* FUNDACIONALISMO. AW

Leitura: E. Sosa e J. Greco, *Compêndio de Epistemologia* 2008; C. Norris, *Epistemologia* 2007; J. Dancy, *Epistemologia Contemporânea* 1990; P. K. Moser, *A Teoria do Conhecimento* 2009.

epistemologia das virtudes 1 Um género de fiabilismo em teoria do conhecimento. A epistemologia das virtudes considera que o conhecimento é crença verdadeira justificada, e considera que uma crença está justificada se resultar de um processo fidedigno. O processo fidedigno consiste, segundo a epistemologia das virtudes, no exercício das faculdades cognitivas apropriadas (os sentidos, a memória, a aptidão para inferir, etc.), desde que as condições para exercer estas faculdades sejam apropriadas. A estas faculdades cognitivas chama-se «virtudes» devido à sua fiabilidade. Assim, a crença de uma pessoa de que há um pote de ouro na esquina é justificada se a pessoa pode ver, tocar, analisar, etc., a substância, uma vez que as faculdades cognitivas estão a ser adequadamente aplicadas. A crença não é justificada caso se baseie na voz do desejo, ou caso surja de um estado inebriado.

Este tipo de fiabilismo tem sido desenvolvido desde meados da década de 1980, especialmente por Ernest Sosa e Alvin Plantinga.

2 A investigação das qualidades pessoais que contribuem para o êxito na aquisição de conhecimento. Neste sentido, «epistemologia das virtudes» designa um ramo da psicologia e da sociologia.

epistemologia evolucionista Uma tentativa de incorporar na epistemologia as ideias sagazes de Darwin. A evolução de características biológicas dá-se por variação, seleção e retenção. As faculdades cognitivas de um organismo não são exceção. Rãs, ratos e seres humanos desenvolveram faculdades cognitivas adaptativas. É todavia uma questão em debate entre os epistemólogos evolutivos se o facto de o aparelho sensorial humano ser um produto evolutivo mostra ou não que é em geral fiável. Há quem argumente que isto é na verdade assim, de contrário teríamos sido eliminados pela seleção natural, visto que ter crenças percetivas verdadeiras é vantajoso para nós. Contra isto argumentou-se que as crenças que são vantajosas podem ainda assim ser falsas. Os ratos tímidos não raro fogem de coisa nenhuma – não podiam as crenças percetivas que são amiúde falsas ser vantajosas também?

Há além disso outro tipo de teoria evolucionista do conhecimento. Esta explica o desenvolvimento do conhecimento por analogia com a teoria biológica da seleção natural. O conhecimento surge por um processo que envolve a *variação*, quando se conjetura várias hipóteses mais ou menos imaginativas, a *seleção*, quando as testamos e «matamos» se não passarem o teste, e a *retenção* das que passarem o teste, na memória e nos documentos, como base para investigação futura. Um representante influente desta perspetiva é Karl Popper. AM

epistemologia feminista Alguns textos feministas da década de 1980 procuram desenvolver uma teoria do conhecimento distintamente feminista. «O sexo do agente cognitivo é epistemologicamente importante», escreve Lorraine Code em *What Can She Know?* (1991). Algumas das perspetivas apresentadas são radicais: *e.g.*, que a validade de uma teoria ou pretensão de conhecimento depende de *quem* a propõe (um homem? Uma mulher? Uma feminista? Etc.). Algumas destas autoras sustentam também que os conceitos e ideais tradicionais da verdade, objetividade e neutralidade valorativa são de rejeitar, com o pretexto de que são usados para fins de dominação masculina. Uma obra muito debatida neste campo é *The Science Question in Feminism* (1986), de Sandra Harding. Perspetivas semelhantes encontram-se, por exemplo, em C. Ramazanoglu, *Feminism and the Contradictions of Oppression* (1989). Outras autoras são menos radicais, mas chamam a atenção para pressupostos específicos do sexo que influenciam a construção teórica mas que permaneceram inobservados durante muito tempo. Os ataques mais radicais à verdade e objetividade científica foram vigorosamente criticados por muitos filósofos, inclusive Susan Haack, Noretta Koertge e Martha Nussbaum. Ver também FILOSOFIA FEMINISTA.

Leitura: *The Cambridge Companion to Feminism in Philosophy* 2000; *A Companion to Feminist Philosophy* (Blackwell) 1998.

epizeuxe (gr. ἐπί sobre, em cima, por cima de + ξεῦγμα ligação) *s.* Na gramática: repetição de uma palavra para dar ênfase, *e.g.*, «Sim! Sim! Sim!».

epochē gr. ἐποχή Uma retração, uma pausa. *s.* **1** Suspensão do juízo; recusar afirmar ou negar; conceito central para os céticos da antiguidade, que recomendam a *epochē*, alegando que a certeza é inalcançável. Também alegavam que a *epochē* é necessária para alcançar a paz mental (*ataraxia*), e esta, por sua vez, é indispensável para a felicidade ou até lhe é idêntica. **2** Husserl usa o termo para descrever o pôr entre parêntesis as suposições naturais do senso comum (sobre a existência do mundo externo, etc.) a partir do qual podemos focar o olhar do nosso espírito puramente nas estruturas do ato da consciência (redução transcendental) ou nas essências inerentes ao conteúdo da experiência (redução eidética). Esta *epochē* fenomenológica concorda com a do cético por não deixar espaço para o assentimento ou dissentimento, mas difere dela na medida em que não implica a dúvida e porque o seu fim primário não é a *ataraxia*, mas uma intuição (*theoria*). **eféctico** (ἐφεκτικός) *adj.*

eppur si muove it. E no entanto (a Terra) move-se. Diz-se que estas foram as palavras sussurradas por Galileu quando foi condenado pela Inquisição em Roma no ano de 1633 e forçado a retratar-se do seu apoio à teoria copernicana do movimento da Terra. A história é provavelmente apócrifa.

equilíbrio reflexivo Como sabemos que uma teoria moral é correta ou não? Os testes científicos não se aplicam. Os apelos à perspicácia imediata são duvidosos. Por razões como estas, Rawls (*A Theory of Justice*, pp. 48-51) apresenta um critério de adequação para uma teoria moral, critério a que chama «equilíbrio reflexivo». Começamos com princípios morais em que acreditamos; mas em certos casos estes conduzirão a juízos que colidem com o nosso juízo moral ponderado. Modificamos então, consoante parecer mais razoável, os nossos juízos ou os nossos princípios. Este processo gradual de modificação continua até as dificuldades terem sido eliminadas. O critério de adequação é, noutras palavras, a coerência interna. Um equilíbrio existente pode, todavia, ser perturbado por circunstâncias novas e exigir nova reflexão.

equipolência (lat. igual força, de *aequi-* igual + *pollere* ser capaz, forte) *s.*

Na lógica: dois conjuntos de frases, por exemplo, dois sistemas formais, são equipolentes se cada frase de um conjunto pode ser derivada no outro, e vice-versa. Se cada um dos dois conjuntos contiver exatamente uma frase, a equipolência será o mesmo que a equivalência.

equivalência *s.* Em contextos lógicos, dizer que duas proposições são equivalentes significa que têm necessariamente o mesmo valor de verdade. Duas proposições que se implicam mutuamente são equivalentes.

As frases com o mesmo significado são equivalentes, mas as frases equivalentes podem diferir em significado. *T tem três lados iguais* e *T tem três ângulos iguais* (em que *T* denota um determinado triângulo) são equivalentes, mas não têm o mesmo significado, e o mesmo vale para *Todas as irmãs são do sexo feminino* e 5 + 7 = 12.

equivalência material Diz-se que duas proposições são materialmente equivalentes se *p* e *q* se implicam materialmente entre si. Por outras palavras, *p* e *q* são materialmente equivalentes se, e somente se, forem componentes de uma BICONDICIONAL verdadeira.

equívoco *adj.*, *s.* Ambíguo, polissémico *Ant.* Unívoco.

erastianismo Doutrina de que o Estado tem autoridade sobre a Igreja mesmo em questões relacionadas com a doutrina e a disciplina eclesiásticas.

Richard Hooker (1553-1600), em *The Laws of Ecclesiastical Polity* (1593), batizou a doutrina em nome de Thomas Erastus (1524-1583), teólogo protestante suíço que defendeu que as autoridades civis deveriam ter jurisdição em questões relacionadas com a disciplina eclesiástica.

ergo lat. consequentemente. *conj.* Como *consequentemente*, *logo* e outras expressões ilativas, *ergo* indica que a frase que se segue deve ser entendida como a conclusão de uma inferência.

ergon gr. ἔργον Trabalho; feito; produto; função.

erística (gr. ἔρις contenda, conflito) *adj. s.* Na filosofia da antiguidade grega: argumento que visa a persuasão ou vitória no debate. Contrasta com os argumentos dialéticos, que visam a verdade.

Eriúgena, Johannes Scotus (*c.* 825--870) Também conhecido como Erígena e João Irlandês, passou a sua vida profissional no continente europeu sob o patrocínio de Carlos, *o Calvo*. Quando era professor de artes liberais na escola do palácio de Carlos, foi convidado (*c.* 855) a escrever um tratado condenando a opinião, defendida então por Gottschalk, de que há uma dupla predestinação, dos abençoados, ao céu, e dos condenados, ao inferno. Mas em *De praedestinatione* foi bem mais longe, negando que Deus fosse afinal responsável pela condenação dos pecaminosos e insistindo que as punições do inferno não deveriam ser entendidas literalmente. Depois de escrever esta obra aprendeu grego e passou a traduzir as obras do pseudo-Dionísio (um neoplatónico cristão do século V) e outros autores gregos e cristãos. Estas leituras prepararam a sua obra-prima, o *Periphyseon* (*c.* 862--866), um extenso tratado na forma de diálogo, que manifesta interesses muito diferentes das obras dos seus contemporâneos ocidentais.

O *Periphyseon* começa com uma divisão da natureza universal em quatro partes: o que não é criado e cria; o que é criado e cria; o que é criado e não cria; e o que não é criado nem cria. A primeira destas divisões é Deus, o criador do Universo. A segunda é ocupada pelas «causas primordiais», um cruzamento das ideias platónicas e das razões seminais estoicas, por meio das quais a obra de criação se realiza. A terceira divisão é o restante do universo criado; enquanto a quarta é, como a primeira, Deus – visto aqui como aquilo a que todas as coisas regressaram. O contraste entre Deus como primeira divisão e Deus como quarta ilustra a justaposição no pensamento de Eriúgena de uma teologia positiva com uma teologia negativa. A teologia positiva é a tentativa de dizer algo sobre Deus, embora Deus esteja além de qualquer descrição literal. A teologia negativa reconhece que Deus é incognoscível: está além de todas as coisas, até do próprio ser. É mais correto dizer «Deus não é» do que dizer que é; num lance audacioso (ainda que não inteiramente coerente), Eriúgena iguala o «nada» – do qual, segundo a crença cristã, Deus criou o mundo –, com Deus, que é nada, pois está além de todo o ser. O Livro I do *Periphyseon* apresenta a teologia negativa, mostrando que nenhuma das dez categorias de Aristóteles se aplica a Deus. Os Livros II-V expõem a teologia positiva através de uma exegese do começo do Génesis, que é interpretado alegoricamente como uma história tanto da Criação quanto do retorno no final dos tempos de todas as coisas a Deus. A totalidade do universo criado, explica Eriúgena, é uma «teofania», uma manifestação de Deus. Deus, portanto, pode em certo sentido ser conhecido através da sua criação e, especialmente, através do relato bíblico divinamente inspirado da Criação e do retorno. Mas só por teofanias pode ser apreendido pela mente humana. Em si, Deus é incompreensível, não só para a mais nobre das criaturas, mas também para ele mesmo. Fosse Deus plenamente cognoscível, mesmo por ele mesmo, não mais estaria além de qualquer definição e circunscrição. JM

Erlebnis /ɛrˈlebnɪs/ alm. Uma experiência ou vivência. *s.*

eros gr. ἔρος Ver ÁGAPE; AMOR PLATÓNICO.

erotemático (gr. ἐρωτάω questionar) Ensinar por meio do método erotemático consiste em dirigir perguntas ao aluno a fim de extrair dele o conhecimento. A lógica erotemática é a lógica das perguntas, contrastada com a lógica das imperativas e com a lógica comum das indicativas.

escatologia (gr. ἔσχατις último) *s.* A doutrina religiosa sobre as coisas últimas, *i.e.*, o destino último da humanidade. Desde o século XIX, algumas escolas de teologia conceberam a escatologia não como uma *teoria* que prevê o que irá acontecer num futuro mais ou menos distante, mas como uma expressão da *fé* religiosa a respeito do que o crente pode esperar.

escola (gr. σχολή lazer) *s.* **1** Na idade média, o latim *schola* denotava inicialmente um corpo de professores e académicos, dedicados ao ensino avançado. **2** Aquilo a que se chama uma «escola de filosofia» consiste em dois ou mais filósofos entre os quais há contacto e semelhança de perspetivas.
Os filósofos de quem se afirma que pertencem a uma escola neste sentido normalmente negam-no, e sublinham as suas diferenças, talvez por medo de que se pense que não são originais. Isto faz lembrar «A Lei das Aparências Sociais»

formulada pelo satirista inglês Michael Frayn: «A homogeneidade de um grupo visto a partir de fora está em proporção inversa à heterogeneidade vista a partir de dentro», ou «A semelhança está no olhar do dissemelhante; o semelhante nada vê a não ser a sua dissemelhança».

Escola de Alexandria Uma escola platónica que se diz ter florescido em Alexandria durante três séculos até à conquista árabe em 642. Coloca-se hoje em dúvida até que ponto os pensadores daquela cidade pertenciam a uma única escola. Importantes neoplatónicos de Alexandria foram Hierócles, Hipácia, Hérmias, João Filópono (*c.* 490-570) e Olimpiodoro. Os neoplatónicos alexandrinos eram mais recetivos ao pensamento cristão do que a Academia de Atenas, que também favorecia o neoplatonismo, mas onde o paganismo estava muito mais arraigado. Acreditavam que havia noções naturais, morais e religiosas comuns ao homem, pelo que as diferenças religiosas nada mais eram na realidade do que símbolos ou alegorias diferentes para a mesma verdade subjacente.

Escola de Cambridge Bertrand Russell (1872-1970), G. E. Moore (1873-1958) e C. D. Broad (1887-1971) foram os principais representantes daquilo que em sentido lato se pode denominar uma «escola». Várias histórias da filosofia analítica do século XX estruturam-se em torno de localidades como Viena, Varsóvia, Uppsala e Berlim, conferindo prioridade a Cambridge, neste contexto; mas encontramos muitos elementos da abordagem distintamente analítica também em Brentano e nos seus seguidores, assim como em Frege.

Escola de Erlangen /ˈɛrlaŋən/ Grupo de filósofos alemães, localizado sobretudo nas universidades de Erlangen e Konstanz, cuja obra se centra na epistemologia e na filosofia das ciências – no sentido lato do termo, que inclui todas as áreas de investigação sistemática, das matemáticas às humanidades. Procuram analisar criticamente a estrutura e os pressupostos subjacentes destas disciplinas, considerando que a tarefa da filosofia é oferecer uma fundamentação racional das várias ciências, reconstruindo-as assim. Os principais representantes são Paul Lorenz (1915-1994), Kuno Lorenz (n. 1932), Friedrich Kambartel (n. 1935), Jürgen Mittelstrass (n. 1936) e Peter Janich (n. 1942).

Escola de Frankfurt Grupo de intelectuais com ligações ao Institut für Sozialforschung (Instituto para a Investigação Social) estabelecido em Frankfurt am Main em 1923, por meio de um donativo privado de Felix Weil, mas também em parte sustentado pela Universidade de Frankfurt. Durante o exílio devido à ascensão do nazismo, foi criado um Instituto Internacional para a Investigação Social em associação com a Universidade de Columbia, 1933-1947. Dois dos principais membros da escola, Max Horkheimer (1895-1973) e Theodor Adorno (1903-1969), regressaram a Frankfurt no final da década de 1940 e retomaram aí o ensino e a escrita. Outros membros da escola eram Walter Benjamin (1892-1940), Herbert Marcuse (1898-1979), Erich Fromm (1900--1980) e Karl Wittfogel (1896-1988). Numa segunda geração, Jürgen Habermas (n. 1929) é o que mais se destaca.

Embora as suas simpatias fossem para a esquerda, a escola não tinha qualquer vínculo a um partido político e era bastante crítica dos partidos comunistas (por razões óbvias) mas também dos partidos social-democratas, cujo reformismo era considerado insuficiente para transcender a sociedade presente. Tão-pouco era a consciência de classe do proletariado considerada a instância última de apelo, visto que ela própria era distorcida pelas influências reificantes e alienantes da sociedade moderna. Ao mesmo tempo, todavia, as tentativas de conceber utopias foram rejeitadas. No final da década de 1960, a crítica de Herbert Marcuse à ordem estabelecida influenciou imenso os líderes da agitação estudantil nos Estados Unidos, mas em geral os membros da escola não se viam a si próprios como líderes de qualquer revolução. Consideravam que a sua tarefa era teórica, embora uma teoria crítica cujas ideias sagazes elevariam a consciência e levariam à transformação social.

A teorização usava os conceitos de reificação e alienação, tirados de Marx, Korsch e Lukács. Importantes influências teóricas vieram também da teoria psicanalítica, e de Max Weber. Muitos tipos de investigação sociológica empírica da comunicação social, da burocracia e da tecnocracia foram pela primeira vez levados a cabo por membros desta escola.

A TEORIA CRÍTICA desta escola era uma crítica da sociedade moderna, revelando os seus mecanismos opressivos e exploradores. Na sociedade contemporânea estes mecanismos são insidiosos – as pessoas não estão sequer cientes da sua falta de liberdade, produzida pela manipulação dos indivíduos através da comunicação social moderna. Na verdade, a comunicação social produz uma degradação de todos os tipos de cultura estética e intelectual, sendo usada por burocracias públicas e organizações comerciais para manipular e distorcer a consciência pública das questões sociais e políticas. Os valores culturais e pessoais são descurados, tendo-se tornado presa das forças de mercado. A riqueza material, e não o bem-estar geral, é apresentada como o maior bem. Isto pode ser visto como resultado do «projeto do Iluminismo»: envolvia aquilo que Max Weber descreveu como racionalização, um processo que resultou nas burocracias e mercados modernos. Este «projeto» é descrito como algo que toma por garantido que toda a racionalidade é instrumental: a razão não pode estabelecer quaisquer fins, apenas pode indicar meios para fins.

A função da teoria crítica social é explorar, analisar e explicar estes fenómenos. Isto pode por sua vez ser usado para suscitar a consciência crítica em geral na sociedade. O resultado esperado é a emancipação, e uma sociedade em que os indivíduos podem ser verdadeiramente autónomos e cooperar livremente.

Os membros da escola eram hostis às filosofias positivistas e cientificistas. A principal objeção era que quando estas consideram o conhecimento humano, incluindo o conhecimento estabelecido nas ciências naturais e sociais, como independente dos nossos interesses e destituído de valores, promovem uma conceção errónea que não só é falsa mas também nociva, visto que reduzem a ciência social a uma tecnologia para satisfazer as preferências das pessoas e também uma tecnologia direcionada para moldar essas preferências, mas são incapazes de legitimar quaisquer valores básicos.

Subjacente à preocupação emancipadora estava o pressuposto de que o progresso é possível. Teóricos importantes como Horkheimer e Adorno, todavia, foram ficando mais pessimistas. Parecia-lhes cada vez mais improvável que os indivíduos na sociedade de hoje pudessem desenvolver uma perspetiva crítica sobre a sua sociedade – uma condição prévia necessária para a mudança. Habermas é menos desencorajador: a racionalização da vida introduzida pelo Iluminismo é uma condição prévia, e não um obstáculo, do progresso. Além disso, a conceção iluminista da razão não é meramente instrumental; inclui também uma conceção emancipadora mais rica de racionalidade comunicativa, pela interação comunicativa, à medida que as pessoas se aproximam de uma «situação discursiva ideal». Esta é uma situação em que as influências que distorcem a comunicação interpessoal são superadas, e os participantes alcançam aquela autonomia que era o objetivo das aspirações emancipadoras do Iluminismo. Assim, Habermas argumenta que enquanto a ênfase na razão *instrumental* é de facto problemática, o Iluminismo contém também uma conceção de razão emancipadora, mais rica, que os críticos da sociedade moderna não podem descartar numa crítica indiscriminada da razão como tal.

Escola de Marburgo Escola neokantiana, cujos principais representantes, Hermann Cohen (1842-1918), Paul Natorp (1854-1924) e Ernst Cassirer (1874-1945) estavam associados à Universidade de Marburgo (Alemanha).

Escola de Uppsala Escola filosófica influente na Suécia, na primeira metade do século XX. Via a tarefa central da filosofia como uma análise e crítica radical dos conceitos e pressupostos do senso comum, e abordava esta tarefa com um espírito decididamente antimetafísico. Em filosofia moral, social e do direito, sublinhou os dualismos facto/valor e facto/norma. Os seus principais representantes eram Axel Hägerström e Adolf Phalén. Influenciaram filósofos como Konrad Marc-Wogau e Anders Wedberg, autor de uma história da filosofia na qual se adota uma abordagem analítica; teólogos (*e.g.* Anders Nygren); filósofos do direito (*e.g.* Karl Olivecrona); e economistas (*e.g.* Gunnar Myrdal).

Escola Jónica Designação coletiva dos filósofos pré-socráticos Tales, Anaximandro, Anaxímenes, todos eles de Mileto, uma cidade jónica situada na costa oeste da Ásia Menor. *sin.* Escola de Mileto.

Escola Megárica Vários filósofos da antiguidade que, segundo a tradição, formavam um grupo batizado em nome de Euclides de Mégara (*c.* 430-360 a.C.), um discípulo de Sócrates. Eubulides, Diodóro e Stilpo eram alguns dos seus membros, conhecidos por se interessarem por lógica e dialética.

escolástica *s.* Filosofia universitária; filosofia académica: filosofia do tipo cultivado nas escolas (isto é, nas universidades cristãs medievais). Um aspeto importante que distinguia a escolástica do ensino monástico era a prática das disputas e a prevalência das discussões esclarecidas. Por vezes, usava-se «escolástica» como sinónimo de «dialética».

Entre os principais filósofos escolásticos estão João Duns Escoto, Tomás de Aquino e Guilherme de Ockham. A partir da Renascença, a escolástica tornou-se sinónimo de bizantinismo, subtileza desnecessária, afetação, obscuridade, etc. A associação entre escolástica e teologia católica e filosofia foi uma razão adicional para a sua condenação por autores como Locke, Pufendorf, Hegel, etc.

Como a opinião acerca destas matérias mudou no decorrer do século XX, tem havido uma renovação do interesse académico pelo pensamento medieval. As atitudes mais extremas, favoráveis e antagónicas, praticamente desapareceram, e a qualidade da investigação – em particular da lógica medieval – melhorou imenso. JM

escolha, axioma da Ver AXIOMA DA ESCOLHA.

escolha pública O estudo da natureza e limites da racionalidade em tomadas de decisão coletivas que não envolvem mercados. Os problemas que surgem sob os títulos DILEMA DO PRISIONEIRO e PARADOXOS DA VOTAÇÃO estão entre os que são investigados nesta área.

escotismo *s.* Tradição filosófica e teológica inspirada pelo pensamento de João Duns Escoto. Foi cultivada especialmente entre os franciscanos, e oficialmente aceite como canónica em 1633. Este fator contribuiu para a importância do escotismo nas universidades dos países do catolicismo romano, em especial entre os séculos XVI e XVIII.

Não confundir com escutismo, o movimento dos escoteiros, criado pelo militar inglês Baden-Powell (1857-1941).

Escoto Ver DUNS ESCOTO; ERIÚGENA.

esotérico (gr. ἐσωτερικός interno) *adj.* Ritos, doutrinas, gostos, etc., descritos como esotéricos são os que são somente para os iniciados, ou que pertencem exclusivamente a um círculo fechado.

Costuma-se dizer que Aristóteles comunicou uma doutrina esotérica a um pequeno círculo de discípulos; é a aquela que foi registada nos textos que sobreviveram. O ensino exotérico (ἐξωτερικός) parece ter sido apresentado numa forma mais popular e acessível, mas dele nada nos chegou, exceto por alguns fragmentos. Diz-se que Pitágoras e Platão ensinaram doutrinas esotéricas. *Ant.* exotérico.

espécie (lat. *species* aparência, forma, tipo, de *specere* parecer, observar) *s.* 1 Uma espécie é uma classe de indivíduos de determinado género, *e.g.*, homem, cavalo, burro, que têm em comum uma propriedade essencial. Espécies diferentes podem pertencer ao mesmo género. Num dado género, as espécies diferentes são contrárias, no sentido em que um objeto que pertence ao género pertence a exatamente uma espécie. 2 Os conceitos de «género» e «espécie» são há muito usados nas ciências biológicas. Lineu (1707-1778) considerou que uma espécie consiste em indivíduos *semelhantes*. As definições modernas a partir de Buffon (1707-1788) diferem e incluem hoje o isolamento reprodutivo e a capacidade de gerar prole fértil. 2 Na teoria do conhecimento medieval, em especial a tomista, uma *espécie* é algo intermédio ao objeto exterior e à mente. A motivação para este conceito é dupla: a) o objeto exterior é material, mas a compreensão da mente não o é; e b) os objetos são particulares, enquanto a mente contempla universais. Por meio da espécie, o ato de cognição e o objeto de cognição podem unir-se. A teoria das espécies foi rejeitada por Guilherme de Ockham, que defendia que o conhecimento é de indivíduos e que temos deles conhecimento direto. 4 No pensamento medieval, «espécie» foi também usado em contraste com «substância». Assim, o pão e o vinho são as duas espécies da eucaristia: permanecem constantes embora, segundo o dogma da transubstanciação, a substância mude. JM/dir.

espécime/tipo *s.* O contraste entre *espécime* e *tipo* explica-se melhor por meio de um exemplo. Na seguinte linha

cão, cão, cão

há *uma* palavra, *i.e.*, um *tipo* particular, mas noutro sentido há *três* palavras, *i.e.*, três *espécimes*, todas do mesmo tipo. Os espécimes são casos, exemplares, de um tipo. Este par de termos foi introduzido por C. S. Peirce.

espécime-reflexiva *adj.*, *s.* Palavras como *eu, aqui, além, agora, na semana passada,* cuja referência é determinada pelas circunstâncias da sua elocução. *Ver também* INDEXICAL.

especioso *adj.* 1 Plausível, mas enganador. 2 Aparente, mas irreal.

O uso mais antigo é diferente: Locke, Hume e outros usam regularmente a palavra com o significado de «plausível» ou «aparente», sem qualquer implicação de erro ou ilusão. Quando estes autores descrevem um argumento como especioso, normalmente sugerem que é plausível.

especismo *s.* A teoria e prática que atribuem uma posição privilegiada à humanidade, dando-nos o direito de tratar os membros de outras espécies de um modo que seria errado tratar membros da nossa própria espécie.

A palavra, usada sobretudo por opositores do especismo, foi criada em analogia com *racismo* por Richard Ryder no seu «Experiments on Animals», em S. e R. Godlovitch e J. Harris (orgs.), *Animals, Men, and Morals* (1972), e tornou-se mais amplamente usada em virtude da recensão que Peter Singer fez desse livro, «Animal Liberation», *New York Review of Books* 20 (5 de Abril de 1973), e em Singer, *Animal Liberation*, 1975, 2.ª ed. rev. 1990, 3.ª ed., 2001 (*Libertação Animal* 2008).

especulativo *adj.* 1 Teórico (em contraste com «prático»). 2 Não empírico (em contraste com empírico). 3 Conjetural, incerto.

espetador imparcial *Ver* OBSERVADOR IDEAL.

Espinosa, Bento de (1632-1677) Nascido em Amesterdão de pais de origem «marrana» (judeus forçados a professar o cristianismo em Espanha ou Portugal) que haviam fugido para essa cidade, onde lhes era permitida a liberdade de culto. A expressão pública de dúvidas acerca dos dogmas centrais do judaísmo levou à excomunhão de Espinosa em 1656. Entre as heresias alegadas contra si estavam a sua crença de que «Deus só existe filosoficamente» e a sua negação da imortalidade da alma. A crença na imortalidade da alma não seria talvez de esperar dos judeus em todos os momentos da história do judaísmo, mas a comunidade judaica de Amesterdão do século XVII dava-lhe grande importância. Espinosa ganhou a vida a polir lentes e a dar lições de filosofia. Continuou os seus próprios estudos em filosofia e foi atraído pelo cartesianismo, que então granjeava rapidamente adeptos nas universidades neerlandesas, apesar da resistência dos aristotélicos. O que o atraía era o raciocínio rigoroso e a sistematização da mundividência que estava a ser desenvolvida por cientistas como Galileu.

A primeira publicação de Espinosa expunha a filosofia de Descartes em estilo geométrico, começando com axiomas e definições, e demonstrando tudo o mais a partir dessa base: *Principia philosophiae cartesianae* (1663). Nesta fase, Espinosa tinha claramente desenvolvido as ideias principais da sua própria filosofia: discordava significativamente de Descartes. Tornou explícitas, no prefácio, algumas discordâncias cruciais: pensava que nem a mente humana nem o corpo humano eram substâncias, *i.e.*, coisas capazes de existir e agir independentemente de outras coisas; não pensava que as pessoas tivessem livre-arbítrio; não pensava que houvesse algo que transcendesse a compreensão humana. Se queremos descobrir a verdade nas ciências e resolver os problemas difíceis da metafísica, temos de proceder de um modo diferente do de Descartes. Espinosa empreendeu este trabalho de exposição porque sentiu que a sua própria filosofia era tão diferente de qualquer perspetiva tradicional que não podia publicar com segurança sem antes convencer os líderes do seu país de que dominara o pensamento do seu antecessor mais importante.

Em 1665, com o primeiro rascunho de *Ethica Ordine Geometrico Demonstrata* (*Ética*, 1992) quase completo, Espinosa pô-lo de lado para trabalhar no *Tractatus Theologico-Politicus* (*Tratado Teológico-Político*, 1988), uma defesa da liberdade de pensamento e expressão, publicada em 1670. As suas teses filosóficas têm aqui uma expressão mais clara do que na obra anterior, embora haja algumas dúvidas sobre se Espinosa é inteiramente franco acerca das suas posições. Os primeiros capítulos da obra lidam com tópicos de teologia tradicionais: profecia, lei divina, milagres e os princípios da interpretação das Escrituras. Espinosa critica fortemente a teologia do Antigo Testamento, rejeitando, por serem antropomórficos, ensinamentos proféticos fundamentais, como a doutrina de que Deus é um legislador – considera-a incompatível com a omnipotência de Deus. Em geral, Espinosa não se pronuncia sobre o Novo Testamento, embora as poucas coisas que efetivamente afirma acerca do mesmo tenham contribuído para se desconfiar da sua franqueza. A sua conceção de Deus identifica-o com as leis da natureza científicas fundamentais, que explicam todos os fenómenos que ocorrem na natureza. Isto exclui qualquer possibilidade de milagres (em que por «milagre» se entende uma interferência divina na ordem natural das coisas).

Um contributo importante da sua obra é a teoria da interpretação das Escrituras. Para compreender a Bíblia, argumenta Espinosa, temos de a abordar como o faríamos com qualquer outro texto, sem pressupor como princípio de interpretação que aquilo que o texto afirma tem de ser verdadeiro; temos de conhecer a gramática, o vocabulário e as peculiaridades estilísticas da língua em que foi escrita; temos de organizar os seus ensinamentos em vários tópicos, e atentar nos passos que parecem inconsistentes ou obscuros; temos de conhecer as circunstâncias em que cada livro foi escrito, como nos foi transmitido, e como se tornou parte do cânone. Se examinarmos a Bíblia segundo estes princípios, defende Espinosa, concluiremos que é a obra de muitos autores humanos, que tinham ideias muito diferentes e imperfeitas acerca de Deus, e não raro escreviam muitos séculos depois dos acontecimentos que descrevem (apoiando-se em documentos hoje perdidos); que nos foi transmitida numa forma muito corrompida; e que amiúde não fazemos simplesmente ideia do seu significado. Pelo que a devíamos considerar um guia apenas no que diz respeito aos seus ensinamentos morais mais fundamentais, desconsiderando a sua teologia e quaisquer princípios de conduta que não ensine repetidamente. Devemos aprender na Bíblia a prática da justiça e o amor ao próximo como a nós próprios. Nada mais importa. Ninguém no século XVII escreveu tão arrojadamente. Este aspeto da doutrina de Espinosa exerceu uma forte influência no Iluminismo do século XVIII.

Nas suas partes políticas, o *Tratado Teológico-Político* mostra com grande vigor a influência de Hobbes, embora Espinosa chegue frequentemente a conclusões contrárias às suas. Espinosa começa por imaginar um estado de natureza, uma condição em que as pessoas vivem sem qualquer autoridade civil. Sustenta que a competitividade das pessoas e a sua suscetibilidade a emoções irracionais tornaria isto uma condição de insegurança radical, pobreza, miséria e ignorância, pelo que no seu próprio interesse as pessoas teriam de formar um governo para restringir o seu comportamento, aceitando uma limitação à sua liberdade natural em prol dos benefícios que podem esperar da vida numa sociedade organizada. Como Espinosa rejeita a noção de lei natural prescritiva, a qual imporia restrições ao que as pessoas podem com justiça fazer, teoricamente os direitos deste governo seriam absolutos. Mas porque Espinosa defende que o direito natural e o poder são coextensionais, e porque o poder do governo depende em última instância da cooperação voluntária das pessoas, na prática os direitos do governo seriam limitados. Um governo tirânico que oprime os seus súbditos destrói necessariamente o seu próprio poder, e assim o seu direito. Espinosa conclui argumentando que para se preservar a si próprio e ao seu poder, o governo tem de permitir uma liberdade ampla. Talvez a diferença mais notória entre Hobbes e Espinosa seja a de este último defender a democracia como a forma de governo mais natural e estável.

Espinosa queria que o *Tratado Teológico-Político* em parte sustentasse as políticas de tolerância, republicanas, do governo DeWitt, que enfrentava a oposição enérgica do clero calvinista e dos monárquicos que apoiavam o príncipe de Orange. Mas parte da sua intenção era provavelmente defender a sua rutura com o judaísmo, consistindo a outra parte, sem dúvida, em preparar os leitores para a apresentação mais sistemática e rigorosa das suas ideias, o que pretendia fazer na *Ética*. A sua crítica bíblica tende a subverter a confiança na revelação, dando lugar a um argumento que apenas apela à razão humana. Esperava também explicar de um modo mais popular a sua conceção austera, impessoal, de Deus. Mas o tumulto com que o *Tratado* foi recebido tornou impossível a publicação da *Ética* durante a vida de Espinosa.

A *Ética* apareceu (juntamente com a sua correspondência e fragmentos de três obras inacabadas) numa coletânea de *Obras Póstumas*, publicada em 1677, dividida em cinco partes.

A Parte I procura provar que Deus existe e que age necessariamente, que é a causa de todas as coisas, que todas as coisas estão «em» Deus, sem o qual não podem existir nem ser concebidas, e que Deus predeterminou todas as coisas, não pela liberdade da sua vontade, mas pela absoluta necessidade da sua natureza. Como as provas da existência de Deus desempenham um papel central no sistema de Espinosa, é surpreendente que tenha sido acusado de ateísmo. Mas a negação espinosista do caráter pessoal de Deus, a sua insistência de que Deus não tem intelecto, vontade, propósitos nem emoções, fez o seu Deus parecer algo bastante remoto, um Deus que só um filósofo poderia amar. Este não é o Deus de Abraão, Isaac e Jacob. A natureza impessoal da conceção que Espinosa tem de Deus provavelmente explica a razão por que foi condenado: por defender que Deus existe «apenas filosoficamente». Uma doutrina central da Parte I é a de que há exatamente uma substância, Deus, na qual todas as outras coisas existem enquanto modos. Há muito debate acerca do que isto significa; uma interpretação plausível é recorrer ao *Tratado Teológico-Político*, entendendo-a como equivalente à afirmação de que há um sistema de leis científicas fundamentais a partir do qual tudo o que acontece na natureza pode de algum modo ser deduzido.

A Parte II argumenta que dos infinitos atributos que Deus possui conhecemos dois, o pensamento e a extensão, e que um modo do pensamento e um modo da extensão são a mesma coisa, expressa de modo diferente. Como a mente humana e o corpo humano são, respetivamente, modos do pensamento e da extensão, isto implica que sejam a mesma coisa, considerada ora sob o atributo do pensamento, ora sob o atributo da extensão. Também implica que qualquer objeto físico, enquanto modo da extensão, tem de ser idêntico a algum modo do pensamento, tem de «ter uma mente», mais ou menos no mesmo sentido em que o corpo humano tem uma mente. Será que isto implica que as pedras pensam, ou sentem dor? Provavelmente não. O que parece implicar é que têm vida, num sentido amplo do termo: têm uma tendência para persistir em ser a entidade que são. Esta teoria parece explicar por que razão a mente morreria com o corpo, e portanto parece defender uma das heresias que levaram à excomunhão de Espinosa. Surpreende muitos leitores da *Ética*, pois, descobrir que na Parte V Espinosa afirma que há uma parte da mente que não é destruída com o corpo, antes sobrevivendo à sua morte. Os estudiosos de Espinosa têm-se debatido com isto, sem chegar a qualquer explicação satisfatória.

A Parte III argumenta que todas as ações e emoções humanas podem ser compreendidas como casos de leis gerais da natureza, que são tão necessárias como os teoremas da geometria. A lei fundamental é a tendência de cada coisa para persistir no seu ser e aumentar o seu poder de agir. O facto de todos os outros padrões de comportamento humano seguirem este princípio encoraja-nos supostamente não a amaldiçoar ou condenar ou troçar das fraquezas humanas, como o ódio, a ira ou o ciúme, mas a procurar moderá-las, usando a compreensão da psicologia humana que o sistema proporciona.

A Parte IV elabora um código de conduta com base no esforço que cada coisa faz para perseverar no seu ser. Porque Espinosa rejeita a noção de lei natural prescritiva, defende que nos é permissível fazer o que quer que, segundo julgamos, nos favorecerá. Mas o que nos favorece é maximizar a nossa compreensão de Deus (isto é, da Natureza). Não só é isto intrinsecamente mais gratificante como também nos permite minimizar os conflitos com os outros, que se tornam inevitáveis pela suscetibilidade humana às paixões, conflitos que são o maior obstáculo a que alcancemos uma vida satisfatória. Pelo contrário, nada nos é mais útil do que os outros membros da nossa espécie, quando orientados pela razão. Devemos procurar ganhar os outros para a vida racional pelo amor e pela nobreza.

A Parte V esboça uma terapia pela qual podemos esperar controlar as nossas próprias tendências para a irracionalidade, e conclui com uma descrição do amor intelectual a Deus, que constitui o maior bem do homem. Embora Espinosa evidentemente tivesse alguma dificuldade pessoal em suportar os tolos, na maioria dos casos parece ter conseguido viver segundo a sua própria teoria ética; por essa razão tornou-se, para as gerações posteriores, o protótipo dessa suposta impossibilidade, o ateu virtuoso. EC *Collected Works*, vol. I (org. Curley), 1985, é a primeira parte da edição canónica. Há também *A Spinoza Reader: The Ethics and Other Works* (org. Curley) 1994 e *Theological-Political Treatise* e *Political Treatise* 2000, e *Letters* 1995 (Shirley).

Leitura: S. Nadler, *Espinosa: Vida e Obra* 2003; R. Scruton, *Espinosa* 2001; S. Nadler, *Spinoza's Heresy* 2001; *The Cambridge Companion to Spinoza* 1996; E. Curley, *Behind the Geometrical Method* 1988.

espiritismo *s.* Crenças e práticas que incluem o pressuposto de que cada pessoa tem um espírito que pode continuar a existir depois da morte, com o qual é possível comunicar. Chama-se «médium» (ou em jargão *New Age*, «canal») a uma pessoa com a aptidão especial de estabelecer contacto.

A crença é antiga mas, como o termo *espiritualismo*, a palavra começou a ser usada em meados do século XIX.

espírito *s.* 1 Um elemento constituinte de um indivíduo. Na antiguidade, o espírito era identificado ou intimamente relacionado com a respiração. As palavras para «espírito» e «sopro» eram as mesmas em grego (*pneuma*) e em hebreu (*ruach*). 2 Um ser não material que tem existência independente. 3 Inteligência viva: uma pessoa de espírito, ou espirituosa, tem uma inteligência viva e sagaz. 4 Ânimo: uma pessoa dotada de espírito empreendedor. 5 MENTE.

Nota: num uso mais antigo, a palavra inglesa *ghost*, que hoje significa *fantasma*, queria dizer *espírito* nos dois primeiros sentidos.

Na especulação da antiguidade, o espírito era considerado algo aéreo ou vaporoso. Pela reflexão contínua, os filósofos chegaram a compreender que o genuinamente espiritual tem de ser imaterial. Mas, para colocar a pergunta de Kant em *Träume eines Geistersehers* (1766), poderá uma coisa imaterial existir *num* momento, *durante* um período de tempo, ou *num* dado local? Quem acredita que é possível um espírito visitar o seu local preferido e que é possível contactar os espíritos dos mortos, presentemente vivos noutro domínio, aceita uma resposta afirmativa. O materialismo clássico e moderno, e muitas outras teorias filosóficas, implica uma resposta negativa.

espiritualismo *s.* 1 Idealismo ontológico; imaterialismo. O termo é por vezes usado em especial para o idealismo ecléctico francês oitocentista (Maine de Biran, Cousin, Ravaisson, etc.), ou para o idealismo italiano dos séculos XIX e XX que surgiu em oposição ao ILUMINISMO e, mais tarde, ao POSITIVISMO. 2 ESPIRITISMO.

espontâneo *adj.* No uso quotidiano, um sinónimo de *irrefletido*, mas os filósofos clássicos (*e.g.*, Leibniz, Kant) usam-no num sentido diferente, mais próximo da etimologia da palavra: uma ação espontânea é aquela que tem origem no agente; a liberdade, em contraste com a determinação por forças externas, é a espontaneidade de um ser inteligente.

esquema (gr. σχῆμα forma, feitio) *s.* Kant usa a palavra num sentido técnico quando argumenta, na *Crítica da Razão Pura* (B176-B187), que para aplicar conceitos não empíricos a factos empíricos é necessária uma representação mediadora. A esse terceiro elemento Kant chama *esquema*.

No caso comum há, segundo Kant, uma certa homogeneidade entre o conceito e o objeto; portanto, aplicar o conceito de circularidade a um disco é razoavelmente não problemático.

Não há homogeneidade semelhante na aplicação de conceitos como as categorias e as formas da intuição. É mais problemático aplicar a categoria de causalidade, por exemplo, a uma sequência de acontecimentos, de modo a considerar um acontecimento como causa e outro como efeito, porque o conceito de causalidade envolve a necessidade, mas a necessidade não é um elemento da nossa experiência, a qual apenas nos diz que primeiro há algo e depois outra coisa.

O nosso uso de esquemas, neste caso esquemas transcendentais, explica como podemos aplicar as categorias a factos empíricos. Os esquemas transcendentais não são empíricos (são «intelectuais») num sentido, e são empíricos («sensíveis») noutro.

Kant revê as categorias (os conceitos puros do entendimento) e indica os seus esquemas correlacionados. Por exemplo, o esquema para *causalidade é sucessão temporal segundo uma regra*; o esquema para *necessidade é existência de um objeto em todos os momentos do tempo*, etc. **esquematismo** s.

esse est percipi lat. ser é ser percecionado. Princípio importante nas teorias idealistas, estando especialmente associado a Berkeley, que negou que a matéria possa existir por si só e sustentou que o que pensamos ser matéria não é senão o conteúdo de uma mente.

essencialismo s. 1 Na lógica e na metafísica: perspetiva segundo a qual algumas propriedades pertencem necessariamente nos indivíduos que as possuem.

Numa perspetiva essencialista, Sócrates é um ser humano essencialmente, mas é calvo acidentalmente (*i.e.*, não essencialmente). Por outras palavras, não é possível que Sócrates exista e não seja um ser humano, mas é possível que exista e não seja calvo.

O essencialismo implica que haja verdades necessárias *de re*, por oposição à perspetiva de que todas as verdades necessárias são *de dicto*; muitos autores identificam até esta perspetiva com o essencialismo.

Com o desenvolvimento da semântica dos mundos possíveis para a lógica modal (*i.e.*, a lógica da necessidade e da possibilidade) a partir do final da década de 1950, formou-se uma matriz no interior da qual o essencialismo poderia ser reabilitado. Para Kripke, a origem de um organismo é-lhe essencial; para Putnam, as propriedades físicas fundamentais de um composto, um elemento, uma espécie biológica, são-lhe essenciais; para Wiggins, é essencial a um organismo que seja de determinada categoria biológica, etc.

O termo ganhou circulação com *The Open Society and Its Enemies* (1945), de Karl Popper (*A Sociedade Aberta e seus Inimigos*, 1998), que o usou para a crença em essências reais que sustentam as teorias de Platão e Aristóteles sobre o conhecimento, ou seja, a perspetiva de que podemos ter uma intuição direta da natureza das coisas, que pode vir a ser expressa em definições e que constitui o conhecimento propriamente dito. Popper rejeitou veementemente este ponto de vista, considerando-o um grande obstáculo para o progresso político, moral e científico.

2 Na antropologia filosófica: a perspetiva de que há uma natureza ou essên-

cia humana. O uso do termo neste sentido, que contrasta com a filosofia da existência ou existencialismo, remonta a uma obra de Emil Przywara de 1939, entrando em circulação mais ampla com a explicação do pensamento de Sartre em *L'Existentialisme* (1946), de Paul Foulquié.

3 Na filosofia feminista: a perspetiva de que, quanto a aspetos centrais, a feminilidade é determinada pela natureza, não podendo ser plenamente explicada em termos de convenções sociais e tradições. Alguns participantes deste debate, em muitos casos revelando a influência do pós-modernismo, têm severamente «criticado» esta perspetiva e apontam para a importância da raça, classe, etnia, religião, etc.

esse *vb*. lat. ser. A palavra é também usada como substantivo: o *esse* de uma coisa é o seu ser.

estado de natureza A condição em que, segundo muitas teorias, os seres humanos se encontrariam na ausência de autoridade civil.

Desde a antiguidade, os pensadores políticos consideraram este conceito útil para analisar o que é legítimo e justo por natureza, independentemente das convenções e decisões humanas. Essa análise seria por sua vez relevante para a sociedade civil, visto que pelo menos alguns direitos ou deveres existentes manteriam naturalmente a sua legitimidade independentemente das convenções e decisões posteriores.

Diferente da questão do que é legítimo e justo por natureza é a questão de como os indivíduos que vivem num estado de natureza efetivamente se comportariam. Será que se conformariam às prescrições da justiça natural? Do que sabemos acerca da natureza humana podemos facilmente inferir, segundo os mais clássicos filósofos da política, *e.g.*, Hobbes e Locke, que na ausência de autoridade civil haveria conflitos mas nenhum modo razoável de os resolver. Portanto, no estado de natureza não podemos ter a esperança de coexistir pacificamente com os outros. Mas a coexistência pacífica é uma condição prévia para satisfazer a maior parte das necessidades e conveniências da vida. Consequentemente, será para nós desejável abandonar o estado de natureza: preferiremos viver numa sociedade sob a autoridade civil. Kant foi ainda mais longe, argumentando que se estivéssemos num estado de natureza, abandoná-lo seria o nosso dever, uma exigência da razão.

Uma das objeções contra a ideia de que o conflito é inevitável no estado de natureza é a de que esta ideia depende de uma conceção falsa da natureza humana. As tendências que levaram os seres humanos ao conflito não são intrínsecas à natureza humana, mas surgem apenas nos seres humanos corrompidos pela civilização (Rousseau) ou pela exploração económica (marxismo). Na verdade, segundo este argumento, se estas influências corruptoras forem eliminadas, daí resultarão a coexistência pacífica e a cooperação necessárias para assegurar as necessidades e conveniências da vida e eliminar-se-á ou reduzir-se-á drasticamente a necessidade de autoridade civil.

Estagirita Epíteto de Aristóteles, derivado de Estagira, o seu local de nascimento.

estética (gr. αἴσθησις perceção sensorial, sensação) *s*. 1 Estudo do que é imediatamente agradável à nossa perceção visual ou auditiva ou à nossa imaginação: o estudo da natureza da beleza; é também a teoria do gosto e da crítica, nas artes criativas e performativas.

A palavra foi pela primeira vez usada neste sentido por Alexander Baumgarten (1714-1762) numa dissertação de 1735, e em *Aesthetica,* em 1750. Platão, Aristóteles, Hutcheson, Hume, Kant, Hegel e Schopenhauer são apenas alguns dos filósofos que no passado deram importantes contributos para este estudo.

Leitura: Peter Kivy, org., *Estética: Fundamentos e Questões de Filosofia da Arte* 2008.

2 Na *Kritik der reinen Vernunft* (1781, 1787) (*Crítica da Razão Pura* 2008) de Kant, a estética transcendental é a investigação da maneira como os nossos sentidos externos e internos transmitem o conhecimento dos objetos. O principal resultado é que o espaço e o tempo têm de ser pressupostos como formas de toda a intuição sensível.

Estética Transcendental Juntamente com a *Lógica Transcendental, Analítica Transcendental* e *Dialética Transcendental,* constituem as partes mais importantes da *Kritik der reinen Vernunft* (1781, 1787) (*Crítica da Razão Pura* 2008) de Kant. A divisão principal é entre a *Estética Transcendental,* que lida com as condições *a priori* (Espaço e Tempo) da intuição sensível, e a *Lógica Transcendental,* que lida com as condições *a priori* das nossas faculdades intelectuais e de raciocínio.

A Lógica Transcendental, por sua vez, divide-se em duas partes. A *Analítica Transcendental* lida com os conceitos e princípios da faculdade do entendimento (o intelecto) sem os quais nenhum objeto pode ser pensado, e sem os quais não pode haver conhecimento empírico. É nesta divisão que Kant introduz, *inter alia,* o seu conceito de categorias (*i.e.,* os conceitos puros do entendimento).

A *Dialética Transcendental* lida com as ilusões da razão, que têm origem na tendência natural para se elevar acima das suas próprias possibilidades. Esta divisão inclui a discussão de Kant do Paralogismo, da Antinomia e do Ideal da Razão Pura, concebida para refutar as pretensões tradicionais de conhecimento filosófico da alma, do mundo e de Deus, respetivamente.

esteticismo *s.* **1** Dar prioridade a valores estéticos. **2** Teoria, frequentemente resumida no francês *l'art pour l'art,* de que a arte tem valor intrínseco e deveria ser valorizada apenas por si própria, e não por outros objetivos ou funções que possa ter. Esta teoria teve muitos defensores no século XIX. (Uma formulação extrema era: «Tudo o que é útil é feio.»)

Estilpo de Mégara (*c.* 380-300 a.C.; gr. Στίλπων) Diz-se ter defendido que todas as proposições verdadeiras afirmam a identidade entre sujeito e predicado. Caso contrário, o sujeito seria infinitamente divisível à medida que dele se afirma progressivamente mais predicados, e podia então não ser uma substância. Logo, o universo tem de consistir em mónadas solipsistas (ou ser um *plenum* único e autoconsciente). Deu também a isto uma interpretação ética: um indivíduo deve aspirar à autonomia e à imperturbabilidade emocional. GT

estocástico (gr. στοχαστικός) *adj.* Aleatório; respeitante a uma distribuição probabilística.

estoicismo *s.* Um dos mais populares sistemas filosóficos nos períodos helenístico e romano. Foi fundado por Zenão de Cítio em 308 a.C., e recebeu o nome do Pórtico Pintado ou Arcada (Stoa) onde Zenão ensinava em Atenas, na ágora (mercado). Como escola, durou pelo menos até ao século III d.C., mas, como sistema, influenciou os pensadores cristãos até muito mais tarde, e foi recuperado na Renascença. Mais recentemente, tem havido muito interesse, em particular pela lógica estoica. Depois de Zenão, os estoicos da antiguidade mais importantes foram Cleantes (331-232 a.C.), Crísipo (c. 280-206 a.C.), Panécio (c. 185-110 a.C.), Possidónio (c. 135-51 a.C.). Os principais estoicos tardios eram romanos: Séneca (c. 1 a.C.-65 d.C.), Epicteto (c. 55-135) e Marco Aurélio (121-180). Nem Zenão nem Cleantes ou Crísipo eram de origem grega; alguns intérpretes veem nisto uma relação com o cosmopolitismo estoico.

Zenão e os outros estoicos mais antigos dividiram a filosofia em lógica (incluindo a epistemologia), física (incluindo a teologia) e ética. A lógica baseava-se na possibilidade de κατάληψις, isto é, apreensão ou perceção direta do mundo exterior. Reconheceram que os sentidos corpóreos podem ser enganados e que se pode fazer juízos falsos acerca de perceções, mas acreditavam que se podia obviar a estas dificuldades através da reflexão calma. Deste modo, podia-se fazer a conceção mental corresponder exatamente ao mundo exterior. Na tentativa de explicar como a linguagem pode ser uma representação precisa da realidade (ainda que amiúde não o seja), alargaram a lógica aristotélica, formulando princípios de lógica proposicional, e também anteciparam uma série de problemas epistemológicos modernos. Começaram igualmente por estabelecer o que a dada altura se tornou as categorias gramaticais básicas das línguas europeias.

A física estoica é um sistema materialista, embora não atomista nem ateísta. Consideravam que a matéria é a única realidade e que as diferentes substâncias no universo são produzidas por diferentes graus de tensão na matéria. (Houve quem sugerisse que anteciparam a noção física moderna de «campos de forças».) Todo o universo é formado e orientado por um λόγος, ou razão, ele próprio composto de matéria no seu grau de tensão mais subtil. Este λόγος pode ser compreendido como Deus, como natureza, como destino e como providência. A mente humana individual é uma «semente» do λόγος e o propósito de uma vida individual é uma apreensão progressiva dos propósitos gerais do universo, e uma adaptação a estes. Os estoicos consideravam que a regularidade do mundo natural fornecia indícios destes propósitos, e desta forma formularam um argumento do desígnio a favor da existência de deuses, ou de Deus. O seu modo de argumentar é apresentado no *De natura deorum*, de Cícero (*Da Natureza dos Deuses*, 2004). Os primeiros estoicos falavam também de um ciclo cósmico, em que Deus, agindo como fogo, dá existência ao mundo depois destruindo-o, mas esta noção foi evidentemente abandonada por membros posteriores da escola.

A ética estoica define a virtude como o viver e agir em concordância com o λόγος. Está intrinsecamente ligada à lógica e à física, na medida em que só a apreensão clara da realidade permite que uma pessoa seja virtuosa. O mal é definido negativamente como o não viver nem agir em concordância com o λόγος, isto é, como um tipo de ignorância. Alguns estoicos afirmaram que, além da virtude, todos os aspetos da vida eram eticamente indiferentes (ἀδιάφθορω). Na sua maior parte, contudo, sugeriram que alguns aspetos (*e.g.*, a riqueza) eram «de escolher», ao passo que outros (*e.g.*, a doença e a dor) era «de evitar», na medida em que os anteriores conduzem mais à virtude do que os últimos. Todos consideravam que não se deve lamentar qualquer sofrimento ou privação inevitáveis, já que fazem claramente parte do propósito geral das coisas. Defendiam assim que a ἀπάθεια (impassibilidade) era o estado mental mais desejável. Foi isto o que levou à compreensão popular do estoicismo como um tipo de atitude altiva perante o mundo.

Panécio, em particular, adaptou o estoicismo à mundividência dos membros da classe dominante romana. Modificou a ideia de que só quem está plenamente em harmonia com o λόγος pode verdadeiramente ser chamado «virtuoso», ao sugerir que muitos outros podem «fazer progressos» em direção a esse ideal. O ideal da conformidade com o λόγος implicava um cosmopolitismo ético: todos os seres humanos são por natureza concidadãos de um mundo, dividido apenas por convenção artificial. Alguns estoicos romanos tendiam a assimilar esta mensagem nos objetivos do imperialismo romano. O estoicismo encorajava uma atitude de inflexibilidade e resistência interior num período de opressão autocrática da Roma imperial, e proporcionava antes de mais uma retórica da responsabilidade individual e autoconfiança que, nomeadamente por via das tragédias, cartas e tratados de Séneca, assim como das meditações de Marco Aurélio, influenciou bastante muita da literatura moderna. RB

Leitura: The Cambridge Companion to Stoicism 2003; J. Rist, *Stoic Philosophy* 1969.

estranheza, argumento da No debate sobre a objetividade da moral, John Mackie argumentou em *Ethics: Inventing Right and Wrong* (1977) que os valores objetivos teriam de ser entidades ou qualidades ou relações de um tipo muito estranho, completamente diferente de qualquer outra coisa do universo. Além disso, a nossa perceção deles teria de ser completamente diferente dos modos como geralmente conhecemos outros tipos de coisas. Pois o facto de tal característica valorativa objetiva estar presente teria por si só força motivadora sobre nós, para fazermos ou omitirmos algo, ao contrário de factos objetivos comuns, que em si são neutros ou inertes. A própria estranheza destes factos valorativos alegadamente objetivos torna a sua existência inacreditável. Mackie infere que a nossa crença comum na objetividade dos valores morais está errada.

Estratão de Lâmpsaco (*c*. 340-269 a.C.; gr. Στράτων) Diretor do Liceu, a escola peripatética de Atenas, depois de Teofrasto. Fez revisões importantes nas teorias de Aristóteles, e rejeitou a ideia de que os fenómenos naturais devem ser explicados teleologicamente, isto é, em termos de um suposto propósito. Em particular, pensava que não há necessidade de postular um criador divino ou projetista além da natureza, de modo a explicar inteiramente a ordem do mundo. Preferia uma explicação alternativa em termos de um dinamismo inerente. Esta perspetiva, que é certamente compatível com o ateísmo (e talvez o implique), parece ter tido uma influência limitada na antiguidade, mas chamou efetivamente a atenção de Bayle e Hume, entre outros pensadores do Iluminismo.

estrita *Ver* DESCRIÇÃO LATA/RESTRITA.

estruturalismo *s*. Tipo de investigação ou teoria predominantemente centrada na descrição de estruturas. Dá-se menos atenção às dimensões genéticas ou históricas do objeto de estudo.

A abordagem é frequentemente associada a um pressuposto de que não são os particulares, antes as estruturas – relações entre particulares –, que são básicas no que se refere à realidade, ao conhecimento humano, ou a ambos.

O termo é sobretudo usado para uma escola ou movimento específico em que os nomes de Saussure, Piaget, Lévi-Strauss e Barthes são proeminentes, e em que as estruturas discutidas são na sua maioria mentais, linguísticas, sociais ou literárias. Em termos gerais há três características pelas quais as estruturas diferem dos meros agregados: 1) A natureza de um elemento depende, pelo menos em parte, do seu lugar na estrutura, isto é, das suas inter-relações com outros elementos (holismo); 2) A estrutura não é estática: permite a mudança a partir de dentro. Por exemplo, novas frases podem ser criadas no seio de uma estrutura linguística (dinamismo); 3) As características da estrutura podem ser compreendidas sem referência a fatores que lhe sejam externos. Podemos compreender a função de uma palavra, digamos, «cão», no seio de uma estrutura liguística independentemente de existirem ou não quaisquer cães (autarcia).

Em França, a influência do estruturalismo alcançou o seu zénite na década de 1960. Preocupava-se com o desmascarar: as coisas não são o que parecem; os fenómenos psicológicos, sociais, políticos não devem ser tomados pela sua aparência, admitindo-se antes que sejam determinados por estruturas não raro invisíveis. No debate francês, isto significou uma rejeição das conceções de autonomia individual presentes no pensamento existencialista, marxista-humanista, religioso e liberal. Ao invés, os indivíduos eram vistos como meros «nós» em redes ou estruturas sociais, e a ideia de que são sujeitos humanos, isto é, agentes cujas decisões podem influenciar o curso dos acontecimentos sociais, era considerada uma ilusão. Os estruturalistas, que na sua maioria eram politicamente de esquerda, usavam frequentemente a sua abordagem teórica para criticar a cultura e a sociedade «burguesas».

éter *s*. **1** Substância invisível, que permeia todo o universo, preenchendo os espaços «vazios»; na física clássica, pressupunha-se que o éter era o meio pelo qual a luz se propagaria. Esta hipótese tornou-se obsoleta com a teoria da relatividade especial de Einstein. **2** Na física aristotélica, a Terra é circundada por camadas de água, ar, fogo e, na parte mais externa, por algumas abóbadas que suportam os corpos celestes e consistem de um quinto elemento chamado «éter».

eternismo A perspetiva de que os dinossauros existem, mas apenas no passado e não agora; em contraste, do ponto de vista do PRESENTISMO, os dinossauros não existem, apesar de terem existido.

eterno *adj*. **1** Atemporal, fora do tempo, não temporal. **2** Perpétuo, onmitemporal, sempiterno.

eterno retorno A doutrina do eterno retorno assevera que cada estado de coisas efetivo tem de surgir novamente num número infinito de outras ocasiões.

Na antiguidade, uma doutrina destas era adotada pelos estoicos, e antes deles provavelmente também pelos Pitagóricos e por Heraclito. Nietzsche propôs uma doutrina deste tipo em *Assim Falou Zaratustra* (1883-1885). Foi provavelmente influenciado por autores franceses de livros populares sobre tópicos filosóficos, como Blanqui, Le Bom e Guyau. Nietzsche pode não ter concebido o eterno retorno como hipótese científica, mas como alternativa positiva ao niilismo, a aprovação de uma atitude de afirmação e celebração da vida: «viva de tal modo que deseje viver novamente». *sin.* recorrência eterna.

ethos (gr ἦθος) *s.* O espírito ou carácter de uma cultura, uma comunidade, ou um grupo. Na Grécia antiga, ἦθος significava o carácter e os hábitos de uma pessoa. Na retórica antiga, a construção do ἦθος de uma pessoa, ou seja, a descrição do seu carácter, era um elemento importante.

ética comunicativa Uma abordagem da ética, representada de modo mais proeminente por Habermas. A ideia fundamental é que todos os discursos racionais, todos os apelos à razão ou a razões realizados pelos participantes, se apoiam num conjunto de pressupostos que têm em comum. Em particular, uma base racional para a ética encontra-se no pressuposto de uma igualdade entre os participantes, juntamente com a solidariedade na tentativa de resolver racionalmente as diferenças. *Ver* ÉTICA DO DISCURSO.

ética aplicada A investigação filosófica, de um ponto de vista moral, de problemas da vida privada e pública que são objeto de juízo moral. Entre os assuntos abrangidos inclui-se questões de moralidade individual, como relações pessoais e familiares; questões de ética médica, como o aborto e a eutanásia; questões da bioética, como os desafios colocados pelas novas descobertas genéticas; e por fim preocupações políticas e éticas mais vastas que incluem questões ambientais, direitos humanos, refugiados e asilo, globalização, identidade nacional, guerra, terrorismo e o uso da tortura.

Da aceitação da ética aplicada como ramo da investigação filosófica decorre a rejeição do ponto de vista de que a filosofia só pode analisar e clarificar problemas morais mas é incapaz de assumir a tarefa de procurar respostas para os mesmos. BA/dir.
Leituras: Peter Singer, *Ética Prática* 2000; Pedro Galvão, org., *A Ética do Aborto* 2005; David Oderberg, *Ética Aplicada* 2009.

ética da crença Num famoso artigo intitulado «The Ethics of Belief», publicado em *Contemporary Review* (1877), o matemático e ensaísta de Cambridge W. K. Clifford (1845-79) sustentou que «é sempre errado, em qualquer lugar e para todas as pessoas, acreditar em algo com base em indícios insuficientes». As crenças desse tipo são condenadas como insensatas por Hume: «Um homem sensato torna a sua crença proporcional aos indícios» (*Enquiry Concerning Human Understanding*, secção 10, §4). William James discordou de Clifford e escreveu em *The Will to Believe* (1896) que era «o mais querido dos ídolos jamais fabricado na caverna filosófica». Leitura: Desidério Mucho, *A Ética da Criança*, 2010.

ética *s.* Do grego ἦθος, hábito ou costume. O termo é usado em sentidos próximos, mas que se deve distinguir para evitar confusões:
1 Ética normativa: a investigação racional ou teoria dos padrões do correto e do incorreto, do mal e do bem, a respeito do caráter e da conduta, que uma classe de indivíduos *deve* aceitar. Essa classe pode ser a humanidade em geral, mas também podemos pensar na ética médica, ética empresarial, etc., como um conjunto de padrões que os profissionais em questão devem aceitar e observar.

Este tipo de investigação e a teoria que dele resulta (exemplos conhecidos são a ética kantiana e a ética utilitarista) não descrevem o modo como as pessoas pensam ou se comportam, mas *prescreve* como devem pensar ou comportar-se. Chama-se assim «ética normativa», visto que o seu principal objetivo é formular normas legítimas de conduta e para a avaliação do carácter. O estudo de como se deve aplicar as normas e os padrões gerais a situações problemáticas reais chama-se «ética aplicada».

Hoje em dia, a expressão *teoria ética* é frequentemente usada neste sentido. Grande parte do que se chama filosofia moral é ética normativa ou aplicada.

2 Ética social ou religiosa: um conjunto de doutrinas sobre o correto e o incorreto, o bem e o mal, a respeito do carácter e da conduta. Reivindica implicitamente a obediência geral. Neste sentido há, por exemplo, a ética confuciana, a ética cristã, etc. É semelhante à ética filosófica normativa porque pretende ter legitimidade geral, mas difere dela porque não pretende ser estabelecida meramente com base na investigação racional.

3 Moralidade positiva: os ideais e as normas geralmente declaradas e acatadas por um grupo de pessoas, acerca do correto e do incorreto, do bem e do mal, a respeito do carácter e da conduta. O grupo pode ser uma nação (*e.g.*, a ética dos índios hopis), uma entidade política (*e.g.*, a ética sudanesa), uma organização profissional, etc.

A moralidade positiva contrasta com a moralidade crítica ou ideal. A moralidade positiva pode tolerar a escravatura, mas esta pode ser declarada intolerável apelando a uma teoria que supostamente tem a autoridade da razão (ética normativa) ou apelando a uma doutrina que tem a autoridade da tradição ou da religião (ética social ou religiosa).

4 Ética descritiva: o estudo, de um ponto de vista externo, dos sistemas de crenças e práticas de um grupo social também se chama «ética», e mais especificamente «ética descritiva», visto que um dos seus principais objetivos é descrever a ética de um grupo. Também tem sido denominada etno-ética, e pertence às ciências sociais.

5 Metaética: tipo de investigação ou teoria filosófica, distinto da ética normativa, também chamada «análise ética». Tem essa designação porque toma os conceitos éticos, proposições e sistema de crenças como objetos da investigação filosófica. Analisa os conceitos de correto e incorreto, de bem e mal, a respeito do carácter e da conduta, e conceitos relacionados como, por exemplo, a responsabilidade moral, a virtude, os direitos, etc. A metaética também inclui a epistemologia moral: o modo pelo qual as verdades éticas podem ser conhecidas (se é que o podem), e a ontologia moral: saber se há uma realidade moral que corresponde às crenças morais, etc. As questões sobre se a moralidade é subjetiva ou objetiva, relativa ou absoluta, e em que sentido o é, inserem-se nesta rubrica.

Nota: o termo latino *moralis* foi usado por Cícero como um equivalente do grego ἠθικός e é por este motivo que em muitos contextos *moral/ético, moralidade/ética, filosofia moral/ética* são pares de sinónimos. Mas o uso é diversificado e o par é também usado para marcar várias distinções. Por exemplo, alguns autores usam «moral» em relação à conduta e «ética» em relação ao carácter. *Ver* MORAL.

ética das virtudes *s.* Teoria ética em que o conceito de virtude é fundamental, em contraste com as teorias morais baseadas em regras ou deveres. Os méritos relativos dos dois tipos de perspetiva moral emergiram como tópico fundamental de debate na filosofia moral desde a década de 1970, como se vê em *The Virtues: Contemporary Essays on Moral Character* (1987), org. R. Kruschwitz e R. Roberts, por exemplo. Até então, a filosofia moral durante muito tempo preocupara-se sobretudo com a conduta correta em vez do bom carácter. A moralidade religiosa tradicional e a teoria moral de Kant são frequentemente contrastadas com a ética das virtudes, da qual Aristóteles é considerado o principal representante filosófico. (Hume, embora importante como teorizador da virtude, é muitas vezes ignorado.) O contraste é por vezes marcado reservando «moralidade» (e cognatos) para a abordagem «kantiana» ou baseada em deveres, e «ética» (e cognatos) para a abordagem «aristotélica» ou baseada em virtudes.

ética descritiva Investigação, ou teoria, de crenças, atitudes e práticas morais de um grupo ou sociedade.

ética do discurso Uma teoria concebida para estabelecer os princípios morais e políticos corretos: os princípios corretos são os que emergem através de um certo *processo* que tem lugar em *condições* ideais especificadas. O processo em causa é a comunicação, *i.e.*, a troca de informação e opiniões entre pessoas. As condições são: 1) as partes devem considerar-se iguais entre si; deve-se dar igual consideração aos interesses de todos os participantes; 2) deve haver ausência de coerção ou força direta ou indireta, pressão institucionalizada ou estrutural; 3) a única forma admissível de persuasão deve ser o argumento racional; 4) nenhuns pressupostos devem estar isentos de investigação; 5) os pressupostos só podem ser considerados aceites se todas as partes concordarem; 6) a comunicação deve ser aberta, no sentido de que nenhuma autoridade pode declarar uma questão resolvida para sempre. A primeira destas condições torna explícita uma restrição moral, enquanto as outras tornam explícitas restrições de racionalidade.

A comunicação efetiva não é ideal, mas por vezes é possível conceber o que seria o resultado se tais condições fossem satisfeitas, total ou aproximadamente, e isto torna possível compreender o que seriam os princípios corretos.

A justificação para esta abordagem da ética é a de que se comunicamos de todo, os princípios básicos da ética do discurso são implicitamente reconhecidos. São pressupostos necessários para qualquer comunicação apropriadamente dita. É por isso que os seus defensores descrevem a justificação como transcendental.

Uma pessoa que pretende entrar em comunicação mas rejeita os pressupostos básicos seria culpada não de inconsistência lógica mas de inconsistência pragmática: *i.e.*, não são as próprias afirmações da pessoa, mas as suas próprias ações, que são incompatíveis com aquilo que afirma (como quando uma pessoa diz «estou calado» em voz alta).

Este modo «transcendental-pragmático» de justificar a ética do discurso consiste em mostrar que o próprio facto de as pessoas comunicarem e procurarem chegar a consensos exige condições prévias do tipo apresentado. Os defensores deste modo de justificação contrastam-no com a tentativa «fundacionalista» de estabelecer uma base para a moralidade que do seu ponto de vista tem de fracassar porque, como outros tipos de fundacionalismo, não consegue escapar ao «trilema de Münchhausen»: dogmatismo, petição de princípio ou regressão infinita.

Os principais proponentes desta abordagem, que combinam impulsos de várias tradições filosóficas, incluindo a linguístico-analítica, são Jürgen Habermas e Karl-Otto Apel. Em debates recentes, Habermas referiu as suas afinidades com Hare, Rawls, Kohlberg, etc., e deixou clara a sua oposição a muitas formas de comunitarismo e ética das virtudes. Não fosse pelo facto de «ética do discurso» se ter tornado razoavelmente estabelecida, Habermas teria preferido chamar-lhe «teoria discursiva da moralidade», visto que lida com os princípios da ação correta, e não com a questão da vida boa.

ética evolucionista A perspetiva de que basta considerar a tendência da evolução para descobrir a direção que devemos seguir. Esta é a definição de G. E. Moore para aquilo a que chamou «ética evolucionista» (*Principia Ethica*, secção 34).
Embora se tenha chamado «evolucionista» à ética hegeliana, a palavra é mais comummente usada para teorias de tipo mais naturalista ou científico que emergiram no século XIX. Havia duas explicações da evolução que podiam servir de base para determinar o que podia ser a tendência dessa evolução. Spencer, que era evolucionista antes de Darwin, propôs uma lei geral da evolução que, partindo da homogeneidade não coordenada, tinha como resultado a heterogeneidade integrada definida, e sustentou que a evolução biológica era um caso especial desta lei geral. Mas foi a teoria darwinista da seleção natural e da sobrevivência dos mais aptos que teve maior impacto na mentalidade comum.
Alguns tipos de ética evolucionista adotam uma postura de «darwinismo social». Veem a luta e a competição simultaneamente como necessárias e desejáveis; ajudar os «vencidos», *e.g.*, os pobres e os doentes, é visto como nocivo. Outros tipos de ética evolucionista supõem a perspetiva oposta, argumentando que é por meio da cooperação e do altruísmo que a «adaptação» geral se aperfeiçoa.
Uma objeção à ética evolucionista é que as teorias biológicas podem explicar por que razão nascemos com determinados instintos, aptidões, tendências, etc., mas não podem indicar se estes devem ser seguidos ou se pelo contrário lhes devemos resistir.

ética não naturalista As teorias metaéticas que rejeitam o naturalismo ético e consideram que as propriedades morais fundamentais não são naturais. O principal representante do não naturalismo ético é G. E. Moore.

Ética Nicomaqueia (gr. Ἠθικά Νικομάχεια, lat. *Ethica Nicomachea*) A obra fundamental de Aristóteles sobre ética. Segundo a tradição, Aristóteles dedicou-a ao seu filho Nicómaco. Mas também é possível que tenha este título apenas por ter sido coligida pelo seu filho. Usa-se muitas vezes em português a designação *Ética a Nicómaco*, que não corresponde ao título grego nem latino.

ética normativa Investigação ou teoria acerca do que é um bem ou um mal, correto ou incorreto, a respeito do caráter e da conduta. É usado como termo que contrasta com a METAÉTICA.

ética situacional Uma perspetiva ético-religiosa que rejeita a observância legalista e ansiosa de regras, e sublinha a importância das características específicas de uma situação. As nossas decisões devem ser orientadas não pela veneração de regras mas por uma preocupação quanto às consequências de determinado ato, e em especial do modo como afeta os outros. A formulação desta ética religiosa liberal foi mais homilética do que teórica. O seu principal representante, Joseph Fletcher, esboçou as linhas gerais em *Situation Ethics: The New Morality* (1966).

ética teleológica 1 Uma ética que inclui pressupostos sobre tendências na natureza como um todo, ou na natureza humana, tendências que se dirigem para um dado fim. A ética aristotélica é teleológica neste sentido. O que é um bem ou um mal em relação ao carácter e à conduta estabelece-se com base nos propósitos ou funções que se pressupõe serem inerentes à natureza humana. Considera-se que se pode descobrir estes propósitos ou funções pela observação e reflexão sobre a natureza humana, por analogia com o modo como descobrimos propósitos ou funções em contextos biológicos, nos quais pressupomos que o desenvolvimento próprio para uma semente é crescer e tornar-se uma planta, assim como pressupomos também que um olho bom é o que vê bem. 2 A teoria de que a correção da ação só depende do valor das consequências. A palavra começou a ser usada neste sentido na década de 1930, sendo «deontológica» usado como termo contrastante para a perspetiva de que o valor das consequências não determina sempre, só por si, o que é correto. Nesta terminologia, as teorias «utilitaristas» (*e.g.*, a de Bentham e a de Mill) formam uma subclasse das teorias teleológicas. Posteriormente, o termo «teleológica», usado neste sentido, deu gradualmente lugar a «CONSEQUENCIALISTA».

etiologia (gr. αἰτία causa, fator explicativo; o que é responsável por um resultado) *s.* 1 Investigação ou teoria sobre as causas de um fenómeno particular ou fenómenos de um certo tipo.
2 Causa ou causas de um fenómeno particular ou de fenómenos de um certo tipo.

étipo *s.* A imagem ou cópia de um ARQUÉTIPO.

etnoética (gr. ἔθνος raça, um povo) *s.* O estudo da moralidade positiva de uma sociedade.

etnopsicologia *Ver* PSICOLOGIA POPULAR.

etologia *s.* 1 O estudo científico do comportamento dos animais nos seus ambientes naturais. 2 Uma ciência das leis de formação da personalidade humana, concebida por John Stuart Mill (*System of Logic*, livro 6), que também introduziu a palavra, esperando formar uma base teórica para o progresso educativo.

Eubulides (gr. Εὐβουλίδης) Filósofo de Mileto, pertenceu à escola megárica e foi contemporâneo de Aristóteles. Diógenes Laércio (Livro 2, p. 73, na tradução de Mário Cury) atribuiu-lhe alguns paradoxos, os mais importantes dos quais são o SORITES e o PARADOXO DO MENTIROSO.

Eucken, Rudolf /ˈɔɪkən/ (1846-1926) Professor em Iena a partir de 1874. Em reação às tendências naturalistas predominantes, desenvolveu uma filosofia idealista que deveria ajudar a procurar o sentido do universo e o sentido da vida pessoal. A relutância em aceitar uma perspetiva meramente naturalista acerca do lugar do homem no mundo é uma das manifestações, na mente humana, da atividade de um princípio de vida

espiritual e universal. A rejeição do naturalismo e a adoção de uma forma superior de fé religiosa torna possível a consecução da autonomia espiritual. Houve muitas edições e traduções da sua obra, entre as quais *Die Lebensanschuungen der grossen Denker* (1890) e *Der Sinn und Wert des Lebens* (1908), e por muito tempo gozaram de uma popularidade internacional notável, embora a sua receção por parte dos filósofos académicos fosse fria. Foi laureado com o Prémio Nobel da Literatura em 1908.
Leitura: W. R. B. Gibson, *Rudolf Eucken's Philosophy of Life* 1906.

Euclides (*fl.* 300 a.C.; gr. Εὐκλείδης) Escreveu algumas obras de matemática e geometria, e os seus *Elementos* são usados até aos dias de hoje, com poucas ou muitas revisões, como livro didático.

Os *Elementos* formam a primeira teoria axiomática conhecida. A sua base consiste em cinco *axiomas* (ou «noções comuns») acerca de totalidades e partes, cinco postulados acerca de conceitos geométricos, e algumas *definições*. Sobre esta base, um vasto número de proposições são demonstradas com um elevado grau de rigor dedutivo.

Euclides de Mégara (*c.* 430-360 a.C.; gr. Εὐκλείδης) Influenciado por Parménides, participa no diálogo de Platão *Teeteto*, surge como amigo de Sócrates no *Fédon*, e é visto como o fundador da escola megárica. Nenhum dos seus escritos chegou até nós.

eudemonia Do gr. εὐδαιμονία Bem-estar, felicidade *s.*

eudemonismo *s.* Perspetiva segundo a qual a felicidade é o bem supremo. Alguns autores usam este termo para designar a opinião de que o prazer é o bem supremo, mas esta tese é mais adequadamente chamada «hedonismo». A felicidade e o prazer são noções distintas.

Kant foi um importante opositor do eudemonismo. Rejeitou a perspetiva de que a felicidade é o bem supremo, insistindo que a felicidade só pode ser um ingrediente no bem supremo se for merecida.

eugenia (gr. εὐγενής bem-nascido) *s.* Termo criado por Francis Galton (1822-1911), autor de *Hereditary Genius* (1869), para a investigação científica dos fatores hereditários que determinam a qualidade da descendência, visando o aperfeiçoamento da população humana e o controlo social da reprodução humana para realizar este propósito.

Na era moderna, o interesse na eugenia aumentou drasticamente a partir da metade do século XIX. Com o tempo passou a ser amplamente defendida a opinião de que o número de pessoas que possuíam qualidades físicas e mentais desejáveis poderia aumentar através da reprodução seletiva, e, em especial, que por este método o número de pessoas com traços indesejáveis (predisposição para doenças físicas ou mentais, tendências antissociais, etc.) poderia ser reduzido. Muitos daqueles que aceitaram esta perspetiva – mas não todos – também adotaram uma teoria da superioridade racial que então era corrente. Acerca da questão de saber quais seriam os procedimentos a adotar havia uma considerável diversidade de opiniões. Várias das ideias do movimento eugénico, especialmente tal como se desenvolveu nos Estados Unidos, foram defendidas pelos nazis ou coincidem com as suas doutrinas raciais. Depois da derrota da Alemanha na Segunda Guerra Mundial, estas ideias perderam credibilidade. Porém, os desenvolvimentos recentes em biomedicina reativaram o debate, particularmente em relação à seleção de embriões e à engenharia genética.

eugénico *adj.* Respeitante ao aperfeiçoamento das qualidades herdadas numa linhagem ou espécie.

eutanásia (gr. εὖ- bom, bem + θάνατος morte) *s.* «Boa morte»: provocar uma morte indolor e serena. A sua permissibilidade foi entusiasticamente debatida no século XX. Deve-se distinguir entre eutanásia voluntária (suicídio assistido) e eutanásia involuntária. Mais uma vez, na eutanásia involuntária, isto é, ajudar alguém a «deixar de sofrer», tem de se distinguir entre o sofrimento efetivo (*e.g.,* de um doente terminal com dores insuportáveis) e o sofrimento previsto (*e.g.,* de uma criança recém-nascida com deficiência grave e dos seus pais). É também necessário distinguir entre o que é moralmente permissível e o que é legislativamente apropriado.

eutaxiologia (gr. εὖ- bom, bem + τάξις ordem) *s.* Os argumentos eutaxiológicos procuram estabelecer que a *boa ordenação* dos fenómenos naturais tem de se dever a uma mente que a concebe e projeta. A palavra foi introduzida por G. L. Hicks (*A Critique of Design Arguments*, 1883), que a usou para assinalar o contraste com os argumentos TELEOLÓGICOS que procuram estabelecer o *propósito*: que os dispositivos da natureza existem em prol de um objetivo. Este par de termos (eutaxiológico/teleológico) permaneceu latente mas reapareceu em J. D. Barrow e F. J. Tipler, *The Anthropic Cosmological Principle* 1986.

eutimia (gr. εὐθυμία serenidade, boa disposição) *s.* Elemento central do bem-estar humano, segundo Demócrito.

eu transcendental Uma mente cuja existência é vista como um pressuposto necessário do nosso conhecimento do mundo que nos rodeia, mas que, pelo menos em Kant, não é em si objeto de conhecimento. Pode ser vista como algo inerente à consciência dos indivíduos efetivamente existentes, embora não possa ser encarada como sendo-lhe idêntica.

Kant introduziu este conceito para explicar a coerência do nosso conhecimento do mundo. Fichte foi mais longe, ao rejeitar a noção de coisa em si e sustentar que o mundo, objeto da consciência, nasce do ato primitivo de «pôr-se» no qual o eu transcendental produz algo diferente de si. Mais recentemente, o conceito desempenha um papel importante na fenomenologia tardia de Husserl: o eu transcendental ou «consciência pura» é uma mente, distinta das mentes individuais. Ser é ser um objeto desta consciência.

evemerismo *s.* Ideia desenvolvida num romance, *Sagrada Escritura*, por Evémero (Εὐήμερος *c.* 340-270 a.C.), segundo a qual os deuses nada são senão grandes reis, guerreiros, inventores, etc., de um passado distante, que na imaginação mítica da posteridade foram promovidos ao estatuto divino.

evento (lat. *ex* fora + *venire* vir) *s.* 1 No uso antigo: desfecho, resultado. Por exemplo, quando Hobbes escreve «o evento da contenda» refere-se ao resultado da disputa.

2 ACONTECIMENTO, a ocorrência de um estado de coisas. Qualquer acontecimento conta como um evento; não tem de ter qualquer importância ou significado especial.

evidência A qualidade de ser evidente; certeza intuitiva. Neste sentido, a palavra corresponde ao alemão *Evidenz* mas *não* ao inglês *evidence,* que significa primeiramente INDÍCIO.

exame inesperado, paradoxo do *Ver* PARADOXO DA PREVISÃO.

exame surpresa *Ver* PARADOXO DA PREVISÃO.

exceção confirma a regra, a A afirmação faz sentido se considerarmos que o seu significado é não podermos chamar «exceção» a algo a menos que seja uma exceção a uma regra. Mas é frequentemente mal interpretada, e compreendida no sentido de que a exceção a uma regra de algum modo conta como indício a favor da regra. Isto é um erro. Na verdade, caso se considere que uma regra é uma proposição universal, uma exceção refutá-la-á conclusivamente.

A expressão poderá ter surgido quando «exceção» significava *objeção* e «confirmar» significava apenas *testar.* Entendida a expressão deste modo, significaria que uma objeção testa a regra em causa. Contudo, é mais provável que a expressão tenha origem nos juristas medievais, que consideravam que a aplicação geral de uma regra ficaria fortalecida se houvesse pouquíssimas exceções.

exception /ɪkˈsɛpʃən/ ing. exceção. *s.* No uso antigo: objeção.

excluidor Um tipo de adjetivo com três características definidoras: é (logicamente) atributivo (*ver* ATRIBUTIVO/PREDICATIVO), isto é, o seu significado depende daquilo a que se aplica, serve para excluir algo, e exclui coisas diferentes consoante o contexto. Alguns exemplos são «real», «absoluto», «bárbaro», «cortês». O conceito foi introduzido por Roland Hall em *Analysis* 20 (1959).

exegese (gr. ἐξηγεῖσθαι guiar, mostrar o caminho) *s.* Explicação do significado de um texto; interpretação de um texto. A palavra é comummente usada em contextos bíblicos.

exemplificação *Ver* EXEMPLIFICAÇÃO EXISTENCIAL; EXEMPLIFICAÇÃO UNIVERSAL.

ex falso quodlibet lat. do que é falso qualquer coisa (se segue). As palavras são usadas para referir o princípio de que a partir de uma proposição (logicamente) falsa (*e.g.,* uma contradição), qualquer coisa se segue. Este princípio é aceite nos sistemas canónicos de lógica, mas rejeitado nos sistemas de LÓGICA PARACONSISTENTE.

existencialismo *s.* Movimento filosófico que normalmente se faz remontar ao filósofo oitocentista dinamarquês Søren Kierkegaard. O nome em si foi introduzido por Jean-Paul Sartre, embora a expressão «filosofia da existência» tenha sido usada antes por Karl Jaspers, que pertencia à mesma tradição. Os existencialistas diferem bastante entre si e, dada a sua ênfase individualista, não surpreende que muitos deles tenham negado de todo estar envolvidos em qualquer «movimento». Kierkegaard era um cristão devoto; Nietzsche era ateu; Jean-Paul Sartre era marxista e Heidegger nazi, pelo menos a dada altura. Kierkegaard e Sartre insistiram entusiasticamente no livre-arbítrio; Nietzsche negou-o; Heidegger pouco falou nisso. Mas não seria errado afirmar que o existencialismo representava uma certa atitude particularmente relevante para a moderna sociedade de massas. Os existencialistas partilharam uma preocupação pelo indivíduo e pela responsabilidade pessoal. Tendem a ser desconfiados ou hostis perante a submersão do indivíduo em grupos ou forças públicas de maiores dimensões. Assim, Kierkegaard e Nietzsche atacaram «o rebanho», e Heidegger distinguiu entre a «existência autêntica» e a mera existência social. Sartre sublinhou a importância da escolha individual livre independentemente do poder de outras pessoas para influenciar e coagir os nossos desejos, crenças e decisões. Sartre, em particular, salientou a importância da necessidade de o indivíduo fazer escolhas. Aqui seguiu na esteira de Kierkegaard, para quem a escolha pessoal, apaixonada, e o compromisso são essenciais à verdadeira «existência».

Søren KIERKEGAARD é o principal representante do existencialismo religioso, uma abordagem muito pessoal à religião que destaca a fé, a emoção, o compromisso e tende a minimizar a teologia e o lugar da razão na religião. Kierkegaard atacou os teólogos do seu tempo por procurarem mostrar que o cristianismo era uma religião inteiramente racional, afirmando ao invés que a fé é importante precisamente porque o cristianismo é irracional e até absurdo. O importante, argumentou, não é o desafio meramente intelectual e erroneamente concebido de provar que Deus existe mas a «verdade subjetiva» da nossa própria existência perante a incerteza objetiva. A própria palavra «existência», para Kierkegaard, tem conotações empolgantes e aventurosas. «Existir» é enfrentar as incertezas do mundo e empenhar-se apaixonadamente num modo de vida. Não é, por contraste, adotar apenas determinadas crenças ou divertir-se ou «ir com a multidão».

Embora a obra de Kierkegaard tenha inspirado uma escola influente de existencialistas religiosos no século XX (incluindo Paul Tillich, Martin Buber, Karl Barth, Gabriel Marcel), associa-se talvez mais frequentemente a atitude existencialista a pensadores ateus a quem a crença religiosa parece um ato de cobardia ou, como lhe chama Albert Camus, «suicídio filosófico». O ataque de Friedrich NIETZSCHE à moralidade cristã baseia-se nesta acusação de que a religião proporciona muletas e armas para os fracos. A religião e também a moralidade são o legado de uma «moralidade escrava» que prefere a segurança e a estabilidade à excelência pessoal e à honra. Contrastando com esta ideologia da fraqueza e da mediocridade, Nietzsche expõe vários exemplos daquilo a que chama «moralidade dos senhores» e de «homens superiores», que rejeitam e desprezam a fraqueza e vivem como exemplos daquilo a que chama «vontade de poder», cujo exemplo mais apropriado são os artistas e outros génios criativos. Numa das suas mais famosas imagens, o seu poema pseudobíblico *Assim Falou Zaratustra*, Nietzsche introduz o ideal empolgante mas obscuro do *Übermensch*. Mas se o ideal é obscuro, o objetivo de Nietzsche é ainda assim claro: encorajar a aspiração individual em vez da mera mediocridade e conformidade.

O existencialismo do século XX foi muito influenciado pelo método conhecido como fenomenologia, originado por Edmund Husserl e levado até ao domínio existencial pelo seu aluno HEIDEGGER. Enunciado de modo simples, o método de Husserl consistia em descobrir e examinar a estrutura essencial da experiência, com o objetivo de estabelecer as verdades universais necessárias à consciência básica. A própria filosofia de Husserl estava antes de mais preocupada com questões abstratas acerca dos fundamentos da matemática e questões de conhecimento *a priori*, mas Heidegger recorreu ao método fenomenológico e aplicou-o a problemas mais pessoais –

questões sobre como devem viver os seres humanos, o que são, e o significado da vida e da morte. A sua obra seminal *Sein und Zeit* (1927), (Ser e tempo, 2006) preocupa-se nominalmente com a metafísica, mas foi amplamente lida como uma reavaliação radical do que significa existir como ser humano. Heidegger rejeita o conceito cartesiano clássico de consciência («penso, logo existo») substituindo-o pelo conceito de DASEIN. Rejeita a ideia de uma consciência separada do mundo em que nos descobrimos «abandonados». O problema «ontológico» do *Dasein* é descobrir quem somos e o que fazer connosco, ou, como Nietzsche afirmou, como nos tornarmos o que somos. A fenomenologia, para Heidegger, torna-se um método para «pôr a nu o [nosso próprio] ser».

Jean-Paul SARTRE definiu o termo «existencialismo» e, seguindo simultaneamente Husserl e Heidegger, usou o método fenomenológico para defender a sua tese central de que os seres humanos são essencialmente livres. Reagindo ao ataque de Heidegger à perspetiva cartesiana da consciência, Sartre argumenta que a consciência é tal (como «ser para si») que tem sempre a liberdade de escolher (embora não tenha a liberdade de não escolher) e de «negar» as características dadas do mundo. Pode-se ser cobarde ou tímido, mas esse comportamento é sempre uma escolha e pode-se sempre decidir mudar. Pode-se nascer judeu ou negro, francês ou aleijado, mas o que faremos de nós próprios é uma questão em aberto – se estas características serão convertidas em obstáculos ou vantagens, desafios a superar ou desculpas para nada fazer. O colega de Sartre, Maurice MERLEAU-PONTY, convenceu-o de que devia modificar a sua insistência «absoluta» na liberdade nas suas obras tardias, mas a insistência na liberdade e responsabilidade permanece central na sua filosofia existencialista.

Albert CAMUS foi buscar a Heidegger o sentido de ser-se abandonado no mundo, e partilhava com Sartre o sentido de que o mundo não confere significado aos indivíduos. Ao passo que Sartre superou Heidegger ao insistir que temos de criar significado para nós próprios, Camus concluiu que o mundo é «absurdo», um termo que veio (erroneamente) a representar todo o pensamento existencialista. Na verdade, um dos erros persistentes da compreensão popular do existencialismo é confundir a sua ênfase na «ausência de significado» do universo com uma defesa do desespero ou «*Angst* existencial». Mas mesmo Camus insiste que o Absurdo não é a permissão para o desespero, e Nietzsche insiste na «jovialidade». Kierkegaard escreve sobre as «boas-novas», e tanto para Heidegger como para Sartre a muito celebrada emoção da *Angst* é essencial para a condição humana como sintoma de liberdade e noção de si, mas não de desespero. Para Sartre, em particular, o núcleo do existencialismo não é a melancolia ou o desespero, mas uma confiança reafirmada na importância de ser humano. RSO

existência *s.* O principal objeto de estudo da metafísica, especialmente da ontologia. Note-se todavia que alguns filósofos que parecem preocupados com a existência em geral estão na verdade preocupados exclusivamente com a existência humana; *ver* EXISTENCIALISMO. No sentido comum da palavra, tudo existe, mas os filósofos têm sempre sentido a tentação de distinguir níveis de ser – muitas vezes, para dizer que nem tudo o que há existe. Assim, Russell declara que há universais, mas não existem, por não terem localização espácio-temporal;

Meinong vai mais longe e declara que há coisas impossíveis, apesar de não existirem, como quadrados redondos. E Heidegger declara que o modo de existência dos seres humanos, o *Dasein*, os diferencia de coisas que existem apenas, como árvores ou pedras. Frege, mais comedido, nunca aceitou a teoria dos tipos de Russell, para resolver o paradoxo a que o seu sistema dava origem, precisamente por considerar absurda a ideia de níveis de ser. dir./DM

ex nihilo nihil fit lat. nada se faz a partir de nada; nada emerge do nada.

exógeno *adj.* Que tem origem no exterior. *Ant.* endógeno.

exórdio *s.* A primeira parte de um discurso, na retórica clássica.

exotérico (Gr. ἐξωτερικός exterior) *adj.* Afirma-se do ensino que se pretende que seja em geral comunicado e compreendido, por contraste com o ensino esotérico. *Ant.* ESOTÉRICO; ACROAMÁTICO.

expansivo *adj.* Uma propriedade expansiva é aquela que, se pertence a cada parte, também pertence ao todo. O uso da palavra neste sentido foi introduzido por Nelson Goodman em *The Structure of Appearance* (1951).

expectabilismo *Ver* EFETIVISMO.

experimento *s.* **1** Procedimento realizado para testar uma hipótese. **2** No uso antigo: autores como Milton e Hume usam a palavra para qualquer observação empírica; e *experimental* significa simplesmente «empírico».

explanação *s.* No sentido canónico, introduzido por Rudolf Carnap, uma explicação consiste em substituir um conceito pré-teórico vago ou de algum modo imperfeito, o *explicandum*, por um conceito melhor, o *explicatum*. O novo conceito tem de ser semelhante ao anterior, mas mais preciso ou de outro modo mais adequado para fins teóricos. A explanação difere da análise na medida em que o objetivo não é *pôr a nu* o que está implícito num dado conceito, mas antes *formular* o significado de um novo conceito; mas a explanação difere da mera estipulação na medida em que o novo conceito não pode ser escolhido arbitrariamente, visto que se pretende substituir por ele o antigo.

Nota: o termo inglês *explication* (explanação) é raras vezes sinónimo de *explanation* (explicação). Quando não é sinónimo, tem um significado mais próximo de análise, o que não acontece com *explicação*. Este significado próximo de análise, mas distinto dela, ocorre em Hobbes.

explicação funcional Um modo de explicar por que razão ocorre determinado fenómeno, ou por que razão age algo de determinado modo, é mostrar que é uma componente de uma estrutura na qual contribui para um tipo específico de resultado, isto é, a estabilidade contínua ou preservação do sistema. Tal explicação sugere que serve um dado propósito. É assim que normalmente se explica os fenómenos biológicos. Há explicações funcionais para hábitos sociais e instituições, para sonhos (psicanálise), para fenómenos económicos, etc. As danças da chuva cerimoniais, por exemplo, explicam-se pela função de manter a coesão social em tempo de seca.

Se a estabilidade contínua ou preservação de um sistema é considerada um propósito, existe um problema se tal pressuposto não puder ser verificado por observação. É por isso que as explicações em termos de funções se tornaram suspeitas com o surgimento da ciência moderna, que rejeita os pressupostos aristotélicos das CAUSAS FINAIS, sendo então consideradas pseudo-explicações não empíricas. Todavia, foram reabilitadas, até certo ponto, na recente filosofia da ciência.

explicação teleológica A ação humana pode ser explicada em termos de propósitos: que o mergulhador venha à superfície, por exemplo, é algo que se explica pelo seu desejo de respirar, e a dedicação assídua do estudante à instrução visa obter a ilustração – ou ter uma carreira. Em geral, a explicação é teleológica quando se explica algo (que não tem de ser uma ação humana) em termos de um propósito, *i.e.*, daquilo em função do qual esse algo surgiu, ou existe, ou tem certa característica, ou opera.

Há dois tipos de explicação teleológica. Uma é em termos dos propósitos de um agente: um demónio, um espírito, um deus. Tais agentes inumanos, habitualmente invisíveis, agem supostamente visando propósitos do mesmo modo que os seres humanos. O outro é em termos de propósitos *imanentes* ou inerentes, quer nas coisas cujas propriedades ou atividades queremos explicar, ou no sistema a que tal coisa pertence.

À explicação teleológica chama-se também *explicação em termos de causas finais*, contrastando-se muitas vezes com uma explicação em termos de *causas eficientes*.

A explicação teleológica desempenhou um papel importante no Livro 2 da *Física* de Aristóteles, mas foi duramente criticada quando a ciência e a filosofia moderna começaram, no século XVII. Espinosa, por exemplo, condenou tais explicações (*Ética*, Livro 1, Apêndice) por serem antropomórficas e por fornecerem um ASYLUM IGNORANTIAE.

exportação *s.* Nome dado a inferências com a seguinte forma:

$$\frac{\text{Se } (A \text{ e } B), \text{ então } C}{\text{Se } A, \text{ então (se } B, \text{ então } C)}$$

e ao teorema em sistemas canónicos de lógica proposicional:

$$[(p \wedge q) \to r] \to [p \to (q \to r)]$$

A conversa é conhecida como *importação*.

expressão deítica Palavras como «aqui», «esse», «agora». A sua referência depende da situação em que são proferidas. Em filosofia, o termo mais comummente usado é INDEXICAL.

expressionismo *s.* Um estilo, especialmente na pintura (Edvard Munch, Chaim Soutine) e no cinema (em especial o alemão) no início do século XX, que procura representar exteriormente o mundo interior das emoções elementares do medo e do ódio, ansiedade, amor, etc., não raro explorando técnicas não convencionais.

expressivismo *s.* A perspetiva de que as palavras ou afirmações de determinado tipo são habitualmente usadas para *exprimir* um sentimento, uma atitude, um desejo, etc., mas não para afirmar (com verdade ou falsidade) algo. O expressivismo acerca de juízos morais, por exemplo, tem como afirmação central a de que estas não visam enunciar factos e não podem, em rigor, ser avaliadas como verdadeiras ou falsas, servindo antes para exprimir determinadas atitudes ou disposições.

extensão *s.* **1** Ter dimensões espaciais. Segundo Descartes, há duas substâncias criadas, a matéria e a mente. A extensão é a característica essencial da matéria, o pensamento a da mente. Os adjetivos correspondentes são *extenso* e *extensivo*. **2** A extensão de um *nome* – ou, mais em geral, de um termo singular – é o objeto referido por esse nome ou termo; assim a extensão de «Sócrates» é Sócrates. A extensão de um *predicado* é constituída por aquelas coisas a que o predicado se aplica. Assim, a extensão de «cavalo» são todos os cavalos, e a de «vermelho» todas as coisas vermelhas. De igual modo, a extensão de predicados relacionais são aqueles pares, triplos, etc., de particulares entre os quais a relação ocorre. A extensão é também atribuída por alguns lógicos a *frases*, sendo então definida como o seu valor de verdade. O adjetivo correspondente é *extensional*. Ver também DENOTAÇÃO; INTENSÃO; REFERÊNCIA.

extensional *adj.* Respeitante à extensão de uma expressão.

extensional/intensional, contexto ou ocorrência Considere-se a afirmação: «Sócrates é sábio». Retire-se «Sócrates». A frase aberta com que ficamos «... é sábio» é o *contexto*. Preencha-se a lacuna com qualquer outra expressão que tenha a mesma extensão que «Sócrates», por exemplo, «O marido de Xantipa». Obtemos então: «O marido de Xantipa é sábio». As duas afirmações têm de ter o mesmo valor de verdade, e diz-se então que «Sócrates» ocorre extensionalmente.

Em geral, a *ocorrência* de uma expressão é extensional quando permutá-la por outra com a mesma extensão não altera o valor de verdade; e um *contexto* é extensional quando o seu valor de verdade permanece inalterado se uma expressão desse contexto for permutada por uma expressão coextensional.

Os contextos verofuncionais são extensionais. Ou seja, o valor de verdade de um composto verofuncional que contém uma proposição *p* permanece inalterado quando se permuta *p* por outra proposição que tenha o mesmo valor de verdade que *p*.

Por contraste, considere-se um contexto intensional (com *s*): «*P* acredita que Sócrates é sábio». Se permutamos «Sócrates» por outra expressão com a mesma extensão, como «o marido de Xantipa», obtemos: «*P* acredita que o marido de Xantipa é sábio». Mas estas duas afirmações podem não ter o mesmo valor de verdade, visto que *P* pode ignorar a situação doméstica de Sócrates. Neste contexto, a ocorrência de «Sócrates» é intensional.

Em geral, a *ocorrência* de uma expressão é intensional quando permutá-la por outra expressão que tenha a mesma extensão pode alterar o valor de verdade. E um *contexto* é intensional quando a sua extensão pode mudar caso se permute uma expressão contida no contexto por uma expressão coextensional.

Os contextos que envolvem atitudes proposicionais: «*P* acredita (duvida, tem certeza) que...», são intensionais, bem como os contextos modais: «Necessariamente...» ou «Possivelmente...».

Diz-se também que os contextos extensionais dos nomes são referencialmente transparentes (TRANSPARÊNCIA), e que os contextos intensionais são referencialmente opacos. dir./DM

extensionalidade, axioma da Um dos axiomas da teoria de conjuntos: dois conjuntos são idênticos se, e só se, têm todos os membros em comum. Chama-se-lhe também «princípio da extensionalidade».

extensionalidade, lei da Teorema ou regra nos sistemas de lógica formal que permite permutar uma expressão com uma dada extensão por outra expressão com a mesma extensão.

extensionalidade, tese da Tese segundo a qual, uma vez eliminado o absurdo, a obscuridade e a confusão da nossa linguagem, os contextos intensionais serão eliminados. A extensão de toda a expressão composta será inteiramente determinada pela extensão das suas componentes: em especial, o valor de verdade de toda a afirmação composta será inteiramente determinado pelos valores de verdade das suas componentes.

Esta tese foi adotada por Frege, Russell, Wittgenstein (*Tractatus Logico-Philosophicus*) e Quine, entre muitos outros.

extensionalismo *s.* Abordagem filosófica que adota a tese da extensionalidade. *Ver* EXTENSIONALIDADE, TESE DA.

exterioridade *s.* Consequência considerada irrelevante ao deliberar-se sobre uma avaliação; em especial, um custo ou um benefício que não se tem em conta. As coisas que têm valor mas não têm preço – *e.g.*, a beleza ambiental – são, do ponto de vista contabilístico, exterioridades.

exteriorização *s.* Uma declaração acerca do nosso estado de espírito no presente (ou, para ser mais preciso, uma autoatribuição, na primeira pessoa do presente, de um estado psicológico ocorrente).

Foi proposto por Ryle (*The Concept of Mind*, 1949) que as exteriorizações não descrevem, verdadeira ou falsamente, um estado interior privado inacessível. Proferir «Sinto-me melancólico» é como fazer uma expressão melancólica: não é verdadeiro nem falso. Ambos exprimem, mas não descrevem, um estado de espírito. As exteriorizações são semelhantes a gritos, sorrisos e olhares carrancudos exceto que são linguísticos e desempenham um papel bem definido na comunicação interpessoal.

É comum considerar que Wittgenstein (*Philosophische Untersuchungen*, 1953) apresenta o mesmo ponto de vista. Argumentou-se, todavia, que Wittgenstein tinha um propósito diferente: não queria negar que locuções como «estou com dores» podem ser verdadeiras ou falsas. O que queria rejeitar era o ponto de vista de que as minhas exteriorizações atribuem a um eu interior, com existência independente, uma certa propriedade ou estado (*e.g.*, estar deprimido, ter uma dor de dentes) que só eu consigo descobrir.

externismo *Ver* INTERNISMO.

extrassensorial *Ver* PERCEÇÃO EXTRASSENSORIAL.

extrínseco (lat. *extrinsecus* do exterior) *adj.* 1 Externo, que não faz parte da natureza ou essência de algo. 2 Pertencente a algo em virtude da sua relação com outra coisa. *Ant.* intrínseco.

F

fação *s.* 1 Um subgrupo no seio de uma sociedade ou partido. Nos séculos XVII e XVIII, o uso da palavra neste sentido era muitas vezes pejorativo. 2 Dissensão, contenda.

faccioso *adj.* Dado à dissensão ou conflito, no seio de uma sociedade ou partido.

facticidade *s.* A característica de ser um facto. Em filósofos como Heidegger e Sartre, um modo de ser, como um mero objeto de investigação desinteressada, separado de qualquer interesse prático ou pessoal (além dos da própria investigação). Usam-no sobretudo para condições contingentes que não dependem das nossas escolhas.

«Facticidade» é o nome que estes filósofos dão àquele aspeto da existência humana que é definido pelas situações em que nos encontramos, o «facto» que somos forçados a confrontar. A facticidade inclui todas aquelas minúcias factuais acerca das quais não se tem controlo – a data e local de nascimento, os nossos pais, os nossos atributos e limites básicos – mas também inclui a natureza e limites do ser humano enquanto tal, por exemplo, aquilo a que Heidegger chamou dramaticamente «Ser-para-a-morte» ou o facto de todos termos de morrer um dia. A facticidade é importante para estes dois pensadores porque estabelece uma base necessária para todas as nossas ações. Só «situadamente», insiste Sartre por várias vezes, somos livres. A nossa liberdade de ação, a nossa capacidade de transcender as nossas circunstâncias – a nossa «transcendência» –, sempre o foi contra um contexto de facticidade. É só na facticidade da sociedade, em termos de uma identidade e um sistema de valores que nós próprios não escolhemos, que exercemos a «decisão» pessoal que define a nossa existência, segundo Heidegger. RSO

factício *adj.* Artificial, construído, fabricado. A palavra é usada por Descartes na Terceira Meditação, em que distingue três tipos de ideias: as inatas, que nascem connosco, as adventícias, que recebemos, e as factícias, que nós próprios formamos.

Desde meados do século XX, a palavra tem sido usada com o sentido inteiramente diferente de *ter o carácter da* FACTICIDADE, isto é, ser um facto contingente. A confusão pode facilmente surgir. A culpa cabe aos tradutores dos textos de Heidegger para francês, e às traduções de Heidegger e Sartre, entre outros, para outras línguas. Para determinar se o sentido pretendido é ou não o mesmo que o de «artificial» ou «contingente», é necessário considerar o contexto, o autor, etc.

factitivo *adj.* Em gramática: verbos ou construções verbais que denotam um processo pelo qual se obtém um resultado, *e.g.*, «Fizeram-no líder do grupo».

factivo *adj., s.* **1** Um termo gramatical usado para certas expressões que significam que uma oração encaixada representa algo como um facto. Por exemplo: «Apercebi-me de que o perigo passara.» Desta afirmação decorre que o perigo passara, pelo que «apercebeu» é factivo. Isto contrasta com «Esperava que o perigo tivesse passado.» Desta afirmação não decorre que o perigo tinha passado, pelo que «esperava» não é factivo. Da afirmação «Persisti na ilusão de que o perigo passara» decorre que o perigo não passara, e é *contrafactiva*. **2** Alguns autores usam «factivo» de um modo mais abrangente, para qualquer oração encaixada, em contraste com orações nominais. Por exemplo, diz-se que «Vejo que a neve está caindo» tem uma factiva encaixada, enquanto «Vejo nevar» não.

facto *s.* A palavra vem do latim *factum*, um feito, algo que se faz. Este é o sentido da palavra no uso mais antigo. O uso filosófico corrente é mais amplo: «é um facto que *p*' é usada como equivalente de «ocorre que *p*', ou «é verdade que *p*' ou '*p*' é verdadeira». Intimamente ligado a este uso, um facto é aquilo que corresponde a uma «*p*» verdadeira, aquilo em virtude do qual «*p*» é *verdadeira*. Noutro sentido, mais lato, um facto é aquilo que «*p*» *significa*, independentemente de «*p*» ser verdadeira ou falsa: se «*p*» é verdadeira, o facto correspondente verifica-se; se «*p*» é falsa, o facto correspondente não se verifica.

facto/valor *Ver* DUALISMO FACTO//VALOR.

facto bruto/institucional Os factos brutos, como as erupções vulcânicas ou o número de eletrões num átomo de hidrogénio, não dependem das convenções ou instituições humanas para existir; os factos institucionais, como os que envolvem dinheiro, propriedade, governo, casamento, promessas, jogos, etc., dependem. Anscombe usou «bruto» neste sentido em «On brute facts», *Analysis* 18 (1958), e Searle introduziu «institucional» como termo contrastante, em «What is a Speech Act», in Max Black (org.), *Philosophy in America* 1965, e elaborou melhor esta distinção em publicações posteriores.

A distinção tem alguma afinidade com a que Pufendorf fez entre entidades físicas e morais.

Alguns antirrealistas sustentam que a distinção não tem aplicação: todos os factos são institucionais. Há uma controvérsia considerável em torno desta negação de factos brutos.

factos atómicos *Ver* ATOMISMO LÓGICO.

factual *adj.* As afirmações factuais afirmam – com verdade ou falsidade – um facto. Contrastam com afirmações que não são verdadeiras nem falsas. Segundo certas teorias, as afirmações valorativas e as morais não são factuais, isto é, não são verdadeiras nem falsas, mas têm a força de, *e.g.*, um pedido ou um aviso. As afirmações factuais são também definidas como afirmações sobre questões de facto que são logicamente contingentes, em contraste com afirmações que são necessariamente verdadeiras ou necessariamente falsas.

Nota: «factual» não significa o mesmo que «verdadeiro».

factualismo *s.* O factualismo, a respeito de um certo tipo de afirmações, é a perspetiva de que estas afirmam factos, com verdade ou falsidade. À negação dessa perspetiva, normalmente combinada com uma explicação alternativa do papel linguístico dessas afirmações, chama-se *não factualismo*.

Leitura: Huw Price, *Facts and the Function of Truth* 1998.

faculdade *s.* Uma faculdade é aquilo em virtude do qual um indivíduo *pode* fazer (ou sofrer) algo. A faculdade da memória, por exemplo, é aquilo em virtude do qual uma pessoa se pode lembrar de coisas. A palavra, quase um sinónimo de *capacidade* e *aptidão*, pode ser considerada uma nominalização do verbo «poder» e tem, como «poder», vários significados. É usado sobretudo para capacidades ou aptidões não físicas, isto é, mentais, morais e jurídicas. Quando o direito, poder ou autoridade pelos quais um superior dá ordens a um subordinado (ou um credor exige pagamento a quem lhe deve) se chama «faculdade», é porque o superior «pode» fazer uma reivindicação e criar uma obrigação à outra parte.

faculdade de artes Nas faculdades de artes das universidades medievais, os estudantes estudavam, além da gramática, um curso de lógica, ciência natural, ética e metafísica, com base na leitura das obras de Aristóteles. Só depois de ter um diploma em artes (ou, no caso dos membros das ordens religiosas, depois de estudar as artes nas suas instituições) podiam os estudantes entrar numa das *faculdades superiores*: direito, medicina, ou teologia. Embora os manuais da faculdade de teologia fossem religiosos (A Bíblia e as *Sentenças* de Pedro Lombardo, de meados do século XII), a sua discussão levantava problemas lógicos e filosóficos. Na sua maior parte, o que consideramos *filosofia* medieval (*e.g.,* as obras de TOMÁS DE AQUINO e DUNS ESCOTO) foi produzido por teólogos a trabalhar na faculdade de teologia. *Ver também* ARTES LIBERAIS. JM

faculdades superiores *Ver* FACULDADE DE ARTES.

falácia (lat. *fallax* enganador, enganoso) *s.* 1 Erro de raciocínio. 2 Erro de raciocínio que resulta numa crença falsa.
Em contextos filosóficos, «falácia» não é frequentemente usado como mero sinónimo de «crença falsa» mas significa um erro de raciocínio.
É humano errar e uma vez que podemos fazê-lo de diferentes modos, Aristóteles e muitos filósofos desde então procuraram estabelecer uma teoria sistemática dos erros de raciocínio. Isto revelou-se uma tarefa difícil.
Muitos manuais de lógica elementar distinguem entre falácias formais e informais. Um modo de caracterizar a distinção é o seguinte:
Uma *falácia formal* é um argumento que assenta num princípio de inferência que *parece* válido mas não é. Por exemplo, argumentos que consistem em AFIRMAR A CONSEQUENTE podem ser considerados falácias formais. Outro exemplo é QUATERNIO TERMINORUM.
Mais uma vez, as falácias da DIVISÃO e COMPOSIÇÃO, falácias de âmbito (*ver* ÂMBITO, AMBIGUIDADE DE), falácias da INVERSÃO DO QUANTIFICADOR, etc., podem ser incluídas nesta categoria. O mesmo sucede com a FALÁCIA DO JOGADOR.
Uma *falácia informal* é um argumento que não funciona, mas de outro modo. Por exemplo, um falante pode apresentar um argumento que, embora perfeitamente válido, é irrelevante ou cai em petição de princípio. Muitas têm designações latinas bem conhecidas, como IGNORATIO ELENCHI, PETITIO PRINCIPII, etc.
Há também técnicas de persuasão que talvez não sejam de todo argumentos. Suponhamos que uma pessoa é levada a assentir, não por argumentos mas pela perspetiva de certos favores, por respeito pela autoridade da outra

pessoa, ou pelo medo das consequências desagradáveis da dissensão. A persuasão obtida por esses modos não se deve a erro de raciocínio, pelo que não há falácia. Mas são frequentemente descritas como falácias em manuais de lógica informal, e têm designações latinas (muitas das quais de origem recente) como *argumentum ad baculum, argumentum ad verecundiam, argumentum ad populum*, etc. Ver ARGUMENTUM AD.

falácia afetiva Em teoria literária: avaliar uma obra literária por meio do seu impacto na reação subjetiva, emocional, do leitor, em vez de considerar as qualidades da própria obra. W. K. Wimsatt e Monroe Beardsley, *The Verbal Icon* (1954), argumentaram que era um erro e deram-lhe este nome.

falácia da composição Uma inferência que se apoia no princípio inválido segundo o qual seja o que for verdadeiro para cada parte é também verdadeiro para o todo. Por exemplo: suponhamos que cada pequena parte de uma pedra pesa menos de 1 kg; não podemos inferir que a própria pedra pesa menos de 1 kg. Ou suponhamos que todos os membros de um comité são capazes de tomar decisões racionais; não se pode inferir que o comité como um todo o é.

Todavia, há propriedades que, se pertencem a cada parte, também pertencem ao todo. Nelson Goodman denominou-as EXPANSIVAS.

falácia da inversão dos quantificadores A inferência falaciosa que parte de *tudo tem uma causa*, por exemplo, e conclui *há uma causa de tudo* pode ser simbolizada do seguinte modo:

$$\forall x \, \exists y \, (y \text{ causa } x)$$

$$\exists y \, \forall x \, (y \text{ causa } x)$$

Os quantificadores mudaram de lugar, daí o nome. Outro exemplo da mesma falácia é este: *todos os rapazes amam uma rapariga* (*i.e.*, uma ou outra rapariga), logo *Uma rapariga* (particularmente popular) *é amada por todos os rapazes*.

Esta falácia pode ser encarada como um caso especial de falácias que resultam da reordenação de operadores, de modo que se pode falar mais em geral de falácias da permutação de quantificadores. Um desses casos seria uma inferência aparentemente plausível que depois de analisada se vê que se baseia na passagem de «possivelmente não p» para «Não possivelmente p».

Alguns argumentos clássicos importantes, entre eles o do início da *Ética Nicomaqueia* (1094ª 1-26), de Aristóteles, e uma das cinco vias de Tomás de Aquino, são muitas vezes encarados como falácias deste género, apesar de haver quem discorde.

falácia definista Nome alternativo (proposto por W. Frankena) para um erro denominado FALÁCIA NATURALISTA por G. E. Moore em *Principia Ethica*, (1903; trad. 1999). Entre os vários modos em que Moore descreveu a falácia, aquele que do ponto de vista de Frankena capta a sua essência é o que consiste em tentar definir um conceito indefinível.

Nota: num sentido diferente, as falácias que assentam em DEFINIÇÕES PERSUASIVAS, como, digamos, «a propriedade é um roubo», foram por vezes denominadas «definistas».

falácia do apostador Eis um exemplo da falácia do apostador: ao lançar ao ar uma moeda não viciada, saiu cara 15 vezes de seguida. Mas é muitíssimo improvável que saia cara 16 vezes de seguida.

Logo, é agora muitíssimo provável que da próxima vez saia coroa.

Este raciocínio falacioso tem um ar de plausibilidade, tornando fácil aliviar o apostador incauto do seu dinheiro. Que o raciocínio é falacioso torna-se claro considerando que a moeda não tem qualquer memória. Quando a deitamos ao ar pela 16.ª vez, como em qualquer outra, a probabilidade de sair coroas é igual à de qualquer outro lançamento.

falácia do meio não distribuído. *Ver* DISTRIBUIÇÃO DE TERMOS.

falácia dos quarto termos *Ver* QUATERNIO TERMINORUM.

falácia genética Inferência da forma «a origem de *x* é *F*, logo *x* é *F*». Esta forma de argumento é falaciosa. Um nenúfar tem as suas raízes na lama e no lodo; mas seria errado inferir daqui que não tem beleza.

A mais antiga identificação da falácia remonta provavelmente a 1914, mas em poucas décadas gerou-se muita confusão sobre o que a expressão «falácia genética» deveria exprimir exatamente: dois artigos escritos na década de 1960 identificavam entre eles treze coisas diferentes a que se dera tal designação: T.A. Goodge, «The Genetic Fallacy», *Synthese* 13 (1961) e N.R. Hanson, «The Genetic Fallacy Revisited», *American Philosophical Quarterly* 4 (1967).

falácia intencional A interpretação ou a avaliação de uma obra de arte, especialmente de uma obra literária, à luz das intenções do autor ao criar a obra. O termo é principalmente usado na teoria da crítica literária, em que foi introduzido em 1946 como título de um artigo de W. K. Wimsatt e M. C. Beardsley.

falácia naturalista Esta expressão foi introduzida por G. E. Moore no final da secção 10 de *Principia Ethica* (1903; trad. 1999), e tornou-se bastante corrente em filosofia moral. Usou-a para designar uma falácia que, segundo argumentou, era cometida por todos os que aceitam o naturalismo ético.

Na explicação de Moore é uma falácia respeitante à análise do conceito de bem intrínseco. Sugeriu que é o mesmo erro que ocorre quando, digamos, uma cor como o amarelo é identificada com a luz de um certo comprimento de onda. Embora, em circunstâncias normais, a cor e o comprimento de onda ocorram *juntos, não são idênticos*. De igual modo, mesmo que fosse verdade que tudo o que é um bem dá prazer e que tudo o que dá prazer é um bem, não poderíamos identificar *ser um bem* e *dar prazer*, porque duas propriedades podem pertencer à mesma coisa sem serem idênticas.

Há uma afinidade íntima entre estes aspetos e as objeções contra as definições da piedade apresentadas no *Êutifron* de Platão. E Sexto Empírico escreveu que se afirmarmos que aquilo que nos é vantajoso é um bem, ou que o que produz felicidade é um bem, não estamos a dizer o que é o bem em si. Moore teria concordado.

Moore escreveu também que a falácia consiste na inferência errada que parte de uma suposta *definição* de valor intrínseco (x é um bem $=_{df} x$ é F) e conclui um *juízo de valor* que atribui valor intrínseco a algo (todas as coisas que são *F*, e só essas coisas, são boas). Numa formulação diferente, Moore propôs que consiste numa confusão entre dois sentidos diferentes de «é»: o «é» de atribuição (ou predicação) e o «é» da identidade. Ou seja, «*S* é um bem» pode significar ou 1) *S* tem a propriedade de ser um bem; ou 2) a propriedade de ser um bem é idêntica a *S*.

Dos argumentos de Moore contra a falácia naturalista, entre os quais o argumento da QUESTÃO EM ABERTO desempenha um papel importante, decorre que é impossível a redução da ética a qualquer ciência natural ou social. Todas as afirmações éticas pressupõem afirmações acerca do valor intrínseco; mas as afirmações acerca do valor intrínseco não são idênticas em significado a quaisquer afirmações acerca de quaisquer factos naturais (incluindo factos sociais e psicológicos).

Esta rejeição do naturalismo ético não foi apresentada em prol de teorias religiosas ou metafísicas. Moore defendeu que estas sofrem do mesmo defeito que as naturalistas. A ética não pode basear-se na metafísica: «Defender que a partir de qualquer proposição que afirme 'A realidade é desta natureza' podemos inferir, ou obter a confirmação de, qualquer proposição que afirme 'Isto é em si um bem' é cometer a falácia naturalista.»

O conhecimento ético não é, portanto, conhecimento de factos naturais ou sobrenaturais. Moore defendeu um intuicionismo ético: refletindo cuidadosamente, podemos discernir diretamente que tipos de coisas têm a propriedade distintiva, não analisável, não natural, do valor intrínseco. Moore sustentou que aquilo que discerniremos é que a afeição pessoal e o gozo estético têm esta propriedade. Discerniremos também que a propriedade de ser um mal intrínseco pertence a 1) o amor, admiração e gozo do que é um mal ou feio; 2) o ódio ou desprezo do que é um bem ou belo; 3) a consciência da dor. As ações que devemos praticar são as que, no cômputo geral, terão as melhores consequências.

falácia patética A falácia patética consiste em atribuir qualidades subjetivas, especialmente emocionais, a objetos inanimados – *e.g.*, «o mar furioso». A expressão é principalmente usada na crítica literária e na crítica de arte. Foi introduzida como termo de desaprovação por John Ruskin em *Modern Painters*, vol. 3 (1856), mas a invocação de licença poética anula por vezes a acusação.

falácia socrática Termo introduzido por P. T. Geach para a perspetiva – que rejeitou por ser errónea – segundo a qual só sabemos se algo é *F* se pudermos dar uma definição do que é ser *F*.

falakros (gr. φαλακρός) Grafia alternativa de PHALAKROS. *Ver* SORITES.

falibilismo *s.* Dá-se esta designação a várias posições filosóficas que afirmam a possibilidade do erro, incluindo a de C. S. Pierce, segundo a qual apesar de podermos sustentar que determinadas proposições estão perfeitamente corretas *individualmente*, devemos pensar que *em geral* é provável que pelo menos algumas sejam falsas. As nossas crenças acerca do mundo são obtidas por indução e abdução, pelo que *é possível* que a partir de premissas verdadeiras e inferências corretas desse tipo se retire uma conclusão falsa. O termo é também usado para posições semelhantes de outros filósofos (Reichenbach, Popper, Quine, etc.) de que todo o suposto conhecimento é provisório e em princípio revisível. Noutra formulação, o falibilismo é a perspetiva de que a possibilidade do erro está sempre presente.

falo (gr. φαλλός pénis) *s.* Palavra usada por vezes num sentido especial, devido à influência de Jacques Lacan. Na sua teoria, a palavra denota aquilo que a criança acredita estar ausente na sua mãe e é desejado por ela. A criança deseja ser desejada por sua mãe. Logo, a criança identifica-se com o falo (!). Em *La signification du phallus* (1958) é definido de maneira genérica como o símbolo da falta, uma ausência.

falogocentrismo *s.* Combinação de «falocentrismo» com «logocentrismo», surgiu em alguns textos de Derrida. A palavra tem sido usada por alguns autores para referir a centralidade da influência masculina na configuração tanto das relações sociais quanto das formas de discurso.

falsa causa Em alguns manuais, à inferência errónea que parte de *A precedeu B* e conclui *A causou B* chama-se «falácia da falsa causa».

falsidade lógica *Ver* VERDADE LÓGICA.

falsificabilidade *s.* Uma hipótese falsificável é a que pode ser submetida a um teste pelo qual poderia concebivelmente ser refutada. O conceito é importante na filosofia da ciência de Karl Popper, segundo a qual a característica distintiva de *qualquer* teoria científica é a de que as suas hipóteses *podem* ser testadas. A característica distintiva de uma *boa* teoria científica é as suas hipóteses *passarem* o teste. O contraste é com a pseudociência. Os seguidores de uma pseudociência são capazes de se agarrar às hipóteses desta independentemente do resultado dos acontecimentos, porque as hipóteses não são testáveis.

falsificação *s.* Refutação; mostrar que uma hipótese é falsa.

falso *adj.* 1 De crenças, opiniões, teorias, doutrinas, afirmações, etc. – em suma, de qualquer coisa que seja suscetível de asserção ou negação –, se pode afirmar que são verdadeiras ou falsas. Por exemplo, uma afirmação «a neve é branca» é verdadeira se, e só se, a neve for branca, e é falsa se, e só se, não se der o caso de a neve ser branca. 2 Espúrio, falso. 3 Desonesto, hipócrita. Em lógica e epistemologia, os sentidos 2 e 3 não são relevantes.

fanatismo *Ver* ENTUSIASMO; SCHWÄRMEREI.

fantasma *Ver* ESPÍRITO.

fantasma na máquina Expressão usada por Gilbert Ryle em *The Concept of Mind* (1949), no ataque ao que chamava «o Mito de Descartes», o ponto de vista dualista de que a mente é, digamos, um fantasma misteriosamente escondido numa máquina, o corpo, e aos pressupostos associados de que há dois domínios de existência, de que temos um acesso subjetivo privilegiado à nossa própria mente, etc. Ryle sustentava que estes erros constituem o que denominava «erros categoriais», ou que a eles se devem.

farisaísmo *s.* Movimento religioso judaico que emergiu no século II a. C.; aspirava a uma piedade estrita e mais sincera do que a da religião corrente. Os evangelhos atribuíram aos fariseus a cegueira moral e a hipocrisia religiosa. De modo geral, porém, a sua má fama parece imerecida.

fatalismo *s.* 1 A doutrina de que todas as ações humanas, e na verdade todos os acontecimentos, estão predeterminados, de modo que todas as tentativas de mudar o rumo dos acontecimentos são em vão. Os argumentos a favor do fatalismo são de três tipos. Alguns baseiam-se em princípios lógicos (*ver e.g.,* DIODORO DE

CRONOS), alguns no princípio da causalidade (*ver* DETERMINISMO), e alguns no pressuposto da perfeita presciência divina. 2 Uma atitude de submissão perante o destino.

Os argumentos a favor do fatalismo foram sujeitos a muitas críticas. No passado, os críticos também atacaram a própria doutrina, protestando que encoraja a ignorância, a preguiça e o vício.

fático (gr. φάναι falar) *adj.* Relativo ao que se diz. O antropólogo social Bronislaw Malinowski introduziu em 1923 o conceito de comunicação fática: o discurso que tem a função de firmar o contacto social, um sentimento de pertença a um grupo, ao invés de meramente transmitir informação ou outras mensagens. De igual modo, uma das seis funções básicas da linguagem distinguidas por Roman Jackobson é a função fática de manter o contacto comunicativo. Na sua teoria dos ATOS DE FALA, J. L. Austin usou a palavra num sentido diferente.

fato Grafia brasileira de FACTO.

fazedor de verdade *Ver* VERIDADOR.

fbf Abreviatura de FÓRMULA BEM FORMADA.

fecho *s.* 1 Uma cláusula de fechamento indica que as condições especificadas são as *únicas* que se aplicam. Por exemplo, ao especificar o que conta como uma fórmula bem formada, estabelecem-se certas condições, e acrescenta-se uma cláusula de fecho: uma fórmula que não cumpra estas condições não é uma fórmula bem formada. 2 Um conjunto *C* é fechado sob uma operação ∗ se para qualquer membro *x,y* do conjunto, (*x* ∗ *y*) é também membro do conjunto. Por exemplo, o conjunto das nossas crenças não é fechado sob a operação da implicação, porque as nossas crenças implicam muitas outras afirmações que não pertencem ao nosso conjunto original de crenças. dir./DM

Feigl, Herbert /ˈfaɪgl/ (1902-1988) Um dos membros iniciais do Círculo de Viena. Emigrou em 1930 para os Estados Unidos, onde lecionou em várias universidades. Formulou uma teoria materialista da mente num importante ensaio fundamental, «The 'Mental' and the 'Physical'», 1.ª ed. 1958, 1967. Outros escritos estão coligidos em *Inquiries and Provocations* (1981).

felicífico (lat. *felix* feliz + -*fic* -fazer) *adj.* Que produz felicidade. O *cálculo felicífico* é o método para calcular o valor total das consequências de uma ação, proposto por Bentham, que também criou a palavra, no capítulo 4 de *An Introduction to the Principles of Morals and Legislation* (1789). *Ver também* CÁLCULO HEDÓNICO.

feminismo Palavra criada por FOURIER. *Ver* ECONOMIA FEMINISTA; EPISTEMOLOGIA FEMINISTA; FILOSOFIA FEMINISTA.

Fenarete (gr. Φαιναρέτη) A mãe de Sócrates, que era parteira.

Fénelon, François de Salignac de la Mothe /fenlɔ̃/ (1651-1715) Bispo de Cambrai, muitíssimo admirado pela sua nobreza de carácter, sinceridade de crença religiosa, e pelo seu trabalho literário e filosófico. Escreveu sobre RELIGIÃO NATURAL, defendeu o misticismo de Mme Guyon contra os ataques dos ortodoxos, dentre eles destacando-se Bossuet, mas é mais conhecido pelo romance *Les aventures de Télémaque* (1699) (*As Aventuras de Telémaco*, 2006), extremamente popular no seu tempo, que transmite um conjunto de ideais políticos a ser observados pelos governantes de um país.

Para o final do século, William Godwin usou Fénelon como paradigma de um grande benfeitor da humanidade, na seguinte experiência mental. O leitor pode salvar apenas uma pessoa de um edifício em chamas. Das duas que estão no interior, um é um criado, um bêbado preguiçoso e grosseiro, dado a brigas e desonesto, a outra é o arcebispo Fénelon. Quem deve salvar? A resposta é óbvia: deve salvar o grande benfeitor da humanidade, porque, ponderando em todos os fatores, é isso que terá provavelmente as melhores consequências. Mas há um senão nesta história: e se o bêbado grosseiro for o seu pai?

fenomenalismo *s.* Teoria empirista do conhecimento humano, segundo a qual tudo o que sabemos sobre o mundo externo são dados que nos são transmitidos pela experiência sensível. Tendemos a pressupor que as outras coisas, por exemplo os objetos materiais, existem para lá destes dados imediatos, mas do ponto de vista fenomenalista, proposto, entre outros, por Carnap e Ayer na primeira metade do século XX, as nossas crenças e afirmações sobre tais coisas só podem fazer sentido se forem redutíveis a crenças ou afirmações sobre os dados sensíveis.

Quase um século antes, John Stuart Mill havia sugerido uma análise do conceito de objeto material como o conceito de uma possibilidade permanente de experiências sensíveis. Isto implica que crenças e afirmações sobre objetos materiais podem ser reduzidas a crenças e afirmações em termos de dados sensíveis, de tal modo que a tese de Mill pode também ser apropriadamente descrita como fenomenalista.

Uma vez mais, quase um século antes, a negação de Berkeley da existência da matéria pode ser vista como implicando uma teoria fenomenalista.

Em versões mais recentes do fenomenalismo, a tese é que todas as afirmações sobre coisas ou estados de coisas são em última instância redutíveis a afirmações sobre experiências sensíveis efetivas ou possíveis. Alguns autores, contudo, propuseram o fenomenalismo não como uma teoria geral do conhecimento, mas apenas como teoria do conhecimento científico.

Nota: o termo deriva do adj. *fenomenal*, pois trata-se de uma posição que defende que tudo tem o caráter de fenómeno, e não do substantivo *fenómeno*. Contudo, algumas obras registam *fenomenismo* e não *fenomenalismo*.

fenoménico *adj.* Relativo a fenómeno. Não confundir com fenomenal, que tanto quer dizer *fenoménico* como *maravilhoso*.

fenómeno (gr. φαινόμενον aparência) *s.* Na filosofia: um *fenómeno* é uma coisa (uma qualidade, uma relação, um estado de coisas, um acontecimento, etc.) tal como nos surge, tal como é percecionada.

Os fenómenos, aparências, dados, etc., contrastam implicitamente com o modo como as coisas são realmente. Este contraste dá origem a um dos principais problemas da filosofia: saber em que medida temos conhecimento do modo como as coisas são realmente, se é que o temos.

Na filosofia de Kant, a consciência de um fenómeno baseia-se em experiências sensíveis, que envolvem a intuição sensível. Em contraste, não podemos ter consciência direta de um NÚMENO, visto que não temos uma intuição intelectual análoga à sensível.

fenomenologia s. 1 No século XX, o termo é usado quase exclusivamente para o método e o movimento filosófico que tiveram origem na obra de Edmund Husserl (1859-1938). Trata-se da tentativa de descrever a nossa experiência diretamente, tal como é, separadamente das suas origens e desenvolvimento, independentemente das explicações causais que historiadores, sociólogos ou psicólogos possam oferecer. Posteriormente, Heidegger, Sartre e Merleau-Ponty adotaram e continuaram a aprimorar o método fenomenológico, embora de forma alguma tenham aceitado as conclusões de Husserl. 2 Anteriormente, o termo também havia sido usado num sentido similar por outros filósofos, como Brentano, Mach e Pfänder, para a descrição ou análise dos fenómenos: o contraste implícito é com investigações que procuram ir além do que é diretamente dado na nossa experiência. 3 *Phänomenologie des Geistes* (1807), de Hegel (*Fenomenologia do Espírito*, 2008), é uma descrição de como o espírito aparece gradualmente. O processo começa por meio de oposições iniciais entre ele mesmo e outra coisa, e entre formas diferentes de consciência e, uma vez superadas todas as separações, termina finalmente com o autoconhecimento, *i.e.*, o conhecimento absoluto. 4 A palavra parece ter sido usada pela primeira vez por Lambert, *Neues Organon* (1764), para referir a investigação ou teoria da experiência sensível e, em geral, da aparência que para nós têm as coisas, o que elas parecem. Esta era uma das quatro partes principais da obra. (As outras três lidam com as leis do pensamento, a verdade enquanto oposta ao erro e a teoria do significado). RSO

Ferguson, Adam /ˈfɜːɡəsən/ (1723- -1816) Professor em Edimburgo, conhecido sobretudo pela obra *Essay on the History of Civil Society* (1767), um esforço pioneiro para compreender a história sociologicamente. Foi um filósofo eclético de orientação liberal, que tentou formular uma síntese das teorias morais dos seus compatriotas: Hutcheson, Hume, Smith.

Fermat *Ver* ÚLTIMO TEOREMA DE FERMAT.

festa surpresa *Ver* PARADOXO DA PREVISÃO.

fetiche (pt. *feitiço* factício, falso) s. Um objeto supostamente habitado por um espírito ou um poder mágico especial, e que é por isso reverenciado; numa transferência de sentido, refere-se a um objeto de devoção excessiva.

fetichismo s. 1 Cultos pagãos que se centram em fetiches. 2 Animismo, cultos animistas. 3 Devoção cega.

Feuerbach, Anselm von /ˈfɔɪərbɑx/ (1775-1833) Nos seus primeiros escritos (1794 e 1796), Feuerbach apresentou uma análise incisiva do conceito de um direito, procurando dar uma explicação kantiana de um objeto de estudo que o próprio Kant não abarcara na época. (Kant fê-lo em 1797 com *Metaphysik der Sitten* [*Metafísica dos Costumes*].) A sua fama deve-se principalmente ao trabalho para reformar o direito criminal na Baviera; todavia, as suas ideias foram muito influentes em toda a Europa. Desejando, como Beccaria, humanizar o direito criminal, Feuerbach argumentou que este se devia basear nos princípios da legalidade: *nullum crimen sine lege* e *nula poena sine lege* (todo o crime deve ser definido por uma lei, e toda a pena especificada por uma lei); que a sua função apropriada não era a de satisfazer sentimentos vingativos, apenas desencorajar as pessoas de praticarem transgressões. Este propósito, segundo pensava, seria mais bem servido se os casos criminais fossem conduzidos num tribunal aberto, e não decididos por um júri.

Feuerbach, Ludwig Andreas /ˈfɔɪərbɑx/ (1804-1872) Filho de Anselm Feuerbach, foi um dos filósofos alemães oitocentistas cujo radicalismo o impediu de ter um cargo universitário. A sua obra mais importante é *Das Wesen des Christentums* (1841) (*A Essência do Cristianismo*, 2007). Argumentou que há uma diferença essencial entre os seres humanos e os outros animais. Estes são conduzidos pelo instinto apenas, enquanto os seres humanos têm também o poder de reflexão, que lhes permite compreender as propriedades essenciais da sua espécie. Entre estas estão o amor, a compaixão, a benevolência, a inteligência; na verdade, todas as características que consideramos perfeições. É evidentemente verdade que não somos perfeitos, mas isso só mostra que estamos aquém da essência da nossa espécie, e que nos devíamos tornar no que somos. Para explicar o fracasso, Feuerbach usa o conceito hegeliano de ALIENAÇÃO, e argumenta que no nosso pensamento atribuímos todas as perfeições humanas a um ser inumano imaginário, isto é, Deus, para quem dirigimos, erroneamente, o amor e atenção que temos pelos seres humanos nossos semelhantes. Empobrecemo-nos em prol de uma ilusão. Os artigos de fé e símbolos do cristianismo são ilusórios, mas podem ser compreendidos como verdades disfarçadas, não acerca de Deus, mas acerca do homem. «O segredo da teologia é a antropologia.» Por meio da inteleção sagaz da verdade fundamental de que as perfeições humanas pertencem efetivamente à essência do homem, o amor e atenção humanos serão redirecionados para o seu objeto apropriado, isto é, a humanidade, e a condição humana será radicalmente aperfeiçoada, uma vez abolidas as ilusões da religião.

Era este ponto que, na opinião de Marx, tinha de ser invertido: aperfeiçoando a condição da humanidade, as ilusões da religião desaparecerão. Mas nos manuscritos iniciais de Marx este fez um uso considerável do conceito de uma essência da espécie.

Mais tarde (*e.g., Grundsätze der Philosophie der Zukunft* [1843]; *Princípios da Filosofia do Futuro*, 1988), a sua filosofia adquiriu uma tendência mais materialista (»Der Mensch ist, was es isst»; traduzido livremente: «O homem é o que come»), em que o conceito crucial anterior de uma essência da espécie já não tem lugar.

Uma edição das obras coligidas foi publicada pelos seus admiradores Vilhelm Bolin, bibliotecário em Helsínquia, e Friedrich Jodl, professor de filosofia em Viena, no início da década de 1900. A edição canónica das obras coligidas foi publicada pela Akademie--Verlag em Berlim.

Feyerabend, Paul /ˈfaɪəraːbənt/ (1924-1994) Filósofo austríaco de nascimento, Feyerabend desempenhou cargos de ensino universitário em Bristol, Londres, Berlim, Califórnia (Berkeley), Zurique, etc. O seu pensamento foi diferentemente influenciado por Viktor Kraft, Karl Popper (embora Feyerabend por vezes contestasse isto), e pelo último

Wittgenstein: *Science in a Free Society* (1978), *Killing Time* (1995) (*Matando o Tempo*, 1996). Nos primeiros escritos adotou o realismo científico, criticou o indutivismo, o fundacionalismo e o empirismo lógico. Aplicou a ideia de que a explicação pode envolver a correção de ideias teóricas implícitas na descrição do que procuramos explicar, de modo a argumentar a favor da possibilidade de uma redução eliminativa do mental ao físico. Argumentou também – nos seus *Philosophical Papers*, vol. 1, 1981 – que uma pluralidade de teorias rivais é desejável para o progresso da ciência.

O trabalho tardio de Feyerabend critica as ideias de racionalidade retiradas da filosofia da ciência – em particular as de Popper – como explicação do crescimento da ciência e como ideologia social. A sua própria explicação do desenvolvimento da ciência, que descreveu em *Against Method*, 1974, 3.ª ed. rev. 1993 (*Contra o Método*, 2007), como um «anarquismo epistemológico», realça o papel positivo desempenhado pelos cientistas cujas ações se afastaram dos métodos recomendados pelos filósofos da ciência. Defendeu o pluralismo cultural e a diversidade de formas de conhecimento contra os que reivindicam uma posição privilegiada para a ciência, e escreveu apaixonadamente sobre o valor de culturas minoritárias e formas alternativas de tratamento médico em *Science in a Free Society* (1978), *Farewell to Reason* (1987) (*Adeus à Razão*, 1991), e *Three Dialogues on Knowledge*, (1991) (*Diálogos sobre o Conhecimento* 2001).

Estes últimos textos são bastante bem humorados, e talvez o melhor modo de compreender Feyerabend seja como alguém que assume um papel socrático, de preocupação com os indivíduos deverem pensar por si próprios, em vez de se deixarem intimidar por pedantes. As suas obras são conscientemente escritas contra o próprio projeto de uma filosofia da ciência compreendido como tentativa de estabelecer regras para o método científico.

Feyerabend apresentou críticas interessantes e originais das perspetivas de outras pessoas; a sua escrita é enérgica e provocante e aplica aos assuntos em discussão um âmbito vasto de conhecimentos e uma imaginação fértil. Todavia, o seu desafio é levado ao ponto de negar qualquer posição sistemática. Isto torna as suas posições difíceis de caracterizar e pode também ter a consequência de proteger da crítica as suas perspetivas fundamentais. JSH

fiabilismo *s.* Na epistemologia recente: um tipo de análise do que é *ter uma crença justificada de que p*, ou do que é *saber que p*. Um tipo de fiabilismo é que a crença justificada se baseia em *razões* de um tipo que tendem a fundamentar crenças verdadeiras. Outro tipo de fiabilismo é que a crença justificada é a crença que resulta de *processos* de um tipo que tendem a resultar em crenças verdadeiras.

ficção *Ver* ENTIDADES FICTÍCIAS.

ficcionalismo *s.* 1 Teoria de Vaihinger de que na ciência, ética, religião, etc. as ficções são úteis e, na verdade, indispensáveis. Há algumas afinidades entre esta perspetiva e o INSTRUMENTALISMO. 2 Perspetiva de que o discurso sobre mundos possíveis em lógica modal não deve ser entendido literalmente como referência a uma pluralidade de mundos, mas apenas como ficção conveniente. Tal como que as afirmações acerca de Hamlet são verdadeiras ou falsas relativamente ao drama de Shakespeare –

uma obra de ficção – também as afirmações sobre mundos são verdadeiras ou falsas relativamente a esta «história» de que há muitos mundos. Este ficcionalismo modal opõe-se à versão de realismo modal de David Lewis. 3 Na matemática, 1) um entendimento literal das afirmações matemáticas, segundo o qual estas se referem a objetos abstratos como números, conjuntos, etc., juntamente com 2) uma rejeição da crença em tais afirmações e 3) a aceitação de que tais afirmações são ficções úteis para vários propósitos. Esta é a posição de Hartry Field.

Fichte, Johann Gottlieb /'fɪxtə/ (1762-1814) Enquanto estudante em Leipzig, interessou-se pela filosofia de Espinosa, mas quando mais tarde descobriu os escritos de Kant achou-os mais do seu agrado. Sob sua influência, escreveu *Versuch einer Kritik aller Offenbarung* (1792), em que mostrou pouca consideração pela ortodoxia e via a moralidade como o conteúdo essencial da religião. A obra foi publicada anonimamente e, estando em sintonia com a filosofia de Kant, supôs-se a início que era da autoria do próprio Kant, de quem nesse tempo há muito se esperava um livro sobre a filosofia na religião. Atraiu as simpatias do público leitor e também do próprio Kant.

Em 1794 Fichte tornou-se professor de Filosofia em Iena, onde as suas aulas atraíam muito público. Ao mesmo tempo, a sua estrita insistência numa moralidade do dever, não só na sua teoria ética, mas também na sua crítica pública da vida estudantil (que era caracterizada pela grosseria, bebedeira, obscenidade e arruaça), provocou reações hostis. O mesmo efeito teve a sua filosofia da religião, e isto, em combinação com uma personalidade algo intransigente, levou a que tivesse de abandonar a cátedra em 1799. Mudou-se para Berlim e tornou-se em 1810 o primeiro professor de Filosofia na nova universidade.

Antes de mais, Fichte queria refutar o «dogmatismo»: a doutrina de que existe um mundo «lá fora», independentemente de nós e inteiramente indiferente aos nossos valores. Esta era a mundividência que encontrara em Espinosa e nos filósofos do Iluminismo. Na sua opinião, isto conduzia inevitavelmente ao ateísmo, ao materialismo e ao determinismo, que por sua vez excluem os valores e a responsabilidade morais. Deste dogmatismo decorre que a nossa consciência e os seus conteúdos são em última instância causados por algo objetivo que tem existência independente e se nos impõe. Não deixa lugar para a liberdade. Kant mostrara o modo de superar o dogmatismo neste sentido, mas não tinha sido inteiramente bem-sucedido, visto que permanecia um resquício deste dogmatismo no pressuposto do NÚMENO, um domínio de ser primordial distinto e independente da consciência. Fichte queria restabelecer a conceção dos seres humanos como agentes radicalmente autónomos. Argumentou portanto a favor da alternativa ao dogmatismo: o idealismo.

Essencial à conceção fichtiana do idealismo é a tese de que é a mente que faz existir tudo o que consideramos ser a realidade que habitamos. Só esta perspetiva é compatível com a liberdade humana. Só se pode estar ciente da liberdade, da atividade espontânea, de ser mais do que uma mera presa de influências causais, refletindo no próprio eu como algo ativo. Fichte sustentou que esta característica da espontaneidade pressupõe que há um eu ou ego transcendental, que é a realidade última. Compreendemos melhor este eu como atividade pura.

A realidade última é atividade espontânea. Esta é a versão fichtiana da tese de Kant da primazia da razão prática. Um verso do *Fausto* de Goethe exprime a perspetiva de Fichte: «No começo era a ação.»

A própria escolha entre dogmatismo e idealismo não pode ser feita numa base puramente teórica. Depende, como insistia Fichte, do tipo de pessoa que se é. Fichte acreditava que as pessoas suficientemente maduras para se verem a si próprias como agentes inclinar-se-iam para o idealismo, enquanto os que estão numa fase inferior de formação do carácter tenderiam a preferir o dogmatismo.

Fichte formulou a sua filosofia em *Grundlage der gesamten Wissenschaftslehre* (1794), e em duas introduções a esta obra, publicadas anos depois (*Wissenschaftslehre nova methodo*, 1797-1798). Tentou apresentar a obra em linguagem não técnica em *Die Bestimmung des Menschen* (1800) que nas suas três partes, Dúvida, Conhecimento, e Fé, lida com a vocação e o destino do homem.

A obra de Fichte sobre direito natural, de 1796, explicitava uma teoria dos direitos individualista (*Grundlage des Naturrechts*, 1796-1797), mas mais tarde introduziu elementos de Estado-providência na sua filosofia política. *Der geschlossene Handelsstaat* (1800) advoga o controlo governamental sobre o comércio externo, de modo a garantir a independência económica do Estado e a sua capacidade de resistir a pressões externas.

A obra *Reden an die deutsche Nation* (1807-1808) (*Discursos à Nação Alemã*, 2010) procurava dar sustentação teórica e moral à resistência contra Napoleão. Uma parte importante do argumento é o diagnóstico de Fichte do espírito da época numa obra publicada um ano antes. Condena enfaticamente, nessa mentalidade, a completa despreocupação pelo bem comum. Acusa-a de reconhecer uma virtude apenas: procurar o que é vantajoso para si própria, e um vício apenas: perder algo que seja vantajoso para si própria. O infortúnio político – felizmente – levou este egoísmo à bancarrota. A única saída do nadir moral era para cima. O compromisso com ideais mais nobres de esforço moral e intelectual eram agora não só possíveis como necessários. Os Alemães, devido ao seu carácter nacional e à excelência especial da sua língua, estavam eminentemente qualificados para responder ao desafio.

Tradução: Lições sobre a Vocação do Sábio 1999. Leitura: *The Cambridge Companion to Fichte* 1997.

Ficino, Marsilio /fi'tʃiːno/ (1433-1499) Promoveu a tradição platónica, organizando um banquete anual comemorativo do nascimento de Platão, mas, mais importante, traduzindo, do grego para latim, textos herméticos e obras de Platão e Plotino, comentando o *Banquete*, e articulando uma mundividência platónica. Na sua metafísica especulativa o conceito de amor platónico desempenha um papel significativo. Ficino sempre insistiu na compatibilidade entre o platonismo e o cristianismo. Diz-se que fundou uma Academia Platónica em Florença, mas na década de 1990 teve início um debate sobre se alguma vez existiu qualquer instituição que pudesse ser apropriadamente denominada desse modo.

fideísmo s. Tese de que a crença religiosa se baseia na fé e não em indícios nem no raciocínio. Tal perspetiva foi apresentada desde a antiguidade no judaísmo, no cristianismo e no islamismo, até alguns teólogos neo-ortodoxos do presente. O fideísmo defende que as afirmações fundamentais da religião não podem ser estabelecidas por dados científicos nem por demonstrações racionais. Por outras palavras, considera-se que a teologia natural é impossível. Montaigne (1533-1592), por exemplo, argumentou na «Apologie de Raymond Sebond», *Essais* II, 12 (*Ensaios* 2001), que os cristãos estão enganados quando querem que a razão humana sustente as crenças que só podem ser engendradas pela fé e por um dom especial da graça divina, e que só a fé pode dar uma compreensão vívida e certa dos mistérios profundos da religião. Outro defensor importante do fideísmo foi Pierre Bayle (1647-1706). F. H. Jacobi (1743-1819) usou a filosofia de Hume em defesa do fideísmo religioso: pode-se entender que a filosofia de Hume tem consequências céticas em geral se considerarmos que afirma que mesmo o que ele tomou inicialmente por conhecimento puro mostra em última análise assentar na crença.

Uma forma extrema de fideísmo foi apresentada no século XIX pelo filósofo dinamarquês Kierkegaard (1813-1855), que defendia que as verdades religiosas não eram como as verdades a que se podia chamar «prováveis» ou «razoáveis». Neste aspeto, Kierkegaard foi mais longe do que Bayle, ao afirmar que o dogma central do cristianismo, a encarnação de Deus, não só é contrário à razão como é em si mesmo contraditório, e portanto impossível segundo os cânones racionais. Porque este dogma é absurdo em termos humanos, é portanto inteiramente uma questão de crença, exigindo um «salto de fé», que de nenhum modo pode ser justificado por factos ou raciocínios. Neste sentido, a crença fideísta extrema é considerada irracional ou antirracional.

Uma forma mais moderada de fideísmo foi apresentada por S. Agostinho e Pascal, que insistiram que a fé tem de vir antes da razão ao estabelecer verdades religiosas centrais, mas, não obstante, a razão e os indícios podem ter um papel tanto na procura destas verdades como em torná-las compreensíveis. Agostinho e os seus seguidores afirmaram: «Acredito para conhecer». O ato de crença pode ser precedido pela investigação racional, e seguido de uma explicação filosófica e teológica. RPO

figura *Ver* SILOGISMO.

filáucia (gr. φιλαυτία) *s.* Amor-próprio, egoísmo.

Filmer, Robert /ˈfɪlmə/ (1588-1653) Autor inglês de textos políticos. A sua obra mais importante, *Patriarcha, or the Natural Power of Kings*, que circulou em manuscrito nos primeiros anos da guerra civil inglesa, defende a autoridade real com argumentos bíblicos, entre outros. Foi impressa pela primeira vez em 1680, para apoiar a Coroa contra a oposição *whig*. Na altura, Locke esboçou uma resposta polémica, que na versão publicada depois da Revolução Gloriosa de 1688 constituiu a primeira parte dos seus *Two Treatises of Government* (1690) (*Dois Tratados do Governo Civil*, 2006).

filogénese *s.* O desenvolvimento de uma espécie biológica.

Filolau de Cróton (*c.* 470-390 a.C.) *Ver* PITÁGORAS.

filologia *s.* 1 «A arte e o método de rever manuscritos da antiguidade» é uma definição antiga. Outras definições são mais latas, indo além da antiguidade clássica e incluindo não apenas a crítica textual, mas também outros tipos de investigação, por exemplo, a linguística e a hermenêutica.

A filologia começou com os humanistas da Renascença, que foram estabelecendo versões fidedignas dos textos clássicos a partir de péssimas cópias manuscritas. Reviram atribuições duvidosas e desenvolveram a arte de distinguir documentos históricos autênticos de documentos falsificados. Assim, Lorenzo Valla mostrou que a chamada «Doação de Constantino» (usada para justificar a pretensão papal de supremacia) era uma fraude, e Isaac Casaubon mostrou que os manuscritos da tradição hermética datavam do século I, e não do antigo Egipto. Há quem diga que a crítica radical da religião tradicional, surgida a partir do século XVII, deve muito mais à filologia do que ao nascimento da ciência moderna.

2 Linguística histórica e comparativa.

Fílon de Alexandria (*c.* 25 a.C.-45 d.C.) Filósofo judeu que tentou conciliar a crença judaica tradicional com a filosofia contemporânea grega, muitas vezes através da interpretação alegórica do Pentateuco. Os seus escritos filosóficos foram bastante influenciados por Platão e pelos estoicos. É conhecido sobretudo pela sua doutrina do *Logos*, o instrumento divino da criação, que faz a mediação entre Deus e o mundo. Neste e noutros aspetos, influenciou muito os autores cristãos. HT

filosofia (gr. φιλοσοφία amor pela sabedoria) *s.* Termo usado em vários sentidos. Somente os mais centrais são mencionados aqui.

1 A filosofia como atividade intelectual pode ser definida de várias maneiras, consoante a ênfase recai sobre o seu *método*, o seu *objeto* de estudo ou o seu *propósito*.

Como *método* a filosofia é uma investigação racional.

Em relação ao *objeto*, antigamente era comum dar o nome *filosofia* à investigação sobre muitos assuntos diferentes, desde que fosse guiada pelos cânones da racionalidade. Por exemplo, a física, e de facto as ciências naturais, eram geralmente denominadas *filosofia natural*. O título da grande obra de Newton de 1687 ilustra isto: «Os Princípios Matemáticos da *Filosofia* Natural». Como a física, muitas outras disciplinas atuais começaram como ramos da filosofia, e este processo de separação continua. Apesar disso, muitas vezes presume-se que a filosofia tem como objeto de estudo próprio os conceitos e princípios mais fundamentais ou gerais envolvidos no pensamento, na ação e na realidade. É também uma ideia comum que a investigação filosófica é uma investigação de segunda ordem, que tem por objeto de estudo os conceitos, as teorias e as pressuposições presentes em várias disciplinas e na vida quotidiana.

Se a filosofia for entendida como uma procura puramente desinteressada do conhecimento, entende-se que não tem um propósito adicional, sendo uma indagação de interesse intrínseco.

2 Teoria alcançada em resultado da investigação filosófica.

3 Perspetiva abrangente da realidade e do lugar que nela ocupa o homem.

Nota: nas universidades, todas as disciplinas que não pertenciam às três grandes faculdades de teologia, medicina e direito eram lecionadas na faculdade de filosofia (ou faculdade de artes). (A instrução em matérias práticas, tal como a esgrima, a dança e as línguas modernas, era extracurricular). Num desenvolvimento que começou no século XVIII, a palavra «filosofia» começou a ser usada somente para uma das disciplinas de estudo da faculdade de filosofia. (Isto explica por que razão a maioria das pessoas com um PhD – abreviatura do lat. *Philosophiae Doctor* – jamais estudou filosofia.) O conteúdo de um curso em filosofia no sentido moderno, mais estrito, tem claramente variado ao longo dos tempos, entre países, e entre instituições educativas. Sempre que a recente ou iminente morte da filosofia é proclamada, sempre que a natureza da filosofia é debatida, é útil saber se aquilo que se refere é a disciplina tal como é lecionada em certas instituições, ou um certo tipo de investigação ou teoria.

filosofia, ramos da A divisão clássica em lógica, física e ética remonta a Xenócrates e encontra-se em Séneca (*Cartas* 89, 14), em Kant (*Fundamentação da Metafísica dos Costumes*, AA p. 387), e inúmeros outros autores. À medida que a física, *i.e.*, a filosofia natural, se tornou o que agora denominamos *ciência*, e outros domínios da investigação também ganharam independência, surgiu outra divisão, entre a filosofia teórica (lógica, epistemologia e metafísica) e a filosofia prática (as teorias que dizem respeito à ação, à virtude e à justiça). A proliferação de «filosofia do…» ou «filosofia da…» (direito, estado, religião, linguagem, lógica, matemática, psicologia, mente, arte, tecnologia, meio ambiente, etc.) começou no final do século XVIII.

filosofia académica 1 A filosofia académica, *i.e.*, a filosofia da Academia, foi inicialmente platónica, e mesmo no Renascimento tardio a palavra era usada com esse sentido. Mas a partir do século III a.C., quando a Academia era dirigida por Arcesilau e Fílon, entre outros, a sua filosofia era cética. A expressão passou então a ser comummente usada para um tipo de ceticismo menos radical do que o PIRRONISMO, tanto por Cícero, no século I a.C., como por Agostinho, quando escreveu *Contra os Académicos*, por Hume, no século XVIII, e por muitos outros. 2 No sentido que lhe damos hoje em dia, a filosofia académica é a filosofia estudada nas universidades.

Remonta à década de 1880 o uso do adjetivo «académico» para sugerir irrelevância ou algo que não é prático.

filosofia analítica Tendência filosófica no século XX que vê a análise como o método apropriado para resolver definitivamente os problemas que se encontram no âmbito da filosofia. Subjacente a esta tendência está pelo menos um dos dois pressupostos seguintes: que os problemas da filosofia surgem de uma confusão conceptual suscetível de ser dissipada por meio da análise, e que a análise consiste em discernir cuidadosamente e exibir os constituintes simples de noções mais complexas. A procura de clareza conceptual levou a uma atenção diligente à minúcia, contrastando com as amplas tiradas imaginativas de teorias mais imponentes. Afirmou-se que os objetos de análise são conceitos ou proposições, mas pela década de 1930 tornou-se claramente visível uma viragem linguística. A linguagem veio a ser considerada o objeto fundamental da análise, e a filosofia analítica passou a ser frequentemente denominada «linguística».

No início do século XX, Bertrand Russell e G. E. Moore, em Cambridge, eram representantes proeminentes desta tendência, mas movimentos semelhantes emergiram independentemente noutros locais, como Upsala, Varsóvia e Viena. Nessa altura, a influência da filosofia analítica era limitada, mas reforçou-se nos países anglófonos por filósofos continentais exilados nas décadas de 1930 e 1940. Depois da guerra ganhara a hegemonia aí e também nos países nórdicos.

Alhures, a sua influência crescera, ainda que mais tarde e mais lentamente.

Os críticos acusam o movimento analítico de aridez e irrelevância; os simpatizantes veem mérito neste respeito pela racionalidade e na suspeita da postura retórica e de falsa profundidade. Foi descrito como um antídoto à «poluição semântica do ambiente intelectual» (Stegmüller). O uso do rótulo «filosofia analítica» parece decorrer da publicação de Arthur Pap, *Elements of Analytic Philosophy* (1949).

Leituras: John Passmore, *A Hundred Years of Philosophy* 1968 e *Recent Philosophers* 1985; J. O. Urmson, *Philosophical Analysis* 1958; Scott Soames, *Philosophical Analysis in the Twentieth Century* 2003; *A Companion to Analytic Philosophy* 2001.

filosofia aplicada A investigação filosófica de um âmbito de questões, incluindo as que são abrangidas pela ética aplicada, mas incluindo também a investigação de um tipo mais metafísico sobre o lugar do homem na natureza, a natureza da pessoalidade, agência e autonomia, as implicações sociais da transformação científica e tecnológica, etc.

O termo é também usado com particular referência ao projeto de explorar, não raro em cooperação com especialistas noutros campos, questões filosóficas e éticas em áreas práticas contenciosas, incluindo o ambiente, a biomedicina e as relações pessoais, sociais e políticas.

filosofia continental Tem sido usado como termo contrastante com FILOSOFIA ANALÍTICA. Terminologicamente, não é um contraste apropriado, pois «continental» é um termo geográfico, que se refere ao continente europeu, enquanto «analítico» significa um certo método de filosofar.

No entanto, há contrastes no estilo, na escolha de tópicos, e nos modos de escrever. Do lado «continental» estão Hegel, Nietzsche, Croce, Heidegger, Jaspers, Collingwood, Adorno, Sartre, Foucault, Lyotard, Derrida, etc. Os críticos consideram os seus projetos excessivamente ambiciosos e os textos obscuros. Do lado «analítico» estão Frege, Meinong, Russell, Moore, Wittgenstein, Carnap, Ryle, Popper, Quine, Austin, Stegmüller, Searle, etc. A atenção à lógica, à linguagem e a questões conceptuais fazem os críticos acusá-los de atenção excessiva a problemas relativamente sem importância, e de estarem mais interessados em afiar instrumentos do que em utilizá-los.

A distância entre os dois estilos aumentou durante a guerra. Depois da Segunda Guerra Mundial, os esforços para diminuí-la foram poucos e experimentais até a década de 1970. Desde então, o interesse mútuo aumentou. O número de traduções de textos analíticos para o francês, alemão, italiano, etc., tem gradualmente aumentado, e assim tem aumentado o número de filósofos a adotar este estilo de filosofia. Também tem havido um crescimento notável na direção oposta. Além disso, tem havido sinais de convergência filosófica. Já nos anos 1960 foram notadas afinidades entre os pontos de vista de Hare e Sartre sobre os fundamentos da ética. Samuel C. Wheeler explorou paralelos entre Derrida e Davidson em *Deconstruction as Analytic Philosophy* (2000). Os textos de Richard Rorty relacionam-se desde a década de 1980 com ideias continentais. Em *Being in the World* (1992), Hubert Dreyfus comentou o anticartesianismo de Heidegger de um ponto de vista wittgensteiniano.

Leitura: A Companion to Continental Philosophy (Wiley-Blackwell) 1998.

Filosofia Crítica A filosofia kantiana.

filosofia da... «Filosofia da...» e «filosofia do...» encerra várias ambiguidades. Pode denotar um campo de investigação *ou* uma teoria. Por exemplo, «filosofia da mente» denota um campo de investigação; já «a filosofia da mente de Espinosa» denota uma teoria.

Outro tipo de ambiguidade é exemplificado por «filosofia da história»: pode denotar uma descrição do curso geral dos acontecimentos no tempo, *ou* a natureza e métodos da historiografia.

Outro tipo de ambiguidade ainda é exemplificado por «filosofia da religião», que pode denotar uma visão religiosa do mundo *ou* uma investigação ou teoria da crença religiosa. De igual modo, «filosofia do direito» pode denotar um conjunto de princípios legais (provavelmente, na base de uma teoria racional da justiça) *ou* uma investigação sobre ou uma teoria da natureza das leis e dos sistemas legais.

filosofia da natureza (alm. *Naturphilosophie*) Termo usado sobretudo para a teorização especulativa acerca dos fenómenos naturais que teve o seu maior florescimento no auge da crítica romântica à ciência (1780-1830). Os seus defensores mais conhecidos eram Schelling (1775-1854) e Lorenz Oken (1779-1851). A teoria das cores de Goethe (1795), proposta como concorrente de *Opticks* (1704) de Newton (*Óptica*, 2002), e a sua fisiologia das plantas, também representam esta vertente. A motivação subjacente era a relutância em aceitar a conceção de natureza predominante na ciência moderna, conceção que rejeita o antropomorfismo, o antropocentrismo e que não atribui qualquer dimensão simbólica aos fenómenos da natureza: a sua imagem da natureza é materialista, mecanicista, «sem significado».

Os filósofos da natureza tinham uma conceção da natureza imbuída de poesia; a ciência normal não o faz e, portanto, queriam uma abordagem diferente. Queriam que a natureza fizesse sentido. Procuravam elementos simbólicos ou semânticos intrínsecos à natureza: os fenómenos da natureza constituem uma linguagem que veicula uma mensagem que podemos desejar compreender. Sentiam que devia ser possível compreender os fenómenos da natureza de um modo intuitivo, inclusive entrar em comunhão com os mesmos, em vez da observação exterior e da experimentação. O pressuposto é que os fenómenos da natureza têm uma afinidade com a vida e a mente, e as exprimem. Quando contemplamos a Lua cheia numa noite tranquila, ou uma orquídea rara no seu *habitat* natural, vemos que há aspetos destes fenómenos a que a ciência normal não presta atenção. A filosofia da natureza é uma tentativa de desenvolver ou legitimar teorias que ao mesmo tempo façam jus a estes aspetos *e* nos deem aquilo que esperamos da ciência.

filosofia de Oxford Designação usada amiúde para um tipo de filosofia analítica com uma orientação distintamente linguística que, a partir de meados do século XX, deu o tom a muita da filosofia académica feita no resto do mundo. Entre os seus expoentes mais importantes estavam Gilbert Ryle, P. F. Strawson, J. L. Austin e H. P. Grice.

É inteiramente diferente, partilhando apenas o nome, do chamado Movimento de Oxford do século XIX (*ver* TRACTARIANO), e do Grupo de Oxford da década de 1930, liderado por Frank Buchman, mais tarde redenominado Rearmamento Moral.

filosofia empírica No uso mais antigo, a expressão significa ciência ou investigação empírica; atualmente, é sinónimo de EMPIRISMO.

filosofia feminista Desde a década de 1970 duas perspetivas inter-relacionadas mas distintas ganharam ampla adesão. Uma é que, no passado, a investigação científica e filosófica tendeu a deixar de fora as mulheres. A outra é que os ideais da objetividade que sustentaram modos de investigação prevalecentes têm um preconceito masculino que distorce a investigação e na prática prejudica as mulheres. Isto é desenvolvido, em Susan Moller Okin, *Women in Western Political Thought* (1979) ed. rev. 1992; e Carol Gilligan, *In a Different Voice* (1983) ed. rev. 1992 (*Teoria Psicológica e Desenvolvimento da Mulher*, 1997), argumenta que uma perspetiva distintamente feminina, com ênfase na benevolência, cooperação e PARTICULARISMO, foi negligenciada na filosofia moral, que deu ao invés um lugar central à justiça, individualismo e UNIVERSALISMO. Segundo Genevieve Lloyd, no seu *The Man of Reason* (1986), os conceitos tradicionais de razão e racionalidade na história da filosofia são masculinistas. *Ver também* EPISTEMOLOGIA FEMINISTA.

filosofia linguística Abordagem da investigação filosófica que dá especial atenção ao uso linguístico efetivo como método para lidar com os problemas da filosofia. O resultado pode ser a resolução do problema ou a sua dissolução. Esta abordagem floresceu no Reino Unido no período do pós-guerra, nomeadamente em Oxford. Entre os seus praticantes mais proeminentes podemos mencionar John Wisdom, Gibert Ryle, J. L. Austin, Paul Grice, P. F. Strawson e Alan White. A contestação do movimento presente no livro de E. Gellner, *Words and Things* (1959) (ed. rev. 1979), com prefácio de Bertrand Russell, provocou controvérsia.

filosofia moral Também denominada ÉTICA, designa dois tipos relacionados mas distintos de investigação: a substantiva e a analítica.

A ética substantiva trata das questões do que é correto e incorreto, do que é o bem e o mal, com respeito ao caráter e à conduta. Visa formular padrões de correção para serem usados na avaliação moral e na decisão. Chama-se-lhe também *ética normativa*, dado que se pode dizer que trata de normas de avaliação moral e de conduta. *Teoria moral* é o termo frequentemente usado na segunda metade do século XX para uma teoria da ética substantiva que visa ser abrangente e sistemática. A ambição é que tal teoria, que habitualmente se considera que trata do correto e do incorreto, teria idealmente as virtudes de uma boa teoria científica: simplicidade, unidade, poder explicativo, etc. Há também muitas vezes a expectativa de que uma teoria moral adequada forneça um modo de proceder para encontrar a resposta correta a todas as questões morais sobre o que fazer.

A ética analítica, também conhecida como *metaética*, é a investigação dos conceitos morais e da sua lógica, mas não visa em si fornecer padrões de correção da avaliação moral e da decisão.

filosofia natural Uma designação mais antiga para as ciências naturais. Por exemplo, o título da principal obra de Newton, publicada em 1687, lê-se em português «Princípios Matemáticos de Filosofia Natural». Além disso, algumas cátedras de ciência nas universidades mais antigas ainda têm esta designação. *Nota:* não confundir com FILOSOFIA DA NATUREZA.

filosofia prática/teórica Esta distinção reflete o contraste entre ação e contemplação e é pelo menos tão antiga quanto Aristóteles. Na era moderna, Christian Wolff entendeu que a ética, a economia (*i.e.*, questões respeitantes ao lar) e a política pertenciam ao campo da filosofia prática, e deixou a filosofia teórica abranger a ontologia, a psicologia, a cosmologia e a teologia – uma estruturação claramente discernível na *Crítica da Razão Pura* de Kant.

filosofia pré-socrática Os mais antigos filósofos ocidentais foram arrojados inovadores que pela primeira vez tentaram explicar os fenómenos naturais exclusivamente em termos naturais. Distanciando-se da explicação mítica, estes pensadores gregos da antiguidade procuraram princípios materiais simples que pudessem dar conta da complexidade do mundo. Embora os pré-socráticos formassem um grupo pequeno de pensadores originários de cidades-estado gregas muito espalhadas, as suas ideias parecem ter sido amplamente disseminadas entre os intelectuais gregos. Os pré-socráticos lidavam geralmente com a filosofia natural, ou seja, com as questões que hoje seriam em grande parte tratadas pelas ciências da natureza. Descreveram muitas vezes a criação de um «cosmo» ou da ordem do mundo a partir da matéria preexistente e, em conexão com uma teoria da matéria e da mudança, explicaram os fenómenos astrológicos, meteorológicos, geológicos e zoológicos. Floresceram nos séculos VI e V a.C., mas o termo «pré-socrático» não é estritamente cronológico, sendo usado também para os contemporâneos de Sócrates que não foram afetados pela revolução socrática na filosofia – uma revolução que tornou as questões humanas e éticas centrais nas discussões filosóficas.

Um dos principais problemas ao lidar com os pré-socráticos é a escassez de indícios. Nenhum escrito dos filósofos pré-socráticos sobreviveu intacto; os estudiosos podem contar apenas com citações dispersas («fragmentos») das suas palavras reais. Além disso, em alguns casos não é claro se os fragmentos são citações diretas ou paráfrases, nem qual era o contexto original. Além de estudar os fragmentos, contudo, podemos consultar as obras dos filósofos da antiguidade que teriam lido as obras dos pré-socráticos. Neste caso, Aristóteles é a melhor fonte, visto que muitas vezes trata extensa e filosoficamente do pensamento dos seus antecessores. O seu colega Teofrasto escreveu um longo tratado sobre a história das opiniões filosóficas a respeito de vários tópicos, que infelizmente se perdeu. Mas a maior parte das compilações posteriores das opiniões dos filósofos (doxografias) valem-se do estudo de Teofrasto, direta ou indiretamente. Além disso, a partir do período helenístico existiu uma tradição de biografia filosófica, que faculta alguma informação – mas nem sempre confiável. Em geral, os estudiosos colocam uma ênfase maior nos fragmentos dos pré-socráticos; como fonte secundária, usam «fontes críticas» a fim de organizar as contribuições – e distorções – dos diferentes intérpretes numa tradição. Assim, é uma tarefa difícil reconstituir as opiniões pré-socráticas, mas com a ajuda das técnicas historiográficas modernas podemos entender os pré-socráticos melhor do que as nossas fontes secundárias da antiguidade o fizeram.

A história do pensamento pré-socrático mostra um desenvolvimento dialético. Os filósofos de Mileto – Tales, Anaximandro e Anaxímenes – parecem ter explicado os fenómenos naturais como resultado de uma diferenciação de uma substância material original ou ἀρχή: a água, o ilimitado, ou o ar, respetivamente. Para os pitagóricos, pelo contrário, em certo sentido tudo era número. Heraclito implicitamente critica o apelo a uma ἀρχή única ao mostrar que se uma substância única se transforma em todas as outras, a substância original não tem mais realidade do que as suas sucessoras; o que é real não é a substância original, mas a lei da mudança. Por sua vez, Parménides e a escola eleática rejeitam o processo com base na ideia de que qualquer estado que pressuponha o não-ser é impossível, e a mudança pressupõe que algo passa ser, vindo do não-ser.

Depois de Parménides, os filósofos da natureza excluíram o tipo de transformação das substâncias imaginado pelos milésios e por Heraclito: as substâncias básicas não podem surgir nem perecer – mas tem de haver uma pluralidade dessas substâncias para explicar a mudança. As mudanças consistirão então em rearranjos temporários de substâncias eternas. Assim, Empédocles postula quatro elementos eternos, Anaxágoras um número indefinido de material elementar e os atomistas um número infinito de partículas materiais discretas e eternas. Ao longo da história do pensamento pré-socrático certas teorias derivativas, especialmente as dos fenómenos meteorológicos (ou seja, dos fenómenos em geral que ocorrem no céu), permaneceram constantes; mas as teorias da matéria e do cosmo apresentaram grande diversidade, respondendo a diversos problemas teóricos.

Nos pré-socráticos, a filosofia é basicamente uma investigação científica e por esta proximidade com a ciência têm sido tão louvados quanto criticados – louvados pelo interesse na investigação empírica contra as especulações religiosas, e criticados por especular e não conduzir investigação empírica. É verdade que os pré-socráticos não eram observadores ou experimentadores rigorosos, mas é preciso não esquecer que a teoria é uma parte importante da ciência, e os pré-socráticos produziram teorias progressivamente complexas que visavam explicar os fenómenos empíricos. As suas teorias eram concebidas mais para responder a objeções teóricas do que para facilitar as investigações empíricas, mas mesmo assim anteciparam muitas teorias modernas, incluindo a teoria básica dos números, a teoria básica da música, a teoria dos elementos e da combinação química, a teoria da evolução, a antropologia cultural, a explicação das fases da Lua e dos eclipses lunares, e a teoria atómica da matéria.

Contudo, talvez o seu contributo mais importante não consista em qualquer avanço palpável, mas na atitude a que deram corpo: a sua procura da verdade, resoluta e sem inibições, por meio da razão, estabeleceu um ideal para toda a filosofia posterior. *Ver também* ANAXÁGORAS, ANAXIMANDRO, ANAXÍMENES, DEMÓCRITO, EMPÉDOCLES, HERACLITO, LEUCIPO, MELISSO, PARMÉNIDES, PITÁGORAS, TALES, XENÓFANES, ZENÃO. DG

Leitura: G. S. Kirk *et al.*, *Os Filósofos Pré-Socráticos* 2008; J. Barnes, *Filósofos Pré-Socráticos* 2003; A. A. Long, *Primórdios da Filosofia Grega* 2008; J. Barnes, *Early Greek Philosophy* (1987) 2001; R. D. McKirahan, *Philosophy Before Socrates* 1994; C. Osborne, *Pre-Socratic Philosophy* (VSI); D. Graham, *Explaining the Cosmos: The Ionian Tradition of Scientific Philosophy* 2006; D. Graham, *The Oxford Handbook of Presocratic Philosophy* 2008.

filosofia radical Uma tendência filosófica, com origem no Reino Unido, que surgiu no final da década de 1960, em oposição à predominância da filosofia analítica nas universidades. O objeto de insatisfação era a natureza «estéril e complacente» da filosofia académica e o seu papel como parte da «cultura burguesa dominante». As alternativas preferidas situavam-se em geral na esquerda política. Na década de 1980, o interesse no feminismo tornou-se mais vincado. Um espaço de discussão importante tem sido a revista *Radical Philosophy* (fundada em 1972).

No início do século XIX chamou-se RADICAIS FILOSÓFICOS a um grupo diferente de filósofos.

filosofia teórica *Ver* FILOSOFIA PRÁTICA.

filosofia transcendental A filosofia crítica de Kant; a filosofia de Fichte e do Schelling inicial; a filosofia de alguns neokantianos.

filosofismo *Ver* PECADO FILOSÓFICO.

Filósofo, O Durante a Idade Média, Aristóteles recebia com frequência este epíteto honorífico em reconhecimento de suas realizações teóricas notáveis.

Finnis, John (n. 1940) Professor de Direito e Filosofia do Direito no University College, em Oxford, conhecido sobretudo por ter desenvolvido uma teoria do direito natural que deve muito a Tomás de Aquino mas é mais relevante para as condições do presente.
Natural Law and Natural Rights (1980) (*Lei Natural e Direitos Naturais*, 2007) é uma reafirmação contemporânea do pensamento sobre o direito natural. Uma característica da tradição do direito natural é considerar que certos princípios morais são eternos e universais. Também para Finnis há princípios universais e imutáveis que se verificam, por mais ampla que seja a sua rejeição, incompreensão ou má aplicação. Finnis considera que os seres humanos têm certos direitos naturais que derivam da lei natural e de uma compreensão dos fins do homem. Para Finnis, há bens básicos que permitem aos humanos prosperar. Uma objeção recorrente à tradição do direito natural desde David Hume tem sido a de que os teóricos do direito natural retiram erroneamente conclusões morais a partir de factos ou derivam conclusões sobre o «dever ser» a partir de premissas sobre o «ser». Mas Finnis responde que os expoentes clássicos da teoria nem procuraram derivar normas éticas de factos nem, na verdade, precisavam de qualquer derivação semelhante. Defende que as leis injustas são indubitavelmente leis embora talvez leis a que não se deve obedecer.

Algumas obras: Aquinas: Moral, Political and Legal Theory 1998; *Moral Absolutes: Tradition, Revision and Truth* 1991; *Nuclear Deterrence, Morality and Realism*, com J. M. Boyle Jr. E G. Grisez 1987; *Fundamentals of Ethics* 1983, onde considera e rejeita teorias hostis à tradição do direito natural. JLG

física *s. sing. Ver* FILOSOFIA, RAMOS DA.

fisicismo *s*. 1 A tese defendida por alguns dos positivistas lógicos, especialmente Neurath (que também introduziu o termo em 1931 e lhe deu circulação), de que a linguagem unificada da ciência tem de referir entidades materiais ou físicas, sendo também físicos todos os predicados. Pertencia a esta tese a ideia de que todas as linguagens dotadas de significado, incluindo afirmações sobre fenómenos culturais e mentais, têm de ser redutíveis a essa linguagem unificada. Em contraste, o fenomenalismo (Mach, Schlick, Ayer) considerou que os predicados e as proposições básicas dizem respeito a dados sensíveis. As duas doutrinas diferem na sua escolha das proposições básicas, mas o fisicismo, neste sentido, não tem de pressupor que a linguagem básica é a da física. 2 A doutrina de que tudo é constituído por entidades tidas como elementares nas ciências físicas, não havendo regularidades e leis independentes das que regem as entidades físicas elementares. Esta é a versão moderna do materialismo. O termo *fisicismo* passou a ser usado principalmente na filosofia da mente para a doutrina de que tudo o que é mental é realmente físico.

O fisicismo costumava ser reducionista. A ideia era que todas as afirmações sobre entidades ou propriedades não físicas poderiam ser traduzidas em afirmações das ciências físicas (ou de maneira menos restritiva, em afirmações que atribuem predicados físicos a objetos físicos); de contrário, deveriam ser rejeitadas. Desde a década de 1970, surgiram variações não reducionistas do fisicismo: tudo o que existe é físico, mas não se afirma que a traduzibilidade em linguagem fisicista é sempre possível. Na filosofia da mente, isto exprime-se amiúde dizendo que as propriedades mentais são determinadas ou SOBREVENIENTES relativamente a propriedades físicas, mas não lhe são redutíveis.

Na filosofia da mente, o fisicismo-tipo distingue-se do fisicismo-espécime. O primeiro é a doutrina de que os tipos de estados mentais podem ser identificados com tipos de estados físicos. O segundo é a doutrina de que qualquer espécime de estado mental é idêntico a um estado físico, mas admite que não seja possível identificar tipos mentais com tipos físicos. O monismo anómalo é um género de fisicismo-espécime, segundo o qual nenhuma identidade de tipo entre o mental e o físico é possível. *Ver* MONISMO.

Leitura: D. Papineau, *Philosophical Naturalism* 1993; Lynne Rudder Baker, *Saving Belief: A Critique of Physicalism* 1987.

Nota: ao contrário do termo inglês, que deriva do adj. *physical* e não do s. *physics*, o português tem de derivar do adj. *físico*, dado não existir a forma *fisical*. Contudo, alguns autores registam *fisicalismo*, derivando-o diretamente do alemão ou do inglês.

físico-teologia *s*. Este termo (que significa literalmente «natureza-teologia») é bem definido pelo título do livro de William Derham, *Physico-theology: a demonstration of the being and attributes of God from his works of creation* (1713).

O termo emergiu nos escritores ingleses (William Charlton, Samuel Parker, Robert Boyle) da década de 1650. Foi rapidamente adotado nas discussões filosóficas e continuou a ser usado durante o século XVIII. Foi sobretudo o caráter aparente de um propósito na natureza que formou a base para o argumento a favor da existência de Deus, o que explica por que razão as expressões mais específicas *argumento do desígnio* e *argumento teleológico* acabaram por se tornar as expressões mais comuns.

fisionomia *s*. Investigação ou teoria das correlações entre os aspetos do corpo e as características psicológicas. A última teoria deste tipo a atrair a atenção dos filósofos foi proposta por Lavater 1775-1778: o caráter de uma pessoa extrai-se com considerável minúcia a partir dos detalhes dos seus aspetos faciais. Esta teoria ganhou uma popularidade considerável. Um crítico arguto foi Lichtenberg (*Über Physiognomik*, 1788); mas, no final da década de 1790, Kant notou, na sua *Antropologie*, que esta voga intelectual fora esmorecendo. Em parte, isto pode ter sido devido à introdução sistemática da craniometria (medição do crânio) por Petrus Camper (1722-1789), que levou à troca da fisionomia pela FRENOLOGIA.

Fodor, Jerry (Alan) /ˈfəʊdɔː/ (n. 1935) Professor de Filosofia na Universidade de Rutgers. O seu trabalho em filosofia da mente e ciência cognitiva atraiu bastante atenção. Depois do seu primeiro livro, *Psychological Explanation* (1968), que explorou o papel característico desempenhado pelas explicações nas ciências especiais em geral e na psicologia em particular, publicou *The Language of Thought* (1975), onde argumentou que o próprio pensamento tem de proceder por operações computacionais sobre elementos sintáticos, e que para cada conceito primitivo há um símbolo neuronal que se encontra no cérebro humano. As proposições complexas são representadas por combinações sistemáticas destes símbolos, tal como na linguagem natural o significado de uma frase depende dos significados das suas componentes, e em última instância de palavras que são representações atómicas. Sejam estas representações crenças complexas ou desejos, todavia, diz-se que dependem do seu papel funcional: *grosso modo*, uma *crença* é uma representação que faz um indivíduo comportar-se como se fosse verdadeira, enquanto um *desejo* é uma representação que faz um indivíduo comportar-se de modo a torná-la verdadeira. A formulação talvez mais influente desta perspetiva está em «Why there still has to be a language of thought», *Psychosemantics* (1978). Esta perspetiva da linguagem do pensamento é ainda a base de muitas abordagens da ciência cognitiva e da inteligência artificial.

Em 1983 publicou *The Modularity of Mind*, uma obra de psicologia filosófica que procura mostrar que muitos processos mentais funcionam independentemente entre si, enviando os seus resultados ao resto da mente apesar de as suas naturezas internas não poderem ser escrutinadas por essas áreas.

As duas obras seguintes, *Psychosemantics* (1987), e *A Theory of Content and Other Essays* (1990), estão entre as contribuições mais influentes para o debate sobre a natureza do conteúdo mental, isto é, o debate sobre como os pensamentos podem ser *acerca de* coisas. O resultado destas obras é o que se tornou conhecido como a perspetiva do conteúdo como dependência assimétrica. A tese central é que um pensamento é acerca de *A* e não de *B* porque o facto de os exemplares do símbolo na linguagem do pensamento ocorrerem na presença do símbolo *B* depende do facto de ocorrerem na presença do símbolo *A*, mas não vice-versa.

Posteriormente, Fodor lidou com questões de holismo acerca da mente: saber se os poderes representacionais de um símbolo dependem dos poderes representacionais de outros, ou na verdade de todos. Isto é explorado no livro em coautoria com Ernest LePore, *Holism: A Shopper's Guide*, 1992. Fodor é também coautor, com Z. Pylyshyn, de um artigo muito citado que ataca as pretensões explicativas do conexionismo: «Connectionism and cognitive architecture: A critical analysis», *Cognition* 28 (1988). DBM

fond /fɑnd/ ing. amável. *adj.* No uso antigo: disparatado; tolamente benquisto. Em 1705, por exemplo, Samuel Clarke ataca as práticas «fond, absurd and superstitious» (disparatadas, absurdas e supersticiosas).

fonema (gr. φώνημα) *s.* Na linguística: uma unidade distintiva de som numa linguagem natural. Duas ocorrências de um som podem ser encaradas como exemplares do mesmo fonema (mesmo que de facto não soem exatamente iguais) em função das suas relações de contraste com os outros sons da linguagem, do mesmo modo que duas ocorrências de uma letra, de diferentes fontes ou escritas por mãos diferentes, são vistas como exemplares da mesma letra.

força de vontade *Ver* ACRASIA.

fordismo *s.* Métodos de produção em série, concebidos para a máxima eficiência; em especial, procedimentos em linhas de montagem. Mais geralmente, o fenómeno da produção em série e consumo característicos da sociedade moderna. O termo, usado sobretudo na análise sociopolítica de esquerda desde Gramsci, alude a Henry Ford (1863-1947), o fabricante de automóveis que fundou e dirigiu a Ford Motor Company.

Forma(s) *Ver* PLATÃO.

formal *adj.* Respeitante à forma, incluindo a FORMA LÓGICA. Na Idade Média e em épocas posteriores (Descartes, Bayle, Leibniz) a palavra foi usada num sentido especial: o formal (o que tem realidade plena; que existe efetivamente) foi contrastado com o objetivo (o que está na mente; o que é uma representação mental). *Ver também* EMINENTE.

formalismo ético Perspetiva segundo a qual uma norma ou padrão ético não depende, para a sua validade, do que prescrever, ou seja, do seu conteúdo, mas tão-somente da sua própria forma. Costuma-se dizer que a ética de Kant é formalista.

formalismo *s.* Esta palavra tem muitos sentidos, dos quais quatro são aqui apresentados. **1** Em filosofia da matemática: uma teoria da natureza da matemática, representada por Hilbert. Foi-lhe dado este nome por Brouwer, que a rejeitou a favor do seu próprio INTUICIONISMO. **2** Em crítica literária: uma abordagem da análise e crítica de textos literários, inspirada por Roman Jakobson. Foge da interpretação subjetiva, e atende a técnicas narrativas, relações entre aspetos fonéticos e semânticos, e várias características estruturais. Um pressuposto importante é que são aspetos deste tipo que fazem de um texto uma obra de arte (em vez do conteúdo, das intenções do autor ou circunstâncias gerais, ou outros aspetos externos). **3** Em filosofia moral: a teoria moral de Kant foi designada «formalista», por ser a forma da volição do agente, e não o seu conteúdo, que determina se a ação está ou não de acordo com as exigências da moralidade. **4** Em lógica: os símbolos usados num sistema formal, juntamente com as suas regras de formação (que especificam o que conta como fórmula no sistema) e as regras de inferência, podem ser coletivamente designados o «formalismo» do sistema.

forma lógica Podemos distinguir a forma das proposições do seu conteúdo. Por exemplo, *Todos os cisnes são brancos* e *Todos os corvos são pretos* partilham uma forma que podemos representar como *Todo S é P*. O mesmo acontece com os argumentos:

Nenhum corvo é uma ave branca
―――――――――――――――――――
Nenhuma ave branca é um corvo

tem uma forma

Nenhum S é P
―――――――――
Nenhum P é S

forma lógica

Duas proposições, *A* e *B*, têm uma forma em comum se *B* puder ser obtida de *A* substituindo uma parte qualquer de *A* que não seja uma constante lógica com outra expressão da mesma categoria lógica (*i.e.*, substituir termos singulares por termos singulares, predicados por predicados, letras proposicionais por letras proposicionais, etc.).

Pode ser enganador falar *da* forma lógica de uma proposição ou argumento. Pode haver mais de uma. Por exemplo, *Todos os cisnes são brancos* tem a forma *Todo S é P*, mas também a forma *p*. E a afirmação «Se alguém se rir, todos se riem» tem as formas seguintes:

p;
se p, então q;
se ∃xFx então ∀xFx;

E, se tivermos em conta as flexões verbais:

(∀*t*) (*t depois de agora* → (∃*x Rxt* → → ∃*t'* ∀*x* (*Rxt'* ∧ *t' coincide ou sucede-se imediatamente a t*))).

Isto mostra que para falar «da» forma lógica de uma proposição são necessárias suposições adicionais, o mesmo se aplicando às formas argumentativas. Vale a pena notar que um argumento não é inválido apenas por ter *alguma* forma inválida. É inválido apenas se não tiver qualquer forma válida.

Nos exemplos anteriores, é fácil apreender a diferença entre forma e conteúdo intuitivamente, mas dar uma caracterização geral da diferença tem-se revelado difícil.

Filósofos analíticos como Bertrand Russell, Rudolf Carnap, Gilbert Ryle, etc., distinguiam a forma *gramatical* de uma frase da sua forma *lógica*, afirmando que muitos problemas filosóficos surgem porque nos deixamos enganar pela forma gramatical das frases, sendo solucionados discernindo a forma lógica da proposição expressa pela frase. Um exemplo disto é a teoria das descrições definidas de Russell. Ao fazer esta distinção, estes filósofos estavam a reafirmar uma ideia muitas vezes defendida na Idade Média.

forma normal prenexa Na lógica de predicados, toda a fórmula bem formada (*fbf*) pode ser escrita na forma normal prenexa. Quer dizer, todos os quantificadores numa *fbf* ocorrem no seu início, são todos afirmativos, e o âmbito de cada um vai até o final da *fbf*. Por exemplo, a fórmula ∀*x Fx* → ∃*x Gx* tem a seguinte forma normal prenexa: ∀*x* ∃*y* (*Fx* → *Gy*).

Nota: «Pre-» porque os quantificadores precedem o restante, e «-nex» porque cada um liga uma variável.

fórmula bem formada Uma expressão que satisfaz as regras de formação de um sistema formal. Estas regras são recursivas: especificam fórmulas bem formadas simples, e o modo pelo qual as mais complexas podem ser construídas a partir das menos complexas. É portanto sempre possível determinar eficazmente se uma fórmula está ou não bem formada. As fórmulas bem formadas são aquelas de que se pode dar uma interpretação no seio do sistema. Das fórmulas bem formadas algumas, mas não todas, são axiomas ou teoremas. Segundo as regras de formação habituais, «*p*», «¬*p*», «*p* ∧ *q*», «*p* → (*q* → *p*)» e «∀*x Fx*» são fórmulas bem formadas, enquanto «∧*p*», «*p*¬» e «*Fx* ∀*x*» são fórmulas mal formadas.

fórmula de Barcan Barcan propôs como tese uma versão equivalente da fórmula

$$\forall x \Box Fx \rightarrow \Box \forall xFx$$

que se lê «Se tudo tem necessariamente a propriedade *F*, então necessariamente tudo tem a propriedade *F*». Podemos considerar que significa que se tudo o que existe efetivamente é *F* em todos os mundos possíveis, então em todos os mundos possíveis tudo é *F*. Por exemplo, se tudo o que existe é matéria em todos os mundos possíveis, então em todos os mundos possíveis tudo é matéria.

Isto é plausível pressupondo que a pesar de uma coisa poder *ter uma propriedade* num mundo possível mas não a ter no mundo efetivo, não é verdade que uma coisa possa *existir* num mundo possível sem existir no mundo efetivo. Quem considera isto implausível, argumentando que os mundos possíveis podem conter coisas que não existem no mundo efetivo, prefere sistemas de lógica modal que não tenham esta fórmula como tese. Nesse caso defenderá, por exemplo, que apesar de tudo o que existe ser matéria em todos os mundos possíveis, há noutros mundos possíveis entidades que não são matéria – entidades que não existem no mundo efetivo. dir./DM

foronomia (gr. φώρ movimento acelerado + νόμος lei) *s*. Esta palavra do século XVIII, usada por Kant, denota o que agora chamamos *cinemática*, a teoria da aceleração e da velocidade.

forte/fraca Diz-se que uma afirmação é mais forte do que outra se implicar a segunda. Por esta razão, «Todos os filósofos gostam de paradoxos» é mais forte do que «Alguns filósofos gostam de paradoxos». Inversamente, a segunda destas afirmações é mais fraca do que a primeira. Os termos «forte» e «fraca» são também usados essencialmente do mesmo modo a respeito de perspetivas e teorias. Por exemplo, o determinismo «forte» inclui e amplia o determinismo «fraco». SH

fortitudo lat. coragem. Uma das quatro VIRTUDES CARDEAIS.

Foucault, Michel /fukoː/ (1926--1984) Influente intelectual francês, professor no Collège de France a partir de 1970. Caracterizou a sua obra como uma «história do presente» no espírito de Hegel, Marx e Nietzsche, isto é, uma reflexão histórica sobre como pensamos e agimos como o fazemos.

A sua preocupação com o presente é crítica. Quer saber como é que ficámos «encurralados na nossa própria história», em sistemas de pensamento e ação historicamente emergentes que determinam o nosso comportamento familiar; e ao esclarecer a historicidade e a contingência da nossa ordem de práticas presente, pretende abrir a possibilidade de as mudar, de inventar novas formas de pensamento e ação.

Por conveniência, podemos distinguir três fases do seu pensamento. O trabalho da década de 1960, representado por *Les Mots et les choses* (1966) (*As Palavras e as Coisas*, 1991) e *L'Archéologie du savoir* (1969) (*A Arqueologia do Saber*, 2005), reflete sobre a emergência das nossas formas de conhecimento presentes. Encontra as condições de conhecimento em «epistemes», isto é, enquadramentos e práticas de discurso, anónimas, historicamente emergentes. A episteme moderna emergiu no final do século XVIII e torna possíveis as ciências que tomam os seres humanos como seu objeto, as «ciências humanas». Neste contexto, Foucault também localiza a emergência da noção moderna de sujeito. As ciências humanas constroem conceções particulares da natureza humana, que são então usadas como base das teorias sobre como os indivíduos e a sociedade devem funcionar. A recusa de Foucault em aceitar a ideia de um eu ou uma natureza humana previamente dada, a sua localização do eu num contexto histórico, é característica da sua obra como um todo.

Na década de 1970, em obras como *Surveiller et punir* (1975) (*Vigiar e Punir*, 2007) e *L'Histoire de la sexualité* (1976) (*História da Sexualidade*, 3 vols. 2007), Foucault afasta-se da sua atenção anterior às práticas discursivas. O discurso está situado num contexto mais vasto de práticas não discursivas, em particular práticas de poder. A história do presente elaborada por Foucault torna-se uma história do modo pelo qual, no século XVIII, o sistema moderno de poder disciplinar emergiu juntamente com as ciências humanas. A disciplina é um conjunto de técnicas para governar seres humanos que, ao mesmo tempo, aumentam as suas capacidades e garantem a sua controlabilidade. Esse controlo exige conhecimento minucioso do comportamento individual, e agora compreende-se que ciências humanas como a psicologia e a medicina se tornaram possíveis pela propagação do poder disciplinar, que é obtido com a sua ajuda. É neste contexto que a subjetividade está agora situada. Disciplinar pessoas é por sua vez transformá-las em determinados tipos de sujeitos, no sentido de os levar a agir em concordância com normas e cânones disciplinares, ideais de comportamento que as ciências definem como normais, naturais ou essencialmente humanos. Com esta abordagem do poder como algo entrelaçado com formas de conhecimento e como produtor de sujeitos, Foucault afasta-se significativamente dos modos liberais e marxistas mais tradicionais de entender o poder.

Na última fase do seu trabalho da década de 1980, Foucault complementa as suas reflexões sobre o conhecimento e o poder desenvolvendo mais a sua análise da subjetividade, particularmente em termos daquilo a que chama «práticas do eu» – práticas levadas a cabo por pessoas sobre si próprias, formas de autorrelação. Na era moderna, somos encorajados a relacionar-nos connosco pela descoberta e agindo em concordância com a nossa natureza essencial ou verdadeiro eu. Para Foucault, o que nos encorajam na verdade a fazer é vincularmo-nos a um eu proporcionado pelos discursos psicológico e médico, e portanto a participar na nossa sujeição à ordem disciplinar. No segundo e terceiro volumes de *L'Histoire de la sexualité* (1984), Foucault passa para uma análise das antigas formas gregas e romanas de relação consigo mesmo para sugerir que embora a nossa forma presente de relação connosco esteja inserida na ordem disciplinar, não é o único modo possível de relação.

É em termos da possibilidade de estabelecer um modo diferente de nos relacionarmos connosco que Foucault passa a abordar o problema da liberdade. Para Foucault, não somos moldados passivamente por formas de poder. O poder envolve sempre uma relação de luta, em que alguns procuram direcionar as atividades dos outros, que por sua vez resistem e se esforçam por contrariar estas imposições. Os sistemas de poder emergem na medida em que a resistência é superada e os indivíduos se tornam dóceis e previsíveis. Ao mesmo tempo, a possibilidade de resistência pode nunca ser inteiramente eliminada. E como os sistemas de poder modernos incluem fazer com que nos identifiquemos com determinada conceção do que essencialmente somos, uma parte crucial da resistência a esse poder é «recusar aquilo que somos». Foucault sugere que precisamos de um modo diferente de nos relacionarmos connosco, não de autodescoberta mas de autodistanciamento e autocriação. Precisamos de nos distanciar de modos de ser, pensar e agir existentes, e de inventar novos modos que não estejam inseridos na ordem disciplinar. Foucault refere-se à sua atividade reflexiva como o «trabalho da liberdade», e considera que isto inclui um determinado modo de fazer filosofia – sendo o seu próprio esforço o de refletir historicamente sobre nós próprios e o nosso presente, de esclarecer a contingência das formas de vida existentes e, assim, promover a possibilidade de as mudar. Por isso, Foucault concebe uma filosofia que em última análise não é uma filosofia do poder mas da liberdade.

Alguns críticos acusaram-no de relativismo, mas embora Foucault sustente que os nossos sistemas de pensamento e ação são historicamente específicos, evidentemente não pensa que estejamos encurralados neles. Podemos escapar ao seu jugo através da compreensão crítica de como se criaram, e pela reinvenção das nossas formas de vida. Outros críticos observaram que Foucault não nos dá sinais ou direções para novos modos que possamos inventar, e sustentaram que isto dá ao seu oposicionismo um sabor destrutivo e niilista. O próprio Foucault argumenta que o seu papel não é dar a lei a outros, o que corre o risco de suprimir a resistência, mas promover algo para o qual não se pode dar prescrições, o trabalho criativo da liberdade. CF

Leitura: D. Eribon, *Michel Foucault* 1991 (uma biografia que inclui um esboço do seu pensamento); *The Cambridge Companion to Foucault* 1994.

Fourier, Charles /'fʊərɪeɪ/ (1772--1837) Pensador político francês. Crítico enérgico da repressão e hipocrisia da civilização conhecida, defendeu em *Le Noveau Monde industriel* (1829) um sistema social utópico baseado em associações cooperativas, a que chamou «falanges», cada uma com aproximadamente 1800 membros. Nestas organizações, seria possível a um indivíduo empreender várias tarefas, de modo a evitar o efeito distorcivo da especialização estrita numa ocupação apenas. Seria também possível dar rédea livre às paixões naturais sem lesar os outros.
Tradução: A Infância Emancipada 2007.

fraca *Ver* FORTE.

Frank, Philipp /fraŋk/ (1884-1966) Físico e filósofo da ciência, um dos principais membros do Círculo de Viena. Obrigado ao exílio, Frank foi professor na Universidade de Harvard; autor de *Philosophy of Science* (1957). Uma importante conferência realizada em Praga e Viena no Outono de 2004 pode levar a um interesse renovado na sua obra.

Frankfurt, Harry (n. 1929)
Autorretrato filosófico: tirei o curso de Filosofia na Universidade de Johns Hopkins e – inspirado pelos meus professores Albert Hammond e George Boas – aí permaneci. O meu trabalho de mestrado começou em Cornell (1949--1951), onde fui iniciado nos rigores da filosofia analítica, em especial por Max Black e Norman Malcolm. Nessa altura, *Philosophische Untersuchungen* (1953) (*Investigações Filosóficas*, 2008) de Wittgenstein não tinha ainda sido publicada. *The Blue and Brown Books* (1958) (*O Livro Azul*, 2008 e *O Livro Castanho*, 1992) estavam disponíveis em manuscrito, mas só era permitido o acesso a indivíduos selecionados. Revoltei-me contra este culto e durante muito tem-

po, tolamente, não prestei grande atenção à obra de Wittgenstein. A minha estadia em Cornell não terminou bem. Aprendi muito ali, mas no meu segundo ano deparei-me com dificuldades psicológicas que prejudicaram o meu desempenho e perdi a bolsa. Pelo que voltei a casa em Baltimore, e à Johns Hopkins.

Concluí o meu doutoramento na Hopkins em 1954. Depois de servir no exército durante dois anos, juntei-me ao corpo docente da Ohio State University. Na altura, preocupava-me em grande medida com questões pertinentes à objetividade e fundamentos do conhecimento. Isto levou-me a Descartes, e empreendi um estudo intensivo e filosoficamente enriquecedor das suas ideias. Na minha perspetiva, Descartes acreditava que as necessidades da razão são determinadas pela natureza contingente das nossas mentes e não procuram captar o carácter de uma realidade independente. Compreendê-lo deste modo facilitou a refutação de alegações de que o seu pensamento é circular e esclareceu as suas conceções de certeza, racionalidade e verdade. Os resultados fundamentais do meu trabalho sobre Descartes foram desenvolvidos em *Demons, Dreamers and Madmen: The Defense of Reason in Descartes's Meditations* (1968).

Em 1963, depois de um ano algo sombrio na Universidade de Binghamton, em Nova Iorque, mudei-me para a Universidade Rockefeller em Nova Iorque. O meu trabalho sobre problemas relativos ao livre-arbítrio, à responsabilidade moral e ao conceito de pessoa começou aí quando me ocorreu um dia que um lugar-comum que sugere que não temos livre-arbítrio – isto é, «podemos por vezes fazer o que queremos, mas não podemos querer o que queremos» – está errado (*ver* POSSIBILIDADES ALTERNATIVAS). O livre-arbítrio que é importante para nós consiste precisamente, segundo sustento, numa harmonia entre o que desejamos que a nossa vontade seja e aquilo que efetivamente é. Esta conceção de livre-arbítrio estava intimamente associada a uma afirmação de que a responsabilidade moral não exige que uma pessoa tenha alternativas mas apenas que aja como realmente quer agir. O meu trabalho posterior explora a estrutura das nossas atitudes para com as nossas vidas interiores, analisa várias formas de conflito interior e procura esclarecer o fenómeno unificador da identificação psíquica. Na minha tentativa de dar valor ao que é ser um ser ativo, passei a considerar a volição, ou a «vontade», mais fundamental do que a avaliação ou a racionalidade. As últimas são importantes, mas derivativas. Não vão ao fundo do que somos.

Escrevi também acerca da igualdade, que rejeito como ideal moral porque exige que orientemos as nossas ambições segundo o que os outros têm em vez de cuidar mais essencialmente das nossas próprias necessidades e interesses particulares.

O grupo de filosofia em Rockefeller dissolveu-se em 1976, após o que me mudei para Yale; e em 1990 para Princeton, de onde me reformei em 2003. A minha atenção filosófica concentra-se hoje especialmente em três tópicos: a possibilidade de desenvolver uma abordagem geral da diferença entre ser ativo e ser passivo, que se aplicará não só a criaturas vivas mas também no seio do mundo inanimado; o que significa haver profundidade na vida de uma pessoa, na medida em que isto se distingue de a vida da pessoa ter significado; e a filosofia de Espinosa.

Foram publicadas duas colectâneas dos meus ensaios: The Importance of What We Care About (1988), e *Necessity, Volition, and Love* (2000). Além disso, publiquei *The Reasons of Love* (2003) (*As Razões do Amor* 2007), baseado nas minhas palestras Romanell-Phi Beta Kappa em Princeton e nas minhas palestras Shearman na University College London. Em 2004 proferi as palestras Tanner – «Taking Ourselves Seriously» e «Getting It Right» – na Universidade de Stanford. HF

frase *Ver* PROPOSIÇÃO.

frase/afirmação protocolar (alm. *Protokollsatz*; um *Protokoll* é uma minuta, um registo de procedimentos) O termo *Protokollsatz* foi usado em artigos de Neurath e de Carnap na revista *Erkenntnis* (1932) e foi adotado pelos membros do Círculo de Viena para as afirmações elementares, que consideravam constituir o fundamento último de todo o conhecimento: eram relatos, sem interferência de teorias, de experiências sensíveis imediatas, ou afirmações que registavam diretamente a perceção de um objeto físico por um observador particular num momento específico. Um sinónimo próximo é *afirmação observacional*. *Ver também* NEURATH.

frase aberta Uma frase na qual o lugar de uma expressão é preenchido por uma variável. Tome-se, por exemplo, a frase «A árvore de ouro da vida é verde». Se a expressão referencial «a árvore de ouro da vida» for substituída por uma variável, por exemplo «x», o resultado é uma frase aberta: «x é verde». Se na frase inicial «verde» for substituída por uma variável, por exemplo «F», o resultado é também uma frase aberta: «A árvore de ouro da vida é F».

De igual modo, para a frase «Sócrates é sábio» há uma frase aberta correspondente «x é sábio»; «F(Sócrates)» e «Fx» também representam frases abertas.

As frases abertas podem transformar-se em frases genuínas de duas maneiras. Numa, substitui-se qualquer variável por uma expressão da categoria apropriada. Por exemplo, substituindo «x» pelo nome de uma pessoa qualquer, *e.g.*, «Sócrates», a frase aberta «x é sábio» transforma-se na frase genuína «Sócrates é sábio». O outro método é prefixando uma expressão quantificadora: por exemplo, inserindo antes de «x é sábio» as palavras «Há um x tal que». O resultado é «Há um x tal que x é sábio», ou, em linguagem comum, «Alguém é sábio», que é uma frase genuína. *sin.* função proposicional (Russell), função frásica (Tarski).

Nota: Quine, que adotou esta expressão em *Methods of Logic*, atribui-a a Carnap.

frase de Ramsey Uma frase que resulta de *a*) permutar um termo numa frase por uma variável e *b*) prefixar a frase com um quantificador existencial que liga a variável. A técnica foi concebida por Frank Ramsey (*The Foundations of Mathematics*, 1931, pp. 212-236) com o propósito de eliminar termos teóricos na ciência, mas pode evidentemente ser usada também noutros contextos.

Segundo o funcionalismo em filosofia da mente, os conceitos mentais podem ser eliminados por meio de frases de Ramsey. Vejamos um exemplo (simplificado), para fins de ilustração: a frase «A dor é causada por alfinetadas e provoca gritos estridentes» pode ser substituída por «Há um x tal que x é causado por alfinetadas e x provoca gritos estridentes». A técnica foi também aplicada em análises de conceitos jurídicos. A ideia básica é que um direito pode ser analisado como algo que tem determinados efeitos jurídicos, e começa a existir devido a determinados factos operativos (como o pagamento de uma quantia em dinheiro, ou a posse prolongada). Sugeriu-se que deste modo a questão do que são em si os direitos se torna redundante.

frase fechada Na lógica de predicados: frase que não contém variáveis livres.

frase *V* Exemplos de frases V: «A frase 'A neve é branca' é verdadeira em português se, e só se, a neve for branca»; e «A frase 'La neige est blanche' é verdadeira em francês se, e só se, a neve for branca». A forma geral é: «A frase *F* é verdadeira em *L* se, e só se, *P*», em que *F* denota uma frase, *L* é uma linguagem e *P* uma tradução da frase *F* na língua na qual a frase *V* está formulada (que, nos dois exemplos anteriores, é o português).

Alfred Tarski defendeu que se poderia dar uma definição adequada da verdade para uma língua se pudéssemos fornecer uma frase *V* para cada frase dessa língua. Habitualmente, isto não se pode fazer porque o número de frases possíveis de uma língua é infinito. Contudo, Tarski conseguiu formular uma definição finita para certas linguagens formalizadas, e demonstrou que implicava logicamente toda a frase *V* para essa linguagem. AM

frástico *Ver* NÊUSTICO.

fraude pia Logro para favorecer a causa da religião.

Frege, Gottlob /ˈfreːgə/ (1848-1925) Lógico alemão, professor de Matemática em Iena. O maior inovador em lógica desde Aristóteles, Frege chegou à lógica e à filosofia a partir da matemática. Considerava fundamentalmente errada a teoria de Kant de que a verdade aritmética é sintética, e propôs um programa de redução logicista: 1) os conceitos da matemática tinham de ser definidos em termos de lógica pura, e 2) era preciso mostrar que os teoremas da matemática transformados desse modo são verdades da lógica. Deste modo a aritmética seria reduzida à lógica. (Frege, todavia, não pensava que o mesmo se aplicava à geometria: concordava com a perspetiva kantiana de que há verdades sintéticas da geometria.) Em lugar da forma diádica tradicional de juízo «*S* é *P*», Frege usa uma forma monádica que atribui verdade a um conteúdo proposicional simples. Esse conteúdo ou «pensamento» simples tem a forma *Fa*, ou seja, é tratado por Frege como uma estrutura matemática com a configuração «função/argumento». Assim, «Sócrates é mortal», por exemplo, é analisada como «a função ξ *é mortal* aplica-se ao argumento *Sócrates*». Usando esta nova forma de juízo em *Begriffsschrift* (1879), Frege conseguiu dar um tratamento simples e satisfatório da lógica das palavras gerais, como «todo» e «há», por meio da sua teoria da quantificação. Além disso, as expressões quantificadoras «todo», etc., exprimem funções de nível superior, ou seja, funções de funções. Por exemplo, «todos os homens são mortais» é analisada assim: «a função de nível superior *todos* aplica-se à função «se ξ é um homem, então ξ é mortal». A importância desta ideia sagaz dificilmente pode ser sobrevalorizada: essencialmente, este tratamento fregiano é ainda corrente hoje em dia.

O programa de redução logicista, bem como o trabalho incisivo na filosofia da matemática, está contido na obra não técnica *Grundlagen der Arithmetik* (1884) (*Os Fundamentos da Aritmética*, 1992). De particular importância aqui são o antipsicologismo emergente – as leis do pensamento não são leis empíricas, descritivo-psicológicas – e o *princípio do contexto*: nunca perguntar pelo significado de uma palavra isolada, mas apenas no contexto de uma frase. A elaboração técnica do logicismo teve lugar na obra em dois volumes *Grudgesetze der Arithmetik* (1893, 1903). A lógica deste trabalho contém o pressuposto de que (*grosso modo*) *todo o predicado determina uma classe*, e Frege precisa deste pressuposto para o seu objectivo de deduzir a aritmética. Mas em 1902 Bertrand Russell escreveu a Frege com uma demonstração de que o pressuposto é inconsistente, visto levar ao paradoxo respeitante à classe das classes que não são elementos de si mesmas.

O logicismo de Frege já não é uma opção viável na filosofia da matemática, assentando a sua fama hoje nos seus feitos lógicos e no seu trabalho em filosofia da linguagem. Isto foi sobretudo levado a cabo em três ensaios clássicos, «Funktion und Begriff» (1891), «Über Begriff und Gegenstand» (1892) e, em especial, «Über Sinn und Bedeutung» (1892), mesmo antes de surgir o primeiro volume de *Grundgesetze*. Frege teve aqui ocasião de refletir nos mecanismos linguísticos usados e na ontologia do seu aparato semântico. Em «Über Sinn und Bedeutung», Frege notou que as afirmações de identidade verdadeiras são problemáticas, porque são verdadeiras e informativas. O seu famoso exemplo acerca do planeta Vénus ilustra bem a ideia. Quando nos dizem que Vénus é Vénus, não parece que fiquemos a saber algo de muito original ou interessante, mas o passo em direção à verdade de «A Estrela da Manhã é a Estrela da Tarde» foi um progresso fundamental na astronomia babilónica. De modo a resolver este «paradoxo da informatividade», Frege introduziu a distinção entre o *Sinn* e o *Bedeutung* de uma expressão. O último é a entidade designada pela expressão: a *Bedeutung* de «A Estrela da Manhã» é o planeta Vénus. O *Sinn* de «A Estrela da Manhã», por outro lado, não é o planeta, antes o modo como o planeta é apresentado pelo termo (nomeadamente, como uma estrela muito brilhante visível no céu oriental pouco antes do nascer do Sol). Além disso, Frege notou que o discurso indireto e outros contextos-que precisam de um tratamento especial. Parece que o passo a partir de «Não é informativo que a Estrela da Manhã seja a Estrela da Manhã» para «Não é informativo que a Estrela da Manhã seja a Estrela da Tarde» não preserva a verdade. Logo, nestes contextos a regra que permite a permutação de nomes diferentes para o mesmo objeto não parece preservar a verdade. Frege salvaguarda o princípio observando que não tem lugar qualquer substituição de iguais, visto que no contexto-que relevante, «A Estrela da Manhã» não está em lugar de Vénus, mas do seu *Sinn*, e de igual modo para «A Estrela da Tarde». Por isso, visto que cada termo está em lugar do seu respetivo *Sinn*, cada qual diferente, não se levanta a questão de as leis da lógica deixarem de funcionar. A distinção *Sinn/Bedeutung*, numa ou noutra versão, e os usos que se lhe pode dar, tem sido a pedra angular em torno da qual se construiu muita da filosofia contemporânea da linguagem. Invariavelmente, regressa na maior parte dos sistemas atualmente propostos.

Frege era um escritor magistral, mas um professor medíocre. O seu talento para a escrita filosófica polémica não tem rival e a leitura da sua prosa expositiva e poderosa é um prazer. Pelos contributos para a lógica, a filosofia da linguagem e a matemática, Frege destaca-se como um dos principais pensadores do século XIX. GS

frenologia (gr. φρήν faculdades cognitivas) *s*. Investigação ou teoria das correlações entre os aspetos do crânio de uma pessoa e características psicológicas. Foi proposta por F. J. Gall (1758-1828) e tornou-se popular nos primórdios do século XIX. Embora científica em espírito, a fraqueza decisiva da teoria foi a ausência de sustentação empírica. Fez-se alguns progressos quando se tornou possível investigar o cérebro, ao invés do crânio, mais diretamente.

função *s*. 1 Ao considerar a função de algo é importante distinguir: *a)* o que esse algo *faz* no decorrer normal dos acontecimentos (uma atividade); *b)* o que esse algo *produz* no decorrer normal dos acontecimentos (o resultado, o que decorre de uma atividade). No primeiro sentido, a função de um coração é bombear o sangue: é assim que o coração funciona. No segundo sentido, a função de um coração é manter o organismo vivo fornecendo oxigénio, etc., através da corrente sanguínea.

A isto dever-se-ia acrescentar que quando se atribui uma função a algo, normalmente decorre que esta serve determinado propósito. O objetivo pode ser a manutenção ou preservação de uma entidade biológica ou social, ou pode ser um objetivo adotado por um agente.

2 Um tipo particular de relação entre o primeiro e o segundo termo num par ordenado. O que permite distinguir entre uma função e relações diádicas em geral é que para qualquer primeiro termo dado há *exatamente um* segundo termo. Por outras palavras, se, para cada *x*, há um *y* tal que *Rxy*, e se de *Rxy* e *Rxz* decorre que *y* é idêntico a *z*, então *R* é uma função.

Ao(s) constituinte(s) do primeiro termo chama-se *argumento(s)* da função, e do segundo, o *valor* da função.

Ao conjunto a que pertencem os argumentos chama-se o *domínio* da função, e ao conjunto de valores chama-se o *âmbito* da função. Exemplos: *a)* a multiplicação de números por uma constante é uma função. Por exemplo, $5x = y$. Aqui, *x* está em lugar de um argumento, *y* de um valor da função. O que quer que possa substituir-se a *x* pertence ao domínio da função; o que quer que possa substituir-se a *y* pertence ao âmbito da função; *b)* a multiplicação por quaisquer dois números é também uma função. Pode-se exprimir como «$xy = z$». Aqui, mais uma vez, para quaisquer argumentos particulares que se substitua a *x* e *y*, há *exatamente um* valor que pode substituir-se a *z*; *c)* na lógica proposicional, as chamadas funções de verdade são de facto funções, como se pode ver ao inspecionar o modo como são representadas numa tabela de verdade.

função de verdade; verofuncional Uma função cujos argumentos são valores de verdade e cujos valores são também valores de verdade.

As conectivas da lógica proposicional comum são operadores verofuncionais. Por exemplo, o valor de verdade de uma conjunção com duas proposições *p*, *q*, depende inteiramente do valor de verdade de *p* e *q*, respetivamente, como se vê na Tabela 11.

TABELA 11 **Tabela de verdade para uma conectiva verofuncional (conjunção)**

p	*q*	*p* ∧ *q*
V	V	V
V	F	F
F	V	F
F	F	F

Como se pode ver, caso se atribua a ambas, *p* e *q*, o valor *V*, então o valor da sua conjunção é *V*. Se a *p* se atribuir o valor *V* e a *q F*, então o valor da sua conjunção é *F*. E assim por diante.

Na linguagem comum, a conectiva proposicional «e» é habitualmente verofuncional. Mas algumas conectivas proposicionais não o são. Por exemplo, na frase «Jill adoeceu devido ao regresso de Jack», «devido» não é verofuncional. Neste caso, o valor de verdade da proposição não é inteiramente determinada pelo valor de verdade das suas duas afirmações componentes: tendo Jill adoecido realmente e tendo Jack realmente regressado, é ainda assim uma questão em aberto se a primeira ocorrência foi *devida* à segunda. A tabela de verdade para esta proposição composta, simbolizada «*I* devido a *B*» é apresentada na Tabela 12.

TABELA 12 **Tabela de verdade para uma conectiva não verofuncional**

I	*B*	*I* devido a *B*
V	V	?
V	F	F
F	V	F
F	F	F

função proposicional *Ver* FRASE ABERTA.

funcionalismo *s.* Termo é usado em muitos contextos em que as funções ou o conceito de uma função figuram de modo importante.

1 Nas ciências sociais: a análise funcionalista de fenómenos sociais, promovida especialmente por Malinowski e Radcliffe-Brown, e aperfeiçoada por Robert K. Merton, investiga a *função* de uma certa instituição social ou prática, ou seja, a contribuição que faz para a preservação de um todo social maior de que faz parte. Este método foi desenvolvido em oposição a teorias que procuram explicar os fenómenos sociais com base numa investigação das suas *origens*.

Um exemplo são as danças da chuva cerimoniais. Se conseguissem fazer chover, a sua função seria clara; mas estas cerimónias não conseguem fazer chover. Uma análise funcionalista investigará que outra função social poderão ter, e pode mostrar que a cerimónia ajuda a aliviar a ansiedade, aproxima os membros da sociedade e reforça a coesão social. Chama-se *latente* a qualquer função que não seja conhecida pelas partes envolvidas, por contraste com as *manifestas*.

Entre os teóricos sociais que adotam este método, alguns postularam uma das seguintes ideias ou ambas: que todas as práticas sociais têm uma função, e servem de algum modo a preservação da sociedade; e que é a abordagem funcionalista que distingue a sociologia das outras ciências sociais. A primeira tende a favorecer o conservadorismo, a dar «uma sustentação geral das práticas e normas correntes», e revela «uma atitude favorável à estabilidade»; e a segunda tende a restringir a investigação. Ambas são problemáticas, mas nenhuma é essencial a uma abordagem funcionalista.

2 Em *design* e arquitetura: *a)* a teoria de que o projeto deve respeitar os materiais, e deve servir exclusivamente a função do objeto ou estrutura projetada. Está em oposição direta a projetos que incluem elementos meramente decorativos; *b)* o estilo dos projetos feitos em harmonia com esta perspetiva.

A teoria e o estilo funcionalista, que começaram a florescer a partir da década de 1920, são frequentemente descritos como modernos, e ao posterior afastamento dessa teoria e estilo, em especial na arquitetura, chama-se por vezes «pós-moderno».

3 Em filosofia da mente: a perspetiva de que aquilo que faz um estado mental ser o que é (uma experiência de dor, um desejo de beber, uma crença de que p), é o papel funcional que desempenha. A perspetiva está normalmente associada ao materialismo acerca dos estados que têm estes papéis funcionais.

Estamos familiarizados com esses conceitos funcionais. O que faz algo ser uma ratoeira é aquilo que uma ratoeira faz. Muitos dispositivos físicos diferentes são ratoeiras simplesmente porque têm a mesma função. Compreendida deste modo, uma ratoeira *é* o que uma ratoeira *faz*. O mesmo se aplica a calculadoras e computadores. São construídos e programados de várias maneiras. O que lhes é comum não são certamente características físicas, mas o facto de todos poderem fazer somas. O que consideramos um estado mental, segundo argumentam os funcionalistas, pode ser analisado do mesmo modo: bases físicas muito diferentes em organismos diferentes podem funcionar do mesmo modo. Ter fome é um exemplo particular. A base física da fome não tem de ser a mesma nos seres humanos, tigres e polvos. O que é comum a estes estados de fome não é um certo estado físico, mas a maneira de funcionar, o «programa», por assim dizer.

Esta perspetiva foi apresentada para superar problemas nas teorias materialistas da mente, e em especial a teoria identitativa da mente, que procura identificar um determinado tipo de estado mental com um determinado tipo de estado físico. Um problema para essas teorias é que os estados mentais do mesmo tipo parecem estar ligados a condições físicas muito diferentes. Tanto os homens como os cães sentem dor, mas os seus cérebros e sistemas nervosos podem ser muito diferentes.

Um dos primeiros defensores significativos do funcionalismo foi Hilary Putnam, cuja perspetiva permaneceu muito influente, apesar da sua própria retratação e condenação enérgica posteriores da teoria (*Representation and Reality*, 1988), que continua a ocupar um lugar central nos atuais debates em filosofia da mente. Outros representantes importantes são Jerry Fodor, *Psychological Explanation* (1968) e David Lewis, *Philosophical Papers* (1983-1986).

4 Em psicologia: a perspetiva de que o comportamento e os fenómenos mentais podem ser explicados como estratégias de um organismo para se adaptar ao seu ambiente biológico ou social. O principal representante desta abordagem teórica, que devia algo a William James e John Dewey, e que se evidenciou nas primeiras décadas do século XX, foi o psicólogo norte-americano J. R. Angell.

5 A palavra *funcionalismo* é também usada em vários outros contextos. Por exemplo, Susan Moller Okin usa-a no seu *Women in Western Political Thought* (1979, 2.ª ed. rev. 1992), para a perspetiva de que as mulheres têm por natureza funções específicas, em particular a maternidade e a economia doméstica, uma perspetiva normalmente combinada com pressupostos sobre o papel secundário que as mulheres podem exercer noutras áreas de atividade (intelectuais, profissionais, políticas, etc.), se é que de todo exercem algum papel.

functor *s.* Em lógica formal: uma expressão que nem é um termo singular nem uma frase. Entre os diferentes tipos de functor há: 1) conectivas proposicionais que transformam uma ou mais frases numa frase ($\neg p$, $p \to q$); 2) predicados que, ao serem aplicados a um termo singular, produzem uma frase; 3) operadores que transformam um ou mais termos singulares num termo singular: «pai de...» é um functor monádico, «... + ...» é um functor diádico; 4) subnectores, que transformam uma frase p num termo singular: que p; 5) o operador IOTA, que transforma uma frase aberta numa descrição definida.

fundacionalismo s. A doutrina de que o conhecimento se baseia, em última instância, em crenças que não exigem justificação ulterior. Surge a partir do reconhecimento de que as crenças de uma pessoa se justificam em geral por outras crenças. Isto pode levar a uma regressão infinita. A resposta fundacionalista é afirmar que só se pode parar a regressão infinita se houver crenças básicas ou fundacionais que se justificam a si mesmas.

Tradicionalmente, considerou-se crenças fundacionais as que são certas ou que estão além da dúvida. Temos em Descartes um exemplo clássico. Começando pelo seu famoso *Cogito, ergo sum* (penso, logo existo), argumentou que podia ter a certeza de que existia como ser pensante e esta certeza era a pedra sobre a qual procurava estabelecer o conhecimento adicional acerca do mundo.

Outros viraram-se para as verdades lógicas ou para crenças acerca das nossas experiências sensoriais ou estados mentais. O fundacionalismo tradicional enfrenta dois problemas. Primeiro, argumenta-se que as crenças que são efetivamente apresentadas como fundamento estão na verdade sujeitas a dúvida, logo não se justificam a si mesmas. Em segundo lugar, mesmo que estejam isentas de dúvida, é difícil ver como crenças de conteúdo tão escasso possam justificar as crenças mais robustas acerca do mundo exterior.

Uma resposta mais recente a estes problemas foi formular um fundacionalismo falibilista. Afirma-se que as crenças não precisam excluir a dúvida para se justificarem a si mesmas. Uma crença que surge de uma perceção sensorial direta, *e.g.*, a minha crença de que estou a ver um Ford verde, está justificada desde que não tenha razão para supor que neste caso os meus sentidos me enganam.

A principal alternativa da abordagem fundacionalista – proposta primeiro por pragmatistas como Peirce e Dewey – é o coerentismo, segundo o qual uma crença está justificada desde que faça parte de um conjunto *total* coerente de crenças. Outra alternativa é por vezes denominada «contextualismo». Deste ponto de vista, uma crença está justificada desde que faça parte de um conjunto *particular* coerente de crenças. Isto parece abrir a possibilidade de uma crença estar justificada num contexto mas não noutro.

O método do EQUILÍBRIO REFLEXIVO foi não raro identificado com o coerentismo, mas isto foi recentemente posto em causa. CC

futurismo moral A perspetiva de que o que acontecerá será correto. A expressão foi introduzida por Karl Popper em *The Open Society and Its Enemies* (1945) (*A Sociedade Aberta e os seus Inimigos*, 1998).

futurologia s. Investigação dos métodos de fazer previsões e do que o futuro reserva. A previsão é uma parte integral da atividade científica, mas a ideia de futurologia como disciplina académica independente, amplamente promovida na década de 1960, parece ter caído no esquecimento.

futuros contingentes Será verdade que vai haver uma batalha naval amanhã? Ou será falso?

É natural pressupor que tem de ser um ou outro, e que a afirmação «Vai haver uma batalha naval amanhã» é ou verdadeira ou falsa. O problema é que se for verdadeira, então haverá uma batalha naval amanhã independentemente do que façamos hoje. E se for falso, não haverá qualquer batalha naval, independentemente do que façamos hoje. Isto é fatalismo.

Parece, portanto, que se não estamos preparados para aceitar o fatalismo, temos de admitir que a previsão não é verdadeira nem falsa. Mas isso tão-pouco parece correto. A nossa previsão hoje é verdadeira se houver uma batalha naval no dia seguinte, de outro modo é falsa.

Este dilema, apresentado por Aristóteles, *De Interpretatione,* capítulo 9, ilustra o problema geral das proposições contingentes acerca de acontecimentos futuros. A sua própria resposta, tal como foi interpretada por Ockham e pelos filósofos atuais, foi aceitar a lei do terceiro excluído, isto é, a verdade de toda a disjunção com a forma *p ou não p* (da qual não parece decorrer o fatalismo). O problema é relevante para questões do determinismo, do livre-arbítrio, da presciência, da predestinação, etc. Deu também o impulso à conceção de uma lógica trivalente em Łukasiewicz. *Ver também* DIODORO.

O problema resolve-se hoje recorrendo à lógica modal. Da verdade *necessariamente, p ou não p* (Amanhã haverá uma batalha naval ou não), não se segue *p é uma verdade necessária ou não p é uma verdade necessária;* ou seja, o operador de necessidade não é distributivo quanto ao operador de disjunção, apesar de o ser quanto ao operador de conjunção: dada a verdade «Necessariamente, 2 é par e 3 ímpar», segue-se que 3 é necessariamente ímpar; mas dada a verdade «Necessariamente, 2 é par ou ímpar», não se segue que 2 é necessariamente ímpar. dir./DM

G

Gadamer, Hans-Georg /'gaːdamɛr/ (1900-2002) Filósofo alemão, professor em Leipzig e, depois da guerra, em Heidelberga. Em *Wahrheit und Methode* (1960) (*Verdade e Método,* 2 vols. 2008--2009), Gadamer desenvolve a ideia de Heidegger de que todo o saber e fazer envolve compreensão e interpretação. O seu projeto é desenvolver uma hermenêutica filosófica, *i.e.,* uma teoria geral da compreensão e da interpretação que mostre que estas não são de modo algum procedimentos ou métodos regidos por regras concebidas para assegurar a objetividade das ciências «humanas» (por oposição às ciências «da natureza»). De facto, não há métodos ou procedimentos, antes perícias fundamentais, que se manifestam em tudo o que fazem os seres humanos, enquanto animais linguísticos com consciência de si. Em particular, a compreensão e a interpretação não se restringem à compreensão de textos escritos, do passado e do presente; estão igualmente envolvidas na apreciação estética da arte, na aplicação jurídica da lei e na interpretação histórica de acontecimentos do passado. Na verdade, Gadamer encara esta perícia, ou antes este exercício, como aquilo que dá à existência humana o seu carácter essencialmente histórico.

Gadamer só pode fazer estas fortes afirmações quanto à compreensão e à interpretação porque rejeita noções mais antigas da hermenêutica e da compreensão. As teorias da compreensão do século XIX, nomeadamente a de Schleiermacher e Dilthey, encaravam a compreensão do significado de textos e acontecimentos históricos como uma questão de compreender como os autores e atores desses textos e acontecimentos os compreendiam. Mas, segundo Gadamer, estamos tão radicalmente condicionados pela nossa posição na história que não é possível regressar à perspetiva dos autores e atores do passado. Isto, contudo, em nada torna impossível a compreensão, facilitando-a até, na verdade. Compreender o significado de um texto ou acontecimento é sempre, do seu ponto de vista, uma questão de o relacionar com os nossos próprios conceitos, conceções prévias e preconceitos; pertence assim à natureza do significado o ser elucidado à luz da situação histórica do próprio intérprete. Ao abordar um texto ou acontecimento do passado, pressupomos necessariamente (ainda que este pressuposto possa ser abandonado) que o texto constitui uma boa resposta a uma questão que nós mesmos, do nosso ponto de vista histórico, poderíamos colocar. Esta não é a questão que o autor pensava estar a tratar – ou, se o é, sê-lo-á apenas no sentido em que se trata daquela questão que, à luz da *Wir-kungsgeschichte* do texto (a história da influência do texto), o autor consideraria ser tratada no texto. É por esta razão que Gadamer vê a interpretação como um diálogo virtual. Num verdadeiro diálogo, nenhuma das partes determina previamente o seu curso. Ao invés, quem dialoga está aberto a argúcias inesperadas e às mudanças imprevistas de direção que resultam do contributo do interlocutor. O mesmo se aplica à interpretação ao longo das épocas históricas: nem o autor/ator nem o intérprete têm um privilégio especial. O intérprete, com o benefício da retrospeção, pode revelar aspetos do significado que estavam escondidos do autor ou do ator. Ao mesmo tempo, o texto ou acontecimento tem sempre a possibilidade de revelar aspetos que a interpretação prévia não tinha visto. Se isto estiver correto, distorcemos a natureza do próprio significado se o virmos como algo a que só podemos aceder livrando-nos metodicamente das nossas próprias conceções prévias, historicamente condicionadas, para ver as coisas como o autor as via. Concomitantemente, é um erro pensar que é possível apreender o significado de um texto ou acontecimento sem ajuizar a sua verdade ou racionalidade. Só se não pudermos entendê-lo como verdadeiro ou falso, racional ou irracional, é que procuramos explicações: talvez tenha havido erros de observação ou de transmissão, talvez a afirmação tenha sido feita na brincadeira, etc. E só quando tais explicações não estão disponíveis é que tentamos explorar o estado mental do autor ou ator, para descobrir a fonte do que consideramos o seu erro.

Gadamer rejeita o relativismo, mas sustenta que não há verdade intemporal, dado não haver qualquer interpretação aplicável em todos os tempos: de época para época só compreendemos de maneira diferente. Apesar disto, o processo histórico de interpretar sempre de novo textos e acontecimentos é imensamente produtivo: ao ler o texto ou acontecimento à luz do presente, ao ver que questão nossa ele aborda, não deixamos de mudar o presente e a nós mesmos. Compreender envolve o que Gadamer chama «fusão dos horizontes do passado e do presente». Nesta fusão, os pontos de vista do autor e do intérprete fundem-se para produzir um novo ponto de vista, que é integrado no mundo do intérprete. Deste modo, a interpretação de textos enriquece a história e muda-a ao mesmo tempo. Subjacente a esta noção da fusão de horizontes está uma conceção dos textos, e até dos acontecimentos do passado, segundo a qual são dotados de significado do mesmo modo que as obras de arte. Diz-se muitas vezes que a obra de arte tem um significado inesgotável, tendo as gerações sucessivas de se apropriar dela à sua maneira. E diz-se muitas vezes que a grande obra de arte, ao ser apropriada no mundo do presente, pode também mudá-lo – mudando as pessoas que dela se apropriam. Gadamer vê algo parecido no que respeita aos textos e acontecimentos do passado. É por isso que afirma que a dimensão da hermenêutica é mais lata do que se pensava, pois engloba o estético. Ao mesmo tempo, indica que esta assimilação da obra de arte pelo texto é conseguida com base numa assimilação anterior do texto à obra de arte. BC

Leitura: The Cambridge Companion to Gadamer 2002; *The Philosophy of Hans-Georg Gadamer* (LLP) 1997.

Gaia, hipótese de A teoria de que a Terra como um todo, incluindo a biosfera, atmosfera, oceanos e solo, assim como a interação das suas partes vivas e inorgânicas, pode ser encarada como um ser vivo, um organismo que procura manter o equilíbrio, usando mecanismos de resposta. A ideia foi antecipada no pensamento da antiguidade, e foi criticada por Robert Boyle na década de 1680, em *A Free Inquyri into the Vulgarly Received Notion of Nature*.

Uma versão moderna da teoria foi proposta pelo bioquímico inglês James E. Lovelock. Seguindo uma sugestão do romancista William Golding, batizou-a com o nome da deusa grega da Terra, Gaia (que também se escreve Geia, Gaea ou Gê). A hipótese é desenvolvida nos seus livros *Gaia* (1979) 1995 (*Gaia*, 2007), *The Ages of Gaia* (1987) 1995 (*As Eras de Gaia*, 1998) e *Homage to Gaia* 2000. Posteriormente, abordou os problemas ecológicos atuais, em *The Revenge of Gaia* 2006 (*A Vingança de Gaia*, 2007).

Ideias complementares, propostas por Lovelock, entre outros, podem ser encaradas quer como partes da hipótese de Gaia, quer como hipóteses adicionais. Entre elas está a crença de que a Terra funciona para um qualquer propósito, como a promoção da vida orgânica ou dos valores espirituais; e que a Terra como um todo não só está viva, mas que também tem consciência. Apelos à hipótese de Gaia ocorrem também em algumas variedades de paganismo moderno.

Galeno (129-210) Médico e filósofo grego, de Pérgamo, mudou-se para Roma com a idade de quarenta anos e tornou-se o médico pessoal do imperador Marco Aurélio. A sua vasta produção escrita abrange a lógica, física, ética, medicina e linguística. A sua fama baseia-se principalmente nas suas teorias médicas, que foram dominantes até à era moderna. O seu nome está especialmente associado à sua teoria dos QUATRO HUMORES e temperamentos. A quarta figura do silogis-

mo («galeniana») foi batizada em sua honra, mas poderá ter sido concebida anteriormente. Só na década de 1990 se reconheceu a imensa importância do seu *Institutio logica* na história da lógica. A sua reputação como filósofo (e não como médico) tem vindo a aumentar.
Leitura: *Cambridge Companion to Galen*, 2008.

Galilei, Galileu (1564-1642) Astrónomo, físico e matemático italiano, professor em Pádua, defensor da teoria copernicana de que a Terra se move em torno do Sol. Concebia a natureza como algo suscetível de análise geométrica. «O livro da natureza está escrito na linguagem da matemática. As letras do seu alfabeto são triângulos, círculos e outras formas geométricas». Propôs uma distinção entre qualidades primárias e secundárias, mais tarde adotada por Boyle, Locke e Berkeley, entre outros, até aos dias de hoje. Foi um dos primeiros representantes da mundividência científica moderna: a filosofia aristotélica seria rejeitada, tendo de se separar a física da filosofia, obtendo-se o conhecimento por observação e experimentação. O seu *Diálogo sobre os dois principais sistemas do mundo*, 1632 (*i.e.*, o copernicano e o ptolemaico) pôs os inquisidores romanos em ação, tendo sido condenado a prisão perpétua (cumprida no seu domicílio) em 1633, sendo reabilitado em 1992.

Gall, F(ranz) **J**(oseph) /gɛːl/ (1758--1828) *Ver* FRENOLOGIA.

Gassendi, Pierre /gasɛ̃ndɪ/ (1592--1655) Preboste da catedral de Digne, padre católico romano e, por um breve período, professor de Matemática no Collège Royal, Pierre Gassendi foi um dos muitos que, no início do século XVII, se esforçaram por se libertar do aristotelismo, abraçando o novo movimento científico. Foi um pioneiro da teoria atómica moderna.

Gassendi foi um humanista mergulhado no estudo de autores clássicos. O seu projeto era apresentar o atomismo epicurista da antiguidade, revigorado e cristianizado, como substituto da decadente filosofia aristotélica das universidades. A sua obra mais influente foi *Syntagma philosophicum* (1658), uma síntese eclética da filosofia natural que incluía lógica, física, astronomia, ciências da Terra, biologia, fisiologia, psicologia e ética. Visava apresentar uma conceção completamente mecanicista e científica de todos os fenómenos naturais. As únicas entidades imateriais a admitir eram Deus, o criador da vasta máquina a que chamamos «mundo», e a parte racional da alma humana.

Em oposição ao que ele chamava o «dogmatismo» dos aristotélicos, proclamava-se um cético filosófico: afirmava que não podemos conhecer as essências das coisas nem as causas íntimas dos fenómenos, tendo de contentar-nos com um conhecimento empírico e probabilístico: as únicas certezas que temos são as da revelação cristã e da fé. As suas ideias sobre estas questões influenciaram o desenvolvimento da ciência empírica moderna.

Salientou a autoridade da tradição, habitualmente a tradição dos filósofos clássicos. Por isso, não é tanto um moderno quanto Descartes, o seu mais famoso contemporâneo, que rejeitava todos os argumentos da tradição. Os dois filósofos entraram em conflito quando Descartes não gostou do «Quinto conjunto de objeções» às suas *Meditações.* Além disso, as ideias de Gassendi sobre a matemática não se harmonizavam com as de Descartes, entre outros líderes do movimento científico: para Gassendi, a matemática era apenas um instrumento para ordenar os dados da experiência; não nos permite ter uma visão das causas ou natureza íntimas das coisas.

Gassendi era um astrónomo de talento. Foi a única pessoa a fazer uma observação propriamente científica do trânsito de Mercúrio através do Sol no dia 7 de Novembro de 1631, um fenómeno que fora previsto por Kepler. Era um copernicano entusiástico até o *Diálogo sobre os dois principais sistemas do mundo*, de Galileu, ser condenado pelo Santo Ofício em 1633. Chocado e frustrado por essa decisão autoritária, Gassendi sentiu-se obrigado a suspender o seu apoio público ao heliocentrismo: re-escreveu várias secções dos seus textos filosóficos, passando então a apoiar o sistema geocêntrico de Tycho Brahe, uma solução de compromisso.

Em ética, Gassendi rompeu claramente com as teorias que eram ensinadas e correntes na altura. Argumentou que a nossa razão natural nos dá acesso às verdades morais que precisamos de saber, independentemente da revelação; que estas verdades são principalmente as que Epicuro descobrira; e que a ética epicurista não merecia de modo algum a má reputação de ser grosseira e ímpia. A felicidade consiste no bem-estar do corpo e na tranquilidade da mente; os pensamentos e ações conducentes a esse fim são corretos.

Muito aclamado em vida, quando o seu sistema de filosofia era visto como o principal rival de Descartes, a sua estrela entrou em declínio pouco depois de morrer. A história deu-lhe um lugar na periferia do círculo íntimo de génios do século XVII. BB

Leitura: A. LoLordo, *Pierre Gassendi and the Birth of Early Modern Philosophy* 2006; L. T. Sarasohn, *Gassendi's Ethics* 1996; B. Brundell, *Pierre Gassendi* 1987; L. Sumida Joy, *Gassendi the Atomist* 1987.

Gay, John /gɛɪ/ (1699-1745) Clérigo inglês. A sua pequena «Dissertação sobre o princípio fundamental da virtude ou da moralidade», publicado como prefácio a outra obra (a tradução inglesa por Edmund Law de William King, *Essay on the origin of evil*, 1731) avançava um elemento importante de utilitarismo, argumentando que as teorias morais rivais concordavam que a procura da felicidade geral é a essência da virtude. Em resposta às objeções de Hutcheson e Butler ao egoísmo psicológico, propôs uma teoria causal: a benevolência não é inata, mas aprendemos que tem as suas recompensas, e por este processo de aprendizagem tornamo-nos genuinamente benevolentes, aprendendo também a recompensar os outros, de modo a encorajar neles a benevolência.

Gedankenexperiment /gəˈdaŋkənɛksperɪmɛnt/ alm. Experiência mental *s.*

Gehlen, Arnold /ˈgeːlən/ (1904--1976) Filósofo alemão, professor em Leipzig (depois de Driesch), 1933, Königsberg, 1938, Viena, 1940, mas em lugares mais modestos da vida académica depois da guerra. Gehlen é conhecido sobretudo pela sua antropologia filosófica e também pela crítica da cultura moderna que apresentou. O homem não pode ser entendido como membro do reino animal, sendo antes único na natureza, como já Herder indicara, devido à ausência de instintos e técnicas congénitos de sobrevivência. De facto, os seres humanos são por natureza seres culturais: trabalho, tecnologia, cultura e linguagem pertencem à sua natureza. Gehlen considerava que o desenvolvimento da cultura exige formações e instituições sociais, cuja função substitui a desempenhada pelo instinto noutras espécies, e nas quais a liderança é de crucial importância. Estas instituições, e os valores culturais e pessoais tradicionais que lhes estão associados, são enfraquecidos pelo individualismo e subjetivismo modernos. Além disso, o nosso tempo sofre da rejeição e perda de certezas tradicionais não racionais. A povoação agrícola orgânica desapareceu, e o mundo moderno sofre de falta de confiança, aumento da agressividade e procura febril do prazer pelas massas. Outra característica inquietante é o humanitarismo e igualitarismo universalistas muito difundidos, especialmente entre os instruídos. Este perfil moral é, do ponto de vista de Gehlen, não uma moralidade de escravos, como Nietzsche pensava, antes uma moralidade de dedicação aos outros que é perfeitamente legítima no seio da sua esfera primária, a família. O que correu mal na moralidade moderna foi o alargamento desta moralidade primária para lá da sua esfera própria. Este excesso moral, esta «hipermoralidade», exprime-se de muitas formas: universalismo, pacifismo, feminismo, etc.

A doença do nosso tempo, sustentava Gehlen, só pode ser superada se os indivíduos se tornarem de novo capazes de se sacrificar por fins mais nobres do que eles mesmos, e com vontade de o fazer, e apenas se as estruturas sociais ficarem uma vez mais dominadas por uma elite.

Há em Gehlen uma síntese de teorização biológica e elitismo político que tem certas afinidades com as ideias do Partido Nazi, do qual era um membro ativo. A sua obra mais importante é *Der Mensch* (1940). As edições posteriores foram revistas; as mudanças foram registadas e são discutidas pelo organizador da parte 3 (1993) de *Gesamtausgabe* (obras coligidas).

Traduções: A Alma na Era da Técnica 1970; *Moral e Hipermoral* 1984.

Geist /gaɪst/ alm. Fantasma; espírito *s.*

Geisteswissenschaft /ˈgaɪstəswɪsənʃaft/ (alm. *Geist* + *Wissenschaft* ciência; investigação racional) *s.* Ciência da cultura, ciências humanas; muitas vezes comparada e contrastada com as ciências da natureza.

Gemeinschaft/Gesellschaft /gəˈmaɪnʃaft; geˈzɛlʃaft/ alm. comunidade/ /sociedade *s.* Este par de termos contrastantes estabeleceu-se por via de *Gemeinschaft und Gesellschaft* (1887), de Ferdinand Tönnies, autor alemão de teoria social. Argumenta que o desenvolvimento do capitalismo desde a Idade Média conduziu ao desaparecimento gradual da comunidade tradicional, baseada no costume e na tradição e num sentimento de pertença. Ao invés, a sociedade moderna estava em ascensão e com ela vinha o individualismo, a competição e as relações meramente contratuais e impessoais.

genealogia *s.* Investigação sobre os antepassados e os descendentes, ou uma descrição dos mesmos.

Genebra Cidade suíça (e cantão). O seu nome foi metonimicamente usado para o protestantismo (calvinista), como «Roma» o era para o catolicismo romano.

generalização *Ver* EXISTENCIAL; UNIVERSAL.

generalização existencial Na lógica de predicados, dada a fórmula At, em que t é um termo individual apropriado, $\exists x\, Ax$ é uma generalização existencial de At. Na linguagem comum, a passagem análoga é de *Sócrates é sábio* para *Alguém é sábio*.

generalização universal Na lógica de predicados, seja *A* uma fórmula que contém uma variável livre *x*. A generalização universal de *A* é ∀*x A*. Por exemplo, a generalização universal de *Fx* → *Gx* é ∀*x* (*Fx* → *Gx*). Isto corresponde a uma inferência que parte de uma premissa acerca de qualquer indivíduo arbitrariamente escolhido, e chega a uma conclusão acerca de todos os indivíduos.

género *s*. 1 Em gramática: em muitas línguas, os substantivos e outras palavras pertencem a um número geralmente muito pequeno de classes, a que se chama «géneros», com padrões diferentes de inflexão. O alemão, o latim e o grego antigo tinham três: masculino, feminino e neutro. As línguas românicas têm os primeiros dois. Em inglês, as diferenças de género quase desapareceram por completo. 2 Na teoria feminista: *género* designa os aspetos da masculinidade e feminilidade que são socioculturalmente determinados, em contraste com o *sexo*, que é determinado biologicamente. Esta distinção estabeleceu-se no início da década de 1970.
Nota: o género gramatical não é um indicador de confiança de um sistema de crenças subjacente: em grego, a palavra para «Sol» é masculina, em alemão, feminina. E a palavra para «ser humano» é masculina em alemão (*der Mensch*), feminina em sueco (*människan*) e neutro em dinamarquês (*mennesket*).

género próximo Ver GENUS.

génesis *s*. Nascimento, passar a existir; origem.

génio *s*. 1 O carácter mental ou espiritual distintivo de uma personalidade ou nacionalidade. 2 Na estética pré-romântica e romântica os responsáveis únicos pela verdadeira arte: a livre, espontânea e criativa autoexpressão e autoafirmação do poeta, pintor, escultor ou compositor. Um indivíduo com este dom especial, que o eleva acima das pessoas comuns, diz-se que *tem* génio, mas também se pode dizer que *é* um génio. Kant definia o génio como a capacidade para criar obras de arte segundo novas regras estabelecidas pelo artista. Schopenhauer deu muita atenção à natureza do génio em *O Mundo como Vontade e Representação*, entre outros escritos.
Pode-se fazer remontar a era moderna do génio artístico a *Conjectures on Original Composition* (1759), de Edward Young, autor de *Night Thoughts*, e aos escritos de Hamann, entusiasticamente adotados pelo *Sturm und Drang* (expressão que significa «tempestade e ímpeto» ou «tumulto e violência»), movimento literário alemão das décadas de 1770 e 1780. A adoração do génio artístico pode ser vista como contraparte secularizada da veneração de homens inspirados nos cultos religiosos. Em ambos os casos os devotos estão dispostos a tolerar no guru ou artista que veneram as maiores imperfeições, da desonestidade à falta de higiene.

Gentile, Giovanni /dʒɛnˈtilɛ/ (1875-1944) Professor de Filosofia em Palermo, Pisa e Roma. A partir do início da década de 1920, teve cargos importantes no governo de Mussolini. O seu apoio ao fascismo levou a uma rutura com o seu colega próximo, Benedetto Croce. A sua filosofia neo-hegeliana foi predominante na Itália no período entre as duas guerras, e manteve desde então alguma influência.

Gentzen, Gerhard /ˈgɛntsən/ (1909-1945) Lógico alemão, conhecido sobretudo por estar na origem dos sistemas de DEDUÇÃO NATURAL da lógica formal. *Ver também* TEORIA DA DEMONSTRAÇÃO.

***genus** (sing.);* ***genera** (pl.)* (lat., género, categoria) *s.* Contrasta-se muitas vezes com espécie. Na filosofia aristotélica e medieval, a essência de uma coisa é dada pela sua definição, e a definição exprime a que categoria a coisa pertence em primeira instância (*genus proximum,* género próximo), e a sua diferença específica (*differentia specifica*). Um exemplo comum é a definição de ser humano como animal (género próximo) racional (diferença específica). *Ver também* SUBSTÂNCIA.

geocêntrica, teoria (gr. γῆ Terra) A teoria de que o Sol (e os outros corpos celestes) giram em torno da Terra.

geometria analítica Geometria de coordenadas, concebida por Descartes em *La Géometrie*, 1637.

geometria euclidiana/não euclidiana Qualquer geometria diferente da de Euclides pode obviamente chamar-se não euclidiana, mas as teorias que recebem essa denominação são principalmente as que se afastam da de Euclides por não incluírem o quinto postulado. As primeiras teorias deste tipo foram concebidas no século XIX por Lobachevski, Bolyai e Riemann.

O quinto postulado de Euclides, conhecido como o postulado das paralelas, é o seguinte: dadas duas linhas intercetadas por uma terceira, se a soma dos dois pares de ângulos colaterais internos for menor do que a de dois ângulos retos, as duas linhas irão intersectar-se caso se prolonguem indefinidamente.

geométrico, método *Ver* MÉTODO GEOMÉTRICO NA FILOSOFIA.

Gerson, Jean /ʒɛRsɔ̃/ (1363-1429) Teólogo francês. Nas suas obras, opôs-se ao que considerava uma especulação escolástica árida, e desenvolveu uma perspetiva filosófica e teológica que seria, em contraste, relevante para a piedade genuína. As suas fontes principais de inspiração foram pseudo-Dionísio e S. Boaventura.

Gersonides (Levi ben Gershom) (1288-1344) Cientista, filósofo e teólogo provençal judeu. Aceitou Maimónides em muitos aspetos, mas rejeitou a doutrina de que Deus criara o mundo a partir do nada e afirmou a eternidade da matéria. Sustentava que Deus pode ser conhecido pelos seus atributos positivos, e abriu espaço ao livre-arbítrio genuíno pressupondo que o conhecimento propriamente dito é sobre universais, e que consequentemente a presciência de Deus não inclui a ação humana particular.

Gesellschaft Ver GEMEINSCHAFT.

Gestalt /gə'ʃtalt/ alm. Figura, forma, configuração.

Gettier, problema de O problema de encontrar uma análise correta do conceito de conhecimento. Uma análise plausível é esta: o conhecimento é crença verdadeira justificada. Mas no artigo «Is justified true belief knowledge?», *Analysis* 23 (1963), pp. 121-123 («Será a crença verdadeira justificada conhecimento?» 2005), o filósofo norte-americano Edmund Gettier apresentou contraexemplos persuasivos que mostravam que se pode ter uma *crença justificada verdadeira de que p* sem *saber que p*. O problema de Gettier consiste em encontrar uma cláusula adicional adequada para a análise.

Geulincx, Arnold /'xølinks/ (1624-1669) Um dos primeiros adeptos do cartesianismo. Opôs-se à filosofia aristotélica cultivada em Lovaina, e quando se converteu à fé reformada em 1658 abandonou Leiden, onde tinha uma cátedra. A resposta de Descartes à questão de como podem a mente e o corpo interagir, sendo duas substâncias radicalmente distintas e separadas, não satisfizera nem os seus antagonistas nem os seus defensores. Geulincx foi o primeiro a propor a solução ocasionalista: não há qualquer interação, mas Deus preordenou que toda a ocorrência mental fosse a ocasião para uma ocorrência corpórea, e vice-versa. Num manual de lógica publicado em 1662 apresentou uma formulação inaugural do que hoje se conhece como leis de De Morgan.

Giges (gr. Γύγης) Segundo uma história contada no Livro II da *República* de Platão, um pastor lídio (que sabemos de outras fontes ter sido uma pessoa rústica mas sagaz) encontrou um anel milagroso que, ao rodá-lo no dedo, tornava o seu portador invisível. Membro de uma delegação enviada ao rei da Lídia, aproveitou a oportunidade para seduzir a rainha, assassinar o rei com a sua ajuda, e usurpar o trono. O seu reinado (na primeira metade do século VII a.C.) foi duradouro e glorioso. Na *República*, Gláucon usa a história para desafiar Sócrates a explicar que razão temos para não agir injustamente se não pudermos ser apanhados – *e.g.*, por sermos invisíveis. Grande parte da *República* consiste na resposta de Platão a esta questão.

Giles de Roma (1243-1316) Nome latino: *Aegidius Romanus*. Membro da ordem de S. Agostinho, autor de obras de filosofia política, *e.g.*, *De regimine principium*. A sua *Apologia* só recentemente foi descoberta, tendo sido publicada pela primeira vez em 1985. Estabeleceu-se que foi o documento que se sabe que Giles apresentou em sua defesa na Universidade de Paris em 1277 contra a acusação de aristotelismo. Na sua ontologia, sustentava que a essência e a existência não são entidades meramente distintas, sendo na verdade separáveis. O seu principal oponente era Henrique de Gandavo.

Gilligan, Carol /ˈgɪlɪgən/ (n. 1936) Professora de Educação na Universidade de Harvard. *In a Different Voice* (1982, 2.ª ed. 1993) (*Teoria Psicológica e Desenvolvimento da Mulher*, 1997), e em *Mapping the Moral Domain* (1990), contrasta dois tipos de moralidade. Uma é formulada em termos de regras, direitos e justiça. Entre os autores contemporâneos que entendem a moralidade deste modo estão Hare, Rawls e Kohlberg (de quem Gilligan fora inicialmente assistente na sua investigação sobre o desenvolvimento moral). Gilligan argumenta que a – tipicamente masculina – «ética da justiça» destes autores negligencia dimensões importantes do cuidado e sentido de responsabilidade pessoal que caracterizam a ética feminina, uma ética em que as questões de contexto e circunstâncias particulares são encaradas como legitimamente envolvidas na formação de um juízo moral.

Os dois tipos de ética diferem em três aspectos importantes, como se mostra na Tabela 13.

Do ponto de vista da justiça, o agente moral é um indivíduo racional autónomo. O ponto de vista feminino autêntico vê os agentes morais como seres interdependentes, que respondem antes de mais às necessidades dos outros e não tanto às exigências de regras abstratas.

Gilson, Étienne-Henri /ʒilsɔ̃/ (1884-1978) Historiador francês de filosofia medieval, e um representante proemi-

TABELA 13 Dois tipos de ética (Gilligan)

	Ética da justiça (masculina)	*Ética do cuidado (feminina)*
1. aprendizagem	princípios morais	disposições morais
2. conceitos centrais	direitos e justiça	responsabilidades e relações particulares
3. raciocínio	parte de princípios gerais	parte do contexto particular

nente do neotomismo. A sua descrição da filosofia de Descartes, *Études sur le rôle de la pensée médiévale dans la formation du système cartésien* (1930), foi influente, mostrando que Descartes muito devia aos seus antecessores medievais, não tendo começado a partir de uma *tabula rasa* teórica.

ginocentrismo (gr. γυνή mulher) *s.* Parcialidade a favor da mulher; ênfase nos interesses ou pontos de vista femininos. Cf. ANDROCENTRISMO.

ginocracia (gr. γυνή mulher) *s.* (também: ginenocracia – *ver* MATRIARCADO) 1 Forma de organização social na qual as mulheres governam. 2 Sociedade na qual as mulheres têm o poder governativo.

Glanvill, Joseph /ˈglænvɪl/ (1636--1680) Filósofo inglês, um dos primeiros membros da Royal Society. Opunha-se à filosofia aristotélica ensinada na sua universidade, Oxford, tendo sido em parte influenciado pelos platónicos de Cambridge. Em *The Vanity of Dogmatizing* (1661) pugnou a favor de uma ciência empírica que poderia alcançar uma certeza relativa, mas não a infalibilidade. Antecipou a perspetiva de Hume de que na relação de causa e efeito, *propter hoc* nada é senão um *post hoc* repetido. Em *Philosophical Considerations Touching Witches and Witchcraft* (1666) – redenominado *Sadducismus triumphatus* em (1681), aludindo à mundividência secular tradicionalmente atribuída aos saduceus – defendeu, ao opor-se ao materialismo e ao ateísmo, não apenas a crença em Deus mas também a crença na feitiçaria, denegrindo assim a sua reputação póstuma.

Glucksmann, André /glyksman/ (n. 1937) Intelectual francês proeminente entre os *Noveaux philosophes* (novos filósofos) que tomaram a dianteira no final da década de 1970 em reação enfática contra a hegemonia do marxismo e de outras filosofias de esquerda na França do pós-guerra. (O próprio Glucksmann esboçara um manifesto maoísta-anarquista em 1968.) Para Glucksmann, a missão da filosofia é defender-nos da estupidez. Nenhuma teoria se pode formular para isso: uma tradição representada pelos cínicos, Montaigne, Descartes, etc., mas sobretudo por Sócrates, pode inspirar a reflexão crítica, capaz de subverter teorias abrangentes do homem e da sociedade, especialmente as que, em nome da emancipação humana ou de outros ideais abstratos, exigem sacrifícios humanos.

gnómico Que tem o estilo de um provérbio. Uma gnoma é um provérbio, aforismo ou máxima de sabedoria popular.

gnosiologia *s.* Teoria do conhecimento, epistemologia. A palavra não é usada com frequência, mas ocorre neste sentido em Baumgarten e N. Hartmann. Variante: gnoseologia.

gnôsis (gr. γνῶσις conhecimento) *s.* Este era o termo comum para conhecimento no grego da antiguidade. Mais tarde, com a ascensão do gnosticismo, adquiriu o sentido especial de uma argúcia espiritual mais elevada que conduz à salvação.

gnosticismo Um movimento religioso esotérico que emergiu no início da era cristã, foi suprimido pela Igreja cristã por ser herética, mas reapareceu periodicamente sob diferentes nomes, no seio do cristianismo ou na sua periferia. O nome deriva de GNÔSIS e os seus partidários afirmavam saber «quem éramos, e o que nos tornámos, onde estávamos, onde fomos colocados, para onde nos apressávamos a ir, do que estávamos redimidos, o que é o nascimento e o que é o renascimento», como um gnóstico do século II afirmou.

Até recentemente, o gnosticismo era conhecido sobretudo das polémicas dos Padres da Igreja contra eles, que incluíam apenas poucas citações diretas dos professores gnósticos. Contudo, alguns textos gnósticos originais foram agora recuperados, incluindo uma biblioteca com 13 códices de textos descobertos em Nag Hammadi, no Egito, em 1945. Estes textos incluem o *Evangelho de Tomás*, uma colectânea de ditos de Jesus em parte paralelos aos dos evangelhos do Novo Testamento, e em parte diferentes, mas todos modificados pela espiritualização gnóstica. Os textos sugerem também influências do judaísmo esotérico, da mitologia grega e egípcia e do platonismo.

As crenças gnósticas típicas incluem: a noção de que o mundo físico é uma criação imperfeita de um deus menor; uma revelação provinda de um mundo superior (afirmando-se muitas vezes, mas nem sempre, que foi trazida por Jesus); a distinção dos seres humanos entre «espirituais» e «materiais»; e a afirmação de que só os «espirituais» conseguem ouvir a revelação, pois só eles pertencem ao mundo superior. A salvação é concebida como uma libertação do espírito da servidão da matéria. Estas crenças são muitas vezes apresentadas em forma mitológica, e alguns leitores interessam-se pelo gnosticismo precisamente por «remitologizar» as ideias religiosas e filosóficas. RB

gnōti seauton gr. γνῶθι σεαυτόν conhece-te a ti mesmo – inscrição no templo de Delfos, na Grécia antiga.

Godwin, William /ˈgɔdwɪn/ (1756-1836) Romancista inglês (autor de *Things as They Are; or The Adventures of Caleb Williams* 1794) e autor de tratados políticos, nomeadamente *Enquiry Concerning Political Justice*, 1793 (3.ª ed. rev. 1798), o texto fundamental da teoria política conhecida como *anarquismo*. A teoria política radical de Godwin é inflexivelmente utilitarista e anarquista numa linha liberal-individualista. O seu vigoroso ataque aos abusos sociais, à opressão e exploração da sociedade política, levaram-no à tese geral de que esta tem uma influência corruptora e que viola os direitos do indivíduo.

Casou-se com Mary Wollstonecraft (1759-1797). A filha do casal, Mary (1797-1851) casou-se com Shelley, sendo também autora, conhecida sobretudo pelo seu *Frankenstein, or the Modern Prometheus* (1818) (*Frankenstein, ou o Prometeu Moderno*, 1994), uma obra muitas vezes citada pelos críticos da ciência moderna e da tecnologia.

Goethe, Johann Wolfgang von /ˈgøːtə/ (1749-1832) Na história da literatura alemã, Goethe é o mais importante. Apesar de a filosofia não ser um dos seus interesses principais, escreveu profusamente sobre a filosofia da natureza, opondo a sua própria teoria das cores à *Opticks* (1704) de Newton (*Óptica*, 2002). Uma das suas motivações era o desagrado perante teorias que reduziam fenómenos qualitativos a algo puramente matemático e mecânico, deixando de fora os aspetos subjetivos da experiência.

Goodman, Nelson /ˈgʊdmən/ (1906-1998) Filósofo norte-americano, professor nas universidades de Pensilvânia (1946), Brandeis (1964) e Harvard (1967). Para Goodman, usamos nas nossas crenças certos dados iniciais nos quais temos fé. O seu número é finito, evidentemente, e permitem várias extrapolações, *i.e.*, permitem vários modos de fazer mundos (o que talvez queira dizer: diferentes maneiras de ver o mundo), nenhum dos quais se poderá dizer que é *o* mundo real. Podemos adotar qualquer mundividência consistente e que se ajuste ao que tomamos como inicialmente credível. Todas são igualmente aceitáveis. Goodman sustenta, contudo, que devemos favorecer o que é comummente adotado, devemos favorecer conceitos arraigados, que não devem ser encarados contudo como se fossem imunes à revisão. Estes pontos de vista são desenvolvidos em *The Structure of Appearance* (1951), *Fact, Fiction and Forecast* (1954) (*Facto, Ficção e Previsão* 1991), *Ways of Worldmaking* (1978) (*Modos de Fazer Mundos*, 1995) e (com C. Z. Elgin) *Reconceptions* (1988). Goodman escreveu também sobre estética. Em *Languages of Art* (1968) (*Linguagens da Arte*, 2006), sustenta que as formas de arte são sistemas de símbolos que, como a linguagem, têm sintaxe (princípios estruturais) e significado. É por isso que as obras de arte podem ser *compreendidas*, *i.e.*, interpretadas corretamente, o que é diferente de se gostar delas ou de serem apreciadas, etc. Rejeita o ponto de vista de que a arte representa a realidade sendo-lhe semelhante. Um número especial da revista *Erkenntnis* (2000) sobre Goodman inclui um memorial por C. Z. Elgin. *Ver* PARADOXO DE GOODMAN.

Górgias (*c.* 483-376 a.C.; gr. Γοργίας) É habitual descrever Górgias (de Leontini, na Sicília) como um dos sofistas da antiguidade. O conhecimento que dele temos é muito limitado. Parece ter sublinhado os aspetos subjetivos e relativos da opinião e do conhecimento, e ter sido um partidário da física e metafísica de Empédocles. Nas paráfrases que temos da sua obra perdida, *Da Natureza* ou *Do Não Ser*, Górgias defende que nada existe; que se algo existisse, não poderia ser conhecido; e que se pudesse ser conhecido, não poderia ser comunicado. Esta interpretação é controversa. Foi uma importante figura na história da retórica. Um dos diálogos de Platão tem o seu nome.

governamentalidade Palavra que combina «governamental» e «racionalidade», introduzida por Michel Foucault em lições 1978-1979. Apesar de pouco ter publicado sobre este tema, as suas ideias atraíram muita atenção, especialmente depois da publicação de G. Burchell, C. Gordon e P. Miller (orgs.), *The Foucault Effect: Studies in Governmentality*, 1991). A palavra abrange o governamentalidade da conduta em dois sentidos: tal como é exercido no domínio político, ou tal como o indivíduo regula a sua própria conduta em relação a si mesmo e aos outros. Foucault chamou em especial a atenção para o modo como o poder político dá forma e tem uma influência disseminada no que comummente se pensa que pertence aos domínios privados, autónomos, dos indivíduos.

graça s. 1 Em filosofia: o ensaio de Friedrich Schiller, *Über Anmuth und Würde* (1793) (*Sobre Graça e Dignidade*, 2008), explica o contraste entre os dois conceitos, e atribui à graça um papel fundamental quer na estética, quer na ética. Argumentou que a ética de Kant salienta excessivamente a dignidade às custas da graça. 2 Na teologia: segundo algumas afirmações de S. Paulo e segundo muitos teólogos, incluindo Agostinho, Lutero, Calvino e Pascal, o homem é completamente pecaminoso e incapaz de salvação por meio dos seus próprios esforços; só a graça, uma dádiva gratuita livremente outorgada por Deus, pode salvar o pecador. Foi para refutar esta doutrina da justificação por via da graça que Pelágio argumentou que o homem é capaz de boas obras por meio das quais pode encontrar o amparo de Deus.

Gracchus, Tiberius Sempronius (c. 169-133 a.C.) Tribuno romano que tentou introduzir reformas no sistema agrário do Império Romano por forma a restaurar as condições de vida dos pequenos agricultores independentes. Foi morto num tumulto em resultado das suas polémicas reformas. Mais tarde o seu irmão mais novo Gaius (c. 160-121 a.C.) reintroduziu as suas reformas e diminuiu o poder dos senadores nobres de Roma. Emprestou o seu nome a BABEUF. DM

gramática s. A descrição sistemática do modo como uma linguagem está estruturada, em contraste com o seu léxico, que é o inventário das suas palavras e dos significados que lhes são atribuídos. Tradicionalmente, a gramática divide-se em duas partes principais: a *morfologia*, que descreve a formação de palavras, as classes de palavras, declinações, conjugações, etc., e a *sintaxe*, que descreve as características que se relacionam com a formação de frases.

gramatologia s. O tipo de investigação levada a cabo por Derrida em *De la Grammatologie* (1967) (*Gramatologia*, 2008), onde é caracterizada como uma «ciência da escrita»; mas note-se que a palavra «escrita» não é usada no sentido comum.

Gramsci, Antonio (1891-1937) Pensador marxista italiano. Politicamente ativo, desempenhou funções de liderança no Partido Comunista Italiano, tendo ficado encarcerado pelas autoridades fascistas a partir de 1926. O acesso a livros e periódicos era-lhe contudo permitido, e deixavam-no escrever. Os seus *Quaderni del cárcere* (*Cadernos do cárcere*, 6 vols. 1999-2002) são de importância central para um estudo do seu pensamento. Sob a influência de Croce, o perfil filosófico geral de Gramsci é, em muitos aspetos, relativista. Rejeitava muitos dos princípios «materialistas» proclamados por Engels e Lenine, incluindo o objetivismo: a noção de que uma certa realidade existiria ainda que o homem não existisse. A ideia de que pode haver um ponto de vista objetivo é, para Gramsci, um resquício do ilusório pressuposto religioso de um olhar divino, e essa ideia só nos parece plausível devido à prolongada influência das doutrinas religiosas sobre o senso comum. Na sua teoria política rejeitava a democracia parlamentar, que do seu ponto de vista não poderia responder adequadamente aos interesses e necessidades da sociedade em geral. Condenava também o centralismo burocrático (Lenine, Trotsky, Estaline) por considerar que a sua característica central era o exercício brutal da força. A alternativa, pelo menos nos primeiros escritos, seriam comités de trabalhadores que administrariam não apenas a vida produtiva da sociedade mas também a vida política e cultural. No seu pensamento posterior, desenvolveu uma teoria da hegemonia para explicar por que razão as classes exploradas aceitavam a ordem social existente. Argumentou que dominar uma classe não depende tanto da máquina repressiva do Estado, antes do facto de que um modo prevalecente de pensar protege a ordem social existente, definindo persuasivamente para toda a sociedade o que se deve encarar como natural e normal. Uma ideologia dominante não é um mero efeito lateral de realidades económicas e políticas. Logo, a luta pela hegemonia cultural e intelectual, por uma posição de influência na mentalidade pública, é um passo necessário para implantar uma nova maneira de pensar, o que por sua vez é uma condição necessária para uma mudança revolucionária.

Green, T(homas) **H**(ill) (1836-1882) Filósofo de Oxford, membro do Balliol College, um dos principais representantes do idealismo hegeliano. Rejeitou o materialismo científico e o utilitarismo, então populares, tendo escrito uma crítica importante ao empirismo na introdução da sua edição (em parceria com Grose) das obras de Hume. A sua ética idealista é apresentada na obra póstuma *Prolegomena to Ethics* (1883). A filosofia política de Green, desenvolvida nas suas *Lectures on the Principles of Political Obligation* (1885), era liberal, mas as suas objeções aos princípios *laissez-faire* mostram a influência de Hegel.

Greimas, A(lgirdas) **J**(ulien) /grǣmas/ (1917-1992) Nasceu na Lituânia; estudou em França, 1936-1939; foi professor em Alexandria e Ancara, entre 1949--1965, e depois em França onde, quando se jubilou em 1985, regia a cátedra de Semântica Geral em Paris. Em *Sémantique struturale* (1966) (*Semântica Estrutural*, 1973), salientou que são certas características elementares estruturais, sobretudo relações entre opostos, que dão origem à linguagem com significado. Assim, «escuro» só faz sentido porque tem um oposto, «luz». Tal como outros afirmaram que são as frases, e não as palavras, que são os portadores primários do significado, Greimas propôs que é todo um discurso, e não uma frase, a desempenhar esse papel. Salientou também que são as características estruturais dão sentido às narrativas. Conceitos importantes são três pares de ACTANTES opostos: sujeito/objeto; emissor/recetor; cooperante/oponente. A partir desta base constrói-se uma «gramática» da narrativa, análoga à gramática da linguagem. Inicialmente, a análise de Greimas dizia respeito à estrutura da narrativa, mas foi generalizada em *Du Sens* (1970) (*Sobre o Sentido*, 1975) para se aplicar ao discurso em geral e até, na verdade, às estruturas do funcionamento da mente humana. Tentou-se também aplicar a sua análise a outras áreas, incluindo a jurisprudência. Uma fonte importante é uma obra enciclopédica de Greimas e Courtés: *Sémiotique*, 1979, 1986 (*Dicionário de Semiótica*, 2008).

Grice, (Herbert) Paul /graɪs/ (1913--1988) Filósofo inglês. Professor em Oxford até 1967, e depois em Berkeley. Particularmente notáveis foram os seus

Grice, (Herbert) Paul

contributos para a filosofia da linguagem, chamando a atenção para características essenciais da compreensão do significado linguístico, mas que não são captadas pelos padrões comuns de análise. O seu conceito de *implicatura conversacional* mostrou-se frutuoso. Uma implicatura conversacional é algo que se pode inferir do facto de um locutor usar um tipo particular de elocução numa dada ocasião.

Grice apresenta princípios básicos para a cooperação conversacional: 1) ser tão informativo quanto o necessário; 2) não ser mais informativo do que o necessário; 3) não afirmar o que sabemos ser falso; 4) não afirmar o que não podemos fundamentar com indícios adequados; 5) ser relevante; 6) não ser obscuro; 7) não ser ambíguo; 8) não ser prolixo; 9) não ser desorganizado, usar uma certa ordem. Estes princípios podem explicar muitos aspetos da comunicação. Eis um exemplo: podemos transmitir um dado significado afirmando propositadamente uma irrelevância (*i.e.*, violando a regra 5), se avaliarmos uma execução musical dizendo «O cantor é muito bonito». A elocução nada *implica* logicamente sobre a execução musical, mas fá-lo sem dúvida *conversacionalmente*, sugerindo uma avaliação negativa.

Juntamente com P. F. Strawson, Grice escreveu «In Defence of a Dogma» *Philosophical Review* 65 (1956) («Em Defesa de um Dogma»), defendendo a distinção analítico/sintético contra as objeções de Quine apresentadas em «Two Dogmas of Empiricism», *Philosophical Review* 60 (1951). Grice defendeu também uma teoria objetivista do valor, adotando a perspetiva com afinidades kantianas de que a pessoalidade, como fundamento do valor absoluto, não pode ser reduzido a conceitos naturalistas, em particular biológicos.

R. Grandy e R. Warner (orgs.), *Philosophical Grounds of Rationality* (1986) contém artigos de Grice, entre outros, que discutem o seu trabalho. Muitos dos escritos de Grice foram editados (ou re-editados) em *Studies in the Way of Words* 1989. *Aspects of Reason* (2001) é uma exploração original da razão e do raciocínio.

Grócio, Hugo (1583-1645) Advogado, teólogo, poeta e estadista holandês exilado, sobretudo em França, a partir de 1621. Na obra que estabeleceu a sua fama como pai do direito internacional, *De jure belli ac pacis libri tres* (1625) (*O Direito da Guerra e da Paz*, 2 vols., 2004), Grócio propõe-se explicar o que é correto e incorreto fazer numa guerra, e quais são os fundamentos de uma guerra justa.

Nos *Prolegómenos* a essa obra há uma afirmação famosa de que os princípios morais nela estabelecidos teriam algum grau de legitimidade mesmo que nenhum Deus existisse para nos exigir obediência.

O princípio central da teoria de Grócio é que há tantos fundamentos para uma guerra justa quanto para levantar um processo, civil ou criminal, em tribunal. O tipo de tribunal que tem em mente é o que decide racionalmente, segundo o direito natural. Em geral, há apenas um tipo de fundamento para levantar um processo: que uma *iniquidade* tenha sido cometida. É por isso importante saber o que conta como iniquidade, como dano. Na sua lista inclui atentados à vida, saúde, liberdade, propriedade, reputação, honra ou pudor sexual. As violações dos direitos que resultam de violações de contratos também contam como iniquidades. Se um indivíduo numa sociedade civil for vítima de uma iniquidade e se puder recorrer aos tribunais, então não é permissível que faça justiça pelas suas mãos. No estado de natureza, onde não há autoridade civil, podemos fazer justiça pelas nossas mãos.

A nível internacional, a lista de iniquidades que os Estados podem cometer ou sofrer é semelhante, mas não idêntica. Mas não há qualquer organismo que faça cumprir a lei, pelo que os Estados têm direito a tomar a lei nas suas mãos, reagindo contra os males perpetrados. Podem também agir preventivamente contra iniquidades prestes a serem cometidas.

Grócio queria impedir a guerra, ou pelo menos limitar a frequência e ferocidade das guerras religiosas e das guerras de conquista, ambas constantes na história da Europa medieval e moderna. Por querer que o seu trabalho tivesse aplicação prática, discutiu não apenas o que era correto fazer segundo a natureza ou a razão, mas também o que era correto segundo os costumes comuns de todas as nações, ou pelo menos das mais civilizadas. A isto chamou *ius gentium* (a lei das nações), em contraste com a *ius naturale* (a lei natural) ou a *ius naturae* (a lei da natureza).

Diz-se por vezes que Grócio usou um método geométrico no desenvolvimento da sua teoria; isto é incorreto. O seu modo de escrever era o de um humanista erudito, com uma abundância de citações de poetas e filósofos da antiguidade.

Algumas ideias cuja vida filosófica começou com Grócio exerceram uma forte influência. A ideia de lei das nações tornou-se mais firmemente estabelecida. A perspetiva individualista fornecida pela lista de iniquidades, juntamente com o princípio de que podemos reagir violentamente contra qualquer uma delas, está no âmago de muitas análises posteriores dos direitos e das teorias morais baseadas em direitos.

Em teologia, Grócio representava o ponto de vista arminiano (ARMINIANISMO). Desejava o fim do conflito entre as várias igrejas e seitas, como se pode ver no seu muito lido *De veritate religionis Christianae* (1627).

Método de citação: Os Prolegómenos a *De jure...*, por parágrafo. O texto principal, por livro, capítulo, secção, subsecção. Por exemplo, 2,40,5,1 refere-se ao Livro 2, capítulo 40, secção 5, subsecção 1.

Grosseteste, Robert /ˈgrəʊstɛst/ (*c.* 1165-1253) Bispo e académico inglês. Lecionou teologia, metafísica e física em Oxford, e provavelmente também noutros lugares; mais tarde, foi bispo de Lincoln. Era recetivo às teorias redescobertas de Aristóteles, cuja ética traduziu por volta de 1240, e também às dos seus quase contemporâneos judeus e muçulmanos. Na sua própria física e metafísica o conceito de luz desempenha um papel central como fator explicativo.

Guilherme de Ockham Ver OCKHAM.

guilhotina de Hume Outra designação para a LEI DE HUME, usada por Max Black em «The Gap Between 'is' and 'should'», *Philosophical Review* 73 (1964).

Guyau, Jean /gyɪo/ (1854-1888) Autor filosófico francês que desempenhou um papel muito importante na introdução do pensamento de John Stuart Mill e Herbert Spencer em França. As suas obras eram muito populares junto dos leitores franceses, e também além-fronteiras. O teor do seu pensamento é bem visível pelos títulos de duas delas: *L'Irreligion de l'avenir* (1887) e *Esquisse d'une morale sans obligation ni sanction* (1885).

H

Habermas, Jürgen /ˈhaːbərmas/ (n. 1929) Filósofo alemão, professor em Frankfurt 1964-1971, e de novo 1983- -1994; no Instituto Max Planck em Starnberg no interregno. É o representante contemporâneo mais importante da «segunda geração» da Escola de Frankfurt. Assume o projeto de reformular o marxismo como teoria social crítica, ocupando-se da identificação e dissolução de todas as relações de poder opressivas e exploradoras de modo a permitir que os seres humanos consigam organizar a sociedade consciente e deliberadamente.

Habermas retomou também a crítica da ideia de que a teoria social pode e deve ser objetiva, imparcial e avalorativa. Em *Erkenntnis und Interesse* (1968) (*Conhecimento e Interesse* 1982), argumenta que o problema kantiano de saber como poderá a razão fornecer um motivo para agir só pode ser resolvido considerando que o próprio conhecimento está alicerçado em interesses humanos fundamentais, em necessidades profundamente enraizadas. Os seres humanos procuram dominar a natureza por meio do trabalho e o interesse no controlo técnico inerente no trabalho sustenta as ciências da natureza. Além disso, os seres humanos também interagem e comunicam entre si, e o interesse nestas atividades gera outro tipo de investigação: a das disciplinas históricas e hermenêuticas (história, antropologia social, estudos culturais e literários, etc.). Um terceiro tipo de interesse é emancipador. Sustenta investigações com uma orientação crítica, como a filosofia, psicanálise e teoria social crítica, que analisa e tenta superar as distorções impostas pelos mecanismos do poder e da dominação na sociedade. Visa realizar a liberdade humana e a responsabilidade, e a sua sociedade ideal é aquela em que a organização social resulta de um consenso sem constrangimentos alcançado por meio de um diálogo aberto e bem informado.

A obra de Habermas da década de 1970, *e.g.*, *Legitimationsproblema im Spätkapitalismus* (1973) (*A Crise de Legitimação no Capitalismo Tardio*, 2002) e *Zur Rekonstruktion des historischen Materialismus* (1976) (*Para a Reconstrução do Materialismo Histórico*, 1990), centra-se na elaboração da ideia de que toda a avaliação crítica das questões morais, sociais e políticas tem de ter uma base última na própria natureza da comunicação humana. Recorrendo a uma análise das condições da compreensão comunicativa possível, análise influenciada por filósofos linguísticos como Austin, Searle e Grice, argumenta que a compreensão, o *telos* da linguagem, é uma questão de consenso genuíno e não forçado, e que tal consenso só é possível se a discussão for inteiramente aberta e sem restrições. Assim, em todo o ato comunicativo pressupomos necessariamente – ainda que contrafactualmente – que estamos numa «situação discursiva ideal» de diálogo aberto e sem inibições. Habermas argumenta ainda que a comunicação, com o seu pressuposto desta situação discursiva ideal, antecipa assim a realização de uma forma de vida social na qual as instituições sociais e políticas permitam o diálogo aberto, sem restrições, e o consenso. E isto fornece o ponto de vista contra o qual devemos avaliar formas efetivas de vida social.

Na sua obra magna em dois volumes, *Theorie des kommunikativen Handelns I-II* (1982), Habermas modifica um pouco a sua posição. Já não pensa que possamos derivar uma conceção concreta de vida social de uma noção abstrata e formal como a situação discursiva ideal. Na verdade, essa noção já não aparece. Contudo, Habermas continua a argumentar que orientar-se pela compreensão e consenso é inerente à ação comunicativa, orientação essa que pode servir de base ao diagnóstico e remédio de patologias sociais particulares. O que Habermas tem sempre procurado é, pois, uma fundação normativa para a crítica social na dimensão da comunicação humana.

Nos últimos tempos, especialmente em *Der philosophische Diskurs der Moderne* (1985) (*O Discurso Filosófico da Modernidade*, 2000), entregou-se a um debate vigoroso com os pós-estruturalistas franceses, *e.g.*, Foucault e Lyotard, argumentando que a rejeição radical, por parte destes autores, de qualquer noção de fundamentos destrói a própria possibilidade da crítica social. Outros escritos desde finais da década de 1980, *e.g.*, *Moralbewusstsein und kommunikatives Handeln* (1990) (*Consciência Moral e Agir Comunicativo*, 2003), *Justification and Application* (1993) e *Faktizität und geltung* (1992) (*Direito e Democracia*, 2 vols., 1997), continuaram a elaborar e modificar a teoria da ÉTICA DO DISCURSO: poderia gerar um consenso sobre normas fundamentais, mas não sobre a vida boa. Nestas obras, Habermas reconhece afinidades com as ideias de autores como Rawls e Kohlberg. Habermas considera que os conceitos de justiça e de ação correta e incorreta são categorias morais fundamentais, e afirma que se não fosse o facto de a expressão «ética do discurso» se ter tornado corrente, preferiria chamar-lhe «teoria discursiva da moralidade».

Habermas, autor prolífico, é desde há muito um intelectual público proeminente. Num importante debate na Alemanha, em 1999, argumentou veementemente contra a opinião (proposta por Peter Sloterdijk) de que as tentativas desde tempos imemoriais para melhorar os seres humanos por meio da educação moral fracassaram por completo, e que, por isso, se poderia tentar fazê-lo ao invés mudando geneticamente as gerações futuras. *The Future of Human Nature* (2003) (*O Futuro da natureza Humana. A Caminho de uma Eugenia Liberal?*, 2006) discute a engenharia genética (por razões médicas e de saúde) e adverte contra o perigo de tratar os seres humanos meramente como meios para os fins de alguém. Além disso, o pressuposto de uma natureza humana comum que subjaz ao ideal universalista de valores comuns (Kant, Rawls) que podem ser racionalmente aceites por todos pode ficar enfraquecido se, em consequência da manipulação genética, um indivíduo for pré-programado, revelando-se incapaz de ser completamente autónomo. RCA/dir.

Leitura: S. Benhabib e F. Dallmayr (orgs.), *The Communicative Ethics Controversy* 1990; W. Outhwaite, *Habermas: A Critical Introduction*, 1994; *The Cambridge Companion to Habermas* 1995. Edições 70 está a proceder à publicação das suas obras escolhidas, em cinco volumes.

Hades (na mitologia grega antiga) 1 O domínio dos mortos. 2 O soberano desse domínio, *i.e.*, Plutão.

Haeckel, Ernst /ˈhɛkəl/ (1834-1919) Biólogo e filósofo alemão, foi o primeiro defensor importante do darwinismo na Alemanha. Formulou a lei da recapitulação biológica: que a ontogenia (o desenvolvimento de um indivíduo) recapitula a filogenia (o desenvolvimento da espécie). O seu sucesso de vendas *Die Welträtsel* (1899) (*Os Enygmas do Universo*, 1908) contém uma rejeição enfática das crenças e práticas religiosas tradicionais. O seu monismo neutro, que tem afinidades com a metafísica de Espinosa, é uma tentativa de evitar as dificuldades do idealismo e do materialismo. Haeckel fundou a Monistenbund (Liga Monista) para promover a nova metafísica e ética científicas.

Hägerström, Axel /ˈhæːgɛrstrœm/ (1868-1939) O mais antigo representante da Escola de Uppsala, que floresceu na primeira metade do século XX. Tinha uma orientação antimetafísica, e considerava que a tarefa da filosofia era a análise e clarificação conceptual.

Na sua lição inaugural, «Sobre a verdade das ideias morais» (1911), Hägerström argumentou que os juízos morais, *i.e.*, juízos que envolvem os conceitos de um dever categórico ou de um valor supremo, não são verdadeiros nem falsos. Esta parece ter sido a primeira afirmação inequívoca de NÃO COGNITIVISMO moral. Contudo, há também na sua teoria sugestões de uma TEORIA DO ERRO, segundo a qual as afirmações normativas de certos tipos são todas falsas (em vez de não serem verdadeiras nem falsas).

A metafísica era rejeitada por ser absurda ou destituída de sentido porque tinha de pressupor que expressões como «realidade», «ser», etc., designavam, elas próprias, algo real, algo que *é*; pode-se mostrar que isto, contudo, conduz ao absurdo. Não há realidade transcendente: tudo o que existe tem de pertencer a um e um só contexto omni-abrangente de espaço e tempo. Hägerström defendia a perspetiva de que os pressupostos metafísicos tinham infestado não apenas a filosofia tradicional mas também o senso comum, a religião, a moralidade, as ciências humanas e as ciências da natureza. Nos estudos do direito, seria necessária uma análise cuidadosa e uma revisão crítica das conceções do direito para obter uma jurisprudência sensata (*Inquiries into the Nature of Law and Morals*, 1953), e, mais em geral, na maior parte das áreas de investigação, seria necessária uma revisão radical dos modos tradicionais de pensar para remover as ilusões da metafísica.

Hamann, Johann Georg /ˈhaːman/ (1730-1788) Pensador alemão. Os seus poderosos escritos, ainda que oraculares, questionaram a fé na racionalidade, prevalecente do século XVIII. A análise distorce a realidade; dissecar é assassinar; a racionalidade, tanto no pensamento como na prática social, é desumanizadora. Escreveu em nome do GÉNIO artístico e da simples piedade, usando os argumentos antirracionalistas de Hume em sua defesa, dando um uso inesperado à tese deste filósofo de que a crença pertence à parte sensitiva e não cognitiva da nossa natureza. Talvez isto tenha sido mais fácil porque o termo alemão *Glaube* tanto pode ser usado para traduzir *crença* como *fé*. Hamann insistiu que nem tudo se pode provar, mas que, do mesmo modo, não podemos em última análise rejeitar a nossa experiência sensível, pelo que devemos aceitar o sentir poético e a fé religiosa. Acusava em particular os iluministas franceses de desprezarem arrogantemente vastas áreas da experiência humana e dos valores. J. G. Herder e J. H. Jacobi foram dois dos autores que Hamann influenciou.

Hamilton, Sir William /ˈhæmɪltən/ (1788-1856) Filósofo escocês, professor em Edimburgo, um homem de grande erudição. A sua filosofia intuicionista, influenciada por Reid e Kant, foi objeto de um importante exame crítico (1865) por parte de John Stuart Mill. Em lógica, Hamilton propôs que as proposições categóricas básicas (Todo o *S* é *P*, etc.) deviam ser substituídas por formas como Todo o *S* é todo o *P*, Todo o *S* é algum *P*, Nenhum *S* é todo o *P*, etc., nas quais tanto o sujeito como o predicado são quantificados, mas a sua teoria não logrou impor-se.

Hampshire, Sir Stuart (Newton) /ˈhæmpʃə/ (1914-2004) Filósofo de Oxford. *Thought and Action* (1959, ed. rev. 1982), entre outros textos, explora as diferenças entre ações e meros acontecimentos, entre afirmações das nossas intenções e meras previsões da nossa conduta futura, e as questões intimamente relacionadas da liberdade e da determinação causal. *Morality and Conflict* (1983), *Innocence and Experience* (1989) e *Justice is Conflict* (1999) apresentam discussões ponderadas de questões morais, e em especial do conflito entre a necessidade política inevitável e a necessidade moral categórica.

Hanslick, Eduard /ˈhanslik/ (1825-1904) Crítico austríaco de música. No seu *Vom Musikalisch-Schönen* (1854) (*Do Belo Musical*, 1992), argumentou a favor de uma teoria pura da música. A música não descreve paisagens ou acontecimentos, e a sua função não é representar sentimentos nem emoções. Nem tem a música por função fazer surgir emoções particulares. O que dá valor à música são qualidades a ela intrínsecas.

hapax legomenon gr. ἅπαξ λεγόμενον Algo que se diz só uma vez; uma palavra usada apenas numa dada ocasião, ou da qual só se conhece uma ocorrência.

Hare, R(ichard) M(ervyn) /hɛə/ (1919-2002)
Autorretrato filosófico: sou de origem inglesa. Depois de estudar no Balliol College, Oxford, com uma interrupção para cumprir serviço militar na guerra no Oriente, tendo então sido feito prisioneiro pelos Japoneses, lecionei em Oxford entre 1947-1983 e, depois de me aposentar da cátedra que aí regia, estive na Universidade da Florida até 1994.

Os meus interesses principais foram a ética teórica e aplicada. Insisti numa distinção entre os elementos descritivos e prescritivos do significado das afirmações morais. O seu significado descritivo são as propriedades (que em si não são morais – e.g., *ser um ato de quebra de promessa*, ou *casar com uma pessoa de outra raça*) que são as razões para fazer afirmações morais sobre ações ou pessoas. As razões para as afirmações morais variam de cultura para cultura, de modo que se o seu conteúdo descritivo fosse o único elemento do seu significado, as consequências seriam o relativismo. Obtém-se a objetividade apenas devido ao elemento prescritivo, comum a diferentes culturas que partilhem uma linguagem moral, e à lógica que a rege. A lógica do elemento prescritivo exige que as prescrições morais sejam aplicadas universalmente a todos os casos similares, de modo que as obrigam a ser imparciais.

O pensamento moral tem lugar em dois níveis. No nível inferior, ou intuitivo, limitamo-nos a aplicar, sem os questionar, princípios que aprendemos. A este nível o descritivismo (a perspetiva de que os juízos morais são puramente descritivos) pode parecer plausível, tal como o intuicionismo, que é uma das suas principais versões. A este nível temos convicções morais de que não podemos facilmente duvidar. Contudo, estas convicções sustentam princípios gerais bastante simples, que podem entrar em conflito em casos difíceis. Por esta razão, e porque precisamos de ter a certeza de que as convicções são as corretas (muitas pessoas estão plenamente convencidas dos princípios morais mais deploráveis), exige-se um nível mais elevado de pensamento, para as justificar e decidir conflitos entre elas. Pensar a este nível mais elevado ou crítico será racional se levarmos a sério a exigência de universalibilidade já mencionada: isto é, que aceitamos apenas aquelas prescrições morais que estamos dispostos a prescrever em todos os casos semelhantes, independentemente da posição que nós próprios ocuparmos nesses casos. Isto é uma versão do Imperativo Categórico de Kant, mas conduz a uma moralidade, em termos críticos, semelhante a um tipo de utilitarismo; pois este método faz-nos tratar todos os outros do mesmo modo que nos tratamos a nós, procurando o bem de todos por igual. Os conflitos aparentes entre o utilitarismo e a intuição podem ser resolvidos mostrando que as intuições em conflito são geradas no nível inferior ou intuitivo, não gerando necessariamente as respostas corretas em casos inusitados, para os quais este nível não é adequado. O pensamento crítico sólido no nível mais elevado irá, contudo, recomendar que se cultive estas boas intuições em todos os casos comuns que é provável que enfrentemos.

Na ética aplicada, usei esta teoria para esclarecer dúvidas em muitas áreas, incluindo a bioética, a filosofia política (especialmente questões sobre direitos), ética do meio ambiente, educação e filosofia da religião.

Os livros que publiquei são *The Language of Morals* (1952) (*A Linguagem da Moral*, 1996), *Freedom and Reason* (1963), *Moral Thinking* (1981), e antologias dos meus ensaios sobre vários tópicos de filosofia moral analítica e aplicada, como *Sorting Out Ethics* 1997 (*Ética: Problemas e Propostas*, 2004). RMH

harmonia preestabelecida Um princípio importante na metafísica de Leibniz: as MÓNADAS não podem interagir; mas Deus fez as coisas de maneira que cada mudança numa destas substâncias se correlaciona perfeitamente com uma mudança nas outras. Por exemplo, no agregado de mónadas que constituem uma pessoa, o corpo e o espírito não se afetam causalmente entre si, mas as suas mudanças respetivas foram sincronizadas de uma vez por todas por Deus. Isto opõe-se à ideia ocasionalista (OCASIONALISMO) de uma intervenção divina *ad hoc* e à ideia cartesiana de uma interação direta.

Leibniz ilustrava este aspeto usando uma comparação simples: se numa torre dois relógios mostrarem sempre a mesma hora, pode-se formular três hipóteses: que se influenciam entre si (Descartes), que Deus intervém ocasionalmente para assegurar a sua concordância (Malebranche) ou que Deus os construiu e os pôs a trabalhar de modo a funcionarem em harmonia. (Uma quarta maneira seria a de Espinosa: que os dois são postos em movimento pelo mesmo mecanismo.)

Harrington, James /hærɪton/ (1611-1677) Filósofo político inglês. *Commonwealth of Oceana* (1656) (org. Pocock, 1992) descreve a estabilidade política (contra Hobbes) numa república livre de cidadãos independentes, proprietários de terras, regidos pela lei e não por pessoas. Apesar de influenciado pelo republicanismo de Maquiavel, salienta mais as instituições do que a virtude cívica, introduzindo a separação dos poderes de deliberação e decisão, a representação e a alternância governativa, a eleição por voto secreto e sorteio, uma milícia cívica, educação e religião que, apesar de tolerar a dissidência, limita o poder político dos fanáticos religiosos. Dando-se conta da relação entre o poder económico e político, idealizou uma lei agrícola para limitar a acumulação de terras. Influenciou os *whigs* do século XVIII e em especial os autores da constituição norte-americana. IH

Hart, H(erbert) **L**(ionel) **A**(dolphus) /hɑːt/ (1907-1992) Hart estudou filosofia em Oxford, e prosseguiu para direito, tornando-se advogado. Depois da guerra, lecionou Filosofia em Oxford, onde foi professor de Jurisprudência de 1952 a 1968 (sendo então sucedido por Ronald Dworkin). Influenciado primeiro pelos seus professores, especialmente H. W. B. Joseph, e mais tarde por filósofos seus contemporâneos de orientação linguística e analítica (Ryle, Hampshire, Austin, Waismann), Hart desenvolveu uma abordagem da filosofia do direito que o estabeleceria como o principal filósofo da área no mundo anglófono, ao mesmo tempo que deu mais prestígio a esse ramo da filosofia.

Na sua obra mais conhecida, *The Concept of Law* (1961, 2.ª ed. 1994) (*O Conceito de Direito*, 2007), Hart argumenta contra a teoria positivista do direito prevalecente, derivada dos textos de John Austin (1790-1859), de que a lei é em última análise uma série de regras de conduta amparadas pela ameaça. Tal teoria não pode explicar os poderes legais, nem pode fazer justiça ao núcleo de verdade presente nas ideias tradicionais do direito natural, *i.e.*, que há limites naturais, impostos por certas características básicas da condição humana, no que respeita ao que pode contar como direito. Não acreditava, contudo, que em todos os «casos difíceis» perante um tribunal haja uma resposta correta que o juiz, ou juízes, pode descobrir. Do ponto de vista de Hart, tem de haver discrição judicial e leis feitas por juízes. Ronald Dworkin levantou objeções a isto, e o pós-escrito de Hart à segunda edição contém uma resposta importante, discutida em J. Coleman (org.) *Hart's Postscript* (2001).

Outros textos de Hart lidam com a causalidade, responsabilidade, utilitarismo e há também o seu *Essays on Bentham* (1982). O seu nome tornou-se mais conhecido em virtude do debate com Lorde Devlin sobre o direito e a moralidade. Em *Law, Liberty and Morality* (1963) e noutros textos, Hart defendeu a perspetiva do relatório Wolfenden (1957) de que o direito não deve ocupar-se da conduta sexual privada de adultos livres, contra a perspetiva de Devlin, de que é apropriado que o direito seja usado para proteger a moralidade social existente.

Leitura: N. Lacey, *A Life of H. L. A. Hart* 2004.

Hartley, David /'hɑːtlɪ/ (1705-1757) Médico e filósofo inglês. Em *Observations on Man* (1749) desenvolveu uma teoria associativista da mente humana, numa linha consonante com o materialismo. A sua teoria tornou-se muito influente. Priestley adotou e promoveu o seu associativismo, tal como James Mill, e a sua classificação de vários tipos de prazeres e dores teve eco em Bentham.

Hartmann, Eduard von /ˈhartman/ (1842-1906) Filósofo alemão. A mais conhecida das muitas obras de Hartmann era *Philosophie des Unbewussten*, 3 vols., 1869. Nesta obra transformava em Inconsciente, como «coisa-em-si», a Ideia racional de Hegel e a Vontade de Schopenhauer. No último volume desenvolveu uma mundividência pessimista: este mundo é o melhor possível, mas não é suficientemente bom. Só lhe podemos escapar pondo fim à vontade e à sua concomitante miséria. A nível metafísico, a nossa esperança deveria ser que Deus (filosoficamente concebido) dominasse o seu impulso criativo, tendo como resultado final a aniquilação total e última de tudo. Esta mensagem de fadiga do mundo tornou a sua filosofia imensamente popular. O pessimismo era, contudo, apenas uma parte da totalidade do seu sistema filosófico, que combinava elementos de Kant, Schelling, Hegel, Schopenhauer, e também das teorias científicas da época. Noutros escritos, discutiu problemas do darwinismo primitivo, criticou a crença cristã e agitou a causa do antissemitismo.

Hartmann, Nicolai /ˈhartman/ (1882--1950) Filósofo alemão. Regeu cátedras em Marburgo, Colónia, Berlim e a partir de 1945 em Göttingen. Inicialmente influenciado pelo neokantismo da Escola de Marburgo (Cohen, Natorp), voltou--se mais tarde contra o seu idealismo subjetivo latente e contra a tradição que desde Descartes tem encarado o sujeito como ponto de partida da reflexão filosófica. Em vez disso, desenvolveu, em *Zur Grundlegung der Ontologie* (1935), *Möglichkeit und Wirklichkeit* (1938) e *Der Aufbau der realen Welt* (1940), uma teoria com elementos monistas e realistas, insistindo que a ontologia, e não a epistemologia, é a disciplina filosófica fundamental. Na sua teoria dos valores e da moral, que visa transcender o formalismo ético de Kant, distinguia dois tipos básicos de valoração: de situações e de agentes. O que é valorizado nos agentes é a virtude. Hartmann descreve-as pormenorizadamente. Defendia que a liberdade é pressuposta nos juízos valorativos e que esta liberdade implica independência da causalidade natural. A explicação da liberdade dada por Kant em termos de autonomia não satisfazia Hartmann, apesar de, contudo, concordar com Kant que esta liberdade em última análise é de difícil compreensão.

Hartshorne, Charles /hartsːhorn/ (1897-2000) Juntamente com Whitehead, um dos principais proponentes da filosofia processual: a realidade deve ser concebida como algo em devir e não como um ser. Isto aplica-se também a Deus, ideia desenvolvida na teologia processual de Hartshorne. Propôs uma versão modal moderna do argumento ontológico: a versão de Anselmo lida com a *existência* de Deus, tendo Hartshorne defendido que os problemas nele encontrados se podem superar na sua versão, que lida com a *existência necessária* de Deus. Algumas obras: *The Divine Relativity* 1948; *Anselm's Discovery* 1973; *Omnipotence and Other Theological Mistakes* 1983.

Leituras: *The Philosophy of Charles Hartshorne* (LLP) 1991; D. Dombrowski, *Analytic Theism, Hartshorne, and the Concept of God* 1996.

Hayek, F(riedrich) **A**(ugust) **von** /ˈhajɛk/ (1899-1993) Economista e autor de filosofia política austríaco-britânico, lecionou em Viena 1921-1931, depois em Londres (1931-1950), Chicago (1950-1962), Freiburg (1962-1968) e Salzburgo (1968-1977). Hayek é sobretudo conhecido pela sua crítica, de um ponto de vista do liberalismo clássico, do socialismo e do Estado-providência. Sendo um dos principais autores de teoria económica da década de 1930, a sua reputação e influência declinaram com a ascensão da economia keynesiana. O interesse na sua obra foi reavivado pelo Prémio Nobel da Economia de 1974.

Hayek deu contributos importantes nas áreas da filosofia, economia, jurisprudência e história das ideias. Na filosofia da ciência é sobretudo conhecido pela defesa do «individualismo metodológico», partilhando algumas ideias de Karl Popper. A sua teoria económica pode ser vista como uma tentativa de ver a economia como um problema de coordenação: o problema económico da sociedade não é como distribuir certos recursos, mas «como assegurar o melhor uso dos recursos conhecidos de qualquer um dos membros da sociedade, para fins cuja importância relativa só esses indivíduos conhecem». A sua obra sobre capitais, ciclos comerciais e teoria monetária tenta explicar os fracassos da coordenação económica, em particular ao longo do tempo. A crítica de Hayek da economia keynesiana resulta destas preocupações, pois considerava que Keynes ignorava o carácter temporal da produção económica, não conseguindo por isso ver como os processos do mercado facilitavam a coordenação económica ao longo do tempo.

A economia de Hayek é o ponto de partida da sua filosofia social, que vê a sociedade como uma «ordem espontânea». A maior parte das instituições importantes da sociedade, argumentou, não são o resultado de desígnio, mas de desenvolvimentos espontâneos. A ordem económica, não menos do que a linguagem e o direito, compreende-se melhor como produto da evolução. O impulso para a ordem – e para a civilização – vem da confiança equivocada do homem na capacidade da razão para controlar estes processos para dar forma ao desenvolvimento da sociedade. O socialismo é o exemplo mais nobre e mais sofisticado deste equívoco. A maior parte da obra de Hayek, quer como economista, quer como autor de filosofia política, foi dedicada à crítica do socialismo. É apresentada em várias obras, algumas das mais importantes das quais são: *The Road to Serfdom* (1944) (*O Caminho para a Servidão*, 2009), *Individualism and Economic Order* (1949), *The Counter Revolution of Science* (1952), *The Constitution of Liberty*, 1960 (*Os Fundamentos da Liberdade*, 1983), e *Law, Legislation and Liberty*, 1973-1978. CK

hedonismo (gr. ἡδονή prazer) *s.* 1 A tese de que o prazer é o maior bem: que só o prazer tem valor em si e que todo o prazer tem valor em si. Entre os filósofos que se considera que advogaram esta perspetiva encontra-se Aristipo, Epicuro e Bentham. Chama-se-lhe por vezes *hedonismo ético*, para o distinguir do HEDONISMO PSICOLÓGICO.

Nota: o prazer não é o mesmo que a felicidade, de modo que o hedonismo não é o mesmo que o eudemonismo, a tese de que a felicidade é o bem mais elevado.

2 Dedicação à procura do prazer.

hedonismo, paradoxo do O impulso na direção do prazer pode anular-se a si mesmo. Não conseguimos alcançar prazeres se os procurarmos deliberadamente. É a isto que Sidgwick, *The Methods of Ethics* (1874), chamou o paradoxo do hedonismo.

Há um paradoxo semelhante com respeito à felicidade. Para ser feliz, um agente tem de almejar coisas que não a sua própria felicidade. Alguns autores usam a mesma designação para este paradoxo, com alguma imprecisão, dado que o prazer não é o mesmo que a felicidade.

hedonismo psicológico A teoria de que todas as ações visam a obtenção do prazer para o agente. Numa formulação de John Stuart Mill: todas as ações são determinadas pelo prazer e dor que temos em vista, dores e prazeres que antecipamos que serão consequência dos nossos atos. (Mill defendeu que, como verdade universal, isto de forma alguma pode ser sustentado.) As objeções clássicas são as de Butler.

Hegel, Georg Wilhelm Friedrich /ˈheːɡəl/ (1770-1831) Nascido em Estugarda, no Sul da Alemanha, Hegel formou-se no seminário teológico de Tübingen, onde travou amizade com Schelling e com o poeta Hölderlin e, como eles, ficou entusiasmado com a Revolução Francesa e com as obras de Kant. Quando deixou o seminário foi contratado como tutor domiciliário, primeiro em Berna, e depois em Frankfurt. Estudou os economistas britânicos e as obras éticas de Kant, mas os seus escritos deste período que chegaram até nós, os chamados «Escritos Teológicos de Juventude» (publicados pela primeira vez em 1907), tratam principalmente de questões religiosas, como «Por que razão o cristianismo, cujo fundador proclamou uma mensagem de amor, se tornou uma religião POSITIVA, uma religião baseada em regras e dogmas institucionalizados?» e «Pode a filosofia, com o seu pensamento conceptual inflexível, fazer justiça à fluidez e aparente contraditoriedade da fé religiosa?» Nesta altura, Hegel tinha tendência para pensar que a filosofia era inadequada para esta tarefa, mas as suas obras posteriores têm em parte como motivação um desejo de forjar uma filosofia que permitirá a convergência entre o pensamento conceptual, na forma de razão fluida (*Vernunft*) em vez de entendimento rígido (*Verstand*), e a religião. Em 1801, Schelling encontrou para ele um emprego na Universidade de Iena; aqui desenvolveu, em lições, o germe do seu sistema posterior. A vitória de Napoleão em Iena em 1806 fechou a universidade, e Hegel foi para Bamberg, na Baviera (onde foi diretor de um jornal napoleónico) e em 1808 foi para Nuremberga, onde foi diretor de uma escola secundária. Em 1807 publicou a sua primeira grande obra, a *Phänomenologie des Geistes* (*Fenomenologia do Espírito*, 2008). Entre 1812 e 1816 publicou a *Wissenschaft der Logik*, que lhe garantiu uma cátedra em Heidelberga. Aí, produziu a *Encyklopädie der philosophischen Wissenschaften im Grundrisse* 1817 (*Enciclopédia das Ciências Filosóficas em Epítome*, 3 vols., 1988-1992) com edições ampliadas em 1827, 1830 e 1840-1845. De 1818 à sua morte, foi professor em Berlim. A sua última grande obra, *Grundlinien der Philosophie des Rechts oder Naturrecht und Staatswissenschaft im Grundrisse* (*Princípios da Filosofia do Direito*, 1997), apareceu em 1821. Lecionou sobre todas as áreas da filosofia; as suas lições sobre estética, filosofia da história, história da filosofia e filosofia da religião foram postumamente editadas a partir das suas próprias anotações e das dos seus estudantes.

As obras de Hegel são notoriamente difíceis. Parte do problema é a sua prosa, que muitos leitores, de Herbart e Schopenhauer aos nossos dias, consideraram desajeitada, obscura ou pior. Grande parte da dificuldade das suas obras resulta do vasto âmbito de problemas que tentam resolver. Hegel enfrentava vários problemas epistemológicos. Como podemos ter a certeza de que temos conhecimento das coisas tal como são em si e não simplesmente (como Kant argumentara) como nos aparecem? Dadas as muitas filosofias rivais, internamente coerentes, como podemos saber qual delas é verdadeira? Como se pode elaborar uma filosofia que não dependa de pressupostos controversos que não foram provados? Hegel levava também a sério o facto de o homem (mas não, da sua perspetiva, a natureza) ter uma história. Não podemos supor (como Kant fizera) que todos os homens em todas as épocas partilham essencialmente os mesmos pensamentos ou categorias. Um sistema filosófico tem de fazer justiça ao facto de o pensamento humano, assim como a vida, se desenvolver ao longo do tempo. Uma vez mais, Hegel, um luterano devoto, ainda que algo heterodoxo, sustentava que a filosofia tinha não apenas de ser compatível com a religião, mas também de ser capaz de a explicar racionalmente. Na época de Hegel enfrentava-se também inúmeros problemas práticos. Como poderia uma ordem social estável ser reposta depois do derrube das velhas aristocracias pela Revolução Francesa? Como poderão a liberdade e a autonomia individuais ser conciliadas com uma comunidade política coesa? Por fim, a filosofia tinha, na perspetiva de Hegel, de formar um único sistema, no qual têm lugar não apenas as respostas a perguntas como estas, mas também todo o conhecimento humano. A motivação para esta crença é em parte epistemológica – só o conhecimento sistematizado pode resistir ao ataque cético – e em parte ontológica – a natureza das coisas em si forma um sistema, e só o conhecimento sistemático lhe poderá fazer justiça.

Perante estes problemas, não é de espantar que uma das dificuldades principais de Hegel seja saber como começar. Descartes começou supostamente com o *cogito*, Espinosa com axiomas e definições (*e.g.*, de substância e atributo), dos quais derivou então a natureza das coisas *more geometrico*, Fichte com o puro eu ou ego. De igual modo, Hegel começa com a lógica e, na lógica, com o puro ser. Mas, argumenta, nenhum começo filosófico desses alguma vez ocorre totalmente «sem mediação». A introdução do *cogito* por parte de Descartes, por exemplo, é precedida por uma explicação das suas crenças prévias e das razões que tinha para delas duvidar; pressupõe também um desenvolvimento histórico prévio da humanidade, dado que nem todos os homens em todos os períodos tiveram, ou poderiam ter tido, o pensamento «penso» (de «penso, logo existo»). Mas tais mediações históricas e intelectuais não podem ser excluídas do nosso sistema filosófico, para que possa ser completo. Assim, Hegel prefacia o sistema propriamente dito, ou «ciência», com uma introdução que é sua parte integrante: a *Fenomenologia do Espírito*. Correspondendo à diversidade de mediações (históricas, epistemológicas, etc.) a que qualquer começo está sujeito, tal como à diversidade dos problemas de Hegel, a *Fenomenologia* começa como um exercício de epistemologia, ocupando-se da questão «Como poderemos transpor, ou contornar, o hiato que aparentemente nos separa das coisas em si?»; mas depressa se torna uma história filosófica, registando a ascensão da humanidade ao longo de várias «formas de consciência» cognitivas, morais, políticas, religiosas, até chegar ao «conhecimento absoluto», isto é, à ciência filosófica. A *Fenomenologia* tem várias características que persistem nas obras posteriores de Hegel. Cada forma de consciência, começando com a primeira («conhecimento imediato»), descobre que ela mesma é inadequada ou «contraditória» e, em resultado da sua própria «dialética» interna, torna-se outra forma de consciência. O próprio Hegel propõe-se apenas assistir a este processo de um ponto de vista superior, que a própria consciência só alcança no final da sua viagem, no «conhecimento absoluto». A verdadeira dialética não é um diálogo com outra pessoa ou com o assunto em causa, mas o desenvolvimento intrínseco do assunto.

Quando a humanidade (e o leitor de Hegel) atinge o conhecimento absoluto, fica em posição de se voltar para a ciência propriamente dita, começando com a lógica, apresentada na *Ciência da Lógica* e, de forma abreviada, no primeiro volume da *Enciclopédia*. A lógica de Hegel procura unir, sistematizar e desenvolver *quer* a lógica transcendental das categorias envolvidas na nossa experiência do mundo, proposta por Kant, *quer* a lógica de Aristóteles das formas do nosso pensamento sobre o mundo. Apresenta a estrutura triádica repetida característica das suas obras da maturidade. Divide-se em três partes, as doutrinas do ser, essência e conceito, e cada uma delas divide-se e subdivide-se, etc., em três. A doutrina do ser examina categorias unidimensionais, começando com o puro ser e acabando com a «medida» (*Maß*), a união da qualidade e da quantidade que conduz às categorias diádicas da doutrina da essência, *e.g.*, coisa/propriedade, causa//efeito, todo/partes. A doutrina do conceito restaura a unidade a nível mais elevado, introduzindo categorias que são explicitamente conceptuais e teleológicas, como a vida. Esta parte inclui também uma descrição dos conceitos, juízos e silogismos (o assunto da lógica formal tradicional) que dão forma, da perspetiva de Hegel, não apenas aos nossos pensamentos sobre as coisas, mas também às coisas em si. Por toda a lógica, as categorias «passam umas para as outras» em virtude da sua dialética interna, e o sistema conceptual no seu todo consolida-se pelas contradições em cada categoria dada que exigem solução pela sua sucessora. A lógica conclui com a ideia absoluta, que «se liberta livremente» na natureza.

A lógica é o centro do sistema de Hegel. Os pensamentos ou categorias estão antes de mais imersos na natureza: entidades inferiores, como o espaço, dão corpo a categorias inferiores (*e.g.*, ser); entidades superiores, como os organismos vivos, dão corpo a categorias superiores, como o conceito, propósito e a própria vida. Assim, a lógica fornece um enquadramento para a descrição dos níveis da natureza na *Enciclopédia II*. A afirmação de que as entidades naturais dão efetivamente corpo a conceitos, não sendo apenas constituídas (como Kant sustentava) pela nossa imposição de pensamentos às nossas intuições sensoriais é uma característica central do idealismo de Hegel; pois estes pensamentos ou categorias formam também o núcleo central do espírito humano (*Geist*). Mas os pensamentos não estão explicitamente disponíveis em todos os estádios de desenvolvimento quer do indivíduo, quer da humanidade como um todo: o sistema das categorias desenrola-se gradualmente, tanto ao longo da história como na vida do indivíduo. Este processo lógico-histórico é registado na *Enciclopédia III*, a *Filosofia do Espírito*. O espírito surge em três formas ascendentes: o espírito subjetivo (*i.e.*, a psicologia individual), o espírito objetivo (as normas e instituições interpessoais que regem a nossa vida moral, social e política), e o espírito absoluto (arte, religião e filosofia). O espírito é essencialmente atividade: toma posse, molda e compreende o seu outro (a natureza), e com isso desenvolve-se e compreende-se a si mesmo, elevando-se a alturas cada vez maiores de «liberdade» e «autoconsciência». A perspetiva de que o processo do mundo culmina no espírito e que o espírito «supera» (*i.e.*, preserva, destrói e eleva) o que é outro que não espírito é também uma característica central do idealismo de Hegel. Em *Filosofia do Direito*, e também nas lições sobre a história do mundo, é apresentada uma descrição alargada do espírito objetivo. O espírito absoluto é considerado no seu desenvolvimento histórico nas lições sobre arte, religião e filosofia. A perspetiva que Hegel tem do Estado, o culminar do espírito objetivo e do direito (*Recht*), espelha a sua perspetiva do universo como um todo. O Estado moderno nem é uma substância homogénea, como a cidade-estado grega, nem um ajuntamento de indivíduos independentes, como a teoria do contrato social o concebe, mas um todo unificado que dá forma aos seus membros individuais, e no entanto dá rédea livre à sua procura de si mesmos e à individualidade moral; caso se afastem demasiado, serão trazidos de volta à unidade por meio de guerras com outros Estados. Hegel também não é um monista, como Espinosa, nem um pluralista, como Leibniz: a estrutura lógica unificadora do mundo dá rédea solta à individualidade e ao desenvolvimento de entidades finitas, e a sua unidade é restaurada pela atividade de compreensão do espírito humano: «o absoluto é sujeito, assim como substância».

Um fator central no desenvolvimento do espírito sobre a história é este: o espírito, na pessoa do historiador, artista ou filósofo, reflete essencialmente sobre o seu estado presente; mas ao fazê-lo transcende o seu estado presente, desenvolvendo pensamentos que anteriormente não tinha explicitamente, fornecendo assim novos materiais para novas reflexões e desenvolvimentos. As fases posteriores do espírito preservam, tal como cancelam, as suas fases anteriores. Assim, a própria filosofia de Hegel contém as filosofias anteriores, não sendo apenas sua rival: é a filosofia universal, um sistema *omni-abrangente*. O idealismo hegeliano não *exclui* o materialismo nem o realismo, mas supera-os ou abraça-os. Assim, uma das respostas de Hegel ao ceticismo é que o seu sistema não é uma posição entre outras, mas a integração de todas. Outra resposta é que o sistema forma um círculo, e não uma progressão unilinear de premissas pressupostas: começando com a lógica, conclui com a fase mais elevada do espírito absoluto, a própria filosofia – o que nos leva de volta para a lógica.

Hegel via a sua filosofia como a apresentação, na forma conceptual, da imagem pictórica do cristianismo. A estrutura lógica do mundo representa o Deus pai; a natureza o Deus filho; e o espírito o Espírito Santo. Deus não é distinto do mundo e independente dele – nesse caso não seria infinito, mas finito, *limitado* pelo mundo – mas Deus «aliena-se» na natureza e depois restitui-se na atividade cognitiva e prática do espírito. O homem não se distingue claramente de Deus, mas «eleva-se a Deus» ao longo do curso da história.

Quando os opostos chegam aos seus pontos extremos, argumenta Hegel, transformam-se um no outro. Por esta razão, entre outras, o seu pensamento é muitas vezes ambíguo: o extremo teísmo, por exemplo, pode facilmente tornar-se um ateísmo extremo. Tal ambiguidade dá origem a uma divisão, nos seus seguidores, entre os hegelianos de direita, que sustentavam que, na perspetiva de Hegel, a história chegara a um auge racional no Estado prussiano e na conciliação da filosofia com o cristianismo; e os hegelianos de esquerda, que viam implicações ateístas e revolucionárias no seu pensamento.

O hegelianismo declinou na Alemanha pouco depois da morte de Hegel, tanto devido aos avanços nas ciências da natureza como porque os hegelianos de esquerda mais talentosos, como Feuerbach e Marx, foram excluídos das universidades. Mas a influência de Hegel alargou-se por toda a Europa – os idealistas britânicos (Bradley, Bosanquet e McTaggart), Gentile e Croce na Itália, e Kojève e Sartre em França – e também nos Estados Unidos (William Torrey Harris, Peirce, Royce). Hegel continua a exercer influência não apenas em filosofia mas também em disciplinas como a teologia e a teoria política. MI

Leitura: Dicionário Hegel 1997; C. Taylor, *Hegel e a Sociedade Moderna* 2005; P. Singer, *Hegel* 2003. Em inglês: *The Cambridge Companion to Hegel* 1993; M. Inwood, *Hegel* (1983) 2002; C. Taylor, *Hegel* 1975; S. Avineri, *Hegel's Theory of the Modern State* 1972.

hegemonia *s*. Preponderância; imperar. Ver também GRAMSCI.

hēgemonikón, to gr. τὸ ἡγεμονικόν aquele que lidera. Na filosofia estoica, a parte da alma que lidera, que rege, e perante a qual as outras partes se submetem, ou devem submeter. Nas teorias éticas inspiradas pelo estoicismo, o termo é usado para denotar a consciência moral.

Hegesias de Cirene (século III a.C.; gr. ‘Ηγησίας) O hedonismo de Hegesias era negativo: o bem consiste primariamente na ausência de dor e infortúnio, e não na presença de estados de prazer. Mas, argumentava, o bem não é alcançável nem mesmo nesta conceção mais limitada. Ou seja, o infortúnio é inevitável. Convenceu muitos dos que o ouviam, grande parte dos quais se diz que cometeram suicídio; daí o seu cognome πεισιθάνατοσ, «persuasor da morte».

Heidegger, Martin /ˈhaɪdɛɡər/ (1889-1976) Filósofo alemão; professor nas universidades de Marburgo (1923-1928) e Freiburg (1928-1951), famoso pelas suas teorias do ser e da natureza humana e pelas suas interpretações singulares da metafísica tradicional. A sua obra influenciou áreas tão diversas quanto a teologia (Rudolf Bultmann, Karl Rahner), existencialismo (Jean-Paul Sartre), hermenêutica contemporânea (Hans-Georg Gadamer) e teoria da literatura e desconstrução (Jacques Derrida). Foi brevemente reitor da Universidade de Freiburg (1933-1934) e o seu apoio explícito a Hitler e ao nazismo durante esse período continua a ensombrar a sua considerável reputação como um dos mais originais filósofos do século XX.

Algumas obras principais: *Sein und Zeit* 1927 (*Ser e Tempo* 2006); *Kant und das Problem der Metaphysik* 1929; *Einführung in die Metaphysik* 1953 (*Introdução à Metafísica* 1997); *Was heisst Denken?* 1951-1952; *Unterwegs zur Sprache* 1950-1959 (*A Caminho da Linguagem* 2008); *Nietzsche* 1936 (*Nietzsche* 2007); *Die Frage nach dem Ding* 1935 (*Que é uma Coisa?* 1992).

Formado em Teologia Católica e na filosofia escolástica antes da Primeira Guerra Mundial, Heidegger emergiu depois da guerra como um criativo proponente da fenomenologia de Edmund Husserl. Contudo, a sua reformulação radical do método e das tarefas da fenomenologia levou ao rompimento com Husserl.

A fama surgiu em 1927 quando publicou *Sein und Zeit*. Foi publicado como a primeira de duas partes de uma obra projetada em seis partes daquilo que denominava «ontologia fundamental», que exploraria a questão do que significa *ser*. Sustentava que a metafísica ocidental desde Platão tinha perdido de vista o problema enquanto questão significativa. A ideia de Heidegger era começar com o tipo de ser que cada um de nós manifesta, para tornar a questão mais lata, adaptando a fenomenologia de Husserl como método a usar na investigação. Queria também evitar incompreensões que resultariam de se usar a terminologia da metafísica tradicional – em vez disso, mostrou forte predileção por expressões rústicas, coloquiais, e neologismos evocativos. O seu uso da linguagem é uma das razões pelas quais muitos leitores o consideram obscuro.

Na perspetiva de Heidegger, o ponto de partida da filosofia moderna era a noção de Descartes de que um ser humano é essencialmente uma *res cogitans* – uma coisa pensante – e que nada há a que tenhamos um acesso mais imediato do que à nossa própria mente e aos seus conteúdos. Esta perspetiva deixa de lado como inessencial o facto de sermos seres conscientes que se interpretam a si mesmos e que estamos incorporados em contextos materiais, sociais e históricos, e acima de tudo restringidos pela nossa mortalidade. No enquadramento cartesiano posso estabelecer conclusivamente que existo – mas Descartes nunca parou para investigar a natureza da existência dessa entidade que sou eu. Esta investigação propôs-se Heidegger levá-la a cabo, investigando como este tipo de existência (a que chamou *Dasein*) se revela na nossa existência e experiência efetivas.

Dasein, este modo particular de existir, é diferente da existência comum das coisas no mundo que nos rodeia. A diferença é que as coisas são determinadas e têm as suas propriedades distintivas. Esse é o seu tipo de ser. Mas o género de ser que *eu* manifesto não é o de um ser com propriedades. É um espaço de modos possíveis de ser. Defino o indivíduo em que me torno projetando essas possibilidades que escolho, ou que permito que escolham por mim. Quem me torno é uma questão de como ajo nos contextos em que me insiro. A minha existência é sempre uma questão para mim, e eu determino pelas minhas ações o que será. A existência humana é sempre uma projeção de nós mesmos no futuro: é a cada momento estar essencialmente «a caminho» do que fomos e tentamos ser, para o que seremos.

A nossa existência é assim essencialmente temporal, no sentido de termos um passado vivido na culpa, e um futuro antecipado com temor. O tempo não é aqui concebido como algo que se alonga em direção a um futuro ilimitado; pelo contrário, alonga-se em direção a um futuro indefinido limitado pela morte. Assim, o nosso modo de ser é essencialmente finito, um movimento inelutável em direção à cessação do ser. Estar-se ciente da mortalidade é uma parte essencial do *Dasein*.

O modo como os indivíduos existem varia. Alguns entregam-se ao mundo estando cientes da sua mortalidade; vivem de um modo que é genuinamente autodeterminante e autocrítico. A sua existência é mais autêntica: concorda com a sua natureza ontológica. Em contraste, há quem tenha uma vida de superficialidade e de tagarelice ociosa, deixando as suas vidas ser determinadas por convenções sociais e conformismo: a sua existência é inautêntica.

Outra característica básica do tipo de existência que temos é existirmos no mundo. Temos a experiência de pertencer ao mundo: na verdade, damos connosco «lançados» no mundo, por nenhuma razão discernível. Estamos imersos neste mundo e lidamos com as coisas do mundo (e não, como exige a epistemologia tradicional, preenchendo a lacuna, que de facto não é preenchível, entre uma consciência fechada em si e um objeto externo, mas relacionando objetos com as nossas ocupações práticas: como ferramentas, como algo que está à mão, ou que nos falta). Só pela abstração posterior é que desenvolvemos os nossos conceitos teóricos e encaramos as coisas com as suas propriedades essenciais e acidentais como objetos de conhecimento teórico, o que por sua vez torna possível conceber a nossa existência, erradamente, como se fosse do mesmo tipo da dos objetos.

É ao revelar as características fundamentais do *Dasein* – do tipo de existência que temos – que compreendemos outros tipos de existência, *i.e.*, outros sentidos do «ser», começando assim a responder ao que Heidegger chama «a questão do ser».

Ao encontrar a maneira correta de lidar com esta questão, Heidegger tinha a esperança de superar a tradição da metafísica ocidental que começou com Platão. O seu principal defeito é o «esquecimento do ser». A metafísica tradicional tende a separar certas entidades privilegiadas (as Formas, Deus, um Eu transcendental, o Espírito, etc.), esquecendo assim o facto de que a nossa compreensão do ser se baseia no modo como somos no mundo e como nos relacionamos com as entidades do mundo. Este defeito da metafísica tradicional conduz à procura equivocada de uma teoria definitiva de tudo: uma conceção total, de uma vez por todas, do porquê de as coisas serem como são. Em vez disso, Heidegger salientou o carácter histórico do próprio pensamento filosófico, e a sua necessidade de estar ciente de como cada pensador pensa a partir da sua própria situação histórica.

Não são apenas os estados internos (o sentido de temor, de estar «lançado», de tédio, de culpa, etc.) que a filosofia pode compreender como desvelamentos do ser, mas também certas condições sociais e culturais. O culto moderno da «tecnologia» – um modo de nos relacionarmos com o mundo que trata as coisas apenas como objetos de dominação e de consumo, sem um olhar arguto sobre as suas próprias limitações – é em si uma expressão de niilismo, a única filosofia que resta a uma ambição metafísica que se transformou em pesar. É uma mentalidade que pode ser superada lançando um olhar mais arguto sobre o verdadeiro significado do que é ser, e com a rejeição daquilo a que Heidegger chamava «humanismo», a pretensão da razão de que é capaz de conhecer o mundo exaustivamente e de o pôr inteiramente à disposição dos seres humanos. Não é sensato resistir ao pensamento calculista da ciência moderna e à tecnologia daí resultante (apesar de algumas coisas em Heidegger sugirerem um anelo pela vida rural pré-moderna), mas pode ser transcendido por uma espécie de «emigração interior», afastando-nos do carácter invasivo da vida moderna, e da sua superficialidade, e aproximando-nos de um *Gelassenheit* (uma palavra tomada de empréstimo a Mestre Eckhart, e que conota desprendimento – «deixar as coisas ser» – e serenidade), no qual nos reconciliamos com a nossa própria mortalidade.

Tem havido uma forte controvérsia quanto ao pensamento de Heidegger. Os admiradores viram nele intuições penetrantes quanto às verdades mais profundas sobre a condição humana e a natureza do homem. Os críticos queixam-se da linguagem obscura, fracos argumentos e etimologias dúbias; e tem havido muito debate sobre se a sua postura política revela uma deficiência profunda na sua filosofia. RCA/BC//dir.

Leituras: Dicionário Heidegger 2002; M. Inwood, *Heidegger* 2004. Em inglês: *The Cambridge Companion to Heidegger* 2004; P. Edwards, *Heidegger's Confusions* 2004.

Heisenberg, Werner /ˈhaɪzənbɛrk/ (1901-1976) Físico alemão, professor em Leipzig, Berlim e Göttingen. Um dos principais criadores da teoria da mecânica quântica e um dos criadores da chamada «interpretação de Copenhaga» da teoria, segundo a qual as descrições do estado de um sistema físico não fornecem informação sobre as quantidades físicas que o sistema efetivamente tem, antes sobre as probabilidades dos resultados possíveis da medição dessas quantidades. Aplicada ao princípio da incerteza, isto significa que a posição e momento de uma partícula não podem ser determinados simultaneamente com absoluta precisão. O produto da incerteza média do valor medido da posição de uma partícula e a incerteza média do valor simultaneamente medido do seu ímpeto não pode ser menor em ordem de magnitude do que a constante de Planck (6,626 × 10^{-36} joule seg.) dividido por 4π.

helenística, filosofia As doutrinas e escolas que floresceram nos últimos três séculos a.C. (aproximadamente depois de Alexandre, *o Grande*, e até ao imperador Augusto) mas que continuaram mesmo sob a alçada dos imperadores romanos: PERIPATÉTICOS, ESTOICOS, EPICURISTAS e CÉTICOS. Foi o historiador alemão J. G. Droysen (1808-1884) que na década de 1870 introduziu o termo «helenística» para denotar a nova civilização multinacional desse período. Muitas vezes a expressão abrange também outros pensadores não cristãos da antiguidade tardia, como os NEOPLATÓNICOS.

Leituras: Gisela Striker, *Essays in Hellenistic Epistemology and Ethics* 1996; A. Long e D. Sedley, *The Hellenistic Philosophers* 1987; *The Cambridge Companion to Greek and Roman Philosophy* 2003.

Nota: não confundir *helenístico*, que se refere ao período indicado, com *helenista*, que é uma pessoa versada na história e cultura grega em geral (e não necessariamente apenas do período helenístico), nem com *helénico*, que se refere a tudo o que diz respeito à cultura da antiguidade grega, independentemente de se tratar ou não do período helenístico.

heliocêntrica, teoria (gr. ἥλιος Sol) A teoria de que a Terra (e os outros planetas) giram em torno do Sol. Foi proposta por Aristarco de Samos (*c.* 310--230 a.C.), e novamente por Copérnico e Galileu.

Helmholtz, Hermann von /ˈhɛlmhɔlts/ (1821-1894) Fisiólogo, médico e filósofo da ciência alemão. Formulou o princípio da conservação da energia para o universo físico. Advogava um empirismo científico que assumia a forma de

um reducionismo fisicista, e rejeitou firmemente a *Naturphilosophie* especulativa e a biologia vitalista. As suas descobertas sustentavam a sua posição; por exemplo, mostrou que se pode explicar os impulsos nervosos em termos físicos, sem recorrer a qualquer noção de forças vitais.
Leitura: David Cahan (org.), *Hermann von Helmholtz and the Foundations of Nineteenth-Century Science* 1993.

Helvétius, Claude-Adrien /ɛlvesjys/ (1715-1771) Filósofo francês do Iluminismo, conhecido sobretudo pela obra *De l'Esprit* (1758), cujas ideias principais foram depois desenvolvidas em *De l'Homme* (1772). Sobre a questão da «natureza ou cultura» avançou a perspetiva de que todos os seres humanos nascem com faculdades mentais iguais e que as diferenças entre indivíduos se devem todas ao ambiente e educação, e não a fatores hereditários. «A educação é tudo. Ensina ursos a dançar.» Helvétius rejeita as teorias e instituições tradicionais mantidas pelo antigo regime e pela Igreja, e advogava uma reforma radical para a melhoria do homem e da sociedade. Dado que os fatores últimos que motivam a ação humana são a dor e o prazer, previa que essa reforma se concretizasse atribuindo racionalmente recompensas e sanções. O carácter geral das suas ideias é empirista e materialista. Suscitaram forte oposição.

Hempel, Carl (Gustav) /ˈhɛmpəl/ (1905-1997) Filósofo alemão. Exilado nos Estados Unidos a partir de 1937, Hempel deteve cátedras em Yale, Pittsburgh e Princeton. Propôs uma versão melhorada do critério de significado dos positivistas lógicos (*ver* PRINCÍPIO DA VERIFICABILIDADE), argumentando que a *verificabilidade* não poderia servir como critério, devendo ser substituído por *traduzibilidade numa linguagem empirista* (adequadamente especificada). A sua conceção da explicação científica tem sido muito influente. A ideia principal é que se explica um acontecimento subsumindo-o numa lei abrangente que o inclua. Ao discutir a relação entre uma hipótese e os indícios que supostamente a confirmam, formulou em 1945 o paradoxo da confirmação (CONFIRMAÇÃO, PARADOXO DA) também conhecido como «paradoxo dos corvos». Entre as suas publicações conta-se *Aspects of Scientific Explanation* 1965 e *Philosophy of Natural Science* 1966. Leitura: J. H. Fetzer (org.), *The Philosophy of Carl G. Hempel* 2001. GC

henoteísmo (gr. εἰς um + θεός deus) *s.* A crença de que há muitos deuses mas que só um deve ser venerado. O termo foi introduzido por Max Müller em 1880.

Henrique de Gandavo (*c.* 1217-1293) Também conhecido como Henry de Ghent. Cognome latino: *Doctor Solemnis*. Um dos mais ilustres mestres da Universidade de Paris em finais do século XIII. A sua orientação teológica era conservadora: em particular, opunha-se à influência de Aristóteles sobre a teologia da época, e foi uma das figuras principais na condenação das doutrinas aristotélicas promulgada pela Universidade de Paris em 1277. Opondo-se a Aristóteles, a sua orientação teológica baseava-se em Agostinho, Platão e Avicena.

Teologicamente, negava a doutrina aristotélica radical de que o mundo era uma emanação necessária e eterna de Deus; ao invés, considerava que o mundo fora criado no tempo por uma decisão divina livre. Filosoficamente, sustentou várias doutrinas inovadoras. Com base na sua conceção da ontologia das relações, reformulou a teoria agostiniana-platónica das ideias divinas, que são habitualmente tidas como ideias no espírito de Deus e que servem como arquétipos para a criação; mas Henrique descreveu-as como relações entre Deus e os objetos em questão, evitando assim a necessidade de postular a existência real de universais platónicos. Formulou também uma teoria do conhecimento que combina a conceção aristotélica do conhecimento como processo de abstração a partir da experiência sensorial com a tese agostiniana de que é necessária iluminação divina. GW

Heraclito (*fl. c.* 500 a.C.; gr. Ἡράκλειτος) Filósofo grego da antiguidade, de Éfeso, na Ásia Menor. Escrevendo em enigmáticos epigramas em prosa, anunciou que iria expor a natureza das coisas segundo o *Logos*, o princípio objetivo da ordem no mundo. Apesar de o Logos estar à disposição de todos, a maioria dos mortais ignora-o, vivendo como sonâmbulos, num mundo de sonhos muito próprio. A tarefa dos filósofos, sugere Heraclito, é exprimir verdades correntes de modo que o seu significado subjacente possa impor-se à nossa atenção – como a solução de um quebra-cabeças. Assim, Heraclito apresenta verdades paradoxais: o caminho a subir e a descer são um só; a justiça é conflito; vivos e mortos, acordados e a dormir, jovens e velhos, é tudo o mesmo. Esta doutrina do fluxo não significa provavelmente que a realidade *é* mudança, antes que a mudança é o modo como a realidade última, o Logos, se manifesta.

A determinado nível, Heraclito apresenta uma teoria física muito consonante com o espírito dos filósofos de Mileto (Tales, Anaximandro, Anaxímenes): há uma substância original, no caso de Heraclito o fogo, que se transforma noutras substâncias num processo cíclico que sustenta o mundo tal como o conhecemos. O fogo transforma-se em água e esta em terra. As proporções de cada substância resultante são equivalentes à quantidade correspondente de fogo.

Mas na versão de Heraclito há uma crítica implícita da tradição. A sua substância original é a menos substancial de todas as coisas. E em vez de sublinhar a sua prioridade relativa a outras substâncias, Heraclito salienta a sua unidade com as outras substâncias do ciclo de transformações. O quente torna-se frio, o seco húmido, e assim todos os opostos são um. Os opostos não existiriam uns sem os outros, e assim o «conflito» é responsável pela existência do mundo; mas os opostos mantêm-se numa unidade que é mais fundamental do que as manifestações superficiais de diferença. Além disso, há um processo único de transformação: o caminho ascendente e descendente é um só. Assim, as diferentes substâncias do ciclo cósmico relacionam-se como opostas entre si – mas os opostos pressupõem uma unidade mais profunda, que ganha corpo na tensão entre eles ou no processo que transforma uns nos outros. Para Heraclito, a realidade última não é qualquer substância, pois as substâncias não são permanentes, antes o processo de mudança, a lei da transformação, que devemos talvez identificar com o próprio Logos.

Heraclito distingue-se além disso dos seus antecessores por insistir que a ordem do mundo não veio do caos, sendo antes um processo sempiterno de transformações pelo fogo. Salienta a importância da alma, que é racional e virtuosa quando está seca, mas impotente quando está húmida – como quando estamos bêbados. Em analogias,

Heraclito destaca o lugar intermédio dos seres humanos, entre os mundos dos deuses e dos animais, entre a vida e a morte, conhecimento e ignorância, vigília e sono. Só os filósofos estão totalmente vivos.

Platão e Aristóteles criticaram Heraclito por violar a lei da não contradição ao identificar opostos e por introduzir um tipo radical de mudança que torna o conhecimento impossível. Nesta interpretação, parecem seguir um heraclitiano posterior, Crátilo de Atenas, a cujas lições Platão assistiu. Mas Heraclito nunca afirma a simples identidade de opostos, nem postula a mudança sem uma unidade subjacente. Contudo, a interpretação radical inspirou a conceção de Platão do mundo sensível, e poderá antes disso ter levado Parménides a reagir contra as teorias físicas baseadas em opostos. Mais tarde os estoicos construíram a sua teoria física com base em princípios heraclitianos. DG

Mais informação sobre Heraclito em *Oxford Studies in Ancient Philosophy*, 15 (1997); C. H. Kahn, *A Arte e o Pensamento de Heraclito* 2009; A. A. Long (org.), *Primórdios da Filosofia Grega* 2008; T. M. Robinson, *Heraclitus* 1987.

Herbart, Johann Friedrich /ˈhɛrbart/ (1776-1841) Professor em Königsberg a partir de 1809 e em Göttingen a partir de 1833. Em oposição ao idealismo do seu tempo, Herbart desenvolveu uma ontologia de simples últimos, os «reais», que têm sido muitas vezes comparados com as mónadas de Leibniz. Herbart desenvolveu uma teoria matemática da estática e dinâmica psicológica, por analogia com os ramos da física com o mesmo nome. «Estética» foi o nome que deu à teoria geral do valor, sendo a ética a parte da teoria que lida com a aprovação e desaprovação das volições. Há cinco relações básicas que envolvem volições (*i.e.*, cinco categorias éticas básicas): autenticidade, consistência, benevolência, justiça e gratificação. Em termos gerais, o seu estilo intelectual sóbrio, até mesmo prosaico, estava fora de moda no seu tempo, e só nos seus textos de filosofia da educação é que postumamente veio a exercer uma influência notável. As suas publicações foram, contudo, atentamente estudadas por Bradley, que considerava o seu método de grande valor, mas encontrava nas conclusões muito que contradizer, *e.g.*, sobre a natureza do juízo. Herbart parece ter sido o primeiro a conceber a filosofia como análise conceptual: esta atividade resultará, no caso de certos conceitos, em clarificação. No caso de outros conceitos, a análise revela contradições internas e mostra que o conceito tem de ser radicalmente revisto ou inteiramente abandonado. É o caso dos conceitos de autoconsciência e de uma coisa idêntica com qualidades mutáveis.

Herberto de Cherbury (Edward Herbert, primeiro barão Herberto de Cherbury) (1583-1648) Geralmente considerado o autor do DEÍSMO. Sustentava que há cinco princípios básicos, ou Noções Comuns, da religião natural: 1) há um Deus supremo; 2) Deus deve ser venerado; 3) venerar Deus consiste em ser virtuoso e ter compaixão; 4) a ação incorreta deve ser objeto de arrependimento; 5) há recompensas e castigos divinos nesta vida e na próxima. Estes princípios são racionalmente conhecíveis e constituem a base de uma religião verdadeiramente universal e da tolerância religiosa.

As suas principais obras filosóficas são *De veritate* (1624, 2.ª ed. rev. 1633), *De causis errorum* incluindo *De religione laici* (1645), e *De religione gentilium* (1633).

Locke sumariza os cinco princípios no seu *Treatise Concerning Human Understanding* (liv. I, cap. 3, §15), onde discute e rejeita a perspetiva de Herbert de que são inatos.

Herder, Johann Gottfried /ˈhɛrdər/ (1744-1803) Recebeu no início influências de Kant, Hamann e Goethe. Foi professor e clérigo em Riga, Estrasburgo, Bückeburg, etc. Em 1776 tornou-se administrador eclesiástico em Weimar. Foi aí que publicou a sua *Ideen zur Philosophie der Geschichte der Menschheit* (1787-1791), desenvolvendo uma conceção da história natural e humana em termos da evolução em direção a níveis mais elevados de uma unidade orgânica – a humanidade. Defendia que diferentes culturas de diferentes épocas e lugares não devem ser todas avaliadas por um suposto padrão universal, mas em relação às condições em que existem, do mesmo modo que se aplicam diferentes padrões a crianças, adolescentes, mulheres e homens. Esta perspetiva não é relativista no sentido de rejeitar a objetividade de padrões. O pluralismo cultural de Herder contrasta fortemente, contudo, com a atitude iluminista prevalecente, expressa, em *Essai sur les mœrs*, por exemplo, que pressupõe um padrão moral universal, apresentando assim a história humana como uma crónica de tolices, força e fraude.

As traduções de Herder da poesia popular deram-lhe consciência da rica diversidade escondida nas tradições locais e nacionais. Estes tesouros culturais, as expressões da alma de um povo, foram negligenciados no período que valorizava acima de tudo o racional e o universal. Sustentou que a linguagem exprime a cultura e o carácter essencial de uma nação. A linguagem é mais do que um conjunto de signos para objetos e estados de coisas; expressa todo um modo de ver o mundo, pelo que não se pode separar claramente o conteúdo de um pensamento da linguagem que o exprime.

Herder insistia que um indivíduo só concretiza o seu potencial como membro de um povo que partilha costumes, tradições e linguagem. Rejeitava a perspetiva de que há uma maneira ideal de realização humana, a mesma para todos os indivíduos, culturas e períodos históricos, e condenou a imposição de uma cultura alheia a uma indígena: os Britânicos faziam mal ao impor o seu modo de vida aos Indianos; mesmo a Igreja tinha feito mal quando originou a conversão dos povos bálticos na Idade Média, tal como os Romanos, quando liquidaram civilizações nativas.

Os escritos de Herder foram importantes como fonte de inspiração do nacionalismo emergente no seio dos impérios russo, austríaco e turco, assim como noutras partes da Europa, e tiveram especial influência nos Balcãs. Contudo, Herder não duvidava de que culturas nacionais diferentes poderiam florescer harmoniosamente, juntas e em paz, como flores diferentes num jardim.

A prolífica e diversificada produção literária de Herder inclui uma *Metakritik* (1799) da teoria do conhecimento de Kant e uma crítica da sua estética em *Kalligone* (1800).

Traduções: Ensaio sobre a Origem da Linguagem 1987; *Também uma Filosofia da História* 1995. Leitura: R. T. Clark, *Herder: His Life and Thought* 1955. Adler e Koepke (orgs.), *A Companion to the Works of Johann Gottfried Herder* 2009.

hereditarismo *s.* Teoria de que certas características se transmitem geneticamente. *Ver também* AMBIENTALISMO.

hermenêutica (gr. ἑρμηνεύω traduzir, interpretar, tornar inteligível) *s.* **1** Interpretação. **2** Investigação sobre a natureza ou métodos da interpretação, a teoria daí resultante.

Tem-se refletido sobre a arte de interpretar textos desde a antiguidade, mas a palavra «hermenêutica» foi pela primeira vez usada por J. C. Dannhauer em meados do século XVII. Salientou a existência de três categorias de textos para os quais era necessária uma teoria da interpretação: as Escrituras Sagradas, os textos jurídicos (estatutos, precedentes, tratados, etc.) e a literatura da antiguidade clássica.

Um problema importante para a hermenêutica tradicional era ter em vista dois objetivos radicalmente diferentes nas suas áreas principais: teologia e jurisprudência. Um objetivo era fornecer uma interpretação *correta*, a outra era estabelecer uma formulação dotada da *autoridade* de um dogma ou de uma lei. Por vezes pode ser difícil estabelecer ambos os requisitos, e por isso se tem afirmado que a hermenêutica é a arte de encontrar no texto o que lá não está.

O primeiro pensador importante a propor uma teoria geral da interpretação foi Friedrich Schleiermacher (1768--1834). Foi além da perspetiva tradicional, propondo que a interpretação não exige apenas a apreensão apropriada dos factos linguísticos e históricos relevantes, mas também uma reconstituição mental, uma reconstrução imaginativa, do modo como um texto foi dado à existência. O intérprete de um texto pode estar na posição de ver a vida e obra do autor como um todo, colocando-a num contexto histórico. Tal conhecimento, inalcançável para o autor, pode permitir que o intérprete compreenda melhor o texto do que o autor.

A partir de Schleiermacher, alargou-se o campo da hermenêutica para incluir os textos em geral, e não apenas os das Escrituras, do direito e dos clássicos da antiguidade. O historiador J. G. Droysen (1808-1884) – tendo em mente sobretudo o conhecimento histórico – salientou que o conhecimento que se obtém pela interpretação é inteiramente diferente do científico. Este contraste ficou bem estabelecido com Dilthey (1833--1911), que o explicou em termos de um contraste entre compreensão (*Verstehen*) e explicação (*Erklären*). O nosso conhecimento dos factos históricos, sociais e culturais – o domínio das *Geisteswissenschaften* (as ciências humanas ou da cultura) – envolve essencialmente a interpretação. É por isso que é radicalmente diferente do conhecimento que obtemos pela aplicação do método científico nas *Naturwissenschaften* (as ciências da natureza). A hermenêutica tem sido encarada desde então como uma teoria da interpretação de *tudo* o que seja portador de significado: não apenas os textos mas também a ação humana e as várias características da cultura humana e da sociedade.

A hermenêutica pode ser vista como parte de uma teoria do conhecimento, dado que é um estudo dos princípios em virtude dos quais se obtém determinados tipos de conhecimento. Mas a tese de que a interpretação fornece conhecimento parece incompatível com três princípios fundamentais do pensamento positivista (POSITIVISMO) que têm sido amplamente aceites: 1) que, para se obter conhecimento, o método científico pode e tem de se aplicar, em princípio, a todos os domínios da investigação; 2) que o método das ciências físicas é o paradigma ideal; 3) que os factos devem ser explicados em termos causais, e que tal explicação consiste em subsumir casos individuais sob leis gerais.

Paul Ricoeur distinguiu uma hermenêutica da tradição de uma hermenêutica da suspeita. A primeira visa ouvir atentamente o que é comunicado para se ganhar uma compreensão acrescida a partir de uma mensagem escondida sob a superfície, ou para se tornar ciente dela. Um representante desta teoria é Gadamer. A segunda é «subversiva», e tenta mostrar que, adequadamente compreendidos, os textos e as ações humanas não são tão inócuos quanto parecem, podendo antes refletir impulsos ocultos, interesses de classe, etc. Os representantes desta tendência são Nietzsche, Freud, Foucault. Há afinidades entre estes e os chamados hermeneutas críticos, representados por Apel e Habermas, que dão continuidade à tradição de crítica das ideologias, tradição que remonta, via Marx, ao século XVIII. O objetivo desta abordagem é criticar as condições sociais, políticas e culturais existentes usando interpretações que são ao mesmo tempo desmistificações.

O chamado CÍRCULO HERMENÊUTICO constitui um problema para a interpretação.

A «hermenêutica» foi também usada para denotar uma investigação ontológica, ou teoria, que explora o tipo de existência dos seres que têm capacidade para compreender significados, e para os quais o mundo é primariamente um objeto de compreensão (e não, digamos, de perceções sensoriais). A filosofia de Heidegger pode ser descrita como hermenêutica neste sentido.

hermenêuticas da suspeita A expressão, introduzida por Ricoeur, refere-se a um tipo de interpretação que adota como hipótese de trabalho a ideia de que as teorias e sistemas de crenças aparentemente respeitáveis disfarçam origens, motivos e funções vergonhosos. Este modo de interpretação emergiu com os três «mestres da suspeita»: Marx, Nietzsche e Freud. Eis alguns exemplos. Segundo pensadores da tradição marxista, a teoria económica clássica inspirou-se no impulso capitalista para explorar a classe trabalhadora. Segundo Nietzsche, o ressentimento perverso e viperino presente no tipo de pessoas inferiores contra os melhores de entre eles está no âmago do judaísmo e do cristianismo. De igual modo, o que a psicanálise de Freud revela provoca consternação. O mesmo padrão de interpretação está presente quando, como afirmam algumas filósofas feministas, os conceitos e ideais da racionalidade e da razoabilidade são encarados como instrumentos de opressão sexual. A ciência e filosofia ocidental foram também vistas como instrumentos de aspiração à dominação política e económica. A nível individual, a herme-nêutica da suspeita opera mergulhando em pormenores biográficos, habitualmente de um tipo desagradável ou nada lisonjeiro, de filósofos, cientistas, filantropos, autores, artistas, etc.

Esta procura de motivações subjacentes pode dar-nos ideias penetrantes em muitas áreas de investigação. Contudo, está habitualmente ligada, ainda que não necessariamente, ao pressuposto de que se os motivos são vergonhosos, então a perspetiva que inspiram não tem valor. Este pressuposto parece envolver uma FALÁCIA GENÉTICA.

hermetismo s. Tradição associada a um conjunto de dezassete tratados conhecidos coletivamente como *Corpus Hermeticum*. Tratam principalmente de matérias ocultas (incluindo a astrologia, magia e alquimia), mas também têm conteúdo filosófico, do género gnóstico e neoplatónico. O nome deriva de Hermes Trimegisto, o suposto autor, ainda que fictício. Durante muito tempo pensou-se que estes escritos eram muito antigos, anteriores aos filósofos gregos, e que incorporavam a sabedoria dos sacerdotes do Egito da antiguidade; isto contribuiu para a sua influência em muitos pensadores da Renascença, incluindo Marsilio Ficino, Pico della Mirandola e Giordano Bruno. Em 1614, o eminente filólogo Isaac Casaubon (1559-1614) estabeleceu que os textos datam dos primeiros séculos da era cristã, perspetiva que desde então se aceitou.

O termo tem sido também usado para um certo estilo de poesia francesa e italiana dos inícios do século XX.

Herrenmoral /ˈhɛrənmɔraːl/ alm. moralidade dos senhores *s*. A moralidade dos aristocratas, dos poderosos. Os seus valores são a coragem, autodisciplina, veracidade, respeito pela idade e ancestralidade, e crueldade para com os inferiores. É esboçada por Nietzsche em *Jenseits von Gut und Böse* (1886) (*Além do Bem e do Mal*, 2009), que a contrasta com a moralidade dos escravos em *Zur Genealogie der Moral* (1887) (*A Genealogia da Moral*, 2009).

heterodoxia (gr. ἕτερος outro + δόξα opinião, crença) *s*. Desvio de uma doutrina (especialmente religiosa ou política) que foi definida com autoridade. **Heterodoxo** *adj*. *Ant*. ortodoxia.

heterológico *adj*. Que não se descreve a si mesmo. *Ver* PARADOXO DE GRELLING.

heteronímia *Ver* AUTONÍMIA.

heteronomia (gr. ἕτερος outro + νόμος lei, norma) *s*. Literalmente, «legislação alheia». Kant usa o termo para a vontade inspirada pela esperança ou pelo medo. Um ato executado por medo de se ficar em desvantagem ou por se ter a esperança de ganhar algum benefício pode ser correto, mas é heteronómico, não tendo consequentemente valor moral. Kant faz o contraste com a AUTONOMIA, a «autolegislação». Só a vontade autónoma tem valor moral. Kant usa os termos na *Grundlegung zur Metaphysik der Sitten* (1785) (*Fundamentação da Metafísica dos Costumes*, 2009) e *Kritik der praktischen Vernunft* (1788) (*Crítica da Razão Prática*, 2008).

heterorrelativa Irreflexiva. *Ver* REFLEXIVA.

heurístico (gr. εὑρίσκω encontrar, descobrir) **1** *adj*. Que diz respeito a um tipo de procedimento experimental, por tentativa e erro. **2** *s*. **heurística** A arte da descoberta.

hiato *s*. **1** Pequena pausa na pronúncia entre duas vogais que pertencem a sílabas diferentes, como quando se diz «re-úne». Opõe-se à elisão, que ocorre quando uma das vogais não é pronunciada, como «d'água». **2** Uma lacuna (numa frase, num argumento ou num discurso).

hiato de Trendelenburg Na sua obra mais importante, *Logische Untersuchungen* (1840), Trendelenburg argumentou que Kant considerara duas alternativas: ou o espaço se aplica aos fenómenos apenas, ou o espaço se aplica às coisas em si apenas, deixando um hiato ao omitir uma terceira possibilidade, a saber, que o espaço é simultaneamente subjetivo e objetivo. A sua objeção foi rejeitada por Kuno Fischer, um importante historiador da filosofia moderna. O debate sobre a interpretação e valor da ESTÉTICA TRANSCENDENTAL de Kant foi intenso, por vezes até acrimonioso, a ele se entregando muitos dos filósofos mais importantes da Alemanha nas últimas décadas do século XIX.

Hilbert, David /'hilbərt/ (1862-
-1943) Professor de Matemática em
Göttingen 1895-1930; eminente matemático, deu também contributos importantes para a filosofia da matemática.
Grundlagen der Geometrie (1899) (*Fundamentos da Geometria*, 2003) estabeleceu os fundamentos da noção moderna
de sistema formal axiomatizado. *Ver
também* TEORIA DA DEMONSTRAÇÃO.

hilemorfismo (gr. ὕλη matéria +
μορωφή forma, configuração) *s*. Termo
neoescolástico para a teoria exposta na
Física e *Metafísica* (Livro Z, 1033ᵃ 24-
-ᵇ19) de Aristóteles de que todo o objeto
material é constituído por dois princípios: matéria, que por si é apenas algo
potencial, e a forma, em virtude da qual
um objeto passa a estar em ato. A diferença entre a mudança num objeto e a
mera sucessão de um objeto para outro é
que no primeiro caso a matéria (que é
algo indeterminado) permanece.

hilolatria (gr. ὕλη matéria + λατρεία
cerimónia, veneração) *s*. Veneração da
matéria.

hilozoísmo (gr. ὕλη matéria + ζωή
vida) *s*. A teoria de que a vida é inerente
a toda a matéria. O termo foi pela
primeira vez usado por Cudworth.

Hintikka, Jaakko (n. 1929) Filósofo e
lógico finlandês, teve cátedras de Filosofia em Helsínquia, Stanford, Florida e
Boston. É um dos pais da semântica dos
mundos possíveis para a lógica modal.
Fundou a lógica epistémica (*i.e.*, a lógica
do conhecimento e da crença), contribuiu também para a TEORIA DA DEMONSTRAÇÃO, semântica da teoria dos jogos,
filosofia da linguagem, epistemologia
e lógica indutiva. Na década de 1990
Hintikka desenvolveu uma generalização da lógica de predicados habitual de
primeira ordem a que chamou «lógica
da independência» e tentou aplicá-la a
problemas nos fundamentos da matemática e da mecânica quântica. Autor
prolífico, tem também muitas publicações sobre filósofos do passado, *e.g.*,
Aristóteles, Descartes, Kant e Wittgenstein. KBH
*Leitura: The Philosophy of Jaakko
Hintikka* (LLP) 2004.

Hipácia (370-415) gr. Ὑπατία Uma
mulher muito admirada pelos seus dotes
intelectuais extraordinários e imensa
instrução, muito estimada também pelas
suas excelentes qualidades pessoais. Foi
diretora da escola alexandrina neoplatónica. Apesar de pouco se saber sobre a
sua filosofia, sabe-se que escreveu muitíssimo sobre tópicos matemáticos. Foi
brutalmente assassinada por uma turba
cristã fanática, instigada pelo clero.

Hipárquia (*fl*. 300 a.C.; gr. Ἱππαρχία)
Influenciada pelos ensinamentos de
Crates, as suas obras, agora perdidas,
pertencem à tradição cínica. Abandonou
a sua confortável posição social para se
casar com Crates, apesar das tentativas
dos seus endinheirados pais – e até dos
dele – para a dissuadir. Como convém
aos CÍNICOS, viviam frugalmente, «segundo a natureza», e desprezavam as convenções, incluindo (segundo algumas
fontes da antiguidade) padrões normais
de pudor, dado o princípio de que nada
natural é vergonhoso.

hipérbole (gr. ὑπέρ sobre, acima +
βολή lançar) *s*. Figura de estilo na qual
algo é «elogiado até mais não», ou descrito de modo exagerado ou extravagante. *Ant*. LÍTOTES.

Hípias de Élis (*c*. 460-415 a.C.; gr.
Ἱππίας) Sofista da antiguidade, muito

admirado como polímato. Sabe-se pouco dele. Parece que advogou o universalismo moral, opondo a natureza à convenção. Dois dos diálogos de Platão têm o seu nome.

hipodiegético *Ver* DIEGESE.

hipóstase (gr. ὑπόστᾰσις base; substância) *s.* **1** No uso atual, que começou com os estoicos médios (Crísipo, Posidónio), *hipostasiar* é encarar ou tratar algo que não é uma «coisa» ou objeto como se o fosse. Carnap deu a mesma definição, que está no «modo material», mas também a sua paralela, no «modo formal»: hipostasiar consiste em tratar como nome uma expressão que não o é. *Ver também* REIFICAÇÃO. **2** No neoplatonismo, cada um dos três níveis da realidade inteligível – o Uno, o Espírito, a Alma – é uma hipóstase. **3** Pessoa da Santíssima Trindade na formulação grega: uma οὐσία (essência) e três ὑπόστᾰσις. **hipostasiar** *vb.*; **hipostático** *adj.*

hipotaxe *s.* Gramática: subordinação sintática. *Ant.* PARATAXE. **hipotático** *adj.*

hipótese *s.* **1** Uma suposição ou conjetura. **2** Uma suposição ou conjetura, a sujeitar a investigações e testes complementares. **3** Uma premissa que é meramente pressuposta mas não asserida.

hipótese de Kant-Laplace Proposta por Immanuel Kant em 1755 e (provavelmente de modo independente) pelo astrónomo francês e matemático Pierre Simon de Laplace (1749-1827) em 1796, afirma que o sistema solar evoluiu de uma massa de gás em movimento rotativo. O Sol e os planetas formaram-se à medida que a massa arrefecia e se contraía. Isto explica por que razão o movimento de todos os planetas se dá na mesma direção em redor do Sol, como folhas de chá numa chávena que acabámos de mexer com a colher. AM

história *s.* Note-se a ambiguidade: uma descrição de certos acontecimentos, ou os próprios acontecimentos. *Ver também* FILOSOFIA DE...

historicismo *s.* **1** Num sentido da palavra, o que é central no historicismo é a insistência de que determinada linguagem, ou cultura, religião, etc., só pode ser adequadamente entendida, explicada ou avaliada relacionando-a com um contexto histórico. O historicismo rejeita apelos a padrões intemporais de racionalidade ou moralidade. Tais apelos são considerados ilegítimos, porque não há padrões universais intemporais; ou fúteis, porque esses apelos não podem fazer qualquer diferença no que respeita ao desenrolar inflexível da história. Há também uma ênfase no carácter único dos indivíduos, acontecimentos, fenómenos culturais, etc., por oposição ao que se considera uma procura racionalista, cuja abstração distorce as coisas, de verdades intemporais sobre o homem e a história. Vico, Croce e Collingwood contam-se entre os que, de modos diferentes, representam esta perspetiva.
2 Noutro sentido, que se tornou popular com Popper, o historicismo é a perspetiva de que o curso da história se rege por leis gerais, cujo conhecimento torna possível prever o futuro de uma sociedade, da civilização ocidental, etc. Estas leis são vistas como inexoráveis, de modo que a resistência às tendências históricas é vã. Encontram-se perspetivas deste género em Hegel, Comte, Marx, Spencer, Spengler e Toynbee. Popper argumentou fortemente contra tais perspetivas em *The Poverty of Historicism* (1957) (*A Pobreza do Historicismo*, 2007).

A rejeição, por parte de Althusser, do historicismo que atribuía a marxistas como Lukács e Gramsci faz parte da sua própria interpretação estruturalista de Marx.

historismo s. A palavra é por vezes usada no mesmo sentido ou sentidos de HISTORICISMO; mas em *The Open Society and Its Enemies* (1945) (*A Sociedade Aberta e seus Inimigos*, 1998), Popper distingue o historismo do historicismo. O historismo, ou relativismo histórico, é definido como a perspetiva de que todas as nossas opiniões são determinadas pela nossa situação histórica.

Hobbes, Thomas /hɑbz/ (1588- -1679) Talvez o mais conhecido filósofo político inglês, Hobbes argumentou a favor da submissão absoluta a um poder soberano unitário no período da guerra civil em Inglaterra, que começou com Carlos I a enfrentar dificuldades no parlamento e acabou com a vitória das forças de Cromwell. Hobbes viveu no seio de uma família aristocrática a maior parte da sua vida de adulto, e a primeira formulação da sua teoria política foi um tratado de circulação privada, *The Elements of Law, Natural and Politic* (*Os Elementos da Lei Natural e Política*, 2002), completado em 1640, que os apoiantes do rei podiam usar nos debates parlamentares. Apesar de Hobbes ter acabado por considerar que a sua teoria justificava a obediência a qualquer poder soberano forte, monárquico ou não, foi originalmente desenvolvida por um homem que preferia o governo de reis às assembleias representativas.

The Elements of Law é uma das três fontes mais importantes da filosofia política de Hobbes. As outras duas são *De cive* (1642) (*Do Cidadão*, 2002) e *Leviathan* (1651) (*Leviatã*, 2009). Conhecido pela sua tradução inglesa, publicada originalmente em 1651, com o título *Philosophical Rudiments concerning Government and Society*, a obra *De cive* teve sempre menos leitores do que *Leviathan*, mas Hobbes considerava esta segunda formulação da sua teoria política a mais genuinamente científica das três, e quando se dava a si mesmo crédito por ter feito algo em filosofia política, era como fundador de uma verdadeira *ciência* da política. Além disso, *De cive* concentra-se nos direitos dos governantes e nos deveres dos cidadãos, que é plausível considerar que estão no centro da filosofia política, ao passo que *Leviathan* formula primeiro a sua teoria dos direitos e deveres, aplicando-a depois detidamente às relações entre a Igreja e o Estado. É tanto um livro sobre a natureza de um corpo político cristão quanto sobre a natureza do Estado em geral.

De cive abre com uma forte rejeição da máxima aristotélica de que o homem está por natureza adaptado para viver na *polis*. A vida num Estado *não* é algo natural nos seres humanos, segundo Hobbes, e uma vez estabelecido o governo, corre sempre riscos devido à conduta de alguns seres humanos e devido à situação natural de todos. *Leviathan* não é tão explícito quanto *De cive* e *The Elements of Law* quanto ao carácter antiaristotélico da filosofia política de Hobbes, mas a mensagem é praticamente a mesma nos três textos: Aristóteles está equivocado quanto à situação natural do homem, quanto ao sumo bem do homem, e quanto ao lugar da política na vida quando o sumo bem for realizado.

A situação natural dos seres humanos – «o estado de natureza», como Hobbes lhe chama – é aquele em que toda a gente procura a felicidade, tal como a entendem. Não há apenas uma conceção de felicidade partilhada por todos os seres humanos, pois a felicidade é uma questão de contínua satisfação do desejo ou apetite, e os indivíduos têm diferentes quereres ou apetites. Ao procurar a felicidade, tal como a entendem, as pessoas exercem naturalmente o direito – o «direito da natureza», como Hobbes lhe chama – de ajuizar por si qual será a melhor maneira de obter o que querem. Os problemas surgem quando os indivíduos querem a mesma coisa, ou quando indivíduos avaros ou vaidosos – e basta que sejam uma minoria – agem em concordância com o que são, querendo mais bens ou estima do que os seus semelhantes. Em todos estes casos, comuns dada a natureza das coisas, as pessoas são antissociais. Entram em conflito. O conflito não tem de se manifestar em combates abertos, mas há sempre esse perigo. Na verdade, o direito da natureza permite que as pessoas usem a violência na prossecução dos seus fins se o considerarem apropriado. O direito da natureza pode até mesmo justificar a violência extrema. Deste modo, o estado de natureza pode equivaler a um estado de guerra, que na verdade é até provável. Ou a violência será o recurso gratuito dos avaros e vaidosos; ou será o recurso escolhido, relutante e razoavelmente, por pessoas moderadas que visam proteger as suas vidas e bens dos imoderados.

O estabelecimento de um Estado forte é uma solução para o problema da guerra, um antídoto para a ameaça de conflito latente na situação humana e na conduta de homens particulares. A chave para o estabelecimento do Estado é o abandono do direito da natureza. As pessoas têm de concordar em confiar juízos sobre a sua segurança e bem-estar a um homem escolhido, ou conjunto de homens, que, em troca de lhes proporcionar a segurança efetiva e um módico de vida cómoda em virtude da lei civil e de outras instituições, tem o direito de esperar a obediência da multidão. O dispositivo usado por Hobbes para explicar o estabelecimento de um Estado nestes termos foi um pacto fictício entre indivíduos no estado de natureza, cujo efeito era fazer esses indivíduos súbditos de um soberano – seja um indivíduo soberano, seja uma assembleia soberana. Hobbes convidava os leitores a ver as monarquias existentes como potenciais fornecedoras de segurança, ainda que fosse improvável que fossem bem-sucedidas nessa tarefa até se reconhecer que tinham direitos mais amplos do que até então se reconhecera, e até tais direitos serem exercidos.

A vida segura que muitos poderiam aceitar em troca do estado de natureza selvagem, de cada um por si, não era encarada como um paraíso. Mas seria melhor do que a vida natural do homem, que era «solitária, pobre, sórdida, bruta e curta». Se o soberano desempenhasse o seu papel, as pessoas teriam liberdade para fazer trocas comerciais, para se dedicar à agricultura, viajar e formar associações, dentro de certos limites; não estariam apenas protegidos de ataques violentos. Mas não se envolveriam na vida política à maneira do cidadão aristotélico – um homem virtuoso que transmitiria a sua virtude às multidões através da participação na legislatura e na magistratura. Envolver-se-iam na vida política essencialmente através da obediência, apesar de alguns súbditos, evidentemente, ajudarem o soberano, exercendo as funções da soberania, dando conselhos especializados, etc.

Tal como a filosofia política de Hobbes é vincadamente antiaristotélica, também a sua metafísica e filosofia natural pertencem ao movimento de ideias – a chamada «filosofia moderna» – que, no século XVII, começou a pôr de lado Aristóteles e os escolásticos. De 1640 a

1650, período passado no exílio, em Paris, Hobbes passou a integrar um grupo de filósofos e cientistas deliberadamente «modernos», cujo centro era Marin Mersenne, em Paris. Uma das primeiras manifestações em letra de imprensa das inclinações metafísicas de Hobbes surge nas suas Objeções às *Meditações* (1641) de Descartes, o terceiro de sete conjuntos de comentários coligidos por Mersenne. Hobbes invectivou o imaterialismo de Descartes; não apenas o imaterialismo da sua teoria do eu (Hobbes pensava que «eu» poderia nomear um corpo), mas também o imaterialismo da teoria de Descartes do pensamento e da cognição (Hobbes acreditava que o pensamento era uma questão de imagens associadas a nomes).

As perspetivas positivas do próprio Hobbes em metafísica e filosofia natural foram formuladas num tratado intitulado *De corpore* (1655) (*Do Corpo*, 2009) que, com *De homine* (1658) e *De cive,* constituía supostamente um exame dos elementos de filosofia como um todo. *De corpore* tenta mostrar como todo o domínio das ciências naturais, da geometria à física e psicologia, pode ser entendido como disciplinas que se ocupam de efeitos de diferentes tipos de movimento corpóreo. É abandonada a tricotomia de Aristóteles entre ciências teóricas, práticas e produtivas e no seio das ciências teóricas de Aristóteles o aparato da forma, matéria, substância, atributo, espécie e género é sujeito a redefinição em termos mecanicistas. TSO

A antiga edição canónica (org. W. Molesworth, 1839-1845) foi entretanto substituída pela *Clarendon Edition of the Works of Thomas Hobbes,* sob a direção de Noel Malcolm, que está em curso. As edições inglesas aconselhadas do *Leviathan* incluem as da Cambridge, da Hackett e da Thoemmes.

Leitura: N. Malcolm, *Aspects of Hobbes* 2002; R. Tuck, *Hobbes* 2001; *The Cambridge Companion to Hobbes* 1996.

Høffding, Harald /'hœfdɪŋ/ (1843--1931) Filósofo dinamarquês, professor em Copenhaga a partir de 1883, um intelectual europeu proeminente. Em questões de ética adotou um humanismo liberal, e a essência da religião era, do seu ponto de vista, uma fé na permanência dos nossos mais elevados valores. Entre os seus muitos livros conta-se *História da Filosofia Moderna* (1894).

Holbach, Paul Henri Thiry, Baron d' /dɔlbak/ (1723-1789) Naturalizado francês mas alemão de origem, traduziu obras científicas, contribuiu para a *Encyclopédie* e escreveu, adaptou ou traduziu inúmeros livros antirreligiosos. *Le Christianisme dévoilé* (1756-61) desmascara as práticas fraudulentas e doutrinas contraditórias do cristianismo. As suas obras sobre a sociedade e a política, *Système social* (1773), *Politique naturelle* (1773) e *Morale naturelle* (1776), denunciam as injustiças e ineficiências da monarquia absoluta. Não advogam nem contemplam, contudo, quaisquer mudanças radicais nas estruturas sociais e políticas existentes, instigando antes a reforma por um governante esclarecido, que tornaria os cidadãos virtuosos e satisfeitos com a sua sorte por meio alterações comportamentais organizadas pelo estado.

Holbach é sobretudo recordado, contudo, pelo seu *Sistème de la nature* (2 vols.), 1770. A notoriedade da sua obra baseia-se no facto de pela primeira vez todos os argumentos disponíveis a favor do materialismo e do ateísmo terem emergido da sua anterior clandestinidade, tendo sido conjuntamente apresentados em público. Holbach não punha apenas em causa a religião tradicional; atacava também as várias formas de deísmo ou «religião natural» que na altura estavam muito em voga. Argumentava que tanto a razão quanto a experiência conduziam à conclusão de que a natureza como um todo era um ser eterno e infinito. É constituída por elementos materiais básicos incessantemente reordenados e sujeitos em todas as suas operações a leis estritamente deterministas. Mesmo a existência da vida é apenas o produto do trabalho de forças naturais cegamente mecânicas. Não há livre-arbítrio, mas a investigação científica pode descobrir os métodos por meio dos quais se pode fazer causalmente os seres humanos tornarem-se membros mais úteis e bem ajustados da sociedade.

Muitas das figuras importantes do Iluminismo, incluindo Voltaire, Frederico, *o Grande*, e Rousseau, juntaram-se aos cristãos na sua rejeição da perspetiva filosófica completamente secular de Holbach, com as suas tendências subversivas latentes.

Os apoiantes do marxismo, liberalismo, humanismo secular e comportamentalismo podem todos declarar Holbach, e o seu *Système de la nature* em particular, um influente precursor. KM

Hölderlin, Friedrich /'hɒldərliːn/ (1770-1843) Poeta alemão, amigo chegado de Schelling e Hegel. Rejeitou a teoria de Fichte de um eu absoluto, argumentando que o amor é o princípio pelo qual a oposição e a diferença se superam. Um tema central na sua obra é a emancipação e autorrealização. A sua influência no pensamento de Hegel, Nietzsche e Heidegger é considerável.

holismo (gr. ὅλος todo, inteiro) *s.* 1 A perspetiva de que uma explicação de todas a partes de um todo e das suas inter-relações é inadequada como explicação do todo. Por exemplo, uma explicação das partes de um relógio e das suas interações seria necessariamente incompleta desde que nada se dissesse da ação do relógio como um todo. 2 A perspetiva de que uma explicação ou interpretação de uma parte é impossível ou pelo menos inadequada sem referência ao todo à qual pertence.

Na filosofia da ciência, o holismo é um nome dado a posições como a tese de Duhem-Quine, segundo a qual o que se aceita ou rejeita é a totalidade das teorias, e não hipóteses isoladas. Por exemplo, a hipótese isolada de que a Terra é redonda é confirmada se um navio desaparece de vista no horizonte. Mas isto pressupõe toda uma teoria – que, digamos, inclui o pressuposto de que a luz viaja em linhas retas. O desaparecimento do navio, juntamente com uma teoria de que os raios de luz são curvos, também pode ser encarado como uma confirmação de que a Terra é plana. A tese de Duhem-Quine implica que uma previsão fracassada não refuta necessariamente a hipótese de que deriva, dado que pode ser preferível manter a hipótese e rever ao invés um pressuposto de fundo.

Nas ciências sociais, o holismo é a perspetiva de que o objeto apropriado destas ciências são sistemas e estruturas que não se podem reduzir a agentes sociais individuais. Alguns dos proponentes desta perspetiva são Comte, Durkheim, Parsons, Lévi-Strauss. Contrapõe-se muitas vezes ao individualismo (metodológico).

Na filosofia da linguagem, o holismo semântico ou do significado é a perspetiva de que o significado de qualquer termo ou frase depende do significado de todo o termo ou frase na linguagem.

Defensores importantes do holismo semântico são Quine, Davidson e Putnam.

Na ética ambiental, o holismo é a perspetiva de que o ecossistema no seu todo forma uma unidade, sendo todas as suas partes interdependentes. Associa-se muitas vezes à perspetiva de que os interesses humanos não têm uma posição privilegiada.

O termo foi criado por Jan Smuts (1870-1950), o estadista e filósofo sul-africano, que o usou no título do seu *Holism and Evolution* (1926). O seu holismo é uma tese que, em oposição ao mecanicismo e ao materialismo, afirma que os todos naturais são mais do que a soma ou a mera agregação das suas partes. Isto deve-se a um princípio dinâmico intrínseco, não material, integrante, no universo, sem o qual não teria havido evolução nem emergência da consciência. **holista** *adj.*

Nota: entre termos contrastantes, dependendo do contexto, estão os seguintes: individualismo, particularismo, reducionismo e (raramente) merismo. Alguns holismos são prosaicos, outros são poéticos ou místicos. Quando é mal soletrado em inglês (*wholism*), é deste género.

Home, Henry /hju:m/ Lorde Kames /keɪmz/ (1696-1782) Juiz, historiador do direito, jurisconsulto e homem de letras escocês. Kames era uma autêntica figura do Iluminismo, publicando sobre muitíssimos tópicos, entregando-se a esquemas para introduzir melhorias económicas e sociais, membro ativo de sociedades esclarecidas e reformadoras. Filosoficamente era um eclético, combinando no seu *Essays on the Principles of Morality and Natural Religion* (1751) uma teoria realista das qualidades primárias com uma teoria do sentido moral, em grande medida derivada de Shaftesbury e Hutcheson. Os seus argumentos anticéticos anteciparam os que seriam pouco depois adequadamente desenvolvidos por Thomas Reid. Mas subscrevia uma perspetiva determinista da ação humana, sendo a ideia de liberdade aparentada às ideias de qualidades secundárias. Na sua estética, *Elements of Criticism*, 3 vols., 1762, e nas suas histórias conjeturais abrangentes das instituições morais da humanidade (*Sketches of the History of Man*, 1774), a fórmula básica é o equilíbrio entre os elementos universais da natureza humana e as suas expressões historicamente variáveis. Assim, considerava que os fenómenos básicos do direito, como a propriedade e o castigo, estavam enraizados em padrões constantes de sentimentos naturais, conduzindo a diferentes formas institucionais em diferentes estádios da sociedade. Isto permitia-lhe operar com uma noção de justiça natural que então inspirou obras originais sobre a equidade. KHA

Leitura: Ian Simpson Ross, *Lord Kames and the Scotland of His Day* 1972; há também uma secção sobre ele em D. F. Norton, *David Hume* 1982.

homeostasia *s.* A tendência de um organismo para manter a estabilidade em condições mutáveis.

homiléticas, virtudes Qualidades pessoais que tornam fáceis e agradáveis as relações sociais, *e.g.*, delicadeza, afabilidade e urbanidade.

Nota: em teologia, a homilética é o ramo da teologia prática que trata da redação de sermões.

homo; homines lat. Homem, homens.

homofonia (gr. ὅμο- o mesmo + φωνή som) *s.* Duas ou mais palavras que se pronunciam da mesma maneira mas têm significados diferentes são homófonas. Por exemplo, «censo» e «senso».

homografia (gr. ὅμο- o mesmo + γράφω escrever) *s.* Duas ou mais palavras que se escrevem da mesma maneira mas que têm significados ou pronúncias diferentes são homográficas. Por exemplo, «sede» (falta de água) e «sede» (lugar).

homo homini lupus lat. O homem é o lobo do homem (de Plauto, dramaturgo romano da antiguidade). Expressão retomada por Hobbes.

homonímia (gr. ὅμο- o mesmo + ὄνομα nome, palavra) *s.* Duas ou mais palavras que se pronunciam ou escrevem da mesma maneira mas têm significados diferentes são homónimas. Por exemplo, «coser» (com linha) e «cozer» (com água); «canto» (da casa) e «canto» (coral).

Se uma palavra tiver diferentes significados, diz-se que é ambígua, equívoca, polissémica, etc.

Palavras diferentes que têm o mesmo significado são SINÓNIMAS.

Horkheimer, Max /ˈhɔrkhaɪmər/ (1895-1973) A figura central da ESCOLA DE FRANKFURT. Esteve exilado nas décadas de 1930 e 1940, sobretudo nos Estados Unidos. Os seus interesses principais eram a filosofia social e a análise da cultura contemporânea. Estabelecendo como ideal a compreensão livre e sem deformações do homem e da sociedade – uma condição prévia necessária para trazer a justiça social –, descobriu que em lado algum existe tal coisa e que (ao contrário da perspetiva marxista, com a qual tinha muito em comum) nenhuma classe social está imune às influências deformadoras dos mecanismos sociais, seja na forma de repressão aberta, seja na forma de estruturas económicas ou manipulação oculta. O argumento principal da *Dialektik der Aufklärung* (1947) (*Dialéctica do Esclarecimento*, 1985), em coautoria com Adorno, é que o progresso que o Iluminismo procurava era ilusório, estando condenado a acabar na barbárie totalitarista ou na vulgaridade comercializada. Este tema reapareceu na sua antologia de ensaios, *Zur Kritik der instrumentellen Vernunft* (1967). As suas publicações mais tardias, muitas das quais na forma de aforismos ou curtos ensaios, mostram um pessimismo e uma resignação crescentes: o bem na esfera individual e social não pode ser identificado, mas o mal pode. Se visamos realizar o bem, iremos fracassar; tudo o que podemos fazer é lutar contra o mal.

horme (gr. ὁρμή impulso) *s.* Os estoicos usaram «impulso» em lugar do conceito aristotélico mais lato de OREXIA.

Nota: na psicologia de Jung o termo quer dizer energia vital ou dotada de propósito. Na psicologia hórmica de William McDougall (1871-1928), grande parte da ação humana é motivada por impulsos instintivos primitivos e não, como se pensa muitas vezes, em última análise, pela procura do prazer.

Hügel, Friedrich von /ˈhyːɡəl/ (1852-1925) Filósofo religioso católico romano, de origem italo-austríaca. Passou a maior parte da sua vida em Inglaterra. Característico do seu pensamento é a ênfase na experiência religiosa direta, que revela uma realidade para lá da conhecida pelo senso comum e pela ciência. Foi condenado pela Igreja Católica devido às suas inclinações modernistas (MODERNISMO).

huguenote *s., adj.* Designação dos protestantes franceses comummente usada do século XVI ao XVIII. Foram perseguidos nas décadas próximas de 1685, ano em que Luís XIV revogou o Édito de Nantes de 1598 que lhes garantira proteção, usando-se então a palavra *refugié* (refugiado) pela primeira vez para designar os que fugiram para a Suíça, Prússia, República Holandesa e Grã-Bretanha, entre outros países.

O seu destino, e o contacto com muitos deles, teve um impacto percetível no pensamento de John Locke (1632-
-1704) e de outros filósofos importantes. Entre os refugiados encontravam-se vários pensadores influentes, assim como jornalistas (*e.g.*, colaboradores do que era então um novo tipo de jornal, que divulgava notícias da república das letras), *e.g.*, Pierre Bayle (1647-1706), Jean Le Clerc (1657-1736) e Jean Barbeyrac (1674-1744).

humanidade *s.* **1** A qualidade de ser um ser humano. **2** O género humano. **3** A qualidade de ser humanitário: bondade, benevolência; beneficência. **4** Na Escócia, a língua e literatura latinas.

humanidade, princípio de Os interlocutores devem ser interpretados de modo a que o que dizem sobre o mundo seja em grande medida razoável. Esta é a versão corrigida de Donald Davidson do seu princípio de caridade (CARIDADE, PRINCÍPIO DE).

humanidades *s. pl.* **1** O estudo da língua e literatura da antiguidade grega e latina. **2** O estudo da filosofia, história, línguas e literaturas. Em geral, as humanidades podem ser descritas como o estudo do homem como um ser cultural, contrastando com o homem como entidade física e biológica. Pensa-se muitas vezes que as humanidades envolvem uma compreensão e interpretação de um tipo diferente da observação e explicação nas ciências.

humanismo *s.* **1** Movimento intelectual e cultural, ligado ao ressurgimento dos estudos clássicos na Renascença (Petrarca, Lorenzo Valla, Pico della Mirandola, Erasmo, Thomas More, etc.), que adotou o ideal do pleno desenvolvimento do indivíduo, rejeitando quer o ascetismo religioso e a escolástica tacanha, quer a piedade humilde. O ideal do florescimento rico da potencialidade individual, aprofundado pelo estudo das línguas e literaturas clássicas, ressurgiu em finais do século XVIII com os neo-
-humanistas alemães: Goethe, Schiller, Wilhelm von Humboldt. **2** Especialmente no mundo anglófono, o termo passou a designar a partir do século XIX uma mundividência não religiosa ou antirreligiosa, baseando-se habitualmente numa crença na capacidade humana para se cultivar e se aperfeiçoar, e no progresso da humanidade. Entre as fontes de tais ideias contam-se Fourier e Saint-Simon, que escreveram sobre uma «religião da humanidade», e Feuerbach. **3** Na filosofia francesa contemporânea, o termo designa um agregado que inclui, entre outras coisas, a conceção do homem como sujeito transcendental, a conceção de uma natureza humana essencial que fundamenta o pensamento e a ação, e a conceção do homem como ser autónomo, capaz de se autodeterminar, a que se junta o pressuposto de que as escolhas de um indivíduo podem fazer a diferença numa sociedade, ou no curso da história. Contra isto, os *anti-
-humanistas* (Lévi-Strauss, Lacan, Althusser, Foucault) apontam as influências decisivas das estruturas sociais, económicas e psicológicas. (Veja-se, por exemplo, Althusser, «A Controvérsia Humanista», 1967.) Estas determinam as maneiras de

agir dos indivíduos; a autodeterminação dos indivíduos é uma ilusão; toda a consciência é causal ou estruturalmente determinada. A perspetiva anti-humanista é que o homem não pode senão ser um joguete no xadrez da vida, ao passo que a perspetiva humanista é que o homem pode ser um jogador. *Ver também* MORTE DO SUJEITO. 4 Há vários outros sentidos do termo, *e.g.*, a versão de F. C. S. Schiller do pragmatismo.

Humboldt, Wilhelm von /ˈhʊmbɔlt/ (1767-1835) Pensador alemão, reformador da educação, diplomata e filólogo. Sendo um dos fundadores da filologia indo-europeia, salientou a importância da língua e da linguística para a compreensão histórica e cultural (cf. a Introdução do póstumo *Über die Kawi-Sprache auf der Insel Java*, 1836-1839). Uma língua é mais do que uma gramática e um vocabulário – incorpora uma mundividência diferenciada, e é isso que constitui o elemento comum e que expressa a cultura comum que subjaz à diversidade de indivíduos no seio de uma nação. Acreditava que o estudo da língua e cultura clássicas, especialmente da antiguidade grega, desempenhava um papel crucial no desenvolvimento de uma personalidade rica e harmoniosa. Na sua qualidade de alto funcionário público, propôs reformas no ensino superior segundo estas linhas, que foram adotadas na Prússia do século XIX e noutras partes da Alemanha.

Em *Ideen zu einem Versuch, die Grenzen der Wirksamkeit des Staats zu bestimmen* (*Os Limites da Acção do Estado*, 2004), escrito em 1791 mas só publicado em 1851, estabeleceu como bem supremo do homem o desenvolvimento livre do potencial individual de florescimento rico e multifacetado. Isto seria mais facilmente alcançado limitando o papel do governo à proteção da segurança pessoal e da propriedade, dando assim o maior espaço possível à iniciativa individual e à escolha em todos os domínios de atividade: religião, educação e comércio, assim como na organização doméstica, incluindo o casamento, etc. A influência deste trabalho é percetível ao longo de todo o clássico *On Liberty* (1859), de John Stuart Mill (*Sobre a Liberdade*, 2006).

Hume, David /hjuːm/ (1711-1776) Filósofo empirista e historiador escocês, geralmente considerado o mais importante filósofo de língua inglesa, nasceu perto de Berwick. Estudou direito na Universidade de Edimburgo, mas escolheu desde cedo uma carreira literária, preferindo-a a uma carreira no direito. Abandonou na juventude as convicções presbiterianas da sua família, e as suas atitudes morais e filosóficas foram influenciadas pela sua leitura dos clássicos, em especial Cícero.

Quando era ainda muito jovem, Hume concebeu um projeto para a reforma da filosofia, levando os seus estudos até à exaustão e ao quase colapso. Após um breve desvio pelo comércio, foi para La Flèche, em França, em 1734, de onde regressou em 1737, para tratar da publicação de *A Treatise on Human Nature*, que apareceu em 1739 e 1740 (*Tratado da Natureza Humana*, 2002). Ficou desapontado com a receção da obra, afirmando com algum exagero que «caiu da impressão como um nado-morto». Apresentou alguns dos seus principais argumentos epistemológicos de novo em *Enquiry Concerning Human Understanding* (1748) (*Investigação sobre o Entendimento Humano*, 1998), fazendo o mesmo com os argumentos éticos em *Enquiry Concerning the Principles of Morals* (1751) (*Uma Investigação sobre os*

Princípios da Moral, 1995). A sua fama foi crescendo, mas ficou a dever-se em grande parte à sua *History of England* (1754-1762), tendo a sua aceitação filosófica sido sempre dificultada por ter reputação de cético e irreligioso, o que impediu a sua seleção para cátedras de Filosofia, tanto em Edimburgo (1745) como em Glasgow (1752). Até a fama o ter deixado endinheirado, teve de viver como tutor e bibliotecário, e teve algum sucesso como diplomata; mas passou confortavelmente e em relativo sossego os seus últimos anos em Edimburgo. Por conselho dos amigos, não publicou a sua última grande obra filosófica, *Dialogues concerning Natural Religion*; apareceu postumamente em (1779) (*Diálogos sobre a Religião Natural*, 2005).

Como no seu tempo, Hume tem sido sempre classificado como empirista, cético secularista, mas é antes de mais um *naturalista:* o seu objetivo filosófico primário é mostrar que somos parte da ordem natural. Dedica-se ao objetivo socrático clássico do autoconhecimento, mas pensa que este pode ser alcançado através de uma compreensão científica da natureza humana que espelhe a ciência física newtoniana. Tal compreensão, desenvolvida no *Treatise*, revela que somos fundamentalmente criaturas de instinto e hábito cujas vidas mentais são dominadas pela paixão e não pela razão, cujas crenças são formadas por mecanismos de associação e costume e não por reflexão *a priori*, e cujas vidas morais são o produto do sentimento, formado por convenção. Que somos assim é um facto que temos de aceitar, e não podemos mudar nem explicar. Os sistemas racionalistas representam muitíssimo incorretamente as nossas naturezas, e sugerem que a alma humana é alheia ao mundo em que se encontra; o mesmo ocorre na religião cristã, que gera objetivos éticos que negam a vida e que estorvam a socialização necessária ao desenvolvimento da virtude moral.

A teoria do conhecimento de Hume é uma aplicação pormenorizada da sua tese de que a crença é «mais apropriadamente um ato da parte sensível das nossas naturezas do que da cogitativa». Hume chama «perceções» aos conteúdos mentais, e divide-as em impressões (sensações e sentires) e ideias (as suas cópias ou imagens). A mente tem as suas próprias leis, nomeadamente as da associação, segundo as quais as ideias levam de umas a outras e são invocadas pelas impressões, levando também os sentires (ou paixões) de uns a outros, como quando o prazer leva ao amor e o amor à benevolência. As nossas crenças nucleares são produtos destas leis associativas da imaginação, e não do raciocínio, como os filósofos racionalistas supõem.

Hume tenta evidenciar isto em três áreas centrais: 1) Na sua célebre análise da indução e da causalidade, argumenta que a nossa crença na regularidade causal do mundo é um produto do costume: estamos habituados à experiência de ter a expectativa de que as sequências naturais se repitam. A impressão de uma causa usual invoca a ideia do efeito usual, e depois projetamos no mundo a inevitabilidade interna desta expectativa, atribuindo à natureza uma necessidade que é apenas psicológica; 2) Apesar da natureza momentânea e fragmentária das nossas impressões, atribuímos-lhes uma existência distinta e contínua, gerando assim a crença num mundo exterior de objetos persistentes. A crença é um produto da nossa preferência indolente por sequências regulares de impressões relacionadas, cujos hiatos resolvemos ignorar; 3) De igual modo, permitimo-nos atribuir identidade às perceções em mudança sucessiva que constituem a mente, tratando uma série relacionada de perceções como se os seus membros fossem um e um só; criamos assim a «ficção» de uma identidade pessoal.

Estas três crenças naturais são inevitáveis, mas não têm a justificação na razão que os epistemólogos procuraram desde Descartes. Hume é, consequentemente, um cético, ao negar que as nossas crenças naturais nucleares possam ter sustentação intelectual; mas afasta-se dos céticos da antiguidade ao sustentar que somos incapazes de suspender o juízo, exceto por brevíssimos períodos de tempo, ao filosofar. Na linguagem do nosso tempo, sugere que estamos biologicamente programados para acreditar. E temos sorte por ser assim: se fôssemos racionais como o ceticismo exige, ficaríamos reduzidos à inação e à confusão. A razão tem de estar ao serviço destes instintos da vida, e não de tentar suplantá-los.

A mesma coordenação entre razão e instinto está no cerne da teoria moral de Hume. Perto do final da sua descrição das paixões, no Livro 2 de *Treatise*, insiste que só as paixões, incluindo em particular os desejos, podem pôr-nos em ação, tendo a razão de ser sua «escrava», agindo no seu interesse. A nossa natureza passional inclui uma capacidade para partilhar as emoções que podemos inferir que estão presentes nos outros; esta capacidade, a que Hume chama «simpatia», permite-nos partilhar os prazeres e sofrimentos dos que são afetados pelos nossos próprios estados de carácter e pelos dos nossos semelhantes.

Quando discernimos que um traço de carácter ou qualidade mental é agradável a quem o tem (*e.g.*, paz de espírito); útil a essa pessoa (*e.g.*, frugalidade); agradável para outros (*e.g.*, perspicácia afável); útil para outros (*e.g.*, honestidade) – então, aprovamo-lo e chamamos-lhe «virtude». Se descobrimos que é desagradável ou prejudicial, desaprovamo-lo e chamamos-lhe «vício». Mas Hume sublinha que a aprovação só é moral se proceder de um ponto de vista geral, e não um mero gostar ou não gostar pessoal. Podemos admirar e considerar uma virtude a coragem de alguém que é um inimigo pessoal que detestamos.

O tratamento dado por Hume às regras da justiça é de especial interesse. Estas ordenam-nos que respeitemos a propriedade, cumpramos promessas, obedeçamos às leis, etc. Hume argumentou que são meramente convencionais, não tendo qualquer mérito intrínseco. Não há qualquer necessidade racional intrínseca que nos obrigue a seguir estas regras. Esta posição de Hume opõe-se à Teoria Moderna do Direito Natural, que na altura era a perspetiva comum. Hume argumentou que a observância de regras de justiça, como acontece com as outras convenções (*e.g.*, as regras de pudor e castidade), só é virtuosa devido à sua utilidade geral. As regras de propriedade e cumprimento de promessas têm mérito apenas devido a fatores contingentes: porque, na maior parte dos casos, vivemos em condições de benevolência mútua limitada, e de moderada escassez de recursos. Fossem as condições diferentes e as regras não teriam qualquer propósito útil. E, na ausência de um propósito útil, não teriam qualquer razão de ser.

O seu sistema dá à razão um papel muito mais humilde na vida humana do que o atribuído pelos racionalistas ou pela maior parte dos empiristas; mas esse papel é ainda assim essencial. A nossa crença na regularidade causal da natureza gera todo o aparato da ciência moderna, na qual a razão forma regras para prever o curso das sequências naturais. Esta função subordinada mas vital é ameaçada pelo facciosismo e superstição, considerando Hume que a maior parte das crenças religiosas a ameaçam deste modo. Na secção X do primeiro *Enquiry*, Hume argumenta que o testemunho de milagres contradiz o nosso compromisso com a regularidade natural, e que nunca devemos consentir na sua aceitação. Na *Natural History of Religion* (1757) (*História Natural da Religião*, 2005), defende que as crenças religiosas nascem de uma propensão para se atribuir as calamidades naturais a forças pessoais invisíveis, em vez de as explicarmos cientificamente. Nos *Dialogues Concerning Natural Religion* mostra em pormenor que o influente argumento do desígnio, que atribui a ordem mecânica da natureza a uma mente divina, não resiste à aplicação dos padrões que usamos no pensamento científico. Esta última obra, apesar das suas polidas e cuidadosas ambiguidades, é a mais poderosa obra antiteísta dos tempos modernos.

A influência de Hume tem sido imensa, mas dificultou muitas vezes a compreensão das suas verdadeiras opiniões. Thomas Reid e os seus seguidores salientaram o seu ceticismo, e tentaram opor-se-lhe realçando as mesmíssimas crenças de senso comum que o próprio Hume considerava serem-nos naturais. Kant, aceitando Hume no reconhecimento dos contributos da própria mente para o conhecimento, tentou devolver à razão um lugar mais central na génese da ciência, mas sustentava mesmo assim que as coisas-em-si nos são desconhecidas. Os positivistas aplaudiram os limites que Hume impõe à capacidade da razão para compreender a natureza, mas não denunciaram pormenorizadamente como ele as pretensões racionalistas. Na ética, emotivistas e utilitaristas viram prefiguradas as suas posições em Hume, mas negligenciaram a subtil psicologia moral e o conservadorismo político com que ele as formula. Só recentemente a sistemática subtileza da sua filosofia se tornou amplamente manifesta. TP

O *Treatise* pode ser citado por livro, parte e secção. Algumas secções são longas, de modo que o número das páginas é uma ajuda, mas estas diferem entre edições. Como solução de recurso, o número dos parágrafos foi inserido nos volumes da canónica *Clarendon Edition of the Works of David Hume* (em curso). Traduções, além das referidas: *Da Imortalidade da Alma* 2007; *Ensaios Políticos* 2007; *Ensaios Morais, Políticos e Literários* 2002. Outras leituras: A. J. Ayer, *Hume* 2003; A. Quinton, *Hume* 1999. Em inglês: H. W. Noonan, *Hume and Knowledge* 1999; J. Baillie, *Hume on Morality* 2000; D. O'Connor, *Hume on Religion* 2001; *The Cambridge Companion to Hume* 1993.

humores *Ver* QUATRO HUMORES.

Husserl, Edmund /ˈhʊsərl/ (1859- -1938) Nascido na Morávia, estudou matemática e filosofia em Berlim, Viena e Halle. Lecionou nesta última 1887- -1901, Göttingen 1901-1916, e Freiburg 1916-1929. É o fundador do movimento fenomenológico na filosofia moderna.

Como matemático, Husserl interessou-se pelos fundamentos da aritmética, e publicou *Philosophie der Arithmetik* (1891). Nessa altura, a psicologia experimental e psicológica estavam a surgir, e esta obra de Husserl reflete este psicologismo.

Depois de aturada reflexão, para a qual Frege poderá ter contribuído, em *Logische Untersuchungen* 1900-1901 (*Investigações Lógicas*, 2008) Husserl apresentou uma nova explicação da lógica (e matemática). A explicação era antipsicologista:

as leis da lógica e da matemática não eram leis empíricas que descrevem o funcionamento da mente, mas leis ideais, cuja necessidade intuímos, *i.e.*, vemos, *a priori*. Em *Die Idee der Phänomenologie* (1907) (*A Ideia da Fenomenologia*, 2008) Husserl explica de maneira clara e concisa a sua nova abordagem, e em *Ideen zu einer reinen Phänomenologie und phänomenologischen Philosophie* (1913) (*Ideias para uma Fenomenologia Pura*, 2008) defendeu a fenomenologia como uma descrição pura e «sem pressupostos» do *conteúdo* da consciência, *i.e.*, o que está perante a mente quando temos um pensamento. A fenomenologia de Husserl adota a tese de Brentano de que a consciência é *intencional*. Isto é, todo o ato de consciência se dirige a um ou outro objeto, talvez ideal – como na matemática. O fenomenólogo distingue e descreve os vários tipos de atos intencionais e os objetos intencionais da consciência, que são determinados pelo conteúdo da consciência. A descrição do conteúdo da consciência não traz consigo qualquer compromisso com a realidade ou irrealidade do objeto. Pode-se descrever o conteúdo de um sonho nos mesmos termos em que descrevemos a vista de uma janela ou uma cena de um romance. O que interessa ao fenomenólogo são os conteúdos da consciência, e não as coisas do mundo. Assim, em *Ideen* Husserl distingue entre o ponto de vista natural e o fenomenológico. O primeiro é o ponto de vista comum quotidiano e a postura comum das ciências da natureza, descrevendo coisas e estados de coisas. O segundo é o ponto de vista especial alcançado pelo fenomenólogo que se concentra não nas coisas mas na nossa consciência das coisas.

O fim último é para Husserl superar os preconceitos da ciência e do senso comum, e as distorções que os nossos interesses introduzem no modo como vemos o mundo que nos rodeia, para desse modo chegar a um nível último e primordial. Caminha-se em direção a este ponto de vista por meio de uma série de procedimentos metodológicos chamados «reduções». Husserl distinguia vários tipos de redução e mudou de ênfase ao longo da sua carreira, mas há dois que merecem especial menção. O primeiro e mais conhecido é a *epochē* ou «suspensão», descrita em *Ideen*, e na qual o fenomenólogo abandona o mundo natural comum, «põe entre parêntesis» todas as questões da verdade ou realidade e descreve simplesmente os conteúdos da consciência. Quando isto estabelece uma inteleção perspicaz quanto à natureza essencial de um conteúdo, é o resultado do que denomina «redução *eidética*». Um tipo diferente de redução (ou conjunto de reduções) centra-se nas características essenciais de vários *atos* de consciência.

Em *Ideen*, Husserl defendeu uma posição realista forte: as coisas percecionadas na consciência não são apenas conteúdos mas as próprias coisas. Na sua filosofia tardia abandonou este realismo e aproximou-se de uma perspetiva idealista de que o mundo tem de ser sempre *para* uma mente.

Apesar de a rejeição do psicologismo e de as análises conceptuais da fenomenologia inicial de Husserl terem muitas afinidades com a tradição analítica, os críticos objetaram à viragem mais especulativa da sua filosofia tardia que, contudo, atraiu muitos seguidores. RSO/dir.

Leitura: *The Cambridge Companion to Husserl* 1995.

Hutcheson, Francis /ˈhʌtʃɪsən/ (1694-1746) Nasceu na comunidade presbiteriana de Ulster. Depois de estudar em Glasgow viveu em Dublin na década de 1720, onde escreveu e publicou as obras que estabeleceram a sua reputação e levaram à sua contratação em 1730 como professor de Filosofia Moral em Glasgow. Foi o primeiro membro importante do movimento intelectual e cultural que veio a denominar-se «Iluminismo Escocês», e cujos notáveis filosóficos incluem Hume, Adam Smith, Kames, Reid e Ferguson.

Hutcheson opôs-se veementemente a várias perspetivas que naquele tempo eram muito comuns. Todas tinham origem no EGOÍSMO PSICOLÓGICO, a doutrina de que a natureza humana é inevitavelmente egoísta. Para os teólogos, isto queria dizer que só um milagre poderia dar origem a algo genuinamente meritório. Para quem era dado à sátira, proporcionava muitas oportunidades para revelar o fingimento e a hipocrisia. Em última análise, a única razão que a teoria podia apresentar a favor da honestidade era que compensa.

Influenciado sobretudo por Shaftesbury, Hutcheson desenvolveu, em *An Inquiry into the Original of our Ideas of Beauty and Virtue* (1725), uma alternativa a esta teoria prudencial – ou, na verdade, mercenária – da moral. Já se tinha tentado tal coisa em teorias éticas racionalistas, segundo as quais o bem moral ou a correção é intrínseco às ações e situações, sendo percecionável por intuição racional direta, de modo semelhante ao que ocorre quando, ajudados pela luz da razão, apreendemos imediatamente a verdade dos axiomas da geometria. Hutcheson, contudo, rejeitou esta abordagem, e em *Illustrations on the Moral Sense* (1728) levantou objeções mais tarde adotadas por Hume na sua famosa crítica ao racionalismo ético (no Livro 3, Parte 1 de *Treatise of Human Nature*). Argumentou que além dos cinco sentidos comuns temos muitos mais, entre os quais o importante sentido da beleza e o sentido moral. Sentimo-nos imediatamente agradados por objetos que, por meio do nosso sentido de beleza, percecionamos como belos e, de igual modo, sentimo-nos imediatamente agradados (sem qualquer referência à vantagem privada) com o carácter e conduta que percecionamos como virtuosos por meio do nosso sentido moral. Uma consequência interessante da teoria é que do mesmo modo que não se pode dar educação estética a alguém que não tenha qualquer sentido da beleza, também um sentido moral está pressuposto em toda a educação moral.

Hutcheson pode então responder à questão de porquê ser moral. A resposta é que a questão não se põe, a menos que o nosso sentido moral tenha qualquer falha, ou a menos que estejamos de algum modo mal informados sobre os factos da situação. Quando consideramos que uma possibilidade futura ou situação é agradável, ganhamos espontaneamente um interesse favorável por ela.

Que tipos de conduta e carácter percecionamos como virtuosos? Em algumas passagens, Hutcheson parece permitir uma pluralidade de virtudes. Contudo, considera-se geralmente que só admite uma: a benevolência, *i.e.*, o cuidado com a felicidade alheia. A pessoa virtuosa é a que tenta ser maximamente benevolente. Hutcheson é assim conduzido a uma teoria utilitarista, e foi ele quem deu origem à expressão «a maior felicidade para o maior número».

A System of Moral Philosophy (1755) também inclui uma tentativa de dar uma interpretação utilitarista das ideias correntes de direito natural e direitos naturais, e rejeita a perspetiva de Hobbes da natureza associal do homem.

hylē (gr. ὕλη lenha, madeira; substância, matéria) *s.*; Aristóteles (*Física,* Livro I) contrasta a ὕλη com a forma (εἶδος; μορωή). Uma substância individual é uma combinação de matéria e forma.

Hyppolite, Jean /ipɔlit/ (1907-1968) Filósofo francês, conhecido sobretudo pela suas traduções e interpretações de Hegel, sob a influência de Marx, que no início do pós-guerra muito contribuíram para chamar a atenção para Hegel em França.

Leitura: Introdução à História da Filosofia de Hegel 1995; *Gênese e Estrutura da Fenomenologia do Espírito* 2003.

hysteron proteron gr. ὕστερον πρότερον o posterior (o consequente); o anterior (o antecedente). Em geral, apreender as coisas de trás para a frente; especialmente o defeito num argumento também conhecido como *petitio principii* ou petição de princípio.

I

Ibn Rushd *Ver* Averróis.

Ibn Sīnā *Ver* Avicena.

iconoclasta (gr. εἰκονοκλάστης) destruidor de ícones, de imagens *s., adj.* Os cristãos iconoclastas nos séculos VIII e IX consideravam idolatria o uso de imagens no culto religioso, e faziam o possível para destruí-las. Os seus oponentes, os iconófilos, prevaleceram, e a iconoclastia foi condenada num concílio ecuménico em Niceia em 787, e novamente em 842. Nos primórdios da Reforma protestante, no seu zelo de purificação da doutrina e prática religiosa, alguns grupos reavivaram a iconoclastia, perdendo-se assim muitas obras de arte.

Idade da Razão O ILUMINISMO.

ideal 1 *adj.* Perfeito, ótimo. **2** *s.* Um modelo ou padrão de perfeição. Por exemplo, o homem sábio (dos estoicos) é um indivíduo que exemplifica o conceito de perfeita sabedoria. **3** *adj.* Imaginário,

fictício. *Ant.* Real, efetivo. **4** *s.* Em matemática: um sub-anel de um anel.

ideal, observador *Ver* OBSERVADOR IDEAL.

ideal, utilitarismo *Ver* UTILITARISMO IDEAL.

Ideal da Razão Pura Um termo técnico na filosofia de Kant. Num sentido, *ideal* denota um ser individual perfeito; mas Kant também usa a palavra para denotar um exemplo de raciocínio que tem como conclusão a existência de tal ser. Na sua terminologia, portanto, «ideal da razão pura» designa 1) o ser individual (Deus) que exemplifica uma das Ideias da razão (a ideia da realidade última e completa) ou 2) o raciocínio pseudo-racional que estabelece, supostamente, a existência de Deus.

O uso de Kant sugere que *ideal* se relaciona com a existência de Deus do mesmo modo que os termos *paralogismo* e *antinomia* se relacionam, respectivamente, com as outras duas Ideias da razão, a saber, a imortalidade e a liberdade. Kant usa «paralogismo» para designar o raciocínio inválido que nos faz pensar que podemos ter conhecimento de um eu simples e contínuo, e a *antinomia* da razão pura é situação em que a razão se encontra quando tenta conceber a totalidade absoluta de uma série de condições. Estes são os três tipos de inferência dialética realizados pela razão pura.

idealismo s. 1 A conceção platónica segundo a qual apenas as ideias ou formas (no sentido de Platão) têm realidade genuína. A palavra foi inicialmente usada por Leibniz para a ontologia de Platão a fim de a contrastar com o materialismo de Epicuro. 2 Uma teoria que rejeita o materialismo e o naturalismo em favor de uma mundividência religiosa ou que seja, de outro modo, orientada por valores. 3 A opinião de que só existem mentes e representações mentais; não há mundo externo material que exista independentemente. 4 Em sentido popular: ter ideais para orientar a vida. *Ver também* ABSOLUTO; BRADLEY; IDEALISMO TRANSCENDENTAL.

idealismo objetivo 1 A teoria de Platão de que as Formas (ou Ideias) são a realidade última. 2 Idealismo absoluto. *Ver* ABSOLUTO; BRADLEY.

idealismo subjetivo 1 Uma teoria do conhecimento: que um sujeito nada pode conhecer exceto as suas próprias ideias. 2 Uma ontologia: que nada existe exceto mentes e as suas ideias.

Berkeley argumentou a favor de ambas, mas o seu sistema é ao mesmo tempo objetivista, no sentido em que as perceções são involuntárias, o que pode provocar confusões.

idealismo transcendental Doutrina central da filosofia crítica de Kant. Na *Kritik der reinen Vernunft* (1781, 1787) (*Crítica da Razão Pura*, 2008), Kant define-o como se segue: «Por idealismo transcendental quero dizer a doutrina de que as aparências devem ser consideradas, sem exceção, tão-só representações, e não coisas em si, e que o tempo e o espaço são consequentemente apenas formas sensíveis da nossa intuição, e não determinações dadas como existentes por si, nem condições dos objetos vistos como coisas em si.»

ideia s. Esta palavra tem sido usada ao longo da história da filosofia em diferentes sentidos, muito embora se relacionem entre si. Eis dois dos mais importantes. 1 Em Platão, ao conceito de ideia ou forma são dadas várias funções teóricas e não se pode tomar por garantido que seja o mesmo em todos os diálogos. A ideia ou forma do belo, por exemplo, é um *universal*, aquilo que todas as coisas belas têm em comum, e é aquilo que, pela sua presença, torna bela uma coisa bela. É também um *paradigma* perfeito, algo que é em si mais belo do que qualquer outra coisa. Também pode ser concebida como um *fim* ou *propósito*, tendendo à sua mais completa realização. 2 Na era moderna, começando com Descartes, Locke, Berkeley, Hume e muitos outros, o termo é primariamente usado para significar algo que existe na mente. Uma ideia é um *conteúdo mental*, uma *representação mental*. *Ver também* IDEIA DA RAZÃO PURA.

ideias claras e distintas Um par de termos muito usado por Descartes. Nas *Meditações* estabeleceu o princípio de que tudo o que percebo clara e distintamente é verdadeiro. Os termos não são sinónimos: todas as perceções distintas são claras, mas algumas perceções claras não são distintas, por exemplo, a de uma dor muito forte não é distinta (*Principia philosophiae* I, secções 45-46).

Uma distinção clara entre uma ideia *clara* e uma ideia *distinta* foi sugerida por Leibniz (*Discours de métaphysique*, secção 24): a minha ideia de uma coisa é *clara* se puder reconhecer exemplares da coisa; mas a ideia é *distinta* somente se puder explicar por meio de que característica se distingue de outras. Kant apresentou uma formulação diferente em *Vorlesung über Moralphilosophie*: que uma ideia é *clara*, implica que as suas componentes sejam diferenciadas; que é *distinta*, implica que a sua diferença perante outras ideias seja reconhecida.

Ideia da Razão (Pura) Kant usou o termo num sentido técnico especial: uma Ideia é um conceito formado de conceitos puros do entendimento e que transcende toda a experiência possível. Há três ideias transcendentais da razão: Deus, liberdade e imortalidade. Pensar que pode haver delas algum conhecimento é uma ilusão. O seu único uso legítimo é em relação à nossa vida moral.

Kant explicou este conceito, para o qual usa a palavra alemã *Idee*, no livro I, secção I da Dialética Transcendental na sua *Kritik der reinen Vernunft* 1781, 1787, B368-B377 (*Crítica da Razão Pura*, 2008). É frequentemente traduzida com a letra maiúscula I, para a distinguir de *ideia*, usada para traduzir *Vorstellung*, *i.e.*, representação mental.

idempotência *s.* Uma propriedade de uma operação diádica. Por exemplo, a CONJUNÇÃO é idempotente, porque $p \land q$ e p têm o mesmo valor de verdade. Em geral, que uma operação $*$ é idempotente significa que para todo o x no domínio relevante, $x * x = x$.

identidade, lei da A verdade lógica óbvia de que tudo é idêntico a si mesmo, que se exprime habitualmente na lógica contemporânea com a fórmula $\forall x\, x = x$, sendo «Ouro Preto é Ouro Preto» e «Lisboa é Lisboa» dois dos seus casos, habitualmente simbolizados como $a = a$.

Só faz sentido usar a identidade entre nomes ou variáveis ligadas, como o x anterior; não faz sentido identificar duas proposições. Assim, $p = p$ é uma fórmula mal formada se p for uma variável proposicional, pois nesse caso significaria algo como «O Afonso da Maia morreu é o Afonso da Maia Morreu», afirmação destituída de sentido.

Tradicionalmente chamava-se também *lei da identidade* à verdade lógica $p \rightarrow p$ («Se o Afonso da Maia morreu, morreu»), o que gera confusões porque esta verdade lógica não tem relação com a anterior. DM

identidade contingente *O presidente da França em 1994* não *significa* o mesmo que *François Mitterrand*, mas, de facto, o presidente da França em 1994 *era* François Mitterrand. Portanto, a identidade afirmada é contingente: as coisas poderiam ter sido diferentes.

Uma teoria filosófica importante que usa o conceito de identidade contingente é a teoria identitativa da mente, segundo a qual os fenómenos mentais são contingentemente idênticos a estados e processos no sistema nervoso. Por exemplo, as afirmações sobre uma imagem mental referem (de facto) a mesma coisa que as afirmações sobre processos cerebrais, mas não têm o mesmo significado.

A teoria tem sido muito debatida. As objeções baseadas em dúvidas sobre a ideia de identidade contingente foram levantadas especialmente por Kripke.

identidade dos indiscerníveis Um princípio lógico segundo o qual duas coisas *a* e *b* são idênticas se toda a propriedade que pertença a uma delas também pertence à outra. No *Discurso de Metafísica*, Leibniz afirmou que duas substâncias não podem ser exatamente semelhantes e diferir apenas numericamente. A conversa disto é o princípio da INDISCERNIBILIDADE DOS IDÊNTICOS.

identidade mente-cérebro *Ver* TEORIA IDENTITATIVA DA MENTE.

identidade pessoal O que significa a *mesma* pessoa existir ao longo do tempo? As pessoas mudam ao longo do tempo, e há a questão perene de saber o que permanece depois da morte, se é que algo permanece.

Segundo determinada conceção, a morte corpórea não é o fim da nossa existência pessoal. Para esta perspetiva dualista, subscrita por Platão, Descartes e muitos outros, somos uma união de corpo material e alma imaterial. O corpo e a alma são substâncias diferentes, uma física, a outra mental, e cada uma delas pode existir sem a outra. É a alma que nos dá a identidade distintiva, e esta não perece quando o corpo morre. Continuamos a existir, num reino imaterial.

Esta perspetiva tem vindo a ser progressivamente rejeitada, visto que podemos explicar o funcionamento da mente em termos das funções do cérebro e do sistema nervoso central. Isto seria surpreendente se o corpo e a alma fossem duas substâncias distintas. No mínimo, isto mostra que não é preciso crer na alma para explicar o caráter de nossas vidas mentais.

Outras conceções inserem-se em duas categorias amplas, materialista e psicológica. Há teorias materialistas que identificam uma pessoa com um item biológico – tipicamente, o cérebro ou o corpo. Uma razão para preferir a versão que supõe que este item é o cérebro é a plausibilidade da intuição de que uma pessoa poderia sobreviver se o seu cérebro fosse transplantado com sucesso para um novo corpo e o seu velho corpo destruído.

As teorias psicológicas recusam-se a fazer qualquer identificação do tipo «mesmo cérebro – mesma pessoa». Ao invés, sustentam que a identidade de uma pessoa ao longo do tempo é determinada pela continuidade do seu fluxo peculiar de vida mental. Este fluxo poderia, em princípio, continuar num item não biológico, *e.g.*, um cérebro de silício. O que importa, deste ponto de vista, é que a vida mental de uma pessoa continue, e não que determinado item biológico continue a existir. Assim, uma pessoa sobreviveria ao TELETRANSPORTE, uma experiência mental na qual há continuidade psicológica, mas não há continuidade material.

Este último ponto de vista pode suscitar a questão de saber se as pessoas deveriam ser concebidas como substâncias de algum tipo, biológico ou outro. Talvez, como Hume acreditava, as pessoas não sejam substâncias, mas «feixes» de acontecimentos mentais interconectados. Trata-se de uma questão em aberto saber se esta conceção é defensável. *Ver também* PARFIT. BG

ideologia *s.* O termo foi pela primeira vez usado por Destutt de Tracy em *Elements d'idéologie* (1796) para designar uma projetada ciência das ideias, que descreveu como um ramo da zoologia dedicado à investigação empírica das origens das ideias e das relações entre elas. O objetivo prático desta ciência era fornecer uma nova base para a educação, livre de qualquer preconceito religioso e metafísico.

Embora este uso «científico» tenha continuado até ao século XIX, foi rapidamente substituído pelo muito difundido uso do termo para se referir a um tipo de obstáculo ao pensamento racional e à clara perceção que aparentemente afeta o pensamento de outras pessoas, em especial dos adversários políticos. Aqui a ideologia é vista não apenas como um conjunto de erros de raciocínio, mas, ao invés, como fator de distorção sistemática que causa erros no pensamento das suas vítimas. Um exemplo primordial aparece em *A Ideologia Alemã* (1845-1846), no qual os autores, Marx e Engels, consideram que a ideologia faz «os homens e as suas circunstâncias aparecerem de cabeça para baixo como numa *camera obscura*». Este uso sugere que os efeitos da distorção da ideologia podem ser seguramente identificados apenas por aqueles que não sofrem deste mal. Portanto, o pensamento ideológico é habitualmente visto como algo que pode e deve ser evitado, pelo menos em princípio – embora o tratamento da ideologia por Althusser, que a considera ao mesmo tempo enganadora e inevitável, seja uma notável exceção.

Um segundo uso contemporâneo encara as ideologias como conjuntos de ideias associadas a pontos de vista políticos específicos – conservadorismo, ambientalismo, feminismo e socialismo. Neste uso, diz-se por vezes que representa os interesses das classes ou outras coletividades. O prefácio de Marx a *Contribuição à Crítica da Economia Política*, por exemplo, apresenta a ideologia como a forma na qual «os homens se tornam cientes» dos seus interesses rivais. Uma ideologia neste sentido poderia também ser encarada como enganadora, mas aqui o uso da palavra é de maneira geral puramente descritivo. BHI

idiográfica (gr. ἴδιος próprio; privado; peculiar + γράφω escrever, descrever) *adj.* Diz-se por vezes que a história, e em geral as ciências humanas, são idiográficas, *i.e.*, que o que descrevem é tomado como particular e não recorrente. É nisto que diferem das ciências naturais, que são NOMOTÉTICAS. Esta análise e este par de termos foram introduzidos por Windelband numa conferência proferida em 1894. Observou que uma mesma coisa pode ser objeto dos dois tipos de investigação. *Nota:* não confundir com *ideografia*, o uso de ideogramas para transmitir ideias.

idioleto *s.* Uma variedade individual de uma linguagem comum, com traços específicos distintivos.

idolatria *s.* Adoração de uma imagem ou de um objeto material; fortemente condenada no judaísmo, cristianismo e islamismo. Cf. Êxodo 20,3; Levítico 19,4; Deuteronómio 20,15-20.

ídolo (gr. εἴδωλον; lat. *idolum* imagem) *s.* 1 Um objeto (imagem ou objeto material) de veneração religiosa. 2 Um objeto impróprio de veneração; um falso deus. 3 No *Novum Organum* I, 39-51 (1620), que, como sugere o título, visava substituir o *Organon* de Aristóteles, Francis Bacon apresentou uma teoria dos quatro tipos de «ídolos» da mente: preconceitos falsos que desviam o nosso pensamento. Têm origem em quatro tipos importantes de tendências da mente humana que levam ao erro: 1) as pessoas tendem a pensar antropomorficamente (*idola tribus*: os ídolos da tribo); 2) tendem a ser excessivamente influenciadas por hábitos pessoais e preconceitos (*idola specus*: os ídolos da caverna); 3) tendem a ser iludidas pela linguagem (*idola fori*: os ídolos do mercado); 4) tendem a ser iludidas por opiniões teológicas, filosóficas e científicas estabelecidas (*idola theatri*: os ídolos do teatro).

ignoramus; ignorabimus lat. não sabemos; não saberemos. Estas palavras foram usadas como divisa na famosa conferência sobre os limites do conhecimento científico proferida pelo fisiólogo alemão E. du Bois-Reymond em 1872, na qual defendeu uma posição metafísica agnóstica contra o materialismo científico dogmático de seu tempo.

ignoratio elenchi lat. «ignorância da refutação»; falhar o alvo, argumentando contra algo que a outra parte não propôs. Também conhecida como «falácia da conclusão irrelevante».

igualdade sexual «A mente não tem sexo», escreveu François Poullain (ou Poulain) de la Barre (1647-1723) em *Discours physique et moral de l'Egalité des deux sexes* (1673). Opôs-se à tese de que as mulheres são menos racionais do que os homens.

A estas teses igualitaristas opõem-se algumas teses segundo as quais os intelectos das mulheres funcionam de modo diferente. Essas teses podem implicar que um sexo é superior ao outro no que diz respeito à racionalidade. Mas não têm de ter essa implicação. Pode haver diferença sem superioridade.

Os debates deste tipo tomaram em geral o conceito de racionalidade como um dado, e a questão tem sido a de os homens ou as mulheres terem mais ou menos disso. Mas a questão recebeu uma inflexão completamente nova por parte daqueles que, seguindo Genevieve Lloyd, *The Man of Reason* (1976, 2.ª ed. rev., 1993), contestaram o próprio conceito, argumentando que o conceito nuclear de racionalidade da antiguidade, e que ainda prevalece, é intrinsecamente preconceituoso em favor do masculino. É o próprio conceito de racionalidade que tem de ser revisto. Só então pode a igualdade ser significativa e verdadeiramente afirmada.

igualitarismo *s*. Conceção que se opõe ao privilégio e favorece a igualdade entre os indivíduos. A igualdade é sempre entendida num sentido especificável explicitamente ou a partir do contexto. Por exemplo, muitos dos defensores do igualitarismo opõem-se aos direitos especiais das crianças nascidas na aristocracia ou plutocracia e favorecem a igualdade de *oportunidades*. Mas em relação às *consequências*, estes igualitaristas podem tolerar a desigualdade sem cair em inconsistência: aceitam que aqueles que realizam melhor ou têm mais sorte recebam as melhores remunerações. Os igualitaristas mais radicais podem opor-se à diferenciação das recompensas com base na sorte ou na habilidade, favorecendo remunerações iguais para todos. *Ver também* RACISMO; SEXISMO; IGUALDADE SEXUAL.

ilação *s*. Inferência (termo raro, hoje em dia).

ilativo (lat. *in-* + *latum* levado, transportado) *s*., *adj*. 1 Ilativas, ou expressões ilativas, são palavras como *assim*, *logo*, *portanto*, *consequentemente*, *segue-se que*, que são usadas para indicar que uma declaração é a conclusão de determinadas premissas. 2 Na gramática: o caso ilativo, por exemplo, em finlandês, significa movimento em direção ao interior.

ilimitado *adj*. Que carece de um limite quantitativo, que é infinitamente grande ou pequeno. Este é o uso atual. Na filosofia clássica, todavia, *ilimitado* tinha o sentido mais geral de *indefinido, indeterminado*.

illatum (*sing.*); **illata** (*pl.*) lat. *s.* Algo cuja ocorrência é inferida, mas que não pode ser diretamente observado. Por exemplo, os processos e as atividades mentais internas que costumeiramente tomamos por certos a fim de dar sentido ao comportamento externo observado têm sido descritos como «*illata* da psicologia popular».

Illuminati lat. iluminados. Nome dado a uma doutrina e a um movimento esotéricos do século XVIII, similar à Maçonaria. Fundado em 1776 por Adam Weishaupt, professor em Ingolstadt, floresceu na Baviera, mas foi suprimido oito anos depois devido às suas actividades políticas. Instava à resistência contra a influência do Estado e da Igreja exercida pelos jesuítas, e defendia os ideais seculares e liberais dos direitos naturais, da tolerância religiosa e do progresso humano. Grupos similares surgiram nos primórdios do século XIX na Itália.

O termo tem sido também usado para outros agrupamentos religiosos e místicos, por exemplo, os *aluminados* espanhóis (que acabaram por ser suprimidos pela Inquisição no século XVI), certos rosacrucianistas, e seguidores do místico francês L.-C. de Saint-Martin (1743-1803).

ilocutório, ato Um ato realizado *quando* se diz algo. Exemplos de atos ilocutórios são nomear, fazer uma aposta, prometer, comandar, advertir, perguntar, etc. Este é um conceito central na teoria dos atos de fala de J. L. Austin. Contrasta com os atos locutórios e perlocutórios envolvidos num ato de fala. Perguntar pela força (ilocutória) de uma elocução é perguntar que tipo de ato ilocutório se está realizando. Por exemplo: «O que *P* disse foi uma promessa ou uma ameaça?» *Ver também* ATOS DE FALA.

Iluminismo Também designado *esclarecimento* ou *filosofia das luzes*, corrente bastante influente na história cultural e intelectual da Europa da década de 1680 à de 1780, caracterizando-se pela crença na perfectibilidade e no progresso humanos, que se esperava atingir por um uso autoconfiante da razão e pela rejeição do tradicionalismo, obscurantismo e autoritarismo.

Vários modos tradicionais de pensar foram então sujeitos a uma crítica mais severa que as anteriores. Em teologia, as tendências latitudinárias (LATITUDINARISMO) e neológicas (NEOLOGIA) ganharam força, assim como o DEÍSMO: a doutrina religiosa tinha de ser inteligível e racionalmente aceitável. Mais radicais eram as opiniões ateístas de um pequeno mas crescente número de pensadores radicais, como Holbach e Diderot, que vieram a público principalmente depois da década de 1750. Houve também um aumento do anticlericalismo e da resistência à opinião de que a Igreja deveria ter poder independente das autoridades seculares.

Em questões legais, surgiu uma forte oposição (Montesquieu, Voltaire, Beccaria) à tortura judicial, às condenações por bruxaria, às condições miseráveis nas prisões, e a muitos outros abusos. Seguiram-se importantes reformas. Em certos casos, o sucesso foi só parcial. Por exemplo, devido à resistência de interesses estabelecidos, os abusos de privilégios arraigados na profissão jurídica só foram parcialmente refreados, e ainda hoje aquilo que Bentham tentou estabelecer só parcialmente foi realizado.

Nas ciências naturais, algumas alcançaram um elevado grau de perfeição (Newton), outras começaram a desenvolver-se (Lavoisier, Scheele, Pristley, etc.). Na agricultura, nos ofícios, no comércio, no transporte e na engenharia, houve uma crescente disposição para experimentar inovações.

O período foi também marcado por esforços pioneiros de reformas em todos os níveis escolares (Pestalozzi, Basedow).

Na política, deu-se grande ênfase aos princípios da liberdade e da igualdade naturais, e aos direitos humanos básicos, incluindo a tolerância religiosa. As distinções de classe então prevalecentes, assim como as desigualdades de riqueza, demoraram mais tempo a ser criticadas, e a defesa do sufrágio universal era rara. Era apenas nos limites mais radicais deste fermento intelectual, e acima de tudo na França, que se podia encontrar autores que favoreciam o comunismo.

Na filosofia, o materialismo, o determinismo e outras teorias incompatíveis com as religiões e a moralidade tradicional ganharam apoio. O pressuposto tradicional de que a humanidade tinha um lugar central ou muito especial na totalidade do esquema das coisas foi posto em causa, tal como os pressupostos de senso comum sobre a nossa responsabilidade moral a respeito das nossas ações.

No seu todo, as universidades não desempenharam um papel importante nestes desenvolvimentos. Mas as novas ideias encontraram espaço em muitas academias e sociedades letradas que foram fundadas no século XVIII. Um delas, fundada em Berlim em 1736, tinha como divisa as palavras de Horácio: *sapere aude* – ousa saber. Estas palavras podem servir como divisa para o Iluminismo, escreveu Kant no famoso ensaio «Was ist Aufklärung?», de 1784. Caracterizou o movimento como a emancipação mental humana da *Unmündigkeit* (menoridade, imaturidade, tutelagem) imposta a si mesmo.

Refletindo simpatias e aliança políticas, a avaliação deste movimento cultural e intelectual tem sido contínua e vivamente contestada desde a Revolução Francesa. Os opositores do Iluminismo viram-lhe muitos defeitos: «superficial», «afrancesado», etc. O ponto de vista negativo é sucintamente expresso no notável artigo do *Shorter Oxford English Dictionary*: «Intelectualismo superficial e pretensioso, desdém irracional pela autoridade e pela tradição, etc.; aplicado especialmente ao espírito e aos objetivos dos filósofos franceses do século XVIII.» Em *The Roads to Modernity* (2004), a historiadora Gertrude Himmelfarb afirma que, em grande medida, os aspetos pouco apelativos do Iluminismo são franceses, e os apelativos não o são.

Os críticos do Iluminismo acusaram-no de negligenciar sumariamente os valores importantes da tradição, das comunidades, associações e compromissos que, mesmo que não sejam racionais, não devem ser rejeitados como irracionais. Em *Dialektik der Aufklärung* (1947) (*Dialéctica do Esclarecimento*, 1985), Horkheimer e Adorno afirmaram que os ideais do Iluminismo de racionalidade e crítica tiveram a sua conclusão natural no cinismo e na brutalidade das fantasias de Sade. Certos autores marxistas repudiaram o pensamento do Iluminismo como essencialmente burguês, e certas autoras feministas viram-no como essencialmente sexista. Michel Foucault apresenta uma atitude aparentemente ambivalente perante a abolição das práticas bárbaras da justiça criminal no século XVIII; em contraste, o elogio arrebatador do carrasco feito no início do século XIX pelo escritor Joseph de Maistre foi inequívoco. Ideologias clericais, fascistas, nazista, maoísta e outras viram nesta tradição um inimigo natural.

A crença de que o progresso é historicamente inevitável tem agora pouco defensores, mas a crença de que algo se pode fazer para melhorar a condição humana, e a exigência de respeito pela dignidade humana e pelos direitos humanos, continua a fazer parte de uma tradição intelectual muito viva, embora contestada.

Leitura: Peter Gay, *The Enlightenment: An Interpretation* 1970; Robert Darnton, *Os Dentes Falsos de George Washington* 2005; *The Blackwell Companion to Enlightenment* 1992.

Iluminismo Escocês Movimento cultural e intelectual na Escócia do século XVIII. Uma característica importante era a crença no aperfeiçoamento e progresso em diversas áreas: a educação, as artes, as ciências humanas e naturais, a agricultura e o comércio. Na religião, opunha-se ao inflexível calvinismo ortodoxo da Igreja da Escócia do início do século. Os principais autores foram Francis Hutcheson, David Hume, Adam Smith, Adam Ferguson, Thomas Reid e Dugald Stewart.

Leitura: The Cambridge Companion to the Scottish Enlightenment 2003.

ilusão, argumento da Do facto de haver ilusões percetivas e alucinações é claro que algumas perceções sensoriais não apresentam as qualidades reais de um objeto externo. Nestes casos, tudo o que é apresentado é um dado sensível ou um complexo de dados sensíveis (*i.e.*, itens diretamente «dados» aos sentidos). Mas as nossas perceções sensoriais não contêm qualquer marca que permita distinguir as ilusórias das verídicas. Portanto, prossegue o argumento, as qualidades que percecionamos não são inerentes aos objetos, sendo ao invés meramente dados que nos são apresentados na nossa experiência sensorial, *i.e.*, dados sensíveis. Generalizado, o argumento conclui que jamais percecionamos a realidade, apenas aparências.

O argumento era conhecido na antiguidade, tal como os argumentos próximos que partem do facto de uma coisa com as mesmas qualidades poder parecer diferente em momentos diferentes, ou para diferentes observadores. Foram formulados persuasivamente por Berkeley no primeiro dos *Three Dialogues* (1713) e por A. J. Ayer, *The Foundation of Empirical Knowledge* (1940), sendo usados para sustentar o fenomenalismo.

ilusão transcendental Segundo Kant, a razão tem uma tendência natural para ir além dos seus limites ao aplicar categorias (os conceitos do entendimento) para lá do seu âmbito próprio de aplicação, a saber, o campo da experiência. Isto dá origem às ilusões de que podemos ter conhecimento da alma, do livre-arbítrio e de Deus. Kant examina-as na parte da *Kritik der reinen Vernunft*, 1781, 1787 (*Crítica da Razão Pura*, 2008) chamada «Dialética Transcendental». Em sua opinião, são ilusões naturais, semelhantes a certas ilusões de ótica, e não desaparecem, mas podemos dar-nos conta que são enganadoras.

imaginário 1 *adj.* Pertencente à imaginação; fictício.

2 Para número imaginário, *ver* NÚMERO COMPLEXO.

3 *s.* Como substantivo, a palavra é uma importação recente da França, e carrega traços de uma longa história de teorização sobre o imaginário na filosofia francesa, estética, teoria literária, antropologia cultural e psicanálise.

O termo tem estado em uso corrente pelo menos desde os Surrealistas, referindo-se a todos os tipos de significados imaginados ou inventados. É um conceito central em obras tão diversas quanto a do antropólogo cultural Gilbert Durand e a da filósofa Michèle Le Doeuff. A sua história recente também deve muito às obras do psicanalista francês Jacques Lacan e de críticos como Luce Irigaray e Cornelius Castoriadis.

Sartre usou o termo em *L'imaginaire* (1940) (*A Imaginação*, 2008) para se referir aos objetos intencionais da consciência imaginativa, por oposição à consciência percetual ou racional. Estes podem ser externos, na forma de obras de arte, ou internos, como no caso das fantasias e devaneios. Gaston Bachelard usa o termo de maneira similar na sua poética, mas nos seus estudos epistemológicos, *e.g.*, *La Formation de l'esprit scientifique: contribution à une psychanalyse de la connaissance objetive* (1957) (*A Formação do Espírito Científico*, 2002) também o usa para se referir aos produtos distorcidos da experiência percetiva, os elementos imaginários dos relatos científicos, na medida em que podem constituir um obstáculo ao conhecimento. Gilbert Durand, um discípulo de Bachelard, adota um ponto de vista antropológico a fim de avançar uma classificação sistemática do imaginário humano: *Les Structures anthropologiques de l'imaginaire* (1969/1992) (*As Estruturas Antropológicas do Imaginário*, 2001).

Para Lacan, o Imaginário é um conceito teórico central na sua reformulação da teoria de Freud, valendo-se da sua conceção do eu e da sua relação com o narcisismo. Refere-se primariamente ao estádio da formação do eu no qual a criança adquire uma imagem de si coerente, ou uma imagem corporal. (Cf. «O Estádio do Espelho como Formador da Função do eu tal como revelado na Experiência Psicanalítica», em *Ecrits*). Teorizadores da sociedade, como Castoriadis (*A Instituição Imaginária da Sociedade*, 2007) ampliaram o conceito de modo a referir-se a uma dimensão de formas particulares de sociedade, algo próximo ao campo da ideologia de Marx ou ao que Hegel chama «espírito de um povo». Luce Irigaray também usa o termo num sentido amplo para se referir a um nível da experiência pré-discursivo, que forma a base da cultura e do desenvolvimento psíquico individual. De destacar que Irigaray propôs a tese de que o Imaginário é sexuado, argumentando que as figuras dominantes do pensamento e da racionalidade ocidentais desenvolvem a forma da morfologia masculina: o imaginário masculino é caracterizado pela unidade, individuação, forma estável e identidade, enquanto o imaginário feminino é caracterizado pela pluralidade, fluidez e mobilidade ou ausência de forma.

Michèle Le Doeuff (*L'Imaginaire Philosophique*, 1989) usa o termo muito menos num sentido estritamente psicanalítico e de um modo mais próximo ao dos filósofos anteriores, como Bachelard. Para ela, o imaginário filosófico refere-se essencialmente ao conjunto de imagens utilizadas em textos filosóficos. A sua opinião é que se trata de produtos culturais, em parte efeitos de fantasias inconscientes que estruturam a subjetividade e os projetos dos filósofos, mas também peculiares ao domínio filosófico da cultura. Contrariamente à perspetiva que trata o imaginário como inessencial ao discurso filosófico, Le Doeuff encara-o como inevitável. Tipicamente, imagens como a famosa «árvore do conhecimento» de Descartes ou a «ilha da verdade» de Kant representam, em sua opinião, pontos de tensão ou mesmo contradições no interior de um sistema filosófico, disfarçando fendas no edifício ou dando esperanças que o sistema não pode fornecer. PP

imanente (lat. *in-* + *manere* ficar, permanecer, residir) *adj*. Estar por dentro ou no interior, em contraste com *transcendente*, *i.e.*, estar além ou no exterior.

No teísmo tradicional, Deus é visto como um ser transcendente, *i.e.*, não é parte do mundo criado, enquanto noutras tradições religiosas, e em especial no panteísmo, Deus é considerado imanente.

Uma crítica imanente de uma teoria baseia-se nas próprias suposições da teoria, em contraste com a crítica transcendente.

imaterialismo *s*. Ponto de vista segundo o qual a matéria não existe; que não há objetos materiais, e que existir é percecionar ou ser percecionado. O representante mais conhecido deste ponto de vista é Berkeley, que também introduziu a palavra.

imediata, inferência *Ver* INFERÊNCIA IMEDIATA.

imparcial, observador ou espetador *Ver* OBSERVADOR IDEAL.

imperativo hipotético Na ética de Kant, uma afirmação normativa que descreve uma ação necessária para alcançar determinado fim, mas que vale apenas se esse fim for desejado pelo agente.

Por exemplo, a afirmação «Deves praticar as escalas», feita no pressuposto de que o interlocutor deseja aprender a tocar piano e que praticar escalas será uma ajuda nesse sentido, é um imperativo hipotético. Mas se o interlocutor não estiver interessado em tocar piano, desaparece a razão para aceitar aquela afirmação normativa.

Kant salientou que os imperativos da moralidade não são hipotéticos, mas sim categóricos. Aplicam-se independentemente dos desejos do agente. As teorias morais prévias, na sua opinião, não tinham feito justiça a este aspeto fundamental.

imperfeitos, deveres/direitos *Ver* DEVERES/DIREITOS PERFEITOS.

implicação *s. p implica que q* (em que *p* e *q* são proposições) significa que *q* pode ser corretamente inferida de *p*. *Ver também* DERIVABILIDADE; CONDICIONAL.

Nota: «*p* infere (que) *q*» (em que *p* e *q* são proposições) é um uso obsoleto, que já não é considerado aceitável. Inferir é extrair uma conclusão.

Em língua inglesa, o verbo *to imply* é enganador, pois em muitas aceções não significa implicar, antes sugerir ou deixar que o público faça uma certa inferência que não foi explicitada; não é, pois, sinónima de *to infer*, que significa inferir ou deduzir.

implicação, paradoxos da Em sistemas comuns de lógica, *A implica materialmente B* é verdadeira se, e somente se, não ocorre ao mesmo tempo que *A* é verdadeira e *B* falsa. Isto dá origem aos paradoxos da implicação material: uma proposição falsa implica materialmente qualquer proposição, e uma proposição verdadeira é implicada materialmente por qualquer proposição.

Em sistemas comuns de lógica, uma vez mais, *A implica estritamente B* é verdadeira se, e somente se, necessariamente não ocorre ao mesmo tempo que *A* é verdadeira e *B* falsa. Isto dá origem aos paradoxos da implicação estrita: uma proposição necessariamente falsa (*e.g.*, uma contradição) implica estritamente qualquer proposição, e uma proposição necessariamente verdadeira (*e.g.*, uma tautologia) é implicada estritamente por qualquer proposição.

Um exemplo notável do primeiro tipo de paradoxo, proposto por W. Cooper num artigo na *Inquiry* 11 (1968), é este (com colchetes inseridos para clarificar): «[Se estou em Paris, então estou em França, e se estou em Istambul, então estou na Turquia], e isto implica que [ou ocorre que se estou em Paris, estou na Turquia, ou então ocorre que se estou em Istambul, estou em França]». Esta proposição *não* é, certamente, verdadeira, e ainda assim, se as expressões «se...então» e «implica» forem interpretadas como implicações materiais, a proposição (com as abreviaturas óbvias) será

$$[(P \to F) \land (I \to T)] \to [(P \to T) \lor (I \to F)]$$

e isto é uma tautologia e, portanto, definitivamente *verdadeira*!

Diz-se que foi Fílon de Larissa quem definiu pela primeira vez a implicação como nada mais do que uma condicional material verdadeira, empenhando o seu mestre DIODORO DE CRONOS, entre outros, num debate de tal modo famoso sobre a natureza das condicionais que Calímaco (século III a. C., bibliotecário de Alexandria, historiador, gramático e poeta) disse num epigrama que «mesmo os corvos nos telhados grasnam sobre a natureza das condicionais». O debate foi reaberto no início do século XX e ainda continua. Os paradoxos motivaram interpretações não verofuncionais das condicionais.

Trata-se de paradoxos somente no sentido amplo de que o que soa estranho e surpreendente parece também verdadeiro, mas não no sentido estrito de se gerar um absurdo genuíno. Podemos sustentar que o problema surge somente porque os lógicos não tomam suficiente cuidado no seu uso da palavra «implicação».

implicação estrita Onde p e q são proposições, «p implica estritamente q» significa que a conjunção de p e não q é logicamente impossível. A implicação estrita é, pois, uma relação mais forte do que a implicação material, visto que p implica materialmente q sempre que não ocorre que (p e não q), independente de esta conjunção ser ou não impossível. É uma questão controversa se a implicação estrita é tão forte quanto a relação de *derivabilidade*. GH

implicação existencial De uma proposição universal que se considera implicar a proposição particular correspondente diz-se que tem implicação existencial. Segundo a lógica silogística tradicional, *Todo o homem é mortal* tem implicação existencial porque implica *Algum homem é mortal*.

Esta implicação não é válida, exceto excluindo classes vazias. Sob a hipótese de não existirem deuses, *Todos os deuses são clementes* é verdadeira, mas *Algum deus é clemente* é falsa. Para ver por que razão a primeira proposição é verdadeira basta pensar na sua contraditória, que não é *Nenhum deus é clemente* mas antes *Algum deus não é clemente*. Ora, esta proposição é falsa se não houver deuses, pelo que a sua contraditória é verdadeira.

Aristóteles pressupôs a implicação existencial devido ao modo como demonstrava os resultados da sua silogística, mas na apresentação moderna desta lógica o pressuposto já não é necessário, sendo por isso abandonado.

Na lógica de predicados clássica esta implicação existencial não existe: $\forall x\ (Fx \to Gx)$ não implica $\exists x\ (Fx \wedge Gx)$. Contudo, esta lógica tem outra implicação existencial: pressupõe que $\forall x\ Fx$ implica $\exists x\ Fx$. Este pressuposto é abandonado em algumas lógicas livres. dir./DM

implicação material «*p* implica materialmente *q*» significa que a CONDICIONAL verofuncional $p \to q$ é verdadeira. Nesta definição, todas as proposições verdadeiras se implicam materialmente entre si, e toda a proposição é implicada materialmente por qualquer proposição falsa. *Ver* IMPLICAÇÃO, PARADOXOS DA.

implicatura conversacional Uma implicatura conversacional é uma proposição sugerida em conversação; *i.e.*, uma proposição que se pode inferir a partir *do facto* de algo ter sido dito, ou a partir *do modo* de o dizer, ou a partir *do contexto* em que se disse. Por exemplo, se uma pessoa *P* diz «Esse livro foi escrito por Austin ou Ryle», podemos inferir desta elocução que *P não tem a certeza quanto à autoria daquele livro*. A elocução da primeira implica a segunda conversacionalmente, e não logicamente. Se a pessoa *P* diz «O vestido dela é muitíssimo elegante», podemos inferir desta elocução *que P tem uma opinião negativa sobre o seu canto* – se a elocução for uma resposta à pergunta «O que pensas sobre o seu canto?».

Podemos distinguir a implicatura da *implicitura* conversacional, que é uma questão de dizer uma coisa, mas não comunicar isso mesmo, e sim algo diferente. Por exemplo, numa circunstância apropriada a elocução «Não vais morrer» não comunica que o interlocutor é imortal, mas algo diferente, por exemplo, que a sua dor de dentes não irá matá-lo. O termo «implicitura» foi primeiramente usado por Kent Bach no seu artigo na *Mind and Language* 9 (1994). *Ver também* GRICE.

importação *s.* Nome dado a inferências desta forma:

$$\frac{\text{Se } A, \text{ então (se } B, \text{ então } C)}{\text{Se } (A \text{ e } B), \text{ então } C}$$

e ao teorema em sistemas comuns de lógica proposicional:

$$(p \to (q \to r)) \to ((p \wedge q) \to r).$$

A conversa é conhecida como EXPORTAÇÃO.

impregnação teórica A tese de que a observação está impregnada de teoria afirma ser impossível observar sem pressupostos teóricos. As observações irão refletir tais pressupostos. A forma mais extrema da tese conduz à doutrina da INCOMENSURABILIDADE das teorias: a observação não pode ajudar-nos a decidir entre teorias porque teorias diferentes geram observações diferentes, não havendo observações «neutras» a que se possa recorrer. A sua forma mais extrema conduz também à perspetiva de que os observadores com diferentes teorias «habitam mundos diferentes». A perspetiva de que o mundo que habitamos depende inteiramente da nossa teoria é um tipo de idealismo, dado presumir que a existência do que tomamos como o mundo depende de nós e das nossas teorias. AM

imprópria, parte *Ver* SUBCONJUNTO IMPRÓPRIO.

imputação *s.* Atribuição de responsabilidade a alguém: considerar que uma pessoa é responsável por um ato.

imputacionismo *s.* Teoria sobre o significado de frases que declaram que uma ação foi voluntária, intencional, etc. Segundo o imputacionismo, essas frases não *descrevem* o ato enquanto causado de determinado modo. *Imputam*-no ao agente: o propósito dessas frases é responsabilizar o agente pelo ato, e tais imputações de responsabilidade exprimem uma certa atitude moral mas não são verdadeiras nem falsas.

O termo foi introduzido por P. T. Geach (n. 1916) num breve artigo com este título em *Philosophical Review* 69 (1960).

inatismo *s.* Teoria segundo a qual certas características humanas são inatas. O termo é sobretudo usado para 1) a tese platónica ou cartesiana de que algum do nosso conhecimento é inato e 2) a tese proposta por Noam Chomsky de que certas estruturas gramaticais são herdadas geneticamente.

O termo é usado com menor frequência para outras teorias deste tipo. O ponto de vista segundo o qual certas tendências intelectuais e comportamentais são herdadas (portanto, inatas) é por vezes denominado «inatismo», mas muitas vezes usa-se em vez disso a palavra «hereditarismo».

Incognoscível, o *Ver* SPENCER; *ver também* IGNORAMUS.

incomensurabilidade *s.* Sem medida comum. Diz-se que duas coisas são incomensuráveis se não podem ser comparadas entre si. O termo foi usado pela primeira vez pelos Gregos da antiguidade em relação às magnitudes irracionais que descobriram. Um exemplo é o comprimento da diagonal de um quadrado cujos lados têm a medida 1. Pelo teorema de Pitágoras, ele é $\sqrt{2}$. Os Gregos da antiguidade demonstraram (demonstração preservada nos *Elementos*, de Euclides) que $\sqrt{2}$ não pode ser um número racional. Dizia-se que os números irracionais eram incomensuráveis com os racionais.

Alguns filósofos modernos da ciência (Kuhn, Feyerabend *et al.*) sustentaram que diferentes teorias científicas são incomensuráveis no sentido que, a partir dos critérios usuais para comparar e classificar as teorias, nenhuma de duas teorias se sai melhor do que a outra. Esta «tese da incomensurabilidade» tem sido calorosamente contestada, porque coloca em questão a ideia de que a ciência pode progredir ao abandonar uma teoria em favor de outra melhor.

incompatibilismo *s.* Termo usado principalmente para o ponto de vista segundo o qual a ação livre é incompatível com o princípio de que cada acontecimento é determinado por causas eficientes. (Obviamente, o termo pode ser usado para qualquer ponto de vista segundo o qual duas coisas são incompatíveis).

incompatível *adj.* Que não é COMPATÍVEL.

incondicionado *adj.* Que de nada mais depende para existir. *sin.* ABSOLUTO.

inconsciente *adj. s.* Diz-se que é «inconsciente» aquilo de que uma pessoa não está ciente embora esteja na mente dessa pessoa. O conceito do inconsciente começou a ser amplamente usado a partir de meados do século XIX e desempenha um papel proeminente nas teorias de Schopenhauer e E. von Hartmann. No século XX, o conceito de inconsciente está no núcleo da teoria e da prática psicanalítica. É concebido como a localização daquilo que foi reprimido, na medida em que se distingue daquilo que não chegou ao nível da consciência plena, o subconsciente.

Se há uma ligação conceptual próxima entre a consciência e a mente, a perspetiva de que algo pode ser ao mesmo tempo inconsciente e mental é problemática.

inconsistente *adj.* Que não é consistente (*ver* CONSISTÊNCIA).

inconsistente, tríade Um conjunto de três proposições que não podem juntamente ser verdadeiras.

Por que razão conjuntos de proposições que possuem exatamente *três* elementos são escolhidos e recebem um nome? Afinal, raramente se ouve falar de conjuntos com uma, duas, quatro ou cinco proposições inconsistentes. Uma razão é que muitos padrões de inferência básicos, como os silogismos categóricos, contêm três proposições, e um critério comum da sua validade é que as duas premissas, juntamente com a negação da conclusão, têm de formar uma tríade inconsistente. Cf. ANTILOGISMO.

incontinência *s.* Falta de autocontrolo; intemperança. *Ver também* ACRASIA.

indeterminação da tradução *Ver* TRADUÇÃO RADICAL.

indeterminação *Ver* PRINCÍPIO DA INCERTEZA.

indeterminismo *s.* A posição de que alguns acontecimentos não estão causalmente determinados.

Alguns autores usam o termo para a tese de que alguns acontecimentos do futuro são em princípio imprevisíveis. Na teoria literária, «indeterminismo» tem sido usado para a tese de que os textos literários não têm significado determinado.

Índex Abreviatura de *Index librorium prohibitorum* (lat. Índex de livros proibidos), uma lista de livros aos quais, por decreto do Vaticano, os leitores leigos não deveriam ter acesso exceto por meio de uma permissão especialmente concedida pelas autoridades da Igreja. O primeiro Índex foi publicado em 1557, e o último foi revogado cerca de quatro séculos depois, em 1966. A lista incluiu livros de Copérnico, Montaigne, Bacon, Galileu, Milton, Descartes, Hobbes, Espinosa, Locke, Bayle, Voltaire, Kant, etc. – de facto, muitas das obras filosóficas, científicas e literárias que agora encaramos como clássicas.

indexical *adj. s.* Expressões cujas referências dependem das circunstâncias da sua elocução. Exemplos são palavras como *aqui, acolá, agora, último mês, eu, tu*, que se referem a diferentes pessoas, lugares e momentos do tempo, dependendo da situação em que são proferidos. O termo foi introduzido neste sentido por Peirce. Reichenbach usava o termo *espécime-reflexivo*, Russell preferia *particular egocêntrico* e o linguista Otto Jespersen introduziu *mutável*.

indício *s.* Aquilo que sustenta uma crença ou uma teoria. Neste sentido, a palavra corresponde ao inglês *evidence*.

indifference /ɪnˈdɪfərəns/ ing. indiferença. Em inglês antigo, contudo, significa imparcialidade.

indireto, utilitarismo *Ver* UTILITARISMO INDIRETO.

indiscernibilidade de idênticos Um princípio lógico que estabelece que se *A* e *B* são idênticos, cada propriedade que pertence a um também pertence ao outro.

Quine formula o princípio como se segue (no seu ensaio «Reference and

Modality», incluído em *From a Logical Point of View*, 1953): «dada uma afirmação verdadeira de identidade, um dos seus dois termos pode ser substituído pelo outro em qualquer afirmação verdadeira e o resultado será verdadeiro». Como Quine assinala, parece haver muitas exceções a este princípio. Os contextos nos quais o princípio é válido são denominados *contextos extensionais*. Ver também TRANSPARÊNCIA; EXTENSIONAL.

O princípio converso é a IDENTIDADE DOS INDISCERNÍVEIS.

individualismo s. Esta palavra tem sido usada em vários sentidos. Eis cinco deles.

1 Na ontologia: o ponto de vista de que nega que os universais e as classes são reais, atribuindo realidade somente aos particulares. Ver também REÍSMO. 2 Na metodologia: conceção que atribui primazia ao ser humano individual. Ontologicamente, só os indivíduos são reais, e o todo do qual são partes, como os grupos sociais, as sociedades políticas e similares, não tem mais realidade do que as das suas componentes e as suas inter-relações e interações. 3 Na metodologia: a investigação e a teoria sociais deveriam proceder como se só os indivíduos tivessem existência real. A tese de que as explicações do que acontece na sociedade têm de apelar somente às características de pessoas individuais, em particular as psicológicas, é denominada «metodológica» porque faz parte de uma recomendação sobre como proceder na investigação, ao invés de uma asserção sobre a natureza do mundo. No entanto, se a doutrina dá um bom conselho, é porque provavelmente o mundo social é, num certo sentido amplo, composto inteiramente de pessoas individuais; mas que sentido é este não foi esclarecido pelos defensores do individualismo metodológico. A doutrina opõe-se ao HOLISMO, segundo o qual as explicações da sociedade seriam algumas vezes incompletas sem a referência a forças e instituições sociais, ou outras totalidades não individuais. 4 Na axiologia: o valor intrínseco deve ser encontrado no que é essencial para a individualidade do ser humano. O indivíduo pode ser valorizado de diferentes modos: pelas suas realizações, pela sua personalidade única, pela sua autodeterminação, pela sua independência em relação a outros: i) *realização*: um indivíduo pode ser valorizado por ganhar uma corrida. O valor de uma realização coletiva (a vitória de uma equipa de futebol; uma representação de êxito numa companhia de teatro; um esforço nacional bem-sucedido de um país) depende dos valores das realizações individuais componentes; ii) *unicidade*: na era do romantismo, escritores como J. G. Herder, W. Von Humboldt, F. Schlegel e F. Schleiermacher colocaram a ênfase na individualidade, no que distingue um indivíduo de outro, no que torna um indivíduo único. Este é também um ingrediente importante no pensamento de John Stuart Mill. Alguns destes escritores também atribuíam valor à individualidade única das nações e culturas; iii) *autodeterminação*: o indivíduo ideal determina-se a si mesmo, toma decisões independentemente de influências externas; iv) *autossuficiência*: o indivíduo ideal esforça-se pela maior independência possível da assistência ou apoio de outras pessoas. 5 Na filosofia da linguagem e da mente, *ver* INTERNISMO. GC/dir.

indivíduo s. 1 Qualquer coisa encarada como algo único, como uma unidade. 2 Especialmente: uma pessoa, um ser humano.

No personalismo de Mounier, «indivíduo» é usado pejorativamente, em contraste com «pessoa». Um indivíduo é superficial, egocêntrico, inautêntico, materialista, sem noção de valores e sem vocação na vida. Uma pessoa é o oposto, adota livremente valores pelos quais vive, e relaciona-se com outros num espírito de comunidade.

A palavra deriva do latim *individuum*, que foi usada por Boécio para traduzir o grego ἄτομον; ambas as palavras significam indivisibilidade.

indução *s.* A inferência a partir de um número finito de casos particulares para um caso ulterior ou para uma conclusão geral.

Por exemplo, se vários corvos foram observados, e todos eles eram pretos, e se não foi encontrado qualquer corvo que não fosse preto, as inferências a favor da conclusão de que o próximo corvo que se observar será preto ou da conclusão geral de que todos os corvos são pretos são inferências indutivas.

Muitas inferências indutivas parecem plausíveis, algumas de facto parecem extremamente plausíveis, mas a verdade de todas as premissas jamais pode garantir a verdade da conclusão, visto que a conclusão vai além do que é dado nas premissas. Neste aspeto, contrastam com as inferências dedutivas, nas quais a verdade de todas as premissas garante a verdade da conclusão.

Aristóteles introduziu o conceito de indução nos *Analíticos Posteriores*. Contudo, tem-se defendido que nos *Analíticos* «indução» não significa um processo de raciocínio, antes uma análise de casos que tem como resultado salientar uma característica comum.

indução, novo enigma da Este é o modo como o seu autor descreve o PARADOXO DE GOODMAN.

indução, problema da O que pode justificar a nossa confiança em inferências indutivas? A resposta de que têm funcionado bem no passado não serve, porque esta resposta baseia-se na indução, sendo, portanto, uma petição de princípio: estaríamos a justificar a nossa confiança na indução confiando na indução. O primeiro autor a apresentar uma formulação nítida deste problema foi David Hume, em *A Treatise on Human Nature* (1739) (*Tratado da Natureza Humana*, 2002).

As discussões deste problema têm sido diversificadas. Um contributo interessante para o debate foi o de Karl Popper, que sustentou que a preocupação com o problema é indevida, pois o método regular da ciência não é, como Bacon pensava, indutivo, antes hipotético-dedutivo. Na sua opinião, não começamos com observações particulares, generalizando depois; pelo contrário, começamos com generalizações e depois submetemo-las a testes.

indução matemática Um método de demonstração em matemática e em lógica formal. Uma demonstração por indução matemática consiste em duas subdemonstrações. Uma é a demonstração da base da indução, e a outra a demonstração do passo indutivo. Uma vez dadas as duas demonstrações, a conclusão pode ser inferida:

Base da indução 0 tem a propriedade F.
Passo indutivo   Se o número natural k tem F, também $k + 1$ a tem.
Conclusão   Todo número natural n tem F.

Há uma variante deste padrão, denominada «indução forte»:

Base da indução 0 tem a propriedade F.

Passo indutivo	Se todo o número natural menor que *k* tem *F*, também *k* tem *F*.
Conclusão	Todo número natural *n* tem *F*.

Para a lógica proposicional, os padrões usuais são:

Base da indução	Toda a fórmula atómica (*p*, *q*, ...) tem a propriedade *F*.
Passo indutivo	Se a fórmula *A* tem *F*, também ¬*A* tem *F*. Se cada uma das fórmulas *A* e *B* tem *F*, então também (*A* ∧ *B*) e (*A* ∨ *B*) e (*A* → *B*) têm *F*.
Conclusão	Toda a fórmula tem *F*.

E para a indução forte:

Base da indução	Toda a fórmula atómica (*p*, *q*, ...) tem a propriedade *F*.
Passo indutivo	Se toda a fórmula mais curta do que *A* tem *F*, então *A* também tem *F*.
Conclusão	Toda a fórmula tem *F*.

Note-se que em demonstrações por indução, a conclusão é uma consequência necessária das premissas, e não apenas provável. Um dos primeiros autores a apresentar uma formulação explícita deste método de demonstração foi Pascal, no seu tratado de 1665 sobre a aritmética do triângulo, mas o método foi usado antes, por, *e.g.*, Gersonides.

indutiva, lógica *Ver* INDUÇÃO; LÓGICA INDUTIVA.

indutivismo *s.* A posição de que a indução é a base da investigação científica adequada.

inefável (lat. *fari* falar) *adj.* Indizível, inexpressável em palavras.

inferência *s.* O extrair de uma conclusão. As atividades de inferir e sugerir não são as mesmas. Uma pessoa que *infere que q* extrai a conclusão que *q*. Quem *sugere que q* deixa a inferência de que *q* ao seu público.

inferência, regra de Num sistema axiomático, as regras de inferência permitem a formação de teoremas a partir de axiomas. Regras típicas são a da substituição uniforme (uma dada expressão pode ser uniformemente substituída por outra, de modo que, por exemplo, se *p* → *p* é um teorema, então também *q* → *q* o é), e a regra de separação (ou *modus ponens*): se *A* e *A* → *B* são teoremas, então *B* é um teorema.

Os sistemas lógicos de DEDUÇÃO NATURAL não precisam de axiomas, mas têm por base um conjunto de regras de inferência que permitem inferir certas fórmulas bem formadas de outras.

inferência a favor da melhor explicação Um tipo de raciocínio não dedutivo que se divide em dois estádios. O primeiro é uma abdução no sentido de Peirce, *i.e.*, um argumento deste género:

Observámos *B*
Se *A* tivesse ocorrido, observaríamos *B*

Logo, ocorreu *A*

O segundo estádio consiste em considerar alternativas a *A* na segunda premissa, quer dizer, hipóteses explicativas rivais. Para ilustrar:

Observámos pegadas de bota na areia
Se uma pessoa de botas tivesse caminhado na areia, haveria pegadas destas

Logo, uma pessoa de botas caminhou na areia

Compare-se com:

Observámos pegadas de botas na areia
Se uma vaca de botas tivesse caminhado na areia, haveria pegadas destas

Logo, uma vaca de botas caminhou na areia

Obviamente, consideraríamos isto menos plausível, e consideraríamos a primeira explicação melhor. A questão é saber quais os critérios para ajuizar que uma explicação é melhor do que a outra, de modo que se possa inferir a melhor explicação. Esta é uma questão muito debatida. A discussão contemporânea começou com o artigo de Gilbert Harman «The inference to the best explanation», *Philosophical Review* 74 (1965).

inferência dedutiva Ver DEDUÇÃO.

inferência imediata Na lógica tradicional, uma inferência (*e.g.*, subalternação e conversão) a partir de *uma* premissa, em contraste com a inferência silogística que tem mais de uma premissa.

infinitesimal *adj.* Um número muito pequeno que não é zero, mas que nas primeiras formulações do cálculo diferencial e integral (usualmente denominado «cálculo infinitesimal») era encarado para certos propósitos como igual a zero. Em *The Analyst* (1734), Berkeley explorou com muita perspicácia esta fraqueza teórica. O problema foi resolvido cerca de um século depois, quando Cauchy e Weierstrass desenvolveram o conceito de sequências infinitas que tendem para o limite. Isto eliminou a necessidade de infinitesimais. Na análise não canónica de Abraham Robinson, desenvolvida em meados do século XX, os infinitesimais foram de certo modo reabilitados.

infinito (lat. *finis* fim, fronteira, limite) *adj.* Indefinido, indeterminado, infindável. Ser infindável, não ter limite no tempo ou no espaço é um tipo de infinitude, mas no uso filosófico não é o único tipo. Em alguns contextos, o significado da palavra é muito próximo de «por definir» ou «indefinido».

infinito, axioma do Um axioma na teoria de conjuntos que estabelece uma condição que assegura que o domínio da teoria contém um conjunto com um número infinito de membros.

infralapsarismo (lat. *infra* abaixo; *lapsus* deslize, queda) *s.* Doutrina calvinista de que Deus (antevendo tudo) elegeu alguns para serem salvos, e outros para serem condenados eternamente, depois da Queda que fez de todos pecadores. Esta doutrina contrasta com o SUPRALAPSARISMO. Os termos datam do século XVII. *sin.* sublapsarismo.

Ingarden, Roman Witold (1893-1970) Filósofo polaco, que lecionou em Leópolis e Cracóvia, decisivamente influenciado pela fenomenologia de Husserl, mas resistindo ao seu idealismo posterior. Em oposição a isto, elaborou uma ontologia realista, na obra polaca *Spór o istnienie Świata* (1947-1948), reformulada para a edição alemã *Der Streit um die Existenz der Welt* (1964-1965). Ingarden é mais conhecido devido aos seus escritos em estética, *Das literarische Kunstwerk* (1931) (*A Obra de Arte Literária*, 1979), que inclui uma teoria do que é *existir* uma obra literária. A mesma questão, a respeito da arte em geral, é também tratada nas edições inglesas *Selected Papers in Aesthetics* (1985) e *The Ontology of the Work of Art* (1989).

in medias res lat. no meio das coisas ou para o meio delas; omitindo preâmbulos e preliminares (Horácio, *A Arte da Poesia*, 148)

inquérito *s.* Tipo de processo penal no qual o próprio tribunal conduz a investigação do crime. Este processo inquisitorial contrasta com o acusatório, no qual todas as provas são apresentadas ao tribunal por um procurador (um cidadão privado ou um detentor de um cargo público).

Inquisição Na Igreja Católica Romana houve vários Tribunais da Inquisição. Alcançaram o primeiro apogeu depois de serem instituídos em 1232 pelo papa Gregório IX contra os heréticos. A tarefa da Inquisição Real Espanhola a partir de 1478 era perseguir judeus e muçulmanos relapsos. O Santo Ofício em Roma foi estabelecido em 1542 para esmagar a Reforma; também foi o responsável pelo Índex. Levou muitos séculos até estas instituições terem de interromper as suas atividades.

in se lat. em si.

insolubile (*sing.*); **insolubilia** (*pl.*) lat. insolúvel; insolúveis *s.* Termo medieval para os paradoxos lógicos, especialmente as variantes do paradoxo do mentiroso. Um exemplo: se uma pessoa jura que jura falsamente, então, se o seu juramento é falso, *i.e.*, se jura falsamente, não jura falsamente; mas se o seu juramento é verdadeiro, *i.e.*, se não jura falsamente, então jura falsamente.
De novo, é a declaração «Sócrates não atravessará a ponte» verdadeira? As condições são que há uma ponte, Sócrates aproxima-se e 1) quem disser a verdade atravessará a ponte; 2) quem disser uma falsidade não a atravessará; 3) só há um Sócrates; 4) e este Sócrates diz: «Sócrates não atravessará a ponte».

instanciação existencial Na lógica de predicados, dada a fórmula $\exists x\, A$, em que A é uma fórmula que contém a variável ligada x, a instanciação existencial de $\exists x\, A$ consiste em eliminar o quantificador e substituir a variável ligada x por um nome arbitrário, n. Por exemplo, Wx é a instanciação existencial de $\exists x\, Wx$.
Pode-se comparar a inferência que parte de $\exists x\, Wx$ e conclui Wn com a inferência a partir de *Alguém é sábio* para *Nero é sábio*, que não é válida. Mas dado que alguém é sábio, haverá pelo menos uma pessoa sábia a quem, até termos mais informação acerca da sua identidade, podemos atribuir um nome inventado, *e.g.*, n, a essa pessoa. A implicação existencial, espelhada por este passo que parte de *Alguém é sábio* e conclui *n é sábio*, é válida, dadas as restrições apropriadas (não apresentadas aqui).

instanciação universal Na lógica de predicados, At é a instanciação universal de $\forall x\, Ax$, e que t é um termo individual apropriado. Isto corresponde a uma inferência que parte de uma premissa acerca de todos os indivíduos, e chega a uma conclusão acerca de um indivíduo particular.

institutas *s.* Em uso arcaico, os elementos de uma disciplina; um manual com os elementos de uma disciplina.

instrumentalismo *s.* 1 A perspetiva segundo a qual as teorias, especialmente nas ciências, não são, em rigor, verdadeiras ou falsas, devendo antes ser vistas como instrumentos. O seu principal uso é auxiliar as previsões, fazer a transição de um conjunto de dados para outro. Algumas teorias mostram-se mais úteis para este propósito do que outras e isto, e não o facto de supostamente serem verdadeiras, é a razão pela qual podemos aceitá-las justificadamente. Esta perspetiva sobre a ciência foi adotada por muitos pragmatistas, *e.g.*, Peirce, Dewey, James, e por alguns positivistas, *e.g.*, Mach, Schlick. 2 A perspetiva segundo a qual as asserções sobre um certo tipo de entidades *M* podem ser verdadeiras, embora em rigor não existam *M*. Por exemplo, as asserções que descrevem o funcionamento de um mercado perfeito podem ser verdadeiras, embora não exista um mercado perfeito. Outro exemplo é a opinião de que uma asserção que atribui uma crença ou um desejo a alguém pode ser perfeitamente verdadeira, embora não existam «estados internos» reais desta natureza. A sugestão é que a verdade de tais asserções consiste na sua utilidade como instrumentos para realizar previsões.

Destas duas perspetivas, a primeira parece rejeitar a verdade a favor da utilidade, enquanto a segunda parece identificar a verdade com a utilidade.

insult /ɪnˈsʌlt/ ing. insulto. *s., vb.* No uso arcaico da língua inglesa: um ataque; atacar. A palavra é usada neste sentido por Hume.

integridade *s.* Na ética: o termo tem sido usado num sentido especial por Bernard Williams para descrever o que falta numa pessoa que, de modo desinteressado, considera que os seus próprios desejos, interesses ou crenças estão ao mesmo nível dos de qualquer outra pessoa. Um utilitarista consistente, afirma Williams, está fadado a não possuir integridade neste sentido. Está fadado a ser muito modesto, pronto a abandonar qualquer projeto ou compromisso, independentemente de quão importante este seja para si, se isto parecesse em geral aumentar a felicidade universal. Esta forma subtil de despersonalização é o oposto da integridade.

inteligência artificial (IA) A arte de fazer computadores resolver problemas complexos de modos que possuem algumas ou todas as características da inteligência humana.

Inspirados pelas ideias seminais de Alan Turing, os cientistas da computação têm trabalhado na inteligência de máquinas desde a década de 1950. Actualmente, os investigadores da IA especializam-se em diferentes áreas de engenharia de *software*, desenvolvendo inteligência «estreita» em áreas como a representação cognitiva, reconhecimento de padrões, e comunicação em linguagens naturais. Com programas avançados, os computadores podem hoje realizar tarefas sensoriais como reconhecer rostos, e os *robots* computorizados podem subir uma colina, refazer o caminho que seguiram, etc. A inteligência mais geral, que combina muitas dessas aptidões do modo como o fazem os organismos biológicos, permanece por desenvolver.

Enquanto os cientistas da computação se esforçam para fazer máquinas com a inteligência de uma barata, os filósofos mantiveram o enfoque na hipótese original da IA, nomeadamente, que os estados mentais (cognitivos) humanos podem ser reproduzidos em computadores. Há duas versões desta hipótese. Segundo a «IA fraca», as máquinas podem comportar-se como se tivessem estados mentais cognitivos. Segundo a «IA forte», podem ter efetivamente estados mentais cognitivos (conscientes). Alguns defensores da IA forte sustentam que a inteligência de máquinas pode ser obtida no tipo clássico de computadores com processamento hierárquico de símbolos que é regido por uma unidade de processamento central. Outros sustentam que isto exige a computação distribuída, como as redes neuronais.

A hipótese da IA forte deu lugar a debates prolongados em filosofia da mente, nos quais o argumento do QUARTO CHINÊS de John Searle tem um papel central. SH
Leitura: Margaret A. Boden (org.) *Artificial Intelligence* 1996.

inteligível *adj.* 1 Compreensível.
2 Em Platão, as Formas são mentalmente apreendidas pelo *nous*, o intelecto, e não através dos sentidos: são inteligíveis e não sensíveis, tal como o domínio a que pertencem.

Kant faz uso deste contraste terminológico quando distingue o mundo sensível, empírico, do inteligível, que é o domínio do número. Este está para lá do conhecimento humano, pois todo o conhecimento se baseia na intuição direta e nós não temos uma intuição que não seja sensorial. Isto significa que o campo do inteligível é incognoscível! Kant estava ciente deste paradoxo terminológico e comentou-o numa nota da secção 34 dos seus *Prolegómenos*.

intencionalidade *s.* A propriedade dos fenómenos mentais em virtude da qual a mente pode considerar objetos e estados de coisas inexistentes.

A relação entre a mente e o que se *acredita*, *teme*, *espera*, etc., é muito diferente das relações comuns. Estas últimas não podem ocorrer entre algo que existe e outra coisa que não existe. Mas a intencionalidade da mente não é, neste aspeto, semelhante: o medo paranoico de uma conspiração, ou a expectativa de uma herança de uma madrinha imaginária, são exemplos de atitudes mentais perante objetos inexistentes.

Segundo Brentano, a intencionalidade é uma característica distintiva dos fenómenos mentais.

intensão (com *s*) *s.* O significado de um termo ou de um predicado: as características determinantes da sua aplicabilidade; termo correlato: *extensão*, quer dizer, aquilo ao qual a expressão se aplica; aquilo que um conceito abrange. Por exemplo: «animal com coração» e «animal com rins» têm diferentes intensões, mas têm a mesma extensão. De igual modo, «unicórnio» e «centauro» têm diferentes intensões, mas têm a mesma extensão – a saber, nada, visto que não existem animais deste tipo. *sin.* CONOTAÇÃO; SENTIDO; COMPREENSÃO.
Nota: intensão e *intenção* têm significados diferentes.

intensional, contexto (com *s*) Ver EXTENSIONAL/INTENSIONAL, CONTEXTO.

interacionismo *s.* É uma perspetiva de senso comum de que o que ocorre na mente de uma pessoa pode afetar o seu corpo, e vice-versa. O termo *interacionismo* é principalmente usado quando esta perspetiva se combina com o dualismo psicofísico, tipicamente representado por Descartes, segundo o qual o corpo e a mente são totalmente distintos, a mente sendo essencialmente consciência, algo imaterial e não espacial, em completo contraste com os corpos. Este dualismo *parece* excluir qualquer interação, mas o interacionismo procura estabelecer que isto não tem de ser assim.

inter alia; inter alios lat. Entre outras coisas; entre outras pessoas.

interesse *s.* No uso contemporâneo, «interesse» significa normalmente interesse, mas algumas vezes tem o sentido mais restrito de interesse próprio. Uma pessoa que não tem interesse próprio mas que tem interesse em algo é desinteressada. Uma pessoa que não está interessada não tem interesses (é indiferente ao que está em causa).

interlocutor *s.* Um participante de uma conversa.

internismo/externismo O uso deste par de termos para várias posições filosóficas é bastante recente. Os principais usos correntes são os seguintes.

1 Na filosofia moral: o internismo é a teoria segundo a qual há uma ligação interna entre a *opinião* de alguém sobre o que é correto e incorreto moralmente e as suas *motivações*. A teoria de Richard Price (*Review of the principal question...* 1787, p. 194) é internista: «Quando temos consciência de que uma ação [...] *deveria* ser executada, não é concebível que possamos não ser *influenciados*, ou que nos falte um *motivo* para a ação.» (Num sentido relacionado, o internismo é a teoria segundo a qual quando temos consciência de que uma ação deveria ser executada é concebível que não sejamos influenciados por isso – mas só se formos irracionais.)

O externismo, em contraste, nega que as crenças morais tenham em si uma dimensão motivadora, e concede que, sem ser irracional, uma pessoa pode pensar que uma ação é incorreta sem ser de algum modo induzida a não a praticar.

Na filosofia moral, este par de termos remonta a W. D. Falk, «Ought and Motivation», *Proceedings of the Aristotelian Society*, 1947-1948, mas foi o livro de Thomas Nagel, *The Possibility of Altruism* (1970) que levou a um uso generalizado destes termos.

2 A teoria, também denominada *realismo interno*, segundo a qual os padrões de verdade são internos a uma área de investigação.

As teorias contrastantes do internismo e do externismo foram delineadas por Putnam em *Reason, Truth and History* (1981) (*Razão, Verdade e História*, 1992). A perspetiva externista é o realismo metafísico: o mundo consiste numa totalidade de objetos independentes da mente e a verdade envolve a correspondência entre o que pensamos ou dizemos e o modo como são as coisas. Do ponto de vista internista (preferido por Putnam), as questões sobre o mundo e o que este contém só fazem sentido no interior de uma teoria ou descrição. A verdade envolve a coerência, entre as nossas crenças e as nossas experiências, e entre as nossas crenças e as das outras pessoas empenhadas na procura da verdade, mas as experiências já são representadas de um modo particular no interior de um sistema de crenças, não havendo um «ponto de vista de Deus» independente, nem um «ponto de vista sem um modo de ver», *i.e.*, uma verdade independente de qualquer observador.

Um dos argumentos de Putnam a favor do realismo interno é a experiência mental envolvendo um CÉREBRO NUMA CUBA.

As teorias de tipo internista têm afinidades com as teorias coerentistas da verdade. *Ver também* VERIFICACIONISMO e PRAGMATISMO.

3 Na epistemologia: na década de 1980, o par internismo/externismo ganhou uso geral em contextos epistemológicos, nos quais se aplica, embora não sem confusão terminológica, à análise do conhecimento e da crença justificada.

O internismo é a teoria segundo a qual o que justifica a crença de uma pessoa depende inteiramente de estados internos, *e.g.*, uma perceção ou processo de pensamento que estabelece adequadamente a crença, em contraste com, digamos, a voz do desejo. Numa crença justificada temos boas razões a seu favor. Se uma crença tem justificação, quem nela acredita tem consciência do que a justifica.

Em contraste, o externismo é a teoria segundo a qual são relevantes outros fatores além dos estados internos do crente. O fiabilismo é um tipo de externismo: o que importa para o conhecimento é que a crença verdadeira seja produzida por um processo fiável. Outra teoria externista é a teoria causal do conhecimento: a crença verdadeira e justificada de que *p* é uma crença causada por um estado de coisas *p*. A crença de uma criança pode *estar* justificada, ainda que ela não *tenha* boas razões para a adotar. As condições necessárias para a crença ser justificada podem ser cumpridas mesmo que o crente não esteja ciente deste facto. O externismo admite a possibilidade de nenhum estado consciente entrar na justificação.

4 Na filosofia da mente: o internismo, também chamado «individualismo», é a teoria segundo a qual a natureza de qualquer estado mental dado, como a crença, é fixado somente por considerações sobre o indivíduo isolado – *i.e.*, considerações internas. O externismo, por outro lado, é a teoria segundo a qual a natureza dos estados mentais pode depender de considerações que são externas ao indivíduo – *e.g.*, factos a respeito do meio ambiente.

Quando as palavras «internismo» e «externismo» são usadas na filosofia da mente, é geralmente em relação com debates sobre o *significado* ou *conteúdo* dos estados mentais. Segundo o externismo, o que realmente «tenho em mente» quando acredito que o alumínio é um metal leve não depende inteiramente de mim; depende também de coisas «externas», como a natureza do alumínio e o modo como a minha sociedade usa estas palavras. Assim, suponhamos que há outro mundo, como na experiência mental da TERRA GÉMEA, idêntico a este em todos os aspetos exceto que algumas destas características externas são diferentes. O que se denomina «alumínio» nesse mundo é uma substância diferente, embora a sua aparência, o seu uso, etc., seja o mesmo que no nosso mundo. A minha contraparte nesse mundo teria algo diferente em mente quando acreditasse que o alumínio é um metal leve. As duas crenças, embora exprimíveis nas mesmas palavras, diferenciar-se-iam em conteúdo por causa das circunstâncias externas.

Em contraste, uma versão extrema do internismo é a descrição de Descartes da mente, segundo a qual faz sentido supor que eu poderia ter exatamente os mesmos estados mentais que tenho agora, mesmo que afinal não existisse qualquer mundo externo que correspondesse às minhas crenças, perceções, etc.

O *conteúdo estrito* de um estado mental individual é a parte do conteúdo exclusivamente fixada por fatores internos. O *conteúdo lato* é o seu conteúdo pleno, *i.e.*, o conteúdo fixado quer pelos fatores internos, quer pelos externos. TVG/dir.

Nota: ao contrário do inglês, em que *internalism* deriva do adj. *internal* e *externalism* do adj. *external*, os adjetivos portugueses correspondentes são *interno* e *externo*.

interpretação *s.* Nas teorias da arte e na lógica, podemos distinguir os seguintes significados. **1** Uma afirmação acerca do significado de algo, *e.g.*, Daniel interpreta certos escritos como uma profecia da queda do Rei Belshazzar. O que é interpretado (o «objeto» da interpretação) pode ser qualquer coisa cujo significado seja incerto. Uma interpretação é apresentada como um meio possível, que não necessariamente definitivo, de dar sentido ao objeto. Assim, onde uma interpretação é possível, uma interpretação diferente pode também ser possível. **2** Uma atividade cujo fim é chegar a uma dessas afirmações. **3** Modo de executar uma obra musical ou dramática, *e.g.*, a versão de Peggy Lee da música «Fever» é por vezes denominada uma interpretação «performativa». **4** O uso de um texto como pretexto para criar novos significados, *e.g.*, a produção de Orson Welles do *Júlio César* de Shakespeare como uma peça a respeito do fascismo. (Interpretação «construtiva».)

Leitura: Robert Stecker, *Interpretation and Construction* 2003; Michael Krausz (org.) *Is There a Single Right Interpretation?* 2002; Paul Thom, *Making Sense: a Theory of Interpretation* 2000. PTH

5 Na lógica proposicional, uma interpretação atribui um valor de verdade a cada variável proposicional. Na lógica de predicados, uma interpretação atribui além disso um objeto (ou um nome) a cada variável individual, um par de objetos (ou nomes) a cada par de variáveis, etc. Nas interpretações canónicas, o significado dos operadores lógicos permanece constante.

Dada uma interpretação das componentes básicas de uma fórmula, pode-se avaliá-la aplicando as regras estabelecidas para a semântica do sistema ao qual a fórmula pertence. Uma fórmula num sistema é logicamente verdadeira se, e somente se, for verdadeira em todas as interpretações canónicas.

6 Nas discussões contemporâneas de problemas da semântica faz-se frequentemente uma distinção entre interpretação e tradução. Uma interpretação explica o que uma expressão significa. Uma tradução apresenta duas expressões, juntamente com a afirmação implícita de que têm o *mesmo* significado, o que se pode fazer sem dizer que significado é esse.

interpretação radical *Ver* TRADUÇÃO RADICAL.

intertextualidade *s.* A relação entre um dado texto e outros textos que daquele fazem eco, aludem, aceitam, rejeitam, etc. Este é o conceito central na semiótica de Julia Kristeva. Do seu ponto de vista, um texto não pode ser encarado como algo dado, com um significado definido. Não é senão um mosaico que só pode ser entendido através da assimilação e transformação de outros textos com os quais se relaciona. Nenhum texto pode livrar-se de outros textos. Um texto particular é uma confluência de muitas escritas: do autor, do leitor, dos contextos culturais e históricos, etc. Este conceito de intertextualidade aplica-se não apenas a textos no uso diário, mas a qualquer coisa capaz de significação.

intransitiva *Ver* TRANSITIVA.

intrínseco (lat. *intrinsecus* do interior) *adj.* **1** Pertencente à natureza ou essência de algo. **2** Pertencente a algo independentemente de sua relação com outras coisas. *Ant.* extrínseco.

intuição (lat. *intueri* fitar, ver, olhar) *s.* **1** Percepção intelectual ou conhecimento imediato, contrastando com a percepção intelectual ou conhecimento alcançado discursivamente, por meio de análise ou de demonstração. Este é o modo como o termo é usado por Descartes, Locke, Leibniz e Hume. Husserl viu na intuição das essências a tarefa da fenomenologia.

O termo contrastante usado por Descartes para o conhecimento por meio de análise ou de demonstração era *dedução*, enquanto Locke e Hume usaram *demonstração*.

Como acontece com outros termos epistémicos, há uma ambiguidade de ato/conteúdo: «intuição» pode denotar a maneira pela qual algo é conhecido ou o que é conhecido de certa maneira.

2 A perceção direta de um objeto. Este é aproximadamente o significado de «intuição», usado para traduzir o termo alemão *Anschauung*, de Kant, entre outros. Segundo Kant, temos intuições sensíveis, mas não temos intuições não sensíveis, intelectuais e, portanto, não temos qualquer conhecimento de factos sobre-empíricos. Acerca deste último aspeto, Fichte e Schelling assumiram uma posição oposta. A consciência direta de um objeto também foi denominada *contacto*, por exemplo, por Bertrand Russell.

3 A crença imediata e não reflexiva «que encontramos em nós mesmos mal começamos a refletir» (Bertrand Russell). Intuições, neste sentido da palavra, são simplesmente crenças não inferenciais. Mas o termo é algumas vezes reservado para crenças não inferenciais que, embora não sejam imunes à revisão ou à rejeição, lhes resistem fortemente.

Este uso, que se pode fazer remontar à década de 1940, é agora adotado por muitos filósofos contemporâneos da tradição analítica. Nesta tradição tornou-se também comum apelar às intuições como os dados perante os quais as teorias filosóficas têm de ser, em última análise, testadas.

Expressões como «conhecimento intuitivo» são ambíguas, podendo ser tomadas como 1) conhecimento que não é imediato, mas tem a sua base na intuição de objetos ou 2) conhecimento imediato de que algo ocorre.

intuicionismo *s.* 1 O termo foi usado por John Stuart Mill para caracterizar a filosofia antiempirista, representada no seu tempo por Hamilton, Whewell *et al*. Considerava que as suas teorias da lógica, ciência e ética não estavam apenas erradas; eram também obstáculos ao progresso científico e moral.

2 Teoria do conhecimento moral segundo a qual temos conhecimento imediato da correção ou incorreção de certas ações. No século XX, os proponentes britânicos desta teoria são H. A. Prichard, W. D. Ross e A. C. Ewing. Os seus pontos de vista foram algumas vezes denominados neo-intuicionistas, para os diferenciar do intuicionismo discutido por Mill.

3 Teoria do conhecimento moral segundo a qual temos conhecimento imediato do bem intrínseco de certos tipos de coisas ou estados de coisas. G. E. Moore defendeu esta perspetiva em *Principia Ethica* (1903; trad. 1999). O termo é algumas vezes usado livremente para denotar toda a teoria de Moore do bem intrínseco (que o bem intrínseco é simples, indefinível, não natural, etc.), mas, em rigor, deveria ser usado apenas para a sua perspetiva sobre o modo como o bem intrínseco é conhecido.

4 Teoria do conhecimento matemático, defendida por L. E. J. Brower (1881-1966) em oposição às teorias de Cantor, Hilbert, Frege e Russell. A sua perspetiva básica tem uma inspiração kantiana. Os números naturais são os objetos primários do conhecimento matemático: são conceitos formados a

partir de experiências imediatas (*i.e.*, intuições) do curso do tempo. Em sua opinião, os matemáticos e os lógicos haviam sido muito tolerantes ao admitir domínios infinitos, e achou necessário rejeitar demonstrações que incluíssem uma inspeção (ainda que idealizada) de um domínio infinito. Ao invés disso, os teoremas devem ser admitidos somente a partir de uma «construção» finita. Inicialmente, sustentou que o conhecimento matemático é *sui generis* e que as demonstrações matemáticas são diferentes do que se obtém por meio da simples aplicação de regras lógicas. Posteriormente, mudou de opinião, e aceitou a lógica intuicionista desenvolvida por Heyting.

inválido *adj.* Que não é VÁLIDO.

inversa; inversão *s.* Uma inferência imediata em sistemas de lógica silogística que admitem termos negativos:

$$\frac{\text{Todo o } S \text{ é } P}{\text{Algum não } S \text{ é não } P}$$

Na lógica proposicional, a inversa de uma condicional é obtida pela negação das suas componentes: a inversa de $p \to q$ é $\neg p \to \neg q$. Uma condicional não implica a sua inversa.

inversão de operadores, falácia da Ver FALÁCIA DA INVERSÃO DE QUANTIFICADORES.

ioga (sans. pôr rédeas, pôr sob jugo) *s.* 1 Um sistema hindu de disciplina ascética e mística que tem por objetivo desenvolver o domínio completo sobre si, superando as imperfeições e limitações individuais e acabando por alcançar a união com o absoluto. 2 Um sistema de filosofia hindu que sustenta e explica as práticas de ioga.

iota A letra grega ι, iota, invertida, foi introduzida por Russell como um operador que transforma uma frase aberta *Fx* numa descrição definida ιx *Fx*. Por exemplo, se *Fx* é «*x* é Rei de França», ιx *Fx* deve ser lida como «o Rei de França».

ipso facto lat. Pelo facto em si; pelo próprio facto.

irénico (gr. εἰρήνη paz) *adj.* Amante da paz; que tende à conciliação e ao acordo. O termo passou a ser usado especialmente em contextos teológicos na época da Reforma. **Irenismo** *s.*

Irigaray, Luce /ɪˈrɪɡəraɪ/ (n. 1930) Irigaray veio da Bélgica (onde nasceu) para França na década de 1960, quando estudou psicanálise na Escola Lacaniana e Freudiana de Paris e preparou a sua tese de doutoramento em filosofia, publicada sob o título *Speculum* (1974). A crítica feminista de Lacan implícita nesta obra levou à sua expulsão da Escola Lacaniana de Psicanálise da Universidade de Paris VIII (Vincennes) e conduziu-a a uma carreira pública como feminista e filósofa da diferença sexual. Pode-se distinguir quatro linhas diferentes na sua obra: linguística, psicanálise, filosofia e crítica social. Em *Ce Sexe qui n'est pas un* (1977), sustentou que haveria diferenças significativas entre a linguagem falada pela mulher e a falada pelo homem. Posteriormente, em várias publicações no final da década de 1980 desenvolveu melhor a noção de um discurso sexuado. Em *Speculum* combinara uma atenção psicanalítica ao que é reprimido pela cultura com uma explicação ao estilo de Derrida das repressões exigidas pela metafísica, visando com isto produzir uma crítica abrangente da cultura ocidental devido à sua exclusão do feminino. Um desses casos é a conceção de conhecimento tradicional do Ocidente como algo que idealmente pressupõe um ponto de vista imparcial. Na sua opinião, inerente a esta conceção está um desejo, essencialmente fálico, de controlar; o machismo, contudo, também está presente nos recentes ataques «pós-modernistas» mais conhecidos à objetividade.

O empenho de Irigaray na história da filosofia continua em vários livros no período de 1980-1984, com uma série de conferências sobre Platão, Aristóteles, Espinosa, Merleau-Ponty e Levinas.

Depois, as suas atividades tornaram-se progressivamente dirigidas para a mudança social. Vários livros publicados por ela desde os meados da década de 1980, a começar com *Sexes et parentés* (1987) e *Le Temps de la différence: Pour une révolution pacifique* (1989), incidem mais no estatuto civil da mulher, na sua posição como um sexo perante a lei, na necessidade de reconhecer a Mulher como um género distinto do Homem e na importância de traduzir as diferenças sexuais em formas sociais específicas (*Je, tu, nous: Pour une culture de la différence* (1993). Desde então, tem explorado ainda mais a questão da mulher e do divino, que já havia surgido em *Sexes et parentés*. A sua obra posterior é discutida por P. Deutscher em *A Politics of Impossible Difference* (2002).

ironia (gr. εἰρωνεία dissimulação; eufemismo) *s.* **1** O uso zombeteiro ou queixoso de palavras a fim de transmitir o oposto do significado literal. Por exemplo, «Isto foi brilhante» dito a respeito de uma má execução. **2** De maneira mais geral, distanciar-se da mensagem transmitida. **3** Em sentido muito amplo, a ironia de uma situação, ou de uma sequência de acontecimentos, consiste em haver um contraste nítido entre duas das suas características salientes.

ironia romântica O distanciamento da sua obra por parte do artista, quando afirma estar ciente das limitações inevitáveis de toda a atividade artística. Pode exprimir-se pela inserção surpreendente do autor na sua obra, quebrando a ilusão que a obra supostamente deve manter. Exemplos são o *Tristam Shandy* de Sterne (*A Vida e Opiniões de Tristam Shandy*, 1997) e o *Don Juan* de Byron. Friedrich Schlegel (1772-1827) formulou o conceito. A seriedade artística contrasta com o desembaraço e o divertimento da ironia romântica.

ironia socrática A desvalorização de si, fingindo ignorância numa discussão para que se possa fazer avançar a procura da verdade.

irracionalismo *s.* **1** A rejeição da razão. Como teoria filosófica ou atitude, o irracionalismo fica perante um dilema. Se não se sustenta em argumentos racionais, por que razão haveria alguém de o aceitar? Mas se se sustenta em argumentos racionais, então abandonou-se a rejeição do uso da razão.

Muitas doutrinas irracionalistas não rejeitam de facto por completo o uso da razão; apenas conferem à razão um papel reduzido e subordinado. No seu lugar, exalta-se a intuição irrefletida, o sentimento instintivo e a espontaneidade, escarnecendo-se a influência controladora de princípios morais e do conhecimento factual. Ludwig Klages e Ostwald Spengler são amiúde tomados como representantes deste ponto de vista.

2 Na filosofia da religião: fideísmo.
3 Na antropologia filosófica: rejeição da opinião de que o homem é um animal racional.
4 Na metafísica: a negação que a realidade última tem um caráter racional.

irrealismo *s.* 1 Teoria que rejeita a ideia de uma realidade objetiva. O uso da palavra com este sentido é recente. É usada por Nelson Goodman em *Ways of Worldmaking* (1978) para designar a sua rejeição da ideia de uma realidade objetiva e da ideia de verdade; o seu relativismo radical, no entanto, reconhece que pode haver padrões de correção. 2 Uma teoria que rejeita a opinião de que entidades de um determinado tipo são reais. Por exemplo, o irrealismo moral nega a realidade das propriedades morais. O uso do termo com este sentido data dos meados da década de 1980.

irreflexiva *Ver* REFLEXIVA.

irrestrita, quantificação *Ver* QUANTIFICAÇÃO RESTRITA.

isenção valorativa *s.* A tese de que a ciência é *isenta de valores* ou *valorativamente neutra*, significa que a investigação científica *só por si* não pode estabelecer se um objeto, uma ação, um estado de coisas, etc., é bom, mau ou indiferente. Os cientistas podem verificar, por exemplo, que a estricnina é um veneno. Mas poderão estabelecer que é *mau* ingerir estricnina? Isso exigiria um pressuposto complementar: que a sua saúde ou a sua vida são de valorizar. Mas esse pressuposto não é baseado na investigação científica. Pelo que, segundo o argumento, a investigação científica pode gerar descrições, explicações, previsões, mas não juízos de valor.

Aplicada às ciências humanas e sociais, a tese de que a ciência é isenta de valores tem sido particularmente controversa. Max Weber defendeu esta tese no início do século XX. Criticou as frequentes tentativas de apresentar ideologias políticas, morais e religiosas particulares como se fossem sustentadas pela autoridade da ciência. «Há uma diferença acentuada entre o conhecimento empírico e os juízos de valor.» «Nunca pode ser tarefa da ciência empírica determinar normas vinculativas e ideais.» «A política não tem lugar no auditório académico.» Argumentou em *Die «Objektivität» sozialwissenschaftlicher und sozialpolitischer Erkenntnis*, 1904 (*A «Objetividade» do Conhecimento nas Ciências Sociais*, 2007) e em *Wissenschaft als Beruf*, 1918 (*Ciência e Política: Duas Vocações*, 2004, que inclui também *Politik als Beruf*, 1919) que os juízos de valor não podem ter aquele tipo de sustentação, com base em que a ciência é capaz de objetividade enquanto os juízos de valor são essencialmente subjetivos. Mas a tese da isenção valorativa pode ser vista simplesmente como uma exigência de divisão do trabalho: entre a função de um cientista e a de um cidadão responsável, juntamente com um reconhecimento de que um cientista pode e deve continuar também a ser um cidadão responsável. Os adversários rejeitaram isto, argumentando que tal separação de tarefas não é viável, uma vez que os valores entram inevitavelmente em toda a investigação.

Os defensores da tese sustentaram também que esta é benéfica, ao desencorajar a promoção intelectualmente desonesta da ideologia disfarçada de ciência. Os adversários da tese (*e.g.* Noam Chomsky) defenderam também que esta é nociva, ao encorajar a recusa moralmente desonesta de assumir responsabilidade pela direção e resultados da investigação científica.

Islamismo Religião monoteísta, fundada pelo profeta Maomé no século VII. Os seus seguidores são denominados *muçulmanos* (ou maometanos, hoje considerado um arcaísmo); o seu livro sagrado é o Alcorão. Na Idade Média, em especial do século X ao XIII, o apogeu da erudição deu-se em países islâmicos, da Espanha à Pérsia.

-ismo; -ista (do grego -ισμός, um sufixo formador de substantivos. Entre as suas muitas funções está a de referir uma teoria, ou uma disposição prática.) Muitas palavras formadas com «ismo» usadas pelos filósofos têm dois sentidos diferentes: um teórico e um prático. Isto quer dizer que estas palavras podem significar uma *crença* (uma doutrina, uma teoria) ou uma *atitude* (um traço de caráter, um modo de conduta).
Por exemplo, o egoísmo é uma teoria, mas a palavra é também usada para descrever o caráter de uma pessoa ou de uma ação. Num sentido, um egoísta aprova a teoria de que todas as motivações resultam em última instância do interesse próprio; noutro sentido, um egoísta mostra preocupação pelas outras pessoas somente se isso o beneficia a si próprio. Não há inconsistência em ser um egoísta num sentido mas não no outro. O mesmo acontece com o realismo: num sentido, um realista é um defensor da teoria do realismo, mas, noutro sentido, é uma pessoa que não se dá a ilusões, obstinado, com os dois pés no chão.
Nota: há diferentes maneiras de referir uma teoria. Uma delas é formulá-la numa oração subordinada introduzida por «que»: *e.g.*, «a crença de que Deus existe». Outro modo é usar um substantivo, *e.g.*, «teísmo». Denominar uma teoria por meio de uma palavra construída com «ismo» tem a virtude da brevidade. Mas muito frequentemente a mesma palavra formada com «ismo» adquire mais de um sentido. Esta situação confusa cria a necessidade de maior clarificação, e o que se ganhou em brevidade perde-se na explicação. Os grandes filósofos clássicos raramente usaram palavras formadas com «ismo».

iteração *s.* Repetição.

ius (*sing.*); ***iura*** (*pl.*) *s.* lat. Um direito; um sistema legal. Escreve-se também *jus, jura*. Ver DIREITO.

J

Jackson, Frank /ˈdʒæksən/ (n. 1943)
Autorretrato filosófico: fiz matemática e depois filosofia na Universidade de Melbourne. O meu primeiro emprego foi um cargo de um ano na Universidade de Adelaide, em 1967. Depois de desempenhar cargos nas universidades de La Trobe e Monash, mudei-me para a Universidade Nacional Australiana em 1986. Os meus pais eram filósofos. Não sei se isto explica por que razão mudei depois da matemática para a filosofia, ou antes por que razão não comecei pela filosofia.

Apesar de ter sido aluno de David Armstrong e de ser por um breve período colega de Jack Smart em Adelaide, resisti inicialmente à posição deles de que a mente é o cérebro, a perspetiva a que muitas vezes se chama «materialismo australiano». Estava convencido de que havia algo em estados sensoriais como a dor e ver a cor vermelha que não se poderia captar em qualquer história, por mais pormenorizada que fosse, sobre o cérebro, o seu funcionamento e como este subjaz ao modo como os nossos corpos interagem com o mundo. Esta é uma convicção bastante comum, mas eu queria um argumento que a apoiasse. Durante muito tempo pensei que tinha encontrado o Santo Graal dos argumentos antimaterialistas no ARGUMENTO DO CONHECIMENTO contra o materialismo. Não poderia uma pessoa completamente daltónica saber tudo o que há para saber sobre o funcionamento do cérebro e no entanto não saber como é ver o vermelho? Segue-se que há mais a saber sobre como é ver o vermelho do que se pode encontrar em qualquer descrição dos nossos cérebros e do seu funcionamento. Contudo, o papão do epifenomenalismo – é cientificamente implausível que estes postulados «extras» tenham qualquer efeito causal, mas se são epifenómenos como temos conhecimento deles? – acabou por me empurrar para o campo materialista.

Sempre me interessei pela análise conceptual, no sentido, *e.g.*, da exemplificada pela análise do conceito de uma série matemática, $S_1,\ldots$, que não converge em termos de haver, para cada número positivo N, um S_i maior que N. Uma razão para este interesse é a minha convicção de que não podemos sensatamente enfrentar a questão de saber se existem K, para qualquer valor de K filosoficamente controverso, e dada uma ou outra perspetiva sobre como é o nosso mundo, sem uma análise do que é ser um K. Os filósofos perguntam: se o determinismo for verdadeiro, há ações livres? Não vejo como se pode enfrentar este tipo de questão condicional sem uma opinião de como analisar o que é preciso para que uma ação seja livre. As Palestras Locke de Oxford, em 1995, deram-me a oportunidade para expor estas ideias com algum pormenor, aplicando-as a vários casos, incluindo a ética. No caso desta disciplina, argumento que se deve considerar que os conceitos morais são definidos pelo seu lugar numa rede de termos morais e não morais e que isto nos permite resolver o famigerado problema de como ir do «ser» para o «dever». *From Metaphysics to Ethics: A Defence of Conceptual Analysis* (1998) deriva destas palestras.

É mais fácil acreditar que precisamos de análises do que encontrar algumas que recebam assentimento substancial dos colegas. Uma das análises que defendi – em *Conditionals* (1987) – é que «Se A, então B» tem as mesmas condições de verdade mas não o mesmo significado que «Ou não *A* ou (*A* e *B*)». Fará muita diferença dizer «Se chover, o jogo será cancelado» ou dizer «Ou não vai chover, ou vai e o jogo será cancelado»? Mas há, penso, uma diferença no significado, bastante parecida à diferença entre «*A* e *B*» e «*A* mas *B*». Neste caso, têm as mesmas condições de verdade – ambas são verdadeiras apenas se *A* for verdadeira e *B* também – mas o uso de «mas» em vez de «e» assinala que o que se segue a «mas» de algum modo atropela o que se disse antes. No caso de «Se *A*, então *B*», o que se assinala é que quando a asserimos estamos em posição de continuar a fazê-lo caso *A* se revele afinal falsa. Isto não é necessariamente assim no caso de «Ou não *A* ou (*A* e *B*)». Não é um uso incorreto da língua asseri-lo quando a nossa confiança na sua verdade é em grande parte o resultado da nossa confiança de que *A* é falsa, mas pode ser enganador.

Uma questão óbvia para alguém que abraçou mas agora rejeita o argumento do conhecimento é explicar onde é que o argumento errou. Tenho vindo a argumentar que uma espécie de intencionalismo – a perspetiva de que a natureza sensória se esgota pelo modo como as coisas são representadas – é a melhor maneira de compreender como o sensório pode parecer tão diferente do físico e no entanto nada mais ser à mesma senão um aspeto do físico. Tenho também argumentado que a perspetiva representacional da mente se deve alargar à linguagem; que os problemas da referência se abordam melhor partindo de uma posição que vê a linguagem como um sistema de representação aproximadamente do mesmo modo que o semáforo é um sistema de representação. FJA

Jacobi, F(riedrich) H(einrich) /jaˈkoːbi/ (1743-1819) Filósofo alemão. Tal como o seu amigo Hamann, opôs-se ao determinismo (vendo Espinosa como um representante típico dessa posição) e ao que via em geral como a desalmada dependência da razão no século XVIII. Rejeitava grande parte da crítica contemporânea da crença religiosa, argumentando que o sentir imediato e a fé têm de ser reconhecidos como a base última de todas as nossas crenças. Invocou Hume em sua defesa, em *David Hume über den Glauben* (1787), e em obras posteriores defendeu a autoridade do sentimento contra a insistência de Kant de que as nossas crenças têm de ficar confinadas aos limites que a nossa razão e intelecto não podem ultrapassar. As suas simpatias políticas eram democráticas, e atacou as teorias paternalistas e conservadoras comummente usadas para defender as monarquias da sua época. As suas obras incluem dois romances filosóficos, *Eduard Allwils Briefsammlung* (1776) e *Woldemar* (1779). *Ver também* CONTROVÉRSIA DO PANTEÍSMO.

James, William /dʒeɪmz/ (1842--1910) Nascido em Nova Iorque, era o primogénito de um swedenborgiano financeiramente independente, e irmão de Henry, o romancista. Formou-se nos Estados Unidos e na Europa, ora em escolas, ora com tutores particulares. Recebeu o seu doutoramento em Medicina de Harvard em 1869, onde lecionou (primeiro Fisiologia, depois Psicologia e Filosofia) de 1872 a 1907.

Juntamente com Charles S. Peirce (1839-1914), James desenvolveu o pragmatismo, o contributo peculiar da América do Norte para a filosofia mundial. Atribui a Peirce a máxima pragmatista: «para obter perfeita clareza nos nossos pensamentos de um objeto precisamos apenas de considerar que efeitos concebíveis de um tipo prático o objeto pode envolver – que sensações é de esperar dele, e com que reações temos de contar. A nossa conceção destes efeitos [...] é então para nós a totalidade da nossa conceção do objeto», *Pragmatism* (1907), segunda lição (*O Pragmatismo*, 1997). Aplicando este princípio à conceção de verdade, *i.e.*, à concordância de uma crença com a realidade, James salienta que o que conta como «concordância com a realidade» depende do género de crença em questão. Assim, as crenças de senso comum são verdadeiras se, ao agir-se com base nelas, não conduzem a surpresas desagradáveis. Mas a verdade, em especial a verdade científica, evolui; novas verdades emergem quando novos factos entram em conflito com velhas crenças e têm de ser acomodados num sistema coerente. Os valores existem onde os seres sencientes têm sentires e desejos e fazem exigências, e só aí. Os valores, e portanto os juízos de valor, tornam-se objetivos se estes seres derem importância uns aos outros, constituindo assim, e aceitando, um padrão interpessoal. Na verdade, é necessária uma comunidade de pensadores para que exista verdade objetiva. Em *Essays in Radical Empiricism* (1912), rejeita o pressuposto da epistemologia clássica, segundo o qual só conhecemos diretamente os nossos próprios dados dos sentidos, argumentando que de vários mundos privados nenhum mundo comum se pode construir. Ao invés, defende, como o senso comum, que as coisas externas são percecionadas diretamente. Várias mentes podem conhecer uma mesma coisa, tal como várias linhas se podem intersectar num dado ponto; o ponto («a pura experiência»), *e.g.*, a visão da Lua por parte de Bob e Jane, é um acontecimento nas histórias de Bob, de Jane e da Lua.

Algumas questões importantes, *e.g.*, se é de confiar numa pessoa que acabámos de conhecer, ou se é de acreditar num deus, não podem ser resolvidas pelos procedimentos racionais do senso comum ou da ciência, nem pelo tipo de acordo que evolui na ética, e no entanto a suspensão da crença tem nestes casos o efeito prático de resolver a questão de uma maneira e não de outra. Em tais situações, e só nelas, James exorta-nos a «querer acreditar», *i.e.*, afirma que temos o direito de acreditar sem indícios. James exerce esse direito quando afirma que temos livre-arbítrio, que há valores objetivos, que podemos fazer a diferença no futuro do mundo, e que a salvação do mundo exige tanto a nossa ajuda quanto a de Deus. James estudou o fenómeno da fé no seu livro mais lido, *The Varieties of Religious Experience* (1902) (*As Variedades da Experiência Religiosa*, 1992); em *The Will to Believe and Other Essays in Popular Philosophy* (1887) argumentou contra a ÉTICA DA CRENÇA de Clifford, que era mais exigente.

As preocupações morais constituem a motivação última do filosofar de James. Afirma o livre-arbítrio porque só as ações escolhidas a partir de alternativas igualmente possíveis têm qualidade moral. A escolha moral envolve escolher o carácter que teremos. Logo, temos de aproveitar todas as oportunidades para agir de modos que desenvolvam e mantenham os bons hábitos. Apesar de muitos dos nossos ideais estarem relacionados com prazeres e dores corporais simples, também sentimos diretamente um ajuste entre certas maneiras de agir e certos tipos de experiências. Não aprendemos pela experiência os nossos ideais mais nobres e revolucionários; são ao invés guias da experiência futura, sendo também corrigíveis por ela. As ações só têm valor real se fizerem realmente a diferença; e só a crença de que fazem realmente a diferença pode ser uma motivação para o esforço moral árduo. Todas as obrigações se fundam nas inúmeras afirmações efetivas de pessoas efetivas, mas nem todas são co-satisfazíveis. Dado que os valores não têm uma medida comum, temos de procurar ideais que possam ser realizados com o mínimo custo em termos da frustração de outros ideais. O progresso moral humano consiste em substituir ideais menos inclusivos por outros mais inclusivos, *e.g.*, o voto dos homens pelo voto dos homens *e* das mulheres. Apesar de haver uma presunção a favor da ordem estabelecida, temos a liberdade de tentar realizar um novo ideal (que se presume mais inclusivo), desde que estejamos dispostos a arriscar a nossa vida e o nosso caráter nessa tentativa, e desde que sejamos sensíveis aos «protestos dos feridos», pois os ideais, tal como as hipóteses científicas, são provisórias.

Nos dois volumes de *Principles of Psychology* (1890), James concebe esta disciplina como a teoria das relações entre acontecimentos mentais e mudanças fisiológicas. Assim, segundo a teoria James-Lange, as emoções são sentires das mudanças corpóreas causadas pela perceção do facto que comummente se pensa que causa a emoção. O comportamento deliberado indica a presença da consciência ou do pensamento, que consiste num fluxo introspetivo contínuo. Apesar de a psicologia, enquanto ciência, pressupor uma ordem de causalidade uniforme, James, como vimos, sustentava que isto é parte de uma ordem mais lata que deixa lugar ao livre-arbítrio. RPU

Leitura: Cambridge Companion to William James; Jacques Barzun, *A Stroll with William James* 1984; George Cotkin, *William James, Public Philosopher* 1989; David C. Lambert, *William James and the Metaphysics of Experience* 1999.

jansenismo *s.* Doutrina batizada em nome de Cornélio Jansénio (1585-1638), reitor de Lovaina, bispo de Ypres. Em *Augustinus* (1640), defendeu uma interpretação de Agostinho segundo a qual este sustenta que Deus só concede com eficácia a graça àqueles que escolheu. Isto é contrário à perspetiva de Luis de Molina (1535-1600), de que Deus concede a graça a todos, apesar de só se tornar eficaz para quem a aceitar. O debate é relevante para a filosofia devido à relação com os problemas do mal, do livre-arbítrio, do determinismo, etc.

O jansenismo tornou-se conhecido e ganhou influência através do círculo de Port-Royal: S. Cyran (Prosper du Verger de Hauranne) (1581-1643), Antoine Arnauld (1612-1694), Blaise Pascal (1623-1663) e Pierre Nicole (1625-1695).

Os seus principais inimigos, em termos teológicos e políticos, eram os jesuítas. Apesar de condenado pela Igreja e pelas autoridades do Estado, o jansenismo manteve uma forte presença em França a partir de meados do século XVII, mas na segunda metade do século XVIII o conflito entre jansenistas e jesuítas passou para segundo plano à medida que os livres-pensadores antirreligiosos começaram a pôr ambos em causa; e a nível político o conflito perdeu também importância devido à crise financeira e à instabilidade social que resultaram nos acontecimentos de 1789.

Jaspers, Karl /ˈjaspɛrs/ (1883-1969) Filósofo alemão, professor em Heidelberga, de Psiquiatria a partir de 1916, e de Filosofia a partir de 1922, até ter de se demitir em 1937 por razões políticas; professor em Basileia a partir de 1948. Considerava que a tarefa da filosofia não consistia primariamente na descoberta de verdades teóricas, mas em ajudar o indivíduo no processo de autodescoberta e penetração mental. A sua obra, contudo, não são sermões, antes sínteses abrangentes de história, psicologia, teoria da literatura, etc. O objetivo é ajudar o indivíduo a caminhar em direção à *Existenz* (sermos genuinamente nós mesmos e compreender a nossa vida). Esta forma de vida autêntica é algo a alcançar. Em última análise, algo a que se chega por decisão livre. Jaspers contrasta esta existência com o *Dasein*, a existência no sentido comum, comum a todos os indivíduos. Esta maneira de ver as coisas, geralmente descrita como existencialista, por vezes criticada por ser irracionalista, tem muitas ressonâncias religiosas, apesar de Jaspers se ter distanciado da teologia tradicional. A sua obra principal é *Philosophie* (3 vols.) 1932; as suas inúmeras publicações incluem *Vom Ursprung und Ziel de Geschichte* 1949 e *Einführung in die Philosophie* 1950.
Leitura: *The Philosophy of Karl Jaspers* (LLP) (1957) 1981.

Joaquim de Fiore (*c*. 1135-1202) Monge e santo da Calábria; os seus escritos contêm uma visionária filosofia da história. Tal como há três pessoas na Santíssima Trindade, também há três estádios principais da história. A terceira idade, a do Espírito Santo, estaria prestes a começar. Emergiria através de uma lógica interna do desenvolvimento histórico, tornando patentes tendências já latentes. Nessa idade, toda a humanidade alcançaria um nível mais elevado de perfeição, caracterizado por liberdade, amor e santidade.

A perspetiva de que a história tem um curso necessário predeterminado – ascendente – no qual as tendências latentes se efetivam, foi desde então desenvolvida em várias direções por muitos outros visionários religiosos, mas também pelos pensadores do Iluminismo (Lessing), por pensadores românticos (Schelling), positivistas (Comte) e, é claro, hegelianos e marxistas. Em todas estas variantes se levanta o problema de saber se as pessoas devem ficar quietas e deixar a história seguir o seu curso, ou intervir para a ajudar.

jogo de linguagem *s*. Conceito da filosofia tardia de Wittgenstein. Os jogos de linguagem são práticas linguísticas, que se regem por determinadas leis e convenções. Em *Philosophische Untersuchungen* (1953) (*Investigações Filosóficas*, 2008), argumentou, usando exemplos impressionantes, que há uma grande diversidade de jogos de linguagem. Segue-se que o projeto de uma teoria geral da linguagem, do tipo proposto no seu *Tractatus*, é um equívoco. Nessa obra, o pressuposto era que toda a linguagem é usada para jogar *um* tipo de jogo apenas: retratar factos.

juízo de valor Um juízo segundo o qual algo é, em algum aspeto, bom ou mau.

O uso mais antigo deste termo geral (ou, para ser preciso, do seu equivalente alemão, *Werturteil*) remonta ao século XIX. «Valor» significava primariamente o valor económico. O sentido alargado de «valor» foi uma inovação. Pode-se fazer remontar a sua emergência comparando Schopenhauer e Nietzsche. Nos escritos do primeiro, está ausente, nos do último é omnipresente. O desenvolvimento de teorias do valor económico inspirou Lotze, Meinong e Ehrenfels, entre muitos outros, a criar uma teoria geral do valor. Em *System der Wert-theorie* (1897), Ehrenfels afirmou que «hoje, 'valores éticos' já não soa estranho». Já em 1941, Norman Kemp Smith chamou *moderno* ao termo «juízo de valor», em *The Philosophy of David Hume*.

Note-se que «valor» pode ocorrer como má tradução da sua contraparte francesa *valeur*, quando esta palavra é usada no sentido de «significado (semântico)»: *la valeur d'un mot* significa, aproximadamente, «o significado de uma palavra».

jurisprudência analítica Tipo de teoria jurídica que dá especial ênfase à análise e articulação precisas dos conceitos e princípios jurídicos básicos, por vezes sob o pressuposto de que estão presentes em todos os sistemas jurídicos apropriadamente denominados. John Austin (1790-1859) foi considerado o seu principal representante.

jurisprudência natural Em especial no uso setecentista, a investigação ou teoria da justiça natural; no modo de falar moderno, quer dizer «teoria do direito natural».

jus Grafia alternativa de IUS.

jusnaturalismo *s.* Teoria do direito natural.

justiça, preceitos de Ver PRECEITOS DE JUSTIÇA.

justiça comutativa Também denominada *justiça corretiva* ou *retificadora*, diz respeito a todos os tipos de «trocas»: Aristóteles inclui no livro 5 da *Ética Nicomaqueia* trocas livremente realizadas, como o pagamento por um serviço, mas também a compensação por um dano cometido, e a punição por um crime. Em todos estes casos, a justiça consiste em observar a proporção correta, mantendo um equilíbrio, observando uma determinada igualdade. Em contrapartida, a *justiça distributiva* diz respeito ao modo correto de atribuir benefícios e obrigações. Princípios como «a cada um consoante a sua necessidade», «para cada um consoante o seu mérito» são exemplos de princípios da justiça distributiva.

justiça distributiva Ver JUSTIÇA COMUTATIVA.

justo; justiça A justiça é um atributo de *sistemas políticos, relações entre indivíduos, ações*, e também dizemos que as *pessoas* são justas.

Na história da filosofia, algumas conceções de justiça têm sido mais latas, outras mais restritas. Na *República*, Livro 4 (432ª ss.), Platão considera que a δικαιοσύνη (que tradicionalmente se traduz por «justiça», apesar de «moralidade» ser talvez preferível) de uma pessoa é a sua virtude mais geral, consistindo nas três partes da alma, cada qual desempenhando a sua função própria e, de igual modo, a justiça de um corpo político consiste em cada uma das suas três partes a desempenhar também a sua função própria.

No Livro 5 de *Ética Nicomaqueia*, Aristóteles distingue os conceitos de justiça como se vê na Figura 7.

FIGURA 7. Conceitos de justiça (Aristóteles)

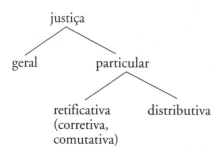

No *sentido geral*, a justiça inclui todos os hábitos e disposições de um bom cidadão: não apenas a coragem, honestidade e lealdade, mas também virtudes como a sobriedade. Se, como no estoicismo e nos sistemas posteriores, os seres humanos forem considerados cidadãos do mundo e não apenas da cidade-estado, a justiça irá incluir todos os *habitats* e disposições de um bom ser humano.

No sentido *particular*, em contraste, a justiça é apenas uma das virtudes. Há dois tipos de justiça particular: a distributiva (διορθωτικόν δίκαιον), que opera numa sociedade e atribui benefícios e encargos equitativamente; e a retificativa (διορθωτικόν δίκαιον), a que também se chama justiça corretiva ou comutativa, e que opera entre duas partes, mantendo ou restabelecendo um equilíbrio. Esta subdivide-se mais: um tipo abrange transações voluntárias em que cada parte cumpre a sua parte do acordo; o outro tipo abrange transações involuntárias, especialmente prejuízos e sanções que compensam um delito civil ou criminal.

Na era moderna, a filosofia moral tem operado muitas vezes com uma dicotomia. De um lado está a justiça; do outro, o humanitarismo, a benevolência, a caridade, a generosidade, a hospitalidade, etc. A dicotomia entre os dois ramos da filosofia moral tem sido explicada de diferentes modos. Diz-se muitas vezes que os deveres de justiça são perfeitos, os do humanitarismo imperfeitos. *Ver* DEVER PERFEITO.

As teorias utilitaristas ou consequencialistas não acomodam tão bem esta dicotomia, dado que segundo elas todos os deveres são, em princípio, iguais. O que conta como dever depende inteiramente do valor das consequências das ações. John Stuart Mill tentou distinguir deveres de justiça de outros deveres morais, no último capítulo de *Utilitarianism* (1861) (*Utilitarismo*, 2005), em termos de direitos: temos um dever de justiça de fazer *x* se, e só se, alguém tem o direito que façamos *x*; e ter um direito a algo significa que a sociedade tem o dever de nos ajudar ou proteger, para isso não nos faltar. É uma questão controversa saber se Mill conseguiu acomodar a justiça na teoria utilitarista.

O ponto de partida da discussão atual da justiça tem sido John Rawls, *A Theory of Justice* (1971) (*Uma Teoria da Justiça*, 2008). *Ver também* JUSTIÇA COMUTATIVA.

Nota: num uso antigo (Locke, Hume, etc.) *justo* é muito usado para significar «correto»: um «sentimento justo» é simplesmente uma opinião correta.

K

kairos (gr. καιρός momento oportuno.) *s.* Um momento decisivo. Nos escritos de Agamben, um momento oportuno, feliz, que interrompe a servidão do homem perante o fluxo linear do tempo. É uma mudança no próprio tempo, e não simplesmente uma mudança que ocorre num momento.

A kairologia é uma alteração qualitativa do tempo.

A descoberta de Heidegger do que chamava «tempo kairológico» nos escritos de S. Paulo (Tessalonicenses I, cap. 5): as questões do tempo são transpostas da cronologia (χρόνος) para «o momento da inteleção perspicaz» (καιρός, *Augenblick*).

Kames *Ver* HOME.

Kanger, Stig (1924-1988) Filósofo e lógico sueco, professor em Uppsala entre 1968-1988. Foi um dos autores que estiveram na origem da semântica dos MUNDOS POSSÍVEIS para a lógica modal, e publicou as suas ideias e resultados em 1957, antecipando Hintikka e Kripke. No mesmo ano, deu também à lógica deôntica a forma que é ainda corrente e para a qual foi o primeiro a desenvolver uma semântica de mundos possíveis. Contribuiu também para a TEORIA DA DEMONSTRAÇÃO, a análise de conceitos de direito, teoria da ação e TEORIA DA DECISÃO, entre outros ramos da lógica aplicada. O seu estilo compacto e conciso tem sido um obstáculo à divulgação do conhecimento sobre a sua obra, publicada em *Collected Works of Stig Kanger with Essays in his Life and Work*, 2 vols. 2001. KBH

Kant, Immanuel (1724-1804) Um dos mais influentes filósofos dos tempos modernos, Kant nasceu em Königsberg (Prússia Oriental), onde cresceu e recebeu a sua formação. De 1747 a 1755 foi tutor privado de várias famílias da região. Quando começou a lecionar na Universidade de Königsberg, em 1755, parece ter sido bem-sucedido desde o início como professor. Mais tarde, Herder haveria de elogiá-lo muito por ter sido o seu único professor genuíno. Kant passou a reger uma cátedra em 1770. Nunca saiu da região de Königsberg e nunca casou, fazendo uma vida de académico sem sobressaltos. Lecionou lógica, metafísica, matemática, geografia física, antropologia, ética, jurisprudência natural, teologia natural, etc. Numa ocasião foi objeto de interferência política. Em 1794 o censor prussiano, em nome de Frederico Guilherme II, rei da Prússia, proibiu-o de escrever sobre assuntos religiosos. Foi uma reação a *Die Religion innerhalb der Grenzen der bloßen Vernunft* (1793) (*A Religião nos Limites da Simples Razão*, 2008). Kant, como súbdito leal, prometeu ao rei que se absteria, e manteve a promessa até a obrigação ser anulada pela morte do rei.

A vida intelectual de Kant divide-se habitualmente em dois períodos: o chamado período «pré-crítico», até 1770, seguido do período «crítico». No decurso do primeiro, publicou várias obras ao estilo do filosofar então comum. Estas obras mostram que apesar de Kant ter sido muito influenciado pelo pensamento filosófico de Leibniz, Wolff e seus seguidores, mostrava-se também aberto às ideias de filósofos como Locke, Hume e Rousseau que, nos anos sessenta do século XVIII, começaram a ter influência na Alemanha. Seria um erro caracterizar a perspetiva de Kant neste período quer como um racionalismo completo, quer como uma forma tradicional de empirismo. Apesar de estar convencido da verdade da física de Newton, estava longe de ter ideias claras sobre como esta ciência dos fenómenos se haveria de fundar num sistema metafísico. Tal como a maioria dos seus contemporâneos, Kant foi um eclético, durante as décadas de 1750 e 1760, não aceitando dogmaticamente um sistema metafísico fixo como a única explicação possível do mundo. Na altura era muito mais um cético em questões metafísicas do que geralmente se reconhece. As obras mais importantes deste período são *Der einzig mögliche Beweisgrund zu einer Demonstration des Daseins Gottes* (1763), *Untersuchungen über die Deutlichkeit der Grundsätze der natürlichen Theologie und der Moral* (1764), *Beobachtungen über das Gefühl des Schönen und Erhabenen* (1764) (*Observações sobre o Sentimento do Belo e do Sublime*, 2000) e *Träume eines Geistersehers* (1766).

O período crítico de Kant começa com a chamada «Dissertação Inaugural», intitulada *De mundi sensibilis atque intelligibilis forma et principiis* (1770) (*Dissertação de 1770*, 2005). Daí até 1781 Kant quase nada publicou. Nestes «anos do silêncio» elaborou o perfil básico da sua filosofia «Crítica» posterior.

Apesar de ser bem conhecido dos alemães cultos do seu tempo, em virtude das suas primeiras obras, tornou-se verdadeiramente famoso devido às obras que publicou neste segundo período. A mais importante é *Kritik der reinen Vernunft* (1781) (*Crítica da Razão Pura*, 2008), cuja segunda edição, de 1787, contém revisões importantes; *Prolegomena zu einer jeden künftigen Metaphysik* (1783) (*Prolegómenos a Toda a Metafísica Futura*, 2008); *Grundlegung zur Metaphysik der Sitten* (1785) (*Fundamentação da Metafísica dos Costumes*, 2009); *Metaphysische Anfangsgründe der Naturwissenschaft* (1786) (*Princípios Metafísicos das Ciências da Natureza*, 1990); *Kritik der praktischen Vernunft* (1788) (*Crítica da Razão Prática*, 2008); *Kritik der Urteilskraft* (1790) (*Crítica da Faculdade do Juízo*, 1992); *Die Religion innerhalb der Grenzen der bloßen Vernunft* (1793) (*A Religião nos Limites da Simples Razão*, 2008); e *Metaphysik der Sitten* (1797) (*A Metafísica dos Costumes*, 2005).

A filosofia de Kant pode ser caracterizada como uma tentativa de responder a três perguntas fundamentais: «O que posso saber? O que devo fazer? O que posso esperar?» Dedica-se à primeira na *Crítica da Razão Pura*, que muitas vezes é referida apenas como «a primeira Crítica». Nesta obra, Kant tenta mostrar que a metafísica tradicional baseia-se num erro fundamental: pressupõe que podemos fazer afirmações de conhecimento substancial sobre o mundo independentemente da experiência. Kant caracteriza essas afirmações como «sintéticas *a priori*», e argumenta que é impossível saber *a priori* seja o que for sobre o mundo, tal como este é, independentemente do nosso aparato cognitivo. Apesar de podermos fazer certas afirmações sintéticas *a priori*, não são sobre o mundo *em si*, mas apenas sobre a realidade tal como esta é objeto de experiência em seres como nós. Só porque temos certos princípios cognitivos que nos permitem ter experiência do mundo é que podemos fazer certas afirmações *a priori* sobre o mundo tal como nos surge. Assim, a metafísica só pode ocupar-se dos pressupostos da experiência, ou com as condições prévias a qualquer experiência. Estas condições epistémicas *a priori* são descritas por Kant como diferentes «formas» às quais o conhecimento necessariamente se submete. Kant distingue três dessas formas, nomeadamente 1) as formas da sensibilidade, 2) as formas do entendimento e 3) as formas da razão.

1) As formas da sensibilidade são o tempo e o espaço. Não são características das «coisas em si», sendo apenas, ao invés, condições subjetivas do nosso conhecimento do mundo. Contudo, porque não podemos ver o mundo senão como espacial e temporal, as coisas no espaço e no tempo, ou «as aparências», para nós são objetivas. Kant afirma que são «empiricamente reais mas transcendentalmente ideais».

2) O nosso conhecimento depende ainda das formas do entendimento, *i.e.*, de vários conceitos básicos *a priori*. Kant, indo buscar o termo a Aristóteles, chama «categorias» a estes conceitos básicos. Segundo Kant, incluem conceitos básicos de quantidade (unidade, pluralidade e totalidade), qualidade (realidade, negação e limitação), relação (inerência, causalidade e reciprocidade) e modalidade (possibilidade/impossibilidade, existência/inexistência e necessidade/contingência). Parecem ter uma aplicação mais vasta do que o espaço e o tempo porque podemos aparentemente fazer afirmações sobre coisas que não fazem parte do nosso mundo espácio-temporal. Muitos filósofos, por exemplo, usam o conceito de causalidade ao falar e elaborar provas sobre Deus, que, afirmam, não existe no tempo nem no espaço. Kant considera que isto é um erro. Argumenta que o uso das categorias se restringe aos objetos espácio-temporais, ou aparências. A sua complexa Dedução Transcendental da primeira *Crítica* é essencialmente uma tentativa de estabelecer esta restrição ao nosso uso das categorias. Uma das mais importantes consequências desta parte da conceção de Kant é que as provas tradicionais sobre a natureza da alma, do mundo e de Deus não podem ser sólidas. Não podem estabelecer conhecimento em qualquer sentido. Se forem tomadas como se estabelecessem conhecimento, conduzem inevitavelmente a contradições. Na verdade, as partes dialéticas da primeira *Crítica*, nomeadamente o Paralogismo da Razão Pura, a Antinomia da Razão Pura e o Ideal da Razão Pura, são tentativas de desmascarar o caráter falacioso da metafísica tradicional.

3) Isto não significa que Kant considerasse que as provas eram inteiramente vãs. Antes abordam questões fundamentais que são inevitáveis para nós. Kant considerava que são expressões de «interesses» profundos da razão que não podem ser simplesmente eliminados. A especulação metafísica é tão inevitável para nós quanto a respiração. Na verdade, faz parte da condição humana que a nossa «razão tenha este destino peculiar, que num dos seus tipos de conhecimento é importunada por questões que, prescritas pela própria natureza da razão, não é capaz de ignorar, mas a que, por transcender todos os seus poderes, é também incapaz de responder». Estas questões dizem respeito às formas da razão – o que Kant chama «Ideias transcendentais». As Ideias são três,

segundo Kant: Deus, liberdade e imortalidade. Não permitem qualquer tipo de conhecimento para lá do que é possível através do espaço e do tempo e das categorias. Tudo o que podem fazer é dar origem a uma espécie de fé racional.

Nos *Prolegómenos* (1783), Kant tentou apresentar as doutrinas principais da *Crítica da Razão Pura* de um modo mais assimilável para um público mais abrangente. *Fundamentação da Metafísica dos Costumes*, obra publicada dois anos depois, contém uma formulação provisória da posição formulada de modo mais completo na *Crítica da Razão Prática* (1788). Estas duas obras tratam da moralidade. Kant analisa a conceção de senso comum da moralidade, que considera legítima. Toma como adquirido que o conceito de um bem sem qualificação está presente na nossa conceção da moralidade, e no início da *Fundamentação* argumenta que há uma e só uma coisa assim: uma vontade boa. Kant considera que uma vontade boa está presente num ser humano racional se, e só se, a razão do agente para fazer o que é correto é ser correto fazê-lo ou, na sua formulação, é o seu dever. Este motivo ou dever é descrito por Kant como uma reverência pela lei (moral). A análise de Kant do modo como pensamos sobre a moralidade tem como resultado a asserção de que atribuímos valor moral, *i.e.*, bem sem qualificação, a um ato se, e só se, considerarmos que o motivo é deste tipo especial. Se uma pessoa agir apenas segundo a sua inclinação, não atribuímos valor moral à ação, ainda que seja a mais digna de louvor. A vileza moral consiste em menosprezar os princípios que temos, ou devíamos ter, enquanto agentes morais. A divisa muitas vezes usada pelos políticos, de que os «princípios têm de ser temperados com o sal do pragmatismo» seria, para Kant, um paradigma de imoralidade.

Nem todas as regras de ação podem gerar motivos morais. Podemos determinar o que é a vontade correta aplicando um princípio a que Kant chama «imperativo categórico». Kant apresenta várias formulações deste imperativo categórico; o que recebeu talvez mais atenção é um princípio de universalização que afirma que devo agir sempre de tal modo que seja capaz ao mesmo tempo de querer que a máxima da minha ação seja uma lei universal da natureza. Numa segunda formulação, devo tratar a humanidade, seja na minha própria pessoa ou na de qualquer outro, nunca meramente como um meio mas sempre também como um fim. Isto implica respeito pelas pessoas, mas também respeito próprio; exclui a escravatura e o servilismo. Uma terceira formulação do imperativo categórico, que Kant afirma seguir-se das outras, é que não só estamos sujeitos à lei moral como podemos também considerar-nos seus autores. Para a moralidade ter legitimidade, temos de nos considerar verdadeiramente autónomos. Este conceito de autonomia e o conceito de liberdade, segundo Kant, são co-extensionais, de modo que a moralidade requer a liberdade. Logo, temos de pressupor que somos livres na medida em que somos seres morais ou racionais.

Dado que a liberdade é também uma das Ideias a que a razão teórica nos conduz, forma o ponto em que as duas *Críticas* se encontram. Kant considera que a segunda *Crítica* mostra que a liberdade é um conceito genuíno, *i.e.*, não é um mero pensamento, mas algo que tem uma fundamentação genuína na moralidade. Contudo, Kant insiste que não podemos *saber* que somos livres em qualquer sentido estrito. É a nossa experiência moral, ou melhor, a experiência da nossa moralidade, que nos dá o direito de acreditar na realidade da liberdade.

Além disso, a moralidade e a liberdade também nos dão o direito de acreditar na realidade de duas outras Ideias da razão, nomeadamente Deus e a imortalidade. Kant argumenta que temos de postular a realidade destas Ideias para sermos capazes de agir como seres morais neste mundo. Sem imortalidade nem Deus estaríamos condenados ao desespero moral. A ação moral faz-nos merecer a felicidade, mas muitas vezes não conduz neste mundo à felicidade. Se queremos estabelecer uma ligação entre ambos, temos de pressupor que a longo prazo Deus os fará coincidir. Deste modo, as noções de Deus e de imortalidade, enquanto pré-requisitos para a realização do *summum bonum* ou bem supremo, tornam possível a tarefa moral, e por isso temos de acreditar na sua realidade.

A crença nestes três conceitos é central na chamada «fé moral» de Kant. Apesar de o próprio Kant não ser religioso e ser indiferente a formas exteriores de culto religioso, acreditava que a moralidade conduzia inevitavelmente a aceitar certos princípios do teísmo tradicional. Nos ensaios sobre matérias religiosas, especialmente em *A Religião nos Limites da Simples Razão* (1793), Kant tenta desenvolver paralelos entre a religião revelada e a teologia filosófica. Afirma, de um modo tipicamente iluminista, que tudo o que é essencial na religião se pode reduzir à moralidade. Assim, critica severamente a religião estabelecida por apenas se entregar à idolatria ao insistir em requisitos meramente formais. Segundo Kant, o que podemos esperar, pois, é que as nossas ações morais façam em última análise a diferença.

A Crítica do Juízo (1790), a terceira *Crítica*, é muitas vezes lida apenas como um tratado de estética; e a primeira parte, a Crítica do Juízo Estético, lida essencialmente com problemas estéticos. Kant argumenta que apesar de os juízos estéticos se basearem no sentimento, a sua legitimidade objetiva não se baseia nesses sentimentos em si, antes em princípios *a priori* do juízo que são condições prévias desses sentimentos. Contudo, além de abordar o problema da legitimidade e das características dos juízos estéticos, Kant trata também nesta obra o problema da unidade do seu próprio sistema, o problema geral do aparente propósito da natureza e os problemas que resultam da suposta necessidade de aplicar conceitos teleológicos em biologia.

As obras de Kant exerceram forte influência no idealismo alemão. Não se pode compreender Fichte, Schelling e Hegel sem referência a Kant. Contudo, a filosofia destes autores cedo começou a obliterar a de Kant. Nos finais do século XIX, as ideias de Kant conheceram um renascimento. Os neokantianos, sob o lema «regresso a Kant», argumentaram que os idealistas não tinham compreendido Kant corretamente, e que a epistemologia e ética de Kant forneciam os melhores modelos do filosofar numa era científica. Muitos filósofos recentes em países anglófonos parecem concordar com este sentimento. Apesar de ser um exagero o velho adágio «Pode-se filosofar com Kant, ou contra Kant, mas não sem Kant», seria difícil exagerar a importância destas obras na história posterior do pensamento ocidental. MK

Método de citação: as obras de Kant devem ser citadas pelo título e número de página da edição canónica da Academia Alemã (*Akademie-Ausgabe* = AA). Quando necessário, deve-se fornecer também o número do volume. A maior parte das edições e traduções modernas incluem esta paginação. Leituras: Paul Guyer (org.), *Kant* 2009; Allen W.

Wood, *Kant* 2008; *Dicionário Kant*; Manfred Kuehn, *Kant: A Biography* 2001.

katalēpsis *Ver* CATALEPSIA.

kataphasis *Ver* CATÁFASE.

Kelsen, Hans /ˈkɛlzən/ (1881-1973) Principal autor da constituição austríaca de 1920, professor de Jurisprudência em Viena até 1930. Lecionou posteriormente em Colónia, Genebra e Praga, mas teve de abandonar a Europa em 1940, vindo a reger uma cátedra em Berkeley de 1942-1952. Como filósofo do direito, desenvolveu uma «teoria pura do direito» em *Reine Recthlehre* (1934) (*Teoria Pura do Direito*, 2009), rejeitando tentativas de reduzir o direito à moralidade; daí a sua oposição às teorias do direito natural. Mas rejeitava também a tentativa de considerar o direito simplesmente um facto social; daí a sua oposição ao tipo de positivismo jurídico que reduz o direito a meras relações de poder. As normas jurídicas guiam a conduta humana, em última análise pelo uso de sanções. As leis diferem de outras ordens gerais a que um indivíduo pode estar exposto por serem legítimas. A sua legitimidade não deriva de princípios morais ou políticos, nem de factos históricos ou sociais, mas de uma norma jurídica superior. Por exemplo, a decisão de um tribunal de que *D* terá de pagar a *C* uma dada indemnização tem legitimidade em virtude de normas que dão ao tribunal certos poderes. Estas normas, por sua vez, terão de ter sido promulgadas legitimamente, em concordância com normas mais elevadas. No cume de tal derivação está uma norma jurídica fundacional (*Grundnorm*). A sua legitimidade de nada deriva e tem de ser postulada. Deste modo, podemos explicar a normatividade das leis (*i.e.*, o seu «ter de ser») sem violar a distinção entre direito e moralidade. Uma formulação final da sua teoria do direito surge no póstumo *Allgemeine Theorie der Normen* (*Teoria Geral das Normas*, 1986).

kenosis *Ver* CENOSE.

Kepler, Johannes /ˈkɛplər/ (1571--1630) Matemático e astrónomo alemão, cujo nome foi dado às três leis do movimento planetário por si descobertas.

kérygma *Ver* QUERIGMA.

Keynes, John Maynard /keɪnz/ (1883-1946) Keynes exerceu uma influência decisiva na teoria e prática económicas do século XX com *The General Theory of Employment, Interest and Money* (1936) (*Teoria Geral do Emprego, do Juro e da Moeda*, 1982). Escreveu uma obra filosófica, *A Treatise on Probability* (1921).

Keynes, John Neville /keɪnz/ (1852--1949) Economista e lógico de Cambridge, pai de John Maynard Keynes. Escreveu um tratado de lógica, que reformava a lógica tradicional incorporando a abordagem de Boole.

Kierkegaard, Søren /ˈkɪrgəgɔːr/ (1813-1855) Chama-se-lhe muitas vezes «o primeiro existencialista». Interpretou de maneira bastante impressionante o conceito banal de «existência», insistindo na importância da paixão, livre escolha e autodefinição, opondo-se às filosofias racionalistas então populares em Copenhaga (onde vivia), em particular o hegelianismo. A existência, segundo Kierkegaard, não é apenas «estar aí», antes viver com paixão, escolhendo a nossa própria existência e empenhando-

-nos num certo modo de vida. Tal existência é rara, afirma, pois a maioria das pessoas faz parte de um «público» anónimo em que a conformidade e a «razoabilidade» são a regra, a paixão e o compromisso as exceções. Em *Afsluttende uvidenskabelig Efterskrift til de philosophiske Smuler* (1846), título que significa «pós-escrito não científico final aos fragmentos filosóficos», compara a existência a uma cavalgada num garanhão selvagem, e a «chamada existência» ao deixar-se dormir numa carroça de feno. O modo de vida escolhido pelo próprio Kierkegaard era o cristianismo, que distinguia com grande ironia e frequentemente com sarcasmo das crenças diluídas e da solidariedade social mútua do «cristianismo». Ser ou tornar-se cristão, segundo Kierkegaard, é necessariamente empenharmo-nos apaixonadamente, dar um «salto no escuro» face a uma «incerteza objetiva». Não se pode saber ou provar que Deus existe; temos simplesmente de escolher acreditar.

No cerne da filosofia de Kierkegaard está a ênfase no indivíduo e na sua noção relacionada de «verdade subjetiva». Os alvos principais do seu ataque incluíam a filosofia hegeliana e a Igreja Luterana da Dinamarca, que salientavam a importância da racionalidade e do espírito coletivo. Em posição contrária, Kierkegaard insistia que se desse atenção ao ser humano individual e às suas decisões particulares que definem a sua vida. Assim, criticava em Hegel a visão da história e o seu conceito omni-abrangente de «espírito», um «pensador abstrato», ignorando completamente «o indivíduo existente e ético». Ao passo que Hegel formulara uma «dialética» que definia o curso da história e do pensamento humano, resolvendo no seu seio os vários conflitos e tensões, Kierkegaard salientava a importância pessoal das escolhas concretas: se devemos casar ou não, *e.g.*, – uma decisão que desempenhou um papel dramático e constante na sua própria vida. Ao passo que Hegel desenvolvera o que Kierkegaard chamava uma filosofia «e/e» na sua dialética, uma filosofia da conciliação e da síntese, Kierkegaard insistia na necessidade de uma filosofia «ou/ou» e numa «dialética existencial» que sublinhasse as escolhas e a responsabilidade pessoal, e não a racionalidade geral. Também a sua noção de verdade subjetiva foi formulada de modo polémico em oposição à ideia de que todas essas escolhas têm uma resolução racional ou «objetiva». Ao escolher a vida religiosa, por exemplo, Kierkegaard insiste que, em última análise, não há razões racionais para o fazer, só a necessidade subjetiva e pessoal, e o empenho passional. De igual modo, escolher ser ético, isto é, escolher agir segundo a razão prática, é em si uma escolha que não é racional. A noção de verdade subjetiva não significa, como possa parecer, uma verdade que é verdadeira «para mim». É antes uma decisão perante uma incerteza objetiva – *e.g.*, a existência de Deus, ou, como em Kant, a comensuração última da virtude e da felicidade – a favor da qual não há argumentos nem indícios adequados. *Ver também* EXISTENCIALISMO; FIDEÍSMO. RSO

Algumas traduções: Migalhas Filosóficas 2008; *As Obras do Amor* 2007; *In Vino Veritas* 2006; *Adquirir a sua Alma na Paciência* 2007; *O Banquete* 1996; *Ponto de Vista Explicativo da minha Obra de Escritor* 2002; *Temor e Tremor* 1996; *O Conceito de Ironia* 2005. Leitura: P. Gardiner, *Kierkegaard* 2001; *The Cambridge Companion to Kierkegaard* 1993.

kinēsis gr. κίνησις movimento.

Klages, Ludwig /'klaːɡəs/ (1872--1956) Filósofo alemão, um dos principais representantes do vitalismo e do irracionalismo, influenciado pela filosofia romântica e por Nietzsche. Defendeu na sua obra principal, *Der Geist als Widersacher der Seele* (1929-1932), que a nossa cultura sofreu uma grande perda porque a racionalidade essencialmente masculina da filosofia ocidental suprimiu a alma, algo vital, vibrante, essencialmente feminina. É visível uma tendência antissemita nos seus escritos. Em 1905 fundou um instituto de caracterologia em Munique, que se mudou para Zurique em 1919. Deu muita importância à grafologia como meio de determinar o caráter de uma pessoa. *Ver também* LOGOCENTRISMO; MATRIARCADO.

Kneale, W(illiam) C(alvert) /niːl/ (1906-1990) Membro do Exeter College de Oxford a partir de 1932 e professor de Filosofia em Oxford 1960-1966. No seu primeiro livro, *Probability and Induction* (1949), usou a noção de necessidade natural, expressa pelas leis da natureza, opondo-se assim à tradição humiana. Apesar de esta abordagem dar início a uma linha nova na filosofia analítica, mais tarde retomada, à época não recebeu muitos comentários; o seu artigo «The Province of Logic» (in H. D. Lewis, org., *Contemporary British Philosophy* 1956) atraiu mais atenção por introduzir um sistema de DEDUÇÃO NATURAL, que na altura era uma novidade entre os filósofos ingleses. Neste ensaio, Kneale, de forma inovadora, introduziu inferências com múltiplas conclusões dando origem, juntamente com Carnap, à lógica das conclusões múltiplas. (D. J. Shoesmith e T. J. Smiley apresentam uma descrição completa em *Multiple-Conclusion Logic*, 1978.) Mas o maior feito de Kneale, juntamente com a mulher, Martha, foi *The Development of Logic* (1962) (*O Desenvolvimento da Lógica*, 1991), uma história ímpar da lógica. A abrangência é notável, mas dá mais ênfase a Aristóteles e Frege; os outros autores só são chamados à colação se forem importantes para o curso posterior da lógica (daí o título).

Homem modesto, filósofo original e muito produtivo (mais de quarenta artigos sobre vários tópicos, *e.g.*, tempo, substância, perceção, ciência e lógica filosófica), podemos hoje ver que foi um elemento importante e inteiramente individual no âmbito da filosofia de Oxford de meados do século XX. RH

Kohlberg, Lawrence /'kəʊlbɛːɡ/ (1928-1987) Psicólogo norte-americano, professor de Educação na Universidade de Harvard desde 1968. Especializou-se no estudo do desenvolvimento do conhecimento moral e do juízo moral. A sua obra desenvolve e torna mais sofisticado o trabalho do psicólogo estruturalista suíço Jean Piaget (1896-1980). A investigação de Piaget fora concebida para mostrar que em muitas áreas do conhecimento – incluindo a aquisição da linguagem e o conhecimento matemático e lógico, assim como a formação do juízo moral – as crianças passam por uma sequência invariante de estádios de conhecimento, dos mais concretos aos mais abstratos. Não se pode saltar estádios, apesar de nem todos os seres humanos chegarem aos mais «elevados». Kohlberg procurou mostrar, em *Essays in Moral Development* I-II, 1981, 1984, que o desenvolvimento moral era mais complexo do que Piaget supusera e que na verdade havia três níveis: pré-convencional, convencional e pós-convencional ou baseado em princípios, cada um com dois estádios – num total de seis. Ei-los: 1) estádio de uma moralidade heteronómica – reage a castigo e recompensa; 2) estádio de aceitação das regras por serem pessoalmente vantajosas; 3) estádio de expectativas interpessoais mútuas; 4) estádio de consciência e aceitação da ordem social; 5) estádio de contrato social ou utilidade; 6) estádio de princípios universais.

Segundo a teoria, a sequência de estádios é culturalmente invariante, apesar de o número de pessoas que chegam a um dado estádio poder diferir entre sociedades.

Perto do fim da vida, Kohlberg especulou que poderia haver um sétimo estádio, que consistiria em algo mais semelhante à inteleção mística, mas nunca foi incorporado na teoria.

O trabalho de Kohlberg era empírico. Apresentava dilemas morais aos indivíduos para lhes suscitar uma opinião. De especial importância era o «dilema de Heinz»: seria correto que Heinz roubasse um medicamento para salvar a sua mulher em risco de vida? Os investigadores registavam as razões que as crianças e adultos davam a favor das suas respostas a esta questão, e nesta base faziam uma estimativa do seu nível de desenvolvimento moral.

Tanto Piaget como Kohlberg basearam grande parte das suas investigações nas respostas de muitos indivíduos do sexo masculino. Carol Gilligan, ao investigar respostas de indivíduos do sexo feminino, algumas sobre o problema peculiarmente feminino de uma decisão de aborto, considerou que as suas respostas, que nos termos de Kohlberg seriam colocadas num estádio «inferior» do desenvolvimento moral, revelavam na verdade uma abordagem claramente diferente, e não inferior, da moralidade – «uma voz diferente». Isto suscitou-lhe uma crítica fundamental e a reavaliação dos pressupostos teóricos de Kohlberg, que admitiam uma abordagem kantiana da moralidade e uma ética universalista, baseada numa conceção abstrata da justiça e dos direitos. BA

Kojève, Alexandre /kɔʒɛv/ (1902--1968) De origem russa, de classe alta, batizado Aleksander Vladimirovitch Kojevnikov, fugiu depois da revolução mas continuou a favorecer as ideias comunistas. Depois de prosseguir os seus estudos na Alemanha, estabeleceu-se em Paris, onde lecionou a partir de 1933 um curso (publicado em livro, *Introdução à Leitura de Hegel*, 2002) sobre a *Fenomenologia do Espírito* de Hegel, apresentando uma nova interpretação da descrição de Hegel da dialética entre «senhor» e «escravo», vendo-a como uma representação da dinâmica da relação entre classes na sociedade, dinâmica que estaria no núcleo do processo histórico. Contudo, este processo (*i.e.*, a história) estava a chegar ao fim, à medida que a humanidade, desde os começos do século XIX, estava cada vez mais perto de se organizar num estado universal. A interpretação de Kojève influenciou muitíssimo os seus leitores, muitos dos quais se tornaram intelectuais influentes na França do pós-guerra: R. Aron, E. Weil, M. Merleau-Ponty, G. Bataille, R. Queneau, J. Lacan. Depois da guerra tornou-se um alto funcionário público, mas manteve os seus interesses filosóficos; muitos dos seus textos, que se centram nos temas do «fim da história» e do «fim da filosofia», foram publicados postumamente.

Kolakowski, Leszek /kowaˈkofskɪ/ (1927-2009) Filósofo polaco, no exílio desde os finais da década de 1960, membro do All Souls College de Oxford. Tendo sido um dos primeiros defensores de um humanismo marxista, mais tarde rejeitou muitos dos princípios fundamentais da tradição marxista, especialmente na sua obra capital, *Main Currrents of Marxism* (1978), desenvolvendo uma filosofia com maior abertura à religião.

Kosevi, Julius (1930-1989) Nasceu em Budapeste e estudou nas universidades dessa cidade, assim como de Innsbruck e da Austrália Ocidental, e depois no Balliol College de Oxford, onde, entre outras coisas, colaborou com Anthony Kenny na célebre revista *Why?*, uma sátira à filosofia contemporânea. A parte mais recente da sua carreira universitária foi passada na Universidade da Austrália Ocidental.

A sua reputação baseia-se em grande parte num pequeno livro: *Moral Notions* (1967), nova ed. 2004. Nesta obra notável, Kosevi argumenta persuasivamente contra a ideia, que em última análise deriva de Hume, e que está no centro de grande parte da filosofia moral moderna, de que um juízo moral combina uma afirmação factual, que em si não tem implicações morais, com uma componente «avaliativa», na forma de um compromisso emocional (um «sentimento de aprovação ou desaprovação», nos termos de Hume) ou de uma premissa menor explícita, ou sugerida, formulada no modo imperativo.

Kosevi argumenta que, apesar de reconhecermos se um conceito se aplica ou não recorrendo à experiência («reconhecentes»), a apreensão de um conceito não pode ser meramente identificada ao conhecimento de um conjunto de tais características, tendo antes de incluir a apreensão de uma regra para acrescentar ao conjunto: o «elemento formal» do conceito. As noções morais não são exceção. Portanto, também estas têm de ter elementos formais, de modo que as frases indicativas que as implicam têm de afirmar factos. As relações evidentes existentes entre afirmações morais, ações e emoção não se explicam em termos de atos de vontade ou predileções emocionais de mentes individuais, sejam condicionadas socialmente ou de outro modo qualquer, antes pelas circunstâncias públicas das necessidades humanas, seus desejos e relações, que levaram à elaboração de elementos formais específicos. Não «avaliamos» um mundo de factos «brutos» moralmente indiferentes, sentindo ou decidindo brutalmente com respeito a eles. Pelo contrário, conceber uma moralidade consiste na elaboração de uma categoria especial de noções descritivas. É nos seus termos que avaliamos os acontecimentos do mundo humano com os quais tais noções estão relacionadas, e que em parte funcionam de modo a constituí-las. Estes tópicos são também abordados no póstumo *Values and Evaluations*, 1998. BHA

Kotarbinski, Tadeusz (1886-1981) Um dos principais representantes da filosofia analítica polaca. Com base na teoria dos nomes de Lesniewski (1886-1939), desenvolveu uma versão «concretista» de REÍSMO. Foi uma figura central num novo ramo de investigação a que chamava PRAXIOLOGIA: o objetivo é elaborar uma teoria geral da eficiência da ação (não confundir com a praxeologia). A sua teoria ética, que tem afinidades com a de Hare, insiste que a ética tem de ser independente da religião e da metafísica. Kotarbinski era um intelectual público proeminente que se opunha veementemente ao nacionalismo, ao antissemitismo e ao clericalismo da Polónia de antes da guerra; depois desta, os seus esforços ajudaram a manter os padrões académicos, apesar das dificuldades causadas pelo comunismo.

Kripke, Saul /ˈkrɪpkə/ (n. 1940) Filósofo norte-americano, professor na Universidade de Princeton desde 1977. Um dos seus maiores contributos para a lógica foi a construção de uma semântica para a lógica modal em termos de mundos possíveis.

Num importante artigo publicado em 1972, e mais tarde num livro com o mesmo título, *Naming and Necessity* (1980), Kripke pôs em causa a perspetiva prevalecente desde Frege que assimila nomes a descrições definidas. Segundo essa perspetiva, o nome «Séneca» significa: o autor da carta a Lucílio e o professor de Nero, ou... Mas se os historiadores descobrissem que Séneca não escreveu tais cartas, não inferiríamos que Séneca não era Séneca. Podemos referir Séneca ainda que se descubra que grande parte da informação sobre ele é incorreta. Poderá não ter escrito essas cartas, poderá não ter de facto sido professor de Nero, poderá não ter sido ibérico, antes númida.

Outra ideia defendida por Kripke, esta no domínio da metafísica e não da filosofia da linguagem, é que há limites ao que Séneca poderia não ter sido. Admitindo que era de facto um ser humano, poderia não ter sido ibérico. Mas não se consegue dar sentido à ideia de que poderia não ter sido um ser humano. Algumas propriedades são essenciais – aquelas cuja ausência implicaria a inexistência de Séneca. Algo semelhante ocorre com os nomes de categorias naturais, como «ouro». O ouro poderia ter tido outra cor, mas, uma vez mais, há limites ao que o ouro poderia ter sido sem deixar de ser ouro. Estas são as propriedades essenciais do ouro, descobertas pela investigação científica. Assim, o que se descobre é uma verdade necessária sobre o ouro, mas não a descobrimos *a priori*. Assim, Kripke defende a existência de uma distinção fundamental entre o que é necessário e o que é conhecível *a priori* – contrariando assim a filosofia empirista.

Os nomes e os termos para categorias naturais podem funcionar do modo como funcionam porque ficaram ligados aos seus portadores por um ato de nomeação ou por qualquer outro processo que tenha o mesmo resultado. Isto faz desses termos «designadores rígidos».

Kripke usou esta análise contra a teoria identitativa da mente, a teoria de que todo o acontecimento mental é idêntico a um estado cerebral. Esta teoria considera que tais identidades são contingentes. A objeção de Kripke é que os termos usados para referir estados mentais e estados cerebrais são termos para categorias naturais; logo, se tais identidades existem, não podem ser contingentes.

Wittgenstein on Rules and Private Language (1982) apresenta o segundo Wittgenstein como um cético quanto à existência de um significado definitivo de uma expressão linguística. *Ver* SEGUIR UMA REGRA, PROBLEMA DE.

A obra de Kripke tem sido amplamente aclamada pela sua notável clareza e originalidade, e desde os anos de 1970 que está no centro das atenções da filosofia analítica.

Kripkenstein Referência parcialmente humorística ao Wittgenstein tal como é interpretado por Kripke, *Wittgenstein on Rules and Private Language* (1982).

Kristeva, Julia /kristɛva/ (n. 1941) Professora de Literatura na Universidade de Paris VII (Denis Diderot), psicanalista e escritora; nascida na Bulgária, foi educada por freiras francesas; chegou a Paris como estudante de doutoramento em 1965, onde permaneceu.

Durante um período de quarenta anos, a partir de 1966, os temas filosóficos e intelectuais abrangentes a que deu atenção incluíram o desenvolvimento de uma teoria da linguagem poética e do carnaval, a semiótica e a subjetividade (nos finais da década de 1960 e inícios da de 1970), uma nova conceção da abjeção, do outro, do amor e da melancolia (na década de 1980), uma nova abordagem de Proust sobre a identificação e o tempo (meados da década de 1990) e, atualmente (início do século XXI), uma teoria da revolta e do génio feminino.

Usando a obra de Mikhail Bakhtin, autor russo de teoria da literatura, Kristeva argumenta, na sua primeira publicação, «Palavra, Diálogo, Texto», *Séméiôtiké: recherches pour une sémanalyse* (1969) (*Introdução à Semanálise*, 2005), que o carnaval transcende a lógica binária da ciência, pois inclui em si tanto a dimensão negativa (0) como a positiva (1). É polifónico e dialógico (veículo de diálogo) em vez de monológico. Os romances de Dostoievski exemplificam este aspeto, pois abraçam múltiplas vozes e posições; não foram escritos de um só ponto de vista, como os de Tolstoi.

O carnaval deu a Kristeva a oportunidade de propor um modo de formalizar a linguagem poética, distinguindo-a da linguagem comunicativa estudada pela linguística convencional. Esta tentativa não foi inteiramente bem-sucedida, dada a natureza excessivamente matemática do projeto. Em termos latos, a linguagem poética, como o carnaval, incorpora os dois lados da oposição binária 0-1 (= Outro e Um), em que, para evitar a contradição lógica, 0 exclui 1 e vice-versa. A linguagem poética aceita a contradição, ou a noção de Um e Outro em existência simultânea. Em termos práticos, Kristeva visava formalizar a «musicalidade» da linguagem poética – o seu timbre, ritmos e disposição gráfica – tal como o seu lado simbólico (gramática, sintaxe, semântica, estrutura significante).

Posteriormente, Kristeva introduziu vários conceitos derivados da sua obra sobre a linguagem poética. Assim, «semanálise» designa um projeto de análise textual que inclui a linguagem poética; «genotexto» e «fenotexto» referem respetivamente o processo de geração do texto e o texto tal como se manifesta na comunicação de tipo convencional (veja-se *Introdução à Semanálise*).

Provavelmente, o termo nuclear de toda a obra de Kristeva é *o semiótico* (que se distingue da semiótica). Foi primeiro elaborado na sua tese de doutoramento, *La Révolution Du Langage Poétique* (1974), sendo uma noção presente em toda a sua obra posterior. O semiótico está ligado aos impulsos na formação da subjetividade e não é redutível a noções formais de signo e significado, sendo a segunda a base da ordem simbólica. O semiótico, tal como na linguagem poética, torna-se manifesto na musicalidade das elocuções – a dimensão que abre o sujeito à mudança e à renovação.

No seu estudo da abjeção e do horror, *Pouvoirs de l'horreur* (1980), argumenta que o abjeto, em última análise baseado na ambiguidade de fronteiras, é uma experiência visceral e não intelectual. A melancolia, objeto de outro dos seus estudos, *Soleil noir* (1987) (*Sol Negro*, 1989), não é apenas uma doença baseada na depressão, mas também um modo de o eu emergir, ainda que minimamente. A tristeza fica no lugar do objeto e torna-se a base de uma espécie de estratégia de sobrevivência. Pois isto é tudo a que o melancólico se pode ater. Daqui segue-se uma incapacidade para amar, um dos temas de *Histoires d'amour* (1985) (*Histórias de Amor*, 1988). Em vários estudos posteriores, que gradualmente se voltaram mais para a política, deitou um olhar sobre o estrangeirismo – algo que encontramos, inesperadamente, em nós mesmos, *Étrangers à nous-mêmes* (1988) (*Estrangeiros para Nós Mesmos*, 1994) – nacionalismo, revolta – psicológica e artística, assim como política – e a vida e pensamento de Arendt, Melanie Klein e Colette. JLE

Kropotkin, Peter Alekseyevich /kraˈpɔtkɪn/ (1842-1921) Anarquista russo e ativista político. Contra a perspetiva do darwinismo social, que via a necessária e desejável senda do progresso em termos de um conflito no qual os mais «aptos» ganham e os fracos são destruídos, argumentou, no influente *Mutual Aid* (1902), originalmente publicado em inglês, que a cooperação é uma característica essencial dos processos evolutivos, e que a sociedade se poderia organizar segundo estes princípios de ajuda mútua, sem qualquer sujeição a uma autoridade coerciva.

Kuhn, Thomas S. /kuːn/ (1922-1996) Filósofo norte-americano e historiador da ciência, professor em Berkeley, Princeton e, a partir de 1978, no Massachusetts Institute of Technology. *The Structure of Scientific Revolutions* 1962, 2.ª ed. rev. 1970 (*A Estrutura das Revoluções Científicas*, 2009) foi uma obra muito lida e discutida porque apresentava uma perspetiva da ciência muito diferente da que então era comum entre filósofos e cientistas. A perspetiva anterior era que a ciência é cumulativa: os cientistas descobrem mais e mais verdades sobre o mundo. A tomada de consciência de que isto é ingénuo – e que por vezes os cientistas abandonam as suas perspetivas anteriores por estarem erradas – não alterava o otimismo básico: dizia-se que uma teoria científica mais antiga só era abandonada para pôr uma melhor no seu lugar.

Kuhn parecia pôr tudo isto em causa, olhando para a ciência de uma maneira mais histórica e/ou social. Uma ciência ou ramo da ciência é o domínio de uma comunidade particular de cientistas. Estes, devido à sua formação comum (ou, antes, devido à sua iniciação dogmática comum), tomam todos por garantido um «paradigma», um modo de ver o mundo e de praticar a ciência. Para tentar forçar a natureza a ajustar-se ao seu paradigma, tentam resolver quebra-cabeças definidos pelo paradigma. Se um cientista resolve um quebra-cabeças, é congratulado e compensado. Se não o consegue fazer, é considerado culpado e o quebra-cabeças passa para outros cientistas melhores. Assim, a «ciência normal», que, como o nome sugere, é a norma, é resolver quebra-cabeças sob a égide de um paradigma que não é posto em causa. Contudo, todo o paradigma tem os seus dias contados. Os quebra-cabeças por resolver acumulam-se; os cientistas começam a perder a confiança no seu paradigma. A comunidade entra num «estado de crise», num período de «ciência extraordinária ou revolucionária»: agora nada é dado como garantido, e esboçam-se paradigmas alternativos. Um deles irá resolver um ou dois dos quebra-cabeças que o paradigma anterior não conseguia resolver. Vendo que é prometedor, mais e mais cientistas «convertem-se» ao novo paradigma. Habitualmente, são os cientistas mais novos: os velhos acabam apenas por morrer, exemplificando a máxima de que burro velho não aprende línguas. Uma nova geração de cientistas aprende a reconhecer as virtudes do novo paradigma; começa um novo período de «ciência normal».

Progride a ciência através de revoluções científicas? Serão os paradigmas posteriores melhores do que os anteriores? Não, sugere Kuhn, são apenas diferentes. As revoluções científicas que suplantam um paradigma com outro não nos aproximam da verdade sobre o modo como o mundo é. Os paradigmas sucessivos são INCOMENSURÁVEIS. Kuhn afirma que um paradigma posterior pode ser um instrumento melhor para resolver quebra-cabeças do que um anterior. Mas se cada paradigma define os seus próprios quebra-cabeças, o que para um paradigma é um quebra-cabeças poderá não o ser para outro. Mas então por que razão é um progresso substituir um paradigma por outro que resolve quebra-cabeças que o anterior nem sequer reconhece?

Muitos filósofos pensaram que Kuhn estava a pôr em causa a racionalidade, objetividade e progresso da ciência. Em escritos posteriores (especialmente o «Pós-escrito» da segunda edição do seu livro), Kuhn tentou mostrar que isto não era verdade. Por outro lado, os sociólogos da ciência, entre outros profissionais ansiosos por desacreditar a ciência, responderam às ideias de Kuhn com entusiasmo. O mesmo fizeram alguns pensadores da sociedade que entenderam que Kuhn afirmava que o modo de se tornar verdadeiramente científico é ficar dogmaticamente comprometido com um qualquer «paradigma». AM

Em G. Gutting (org.), *Paradigms and Revolutions* (1980), temos uma coletânea de discussões das ideias de Kuhn.

L

Labriola, Antonio (1843-1904) Professor de Filosofia Moral na Universidade de Roma a partir de 1874. Croce foi um dos seus discípulos. Liberal e radical na juventude, interessou-se pelas teorias de Karl Marx, sendo o principal fundador do pensamento marxista italiano. Escreveu *Del Materialismo Storico: Dilucidazione Preliminare*, 1896. Rejeitou o determinismo histórico e favoreceu um marxismo humanista.

La Bruyère, Jean de /la bʀyjɛːʀ/ Moralista francês. *Caractères* tinha como modelo a obra *Charaktēres* de TEOFRASTO, sendo publicada originalmente em 1688 como apêndice à sua tradução desta última. Era um observador penetrante das questões humanas, sondando o orgulho e a pretensão, entre outros defeitos morais, em brilhantes retratos de caráter.

Lacan, Jacques /lakɑ̃/ (1901-1981) Psicanalista francês. Desenvolveu uma análise da prática psicanalítica que influenciou uma geração de pensadores franceses estruturalistas, pós-estruturalistas e feministas. A sua teoria psicanalítica é controversa: foi afastado da Associação Psicanalítica Internacional em 1960, mas a sua influência continua a espalhar-se internacionalmente, tanto nos círculos psicanalíticos como intelectuais.

A tese central de Lacan é que o inconsciente se estrutura como uma linguagem; uma tese que ele situa na descoberta de Freud de que a condensação e o deslocamento (e os seus protótipos, a METÁFORA e a METONÍMIA) são os mecanismos primários do inconsciente. Segue-se que a capacidade do psicanalista para afetar os sintomas se situa puramente ao nível do discurso. As formações do inconsciente (*gaffes* verbais, lapsos de memória, sonhos, etc.) são entendidas por Lacan como exemplos de comunicação falhada. O sintoma neurótico, neste sentido, é entendido como uma mensagem codificada que foi excluída do circuito do discurso e só pode ser comunicada de forma disfarçada. Por meio da transferência, o analista torna-se o destinatário da mensagem escondida do sintoma e, por meio da interpretação, insere a comunicação de novo no discurso.

As primeiras obras de Lacan, de 1936 ao começo da década de 1950, centravam-se naquilo a que mais tarde chamou *o registo do imaginário*. O estádio do espelho refere-se à alegria expressa pela criança dos seis aos dezoito meses quando é confrontada com a sua imagem num espelho. Esta alegria, segundo Lacan, resulta de uma antecipação da unidade corpórea da imagem do espelho, contrastando com a imaturidade física do próprio desenvolvimento motor da criança. Fundamental para a teoria do estádio do espelho é a perspetiva de que o «eu» se constitui a si e constitui o outro, o seu equivalente, por meio de uma identificação com uma imagem de si como outro. A relação intersubjetiva é, por isso, essencialmente dual, caracterizada pela identificação imaginária e pela alienação, e marcada por uma relação ambivalente de rivalidade agressiva e ligação erótica com o outro. O ego, segundo Lacan, é o resultado de uma série dessas identificações imaginárias e portanto não tem a função de síntese e unidade que lhe é atribuída pela egopsicologia (Kris, Lowenstein, Hartmann).

Na década de 1950, Lacan introduziu a distinção entre o imaginário e *o simbólico*. Na esteira de Saussure, Lacan divide o simbólico em duas dimensões: fala e linguagem. A cura psicanalítica situa-se ao nível da fala. Combinando o conceito linguístico de fala com a dialética de Hegel do senhor e do escravo, Lacan argumenta que a fala estabelece um vínculo social, ou pacto simbólico, que supera a relação erótico-agressiva de ego com ego («o pequeno outro»). A linguagem, por outro lado, consiste numa rede de significantes que só podem ser definidos em relação uns aos outros, sendo em si destituídos de significado. É a este nível puramente formal da linguagem, concebida como uma rede de significantes, que Lacan situa o Outro. Um lugar, ao invés de um sujeito, o conceito lacaniano de Outro não pode receber uma definição única ou positiva. Para Lacan, o Outro é outro para o sujeito, fala e linguagem. Existe antes da entrada do sujeito na linguagem, e é fundamentalmente estranho ao sujeito. É o lugar de onde falam os sonhos, enquanto fala do desejo do Outro. Na psicanálise é o garante da verdade do sujeito. É o terceiro elemento em todo o diálogo, a fala em que o analisando entra pelo processo de análise. Em termos freudianos, é o inconsciente.

Para Lacan, a relação simbólica com o Outro tem precedência sobre a relação imaginária com o pequeno outro. Contudo, tanto o outro como o sujeito contêm uma carência fundamental, e é esta carência ou «querer ser» que dá origem a uma cadeia de desejo que nunca pode ser satisfeita. Ou seja, a procura contínua de um objeto perdido que o sujeito nunca possuiu e que o outro não pode fornecer.

Na década de 1960 Lacan começou a desenvolver o seu conceito de *real*. O real está excluído tanto do simbólico como do imaginário. Só pode ser reconstruído com base na distorção estrutural que produz na ordem simbólica do sujeito. Baseado na conceção de trauma que Freud inicialmente encarou como a origem última de todas as perturbações neuróticas, o real é uma APORIA interna ao simbólico que se revela progressivamente como algo que está no centro da experiência analítica.

Traduções: Escritos 1998; *Outros Escritos* 2003; *O Mito Individual do Neurótico* 2008; *O Seminário,* vários volumes. Leitura: *The Cambridge Companion to Lacan* 1995. JR

Ladd-Franklin, Christine /læd ˈfræŋklɪn/ (Nome de solteira: Ladd) (1847-1930) Académica norte-americana, deu aulas na Universidade Johns Hopkins a partir de 1904 e na Universidade da Colúmbia, Nova Iorque, a partir de 1910. Introduziu em «The algebra of logic», 1883, o conceito de ANTILOGISMO para analisar silogismos. A sua obra principal, contudo, foi em matemática. Na teoria da visão, propôs em 1892 uma descrição evolutiva da perceção das cores.

laissez faire; laisser faire /lɛse fɛːr/ (fr. *laisser* deixar, permitir; *laissez* deixa!, permite! + *faire* fazer) Deixe as coisas em paz, deixe-as entregues a si mesmas. Era uma máxima dos fisiocratas franceses do século XVIII (Quesnay *et al.*), os primeiros a desenvolverem uma teoria científica da economia. Como o termo sugere, do seu ponto de vista a natureza (gr. φύσις) deveria governar (gr. κρατείν). A ordem natural de uma sociedade e da sua economia, que as suas teorias elaboravam, não deveria ser objeto de interferência. Consequentemente, opunham-se a restrições e impostos sobre o comércio, em especial os estabelecidos pelos governos. Turgot tentou levar a cabo algumas reformas neste espírito, mas rapidamente foi afastado do seu cargo, em 1776. Muitas das ideias fisiocratas conheceram aceitação por parte dos economistas posteriores (Adam Smith, Ricardo, James Mill, e até Keynes).

O lema *laissez faire* ficou associado ao liberalismo económico e à oposição à intervenção governamental na atividade económica.

Lakatos, Imre /ˈlækətɑs/ (nome de família original: Lipschitz.) (1922-1974) Filósofo da matemática e da ciência nascido na Hungria; ensinou na London School of Economics. A sua obra inicial, na forma de dissertação de doutoramento em Cambridge e influenciada pelo trabalho de George Polya sobre a heurística matemática e pela filosofia da ciência de Karl Popper, incluía uma reconstituição vívida, em forma de diálogo, do progresso do conhecimento matemático, argumentando que tinha um padrão de «demonstrações e refutações», análogo às ideias de Popper sobre o progresso da ciência: *Proofs and Refutations* (1976). Uma «demonstração», ao invés de estabelecer a tese demonstrada, dava oportunidade à crítica, ou à descoberta de objeções. Lakatos explorou de maneira imaginativa a dialética da argumentação na história da matemática, e desenvolveu muitas ideias que usou posteriormente em muitos contextos. Apesar de ter publicado vários outros ensaios (*Philosophical Papers,* vol. 2, 1978) sobre o caráter do conhecimento matemático, sugerindo que o caráter dialético do progresso do conhecimento matemático poderia ser entendido como forma de empirismo, voltou-se gradualmente para a filosofia da ciência.

Assim, usou inicialmente ideias desenvolvidas no seu trabalho sobre o progresso do conhecimento matemático para criticar o programa de Carnap para o desenvolvimento da lógica indutiva por acabar por ser degenerativo. Posteriormente, apresentou uma reconstituição complexa dos pontos de vista de Popper para lidar com os problemas levantados por Thomas Kuhn e Michael Polanyi sobre a continuidade da ciência e a resistência das teorias à falsificação. Lakatos começou a distinguir cada vez mais as suas ideias das de Popper. Argumentou que este último não conseguira resolver o problema da indução, e que as suas próprias ideias sobre a ciência, que salientavam o papel da heurística racional e os benefícios de tomar decisões metodológicas para proteger as teorias da refutação face a problemas gerados empiricamente, eram preferíveis às de Popper. Argumentou também (*Philosophical Papers*, vol. 1, 1978) que as conceções normativas de ciência deveriam ser avaliadas com base na sua capacidade para oferecer uma reconstrução dos juízos de cientistas importantes da história da ciência. Projetou durante muito tempo uma obra sobre a lógica mutável da descoberta científica, mas não a realizou devido à sua morte prematura. Lakatos inspirou os seus seguidores a levar a cabo vários estudos de caso, aplicando as suas ideias à reconstrução da história das ciências da natureza, em especial da economia. Desde a morte de Lakatos, a sua obra foi criticada, em parte devido a problemas que lhe são intrínsecos, e em parte devido a problemas que partilha com os pontos de vista de Popper, dos quais grande parte da sua obra é uma extensão. JSH

Traduções: História da Ciência e suas Reconstruções Racionais 1998; *Falsificação e Metodologia dos Programas de Investigação Científica* 1999.

lambda, operador O operador lambda foi originalmente definido por Alonzo Church, e transforma uma frase aberta num predicado. Se *p* é uma frase aberta que contém uma variável livre *x*, então λ*x* [*p*] é a sua transformação lambda; *e.g.*, a proposição ∃*x* (*Fx* ∨ *Gx*), que se pode ler como «algo é *F* ou *G*», contém a frase aberta (*Fx* ∨ *Gx*) e tem a transformação lambda λ*x* (*Fx* ∨ *Gx*), que se pode ler como «a propriedade de ser *F* ou *G*».

Lambert, Johann Heinrich /ˈlambɛrt/ (1728-1777) Matemático, cientista e filósofo suíço-alemão. Foi o primeiro a demonstrar que o número π é irracional. O título da sua obra filosófica principal, *Neues Organon* (1764), alude a Aristóteles e a Bacon: trata dos princípios para a descoberta de verdades. Esta obra, e outra posterior sobre a «arquitetónica» filosófica (1771) que, como a primeira, tinha uma tendência marcadamente antimetafísica, afastou-se da filosofia wolffiana dominante. Na altura, a influência de Lambert era limitada, mas é visível em Mendelssohn e sobretudo em Kant, com quem manteve correspondência e que o tinha em alta estima.

La Mettrie, Julien Offray de /la mɛtʀi/ (1709-1751) Físico francês e filósofo radical do Iluminismo, defensor do materialismo e do ateísmo. Publicou a *Histoire naturelle de l'âme* (História natural da alma) em 1745, mas a obra que o tornou famoso foi *L'Homme machine* (1748) (*O Homem-Máquina*, 1982). A reação resultante destas e de outras publicações, incluindo aquelas em que satirizava a profissão médica, obrigaram a que procurasse proteção, que lhe foi concedida por Frederico II da Prússia, tendo La Mettrie passado os últimos cinco anos da sua vida em Berlim.

A sua teoria do homem é naturalista, materialista e antidualista. Baseando-se em observações científicas recentes, teve também a capacidade para admitir que a matéria não era, na sua essência, inerte, de modo que era escusado admitir um qualquer princípio não material para explicar o movimento. Os processos mentais podem ser explicados cientificamente em termos fisiológicos; podem ser mais complexos, mas não são em princípio diferentes de outros processos da natureza. A conduta humana, como outros processos naturais, é determinada por causas naturais, e não há lugar para o livre-arbítrio. La Mettrie retirava daqui a consequência de que o remorso era irracional. Muitos pormenores da obra de La Mettrie, especialmente a fisiologia, foram ultrapassados, mas o espírito do seu materialismo metafísico está presente em grande parte da filosofia analítica do século XX.

La Mothe Le Vayer, François de /la mɔt lə vajе/ (1588-1672) Filósofo cético francês, grande admirador de Sexto Empírico e Montaigne. Nas suas obras, deteve-se na enorme diversidade de costumes sociais, opiniões morais, teorias científicas, crenças religiosas, etc., mostrando todas elas que pouco se pode saber com certeza. Os dogmas religiosos, por outro lado, são aceites por fé, e não por modos que aceitem as dúvidas céticas. Como no caso de Bayle, as opiniões dividem-se quanto a saber se aceitava a doutrina cristã como questão de fé não racional, ou se a rejeitava com base na sua irracionalidade.

Lange, Friedrich Albert /ˈlaŋə/ (1828-1875) Filósofo alemão. Escreveu em defesa do socialismo democrático. A sua obra filosófica mais conhecida é *Geschichte des Materialismus und Kritik seiner Bedeutung in der Gegenwart* (1866, 2.ª ed. 1873-1875). Argumenta que, ao nível do método científico, o materialismo é o único pressuposto legítimo, mas que, como teoria metafísica, é tão deficiente quanto o idealismo a que se opõe. A metafísica é comparável à poesia ou à religião, mas não pode fornecer conhecimento genuíno. Na esteira de Kant, desenvolveu uma teoria dos limites do conhecimento humano que as teorias metafísicas tentam superar. Deu início à revitalização neokantiana, apesar de alguns neokantianos rapidamente terem rejeitado a sua leitura psicologista de Kant. *Ver* PSICOLOGISMO.

Langer, Susanne /ˈlæŋə/ (Nome de solteira: Knauth) (1895-1985) Filósofa norte-americana que lecionou em Radcliffe College a partir de 1927, na Universidade de Colúmbia a partir de 1945, e no Connecticut College a partir de 1954. A análise das artes era o seu maior interesse. Estas têm um lugar central no mundo humano, e fornecem uma chave para a compreensão da condição e da natureza humana: *Philosophy in a New Key* (1942) (*Filosofia em Nova Chave*, 2004), *Feeling and Form* (1953) (*Sentimento e Forma*, 1980). Dado que as artes contêm uma transformação simbólica da realidade, a natureza do simbolismo está no centro da investigação filosófica. Ernst Cassirer exerceu uma influência importante no seu pensamento.

Laplace, Pierre Simon de /laplas/ (1749-1827) Astrónomo francês e especialista em teoria das probabilidades.

Com base na física de Newton, sustentava o ponto de vista de que o curso total dos acontecimentos no universo seria perfeitamente previsível a uma inteligência que conhecesse a posição de todas as partículas do universo e as forças que sobre elas atuam. Na ausência desse conhecimento perfeito, contudo, deveríamos guiar-nos por uma estimativa racional das probabilidades.

La Rochefoucauld, François de /la rɔʃfuko/ (1613-1680) Moralista francês. *Réflexions ou sentences et maximes morales* (1665) (*Máximas e Reflexões*, 1994) contém intuições sagazes sobre o predomínio do orgulho e do interesse próprio no caráter humano e na conduta, desmascarando a ilusão e a auto-ilusão, numa procura persistente da franqueza e da lucidez. Não é claro se a sua ênfase na prevalência do amor-próprio constitui a aceitação da teoria de que toda a motivação emerge obrigatoriamente do interesse próprio, *i.e.*, do egoísmo psicológico.

Lassalle, Ferdinand /lasal/ (Nome original: Lasal) (1825-1864) Pensador político alemão e organizador de partidos políticos da classe operária. Na sua crítica da preferência burguesa-liberal pela intervenção governamental mínima, introduziu a metáfora do «Estado guarda-noturno». Alguns dos seus escritos são de inspiração hegeliana e mostram afinidades com o ponto de vista de Marx sobre a história. Escreveu também um importante estudo sobre o pensamento de Heraclito.

latitudinarismo *s.* Na Igreja Anglicana, o ponto de vista de que se deve permitir grande latitude, no seio da Igreja, a diferenças de doutrina e liturgia.
William Chillingworth, John Hales, os platónicos de Cambridge, John Tillotson, etc., foram alguns dos primeiros defensores oitocentistas desta doutrina. Desenvolveram o seu ponto de vista reagindo contra o dogmatismo e o antagonismo imoderado exibido nos conflitos religiosos e políticos da Inglaterra a partir da década de 1640. As ideias deste tipo persistiram, *e.g.*, na oposição da Igreja Ampla ao Alto Anglicanismo na Inglaterra do século XIX.
A palavra era inicialmente usada de modo depreciativo pelos oponentes deste ponto de vista não dogmático.

Lavater, Johann Caspar /ˈlaːvaːtər/ (1701-1801) Popular filósofo germânico-suíço, cuja *Physiognomische Fragmente* (1775-1778) apresentava uma nova teoria da fisionomia, tentando estabelecer correlações entre tipos de corpos e tipos de caráter. Igualmente influente foi a piedade sentimental e o enaltecimento da subjetividade e do sentimento na sua poesia, que era muitíssimo popular.

Lecomte du Noüy, Pierre André /ləkɔ̃t dy nwi/ (1883-1947) Biofísico e filósofo religioso francês. A sua obra mais conhecida, *L'Homme et sa destinée* (1947), era uma tentativa de defender uma perspetiva teísta de um ponto de vista científico. Uma linha de argumentação era que a emergência de vida orgânica era demasiado improvável para se dever ao acaso; outra era que o processo evolutivo não obedece à Segunda Lei da Termodinâmica.

Le Doeuff, Michèle /lə dɜːf/ (n. 1948) O título do seu livro, *L'Étude et le rouet* (1990), baseia-se na frase citada no frontispício em que Hipárquia resumia a relação das mulheres com a filosofia: «Usei para alcançar o conhecimento todo o tempo que, devido ao meu sexo, se esperava que perdesse na roca.» A questão da relação das mulheres com a filosofia tem sido um tema constante na obra de Le Doeuff; o ensaio «Women and Philosophy», em *Radical Philosophy* 17 (1977), foi um contribuito importante para o desenvolvimento recente do pensamento filosófico feminista no mundo anglófono. Este tema é retomado em *L'Étude et le rouet*, juntamente com uma reflexão sobre os efeitos prováveis, na filosofia, do encontro entre o pós-guerra e o feminismo, em particular o caso de Sartre e de de Beauvoir, e questões mais gerais de ética e política.

A obra de Le Doeuff incluiu sempre um forte elemento de questionamento reflexivo sobre a natureza da própria filosofia, referindo-se em especial à conceção que a filosofia faz de si mesma e ao ideal de uma racionalidade pura e contida em si. Contra estas ideias, Le Doeuff salienta o papel desempenhado nos textos filosóficos pelo recurso à imagética: «A minha obra é sobre o sortido de imagens que se encontra nas obras filosóficas, seja o que for a que se refiram: insetos, relógios, mulheres ou ilhas» (*French Philosophers in Conversation*, org. R. Mortley, 1990). Os seus trabalhos iniciais abordam a questão da função das imagens em vários casos, baseando-se em filósofos como Thomas More, Descartes, Rousseau e Kant. Le Doeuff argumenta que há um recurso a imagens por parte dos filósofos mais racionais, e que há um sortido de imagens especificamente filosóficas, discutidas em *The Philosophical Imaginary* (1990). Dada a frequência do recurso à imagética codificada sexualmente ao longo da história da filosofia, Le Doeuff sugere que não é surpreendente que uma pessoa interessada nas figuras da «mulher» e nos papéis que desempenham na filosofia tenha sido conduzida à investigação da natureza e função desta dimensão da filosofia a que normalmente não se presta atenção.

Le Doeuff é também conhecida em França devido à sua obra sobre o pensamento renascentista inglês. Traduziu o *New Atlantis* de Bacon para francês, tradução que publicou em 1983 juntamente com um ensaio sobre o autor («Voyage dans la pensée baroque», com M. Lasa), e traduziu também um dos poemas mais longos de Shakespeare, publicado juntamente com o ensaio «Genèse d'une catastrophe»: *Shakespeare: Vénus et Adonis* 1986.

Em *Le Sexe du savoir* (1998), rejeita a acusação feminista «incorreta» contra Bacon de que este autor, muitas vezes visto como o fundador da ciência moderna, construiu o controlo da natureza por meio da ciência como uma reserva masculina, semelhante ao domínio do homem sobre as mulheres. Argumenta que a acusação não tem substância e sugere que se deve em parte a más traduções e a interpretação excessiva. Por exemplo, o género gramatical do latim *natura* é feminino, daí que algumas traduções tenham «ela». Mas isto não é significativo: afinal, *ratio* e *scientia* também são femininos. PP/dir.

Lefebvre, Henri /ləfɛːvʀ/ (1901-
-1991) Filósofo marxista francês, autor prolífico e de vasta erudição. Ativista comunista quando era jovem, foi depois contestado pelo partido, que abandonou em 1958. O seu marxismo não dogmático, no qual a teoria da alienação e a crítica do poder do Estado desempenham um papel importante, foi talvez a influência intelectual mais significativa por detrás da revolta estudantil francesa de Maio de 68. O seu humanismo marxista era também o enquadramento a partir do qual tecia uma crítica persis-

tente da sociedade de consumo e da padronização, conformismo e burocratização do nosso tempo.

legalismo *s.* 1 A avaliação moral de um ato por referência apenas à sua conformidade a uma regra moral, sem consideração pelos motivos do agente. 2 Uma teoria que concebe a moralidade como algo análogo a um código moral, *i.e.*, um conjunto de regras de conduta, apoiadas por sanções (concebidas de modo mais ou menos vago) que fornecem um motivo para nos conformarmos às regras.

lei associativa Na lógica e na matemática: lei com a seguinte forma, em que o asterisco representa uma operação diádica: $(a * b) * c$ é equivalente a $a * (b * c)$.

Na lógica proposicional, a conjunção e a disjunção são associativas; a implicação, não. Na matemática, a adição e a multiplicação são associativas; a subtração e a divisão, não.

Leibniz, Gottfried Wilhelm /'laɪbnɪts/ (1646-1716) A figura mais importante do racionalismo do século XVII. Nasceu em Leipzig e morreu em Hanôver. Estava bem informado sobre quase todos os desenvolvimentos científicos do seu tempo e correspondia-se com quase todos os cientistas e filósofos importantes seus contemporâneos. Depois de estudar filosofia em Leipzig e Iena, e direito em Altdorf, perto de Nuremberga, desempenhou funções jurídicas ao longo de toda a vida. Tal como Descartes, Espinosa e Locke, nunca foi professor de filosofia.

Leibniz escreveu sobre filosofia, teologia, matemática, física, linguística, etimologia, genealogia, história, política, medicina e economia, sendo influente em todas estas disciplinas, em algumas criativo e até pioneiro. De modo que é justamente denominado «o Aristóteles da era moderna». Escreveu em latim, usando o latim escolástico pós-medieval, e em francês. O pano de fundo escolástico do seu pensamento significa que pode ser considerado um representante da filosofia universitária alemã protestante, que no seu tempo era dominada pelo aristotelismo.

Foi também influenciado pelos pensadores não escolásticos da época, sobretudo o médico e lógico alemão Joachim Jungius (1587-1657), o filósofo e teólogo francês Antoine Arnauld (1612--1699) e o cientista holandês Christian Huygens (1620-1699). Sem dúvida que foi também influenciado por Descartes, e por Espinosa, que chegou a encontrar em Amesterdão, mas aborda os seus trabalhos de modo geralmente crítico.

As obras mais importantes de Leibniz são *Dissertatio de arte combinatoria* (1666); *Discours de métaphysique* (1688) (*Discurso de Metafísica*, 2004); *Generales inquisitiones* (1686); *Nouveaux essais sur l'entendement humain* (1703-1705), publicado apenas em 1765 (*Novos Ensaios sobre o Entendimento Humano*, 1993), que discutem em profundidade o *Ensaio* de Locke; *Essais de Théodicée sur la bonté de Dieu, la liberté de l'homme et l'origine du mal* (1710); e *La Monadologie* (1714) (*Princípios de Filosofia ou Monadologia*, 1987). Há também a correspondência com Arnauld, com Bartholomaeus des Bosses (1688-1738), com Burcher de Volder (1643-1709) e com Samuel Clarke (1675-1729). Mas muitos manuscritos só mais tarde foram publicados: Couturat revelou importantes manuscritos lógicos em 1901, e a publicação das suas obras coligidas ainda está em curso.

Dois pares de conceitos (formulados na *Monadologia* 31-36) são significativos em todo o seu pensamento. Um dos pares é constituído pelas *verdades de razão*, que são necessárias, e as *verdades de facto*, que são contingentes. Esta distinção está associada a dois princípios: a *lei da não contradição*, que se aplica a ambos os tipos de verdade e afirma que o que envolve contradição é falso, e o *princípio da razão suficiente*, que se aplica a verdades de facto e afirma que nenhum facto pode ocorrer e nenhuma proposição pode ser verdadeira a menos que haja uma razão suficiente para isso ser assim e não de outro modo. Leibniz concebe tais razões como fatores explicativos, que não são causas eficientes nem causas finais.

Filosofia da linguagem: um dos desideratos de Leibniz, que partilhava com muitos filósofos e cientistas do seu tempo, era o desenvolvimento de uma *characteristica universalis*, uma teoria geral e um sistema de signos que incluíssem partes lógicas e gramaticais. Esta característica é para Leibniz, por um lado, uma arte, perícia ou capacidade, a arte de encontrar os símbolos certos e de os manipular de um modo apropriado. Por outro lado, é também uma ciência, e como tal um ramo da metafísica. A característica tem um aspeto sintático, semântico e pragmático, correspondendo à sintaxe, semântica e pragmática da lógica moderna.

A ideia leibniziana de uma característica baseava-se numa abordagem combinatória de conceitos simples; Leibniz queria construir uma linguagem com base numa relação biunívoca entre símbolos e conceitos simples. Este programa, ainda que nunca realizado, foi historicamente muito influente, sendo Peirce, Husserl, Frege e Wittgenstein alguns dos filósofos que adotaram a ideia de Leibniz de uma *characteristica universalis*.

Lógica: o contribuito principal de Leibniz para a lógica foi o desenvolvimento do primeiro cálculo lógico. Entre os anos de 1679 e 1690, desenvolveu diferentes cálculos algébricos e um aritmético. Conseguiu também atingir o seu objetivo principal, nomeadamente integrar a silogística tradicional aristotélico-escolástica na estrutura do seu próprio sistema de lógica. No tratamento que deu ao cálculo aritmético a partir de 1679 encontra-se até a primeira formulação de um conceito geral de validade lógica.

Outro projeto leibniziano foi o desenvolvimento de um cálculo geométrico que lhe permitisse exprimir relações geométricas diretamente, e não por meio de números racionais, como na geometria analítica de Descartes. Este projeto nunca foi realizado, mas influenciou, contudo, desenvolvimentos posteriores do campo da topologia.

Leibniz fez uma lógica de termos ou conceitos, e não de proposições ou frases. Por uma análise da frase elementar «*A é B*» (*e.g.*, «Sócrates é um ser humano»), Leibniz mostra que podemos sempre avançar para a forma «*A B é*», que significa que o conceito composto «*A B* (Sócrates-ser humano)» é possível (consistente) em virtude do facto de o conceito individual de Sócrates conter o conceito de ser humano.

Usando esta mesma relação sintática, Leibniz foi capaz de reformular a frase categórica universal «Todo o *A* é *B*» como: «Não é possível que *A* e não *B*». Nesta base, desenvolveu a estrutura de uma álgebra de Boole rudimentar, um facto que Frege conhecia muito bem e que referiu explicitamente.

Metafísica e ontologia: Leibniz era, desde o início, um metafísico, e a sua primeira publicação foi sobre metafísica: uma dissertação de 1662 sobre o princípio da individuação. Foi um dos primeiros filósofos a usarem a palavra «ontologia», que lida com quatro relações: 1) a inerência de acidentes na sua substância; 2) a relação entre parte e todo (mereologia); 3) a relação entre causa e efeito; e 4) a relação entre meios e fim (teleologia).

O ingrediente mais importante da ontologia ou metafísica de Leibniz é a substância individual ou «mónada», como a denomina na sua filosofia da maturidade. Leibniz retoma o conceito de substância da tradição aristotélica, mas desenvolve-a de duas maneiras. Primeiro, introduz a noção de um conceito individual. Toda a substância individual, sustenta, tem um só conceito individual. Este conceito é completo, *i.e.*, todo o acidente da substância cai sob um conceito parcial do seu conceito individual; e é também maximamente consistente, *i.e.*, contém todo o conceito consistente consigo, e qualquer conceito adicional torná-lo-ia inconsistente.

Uma segunda característica importante da substância individual, tal como Leibniz a concebe, é não ter partes. Mas tem «acidentes» (qualidades e disposições mentais). As mónadas são substâncias espirituais e, como tal, primitivas em relação à análise parte-todo e muito complexas relativamente à análise substância-acidente.

Leibniz distingue dois tipos de atributos de mónadas: perceções e aperceções. As perceções são passivas e não reflexivas; constituem a relação com outras mónadas e respetivos atributos. As aperceções são ativas; incluem atos mentais reflexivos como pensar e saber, que são peculiares dos seres humanos, ao passo que partilhamos a perceção e a memória com os animais.

Não há relação causal entre mónadas, apenas diferentes estados de uma mónada. Toda a mónada é um microcosmo ou um mundo à parte, contudo, e reflete todo o macrocosmo (*i.e.*, todas as outras mónadas e os seus atributos). Assim, temos uma espécie de causalidade derivativa no mundo.

A quarta relação, teleológica, entre meios e fim, tem a ver com a ação humana e também com a ação de Deus. Este cria o melhor de todos os mundos possíveis devido à sua bondade, e a sua criação não é dominada pela necessidade metafísica, geométrica ou lógica, mas pela necessidade moral. A diferença é que no primeiro caso o contrário é impossível; no caso da necessidade moral, contudo, é possível, mas muito improvável. Deus cria o melhor de todos os mundos possíveis com necessidade moral; consequentemente, a necessidade física, ao depender da necessidade moral, não é uma necessidade absoluta de modo algum, mas apenas um grau de contingência que se aproxima da necessidade absoluta. Assim, as leis da natureza para Leibniz, ao contrário de Descartes, não são necessárias, apenas têm um elevado grau de probabilidade.

Mereologia: como a tradição anterior, Leibniz conhece e usa três tipos de todos: todos essenciais, todos integrais e agregados. No primeiro caso, nenhuma parte é separável; no segundo, algumas partes são separáveis e outras não; e no terceiro todas as partes são separáveis. Como exemplos de todos essenciais Leibniz refere Deus, os anjos e a alma, mas também entidades geométricas como os triângulos. Como exemplos de todos integrais, menciona substâncias compostas como os seres humanos, mas também artefactos como as máquinas. Como exemplos de agregados, usa geralmente um conjunto contingente de substâncias ou um corpo.

Mente e corpo: Leibniz usa o termo «substância corpórea» para se referir a uma substância composta unificada por uma mónada dominante. Esta mónada dominante é uma alma ou substância espiritual. Todas as substâncias vivas, incluindo os seres humanos, são substâncias corpóreas. Os corpos são apenas agregados ou montes, num sentido mereológico. Os agregados são fenoménicos, e Leibniz distingue três tipos de fenómenos: primeiro, os ilusórios, como os arco-íris; segundo, os mentais, aparências cuja unidade é meramente aparente, dado serem fabricados pela mente ou pelos conceitos; e, em terceiro lugar, fenómenos derivativos, aparências de agregados cuja realidade é completamente derivada da dos seus constituintes. Estes constituintes podem ser mónadas ou substâncias corpóreas. Os agregados têm uma realidade emprestada e encontram-se em substâncias individuais ou em acidentes individuais. Assim, o estatuto ontológico dos corpos é muito fraco.

Desde Descartes que as relações entre a alma e o corpo são intensamente discutidas. Leibniz pensa que não há qualquer relação causal entre a alma e o corpo, havendo antes o que chama «harmonia preestabelecida». Esta harmonia funda-se nas relações de representação entre a alma e o seu corpo. As perceções entre a mónada dominante e a sua contraparte corpórea são reguladas pela lei integrada das séries que produz os diferentes estados das mónadas. Leibniz caracteriza a representação como constante e regulada. A diferença entre as mónadas está no grau de regulação. As mónadas superiores estão mais bem reguladas e representam o seu corpo e o mundo de uma maneira mais clara do que as mónadas de um nível inferior. Assim, Leibniz subscreve uma espécie de paralelismo psicofísico.

Individuação: Leibniz aceita apenas a *entitas tota* como princípio de individuação, *i.e.*, todos os atributos de um indivíduo – e a sua perspetiva dos indivíduos como entidades únicas, indivisíveis e imateriais, individuadas pela totalidade do seu ser, tem raízes na escolástica tardia, em especial nominalistas como Suárez. Numa carta a Arnauld, Leibniz fala de um Adão caracterizado por apenas quatro atributos, e afirma que este Adão poderia viver em vários mundos possíveis. Leibniz cria através desta teoria um novo género ou *genus*, nomeadamente o Adão geral, que poderia existir em diferentes mundos possíveis. Mas na verdade este Adão não é um género, apenas um conceito incompleto do indivíduo Adão. Os conceitos incompletos não pertencem a qualquer mundo possível, só os indivíduos pertencem, e Leibniz sublinha ainda que toda a propriedade tem de estar presente ou de ser conhecida para que esse indivíduo seja identificado.

Identidade: Leibniz deu proeminência a um princípio da identidade, a que agora chamamos *lei de Leibniz*, que declara que se *a* e *b* são idênticos, têm as mesmas propriedades em comum. Este princípio, já formulado por Aristóteles e Tomás de Aquino, não é válido em contextos intensionais (com *s*), como Leibniz mostrou. Por causa disto, chama-se-lhe também «princípio da extensionalidade». A formulação reversa do princípio (a saber, se *a* e *b* têm todas as suas propriedades em comum, então são idênticos) é denominada por Leibniz «princípio da identidade dos indiscerníveis».

Mundos possíveis: um conceito central na filosofia de Leibniz é o de mundos possíveis. Leibniz sublinha que o pensamento de Deus contém uma infinidade de mundos possíveis, que constrói combinando *prima possibilia*, *i.e.*, conceitos primeiros ou simples, de diferentes modos. Todos estes mundos são compostos de substâncias e acidentes e têm uma certa tendência para existir. Mas apenas o melhor deles, *i.e.*, a composição mais perfeita, é efetivado. A competição entre mundos possíveis é decidida pelo princípio do melhor, princípio que favorece o mundo que melhor realiza o princípio minimax, *i.e.*, um mundo com um mínimo de regras ou leis e um máximo de estados de coisas, ou, como Leibniz também diz, um mínimo de causas e um máximo de efeitos, ou um mínimo de meios e um máximo de fins.

O nosso mundo, o melhor de todos os mundos possíveis, é um conjunto de mónadas maximamente consistente, *i.e.*, de substâncias e seus acidentes, realizando o princípio minimax. Mas há mal metafísico, físico e moral no nosso mundo. Só uma análise mereológica pode mostrar a causa destes males. A propriedade «ser o melhor» não é DISSECTIVA da totalidade do mundo para as suas partes. No melhor de todos os mundos possíveis nem todas as partes são as melhores. Poderá haver uma parte melhor num mundo que não é o melhor.

Na sua correspondência com Clarke, Leibniz argumenta contra a teoria do espaço de Barrow-Newton, segundo a qual existe um espaço absoluto no qual Deus colocou o mundo. Leibniz sustenta que o espaço e o tempo dependem dos objetos materiais. Para Leibniz, o espaço é a ordem dos objetos coexistentes, e o tempo é a ordem das sucessões. O tempo depende de diferentes estados das mónadas, estados que estão conectados pela causalidade. Leibniz desenvolve assim a primeira teoria causal do tempo: «Se um de dois estados que não são simultâneos envolve uma razão para o outro, o primeiro é considerado anterior, o segundo posterior.»

O espaço e o tempo para Leibniz são entidades relacionais, que se fundam nos acidentes das coisas, e Leibniz está convencido de que estes acidentes são individuais. O espaço e o tempo não são entidades puramente mentais, mas são entidades mentais com um fundamento na realidade, *i.e.*, um fundamento em acidentes individuais das substâncias. Assim, o lugar tem o seu fundamento na situação individual de cada corpo, e o tempo tem o seu fundamento nos estados sucessivos das mónadas. HB

A edição em sete volumes de Gerhardt é ainda muito citada; a edição canónica é *Gesammelte Werke und Briefe*, Akademie-Verlag, Berlin (ainda incompleta). Leituras: F. Perkins, *Compreender Leibniz* 2009; G. M. Ross, *Leibniz* 2001. Inglês: B. Mates, *The Philosophy of Leibniz* 1986; *The Cambridge Companion to Leibniz* 1995.

lei de Hume A proposição de que, só por si, o ser não pode implicar o dever ser, no sentido em que afirmações de tipo «é» não podem, só por si, implicar afirmações de tipo «deve ser». É sugerida por Hume no final da primeira secção do Livro 3 de *Treatise of Human Nature*; o nome «lei de Hume» foi usado por R. M. Hare em *Freedom and Reason* (1963). Apesar de se supor geralmente que Hume sancionava esta proposição, tem-se defendido, e o primeiro a fazê-lo foi Alasdair MacIntyre, em *Philosophical Review* 68 (1959), que Hume não a sancionava de facto, insistindo apenas que a transição de afirmações de tipo «é» para afirmações de tipo «deve ser», apresentada como se as primeiras implicassem a segunda, teria de ser explicada. *Ver também* DUALISMO FACTO/VALOR.

lei de Leibniz O princípio da INDISCERNIBILIDADE DE IDÊNTICOS.

lei de Peirce Um teorema da lógica proposicional comum: $[(p \rightarrow q) \rightarrow p] \rightarrow p]$. C. S. Peirce usou-a como axioma na sua primeira axiomatização da lógica proposicional em 1885.

lei distributiva Uma proposição com a seguinte forma: $a * (b \# c)$ é equivalente a $(a * b) \# (a * c)$.

Num sistema formal com esse princípio diz-se que o operador $*$ distribui sobre o operador $\#$. Um exemplo conhecido é a multiplicação: $a(b + c) = ab + ac$.

lei moral Regra que estabelece a conduta que é moralmente correta. O termo é também usado por Kant para a sua regra suprema da moralidade, «o imperativo categórico».

Nota: uma «lei moral» não é o mesmo do que uma «lei justa», uma regra jurídica moralmente aceitável.

lei natural Podemos distinguir dois sentidos. No sentido *prescritivo,* uma lei natural é uma regra de conduta, uma ordem geral, permissão ou proibição, ou uma afirmação geral que atribui direitos ou obrigações. Uma lei da natureza neste sentido não depende, para ser válida, da vontade de qualquer legislador humano. No sentido *descritivo,* científico, uma lei da natureza é uma afirmação de que no mundo natural os acontecimentos ocorrem numa sequência regular: a lei da gravidade, as leis de Kepler, as leis de Mendel. Boyle escreveu, em *A Free Inquiry into the Vulgarly Received Notion of Nature* (1686), que este é um uso figurativo e impróprio, visto que só de agentes inteligentes se pode afirmar que obedecem ou desobedecem a uma regra estabelecida por um superior.

A diferença entre estes dois sentidos foi bem explicada por Berkeley em *Passive Obedience* (1712):

«Devemos distinguir dois significados do termo *lei da natureza*; estas palavras ou denotam efetivamente uma regra ou preceito para a orientação das ações voluntárias de agentes razoáveis, e nesse sentido delas decorre um dever; ou são usadas para significar qualquer regra geral que observamos que se verifica no funcionamento da natureza, independentemente das vontades dos homens; sentido do qual nenhum dever decorre».

A expressão *leges naturae* (leis da natureza) ocorre em Lucrécio, mas estabeleceu-se na era moderna a partir de Francis Bacon.

Quando se pretende o sentido prescritivo, *lei natural* é aparentemente usada mais amiúde. No sentido descritivo, *lei da natureza* é mais comum. *Ver também* LEIS DA NATUREZA; TEORIAS DA LEI NATURAL.

leis da natureza Há muito que se reconhece que o universo é, pelo menos em certa medida, ordenado. Os Gregos da antiguidade exprimiam este pensamento afirmando que o nosso mundo não é um caos, antes um cosmo. Com os avanços científicos dos séculos XVI e XVII, e especialmente depois dos sucessos de Isaac Newton, ganhou foros de cidadania a ideia de que a ordem do mundo consistia e se exprimia em relações quantitativas exatas entre quantidades físicas. Essas relações, quando descobertas, receberam o nome de *leis*: a Lei da Gravitação de Newton e a Lei de Boyle dos gases são alguns dos exemplos mais conhecidos. À medida que a psicologia e as outras ciências humanas se desenvolviam, a noção de leis aplicava-se-lhes também.

Duas das questões principais com respeito às leis é saber se existem e, em caso afirmativo, se tudo o que acontece é regido por elas. Estas questões são de grande importância para a teologia natural, para o problema do livre-arbítrio e para os papéis respetivos da causa e do acaso no desenrolar do mundo natural.

Os filósofos têm-se ocupado de outras questões, como saber se as leis podem ser meramente locais, ou se têm de abranger todo o espaço e tempo; se podem admitir exceções ocasionais; e se podem mudar. Em todas estas questões é necessário ter em conta o curso do desenvolvimento científico.

Nos debates sobre estas questões, o caráter das próprias leis é habitualmente dado como garantido; no entanto, a questão da verdadeira forma lógica das leis da natureza é objeto de intenso debate. A proposta mais simples é que uma lei da natureza é uma afirmação universal verdadeira da forma seguinte (usando os símbolos habituais da lógica de predicados):

$$\forall x \, (Fx \rightarrow Gx), \, i.e., \text{ todo } F \text{ é } G$$

Ou da forma ligeiramente mais complexa:

$$\forall x \, \exists y \, (Fx \rightarrow Gy), \, i.e., \text{ para todo o } F \text{ há um } G.$$

Pondo de lado a objeção técnica de que na lógica moderna qualquer condicional com a antecedente falsa é verdadeira, pelo que se não houver qualquer *F*, toda a afirmação universal sobre *F* conta como lei da natureza, esta proposta simples não parece necessária nem suficiente.

Não é necessária, porque na teoria quântica reconhecemos hoje como leis da natureza conexões meramente prováveis, e não universais, entre quantidades físicas. Nem é suficiente, dado que nem toda a afirmação universal verdadeira é uma lei. Algumas dizem respeito a conexões meramente acidentais ou a coincidências. Contraste-se, por exemplo, «Todas as moléculas de água têm a mesma massa» com «Todas as notas de dólar norte-americano têm a mesma dimensão». A diferença entre uma lei e uma generalização acidental exprime-se muitas vezes na ideia de que só uma lei sustenta contrafactuais – se alguma molécula de outra substância qualquer tivesse sido água, não poderia deixar de ter a mesma massa de todas as outras. Mas se os EUA adotassem uma nota de maior valor, não é verdade que só pudesse ter as mesmas dimensões de todas as outras.

Muitos filósofos, inspirados pela discussão de Hume da causalidade, consideram que o conteúdo objetivo de uma lei da natureza nada mais envolve senão uma regularidade ou sequência ou coexistência. Esses filósofos («humianos») afirmam que a diferença entre uma lei e uma afirmação universal acidental não está em qualquer conexão necessária entre as quantidades físicas envolvidas, mas no modo como os seres humanos encaram a afirmação universal. Encaramo-la como especialmente fidedigna, com boas credenciais, ou básica.

O ponto de vista oposto a este é que a ligação entre as quantidades relacionadas por uma lei genuína é mais íntima do que a mera regularidade combinatória, envolvendo algum tipo de *necessidade*. Uma lei genuína diz-nos não apenas o que, de facto, ocorre sempre, mas o que *tem* de ocorrer. O ponto de vista anti-humiano atual mais importante sustenta que uma lei não é uma generalização de casos particulares; antes diz respeito às próprias quantidades físicas (propriedades universais ou relações) que são objeto da lei. Uma lei afirma uma relação de necessidade entre esses universais, cuja natureza precisa está ainda em debate. Estas discussões serão necessárias para acomodar a possibilidade, prefigurada na física quântica, de que todas as leis básicas da natureza acabem por se revelar probabilísticas, e não estritamente necessárias. *Ver também* LEI NATURAL. KC

leis do pensamento As verdades da lógica são por vezes denominadas *leis do pensamento*. Admite-se geralmente, contudo, que não devemos entendê-las como descrições dos nossos processos mentais: a lógica não é um ramo da psicologia. *Ver também* PSICOLOGISMO.

A expressão «leis do pensamento» aplicava-se tradicionalmente apenas a três princípios lógicos: 1) a lei da identidade, $\forall x\ (x = x)$, *i.e.*, tudo é o que é; 2) a lei da não contradição, *i.e.*, não ocorre ao mesmo tempo p e não p; 3) a lei do terceiro excluído: p ou não p. O ponto de vista de que estas três leis do pensamento são mais fundamentais do que outras leis lógicas era comum no passado, mas caiu em desgraça entre os lógicos modernos.

Estas leis são por vezes mal entendidas. A primeira *não* implica que nada mude. A queixa de que ela está subjacente ao conservadorismo em política é totalmente injustificada. A segunda *não* implica que uma coisa só possa ter uma propriedade. O facto de uma superfície ser preta não a impede de ser também brilhante. A terceira *não* implica que uma superfície ou é totalmente preta ou totalmente branca; implica apenas que ou é totalmente preta ou não é totalmente preta.

lema (gr. λῆμμα algo dado como garantido; uma premissa) *s*. **1** Na matemática e na lógica: uma conclusão intermédia, derivada para tornar mais fácil seguir a demonstração da proposição principal. **2** Em edições críticas de textos clássicos: uma entrada; uma expressão fornecida com uma glosa.

O sentido que a palavra tinha na antiguidade, que era suposição ou premissa, em vez de conclusão intermediária, está hoje obsoleto.

leninismo *s*. Teoria da tradição marxista, esboçada nos escritos de V. I. Lenine (1870-1924), sobre as condições de uma mudança revolucionária das estruturas económicas e políticas existentes para uma ditadura comunista. Tal ditadura, segundo a teoria, acabará então por sua vez substituída por uma sociedade socialista livre, cooperativa e feliz, onde pela primeira vez na história o livre desenrolar do potencial criativo de todos os indivíduos será possível. A teoria tem duas componentes relacionadas: uma análise das estruturas e acontecimentos sociais e políticos, e recomendações para a estratégia e tática da luta revolucionária dos trabalhadores e camponeses. Os críticos protestaram que, na teoria e prática leninistas, em conflitos entre a moralidade e a expediência, a moralidade fica sempre a perder.

Lesniewski, Stanislaw /lɛʃˈnjɛfskɪ/ (1886-1939) Lógico e filósofo polaco, professor de Matemática em Varsóvia 1919-1939, autor de uma teoria geral que combina lógica e metafísica. Em lógica, é sobretudo conhecido por ter desenvolvido a MEREOLOGIA.

Lessing, Gotthold Ephraim /ˈlɛsɪn/ (1729-1781) Principal dramaturgo e teorizador da literatura do Iluminismo alemão, sobretudo conhecido por *Lakoon* (1766), no qual discute a relação entre a poesia e as artes plásticas. Nos escritos sobre estética, opôs-se às restrições da convenção, implícitas quer nos ideais do classicismo francês, quer na idealização neoclássica da arte da Grécia da antiguidade. Nos escritos teológicos, rejeitou a teologia ortodoxa, argumentando que os acontecimentos históricos (nomeadamente, os narrados nos Evangelhos) são contingentes e que as suas narrativas não podem ser absolutamente dignas de confiança. Por estas razões, não podem constituir uma base adequada da fé. Ao contrário do seu amigo Moses Mendelssohn, acreditava no progresso geral da humanidade e, retomando um tema antecipado por Tertuliano e Joaquim de Fiore, via a história da humanidade como um processo educativo em direção a um limite ideal de perfeição. *Die Erziehung des Menschengeschlechts* (1777-1780) é uma apresentação breve deste ponto de vista. Interpretada deste modo, a esperança dos crentes religiosos tem fundamento. Os seus ataques eloquentes à ortodoxia de vistas curtas, inspirados em parte por ler (e traduzir) autores britânicos teologicamente não dogmáticos como Shaftesbury e Hutcheson, exerceram uma forte influência, tal como a sua defesa fervorosa da tolerância religiosa e da irmandade universal do homem na peça *Nathan der Weise* (1779), entre outros textos.

Leucipo (*fl.* 450-420 a.C.; gr. Λεύκιππος) Foi o primeiro a propor uma metafísica materialista e atomista. Pouco se sabe sobre ele. As suas ideias foram retomadas por Demócrito e mais tarde por Epicuro e pela sua escola.

Leviatã Um monstro, mencionado em vários passos do Antigo Testamento: Job 41:1-34; Salmos 74:14; 104:26; Isaías 27:1; 51:9; Amós 9:3. No título da sua obra principal (1651), Hobbes usou o nome, aludindo a Job, para designar o «deus mortal» que é um soberano num Estado.

Levinas, Emmanuel /levinas/ (1905-1995) Filósofo franco-judeu de origem lituana, professor de Filosofia na Sorbonne. Colocou as preocupações éticas e a investigação dos seus pressupostos transcendentes no centro da filosofia. Um aspeto central nos seus escritos, entre os quais se encontra *Totalité et infini* (1961) (*Totalidade e Infinito*, 2008) e *Autrement qu'être, ou au-delà de l'essence* (1974), é a revisão da noção de intersubjetividade, que ganha corpo numa tradição que remonta de Descartes a Husserl, cuja filosofia tem uma forte influência em Levinas. Nessa tradição, o conceito básico é o de um sujeito: uma mente que apreende aquilo com que se confronta na experiência e o transforma no seu conteúdo (mental). Nesta imagem da mente, tudo o que é dado à mente é simultaneamente uma coisa outra além da mente e uma coisa da própria mente, algo de que a mente toma posse. Levinas questiona o pressuposto por detrás desta imagem, a ideia de que tudo é «dado» como uma representação, um conteúdo intencional. Ao invés, propõe outra conceção do modo como um sujeito pode estar em relações, uma forma mais direta de se relacionar que tem uma dimensão ética óbvia: a relação face a face com a outra pessoa. Tal relação é um facto último que desafia a redução. É essencialmente algo concreto, e não pode ser descrito ou prescrito por meio de afirmações gerais ou regras de conduta que, pela sua própria natureza, são impessoais e abstratas.

Traduções: *Ética e Infinito* 2007; *Transcendência e Inteligibilidade* 1991; *Entre Nós: Ensaios sobre a Alteridade* 2005; *Deus, a Morte e o Tempo* 2003. Leitura: *The Cambridge Companion to Levinas* 2002; B. C. Hutchens, *Compreender Levinas* 2007.

Lévi-Strauss, Claude /levistros/ (1908-2009) Antropólogo social francês.

Nas suas obras teóricas pioneiras, *e.g.*, *Les Structures élémentaires de la parenté* (1949) (*As Estruturas Elementares do Parentesco*, 2009) e *La Pensée sauvage* (1962) (*O Pensamento Selvagem*, 2005), adotou da linguística de Saussure e Jakobson uma abordagem estruturalista, aplicando-a a relações sociais, ao invés de gramaticais, e usou-a para analisar como as pessoas conseguem lidar e dar sentido a relações complicadas na sua vida social, *e.g.*, laços de sangue, convenções de interação social, totemismo, etc. Há também análises penetrantes nos seus textos, *e.g.*, *Tristes Tropiques* (1955) (*Tristes Trópicos*, 1996), do próprio projeto da antropologia social e dos aspetos da sociedade contemporânea ocidental que lhe estão por detrás. Exerceu grande influência intelectual e cultural na França do pós-guerra, assim como noutros países.

Lévy-Bruhl, Lucien /levibʀul/ (1857--1939) Filósofo francês e antropólogo social. Nas primeiras publicações tratava da filosofia e da sua história. Em *La Morale et la science des mœurs* (1903), argumentou, no espírito de Comte, contra as teorias éticas tradicionais, especialmente as que têm inclinações teológicas ou metafísicas, favorecendo uma ciência moral que se entregaria a um exame empírico de dados sociais e psicológicos. Isto produziria uma base adequada para a formulação geral e para a aplicação de normas morais.

Inspirado em parte por Kant e Jacobi, sustentou a perspetiva de que as componentes emocionais e da afeção podem muitas vezes ser parte inseparável dos nossos estados cognitivos. Só num estádio mais elevado da reflexão teórica somos capazes de analisar e distinguir claramente os diferentes aspetos. Este estádio não é alcançado na sociedade primitiva, e neste sentido a mente primitiva é «pré-lógica». A diferença não é inata, contudo, ficando antes a dever-se às estruturas sociais que dão forma à mente individual. As suas formulações iniciais com respeito à mente primitiva, ousadas na sua generalidade, foram revistas em escritos posteriores: o caráter emocional e não racional de certas experiências e crenças não está limitada aos povos primitivos e não caracteriza todo o seu pensamento. Com efeito, a sua teoria é sobre o pensamento místico e mágico, independentemente do tipo de sociedade em que ocorre.

Lewis, C(larence) **I**(rving) /ˈluɪs/ (1883-1964) Filósofo norte-americano, lecionou em Berkeley a partir de 1911, e foi professor na Universidade de Harvard de 1920 a 1953. Autor de importantes obras de epistemologia e ética, *e.g.*, *An Analysis of Knowledge and Valuation* (1946). A sua filosofia tem uma tendência pragmatista: as razões últimas para adotar um conjunto de conceitos básicos ou categorias são a conveniência e a utilidade. Isto aplica-se também à adoção de um sistema de lógica. Lewis estabeleceu as bases para o estudo moderno da LÓGICA MODAL, primeiro numa série de artigos a partir de 1911, e em *Symbolic Logic* (com C. H. Langford) 1932. A sua lógica modal usa um conceito de implicação estrita, que definiu de modo a evitar as dificuldades que entendia serem inerentes ao conceito de Russell de implicação material.

Lewis, David /ˈluɪs/ (1941-2001) Professor na Universidade de Princeton, famoso pela sua obra analítica sobre a convenção e as contrafactuais, entre outros tópicos da metafísica, filosofia da mente e filosofia da linguagem. Em cada uma destas áreas foram muitas vezes as suas ideias, apresentadas com grande clareza e elegância, que deram origem a novas linhas de investigação. É sobretudo conhecido pelo seu realismo modal, segundo o qual há um número infinito de mundos possíveis, nenhum dos quais influencia causalmente o outro. O mundo efetivo, o nosso mundo, difere dos outros a que chamamos «mundos possíveis» apenas por ser aquele em que estamos. O conceito de CONTRAPARTES é importante nesta teoria, tal como o de similaridade ou proximidade, dado que a sua análise básica das contrafactuais, *i.e.*, frases como «Se *A* tivesse ocorrido, *B* teria ocorrido», é que estas frases são verdadeiras se, e só se, um mundo qualquer onde *A* e *B* ocorrem são mais similares ao nosso do que qualquer mundo onde *A* e não *B* ocorrem. Lewis analisa a causalidade em termos de dependência contrafactual. Na filosofia da mente, advoga um tipo funcionalista de materialismo. Algumas publicações: *Philosophical Papers I-II* 1983, 1986; *On the Plurality of Worlds* 1986; *Papers in Metaphysics and Epistemology* 1999; *Papers in Ethics and Social Philosophy* 2000. FJA

lex (*sing.*); **leges** (*pl.*) lat. lei *s.*

lex talionis lat. lei (de Talião) da retaliação; uma lei que prescreve a igualdade entre o crime e o castigo: «olho por olho, dente por dente». Cf. Lev. 24:17-23.

liberalismo *s.* Conjunto de ideias no pensamento social e político que salienta o valor dos direitos do indivíduo, da igualdade e da liberdade de escolha individual e do direito a não sofrer interferências. O papel do Estado é primariamente proteger estes direitos. Isto pressupõe o Estado de direito, e condições legais para a liberdade de associação, liberdade de imprensa, liberdade religiosa, liberdade para viajar, liberdade para escolher uma ocupação lucrativa, etc.

Tradicionalmente, os liberais quiseram que a proteção destas liberdades e direitos definisse o âmbito da ação do Estado e tenderam a preferir iniciativas não-governamentais sempre que exequível. Uma das primeiras aplicações de princípios liberais foi a insistência numa separação entre a Igreja e o Estado: as questões religiosas deveriam ser não-governamentais. Os liberais tendem a preferir um sistema educativo no qual as escolas não-governamentais e as universidades desempenham um papel importante. De igual modo, preferem deixar as organizações não-governamentais assumir a responsabilidade, em parte ou no todo, pelos cuidados de saúde e pela assistência social.

Locke, Montesquieu, Adam Smith e Kant podem ser considerados precursores ou representantes iniciais do liberalismo. A palavra começou a ser usada nos finais da década de 1790. Estabeleceu-se por via da Espanha, onde em 1812 os constitucionalistas adotaram o nome «liberais» e exigiram, em oposição ao absolutismo régio, direitos e liberdades do tipo mencionado. Alguns dos primeiros pensadores liberais que advogavam limites muito severos à ação do estado foram Wilhelm von Humboldt e Herbert Spencer. Uma linha mais moderada foi adotada por Benjamin Constant e John Stuart Mill.

No uso contemporâneo, nos EUA, «liberalismo» e os seus cognatos são amiúde usados para perspetivas políticas que favorecem um âmbito alargado para a ação estatal em áreas como a educação, cuidados de saúde e assistência social. Isto é uma consequência do princípio liberal de que a proteção dos direitos dos indivíduos é uma função essencial do governo, em combinação com um aumento do número de bens e serviços concebidos como direitos, e um aumento do número de males e imposições (pobreza, doença, discriminação negativa, falta de educação) que começaram a ser encarados como violações de direitos.

Uma mudança deste tipo já fora assinalada por Herbert Spencer em *The Man Versus the State* (1884), que defende o liberalismo individualista e o governo mínimo. Nesta obra, lamenta que o Partido Liberal britânico apoie cada vez mais a intervenção do governo e que tenham sido os seus oponentes conservadores a acabar por se tornar a força motriz da «Liga em Defesa da Liberdade e da Propriedade».

liberdade *s*. Não tenho a liberdade de colher uma maçã desta árvore se uma vedação ou um anjo com uma espada flamejante bloquearem o meu caminho. E num conjunto diferente de circunstâncias não tenho a liberdade de o fazer, desta vez porque não há qualquer maçã. No primeiro exemplo há interferência, no segundo, ausência de oportunidade. Já este exemplo simples indica que é preciso fazer distinções quando refletimos na liberdade – na verdade, nas diferentes liberdades. Uma distinção importante é entre a liberdade positiva e LIBERDADE NEGATIVA. *Ver também* DETERMINISMO.

liberdade negativa/positiva No capítulo 3 da sua *Grundlegung zur Metaphysik der Sitten* (1785) (*Fundamentação da Metafísica dos Costumes*, 2009), Kant distinguiu entre *liberdade negativa*, «independência de determinação por causas exteriores», e *liberdade positiva*, que é o mesmo que autodeterminação ou autonomia.

O contraste entre estes dois conceitos, especialmente na sua aplicação a contextos sociais e políticos, foi elaborada por Isaiah BERLIN em «Two Concepts of Liberty», originalmente apresentados como uma palestra inaugural em Oxford, em 1958. A liberdade negativa consiste na ausência de coerção, a ausência de interferência por parte de outras pessoas. A liberdade neste sentido negativo significa estar livre de algo. A liberdade positiva consiste na autodeterminação, em ser dono de si próprio, estar encarregue da realização das próprias aspirações. À primeira vista parece que os dois tipos de liberdade se complementam. Mas, argumentou Berlin, na história do pensamento político considerou-se normalmente que o significado da liberdade positiva era que o indivíduo deveria ser determinado por este eu verdadeiro, genuíno, e não pelo seu eu efetivo, que é imperfeito por causa de deficiências inatas (como o pecado original) ou a má influência da sociedade. Como os indivíduos são não raro considerados cegos, ignorantes ou corruptos, do ideal da liberdade positiva decorrerá normalmente a coerção: os indivíduos que não são esclarecidos têm de, nas palavras de Rousseau, «ser forçados a serem livres». É um ideal que serviu para justificar muita opressão política no século XX: os atos do Estado para proteger o indivíduo de si próprio e ajudá-lo a obter o que é bom para ele, em vez de o que ele mesmo quer. Visto que são os próprios interesses reais do indivíduo que se promove, afirma-se que aquilo que parece coerção é libertação.

Nota: o conhecido ensaio de Berlin e outros escritos sobre a liberdade está coligido em *Estudos sobre a Humanidade* (2002).

libertarismo *s.* **1** Ponto de vista liberal radical que favorece limites muito severos à ação do Estado e pressupõe que a melhor maneira de satisfazer necessidades e resolver conflitos é por meio de mecanismos de mercado. **2** Perspetiva politicamente radical, antiburguesa, antimarxista e antifilistina, prevalecente em círculos influenciados por John Anderson. Floresceu sobretudo em Sydney de finais da década de 1930 até finais da década de 1960.

libertinismo *s.* Livre-pensamento. O termo foi usado pela primeira vez na França do século XVII, para designar o deísmo e o materialismo. Era muitas vezes usado de modo polémico, contudo, sugerindo claramente que os livres-pensadores eram irreligiosos e que (segundo o dicionário de Cotgrave de 1611) favoreciam «o epicurismo, a sensualidade, a licenciosidade, a devassidão».

libertismo *s.* Ponto de vista que afirma, em oposição ao determinismo, ser possível aos seres humanos agirem livremente, independentemente de causas necessitantes. O termo foi introduzido na filosofia, com este sentido, por Alexander Crombie (1760-1842).

libido (lat. desejo; luxúria) *s.* Desejo sexual. Na teoria freudiana e jungiana, o termo abrange toda a energia psíquica, impulsos e desejos a nível instintivo.

Liceu (gr. Λύκειος) Lugar em Atenas onde Aristóteles lecionava. Segundo Aulo Gélio (*Noctes Atticae* 20, 5), o ensino mais avançado era acroamático e ocorria de manhã. Mais tarde, a instrução era exotérica, lidando com a retórica, ética e política.

Lichtenberg, Georg Christoph /ˈlɪçtənbɛrk/ (1742-1799) Físico, matemático e filósofo alemão, professor em Göttingen a partir de 1767. Exibiu extraordinária vivacidade de espírito em aforismos filosóficos e escritos satíricos contra o pretensiosismo e as teorias fantasiosas (*e.g.*, contra Lavater). Os seus textos contêm antecipações interessantes da viragem linguística na filosofia.

Licofron (*fl.* Início do século IV a.C.) Sofista da antiguidade, conhecido apenas com base em poucos fragmentos que nos chegaram. Acreditava na igualdade natural de todos os seres humanos, rejeitando a perspetiva platónico-aristotélica de que algumas pessoas nascem para governar e outras para obedecer, e propôs uma teoria do contrato social.

linguagem formal As linguagens formais são usadas na lógica, na matemática, na computação, etc. Uma linguagem formal é especificada pelos seus símbolos primitivos e regras de formação. Uma razão para conceber linguagens formais é eliminar as ambiguidades das linguagens naturais (português, latim, chinês, etc.).

linguagem natural A linguagem efetivamente usada por uma comunidade. Difere das linguagens artificiais e formais, em que o vocabulário e as expressões bem formadas são definidos por estipulação. Não é o que sucede com as linguagens naturais, em que há margem para desacordo sobre o significado, gramática, pronúncia e ortografia.

linguagem-objecto *Ver* METALINGUAGEM.

linguagem privada *Ver* ARGUMENTO DA LINGUAGEM PRIVADA.

Lipps, Theodor (1851-1914) Filósofo alemão, particularmente interessado em psicologia e estética. Lecionou em Bona, Bratislava e, a partir de 1894, em Munique. É conhecido sobretudo pelo conceito de EMPATIA, que usou na teoria do conhecimento e que desempenhou um papel central na sua estética.

lítotes (gr. λιτός pequeno) *s. f. de dois números* Figura de retórica: afirmação eufemística que recorre à negação. Por exemplo, a criação deste novo dicionário de filosofia «não é uma má ideia» – isto pode ser uma maneira de dizer que é de facto uma excelente iniciativa.

Alguns autores restringem o uso do termo a eufemismos de uma forma particular: um superlativo é substituído pela negação de um positivo contrário, ou um positivo é substituído pela negação de um superlativo contrário. Por exemplo: descrever a *mais impressionante* execução musical como uma execução que *não é de desprezar*, ou descrever uma execução *indiferente* como *não foi a mais impressionante*.

livro holandês Uma combinação de apostas que resulta forçosamente numa perda geral. O argumento do livro holandês é uma demonstração matemática (introduzida pela primeira vez por B. de Finetti em 1937) de que as apostas que puserem em causa o cálculo de probabilidades resultarão em perdas gerais. *Ver também* PROBABILIDADE.
Nota: ao que parece foi num artigo por R. S. Lehman em *Journal of Symbolic Logic* 20 (1955) que apareceu pela primeira vez este elemento do jargão do hipódromo em discussões de teoria da probabilidade.

Lobachevsky, Nikolai Ivanovich /ləbʌ'tʃɛfskij/ (1792-1856) Matemático russo, professor em Kazan. Foi o primeiro a publicar uma geometria não euclidiana que não inclui o postulado das paralelas.

Locke, John /lɑk/ (1636-1704) Um dos mais influentes filósofos na história do pensamento moderno. As suas obras filosóficas principais são *An Essay Concerning Human Understanding* (1690) (*Ensaio sobre o Entendimento Humano*, 2 vols., 2008), que se ocupa sobretudo, ainda que não exclusivamente, de teoria do conhecimento e filosofia da ciência, e *Two Treatises of Government*, 1690 (ainda que publicado em 1689) (*Dois Tratados do Governo Civil*, 2006), que contém a sua teoria política. Locke deu também importantes contributos em várias outras áreas, incluindo teoria da educação, filosofia da religião e economia.

Locke estudou metafísica escolástica e lógica em Christ Church, Oxford, mas ganhou um forte interesse em filósofos franceses contemporâneos, como Descartes e o seu crítico Gassendi. Interessava-se também pelas ciências experimentais então em desenvolvimento e trabalhou com Robert Boyle. As ideias políticas conservadoras de Locke mudaram no decurso da sua associação com o primeiro conde de Shaftesbury, que conduziu a oposição contra Carlos II no início da década de 1680 e fundou o partido *Whig*. Depois da Revolução Gloriosa de 1688, Locke regressou da Holanda, onde vivera desde 1683 por razões políticas.

Em meados da década de 1690, Locke ganhou fama como filósofo. Além de *Two Treatises* e de *Essay*, publicara *A Letter Concerning Toleration* (1689) (*Carta sobre a Tolerância*, 2000), o influente *Some Thoughts Concerning Education* (1693) e uma obra teológica com o título *The Reasonableness of Christianity* (1695). Continuou a rever e a fazer adições substanciais à sua obra principal, o *Ensaio*, cuja quarta edição surgiu em 1700.

Apesar de o *Ensaio* se ocupar fundamentalmente com o que hoje se denomina epistemologia (teoria do conhecimento) e filosofia da ciência, discute outros temas, *e.g.*, questões de ética e do que hoje é conhecido como filosofia da mente. Além de várias teorias originais sobre tópicos particulares, a originalidade do *Ensaio* como um todo consiste no próprio projeto de uma epistemologia crítica, e na sua realização. Filósofos antes de Locke, especialmente Descartes, tinham levantado questões sobre o conhecimento, mas Locke foi o primeiro no período moderno a empenhar-se programaticamente na questão da possibilidade do conhecimento e a dispor-se a responder-lhe de forma sistemática e em pormenor.

O *Ensaio* consiste em quatro partes principais ou «livros». No primeiro, Locke critica e rejeita o ponto de vista, então muito comum, quanto à origem do conhecimento, de que as ideias e princípios teóricos e práticos fundamentais são inatos. Para Locke, o conhecimento tem de ser adquirido. As nossas faculdades mentais (perceção, razão, etc.) são-nos naturais, e pode-se dizer que são inatas; contudo, só pela aplicação adequada destas faculdades podemos adquirir o conhecimento em si. Locke expõe a sua própria teoria do conhecimento nos Livros II, III e IV. O Livro II aborda a origem das nossas «ideias» (*i.e.*, conteúdos mentais); estes são os «materiais da Razão e do Conhecimento». Locke argumenta que todas as ideias são em última análise derivadas da experiência; e a experiência é dupla: experiência externa («sensação») e experiência interna («reflexão»). Por meio da sensação, recebemos ideias das qualidades sensíveis dos objetos físicos. Por meio da reflexão, recebemos ideias das operações da mente, como «percecionar», «pensar», «duvidar», «querer», etc. Contudo, as nossas ideias não se limitam ao que recebemos diretamente dessas duas fontes. O entendimento humano pode operar sobre o material original dado por meio da sensação e da reflexão: pode aplicar operações como comparar, combinar e abstrair, formando desse modo ideias novas – «infinitamente para lá do que a *Sensação* ou a *Reflexão* lhe forneceram».

Segundo Locke, as ideias que recebemos diretamente por meio da sensação e da reflexão são ideias simples, *i.e.*, não são unidades de pensamento suscetíveis de mais análise. Estas ideias que formamos aplicando operações mentais, como combinar, comparar, etc., Locke denomina *ideias complexas*. Distingue além disso diferentes tipos de ideias complexas: ideias de substâncias, ideias de relações, e ideias a que chama «modos» (que ao contrário das ideias de substâncias não visam copiar a realidade externa, *e.g.*, ideias matemáticas e ideias morais).

No Livro IV, Locke aborda a questão de saber como constrói o entendimento o conhecimento a partir das ideias. Distingue neste livro entre o conhecimento intuitivo, demonstrativo e sensitivo: 1) O conhecimento intuitivo é imediato e não exige demonstração ou mediação de outras ideias; caracteriza-se pelo mais elevado grau de certeza. Assim, sabemos intuitivamente que cada ideia particular na nossa mente é o que é e que é distinta de todas as outras. Locke sustenta também que temos conhecimento intuitivo da existência do eu. 2) O conhecimento demonstrativo é, em contraste, conhecimento mediato. A capacidade da mente para adquirir conhecimento demonstrativo é a razão. O exemplo principal de Locke de conhecimento demonstrativo é a matemática. 3) Por meio do conhecimento sensitivo asseguramo-nos da existência de objetos particulares externos. Contudo, apesar de Locke argumentar que não há razão para duvidar da *existência* do mundo exterior, é mais cético quanto ao nosso conhecimento da natureza ou *essência* do mundo exterior.

Temos ideias das *qualidades* dos objetos externos por meio da sensação; mas nem todas essas ideias são cópias de algo que existe nos próprios objetos. No Livro II, Locke distingue entre *qualidades primárias* e *secundárias*. Esta distinção faz parte de uma hipótese mais vasta sobre a natureza da matéria: a *hipótese «corpuscular»* ou atomista. Locke foi buscar o atomismo e a distinção entre qualidades primárias e secundárias ao seu amigo Robert Boyle. Segundo esta hipótese, há uma matéria universal, comum a todos os corpos. Esta matéria universal consiste em pequeníssimas partículas impercetíveis («corpúsculos» ou «átomos»), e as propriedades dos vários corpos são efeitos da interação destas partículas ou corpúsculos.

As qualidades primárias são qualidades como a solidez, extensão, figura e mobilidade: estas qualidades são essenciais a todos os corpos enquanto tal (incluindo os átomos); e podem causar na nossa mente ideias que as representam. Assim, há solidez no objeto em si, que corresponde à nossa ideia de solidez. As ideias de qualidades secundárias, ao invés, não representam algo que existe no objeto em si, apesar de serem causadas por poderes inerentes à estrutura corpuscular interna dos corpos. Estas ideias são, por exemplo, perceções de cor e de som, sabores e cheiros. Não há azul no objeto que corresponde à nossa perceção de azul. O que corresponde à nossa perceção de azul no objeto é a estrutura «corpuscular» interna do objeto que tem o poder de causar a perceção do azul na nossa mente, ou pelo menos contribuir para esse causar. Assim, Locke explica a causa das ideias de qualidades secundárias, como as ideias de cor, em termos de uma causa impercetível («corpuscular») no mundo exterior. Quer as ideias de qualidades primárias, quer as das secundárias, são elementos das nossas ideias complexas de substâncias físicas como cavalo, pedra, ferro, ouro. Segundo Locke, formamos ideias de categorias particulares de substâncias combinando várias ideias de qualidades, comportamento, etc., numa ideia complexa. Por exemplo, formamos a nossa ideia comum de ferro, enquanto ideia de um corpo de determinada cor, peso e solidez, combinando estas ideias (de cor, peso, etc.) numa ideia complexa e atribuindo-lhe o nome «ferro». As palavras ou «nomes» são aqui importantes: o termo «ferro», por exemplo, une várias ideias simples numa unidade permanente. Só através das palavras somos capazes de referir a mesma ideia em diferentes momentos. Locke salienta a importância da precisão e da clareza da linguagem, e no Livro III discute a função que a linguagem desempenha na constituição do conhecimento.

Locke dá a designação de *essência nominal* à natureza de uma coisa tal como a nossa ideia complexa a representa. Distingue a essência nominal da *essência real*: uma essência real é a constituição interna de uma coisa, que dá origem às suas qualidades observáveis. Interpreta a essência real das substâncias físicas em termos da hipótese corpuscular: a causa das qualidades observáveis das substâncias físicas deve ser entendida em termos da sua estrutura corpuscular. Contudo, não conhecemos a essência real de um qualquer objeto físico dado, pois a estrutura corpuscular interna está para lá da experiência, que se restringe às qualidades observáveis: nem a razão nem a experiência pode descobrir a essência real dos corpos. As nossas ideias (essências nominais) não alcançam as essências reais. Locke conclui que não podemos ter um conhecimento geral e absolutamente certo das substâncias físicas. Contudo, sustenta que apesar de não podermos neste caso ter certeza absoluta, há no entanto boas razões para estudar a natureza, desde que este estudo se baseie na experiência. Por meio de «experimentações racionais e regulares» podemos progredir e chegar a uma descrição cada vez mais precisa dos fenómenos e processos naturais. Com base no nosso estudo experimental, temos justificação para formar hipóteses, *i.e.*, modelos explicativos que por sua vez podem orientar a nossa investigação posterior e conduzir a novas descobertas. Locke acredita também que o estudo da natureza baseado na experiência é útil para a humanidade: cita como exemplos a invenção da imprensa e a descoberta do uso da bússola. Contudo, salienta que as nossas afirmações sobre a natureza são sempre apenas prováveis, nunca podendo atingir o estatuto de certeza absoluta.

Locke considera que a certeza absoluta *é* possível na matemática e na ética. As ideias matemáticas e as ideias morais (os «modos» de Locke) não pretendem ser cópias de coisas que existem independentemente de nós: o que um triângulo é não se situa na constituição inacessível de uma realidade externa. Por exemplo, a razão pode descobrir as propriedades de um triângulo com base na *nossa ideia* de triângulo (uma figura que confina o espaço no interior de três linhas retas): a razão pode mostrar com absoluta certeza que os ângulos internos de tal figura são iguais a dois ângulos retos. Neste caso, a nossa ideia contém a essência real e a nominal; e é por isso que podemos ter um conhecimento demonstrativo e absolutamente certo nesta área. Dado que as ideias morais (como obrigação, roubo, assassínio, justiça) também são «modos», Locke argumenta que tem de ser possível estabelecer um sistema puramente racional de ética.

Assim, a posição de Locke em epistemologia situa-se entre os cartesianos e os escolásticos, por um lado, e os céticos radicais, por outro. Rejeita a confiança excessiva dos primeiros no poder da razão humana, tal como a pretensão dos últimos de que nada podemos conhecer. A sua posição é muitas vezes (apropriadamente) descrita como um ceticismo moderado ou mitigado. O apelo frequente de Locke à experiência como fonte das nossas ideias é a razão pela qual é muitas vezes considerado um empirista. Mas esta designação pode ser enganadora, dado que Locke não acredita que o conhecimento deriva diretamente da experiência; ao invés, acredita que o conhecimento é constituído por meio do entendimento, que usa ideias baseadas na experiência.

Como assinalámos, Locke argumenta que o conhecimento demonstrativo é possível em ética, tal como em matemática. As suas perspetivas e argumentos sobre ética ocorrem em vários passos do *Ensaio* e em vários tratados e notas publicadas postumamente. Tal como Locke a entendia, a ética tem por missão fornecer uma explicação sistemática dos princípios normativos absolutamente legítimos e universalmente obrigatórios da ação correta. A razão humana pode, em princípio, descobrir estes princípios morais; mas ela mesma não pode ser a fonte destes princípios: os princípios objetivos e universalmente obrigatórios têm de ter origem divina. Logo, Locke refere-se à lei moral como lei divina; e segue-se daqui que a razão não é o único meio para descobrir leis morais. O sistema de leis morais que pode, em princípio, ser conhecido através da razão, pode também ser conhecido por meio da revelação: os Evangelhos contêm esse corpo de princípios morais.

Na sua obra teológica, *The Reasonableness of Christianity*, Locke salienta o aspeto ético do cristianismo. Sustenta que, quando analisadas, as regras morais que encontramos na Bíblia estão de acordo com o que a razão descobre. Locke desenvolve os seus pensamentos sobre a relação entre a razão e a revelação, *i.e.*, as ideias fundamentais da sua *filosofia da religião*, no *Ensaio*: há verdades que tanto se pode descobrir por meio da razão como da revelação (*e.g.*, leis morais, e a existência de Deus). As afirmações que contradizem a razão têm de ser rejeitadas, ainda que alguém pretenda que a sua fonte seja a revelação (*e.g.*, a afirmação de que um só corpo, e apenas um, está em dois lugares diferentes ao mesmo tempo contradiz a razão e, por isso, não pode fazer parte da revelação divina). Locke sustenta que as crenças que nem coincidem nem contradizem a razão, mas estão *acima* dela, constituem a fé religiosa propriamente dita (*e.g.*, a crença na ressurreição dos mortos). Contudo, mesmo aqui a razão desempenha uma função indispensável: a razão tem de decidir se algo é uma revelação, e tem de examinar o significado das palavras nas quais a revelação se exprime. Como Locke declara: «A razão tem de ser o nosso juiz e guia último em tudo».

Em *The Reasonableness of Christianity* Locke argumenta que só algumas, poucas, crenças são essenciais ao cristianismo (como a crença em Deus e em Jesus como filho de Deus e Messias). E dado que um cristão precisa de acreditar em alguns artigos de fé fundamentais, Locke pode argumentar a favor da tolerância dos protestantes, que são dissidentes da igreja estatal anglicana. É o que faz em *A Letter Concerning Toleration*. Nesta obra, Locke distingue claramente «o âmbito do governo civil do da religião»; a religião tem a ver «com o cuidado da alma»; a função da sociedade civil é proteger o direito do indivíduo à vida, liberdade e propriedade. Esta última é explicada em maior pormenor em *Two Treatises of Government* (veja-se a seguir).

Locke argumenta que o conhecimento da lei moral por meio da razão e da revelação não nos motiva, por si só, a *agir* de acordo com a lei. Faz notar que as convicções e motivações das pessoas são formadas pela «educação, companhia e costumes do seu país». Somos por natureza seres racionais: *i.e.*, em princípio, somos capazes de agir em concordância com o que a razão nos diz; mas para podermos exercer esta capacidade precisamos de ser apropriadamente educados, de modo a desenvolvermos a motivação para viver virtuosamente. Em *Some Thoughts Concerning Education*, Locke relaciona os seus pontos de vista sobre ética e educação. Os objetivos principais da educação são a «virtude, a sabedoria, a boa educação e a erudição». Destas, a mais importante é a virtude: o objetivo é educar a criança de modo a que «possa ter a disposição de nada aceitar exceto o que for adequado para a dignidade e excelência de uma criatura racional». Este objetivo pode ser alcançado usando exemplos concretos, e dando razões para avaliar as ações alheias. Locke afirma que também os pais devem «consultar a sua própria razão, na educação dos seus filhos, ao invés de se apoiarem exclusivamente [...] nos costumes antigos».

Em 1680-1682 (a data é contestada), Locke redigiu *Two Treatises of Government* (*Dois Tratados do Governo Civil*, 2006), que não publicou. Escreveu o livro tendo por pano de fundo a tentativa (que não foi bem-sucedida) de Shaftesbury e do seu partido de excluir Jaime, o irmão católico de Carlos, e na verdade qualquer católico, de suceder ao trono. Contudo, a importância de *Two Treatises* ultrapassa o contexto histórico. A obra contém várias doutrinas originais sobre tópicos particulares, como a teoria hoje famosa de que a origem da propriedade privada está na mistura do nosso trabalho com o objeto, independentemente de acordos com terceiros. As questões fundamentais, inter-relacionadas, que Locke discute são as seguintes: o que legitima a *autoridade política*? E que função tem a autoridade política de desempenhar? Locke apresenta a sua própria resposta no *Segundo Tratado*. No *Primeiro Tratado*, discute e critica a teoria segundo a qual os monarcas têm autoridade política por «direito divino», proposta em *Patriarcha*, de Filmer, que fora publicado em 1680 para promover a causa dos Stuarts. No *Segundo Tratado*, Locke centra-se «na verdadeira e original extensão e fim do governo civil». Para mostrar qual a função da autoridade política, explica primeiro quais os direitos e deveres que os seres humanos têm «naturalmente», «independente e anteriormente a qualquer lei positiva». Sobre esta «lei da natureza», afirma: «a razão, que é essa lei, ensina toda a humanidade [...] que sendo todos iguais e independentes, ninguém deve lesar a vida, saúde, liberdade ou possessões de qualquer outro». Por outras palavras, cada indivíduo tem um direito à vida, liberdade e propriedade, e a tarefa da autoridade política é proteger estes direitos do indivíduo: é isto que legitima a autoridade política.

O argumento de Locke de que a população tem o direito de resistir à autoridade injusta é crucial na sua teoria. Locke define o relacionamento entre a população e a autoridade política em termos da noção de *confiança*. Sempre que a autoridade política quebra essa confiança e tenta «reduzir [a população] [...] à escravatura sob um poder arbitrário», descura o poder que a população tinha posto nas suas mãos, «devolvendo-o à população, que tem o direito de retomar a sua liberdade original, e, ao estabelecer um novo legislativo [...] cuidar da sua própria segurança e proteção, sendo este o fim pelo qual estão em sociedade». A população tem direito à resistência e até à revolução quando a autoridade política já não desempenha a sua função apropriada, *i.e.*, proteger os direitos dos cidadãos individuais à vida, liberdade e propriedade.

O impacto do pensamento de Locke na filosofia posterior foi imenso. No século XVIII, o pensamento de Locke estava no centro das discussões filosóficas. Ao salientar o primado da razão crítica em todas as áreas, Locke tornou-se uma das primeiras e mais importantes figuras do Iluminismo. Influenciou não apenas os debates filosóficos, mas também disciplinas em processo de desenvolvimento, como a psicologia e a teoria da educação. Além disso, a filosofia de Locke teve um forte efeito no pensamento académico, e também junto do público esclarecido. Mesmo hoje, os pontos de vista e argumentos de Locke são muitas vezes o ponto de partida de debates sobre vários tópicos filosóficos centrais. UT

A edição canónica, *The Clarendon Edition of the Works of John Locke*, está em curso. Leituras: J. Locke, *Ensaios Políticos* 2007; J. Dunn, *Locke* 2003; *The Cambridge Companion to Locke* 1994.

locus classicus lat. lugar clássico: um texto clássico muito citado, ou um passo de um texto. *pl. loci classici.*

-logia Elemento de formação de palavras derivado do grego λόγος. As palavras que terminam em «-logia» denotam geralmente investigação ou teoria sobre um tópico particular. A epistemologia é a teoria do conhecimento; a antropologia é o estudo dos seres humanos; a sociologia é o estudo da sociedade humana. A metodologia é o estudo do método, mas note-se que a metodologia científica não é o estudo científico do método, mas o estudo do método científico.

Por vezes, o termo «metodologia» é usado quando «método» era preferível. De igual modo, usa-se «psicologia» quando de facto se quer dizer «psique», «mente» ou «vida mental». Há uma distinção entre uma investigação e o seu objeto.

lógica *s.* 1 Investigação que tem por objeto os princípios do raciocínio correto. 2 No uso corrente, a *lógica* é sobretudo a investigação do raciocínio *dedutivo, i.e.*, das inferências nas quais, se forem válidas, a conclusão se segue *necessariamente* das premissas. 3 No século XIX, dava-se à *lógica* um significado bastante amplo. As obras de lógica de Mill e Lotze, entre outros, tratavam detalhadamente de epistemologia e de metodologia científica.

Comummente, o termo é muitas vezes usado como sinónimo de *raciocínio* ou de *argumento*. Por exemplo, «discordo da sua lógica» quer apenas dizer que rejeito o seu raciocínio. Outras vezes, o termo é usado apenas para dizer que algo faz ou não faz sentido: «isso não tem qualquer lógica». Em contextos filosóficos, evita-se estes usos.

lógica, leis fundamentais da Os princípios lógicos foram geralmente considerados necessária ou intemporalmente válidos. Tradicionalmente, reconheceram-se três princípios básicos: a Lei da Identidade, segundo a qual tudo é o que é e não outra coisa; a Lei da Não Contradição, segundo a qual para toda a proposição *p*, não ocorre simultaneamente *p* e não *p*; a Lei do Terceiro Excluído, segundo a qual para toda a proposição *p*, *p* ou não *p*. Estes princípios continuam a ser reconhecidos pelos lógicos, ainda que em muitos sistemas não sejam necessariamente básicos, antes derivados de outros princípios. *Ver também* LEIS DO PENSAMENTO.

lógica, objeções à *Ver* LEIS DO PENSAMENTO.

lógica aristotélica Esta expressão é frequentemente usada para referir a lógica silogística tal como é tradicionalmente ensinada. Deve-se ter em mente que algumas partes da mesma não emanam de Aristóteles, nem este confinou o seu trabalho em lógica a silogismos categóricos apenas.

lógica da relevância Segundo os sistemas de lógica canónicos ou clássicos, todas as afirmações com a forma *se p e não p, então q* são verdadeiras, e a inferência correspondente, *p, não p, logo q* é válida. Por exemplo, a seguinte inferência seria aceite como válida: «2 + 2 = 5, 2 + 2 ≠ 5; logo a lua é feita de queijo». Isto é assim porque tudo o que se exige para uma inferência ser válida na lógica clássica é ser impossível ter premissas verdadeiras e conclusão falsa. (O mesmo se pode dizer, adaptando a terminologia, quanto à verdade das implicações.) Esta exigência torna válidas todas as inferências com premissas inconsistentes.

Do ponto de vista do senso comum, os sistemas de lógica que aceitam isto parecem excessivamente tolerantes, procurando-se então conceber, praticamente desde o início da lógica canónica, sistemas sem esses princípios paradoxais. Muitas das primeiras tentativas não foram bem-sucedidas por serem demasiado restritas ou por gerarem os seus próprios paradoxos. Outros sistemas foram mais bem-sucedidos; uma classe importante destes tornou-se conhecida como *lógicas da relevância*. A primeira grande obra a seguir estas linhas foi a de A. R. Anderson e N. Belnap, *Entailment* (1975). S. Read, *Relevant Logic* (1988) proporciona uma introdução a esta área.

Os lógicos da relevância sustentam que se devia ser mais exigente com a validade, explicando-se de várias maneiras o ingrediente extra. Uma delas é que as premissas sejam genuinamente consistentes com a negação da conclusão. Outra é que as premissas devem ser relevantes para a conclusão. Daí o nome «lógica da relevância».

Isto pode parecer uma exigência razoável. O debate em curso tem mostrado, todavia, que é mais difícil desalojar a lógica clássica da sua posição estabelecida do que esperavam os lógicos da relevância.

Alguns autores recentes fazem uma distinção entre lógica *da* rele*vância* e lógica do relev*ante*. A lógica da relevância, aquela em que se concentraram Anderson e Belnap, formula determinadas condições rigorosas para a relevância. A lógica *do relevante* abrange um âmbito muito maior de sistemas conformes à exigência fraca de partilha de variáveis para implicações. Contudo, é duvidoso que essa distinção terminológica venha a ser adotada em geral, sobretudo porque há uma ambiguidade em «lógica do relevante». RSY

Nota: uma obra mais recente é a de Edwin D. Mares, *Relevant Logic: A Philosophical Interpretation*, 2004. *Ver também* LÓGICA PARACONSISTENTE *e* LÓGICA DIALETEIA.

lógica dedutiva Estudo dos princípios das inferências dedutivas sólidas, ou um sistema de tais inferências. *Ver* DEDUÇÃO.

lógica deôntica *Ver* DEÔNTICA, LÓGICA.

lógica de ordem superior Lógica de predicados na qual não há apenas variáveis individuais com quantificadores que as ligam, mas também variáveis de predicados com outros quantificadores para as ligar.

lógica de predicados Teve origem em Frege e desde então tem-se mostrado notavelmente frutífera. A lógica de predicados de primeira ordem acrescenta à lógica proposicional a lógica de: 1) frases que atribuem um predicado a um indivíduo (*e.g.*, *Sócrates é sábio*, que pode ser simbolizada *Ss*); 2) frases que atribuem uma relação a indivíduos (*e.g.*, *Platão foi um discípulo de Sócrates*, que pode ser simbolizada *Dps*); 3) frases quantificadas que dizem que um certo predicado ou relação se aplica a um indivíduo (*e.g.*, *Pelo menos uma pessoa é sábia*, que pode ser simbolizada $\exists x\ Sx$); 4) frases quantificadas que dizem que um certo predicado ou relação se aplica a todos os indivíduos (*e.g.*, *Todo filósofo é sábio* pode ser simbolizada $\forall x\ (Fx \rightarrow Sx)$); 5) frases multiplamente quantificadas nas quais as variáveis representam indivíduos (*e.g.*, *Tudo é causado por algo*, que pode ser simbolizado $\forall x\ \exists y\ Cxy$).

Todas as frases acima são sobre entidades individuais. A lógica de predicados de segunda ordem acrescenta à lógica acima a lógica das frases que são sobre predicados e relações. *Há um predicado que se aplica igualmente a Sócrates e Platão* pode ser simbolizada $\exists F\,(Fs \land Fp)$; *Há uma propriedade que pertence a tudo* pode ser simbolizada $\exists F\,\forall x\,Fx$.

Sin. Cálculo funcional; cálculo de predicados; lógica da quantificação.

lógica de primeira ordem A lógica de predicados canónica, que só tem indivíduos como argumentos de predicados e que quantifica sobre indivíduos apenas, e não sobre predicados ou classes.

lógica dialeteia Sistemas de lógica formal que permitem que algumas contradições sejam verdadeiras, ou que permitem que algumas proposições sejam simultaneamente verdadeiras e falsas. Tais sistemas podem ou não conter a lei da não contradição. Sistemas deste tipo são propostos pelo lógico australiano Graham Priest, *In Contradiction* (1987). *Ver também* LÓGICA PARACONSISTENTE.

lógica dialética O conceito de uma lógica dialética foi desenvolvido por Friedrich Engels com base no hegelianismo. Argumentou que era superior à lógica comum que, alegava, era estática e unilateral. As leis propostas da lógica dialética seriam, supostamente, tanto regras do raciocínio válido como leis gerais do desenvolvimento e da mudança. *Ver também* MATERIALISMO DIALÉTICO E HISTÓRICO.

lógica difusa Nome comummente dado a uma classe de lógicas não clássicas que se caracterizam por abandonar a categorização clássica, exaustiva, das proposições em «verdadeira» ou «falsa», a favor de «graus de verdade». A lógica difusa baseia-se na teoria de conjuntos difusos, em que a simples noção de elementos de um conjunto é substituída por uma noção de graus de pertença. Mais uma vez, as fórmulas básicas (ou atómicas) de um sistema de lógica difusa não são já avaliadas como simplesmente «verdadeiras» ou «falsas», mas como verdadeiras (ou falsas) em grau x, em que x varia ao longo dos racionais entre 0 e 1. Ao invés de ter dois valores de verdade apenas (isto é, verdadeiro e falso), estes são em número indeterminado.

O valor de verdade de uma fórmula proposicional complexa depende inteiramente do valor de verdade das componentes do complexo, tanto na lógica difusa como na lógica clássica. Mas o modo como, por exemplo, o valor de verdade das componentes p e q determina o valor de verdade do complexo $p \land q$ pode ser definido de vários modos. Suponhamos que p tem o valor de verdade a e q o valor de verdade b. Qual é então o valor de verdade de $p \land q$? Podemos afirmar que é o mínimo de a e b; ou que é $a \times b$; e evidentemente também são possíveis outras propostas. Deste modo, pode haver muitos sistemas diferentes de lógica difusa.

A razão da invenção da lógica difusa foi acomodar termos vagos ou imprecisos no âmbito da lógica. Isto deu-se em oposição a autores como Frege, Russell e Carnap, que viam a vagueza como um defeito das línguas naturais, logo uma razão para criar uma linguagem lógica artificial. O desenvolvimento na década de 1960 pelo engenheiro Lofti Zadeh foi especificamente com o objetivo de modelar conceitos vagos, cuja presença no raciocínio é vista como a fonte de um paradoxo importante, o SORITES da antiguidade.

Declarar que uma afirmação p é *verdadeira em grau x* é distinto de afirmar que p é provavelmente (com um grau de probabilidade x) *verdadeira* (*simpliciter*). A lógica da probabilidade não funciona

com «graus de verdade»; a lógica difusa sim. DH
Leitura: Susan Haack, *Deviant Logic, Fuzzy Logic: Beyond Formalism* 1996.

lógica doxástica Investigação, ou teoria, da lógica de afirmações doxásticas, isto é, afirmações que têm crenças como objeto. *Ver* LÓGICA EPISTÉMICA.

lógica epistémica Uma investigação ou teoria da lógica do conhecimento e da crença. Também denominada *lógica doxástica*. É um tipo de lógica modal. Nas versões mais comuns, usa dois operadores, *K* para conhecimento (do ing. *knowledge*) e *B* para crença (do ing. *belief*), e aceita como teses, *e.g., Kxp* → *Bxp* (se uma pessoa *x* sabe que *p*, então *x* crê que *p*), e *Kxp* → *p* (se uma pessoa *x* sabe que *p*, então *p*, ou, noutros termos, o que é conhecido é verdadeiro).

lógica frásica Lógica proposicional.

lógica indutiva Investigação ou teoria sobre os princípios das inferências indutivas sólidas.

lógica intensional (com *s*) *Ver* LÓGICA MODAL.

lógica intuicionista Sistema de lógica que, como a lógica da relevância, a lógica quântica, etc., se obtém quando se elimina uma parte da lógica proposicional comum. Ausências notáveis são os teoremas *p* ∨ ¬*p* (a lei do terceiro excluído) e ¬¬ *p* → *p* (*i.e.*, uma parte da lei da dupla negação).

Uma consequência desta restrição é que as demonstrações que combinem uma *reductio ad absurdum* com a dupla negação não são aceitáveis, e os teoremas matemáticos que não podem ser demonstrados por outro meio têm de ser abandonados. Isto quer dizer que as duas derivações da forma

$$\frac{A \quad \neg B}{C} \quad \frac{A \quad \neg B}{\neg C}$$

justificam conjuntamente a inferência de *A* para ¬¬*B*, mas não a inferência de *A* para *B*.

A lógica intuicionista recebeu esta designação porque foi construída para admitir somente os princípios lógicos sancionados pelo intuicionismo como teoria do conhecimento matemático.

O primeiro sistema formalizado de lógica intuicionista foi projetado por Arend Heyting em 1930. Na sua formulação, a conjunção (∧), a disjunção (∨), a implicação (→) e a negação (¬) são tomadas como primitivas. O seu sistema tem onze axiomas e duas regras de inferência: a substituição uniforme de variáveis e o *modus ponens* para a implicação. Posteriormente, desenvolveram-se bases simplificadas para esta lógica. GH

lógica matemática 1 Investigação ou teoria sobre os princípios lógicos subjacentes aos conceitos e demonstrações da matemática. **2** Investigação por meio de métodos matemáticos das propriedades lógicas das teorias matemáticas formalizadas. Considera-se que uma teoria formalizada é uma estrutura matemática, do mesmo modo que um sistema numérico ou uma geometria, e estuda-se essencialmente da mesma maneira. *Ver também* METALÓGICA; METAMATEMÁTICA.

lógica modal Ramo da lógica que estuda as tentativas para sistematizar aquelas relações lógicas entre proposições que ocorrem em virtude de conterem termos modais (aléticos), geralmente termos como «necessariamente», «possivelmente» e «contingentemente». Por vezes, o termo «lógica modal» é usado de maneira mais abrangente, incluindo além disso o estudo de proposições que contêm termos epistémicos como «conhecimento» ou «crença» e seus cognatos, ou termos deônticos como «obrigatório» ou «permissível». Por vezes o termo «lógica intensional» (com s) é usado neste sentido mais lato.

A lógica modal foi estudada na Grécia da antiguidade, principalmente por Aristóteles, cujo feito principal nesta área foi o estudo do efeito de introduzir termos modais em premissas e conclusões de silogismos. A investigação destes aspectos foi consideravelmente alargada e elaborada por lógicos medievais; mas depois do fim do período medieval e até ao início do século XX parece que praticamente nenhuma investigação original se fez nesta área. Desde essa altura, contudo, a disciplina desenvolveu-se rápida e vigorosamente.

A lógica modal moderna desenvolveu-se sobretudo, ainda que não exclusivamente, em duas direções: estabelecendo sistemas axiomáticos, e construindo definições semânticas de verdade lógica.

Habitualmente (ainda que não invariavelmente), constrói-se um sistema axiomático de lógica modal acrescentando novos elementos a um sistema de lógica não modal, como uma das axiomatizações canónicas do cálculo proposicional bivalente. Para isso, acrescenta-se à notação canónica um ou mais operadores a que se pretende dar uma interpretação modal; geralmente, um operador para «necessariamente» («L» ou $\Box$) e outro para a possibilidade («M» ou $\Diamond$, que por definição é o mesmo que «$\neg L \neg$» ou «$\neg \Box \neg$»). Acrescenta-se então à base axiomática não modal alguns axiomas e/ou regras de transformação que envolvem estes operadores modais. Alguns dos sistemas mais conhecidos foram produzidos acrescentando ao cálculo proposicional ortodoxo a regra de transformação adicional de que se α é um teorema, também $\Box\alpha$ o é, e como axiomas adicionais a fórmula $\Box(p \to q) \to (\Box p \to \Box q)$, juntamente com uma ou mais das fórmulas $\Box p \to p$, $\Box p \to \Box\Box p$, $p \to \Box\Diamond p$, $\Diamond p \to \Box\Diamond p$.

O tipo mais comum de definição de verdade lógica para as fórmulas modais começa pela noção de modelo, que consiste em 1) um conjunto não vazio de elementos («pontos», «mundos possíveis»), 2) uma relação diádica («acessibilidade», «possibilidade relativa»), definida sobre esses elementos (*i.e.*, especifica-se que mundos são acessíveis a que mundos), e 3) uma especificação, para cada mundo, das variáveis proposicionais que se considera verdadeiras nesse mundo. Qualquer fórmula modal pode então ser avaliada como verdadeira ou falsa em qualquer mundo dado aplicando as regras comuns dos operadores verofuncionais, juntamente com a regra de que $\Box\alpha$ é verdadeira num mundo m se, e só se, α for verdadeira em todos os mundos acessíveis a partir de m. Se considerarmos agora uma classe definível de modelos (*e.g.*, todos aqueles em que a relação de acessibilidade é transitiva), a verdade lógica com respeito a essa classe define-se dizendo que uma fórmula é uma verdade lógica se, e só se, for verdadeira em todos os mundos em todos os modelos dessa classe. Em muitos casos, é possível mostrar que as fórmulas que são verdades lógicas com respeito a determinada classe de modelos (nomeadamente quando esta classe é definida por uma condição qualquer imposta à relação de acessibilidade) coincidem exatamente com os teoremas de um sistema modal axiomático.

Introduziu-se elementos modais de maneiras semelhantes noutros sistemas não modais de lógica (especialmente o cálculo de predicados de primeira ordem), e a conceção de verdade lógica em termos de modelos atrás esboçada foi alargada, para se aplicar a muitos dos sistemas modais que desse modo se obtêm. GH

Leitura: G. E. Hughes e M. J. Cresswell, *A New Introduction to Modal Logic* 1996; P. Thom, *Medieval Modal Systems* 2004.

lógica não monotónica Exceto na lógica e na matemática, é comum retirarmos mais conclusões a partir da informação disponível do que aquelas de que podemos estar absolutamente certos. Desde o início da década de 1980 foi apresentado um grande número de modelos diferentes para esse raciocínio não dedutivo. Estas lógicas não são monotónicas, uma vez que não satisfazem o princípio da monotonia que prevalece na lógica dedutiva. Segundo esse princípio, um alargamento do conjunto de premissas nunca leva à perda de uma conclusão.

Para ilustrar o raciocínio não monotónico, considere-se uma investigação criminal em que a informação disponível inclui as impressões digitais do Sr. Brown, encontradas na pistola com a qual a sua esposa foi baleada. Com base nisto, infere-se que o Sr. Brown é o assassino. Então, obtém-se uma nova informação, nomeadamente, que foram encontradas luvas de borracha moldadas para deixar as impressões digitais do Sr. Brown em casa do amante da Sr.ª Brown. A partir deste conjunto alargado de premissas já não retiramos a conclusão de que o Sr. Brown matou a esposa. Este padrão de pensamento não se pode exprimir na lógica dedutiva, mas deixa-se exprimir bem em vários sistemas de lógica não monotónica.

A lógica não monotónica mostrou-se particularmente útil no desenvolvimento de modelos computorizados do raciocínio humano.

Leitura: David Makinson, «General Patterns in Nonmonotonic Reasoning», em D. Gabbay *et al.* (org.), *Handbook of Logic in Artificial Intelligence and Logic Programming*, vol. 1, 1994. SH

lógica paraconsistente Qualquer sistema de lógica que, em contraste com os sistemas comuns, não inclui o princípio *ex falso quadlibet*, ou seja, que de uma contradição se pode derivar logicamente qualquer fórmula bem formada do sistema.

Por outras palavras, uma lógica paraconsistente fornece a base para teorias que são inconsistentes, mas não triviais; isto quer dizer que uma contradição pode, num sistema paraconsistente, ser derivável de um conjunto de afirmações sem que o conjunto seja trivial, no sentido de ser daí derivável qualquer tipo de afirmação. Em contraste, as teorias baseadas em sistemas comuns ficam trivializadas e, portanto, totalmente arruinadas, quando surge uma inconsistência, visto que então tudo é derivável e nada é excluído.

As primeiras tentativas de desenvolver sistemas paraconsistentes remontam à década de 1960. O livro de Graham Priest, *An Introduction to Non-Classical Logic*, 2.ª ed., 2008, é informativo. *Ver também* LÓGICA DA RELEVÂNCIA.

lógica polivalente Nome geral dado a sistemas de lógica em que os valores que as proposições podem ter incluem não apenas os valores «clássicos», *verdadeiro* e *falso*, mas também outros. A maneira habitual de construir um sistema assim envolve 1) especificar um conjunto de tais valores; 2) atribuir a cada operador uma *matriz* (uma tabela de verdade) exibindo o valor de uma fórmula constituída por seu meio, fornecendo o valor(es) dos seus argumentos; e 3) definir a validade *designando* um ou mais dos valores e determinando que uma fórmula só conta como válida se, e só se, tiver um valor designado para todas as atribuições possíveis de valores às suas variáveis.

Um exemplo de uma lógica *trivalente*, devida a Łukasiewicz, pode ser esboçado como se segue: *a*) os valores são 1, ½ e 0 («1» e «0» são concebidos como tendo o significado «verdadeiro» e «falso», respetivamente); *b*) matrizes: para a negação (¬): ¬*A* tem o valor 0 se *A* tiver o valor 1, 1 se tiver o valor 0 e ½ se tiver o valor ½. Para a conjunção (∧): *A* ∧ *B* tem o valor de *A* ou de *B*, seja qual for o menor. Para a disjunção (∨): *A* ∨ *B* tem o valor de *A* ou de *B*, seja qual for o maior. Para a implicação: *A* → *B* tem o valor 0 se *A* tiver o valor 1 e *B* 0, o valor ½ quando *A* tem o valor 1 e *B* o valor ½, ou A tiver o valor ½ e B 0, e o valor 1 nos restantes casos. Veja-se a Tabela 14; *c*) o único valor designado é 1. (Nesta lógica, nem *p* ∨ não *p* é válida nem ¬(*p* ∧ ¬*p*), mas *p* → *p* é válida.) Construiu-se vários sistemas trivalentes, diferindo em geral deste mudando as matrizes de vários modos.

Na lógica polivalente, o valor ou valores além de *verdadeiro* e *falso* têm sido interpretados de muitas maneiras; *e.g.*, numa lógica trivalente o valor intermédio pode ser entendido como «meio verdadeiro», «indeterminado», «indecidível» ou de outros modos. É provável que as matrizes dadas visem refletir a interpretação que o autor tem em mente.

Pode-se obter uma lógica com um número infinito de valores de verdade, concebida para exprimir a ideia de que as proposições podem ter qualquer grau

TABELA 14 **Tabelas de verdade para uma lógica trivalente**

A	B	¬A	A∨B	A∧B	A→B
1	1	0	1	1	1
1	½	0	½	1	½
1	0	0	0	1	0
½	1	½	½	1	1
½	½	½	½	½	1
½	0	½	0	½	½
0	1	1	0	1	1
0	½	1	0	½	1
0	0	1	0	0	1

de verdade, de completamente verdadeiro a completamente falso, generalizando as regras de Łukasiewicz como se segue: 1) os valores consistem em todas as frações de 1 a 0, inclusive; 2) onde o valor de *A* é x, o de ¬*A* é $1 - x$. As matrizes para ∧ e ∨ são como no sistema acima. Para *A* → *B*: sejam os valores de *A* e *B* x e y, respetivamente; então, o valor de *A* → *B* é 1 se $x < y$ e $1 - x + y$ se $x > y$; 3) como anteriormente, o único valor designado é 1. GH

lógica proairética Lógica da preferência e da escolha; a investigação ou a teoria das propriedades formais das relações de preferência. *Ver também* PROAIRESIS.

lógica proposicional *Ver* CÁLCULO PROPOSICIONAL.

lógica quântica Um sistema de lógica que difere da lógica comum ou «clássica». Uma maneira de formular a diferença é que a lógica quântica não tem a lei da distribuição: *A* ∧ (*B* ∨ *C*) implica, na lógica clássica, (*A* ∧ *B*) ∨ (*A* ∧ *C*). Por isso, a lógica quântica não tem também quaisquer outras leis que impliquem a distribuição. A lógica quântica é defendida com base na tese de que permite dar mais sentido à teoria quântica do que a lógica clássica. Esta tese é controversa.

Uma lógica quântica foi proposta por Birkhoff e Von Neumann na década de 1930, outra por REICHENBACH e outra ainda por PUTNAM.

lógica simbólica Lógica formal que usa símbolos especiais e não só expressões em português ou qualquer outra língua.

lógicas livres Estas lógicas têm esta denominação porque não têm pressupostos de existência.

A lógica tradicional, como a silogística de Aristóteles, pressupõe que os termos gerais não são vazios: considera-se que *todo o S é P* implica que existe um *S*. Na sua maior parte a lógica moderna desde o tempo de Venn, Frege e Russell rejeita este pressuposto, mas aceita que os termos singulares referem, e assim permite inferências da seguinte forma:

$$\frac{Fa}{\exists x\, Fx}$$

A lógica livre rejeita esta regra de inferência. A regra aceitável mais próxima é:

$$\frac{Fa \quad a\ \text{existe}}{\exists x\, Fx}$$

Os sistemas de lógica livre foram apresentados pela primeira vez em meados da década de 1950, por H. S. Leonard, seguidos em breve por H. Leblanc, J. Hintikka, K. Lambert e B. van Fraassen, entre outros.

lógica temporal A lógica dos conceitos do passado, presente e futuro, e de outros conceitos temporais. Algumas das suas constantes típicas são «aconteceu que», «acontece agora que» e «acontecerá que».

Lógica Transcendental *Ver* ESTÉTICA TRANSCENDENTAL.

logica vetus; logica nova; logica modernorum A *logica vetus* (lógica antiga) incluía apenas os textos de lógica que estavam disponíveis até *c.* 1130: o *Isagoge*, de Porfírio, as *Categorias* e o *De Interpretatione*, de Aristóteles, e os manuais de lógica e os comentários de Boécio. O resto da lógica de Aristóteles – *De sophisticis elenchis*, *Tópicos* e *Analíticos Anteriores* e *Posteriores* – que começou gradualmente a ser usada a partir de *c.* 1130 era conhecida como a *logica nova* (nova lógica). Os novos ramos da lógica, desconhecidos na antiguidade, que foram elaborados a partir do século XII, chamavam-se *logica modernorum* (lógica moderna): incluíam a teoria das propriedades dos termos, que examina a «suposição» dos termos, e a teoria da *consequentiae* (derivabilidade). JM

logicismo *s.* **1** Na filosofia da matemática: o ponto de vista de Frege, posteriormente adotado por Russell e Carnap, entre outros, de que a aritmética pode ser reduzida à lógica. **2** Anti-PSICOLOGISMO na interpretação da natureza da lógica; ou na interpretação da teoria do conhecimento de Kant.

logística *s.* Lógica formal. Este sentido era comum no início do século XX, mas tornou-se desde então obsoleto. Hoje, o sentido de *logística* é diferente: organização da provisão de bens e instalações (especialmente na administração militar ou empresarial).

logocentrismo *s.* **1** Na filosofia irracionalista de Ludwig Klages, a atitude científica superficial, mecanicista e racional, que é indiferente ou hostil a tudo o que é vivo e vibrante. 2 Na filosofia de Jacques Derrida, o pressuposto ubíquo mas profundamente errado de que o discurso é anterior à escrita. Derrida considera que a escrita está reprimida no pensamento ocidental. Diz-se que o erro consiste no pressuposto de que há algo fora «do texto» que lhe dá um significado fixo – um pressuposto que se afirma ser comum a todas as formas de idealismo.

logomaquia (gr. λογομαχία batalha de palavras) *s*. Uma disputa meramente verbal.

logorreia (gr. λόγος + ῥεῖν fluir) *s*. Incapacidade para parar o nosso próprio fluxo de palavras; excessiva verbosidade.

logos gr. λόγος uma elocução, uma explicação, um discurso, um pensamento, uma razão explicativa, a faculdade da razão, etc. *s*.

Lotze, Rudolf Hermann /ˈlɔtsə/ (1817-1881) Filósofo alemão que regeu a cátedra de Filosofia em Göttingen, depois de Herbart, de 1844 a 1879. Protestou contra a ênfase contemporânea na epistemologia, porque a sua preocupação com a possibilidade do conhecimento levava a negligenciar a procura do próprio conhecimento. «O afiar constante da faca é entediante se nada nos propomos cortar», escreveu em *Metaphysik* (1879). Rejeitou o vitalismo e defendeu uma conceção mecanicista da natureza como base para a ciência. Contudo, combinou este ponto de vista com uma metafísica teleológica: a natureza como um todo pode ser entendida em termos puramente mecânicos, mas faz parte de um sistema mais vasto que está pleno de valores mais elevados e propósitos. Não é possível, em rigor, argumentar a favor disto, mas «estou mesmo assim convencido de que estou no caminho certo ao procurar o fundamento daquilo que *é* naquilo que *deve ser*». É por isso que a existência do mundo se pode tornar significativa para nós. Nesta metafísica, as crenças religiosas e morais poderiam também ser incluídas. O pressuposto de um ser absoluto subjacente imaterial também é necessário, pensava, para explicar a possibilidade da mudança e da causalidade no mundo. Na estética, antecipou a teoria da empatia de Lipp. *Mikrokosmus* (1856), redigido num estilo popular, foi muitíssimo lido à época.

Lovejoy, Arthur O(ncken) /ˈlʌvdʒaɪ/ (1873-1962) Filósofo norte-americano, historiador das ideias, primeiro diretor de *Journal of History of Ideas*. Deu início a uma nova abordagem da história intelectual, evitando classificações latas, *e.g.*, em termos de grandes «ismos». Ao invés, deu muita atenção a «ideias fundacionais» e à sua recorrência temática ao longo do tempo. Isto queria também dizer que rejeitava uma atenção excessiva a uma mão-cheia de grandes pensadores, a favor de uma análise de correntes mais abrangentes do pensamento. As suas obras mais conhecidas são *The Great Chain of Being* (1936) (*A Grande Cadeia do Ser*, 2005) e *Essay in the History of Ideas* (1948).

Lovelock, James /ˈlʌvlɑk/ *Ver* HIPÓTESE DE GAIA.

Lucrécio (*c*. 95-54 a.C.) Tito Lucrécio Caro, filósofo romano, foi o autor de *De rerum natura*, um importante tratado filosófico escrito em hexâmetros latinos. É uma exposição da filosofia materialista de Epicuro, explicando vários fenómenos naturais recorrendo às suas causas naturais, opondo-se a explicações de um tipo mítico ou supersticioso, favorecidas pelos crédulos. Um tema importante é a crítica da religião, resumida na famosa linha (Livro I, v. 101): «*tantum religio potuit suadere malorum*» (tão poderosa foi a religião persuadindo a execução do mal). Epicuro é saudado como benfeitor da humanidade, um libertador da angústia e da miséria causada pelo terror supersticioso dos poderes divinos.

Leitura: D. N. Sedley, *Lucretius and the Transformation of Greek Wisdom* 1998; W. R. Johnson, *Lucretius in the Modern World* 2000.

lúdico (lat. *ludus* jogo) *adj.* Recreativo; relativo a jogos.

Lukács, Georg /ˈluːkætʃ/ (1885-1971) Filósofo marxista húngaro e teórico da estética. *Geschichte und Klassenbewusstsein* (1923) (*História e Consciência de Classe*, 2003) tem sido considerado um importante contributo para a teoria marxista, apesar de Lukács ter repudiado grande parte da obra no início da década de 1930, quando foi criticada pelos estalinistas. Em vez do modelo de análise em termos de base/superstrutura, Lukács apresentou uma interpretação hegelianizante de Marx, na qual os conceitos de reificação e alienação desempenham papéis importantes. Esta interpretação acabou por se revelar em harmonia com os *Manuscritos Económico-Filosóficos*, de 1844, de Marx, que na altura não eram conhecidos, só tendo sido publicados no início da década de 1930. Neste sentido, Lukács antecipou uma versão do humanismo marxista que mais tarde granjeou um apoio considerável. A sua formulação e defesa persistente da doutrina do realismo socialista na literatura e nas artes foram muito influentes na política cultural dos países do bloco soviético.

Łukasiewicz, Jan /wukaˈʃevɪtˌʃ/ (1878-1956) Lógico polaco, professor em Varsóvia; passou o período da guerra em Dublin, onde permaneceu desde então. Criou, em 1917, a primeira LÓGICA POLIVALENTE e inventou também a notação sem parêntesis da lógica formal, conhecida como NOTAÇÃO POLACA. Foi o primeiro a sujeitar os escritos dos lógicos da antiguidade e medievais a uma investigação informada pela lógica moderna, esclarecendo teorias de grande interesse e mostrando deficiências nos tratados comuns sobre a história da lógica. Assim, descobriu que os estoicos tinham de facto antecipado a lógica proposicional moderna. O pioneiro *Aristotle's Sylogistics* (1951), 2.ª ed., 1957, apresenta a teoria de Aristóteles como um sistema axiomático consistente e completo no qual as formas silogísticas ocorrem como teoremas.

Lúlio, Raimundo (*c.* 1235-1315) Académico franciscano. Dedicou-se à conversão dos muçulmanos e à luta contra o islamismo e o averroísmo, atacando a doutrina da verdade dupla, que atribuía também a Sigério de Brabante e a Boécio de Dácia. Entre outras obras doutas, *Ars Magna* foi objeto de atenção durante muitos séculos. Nesta obra, esboça-se uma série de categorias e conceitos básicos, que por sua vez permitem imensas combinações. Isto pode ter sido uma maneira de sistematizar o conhecimento existente, apesar de haver pistas ocasionais de que poderia também ser usado como método para adquirir novo conhecimento. Defendeu-se, contudo, que a finalidade era apenas a memorização e a exposição, diferenciando-se assim de Leibniz, que desejava estabelecer uma base para as deduções.

Lutero, Martinho (1483-1546) Monge da ordem de S. Agostinho, professor de Teologia na Universidade de Wittenberg. Lutero sublinhou na sua teologia a doutrina da justificação apenas pela fé. Também criticava certas práticas da Igreja, *e.g.*, a venda de indulgências. Na noite de Todos os Santos de 1517 pregou na porta da igreja do castelo de Wittenberg noventa e cinco teses, *i.e.*, proposições apresentadas para discussão. As teses tiveram desde cedo ampla circulação e desencadearam a cadeia de acontecimentos que fizeram dele o instigador da Reforma protestante.

Lyotard, Jean-François /liɔtaʀ/ (1924-1998) Assistente e professor em institutos de estudos avançados em Paris desde a década de 1960 até se reformar em 1987. Durante muitos anos, até 1966, Lyotard pertenceu ao grupo vincadamente marxista «Socialisme ou barbarie». Os seus textos na década de 1970, *e.g.*, *Economie libidinale* (1974), que também rejeitam a fusão dos impulsos marxistas e freudianos que Deleuze e Guattari tentaram levar a cabo, afastou-se do marxismo dogmático e da sua adesão dogmática inicial às teorias de Freud e Lacan. Continuou, contudo, a combinar preocupações filosóficas e políticas.

Um dos temas centrais da obra de Lyotard é a oposição à ambição, que atribui à «modernidade», de estabelecer teorias e interpretações abrangentes, coerentes e definitivas que idealmente respondem a todas as nossas questões. A rejeição geral da «teoria ambiciosa» chegou com *La Condition postmoderne* (1979) (*A Condição Pós-Moderna*, 2002). O que caracteriza a pós-modernidade é a rejeição das «narrativas ambiciosas», *i.e.*, os principais sistemas de ideias religiosas, políticas ou culturais (cristianismo, emancipação, capitalismo, socialismo, progresso tecnológico), que têm sido usados para sustentar instituições e práticas sociais e políticas, assim como estilos intelectuais. Outra característica da pós-modernidade é a incomensurabilidade de várias formas de discurso, que significa que um consenso que possa servir como base objetiva para conceções de justiça e de verdade nem sequer idealmente é alcançável. Nesta condição pós-moderna, contudo, as pessoas tornam-se mais sensíveis a estas falhas de comunicação e estão a desenvolver uma melhor compreensão delas.

Le Différand (1983) apresenta uma teoria dos «diferendos»: pontos de incomensurabilidade entre «jogos de linguagem». São incomensuráveis e contudo a sua coexistência não implica disputa e conflito. Entregarmo-nos a um é fazer uma injustiça ao outro. Auschwitz é a este respeito emblemático – é um acontecimento que não pode ser evitado, mas que não pode ser descrito por um historiador como um acontecimento entre outros. Há uma discrepância entre o horror do acontecimento e qualquer tentativa de o descrever. Num conflito ou diferença de opinião «normal» há uma certa igualdade entre as partes, estas conseguem comunicar e o seu conflito pode em princípio ser imparcialmente adjudicado. Em contraste, os diferendos são intratáveis: é impossível fazer justiça a ambos, à aranha e à mosca. O respeito pela justiça envolve deixar a questão em aberto. A ideia, desenvolvida por Habermas e Apel, de um consenso que pode idealmente ser alcançado a longo prazo, é explicitamente rejeitada por Lyotard, que argumenta que faríamos uma injustiça a um «diferendo» genuíno ao tentar fazer justiça às partes em conflito. Faz-se justiça a esse tipo de conflito quando não tentamos fechar a lacuna. Isto impede que a discussão chegue ao fim.

O conceito de diferendo de Lyotard é muito amplo, e inclui também situações intratáveis de um tipo diferente, como as que resultam do PARADOXO DO MENTIROSO, entre outros.

O reconhecimento de *différands* intratáveis é, para Lyotard, um ato de resistência ao capitalismo, que tenta uniformizar todos os tipos de discurso, explorando as capacidades da tecnologia moderna da informação. Esta tecnologia pode ser usada, contudo, para promover o pluralismo pós-moderno.

Na arte pós-moderna, a tarefa é representar o irrepresentável e dar testemunho lá onde os modos discursivos de representação fracassam. BR/dir.

M

Mably, Gabriel Bonnot de /'mæblɪ/ (1709-1785) Em várias obras históricas e políticas, Mably, irmão mais velho de Condillac, criticou fortemente as condições sociais e políticas do seu tempo. Argumentou contra a propriedade privada e advogou uma reforma radical em linhas socialistas e igualitárias. *De la législation* (1776) contém uma comparação entre os dois países que, na sua opinião, tinham os melhores sistemas políticos, a Inglaterra e a Suécia, favorecendo este último: os Ingleses tinham cedido demasiado à ganância e à ambição.

Mach, Ernst /max/ (1838-1916) Físico, historiador e filósofo da ciência austríaco, lecionou nas universidades de Graz, Praga (quase trinta anos) e Viena. As suas ideias inspiraram Bertrand Russell, William James e o Círculo de Viena no início do século XX. Mach desempenhou um papel importante no ressurgimento do empirismo em finais do século XIX, opondo-se, em *Die Analyse der Empfindungen* (1886, 5.ª ed. 1906), à suposição «metafísica», na ciência, de entidades de que não podemos ter experiência direta. Assim, criticava as doutrinas de Newton do espaço e tempo absolutos, nunca aceitou a existência de átomos e tinha relutância em aceitar novos desenvolvimentos em física, como a teoria da relatividade e a ideia de partículas subatómicas. (O novo prefácio à edição de 1913 de *Principles of Physical Objects* continha uma denúncia veemente da teoria da relatividade especial de Einstein, mas há quem afirme que foi escrito e inserido pelo seu filho, sem a aprovação do autor.) Em *Erkenntnis und Irrtum* (1905), Mach concebeu uma metafísica e filosofia da ciência adequadas ao seu ceticismo e semelhante ao fenomenalismo de Berkeley. Segundo esta metafísica, as sensações são tudo o que existe. A conversa sobre átomos e moléculas, para não falar de mesas e cadeiras, nunca é literalmente verdadeira. Contudo, essa conversa pode ser útil para nos permitir prever sensações futuras. Poderá permitir uma «economia de pensamento» e essa é a sua única virtude. O princípio da economia de pensamento, uma variante da navalha de Ockham, foi formulado por Mach.

Lidou com o problema da mente-corpo por meio de uma teoria monista: a mente e o corpo são diferentes tipos de agregados de sensações.

Mach simpatizava com as aspirações políticas das classes trabalhadoras e apoiava o movimento social-democrata da Áustria. A sua teoria subjetivista do conhecimento foi objeto da ira de Lenine, que o atacou, e aos seus apoiantes russos, em *Materialismo e Empiriocriticismo* (1908). AM

MacIntyre, Alasdair /'mækıntaıə/ (n. 1929)

Autorretrato filosófico: a minha ascendência é escocesa e irlandesa. Lecionei em universidades britânicas e, a partir de 1970, em norte-americanas, as últimas das quais foram a Universidade de Duke, de 1995 a 2000, e a Universidade de Notre Dame. O meu desenvolvimento filosófico teve três fases. Até 1970, a minha obra era eclética, o que por vezes foi frutuoso, mas nem sempre. O meu interesse em questões sobre a verdade das doutrinas do cristianismo ortodoxo e do marxismo provocava uma tensão com o que aprendera – muitas vezes inadequadamente – de Frege e Wittgenstein. Considerei importante em termos filosóficos estudar os conceitos em contexto, inseridos social e historicamente em atividades e práticas. O meu trabalho deste período foi publicado em *A Short History of Ethics* (1966, ed. rev. 1998), e em *Against the Self-images of the Age* (1971).

Entretanto, fiquei ciente dos defeitos de *Short History*, ao mesmo tempo que aprofundava a crítica que estava subjacente à minha rejeição do marxismo. Esta rejeição não implicava qualquer mudança da minha perspetiva negativa do capitalismo consumista e burocratizado de finais do século XX, e do liberalismo individualista que é a sua ideologia dominante. O que mudou foi a minha perspetiva de como a filosofia moral que dá corpo a essa ideologia fora gerada pela fragmentação de uma tradição moral mais antiga sobre os bens humanos, as virtudes e as relações sociais através das quais e nas quais se pode tentar encontrar os bens, cuja expressão clássica é a ética de Aristóteles. Regressei também ao problema da teologia racional, tanto na metafísica como na discussão da relação entre o teísmo cristão e as sociedades seculares modernas.

A primeira destas linhas de investigação teve como resultado o livro *After Virtue* (1981, ed. rev. 1984) (*Depois da Virtude*, 2004). Juntas, as duas linhas de investigação tiveram como resultado o reconhecimento de que é do ponto de vista de um aristotelismo tomista que seja capaz de aprender com os debates centrais recentes da filosofia recente que melhor podemos compreender as questões que confrontam a filosofia moral contemporânea. Em *Whose Justice? Which Rationality?* (1988) (*Justiça de Quem? Qual Racionalidade?*, 2008) e *Three Rival Versions of Moral Enquiry* (1990), dei continuação ao projeto iniciado em *Depois da Virtude*, considerando como determinada tradição de investigação moral pode ser bem-sucedida, ou não, na defesa das suas pretensões à superioridade racional relativamente às suas rivais. Isto obrigou-me a prestar especial atenção à adequação, ou não, de diferentes conceções da racionalidade, incomensurabilidade e, em especial, verdade. Continuei também a trabalhar em ética, publicando *Dependent Rational Animals* (1999). O meu trabalho nos anos seguintes centrou-se em três áreas de investigação: o contexto social da moral e da filosofia moral; a natureza da tradição filosófica católica; e a obra de Edith Stein como fenomenóloga. AMC

Mackie, J(ohn) **L**(eslie) /mæki/ (1917-
-1981) Um dos principais representantes da filosofia analítica australiana, destacando-se pela oposição à confusão e ao obscurantismo, e pela procura da clareza e da precisão, exemplificadas em *Truth, Probability and Paradox* (1972). Foi aluno de John Anderson e lecionou em Otago, Sydney, Iorque e Oxford. Em *The Cement of the Universe* (1974, 2.ª ed. rev. [1980] 1999), apresentou uma análise importante da causalidade, e em *The Miracle of Theism* (1982) arguiu de forma convincente contra os argumentos a favor da existência de Deus. O seu artigo «Evil and Omnipotence», *Mind* 64 (1955) tornara-se já por essa altura um ponto de referência consagrado na discussão filosófica do problema do mal. O artigo «A Refutation of Morals» (1946) defende uma TEORIA DO ERRO em metaética, reafirmada e articulada mais pormenorizadamente em *Ethics: Inventing Right and Wrong* (1977). Esta teoria sustenta que quando as pessoas fazem juízos morais atribuem uma qualidade moral, que pensam existir objetivamente, a um objeto ou estado de coisas. Mas, argumenta Mackie, dado não poder haver qualidades objetivas desse tipo, os juízos morais que as pessoas fazem comumente são, todos eles, falsos. Deste ponto de vista é contudo possível desenvolver uma teoria moral e lidar com problemas morais sem cair no erro.

MacPherson, C(rawford) **B**(rough) /məkˈfɜːsən/ (1911-1987) Lecionou na Universidade de Toronto a partir de 1935. Um tema central das suas obras é a crítica das formas existentes de democracias capitalistas liberais, do ponto de vista de um marxismo combinado com os elementos humanistas da teoria liberal do século XIX. Atacou a fixação do pensamento político contemporâneo no mercado, e a conceção limitada da natureza humana que a acompanha. Em *The Political Theory of Possessive Individualism* (1962) (*Teoria Política do Individualismo Possessivo*, 1979), e na sua introdução à edição da Penguin do *Leviathan*, de Hobbes, argumentou que esta perspetiva está presente nos escritos políticos clássicos de Hobbes e Locke que, segundo MacPherson, foram dos primeiros ideólogos da burguesia então em ascensão. Essa conceção, insiste, deveria agora ser superada: em vez da maximização privada da utilidade, o ideal dominante deveria ser a completa efetivação da potencialidade humana em cooperação com os outros. Outras obras sobre este tema são *The Real World of Democracy* (1977), e *The Life and Times of Liberal Democracy* (1977). Os críticos consideraram implausíveis estas análises do pensamento político clássico, e irrealista a teoria social e política, mas durante cerca de duas décadas, a partir de meados da década de 1960, as suas ideias tiveram uma influência marcante em países anglófonos (e noutros, como a Alemanha).

macrocosmo (gr. μακρός grande + κόσμος ordem; ordem do mundo) *s.* Juntamente com **microcosmo** (gr. μικρός pequeno), trata-se de termos usados para contrastar ou fazer uma analogia entre uma ordem ou mundo vasto, e outro menor. Os conceitos remontam a Platão (*Timeu* 30b), Aristóteles (*Sobre os Céus* 2, 12) e Demócrito.

má-fé (fr. *mauvaise foi*) Tal como exposta por Sartre, consiste em vermo-nos a nós mesmos como se estivéssemos determinados pelo nosso caráter relativamente fixo e pelas circunstâncias externas para lá do nosso controlo. Este fingir que não temos liberdade permite a uma pessoa rejeitar, de boa consciência, a sua responsabilidade.

magnitude extensional Dimensão espacial ou duração temporal. Kant usa estes termos na *Crítica da Razão Pura*. Contrasta-os com a magnitude intensional (com *s*): o grau a que um objeto de perceção influencia um órgão sensorial.

magnitude intensiva O grau em que um objeto da perceção influencia um órgão sensorial. O contraste é com a magnitude extensiva, que é espacial (tamanho) ou temporal (duração). Kant usa estes termos na *Kritik der reinen Vernunft*, 1781, 1787 (*Crítica da Razão Pura* 2008).

maiêutica *s.* gr. μαιευτική (τέχνη) (a arte da) parteira. O método dialético de Sócrates, que ajuda a trazer à luz conhecimento já latente numa pessoa, é comparado à arte das parteiras por Platão, no *Teeteto* 149a-151d; 184b; 210b-d.

Maimon, Salomon /ˈmaɪmɔn/ (*c.* 1752-1800) Filósofo alemão de origem lituana-judia. Kant respeitava profundamente o seu intelecto incisivo. No primeiro livro que publicou, *Versuch über die Transcendental-philosophie* (1790), emergiu como um dos primeiros críticos incisivos da filosofia crítica de Kant. Levantou a questão de como o entendimento (ativo e atemporal) poderia misturar-se com a sensibilidade (passiva e temporal). Também argumentou que Kant não tinha fornecido uma maneira óbvia de distinguir sequências causais de acontecimentos de sequências acausais. De especial interesse é a sua tese, antecipando Fichte, de que Kant era incoerente ao reter uma noção de uma coisa em si incognoscível que subjaz ao mundo tal como é conhecido por nós.

Maimónides, Moisés (1138-1204) Nome hebraico: (Rabbi) Moshe ben Maimon; também conhecido por Rambam. Filósofo, médico, jurista e teólogo judeu, nascido em Espanha; fugindo da perseguição, acabou por se estabelecer no Cairo em 1165, onde rapidamente assumiu uma posição de liderança na comunidade judaica. Muitas das suas obras foram escritas em árabe. A sua metafísica sofreu influências dos aristotélicos islâmicos, especialmente Alfarabi (*c.* 870-950) e, em certa medida, Avicena (980-1037), mas tinha também em grande estima o seu contemporâneo Averróis (1126-1198), concordando com este em afastar-se do dogma da imortalidade individual. Das suas obras, *Moreh Nevuchim* (*c.* 1190) (*Guia dos Perplexos*, 2004) é o mais interessante filosoficamente. A perplexidade aludida no título resulta do desafio que a investigação racional, *i.e.*, a filosofia e ciência aristotélica, representa para a fé tradicional (judaica). Na maior parte do livro, argumenta que as incoerências aparentes entre as duas se poderiam resolver, complementando-se entre si essas duas vias para o conhecimento. Mas uma discrepância parecia impossível de superar: a questão da eternidade do mundo, uma doutrina inaceitável para judeus e cristãos. Neste ponto, Maimónides sustentou que se poderia continuar a aceitar as doutrinas da criação divina (e dos milagres) como uma questão apenas de fé porque os argumentos racionais eram inconclusivos. Entre os estudiosos judeus, Maimónides tornou-se o ponto de referência teológico e filosófico canónico, mas era também encarado como uma importante autoridade por Tomás de Aquino e

Eckhart, entre outros pensadores cristãos. Adotou o princípio, que atribuiu a Aristóteles, de que todas as possibilidades genuínas são postas em ato mais cedo ou mais tarde, usando-o num argumento a favor da existência de Deus que antecipa a terceira das cinco vias de Tomás de Aquino.
Leitura: The Cambridge Companion to Medieval Jewish Philosophy 2003.

Maine de Biran, François Pierre /mɛn də birã/ (1766-1824) Político e filósofo francês. Na sua filosofia da maturidade, apresentada em *Essai sur les fondements de psychologie* (1812), em que o tom é antimaterialista e antideterminista, sublinhou o papel central da experiência interior. Difere da mera experiência sensorial por não ser uma experiência de objetos, mas sim de factos, *i.e.*, a experiência de *que* tal e tal ocorre. Na experiência interna dos nossos esforços voluntários discernimos atividade: esta é a experiência principal. Maine de Biran substitui o *cogito, ergo sum* de Descartes por *volo, ergo sum* (quero, logo existo). A autoconsciência emerge da experiência das relações entre a nossa vontade e o nosso corpo; damos connosco sendo agentes livres. Consequentemente, rejeitava a asserção de Hume de que não temos qualquer impressão de uma relação necessária entre causa e efeito (e, por isso, nenhuma ideia de causa e efeito), argumentando que temos experiência direta dessa conexão na experiência interna do esforço voluntário. O nosso conhecimento das outras pessoas, sustentava ainda, não faz parte do nosso conhecimento do mundo exterior, emergindo diretamente das relações pessoais.

Maistre *Ver* DE MAISTRE.

mal *Ver* BEM E MAL.

mala fide; mala fides lat. com má-fé, de maneira enganosa; má-fé.

Malcolm, Norman /'mælkəm/ (1911-1990) Filósofo norte-americano que lecionou na Universidade de Cornell de 1947 a 1979. Influenciado por Moore e Wittgenstein, defendia o ponto de vista de que as análises filosóficas que acabam por entrar em conflito com a linguagem comum têm de ser defeituosas. Propôs uma interpretação do argumento ontológico de Anselmo a favor da existência de Deus, concebido para evitar as objeções clássicas. Nesta versão do argumento, apresentada em *Knowledge and Certainty* (1963), a conclusão de que Deus existe é derivada das seguintes premissas, entre outras: 1) não é impossível que um ser perfeito (como Deus) exista; e 2) a existência de um ser perfeito (como Deus) não é contingente, *i.e.*, é necessária. Outras obras incluem *Dreaming* (1959), na qual aceita seriamente o adágio de Wittgenstein de que um «processo interior» precisa de critérios externos, e argumenta que muitas das coisas que dizemos ou pensamos sobre a natureza dos sonhos devem ser rejeitadas, dado falarmos e pensarmos habitualmente nos nossos sonhos como processos internos. Entre outros livros, publicou *Memory and Mind* (1977).

Malebranche, Nicolas /malbrãːʃ/ (1638-1715) Nasceu em Paris. Estudou Filosofia e Teologia na Sorbonne, e depois entrou no Oratório religioso, onde foi ordenado padre. Encontrou pela primeira vez uma das obras de Descartes em 1664, e dedicou os dez anos seguintes ao exame da sua filosofia. Em 1674-1675 publicou os frutos dos seus trabalhos, a obra *De la recherche de la verité* (*A Busca da Verdade*, 2004), na qual desenvolve um sistema metafísico para superar algumas das dificuldades da teoria de Descartes. Malebranche insistia que só estamos cientes de ideias e sentires. As ideias são verdades que existem independentemente de nós, e são vistas em Deus. Somos iluminados pelas ideias divinas. As ideias matemáticas são de extensão inteligível, coexistindo e sendo coeternas com Deus. Não temos e não podemos ter qualquer conhecimento de uma realidade física externa, dado que tal conhecimento seria diferente das nossas ideias. Malebranche apresentou uma teoria peculiar da causalidade, conhecida como *ocasionalismo*. Argumentou que ao inspecionar as nossas ideias e sentires, não podemos descobrir quaisquer conexões necessárias entre elas. Deus, e só Deus, é a causa de todos os acontecimentos. Assim, quando vemos um acontecimento a seguir-se a outro, como uma bola de bilhar a colidir com outra, e depois a segunda a mover-se, não vemos a conexão necessária ou o poder que faz a segunda mover-se. A explicação de Malebranche é que Deus causa todos os acontecimentos. O que tomamos como sequências causais são na verdade apenas ocasiões independentes da ação de Deus. Deus age seguindo regras gerais, de modo que somos capazes de formular leis científicas, que descrevem sequências de atividades de Deus. À parte Deus, não há causas eficientes ou secundárias. Não há conexão entre a mente e a matéria, mas na ocasião em que Deus causa um acontecimento mental, causa também um acontecimento físico. Não vemos nem conhecemos o mundo físico, mas sabemos por revelação que Deus o criou.

O ocasionalismo de Malebranche era visto como uma maneira de tornar o cartesianismo coerente, eliminando a dificuldade de explicar a interação mente-corpo. Nem a mente nem o corpo tem poder causal, e portanto não interagem.

Deus afeta um na ocasião em que afeta o outro. Contudo, apesar de isto resolver um problema do cartesianismo, cria outro: saber se Deus é a causa dos acontecimentos imorais, que Malebranche tentou arduamente resolver em *Traité de la nature et de la Grace* (1680).

Malebranche era considerado o grande metafísico do seu tempo, apesar de a sua teoria conhecer forte oposição por parte de Arnauld, Bayle, Leibniz e Locke. Influenciou bastante tanto o idealismo de Berkeley como a análise da causalidade de Hume. RPO

Em finais do século XX, o interesse em Malebranche aumentou, o que é visível em publicações como Andrew Pyle, *Malebranche* 2002, D. Scott, *On Malebranche* 2002, *The Cambridge Companion to Malebranche* 1991.

maleficência *s.* 1 Agir mal. 2 Uso antigo: bruxaria, feitiçaria.

malevolência *s.* Má vontade; a disposição para fazer mal aos outros.

Malthus, Thomas Robert /ˈmælθəs/ (1776-1834) Clérigo inglês, com estudos de matemática, economia e também teologia, desenvolveu uma teoria do crescimento da população em *Essay on the Principle of Population* (1798), significativamente revisto na segunda edição (1803) e nas seguintes (nova edição: 1992). Um objetivo importante era refutar as teorias radicais de Condorcet e Godwin, que presumem que é possível o progresso e um aumento da felicidade geral. Malthus argumentou que há sempre uma tendência natural para o excesso de população. O crescimento desta tende a ultrapassar o crescimento dos recursos. Esta tendência só é contrariada por males físicos (escassez de alimentos, doença, guerras, desastres naturais, etc.) ou por males morais (contraceção, aborto, etc.). Em suma, a tendência humana para levar à letra a Bíblia («Ide e multiplicai-vos») conduz à miséria. Malthus recomendava a moderação sexual e casamentos tardios para limitar o crescimento da população.

Mandeville, Bernard /'mændəvɪl/ (1670-1733) A sua obra principal, *La Fable des Abeilles* (as primeiras versões foram publicadas em 1705 e 1714; as versões mais completas são de 1723), contém uma teoria moral e económica. Contra Shaftesbury, afirmou que todas as nossas ações são realizadas por interesse próprio. Argumentou também que a abnegação, geralmente encarada como virtuosa, pouco bem produz, tendendo antes a reduzir a sociedade à estagnação, desemprego, pobreza e miséria. Do seu ponto de vista, adaptado às condições atuais, se não houvesse crimes contra a propriedade, a maior parte dos polícias, contabilistas, auditores, bancários, profissionais que fazem e reparam fechaduras, seguranças e todos os que os ajudam ficariam desempregados. Se não houvesse luxo, e toda a gente vivesse frugalmente, todos os envolvidos na produção e comércio dos bens luxuosos ficariam desempregados. Cultive-se a virtude, e «a Economia» será a vítima. A prosperidade e a ausência de necessidades materiais devem-se em grande medida ao vício, *i.e.*, à conduta que os moralistas de todas as épocas condenam. Mandeville antecipou a teoria de Adam Smith de uma «mão invisível» em virtude da qual quem procura egoisticamente o prazer ou o lucro promove sem querer o bem geral. A mão invisível nem sempre é suficiente para criar a coordenação e a ação não egoísta necessárias em sociedade. Como poderão agentes com motivações egoístas agir de um modo não egoísta? Mandeville apresenta uma análise psicológica interessante: temos um sentido inato de orgulho ou honra. Este sentido é suscetível à lisonja, que é usada habilidosamente pelos políticos. O resultado é que os agentes egoístas sentir-se-ão satisfeitos consigo mesmos quando acatarem as ordens estabelecidas e cumprirem o seu dever. A ação não egoísta tem, assim, uma recompensa: o sentido de autossatisfação que a lisonja produziu no orgulho. A perspetiva dessa recompensa pode ser uma motivação para um agente egoísta.

Hutcheson criticou Mandeville em *Inquiry* 1725; Berkeley em *Alciphron* 1732. Estas críticas estão incluídas em J. Martin Stafford (org.), *Private Vices, Publick Benefits? The Contemporary Reception of Bernard Mandeville* 1997. Leitura: Hector Monro, *The Ambivalence of Bernard Mandeville* 1975.

maniqueísmo *s.* Um sistema de crenças religiosas batizado em nome do seu fundador, um persa chamado Mani ou Manes (*c.* 216-275). A doutrina e disciplina maniqueísta são ascéticas, e a sua organização era semelhante à de uma igreja. Uma tese central era que há dois princípios últimos do ser: um bom e o outro mau. Do lado bom estão a luz, Deus e a alma; do lado mau estão as trevas, Satanás e o corpo. O objetivo dos exercícios ascéticos é libertar a luz que ficou presa no corpo. Este dualismo metafísico era encarado como heresia e foi condenado de forma veemente pelas correntes principais do cristianismo, *e.g.*, Agostinho, *Contra Faustum*. Re-emergiu em cultos posteriores, como o catarismo. Num artigo famoso («Maniqueístas») do seu dicionário, Bayle argumentou que a resposta ao problema do mal apresentada por este falso sistema de crenças era mais racional do que a dos teólogos cristãos, usando este resultado para sustentar a sua tese de que a racionalidade e a verdadeira religião são incompatíveis.

Mannheim, Karl /'manhaɪm/ (1893-1947) Teorizador social de ascendência húngara, alemã e judaica, professor em Frankfurt em 1930, foi levado a exilar-se em 1933. Lecionou na London School of Economics a partir de 1933. Na sua obra principal, *Ideology and Utopia* (1936) (diferente da anterior *Ideologie und Utopie* [1929], que também é interessante), argumentou que a epistemologia tradicional deveria ser substituída pela sociologia do conhecimento, na qual se explorariam as ligações entre a situação social e histórica de um teorizador e o conteúdo da teoria. Conceber a verdade de uma teoria num sentido absoluto é fútil: uma teoria só pode ser adequada em relação ao seu próprio contexto social. Este ponto de vista tem implicações relativistas óbvias. Mannheim tentou mitigá-las com a sua teoria do intelectual desgarrado que se desligou de uma classe social particular e cujas teorias não sofrem consequentemente de parcialidade de classe.

maoísmo s. O pensamento de Mao Zedong (Tse-tung), ditador comunista da China de 1949 até à sua morte em 1978. É principalmente uma aplicação à política atual de ideias derivadas de Marx, Lenine, Trotsky, folclore, etc., não tendo mérito filosófico independente. Uma amostra de maoísmo encontra-se no livro de Mao conhecido no Ocidente pelo título *Pequeno Livro Vermelho,* do qual se publicaram centenas de milhões de exemplares. A partir de 1980, deixou de ser uma ideologia de Estado na China e na Albânia, assistindo-se a um decréscimo paralelo do interesse entre os intelectuais ocidentais. Alguns grupos políticos extremistas em França, Peru, Nepal, etc., continuam-lhe fiéis.

Maquiavel, Nicolau (di Bernardo) (1469-1527) Nome italiano: Niccolò Machiavelli. Historiador florentino, dramaturgo, mas sobretudo pensador político. A sua teoria da arte de governar, apresentada em *Il Principe* (*O Príncipe*, 2008), escrito em 1513 e publicado originalmente em 1532, ao mostrar-se indulgente com o uso da força e da fraude por parte do governante, parecia indiferente ou até hostil aos padrões morais vigentes. Os fins louváveis, para a prossecução dos quais os meios imorais poderiam ser permissíveis, eram proteger o Estado da desagregação interna e da agressão externa, e a promoção do bem-estar dos seus cidadãos. Em *Discorsi sopra la prima deca di Tito Livio* (*Discursos sobre a Primeira Década de Tito Lívio*, 2007), escrito c. 1517 e publicado originalmente em 1531, salientou a importância da «virtude cívica» em Estados bem ordenados: os cidadãos dotados de espírito público colocariam o bem comum acima da dedicação exclusiva aos interesses egoístas, dedicação a que é inerente a corrupção e a venalidade. Na interpretação de Isaiah Berlin, o recurso aos meios imorais não é, para Maquiavel, um desvio lamentável, em casos excecionais, dos princípios cristãos. Ao invés, o seu ponto de vista pode ser descrito como não cristão, secular e na verdade pagão. O seu ideal de vida boa incluía a vitalidade, o génio, o orgulho, a diversidade e o sucesso, e as virtudes são, para ele, aquelas qualidades que se harmonizam com esse ideal; são diferentes das virtudes cristãs. Isto chama-nos a atenção para a irreconciliável pluralidade dos nossos valores.

Leitura: Quentin Skinner, *Machiavelli* (VSI) 2000.

Marcel, Gabriel /maʀsɛl/ (1889-
-1973) Filósofo francês e dramaturgo.
Nas suas reflexões filosóficas sobre a condição humana, sublinhou o papel das relações interpessoais e da comunidade para compreender os vários modos da experiência humana. A este respeito, o seu pensamento mostra afinidades com Kierkegaard e Buber. A base do pensamento e do ser não pode ser um «Existo» mas um «Existimos». Influenciado por Bergson, entre outros filósofos idealistas, os seus pontos de vista tinham uma forte componente religiosa. Rejeitava as conceções empiristas e analíticas da filosofia, que considerava demasiado redutoras.
Leitura: The Philosophy of Gabriel Marcel (LLP) 1964.

Marco Aurélio (Antonino) *Ver* ESTOICISMO.

Marcus, Ruth Barcan *Ver* BARCAN MARCUS, RUTH.

Marcuse, Herbert /mɑːˈkuːzə/ (1898-1979) Filósofo e crítico social alemão e judaico, associado à ESCOLA DE FRANKFURT. Forçado ao exílio em 1933, mudou-se para os Estados Unidos, onde na década de 1960 o seu pensamento foi retomado pela esquerda radical. As suas fontes iniciais de inspiração filosófica foram Hegel e Marx. Marcuse considera que a necessidade da filosofia é uma necessidade de emancipação de uma realidade estagnante e opressiva. Este era o objetivo dos comunistas marxistas, mas não foi alcançado. Para o explicar, Marcuse virou-se para Nietzsche e Freud. A racionalidade que deveria ter um efeito libertador entrou em conflito com as nossas tendências libidinosas naturais. Em termos freudianos, o princípio do prazer rebela-se contra o princípio da realidade. Em condições sociais ideais, a realidade não tem de estar em conflito com o princípio inato do prazer. Marcuse não é muito específico quanto a como seriam essas condições ideais. A sua ênfase é mais na crítica das condições atuais, em obras como *Reason and Revolution* (1941, 2.ª ed. 1954) (*Razão e Revolução*, 2004), *Eros and Civilization* (1955) (*Eros e Civilização*, 1999) e *One-Dimensional Man* (1964). Do seu ponto de vista, faz essencialmente parte da crença do Iluminismo na razão, ciência e progresso, que as pessoas são vistas meramente como instrumentos manipuláveis para ser usados para os propósitos de quem detém o poder. À medida que esta atitude científica domina as sociedades modernas, os indivíduos tornam-se mais e mais neuróticos, e as próprias sociedades tornam-se cada vez mais grosseiras, violentas e com elevadas taxas de crime, sendo as guerras e o genocídio o resultado natural. A liberdade individual – um valor central para Marcuse – é destruída no mundo moderno. Nos sistemas fascistas e comunistas isto faz-se abertamente, por meio da opressão direta; nos países capitalistas, faz-se mais insidiosamente. No passado, o protesto genuíno podia encontrar expressão autêntica nas obras de arte (Beethoven, Schiller, Hölderlin), mas foi asfixiado pela cultura popular moderna, que comercializa e trivializa todo o produto cultural, tornando-o mero entretenimento. A liberdade genuína é também destruída pela escola moderna, concebida para tornar os indivíduos úteis na produção de bens e serviços. O conformismo generalizado e a aceitação do *status quo*, impostos pela sociedade moderna, são totalitaristas. É impossível que os indivíduos desenvolvam um distanciamento crítico: neste sentido, tornam-se unidimensionais. Marcuse considerava que esta repressão era essencialmente a mesma nas ditaduras comunistas e nas democracias ocidentais: a única diferença estava nas técnicas de repressão usadas.

Os críticos de Marcuse acusaram-no de escolher o Ocidente como alvo da maior parte dos seus ataques. Encarava o pluralismo democrático como uma capa para a imposição da conformidade, e argumentava contra a liberdade de opinião, o que na prática favorecia os defensores da ordem estabelecida, beneficiando a causa da opressão (R. P. Wolff, Barrington Moore Jr. e H. Marcuse, *A Critique of Pure Tolerance*, 1969). A tolerância nas democracias modernas, sustentava, é repressiva, dado permitir a divergência aberta, mas assegurando-se de que não tem efeitos. A rejeição radical de Marcuse da maioria dos aspetos da vida política e social contemporânea dos países industrializados democráticos ganhou adesão mas também provocou acesas controvérsias.

Maritain, Jacques /maʀitɛ̃/ (1882-1973) Filósofo neotomista francês. Lecionou em França, Canadá e nos Estados Unidos. Foi um autor prolífico e influente, tendo participado na redação do texto da Declaração Universal dos Direitos do Homem das Nações Unidas. Os seus pontos de vista sobre a filosofia política foram apresentados em *Man and the State* (1951) (as edições posteriores foram revistas), onde tentou, como nas outras obras filosóficas, apresentar uma interpretação moderna dos princípios tomistas. Apresentou versões modernizadas das CINCO VIAS para provar a existência de Deus em *Approches de Dieu* (1953) (*Caminhos para Deus*, 1962), acrescentando uma sexta via. Começa com dois pressupostos: 1) O eu não pode ser concebido como não existindo; 2) esta pessoa específica, como qualquer outra coisa existente finita, pode ser concebida como não existindo. Recorrendo a outros passos de raciocínio, infere-se a conclusão de que um ser pessoal (de natureza divina) tem de existir. *Distinguer pour unir* (1932) esboça a sua teoria do conhecimento. Argumenta que a experiência sensorial, o pensamento conceptual e o método científico não são os únicos modos de ganhar conhecimento. Há também outros modos mais diretos. Um deles é o «conhecimento por inclinação». Ao ficarmos intuitivamente cientes de tendências em nós, que expressam a nossa verdadeira natureza, ganhamos acesso às bases do conhecimento moral. A filosofia moral articula este conhecimento a um nível mais reflexivo e racional. Na sua teoria estética, considera que as artes – *e.g.*, a poesia – também expressam conhecimento direto, intuitivo, não conceptual.

Marsilio de Pádua (*c.* 1275-1342) A sua obra mais conhecida é *Defensor Pacis* (*O Defensor da Paz*, 1997). Foi completada em Paris em 1324 e dedicada a Ludovico da Baviera, o principal opositor do Papa João XXII. Marsilio objetava às pretensões papais à supremacia sobre os reis, príncipes e nações, argumentando que a autoridade política e o poder legislativo pertencem aos governantes seculares, devendo o poder secular deter também a autoridade última no governo da Igreja. De especial interesse é a nova ênfase dada à perspetiva de que a autoridade política, por seu lado, deriva e depende da vontade e do consentimento do povo.

martelo *s.* O martelo simples, que ocorre em «⊢ A» e se chama «sintático», significa que A é um teorema; «$B \vdash A$» significa que A é uma consequência sintática de B, *i.e.*, que é derivável de B.

O martelo duplo, que ocorre em «⊨ A» e se chama «semântico», significa que A é uma verdade lógica; «B ⊨ A» significa que A é uma consequência semântica de B.

Estes símbolos são usados num sistema formal, o que se pode explicitar: e.g., «⊢$_{S4}$ A» significa que A é um teorema num sistema formal chamado S4.

O martelo simples foi introduzido por Frege como um sinal de asserção, para distinguir uma asserção de um mero conteúdo proposicional. O seu uso atual começou com Kleene e Rosser em meados da década de 1930. O martelo duplo foi introduzido por Kleene em meados da década de 1950. Em inglês, usa-se o termo *turnstile*, que não significa martelo, mas torniquete. *Ver também* CONSEQUÊNCIA LÓGICA.

Martineau, James /'mɑːtɪnəʊ/ (1805--1900) Unitarista proeminente, irmão do eminente escritor Harriet Martineau, autor de *Types of Ethical Theory* (1885, 3.ª ed. 1891). O seu ponto de vista pode ser descrito como intuicionista, opondo--se às teorias utilitaristas do seu tempo, esboçadas por John Stuart Mill e Henry Sidgwick. Uma diferença importante diz respeito ao tópico central da ética. Para os utilitaristas, é a correção das escolhas dos agentes; para Martineau é a bondade do caráter do agente.

Marx, Karl (Heinrich) /marks/ (1818--1883) Marx foi um revolucionário e um estudioso. Estudou na Universidade de Berlim, onde se envolveu com o movimento dos jovens hegelianos, tornando--se depois diretor do jornal liberal *Rheinische Zeitung*, em Colónia. O jornal foi suprimido em 1843 e Marx mudou-se primeiro para Paris, onde conheceu Friedrich Engels e contactou com socialistas franceses, e mais tarde para Bruxelas. Regressou à Alemanha depois da revolução de 1848 para fundar o *Neue Rheinische Zeitung*. Depois de a revolução ter sido derrotada mudou-se para Londres, onde viveu o resto da sua vida.

Aquando da sua morte, Marx era conhecido sobretudo como autor de *Manifest der Kommunistischen Partei*, escrito com Engels em 1848 (*Manifesto do Partido Comunista*, 2008), do primeiro volume de *Das Kapital* (1867) (*O Capital* 2008), de vários artigos de jornal e diversos trabalhos mais longos de análise política. Com a exceção de *Misère de la philosophie* (1847) (*Miséria da Filosofia*, 2001), uma ampla crítica a Proudhon, os mais importantes escritos propriamente filosóficos de Marx só foram publicados muitos anos depois da sua morte. *Ökonomisch-philosophische Manuskripte aus dem Jahre 1844* (*Manuscritos Económico-Filosóficos*, 2004) e o texto completo de *Die deutsche Ideologie*, escrito com Engels em 1845-1846 (*A Ideologia Alemã*, 2007), só ficaram disponíveis na década de 1930, enquanto *Grundgrisse* 1857-1858 (*Contribuição à Crítica da Economia Política*, 2008) só foi publicada em 1953. BHI

A edição canónica é a MEGA (*Marx--Engels Gesamtausgabe*), publicada pela Akademie-Verlag, Berlim. Leituras: Isaiah Berlin, *Karl Marx* 1991; F. Wheen, *Karl Marx: Biografia* 2003; J. Wolff, *Porquê Ler Marx Hoje?* 2009; *The Cambridge Companion to Marx* 1991.

marxismo *s.* Como doutrina política, o marxismo emergiu como uma de várias doutrinas que competiam pelo apoio no seio do crescente movimento das classes trabalhadoras. O processo de popularização das ideias de Marx começou com *Anti-Dühring* (1878) (trad. 1990) de Engels – cuja primeira parte apareceu como um panfleto muito lido sob o título *Socialism: Utopian and Scien-*

tific (*Do Socialismo Utópico ao Socialismo Científico* 2008) – e continuou nos partidos socialistas da II Internacional e mais tarde no Partido Comunista russo, entre outros, que emergiram após a revolução russa de 1917. Engels apresentou o marxismo como um corpo distinto de teoria social e política construída a partir dos mais avançados desenvolvimentos da filosofia, economia política e socialismo. Este marxismo prometia fornecer um guia eficiente da prática política socialista que não se baseava em ideais utópicos, antes na compreensão científica tanto da história em geral como das sociedades capitalistas modernas em particular. O objetivo do panfleto de Engels era, pois, ajudar a educar a classe trabalhadora e os seus simpatizantes burgueses na ciência que iria servir os seus interesses.

Assim, o marxismo foi estruturado quase desde o início com imperativos simultaneamente pedagógicos e políticos: num caso, promovendo uma doutrina que seria apresentada, em aulas no partido e panfletos, a públicos com graus diferentes de sofisticação, e no outro permitindo que a discórdia política e o erro doutrinário fossem vistos como dois lados da mesma moeda. A primeira ortodoxia marxista importante surgiu no Partido Social-Democrata alemão, em finais do século XIX. Logo foi objeto de disputa: por revisionistas (*ver* REVISIONISMO), que rejeitaram a própria ideia de ortodoxia numa teoria com pretensões científicas; e por versões rivais que reivindicavam ortodoxia, das quais o comunismo (sob a liderança do Partido Comunista da União Soviética – liderança mais tarde disputada pelo partido chinês, entre outros) tem sido de longe a mais influente.

Estas ortodoxias têm em geral apresentado o marxismo como algo que combina uma filosofia e uma ciência da história (MATERIALISMO DIALÉTICO E HISTÓRICO). A primeira deriva em grande medida da obra de Engels, ao passo que a última se baseia no esboço do método histórico de Marx, apresentado no seu Prefácio a *Grundgrisse* (1857-1858) (*Contribuição à Crítica da Economia Política*, 2008), algumas leituras selecionadas do *Manifest der Kommunistischen Partei* (1848) (*Manifesto do Partido Comunista*, 2008), no volume 1 de *Das Kapital* (1867) (*O Capital*, 2008) e noutros escritos de Marx, disponíveis aquando da sua morte, e nas obras históricas e políticas mais gerais de Engels. O Prefácio de Marx esboça uma conceção da sociedade como algo que tem uma fundação económica, «sobre a qual se eleva» uma superstrutura política e legal, e «à qual correspondem [...] formas de pensamento social». Apesar de a relação exata indicada por estas expressões permanecer algo obscura, o prefácio localiza claramente a fonte fundamental da mudança social em transformações das relações económicas, que são em si o resultado do desenvolvimento das forças produtivas – ao contrário do *Manifest der Kommunistischen Partei*, que apresenta a luta de classes como a causa mais importante. Os marxismos ortodoxos diferem nas suas elaborações destas ideias básicas, havendo alguns que acrescentam mais elementos da obra de líderes políticos posteriores. O marxismo-leninismo, por exemplo, é um marxismo que incorpora a análise de Lenine do imperialismo, assim como as ideias retiradas das suas polémicas filosóficas contra os apoiantes socialistas de Mach e da sua filosofia da ciência convencionalista, em *Materialismo e Empiriocriticismo* (1908).

Uma leitura cuidada de *Das Kapital* sugere que as próprias perspetivas de

Marx não podem facilmente integrar-se nos quadros de referência fornecidos quer pelo muito citado Prefácio, quer por estes marxismos oficiais. Apesar de este aspeto ter sido por vezes relevado por estudiosos marxistas, seguiram-se desafios intelectuais mais sérios à ortodoxia marxista com a publicação dos escritos filosóficos de Marx. Destes, o mais influente faz parte dos *Ökonomisch-philosophische Manuskripte aus dem Jahre 1844* (*Manuscritos Económico-Filosóficos*, 2004), redigidos em 1844 e finalmente publicados em 1932. O efeito imediato da sua publicação foi apresentar Marx como um filósofo consideravelmente mais sofisticado do que se poderia entrever das leituras ortodoxas das suas obras publicadas, ou de qualquer versão do materialismo dialético.

Em *Manuskripte*, Marx aborda a obra de Hegel e Feuerbach, entre outros jovens hegelianos, para argumentar que a atividade produtiva, *i.e.*, o trabalho, deve ser vista como uma componente essencial do ser do homem. A propriedade privada representa os produtos do trabalho como se fossem coisas: é a alienação do trabalho de si. O capitalismo, no qual o trabalho é tratado como uma mercadoria, intensifica ainda mais essa alienação e generaliza-a a todos os níveis da sociedade. O fim da alienação, consequentemente, exige o comunismo: a abolição da propriedade privada em geral e do trabalho assalariado em particular. O capitalismo cria também uma classe cada vez maior de pessoas sem propriedade privada e nada para vender exceto o seu trabalho – e que por isso têm interesse na abolição da propriedade privada. Deste ponto de vista, as forças sociais que irão finalmente pôr fim à alienação são, elas mesmas, o produto da alienação na sua forma mais extrema e abrangente.

A explicação de Marx do processo pelo qual o trabalho ultrapassa finalmente a sua própria alienação tem paralelos óbvios com alguns dos argumentos de Hegel. Na verdade, Engels sustentou que a abordagem de Marx virou Hegel (*i.e.*, a dialética) de cabeça para baixo. As consequências mais importantes da publicação dos escritos filosóficos de Marx para a história posterior do marxismo foram duplas. Primeiro, possibilitou aos dissidentes marxistas citar Marx, o filósofo, contra as ortodoxias da sua época, um desenvolvimento que depressa conduziu ao crescimento de uma alternativa, o marxismo humanista – em especial no Ocidente, onde os defensores das ortodoxias tinham acesso limitado ao poder político. Segundo, o aparecimento dos escritos filosóficos de Marx levantou várias questões sobre as relações entre o Marx mais jovem e filosófico e a figura posterior, mais «científica». Quando os marxistas humanistas argumentaram que os escritos mais antigos continham a chave dos textos posteriores, os seus oponentes, *e.g.*, Althusser, defenderam que entre eles havia uma descontinuidade ou «rutura epistemológica». Estas disputas persistiram até ao colapso do marxismo ocidental na década de 1980. BHI

L. Kolakowski, *Main Currents of Marxism* (1978), apresenta um levantamento abrangente.

masdeísmo *Ver* ZARATUSTRA.

materialismo *s.* Teoria de que só existe matéria. Implica imediatamente uma rejeição da existência de mentes, espíritos, seres divinos, etc., na medida em que são considerados imateriais. A teoria foi proposta pelos atomistas da antiguidade (Demócrito, Epicuro) e na era moderna por Gassendi, Hobbes, Meslier, La Mettrie, Helvétius, Holbach, etc. As suas versões atuais, formuladas com maior subtileza conceptual, são muitas vezes denominadas FISICISMO. Já se afirmou que durante a década de 1960 (e desde então), o materialismo se tornou uma das poucas ortodoxias da filosofia académica norte-americana, tendo a filosofia analítica noutros lugares mostrado uma tendência semelhante. A doutrina é mais velha do que a palavra, cujo uso mais antigo remonta à década de 1660.

materialismo de estados centrais *Ver* TEORIA IDENTITATIVA DA MENTE.

materialismo dialético e histórico Teoria filosófica da natureza e da história, respetivamente, que se estabeleceu como parte da tradição marxista em virtude das obras tardias de Engels, sobretudo *Anti-Dühring* (1878) (trad. 1990) e *Ludwig Feuerbach und der Ausgang der klassischen deutschen Philosophie* (1889). Engels sustentava que Marx tinha preservado, e bem, o método dialético de Hegel, fornecendo-lhe todavia uma base materialista. Do ponto de vista de Engels, há contradições no mundo material, e não apenas no pensamento. Os fenómenos naturais só podem ser adequadamente compreendidos e explicados num enquadramento dialético que, sustenta em *Dialektik der Natur* (um rascunho manuscrito, publicado originalmente em 1925; trad. *A Dialética da Natureza*, 1979), contém três leis básicas de aplicação universal: 1) a transformação da quantidade em qualidade, de modo que sob certas condições há um «salto» revolucionário de uma diferença de grau para uma diferença de espécie; 2) a interpenetração dos opostos; 3) a lei da negação da negação, que não reconduz ao ponto de partida, antes se move em espiral na direção de uma nova síntese. A teoria tem um aspeto polémico contra o chamado *materialismo mecânico*, advogado por filósofos populares como Büchner e Dühring, e, é claro, contra várias escolas idealistas. Lenine adotou esta perspetiva, a que o seu conselheiro filosófico deu o nome de «materialismo dialético», tornando-se a ortodoxia nos países sob o domínio comunista, e ganhando expressão canónica no livro de Estaline, *Materialismo Dialético e Materialismo Histórico* (1938) (trad. 1979). O materialismo histórico é uma interpretação, aproximadamente nos mesmos termos, da análise de Marx da história e da sociedade capitalista. Os antimarxistas não viram grande mérito nesta filosofia, e muitos intelectuais marxistas rejeitaram também o que consideravam um dogma filosófico simplista, especialmente depois da publicação em 1932 da obra *Ökonomisch-philosophische Manuskripte aus dem Jahre 1844*, de Marx (*Manuscritos Económico-Filosóficos*, 2004). Reconhece-se geralmente, contudo, que Marx foi um pioneiro na maneira como chamou a atenção para a importância das condições materiais e económicas enquanto fatores explicativos da mudança histórica, o que muito o favorece. BHI/dir.

matéria-prima Na filosofia de Aristóteles: a mera potencialidade para receber formas. JM

matriarcado *s.* (lat. *mater* mãe + -*archa* governo) **1** Uma forma de organização social em que o controlo, poder e autoridade estão nas mãos das mães ou das mulheres adultas em geral. **2** Uma sociedade organizada desse modo. O matriarcado é o conceito central em *Das Mutterrecht* (1861), do antropólogo social suíço J. J. Bachofen (1815-1887). Considerava o matriarcado um estádio inicial da evolução da humanidade. Nesse estádio, não existem distinções marcadas nem linhas de demarcação e exclusão. Os costumes e a mentalidade da sociedade são generosamente abertos e promíscuos, e há uma proximidade ao solo. Tudo isto se perde quando o princípio masculino, mais intelectual e espiritual, assume o comando. Ludwig Klages estabeleceu um contraste semelhante, atribuindo valor positivo à GINOCRACIA: o espírito é o princípio masculino, a alma e a natureza o feminino, que perdemos mas devemos tentar reaver. *Ant.* PATRIARCADO.

Nota: as ideias do matriarcado de Bachofen (que também usava o termo *ginocracia*) não desapareceram no quase esquecimento, como tem tendência para acontecer com a maior parte das teorias mais antigas comparáveis. A razão é que foram incorporadas na ideologia marxista por via de Friedrich Engels, *Der Ursprung der Familie, des Privateigentums und des Staats* (1884) (*A Origem da Família, da Propriedade Privada e do Estado*, 2006).

mau infinito Expressão usada por Hegel, é o infinito incorrectamente entendido. Hegel distingue dois modos de nos enganarmos acerca do infinito. Um é ter uma conceção sub-repticiamente finita do infinito. Hegel usa como exemplo o judaísmo da antiguidade, no qual Deus, o infinito, é objetificado, tomado como algo externo, separado do finito, algo transcendente. Em contraste, o infinito, ou Deus, deveria, segundo Hegel, ser concebido como algo imanente a cada coisa finita, e que ao mesmo tempo a contém em si, revelando-se nelas. O outro modo de errar é conceber o infinito como ilimitado (como uma linha reta sem fim); em contraste com o mau infinito, o infinito genuíno está contido em si mesmo (como uma linha circular).

Mauthner, Fritz /'maʊtnər/ (1849-1923) Jornalista e autor de ensaios, sátiras, poesia, romances (*e.g.*, *Hypatia*, 1892), e obras filosóficas, primeiro em Praga, a partir de 1876 em Berlim, e a partir do início da década de 1900 no Sul da Alemanha. Filosoficamente, foi sobretudo influenciado por Mach e Nietzsche. As suas obras filosóficas principais são *Beiträge zu einer Kritik der Sprache* (1901) 1923, *Wörterbuch der Philosophie* (1910) e *Der Atheismus und seine Geschichte im Abendlande* (1920-1923). Do seu ponto de vista, não pode haver conhecimento sem linguagem. Contudo, a linguagem constitui um véu que impede o acesso à realidade, de modo que o conhecimento genuíno não se pode obter por meio da linguagem, que não pode senão refletir as nossas experiências subjetivas, sendo determinada pelas suas funções sociais. Assim, as estruturas linguísticas (*e.g.*, sujeito/predicado) não espelham as estruturas ontológicas (*e.g.*, coisa/propriedade) apesar de parecer que o fazem. Mais tarde, combinou o seu ceticismo radical com uma teoria da intuição mística. Algumas das suas ideias sobre a linguagem poderão ter influenciado o segundo Wittgenstein.

mauvaise foi /movɛz fwa/ fr. má-fé; intenção de enganar; desonestidade. No existencialismo de Sartre, é o autoengano, especialmente ao alijar a responsabilidade pelo modo de conduzir a nossa vida.

máxima *s.* (lat. *maxima (propositio)* proposição «mais grandiosa» ou «mais elevada», *i.e.*, uma proposição tomada como ponto de partida) **1** Uma proposição ou regra geral. Na sua maioria, os autores usam o termo primariamente para afirmações que têm a ver com questões práticas ou são úteis para a condução da vida, e que são expressas em forma aforística, como provérbios e adágios. Uma antologia famosa de máximas e reflexões é a de La Rochefoucauld. Locke, contudo, usa a palavra num sentido mais geral, como sinónima de «axioma», uma verdade tomada como básica e autoevidente (*An Essay Concerning Human Understanding*, Livro 4, caps. 7 e 12). 2 Em alguns filósofos do século XVIII, incluindo Kant, uma máxima é uma regra de ação adotada pelo agente, um «princípio subjetivo de volição».

maximin, princípio PRINCÍPIO MAXIMIN.

McDowell, John (Henry) /məkˈdaʊəl/ (n. 1942) Inicialmente educado na África do Sul e no Zimbabué, estudou depois filosofia em Oxford, onde lecionou durante vinte anos. Em 1986, quando assumiu o cargo de professor de Filosofia em Pittsburgh, era uma figura proeminente na filosofia analítica, autor várias publicações influentes em semântica, filosofia da mente e teoria do conhecimento. As suas interpretações da filosofia grega da antiguidade (que incluem uma tradução do *Teeteto*, de Platão) foram também objeto de atenção, especialmente a sua leitura da ética de Aristóteles. Do seu ponto de vista, o pensamento de Aristóteles não se compara apenas favoravelmente com o ANTIRREALISMO e o NÃO COGNITIVISMO de grande parte da filosofia moral moderna; também ajuda a superar o impasse que põe em perigo a própria ideia de que o pensamento se relaciona com o mundo. Esta é uma das afirmações centrais da sua obra mais significativa até hoje, *Mind and World* (1994) (*Mente e Mundo*, 2005). Argumenta que podemos evitar as alternativas igualmente insatisfatórias entre o que Wilfrid Sellars chamava o Mito do Dado (a ideia de que as impressões sensoriais não conceptuais fundamentam o pensamento empírico) e o coerentismo de Donald Davidson (que nega que o pensamento se fundamente de todo na experiência) se concebermos a experiência como um exercício passivo de capacidades conceptuais. Mas só temos essa opção se pudermos encarar o exercício de tais capacidades – o que Kant chamava «espontaneidade» – como um fenómeno natural. E só podemos fazer isso se tivermos uma conceção da natureza que seja mais abrangente do que um «domínio da lei» com a qual as ciências modernas da natureza trabalham. Ao incluir a noção aristotélica de uma «segunda natureza», obtemos essa conceção. Apesar de retrabalhar temas kantianos, o que o relaciona com o idealismo alemão, nega que esteja a fazer filosofia «construtiva», o que é controverso. Abraça a conceção «quietista» da filosofia de Wittgenstein e considera que a sua tarefa é exorcizar as fontes de ansiedade filosófica e não a construção de doutrinas filosóficas. Estes temas, entre outros, são também elaborados em duas antologias de textos filosóficos, *Meaning, Knowledge and Reality* (1998) e *Mind, Value and Reality* (1998). A sua obra é discutida em Nicholas H. Smith (org.), *Reading McDowell: On Mind and World* 2002. NSM

McTaggart, J(ohn) **M**(cTaggart) **E**(llis) /məkˈtægət/ (1866-1925) Filósofo de Cambridge, membro do Trinity College. O seu trabalho foi em grande parte dedicado a estudos críticos aturados da filosofia de Hegel. A sua metafísica, apresentada com clareza e rigor em *The Nature of Existence*, 2 vols. (1921, 1927), 1988, difere consideravelmente do senso comum. As únicas entidades existentes são as mentes, e a relação essencial entre elas, por enquanto ainda muito imperfeitamente realizada, é o amor. O amor tem valor intrínseco: é uma propriedade simples, insuscetível de análise. A existência de uma mente tem um aspeto atemporal; na verdade, o tempo é, em rigor, irreal: logo, as almas são imortais. McTaggart não acreditava, contudo, que pudesse existir uma mente abrangente, *i.e.*, Deus. Os vários conteúdos mentais, *e.g.*, dados dos sentidos, juízos e inferências, não existem; nem os objetos materiais, nem o espaço, nem o tempo.

Devido à argumentação cuidada e lúcida, em especial relativamente à natureza e inexistência do tempo, os seus pontos de vista continuam atuais.

Nota: Some Dogmas of Religion (1930) inclui também um memorial de C. D. Broad.

Mead, George Herbert /mid/ (1863-
-1931) Filósofo norte-americano, professor na Universidade de Chicago a partir de 1892. Os seus escritos mais importantes foram postumamente coligidos em *Mind, Self and Society* (1934). Desenvolveu uma teoria da constituição do eu, na qual a comunicação com os outros é vista como essencial para a autoconsciência e todas as formas superiores de atividade mental. A capacidade para adotar mais de um ponto de vista, que só pode surgir por meio da interação social, é uma característica essencial da mente.

Meinong, Alexius /ˈmaɪnɔn/ (1853-
-1920) Filósofo austríaco, foi aluno de Brentano, que o influenciou fortemente. A partir de 1889 foi professor em Graz, onde estabeleceu um influente instituto de psicologia e uma importante escola de filosofia.

As principais investigações de Meinong começam com a sua filosofia da mente, em que apresenta uma análise geral tripartida da experiência mental, incluindo ato, conteúdo e objeto. Uma marca distintiva do *mental* é que as experiências e estados mentais se dirigem sempre a um objeto. Chama-se por vezes «tese da intencionalidade» a esse direcionamento universal da experiência mental para os objetos. Grande parte da sistematização muitíssimo original de Meinong nasce da investigação dos *objetos* envolvidos; isto rapidamente vai muito além do sujeito da experiência. Na análise relacional completa das experiências mentais básicas, um sujeito orientado para um objeto, os elementos complementares dão as duas dimensões da direção e da focagem. O «elemento de ato» significa a maneira como determinado sujeito se direciona para o objeto em causa, ao passo que o «elemento de conteúdo» dá focagem; é isso que faz pender o direcionamento para um objeto em vez de outro. Por exemplo, a diferença entre pensar num deus e acreditar num deus é uma diferença de ato; a diferença entre pensar num deus e pensar num unicórnio é uma diferença de conteúdo. *Grosso modo*, ao ajuizar que Pégaso tem asas, o *ato* é o de ajuizar, o *objeto* é a proposição (ou objetivo) de que Pégaso tem asas, e o *conteúdo* é o que direciona esse ajuizar para essa proposição. Consegue-se obter uma classificação minuciosa dos fenómenos mentais em termos de ato-conteúdo. Em termos genéricos, estes dividem-se em três tipos: 1) apresentações, 2) pressupostos e juízos, e 3) atitudes de afeção e desiderativas. A estas correspondem, aproximadamente, três divisões principais da teoria filosófica de Meinong: teoria dos objetos, teoria dos complexos e teoria do valor.

Teoria dos objetos. A teoria dos objetos representa uma enorme expansão da ontologia, a teoria do que existe, abrangendo desse modo também o que não existe, incluindo quer os objetos que são meramente possíveis, quer os objetos que são impossíveis, e talvez também objetos incompletos. Isto contrasta com toda a metafísica tradicional, em que a ontologia é o centro, que revela um «forte preconceito a favor do efetivo», tendendo a negligenciar e a mudar a natureza do que não existe resolutamente – não apenas objetos que existem apenas de modo marginal ou vacilante mas, sobretudo, objetos que podem não ter qualquer tipo de ser.

Segundo a teoria geral dos objetos de Meinong, muitos objetos não existem, contudo estes objetos são constituídos de uma ou outra maneira, em virtude dos atributos que têm, e assim podem ser objeto de predicações verdadeiras. Primeiro, todo o objeto tem um caráter (um *Sosein*). Este caráter é dado por meio de um conjunto de atributos característicos (ou nucleares). Segundo, os objetos têm realmente os seus atributos característicos. Por exemplo, o quadrado redondo é quadrado e redondo; as frases «o quadrado redondo é quadrado» e «a montanha de ouro em que estou a pensar é de ouro» são afirmações verdadeiras, apesar de serem sobre objetos inexistentes. Assim, em terceiro lugar, o modo como os objetos são, tal como isso é dado nos seus atributos característicos, é substancialmente independente de existirem ou não. Este aspeto é aprofundado na tese da independência do *Sosein* relativamente ao *Sein* (ser), ou da constituição relativamente à existência. Esta tese faz parte da doutrina de Meinong do *Aussersein* (ser para lá), que diz respeito a uma classe de objetos para lá do ser de qualquer tipo, subsistência ou existência.

Os objetos dividem-se numa diversidade deslumbrante de categorias. Uma divisão principal separa objetos (básicos) de objetos de ordem superior, que se fundam nos objetos de ordem inferior. Entre os objetos, uma divisão importante entre os objetos inexistentes é entre os meramente possíveis e os impossíveis, cujos atributos se revelam muito enigmáticos para a teoria lógica comum. Referimo-nos a uma montanha de ouro, apesar de não existir; objetos incompletos, como «algo azul», não tendo atributos definidos quanto à forma violam a lei habitual do terceiro excluído; objetos impossíveis, como o quadrado redondo, violam a lei habitual da não contradição.

Apesar de a própria teoria de Meinong permanecer incompleta no que diz respeito a várias questões de importância, como saber exatamente que atributos são nucleares e que atributos os objetos inexistentes não têm, Meinong indica efetivamente vários outros princípios de grande importância lógica, nomeadamente: 1) um axioma da abstração de objetos: para todo o *Sosein*, há um objeto correspondente; 2) liberdade de pensamento e de pressuposto: todo o objeto pode ser pensado e (numa ordem superior) qualquer proposição pode ser pressuposta; 3) o princípio da significação: a significação (*Bedeutung*) de todo o termo sujeito é um objeto. Estes princípios simplificam e aplanam muitíssimo a teoria lógica geral. Por exemplo, facilitam uma teoria semântica uniforme, dado que todo o termo sujeito funciona inicialmente do mesmo modo, e permitem um tratamento uniforme do facto e da ficção, dado não haver diferença qualitativa entre os caracteres dos objetos, quer existam, quer não.

Teoria dos complexos. Entre os objetos complexos, os que são compostos por outros itens são *todos*, agregados relacionais e objetos de ordem superior (os que contêm objetos como constituintes). Entre estes últimos, os objetivos são os objetos dos pressupostos e juízos. Um pressuposto como «os discos voadores são ilusórios» não significa um objeto básico nem um objeto concreto, antes um objetivo, o ser ilusório dos discos voadores, um objeto de ordem superior que contém os discos voadores como constituintes. Ou seja, os pressupostos, como os juízos, tomam os objetivos por objetos. De facto, um objetivo é o que os filósofos habitualmente chamam *proposição* ou *facto complexo*. Do mesmo modo que há objetos que não existem, também há objetivos que não ocorrem, *i.e.*, proposições falsas. Tais objetivos são também objetos genuínos, com uma constituição independente do pensamento ou da expressão. Esta teoria de objetivos ajuda imediatamente a eliminar enigmas tradicionais, como a questão de saber como podemos exprimir o que não é, ou acreditar nisso. Meinong argumenta, mais em geral, que só a teoria dos pressupostos e da sua significação pode explicar adequadamente fenómenos como a apreensão de factos negativos; a natureza da inferência, do diálogo e da comunicação em geral; e até a natureza do lúdico e dos jogos, assim como da arte.

Teoria da evidência e da apreensão de objetos. Os objetos que não existem desempenham um papel crucial na apreensão dos que existem e na aquisição do conhecimento. Os objetos incompletos, indeterminados em muitos aspectos, são os meios pelos quais temos acesso mental a objetos que existem e cujos traços estão inteiramente determinados. Por exemplo, percecionamos uma zebra em termos de um objeto, *datum*, sem qualquer número determinado de listas pretas. Na epistemologia, Meinong ajusta a teoria dos indícios de Brentano e da autoevidência (os juízos *a priori* não são afetados pela existência ou inexistência dos seus objetos) e, mais ousadamente, introduz uma noção de evidência presumida (*Vermutungsevidenz*), que é necessária para compreender, e justificar, a perceção, a memória e a indução. Descobrimos os elementos enganadores, pela sua falta de coerência relativamente ao nosso corpo geral de conhecimento. Assim, prescrições evidentes podem ser diretamente evidentes sem ser certas, podendo até ser ocasionalmente falsas. Meinong resolve de maneira holista os problemas que esta consequência inabitual parece gerar (antecipando a conceção posterior de John Rawls, por exemplo, de um equilíbrio reflexivo). Por exemplo, tais fragmentos de conhecimento podem ser comparados com cartas num baralho, nenhuma das quais pode ficar sozinha de pé, mas que colocadas de pé em conjunto podem sustentar-se mutuamente.

Teoria do valor. Na teoria do valor (impessoal) do Meinong da maturidade, há características ou formas de objetos, incluindo características de valor e universais de valor, que são discernidas *por meio* das nossas emoções e desejos, por apresentação emocional. (A teoria anterior de Meinong do valor pessoal é significativamente diferente, sendo muito mais psicológica.) Isto é, as emoções e desejos, como as perceções sensoriais, têm funções cognitivas subsidiárias. A teoria não é subjetiva nem objetiva, nem uma teoria do sentido moral, dado nenhum sentido especial existir, existindo apenas uma base emocional para avaliar dados e outra informação semelhante. Por exemplo, o sentimento de reverência ao entrar numa floresta densa *direciona-nos* para o esplendor da floresta. O esplendor apresentado desse modo emocional sem dúvida que se *baseia* em características naturais da floresta, tal como os seus vários níveis, a diversidade de *habitats*, e a diversidade e dimensões imensas das suas árvores. Mas, uma vez mais, o valor em causa, o esplendor, não se reduz a uma qualquer soma destas características naturais, tal como não se reduz a características da sua apresentação, nem a aspetos dos seus métodos de verificação. Meinong não visa uma análise redutiva do valor, que seria inapropriado para objetos de valor distintos «lá fora», independentes de nós; ao invés, está a trabalhar na direção de uma teoria totalmente fenomenológica do valor.

O processo de avaliação também revela vários géneros de objetos de valoração de ordem superior, universais de valor; o agradável, o desejável e o obrigatório (de um ou de outro tipo), entre outros, são revelados (por abstração), juntamente com o bem e a beleza. Isto leva Meinong a uma classificação e investigação detalhada de *dignitativos,* que correspondem a conceitos axiológicos, e *desideritativos,* que correspondem a conceitos deônticos. RSY

Algumas obras: Über Annahmen 1902; *Gesammelte Abhandlungen*, 2 vol., 1913--1914; *Über Möglichkeit und Wahrscheinlichkeit* 1915; *Über emotionale Präsentation* 1917. Leituras: J. N. Findlay, *Meinong's Theory of Objects and Values* 1963; Karel Lambert, *Meinong and the Principle of Independence* 1983; R. Grossman, *Meinong* 1999.

meio, doutrina do Uma virtude é um meio entre dois extremos, segundo Aristóteles, *Ética Nicomaqueia,* Livro 2, 6 (1106ª ss.) *Ver* VIRTUDE.

meliorismo (lat. *melior* melhor) *s.* A perspetiva de que a condição humana está a melhorar ou, em particular, a perspetiva de que as condições sociais estão a melhorar ou podem melhorar em resultado do esforço humano.

Melisso de Samos (*fl.* 440 a.C.) Adotou o monismo da escola eleática, rejeitando a possibilidade da mudança e do movimento. Dos seus escritos, só nos restam fragmentos.

meme *s.* Unidade de replicação cultural. O conceito foi introduzido por Richard Dawkins em *The Selfish Gene* (1976) (*O Gene Egoísta*, 2007), por analogia com o conceito de gene, a unidade de replicação biológica. Os memes, como melodias, modas, tradições, regras ou teoria morais, são transmitidos culturalmente de geração em geração (por meio de influências sociais sobre o indivíduo), em contraste com os genes, que são transmitidos biologicamente; mas os memes são semelhantes aos genes por estarem sujeitos a processos de mutação ou seleção.

menção *Ver* USO.

Mendelssohn, Moses /ˈmɛndəlsòːn/ (1729-1786) Filósofo alemão judaico, cujas primeiras línguas eram o iídiche e o hebraico; mais tarde, aprendeu alemão, francês, inglês, latim e grego. Foi com Mendelssohn que a vida intelectual judia começou de novo a florescer. Ao longo de séculos, estivera em grande parte isolada da emergência do humanismo e do desenvolvimento da ciência e da filosofia modernas que Bacon, Galileu e Descartes representavam.

Mendelssohn foi um dos representantes mais importantes da filosofia do Iluminismo. Fez amizade próxima e duradoura com alguns dos autores mais importantes do seu tempo. Quando a arte dramática alemã chegou à completa maturidade com a peça *Nathan der Weise* (1779), da autoria do seu amigo G. E. Lessing (1729-1781), a personagem principal tinha Mendelssohn como modelo.

Mendelssohn juntou-se a outros «filósofos populares» alemães que faziam o possível por apresentar as ideias filosóficas a um público leitor mais vasto. O seu estilo estabeleceu um novo padrão de simplicidade, elegância e clareza.

Em estética, introduziu a distinção entre dois tipos de perfeição: metafísica e estética. Sugerir que a beleza consiste em unidade no seio da diversidade (como Hutcheson) seria confundir as duas. A beleza agrada subjetivamente, ainda que uma coisa esteticamente agradável possa ser objetivamente imperfeita: a tragédia é um caso óbvio.

Em 1764, a Academia Real da Prússia atribuiu-lhe um prémio (antes de Kant, Lambert e Thomas Abbt) por um ensaio sobre a questão de saber que tipo de indícios poderá haver a favor de teorias metafísicas. *Phädon* (1767), uma adaptação de Mendelssohn do *Fédon* de Platão, apresenta argumentos a favor da indivisibilidade, indestrutibilidade e portanto imortalidade da alma. Mendelssohn considerava que se poderia estabelecer outras doutrinas básicas da religião e da metafísica, recorrendo apenas à razão, não se deixando convencer pela teoria oposta da *Kritik der Reinen Vernunft* (1781) de Kant (*Crítica da Razão Pura*, 2008), como se pode ver em *Morgenstunden* (1785), que apresenta argumentos a favor da existência de Deus. Rejeitava também o idealismo do género berkeliano.

Em *Jerusalem* (1783), defendeu a tolerância religiosa, usando a Teoria Moderna do Direito Natural. Argumentou que a diversidade de religiões não deve impedi-las de coexistir pacificamente, dado todas concordarem com os princípios básicos da moral e da metafísica, princípios que são suscetíveis de demonstração racional. Fazer cumprir a lei, não apenas civil, mas também as regras de uma instituição religiosa, pertence à autoridade secular. Se aceitarmos isto, a tolerância torna-se praticável. *Ver também* CONTROVÉRSIA DO PANTEÍSMO.

Leitura: A. Altmann, *Moses Mendelssohn* (1973) 1998. Note-se que *The Cambridge Companion to Mendelssohn* não é sobre o filósofo, mas sim sobre o seu neto.

mentalismo s. O ponto de vista de que não se pode explicar o comportamento exclusivamente em termos não mentais. *Ant.* comportamentalismo, fisicismo.

mente (lat. *mens*) s. Este termo é muitas vezes confundido com *cérebro* ou com a parte material do pensamento. Tanto o termo português como o latino referem seja o que for a sede ou lugar do pensamento e da consciência: se defendermos uma tese dualista, a mente poderá ser idêntica à alma e poderá ser uma substância imaterial ou espiritual; se formos fisicistas ou materialistas, a mente poderá ser então efetivamente idêntica ao cérebro, ou um produto funcional dele. A confusão parece ter origem na língua francesa, que só tem o adjetivo *mental* mas não o substantivo correspondente, pelo que os filósofos franceses são obrigados a usar o termo *esprit*, que é desadequado em muitos casos devido à sua óbvia conotação espiritualista. Descartes, todavia, usava o termo *mens* quando escrevia em latim, e não o termo latino *spiritus*, assim como Agostinho usa *mens* para falar da sede do pensamento e *spiritus* para falar do aspeto espiritual do ser humano. DM

mente, filosofia da Artigos deste dicionário que mencionam esta área de investigação: AGNOSTICISMO; DUALISMO; ELIMINATIVISMO; TEORIA IDENTITATIVA DA MENTE; NATURALISMO; FISICISMO.

Leitura: J. Heil, *Filosofia da Mente* 2001; K. T. Maslin, *Introdução à Filoso-*

fia da Mente 2009; D. Chalmers (org.), *Philosophy of Mind: Classical and Contemporary Readings* 2002; T. Crane, *Elements of Mind* 2001.

mereologia (gr. μέρος parte) *s.* Teoria sobre as relações entre as partes e os todos.

merismo (gr. μέρος parte) *s.* Teoria que explica um todo por meio da natureza ou funcionamento das suas partes. *Ant.* HOLISMO.

Merleau-Ponty, Maurice /mɛrlopɔ̃ti/ Filósofo francês. Em obras como *La phénoménologie de la perception* (1945) (*Fenomenologia da Percepção*, 2006) e *Le visible et l'invisible* (1964) (*O Visível e o Invisível*, 2003), apresentou uma análise da perceção, ação, o eu e suas interações na experiência e na reflexão humanas. O objetivo era construir uma conceção anticética do conhecimento e da realidade que não fosse monista nem dualista, e que tivesse na sua base o mundo da experiência percetiva. A originalidade da sua descrição deste mundo que é objeto de experiência, denominado *Lebenswelt* («mundo da vida») por Husserl, deve-se à atenção dada ao papel do corpo na construção de um mundo espácio-temporal. Este aspeto foi aprofundado em *La Structure du comportement* (1942) (*A Estrutura do Comportamento*, 2006).

Nos primeiros anos do pós-guerra, Merleau-Ponty foi a força motriz, juntamente com Jean-Paul Sartre e Simone de Beauvoir, da influente revista *Les Temps Modernes*, mas no início da década de 1950 desentendeu-se com eles porque as suas simpatias pelo regime soviético esmoreceram mais depressa.

Traduções: *Palestras* 2003; *O Visível e o Invisível* 2003; *O Olho e o Espírito* 2004; *O Elogio da Filosofia* 1998; *Aventuras da Dialética* 2006; *A Prosa do Mundo* 2002; *Signos* 1991. Outras leituras: *The Cambridge Companion to Merleau-Ponty* 2004.

Mersenne, Marin /mɛrsɛn/ (1588-1648) Homem de letras francês. Criticou as limitações da ciência aristotélica, mas era também hostil à cabala, astrologia, alquimia, crença na feitiçaria e na bruxaria, e outras formas de ocultismo, que alguns humanistas antiaristotélicos do Renascimento cultivavam. Mersenne simpatizava com a nova perspetiva científica. Escreveu contra o ceticismo radical em *La Vérité des sciences contre les Pyrrhoniens* (1625), favorecendo um ceticismo mitigado. Do seu ponto de vista, o universo físico aponta para um Deus matemático. Mantinha um contacto amigável com protestantes e socinianos, e dava-se bem com Gassendi, Descartes e muitos outros filósofos e cientistas. Organizou e contribuiu para as *Objeções* que Descartes solicitara para as *Meditações*. Conversando e mantendo uma vasta correspondência, foi uma figura central na emergência da filosofia e ciência modernas, sendo considerado «o secretário da Europa esclarecida».

Meslier, Jean /mɛlje/ (1664-1729) Ocupando uma posição modesta na vida como padre-cura (*curé*) de uma pequena paróquia no Norte da França, Meslier manteve prudentemente secretas as suas opiniões bastante radicais, mas depois da sua morte descobriu-se um importante manuscrito, conhecido como *Testamento*. Teve grande circulação clandestina em cópias manuscritas, e influenciou os autores radicais do Iluminismo francês. Voltaire publicou extratos deste manuscrito, mas só na década de 1860 foi integralmente dado à estampa; a única edição completa e atestada foi publicada em Paris em 1970-1972.

Considerava que toda a religião revelada nada é senão fraude e impostura, alimentada por sacerdotes e príncipes astuciosos. Levantou também objeções convincentes contra os argumentos canónicos (os argumentos do movimento, do desígnio, etc.) a favor da RELIGIÃO NATURAL e rejeitou o dualismo mente-matéria. A sua posição era um ateísmo e materialismo intransigente. Esta posição não teria, argumentava, qualquer efeito adverso na moralidade, dado que todos podemos, com a luz da razão natural, apreender diretamente as verdades da moralidade. Na base desta moralidade natural, da qual a justiça natural é parte constituinte, condenou a opressão e exploração espiritual e material da multidão de pobres por uns quantos poderosos, descrevendo vividamente mas com precisão a extrema miséria humana daí resultante. Não apenas a miséria da pobreza, fome e doença, mas também o sofrimento resultante de se inculcar e fazer valer uma moralidade sexual repressiva.

A sua condenação veemente da injustiça dominante inspirou também o seu apelo às gentes comuns para se revoltarem e derrubarem violentamente os seus opressores ricos e poderosos, para construir depois um tipo diferente de sociedade, em termos comunitários, na qual todos pudessem viver em cooperação e harmonia.

Dada a época em que viveu, a sua combinação de materialismo, ateísmo e comunismo revolucionário é digna de nota.

A sua reputação precedeu a publicação. Holbach aproveitou-se do facto e escreveu e publicou anonimamente *Le Bon sens du curé Meslier*, c. 1772. Contém perspetivas radicais, mas não é da autoria de Meslier.

Desde o século XVIII que se têm sucedido as edições fragmentárias do seu *Testamento*. A primeira edição moderna completa e fidedigna, em língua francesa, tem seiscentas páginas e foi publicada em 2006, preparada por Alain Toupin (*Mémoire contre la religion*). Em português, *Memória*, 2003 (147 pp.), contém alguns excertos apenas.

Mesmer, Franz Anton /ˈmɛsmər/ (1734-1815) Mesmer tornou-se uma celebridade ao fazer apresentações públicas de muitos truques curiosos, incluindo fenómenos hipnóticos. Estes eram explicados em termos de uma força que até então não fora explorada, chamada *magnetismo animal*; a sua teoria foi acolhida pelos filósofos românticos devido às suas aparentes implicações antimecanicistas. Uma investigação oficial realizada à época teve como resultado um relatório negativo. Kant pensava que o que Mesmer fazia era essencialmente entretenimento, comparável a ventríloquos e ilusionistas. Contudo, as suas atividades estimularam efetivamente a investigação subsequente do hipnotismo.

metabasis (gr. μετάβασις mudança, levar além, transição) *s*. A palavra é hoje usada sobretudo na expressão μετάβασις εἰς ἄλλο γένος, uma transição (não permissível) para outra categoria – *e.g.* um erro categorial.

metadiegética (gr. μετά- + διήγεσις narrativa) *adj*. Na teoria literária: uma narrativa metadiegética é uma narrativa dentro de outra, uma história contada por uma personagem da história principal. Este neologismo, tal como é usado na teoria da literatura por G. Genette em *Figures I-III* (1967-1970) (*Discurso da Narrativa* 1995), pode provocar confusões, dado que «meta-» sugere normalmente um nível enquadrante e não enquadrado. Alguns autores preferem *hipodiegética*.

meta- Elemento lexical de origem grega (μετά) que significa *para lá* ou *depois*. Na filosofia do século XX, este prefixo significa «acerca de» e é usado para formar novos termos que significam um discurso, teoria ou área de investigação que está um nível acima do seu objeto, que é também um discurso, teoria ou área de investigação. Assim, a METAÉTICA é a análise dos conceitos e argumentos morais, a METAMATEMÁTICA é a teoria dos conceitos e demonstrações da matemática, etc. Há uma exceção: a METAFÍSICA não é a metateoria da física.

metaética *s.* A análise filosófica dos conceitos, juízos e argumentos morais. Eis algumas das questões que pertencem ao domínio da metaética: 1) Questões semânticas: qual é o significado de termos morais como «bem», «dever» e «correto»? 2) Questões lógicas: quais são as condições de validade dos argumentos morais? 3) Questões ontológicas: em que sentido há factos morais? 4) Questões epistemológicas: o conhecimento moral é coisa que realmente existe? Se sim, qual é o seu âmbito e limites?

Em contraste, a investigação que tem como objeto a avaliação do caráter e da conduta humanos chama-se *ética*, ou, para marcar o contraste, *ética normativa*.

A divisão nítida entre metaética, a que também se chama *ética analítica,* e a ética normativa ou substantiva, não era particularmente observada antes do século XX.

Nota: a «metaética do feminismo radical» de Mary Dally, *Gyn/Ecology* (1978) é um uso desviante do termo, visando sugerir um tipo de investigação mais profundo e intuitivo e nesse sentido «para lá» da ética.

metafilosofia *s.* Investigação ou teoria sobre a natureza da filosofia.

Afirmando que a filosofia chegou ao fim (ou que devia chegar, ou que em breve chegará), alguns autores franceses (H. Lefebvre, *Métaphilosophie* (1965); K. Axelos) têm usado a palavra num sentido inteiramente diferente, para denotar a atividade teórica ou prática que continua disponível *depois* do óbito da filosofia.

Leitura: No primeiro sentido: T. Williamson, *The Philosophy of Philosophy* 2008.

metafísica da presença Expressão usada por Derrida para um pressuposto que se afirma ser subjacente à tradição filosófica ocidental, a saber, que em última análise a realidade é uma unidade e que as diferenças, no fundo, não são reais. Este ponto de vista, que implica que (no fundo) tudo é idêntico a tudo o mais, é rejeitado por Derrida. Mas a sua rejeição deste ponto de vista parece incluir também uma rejeição da perspetiva inteiramente diferente (e extremamente plausível) de que tudo é idêntico a si mesmo. As duas perspetivas não são equivalentes. *Ver* DIFERENÇA, METAFÍSICA DA.

metafísica (gr. τὰ μετὰ τὰ φυσικὰ o que vem depois da física; mas pode também querer dizer «o que está para lá da natureza») *s.*

Quando Andrónico de Rodes (século I a.C.), o décimo diretor do Liceu, organizou as obras de Aristóteles, os catorze livros que tratam da «Filosofia Primeira» foram colocados *depois* dos livros sobre *física* (τὰ μετὰ τὰ φυσικὰ βιβλία), sendo assim denominados *metafísica*. Tratam dos conceitos mais fundamentais: realidade, existência, substância, causalidade, etc.

Esta investigação conduziria a uma compreensão da realidade última que está para lá daquilo com que nos confrontamos na experiência sensorial. Esta compreensão não se baseia em si na experiência sensorial, mas na análise racional ou argúcia. Por isso foi um pequeno passo interpretar τὰ μετὰ τὰ φυσικὰ como a investigação ou teoria do que está *para lá da natureza* e transcende os limites do conhecimento comum e da experiência.

A investigação metafísica tem uma história ininterrupta, como a própria filosofia. Uma divisão influente do seu objeto de estudo foi codificada por Christian Wolff (1679-1754). Considerou que a metafísica tinha quatro grandes partes: ontologia (a doutrina geral do ser ou da existência), teologia racional (a doutrina da existência de Deus e dos seus atributos), cosmologia racional (a doutrina do mundo) e psicologia racional (a doutrina da existência e atributos da alma).

Kant usou a palavra *metafísica* de várias maneiras. Num sentido, tomou a *metafísica da natureza* e a *metafísica da moral* como o que pode ser conhecido *a priori* nessas áreas, tentando os seus livros com essas palavras no título apresentar delas uma conceção sistemática. Mas Kant usou também a palavra para falar da tentativa tradicional de estabelecer conhecimento sobre um dado domínio que está para lá do nosso mundo natural, um domínio transcendente. Como Hume antes de si, ainda que por razões diferentes, Kant considerava a metafísica neste sentido uma tarefa impossível.

Hume e Kant não foram, contudo, os primeiros a rejeitar a metafísica. Paralelamente à atividade metafísica ao longo dos tempos, emergiram regularmente fortes dúvidas ou completa rejeição. Em especial desde o nascimento da ciência moderna, tem sido considerada uma especulação vã. Muitos empiristas e positivistas (Hume, Comte, Carnap) rejeitaram fortemente o pressuposto de que há uma realidade para lá do mundo natural e empírico, e que se pode saber algo dele. Esta rejeição da metafísica *transcendente* não exclui a investigação filosófica dos conceitos de realidade, existência, substância, etc.

Leitura: *A Companion to Metaphysics* (Wiley-Blackwell) 1995.

metáfora (gr. μεταφορά transferência) *s.* Figura de estilo na qual uma expressão linguística é usada em vez de outra para sugerir alguma semelhança, *e.g.*, «o rio do tempo»; «Em Deus temos uma fortaleza»; «Uma mulher é uma flor». Ao contrário do símile, não há «como» ou «semelhante» para apontar a semelhança.

A análise da metáfora e a distinção entre o significado metafórico e o literal são temas de intensa discussão na filosofia contemporânea.

Nota: uma *metáfora* não é o mesmo que um *símbolo*, um *sintoma* ou um *sinal*. Não é correto dizer que Madonna (a cantora) é uma «metáfora» da pós-modernidade. Mas podemos dizer que a *simboliza*. Uma demora indevida num serviço pode ser um sintoma de debilidade da burocracia, mas não é adequado dizer que é uma «metáfora» da debilidade. A observação de Hobbes continua pertinente: «As palavras podem ser denominadas metafóricas, os corpos e os movimentos não» (*Leviathan*, cap. 6, sec. 2).

metalepse (gr. μετάληψις levar além) *s.* 1 Em retórica: o uso da metonímia para substituir uma expressão que já é usada figurativamente. 2 Em literatura: uma afirmação que transmite uma mensagem indiretamente, *e.g.*, o cortês «Tenho de escrever algumas cartas», quando na realidade não quero companhia. 3 Em semiótica: a transgressão de níveis narrativos, como quando um narrador entra na história para se dirigir diretamente ao leitor.

metalinguagem s. Uma linguagem usada para falar *acerca de* uma língua natural (*e.g.*, português, inglês, francês, latim, mandarim) ou *acerca de* uma linguagem formal (*e.g.*, lógica proposicional formalizada). A linguagem de que se fala é denominada *linguagem objeto*. Por exemplo, a afirmação «'$(p \land q)$' é uma fórmula bem formada» diz algo sobre uma expressão na linguagem formal da lógica proposicional. A afirmação é feita na metalinguagem, e a parte entre aspas elevadas é a linguagem objeto.

metalógica s. A investigação que tem como objeto sistemas de lógica formal. A consistência e completude de um sistema estão entre os tópicos que pertencem a esta área de investigação.

metamatemática s. Investigação que tem por objeto uma teoria matemática formalizada. A derivabilidade, demonstrabilidade, computabilidade e decidibilidade das afirmações de uma teoria matemática estão entre os tópicos que pertencem a esta área de investigação. A palavra foi introduzida por Hilbert nos primeiros anos do século XX para referir o estudo dos sistemas matemáticos formalizados.

metanarrativa s. Histórias que sustentam a legitimidade de um comprometimento ou narrativa. O conceito foi introduzido por Lyotard. Exemplos de histórias dessas: que a sociedade existe para bem dos seus membros; que a sociedade está dividida em duas classes opostas; que vale a pena procurar o conhecimento por si; etc. Algumas metanarrativas são descritas como «grandes narrativas».

Trata-se de descrições gerais da sociedade humana e da sua história, como as fornecidas pelo cristianismo, hegelianismo ou marxismo. A tese de que a história é um processo de emancipação humana (Condorcet, Kant) é outra «grande narrativa». Lyotard considera que a adesão a uma metanarrativa qualquer é caracteristicamente «moderna» e argumenta no sentido contrário, favorecendo a argúcia «pós-moderna» pluralista de que a vida humana é mais fragmentada e menos criteriosamente estruturada do que essas metanarrativas permitem.

Na teoria da literatura, a palavra tem sido usada num sentido inteiramente diferente por G. Genette, para referir uma narrativa METADIEGÉTICA.

metanoia (gr. μετάνοια mudança de ideias) s. Conversão espiritual ou intelectual; uma mudança radical de atitude.

metapsicologia s. Na teoria psicológica: termo introduzido por Freud para a sua própria teoria do inconsciente, querendo dizer que ia *além* do objeto canónico da investigação psicológica, *i.e.*, a mente consciente.

metateoria s. Uma metateoria tem como objeto a investigação ou teoria sobre um certo objeto; é uma investigação ou teoria de segunda ordem.

meteorologia s. Até Aristóteles, o termo μετεωρολογία era usado para o estudo de *todas* as coisas «lá de cima»: estrelas, planetas, cometas, nuvens, etc.

methexis (gr. μέθεξις tomar parte, participar) s. A relação entre um particular e uma forma (no sentido de Platão), *e.g.*, um objeto belo diz-se que participa da forma da beleza.

método *s.* (gr. μετα com + ὁδός maneira) O modo de fazer algo; não é o mesmo que METODOLOGIA.

método geométrico na filosofia Para obter a clareza e distinção que para Descartes era a marca do conhecimento genuíno, tentou-se demonstrar proposições filosóficas à maneira da geometria de Euclides. Ou seja, definindo todos os termos importantes, e estabelecendo certos princípios como axiomas e postulados indubitáveis, deduzindo então proposições por meio de inferências lógicas rigorosas. A mais conhecida tentativa deste género é a *Ética* de Espinosa, *more geometrico demonstrata, i.e.,* demonstrada à maneira da geometria.

método hipotético-dedutivo O procedimento científico pelo qual 1) se formula uma hipótese geral; 2) deduz-se dela uma afirmação particular; 3) esta afirmação é testada por experimentação ou observação. Se o resultado for negativo, a hipótese geral tem de ser abandonada. Em algumas situações, contudo, pode parecer mais razoável reter a hipótese e explicar (ou «explicar por eliminação») o resultado negativo de qualquer outra maneira.

método socrático Consiste em fazer perguntas que irão gerar reflexão, a qual por sua vez produzirá conhecimento – ou tomada de consciência da própria ignorância.

metodologia *s.* 1 A disciplina que investiga e avalia os métodos da investigação, legitimação, ensino, etc. 2 Uma teoria dessa disciplina. Note-se que a metodologia é *sobre* o método, e não o mesmo que método.

metodológico, individualismo *Ver* INDIVIDUALISMO.

metonímia (gr. μετωνυμία renomear) *s.* A substituição de uma expressão linguística por outra, quando há uma associação significativa entre ambas, *e.g.*, o uso de *Washington* para falar do governo dos Estados Unidos, de *Mozart* para falar de uma peça musical que estamos a estudar, ou de *coração* para falar dos sentimentos de uma pessoa.

A metáfora, na qual há uma ligação de similaridade entre as duas expressões, é um tipo de metonímia.

microcosmo *Ver* MACROCOSMO.

micrologia *s.* Atenção excessiva a minúcias insignificantes.

milagre (lat. *mirari* ficar surpreendido, espantado, admirar) *s.* Acontecimento que não poderia ocorrer ou não ocorreria no decurso normal da natureza, sendo produzido pela intervenção deliberada de um ser sobrenatural.

Foi neste espírito que Hume definiu um milagre como «uma transgressão de uma lei da natureza por uma volição particular da divindade, ou por interposição de um agente invisível», *Enquiry Concerning Human Understanding* (1748), século X, «Of Miracles», parte I, nota (*Investigação sobre o Entendimento Humano*, 1998).

O judaísmo, o cristianismo e o islamismo têm como fundação certos alegados milagres. Por causa disso, as questões relativas à natureza e possibilidade dos milagres foram consideradas de importância central. Sem milagres, estas religiões, ou pelo menos algumas das suas doutrinas centrais, têm de ser rejeitadas ou então radicalmente reinterpretadas.

Na era moderna, praticamente todos os grandes filósofos rejeitaram a crença em milagres. Espinosa sustentava que os milagres são impossíveis, sendo a crença neles mera superstição. As histórias de milagres poderiam, contudo, ser edificantes e por isso ser benéficas para os ignorantes. Hume argumentou que é sempre mais provável a hipótese de que os testemunhos e outros indícios favoráveis a um milagre sejam fraudulentos ou pelo menos erros do que a hipótese de que ocorreram realmente.

milésio *adj*. Referente a Mileto.

Mileto Cidade-estado grega, situada na costa ocidental da Ásia Menor (a atual Turquia), lar dos primeiros filósofos, Tales, Anaximandro e Anaxímenes, no século VI a.C.

Mill, John Stuart (1806-1873) Nasceu em Londres em 1806, filho de James Mill e filósofo, economista e alto funcionário da Companhia das Índias Orientais. Em *Autobiography* (1873) (*Autobiografia*, 2007), que escreveu nos seus últimos anos, Mill apresentou uma descrição vívida e comovente da sua vida, em especial da sua extraordinária educação. Teve uma carreira ativa como administrador da Companhia das Índias Ocidentais, da qual se aposentou apenas quando as funções administrativas da Companhia foram assumidas pelo governo britânico, na sequência do Motim de 1857. Além disso, foi deputado liberal por Westminster entre 1865 e 1868, e em jovem, na década de 1830, dirigiu a *London and Westminster Review*, uma revista trimestral radical. Morreu em Aix-en-Provence em 1873.

Foi educado pelo pai, com o conselho e ajuda de Jeremy Bentham e Francis Place. Aprendeu grego aos três anos, latim um pouco depois; com doze anos era um lógico competente e aos dezasseis um economista bem formado. Aos vinte teve um esgotamento nervoso que o persuadiu de que algo mais era preciso na vida do que a dedicação ao bem público e um intelecto analiticamente penetrante. Tendo crescido como utilitarista, voltou-se então para Coleridge, Wordsworth e Goethe para cultivar a sua sensibilidade estética. De 1830 até morrer, tentou persuadir o público britânico da necessidade de uma abordagem científica para compreender a mudança social, política e económica, ainda que sem negligenciar as argúcias dos poetas e de outros autores imaginativos.

A System of Logic (1843) (excertos em *A Lógica das Ciências Morais*, 1999) era uma tentativa ambiciosa de apresentar uma explicação não apenas da lógica, como o título sugere, mas também dos métodos da ciência e da sua aplicabilidade quer aos fenómenos sociais, quer os fenómenos puramente naturais. A sua conceção da lógica não era inteiramente a dos lógicos modernos; além da lógica formal, a que chamava «lógica da consistência», pensava que havia uma lógica da prova, isto é, uma lógica que mostraria como os indícios provavam ou tendiam a provar as conclusões que retiramos deles. Isto levou-o a analisar a causalidade, e a dar uma explicação do raciocínio indutivo que continua a ser o ponto de partida da maior parte das discussões modernas. Em termos gerais, a sua conceção da explicação na ciência era que esta procura as causas dos acontecimentos quando estamos interessados neles; ou procura leis mais gerais quando queremos explicar leis menos gerais como casos especiais das primeiras. A sua discussão da possibilidade de encontrar uma explicação científica de acontecimentos sociais é também ainda hoje relevante; Mill tinha tão pouca vontade de supor que as ciências sociais se tornariam omniscientes quanto ao comportamento humano, como de supor que não haveria maneira de explicar as questões sociais a um nível mais profundo do que o do senso comum. Em todo *A System of Logic*, atacou a filosofia «intuicionista» de William Whewell e de Sir William Hamilton, que consistia na ideia de que as explicações se baseavam em princípios intuitivamente irresistíveis e não em leis gerais causais, e que em última análise a procura desses princípios intuitivamente irresistíveis dependia de compreender o universo como criação divina, regida por princípios que uma divindade racional teria de escolher. Mill pensava que o intuicionismo era má filosofia, muito cómoda também para o conservadorismo político. *An Examination of Sir William Hamilton's Philosophy* (1865) levou a guerra ao campo inimigo com intensidade; provocou uma controvérsia vigorosa durante aproximadamente vinte anos, mas é hoje a sua obra menos interessante.

Para o grande público, era mais conhecido como autor de *The Principles of Political Economy* (1848), obra que tentava mostrar que a economia não era a «ciência deprimente» que os seus críticos radicais e literários supunham. O interesse filosófico desta obra resulta das suas reflexões sobre a diferença entre o que a economia mede e o que os seres humanos realmente valorizam, levando-o a argumentar que devemos sacrificar o crescimento económico em nome do meio ambiente, e que devemos limitar a população, tanto para nos deixar espaço vital como para afastar o risco de fome entre os pobres já sobrecarregados. Considerava também que a análise económica convencional não poderia mostrar que o socialismo não era exequível, e sugeriu como ideal uma economia de cooperativas que seriam propriedade dos trabalhadores. Os comentadores têm discutido de forma inconclusiva se isto é uma forma de socialismo ou apenas um «capitalismo de trabalhadores».

É na área da filosofia moral e política, contudo, que Mill está mais perto de ser nosso contemporâneo. *Utilitarianism* (1861) (*Utilitarismo*, 2005) continua a ser a defesa clássica de que devemos visar a maximização do bem-estar de todas as criaturas sencientes, e que esse bem-estar consiste na sua felicidade. A defesa de Mill da ideia de que devemos procurar a felicidade porque de facto a procuramos tem sido objeto de violentos ataques de, entre outros, F. H. Bradley, *Ethical Studies* (1874) e G. E. Moore, *Principia Ethica* (1903) (trad. 1999). Mas outros filósofos argumentaram que, neste ponto particular, Mill foi deturpado pelos críticos. A sua insistência de que a felicidade deveria ser avaliada não apenas pela quantidade mas também pela qualidade – a doutrina de que um Sócrates insatisfeito é não apenas melhor do que um tolo satisfeito, mas de algum modo mais feliz também – suscitou perplexidades a gerações de comentadores. E a sua tentativa de mostrar que a justiça pode ser explicada em termos utilitaristas é ainda importante como réplica a autores como John Rawls, *A Theory of Justice* (1971) (*Uma Teoria da Justiça*, 2008).

Durante a sua vida, foi o ensaio *On Liberty* (1859) (*Sobre a Liberdade*, 2006) que deu origem à maior controvérsia, e às mais violentas expressões de aprovação e desaprovação. O ensaio nasceu do sentimento que Mill e a sua esposa, Harriet Taylor, expressavam constantemente nas suas cartas: que viviam numa sociedade em que os indivíduos corajosos e aventurosos se estavam a tornar demasiado raros. Os críticos pensaram por vezes que Mill temia a possibilidade de uma democracia popular na qual a opinião das classes trabalhadoras seria opressiva e talvez violenta. A verdade é que Mill temia muito mais um conformismo de classe média do que algo que viesse de uma classe trabalhadora poderosa. Tratava-se de um receio com que ficara aquando da sua leitura de *De la démocratie en Amerique*, 1835-1840, de Alexis de Tocqueville (*A Democracia na América*, 2005); os EUA eram uma próspera sociedade de classe média, e Mill receava que fossem também uma sociedade que não prezava a liberdade individual.

Mill apresenta «um princípio muito simples» para reger o uso da coerção na sociedade – e por coerção Mill quer dizer não apenas as sanções legais mas também a influência da opinião pública. Trata-se do princípio de que só podemos exercer coerção sobre alguém em autodefesa – quer para nos defendermos, quer para defender terceiros de qualquer dano. O crucial deste princípio é excluir intervenções paternalistas para salvar as pessoas de si próprias, e intervenções idealistas para fazer as pessoas comportar-se «melhor». Tem sido desde há muito um desafio explicar como pode um utilitarista subscrever tal princípio de comedimento; um utilitarista está obrigado a sustentar o princípio de que devemos exercer a coerção sobre os outros sempre que isso faz mais bem do que mal. Mill percebeu o problema, argumentando que era devido aos seres humanos serem criaturas «progressistas» que a própria utilidade exigia essa continência. No fundo, argumenta que só adotando o princípio da continência podemos procurar a verdade, ter experiência da verdade como «nossa» e desenvolver completamente eus individuais.

Das suas obras de menor dimensão, há duas que merecem menção. *The Subjection of Women* (1869) (*A Sujeição das Mulheres*, 2006) era considerada demasiado radical no tempo de Mill, mas é hoje vista como uma afirmação clássica do feminismo liberal. O argumento essencial é que se a liberdade é boa para os homens, também o é para as mulheres, e que todos os argumentos contra este ponto de vista que se baseiem numa suposta «natureza» diferente entre homens e mulheres são superstições tendenciosas. Se as mulheres têm uma natureza diferente, a única maneira de a descobrir é pela experiência, e isso exige que as mulheres tenham acesso a tudo o que os homens têm acesso. Só depois de tantos séculos de liberdade quantos séculos houve de opressão saberemos realmente o que são as nossas naturezas. Mill publicou *The Subjection of Women* tardiamente, para evitar controvérsias que enfraqueceriam o impacto das outras obras. Escolheu não publicar em vida *Three Essays on Religion* (1874). Nestes, argumenta, entre outras coisas, que não é impossível que o universo seja governado por um Deus omnipotente e benevolente, mas que não é improvável que uma força não completamente benigna opere no mundo. Desapontou assim os seus admiradores que esperavam um agnosticismo mais estrito e abrasivo, ao mesmo tempo que não agradou os críticos que deploravam o facto de ele ser como que um agnóstico. Mas constituem ainda hoje modelos de discussão calma de tópicos polémicos, de excelente leitura nos nossos dias. AR

Edição canónica: The Collected Works of John Stuart Mill (University of Toronto Press). Leitura: *The Cambridge Companion to Mill* 1998.

mimese (gr. μίμησις imitação) *s.* Conceito importante na estética da antiguidade: Aristóteles defendia que a arte imita a natureza e, ao representar o caráter, ações e destinos de pessoas, manifesta o universal (*Poética*, cap. 9). Platão tinha fraca opinião da maior parte das formas de arte devido à sua natureza imitativa, que as afasta muito da verdade, da «verdadeira realidade». Na *República*, Livro 3, 395c, Platão adverte também que as más qualidades podem contagiar o artista que imita um caráter mau. Platão contrasta a mimese com a diegese (narrativa), na qual há maior distância entre quem conta a história e a história. **mimético** *adj.*

minimalismo *s.* Uma teoria que usa apenas um número reduzido ou limitado de pressupostos.
Este uso parece ter ficado na moda entre os filósofos a partir da década de 1980. Uma teoria da verdade como redundância pode ser descrita como minimalista. A tese de que «verdadeiro» é usado para exprimir assentimento ao que se diz, sem qualquer pressuposto quanto à representação de um mundo objetivo, também foi descrita desse modo, tal como a tese de que é possível dispensar pressupostos metafísicos ao discutir a questão de saber se as pessoas podem ser responsabilizadas pelas suas ações. *Ver também* DEFLACIONISMO.

minimax *Ver* PRINCÍPIO MAXIMIN.

miose (gr. μείωσις diminuição) *s.* 1 Na retórica: uma figura de estilo na qual a importância do que se diz é claramente diminuída; um eufemismo. *Ant.* hipérbole. 2 Em biologia: um tipo de divisão celular, na qual cada nova célula tem apenas um cromossoma de cada par de cromossomas da célula-mãe.

misandria *s.* Aversão ou ódio aos homens. (Também *misandrismo*.)

misantropia *s.* Aversão ou ódio à humanidade.

misoginia *s.* Aversão ou ódio às mulheres.

misologia *s.* «Ódio à razão»; uma atitude anti-intelectual. A palavra ocorre em Platão, *Fédon* 89d, de que Kant faz eco na *Kritik der reinen Vernunft* (1781, 1787), B883 (*Crítica da Razão Pura*, 2008) e na *Grundlegung zur Metaphysik der Sitten* (1785) (*Fundamentação da Metafísica dos Costumes*, 2009), cap. 1, AA395.

misoneísmo *s.* Aversão ou ódio às inovações.

misteriosismo *s.* Nome dado ao ponto de vista de Colin McGinn, apresentado em *The Problem of Consciousness* (1991) e desenvolvido em *The Mysterious Flame* (1999) e *Consciousness and Its Objects* (2004), de que somos em princípio incapazes de explicar de maneira inteligível a natureza da consciência: o problema da mente-corpo é para nós um livro permanentemente fechado, e as várias teorias constituem um sinal de como o intelecto humano se debate desajeitadamente com as suas próprias limitações inerentes. A posição remonta pelo menos ao século XVII: «Quanto melhor compreendemos a natureza e as funções do cérebro, mais longe nos parece a possibilidade de explicar as operações da mente recorrendo ao seu funcionamento» (Malpighi, *De cerebri cortice*, 1666, cap. 4).

mitose *s.* Em biologia: divisão celular.

modal, lógica *Ver* LÓGICA MODAL.

modal *adj.* 1 Que diz respeito a um MODO. 2 Que diz respeito às MODALIDADES.

modalidades *s.* Conceitos, proposições, termos ou verbos modais. **1** Segundo a lógica clássica, há três modalidades: necessidade, efetividade e possibilidade. As proposições podem ser verdadeiras necessariamente, efetivamente ou possivelmente. Dois princípios lógicos importantes envolvendo modalidades são: *a) Necessariamente p* implica *Efetivamente p* (lat. *a necesse ad esse valet consequentia*); *b) Efetivamente p* implica *Possivelmente p* (lat. *ab esse ad posse valet consequentia*). **2** Na filosofia atual, os conceitos que contam primariamente como modais são a necessidade e a possibilidade. Estes podem ser expressos de várias maneiras, usando palavras como «necessariamente», «possivelmente», «tem de», «poderá», etc.

Podemos examinar facilmente as relações lógicas básicas habituais num hexágono modal (Figura 8), que também mostra que (juntamente com a negação) só precisamos de um dos conceitos, *necessariamente* ou *possivelmente*, para definir todos os outros. No diagrama, as setas significam implicação, os garfos contradição.

Estes conceitos atribuem-se primariamente a *estados de coisas* ou *proposições*, e não a objetos ou indivíduos. Isto significa que se exprimem mais naturalmente usando orações subordinadas substantivas objetivas diretas, introduzidas pela conjunção subordinativa integrante «que» («Ocorre necessariamente que *p*», «é possivelmente verdade que *p*», e construções análogas). Outros grupos de conceitos são neste aspeto semelhantes aos modais, podendo também receber esta designação num sentido mais lato. Os conceitos apresentados acima são então denominados modalidades *aléticas*, para as distinguir de, *e.g.*, modalidades *epistémicas* («há a crença de que *p*», «sabe-se que *p*»), das modalidades *deônticas* («é obrigatório que *p*», «é permissível que *p*»), etc.

Nota histórica: muitos manuais mais antigos, por exemplo os do filósofo holandês Burgersdijk (1590-1663) e do teólogo de Oxford Sanderson (1587-1663), definem a possibilidade e contingência de maneira diferente, atribuindo significados diferentes a *É possível que p* e *Pode ser que p*. Eis as definições básicas:

FIGURA 8 **Relações lógicas entre afirmações modais**

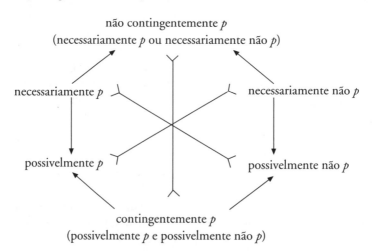

500

necessariamente *p*	= não pode ser que não *p*
impossivelmente *p*	= não pode ser que *p*
contingentemente *p*	= *p* e pode ser que não *p*
possivelmente *p*	= não *p* e pode ser que *p*

As últimas duas linhas diferem do uso atual:

necessariamente *p*	= não pode ser que não *p*
impossivelmente *p*	= não pode ser que *p*
contingentemente *p*	= pode ser que *p* e pode ser que não *p*
possivelmente *p*	= pode ser que *p*

Como se vê, só na terminologia antiga é que *contingentemente p* implica *p*, e *possivelmente p* implica *não p*. E só na nova terminologia é que *possivelmente p* e *impossivelmente p* são contraditórias.

Estas diferenças terminológicas podem ser ilustradas considerando a proposição

é possível que 2 + 2 = 4.

Na definição antiga de «possível» a proposição é falsa; na nova, é verdadeira.

modalidades aléticas (gr. ἀλθήεια verdade) Nome comummente dado aos conceitos modais *possível, necessário, impossível* e *contingente*, para os distinguir de, por exemplo, modalidades *epistémicas* tais como *conhecido, acreditado* e modalidades *deônticas* como *obrigatório, permissível, opcional.* GH

modalidades deônticas Ver DEÔNTICOS, CONCEITOS.

modalismo A perspetiva de que os conceitos modais fundamentais são os de *necessidade, possibilidade* e *efetividade,* e não o conceito de mundos possíveis ou *possibilia*.

modelo s. Em teoria lógica: um modelo *de uma fórmula* de uma linguagem (formal) é uma interpretação da linguagem tal que a fórmula resulta verdadeira. Um modelo *de um sistema formal* é uma interpretação de uma linguagem formal desse sistema tal que todas as fórmulas que são teoremas do sistema resultam verdadeiras.

modernidade s. 1 Um período histórico a que se atribui um caráter «moderno». O período é especificado de maneiras diferentes. No núcleo desta conceção está o mundo dos séculos XIX e XX de Estados-nação, democracia política, capitalismo, urbanização, literacia generalizada, meios de comunicação popular, cultura popular, racionalidade, antitradicionalismo, secularização, fé na ciência, empreendimentos industriais em larga escala, individualismo, ideais do Iluminismo e uma ideologia pública na qual são proeminentes os ideais liberais, progressistas e humanitários. Diferentes combinações destes aspetos podem ser encaradas como essenciais para a modernidade e usadas para a definir.

2 O caráter do período descrito acima.

modernismo s. Uma doutrina, ou um certo estilo de pensamento, ou um certo estilo nas artes.

1 A *via moderna* nominalista da lógica, que deriva de Guilherme de Ockham. O termo foi usado do século XIV ao XVI. O contraste sugerido é com a *via antiqua* dos escolásticos anteriores.

2 Um movimento no seio da Igreja Católica Romana em finais do século XIX. Os seus representantes principais eram Alfred Loisy (1857-1940) e George Tyrrell (1861-1909). Um importante simpati-

zante era Friedrich von Hügel (1852--1925). O objetivo era adaptar os ensinamentos teológicos e sociais da Igreja às novas condições, que incluíam novas condições sociais e políticas devidas à urbanização e industrialização, ao declínio da autoridade tradicional, à emergência de ideias liberais, democráticas e socialistas, as mudanças de mundividência devido à influência da ciência moderna, e a abordagem científica e histórica das Escrituras. Apesar de influente, a conceção que representava foi inteiramente rejeitada em encíclicas papais, especialmente a *Quanta cura* (1864, Pio IX) e a *Pascendi dominici gregis* (1907, Pio X), sendo os seus representantes mais importantes excomungados ou afastados.

3 Uma tendência e um movimento nas artes criativas e performativas, cujo início remonta a meados do século XIX. Tem duas características distintivas. Uma é a exploração do que está sob a superfície: mostrar que as coisas não são o que parecem ou o que se pensa que são; as obras de Freud, Nietzsche e Proust exemplificam este aspeto. A outra é a rejeição de estilos e teorias tradicionais. Os modernistas queriam ser a vanguarda de uma cultura adversária, usando várias técnicas para contestar e pôr em causa convenções estabelecidas, opondo-se à complacência da tacanhez burguesa e à mediocridade de uma sociedade mercantilista; muitos sentiam fortemente a perda de uma noção de comunidade na vida moderna. Na literatura, alguns dos seus principais representantes foram Ezra Pound, Franz Kafka, T. S. Eliot e James Joyce; na música, Schönberg, Satie e Stravinsky.

4 A palavra é também usada mais genericamente para os ideais e pressupostos muitas vezes associados ao Iluminismo.

moderno *adj.* Trata-se de um termo relativo, podendo na verdade ser usado para designar muitos períodos diferentes, assim como doutrinas, estilos, etc. Em geral, a palavra sugere um contraste entre um período recente (lat. tardio *modo*) e um anterior. Um exemplo é a querela literária «entre antigos e modernos» em França e na Inglaterra em finais do século XVII. Em função de como se delimita o período recente, e das características que são tidas como significativas, pode-se dar à palavra vários significados.

Na história da filosofia, «filosofia moderna» é a designação muitas vezes atribuída à nova filosofia que emergiu no início da era moderna, tendo como primeiros grandes representantes Bacon e Descartes, no início do século XVII.

Bacon, Locke, Berkeley, Hume, etc., podem ser descritos como «empiristas modernos», mas essa descrição pode também ser reservada para filósofos do século XX como Schlick, Carnap, Reichenbach, etc. De igual modo, Grócio e Pufendorf são muitas vezes descritos como fundadores da «teoria moderna do direito natural», mas essa designação é por vezes reservada para autores mais recentes do direito natural.

Este é um caso em que uma definição tem de preceder qualquer discussão sensata. O mesmo acontece com os termos *pré-moderno* e *pós-moderno*.

modo *s.* **1** Em Descartes: um acidente ou qualidade (de uma coisa). **2** Em Espinosa: uma afeção da substância; algo que é inerente a outra coisa, por meio da qual pode ser compreendida (*Ética*, Livro 1, definição 5). Exemplos de modos infinitos são o movimento e o repouso, e as leis da natureza. Os modos finitos são as coisas particulares. **3** Em Locke: uma ideia complexa, uma combinação de ideias. Um modo difere das ideias de substância e relação por não subsistir por si, mas apenas enquanto afeção de uma substância. Os modos simples são variações ou combinações da mesma ideia simples, *e.g.*, *uma dúzia, vários* são modos de *número*. Os números e as figuras particulares são exemplos de modos simples porque as partes que constituem a ideia são do mesmo tipo. Os modos mistos combinam ideias diferentes. A beleza é um modo misto, composta de cor e figura. As ideias relacionadas com a conduta são muito mistas: arrebatamento, gratidão, roubo, etc. (*An Essay Concerning Human Understanding*, 2, 12, 4-5; 2, 13 ss.). **4** No uso antigo, *e.g.*, Locke, as figuras do silogismo são denominadas *modos*. **5** Autores do século XX como Collingwood e Oakeshott usaram o termo para designar domínios distintos de pensamento ou ação, cada um com a sua própria «verdade».

modo formal/material Muitas afirmações podem ser formuladas nestes dois modos diferentes. Por exemplo, *«vermelho» é um predicado* está formulada no modo formal, mas também pode ser enunciada no modo material: *o vermelho é uma propriedade*. Ambas as afirmações são realmente acerca da linguagem. Isto torna-se explícito no modo formal, mas o modo material faz parecer como se a afirmação não fosse acerca da linguagem mas acerca de entidades no mundo. O uso do modo material pode levar a confusões e pseudoproblemas filosóficos. O remédio consiste em dar preferência ao modo formal.

Tudo o que se disse é o ponto de vista de Rudolf Carnap, que apresentou a distinção em *Logische Syntax der Sprache* (1934). A mudança do modo material para o modo formal é um exemplo daquilo a que Quine mais tarde chamou ASCENSÃO SEMÂNTICA.

modularidade *s. Ver* FODOR.

módulo *prep.* **1** Diz-se que dois números inteiros são *congruentes módulo n* se têm o mesmo resto quando são divididos pelo número inteiro *n*, ou (o que é equivalente) se a sua diferença é um múltiplo de *n*. Por exemplo, 5 e 17 são congruentes módulo 3. Um relógio dá as horas módulo 12, e o odómetro de um carro mostra o número de quilómetros percorridos módulo 100 000. **2** Derivando deste uso, alguns autores usam expressões da forma *p, módulo N* para condicionar a afirmação de que *p*. Expressões sinónimas: *p, à parte N; p, excluindo N; p, deixando de fora seja qual for a diferença que possa ocorrer com respeito a N.* **3** Alguns autores usam a expressão para dizer simplesmente *p, relativamente a N*, ou *p, dado N*.

modus *s.* lat., uma maneira, um modo, uma figura.

modus ponendo ponens lat., modo de afirmar afirmando. *Ver* MODUS PONENS.

modus ponendo tollens lat., modo de negar afirmando. Uma inferência que parte da negação de uma conjunção, juntamente com a afirmação da primeira conjunta, e conclui a negação da segunda conjunta. Eis o padrão:

$$\frac{\text{Não ambos } A \text{ e } B \quad A}{\text{não } B}$$

modus ponens lat., modo de afirmar. Uma inferência que parte de uma afirmação condicional, juntamente com a sua antecedente, e conclui a sua consequente. Eis o padrão:

$$\frac{\text{Se } A, \text{ então } B \quad A}{B}$$

Uma inferência desta forma obedece ao que por vezes se chama «(regra da) afirmação da antecedente», ou «(regra da) separação». Nos sistemas de dedução natural chama-se-lhe «eliminação da condicional» (E→).

No passado, esta forma de inferência era denominada *modus ponendo ponens* (modo de afirmar afirmando).

modus tollendo ponens lat., modo de afirmar negando. *Ver* SILOGISMO DISJUNTIVO.

modus tollendo tollens lat., modo de negar negando. *Ver* MODUS TOLLENS.

modus tollens lat., modo de negar. Uma inferência que parte de uma condicional, juntamente com a negação da sua consequente, e conclui a negação da sua antecedente. Eis o padrão:

$$\frac{\text{Se } A, \text{ então } B \quad \text{não } B}{\text{não } A}$$

Uma inferência desta forma obedece ao que por vezes se chama «(regra da) negação da consequente».

No passado, chamava-se-lhe *modus tollendo tollens* (modo de negar negando).

Moira (gr. Μοῖρα fado, necessidade) Um conceito mítico-religioso no pensamento grego da antiguidade. Igualmente personificado nas três Moiras (conhecidas também por Parcas e Meras): Cloto, que tece o fio da vida; Láquese, que determina o seu comprimento; e Átropo, que o corta.

Moleschott, Jakob /ˈmoːləʃɔt/ (1822-1893) Fisiólogo holandês-alemão, lecionou em Heidelberga, Zurique e Roma. Foi um dos principais representantes do materialismo científico popular do século XIX.

Molina, Luis de (1535-1600) Jesuíta espanhol, lecionou em Coimbra e Évora, em Portugal. Para resolver a tensão entre a liberdade humana e a presciência divina, propôs (como Suárez), além dos dois tipos de conhecimento divino distinguidos por Tomás de Aquino, um terceiro tipo, o «conhecimento médio» (*scientia media*), que está entre o conhecimento divino do efetivo e o seu conhecimento do que é possível – nomeadamente, o conhecimento do que *teria* sido efetivo caso certas condições contrafactuais ocorressem (*e.g.*, o que Kennedy teria livremente escolhido fazer quanto ao Vietname caso não tivesse sido assassinado). Este conhecimento está também entre o conhecimento de Deus do que é necessário e o seu conhecimento do que ele mesmo causa. Os objetos do conhecimento médio são verdades contrafactuais da seguinte forma (em que P é um agente livre possível, e A é uma ação ou omissão livre possível): «Se uma pessoa P estivesse nas condições C, então P faria livremente A». Um facto desse género não é logicamente necessário, porque se o fosse P não faria A livremente. Nem é produzido por Deus, porque uma vez mais P não seria nesse caso livre. Logo, o conhecimento que Deus tem de um facto desse tipo é um terceiro tipo de conhecimento, o conhecimento «médio».

Molina pensava que por meio deste conceito se poderia explicar a liberdade humana, não havendo necessidade de aceitar a doutrina da predestinação adotada por Agostinho, pelos reformadores protestantes e pelos opositores dominicanos, destacando-se entre eles Domingo Bañez (1528-1604). O conceito de conhecimento médio foi reavivado por Alvin Plantinga, entre outros, na discussão moderna do problema do mal, para explicar por que razão Deus não criou um mundo em que toda a gente faz o que é correto, sempre e livremente.

Molyneux, William /ˈmɒlinjuː/ (1656-1698) Como pensador político, advogou a autonomia política da Irlanda no seio do Reino Unido, mas foi antes de mais um cientista, hoje conhecido sobretudo por ter proposto o famoso «problema de Molyneux»: será que uma pessoa cega de nascença, capaz de distinguir pelo tacto um cubo de uma esfera, seria capaz de distinguir os dois objetos pela visão apenas, se subitamente passasse a ver? O problema foi proposto pela primeira vez numa carta à revista *Bibliothèque Universelle* em 1688, e mais tarde a Locke em 1693. A resposta do próprio Molyneux era negativa. Também negativa foi a de Locke, a partir da segunda edição (1694) do *Essay Concerning Human Understanding* (2, 9, 8), e a de Berkeley, *New Theory of Vision* 1709. Leibniz (em *Noveaux Essais*, 2, 10) adotou uma perspetiva diferente.

momento *s.* 1 Uma parte, um aspeto; um elemento; um constituinte; um estádio (de um processo). O uso da palavra neste sentido filosófico remonta a Hegel. 2 Um ponto ou período de tempo. 3 Significado ou importância, como em «um grande momento».

mónada (gr. μονάς unidade) *s.* Esta palavra foi pela primeira vez usada por Leibniz em 1695 numa carta, em que definia uma mónada como uma substância simples. Ser simples significa que não tem partes.

Do ponto de vista de Leibniz, a realidade última, o que não depende de coisa alguma para existir, não pode ter partes. Se as tivesse, a sua existência dependeria delas. Mas o que tem extensão espacial tem partes. Segue-se que a realidade última não pode ter extensão espacial, e portanto que o atomismo e o materialismo têm de ser rejeitados. As mónadas são a realidade última. Cada uma delas é uma substância indivisível e imaterial. São em número infinito, e são todas diferentes entre si. Nenhuma interage com qualquer outra, mas o estado e o desenvolvimento de cada reflete, de uma maneira mais ou menos obscura, o estado e o desenvolvimento de qualquer outra. O modelo subjacente a esta conceção é o de um eu, suscetível de consciência. Este conceito de uma substância primária ocorre em muitos dos escritos de Leibniz posteriores a 1695, sendo discutido mais aturadamente na sua obra publicada em 1714 a que mais tarde se deu o título de MONADOLOGIA.

monádico Ver OPERADOR MONÁDICO; PREDICADO MONÁDICO.

Monadologia Uma das obras de Leibniz, publicada originalmente em 1714. Apresenta a sua teoria das MÓNADAS. A palavra *Monadologie* ocorre pela primeira vez no frontispício da tradução alemã de Heinrich Köhler de 1720, título que desde então se estabeleceu.

monismo *s.* Em geral, qualquer doutrina que afirma a unidade ou unicidade do seu tópico, em contraste com o dualismo ou o pluralismo. Na filosofia moral, por exemplo, alguns autores usam o termo para referir a perspetiva de que há exatamente um valor básico. Na metafísica, em que o termo é usado com mais frequência, refere a doutrina de que há exatamente uma substância, ou exatamente um tipo de realidade.

Perto dos finais do século XIX, o termo era usado para a doutrina de que só há uma verdade: nada é verdadeiro a não ser toda a verdade sobre o Todo. Neste sentido, os sistemas de Hegel, Lotze e Bradley eram descritos como monistas; mas nessa altura *monismo* era também usado para uma conceção filosófica diferente, um movimento com objetivos secularistas e de reforma social, que rejeitava a religião tradicional e a filosofia especulativa, propondo o MONISMO NEUTRO como a ontologia adequada à mundividência científica moderna. Na Alemanha, os seus representantes principais eram Ernst Haeckel e Wilhelm Ostwald. Uma postura menos conflituosa, que contudo salientava uma conceção unitária do mundo, foi assumida por Paul Carus, que fundou a revista de filosofia *The Monist* em 1888 (e que ainda existe). Ver também MONISMO ANÓMALO.

monismo anómalo Um tipo de teoria materialista da mente, proposta e batizada no artigo «Mental Events», de Donald Davidson, no início da década de 1970. Segundo a teoria, toda a ocorrência de um acontecimento mental é idêntica a uma dada ocorrência de um acontecimento fisiológico, primariamente neurológico. Este ponto de vista é monista porque rejeita o dualismo mente-corpo, e considera todo o acontecimento mental também como um acontecimento físico. Davidson chama «anómala» à sua teoria porque nega que possa haver quaisquer leis estritas que liguem o físico ao mental. Ou seja, um espécime de acontecimento mental (*i.e.*, uma ocorrência particular de um acontecimento mental de um certo tipo) pode ser identificado com um estado físico particular, mas não há proposições gerais verdadeiras segundo as quais todas as ocorrências mentais de um certo tipo seriam idênticas a estados físicos de certo tipo. Isto é contrário ao programa da anterior teoria identitativa da mente, que pressupõe a identidade «tipo-tipo»; o monismo anómalo pressupõe a identidade «espécime-espécime» sem quaisquer leis de ligação entre espécimes dos dois tipos. Ver também MONISMO.

monismo neutro A teoria de que os fenómenos físicos e mentais são construídos a partir de constituintes mais fundamentais que não são nem uma nem outra coisa. Esta é a perspetiva de William James em «Does 'Consciousness' Exist?» (1904), de alguns dos novos realistas e foi também defendida por Bertrand Russell em *The Analysis of Mind* (1921). Ver também MONISMO.

monoteísmo s. A doutrina de que há exatamente um Deus pessoal, que deve ser venerado. O monoteísmo contrasta com o ATEÍSMO, POLITEÍSMO, HENOTEÍSMO, etc. A palavra parece ter sido usada pela primeira vez por Henry More por volta de 1660, ganhando maior projeção graças a autores como Bolingbroke, Hume e Kant.

monotonia s. Em lógica, o princípio da monotonia afirma que se uma conclusão se segue de uma ou mais premissas, a conclusão continua a seguir-se delas mesmo que se acrescente frases adicionais ao conjunto de premissas. A lógica dedutiva (que inclui a lógica proposicional, silogística, de predicados, modal, etc.) é monotónica (ou monótona). Em contraste, há a LÓGICA NÃO MONOTÓNICA.

Montague, Richard /ˈmɒntəgjuː/ (1930-1971) Filósofo norte-americano, professor na Universidade da Califórnia, em Los Angeles, a partir de 1963. O seu projeto central era desenvolver métodos formais que se aplicariam ao estudo das linguagens naturais. Isto envolveria a construção de uma gramática universal na qual a sintaxe e a semântica se aplicariam quer às linguagens formalizadas da lógica, quer às linguagens naturais. Desse modo, as formalizações da linguagem quotidiana deixariam de se basear na mera intuição, passando a ser sistemáticas, tendo por base uma teoria. *Formal Philosophy* (1974), organizado por Richmond H. Thomason, reúne alguns dos trabalhos de Montague.

Montague, William Pepperell /ˈmɒntəɡjuː/ (1873-1953) Filósofo norte-americano, professor na Universidade da Colúmbia. Um dos principais representantes do movimento do NOVO REALISMO. Uma das suas obras importantes é *The Ways of Knowing* (1925).

Montaigne, Michel de /mɔ̃tɛŋ/ (1533-1592) Pensador francês. Inventou o «ensaio» como forma literária; os seus ensaios continham observações incisivas apresentadas de um modo enganadoramente desconexo. Tomados conjuntamente, constituem uma defesa alargada do ceticismo e da tolerância. O seu mote era *Que sais-je?* (Que sei eu?). Reavivando a tradição da antiguidade, especialmente a que está presente em Sexto Empírico, o seu ceticismo era essencialmente um reconhecimento da diversidade e falibilidade da crença. Em harmonia com isto, Montaigne não via razão conclusiva para violar os costumes em matérias de doutrina religiosa, e não tinha simpatia pelo fervor religioso do seu tempo, que conduzia regularmente a perseguições e ao derramamento de sangue. Estes ensaios céticos exerceram uma influência importante em muitos filósofos, incluindo Descartes, Pascal, Bayle e Hume. *Ver também* CETICISMO.
Tradução: Os Ensaios, 3 vols., 2002.

montanismo *s.* Movimento cristão, e doutrina, batizada em nome do seu fundador, Montano (157-212). Inicialmente, cultivava o êxtase e a profecia; mais tarde, distinguiu-se sobretudo por ter uma orientação ascética. O seu partidário mais proeminente foi TERTULIANO.

monte *Ver* SORITES.

Montesquieu, Charles-Louis de Secondat /mɔ̃tɛskjø/ (1689-1755) Mais tarde barão de la Brède et de Montesquieu, foi o principal pensador político do Iluminismo francês. *Lettres Persanes* (1721) (*Cartas Persas*, 2009) constituem uma crítica agradável, penetrante e incisiva das convenções sociais francesas e das suas instituições políticas, na forma de cartas escritas por dois perplexos viajantes persas. A sua obra principal foi *De l'Esprit des lois* (1748) (*O Espírito das Leis*, 2011). Favorecia instituições políticas que protegessem a liberdade individual e o respeito pelos direitos do indivíduo, acreditando que seria exequível fazendo organismos diferentes exercer os poderes legislativo, executivo e judicial. Do seu ponto de vista, a constituição da Inglaterra era um excelente exemplo disto. Montesquieu diferia de outros autores do direito natural por não se limitar a descrever o que seriam as boas instituições políticas: introduziu também uma ampla análise empírica das condições geográficas, sociológicas e históricas em que as instituições políticas existem.

Como outros pensadores do Iluminismo, Montesquieu advogava a tolerância religiosa, condenou o fanatismo sanguinário das perseguições religiosas em Espanha, França e noutros países. As suas obras foram postas no ÍNDEX.

Moore, G(eorge) **E**(dward) /mʊə; mɔː/ (1873-1958) Membro do Trinity College, Cambridge 1898-1904. Depois de alguns anos em Edimburgo, lecionou em Cambridge 1911-1939, como professor de Filosofia a partir de 1925. Dirigiu a revista de filosofia *Mind* de 1921 a 1947. Fora dos círculos académicos, era sobretudo conhecido por ter inspirado o grupo de escritores e artistas de Bloomsbury, que tomavam como modelo do seu modo de vida o que Moore expusera em *Principia Ethica* (1903; trad. 1999), que constituíam as duas coisas que são bens intrínsecos, nomeadamente «os prazeres do relacionamento humano e a fruição de objetos belos». Não há, argumentou, regras absolutas de conduta: a ação correta é o que promove o bem intrínseco, e impede o mal intrínseco, que, para ele, pertencem a três categorias: consciência da dor, ódio ou desprezo do que é bom e belo, e o amor, admiração ou fruição do que é mau ou feio. Foi também neste livro que Moore definiu e rejeitou a FALÁCIA NATURALISTA – um aspeto conceptual de reduzido interesse para o grupo de Bloomsbury mas de importância assinalável para a metaética do século XX.

Além disso, a sua reputação em filosofia deve-se principalmente ao «apelo ao senso comum», por meio do qual contrastava a sua perplexidade e as suas dúvidas sobre a verdade e o significado do que os filósofos dizem, com a sua clareza e certeza quanto ao que, comum e habitualmente, a maioria das pessoas, como não filósofas, acredita e quer dizer. Interessava-se pelo que chamava a análise deste significado habitual. O objeto da análise era uma entidade, muitas vezes denominada *conceito*. Uma pessoa que conhece o significado de uma palavra, *e.g.*, «bem» (ou o francês «bon» ou qualquer outra palavra sinónima), tem o conceito. Numa análise, colocamos o conceito perante a nossa mente, e estabelece-se a análise correta descobrindo como este conceito se relaciona com outros conceitos, e como deles se diferencia.

São as suas tentativas para chegar a análises corretas do que dizemos quando dizemos, em moral, por exemplo, que algo é um «bem» ou é «correto», nas perceções, que algo foi «visto» ou «ouvido», e na epistemologia que algo é «conhecido» ou «certo», que constituem as suas conclusões filosóficas mais importantes. Porque a primeira tese filosófica dúbia que conheceu foi o idealismo, prevalecente na época, com origem em Berkeley e Hegel, sendo no seu tempo dominante na Inglaterra devido a Bradley em Oxford e McTaggart em Cambridge, o seu método tornou-se pela primeira vez famoso no artigo «The Refutation of Idealism», *Mind* 12 (1903). No mesmo ano, denunciou o que chamou a «falácia naturalista», que confunde os critérios do bem, especialmente os estabelecidos em termos naturalistas, com o significado de «bem».

Em geral, contudo, é o seu método de análise, e não as suas conclusões propriamente ditas, que se revelou perene. Impressionou gerações de filósofos com a sua procura constante de precisão e clareza no pensamento e na expressão. Nem a sua forma especial de «utilitarismo ideal», nem a indefinibilidade de «bem» que defendeu em *Principia Ethica*; nem a existência dos dados dos sentidos como objetos que vemos diretamente, que propôs como base da maior parte dos seus escritos sobre a perceção; nem a sua famosa «prova» do mundo exterior, que apresentou na palestra de 1939 na Academia Britânica, resistiram à passagem do tempo. Mas a sua condição, ao lado de Bertrand Russell, como funda-

dor da filosofia analítica do século XX está assegurada. AW
Leitura: *The Philosophy of G. E. Moore* (LLP) 1942.

moral *adj., s.* Esta palavra e as suas cognatas referem-se ao que é um bem ou um mal, correto ou incorreto, no caráter humano, ou na conduta. Mas o bem moral (etc.) não é o único tipo de bem, de modo que a questão é como distinguir entre o moral e o não moral. Esta é uma questão polémica. Algumas respostas são em termos de *conteúdo*. Uma opinião é que a moral diz respeito ao sexo, e apenas ao sexo. Mais plausível é a sugestão de que a moral diz respeito exclusivamente ao que afeta outras pessoas. Mas há teorias (Aristóteles, Hume) que considerariam também esta demarcação demasiado restritiva. Outras respostas fornecem um critério *formal: e.g.*, que as exigências morais são as que vêm de Deus, ou as que são mais importantes do que quaisquer outras exigências, ou, ainda, que os juízos morais são universalizáveis.
A palavra latina *moralis*, que é a origem da palavra portuguesa, foi criada por Cícero a partir de *mos* (*pl. mores*), que significa costume(s), o que corresponde ao grego ἦθος (costume). É por isso que em muitos contextos, ainda que nem sempre, moral/ética, filosofia moral/ética, etc., são permutáveis. Mas as duas palavras foram também usadas para marcar várias distinções. *Ver também* MORALIDADE.

moral, realismo *Ver* REALISMO.

moral, virtude *Ver* VIRTUDES CARDEAIS; VIRTUDES.

moralidade *s.* A palavra é usada de várias maneiras:

1 *Professar ou praticar.* Falar da *moralidade* de uma pessoa ou de uma sociedade pode referir-se ao que *professam* ou ao que efetivamente *fazem*. Os padrões que reconhecidamente se aplicam ao caráter e à conduta podem ser diferentes do que geralmente se aceita. Podemos imaginar, por exemplo, uma sociedade que prega o ideal da submissão das mulheres, apesar de na prática as mulheres dessa sociedade serem assertivas e independentes. Ou as pessoas de uma sociedade poderem professar uma moralidade dominada pela caridade, mas as suas ações atraiçoarem as suas palavras.

2 *Positiva ou crítica.* Outra distinção é entre as práticas e opiniões *efetivas* de uma sociedade e as que *deveriam existir*. A distinção é por vezes expressa em termos de um contraste entre a moralidade *positiva* e a moralidade *crítica* (ou *ideal*). Assim, o estatuto inferior das mulheres numa sociedade poderia estar em conformidade com a moralidade positiva dessa sociedade (*i.e.*, as suas práticas prevalecentes, opiniões e costumes) mas poderia mesmo assim ser moralmente errada, isto é, contrária à moralidade crítica ou ideal.

3 *Positiva ou natural.* Relacionando-se com a distinção anterior, contrasta-se as normas e padrões que só têm aplicação devido a um ato de *legislação* divina ou humana, com aquelas cuja aplicação é independente disso. Foi neste sentido que a relação entre deveres *positivos, i.e.*, os que são postulados pelos mandamentos de Deus, e os deveres *morais, i.e.*, aqueles cuja aplicação é independente de qualquer ato legislativo, foi debatida no século XVIII.

4 *Ética e moral.* As duas palavras são usadas para marcar vários contrastes. Por exemplo, *a)* Hegel faz um contraste entre *Moralität* (moralidade) e *Sittlichkeit* («eticalidade», a vida ética). Deste ponto de vista, a moralidade, que teve origem em Sócrates e foi reforçada com a emergência do cristianismo, a Reforma e Kant, diz respeito ao indivíduo autónomo. Apesar de a moralidade envolver um cuidado pelo bem-estar não apenas do eu mas também dos outros, é desadequada devido à sua incompatibilidade potencial com valores sociais comuns já estabelecidos e com os costumes e instituições que dão corpo e sustentam esses valores. Viver com estes valores numa harmonia natural é a vida ética, *Sittlichkeit*, na qual a autonomia do indivíduo, os direitos da sua consciência, é reconhecida mas mantida dentro de limites legítimos; *b*) de igual modo, alguns autores mais recentes usam a palavra *moralidade* para designar um tipo especial de ética. Bernard Williams (*Ethics and the Limits of Philosophy*, 1985), por exemplo, argumenta que a «instituição da moralidade» faz os padrões e normas morais serem parecidos a regras jurídicas, tornando-se assim a obediência às exigências do dever a única virtude genuína. Do seu ponto de vista, esta conceção deve ser abandonada a favor de uma abordagem da vida ética que seja menos moralista e mais humanista e sem restrições; *c*) Habermas, por outro lado, faz uma distinção que está também implícita em Rawls, *A Theory of Justice* (1971) (*Uma Teoria da Justiça*, 2008), entre a ética, que se relaciona com a vida boa (que não é igual para todos), e a moralidade, que diz respeito à dimensão social da vida humana e portanto a princípios de conduta que podem ter aplicação universal. A ética diz respeito à vida boa, a moralidade à conduta correta.

5 *Legalidade e moralidade* (*i*). Faz-se muitas vezes um contraste entre uma teoria da justiça e uma teoria da virtude. A primeira inclui os DEVERES PERFEITOS, a segunda os imperfeitos. Uma pessoa tem um dever perfeito, um dever de justiça, de pagar a um credor; e um dever imperfeito, um dever de virtude, de contribuir para as obras de caridade. Este contraste é também expresso em termos de *legal* e *moral*. Nesta terminologia, os deveres de justiça são de tipo diferente dos morais, como é óbvio pelas possíveis discrepâncias seguintes:

a) lei positiva e moralidade positiva: *e.g.*, a lei do Estado pode impor ensino primário universal a todos, apesar de o grosso da população considerar incorreto incluir raparigas;

b) lei positiva e moralidade ideal: *e.g.*, a lei do Estado pode excluir as raparigas do sistema de ensino primário, apesar de isso ser moralmente errado;

c) lei ideal e moralidade positiva: *e.g.*, as boas leis proíbem castigos cruéis e invulgares, ainda que a moralidade positiva os favoreça;

d) lei ideal e moralidade ideal: as boas leis não proíbem todos os males morais, mas a moralidade ideal proíbe-os.

6 *Legalidade e moralidade* (*ii*). Na terminologia de Kant, a moralidade ou valor moral de uma ação (que depende da motivação do agente) é diferente da legalidade ou da mera correção da ação. Uma ação legal ou correta é *conforme ao dever* mas pode não ter valor moral se não for praticada precisamente por ser o que é correto fazer; *e.g.*, ajudar uma pessoa só é uma ação moral se for feita por amor ao dever e não para receber depois uma recompensa.

moralidade de escravos *s.* Conceito importante na *Genealogia da Moral* de Nietzsche, que contrasta a mentalidade servil e doentia dos oprimidos e desprezíveis com a mentalidade livre e saudável dos naturalmente bem-nascidos, os aristocratas naturais do género humano. Os que pertencem ao género inferior rejeitam, por meio dos seus líderes, os «sacerdotes», o contraste entre bom e mau (num sentido não moral), e introduzem o contraste entre bem e mal (num sentido moral). Os senhores, os saudáveis, são considerados opressores maléficos; os escravos, os bastardos, são considerados vítimas da injustiça. Historicamente, os melhores foram induzidos pelos «sacerdotes» a desenvolver um sentido de culpa e pecado, e foi assim que a moralidade escrava pôde ganhar a hegemonia com o sucesso de determinadas religiões, em particular o judaísmo e o cristianismo.

moralismo s. Palavra comummente usada num sentido depreciativo para uma tendência excessiva para fazer juízos morais.

moralista s. 1 Uma pessoa dada ao moralismo. 2 Uma pessoa que usa poderes de observação agudos e perspicazes para descrever e refletir sobre o caráter e a conduta humana. Muitos romancistas podem ser descritos deste modo, mas o termo tem sido usado especialmente para autores de ensaios, esboços de caráter ou aforismos, como Plutarco, Montaigne, Gracián, La Bruyère, La Rochefoucauld, Chamfort, Lichtenberg e Schopenhauer. 3 Os autores de manuais que tratavam de casos de consciência e de outros ramos da teologia moral eram, nos séculos XVII e XVIII, denominados *moralistas* (lat. *moralistae*). Na sua maioria, eram jesuítas ou dominicanos. Nesse tempo, as suas obras imensas eram para uso dos confessores – e inquisidores. *Ver também* CASUÍSTICA.

More, Henry /mɔr/ (1614-1687) Membro do Christ's College, Cambridge, um dos principais representantes do platonismo de Cambridge. O seu pensamento mostra influências do neoplatonismo e do misticismo cabalístico, que tentou incorporar numa mundividência cristã. Nos seus escritos, defendeu a autoridade da razão contra os ateus e também contra os entusiastas religiosos que consideravam o uso da razão como carnal e, por isso, pecaminoso. Apesar de inicialmente ter valorizado muito a filosofia de Descartes, insistiu que tanto a mente como o corpo têm extensão, imaterial e material, respetivamente, rejeitando o NULIBILISMO de Descartes, por entender que implicava um materialismo mecanicista. Na epistemologia, aceitou, com Platão, uma teoria das ideias inatas. Como Cudworth, propôs uma teoria das «naturezas plásticas», *i.e.*, forças ativas, ainda que não conscientes, que podem explicar os fenómenos naturais que não podem ser explicados por uma teoria puramente mecanicista.

More, Thomas /mɔr/ (1478-1535) Um dos principais humanistas (HUMANISMO), autor de *Utopia* (1516; trad. 2009), que foi a primeira de uma longa lista moderna de sociedades ideais imaginárias. Na Utopia de More não há propriedade privada e há igualdade sexual na divisão das tarefas. Estas estão entre as condições para uma vida agradável que More, no espírito de um cristianismo epicurizado, encarava como o mais elevado bem. *Ver também* UTOPIA.

more geometrico lat. à maneira da geometria. O modo de exposição de Euclides. Era admirado e foi adotado por alguns filósofos modernos: Descartes, Espinosa, Christian Wolff, etc. Descartes usa-o nas suas «Respostas ao Segundo Conjunto de Objeções» (às suas *Meditationes*, 1641), mas o exemplo mais conhecido é a *Ethica Ordine Geometrico Demonstrata* (1677), de Espinosa.

Morelly /mɔrɛli/ (1716-1781) Desconhece-se o nome próprio deste pensador político francês, conhecido sobretudo pelo *Code de la Nature* (1755-1760) (*Código da Natureza*, 1994), no qual advoga um socialismo humanitário utópico. Uma sociedade melhor seria criada abolindo a instituição da propriedade privada e o egoísmo em que se funda. Isto deixaria espaço para os impulsos benevolentes intrínsecos à natureza humana. Forneceu um esboço minucioso de como a vida nas pequenas comunas uniformes seria regulamentada, antecipando Fourier. No início da década de 1790, Babeuf foi influenciado por este igualitarismo comunista.

morfologia s. Numa dada disciplina, a investigação ou a explicação das configurações e formas. O termo foi introduzido por Goethe, que o usou no seu trabalho sobre a fisiologia das plantas. Na gramática, a morfologia é o ramo que lida com a formação das palavras e com a flexão.

Morris, Charles /'mɔrɪs/ (1901--1979) Filósofo norte-americano, na Universidade de Chicago de 1931 a 1971. Desempenhou um papel ativo no estabelecimento da comunicação entre os positivistas lógicos e os filósofos norte-americanos. É sobretudo conhecido pela sua tentativa, formulada pela primeira vez em *Foundations of the Theory of Signs* (1938), de criar uma teoria geral dos símbolos, a que chamou *semiótica*, recorrendo ao termo de Locke, em *Essay Concerning Human Understanding*. Antevia que a semiótica poderia servir como teoria geral das várias disciplinas das humanidades e das ciências sociais, e que em última análise poderia ser formulada em termos biológicos e comportamentalistas. No estudo da linguagem, a estruturação da semiótica de Morris, inspirada em Peirce, teve grande aceitação: considerava que tinha três ramos principais: sintaxe, semântica e pragmática. A sintaxe lida com as relações entre os vários signos de uma linguagem: a gramática da linguagem. A semântica lida com a relação entre os signos e o que estes significam: é uma teoria do significado dos signos. A pragmática diz respeito ao modo como os signos são usados na comunicação e em contextos sociais.

morte de Deus A obra *Assim Falava Zaratustra* (1883-1885) de Nietzsche proclama que Deus está morto: uma pitoresca expressão de ateísmo, ou da proposição de que as pessoas não acreditam mais em Deus. As duas proposições são distintas, mas coincidirão no pressuposto de que acreditar faz as coisas serem assim e que não acreditar as faz deixar de ser. Argumentou-se não só que a morte de Deus, como quer que a compreendamos, é compatível com a religião, mas também que a podemos compatibilizar com o cristianismo, como nos escritos de John Robinson (*Honest to God*, 1963) e Thomas J. Altizer (*The Gospel of Christian Atheism*, 1967).

morte do homem Ver MORTE DO SUJEITO.

morte do sujeito Expressão pitoresca de uma noção central no ANTI-HUMANISMO estruturalista e pós-modernista. Sugere uma rejeição da ideia de uma natureza humana intemporal e universal, que possa fornecer um fundamento último para o pensamento e para a ação, e também de teorias filosóficas que se afirma terem procurado, desde Descartes, vários modos encontrar esse fundamento num eu transcendental.

morto-vivo *Ver* ZUMBI.

mos geometricus lat. modo geométrico.

Mounier, Emmanuel /munje/ (1905--1950) A autonomia e o valor da pessoa estão no centro do perfil filosófico de Mounier, conhecido como *personalismo*. Ser uma *pessoa* envolve ter um conjunto de valores que se adotam livremente. Envolve a criatividade e a comunicação com os outros. Em contraste, ser um *indivíduo* é ter uma vida egoísta, materialista e inautêntica; o indivíduo é superficial, um mero membro da multidão. O personalismo opõe-se às tendências desumanizadoras, tanto do comunismo como do capitalismo, e resiste à tendência de ambos para ver os seres humanos como não mais do que objetos de estudo científico e meios para fins económicos, negligenciando a necessidade de relações comunitárias e pessoais, necessárias para o florescimento da pessoa. A revista *Esprit*, fundada em 1932, e o movimento associado com Mounier e a sua filosofia, envolveram-se numa luta contra a injustiça social, contra «a ordem estabelecida», e contra a despersonalização do mundo moderno.

mudança de Cambridge Filósofos de Cambridge como Russell e McTaggart analisaram o conceito de mudança como se segue: «*x* muda se algum predicado *F* se aplica a *x* em certo momento e não se aplica a *x* noutro momento». Isto é tão permissivo quanto implausível. Segundo o critério, uma árvore muda, *e.g.*, se passar a ficar à sombra de outras; se em algum lugar da Terra uma árvore cresce a ponto de ultrapassar a sua altura; se for admirada por quem passa.
    Peter Geach, em *God and the Soul* (1969), chamou «mudança de Cambridge» às mudanças que satisfazem aquele critério, distinguindo as *meras* mudanças de Cambridge das mudanças genuínas. Leitura: David A. Denby, «The Distinction between Intrinsic and Extrinsic Properties», *Mind* 115 (2006).

mundo Na filosofia analítica contemporânea a palavra é frequentemente usada no sentido de mundo possível, uma situação possível. Por exemplo, uma comparação «transmundial» é uma comparação entre estados de coisas possíveis.

mundo fenoménico Na filosofia kantiana: o mundo da experiência, em contraste com o mundo numénico.

mundos possíveis Um antigo uso teórico do conceito ocorre em Malebranche, *Traité de la nature et de la grâce*, 1674, I, § 13; *Entretiens sur la métaphysique*, 1688, 2, 3: o nosso mundo é um entre os muitos mundos possíveis que Deus poderia ter criado. Este mundo, por si criado, difere dos outros pela grande simplicidade das suas leis. O conceito é também importante na filosofia de Leibniz. Na *Teodiceia* (1710), Leibniz sustenta que o nosso mundo efetivo, tendo sido criado por Deus, um ser com todas as perfeições, é o melhor de todos os mundos que poderia ter criado, ou seja, o melhor mundo possível.
    Na explicação dos conceitos modais de possibilidade, contingência e necessidade, o seguinte padrão, com origem em Leibniz, tem-se mostrado bastante apelativo: uma proposição *p* é necessária se *p* for verdadeira em todos os mundos possíveis; uma proposição *p* é possível se *p* for verdadeira em algum mundo possível. A vantagem deste padrão de análise é que as relações entre os conceitos modais são, num certo sentido, reduzi-

das às relações entre os conceitos «todo» e «algum», que são esclarecidos na lógica de predicados.

Muitos filósofos e lógicos contemporâneos consideram que a linguagem dos mundos possíveis é conveniente, mas encaram-na apenas como um modo figurativo de expressão, enquanto outros, proeminente, entre os quais se encontra David Lewis, sustentam que *há* uma pluralidade de mundos.

mundus intelligibilis; mundus sensibilis lat. mundo inteligível; mundo sensível. Platão introduziu este par de conceitos para distinguir a verdadeira realidade, acessível pela faculdade da razão, do mundo da experiência sensível, que é apenas um reflexo imperfeito, uma sombra ou imitação, da realidade. A primeira é o objeto apropriado do conhecimento; a segunda é o domínio da mera opinião e da conjetura incerta. Kant usa estes termos para a sua distinção entre o númeno e o fenómeno, entre a coisa em si e a coisa para nós. A coisa em si, o mundo inteligível, está, evidentemente, para lá dos limites das nossas faculdades cognitivas. (A nível terminológico, emerge um paradoxo porque o mundo inteligível é ininteligível, no sentido em que acerca dele nada podemos saber.)

mutatis mutandis lat. com as mudanças apropriadas.

N

nada *s.* «Nada exige mais espaço do que o que está disponível».

A frase anterior é ambígua. Num sentido, significa que há espaço suficiente; noutro sentido, que não há.

Ulisses explorou esta ambiguidade, declarando ao ciclope antropófago Polifemo que o seu nome era Ninguém (Οὖτις). Mais tarde escapou, depois de ter ferido Polifemo. Quando Polifemo se queixou a outros ciclopes seus semelhantes, estes perguntaram-lhe quem o fizera, e ele respondeu: «Ninguém». Obteve mais risos do que compaixão.

Associar *nada* com morte, consternação ou desespero parece tão rebuscado como seria associar *algo* com vida, alegria ou exuberância. Há muitas coisas más que é uma alegria não ter e uma tristeza ter.

É também duvidoso que *nada* deva ser discriminado em particular, como se significasse um grande mistério ou abismo profundo. Os manuais de lógica explicam-no sem grande alarido, juntamente com *algo* e *tudo*. Em geral, na ontologia e na metafísica a inexistência é tão problemática quanto a existência.

Naess, Arne /nɛs/ (1912-2009) Filósofo norueguês. Depois de estudar em Oslo, Paris, Viena e Berkeley, Naess regeu uma cátedra de Filosofia na Universidade de Oslo de 1939 a 1970, quando se demitiu para se dedicar a problemas ambientais. Foi o fundador e diretor da revista *Inquiry*. O seu trabalho inicial caracterizava-se pelo empirismo e comportamentalismo, incluindo um estudo empírico de como quem não é filósofo compreende o conceito de verdade, entre outros. Também escreveu sobre a análise de argumentos. A partir da década de 1960, trabalhou no sentido de uma síntese de ética espinosista e gandhiana. Os seus temas principais são a não-violência e a solidariedade, considerando-se que ambas incluem a humanidade embora abranjam muito mais. Isto é desenvolvido na teoria a que Naess deu origem e pela qual provavelmente é mais conhecido: a ECOLOGIA PROFUNDA e o seu núcleo filosófico, a ecosofia. A ecosofia é uma conceção total inspirada pela ecologia e que dá ênfase a normas ecocêntricas elementares que relacionam os seres humanos com o seu ambiente, o que em última análise abrange o cosmos como um todo. Algumas obras principais: *Scepticism* 1968; *The Pluralist and Possibilist Aspect of the Scientific Enterprise* 1972; *Freedom, Emotion and Self-subsistence* 1975; *Ecology, Community, and Lifestyle* 1989. DB/dir.

Nagel, Ernest /ˈneɪɡəl/ (1901-1985) Filósofo norte-americano de origem checa, lecionou na Universidade de Colúmbia entre 1931 e 1970. Em teoria do conhecimento e na filosofia da ciência, defendeu um empirismo moderado. Do seu ponto de vista, a ciência genuína é hipotético-dedutiva: as suas afirmações gerais têm consequências particulares, testáveis, e são aceites ou rejeitadas segundo o resultado dos testes. Há progresso na ciência, mas quando, por exemplo, a teoria de Newton é substituída pela de Einstein, isto não se dá porque a anterior tenha sido diretamente refutada, mas porque pode ser incorporada na última, considerando-se que abrange casos especiais no seio de uma teoria mais geral. Há, então, bases racionais para preferir a nova teoria à antiga. (Foi esta a perspetiva posta em causa na década de 1960 por Thomas Kuhn, que argumentou que paradigmas científicos rivais podem ser incomensuráveis, sendo o seu sucesso ou fracasso significativamente influenciado por fatores não racionais.) Ao discutir teorias e conceitos biológicos, Nagel salientou que estes não podem passar facilmente sem a teleologia (propósito). Isto é um problema para o empirismo, visto que tais conceitos parecem levar-nos além da experiência sensível. O mesmo problema surge nas ciências sociais, em que os conceitos de totalidades sociais (grupos, classes, sociedades, mentalidades) parecem levar-nos além de seja o que for que possa em última análise ser objeto de observação sensível. Um problema adicional a respeito das ciências sociais é que dificilmente podem passar sem juízos valorativos – no entanto, do ponto de vista empirista, toda a ciência propriamente dita deve ser independente de pressupostos valorativos, e nesse sentido destituída de valores. Todas estas questões foram tratadas na obra de Nagel, *The Structure of Science* (1961/1979), em que argumenta que não podem ser resolvidas num enquadramento empirista. Outras obras: *An Introduction to Logic and Scientific Method* (com Morris R. Cohen), 1934, e *Sovereign Reason*, 1954. Tradução: *A Prova de Gödel* (com J. R. Newman), 1998.

Nagel, Thomas /ˈneɪɡəl/ (n. 1937) Filósofo norte-americano de origem sérvia, que ensinou em Berkeley e Princeton, e desde 1980 na Universidade de Nova Iorque. A reflexão sobre dualidades espinhosas é um contraponto temático na sua filosofia. Em oposição à influente teoria da motivação de Hume, Nagel estabelece um paralelismo próximo entre a prudência e a moralidade. Vemo-nos a nós próprios como a mesma pessoa ao longo do tempo, e é por isto que a prudência faz sentido. De igual modo, vemo-nos a nós próprios como uma pessoa entre outras, e é por isto que a moralidade faz sentido. De uma perspetiva racional, a pergunta «Porquê ser moral?» é como a pergunta «Porquê ser prudente?». Em *The View from Nowhere* (1986) (*Visão a Partir de Lugar Nenhum*, 2004), apresenta um diagnóstico de pontos filosoficamente problemáticos, localizando-os numa dualidade irredutível entre uma perspetiva subjetiva e uma objetiva. Os seres humanos *são* partes da natureza, e no entanto uma explicação dessa perspetiva omite os elementos subjetivos: experiência, pensamento, decisão, ação. Insistir que apenas uma destas duas conceções é legítima resulta em distorções teóricas e perplexidade prática: como objeto natural eu (ou antes, esta pessoa) nem penso nem ajo – sucede apenas que determinadas coisas acontecem a esta pessoa, que é um elo numa cadeia de causas. Dualidades espinhosas relacionadas, incluindo a que há entre a nossa preocupação moral imparcial pelo bem-estar humano e a nossa preocupação especial por determinadas pessoas (nós próprios, a nossa família, amigos, pessoas com interesses comuns), entram na discussão da justiça social em *Equality and Impartiality* (1991). Muitos dos ensaios de Nagel, incluindo os que foram coligidos em *Mortal Questions* (1979), 2000, foram amplamente conhecidos e debatidos, *e.g.*, «Moral Luck» (1976) e «What is it like to be a bat?» (1974) («Como é ser um morcego?», 2004). O último ensaio, em particular, definiu a ordem de prioridades da discussão posterior em filosofia da mente acerca da experiência consciente. Traduções: *Que Quer Dizer Tudo Isto?* 1995; *A Última Palavra* 1999; *O Mito da Propriedade* (com L. Murphy) 2005.

não cognitivismo *s.* Uma teoria segundo a qual nada há para conhecer, e portanto que não pode haver conhecimento algum, na área em consideração.

1 Em filosofia moral, onde o termo foi usado pela primeira vez no final da década de 1940, é a tese METAÉTICA de que não há «factos morais», nem, consequentemente, conhecimento moral. Esta tese é comum a teorias da ética EXISTENCIALISTAS, EMOTIVISTAS, PRESCRITIVISTAS, EXPRESSIVISTAS e outras semelhantes, que normalmente suplementam esta proposição negativa com explicações positivas da natureza das crenças morais e das afirmações morais.

Muitas dessas explicações não dão à razão qualquer lugar na base da ética, antes, em última análise, ao compromisso e só a este. Outras, *e.g.*, Habermas na ÉTICA DO DISCURSO, combinam o não cognitivismo moral com uma fundação racional da ética.

2 O não cognitivismo foi também usado para afirmações de outros tipos: afirmações religiosas, condicionais, etc. Tornou-se gradualmente claro que para estes tipos de discurso, como no caso original da moral, a abordagem não cognitivista não tem de ser tão niilista quanto as formulações iniciais talvez tenham sugerido. Ao invés, o seu impulso fundamental é antirreducionista na sua afirmação de que uma área particular de discurso serve funções radicalmente diferentes das do discurso quotidiano ou científico acerca deste mundo (ou de qualquer outro mundo) de factos, causas e efeitos, não podendo ser reduzido a semelhante discurso. Eis alguns dos termos com o mesmo significado ou intimamente relacionados: *anticognitivismo*, *antiobjetivismo*, *expressivismo*, *irrealismo*, *não descritivismo* e *não factualismo*.

não contradição, lei da Na lógica clássica, o princípio de que as contraditórias não podem ser simultaneamente verdadeiras nem falsas. Na lógica moderna, o princípio de que nenhuma afirmação com a forma *p e não p* pode ser verdadeira. A defesa clássica da lei da não contradição está na *Metafísica* de Aristóteles, Livro Γ 4ss.

não euclidiana, geometria *Ver* GEOMETRIA EUCLIDIANA.

não factivo *Ver* FACTIVO.

não factualismo A rejeição da ideia de que o papel de uma dada linguagem é afirmar factos. Por exemplo, uma explicação segundo a qual o papel das exclamações é (primariamente) exprimir uma emoção ou atitude, mas não formular factos, é não factualista. Mais controversas são as explicações não factualistas de afirmações nas áreas do direito, moralidade, artes, etc. *Ver também* NÃO COGNITIVISMO.

não tuísmo *s.* Motivação que nem é altruísta nem egoísta. Por exemplo, um jogador que tenta proteger o seu rei num jogo de xadrez não tem motivos egoístas nem altruístas: a questão do egoísmo ou altruísmo é irrelevante. O economista P. H. Wicksteed (1844-1927) inventou esta palavra (1910). Argumentou que a característica específica de uma relação económica não é o seu egoísmo, nem na verdade o seu altruísmo, mas o seu «não tuísmo». O termo foi usado ocasionalmente apenas, *e.g.*, David Gauthier, *Morals by Agreement* (1986).

narrativa *s., adj.* Uma história; o relato de uma sequência de acontecimentos.

nativismo *s.* Uma teoria de ideias inatas (Descartes, Chomsky). *Sin* INATISMO.

Natorp, Paul /ˈnaːtɔrp/ (1854-1924) Filósofo alemão, destacando-se na Escola Neokantiana de Marburgo. Os seus escritos abrangeram a maior parte das áreas da filosofia, desde as ciências exatas, com *Die logischen Grundlagen der exakten Wissenschaften* (1910), à filosofia social e à filosofia da educação, com o influente *Sozialpädagogik* (1899). A sua interpretação da teoria das formas de Platão como uma antecipação da filosofia transcendental de Kant, em *Platons Ideenlehre* (1903, 1921), suscitou um debate animado.

natural *adj.* Esta palavra e outras relacionadas, em especial *natureza*, são usadas em vários sentidos.

Hume, ao discutir se a virtude e o vício são naturais, em *Treatise of Human Nature*, 3, 1, 2, observa que, dependendo do sentido da palavra, o natural pode ser contrastado com o *milagroso*, *inabitual* ou *artificial*. Noutra parte da mesma obra contrasta-a com *civil* (ou seja, que tem origem em instituições sociais e políticas ou convenções), *mental* (ou seja, na nossa mente, em contraste com a natureza física fora de nós), *sobrenatural*, etc. Outro contraste é entre a natureza e a *cultura*.

Na tradição aristotélica, a natureza de algo é interna a esse algo, é a sua essência, mas explica também o seu funcionamento característico ou desenvolvimento.

naturalismo *s.* 1 Na metafísica moderna: a tese de que tudo (objetos e acontecimentos) faz parte da natureza, um mundo omniabrangente de espaço e tempo. Disto decorre a rejeição das crenças tradicionais em seres sobrenaturais ou outras entidades que supostamente estão além do âmbito da ciência. Os seres humanos e os seus poderes mentais são também considerados partes normais do mundo natural passíveis de descrição pela ciência.

No início do período moderno, o naturalismo era a perspetiva (apresentada por Vanini, Campanella, os platónicos de Cambridge, etc.) de que o mundo material contém entre os seus constituintes poderes ativos que podem estar escondidos («ocultos»). Isto obvia a necessidade de postular entidades fora do mundo material. A isto se opunha o mecanicismo (Mersenne, Descartes, etc.): o mundo material é em si inerte; funciona segundo princípios puramente mecânicos, e não contém os poderes ativos necessários para explicar o modo como as coisas funcionam. Estes têm de ser descobertos alhures.

2 Em lógica: a tese, normalmente denominada «psicologismo», de que a validade das leis lógicas não é *a priori* mas baseada em certos factos empíricos acerca da mente humana.

3 Em epistemologia: a tese de que a teoria do conhecimento não é *a priori* mas uma parte da ciência empírica. Esta tese opõe-se ao antipsicologismo de Kant, Frege, Husserl e alguns dos primeiros filósofos analíticos. Na formulação de Quine em «Epistemology naturalized», *Ontological Relativity and Other Essays* (1969), a teoria do conhecimento é o estudo empírico da relação entre dados de entrada sensoriais e dados de saída cognitivos. Não só a psicologia, mas também a biologia evolucionista, a sociologia, etc., foram consideradas disciplinas relevantes.

4 Em filosofia da mente: fisicismo, isto é, materialismo combinado com a tese de que o discurso mentalista deve ser reduzido, explicado ou eliminado a favor de um discurso não mentalista cientificamente aceitável.

5 Em ética normativa: a perspetiva de que o único modo de descobrir a conduta correta é a investigação empírica, principalmente nas ciências sociais e biológicas. A ética evolucionista é um exemplo.

6 Em metaética: numa teoria ética naturalista os conceitos morais são analisados inteiramente em termos de factos ou propriedades naturais.

7 Em metaética: uma teoria ética é naturalista quando comete a FALÁCIA NATURALISTA.

Este uso é atreito à confusão. Moore argumentou em *Principia Ethica* (1903; trad. 1999), que as teorias teológicas, metafísicas e sobrenaturalistas também cometem a falácia que Moore já tinha rotulado de «naturalista». Assim, na presente definição as teorias sobrenaturalistas tornam-se um tipo de naturalismo, o que parece estranho.

8 Em religião: no século XVII os deístas, que acreditavam que a religião natural era suficiente, eram denominados «naturalistas». Este uso está hoje obsoleto.

9 Em filosofia do direito: alguns autores usam *naturalismo* como sinónimo de teoria do direito natural, e normalmente contrasta com o positivismo jurídico.

10 Em literatura: *naturalismo* significa um tipo de escrita, sobretudo em prosa ficcional, em que os seres humanos são observados de uma maneira estritamente científica; são vistos como determinados por fatores que escapam ao seu controlo e conduzidos ao seu destino pela hereditariedade e pelo ambiente social. As personagens humanas são frequentemente, embora não necessariamente, representados de um modo nada lisonjeiro, com ênfase nos aspetos mais animalescos do seu modo de vida. Representantes bem conhecidos deste movimento são Emile Zola e Theodore Dreiser.

naturalista *s.* **1** Alguém que aceita o naturalismo. **2** Alguém que estuda animais e plantas observando-os no seu ambiente natural.

naturalizar *v.* Naturalizar é descrever, analisar, definir ou explicar algo de um modo compatível com o NATURALISMO (nos sentidos 1-4).

natureza *Ver* NATURAL.

naturezas plásticas Forças ativas que penetram a natureza material, dão forma aos objetos materiais e tornam o movimento e a vida orgânica possíveis. O conceito foi usado por Henry More, e novamente por Cudworth em *The True Intellectual System of the Universe* (1678) no seu argumento contra o materialismo (atomista). Visto que a matéria é inerte e passiva, não haveria atividade que resultasse em movimento e mudança se nada além da matéria fosse real.

Naturphilosophie alm. *Ver* FILOSOFIA DA NATUREZA.

navalha de Ockham Nome comummente dado a um princípio habitualmente formulado (em latim) como *Entia non sunt multiplicanda praeter necessitatem* («Que não se multiplique entidades sem necessidade»). Esta formulação é muitas vezes atribuída a Guilherme de OCKHAM, mas não foi encontrada nos seus escritos conhecidos. A observação presente nos seus textos que talvez mais se aproxima é *Frustra fit per plura quod potest fieri per pauciora* («É vão fazer com mais o que com menos se pode fazer»); apesar de neste caso Ockham poder estar a citar um adágio conhecido, e não a dizer algo original.

A navalha de Ockham é por vezes interpretada como o princípio metafísico ou ontológico de que devemos acreditar na existência do menor número possível de tipos de objetos; por vezes, é interpretada como o princípio metodológico de que a nossa explicação de qualquer facto dado deve fazer apelo ao menor número de fatores necessários para explicar o facto em questão. GH

necessitarismo *s.* **1** Sinónimo de DETERMINISMO, introduzido como antónimo de LIBERTISMO em meados do século XIX. **2** A perspetiva de que a necessidade é uma característica objetiva de determinados factos no mundo, em contraste com a perspetiva de que «necessidade» denota ou exprime um estado subjetivo.

negação *s.* Na linguagem comum, a negação (ou rejeição) exprime-se por *não, não ocorre que*, etc.

A palavra «negação» é usada simultaneamente para o ato de negar uma dada afirmação e para o resultado desse ato. Esta ambiguidade processo/produto é quase sempre inócua.

Negação não é o mesmo que *contradição*. Uma negação envolve *uma* proposição. Uma pessoa que acredita numa negação – *e.g.*, a proposição de que *não ocorre que a Terra seja plana* – pode estar correta; na verdade, *está* correta! Uma contradição envolve *duas* proposições, que não podem ser simultaneamente verdadeiras e que não podem ser simultaneamente falsas. Uma pessoa que acredita numa contradição – *e.g.*, que *a Terra é plana* e, ao mesmo tempo, que *não ocorre que a Terra seja plana* – não pode estar correta.

Negação e *rejeição* são não raro usadas indistintamente; mas por vezes reserva-se *rejeição* para as frases, e *negação* mais geralmente para se aplicar a frases ou a outras expressões (*e.g.*, predicados).

Em afirmações de alguma complexidade, a negação pode ocorrer em mais do que um lugar. Compare-se, por exemplo: não é possível que os porcos voem ($\neg \Diamond p$); e é possível que os porcos não voem ($\Diamond \neg p$). No primeiro caso, a negação é *externa*; no segundo, *interna*. Evidentemente, uma afirmação pode conter ambas: $\neg \Diamond \neg p$.

De igual modo, há uma diferença óbvia entre: *Não és obrigado a beber quando estás de serviço* (negação externa), e *És obrigado a não beber quando estás de serviço* (negação interna). Ver também DUPLA NEGAÇÃO.

negação da antecedente Um tipo de raciocínio falacioso. Eis um exemplo: «Se a Joana ama o João, cozinha-lhe as refeições; a Joana não ama o João; logo, não lhe cozinha as refeições.»

Isto é uma falácia. A conclusão pode ser falsa mesmo que as premissas sejam verdadeiras. Joana pode desapaixonar-se, digamos, e no entanto continuar estoicamente com as suas rotinas domésticas.

A forma geral da falácia é:

$$\frac{\text{Se } A, \text{ então } B \quad \text{Não } A}{\text{Não } B}$$

Note-se, todavia, que ao permutar «Se» acima com «Só se» a forma argumentativa resultante seria válida.

negativo Ver POSITIVO.

Nelson, Leonard (1882-1927) Filósofo alemão, professor em Göttingen a partir de 1919. Na esteira de J. F. Fries (1773-1843), tinha relutância em adotar as interpretações anti-PSICOLOGISTAS da filosofia de Kant, predominantes entre os seus contemporâneos. Também rejeitou a ideia comum de que a geometria não euclidiana era incompatível com a teoria kantiana da geometria, exposta na ESTÉTICA TRANSCENDENTAL.

Colega e amigo de Hilbert, argumentou contra o ceticismo e o convencionalismo na filosofia da matemática. A sua teoria ética postulava três noções centrais: a dignidade humana, a igualdade humana e a justiça; e o seu universalismo mostra fortes afinidades com o de R. M. Hare. Um dos seus textos foi uma sátira de *Der Untergang des Abendlandes* (1918-1923), de Spengler.

neoestoicismo *s.* Movimento filosófico que recupera as teorias éticas do antigo estoicismo. O seu primeiro grande representante foi o académico holandês Justus Lipsius (1547-1606). Apelou ao conceito estoico de «razão reta» como base para a ética, desenvolvendo uma síntese de ética estoica e cristã. Esta síntese omitia os apelos à religião revelada, mas também algumas doutrinas estoicas cuja reconciliação com os ensinamentos cristãos era difícil (*e.g.*, que o homem sábio é semidivino; que a compaixão não é uma virtude; que o suicídio não é errado). Incluía muitos dos ensinamentos dos antigos estoicos – Epicteto, Séneca e Marco Aurélio – que se assemelham aos cristãos, em especial o universalismo ético, isto é, a doutrina de que todos os seres humanos são iguais, independentemente da raça, religião, nacionalidade, etc.

O objetivo era desenvolver uma teoria que pudesse obter o consenso geral e ajudar a pôr fim às controvérsias religiosas e conflitos violentos da época, a que alude o título de uma obra do francês G. du Vair (1556-1621): *Traité de la constance et consolation ès calamitez publiques* (1595). Outros neoestoicos importantes foram Gaspar Scioppius (1576-1649) na Alemanha, Francisco de Quevedo (1580-1645) em Espanha, e Thomas Gataker (1574-1654) na Inglaterra.

neokantismo *s.* Movimento filosófico na Alemanha, que surgiu em reação contra as duas tendências que predominavam em meados do século XIX: a metafísica especulativa e o materialismo científico dogmático. Contra isto o filósofo Otto Liebmann (1840-1912) insistiu nas palavras de ordem «Regressar a Kant!» no seu *Kant und die Epigonen* (1865). O objetivo era encorajar um sentido de responsabilidade intelectual e um novo reconhecimento dos limites do conhecimento humano, no espírito kantiano. Os neokantianos mostravam-se caracteristicamente antipáticos face ao pessimismo em voga (Schopenhauer, von Hartmann) e ao conservadorismo político e cultural da Igreja. No virar do século, esta tendência tornara-se predominante na filosofia académica alemã. Representantes importantes foram F. A. Lange (1828-1875), Alois Riehl (1844-1924) e os filósofos da escola de Marburgo e da escola de Baden (ou sudoeste-alemã).

neologia *s.* Uma teoria nova, uma inovação doutrinal. 1 Em teologia: a tendência, em especial entre os teólogos alemães protestantes do século XVIII, para substituir às interpretações ortodoxas do cristianismo outra mais recetiva às exigências da razão natural e do sentimento. Rejeitaram as doutrinas do pecado original, da condenação eterna e da satisfação vicária, vendo Jesus como um grande professor de moral. 2 Em lexicografia: o estudo de neologismos.

neologismo *s.* Uma palavra ou expressão recentemente criada.

neomalthusianismo *s.* Teoria apresentada pela primeira vez cerca de meados do século XIX, que, em harmonia com Malthus, reconhece os efeitos potencialmente desastrosos do crescimento populacional irrestrito mas que, em desacordo com o mesmo, defende o planeamento familiar por meio do controlo da natalidade (contraceção) como alternativa preferível à pobreza, epidemias, guerras, etc. Os primeiros neomalthusianos estavam antes de mais preocupados com a condição da classe operária pobre; na segunda metade do século XX, as consequências de um crescimento demográfico à escala mundial estiveram em destaque através dos textos de G. Borgström, D. Meadows e P. Ehrlich, entre outros.

Nota: o controlo da natalidade continua inaceitável para algumas autoridades religiosas. No século XX, foi condenado em três encíclicas papais (*Casti connubii*, 1930; *Humanae vitae*, 1968 e *Veritatis splendor* 1993). É considerado contrário à LEI NATURAL.

neoplatonismo *s.* Termo usado para o movimento platónico a partir do século III d.C. Os seus pensadores mais importantes foram Plotino (205-270), Iâmblico (*c.* 245-326), e Proclo (412-485). Há também uma influência neoplatónica considerável nos escritos de Agostinho e do pseudo-Dionísio. Em geral, a afirmação dirigia-se a uma compreensão pessoal de realidades mais elevadas. Pouca atenção se deu à filosofia social e política; o interesse principal estava na teologia, na metafísica e na lógica. Entre os diálogos de Platão, concedeu-se um lugar central a *Timeu* e *Parménides*.

As minúcias variam, mas há alguns temas comuns. A realidade última é o Uno, identificado com o Bem e com o Deus mais elevado. Há então várias «hipóstases» no sentido plotiniano: Uno; Mente; Alma. A matéria não tem realidade independente, nem o mal – na verdade, num sentido mais profundo, nem uma nem outro são reais. O que quer que derive de um princípio superior *assemelha-se*-lhe e acabará por *regressar* ao mesmo. O movimento dá-se do mais unificado para o menos unificado, e de volta ao primeiro. Os princípios mais elevados têm potências efetivadas pelos inferiores.

Os neoplatónicos consideravam-se seguidores e continuadores do pensamento de Platão. Mesmo depois da redescoberta de muitos dos diálogos perdidos de Platão, mil anos depois, foram considerados como tal pelos humanistas da Renascença e pelos platónicos de Cambridge do século XVII. Há evidentemente continuidades entre o platonismo e o neoplatonismo, mas a necessidade de fazer uma distinção clara entre os dois só foi reconhecida no século XVIII, quando as primeiras histórias da filosofia no sentido moderno trataram o neoplatonismo de modo adverso, considerando-o uma forma degenerada de filosofia grega clássica. Com Hegel, a sua reputação melhorou. *Ver também* PROCLO. HT/dir.

Leitura: R. T. Wallis, *Neoplatonism* 2.ª ed. 1995.

neopositivismo *s.* POSITIVISMO lógico. *Ver* CÍRCULO DE VIENA.

neorrealismo *Ver* NOVO REALISMO.

neotomismo *s.* Filosofia baseada nos ensinamentos de Tomás de Aquino, que foi oficialmente sancionado como a autoridade fundamental em questões filosóficas pela encíclica do papa Leão XIII, *Aeterni Patris*, 1879. Entre os principais representantes estão o cardeal Mercier (1851-1926), Jacques Maritain (1882--1973) e Etienne Gilson (1884-1978).

ne quid nimis lat. nada em excesso.

nescidade *s.* Ignorância.

Neurath, Otto (von) /ˈnɔiraːt/ (1882--1945) Sociólogo e filósofo austríaco. Desempenhou um papel crucial no desenvolvimento do positivismo lógico e foi um membro central do Círculo de Viena. Carnap introduziu o conceito de frases protocolares para frases fundacionais que relatam de maneira incorrigível experiências sensoriais imediatas, constituindo uma base para todo o restante conhecimento. Em contraste, Neurath usou o conceito para caracterizar relatos de observações particulares do mundo físico que, na sua perspetiva, formam o conjunto de frases básicas, mas não são incorrigíveis. Deste modo, o fenomenalismo implícito na perspetiva de Carnap seria abandonado a favor do fisicismo. O seu exemplo de uma frase protocolar é «Protocolo de Otto às 3:17 h: [Às 3:16 h Otto disse para consigo: (às 3:15 h havia uma mesa na sala percecionada por Otto)]». Estes relatos não são incorrigíveis: «Nenhuma frase goza do *noli me tangere* que Carnap consagra para as frases protocolares». O que nos faz aceitar algumas como verdadeiras é serem coerentes com a classe de frases a que estão anexadas. Neurath defendeu o ideal de ciência unificada, e as frases protocolares fazem parte da sua linguagem, uma linguagem sem metafísica. Implícita neste ideal estava a unidade de método: os mesmos métodos são em princípio aplicáveis a qualquer tipo de investigação intelectualmente respeitável, seja história antiga ou física moderna.

Politicamente, os positivistas lógicos eram de esquerda, na sua maioria, e Neurath era-o bastante. Foi funcionário público no efémero governo socialista da Baviera em 1919 e na década de 1920 envolveu-se ativamente nos movimentos democráticos da classe operária em Viena. Mais tarde, Neurath dedicou também muita energia à criação de uma linguagem pictórica universal aplicável, antecipando o uso generalizado de ícones em centros de turismo, monitores de computador, etc.

nêustico/frástico (gr. νεύω acenar; φράξω mostrar; dizer) *s.* Termos usados para marcar a distinção entre os diferentes aspectos de uma frase. O frástico é o que é comum a «Estás a fechar a porta» e «Tu aí, fecha a porta!», isto é, o fechar da porta pela pessoa. Mas as duas frases têm componentes nêusticos diferentes: a primeira pode ser parafraseada como «O seu fechar da porta, sim» e a segunda como «O seu fechar da porta, por favor». A primeira exprime uma frase, a segunda um imperativo.

Este par de termos foi introduzido por R. M. Hare em *The Language of Morals* (1952) (*A Linguagem da Moral*, 1996). Usou-o para explicar como os imperativos, que não têm valor de verdade, podem figurar em relações lógicas, argumentando que isto é possível uma vez que a análise deixa claro que são os frásticos que figuram em relações lógicas. Para lidar com as objeções levantadas por Peter Geach e John Searle, entre outros, contra a sua análise dos imperativos, Hare aperfeiçoou-a posteriormente, num artigo publicado na *Mind* em 1989, introduzindo dois conceitos complementares: *clístico* (gr. κλείω separar, concluir) e *trópico* (gr. τρόπος movimento, maneira, modo). A análise revista de «O seu fechar da porta, por favor» é:

Clístico: Começa a mensagem
Frástico: O seu fechar da porta (o conteúdo descritivo da mensagem)
Trópico: Por favor (o modo de apresentação da mensagem)
Nêustico: Assinado por R. M. Hare (o aceno assertivo à mensagem)
Clístico: Termina a mensagem

O nêustico, redefinido, dá o aceno assertivo à mensagem. A mensagem em si é analisável num conteúdo descritivo, o frástico, e o modo em que é apresentada, o trópico.

neutralidade valorativa *Ver* ISENÇÃO VALORATIVA.

neutro/relativo ao agente As razões neutras quanto ao agente (ou impessoais) referem-se ao que um agente deve valorizar independentemente de qualquer relação particular consigo próprio. As razões relativas ao agente (ou pessoais), por contraste, referem-se às características ou circunstâncias particulares do agente. Thomas Nagel, por exemplo, escreve: «Cada um de nós tem uma razão neutra quanto ao agente para se preocupar com todos, e além disso uma razão relativa ao agente para se preocupar mais em particular consigo próprio», *Equality and Partiality* (1991), p. 40. Estes dois tipos de razões são ambos universais, na medida em que os consideramos aplicáveis a qualquer agente. A distinção, introduzida inicialmente por Nagel, *The Possibility of Altruism* (1970) em termos de razões objetivas e subjetivas, tem desde então sido frequentemente observada em teoria moral.

Newton, Isaac /'njuːtən/ (1642--1727) Um dos mais importantes cientistas; a teoria da mecânica e da gravitação de Newton, em *Philosophiae naturalis principia mathematica* (1687) (*Princípios Matemáticos de Filosofia Natural*, 2 vols., 2008) estabeleceu a física como uma forma de investigação sistemática. Essa teoria consiste no seguinte: todos os corpos permanecem no seu estado de repouso ou movimento uniforme a menos que sejam obrigados a mudar esse estado por alguma força que lhe tenha sido aplicada; a mudança de movimento é proporcional à força aplicada; para toda a ação de uma força há uma reação igual e oposta; entre quaisquer dois corpos há uma força gravitacional diretamente proporcional ao produto das suas massas e inversamente proporcional ao quadrado da distância entre eles.

A teoria explicou a lei de Galileu, de que os corpos em queda livre caem com aceleração constante, e as três leis de Kepler acerca dos movimentos dos planetas. Também «corrigiu» estas leis, mostrando que só se verificam se se fizer determinados pressupostos simplificadores. A teoria também fez muitas previsões surpreendentes (*e.g.*, previu o regresso periódico do cometa Halley muitos anos após a morte de Newton), e quase todas estas previsões acabaram por se mostrar corretas. A teoria previu mesmo que se pudéssemos arremessar um objeto a partir de um ponto suficientemente alto podíamos ter um satélite artificial que orbitaria continuamente a Terra. Para desenvolver estas consequências da teoria, exigia-se uma nova matemática, o cálculo diferencial e integral; Newton inventou-o também. (O mesmo fez Leibniz, mais ou menos ao mesmo tempo, de modo independente.) Descobriu também, a partir de experiências com prismas, a natureza composta da luz solar e defendeu que um raio de luz solar é uma corrente de partículas de luz. Além disso, empenhou-se bastante em descobrir a idade do universo a partir de cronologias bíblicas e em especulações alquímicas acerca da possibilidade de transformar chumbo em ouro. AM

Leitura: The Cambridge Companion to Newton 2002; D. Gjertsen, *The Newton Handbook* 1986.

Nota: Pope escreveu:
A natureza e as suas leis estavam ocultas na noite
Deus disse, «Faça-se Newton!» e tudo se tornou luz.
Muito mais tarde, apareceu uma continuação:
Não durou; o Diabo, uivando «Ho! Faça-se Einstein!», restabeleceu o status quo
E eis uma continuação recente:
Deus lançou os seus dados, para grande consternação de Einstein:
«Faça-se Feynman!», e tudo se tornou claro como o dia.
O segundo dístico é da autoria de J. C. Squire (1884-1958, antologista literário e crítico), e o terceiro de Stephen G. Brush (historiador da ciência) em 1996, numa recensão de um livro sobre o físico Richard Feynman (org.)

nice /naɪs/ ing. agradável. *adj.* Em uso antigo: excelente, subtil, preciso.

Nicolau de Autrecourt (*c.* 1295-1369) Frequentou a Universidade de Paris. Opôs-se ao aristotelismo corrente da época, argumentando que a sua dependência da razão em questões religiosas e noutras áreas ia demasiado longe. A medida do seu próprio ceticismo está sujeita a interpretações conflituantes. De interesse é a sua aparente antecipação da crítica humiana dos conceitos de necessidade e causalidade. GW/dir.

Nicolau de Cusa (1401-1464) Cognome latino: *Doctor Christianus.* Nascido em Kues, na Renânia, perto de Trier, Nicolau alcançou a distinção na Igreja, e igualmente na teologia e filosofia do seu tempo. Das muitas obras deste pensador renascentista, a mais conhecida é *De docta ignorantia* (1440) (*A Douta Ignorância*, 2003). A par da coincidência dos opostos, o conceito de douta ignorância é central para a sua teoria do conhecimento religioso e secular. O tema principal do livro são as limitações inerentes do nosso intelecto. Em sintonia com a tradição platónica, argumenta que não podemos ter conhecimento de Deus: o melhor que podemos alcançar é uma ideia sagaz sobre o que Deus não é. Tão-pouco pode o intelecto alcançar a verdade sobre outras questões, mesmo que possamos fazer uma aproximação, tal como um polígono pode ser uma aproximação de um círculo mas não coincidir com o mesmo. A doutrina da coincidência dos opostos, formulada em oposição ao princípio aristotélico da não contradição, era assim uma parte necessária de uma compreensão da realidade, e especialmente da natureza divina. Os opostos existem em Deus, que os transcende de um modo que nos é imperscrutável.

Foi neste espírito que Nicolau argumentou que o universo não tem centro nem periferia. Saber se esta rutura com a tradição antecipa as novas cosmologias científicas, com a sua rejeição da mundividência heliocêntrica, é uma questão em debate.

Nicole, Pierre /nɪˈkɔl/ (1625-1695) Teólogo e filósofo francês, associado ao círculo de PORT-ROYAL. Foi amigo de Arnauld e coautor, com este, de diversas obras, incluindo a *La logique, ou l'art de penser* (1662), conhecida como «Lógica de Port-Royal». Empenhado em controvérsias teológicas, escreveu contra os jesuítas e contra os huguenotes. Em *Essais de morale* (1671-1678) sublinha o egoísmo inerente na natureza humana. Alguns destes ensaios foram traduzidos para inglês por John Locke.

Nietzsche, Friedrich /ˈniːtʃə/ (1844--1900) filósofo alemão, mais conhecido como crítico radical da tradição ocidental, com as suas crenças na verdade, na moralidade e em Deus. É famoso pela sua afirmação de que «Deus morreu» e pelas suas teorias do super-homem (ou do sobre-homem) e da vontade de poder.

O ambiente em que Nietzsche cresceu era dominado por mulheres – o seu pai, um clérigo luterano, morreu quando ele tinha quatro anos. Os seus estudos universitários em Bona e, mais tarde, em Leipzig concentraram-se na antiguidade clássica. Na sua estadia em Leipzig, Nietzsche leu pela primeira vez *Die Welt als Wille und Vorstellung*, 2 vols., 1818-1819, de Schopenhauer (*O Mundo como Vontade e Representação*, 2007), que teve um forte impacto no seu pensamento posterior apesar de ele acabar por rejeitar o pessimismo schopenhaueriano.

Foi nomeado para uma cátedra em Filologia Clássica na Universidade de Basileia em 1869 com a idade temporã de 24 anos, sem ter redigido a sua dissertação, o que constituiu uma grande honra. A sua primeira obra, *Die Geburt der Tragödie aus dem Geiste der Musik* (1872) (*O Nascimento da Tragédia*, 2007), foi portanto recebida com especial interesse pela comunidade académica. A obra mostrou-se, todavia, mais imaginativa e psicológica do que académica, e não foi bem recebida pelos estudiosos do classicismo seus contemporâneos. A explicação que Nietzsche dá da tragédia apoia-se nas imagens das divindades gregas Apolo e Dioniso: Apolo, que representa a beleza e a ordem estética, contrasta com Dioniso, que está associado ao sexo, ao frenesi, ao vinho e à música. Nietzsche argumentou que a tragédia grega concilia os dois princípios representados por estes deuses, princípios que são centrais à psique humana, tal como na estética.

A obra foi dedicada a Richard Wagner, com quem Nietzsche travara conhecimento em Leipzig, e a sua esposa Cosima. Embora a sua amizade tenha terminado, ao longo da sua vida criativa a preocupação de Nietzsche com Wagner permanece evidente nas suas obras.

Em parte como resposta à má receção do seu primeiro livro, Nietzsche publicou a seguir quatro estudos críticos fundamentais, *Unzeitgemässe Betrachtungen* (1873-1876). Um tema importante nesta obra – presente nos ensaios «David Strauss: Escritor e Confessor» (1873), «Sobre as Vantagens e Desvantagens da História para a Vida» (1873), «Schopenhauer como Educador» (1874) e «Richard Wagner em Bayreuth» (1876) – é a condenação do tacanhez das atitudes intelectuais, culturais e políticas contemporâneas.

Vieram depois as obras do período «positivista» de Nietzsche, 1878-1882, em que atacou muitos pressupostos religiosos e metafísicos tradicionais, dando preferência a explicações mais naturalistas, e prestou homenagem ao Iluminismo e ao seu espírito crítico. *Menschliches Allzumenschliches*, 2 vols., 1878-1880 (*Humano Demasiado Humano*, 2008) foi dedicado à memória de Voltaire; seguiu-se-lhe *Morgenröte* (1881) (*Aurora*, 2008). São feitos de aforismos, que variam em extensão, de máximas de uma linha a reflexões de algumas páginas, subtilmente justapostos.

Embora a força e a saúde estejam entre os valores positivos de Nietzsche, a sua própria saúde nunca foi boa. Deteriorara-se durante o período positivista, ao ponto de ter de se demitir do cargo universitário em 1879. O seu amor não correspondido por Lou Salomé e a sua desilusão com Wagner, que morreu em 1883, também perturbaram a sua vida pessoal. As suas obras desta época são, todavia, em muitos sentidos, as mais positivas. *Die fröliche Wissenschaft* (1882) (*A Gaia Ciência*, 2001) é uma obra aforística em que Nietzsche defende uma abordagem ligeira e orientada para a vida do trabalho académico. É também a obra em que apresenta pela primeira vez a famosa doutrina do «eterno retorno», a doutrina de que o tempo é cíclico, repetindo-se a si próprio uma e outra vez. Esta doutrina, embora aparentemente cosmológica, é adotada por Nietzsche como critério para ajuizar o valor da própria vida. Se de facto alguém vive uma vida boa, argumenta Nietzsche, ficaria feliz por repeti-la uma e outra vez. A doutrina do eterno retorno também proporciona a base para uma abordagem mais positiva da vida do que aquela que Nietzsche encontra na mundividência cristã, que julga a vida com base no seu fim – ou no céu ou no inferno. Em contraste, o eterno retorno postula que cada momento é uma parte essencial do todo. Daqui decorre também que nenhum momento é mais importante do que o presente, em que se tem a oportunidade de fazer escolhas ativas que influenciam o caráter do todo.

Also sprach Zarathustra (1883-1885) (*Assim Falava Zaratustra*, 2008) é a única obra de Nietzsche com um formato basicamente ficcional. O seu herói é um Zaratustra (o fundador persa do zoroastrismo) modernizado. O Zaratustra de Nietzsche prega um novo evangelho ateísta de aspiração à grandeza. Esta aspiração é corporizada na figura do *Übermensch* (super-homem), um tipo de ser humano novo e superior que rejeita a moralidade existente, que inverte os valores existentes afirmando o valor positivo da vida terrena e do indivíduo ativo, criativo e que empreende a criação da sua própria vida do modo como um artista cria as suas obras. *Jenseits von Gut und Böse* (1886) (*Além do Bem e do Mal*, 2009) e *Zur Genealogie der Moral* (1887) (*A Genealogia da Moral*, 2009) são talvez as obras mais conhecidas de Nietzsche. Trata-se, antes de mais, de obras críticas, que procuram subverter a moral cristã através de uma explicação pouco apelativa das suas origens e de uma análise que a apresenta como algo psicologicamente pernicioso: uma moralidade doentia de escravos, em contraste com uma saudável moralidade aristocrática dos senhores. Os principais exemplos que Nietzsche dá de uma moralidade de senhores são fornecidos pelos «nobres guerreiros» das narrativas épicas gregas, nórdicas e indianas. A moralidade de senhores faz o juízo primário de que o modo de vida dos próprios senhores é bom, e ajuíza secundariamente os modos de vida contrastantes como «maus». A moralidade dos escravos, pelo contrário, desenvolve-se entre os que estão subjugados aos senhores. Os escravos viram o feitiço contra o feiticeiro e ajuízam para si mesmos os senhores como «maus». Os escravos reforçam a sua própria autoestima julgando-se a si mesmos, secundariamente, como «bons».

Uma moralidade dos escravos é adequada para quem tem uma natureza servil, «grosseira e desastrada», mas a sua mensagem de humildade e piedade é castradora para os «homens superiores» que são capazes de se erguer acima daquilo a que Nietzsche chama «o rebanho». Entre outras coisas, a moralidade dos escravos faz também da autoavaliação uma função de características que não se tem, e não características que se possui. O escravo sente-se «bom» na medida em que carece de orgulho, arrogância, assertividade, e outras características que pertencem aos senhores. O resultado é que os valores dos escravos, embora garantam uma vitória imaginária sobre os senhores, reforçam efetivamente a impotência relativa do escravo no mundo. Nietzsche argumenta, depois, que o cristão mediano se conforma a estes padrões. O cristão ganha autoestima ajuizando os outros como pecaminosos e aspirando não a uma vida ativa e criativa, mas a uma vida insípida e medíocre que glorifica as próprias inaptidões como «moderação».

Nietzsche também usa o conceito de «vontade de poder» na sua crítica ao cristianismo. Os seres humanos (e tudo o que vive) procuram essencialmente aumentar o seu poder. Mesmo a alegada abnegação dos indivíduos religiosos é mera camuflagem para propósitos egoístas. O cristianismo é também doentio porque encoraja a extirpação das paixões, atacando, na verdade, a obstinação que é essencial à vitalidade humana.

Um alvo mais geral é a crença – de Platão e de Kant, além de cristã – de que existe um mundo exterior real que transcende o mundo da experiência. Para Nietzsche, o único mundo é um mundo heraclitiano de fluxo, ao qual impomos, através da vontade de poder, as nossas perspectivas e ordenamentos. A crença noutro mundo deve-se, em parte, a uma recusa (devida à fraqueza) de enfrentar esta tarefa de impor a própria perspetiva individual e, em parte, à sedução da linguagem, cuja gramática nos encoraja a procurar realidades fixas, persistentes, por detrás do fluxo da experiência. «Só nos livraremos de Deus quando nos livrarmos da gramática.»

Der Wille zur Macht (*A Vontade de Poder*, 2008), publicada postumamente (a primeira versão em 1901, uma maior em 1906), é na verdade uma compilação aleatória dos cadernos de notas de

Nietzsche, coligida pela sua irmã e por um discípulo dedicado, Peter Gast (pseudónimo de Heinrich Köselitz). Os esforços académicos de desfazer os danos editoriais resultaram em várias edições diferentes desta obra. Ainda é objeto de discussão acesa entre os estudiosos de Nietzsche se é apropriado basearmo-nos neste livro.

A produção de Nietzsche durante o ano de 1888, o seu último ano produtivo, inclui *Der Fall Wagner* (1888) (*O Caso Wagner*, 1999), *Götzen-Dämerung* (1889) (*Crepúsculo dos Ídolos*, 2006), *Der Antichrist* (1895) (*O Anticristo*, 2006), *Nietzsche contra Wagner* (1895; trad. 1999), e uma recensão não ortodoxa da sua vida e escritos, *Ecce Homo* (1908; 2008). A loucura começou a instalar-se no início de Janeiro de 1889, e Nietzsche foi hospitalizado depois de desfalecer na rua. Nunca recuperou, morrendo a 25 de Agosto de 1900. KHI

A edição canónica tem os nomes dos organizadores iniciais, G. Colli e M. Montinari.

Leitura: Michael Tanner, *Nietzsche* (VSI) 1987; *The Cambridge Companion to Nietzsche* 1996.

niilismo (lat. *nihil* nada) *s.* Qualquer perspetiva que contenha uma rejeição significativa pode ser descrita como niilista, mas quando se usa o termo há não raro uma sugestão de perda ou desespero. Entre as conceções com essa designação há as que negam a existência de um Deus, da imortalidade da alma, do livre-arbítrio, da autoridade da razão, da possibilidade de conhecimento, da objetividade da moral, ou do perfeito final feliz da história humana. F. H. JACOBI parece ter sido o primeiro a usar a palavra, *Jacobi an Fichte* (1799). Desde então, o termo foi aplicado a várias teses ou atitudes negativas. A lista concisa que se segue, dá apenas um exemplo do que tem sido compreendido como «niilista»:

i) Um revolucionário radical (especialmente na Rússia oitocentista), que rejeita a ordem social existente e aceita o ativismo terrorista de modo a destruí-la. Foi assim que a palavra foi usada pela primeira vez na Rússia em finais da década de 1850. Tornou-se corrente com o romance de Ivan Turgenev, *Pais e Filhos* (1862);

ii) uma pessoa que rejeita todas as restrições morais;

iii) uma pessoa que não se preocupa seriamente com coisa alguma;

iv) um defensor da teoria de que nada é verdadeiro;

v) um defensor do NÃO COGNITIVISMO moral;

vi) um defensor do ELIMINATIVISMO em filosofia da mente.

nisus lat. inclinação, tendência, esforço, impulso, força motriz.

nobre ficção/mentira (gr. γένοιτο τῶν ψευδῶν, também traduzido como «mentira régia», «mito magnífico») Na *República* de Platão, 414ᵇ-414ᶜ, descreve-se assim um mito promovido pelos governantes sábios do Estado. A crença neste mito produzirá a harmonia social mantendo os cidadãos contentes com o seu estatuto social.

noções comuns (gr. κοινναι έννοιαι; lat. *notiones communes*) Na filosofia estoica, inteleções inatas comuns a todos. São verdadeiras, autoevidentes e encontram-se na base de toda investigação. Nos *Elementos* de Euclides, os axiomas são denominados *noções comuns*.

noema (*sing.*); **noemata** (*pl.*) (gr. νόημα algo pensado) *s.* Este termo, assim como *noesis*, foi usado por Husserl na sua análise dos atos mentais em *Ideen zu einer reinen Phänomenologie und phänomenologischen Philosophie*, 1913, p. 190 (*Ideias para uma Fenomenologia Pura*, 2008). A *noesis* é o próprio ato intencional (isto é, «direcionado») particular; o *noema* consiste naquilo que faz o ato ter o caráter de experiência-de-um--objecto, juntamente com o modo particular de ter experiência. Os respetivos adjetivos a partir destes termos são *noemático* e *noético*.

noesis (gr. νόησις um ato de pensamento) *s. Ver* NOEMA.

nome logicamente próprio Nomes como «Sócrates», «Napoleão» e «Pégaso» são geralmente considerados nomes próprios, mas na análise de Bertrand Russell são descrições definidas disfarçadas; Russell sugere que só os indexicais como «eu» e «isto» podem ser nomes logicamente próprios, no sentido de referirem algo diretamente sem qualquer descrição definida implícita.

nómico (gr. νόμος costume, convenção; lei, regra) *adj.* Respeitante a uma lei da natureza.

nominalismo (lat. *nomen* nome) *s.* O ponto de vista de que só as coisas individuais têm realidade, isto é, só elas existem independentemente de uma mente, não podendo as palavras referir algo real a menos que refiram um indivíduo. Consequentemente, os universais, isto é, conceitos que podem ser predicados de indivíduos diferentes, não são reais. O mesmo se aplica a propriedades, classes, números e outras entidades abstratas; qualquer referência a tais entidades só é legítima se puder ser reduzida a discurso sobre indivíduos. Uma variante, o conceptualismo, sustenta que os universais, embora não sejam reais, existem «na mente»; outros, como Roscelino (*c.* 1050-1125), o primeiro nominalista medieval importante, apresentou a formulação «um universal é apenas uma palavra». Se Guilherme de OCKHAM é ou não corretamente descrito como nominalista é objeto de discussão. Defendia, todavia, que só são reais as coisas que existem individualmente e as suas propriedades sensíveis individuais (*e.g.*, a brancura de Sócrates). *Ver* UNIVERSAIS.

Entre os nominalistas posteriores estão HOBBES, em *Leviathan*, 1651, cap. 4 (*Leviatã*, 2009), e BERKELEY, que atacou as ideias abstratas no parágrafo 18.º da Introdução de *A Treatise Concerning the Principles of Human Knowledge* (1710) (*Tratado do Conhecimento Humano* 2000). O século XX viu formulações modernas, mais aperfeiçoadas, de Rudolf Carnap e Nelson Goodman, entre outros. Em estreita afinidade com o nominalismo está também W. V. O. Quine, que dá preferência à frugalidade ontológica, mas não pode ser considerado um nominalista no sentido mais estrito por defender a realidade de um tipo de objetos abstratos, nomeadamente, classes.

nomológica, afirmação A formulação de uma lei científica. O termo foi usado por Hans Reichenbach (1891-1953), que propôs um conjunto de condições sob as quais uma afirmação condicional, isto é, uma afirmação com a forma *se p, então q*, conta como lei científica.

nomos gr. νόμος costume, convenção; lei, regra *s.*

nomotética (gr. νομοθετικόσ formular uma lei) *adj.* **1** Respeitante à legislação. **2** Num sentido introduzido por Windelband em 1894, as ciências que procuram descobrir leis gerais para acontecimentos e processos indefinidamente repetíveis são nomotéticas, em contraste com as ciências que são IDIOGRÁFICAS na medida em que descrevem o que é particular e não recorrente. Há que notar que o contraste por si só não diz respeito ao objeto mas ao objetivo da investigação, de modo que não se exclui que a mesma área possa aceitar ambos os tipos de teoria. Na sua maioria, as ciências humanas e algumas ciências naturais são idiográficas.

noneísmo A perspetiva de que algumas coisas não existem ou, noutra formulação, que podemos dizer verdades sobre o que não existe (*e.g.*, unicórnios, quadrados redondos). MEINONG defendia uma teoria deste género, que foi enfaticamente rejeitada por Russell, Quine e a grande maioria dos filósofos do século XX. Com a publicação de *Exploring Meinong's Jungle and Beyond* (1982), de Richard Routley, a perspetiva reapareceu. Cf. G. Priest, *Towards Non-Being* (2005).

non sequitur lat. não se segue. Um *non sequitur* é um argumento inválido, ou seja, um argumento em que a conclusão não se segue das premissas.

noosfera Ver TEILHARD DE CHARDIN.

norma *s.* Um cânone ou regra (gramatical, jurídica, moral, etc.).

normativo (*adj.*); **normatividade** (*s.*) Uma afirmação normativa é uma afirmação segundo a qual algo *deve* ser feito.
Afirmar que uma proposição P é normativa pode ser compreendido como uma afirmação *acerca de P*, e significa que P é uma proposição que tem um caráter de dever. Compreendida deste modo, nada é sugerido sobre se se deve ou não agir em conformidade com P. Neste sentido, as duas regras: «todos os insultos devem ser vingados» e «todos os insultos devem ser perdoados» são igualmente normativas.
Mas afirmar que P é normativa pode também ser compreendida como uma afirmação *acerca de como se deve agir*. Neste sentido, no máximo uma das duas regras anteriores é normativa.
A diferença entre estas duas é paralela à diferença entre uma proposição *factual* (que afirma um facto, com verdade ou falsidade) e uma proposição *verdadeira*.

nosce teipsum lat. conhece-te a ti mesmo. Ver GNŌTI SEAUTON.

nosologia (gr. νόσος doença) *s.* A classificação das doenças.

notação polaca Uma notação de lógica simbólica sem parênteses, concebida no começo da década de 1920 por Jan Łukasiewicz. As operações são simbolizadas por prefixos. Na lógica proposicional temos:

negação	¬p	Np
conjunção	$p \land q$	Kpq
disjunção	$p \lor q$	Apq
condicional	$p \rightarrow q$	Cpq

Por exemplo, $(p \land q) \rightarrow r$ torna-se $CKpqr$, e $(p \land q) \rightarrow [\neg r \lor (p \lor q)]$ torna-se $CKpqANrApq$. Uma notação variante, conveniente em certos contextos, simboliza as operações por sufixos.
Nota: o primeiro autor não polaco a usar a notação foi provavelmente Arthur Prior, na sua *Formal Logic* (1955).

nous (gr. νοῦς razão, intelecto, mente) *s.* Em Aristóteles, é a faculdade mental pela qual se compreende os primeiros princípios. Quando Anaxágoras e Aristóteles, entre outros filósofos clássicos, têm a «razão» como força ou princípio organizador do mundo como um todo, esta é a palavra usada.

Nova Crítica Um movimento de crítica literária. A sua abordagem de uma obra literária é textual em vez de contextual. Os contextos históricos da obra ou a informação biográfica acerca do autor são considerados de importância secundária ou nula. A própria obra está em foco e sujeita a uma leitura e análise rigorosa, que se centra nos dispositivos literários usados: símbolos, ambiguidades, figuras de estilo, estruturas discursivas.

O movimento retirou inspiração dos escritos de I. A. Richards, William Empson e T. S. Eliot nas décadas de 1920 e 1930. Entre os representantes mais conhecidos estão os críticos norte-americanos Cleanth Brooks, Robert Penn Warren e W. K. Wimsatt, que foi coautor, com M. Beardsley, de *The Verbal Icon* (1967). Nos Estados Unidos, começou a perder popularidade em 1957, e foi gradualmente abandonado a partir da década de 1960.

Nova Esquerda Movimento intelectual e político que alcançou o auge no final da década de 1960, inspirado por tradições marxistas (Trotsky, Gramsci, Marcuse, Mao Tsé-tung, etc.), muito crítico do sistema político das democracias ocidentais, mas também profundamente insatisfeito com a ideologia e política marxista oficial dos partidos comunistas na Europa Oriental e Ocidental.

novo enigma da indução *Ver* PARADOXO DE GOODMAN.

Novo Realismo O termo por vezes usado para a oposição realista às filosofias idealistas, correntes em especial no Reino Unido e nos Estados Unidos nas primeiras duas décadas do século XX. Todavia, foi usado mais especificamente para as posições de um grupo de filósofos nos Estados Unidos, que fazia parte do movimento. Em 1910, seis destes publicaram no *Journal of Philosophy* uma breve declaração intitulada: «Programa e Primeira Plataforma de Seis Realistas». Os seis eram Edwin B. Holt, Walter T. Marvin, W. P. Montague, Ralph Barton Perry, Walter B. Pitkin e E. G. Spalding. As suas posições foram depois desenvolvidas e explicadas mais plenamente num volume cooperativo intitulado *The New Realism* (1912). O tema central era a independência do que é conhecido relativamente ao seu conhecedor, e o ponto de partida da polémica foi os idealistas usarem ilicitamente a nossa difícil situação egocêntrica para argumentar falaciosamente a partir da tautologia de que tudo o que é conhecido é conhecido a favor da conclusão de que tudo é conhecido.

Mas depressa o Novo Realismo foi por sua vez criticado pela sua incapacidade para lidar efetivamente com os fenómenos do erro e da ilusão, crítica apresentada por R. W. Sellars, entre outros REALISTAS CRÍTICOS, que rejeitavam tanto o fenomenalismo como o «realismo direto» dos Novos Realistas. QG

Novos Filósofos Um grupo de intelectuais franceses (*les noveaux philosophes*) que em 1976-1977 se tornou amplamente conhecido pelos ataques enérgicos ao esquerdismo que dominara a vida intelectual na França do pós-guerra. Viam uma conexão íntima entre a teoria marxista e a prática soviética: da miséria moral e material da vida quotidiana aos campos de trabalho e de assassínio em massa. Os mais conhecidos do grupo eram André Glucksmann (n. 1937) e Bernard-Henri Lévy (n. 1948), autor de *La Barbarie à visage humain* (1977).

Nozick, Robert /ˈnəʊzɪk/ (1938-
-2002) Filósofo norte-americano, professor em Princeton 1962 e em Harvard desde 1969. A sua primeira obra fundamental, *Anarchy, State and Utopia* (1974) (*Anarquia, Estado e Utopia*, 2009), usa a conceção de direitos individuais naturais para estabelecer fortes limites à ação do Estado. Se as mudanças a partir de uma posição inicialmente justa foram produzidas por meios justos, então o resultado é justo; a tributação sem consentimento daqueles a quem se aplica a tributação é equivalente a trabalho forçado, e a redistribuição de bens só se justifica para retificar injustiças anteriores.

Numa obra de fôlego notável, *Philosophical Explanations* (1981), a explicação da identidade ao longo do tempo de objetos materiais, navios, bastões – e pessoas – atraiu muita atenção. Nozick defende uma teoria do «continuador mais próximo», que indica o facto de muito do nosso pensamento nos comprometer com o caráter extrínseco da identidade. Para exemplificar: se se pensasse que os membros exilados do Círculo de Viena estavam todos em Istambul, diríamos que constituíam agora o Círculo de Viena; mas retiraríamos essa afirmação se se tornasse conhecido o facto *extrínseco* de que um número considerável de outros membros exilados tinham chegado aos Estados Unidos. Há também pressupostos semelhantes de factos extrínsecos no caso da identidade de objetos (cf. REPARAÇÃO DE NAVIOS) e da identidade pessoal.

Em epistemologia, Nozick aceitou o desafio colocado pelo problema de GETTIER. A sua teoria pretende excluir casos em que é meramente uma questão de coincidência suceder que a crença de S é verdadeira. Nesses casos, não afirmamos que S sabe que p. A base da sua teoria, elaborada com grande perspicácia, é que S sabe que p se, e só se: *i*) p for verdadeira; *ii*) S acredita que p; *iii*) se p não fosse verdadeira, S não acreditaria que p; *iv*) se p fosse verdadeira, S acreditaria que p.

Segundo esta teoria, uma proposição é conhecida se, e só se, a crença de S na proposição variar apropriadamente com os factos através de um âmbito de circunstâncias possíveis. Ou seja, «conhecer é ter uma crença verdadeira que vai na peugada da verdade».

A conceção que Nozick tem da natureza da filosofia, como reflexão cuja natureza difere da teorização científica, é complementarmente desenvolvida em *The Examined Life* (1990). BG/dir.

nulibismo (lat. *nullibi* nenhures) *s*. A perspetiva de que os espíritos (inclusive Deus) não têm localização no espaço. O termo parece ter sido criado por Henry More.

númeno (gr. νοούμενον pensar) *s*. Um objeto da razão. Na filosofia crítica de Kant, o númeno contrasta com o *fenómeno*, ou seja, o(s) objeto(s) de conhecimento empírico. Kant dá uma definição negativa: um númeno não é produzido pela experiência sensível mas estamos cientes dele.

Segundo Kant, não temos qualquer faculdade de intuição não sensível. Na verdade, não podemos sequer conceber como seria semelhante faculdade. Logo, não podemos ter qualquer conhecimento numénico. Todo o conhecimento de objetos exige uma base na experiência sensível e relaciona-se com o domínio dos fenómenos.

Há outro conceito, o de *coisa em si*, que Kant também contrasta com o fenómeno. Kant identifica quase sempre o númeno com a coisa em si, *e.g.*, *Prolegomena*, secção 33. Isto é, identifica aquilo que seria dado à intuição racional não sensível (se fôssemos dotados com semelhante faculdade) com o objeto subjacente ao fenómeno.

numerável *adj.* Diz-se que um conjunto é numerável se, e só se, os seus membros podem ser colocados numa correspondência de um para um com os inteiros positivos. Da definição decorre que todos os conjuntos numeráveis são infinitos, visto que há uma infinidade de inteiros positivos. Mas alguns autores chamam também «numeráveis» aos conjuntos finitos, fazendo o termo sinónimo de *contável* e *enumerável*.

número algébrico Um número real que é a solução de uma equação com a forma

$$a_0x^n + a_1x^{n-1} + a_2x^{n-2} \ldots + a_{n-1}x + a_n = 0$$

em que todos os *a* são números irracionais. Aos números reais que não são algébricos chama-se «transcendentais».

número cardinal; cardinalidade *s.* Os números 1, 2, 3, ..., são cardinais. Dizemos que dois conjuntos têm *a mesma cardinalidade* se, e somente se, há um casamento rigorosamente «monogâmico» de cada elemento de um conjunto com um elemento do outro conjunto. Por exemplo, se um conjunto tem cinco maçãs, e outro cinco crianças, os dois conjuntos têm exatamente a mesma cardinalidade porque há uma maçã para cada criança e uma criança para cada maçã.

Esta definição também se aplica a conjuntos infinitos. Por exemplo, o conjunto infinito dos números naturais 1, 2, 3... tem a mesma cardinalidade que o conjunto infinito de números pares 2, 4, 6..., visto que podem ser emparelhados numa correspondência biunívoca: 1-2, 2-4, 3-6, etc. Todo o número de um conjunto tem um «irmão» no outro, *i.e.*, nenhum número em qualquer dos conjuntos fica sem par, visto que para todo número *n* no primeiro conjunto há um número $2n$ no segundo e vice-versa. Assim, tanto temos números cardinais infinitos como finitos. Podemos mostrar que há números cardinais infinitos com diferentes magnitudes (*ver* DIAGONALIZAÇÃO), geralmente designados pela letra ALEF: $\aleph_0, \aleph_1, \aleph_2, \ldots$.

número complexo Um número da forma $a + ib$, em que a e b são números reais e i é o número imaginário $\sqrt{-1}$. Em alternativa, os números complexos podem ser definidos como pares ordenados para os quais valem as seguintes condições: 1) os membros dos pares são números reais; 2) adição: $\langle a, b \rangle + \langle c, d \rangle = \langle a + c, b + d \rangle$; 3) multiplicação: $\langle a, b \rangle \times \langle c, d \rangle = \langle ac - bd, ad + bc \rangle$. O primeiro elemento nestes pares é denominado *parte real*, o segundo *parte imaginária*.

número de Gödel /ˈgødəl/ Para demonstrar o TEOREMA DE GÖDEL, este autor concebeu um método engenhoso para correlacionar as fórmulas da lógica de primeira ordem com números inteiros positivos, de modo que a cada fórmula diferente corresponde um número diferente.

número irracional Um número real que não se pode expressar como uma fração de dois inteiros. $\sqrt{2}$ é irracional e, como o demonstrou Lambert, também o número π o é. A maior parte dos números reais são irracionais. Em comparação, os inteiros e as frações são muitíssimo raros.

número natural Chama-se «números naturais» aos inteiros positivos: 1, 2, 3, etc. Alguns autores incluem o 0, outros não. Há portanto duas terminologias diferentes: a) o conjunto de números naturais é {0, 1, 2, 3, 4,...}. Ao conjunto {1, 2, 3, 4,...} chama-se «conjunto dos inteiros positivos»; b) o conjunto dos números naturais é {1, 2, 3, 4,...}. Ao conjunto {0, 1, 2, 3, 4,...} chama-se «conjunto dos inteiros não negativos».

número racional Um número que pode ser representado como uma fração comum, isto é, uma razão de dois inteiros. Exemplos são $1/2$; $3/5$; $7/4$. Aos números reais que não podem ser representados deste modo chama-se NÚMEROS IRRACIONAIS.

número real Um número racional ou irracional. Os números reais contrastam com os números imaginários e com os NÚMEROS COMPLEXOS.

números transfinitos Os números atribuídos a conjuntos com um número infinito de elementos. Como Cantor descobriu, os conjuntos infinitos não são todos igualmente grandes; pelo contrário, o número de números transfinitos diferentes é em si transfinito.

número transcendental Um real que não é um NÚMERO ALGÉBRICO. A maior parte dos números reais são transcendentais; só uns quantos têm nomes; os mais conhecidos são os números π e e (constante de Euler).

numerologia *s.* Teoria e prática supersticiosa. Os cálculos são feitos com base em informação numérica, por exemplo a data de nascimento de uma pessoa, ou com base em informação não numérica, como as palavras num texto sagrado ou profano que são interpretadas como um código para determinados números. Ao resultado do cálculo é atribuído um significado especial pelo numerólogo, e com base nisto fazem-se previsões.

numinoso (lat. *númen* poder divino ou espírito) *adj.* De caráter espiritual, sobrenatural ou divino.

Nussbaum, Martha (n. 1947) Filósofa norte-americana, professora na Universidade de Chicago, depois de lecionar em Brown e Harvard. O centro de gravidade do seu pensamento é a ética – nas suas dimensões pessoal e política. Uma característica distintiva no seu trabalho é a integração intensa da literatura e da filosofia, tanto antiga como moderna. Isto é claramente visível em *The Fragility of Goodness* (1986) (*A Fragilidade da Bondade*, 2009). Na sua perspetiva, muitas obras literárias *são* obras de filosofia moral. Nussbaum rejeita os modos usuais de enquadrar os conceitos contrastantes de razão e emoção, argumentando, em *Love's Knowledge* (1990), que as emoções são necessárias à inteleção sagaz – na verdade, que *são* elas mesmas cognições, teoria que, na sua interpretação dos filósofos helenísticos (estoicos, epicuristas, céticos), foi defendida por estes. Essas escolas, e a sua ambição de permitir que a filosofia conduza à verdade mas também à harmonia e ao bem-estar individuais, são discutidas em *The Therapy of Desire* (1994). As reflexões sobre estes temas são resumidas em *Upheavals of Thought: The Intelligence of Emotions* (2001). Numa série de ensaios, Nussbaum atacou o relativismo de Foucault e Derrida, de teóricos da literatura como Stanley Fish e Barbara Herrnstein Smith, e de alguma epistemologia feminista. Segundo este relativismo, a noção comum de verdade é insustentável, e também a ideia de que as interpretações de textos jurídicos, bem como literários, podem ser consideradas corretas ou incorretas. Inspirada, como outros antirrelativistas, pelo modo como Platão e Aristóteles lidam com a sofística, Nussbaum realça a natureza aparentemente autoderrotante do relativismo. Argumenta também que há uma tensão entre o esquerdismo professado pelos autores que critica e o populismo iliberal que, na sua perspetiva, decorre do relativismo destes autores. A alternativa que Nussbaum prefere ao relativismo é um «realismo interno», no espírito de Kant e de Putnam.

A partir do final da década de 1990 muito do seu trabalho tem sido acerca de questões de moralidade política. Aquilo a que se tem de almejar é a realização do potencial dos seres humanos. Nussbaum rejeita o princípio de que as melhores condições são aquelas em que as preferências das pessoas são maximamente satisfeitas. Esse princípio utilitarista não toma em consideração que as preferências das pessoas podem ser irrazoáveis e distorcidas por fatores sociais e culturais; logo, que as pessoas não raro são incapazes de querer aquilo que deviam querer (que a violência doméstica seja estritamente proibida; que haja acesso ao ensino para todos, etc.). Ao invés, apoiando-se no trabalho de Amartya Sen, *e.g.*, *Development as Freedom* (1999) (*Desenvolvimento como Liberdade*, 2000), apesar de pontualmente o criticar, Nussbaum argumentou a favor de uma «abordagem das aptidões» que pode formar uma base para um consenso transcultural. O princípio orientador é que as políticas deviam ter como objetivo superar as circunstâncias que frustram e impedem o desenvolvimento humano. A teoria faz uma lista de aptidões humanas básicas e condições necessárias para a sua realização: a vida, a saúde e a integridade física constam nesta lista, compreendendo-se que inclui não só a segurança, mas também a nutrição apropriada, abrigo, liberdade de movimentos, liberdade reprodutiva, etc. Outros elementos na lista são: o uso dos próprios sentidos, a imaginação e a razão de um modo verdadeiramente humano, o desenvolvimento de vínculos emocionais; margem para a dignidade e a autoestima, capacidade para ter direitos jurídicos (de voto, propriedade e contrato, emprego, etc.), oportunidade para a diversão e a fruição. O lugar das mulheres nos sistemas sociais e políticos recebe especial atenção em *Women and Human Development: The Capabilites Approach* (2000).

O

Oakeshott, Michael (Joseph) /'əʊkʃɑt/ (1901-1990) Conhecido principalmente como filósofo político conservador, formou-se em História em Cambridge mas desenvolveu um interesse pela filosofia de McTaggart, que aprofundou estudando em Marburgo e Tübingen. O seu primeiro livro, o único que não é uma colectânea de ensaios, *Experience and its Modes* (1933), foi quase totalmente ignorado num momento em que a filosofia britânica era predominantemente analítica, mas fornece a estrutura filosófica dos volumes posteriores de ensaios, nos quais desenvolve temas educativos e políticos de um modo muitíssimo influenciado pelo ceticismo de Montaigne e pelas filosofias políticas de Hobbes e Burke.

O seu interesse central é a «experiência humana, vista como vários mundos independentes de discurso». Oakeshott começa por considerar que estes mundos são a história, a ciência e a experiência prática; mais tarde acrescenta a experiência estética. A filosofia não é um desses discursos, a juntar aos outros; ao invés, a filosofia ouve as «vozes» desses discursos, as conversas que ocorrem no seu seio, à luz da experiência como um todo. Nos ensaios coligidos sob o título *The Voice of Liberal Learning* (1989), considera que o objetivo da educação propriamente dita é ouvir essas vozes que conversam, o que se distingue da formação, profissional ou não, na qual se ouve apenas uma voz. No decurso de tal educação, torna-se visível que os modos são totalmente diferentes e também que cada qual tem limitações que a sua autossuficiência a impede de reconhecer, de modo que não pode fornecer uma imagem satisfatória da experiência como um todo.

Oakeshott exerceu a sua considerável influência como professor de Filosofia Política na London School of Economics a partir de 1950, onde ingressou depois de um leitorado de História em Cambridge, e após um breve período no Nuffield College. Tal como o seu antecessor Harold Laski – a cuja filosofia política socialista se opunha diametralmente – seminários londrinos e turmas muito concorridas de graduação permitiram-lhe assegurar a influência e os discípulos que acusava os académicos de procurar. Rejeitava a ideia de que a principal atividade da vida é o trabalho prdutivo, e que a função primária do Estado é promover o crescimento económico para satisfazer todas as necessidades dos cidadãos. Este objetivo é ilusório porque não há limite ao que os seres humanos querem. Contra, por um lado, o conceito de planificação racional centralizada e, por outro, o anarquismo que por vezes se lhe opõe, salientava a importância crucial das tradições morais e políticas no seio de uma sociedade que admite o primado da lei. Estas ideias são centrais em antologias de ensaios como *Rationalism in Politics* (1962). Via a política como uma «arte da reparação», cujo propósito era manter o barco a flutuar na nossa viagem por um «mar sem limites nem fundo» onde «não há porto de abrigo nem fundo de ancoragem, nem começo, nem ponto de partida». Tentar usar essa viagem como uma via para a perfeição é arriscar afundar o navio, ou pelo menos torná-lo mais vulnerável a tempestades e borrascas. A política não está de modo algum no centro da criatividade humana, nem pode por si gerar a criatividade; o que um político precisa é de um ouvido apurado para as «intimações» da mudança. Noutras antologias de ensaios, apresentou as afirmações centrais da história como um modo de discurso e analisou pormenorizadamente os ensinamentos morais e políticos de Hobbes. JP

obiter dictum (*sing.*); *obiter dicta* (*pl.*) lat. dito de passagem; comentário casual. A expressão tem um sentido técnico em jurisprudência, onde a razão para uma decisão (a *ratio decidendi*), mas não a *obiter dicta*, é relevante para a formação do precedente.

objetividade *s.* Esta palavra tem vários sentidos inter-relacionados. Eis uma pequena seleção: 1 Independente da perceção. A existência objetiva de átomos e montanhas implica que estas possam existir ainda que ninguém esteja ciente do facto. Mas pode uma dor existir se ninguém a sentir? Se não pode, a dor não é objetiva neste sentido. 2 Independente da opinião. Se pensarmos que uma pessoa pode merecer admiração ainda que os outros o tenham em baixa estima, estaremos a pressupor que o seu valor não depende do que se pensa acerca dele. 3 Imparcialidade de juízo. Um juízo determinado por fatores relevantes, mas não por fatores irrelevantes, como a preferência pessoal, é tido como objetivo. **objetivo** *adj.*

objetivismo *s.* Com respeito a uma área de pensamento ou discurso: qualquer teoria segundo a qual a verdade ou legitimidade é independente de gostos subjetivos, atitudes, preferências, interesses, etc.
Nota: Ayn Rand usava esta palavra para a sua mundividência.

objetivo *s.* Ver MEINONG.

objeto (*s.*); **objetivo** (*adj.*) Ockham e a maior parte dos filósofos até Descartes, inclusive, usavam estas palavras para referir o que está perante a mente, o conteúdo de um pensamento ou perceção, *i.e.*, aquilo a que agora chamaríamos «subjetivo». *Ver também* EMINENTE.

objeto natural Este termo, e *propriedade natural*, são em geral usados para indicar que o objeto ou propriedade pertence ao mundo da experiência.
Na discussão da FALÁCIA NATURALISTA, G. E. Moore distinguiu os objetos naturais dos metafísicos. Temos *experiência* da existência de um objeto natural. *Inferimos* a existência, num mundo real suprassensível, de um objeto metafísico: *Principia Ethica*, secção 25, p. 38 (trad. 1999). Para ele, «bem» denota uma propriedade não natural que nem é natural nem metafísica. O que faz um objeto ser natural é a sua existência no tempo. Podemos considerar que as suas propriedades naturais são as suas constituintes e também que existem no tempo: *Principia Ethica*, secção 26 pp. 40 ss (trad. 1999). Um dos problemas a que Moore regressava assiduamente, era o de como caracterizar adequadamente «natural».

objeto transcendental Na filosofia de Kant: a coisa em si; aquilo que temos de pressupor que é a base subjacente desconhecida do que conhecemos através da experiência sensorial.

obligationes lat., jogo de argumentação usado como exercício nas faculdades de letras das universidades medievais, a partir do século XIII, no qual um jogador tinha de manobrar o seu oponente para o fazer contradizer-se. JM

obnóxio *adj.* Ser obnóxio relativamente a algo é estar exposto (sujeito, suscetível, aberto) a algo desagradável (dano, castigo, censura, etc.). Por exemplo, um infrator está obnóxio perante o castigo. É este o sentido comum nos textos mais antigos.

obrigação *s.* Ter a obrigação de fazer algo implica que devemos fazê-lo. Mas a afirmação conversa não é verdadeira: há coisas que devemos fazer sem termos a obrigação de o fazer. As obrigações são *um* tipo de razão para agir, ou não agir, mas não o único.

Há diferentes perspetivas sobre a natureza da obrigação. Numa delas, estar sob a obrigação é estar sujeito, no caso de não cumprimento, a uma sanção (que pode resultar também do curso natural dos acontecimentos). No pensamento primitivo, estar sujeito a uma sanção é como estar amaldiçoado: não cumprir uma obrigação é arriscado, pois pode fazer os poderes invisíveis atuar contra nós. É também arriscado segundo as teorias mais modernas de Bentham e Austin: ter um dever ou uma obrigação consiste simplesmente em estar sujeito à vontade de outra pessoa que tem o necessário *poder coercivo*, que pode concretizar no caso de incumprimento.

Outra conceção de obrigação, habitualmente adotada por filósofos na era moderna, é a de estar sujeito à vontade de outra pessoa (um credor, um requerente, um governante, Deus) que não só tem a capacidade mas também a *autoridade* necessária, ou *direito*, para impor (diretamente ou por meio de um agente) uma sanção no caso de incumprimento. Esta autoridade ou direito que uma pessoa tem não se pode identificar com a força física ou com um tipo qualquer de competência intelectual. Pertence a uma categoria diferente: uma qualidade moral, ou disposição, concebida como um atributo de uma pessoa, à semelhança das qualidades físicas e mentais.

Contrastando com estas duas conceções, Kant define a obrigação como a necessidade de agir de certo modo. Contudo, esta necessidade não emerge das meras ameaças nem das ameaças que se baseiam na autoridade externa. Ao invés, segundo Kant, esta necessidade a respeito da ação é análoga a ser «obrigado» pelos padrões do raciocínio válido na área do pensamento.

Podemos resumir estas três conceções como se segue. A primeira tende a identificar a obrigação com a pressão que resulta de exigências a que se junta a ameaça apoiada na *força bruta*; a segunda, com a pressão que resulta das exigências (apoiadas em ameaças) de uma *autoridade*; a terceira, com a pressão que emerge das exigências implacáveis da *razão*.

Noutra conceção, diferente destas, vê-se a obrigação como uma pressão que é objeto de uma experiência subjetiva, algo que se sente. Hume identifica a obrigação com um tipo de sentimento, o que ilustra bem esta conceção.

obrigação ativa e passiva A uma obrigação passiva chama-se hoje simplesmente «obrigação». Ao poder (autoridade, direito, capacidade, faculdade) para tornar uma ação ou omissão obrigatória chamava-se «obrigação ativa». Este uso mais antigo, hoje em dia obsoleto, mas que surge ainda em Kant, *Metaphysik der Sitten* (1797) (AA p. 417) (*A Metafísica dos Costumes* 2005), encontra-se em Robert Sanderson, por exemplo, nas lições de 1648 de Oxford sobre a obrigação da consciência (publicadas originalmente em 1659): a nossa consciência tem uma obrigação passiva em relação a Deus (*i.e.*, obedecer-lhe é um dever), e tem uma obrigação ativa (*i.e.*, tem autoridade) com respeito à nossa conduta.

obrigação e dever Tal como os seus equivalentes latinos, *obligatio* e *officium*, estes termos eram tradicionalmente usados em diferentes sentidos. A palavra *dever* era usada para uma *ação* que estamos obrigados a executar; a palavra *obrigação* significava o «vínculo» pelo qual estamos vinculados a executar a ação que é nosso dever executar.

obrigação perfeita e imperfeita *Ver* DEVER PERFEITO; OBRIGAÇÃO PERFEITA.

obrigação perfeita Para o significado de «perfeita» neste contexto, *ver* DEVER PERFEITO. No uso corrente, as palavras «obrigação» e «dever» são amiúde usadas de maneira permutável. Porém, subsistem traços de uma distinção tradicional entre dever e obrigação: *dever* significa a própria ação que alguém está, perfeita ou imperfeitamente, obrigado a executar; *obrigação* significa a necessidade moral de executar a ação – o caráter de obrigatoriedade que acompanha a execução. É por esta razão que expressões como «deveres de obrigação perfeita» e «deveres de obrigação imperfeita» (no *Utilitarismo* de John Stuart Mill, cap. 5) fazem sentido.

obrigação positiva *Ver* DEVER POSITIVO.

obscurantismo *s.* Aversão à clareza ou à ilustração. O termo foi introduzido no século XVIII, e polemicamente aplicado aos inimigos românico-reaccionários dos ideais do Iluminismo.

obscurum per obscurius lat., o obscuro pelo mais obscuro. A expressão designa um defeito numa explicação.

observador ideal Como teoria da ética normativa, uma teoria do observador ideal sustenta que uma situação ou uma ação é um bem ou é correta se, e somente se, um observador ideal a aprovar. Neste caso, a aprovação serve como critério. Como teoria da ética analítica, uma teoria do observador ideal sustenta que a correção de uma ação (ou o bem de um agente) consiste em ser do tipo que um observador ideal aprovaria. A correção e o bem podem ser definidos nos termos dessa aprovação.

As teorias que usam o conceito aceitam que o observador ideal tem de ser racional, imparcial e compreensivo. As opiniões variam sobre o que estas qualidades implicam, e sobre se se deveria acrescentar alguma outra.

Na teoria ética, foi Adam Smith quem pela primeira vez introduziu um observador ideal de maneira explícita, em *Theory of Moral Sentiments* (1759) (*Teoria dos Sentimentos Morais*, 1999).

Uma teoria da verdade do observador ideal poderia ser uma teoria segundo a qual a proposição P é verdadeira se, e somente se, S (um observador ideal) acredita que P. O problema desta teoria, e de facto de todas as teorias do observador ideal, é como caracterizar S de modo que a teoria seja simultaneamente plausível e não-circular. *sin.* espetador ideal.

obversão *s.* Consiste em negar o predicado e mudar a qualidade de uma proposição categórica: veja-se a Tabela 15.

TABELA 15 **Obversão**

Proposições categóricas	Obversas das proposições categóricas
todo *S* é *P*	nenhum *S* é não *P*
nenhum *S* é *P*	todo o *S* é não *P*
algum *S* é *P*	algum *S* não é não *P*
algum *S* não é *P*	algum *S* é não *P*

Cada um dos pares é uma equivalência. Em cada par, uma proposição é a obversa da outra. O termo ocorreu pela primeira vez em 1870, nos escritos de A. Bain e W. S. Jevons.

ocasionalismo *s.* Proposto por Geulincx (1624-1669) e Malebranche (1638--1715), o ocasionalismo pressupõe que as causas são criativas e que produzem os seus efeitos, sendo por isso que há uma relação necessária entre causa e efeito. E contudo, o mero impacto de uma bola de bilhar noutra não é um ato criativo. De modo que o que explica a conexão necessária tem de ser outra coisa. De facto, deste ponto de vista, o impacto de uma bola de bilhar noutra não é a causa genuína do movimento da segunda, dando antes a Deus uma ocasião para causar o seu movimento.

A interação entre os acontecimentos mentais e corpóreos pode também ser analisada nestes termos. Neste caso, a possibilidade de um ato da mente causar um movimento corpóreo é ainda mais remota, dado que corpo e mente são duas substâncias distintas, inerentemente incapazes de se afetar entre si. Mas um acontecimento no nosso corpo pode ser a ocasião para Deus produzir um acontecimento mental correspondente, e um acontecimento mental uma ocasião para Deus afetar o corpo.

Segue-se que não podem existir relações causais genuínas entre coisas criadas. Isto não tem de implicar que Deus intervém com uma decisão particular em cada ocasião. Segundo Malebranche, as operações de Deus conformam-se aos seus imutáveis decretos gerais. Mas mesmo nas combinações regulares das chamadas «causas e efeitos» só Deus pode dar o empurrão, digamos. Deus é a única causa, propriamente dita.

Ockham, Guilherme de /ˈɑkəm/ (*c.* 1285-1347) Ou Occam; cognomes latinos: *Venerabilis Inceptor* e *Doctor Invincibilis*. Teólogo e filósofo inglês, e membro da ordem franciscana. Depois de estudar teologia em Oxford lecionou vários anos numa escola franciscana, provavelmente em Inglaterra. Neste período escreveu várias obras filosóficas, incluindo *Summa Logicae* (Súmula de lógica), e fez a revisão das suas *disputationes* de Oxford sobre as *Sentenças* de Pedro Lombardo. Em 1324 foi para a corte papal em Avinhão, onde as suas *disputationes* de Oxford foram examinadas por um comité de teólogos para determinar se continham heresias. Em 1328, por disposição do diretor da sua ordem, Miguel de Cesena, leu as constituições que o Papa João XXII emitira, numa tentativa de resolver as controvérsias sobre a prática da pobreza na ordem franciscana. Ockham decidiu que os ensinamentos de João XXII nestes documentos eram heréticos, deixando Avinhão com o irmão Miguel, entre outros, juntando-se a Ludovico da Baviera, que também estava em conflito como papa devido à sua eleição como imperador. Ockham viveu o resto da vida na capital de Ludovico, Munique, enviando panfletos e livros para mostrar que João XXII, e mais tarde o seu sucessor, Bento XII, deveriam ser afastados do papado. Os escritos de Ockham pertencem assim a dois grupos: escritos académicos, produzidos antes de 1324, e escritos polémicos, produzidos depois de 1328.

A obra académica de Ockham tem um caráter peculiar, explorando temas interligados, mas é improvável que se tenha proposto criar um sistema; como outros académicos, selecionou algumas questões debatidas pelos seus antecessores e contemporâneos e tentou responder-lhes mais adequadamente. Os alvos habituais das suas críticas eram Henrique de Gandavo e Duns Escoto. Rejeita a distinção formal de Escoto (exceto no caso da divindade), sustentando que as únicas distinções são entre coisa e coisa, conceito e conceito, e coisa e conceito. Rejeita também a doutrina da individuação de Escoto, segundo a qual um indivíduo é uma natureza comum que se singulariza contraindo-se em virtude de uma diferença individuadora formalmente distinta de si; segundo Ockham, todo o existente é individual em virtude de si mesmo, não precisando de ser individuado.

Sobre os universais, Ockham sustenta que um universal é um signo (objeto físico, palavra falada ou conceito) capaz de estar em vez de qualquer um de um número infinito de objetos similares; este é o seu «nominalismo» – um termo que ele mesmo não usou. Mas Ockham não defendia que a classificação é imposta arbitrariamente pela mente humana: à parte qualquer ato mental, Sócrates e Platão são mais parecidos entre si do que qualquer deles é parecido com um burro, razão pela qual um só signo, «homem», pode estar em vez de qualquer um deles. Além de Sócrates e Platão, não há qualquer terceira entidade que seja a sua semelhança; exceto na divindade, os termos relativos não significam entidades relativas, mas absolutas, conotando certas proposições sobre elas. De facto, só os termos nas categorias de substância e qualidade nomeiam entidades, de modo que todos os termos e conceitos incluídos nas outras oito das dez categorias de Aristóteles são conotativos. Ockham rejeita também a «espécie» (no sentido de uma parecença da coisa transmitida à mente através do meio e dos sentidos, ou produzida na mente como meio de conhecimento). O desejo evidente de Ockham de ter uma ontologia frugal explica que se lhe tenha atribuído a NAVALHA DE OCKHAM, apesar de não a ter inventado e de raramente a invocar. Desenvolveu argumentos específicos contra cada tipo de entidade que rejeitava.

Na teologia natural, Ockham rejeita muitos dos argumentos filosóficos que na altura eram apresentados como provas de vários aspectos da crença cristã, mas não retira a conclusão geral de que não se pode sustentar o cristianismo por meio de argumentos. Em ética, afirma que os preceitos do direito natural podem ser anulados por um mandamento de Deus, mas isto não implica (ao contrário do que muitas vezes se pensa) que a moralidade se fundamente nos mandamentos divinos. Em epistemologia, parece antecipar a hipótese do «génio maligno» de Descartes ao sustentar que Deus, considerando apenas o seu poder absoluto (*i.e.*, pondo de parte a sua bondade e a sua vontade), pode causar em nós um ato «creditivo» falso indistinguível de uma cognição intuitiva; contudo, Ockham não pressupõe que o conhecimento seja impossível a menos que possamos saber que o que parece uma intuição é de facto genuína. A sua filosofia não parece conduzir ao ceticismo, em qualquer sentido.

Os escritos polémicos de Ockham são habitualmente referidos como escritos «políticos» porque abordam em pormenor muitas questões importantes de filosofia política. Quanto à propriedade, rejeita a doutrina de João XXII de que a sua existência foi estabelecida por lei divina; segundo Ockham, existe por convenção e lei humana, estabelecidas para controlar a cobiça e a desavença. Rejeita a tese de João de que ninguém pode consumir justamente o que não possui; esta discordância entre ambos é referida por Grócio, que tenta harmonizar as duas posições. Quando à governação da Igreja, apesar de reconhecer que o papa tem o «poder inteiro» num certo sentido, rejeita a doutrina de que um papa pode fazer tudo o que não for imoral nem proibido por Deus; os papas têm de respeitar os direitos, incluindo os direitos dos descrentes, sob a lei humana. (Ockham parece ter sido um dos primeiros a introduzir na filosofia e na teologia a noção de direito dos advogados.) «Regularmente», o papa não pode ser julgado por quem lhe seja inferior na igreja, mas «ocasionalmente» pode sê-lo, por exemplo se for suspeito de heresia. Ockham rejeita a doutrina da infalibilidade papal. Um papa suspeito de heresia ou de um crime grave pode ser julgado num tribunal humano; se for culpado de heresia já deixou de ser papa, por essa mesma razão, e se for culpado de um crime pode ser repreendido ou deposto. O contraste «regularmente»/ /«ocasionalmente» é característico do pensamento político de Ockham: não acredita que qualquer constituição ou outra legislação possa dar conta de toda a situação possível; os indivíduos têm de estar preparados para improvisar meios para lidar com ocasiões imprevistas. Quanto ao governo secular, Ockham sustenta que o poder deriva do povo, e não da Igreja; o imperador e os outros governantes não precisam de ver a sua eleição confirmada pelo papa, nem podem ser depostos pelo papa (exceto que, ocasionalmente, um papa, ou qualquer outra pessoa, atuando pelo povo, pode depor um governante injusto ou sem préstimo). Os governantes têm de respeitar os direitos dos seus súbditos, como o direito à propriedade, apesar de, pelo bem geral, se poder anular um direito. Ockham criticou muitas vezes Marsílio, cuja conceção de soberania era alheia ao seu pensamento. Rejeitava, por exemplo, a doutrina de Marsílio de que todo o poder coercivo tem de estar concentrado nas mãos de um governante; do ponto de vista de Ockham, os súbditos têm de conseguir, ocasionalmente, mobilizar suficiente poder para corrigir ou depor um governante que se tornou um tirano. Ockham apoiava o império (*i.e.*, o Santo Império Romano) devido à necessidade de se ter um governo mundial para manter a paz; sustentava, contudo, que o imperador tem de respeitar regularmente a independência estabelecida dos reinados e das cidades livres. Na maior parte destes temas, Ockham estava a reafirmar, a defender e a desenvolver as ideias dos canonistas e teólogos mais antigos; foi ele um dos canais através dos quais estas ideias chegaram aos pensadores liberais posteriores. JK

Traduções: Oito Questões sobre o Poder do Papa 2002; *Brevilóquio sobre o Princípio Tirânico* 1988; *Lógica dos Termos* 1999; *Obras Políticas* 1999. Leitura: *The Cambridge Companion to Ockham* 1999.

oclocracia (gr. ὀχλοκρατία, de ὄχλος populaça, gentalha + -κρατία poder governativo) *s.* «Governo da populaça»: a forma degenerada de democracia, na qual um governo popular age sem respeito pelas restrições legais ou morais. Esta forma degenerada é analisada por Aristóteles na *Política*, mas o termo foi usado pela primeira vez pelo historiador Políbio (c. 200-120 a.C.) e por outros autores helenísticos.

ocultismo s. Crença em poderes escondidos e misteriosos, ligada a tentativas de os controlar.

ofelimidade (gr. ὠφέλιμος útil, vantajoso) s. A capacidade de um objeto ou serviço para satisfazer a preferência subjetiva de uma pessoa. O termo foi introduzido por Pareto, que queria uma distinção terminológica clara entre o prefer*ido* (ofelimidade) e o prefer*ível* (utilidade).

oligarquia (gr. ὀλιγαρχία, ὀλίγοι poucos + -αρχία governo) s. Governo dos poucos (geralmente ricos). A forma degenerada de aristocracia (o governo dos melhores) em Platão, *República* (8, 3-9, 3) e Aristóteles, *Política* (3, 7 1279ª 35, ᵇ4).

Os analistas políticos do início do século XX, como Gaetano Mosca, Vilfredo Pareto e Robert Michels, formularam uma «lei de ferro da oligarquia»: em todas as grandes organizações, sejam associações de voluntários, empresas comerciais ou organismos políticos, emerge inevitavelmente um grupo relativamente pequeno e estável de pessoas que controlam a organização.

ómega s. A última letra do alfabeto grego: Ω, ω. 1 A palavra *Ómega* é usada simbolicamente no Novo Testamento, Apocalipse 1:8 e 22:13, dizendo o Senhor: «Sou o Alfa e o Ómega», *i.e.*, o princípio e o fim. Nas especulações místico-especulativas de Teilhard de Chardin, a palavra é usada para assinalar o ponto final da história, no qual os espíritos individuais se fundem numa consciência cósmica. J. D. Barrow e F. J. Tipler adotaram o termo para um estado final do universo no qual a vida abrange absolutamente todas as coisas. 2 Na matemática transfinita: o menor número ordinal infinito, *i.e.*, o tipo de ordem associada aos números naturais, na sua ordem natural.

omnipotência s. Poder total.

omnipotência, paradoxo da Um ser omnipotente (Deus) pode criar qualquer objeto que se possa descrever sem contradição. Uma pedra tão pesada que ninguém pode levantar é um desses objetos. Logo, um ser omnipotente pode criar tal pedra. Mas dado que um ser omnipotente não pode levantar essa pedra, não é omnipotente. Segue-se que um ser omnipotente não é omnipotente.

omnisciência s. Conhecimento completo de tudo.

ontogénese s. A formação e desenvolvimento de um membro individual de uma espécie biológica.

ontologia (gr. ὄν ser) s. Investigação ou teoria do ser enquanto ser. Este é o tópico central da *Metafísica* de ARISTÓTELES, formulado no Livro Γ 1 1003ª 21. A palavra «ontologia» foi introduzida no início do século XVII para evitar algumas das ambiguidades da «metafísica»: LEIBNIZ foi o primeiro grande filósofo a adotar a palavra. A terminologia introduzida por Christian WOLFF no início do século XVIII foi amplamente adotada: a ontologia é a teoria geral do ser enquanto tal, e forma a parte geral da

METAFÍSICA, ou da filosofia teórica. As três partes especiais são a cosmologia geral, a psicologia racional e a teologia natural, *i.e.*, a teoria do mundo, da alma e de Deus.

No uso da FILOSOFIA ANALÍTICA, a ontologia é a teoria geral do que há. Por exemplo, questões sobre o modo de existência das entidades abstratas como os números, entidades imaginadas como as montanhas de ouro, e entidades impossíveis como os quadrados redondos, são questões ontológicas. E é sobre uma questão ontológica que o materialismo moderno, o fisicismo e o naturalismo diferem radicalmente dos seus oponentes: a questão do que há.

ontologismo *s.* Uma filosofia religiosa com tendência para o racionalismo e o panteísmo, que emergiu no século XIX. Os seus representantes principais foram Antonio Rosmini (1797-1855) e Vicenzo Gioberti (1801-1852) em Itália, Casimir Ubaghs (1808-1875) na Lovaina, e Orestes Brownson (1803-1873) nos EUA. Tinha afinidades com HEGEL e até com hegelianos de esquerda mais radicais, como Ludwig FEUERBACH. As autoridades da Igreja reprovavam o movimento, preterindo-o em favor do neotomismo.

opacidade/transparência referencial *Ver* TRANSPARÊNCIA.

operação *Ver* OPERADOR.

operacionalismo *s.* A ideia do Prémio Nobel da Física de 1946, P. W. Bridgman (1882-1962), apresentada pela primeira vez em *The Logic of Modern Physics* (1927), de que uma palavra, ou conceito, tem de ser definida pela operação que levamos a cabo para descobrir se tem aplicação. Por exemplo, dizer que algo tem um comprimento de três metros é dizer que se pusermos uma régua de um metro ao seu lado conseguiremos repetir a operação três vezes. Bridgman tinha a esperança de que se os cientistas se limitassem a conceitos definidos operacionalmente evitariam cometer erros. A esperança é «tornar desnecessários os serviços dos Einsteins que ainda não nasceram». Uma objeção à sua ideia é que há muitas maneiras diferentes de medir o comprimento. Se a operação *A* mede um comprimento como *a*, e a *B* o mede como *b*, gostaríamos de pensar que uma das operações mede melhor o comprimento. Mas segundo o operacionalismo, isso é falso: há apenas diferentes operações e portanto diferentes «comprimentos». AM

operador *s.* Na lógica formal e na matemática: um símbolo para um certo procedimento, uma *operação*. Na expressão 3 + 5, o sinal de mais é um operador que exprime a operação conhecida por «adição». Em $\Diamond p$, o losango (que simboliza «possivelmente») aplica-se à proposição *p*.

operador monádico Um operador que tem como resultado uma fórmula bem formada quando é aplicado a uma só proposição. Na lógica proposicional, o símbolo de negação é um operador monádico, porque ao ser aplicado a exatamente uma fórmula proposicional bem formada (simples ou complexa), tem como resultado uma fórmula bem formada. O mesmo acontece com o operador de necessidade na lógica modal. Um operador não monádico, *e.g.*, o símbolo de disjunção, é *poliádico*. *Ver também* PREDICADO MONÁDICO.

oposição, quadrado da *Ver* QUADRADO DA OPOSIÇÃO.

optativo *adj., s.* Gramática: um modo verbal cuja função primária é exprimir um desejo; uma frase que exprime um desejo.

ordem densa Em matemática: uma ordem em que, entre quaisquer dois elementos, existe outro. Por exemplo, a ordem dos números racionais (isto é, frações) é densa. A ordem dos inteiros não é densa: não há qualquer inteiro maior do que 11 e menor do que 12.

ordem linear Uma relação diádica REFLEXIVA, ANTISSIMÉTRICA, TRANSITIVA e CONECTADA. Uma **ordem linear estrita** é assimétrica, transitiva e conectada. Por exemplo, entre os números inteiros, a relação ≤ é uma ordem linear, e a relação < é uma ordem linear estrita.

ordem parcial Uma relação binária REFLEXIVA, ANTISSIMÉTRICA e TRANSITIVA. Uma relação com estas propriedades e que seja também CONECTADA, é denominada «ordenamento linear». Um **ordenamento parcial estrito** é ASSIMÉTRICO e transitivo. Uma relação com estas propriedades que seja também conectada é denominada «ordenamento linear estrito».

ordenação fraca Uma relação binária TRANSITIVA e fortemente CONECTADA.

orexia (gr. ὄρεξις) desejo, inclinação, apetite.

orfismo *s.* Culto grego dos mistérios, centrando-se na figura de Orfeu, um herói semidivino de grande talento musical – na verdade, a personificação do poder da música. A morte e a ressurreição, e a libertação da alma, em si mesma imortal, do corpo (a sua prisão mortal), são temas importantes deste culto. Encontra-se traços destas doutrinas na filosofia de Platão, e é clara a influência que exerceu no gnosticismo e no neoplatonismo. Papiros recentemente descobertos, publicados nas décadas de 1970-1980, sugerem afinidades entre os fragmentos órficos e heraclitianos.

Organon (gr. ὄργανον ferramenta, instrumento) Título coletivo atribuído às obras lógicas de Aristóteles por Andrónico de Rodes. A tabela 16 apresenta os seus nomes em português, latim e grego.

A partir do século V, muitos comentadores incluíam a *Retórica* e a *Poética* de Aristóteles no Organon, e o seu estudo

TABELA 16 **As partes do *Organon*, de Aristóteles**

português	latim	grego
Categorias	*Categoriae*	Περὶ τῶν κατηγορίων
Da interpretação	*De interpretatione*	Περὶ τῶν ἑρμηνείας
Analíticos anteriores	*Analytica priora*	Ἀναλυτικὰ πρότερα
Analíticos posteriores	*Analytica posteriora*	Ἀναλυτικὰ ὕστερα
Tópicos	*Topicae*	Τοπικων
Refutações sofísticas	*De sophisticis elenchis*	Περι των σοφιστικων

canónico integrava também habitualmente o *Isagoge* de Porfírio. Os filósofos medievais de língua árabe, sobretudo al-Farabi, Avicena, Averróis e al-Ghazālī, adotaram também esta prática.

Francis Bacon chamou à obra em que advoga uma abordagem empírica da ciência *Novum Organum*, para sugerir que deveria substituir a tradição aristotélica. Um título similar foi usado por Lambert.

Orígenes (*c*. 185-254) Uma das figuras de proa da Igreja da antiguidade. Oriundo de Alexandria, aí passou grande parte da sua vida, como professor e autor. Mais tarde prosseguiu estas atividades na Cesareia. Uma das suas obras mais importantes é *Contra Celsum* (*c*. 248) (*Contra Celso*, 2004), uma defesa do cristianismo contra um filósofo neoplatónico. Desenvolveu uma hermenêutica (método de interpretação) para explicar e defender as crenças religiosas, segundo a qual as Escrituras podem ser entendidas de três maneiras. Um dado texto pode ter ao mesmo tempo 1) uma mensagem histórica, fazendo uma narrativa, 2) uma mensagem moral e 3) uma mensagem espiritual, da qual a narrativa é uma alegoria. O facto de haver significado literal, moral e alegórico explica por que razão é possível encontrar um significado espiritual mais profundo em todas as partes das escrituras, incluindo as que aparentemente não são edificantes. A interpretação alegórica baseia-se no facto de todas as coisas terem um duplo aspeto: um é físico e sensível, estando à disposição de todos; o outro é místico e espiritual, e só alguns têm dele uma inteleção sagaz direta. Em harmonia com as novas ideias neoplatónicas estava também a sua crença na preexistência das almas e no livre-arbítrio. Acreditava que os castigos na além-vida tinham uma função corretiva, não sendo por isso perpétuos. No fim dos tempos, todas as pessoas seriam redimidas, dando-se a restauração final de todas as coisas (ἀποκατάστασιν πάντων). A sua tese sobre esta e muitas outras matérias foi firmemente rejeitada pela teologia cristã predominante desde os inícios do século VI, apesar de o seu método da interpretação alegórica ter sido amplamente aceite por muito tempo. Muito mais tarde, no século XVII e posteriormente, a sua rejeição da doutrina da eternidade do inferno ganhou cada vez mais aceitação.

Ortega y Gasset, José (1883-1955) Autor e filósofo espanhol. Como ensaísta, e professor de Metafísica em Madrid, de 1910 a 1936, considerava que a sua tarefa consistia em ajudar a levar a Espanha para a cultura europeia predominante, introduzindo a ideia de filosofia como um exercício de rigor intelectual. É sobretudo conhecido pela sua crítica da moderna sociedade popular, por estar dominada pela vulgaridade e pela complacência. Há um elemento existencialista na sua crença de que é possível que os indivíduos se libertem e adotem padrões mais elevados.

ortodoxia (gr. ὀρθός correto + δόξα opinião, crença) *s*. Doutrina definida por autoridade, ou adesão a ela. O termo é muitas vezes usado com maiúscula para referir a teologia da Igreja Oriental. **Ortodoxo** *adj*. *Ant*. heterodoxia.

ortogonal *adj*. Que forma um ângulo reto. Esta expressão geométrica é por vezes usada metaforicamente para se falar de uma não implicação lógica. Por exemplo, dizer que um problema Q é ortogonal a outro, R, significa que as soluções de R deixam Q por resolver.

Ostwald, Wilhelm /ˈɔstvalt/ (1853-
-1932) Nascido em Riga, na actual
Letónia, químico e filósofo alemão, Prémio Nobel da Química em 1909, tentou construir uma teoria filosófica com
base científica. O seu monismo neutro
considera que a realidade última é a
energia, que pode manifestar-se como
mente ou matéria.

otimismo *s.* 1 A perspetiva de que em
termos globais e a longo prazo o bem
prevalece sobre o mal no nosso mundo.
2 Expectativa de sucesso, esperança.
3 Dar atenção sobretudo ao lado mais
feliz de uma situação. A palavra foi usada
pela primeira vez em *Journal de Trévoux*,
um importante periódico francês do
século XVIII, para descrever a perspetiva,
defendida por Leibniz em *Théodicée*
(1710), de que o nosso mundo é o melhor
mundo possível. A palavra ganhou circulação com Voltaire, *Candide, ou l'optimisme* (1759) (*Cândido*, 2009).

otimífico (Lat. *optimus* melhor + *-fic*
fazer) *adj.* Que produz o melhor resultado. Segundo a maioria das versões de
utilitarismo, incluindo a de Bentham,
uma ação é correta, e deve ser executada,
se, e só se, tiver uma tendência otimífica, *i.e.*, se tende a produzir as melhores
consequências, considerando tudo o
resto. Cf. FELICÍFICO.

ótimo de Pareto *s.* Uma condição da
economia corresponde ao ótimo de Pareto
se ninguém pode ficar numa situação melhor sem que a situação de outrem fique
pior. Este princípio, batizado em nome de
Vilfredo Pareto, estabelece que uma mudança ou reforma promove o bem-estar
social geral se a situação de alguém ficar
melhor e ninguém ficar pior.

outro *s.* «O outro de *X*» é uma
expressão usada para referir algo que não
é *X*: algo antitético, oposto, contrário
ou contraditório relativamente a *X*;
algo diferente ou separado de *X*; etc.
O seu uso deve-se a influências continentais.

Owen, Robert /ˈəʊɪn/ (1771-1858)
Industrial, teorizador e reformador social.
A New View of Society (1813) advogava
formas cooperativas de propriedade e
emprego para ultrapassar a pauperização
generalizada e os outros perigos da
industrialização. Tentou pôr as suas teorias em prática, em alguns casos com
êxito (New Lanark). A sua iniciativa de
estabelecer cooperativas de consumidores fracassou, mas foi uma inspiração
direta dos pioneiros Rochdale, que
deram início ao Movimento Cooperativo em 1844.
Owen rejeitou a teoria da população
de Malthus. Argumentou que se a população aumentasse como Malthus previa,
o aumento das necessidades totais a
satisfazer seria mais do que compensado
pelo aumento da produtividade.

own /oʊn/ ing. possuir. *vb.* No uso
antigo: admitir, conceder, reconhecer,
confessar. Aplicado a ações, significa que
se admite tê-la executado, que se admite
a responsabilidade por ela. Este é o uso
comum em autores como Hobbes,
Locke, Hume, etc.

oximoro (gr. ὀξύς cortante, agudo
+ μωρός apagado, tolo) *s.* Figura de
estilo paradoxal ou contraditória, *e.g.*,
«uma vida morta», «um deus mortal»,
«um silêncio eloquente».

oxoniano *adj.* Relativo a Oxford.

P

p, q, r... Estas letras são convencionalmente usadas na lógica formal como variáveis para frases, do mesmo modo que as letras *x, y, z...* são convencionalmente usadas na matemática como variáveis que podem ser substituídas por expressões numéricas. Por exemplo, «Se *p*, então *q*» representa qualquer frase condicional que tenha como constituintes duas frases, uma substituindo o «*p*», e a outra o «*q*».

pace Do lat. *pax* paz *prep*. Uma oração da forma «*pace* Dr. Bloggs» significa «possa o Dr. Bloggs ficar tranquilo». É usada educadamente para indicar que se está ciente da opinião contrária do Dr. Bloggs, mas não se quer entrar em uma discussão a seu respeito.

Padres da Igreja Um conjunto de pensadores cristãos dos primeiros séculos que posteriormente foram considerados autoridades. Alguns dos mais conhecidos são Clemente de Alexandria, Tertuliano, S. Agostinho, Beda, Boécio, Lactâncio e pseudo-Dionísio. DM

Paine, Thomas /peɪn/ (1737-1809) Nascido na Grã-Bretanha, emigrou para a Filadélfia em 1774. *Common Sense* (1776) (*Senso Comum*, 2009) é um eloquente apelo à independência norte--americana, que reforçou com defesas entusiasmadas da revolução subsequente. Partindo para França, escreveu *The Rights of Man* (1791-1792) (*Direitos do Homem*, 2005), defendendo os ideais da Revolução Francesa e advogando um programa de assistência social notavelmente moderno, cujo objetivo primário era a abolição da pobreza. As disparidades excessivas de riqueza desapareceriam; haveria oportunidades de emprego para os desempregados, ajuda para os pobres, uma pensão para os idosos, auxílio para cada casamento e nascimento, ensino universal, etc. Também acreditava que a democracia removeria os motivos para as guerras de subjugação e conduziria à paz universal. *The Age of Reason* (1794) acusa a ortodoxia dogmática cristã de fé supersticiosa no mistério, nos milagres e nas profecias, e advoga um teísmo racional e esclarecido.

Paley, William /ˈpeɪlɪ/ (1743-1805) Estudou e lecionou em Cambridge, e posteriormente serviu como clérigo na Igreja Anglicana. Em *Principles of Moral and Political Philosophy* (1785), formulou um utilitarismo teológico cuja base é o dever moral de obedecer aos mandamentos divinos. Sabemos quais são estes mandamentos, visto que conhecemos a vontade de Deus, tanto através das Escrituras como pela razão natural: Deus quer a maior felicidade possível para todas as pessoas. Portanto, o nosso dever moral é agir de modo a maximizar a felicidade.

As outras duas grandes obras de Paley foram escritas em defesa da religião. Em *A View of the Evidences of Christianity*

(1794), apresentou uma defesa uniforme da crença nos milagres, em especial os que servem de fundamento à religião cristã, e discutiu, *inter alia*, o famoso ensaio de Hume sobre este tópico. *Natural Theology* (1802) foi um livro influente. Contém uma formulação persuasiva do ARGUMENTO DO DESÍGNIO a favor da existência de Deus. O leitor é convidado a considerar o que inferir se uma peça intrincada de maquinaria, como um relógio, for encontrada em uma praia deserta: é difícil negar que muito provavelmente um relojoeiro a tenha construído.

Paley não foi de modo algum o primeiro a propor um argumento do desígnio, nem a sua versão era particularmente original; ainda assim, é a versão mais citada. Uma parte da explicação é que os seus textos, assim como os de Butler, foram durante o século XIX leituras muitas vezes prescritas nas universidades inglesas.

palingenesia (gr. πάλιν de novo + γένεσις nascimento) *s.* 1 Renascimento, regeneração. 2 A doutrina da transmigração das almas.

pampsiquismo (gr. πᾶν- todo + ψυχή alma, mente) *s.* Este termo aplica-se a pontos de vista de acordo com os quais há um elemento mental presente em tudo o que existe.

Teorias filosóficas deste tipo têm sido propostas ao longo dos tempos, nomeadamente por vários pré-socráticos, filósofos renascentistas, Leibniz e vários filósofos e cientistas no século XIX, *e.g.*, Schelling, Schopenhauer, Lotze, Fechner (1801-1877), Haeckel, Friedrich Pulsen (1846-1908), e, no século XX, *e.g.*, Samuel Alexander, A. N. Whitehead, Charles Hartshorne, Pierre Teilhard de Chardin, C. H. Waddington (1905-1975).

Nota: «Pampsiquismo» tem sido usado também como sinónimo de IMATERIALISMO.

pancratismo (gr. πᾶν- todo + κράτος poder, força, vigor) Tendência para encarar todas as relações na sociedade como relações de poder; a teoria de que todas as relações sociais e políticas são relações de dominação. A palavra tem sido usada para caracterizar uma opinião que se diz estar presente nos textos de FOUCAULT.

Panécio de Rodes (*c.* 185-110 a.C.; gr. Παναίτιος) Nascido em Rodes, dirigente da escola estoica a partir de 129 a.C. Nenhum dos seus escritos nos chegou. Introduziu o estoicismo em Roma, mas parece ter abandonado várias das suas teses mais extremas, como a doutrina do eterno retorno e a doutrina da diferença radical entre virtude e apenas agir adequadamente (*i.e.*, de acordo com a natureza). Também diferiu de muitos outros estoicos importantes por rejeitar as profecias, especialmente as da astrologia.

panegírico (gr. πανηγυρικός) *s.* Discurso público no qual se faz um alto louvor; um ramo importante da retórica antiga.

panenteísmo (gr. πᾶν- todo + ἐν em + θεός deus) *s.* Doutrina de que todas as coisas estão em Deus (cf. Atos 17:28). Em contraste com o panteísmo, o mundo não é identificado com Deus, mas é visto como intimamente dependente de Deus.

O termo foi criado por C. F. Krause em 1828, e posteriormente usado na «teologia processual» de A. N. Whitehead e C. Hartshorne.

Pangloss O tutor de CÂNDIDO no romance filosófico de Voltaire. O Dr.

Pangloss da ficção adota a perspetiva otimista de Leibniz de que o nosso é o melhor de todos os mundos possíveis.

panlogismo (gr. πᾶν- todo + λόγος) *s.* A tese de que o que é real é racional e o que é racional é real.

O termo foi primeiramente usado por J. E. Erdmann na década de 1850 para caracterizar a filosofia de Hegel.

panteísmo (gr. πᾶν- todo + θεός deus) *s.* Doutrina de que o mundo como um todo, a natureza no sentido mais amplo, é idêntico a Deus.

Esta tese da identidade pode ser entendida de dois modos. Pode ser entendida como uma doutrina religiosa, no sentido em que o mundo é divino. Muitos dos grandes místicos religiosos foram panteístas neste sentido. Mas também pode significar que não há um Deus para lá do mundo como um todo, sendo entendida como uma doutrina ateia. Espinosa e Hegel têm sido interpretados deste modo.

O termo foi criado por John Toland e originalmente usado no seu *Socinianism Truly Stated* (1705).

panteísmo, controvérsia do *Ver* CONTROVÉRSIA DO PANTEÍSMO

pantisocracia *Ver* COLERIDGE.

paraconsistente, lógica *Ver* LÓGICA PARACONSISTENTE.

paradigma (gr. παράδειγμα modelo, padrão) *s.* **1** Na gramática: um padrão exemplificando, num arranjo convencionalmente fixado, a declinação ou a conjugação de uma palavra. **2** Na filosofia da ciência: um padrão de pensamento, um conjunto de suposições de fundo dadas como garantidas.

O termo veio a ser usado com frequência neste sentido devido à influência do livro de T. Kuhn *A Estrutura das Revoluções Científicas* (1962) (2.ª ed. rev. 1970; trad. 2009): um paradigma consiste em suposições e leis teóricas gerais, assim como técnicas para a sua aplicação, que os membros de uma comunidade científica particular são instruídos a adotar e que fixam o padrão do modo normal de conduzir a investigação.

3 A palavra é também usada vagamente para o conjunto de suposições e atitudes presentes numa cultura, sociedade, etc.

paradoxo (gr. παράδοξος além da crença) *s.* **1a** Uma demonstração aparentemente sólida de uma conclusão inaceitável. **1b** Uma conclusão inaceitável de uma demonstração aparentemente sólida.

Estes são dois sentidos intimamente relacionados nos quais a palavra é usada em contextos mais estritamente filosóficos. Muitos paradoxos são de grande interesse, porque trazem à luz dificuldades filosóficas ou lógicas de que previamente não se suspeitava. Um sinónimo próximo usado principalmente em contextos lógicos é ANTINOMIA.

Eis uma lista de alguns paradoxos tratados neste dicionário: paradoxo análise, do calvo, de Berry, de Buridano, de Cantor, da confirmação, de Curry, de Elektra, de Goodman, do bom samaritano, de Grelling, do carrasco, do monte, do hedonismo, da implicação, do conhecedor, da conhecibilidade, do mentiroso, da necessitação, da lotaria, do milho, de Moore, da omnipotência, *phalakros*, pragmático, da previsão, do prefácio, dilema do prisioneiro, de Protágoras, de Richard, da pista de corridas, dos corvos, de Russell, sorites, Teseu (barco de), da tolerância, enigma da

toxina, do exame inesperado, da votação, de Yablo, de Zenão.
Leitura: J. Mackie, *Truth, Probability and Paradox* 1972, R. M. Sainsbury, *Paradoxes,* 3.ª ed. rev. 2009.

2 Em usos mais gerais e não-filosóficos, um paradoxo é uma asserção que parece claramente implausível, mas que de facto comunica uma verdade interessante ou importante. É neste sentido que os vívidos *bons mots* de Bernard Shaw e Oscar Wilde contam como paradoxos.

paradoxo da análise Há um problema com análises filosóficas de formas como *BC é o mesmo que A.* O problema é que se tal afirmação está correta, então «*A*» e «*BC*» são sinónimos: têm o mesmo significado. Isso pode ter interesse para quem aprende a língua, mas é trivial e não informativo do ponto de vista da investigação filosófica. Mas se as duas expressões não têm o mesmo significado, então a análise não está correta. Parece, portanto, que uma análise filosófica não pode ser ao mesmo tempo interessante (*i.e.,* não trivial) e correta.

O paradoxo foi apresentado pela primeira vez por C. H. Langford em 1942 no seu contributo para P. A. Schilpp (org.), *The Philosophy of G. E. Moore.* Desde então, tem sido amplamente debatido.

paradoxo da conhecibilidade O pressuposto de que, em princípio, *toda a verdade pode ser conhecida,* juntamente com outros pressupostos plausíveis, conduz à conclusão inaceitável de que *toda a verdade é conhecida* (num ou noutro momento dado), ou, por outras palavras, que *nenhuma verdade é sempre desconhecida.* Os outros pressupostos plausíveis são 1) se uma conjunção é conhecida, então cada conjunto é conhecido; 2) o que é conhecido é verdadeiro; 3) os teoremas (da lógica e da matemática) são necessariamente verdadeiros; e 4) o que é necessariamente falso não pode possivelmente ser verdadeiro. *Leitura:* J. Salerno (org.), *New Essays on the Knowability Paradox* 2009.

paradoxo da lotaria Numa lotaria com, digamos, 1000 bilhetes e um prémio,

É improvável que o bilhete n.º 1 ganhe
É improvável que o bilhete n.º 2 ganhe
É improvável que o bilhete n.º 3 ganhe
. . . .
. . . .
É improvável que o bilhete n.º 999 ganhe
É improvável que o bilhete n.º 1000 ganhe

Logo, para qualquer bilhete, é improvável que ganhe. Contudo, é certo que um dos bilhetes irá ganhar!

Tem havido uma vívida discussão deste paradoxo desde que foi pela primeira vez formulado por Henry Kyburg em *Probability and the Logic of Rational Belief* (1961).

paradoxo da pista de corridas *Ver* ZENÃO DE ELEIA.

paradoxo da previsão Um professor anuncia à turma que fará um teste de surpresa num dia da próxima semana. O argumento prossegue com a afirmação de que isso é totalmente impossível. Porque, argumenta o pupilo, se o teste não tiver sido dado antes de sexta-feira, terá de ser dado na sexta-feira, e não será, pois, uma surpresa. Portanto, não pode ser dado na sexta-feira. O último dia possível para que o teste seja feito é quinta-feira. Mas pelo mesmo raciocínio, não pode ser dado também na quinta-feira, e novamente, por paridade de raciocínio, não pode ser dado em qualquer dia da semana. Segue-se que é impossível dar este teste de surpresa. E, no entanto, parece perfeitamente possível.

Nota: a origem do paradoxo remonta à cidade de Estocolmo no início da década de 1940. As autoridades anunciaram que num dia da semana seguinte haveria um alarme inesperado de ataque aéreo e então todos deveriam, como parte de um exercício de proteção civil, ir para um abrigo antiaéreo determinado. Mas um professor de matemática do ensino secundário sugeriu à sua turma que isto parecia totalmente impossível. O paradoxo veio a ser noticiado internacionalmente, provavelmente por um dos alunos que, alguns anos depois, foi estudante em Princeton. Uma das suas primeiras ocorrências impressas é o artigo de D. O'Connor «Pragmatic Paradoxes», *Mind* 57 (1948).

paradoxo das classes Ver PARADOXO DE RUSSELL.

paradoxo da seta Ver ZENÃO DE ELEIA.

paradoxo de Allais As teorias da racionalidade prática tomaram normalmente por garantido que dada uma escolha, as pessoas preferirão um máximo de utilidade esperada. Esta pressuposição tem feito parte da teoria da decisão desde o seu começo no século XVIII, até às versões modernas de F. P. Ramsey, J. von Neumann e O. Morgenstern, e L. Savage. Um contraexemplo a estas teorias foi formulado em 1953 pelo economista francês M. Allais. É por vezes denominado «paradoxo de Allais» e foi concebido para mostrar que há muitas situações em que pessoas perfeitamente razoáveis não preferem um máximo de *utilidade esperada*. O exemplo, aqui ligeiramente reformulado, descreve quatro lotarias A, B, C, D (ver a tabela a seguir). Uma pessoa avessa ao risco preferirá A a B, mas também, segundo as teorias canónicas, preferiria D a C. E no entanto, as pessoas mostram uma tendência marcada para preferir A a B, mas C a D, contrariamente a alguns axiomas das teorias baseadas na maximização da utilidade esperada. Os que gostam de arriscar têm preferências opostas, mas mais uma vez não em conformidade com as teorias canónicas. Diversos outros contraexemplos propostos por Allais, entre outros autores, foram testados experimentalmente em grupos de pessoas e em ratos de laboratório. As experiências confirmam que as pessoas e os animais agem frequentemente em concordância com as preferências de Allais.

Uma reação a este «paradoxo» é defender a maximização da utilidade esperada como a análise correta da racionalidade prática, e argumentar que em certas situações as pessoas são imperfeitamente racionais. Outra reação é tentar dar uma axiomatização da razão prática baseada nas preferências de Allais.

As quatro lotarias são definidas da seguinte maneira:

A 1,00 de probabilidade de ganhar 1 000 000 €

B 0,10 de probabilidade de ganhar 5 000 000 €
0,89 de probabilidade de ganhar 1 000 000 €
0,01 de probabilidade de ganhar 0 €

C 0,10 de probabilidade de ganhar 5 000 000 €
0,90 de probabilidade de ganhar 0 €

D 0,11 de probabilidade de ganhar 1 000 000 €
0,89 de probabilidade de ganhar 0 €

Leitura: M. Allais, «The So-called Allais Paradox and Rational Decision under

Uncertainty», em M. Allais e O. Hagen (orgs.), *Expected Utility Hypothesis and the Allais Paradox* 1979; Mark Machina, «Decision Making in the Presence of Risk», em Frank Hahn (org.), *The Economics of Missing Markets, Information, and Games* 1989; Daniel M. Hausman e Michael McPherson, *Economic Analysis and Moral Philosophy* 1996. KBH

paradoxo de Berry O bibliotecário inglês C. J. Berry propôs esta versão simplificada do paradoxo de Richard: quando damos nomes em inglês corrente aos números inteiros, em alguns casos podemos usar *uma* só sílaba, *e.g.,* 2, 5, 12. De igual modo, outros números inteiros não podem ser designados em menos de *duas* sílabas, *e.g.,* 7, 13, 40. Note-se que 25 pode também ser designado em inglês em apenas duas sílabas, nomeadamente as sílabas inglesas *five squared* (cinco ao quadrado).

Podemos definir de modo semelhante conjuntos de números inteiros que não podem ser designados em menos de *três* sílabas, ou *quatro, cinco,* etc. Continuando o processo, chegamos ao conjunto de números inteiros que não podem ser designados em menos de 38 sílabas. Entre os números inteiros deste conjunto, um será o menor. Chame-se-lhe N.

Dado que N pertence a este conjunto, *não pode* ser designado em menos de 38 sílabas. Contudo, N *pode* ser designado em menos de 38 sílabas, dado que *é* designado na expressão «o menor número inteiro que não pode ser designado em menos de 38 sílabas»!

Isto constitui um paradoxo: uma demonstração aparentemente sólida de uma conclusão contraditória.

paradoxo de Cantor Cantor demonstrou que todo conjunto tem mais subconjuntos do que elementos. Um paradoxo surge quando este teorema se aplica ao conjunto infinito C que tem todos os conjuntos como elementos. Por definição, todo conjunto *é* elemento de C. No entanto, há um conjunto que *não* é elemento de C, visto que, pelo teorema, C tem mais subconjuntos do que elementos.

paradoxo de Condorcet *Ver* PARADOXOS DA VOTAÇÃO.

paradoxo de Curry Considere-se a frase «Se esta frase é verdadeira, Sócrates é o presidente». Por questões de brevidade e clareza, chamemos-lhe condicional C. Podemos então escrever a nossa frase como «Se C é verdadeira, S é P».

Agora, admita-se que C é verdadeira. Isto quer dizer 1) que a antecedente de C (*i.e.,* C é verdadeira) se presume verdadeira, e 2) que a condicional inteira C (*i.e.,* se C é verdadeira, S é P) se presume verdadeira. Segue-se, por *MODUS PONENS*, que S é P.

O que fizemos foi demonstrar que *dado o pressuposto de que C é verdadeira, segue-se que S é P*. Por outras palavras (por DEMONSTRAÇÃO CONDICIONAL), demonstrámos o seguinte: *Se C é verdadeira, S é P*. Mas esta última frase é de facto a própria frase C. Logo, demonstrámos C, ou, por outras palavras, demonstrámos o seguinte: *C é verdadeira*.

Agora podemos inferir, por *modus ponens*, das duas últimas frases em itálico – e note-se que as duas foram demonstradas – que Sócrates é o Presidente. Logo, demonstrámos que Sócrates é o presidente.

Isto dá origem a um paradoxo, pois por este método é possível demonstrar tanto uma frase quanto a sua contraditória. Poderíamos, por exemplo, com igual facilidade, demonstrar que não se dá o caso de Sócrates ser o presidente. O paradoxo foi apresentado pela primeira vez numa forma geral por Haskell Curry, *Journal of Symbolic Logic* 1942. PE

paradoxo de Goodman É natural supor que se tivermos observado muitas esmeraldas e tivermos visto que são todas verdes, temos boas razões para formular a hipótese de que todas as esmeraldas são verdes, e para prever que a próxima esmeralda que virmos será também verde. Mas considere-se a hipótese alternativa de que todas as esmeraldas são *verduis*, sendo «verdul» um termo técnico que significa «verde se for observado até um dado momento futuro, F, caso contrário será azul». A observação de muitas esmeraldas verdes dá-nos alguma razão igualmente boa para adotar esta hipótese e para prever que as esmeraldas que virmos depois de F serão azuis? E se por alguma razão (ou nenhuma) preferirmos prever que as esmeraldas observadas depois de F serão pretas ou púrpura, então podemos introduzir outros termos técnicos («vereto» e «verpura») para construir hipóteses que façam precisamente isso.

Este «novo enigma da indução» deve-se a Nelson GOODMAN, *Fact, Fiction and Forecast* (1954) (*Facto, Ficção e Previsão*, 1991). Aplica a hipóteses qualitativas como «As esmeraldas são verdes» um facto conhecido relativo a hipóteses quantitativas. Dado um qualquer número finito de pontos num sistema de coordenadas que represente pares de valores de duas quantidades mensuráveis, pode-se traçar um número infinito de curvas que passam por todos os pontos e que originam diferentes previsões sobre valores não medidos dessas quantidades. O paradoxo de Goodman alarga este «problema do ajuste das curvas» também a hipóteses qualitativas.

Estas reflexões conduziram a uma afirmação cética geral: nenhuma previsão sobre o futuro é mais razoável do que qualquer outra. Pois dado um qualquer corpo indiciário I e qualquer hipótese «natural» H que origina a previsão «natural» P, podemos inventar uma hipótese não natural ou «verdulenta» H* que é igualmente consistente com os indícios I e que origina a previsão não natural $P*$.

O desafio é distinguir de algum modo as hipóteses naturais e as suas previsões das «verdulentas». O próprio Goodman disse apenas que palavras como «verde» estão «arraigadas» na linguagem e são «projetadas» no futuro, o que não ocorre com palavras como «verdul». Mas por que razão haveria de ser decisivo o facto de uma palavra estar «arraigada» e ser «projetada»? Outros fizeram notar que as hipóteses verdulentas (e curvas «esquisitas» que passam pelos pontos) são menos simples do que as naturais. Mas por que haveria a falta de simplicidade (supondo que pode ser demonstrada) militar contra as hipóteses verdulentas e respetivas previsões? Porquê pressupor que a natureza é simples, de modo que a mais simples de duas hipóteses tem mais probabilidades de ser verdadeira?

Fez-se notar, contudo, que se «verdul» (verde se observado antes de F, azul caso contrário) e «azerde» (azul se observado antes de F, verde caso contrário) tivessem por acaso sido os nossos predicados arraigados, teriam sido tomados como simples, sendo então o predicado comum *verde* considerado uma construção artificial complexa, dado que verde seria idêntico a «verdul se observado antes de F, azerde caso contrário».

Outros argumentam que apesar de as hipóteses verdulentas terem sido concebidas para ser consistentes com os indícios disponíveis, a mera consistência não é suficiente para que os indícios sustentem genuinamente uma hipótese. A esperança é então conseguir uma teoria da sustentação indiciária que mostre que as hipóteses verdulentas não estão tão bem sustentadas quanto as naturais. AM

Leitura: D. Stalker, *Grue!* 1994, que contém também uma extensa bibliografia.

paradoxo de Grelling /ˈgrɛlɪŋ/ Algumas palavras têm a propriedade que designam. Por exemplo, «curta» é uma palavra curta, «portuguesa» é uma palavra portuguesa. Chama-se *autológicas* a estas palavras que se descrevem a si mesmas. Outras palavras não têm a propriedade que designam. Por exemplo, «longa» não é uma palavra longa, «francesa» não é uma palavra francesa. Chama-se *heterológicas* a estas palavras que não se descrevem a si mesmas.

Considere-se agora a palavra «heterológica». Há exactamente duas possibilidades. Uma, que «heterológica» é uma palavra heterológica. A outra, que «heterológica» é uma palavra autológica.

Primeiro, se «heterológica» é uma palavra heterológica, então é claramente autológica (por definição). Por outro lado, não é autológica (segue-se do nosso pressuposto).

Segundo, se «heterológica» é uma palavra autológica, então é claramente heterológica (por definição). Por outro lado, não é heterológica (segue-se do nosso pressuposto).

Em qualquer caso, surge uma contradição. Isto dá origem a um paradoxo: uma demonstração aparentemente sólida de uma conclusão inaceitável. Foi pela primeira vez apresentado num artigo de 1908 da autoria conjunta de Kurt Grelling (1886-1942) e Leonard Nelson (1882-1927).

paradoxo de Moore Uma pessoa, *A*, que diz «*p*, mas não acredito que *p*» afirmou que *p*, e isso implica *que acredita que p*. Mas afirmou também *que não acredita que p*. Assim, o que afirma implica uma contradição. Mas, por outro lado, o que diz claramente não implica uma contradição, dado que *p* não contradiz a afirmação de que *A não acredita que p*.

Temos um paradoxo: uma conclusão absurda derivada, por meio de um raciocínio aparentemente sólido, de premissas verdadeiras.

Isto é, em essência, como G. E. Moore introduziu o paradoxo, primeiro em *Ethics* (1912), e posteriormente em *The Philosophy of G. E. Moore* (LLP) 1942, pp. 540-543.

Há um problema similar com a pessoa que diz «não *p*, mas acredito que *p*». Moore discutiu este caso em P. Schillp (org.), *The Philosophy of Bertrand Russell*, 1944, p. 204. Mas há diferenças entre as duas formulações, de modo que uma solução de um dos problemas pode não o ser do outro.

Nota: se uma pessoa diz «Está a chover» e «Não acredito!» o problema não surge. A segunda elocução é uma exclamação (de alegria, surpresa, consternação, etc. – sincera ou fingida) não sendo então uma asserção verdadeira ou falsa.

paradoxo de Newcomb À sua frente tem duas caixas fechadas, opacas, *A* e *B*. Tem de escolher entre *a)* abrir e ficar com o conteúdo de *A* e *B*, ou *b)* abrir e ficar com o conteúdo de *B* apenas. Sabe-se que uma pessoa, chamada «Previsor» (ou «Deus», em algumas versões da história), colocou em *A* 1 000 € e *i)* ou colocou 1 000 000 € em *B* se previu que o leitor ficará com o conteúdo de *B* apenas; ou *ii)* nada em *B*, se previu que irá ficar com o conteúdo de ambas as caixas.

Sabe-se também que o Previsor tem um registo impecável em prever se um indivíduo irá ficar com *B* apenas ou se opta por ficar com o conteúdo de ambas as caixas. Além disso, a escolha que o leitor fará não produz qualquer mudança no conteúdo das caixas.

Há uma razão forte para afirmar que deve escolher ficar com o conteúdo de *B* apenas; pois é quase certo, dado o registo impecável do Previsor, que se ficar com o conteúdo de *B* apenas, ficará com 1 000 000 €, ao passo que se ficar com o conteúdo de ambas as caixas, ficará apenas com 1 000 €.

O paradoxo é constituído pelo facto de haver também uma razão forte para afirmar que o leitor deve fazer a escolha alternativa de ficar com o conteúdo de ambas as caixas. O dinheiro foi colocado nas caixas no passado, e a escolha que o leitor faz não produzirá qualquer mudança naquilo que está nelas. Isto significa que ficar com o conteúdo de ambas as caixas tem de o deixar melhor do que ficar com o conteúdo de *B* apenas. Pois se o Previsor colocou 1 000 000 € em *B*, o leitor acaba com 1 001 000 €; e se não colocou, acaba com 1 000 € em vez de nada. Em qualquer caso, ficar com o conteúdo de ambas as caixas deixa-o com mais 1 000 € do que ficar com o conteúdo de *B* apenas.

O paradoxo foi formulado pelo físico norte-americano William Newcomb, e foi Robert Nozick, em 1969, que chamou a atenção dos filósofos para o problema. FJA

paradoxo de Protágoras Uma historieta antiga relata que Euatlo, que era pobre, recebia de Protágoras formação em direito e retórica, acordando que pagaria honorários pela instrução se, e somente se, ganhasse o seu primeiro caso em tribunal. Tendo terminado os seus estudos, teve o cuidado de evitar aceitar qualquer caso. Protágoras processou-o para receber os honorários da formação, argumentando no tribunal: «Se eu ganhar o caso, Euatlo terá de pagar. Se não ganhar, ainda assim terá de pagar (pois então terá vencido o seu primeiro caso no tribunal). Logo, em qualquer caso, tem de pagar». Euatlo, contestando a acusação, argumenta: «Se eu ganhar, não tenho de pagar. Se não ganhar, não tenho mesmo assim de pagar (visto que então não terei ganho o meu primeiro caso no tribunal). Logo, em qualquer caso, não tenho de pagar».

paradoxo de Richard /Riʃaʀ/ O paradoxo, proposto pelo matemático francês Jules Richard (1862-1956) em 1905, pode ser formulado do seguinte modo: seja E o conjunto de todos os números decimais intermináveis que pode ser designado num número finito de palavras. Por exemplo, o decimal interminável 0,3333333... pode ser designado num número finito de palavras, isto é, «um terço»; e «a razão entre a diagonal e o lado de um quadrado» é outro exemplo. Como estes designadores são todos feitos de um número finito de palavras, podem ser dispostos lexicograficamente, e logo formam um conjunto denumerável. Os números designados, os membros do conjunto *E*, podem consequentemente ser listados numa sequência que terá a seguinte forma:

1   $0. x_{11} x_{12} x_{13} x_{14} \ldots x_{1n} \ldots$
2   $0. x_{21} x_{22} x_{23} x_{24} \ldots x_{2n} \ldots$
3   $0. x_{31} x_{32} x_{33} x_{34} \ldots x_{3n} \ldots$
.   . . .
.   . . .
.   . . .
k $0. x_{k1} x_{k2} x_{k3} x_{k4} \ldots x_{kn} \ldots$
.   . . .
.   . . .

Agora, mude-se o número «diagonal»

0. $x_{11}\ x_{22}\ x_{33}\ x_{44}\ \ldots\ldots\ x_{kk}\ \ldots\ldots$

substituindo por 1 todos os 8 e 9, e substituindo todos os outros dígitos x_{ii} por $x_{ii} + 1$.

Finalmente, considere-se o número obtido como resultado desta mudança. Acabou de ser designado num número finito de palavras. Pelo que está *algures* na lista. Mas definimo-lo de um modo que difere de cada número na lista. Pelo que *não* está *em lugar algum* da lista.

paradoxo de Ross O paradoxo assenta em dois pressupostos muito plausíveis: 1) p implica p ou q (isto é um teorema na lógica proposicional canónica); e 2) se temos o dever de fazer p, e se p implica q, então temos o dever de fazer q (isto é um princípio plausível de lógica deôntica).

Temos então: *Esta carta é enviada* implica *Esta carta é enviada ou é destruída*. Suponhamos agora que o leitor tem o dever de enviar a carta. Nesse caso, tem o dever de enviar a carta ou destruí-la. Mas para cumprir este dever basta destruir a carta. Parece, portanto, que destruir a carta é e não é excluído, ao mesmo tempo, pela formulação inicial do dever (temos o dever de enviar a carta).

O paradoxo foi originalmente formulado por Alf Ross em «Imperatives and Logic», *Theoria* 7 (1941). *Ver também* PARADOXOS DA NECESSITAÇÃO.

paradoxo de Russell Parece razoável supor que todo o conjunto ou é membro de si próprio ou não é membro de si próprio. Considere-se o conjunto que consiste de todos os conjuntos, e só aqueles conjuntos, que não são membros de si próprios. Chame-se W a este conjunto. Ou seja, qualquer conjunto que não é membro de si próprio está em W, e qualquer conjunto que *seja* um membro de si próprio não está em W. Agora permita-se que perguntemos: será W membro de si próprio ou não? Suponhamos que é: então, como acabámos de ver, não está em W, isto é, *não é* membro de si próprio. Suponha-se agora que não é membro de si próprio; então, está em W, ou seja, *é* membro de si próprio. Logo, W é membro de si próprio se, e só se, não for membro de si próprio; e isto é autocontraditório.

Este resultado é conhecido como *paradoxo de Russell* ou *antinomia de Russell*. Foi formulado pela primeira vez por Bertrand Russell na sua obra *The Principles of Mathematics* (1903). A sua importância era mostrar que se pode derivar uma contradição a partir de pressupostos naturais da teoria de conjuntos, e que portanto estes teriam de ser modificados. Em particular, mostrava que o *axioma da compreensão* (que afirma que para toda a propriedade exprimível na notação da teoria de conjuntos há um conjunto que consiste em todas as coisas, e só essas coisas, que têm essa propriedade) exigiria modificação; pois a não pertença a si próprio é definível na notação da teoria de conjuntos, mas o pressuposto de que há um conjunto que consiste em todos os conjuntos que não pertencem a si próprios, e só esses, leva a uma contradição. Formularam-se desde então várias bases alternativas para a teoria de conjuntos, a partir das quais não se pode derivar o paradoxo de Russell. GH/PR

paradoxo de Yablo A dificuldade com os chamados «paradoxos semânticos», *e.g.*, o do mentiroso, não raro se supõe dever-se à autorreferência direta ou indireta. Stephen Yablo, em «Paradox without Self-Reference», *Analysis* 53 (1993), argumentou contra isto. Fê-lo construindo uma sequência infinita de afirmações, cada uma declarando que cada uma das seguintes não é verdadeira. Deste modo, a autorreferência direta ou indireta é excluída, mas o resultado é, como nos habituais paradoxos do mentiroso, que cada uma das afirmações é verdadeira se, e só se, for falsa. Seguiu-se um debate aceso quanto à autorreferência ter sido eliminada ou apenas bem escondida.

paradoxo do barbeiro Versão informal do paradoxo de Russell: há uma povoação na qual um barbeiro faz a barba a todos os que não se barbeiam a si mesmos, e só a esses. Se este barbeiro se barbeia a si mesmo, então não faz a barba a si mesmo. Se não se barbeia a si mesmo, então faz a barba a si mesmo.

paradoxo do bom samaritano O paradoxo baseia-se num princípio plausível da lógica deôntica: se p implica c, então Op implica Oc. («O» pode ser lido como «é obrigatório» ou «temos o dever de fazer».) Tome-se agora a proposição *Esta vítima de roubo está a ser ajudada*. Isto implica: *Esta pessoa é vítima de um roubo*. Mas então a proposição *É um dever ajudar esta vítima de um roubo* implica *É um dever que esta pessoa seja vítima de um roubo*. O paradoxo parece ter sido pela primeira vez formulado por Arthur Prior em «Escapism: The Logical Basis of Ethics», in A. I. Melden (org.), *Essays in Moral Philosophy* 1968. *Ver* PARADOXOS DA NECESSITAÇÃO.

paradoxo do calvo Também conhecido como PHALAKROS. *Ver* SORITES.

paradoxo do carrasco *Ver* PARADOXO DA PREVISÃO.

paradoxo do comprometimento *Ver* PARADOXOS DA NECESSITAÇÃO.

paradoxo do conhecedor 1 Se o conhecimento é crença verdadeira justificada, então parece que os seguintes princípios se aplicam: *P1*: se alguém sabe algo, isso é verdade. *P2*: se alguém demonstra que algo é verdade, essa pessoa tem conhecimento do que demonstrou.

Considere-se a frase M: «Você não sabe que esta frase M é verdadeira». Presuma-se que *sabe* que M é verdadeira. Então segue-se – por *P1* – que M é verdadeira. Mas M ser verdadeira significa que a frase «Você não sabe que esta frase M é verdadeira» é verdadeira. Logo, mesmo presumindo que sabe que M é verdadeira, segue-se que não sabe que M é verdadeira. Logo, *não sabe que esta frase M é verdadeira*.

Mas esta última conclusão é a frase M. Logo, demonstrou M, ou, o que é equivalente, demonstrou que M é verdadeira. Ora, por *P2*, *você sabe que esta frase M é verdadeira*.

Assim, de pressupostos plausíveis derivámos, por via de inferências válidas, as duas frases em itálico. Criou-se um paradoxo porque as duas frases se contradizem entre si.

Nota: este paradoxo foi apresentado pela primeira vez num artigo de Richard Montague e David Kaplan em *Notre Dame Journal of Formal Logic* 1 (1960). PE

2 Para outro paradoxo com a mesma designação *ver* PARADOXOS DA NECESSITAÇÃO.

paradoxo do corvo *Ver* CONFIRMAÇÃO.

paradoxo do estádio *Ver* ZENÃO DE ELEIA.

paradoxo do exame *Ver* PARADOXO DA PREVISÃO.

paradoxo do mentiroso Paradoxo gerado por uma frase que, efetiva ou aparentemente, direta ou indirectamente, assere a sua própria falsidade. Os filósofos têm discutido muitos exemplos. Os mais simples são os seguintes: 1) *Esta frase é falsa;* e 2) o caso em que alguém afirma: «*O que estou a dizer agora é falso*». Alguns exemplos mais complexos são os seguintes: 3) numa carta está escrito, num dos lados, «*A frase do outro lado desta carta é falsa*», e no outro lado está escrito «*A frase do outro lado desta carta é verdadeira*»; e 4) a frase «*Há exactamente o mesmo número de frases verdadeiras e falsas*», afirmada numa circunstância na qual, além desta, só há mais três frases: duas incontestavelmente verdadeiras e uma incontestavelmente falsa.

Em cada caso, o paradoxo emerge porque parece possível demonstrar que a frase em questão é verdadeira se, e só se, for falsa. No caso de 1, por exemplo, o argumento é o seguinte: suponhamos que 1 é verdadeira; então o que 1 assere ocorre; mas 1 assere que 1 é falsa, logo, 1 é falsa. Suponhamos agora que 1 é falsa; então o que 1 assere não ocorre; mas 1 assere que 1 é falsa; logo, 1 não é falsa, e por isso tem de ser verdadeira.

Há muitas tentativas de solução dos paradoxos do mentiroso. A maior parte pertence a um de três tipos: *a*) há quem defenda que as «frases mentirosas» são destituídas de significado, por não fazer sentido supor que uma parte de uma frase se refere à frase de que faz parte; *b*) outros defendem que as frases têm significado mas não são verdadeiras nem falsas; *c*) outros ainda defendem que são falsas, e procuram refutar os argumentos concebidos para mostrar que se são falsas, então são verdadeiras.

Os paradoxos do mentiroso têm sido discutidos, numa ou noutra forma, na Antiguidade, na Idade Média e nos tempos modernos. Uma das primeiras versões começa com «Epiménides, o cretense, disse que todos os cretenses são mentirosos». Nunca houve consenso sobre como se deve resolver o paradoxo. GH

Nota: o PARADOXO DE YABLO é uma tentativa de mostrar que se pode gerar um paradoxo do mentiroso sem recorrer a qualquer frase que se refira a si mesma directa ou indirectamente. Na LÓGICA DIALETEIA permite-se a existência de contradições verdadeiras, pelo que o paradoxo fica dissolvido. Finalmente, a formulação em termos de Epiménides não dá origem a um paradoxo, mas antes à demonstração de que Epiménides está a mentir.

paradoxo do milho Um dos paradoxos de ZENÃO DE ELEIA. Um só grão de milho não emite qualquer som ao cair. Uma grande quantidade de milho emite som ao cair.

Uma interpretação é que Zenão queria argumentar simplesmente que o nosso sentido de audição não é muito sensível. Mas pode também ser interpretado como um caso em que, digamos, algo parece ser produzido por um número finito de nadas: um som audível de um número finito de sons inaudíveis. A razão diz-nos que isto não pode acontecer; os nossos sentidos contradizem-na, e por isso não são dignos de confiança.

paradoxo do prefácio No prefácio ao seu último livro, o autor modestamente adverte que tem boas razões para pensar que algumas das opiniões veiculadas no livro (chamemos-lhes $O_1, O_2, O_3,...O_n$) são erradas. Contudo, o autor não acredita que O_1 esteja errada – se acreditasse, teria revisto o texto; nem que O_2 está errada – pela mesma razão; e assim por diante. Deste modo, o autor acredita não apenas que há *algum* erro, mas também que *não* há erro algum!

O paradoxo do prefácio foi formulado por D. C. Makinson no artigo «The Paradox of the Preface», *Analysis* 25 (1965).

paradoxo pragmático Uma afirmação que, embora consistente em si, é tal que o ato de a afirmar mostra que é falsa: *e.g.*, a afirmação que se faz dizendo «Não me lembro de coisa alguma» ou «Nenhumas palavras passam jamais pelos meus lábios». No primeiro caso, a contradição emerge porque o locutor tem de se lembrar pelo menos da gramática da língua portuguesa; e no segundo caso, não pode dizer o que diz sem que passem palavras pelos seus lábios. Este género de paradoxos foi inicialmente discutido por D. J. O'Connor, «Pragmatic Paradoxes», *Mind* 57 (1948). APEL chama-lhe *contradição pragmática*. Ver também AUTORREFUTAÇÃO.

paradoxos da necessitação Porque «obrigatoriamente *p*» e «necessariamente *p*» têm uma estrutura lógica análoga, podendo ambos ser representados por «□*p*» na lógica modal, chama-se por vezes necessitação ao princípio seguinte: *se p implica q, então obrigatoriamente p implica obrigatoriamente q*. Este princípio dá origem ao PARADOXO DE ROSS, ao PARADOXO DO BOM SAMARITANO e ao paradoxo do conhecedor. Este último junta à necessitação o princípio elementar de que só podemos conhecer verdades: se eu sei que Sid roubou um carro, então Sid roubou um carro. Mas, pela necessitação, segue-se que se eu tenho a obrigação de saber que Sid roubou um carro, Sid tem a obrigação de roubar um carro.

Leitura: Sven Ove Hansson, *The Structure of Values and Norms* 2001.

paradoxos da votação 1 Problemas lógicos inerentes a tomadas de decisão coletivas. Dois exemplos podem servir de ilustração:

I. Três indivíduos ou grupos de eleitores têm a escolher mais de dois candidatos, opções, etc. Para simplicidade da ilustração, suponhamos que há três, e chamemos-lhes *A, B* e *C*.

Pressupõe-se que cada um dos eleitores tem uma preferência definida para cada par de opções, de modo que, por exemplo, para o par *A, B* cada eleitor ou prefere *A* a *B* ou *B* a *A*. (Este é o pressuposto da conectividade, isto é, de que todos os pares possíveis de opções têm uma relação de preferência.) Também se pressupõe que se um eleitor prefere *A* a *B*, e *B* a *C*, então prefere *A* a *C*. (Este é o pressuposto da transitividade.)

Suponhamos agora que os três eleitores – chamemos-lhes I, II e III – têm as preferências formuladas na Tabela 17.

TABELA 17 **Um padrão de voto (1)**

Eleitores	I	II	II
número de votos	20	20	20
opção preferida	A	B	C
segunda opção preferida	B	C	A
opção menos preferida	C	A	B

Vê-se prontamente a partir desta tabela que, coletivamente, há entre os três eleitores uma maioria que favorece *A* em detrimento de *B*, uma maioria que favorece *B* em detrimento de *C*, mas uma maioria que favorece *C* em detrimento de *A*. Assim, embora cada uma das preferências individuais seja transitiva, as suas preferências coletivas não o são.

Isto mostra que o princípio do governo da maioria, isto é, de que opção preferida pela maioria deve prevalecer, não pode ser aplicado, visto que nenhuma opção é preferida em detrimento das outras duas por uma maioria.

Este importante paradoxo do voto foi descoberto por Condorcet em 1785 e recebeu o seu nome. *Ver também* TEOREMA DE ARROW.

II. Outro problema é que mesmo que um candidato obtenha o maior número de votos, o candidato mais preferido pode obter o menor número de votos, como na Tabela 18.

Nesta tabela, dezoito eleitores põem *A* em primeiro lugar, dezanove põem *B* primeiro e vinte e três põem *C* primeiro. Assim, *A* obtém o menor número de votos, *C* o maior número de votos. E no entanto (como também se pode ver na tabela) quarenta e um preferem *A* a *B*, vinte e cinco preferem *B* a *C*, e trinta e sete preferem *A* a *C*, pelo que dos sessenta eleitores, trinta e sete prefeririam ter *A* a *C*.

TABELA 18 Um padrão de voto (2)

Eleitores	I	II	III	IV
número de votos	16	19	23	2
opção preferida	A	B	C	A
segunda opção preferida	B	A	A	C
opção menos preferida	C	C	B	B

Estes resultados e outros semelhantes constituem uma dificuldade grave para conceções como as da *volonté generale* e *volonté de tous* de Rousseau, e para a ideia, frequentemente veiculada pelos políticos e jornalistas, de que o eleitorado deu ao partido vencedor um mandato para efetivar determinadas políticas.

2 O termo «paradoxo do voto» é também usado para um tipo diferente de problema: é extremamente improvável que o meu voto faça qualquer diferença para o resultado. Pelo que é racional não me dar ao trabalho de votar e ao invés passar o meu tempo de um modo mais agradável ou útil. O mesmo raciocínio é igualmente válido para todo o potencial eleitor. Mas se a maioria ou todos os potenciais eleitores não votarem, o resultado pode ser aquele que na sua maioria ou na totalidade os eleitores não desejam.

paradoxos deônticos *Ver* PARADOXOS DA NECESSITAÇÃO.

paradoxos de Zenão *Ver* ZENÃO DE ELEIA.

paradoxo sorites Um grão de areia não faz um monte, nem dois o fazem. Acrescentar um grão tão-pouco adianta; e assim sucessivamente. Parece que em nenhum momento um número de grãos se pode tornar um monte. E no entanto, se o número for suficientemente elevado, *há* um monte. De igual modo, uma pessoa jovem não se torna velha um dia mais tarde: nesse dia ela ainda não é velha. Tão-pouco se torna velho no dia seguinte a esse. Parece que ninguém alguma vez envelhece; e no entanto, muitas pessoas *envelhecem*.

Inversamente, uma pessoa que não é calva não se torna calva removendo um cabelo; um monte de areia permanece um monte mesmo que removamos um grão, etc.

Normalmente chama-se «sorites» a ambas as variantes do paradoxo. Ocasionalmente o termo é reservado para a primeira variante apenas, e à segunda chama-se *phalakros* (= calvo).

Nota: o paradoxo é apresentado em Cícero, *Academica* II (também chamada *Lucullus*) xvi, 49 e xxix, 92.

paradoxos socráticos *Ver* SÓCRATES.

paralelismo psicofísico A teoria de que mente e corpo são distintos, não podendo interagir, mas que para cada ocorrência mental há uma ocorrência física correspondente, e vice-versa. Entre os seus representantes estão Espinosa e Leibniz. Este último ilustrou a teoria recorrendo a um símile. A mente e o corpo são como dois mostradores de relógio. Nenhum influencia o outro, mas mostram a mesma hora, pois são guiados por um mecanismo que não nos é acessível. Esta teoria é diferente do EPIFENOMENALISMO.

paralogismo (gr. παραλογισμός falácia) s. Uma falácia. A palavra é usada neste sentido genérico nas *Refutações Sofísticas* de Aristóteles. Kant, na *Crítica da Razão Pura*, reservou a palavra para os erros de raciocínio que dão origem à teoria da incorruptibilidade e substancialidade da alma (B399; B410 ss.). Segundo Kant, o(s) Paralogismo(s), juntamente com a(s) Antinomia(s) e o Ideal da Razão Pura, são os três tipos de raciocínio dialético para os quais a nossa razão tem uma propensão natural.

parâmetro s. Um fator ou termo que num determinado contexto se admite que não varia. Num contexto diferente, o mesmo fator ou termo pode ser tratado como variável.

paranormal *adj.*, s. Há muitas coisas que a ciência não pode *hoje em dia* explicar, e este é de facto o motivo pelo qual a investigação científica continua. O paranormal, em contraste, é algo que a ciência não pode definitivamente explicar, pois desafia os pressupostos básicos da ciência e do senso comum acerca do espaço, do tempo e da causalidade. Portanto, a explicação dos acontecimentos paranormais exigiria uma revisão radical destes princípios básicos limitadores.

A precognição pode servir como um exemplo de acontecimento paranormal: saber (e não apenas supor) antes do sorteio da lotaria qual é o número vencedor. Em contraste, experiências fora do corpo não são paranormais; estas experiências ocorrem. Isto não quer dizer que as pessoas *tenham estado* fora de seus corpos – mas somente que lhes parece ser assim; o mesmo vale para as experiências de *déjà vu*.

Os principais tipos de acontecimentos paranormais são a telecinesia, telepatia, clarividência e precognição. A investigação dos alegados acontecimentos paranormais chama-se PARAPSICOLOGIA. Os acontecimentos físicos não são considerados em si paranormais. Nada há de paranormal num disco voador que deixa uma marca em forma de disco quando pousa num campo. Pelo contrário, é de esperar de um objeto pesado em forma de disco que faça exatamente isto. (Ou é o que alguém poderia suspeitar que embusteiros fizeram na calada da noite.)

A existência de fenómenos genuinamente paranormais é fortemente contestada e as dúvidas parecem bem fundadas.

Nota: o uso do termo é devido ao filósofo norte-americano C. J. Ducasse (1881-1969).

parapraxis (*sing.*); **parapraxes** (*pl.*) s. Um ato falso, um lapso; *e.g.*, um deslize de linguagem. A palavra começou a ser usada em textos psicanalíticos nas décadas de 1930.

parapsicologia s. A investigação dos fenómenos paranormais chama-se «parapsicologia» porque se supõe que envolvem a mente. Podem dividir-se em telecinesia e perceção extrassensorial, e esta última por sua vez em telepatia, clarividência e precognição.

Embora o impulso de grande parte das investigações parapsicológicas esteja frequentemente associado a alguma *Weltanschauung* religiosa ou espiritual, não há uma relação necessária.

A palavra foi introduzida em 1889 pelo filósofo alemão Max Dessoir (1867--1947). Naquele tempo, o termo comum era *investigação psíquica*. Entre os que mostraram interesse na parapsicologia encontram-se filósofos eminentes como H. Sidgwick, William James, C. D. Broad e H. H. Price. O facto de estes filósofos terem este interesse mostra que tinham um espírito aberto, mas quase nenhum ficou convencido da existência de fenómenos paranormais genuínos.

parataxe (gr. παράταξις colocar lado a lado) *s*. Na gramática: justaposição na qual uma palavra ou uma oração de ligação é omissa, *e.g.*, o *veni, vidi, vici* (vim, vi, venci) de Júlio César.

A análise de D. Davidson de «*G* disse que *p*» como derivada de duas frases justapostas «*G* disse *que. p*» tem sido descrita como uma teoria paratática. **paratático**(a) *adj.*

parcimónia, lei da Afirma que as entidades não devem ser postuladas a não ser que seja necessário fazê-lo; também conhecida como «princípio de economia do pensamento» e «navalha de Ockham». JM

parêntesis angulares ⟨a,b⟩ representa o par *a,b* nessa ordem (*a* primeiro, *b* em segundo), e difere de ⟨*b*,a⟩. Do mesmo modo para triplos, quádruplos e, em geral, *n*-tuplos.

Parerga und Paralipomena gr. adições e restos. Este é o título de uma coleção de pequenos escritos filosóficos de Schopenhauer, publicada em dois volumes (1851). Proporcionaram a Schopenhauer grande reconhecimento público e estabeleceram a sua reputação como um filósofo de leitura popular.

Pareto, Vilfredo (1848-1923) Engenheiro italiano, economista e sociólogo. Estudou as raízes irracionais da ação social, estabelecendo a distinção entre «resíduos», sentimentos e impulsos que escapam ao domínio da justificação racional pelo agente, e «derivados», ou seja, sistemas de crença ideológicos que têm a função de racionalizar os resíduos irracionais. Sustentou que um movimento político é essencialmente uma tentativa de uma elite emergente tomar o lugar da elite dominante, e que a ideologia subjacente a tais tentativas é talvez útil, mas não é legítima. A sua principal obra sociológica é o *Tratatto di sociologia generale* (1916).

Parfit, Derek (n. 1942) Filósofo de Oxford, membro do All Souls College. A sua obra principal, *Reasons and Persons* (1984/1987), tem tido uma influência considerável na exploração filosófica dos nossos conceitos de racionalidade, moralidade e identidade pessoal. De facto, a associação destas questões é um traço original desta obra. Muitos dos argumentos são construídos para mostrar que o que comummente acreditamos é falso. Assim, a opinião comum de que é racional agir prudentemente (*i.e.*, em interesse próprio) é enfraquecida, e os puros interesses egoístas, que se supõe serem moralmente criticáveis, mas racionalmente sólidos, são de facto irracionais. Estes pontos estão relacionados com a tese de Parfit de que a identidade pessoal ao longo do tempo interessa muito menos do que normalmente se supõe. Uma vez mais, o modo como pensamos e nos preocupamos com as consequências das nossas ações, e sobre o bem-estar das gerações futuras, está permeado de paradoxos. O ponto principal da obra de Parfit é o que se pode considerar uma perspetiva moral menos egocêntrica, e neste sentido mais «impessoal», e também mais universalista. BG/dir.

pari passu lat. Com o mesmo passo. Em marcha igual; lado a lado.

Parménides de Eleia (*c*. 515-445 a.C.; gr. Παρμενίδης) Filósofo grego da antiguidade, natural de Eleia, na Itália, que mudou o curso da filosofia grega. Escrevendo em resposta aos filósofos pré-socráticos iniciais, talvez inclusivamente a Heraclito, opôs-se às explicações filosóficas que mostravam como o mundo havia surgido de alguma substância ou conjunto de opostos. Insistiu, pelo contrário, que não há mudança real no mundo.

Os escritos de Parménides que sobreviveram são fragmentos de um poema filosófico narrativo em estilo épico. O narrador é levado numa carruagem para um lugar para lá dos portões do dia e da noite, onde uma deusa lhe expõe doutrinas filosóficas. Mas ao invés de invocar a sua autoridade divina, a deusa propõe ao narrador que este ajuíze o seu argumento pela razão, e de facto o poema constitui o primeiro argumento filosófico prolongado na filosofia ocidental.

O poema divide-se em duas partes, um argumento crítico e uma cosmologia construtiva, tradicionalmente conhecidos como «O Caminho da Verdade» e «O Caminho da Opinião», respetivamente. Na primeira parte, a deusa distingue duas «vias de investigação», o caminho do É e o caminho do não É, e rejeita o último porque não se pode saber ou exprimir o que não é. Censura depois o caminho percorrido pelos mortais ignorantes que confundem o ser com o não ser; a experiência sensível não pode justificar este caminho. O caminho do É é marcado por sinais declarando que o que é 1) não é gerado nem destruído, 2) é completamente unívoco, 3) não se move e 4) é completo. Numa série de argumentos interrelacionados, a deusa mostra que a geração, a diferenciação e o movimento envolvem o não ser, que obviamente não pode ser conhecido. Por exemplo, a geração é passar a ser vindo do não ser, enquanto a diferenciação pressupõe ter mais ou menos ser. A deusa sustenta que toda a mudança é excluída por este argumento, e que a mudança e a diferença não são meros nomes inventados pelos mortais. Entretanto, para prevenir a tentação do pensamento cosmológico, prossegue na segunda parte do poema a construir uma cosmologia enganosa baseada em substâncias e poderes opostos, fogo e noite, advertindo que não devem ser postulados como seres independentes.

É evidente que Parménides deseja que a sua crítica arruíne o estilo da filosofia natural comum entre os primeiros filósofos. O que não é claro é precisamente o modo como os seus próprios argumentos funcionam. Um problema crucial é como entende a gramática e o significado de «é» e «não é»: terá em mente um objeto definido do verbo? Um complemento? Estará a confundir o «é» da predicação com o «é» da existência? Ou tem em mente um conceito que é uma «fusão» do ser, associando muitos dos sentidos que hoje distinguimos? Além disso, o que devemos inferir da sua rejeição da cosmologia? Está Parménides apresentando uma cosmologia estática do ser imutável ou simplesmente estabelecendo um método que tem de ser seguido para que a filosofia descreva o ser?

Sejam quais forem exatamente os seus argumentos e conclusões, o método de argumentação rigorosa estabeleceu um novo padrão de rigor filosófico. A geração seguinte viu-se obrigada pelo seu argumento a negar a geração às entidades básicas do mundo, mas permitiram a mudança postulando uma pluralidade de substâncias parmenidianas. Os partidários de Parménides da chamada «Escola Eleática», Melisso e Zenão, levantaram outras objeções a teorias que admitiam a mudança e a pluralidade. Até Platão e Aristóteles, nenhum filósofo conseguiu criticar diretamente os pressupostos lógicos e metafísicos do argumento de Parménides. DG

Leitura: P. Curd, *The Legacy of Parmenides* 1998; A. Mourelatos *The Route of Parmenides* 1970; M. P. Marques, *O Caminho Poético de Parmênides* 1990.

parousia gr. παρουσία presença *s*. O segundo advento de Cristo, ou seja, o seu retorno definitivo no final dos tempos; cf. *e.g.*, 1.ª Coríntios 15:23.

No seu sentido geral, a palavra é usada por Platão para a presença da forma num objeto.

parte própria *P* é uma parte própria de uma totalidade *T* se, e somente se, há pelo menos uma parte de *T* distinta de *P*.

particular egocêntrico *Ver* INDEXICAL.

particularismo *s*. 1 Na ética: a opinião que limita os interesses morais a um grupo, classe, sociedade ou nação particular, com a rejeição implícita do universalismo, a opinião de que o interesse moral se alarga em princípio à totalidade do género humano. O tribalismo é um tipo de particularismo.

2 Na ética, a palavra tem sido usada também num sentido totalmente diferente, para a opinião de que as características particulares de uma situação, e não um qualquer princípio ou regra geral, determinam que conduta é moralmente correta. As minúcias fazem toda a diferença. A ÉTICA SITUACIONAL, que não aceita que as regras de conduta universais ou gerais sejam estritamente obrigatórias, é algumas vezes denominada *particularismo*. Uma opinião relacionada é que os juízos morais primários têm de ser sobre situações particulares, e que as afirmações mais amplas sobre princípios morais são secundárias. A opinião oposta é algumas vezes denominada «generalismo». Leitura: J. Dancy, *Ethics without Principles* 2004.

3 Na teologia: a opinião de que nem todas as pessoas serão salvas. A doutrina de que não há salvação fora da Igreja (*extra ecclesiam nulla salus*) é particularista. *Ant.* UNIVERSALISMO.

Pascal, Blaise /paskal/ (1623-1662) Matemático francês, físico, pensador religioso e filósofo. Em *Lettres provinciales* (1656-1657) acusou os jesuítas de falta de firmeza moral devido à teoria e aplicação do PROBABILISMO. A sua conceção, mais severa, estava em harmonia com o jansenismo adotado pelo grupo de Port-Royal, ao qual estava associado. *Pensées* (*Pensamentos*, 2005), publicado postumamente, contém reflexões sobre a religião. Um tema recorrente é a miséria da natureza e condição humanas. Também escreveu ensaios curtos sobre lógica e retórica. O seu ensaio sobre o espírito geométrico é um modelo de clareza. No tratado sobre a aritmética do triângulo («O triângulo de Pascal»), apresentou uma formulação explícita do método de demonstração conhecido como INDUÇÃO MATEMÁTICA. O estilo clássico dos seus escritos é notável pela lucidez e precisão. A sua elegância e pureza são admiradas mesmo por aqueles que, como o ultraortodoxo Bossuet ou o livre-pensador Voltaire, repudiaram o seu ponto de vista religioso.

Leitura: *The Cambridge Companion to Pascal* 2003.

Passmore, John /ˈpaːsmɔː/ (1914--2004)

Autorretrato filosófico: nascido e criado em Sidney, fui influenciado por John Anderson, cujo ensino em certa medida, embora não completamente, ainda configura o meu pensamento. Lecionei na Universidade de Sidney de 1935 a 1949, exceto no ano que passei em Inglaterra em 1948, particularmente na London School of Economics. Do professorado em Dunedin, Nova Zelândia, de 1950 a 1954, regressei à Austrália depois de um ano em Oxford, assumindo um cargo de investigação na Universidade Nacional Australiana, onde fiquei desde então, embora com consideráveis intervalos na Europa, América do Norte e Japão.

Na universidade, dividi os meus interesses entre a filosofia, a literatura, a história, a economia, a educação e um bocado de discussão com cientistas. Jamais me tornei um especialista, o que torna impossível sintetizar os meus pontos de vista. Desde os meus primeiros escritos, grande parte deles publicada em *Australasin Journal of Psychology and Philosophy*, também tinha tendência para trabalhar em áreas que eram então muito negligenciadas. Os meus três primeiros livros, *Ralph Cudworth* (1951), *Hume's Intentions* (1952) e *A Hundred Years of Philosophy* (1957), foram escritos numa época em que a história da filosofia era pouquíssimo valorizada. Do mesmo modo que *Recent Philosophers* (1985), os meus livros eram pouco ortodoxos porque descrevem os filósofos não tanto como pessoas que obtêm conclusões específicas, antes como participantes em controvérsias específicas, esforçando-se para conciliar tendências opostas do seu próprio pensamento em relação aos movimentos intelectuais da sociedade que os rodeia. Os meus outros textos sempre tiveram um fundo histórico substancial, mas, de forma mais direta, confrontam questões negligenciadas. Ocupam-se frequentemente das características distintivas de atividades intelectuais específicas, juntamente com as suas inter-relações. Isto aplica-se a respeito de *Philosophical Reasoning* (1961) e de muitos artigos sobre a história, a ciência e a filosofia. *The Perfectibility of Man* (1970) é principalmente histórico, mas apesar disso confina a sua atenção à filosofia: trata-se de uma crítica incessante à utopia e ao misticismo, sendo ao mesmo tempo uma defesa de teses morais que não são rigorosas nem antinómicas. *Man's Responsability for Nature*, de 1974, que alguns veem como o início do reflorescimento da «filosofia aplicada», é similar na sua tentativa de ao mesmo tempo defender um ambientalismo racional e libertá-lo dos seus embaraços místicos e deontológicos, enfatizando que as outras pessoas, assim como as plantas e os animais, fazem parte do nosso ambiente. Num espírito idêntico, *The Philosophy of Teaching* (1980), ao rejeitar a opinião de que há um objetivo único da educação, tenta ser a mediação entre a perspetiva da educação romântica da autoexpressão e um conceito puramente disciplinar de ensino, e *Serious Art* (1991) é uma crítica de certas tendências na arte e da crítica de arte contemporânea e, simultaneamente, uma rejeição do tipo de tradicionalismo que comummente se lhes opõe.

Se não posso sintetizar as minhas diversas opiniões, posso apontar certas atitudes mentais que percorrem os meus escritos. Pode-se descrever brevemente a minha obra como uma defesa da racionalidade que é ao mesmo tempo crítica do racionalismo filosófico e económico; um humanismo que de forma alguma trata os seres humanos como sendo, real ou potencialmente, semelhantes a deuses; uma rejeição tanto do atomismo quanto do holismo, em favor de um pluralismo consistente; uma preferência pela diversidade contra a simplicidade e uniformidade; um louvor à criatividade que é também um louvor ao espírito crítico. JP

pastor lídio *Ver* GIGES.

pathos (gr. πάθος) *s*. Na retórica: o sentimento que o falante deveria inspirar em seus ouvintes, discutido em pormenor na *Retórica* de Aristóteles.

pátio *Ver* ÁRVORE NO PÁTIO.

patológico *adj*. 1 Emocional, pertencente aos sentimentos. Usado neste sentido antigo por Baumgarten, Kant e Bentham, mas raramente hoje em dia. Bentham usa «patologia mental» no sentido de suscetibilidade ao prazer e à dor. O contraste de Kant entre o amor patológico e o amor prático na *Fundamentação da Metafísica do Costumes* (1785) é o contraste entre a benevolência (o amor como um sentimento, um estado subjetivo) e a caridade (o amor em ação).
2 Doente, anormal. Este é o sentido comum atual.

patriarcado (gr. πατήρ pai + -ἀρχία regra, governo) *s*. 1 Sistema de governo doméstico ou político no qual a autoridade do legislador é a de um pai, marido e chefe de uma casa. 2 Uma sociedade sob um governo deste tipo. 3 Na teoria feminista: a dominação exploradora das mulheres pelos homens, comum em muitas sociedades humanas até hoje.

patriarcalismo *s*. Teoria política de acordo com a qual a autoridade de um legislador e as obrigações dos seus súbditos são do mesmo tipo que as do chefe (masculino) e as dos outros membros de um lar. As teorias deste tipo foram articuladas por FILMER e BOSSUET, entre outros.

patrística *s*. O estudo do pensamento e dos escritos dos PADRES DA IGREJA.

Paulo de Veneza (1369-1429) Nome latino: *Paulus Venetus*. Cognome latino: *Doctor Profundissimus*. Autor prolífico que combinou a doutrina aristotélica e a escolástica «moderna» nos seus livros didáticos de lógica e noutras obras. Estes foram amplamente usados nas universidades, constituindo um dos alvos preferidos dos ataques humanistas do Renascimento ao ensino escolástico.

Peano, Giuseppe (1858-1932) Matemático italiano, professor em Turim. A sua insistência no rigor formal nos fundamentos da matemática influenciou Russell, que juntamente com Whitehead escreveu os *Principia Mathematica* (1910--1913), no qual o simbolismo lógico de Peano foi também usado. Um conjunto de cinco axiomas que formam a base da aritmética dos números naturais recebeu o seu nome, embora tenha sido formulado primeiro por Dedekind, o eminente matemático alemão.

Pearson, Karl /ˈpɪəsən/ (1857-1936) Lecionou Ciências Matemáticas na Universidade de Londres e foi o inventor do teste chi-quadrado (χ^2). A sua perspetiva geral era socialista, humanista e positivista. E foi com este espírito que criticou as crenças religiosas e metafísicas e defendeu, *inter alia*, a eugenia como um meio de melhorar a sociedade. A sua principal obra filosófica é *The Grammar of Science* (1892), na qual apresentou uma teoria fenomenalista do conhecimento, similar à de Mach.

pecado filosófico (lat. *peccatum philosophicum*) Segundo alguns jesuítas do século XVII, é impossível pecar sem saber que se peca. Nesta perspetiva, um pecado é um ato realizado com o pleno conhecimento, no momento da ação, de que o ato é uma violação da lei moral: se no momento da ação uma pessoa considera que a lei moral é a lei de Deus, agindo assim considerando que o ato realizado é uma ofensa a Deus, então trata-se de um pecado teológico, merecedor de expiação eterna por desprezar a bondade infinita de Deus; mas se um ateu peca, com conhecimento, contra a lei moral, mas sem qualquer intenção de ofender Deus, ou se um cristão peca com conhecimento, mas sem considerar realmente naquele caso que a moralidade é a lei de Deus, então o pecado é «filosófico», não merecendo a expiação eterna.

A doutrina de que o pecado pode ser meramente filosófico foi atacada por Antoine Arnauld e condenada pelo Papa Alexandre VIII em 1690 como «escandalosa, temerária e errada». Segundo Arnauld, um ato não é um pecado a não ser que seja feito com conhecimento do tipo moralmente relevante de ato a que pertence (*e.g.*, matar uma pessoa), mas o pecador não precisa saber que este tipo de ato é contrário à lei moral ou um pecado ou que ofende a Deus. A ignorância de facto pode ilibar o sujeito (*e.g.*, se alguém dá um tiro numa pessoa pensando que é um cervo), mas a ignorância da lei moral, ou a ignorância ou esquecimento de Deus, não pode ilibar nem atenuar. É bem possível pecar sem saber que se peca e muitos irão parar ao inferno inesperadamente. JK

Leitura: John Kilcullen, *Truth and Sincerity* 1988; *The Catholic Encyclopedia* vol. 14, 1912, p. 7.

Nota: Arnauld opôs-se à doutrina numa longa série de textos. Em «Quinta denúncia do filosofismo, *i.e.*, a nova heresia do pecado filosófico» (em francês) 1690, desculpou-se pelas novas palavras «filosofismo» e «filosofistas», que poderiam não ser aprovadas num teste rigoroso de elegância estilística, mas justificou-as pela necessidade de brevidade de expressão, e pelo facto de haver precedentes: «probabilismo» e «quietismo».

Pedra Filosofal Uma substância muito especial que, de acordo com a teoria da alquimia, tem o poder de transformar substâncias comuns em ouro.

Pedro Aureoli (*c.* 1275-1322) Nome latino: *Petrus Aureolus*. Cognome latino: *Doctor Facundus*. Filósofo escolástico francês, da ordem dos franciscanos, lecionou em Paris a partir de 1316. Usou o ARGUMENTO DA ILUSÃO como base para a distinção entre a existência intencional (aparente, concebida, objetiva) e a existência real. Um ato mental é falso se o objeto tiver somente existência intencional, verdadeira se tiver os dois tipos de existência. Sustentou a opinião de que as afirmações sobre os acontecimentos contingentes do futuro não são verdadeiras e nem falsas. Isto deixa espaço para o livre-arbítrio, mas parece limitar a presciência divina.

Pedro Hispano (*c*. 1215-1277) Nome latino: *Petrus Hispanus*. Teólogo escolástico e filósofo. Assumiu cargos em Paris, Siena e na sua cidade natal, Lisboa, antes de ser eleito Papa (João XXI) em 1276. É mais conhecido pela obra *Summulae logicales*, que combina a lógica tradicional (Aristóteles, Boécio) com uma apresentação inicial da lógica «moderna». É uma obra redigida de maneira simples e clara, e foi até o século XVII o manual de lógica mais usado.

Pedro Lombardo (*c*. 1095-1160) Nome latino: *Petrus Lombardus*; cognome: *Doctor Scholasticus*. Também conhecido como *Magister Sententiarum* por ser o autor de *Libri Quattuor Sententiarum*, *c*. 1158. Trata-se basicamente de uma compilação de opiniões teológicas dos Padres da Igreja e de autores mais recentes. Foi o manual mais comummente usado nas universidades medievais, onde a maioria dos escolásticos o usou como base para as suas preleções. Sobreviveram cerca de duzentos e cinquenta comentários do século XII ao XVI. Alguns, incluindo os de Tomás de Aquino e de Duns Escoto, vão além dos limites do texto, e contêm conteúdo de interesse filosófico independente.

Peirce, C(harles) S(anders) /pɜːs/ (1839-1914) Cientista norte-americano, filósofo e lógico de grande originalidade. É mais conhecido por ter desenvolvido o pragmatismo, assim como teorias da lógica e da linguagem. O interesse nestas áreas foi crescente ao longo do século XX. É também conhecido pelos seus trabalhos em SEMIÓTICA, estudo fundado por Charles Morris.

Peirce chamou «pragmatista» à sua filosofia geral porque relaciona a crença e a ação. Uma crença de que *p* é uma disposição para agir de certo modo; e o significado de uma conceção é determinado por experiências que surgem a partir de diversos modos de ação. Isto torna grande parte da metafísica absurda ou sem sentido, visto que as teorias metafísicas rivais não geram diferenças práticas. Peirce também sustentou que a verdade, o conhecimento e a realidade se encontram nos pontos para onde tendem a convergir, a longo prazo, os nossos esforços para os alcançar. Acreditar que *p* é verdadeiro, é acreditar que qualquer indivíduo que investigue adequadamente se *p* ocorre ou não, e durante o tempo suficiente, irá acreditar que *p*. Mas posteriormente Peirce insistiu no realismo: a realidade de um mundo lá fora é algo mais do que ser um «ponto de convergência da crença a longo prazo». A realidade última é mental; a matéria nada é senão «mente estéril» e as leis físicas são as expressões de hábitos mentais arraigados. O método correto de investigação é o das ciências; emprega a abdução (também conhecida como retrodução), dedução e indução.

Muitos dos elementos característicos da lógica moderna foram introduzidos por Peirce: o uso da disjunção inclusiva ao invés da exclusiva, o uso de tabelas de verdade, o tratamento de «todo» e «algum» como quantificadores, e o tratamento de relações como classes de pares ordenados, triplos ordenados, e em geral de *n*-tuplos ordenados.

Textos de interesse filosófico imediato, alguns previamente não publicados, encontram-se em *The Essential Peirce* 1998. A edição canónica é desde há bastante tempo *The Collected Papers of Charles Sanders Peirce*, 8 vol. 1931-1958. Mas é de esperar que, depois de completa, *The Writings of Charles S. Peirce* (Indiana University Press, 1980-) se torne a edição definitiva. Traduções: *Semiótica* 1999; *Ilustrações da Lógica da Ciência* 2008.

Leitura: The Cambridge Companion to Peirce 2004.

pelagianismo *s*. A doutrina de que a vontade humana é livre para escolher entre o bem e o mal e que há uma aptidão humana natural para o bem. Isto implica uma negação do dogma do pecado original e reduz ou elimina a necessidade da encarnação. Foi proposta pelo monge britânico Pelágio (*c*. 354-418), em oposição à teologia de S. Paulo, que dá ênfase à salvação pela graça divina, o que, na opinião de Pelágio, desencorajava o crente a fazer esforços morais e resultava na negligência moral. Agostinho, um contemporâneo de Pelágio, opôs-se veementemente ao pelagianismo, que no começo do século V foi condenado pela Igreja e tem sido rejeitado pelas correntes teológicas em voga desde então, embora tenha atraído muitos pensadores cristãos.

pendente nomológico 1 Uma relação ou lei que seria uma ponta solta, pendente, de uma rede de leis científicas. Herbert Feigl usou esta expressão para descrever uma relação ou uma lei que relaciona algo que é intersubjetivamente observável (*e.g.*, certos estados cerebrais) com algo que não o é (*e.g.*, a experiência de uma qualidade sensorial como a vermelhidão): H. Feigl, «The 'Mental' and the 'Physical'», *Minnesota Studies in the Philosophy of Science*, vol. 2, 1958, p. 428; também no seu *The «Mental» and the «Physical»* (1967). **2** Uma entidade ou uma propriedade que não pode apropriadamente entrar numa formulação de leis científicas. J. J. C. Smart usou a expressão neste sentido, que é diferente da de Feigl, em *Philosophy and Scientific Realism* (1963).

Pentateuco Os cinco primeiros livros da Bíblia.

peras gr. πέρας Fim, limite, fronteira.

perceção extrassensorial Perceção de coisas, estados de coisas, acontecimentos, etc., que não é transmitida pelos sentidos conhecidos. Os principais tipos de perceção extrassensorial são a *clarividência*, isto é, a perceção direta do passado ou de fenómenos remotos, a *precognição*, isto é, a perceção direta dos fenómenos futuros, e a *telepatia*, isto é, a comunicação direta com outra pessoa sem o uso dos meios normais. A perceção extrassensorial, muitas vezes referida pela abreviatura PES, é o principal objeto de estudo da PARAPSICOLOGIA. Nenhuma tentativa de verificar a existência de perceção extrassensorial teve até hoje êxito. A expressão foi introduzida por J. B. Rhine no início da década de 1930.

perdurantismo (lat. *perdurare* perdurar) A doutrina de que os objetos materiais são quadridimensionais, com diferentes estádios temporais ou partes existindo em diferentes momentos do tempo, sem que uma parte exista em mais de um momento: os objetos são, por assim dizer, «vermes» do espaço-tempo. Esta perspetiva está intimamente relacionada, se é que não é idêntica, ao quadridimensionalismo. Em contraste, o endurantismo (lat. *indurare* durar) é a doutrina de que os objetos materiais são tridimensionais, estando presentes por inteiro em cada momento da sua existência. Alguns filósofos sustentam que o perdurantismo acomoda melhor a teoria da relatividade especial. O uso de «endurar» e «perdurar» para distinguir dois modos de se conceber o modo como um objeto persiste remonta ao livro de D. Lewis *On the Plurality of Worlds* (1986). *Ver também* TEORIA *A* E TEORIA *B*.

perfeccionismo s. 1 Na teoria moral: a doutrina de que a primeira tarefa dos agentes racionais é aperfeiçoar-se a si próprios. Foi defendida como princípio básico na ética de Christian Wolff e seus seguidores. 2 Um género de consequencialismo, de acordo com o qual a ação correta é a que tende a promover condutas corretas e o aperfeiçoamento do caráter dos outros. Esta é a definição no livro de E. F. Carritt, *The Theory of Morals* (1928). 3 Um género de consequencialismo, segundo o qual a ação correta é a que tende a promover a realização da excelência humana na arte, na ciência e na cultura.

A palavra é usada neste sentido por John Rawls, *Uma Teoria da Justiça* (1971). A sua descrição inclui os géneros de teorias consequencialistas (na sua terminologia, «teleológicas») indicadas na tabela abaixo.

segundo o	*o bem consiste em*
hedonismo	prazer
eudemonismo	felicidade
utilitarismo (clássico)	satisfação racional de desejos
intuicionismo	vários bens básicos
perfeccionismo	realização da excelência humana nas artes, ciências e cultura

4 Na teoria política: a doutrina de que um governo deveria promover positivamente os bens autênticos, individuais e coletivos, dos governados. Neste sentido, o antiperfeccionismo é a doutrina de que a consecução e promoção dos ideais da vida boa, embora valiosos em si, não são questões próprias da ação governamental, que deve ser neutra em relação a estes ideais.

perfeito *adj.* Que não carece de coisa alguma, completo. *Ant.* Imperfeito.

perfeitos, deveres/direitos *Ver* DEVERES/DIREITOS PERFEITOS.

performativa s. *adj.* Uma performativa, ou elocução performativa, é uma elocução que faz o que diz fazer. Por exemplo, a elocução do tipo «Prometo fazer *A*» é, em circunstâncias normais, uma promessa de fazer *A*. Uma elocução do tipo «Peço desculpa» é, em circunstâncias normais, um pedido de desculpas.

J. L. Austin, que introduziu este conceito, contrastou as performativas com as constativas. As constativas afirmam factos, as performativas não; as constativas são verdadeiras ou falsas, as performativas não.

Outros exemplos de performativas são elocuções do tipo «Declaro aberta a sessão» (dito pelo presidente de uma assembleia); «Declaro absolvido o réu» (dito por um juiz), etc. Estas elocuções *fazem* a sessão começar e *absolvem* o acusado.

Contudo, não é estritamente necessário que as palavras nomeiem ou descrevam o ato. A característica essencial é que as palavras sejam usadas para realizar um ato. «Peço desculpa» pode ser usada para realizar o ato de pedir desculpa, mas também «Desculpe!» pode fazê-lo. As duas elocuções são performativas.

A complicação que surge aqui – e noutros pontos – inspirou J. L. Austin a rever as distinções originais, conduzindo-o à teoria posterior dos ATOS DE FALA.

per impossibile lat. admitindo algo (reconhecidamente) impossível.

peripatético (gr. περιπατητικός, περιπατεῖν caminhar) *adj., s.* A filosofia aristotélica foi frequentemente denominada *peripatética* porque, segundo a tradição, Aristóteles e os seus discípulos conduziam as suas investigações e discussões num passeio coberto ou nos jardins do Liceu.

A filosofia peripatética foi tradicionalmente incluída como uma das quatro maiores escolas da filosofia antiga, sendo as outras três a académica, a estoica e a epicurista.

peripécia (gr. περιπέτεια mudança súbita) *s*. Na literatura e no teatro: inversão súbita da fortuna. A discussão clássica deste tópico encontra-se no capítulo X da *Poética* de Aristóteles.

perlocutório *Ver* ATOS DE FALA.

permissão da livre escolha Uma permissão para fazer uma coisa ou outra, que implica uma permissão para fazer uma delas e uma permissão para fazer a outra: ou seja, $P(p \lor q)$ implica $Pp \land Pq$. Este é um modo natural de interpretar as permissões, mas juntamente com o princípio de que seja o que for que é obrigatório é também permitido, gera o PARADOXO DE ROSS.

peroração *s*. Na retórica: a parte conclusiva de um discurso, na qual resume os seus pontos principais, com um forte apelo à assistência.

Perry, Ralph Barton /ˈpɛri/ (1876--1957) Filósofo norte-americano, ligado à Universidade de Harvard desde 1902 e aí professor de 1930 até 1946. Destaca-se principalmente por três motivos: a sua participação no movimento realista do início do século XX; a sua teoria naturalista e subjetivista do valor, minuciosamente desenvolvida; e ser uma autoridade em William James. Em 1910, escreveu um artigo influente no *Journal of Philosophy*, intitulado «The Egocentric Predicament», concebido para denunciar uma falácia simples cometida pelos idealistas. Neste mesmo ano, associou-se a cinco outros filósofos na proclamação conjunta «The Program and First Platform of Six Realists», seguida pela publicação deste grupo, em 1912, de um livro de ensaios intitulado *The New Realists*. Neste volume, fez uma importante análise do conceito de independência, usando-a para sustentar a tese realista da independência dos objetos em relação ao nosso conhecimento deles. Embora tenha mantido um realismo epistemológico, a sua teoria do valor, apresentada em *The General Theory of Value* (1926), definia o valor em termos de objetos de interesse. Em seiscentas páginas estabeleceu a sua teoria com cuidado e minúcia, concluindo que o maior dos valores, segundo a sua teoria, reside no objeto de uma vontade inteiramente benévola. QG

personalidade autoritária Um tipo de personalidade caracterizado pela dominação/submissão, conformismo, racismo, preconceito, rigidez intelectual e intolerância perante a ambiguidade. O conceito foi introduzido numa obra fundamental com este título, publicada em 1950, por T. Adorno, E. Frenkel-Brunswik, D. Levinson e R. Sanford, no contexto de uma investigação sobre as origens sociais e psicológicas do fascismo e do nazismo. Descobriram que este tipo de personalidade era particularmente comum naquele tipo de movimento político.

personalismo *s*. Doutrina que enfatiza a importância da pessoalidade. Ser uma pessoa é visto como um facto último. Isto é não só uma oposição à redução naturalista da pessoa aos processos físicos, mas também à conceção idealista da pessoa como uma manifestação transitória e mais ou menos real do Absoluto. Em especial: 1 Tradição na filosofia norte-americana, influenciada por H. Lotze e representada por B. P. Brone (1847-1910), J. Royce (1855-1916) e E. S. Brightman (1884-1953). 2 O pensamento de Emmanuel Mounier (1905-1950) e o movimento filosófico que inspirou.

perspetivismo *s*. Nome dado ao ponto de vista de Nietzsche, defendido por meio de várias metáforas, de que não há como escapar às limitações parciais ou de perspetiva da experiência e do conhecimento. «Factos é precisamente o que não há, só há interpretações». O que se nega é a possibilidade de um «ponto de vista de Deus» sobre o mundo, que incorporaria todas as perspetivas possíveis e não seria em si uma perspetiva. Nietzsche também nega a existência de factos *morais*, e rejeita qualquer sugestão de uma coisa em si e, do mesmo modo, rejeita toda a metafísica. Não se nega a verdade de algumas teorias científicas; o que se nega é a opinião de que a ciência é a única perspetiva. A ciência serve certos propósitos, mas não serve todos os propósitos.

Com um estado de espírito mais experimental e antidogmático, Nietzsche encoraja-nos a experimentar várias perspetivas, a ver «agora através desta janela, agora através daquela». Contudo, na sua áspera análise da moralidade e do cristianismo, usou a noção de perspetiva para insistir que alguns modos de ver o mundo seriam distintamente inferiores, *e.g.*, a mundividência do «escravo» ou do «rebanho», em contraste com a perspetiva do «senhor», própria daquele a que Nietzsche chama *Übermensch* (super-homem).

Ao perspetivismo têm sido dadas interpretações absurdas, alegando-se, por exemplo, que Nietzsche rejeitou a própria ideia de que uma perspetiva ou «interpretação» possa ser melhor do que outra, coisa que seguramente não defendeu. Também é criticada por ser inconsistente, na medida em que a opinião de que a verdade é perspetival tem de ser ela mesma ou perspetival ou não. No primeiro caso, segundo este argumento, a opinião é «apenas uma perspetiva» e não algo para ser levado a sério, enquanto no segundo se refuta a si mesma. Mas se virmos o perspetivismo como uma afirmação de limites e não como tese metafísica enquanto tal, então não há qualquer inconsistência, e a resposta de Nietzsche à crítica é «Então, quer insistir que isto é também apenas uma interpretação; ora, tanto melhor!»

No século XX, propuseram-se muitas teorias anti-objetivistas do mesmo género. RSO

pertença Na teoria de conjuntos: relação entre um elemento e um conjunto quando o primeiro está no segundo, frequentemente simbolizada por $a \in C$ ou $a \, \varepsilon \, C$.

PES Acrónimo para PERCEÇÃO EXTRASSENSORIAL.

pessimismo (lat. *pessimum* pior, o pior) *s*. 1 O ponto de vista de que a natureza humana, a condição humana ou o mundo como um todo são mesmo maus. (A palavra é algumas vezes, embora raramente, usada de maneira mais específica para a tese que este é o pior mundo possível).

A palavra começou a ser usada na última metade do século XVIII, juntamente como o seu antónimo, OTIMISMO. Mas como designação de uma teoria metafísica totalmente articulada, «pessimismo» parece ter sido primeiramente usado por Schopenhauer na segunda edição (1844) de *O Mundo como Vontade e Representação*, para designar a sua própria mundividência. Não muito depois, Eduard von Hartman descreveu a sua própria perspetiva filosófica como um pessimismo cientificamente fundamentado.

Qualquer pessimismo suficientemente radical está sujeito a um paradoxo pragmático: se tudo é assim tão desesperançado como pensa o pessimista, que espera ele alcançar com a publicação de suas opiniões?

2 Um modo de desânimo.

3 Concentrar a nossa atenção nos aspetos desfavoráveis de uma situação.

pessoa moral 1 Uma pessoa cujo caráter e conduta estejam em conformidade com padrões morais. 2 Um ser individual ou composto (*e.g.*, uma sociedade) capaz de ter direitos.

Pestalozzi, Johann Heinrich /pɛstaˈlɔtsi/ (1746-1827) Reformador social suíço. Defendeu uma reforma educativa ampla, especialmente nos níveis elementares. A sua ideia-mestra, influenciada por Rousseau, era fazer a instrução harmonizar-se com o desenvolvimento natural da criança.

petição de princípio Um interlocutor que pretenda justificar uma conclusão *C*, que está em dúvida, mostrando que se segue das premissas *P*, que supostamente estão sujeitas a menos dúvida, pode enfrentar a objeção de que essas premissas *P* só são aceitáveis se já aceitarmos *C*. Isto significa que o proponente do argumento é acusado de fazer uma petição de princípio, tomando como garantido o que devia provar.

Dependendo das circunstâncias, o mesmo argumento (entendido como uma sequência de frases), pode ser usado fazendo uma petição de princípio ou não. Tudo depende do que é dado como garantido na ocasião em que o argumento é usado.

Por exemplo: *A* quer apresentar um argumento ao seu jovem amigo *B* de que há boas bases para aceitar a proposição de que Deus existe. *A* argumenta assim:

1. Tudo o que os pais de *B* lhe dizem é verdadeiro.
2. Os pais de *B* dizem-lhe que o que a Bíblia diz é verdadeiro.
3. A Bíblia diz que Deus existe.
Logo, Deus existe.

Comete *A* uma petição de princípio? Depende das razões pressupostas a favor da primeira premissa. Caso se aceite simplesmente, sem razões, ou se for aceite por razões que nada têm a ver com a existência divina, *A* não comete uma petição de princípio. Por outro lado, se a razão pressuposta a favor da primeira premissa for que Deus revelou que os pais de *B* lhe dizem sempre a verdade, então *A* comete uma petição de princípio. Isto porque só se pode aceitar essa razão pressuposta se a conclusão for dada como garantida.

Outro exemplo: *A* quer apresentar um argumento a *B* a favor da ideia de que há uma boa base para aceitar a proposição de que Smith tem pelo menos 18 anos. Smith tem carta de condução e a lei estipula que ninguém com menos de 18 anos pode ter uma carta de condução. *A* argumenta agora como se segue:

1. Todos os portadores de carta de condução têm pelo menos 18 anos.

2. Smith tem carta de condução.
Logo, Smith tem pelo menos 18 anos.

Comete *A* uma petição de princípio? Suponhamos que a razão para aceitar a primeira premissa é que analisou a lista de portadores de carta de condução, tendo verificado que todos, incluindo Smith, têm pelo menos 18 anos. Nesse caso, não se poderia aceitar a primeira premissa a menos que se aceitasse a conclusão. A primeira premissa estaria pelo menos tão em dúvida quanto a conclusão. Por outro lado, se a razão para aceitar a primeira premissa é que se sabe que as regras são cumpridas e que 18 anos é o limite inferior de idade estipulado pelas regras, então *A* não comete uma petição de princípio.

petitio principii lat. Apelo à suposição inicial. PETIÇÃO DE PRINCÍPIO.

phalakros gr. φαλακρός calvo; homem calvo. *Ver* SORITES.

Phalén, Adolf (Krister) /fa'len/ (1884-1931) Professor em Uppsala, de 1916 a 1931, e o principal membro da Escola de Uppsala. Entendia que a tarefa principal da filosofia era a análise conceptual, especialmente de conceitos básicos como realidade, tempo, conhecimento, consciência, etc. Em muitos casos, esta análise levará a incoerências nos conceitos do senso comum, que são formados para propósitos diferentes, que não os puramente teóricos ou científicos. Na sua crítica ao subjetivismo epistemológico sustentou (1910) que o problema clássico do conhecimento resulta de pressupostos incoerentes do senso comum e que, portanto, não pode ter solução. Mostrou, numa obra capital sobre o problema do conhecimento na filosofia de Hegel (*Das Erkenntnis Problem in Hegels Philosophie*, 1912) que as incoerências em Hegel resultam destes pressupostos incoerentes. Outras obras suas discutem os conceitos de mente e consciência, e lidam em detalhe com Brentano, Meinong e Husserl, entre outros contemporâneos.

No seu ensaio sobre a discussão da causalidade presente em Hume, Phalén sustentou que as suas ambiguidades, como as que geralmente afetam o empirismo, resultam de não se distinguir claramente três tipos de investigação: análise de um conceito, avaliação da sua legitimidade e explicação da sua origem.

phasis (gr. φάσις) dito, asserção *s*.

philosophe /fɪlozɔf/ (fr. filósofo) *s*. O termo é usado especialmente para os escritos do Iluminismo francês (Voltaire, Montesquieu, Helvétius, Diderot, Condorcet, Turgot, Holbach, etc.). Os seus textos não eram académicos, visando antes o público culto em geral.

philosophia perennis lat. filosofia perene. A herança filosófica comum da humanidade: um *corpus* de verdades filosóficas fundamentais que podem requerer aceitação universal. Esta noção ocorre especialmente no pensamento neoescolástico. Por vezes afirma-se que um sistema particular, por exemplo, o de Tomás de Aquino, contém de modo preeminente a *philosophia perennis*. A expressão remonta ao livro de Agostinho Steuco, *De perenni philosophia* (1540), que procurou conciliar a filosofia antiga com a crença cristã.

phronēsis (gr. φρόνησις sabedoria, bom senso, bem julgar, prudência) *s*. Uma das quatro VIRTUDES CARDEAIS.

physis (gr. φύσις) natureza. *s*. Os contrastes comuns são com νόμος: lei, costume, convenção; e com θέσις: algo declarado, legislado, determinado por um ato da vontade.

Pico della Mirandola, Gianfrancesco (1469-1533) Sobrinho de Giovanni Pico della Mirandola. *Ver* CETICISMO.

Pico della Mirandola, Giovanni (1463-1494) Pensador renascentista, associado a Marsilio Ficino e à Academia de Florença. No seu sistema ecléctico, que visava a superação do desacordo sectário, incorporou as ideias da filosofia escolástico-aristotélica das universidades e dos escritos herméticos e neoplatónicos. Fez além disso aproximações à Cabala, não apenas cristianizando algumas das suas ideias, como anteriormente alguns escolásticos também o haviam feito, mas adotando também métodos de interpretação cabalísticos. Contudo, não aceitou acriticamente os mistérios ocultos, e também escreveu um ataque à astrologia preditiva. Na década de 1870, Walter Pater chamou a atenção do público leitor para este autor, em virtude da sua interpretação questionável, que o representava como um esteta neopagão. *De hominis dignitate* (1486) (*Discurso sobre a Dignidade do Homem*, 2006) é a sua obra mais conhecida.

pietismo *s.* Movimento religioso, principalmente entre os luteranos, que se tornou influente na Alemanha, em especial na primeira metade do século XVIII. Caracteriza-se por uma religiosidade individual assaz emocional na qual a oração e a contemplação são proeminentes. Os pietistas poderiam ser acusados de sentimentalidade lamuriosa, mas em seu favor pesam os muitos orfanatos e escolas para os pobres que fundaram.

Pirro de Élis (*c.* 360-272 a.C.; gr. Πύρρων) Fundador da tradição cética. Para alcançar a ἀταραξία, a tranquilidade da mente, recomendava a ἐποχή, a suspensão do juízo, visto que se poderia encontrar boas razões não apenas a favor, mas também contra qualquer opinião.
Nenhum texto seu chegou até nós. Foi Enesidemo, dois séculos depois, que reavivou a sua fama, afirmando ser ele o fundador da filosofia cética genuína. As suas ideias são conhecidas principalmente por via de Sexto Empírico. *Ver também* TIMÃO.
Leitura: Richard Bett, *Pyrrho, His Antecedents, and His Legacy* 2000. Plínio J. Smith *Ceticismo* 2004.

pirronismo *s.* Sinónimo aproximado de *ceticismo*, algumas vezes usado somente para a sua forma mais radical. O pirrónico alcança a paz de espírito ao ver que os argumentos favoráveis e contrários a uma opinião estão exatamente em equilíbrio.

Pitágoras e os pitagóricos Pitágoras de Samos (*c.* 570-495 a.C.; gr. Πυθαγόρας) foi um filósofo grego da antiguidade que deixou a ilha de Samos, na costa da Ásia Menor, indo para Crotona, no Sul da Itália, cerca de 530 a.C. Visto que não escreveu coisa alguma, é difícil determinar quais eram realmente as suas crenças filosóficas. É certo que acreditou na metempsicose (o renascimento da alma noutros corpos), e que estabeleceu sociedades no Sul da Itália que tiveram alguma influência política, adotando um modo rigoroso de vida, que incluía a prática de virtudes morais como a abstinência, o treino da memória, rituais, e tabus como a proibição de comer feijão. Considerava-se que Pitágoras tinha poderes milagrosos e uma natureza divina; sinal disso era o pretenso facto de ter uma coxa dourada. Não foi um matemático no sentido estrito do termo e é duvidoso que tenha sido o primeiro grego a descobrir o chamado «Teorema de Pitágoras», que na prática era usado muito antes pelos Babilónios, ou a apresentar uma demonstração rigorosa deste teorema. Afirma-se amiúde ter venerado o poder dos números para ordenar o mundo, representado em tetractos místicos (os números 1 a 4, cuja soma equivale ao número 10, que era considerado um número «perfeito»). Afirma-se também ter reconhecido que os intervalos musicais da oitava, quarta e quinta se regiam por proporções de números inteiros (estes intervalos ouvem--se nas cordas cujos comprimentos têm as proporções 1:2, 3:4 e 2:3, respetivamente). Isto tê-lo-ia supostamente levado a acreditar que os corpos celestes produzem música de acordo com as proporções das suas velocidades de revolução, a doutrina da harmonia das esferas.

Desde a publicação de *Weisheit und Wissenschaft: Studien zu Pythagoras, Philolaus und Platon* (1962), de Walter Burkert, sabemos que esta imagem tradicional de Pitágoras é quase inteiramente falsa. O mito resulta de várias vicissitudes históricas, sendo a principal o facto de os sucessores de Platão quererem encontrar uma autoridade antiga que defendesse algo semelhante à sua versão de platonismo. Mesmo a ideia tradicional de que Pitágoras terá sido um matemático exímio, ainda que não tenha descoberto o famoso teorema que hoje tem o seu nome, é presumivelmente falsa; segundo o próprio Aristóteles, os pitagóricos desenvolveram o misticismo numerológico, mas nada que se parecesse com a matemática propriamente dita; sobretudo, não foram os pitagóricos que descobriram a noção de demonstração matemática.

Depois da morte de Pitágoras, as sociedades pitagóricas passaram por alguns sobressaltos e acabaram por desaparecer no século IV a.C. No entanto, já nesse século Pitágoras era considerado a fonte de toda verdadeira filosofia, e nos séculos seguintes várias obras se forjaram em seu nome e em nome de outros pitagóricos, principalmente para apoiar a crença de que muitas das doutrinas de Platão e Aristóteles tinham sido de facto derivadas de Pitágoras.

Os sucessores mais famosos de Pitágoras eram ambos do Sul da Itália: Filolau de Crotona (*c.* 470-390 a.C.) e Arquitas de Tarento (*fl.* 400-350 a.C.). Poucos fragmentos genuínos das suas obras sobreviveram, mas há muitos fragmentos de obras espúrias. Filolau foi o primeiro pitagórico a escrever um livro. Este foi a fonte primária do relato de Aristóteles do pitagorismo, e influenciou o *Filebo* de Platão. O livro começava com uma explicação da origem do cosmo e tratava de tópicos de astrologia, medicina e psicologia. Filolau sustentou que o cosmo e tudo o que ele contém era composto de limitantes (elementos estruturais e ordenadores, *e.g.*, formas) e ilimitados (o que é estruturado e ordenado, *e.g.*, elementos materiais como a terra e a água). Estes limitantes e ilimitados estão unidos segundo uma harmonia que pode ser expressa matematicamente; o verdadeiro conhecimento da realidade vem do entendimento destas relações numéricas. Foi o primeiro a sugerir que a Terra era um planeta, orbitando juntamente com o Sol, a Lua, cinco planetas, estrelas fixas e a contra--Terra (chegando assim ao número perfeito dez), em torno de um fogo central.

Pouco se sabe sobre os princípios filosóficos gerais de Arquitas, mas é evidente que ele pensava que os estudos matemáticos, como a astronomia, geometria, aritmética e música, eram cruciais para o entendimento da realidade. Diferentemente de Filolau e do próprio Pitágoras, Arquitas era um verdadeiro matemático; há relatos minuciosos sobre as soluções que propôs para problemas como a duplicação do cubo. Interessava-se em especial pela teoria matemática da música e desenvolveu uma teoria da acústica.

A fama de Pitágoras cresceu com o passar do tempo, assim como a sua veneração como fonte de toda verdadeira filosofia, por parte de autores da tradição platónica – a quem, por isso, se chamava muitas vezes neopitagóricos. Nicómaco de Gerasa escreveu vários livros sobre matemática e música, incluindo uma *Introdução à Aritmética*. O neoplatónico Iâmblico de Cálcis (250-330) escreveu um relato sobre o modo de vida pitagórico, baseado em fontes antigas, o primeiro de uma sequência de dez volumes sobre a doutrina pitagórica. A glorificação de Pitágoras por estes autores influenciou a tradição intelectual ocidental posterior, e o termo «pitagórico» acabou por se aplicar a qualquer pensador que considerasse que o mundo natural estava ordenado segundo relações matemáticas agradáveis (*e.g.*, Kepler).
CH/DM

Leitura: C. Kahn, *Pitágoras e os Pitagóricos* 2007.

Platão (427-347 a.C.; gr. Πλάτων) Platão foi o primeiro grande filósofo sistemático da tradição ocidental. Pertencia a uma família aristocrática de Atenas. Após ouvir preleções do filósofo heraclitiano Crátilo, tornou-se um devoto seguidor de Sócrates. As relações da sua família com os principais membros da oligarquia levaram-no a considerar uma carreira na política; porém, os excessos do governo oligárquico instalado em 404 a.C. e do governo democrático sucessor fizeram-no abandonar a política. Retirou-se brevemente para a cidade de Mégara após a execução de Sócrates em Atenas, no ano de 399, começando a escrever diálogos socráticos que, pelo menos em parte, visavam defender a memória do seu mestre. Por volta de 387, faz uma viagem ao Sul da Itália e da Sicília, onde travou contacto com Arquitas, um influente estadista pitagórico da família governante de Siracusa. Ao regressar a Atenas, fundou a Academia, a primeira instituição de ensino superior no Ocidente, e que se tornou o berço de eminentes matemáticos, cientistas e filósofos. Vinte anos depois, foi intimado a regressar a Siracusa, para auxiliar na educação do jovem regente Dionísio II, a quem esperava converter a uma vida filosófica. O plano frustrou-se quando o patrocinador de Platão, Dion, foi exilado, mas Platão retornou por volta de 360 para tentar concretizar o regresso de Dion ao poder – plano esse que também fracassou. Mas Platão havia feito o que podia a fim de concretizar no mundo real algumas das suas ideias políticas.

Platão escreveu diálogos dramáticos que amiúde têm Sócrates como personagem principal. Todos parecem ter sido preservados. Embora a datação dos diálogos seja objeto de controvérsia entre os estudiosos, a seguinte divisão em três grupos parece plausível. Os primeiros diálogos parecem refletir o método e o ensino de SÓCRATES, procurando amiúde definir uma virtude, sem chegar a uma definição satisfatória: *Apologia, Críton, Laques, Íon, Hípias Menor, Cármides, Protágoras, Lísis, Êutífron, Górgias, Eutidemo*, e *Hípias Maior*. Os diálogos intermédios expõem tipicamente teorias sistemáticas muitas vezes baseadas na Teoria das Formas: *Ménon, Fédon, Banquete, Menexeno, Crátilo, República* e *Fedro*. Alguns dos diálogos tardios examinam problemas e inter-relações entre as Formas, e também questões sobre o conhecimento, a ciência, a felicidade e a ciência política: *Parménides, Teeteto, Sofista, Político, Timeu, Crítias, Filebo* e as *Leis*. Nos diálogos, a figura de Sócrates parece mudar da representação do Sócrates histórico, nos primeiros diálogos, para o porta-voz de Platão, nos diálogos intermédios, e algumas vezes para uma personagem menor, nos diálogos tardios, que de facto quase chegam a constituir tratados. A forma de diálogo, contudo, permanece importante para expressar a troca que ocorre em conversas filosóficas reais, que para Platão representa o modelo ideal de instrução. Exceto no *Parménides*, Platão evita geralmente discussões técnicas e tende a misturar tópicos de um modo que convide à exploração de ideias relacionadas.

A filosofia de Platão do «período intermédio» baseia-se na teoria das Formas. Distinguindo o conhecimento da mera opinião, Platão sustenta que o primeiro só é possível se houver objetos de conhecimento absolutos e imutáveis. Estes são as «Formas», ou realidades ideais, como a Justiça em si, a Santidade em si, a Beleza em si, a Igualdade em si. Os objetos sensíveis são «denominados» segundo a sua Forma correspondente porque «participam» dela; *e.g.*, Sócrates é denominado justo porque participa da Justiça. Nos objetos sensíveis, uma propriedade jamais exclui a sua contrária. Por exemplo, Sócrates não é apenas justo, mas também injusto em alguns aspetos. Mas as Formas em si jamais admitem as suas contrárias, sendo puramente o que são, ao passo que os objetos sensíveis dependem das Formas para ter ordem e regularidade. Não é exatamente claro que termos têm Formas correspondentes. Platão prefere discutir as Formas que correspondem às virtudes, aos valores morais (como a bondade) ou aos conceitos matemáticos (como a igualdade); mas pode haver Formas correspondentes a todos ou à maior parte dos termos gerais (incluindo «homem», «cama», «feio»). De qualquer modo, Platão parece conceber as Formas como exemplares ideais que fornecem padrões de juízo. Assim, o conhecimento da Forma da Justiça permite-nos ajuizar que atos ou pessoas são justos. Sabemos que Sócrates é justo porque de algum modo percecionamos a sua relação com a Justiça.

Platão sustentava que as nossas almas são imortais e re-encarnam, segundo o *Fédon*, em corpos diferentes. Temos a capacidade de ajuizar as coisas por padrões mais perfeitos do que qualquer padrão de que tenhamos experiência. Por exemplo, entendemos o que é preciso para que duas coisas sejam (perfeitamente) iguais, mesmo que jamais tenhamos encontrado na experiência duas coisas perfeitamente iguais. Esta capacidade tem de preceder o nosso uso dos sentidos; e visto que adquirimos os sentidos ao nascer, temos de adquirir a nossa capacidade para fazer juízos sobre as sensações antes de termos nascido. Assim, temos de ter tido contacto direto com as Formas, como a Igualdade, quando as nossas almas estavam fora de nossos corpos, antes da nossa vida atual. Atualmente, nós não estamos completamente cientes das Formas nem das suas propriedades; logo, devemos tê-las esquecido ao nascer, relembrando-as depois, quando usamos os nossos sentidos. Portanto, toda a aprendizagem das verdades gerais é rememoração.

Se a aprendizagem é um processo de rememoração, a forma apropriada de educação não é ensinar, mas questionar, a fim de trazer à superfície o conhecimento que o aluno já possui. A arte de questionar, que Platão aprendera com Sócrates como método para refutar falsas opiniões, foi por ele denominada «dialética», transformando-a num método positivo: o questionador leva o aluno a ver a inadequação das suas opiniões anteriores e, assim, a alcançar uma perspetiva mais satisfatória. Por um processo de indução, o aluno é levado de inteleções sagazes particulares a verdades gerais. Em última instância, o aluno pode ser levado a contemplar as Formas em si e, portanto, a apreender os primeiros princípios do conhecimento.

Há quatro níveis de conhecimento, que correspondem a quatro níveis da realidade. O mais elevado é a «intuição racional», direcionada para as Formas em si. O seguinte é o «entendimento», ou conhecimento dedutivo, direcionado para objetos matemáticos, como triângulos, e exemplificado na geometria; o entendimento pressupõe o conhecimento dos primeiros princípios, a saber, das Formas. A «crença» é um tipo inferior de conhecimento dos objetos físicos. E as sombras e reflexos são imagens dos objetos físicos, conhecidas apenas por «conjetura». É tarefa do filósofo levar o aluno para cima, por meio da dialética, em direção ao conhecimento das formas. A motivação do aluno é dada pelo Amor, que, amarrado originariamente a um corpo belo, pode ainda ser direcionado para os corpos em geral, até o impulsionar para as Formas em si como o exemplar perfeito da beleza e da bondade.

Na *República*, Platão criticou tanto os sofistas quanto os moralistas conservadores pelas suas opiniões em ética: estão preocupados somente em mostrar que a justiça nos traz bens não morais como a reputação e a saúde, quando deveriam demonstrar por que razão a justiça é valiosa em si. Platão enfatiza o problema levantando a questão de saber se uma pessoa justa poderia ser feliz ainda que fosse injustamente torturada e condenada à morte. Responde com a ajuda de uma analogia intrincada entre uma cidade-estado ideal e a alma individual. Um Estado ideal teria três classes: os guardiães (regentes), os auxiliares (soldados) e os trabalhadores. No Estado ideal, a virtude encontrar-se-ia no funcionamento adequado das partes, e a justiça no cumprimento de cada indivíduo dos seus próprios deveres, e no não intrometimento nos deveres dos outros. De igual modo, a alma é composta de três partes: a razão, a parte corajosa e a parte concupiscente. Quando estas funcionam apropriadamente, o indivíduo é virtuoso, e quando cada parte executa a função que lhe cabe, o indivíduo é justo. O vício moral ocorre quando a razão fica subordinada a outra parte; e não se pode estar em falta sem comprometer a própria saúde psíquica. Visto que a alma é mais importante que o corpo, uma pessoa justa está sempre em melhor situação do que uma pessoa injusta, independente de quão bem-sucedida for a pessoa injusta em adquirir bens não morais. Mas uma pessoa pode ser justa ou por hábito ou por conhecimento filosófico. Alguém que o seja somente por hábito pode cair na tentação de ser injusto se houver uma oportunidade aparente de lucrar com a injustiça. Só o filósofo – aquele que tenha contemplado a Forma da Justiça – estará imune a esta tentação.

O argumento de Platão a favor da justiça proporciona não somente uma teoria da ética, mas também um modelo do Estado ideal. No Estado ideal, os filósofos governarão. Serão escolhidos por um processo de teste e avaliação, passando pelas várias etapas da educação até completarem cinquenta anos. Tendo sido inteiramente formados em matemática e filosofia, serão levados a contemplar as Formas, ficando então qualificados para regressar à vida política como dirigentes do Estado. Exercerão o controlo rigoroso sobre a educação, a arte, a guerra e até sobre os casamentos, de modo a manter afastadas as influências corruptoras e a promover a harmonia social de acordo com princípios filosóficos. Os governantes viverão numa comunidade na qual as mulheres partilham com os homens os papéis de liderança. Os casamentos serão predeterminados por uma lotaria manipulada e as crianças serão criadas em creches comuns. Visto que os governantes possuem todas as coisas em comunhão, não terão vontade de adquirir posses privadas, mas colocarão toda a sua energia em governar.

No campo da arte, os governantes censurarão a produção a fim de assegurar que não se produzem maus modelos de comportamento – como as excessivas reações emocionais dos heróis trágicos. A arte é meramente imitação de uma imitação e deverá, portanto, ocupar uma função subordinada na sociedade, levando adiante os fins dos governantes. A despeito da sua visão depreciativa sobre a arte no Estado ideal, Platão estabeleceu a base da primeira grande teoria da crítica (da arte) ao observar, no *Fedro*, que uma composição deveria ser como uma criatura viva e exibir uma unidade orgânica.

A Teoria das Formas de Platão parece ter sido colocada sob escrutínio crítico na Academia, e no *Parménides* consta uma série de problemas e objeções. A mais famosa destas críticas é o Argumento do Terceiro Homem, que Aristóteles, nos seus escritos, considera ser uma objeção legítima. De acordo com este argumento, 1) tudo o que tem uma propriedade tem-na em função de uma única causa, a Forma; 2) a Forma tem a propriedade no mais elevado grau; 3) a Forma não é idêntica às coisas que têm a propriedade. De acordo com o princípio 2, as muitas coisas particulares que são grandes, assim como a Forma da Grandeza, são todas grandes, e pelo princípio 1 tem de haver uma causa da grandeza que, pelo princípio 3, não é idêntica a qualquer uma das coisas que são grandes. Mas isto tem de ser uma segunda Forma da Grandeza, Grandeza$_1$, e assim por diante. Embora Platão pareça entender os passos do argumento, não lhe responde, sugerindo apenas que pode haver uma solução. O argumento é interessante precisamente porque parece valer-se de princípios centrais da Teoria das Formas para produzir uma consequência absurda.

Na sua obra tardia, Platão não parece abandonar as Formas – embora os estudiosos não sejam consensuais neste ponto –, explorando ao invés as suas inter-relações e aplicações potenciais. No *Sofista*, sustenta que as Formas se «entrelaçam» de vários modos. Algumas juntam-se, como o Ser e o Movimento, enquanto outras, como o Movimento e o Repouso, não se misturam de modo algum. Mais importante ainda, apresenta uma análise do não Ser como Diferença. Assim, quando digo que o movimento não é repouso, não estou a dizer que o movimento não existe, mas apenas que é diferente do repouso. Platão analisa as frases em sujeito e verbo, esboçando uma teoria da verdade como concordância da frase com o facto por ela descrito. Embora a discussão de Platão seja em grande parte baseada na sua metafísica, constitui um enorme avanço para a conceção das relações lógicas e, por conseguinte, prepara o caminho para o primeiro sistema de lógica, o do seu aluno Aristóteles.

Antes de Platão, a filosofia era ou uma teoria científica sobre a natureza (como nos pré-socráticos), discussões práticas de como triunfar na vida política (os sofistas) ou teorias éticas (Sócrates). Platão desenvolveu uma filosofia abrangente, construída em torno de uma teoria metafísica central, a Teoria das Formas, que tinha implicações para a ciência, a política e a ética. Além disso, visto que as Formas eram em certo sentido valores, foi capaz de combinar factos e valores, ciência e ética em uma única conceção do mundo. Embora o seu método dialético favorecesse mais a livre indagação do que a doutrina rígida, concebeu pela primeira vez o conhecimento como uma série ordenada de afirmações derivada de primeiros princípios – *i.e.*, compreendeu a noção de ciência como um sistema dedutivo. E embora ele tenha resistido ao impulso de dividir a filosofia em especialidades, como a ética, a epistemologia e a psicologia, a natureza arquitetónica da sua visão e o âmbito das suas discussões ajudaram a definir esses estudos como partes essenciais da filosofia. Deste modo, a despeito da ênfase de Platão na investigação partilhada e aberta, foi também um pensador sistemático que estabeleceu o padrão da filosofia como explicação abrangente da totalidade da experiência. DG

Método de citação: pelo número da página na edição publicada por Henricus Stephanus (Henri Etienne), Paris 1587, seguido por uma das letras a-e, na qual cada página se divide, em cinco secções iguais. As boas edições modernas incluem este método de referência.

Nota: a edição inglesa canónica dos diálogos completos foi por muito tempo *The Dialogues of Plato* (trad. Jowett), substituída depois por *The Collected Dialogues of Plato* (E. Hamilton e H. Cairns (org.), vários tradutores) 1966, e *Plato: Complete Works* (J. Cooper e D. S. Hutchinson (org.), vários tradutores) 1997.

Traduções: Górgias 2010; *Êutífron, Apologia de Sócrates e Críton* 2007; *Fedro* 2009; *O Banquete* 2008; *Laques* 2007; *Leis* 2004; *Hípias Maior* 2000; *Hípias Menor* 1999; *Parménides* 2001; *Timeu* 2005; *Crátilo* 2001; *Protágoras* 1999; *A República* 2008; *Íon* 1992.

Leitura: N. Pappas, *A República de Platão* 1997; *The Cambridge Companion to Plato* 1992; Julia Annas *Plato* 2003.

platitude (lat. *platus* plano, sem relevo) *s.* Um truísmo. O uso não depreciativo desta palavra, por parte dos filósofos analíticos, como um termo quase técnico, ocorreu primeiramente nos escritos de P. F. Strawson e David Lewis, na década de 1960. A palavra é usada para afirmações que podem também ser descritas como trivialmente verdadeiras, conceptualmente verdadeiras, verdadeiras *a priori*, etc.

platónicos de Cambridge Muitos teólogos e filósofos platónicos do século XVII estavam ligados ao Emmanuel College e ao Christ's College, ambos de Cambridge. Entre eles estavam Benjamim Whichcote (1609-1683), Henry More (1614-1687), Ralph Cudworth (1617--1688) e John Smith (1618-1652). Insistiam vigorosamente no primado da razão em religião, ética e ciência, e empenharam-se em desenvolver uma compreensão racional da religião cristã, por oposição a seitas e doutrinas que apelavam diretamente para a revelação e procuravam tornar a fé imune à investigação racional. Insistiam também que a Igreja deveria aceitar membros que assumissem uma ampla diversidade de opiniões teológicas, um ponto de vista a que veio chamar-se *latitudinarismo*. Embora de inspiração platónica ou neoplatónica, algumas das suas opiniões divergiam das de Platão, mas a insistência na ideia de que Deus aprova uma ação em função de ser um bem, e não vice-versa, lembra claramente o diálogo *Êutífron* de Platão.

platonismo s. 1 A partir do Renascimento: a obra de Platão era pouco conhecida na Europa durante a Idade Média, sendo mais conhecida entre os filósofos árabes e judeus deste período. No século XV, estudiosos gregos de Bizâncio trouxeram manuscritos de trabalhos de Platão para a Itália, onde rapidamente despertaram enorme interesse, especialmente em Florença, onde foram publicados, traduzidos (para o latim) e comentados por Marsílio Ficino (1433--1499) e Giovanni Pico della Mirandola (1463-1494), membros do círculo de platónicos florentinos de Cósimo de Médicis. O platonismo de Ficino e Pico deu origem a uma *Theologia Platonica*, uma filosofia religiosa que fundia elementos dos textos de Platão recentemente reavivados, dos neoplatónicos, Plotino e Proclo, de Fílon Judeu (que havia escrito que Platão era Moisés falando grego), e elementos da Cabala judaica e de textos herméticos, todos vistos como a mais antiga sabedoria da humanidade, remontando a Moisés e Hermes. Este platonismo renascentista era apresentado como uma teosofia cristã que incluía a revelação bíblica, embora as autoridades descortinassem tendências heréticas perigosas em alguns dos seus ensinamentos.

Outra forma de platonismo cristão foi apresentada na Inglaterra por John Colet e Thomas More no século XVI. Em *Utopia* (1516), More usou aspetos da *República* de Platão para desenvolver uma sociedade ideal. Vários pensadores do final do século XVI associaram ideias matemáticas platónicas e pitagóricas a opiniões místicas e religiosas. Kepler e Galileu, entre outros, insistiram que o mundo poderia ser lido em termos matemáticos, sendo Deus o grande geómetra. A ênfase na matemática como linguagem da ciência, em contraste com a ciência de Aristóteles baseada nas qualidades sensoriais, emergiu em boa parte do platonismo renascentista. De facto, os primeiros físicos matemáticos modernos eram denominados «platónicos» pelos seus opositores.

Platonismo de Cambridge: na Inglaterra de meados do século XVII, desenvolveu-se em Cambridge uma escola de filosofia e teologia platónica e neoplatónica, liderada por Henry More e Ralph Cudworth, que sustentava uma perspetiva religiosa não dogmática e racional, assim como uma interpretação metafísica da ciência moderna. Os seus líderes questionaram o materialismo e o ateísmo que viam na teoria cartesiana, nas ideias de Hobbes e em Espinosa. Isaac Newton usou algumas das suas ideias filosóficas na sua teoria do mundo físico. O platonismo de Cambridge continuou a ser influente no século XIX, quando foi estudado, modificado e usado pelos poetas românticos ingleses e transcendentalistas da Nova Inglaterra, como Ralph Waldo Emerson. O platonismo religioso continuou a ser promovido no século XX. Um de seus principais defensores foi o deão W. R. Inge, da catedral de São Paulo.

A partir do final do século XVIII, os estudiosos helenistas procuraram separar Platão dos neoplatónicos e dos cabalistas, estudando os seus textos e as suas ideias independentemente das interpretações posteriores. Qualquer coisa que tivesse laivos de neoplatonismo ou cabala era relegada para religião ou para a teosofia, enquanto o genuíno platonismo era filosofia pura. Uma tendência é ver o puro Platão como a fonte de problemas básicos da filosofia, usando o estudo dos seus textos como um modo de despertar o interesse por questões filosóficas atuais. Outra tendência é ver Platão no seu contexto helénico, tentando entendê-lo como um autor puramente pagão da antiguidade, ao invés de um inspirador das ideias religiosas do judaísmo e do cristianismo, ou como o primeiro filósofo analítico. Em qualquer destes casos, a observação de Alfred North Whitehead de que toda filosofia posterior consiste apenas numa nota de rodapé a Platão é um modo de declarar a sua importância, em especial a partir do Renascimento.

2 Na metafísica contemporânea: o termo é usado na filosofia do século XX como alternativa ao abusado termo «realismo», para designar teorias que aceitam a existência de objetos abstratos (números, propriedades, etc.), em contraste com as teorias nominalistas, que só admitem a existência de coisas individuais concretas. O platonismo sustenta que os objetos abstratos existem independentemente do nosso pensamento (contra o conceptualismo) e do discurso (contra o nominalismo). RPO

Plekhanov, Georg Valentinovich /plJɪˈxɑːnof/ (1856-1918) Social-democrata russo, um dos principais representantes do marxismo na Rússia. Opôs-se ao revisionismo de Bernstein e ao bolchevismo de Lenine. Na sua análise da cultura e da sociedade, rejeitou o materialismo grosseiro, afirmando ser possível que os seres humanos não sejam, nas suas teorias e práticas, inteiramente determinados pelas forças económicas.

Introduziu a expressão «materialismo dialético».

pleonasmo (gr. πλεονασμός excesso) *s.* Uma expressão que contém palavras supérfluas.

pleonexia (gr. πλεονεξία ganância) o desejo de um indivíduo por mais do que aquilo que lhe cabe; a procura de uma vantagem injusta.

plērōma (gr. πλήρωμα completude, plenitude) *s.* Conceito utilizado no gnosticismo e em cosmologias afins, assim como no neoplatonismo. Refere-se ao campo espiritual ou divino completo, ao qual nada falta. Diversos elementos neste campo podem exilar-se e tornar-se HIPÓSTASES de um nível inferior. Isto por sua vez leva a um esforço para alcançar a reunião com o Absoluto. HT

Plotino (205-270; gr. Πλωτῖνος) Fundador do neoplatonismo e, como tal, uma influência importante no pensamento clássico tardio, assim como no pensamento medieval cristão, islâmico e renascentista. Estudou com Amónio Saccas em Alexandria, e começou a lecionar em Roma por volta de 245. Os seus escritos foram organizados pelo seu aluno Porfírio em seis livros, denominados *Eneádas* (Ἐννεάδες), ou seja, seis grupos com nove tratados cada.

Sustentou que todos os modos do ser são uma efusão a partir do chamado «Uno», uma realidade imaterial que defendeu ser aquilo a que Platão se referia nos seus diálogos, nomeadamente no *Parménides* e – sob a designação de «Bem» – na *República*. Estes modos do ser, em ordem decrescente de unidade e valor, são: a mente (νοῦς), a alma (ψυχή) e a natureza (φύσις). A sua «mente», assim como o motor imóvel de Aristóteles, ou Deus, é concebida como o pensamento pensando-se a si mesmo, no interior do qual estão as «formas» contempladas como uma unidade de um modo eterno. A sua «alma» é uma versão inferior e menos unificada da mente, na qual as formas têm de ser contempladas separada e sucessivamente, um processo que dá origem ao espaço e ao tempo. A sua «natureza» é uma versão ainda inferior e menos unificada da mente, na qual as formas são vistas somente como num sonho, e que projeta os seus sonhos como um mundo material.

O indivíduo humano é um microcosmo deste processo completo. As nossas «mentes» ocupam-se normalmente do mundo material ou, no melhor dos casos, das ideias individuais contempladas sucessivamente, mas podemos em momentos de êxtase contemplar a realidade como uma totalidade.

A contribuição de Plotino para a filosofia tem sido avaliada de diferentes modos. Criou um sistema a partir da filosofia de Platão, que alguns leitores consideram corresponder ao que Platão visava e outros censuram como uma traição a Platão, que se recusou a apresentar um sistema. Plotino tem sido também elogiado por alguns, e atacado por outros, por confirmar o seu sistema por meio de referências ao que eram claramente experiências pessoais de um tipo místico. Mais recentemente, alguns leitores acabaram por dar valor ao rigor de boa parte dos seus argumentos, e à originalidade das suas opiniões sobre a psicologia e a estética. RB

Traduções: Tratados das Eneadas 2000. Leitura: Lloyd P. Gerson, *Plotinus* 1994; *The Cambridge Companion to Plotinus* 1996.

Plutarco (c. 48-122; gr. Πλούταρχος) Nome latino: *Lucius Mestrius Plutarchus.*

Biógrafo e moralista grego, natural de Queroneia, na Beócia. É conhecido sobretudo por *Vidas Paralelas*, que apresenta relatos comparativos do caráter e feitos de eminentes gregos e romanos. Foi um autor prolífico, contando-se entre as suas obras mais conhecidas e influentes a coleção de ensaios *Moralia*. Alguns ensaios dão conselhos morais, outros discutem temas platónicos ou argumentam contra as doutrinas estoicas e epicuristas. Filosoficamente, inclinou-se para o platonismo. Nas suas discussões sobre a religião, postulou apenas um único Deus criador, mas fez um uso intenso da noção de *daimons* para explicar as várias experiências religiosas, incluindo os oráculos. Desde o Renascimento, os escritos históricos e morais de Plutarco têm sido amplamente lidos e valorizados. A sua influência é visível em Montaigne, Shakespeare, Bacon, Hume, etc. Era o autor favorito do jovem Rousseau. HT/dir.

pneuma gr. πνεῦμα respiração; espírito.

pneumática *s.* O termo de Leibniz para PNEUMATOLOGIA como um ramo da metafísica.

pneumático *adj.* Espiritual. Uma interpretação literal olha para a letra do que está escrito, enquanto uma interpretação pneumática olha para o espírito.

pneumatologia *s.* 1 Ramo da metafísica que trata da natureza espiritual dos seres, tais como Deus, os anjos e a alma. O uso do termo com este sentido data do século XVIII. 2 A doutrina teológica do Espírito Santo.

poiēsis (gr. ποίησις criação, produção) *s.* Uma atividade que tem como resultado criar um produto. Platão e Aristóteles contrastam-na com a πρᾶξις, o *fazer* algo. A criação excelente exige habilidade (τέχνη), enquanto o fazer excelente exige virtude (ἀρετή). Segundo Aristóteles, a primeira adquire-se pela prática, a segunda pelo conhecimento.

Poincaré, Henri /pwɛ̃kaʀe/ (1854--1912) Matemático, físico e filósofo da ciência francês. A sua doutrina mais conhecida é o «convencionalismo». Os matemáticos do século XIX descobriram geometrias alternativas à de Euclides. Esta descoberta colocou em causa a opinião kantiana, então prevalecente, de que a geometria (de Euclides) podia ser conhecida *a priori*, independentemente da experiência, apresentando apesar disso um conhecimento substantivo ou «sintético» da estrutura do espaço. Poincaré defendeu uma posição kantiana modificada. É logicamente possível que uma geometria não euclidiana descreva a estrutura do espaço melhor do que a de Euclides. Porém, porque a geometria de Euclides é de longe a mais simples, os físicos irão sempre mantê-la como a geometria mais apropriada para eles. Irão mantê-la não por saberem *a priori* que é verdadeira, mas por conter as convenções geométricas mais simples. Esta opinião foi enfraquecida pela teoria geral da relatividade, que incorpora uma geometria não euclidiana. AM

poliádico *Ver* OPERADOR MONÁDICO.

polímata (gr. πολυμαθήσ) *s.* Uma pessoa com um extenso conhecimento em vários ramos do saber.

polis (*sing.*); *poleis* (*pl.*) (gr. πόλις) Uma cidade-estado (na Grécia da antiguidade) *s.*

polissemia *s.* A existência de mais do que um significado para uma expressão linguística; *e.g.*, «banco» pode significar um tipo de assento ou uma instituição financeira. (Se tiver exatamente dois significados, é apropriadamente denominada «ambígua»; se tiver mais de dois significados, é «multiplamente ambígua»; porém, estas distinções terminológicas nem sempre são observadas.) **polissémico** *adj.*

polissilogismo *s.* Uma cadeia de silogismo categóricos, na qual a conclusão de cada um é usada como premissa do seguinte.

politeísmo *s.* Doutrina segundo a qual há muitos deuses que podem ser venerados. *Ver também* HENOTEÍSMO.

polivalente, lógica *Ver* LÓGICA POLIVALENTE.

Pomponazzi, Pietro (1462-1525) Filósofo italiano que lecionou em Pádua, Ferrara e Bolonha, frequentemente visto como o mais eminente dos filósofos da Renascença. Usando princípios aristotélicos, sustentou na sua obra sobre a imortalidade da alma (publicada em 1516) que esta doutrina, aceitável como artigo de fé, era racionalmente indefensável. Seria também moralmente dúbia, porque a esperança de recompensa e temor da punição são próprias de uma mente abjeta e contrárias à natureza da virtude. A célebre controvérsia em torno desta obra reverberou por muito tempo. A sua obra mais importante foi publicada postumamente (publicá-la antes teria posto a sua vida em risco). O título era *Sobre as Causas dos Efeitos Naturais*. Continha refutações sólidas das crenças, então excessivas na Europa, em demónios, bruxaria, curandeirismo e milagres. Não rejeitou a astrologia, visto considerar que a influência dos planetas era física.

pons asinorum lat. ponte do asno. Este termo, de origem antiga, é entendido (ou incompreendido) de maneiras diferentes, como se segue: 1 Uma barreira para os mais relapsos. Um lugar no qual um burro, supostamente relapso, estacaria. Entendida deste modo, considerou-se que a expressão dizia respeito à quinta proposição e à sua demonstração no primeiro livro dos *Elementos* de Euclides. Mas considerou-se também que dizia respeito à quadragésima sétima proposição daquele livro, ou seja, ao teorema de Pitágoras. 2 Um auxílio para os mais relapsos: um diagrama semelhante a uma ponte, usado desde Alexandre de Afrodísia, para mostrar como passar das premissas de um silogismo para uma dada conclusão.

Popper, (Sir) **Karl** (Raimund) /'pɔpər/ (1902-1994) Filósofo austríaco que após emigrar no final da década de 1930 ensinou em Christchurch, Nova Zelândia, e, depois da Segunda Guerra Mundial, na London School of Economics. É conhecido sobretudo pelo seu trabalho em filosofia da ciência e por *The Open Society and Its Enemies* (1945) (*A Sociedade Aberta e seus Inimigos*, 2 vols. 1998).

Central na obra de Popper é a teoria do conhecimento, que em sua opinião se estuda melhor quando se dirige a atenção para o crescimento do conhecimento científico. Popper, inspirado pela revolucionária superação da obra de Isaac Newton – a obra mais impressionante até então – considerava que a ciência crescia por meio de conjeturas e refutações. A ciência pode almejar a dizer-nos verdades sobre o mundo. Mas o seu estatuto é sempre provisório: embora visemos a verdade, jamais podemos estar certos de a encontrar.

Popper partilhou com os positivistas lógicos do Círculo de Viena um grande interesse na lógica formal e nas ciências naturais, ambas vistas como fortes exemplos de racionalidade. Mas discordou de várias das suas teses mais importantes.

Salientou que a testabilidade era a marca distintiva da ciência, criticando Freud e Adler por afirmarem que as suas teorias psicológicas eram confirmadas em situações nas quais de facto não haviam sido colocadas em teste. Criticou também os marxistas por terem privado a teoria de Marx do seu caráter científico ao modificá-la de tal modo que já não poderia ser refutada por qualquer desenvolvimento histórico real. Uma teoria não tem estatuto científico a não ser que seja falsificável, ou seja, a não ser que possa ser colocada num teste que poderia possivelmente refutá-la.

A falsificabilidade é o critério do caráter científico de uma teoria. Isto pode parecer análogo ao critério de verificabilidade dos positivistas lógicos, mas não o é. A verificabilidade era para estes um critério de significado. Popper não estava interessado no significado, salientando que as afirmações metafísicas (para os positivistas lógicos, destituídas de significado) – que não são testáveis – poderiam, não obstante, ter significado, desempenhando algumas delas um papel importante no desenvolvimento da ciência.

Popper apresentou uma solução notável para o clássico problema da indução. David Hume mostrara que os procedimentos indutivos são inválidos, e ainda assim a indução parece um método básico na ciência, na medida em que se considera que os casos particulares confirmam hipóteses gerais. Na conceção de Popper, a ciência não depende de indução, visto que não é a confirmação, antes a refutação, que está no núcleo do método científico. O chamado «problema da indução» é simplesmente deixado de lado.

A sua abordagem do conhecimento tem também uma orientação biológica, tendo Popper um papel importante no desenvolvimento da «epistemologia evolucionista». Sustentou que as expectativas – em parte de base biológica – desempenham um papel importante no nosso conhecimento e no processo de perceção. Há um paralelo com Kant; mas para Popper estas expectativas – incluindo as expectativas sobre a causalidade – são psicológicas, e não categorias do entendimento. Além disso, são falíveis, não proporcionando crenças irrevisíveis. Popper sustentou também que há continuidade entre os humanos e os animais no que toca ao modo de solucionar problemas e aprender por tentativa e erro, estabelecendo paralelos entre a sua epistemologia e as abordagens darwinistas na teoria da evolução. Contudo, insistiu que o conhecimento humano pode ser visto como um elemento de um «mundo 3», existindo objetivamente, que não é físico nem mental, sendo constituído pelos produtos da mente humana.

A sua conceção da ciência, que também pertence a este terceiro domínio, concede um papel proeminente à imaginação criativa; a este respeito, colocou a ciência mais próxima da imagem comum da criação artística. Num trabalho publicado no final da década de 1950, generalizou a sua ênfase anterior na falsificabilidade, salientando a importância da abertura à crítica. A avaliação racional poderia então ser empreendida noutras áreas que não a ciência.

Estas ideias, e argumentos mais técnicos em epistemologia e filosofia da ciência, são tratados em *Logik der Forschung* (1934), mais tarde reformulado em *The Logic of Scientific Discovery* (1959) (*A Lógica da Pesquisa Científica*, 2000), *Conjectures and Refutations: The Growth of Scientific Knowledge* (1963) (*Conjecturas e Refutações*, 2003), *Objective Knowledge: An Evolutionary Approach* (1972) (*Conhecimento Objetivo*, 1975), e nos três volumes de *Postscript to The Logic of Scientific Discovery* (*Pós-escrito à Lógica da Descoberta Científica*, 1992).

Popper é também conhecido pelo seu trabalho em filosofia política. *The Poverty of Historicism* (1957) (*A Pobreza do Historicismo*, 2007) é uma crítica a várias abordagens amplamente aceites da metodologia das ciências sociais. Foi especialmente crítico daqueles que consideravam que as ciências sociais visavam a descoberta de tendências fixas e incondicionais. Popper enfatizou o carácter condicional da previsão científica – a sua dependência de leis universais e «condições iniciais». Também defendeu o INDIVIDUALISMO metodológico. Esta obra foi, em parte, o golpe de misericórdia dado a ideias influentes na Áustria; e, em parte, uma aplicação das suas próprias ideias sobre o carácter da ciência e da explicação ao problema das ciências sociais.

A Sociedade Aberta e os Seus Inimigos é talvez a sua obra mais conhecida. Foi escrita durante a Segunda Guerra Mundial, e defende a democracia liberal, fazendo uma crítica meticulosa a Platão e Marx. Popper chamou a atenção para os aspetos antiliberais das ideias de Platão, discordando também da ideia de que qualquer pessoa poderia ter o conhecimento necessário aos filósofos-reis da *República* de Platão. As ideias mais positivas de Popper sobre a política acentuam a falibilidade do nosso conhecimento e que as nossas ações – e programas de ação – têm sempre consequências inesperadas. Propôs que deveríamos adotar uma estratégia de «engenharia social por etapas», na qual as tentativas de resolver os nossos problemas coletivos sejam seguidas pelo escrutínio crítico dos seus resultados reais: um processo em que todos os cidadãos podem tomar parte. Popper também fez uma crítica minuciosa da obra de Marx. Em parte, baseando-se na teoria do conhecimento; e, em parte, fazendo uma crítica *pari pasu* das principais ideias de Marx, criticando qualquer tentativa de sustentar que há uma mensagem moral inerente à direção da história humana. Pelo contrário, sustenta que, embora não haja um significado intrínseco à história, podemos tentar dar-lhe um significado ético através da ação política.

Popper deu também muitos outros contributos importantes para a filosofia. Argumentou a favor do indeterminismo, e de uma interpretação realista da ciência, incluindo a mecânica quântica. Escreveu sobre a interpretação da teoria da probabilidade e sobre a dedução natural. Escreveu bastante sobre o problema da mente-corpo, defendendo uma forma de interacionismo; veja-se principalmente *The Self and Its Brain* (1978, 1985), escrito em parceria com John Eccles (*O Eu e Seu Cérebro*, 1995). Outros temas incluem o reducionismo na ciência, a que dá valor como método, mas que considerou que raras vezes é completamente bem-sucedido; o estatuto da teoria evolucionista; a teoria da linguagem; e a metodologia das ciências sociais. Também discutiu a interpretação dos filósofos pré-socráticos. Embora não se tenha proposto desenvolver um sistema filosófico, há interconexões importantes e sistemáticas entre os diversos aspetos das suas posições.

A obra de Popper encontrou partidários entusiasmados entre os leigos. Rejeitou a ideia de que a filosofia é uma especialidade técnica fechada em si mesma; pensava, pelo contrário, que as ideias filosóficas têm uma influência importante sobre os assuntos práticos, e que todos damos como garantidas ideias que beneficiariam com a crítica.

A receção da sua obra entre os filósofos profissionais tem sido divergente. É reconhecido como uma figura importante, e muitas ideias que anteriormente defendia sozinho são agora quase universalmente admitidas. Porém, tem sido comummente tratado apenas como um filósofo da ciência, e não como um autor cuja obra sobre a ciência é parte de um projeto mais amplo em epistemologia e metafísica. Na filosofia da ciência, a sua obra recebeu críticas de diferentes direções, incluindo de diversos autores que antes lhe eram próximos, como Feyerabend e Lakatos; a sua alegação de que teria resolvido o problema da indução não é amplamente aceite.
JSH

Leitura: The Philosophy of Karl Popper (LLP) 1974.

pôr entre parêntesis (na fenomenologia) Ver EPOCHĒ.

Porfírio (*c.* 232-305; gr. Πορφύριος) Discípulo e biógrafo de Plotino e organizador das suas obras. Escreveu diversas obras, morais e filosóficas, e comentários a Platão, Aristóteles e Ptolomeu. A introdução ao seu comentário das *Categorias* de Aristóteles (traduzida para o latim por Boécio), conhecida como *Isagoge* (gr. εἰσαγωγή introdução), tornou-se a base do ensino da lógica na Idade Média, com a sua ÁRVORE DE PORFÍRIO. Aperfeiçoou a teoria dos PREDICÁVEIS. Entre os seus muitos escritos encontra-se um ataque à doutrina cristã e uma defesa, em *De abstinentia*, de um tipo de vegetarianismo bem rigoroso.

Port-Royal /pɔʀ ʀwajal/ Mosteiro a cerca de trinta quilómetros a sudoeste de Paris. Com o seu crescimento, foi restabelecido sob o mesmo nome em Paris em 1625, mas o uso das antigas dependências foi retomado em 1648. Foram demolidas em 1710, durante a perseguição de Luís XIV ao jansenistas. Associados ao mosteiro, e desempenhando vários cargos, estavam vários membros da família Arnauld, mais notadamente os abades Angélique (1591-1661) e o seu irmão Antoine (1612-1695). Este foi o principal defensor do jansenismo e, com Pierre Nicole (1625-1695), autor de um livro introdutório, *La logique ou l'art de penser* (1662, 4.ª ed. rev., 1683), que se destinava ao uso em Port-Royal, ficando conhecido como *A Lógica de Port-Royal*. Incluía a silogística, a lógica proposicional (transmitida dos estoicos por autores medievais), e as regras do método de Descartes. Foi o manual de lógica mais usado no século XIX. Entre as obras que emanaram deste círculo encontram-se vários textos em defesa do jansenismo, uma gramática universal escrita por Arnauld e Claude Lancelot (1615-1695), os *Essais de morale* (1671-1678) de Nicole, e as *Lettres provinciales* (1656-1657) de Pascal, uma polémica famosa contra a moralidade dos confessores jesuítas e dos teólogos morais.

positivismo s. 1 O *positivismo jurídico* é a teoria de que a lei do Estado se baseia na vontade de quem ocupa o poder soberano no Estado. Esta vontade exprime-se primariamente nos atos legislativos e na aceitação (tácita) de decisões judiciais oficiais. A ideia de uma lei superior é vista como irrelevante de um ponto de vista legal, embora não de um ponto de vista moral. «A existência da lei é uma coisa; o seu mérito ou demérito é outra», segundo John Austin (1790--1859) que, na esteira de Bentham, foi o mais importante proponente desta teoria, no mundo anglófono.

2 *Positivismo moral*: o positivismo moral teológico, também conhecido como *voluntarismo teológico* ou *teoria dos mandamentos divinos*, é a doutrina de que uma ordem arbitrária de Deus torna algumas ações corretas e outras incorretas. O positivismo moral sociológico é definido em *A Sociedade Aberta e os seus Inimigos*, de Karl Popper, nos seguintes termos: «a teoria segundo a qual não há padrão moral exceto aquele que existe; o que existe, é razoável e bom; e, portanto, que o que conta é a força». A expressão «padrão moral que existe» quer dizer o padrão que naquele momento prevalece numa sociedade. Em princípio, as teorias deste tipo são extremamente apelativas por serem aparentemente destituídas de ilusões, na medida em que se abstêm de pressupor seja o que for sobre uma lei superior. Mas à primeira vista também têm um ponto fraco: o aparente conformismo e submissão aos poderes vigentes.

3 *Filosofia positivista*: a partir de Auguste Comte, a *filosofia positiva* e o *positivismo* são usados para designar uma mundividência que se considera estar em sintonia com a ciência moderna, rejeitando assim a superstição, a religião e a metafísica como formas pré-científicas de pensamento que irão dar lugar à ciência positiva no progresso contínuo da humanidade.

Segundo as teorias positivistas do conhecimento, todo o conhecimento se baseia, em última instância, na experiência sensível. Não pode haver diferença entre tipos de conhecimento. Todas as investigações genuínas tratam da descrição e explicação dos factos empíricos. Portanto, em princípio não há diferença entre, *e.g.*, os métodos da física e das ciências sociais.

Os filósofos empiristas, como Francis Bacon e David Hume, podem ser vistos como precursores do positivismo. No século XIX, os representantes importantes, além de Comte, foram Herbert Spencer, Ernst Haeckel, Richard Avenarius e Ernst Mach. As ideias positivistas ganharam espaço na vida pública, e foram assumidas por muitos filósofos radicais e intelectuais progressistas: na Inglaterra, por exemplo, havia George Lewes, George Eliot, John Stuart Mill, etc. A partir da década de 1850, o positivismo comtiano teve uma influência marcante na França, manifestando-se em políticas anticlericais e anticonservadoras. Isto ocorreu ainda mais em toda a América Latina. A ideia por trás da revolução no Brasil em 1889 foi positivista, e a bandeira brasileira ostenta o mote positivista «Ordem e Progresso».

Em contraste, não há uma dimensão política comparável no género predominante de positivismo do século XX, ou seja, a perspetiva filosófica defendida pelos membros do CÍRCULO DE VIENA, *e.g.*, Schlick, Carnap, Neurath e, sob a sua influência, filósofos britânicos como A. J. Ayer. Este género ficou conhecido como *positivismo lógico*, uma designação dada pela primeira vez ao movimento num artigo de E. Kaila e Å. Petzäll, dois simpatizantes nórdicos, por volta de 1930. Esta tendência, também conhecida como *empirismo lógico*, difere das primeiras versões na sua abordagem das ciências exatas (lógica, matemática, geometria, etc.), mas concordam com o empirismo e a rejeição enfática da metafísica.

O positivismo foi muito criticado por teólogos, marxistas-leninistas, feministas, etc., por ser ateísta, burguês, androcêntrico, etc. «Positivismo» é um daqueles termos que, como «metafísica», «reducionismo» e «escolástica», passaram a ser usados livremente para propósitos polémicos, com sentidos que não admitem prontamente uma definição clara.

Manifestações explícitas de fidelidade ao positivismo e ao empirismo têm sido menos comuns nas últimas décadas do século XX, mas as teorias de inspiração positivista ou empirista permanecem no centro do interesse filosófico.

positivismo lógico Ver POSITIVISMO; CÍRCULO DE VIENA.

positivismo moral A perspetiva de que o que dá correção aos padrões morais é o facto de serem efetivamente adotados (por uma sociedade, por uma autoridade).

O termo raramente é usado, mas as teorias deste género não são incomuns. O positivismo moral do tipo sociológico é o relativismo, e exclui qualquer desafio moral a uma moralidade social estabelecida. Ao positivismo moral do tipo teológico chama-se por vezes *teoria dos mandamentos divinos*.

Não se deve confundir o positivismo moral com a filosofia moral positivista, *i.e.*, a teoria moral que pode ser parte de um sistema positivista de filosofia.

positivo (lat. *ponere, positum* pôr, estabelecer) **1** Os direitos, as regras morais ou as normas *positivas* contrastam com as naturais. As primeiras resultam de um ato de legislação ou decisão humana ou divina, e podem ser vistas como arbitrárias, enquanto as normas naturais têm origem na própria natureza das coisas. O direito positivo de uma sociedade humana é aquele criado ou reforçado por decisões humanas ou convenções.

Este uso de *positivo* era comum nos séculos XVII e XVIII, e não está inteiramente obsoleto. Ocorre em Cudworth, que faz a distinção entre as coisas naturalmente boas e más, de um lado, e as coisas positivamente boas e más, de outro. Rejeitou a opinião de que «o bem e o mal moral são coisas *positivas*, boas ou más por serem ordenadas ou proibidas», e sustentou que o são «pela sua própria *natureza*».

Num sentido muito relacionado, um código moral ou legal pode ser positivo no sentido em que é oficialmente reconhecido, em geral, numa comunidade ou que há uma conformidade geral a ele.

Neste sentido, o conhecimento do que é positivo é empírico. Quais seriam as leis que foram promulgadas ou qual seria «a coisa certa a fazer» numa comunidade tem de se descobrir. Em contraste, pelo menos algumas das leis naturais podem ser conhecidas pelo uso da própria razão. Isto explica por que razão *positivo* e *racional* podem também ser tomados como termos contrastantes. Um direito positivo pode carecer de justificação racional.

Nota: o direito positivo (etc.) deveria ter sido chamado «direito postulado», como notou Soto. Não fosse o erro de escribas, o latim medieval *ius positivum*, que é anómalo, teria sido *ius positum*.

2 Alguns autores distinguem a *teologia positiva* ou *religião positiva*, em última instância apoiada por revelação direta e por autoridade terrena, da teologia ou religião racional. De novo, sugere-se um contraste entre o *positivo* e o *racional*.

3 Auguste Comte (1798-1857), o fundador do positivismo filosófico, descreveu o genuíno conhecimento como positivo, querendo dizer que diz respeito em si a «factos brutos», ou seja, àquilo que é dado na experiência. Contrastou a descrição positiva e a explicação científica dos factos com a metafísica e com as pseudoexplicações especulativas.

4 Inteiramente diferente do que está acima é o sentido de *positivo* que implica um contraste com o negativo. Nestes usos, *afirmativo* pode ser muitas vezes usado como sinónimo.

5 Há vários outros sentidos de *positivo*. Na matemática, os números positivos distinguem-se dos negativos. Na gramática, a forma positiva de um adjetivo, *e.g.*, *bom*, contrasta com as formas comparativas e superlativas, *melhor* e *ótimo*.

pós-moderno *adj.* «Moderno» pode ser usado para designar diversos períodos históricos pós-medievais. Assim, para cada período histórico descrito como moderno há muitas características diferentes (estilos, tendências, doutrinas) que podemos considerar essenciais ao seu caráter moderno. Além disso, «pós» pode sugerir ou uma rutura ou uma continuação.

Segue-se que as expressões «pós-moderno» e «pós-modernismo» podem significar muitas coisas diferentes, e um autor que desejar ser entendido deverá explicar o sentido pretendido. Esta precaução é frequentemente negligenciada. Muitos autores começam por admitir que não têm uma definição clara de pós-modernismo e que não é claro o que é abrangido pelo termo, mas depois passam a celebrá-lo intensamente – um procedimento curioso. Neste contexto, tem-se protestado que se trata de «pose académica vazia».

Contudo, pode-se discernir alguns aglomerados de significado. Quando Jean Baudrillard (1929-2007), sociólogo francês, crítico cultural e intelectual mediático, afirma que a cultura contemporânea é pós-moderna, a palavra denota a fragmentação e trivialização promíscua dos valores, símbolos e imagens: as suas manifestações mais características são os anúncios exibidos nos programas de televisão.

Na arquitetura, onde a palavra ganhou circulação inicial, o pós-modernismo denota a rejeição do funcionalismo e da brutalidade da arquitetura moderna (bairros sociais degradados; blocos de caixas de escritórios impessoais), juntamente com a preferência pelo ecletismo sem objetivo. Nas artes, o «pós-modernismo» denota uma rutura com o modernismo ou a sua continuação. Costuma-se dizer que enquanto o modernismo presume que há um significado ou uma verdade oculta e se entrega à sua procura, o pós-modernismo, capaz de reconhecer o absurdo quando o vê, encontra refúgio no pastiche, na ironia polissémica, na impertinência, etc.

Na filosofia, houve quem propusesse que um traço definidor mínimo do pós-moderno é «a morte do homem» ou «a morte do sujeito». Estas expressões visam exprimir a ausência de uma base última da racionalidade e de qualquer fundamentação última das ciências, da ética, etc., o que coincide talvez em parte com o uso que Lyotard dá ao termo, no influente *La Condition postmoderne* (1979) (*A Condição Pós-Moderna*, 2002), para designar «a desconstrução das metanarrativas da modernidade». Muitos críticos rejeitaram o pós-modernismo, e muitas vezes com veemência, em função da sua associação com diferentes tipos de relativismos, que consideram moralmente repugnantes e logicamente absurdos.

Leitura: The Cambridge Companion to Postmodernism 2004; C. Butler, *Post-modernism* (VSI) 2002.

possibilidades alternativas, princípio das Princípio segundo o qual uma pessoa é moralmente responsável pelo que fez só se poderia ter feito outra coisa. Num artigo publicado no *Journal of Philosophy* em 1969, Harry Frankfurt argumentou que há contraexemplos que mostram que o princípio é falso. Isto vê-se com uma experiência mental. Seja uma pessoa, A, que delibera se irá ou não fazer x. Se decidir livremente fazer x, é moralmente responsável. Mas se decidir livremente não fazer x, B interfere, usando técnicas neurocientíficas avançadas, em consequência das quais A faz x à mesma. Assim, A decide livremente fazer x e é moralmente responsável, mas não poderia ter feito outra coisa.

Possidónio (*c.* 35-50 a.C.; gr. Ποσειδώνιος) O principal filósofo estoico depois de Panécio, contra quem reafirmou a doutrina estoica da conflagração e recorrência universais, as pretensões da astrologia e as profecias. Modificou a ortodoxia estoica, acrescentando-lhe doutrinas platónicas e aristotélicas. Assumiu um alto cargo em Rodes, viajou muito, e foi um polímato, deixando escritos de alcance enciclopédico sobre geografia, história, física, astronomia, psicologia, etc., mas nenhum deles chegou até nós.

post hoc ergo propter hoc lat. depois disto; logo, por causa disto. As inferências deste tipo são inválidas.

postulado (lat. *postulatum* requisito) Euclides acrescenta cinco postulados às definições e aos axiomas. A distinção entre axiomas e postulados não é explicitada, mas os axiomas, também denominados «noções comuns», são verdades gerais encaradas como evidentes em si mesmas, enquanto os postulados são específicos da geometria. Desde então, o termo tem sido usado de diversas maneiras. A ideia básica é que um postulado não necessita de demonstração ou não pode ser demonstrado.

Nos trabalhos contemporâneos sobre teorias formais estabelece-se uma distinção semelhante entre os axiomas da parte lógica da teoria e os axiomas da parte não lógica, a que se chama «postulados». Alguns autores usam «postulado» para os pressupostos básicos que asserem a existência de algo e «axioma» para os que não o fazem. Outros reservam a palavra «postulado» para os princípios práticos, ou seja, pressupostos sobre o que é possível fazer, e usam «axioma» para os princípios teóricos.

Kant descreveu os pressupostos de Deus, da liberdade e da imortalidade como postulados da razão prática. Estes postulados práticos são exigências que, na teoria de Kant, uma pessoa tem de estar autorizada a considerar exequíveis, visto que de outro modo seria impossível cumprir o seu dever moral. Mas os postulados práticos não podem ser admitidos de um ponto de vista teórico, somente de um ponto de vista prático, quando a pessoa é encarada com o agente.

potencialidade s. Em Aristóteles: um poder no interior de algo que se esforça para se tornar efetivo, para se manifestar. Na *Metafísica*, livro Θ, que é o *locus classicus*, os exemplos centrais dados por Aristóteles são relativos à biologia. Uma aranha é potencialmente uma tecedora de teias. Isto é verdade mesmo que algumas, muitas ou mesmo a maioria das aranhas não seja efetivamente tecedora – talvez a maior parte delas pereça antes de alcançar o estádio de tecedora.

S é potencialmente P implica *é possível que S se torne P*. Mas a conversa não se verifica.

Ant. efetividade.

Poulain (ou Poullain) de la Barre, François *Ver* IGUALDADE SEXUAL.

pour soi /pur swa/ fr. em si, por si. *Ver* AN SICH.

pragmática (gr. πρᾶγμα feito, ação) s. Um ramo do estudo dos símbolos linguísticos. Podemos definir a pragmática como o estudo de símbolos na sua relação com os locutores, ouvintes e contextos sociais. A pragmática contrasta com a *sintaxe*, o estudo da inter-relação dos símbolos; e com a *semântica*, o estudo das relações com o que os símbolos simbolizam. Esta terminologia tornou-se estabelecida na década de 1930 em virtude dos textos de Charles Morris.

pragmatismo s. Podemos descrever sucintamente o pragmatismo como a teoria de que uma proposição é verdadeira quando considerá-la verdadeira é auspicioso ou vantajoso na prática. O pragmatismo começou no início da década de 1870 com a adoção por C. S. Peirce da sugestão de Alexander Bain de que as crenças são hábitos de ação e não representações da realidade. Esta sugestão levou William James a considerar que uma crença verdadeira é a que leva à ação bem-sucedida, defendendo a teoria de que a verdade é «o que funciona». As consequências contra-intuitivas desta teoria têm levado muitas pessoas (notavelmente, Bertrand Russell) a afirmar que os pragmatistas confundem a investigação da verdade com a investigação do prazer. Os pragmatistas, contudo, não veem isto como uma confusão. Do ponto de vista naturalista e darwinista proposto por John Dewey, a investigação desinteressada da verdade é coisa que não existe: não há qualquer separação interessante entre a deliberação prática e a investigação teórica. Todo o pensar é uma questão de solução de problemas e podemos simplesmente abandonar as conceções da investigação baseadas na noção de «representação da realidade». James e Dewey pensavam que muitos dos problemas tradicionais da filosofia foram criados pelo uso acrítico de dualismos (teoria-prática, realidade-aparência, mente-corpo, etc.) que deveriam ser repudiados, e que os críticos do pragmatismo tendem a tomar por certos estes dualismos obsoletos. Há quem veja semelhanças entre a tendência antifundacionalista, antiessencialista e contextualista da filosofia de James e Dewey, e temas similares nos escritos tardios de Wittgenstein. Nas décadas recentes, muitas teses associadas ao pragmatismo de James e ao naturalismo de Dewey têm sido defendidas nos textos de filósofos norte-americanos contemporâneos, incluindo W. V. O. Quine, Donald Davidson, Hilary Putnam e Richard Rorty, entre outros. RR

prático (gr. πρακτικός relativo à ação) *adj*. O *prático* é tudo o que diz respeito à ação, contrastando com o *teórico*, que diz respeito ao pensamento.

Nota: dizer que uma atividade é *uma prática* sugere que é costumeira ou habitual.

praxiologia *s*. 1 Nome dado por T. Kotarbinski à teoria geral da ação eficiente no livro *Praxiology* 1963, que analisa os conceitos de ação (simples, complexa, cooperativa, etc.) e visa estabelecer uma «gramática da ação», ou seja, regras para uma ação bem-sucedida, a partir de uma investigação empírica.

O termo foi introduzido por A. Espinas na década de 1890 para uma teoria geral da ação e usado com um sentido similar pelo economista L. von Mises em *Nationalökonomie* (1940).

2 Um tipo de pragmatismo, desenvolvido inicialmente por filósofos noruegueses e dinamarqueses a partir da década de 1960. Inspirado em parte por Heidegger e por Wittgenstein, analisa os nossos conceitos e o nosso entendimento do mundo em termos da ação humana, dando especial ênfase a instâncias particulares de situações e ações. Uma boa fonte de informação é G. Skirbekk (org.) *Praxeology* (1983).

práxis (gr. πρᾶξις ação, fazer, atividade) *s*. Ação, atividade, contrastada por Aristóteles com a ποίησις (*poiēsis*) e a θεωρία (*theoria*).

A *práxis* é um conceito importante em Marx. Nos *Manuscritos Económico-Filosóficos* ele contrasta por vezes a práxis com o mero labor: para Marx e para os autores marxistas posteriores (*e.g.*, Labriola, Gramsci, Lukács e Sartre), é a única atividade livre, consciente, criativa e essencialmente humana capaz de gerar o conhecimento e uma nova e melhor ordem social. Habermas reservou este termo para a interação comunicativa entre as pessoas, atividade regida por normas morais, e contrasta a práxis com a ação instrumental, *e.g.*, na produção de mercadorias, atividade regida por regras técnicas.

preceitos de justiça Os três tradicionais preceitos de justiça (*praecepta iuris*) são: *honeste vivere, neminem laedere, suum cuique tribuere*, ou seja: viver honestamente, não prejudicar seja quem for, dar a cada um o que lhe pertence (ou: o que lhe é devido).

Estes três preceitos têm uma longa história. Ocorrem em Ulpiano († 228), uma das principais autoridades do direito romano, e foi incluído no início de *Institutas*, do imperador Justiniano. Publicado inicialmente em 533, tratava-se de um manual de jurisprudência preparado por uma comissão de juristas e estudiosos romanos, com a supervisão do imperador. Tem estado em uso constante desde a Idade Média.

pré-científico *adj.* Respeitante a um estádio anterior ou inferior à ciência.

precognição *s.* Conhecimento PARANORMAL dos acontecimentos futuros.

pré-crítico *adj.* Palavra usada sobretudo para referir a filosofia inicial de Kant, anterior ao desenvolvimento das ideias que apresentou na *Crítica da Razão Pura* (1781).

predestinação *s.* Segundo a doutrina teológica da predestinação, que encontra o seu principal suporte textual na Bíblia (Romanos 8 e 9, e Efésios 1), Deus já decidiu a respeito de cada alma se será salva ou condenada. Esta doutrina encontra-se em Agostinho e em muitos dos seus seguidores na Idade Média, nos reformadores protestantes Lutero, Zwingli e Calvino, nos Trinta e Nove Artigos da Igreja Anglicana, em Jansenius, Pascal, etc. É rejeitada pelo pelagianismo e pelo arminianismo, e em várias teologias formuladas em séculos recentes.

predicado *s.* O que se diz ou nega do sujeito numa frase; o que se diz ou nega da(s) coisa(s) referida(s) numa frase.

Na LÓGICA DE PREDICADOS, um predicado pode ser definido como uma frase aberta contendo lacunas que podem ser preenchidas por nomes ou descrições definidas.

predicado monádico Numa frase aberta da forma *Fx*, em que a propriedade *F* é predicada de *um* indivíduo *x*, diz-se que *F* é um predicado monádico (de um só lugar).

Isto contrasta com os predicados relacionais, também conhecidos como *poliádicos* ou de vários lugares: há predicados relacionais de dois lugares (diádicos), três (triádicos), quatro (tetrádicos), cinco (pentádicos), seis (hexádicos), sete (heptádicos), etc. (Todos estes termos derivam do grego da antiguidade.)

Exemplos: na frase aberta *x está à esquerda de y* o predicado diádico (de dois lugares) «está à esquerda de» tem *x* e *y* como argumentos. A sua forma pode ser representada por *Fxy*.

Na frase aberta *x está situado entre y e o ponto intermédio entre z e u*, um predicado tetrádico (de quatro lugares) tem *x, y, z, u* como argumentos. A sua forma pode ser representada por *Fxyzu*.

Nota: «Singular», «binário», «ternário» e «quaternário», que derivam dos numerais distributivos latinos, são também usados para predicados de um, dois, três e quatro lugares. As palavras seguintes nesta sequência são «quinário», «senário», «septenário», etc. Do ponto de vista linguístico «unário» é suspeito e «biádico» não existe.

predicamento *s.* Na lógica medieval: categoria. A palavra vem do latim *praedicamentum*, usada por Boécio para traduzir o grego κατηγορία.

predicativo *Ver* ATRIBUTIVO.

predicáveis *s.* Trata-se dos tipos de termo geral que podem ser usados como predicados. Nos *Tópicos* 1: 4,5,8, Aristóteles distingue cinco (ver Tabela 19). A teoria dos predicáveis que floresceu na escolástica medieval baseou-se na tradução latina, da autoria de Boécio, da introdução de Porfírio ao seu comentário das *Categorias* de Aristóteles. Aí, a divisão, algo revista, é como na Tabela 20.

TABELA 19 **Os predicáveis (1)**

grego	latim	português
ὅρος	*definitio*	definição da essência (*e.g.*: o homem é um animal racional)
ἰδίω	*proprium*	uma propriedade distintiva (*e.g.*: o homem é um animal que ri)
γένος	*genus*	género (*e.g.*: o homem é um animal)
διαφοπρα	*differentia*	uma propriedade diferenciadora (*e.g.*: o homem é racional)
συμβεβεκός	*accidens*	uma propriedade acidental (*e.g.*: o homem é branco)

TABELA 20 **Os predicáveis (2)**

grego	latim	português
γένος	*genus*	género
εἶδος	*species*	espécie
διαφορα	*differentia*	uma propriedade diferenciadora
ἰδίω	*proprium*	uma propriedade distintiva
συμβεβεκός	*accidens*	uma propriedade acidental

preferência Segundo o utilitarismo das preferências, a satisfação das preferências é intrinsecamente boa, e deveria ser maximizada. Mas merecem todos os tipos de preferências ser igualmente levados em conta?
Em *Taking Rights Seriously*, 1977, ed. rev. 1978 (*Levando os Direitos a Sério*, 2007), Ronald Dworkin distingue as preferências *pessoais* das preferências *externas*. Uma preferência pessoal diz respeito ao que faço ou ganho; uma preferência externa diz respeito ao que as outras pessoas fazem ou ganham. Dworkin sustenta que o direito dos indivíduos à igual consideração e respeito quanto à atribuição de bens e oportunidades significa que as suas preferências pessoais têm de ser respeitadas, mas não as externas. As preferências externas devem ser ignoradas a fim de evitar a «dupla contagem»: num cálculo utilitarista na qual cada pessoa deve contar como uma, o meu desejo de ser rico deve ser levado em conta, tal como desejo de outra pessoa de ser rica. Mas o meu desejo de que a outra pessoa seja pobre não deve ser levado em conta. No debate, os críticos levantaram dúvidas sobre como encontrar uma linha de demarcação clara entre os dois tipos de preferência.

Prémio Nobel filosófico O Prémio Nobel da Literatura foi atribuído aos seguintes filósofos: Rudolf Eucken (1908); Henri Bergson (1927; atribuído em 1928); Bertrand Russell (1950); Albert Camus (1957); Jean-Paul Sartre (1964; que o recusou). Albert Schweitzer recebeu o Prémio Nobel da Paz em 1952. P. W. BRIDGMAN ganhou o Prémio Nobel da Física (1946).

premissa *s.* Uma premissa é uma afirmação que, num argumento, não é em si inferida, pertencendo antes a um conjunto de afirmações *a partir* das quais se pretende inferir uma conclusão.

premissa maior A premissa num silogismo categórico que contém o TERMO MAIOR.

premissa menor A premissa de um silogismo categórico que contém o TERMO MENOR.

presciência s. conhecimento do futuro.

prescrição s. 1 Uma recomendação, instrução, regra relativa à conduta. 2 No direito, a criação ou eliminação da possibilidade de levantar um processo jurídico por ter passado um certo tempo.

prescritivismo s. Uma teoria da linguagem da moral proposta por R. M. Hare. A sua tese central é que os juízos morais são essencialmente guias da ação. Em *The Language of Morals* (1952) (*A Linguagem da Moral* 1996), Hare distingue dois tipos de significado que as afirmações da nossa linguagem podem ter: descritivo e valorativo. As afirmações com significado valorativo podem ser usadas para orientar as ações. Neste sentido, são semelhantes a imperativos. As afirmações morais têm significado valorativo. Diferem, contudo, das outras afirmações que possuem uma força orientadora da ação por também serem universalizáveis: quando se faz um juízo moral sobre determinado caso, sugerimos que o mesmo juízo se aplica também em circunstâncias relevantemente similares, e há espaço para a crítica racional na medida que uma pessoa que se recusar a aplicar a mesma valoração nas circunstâncias relevantemente similares está sujeita à incoerência.

Contudo, os princípios morais não podem ser criticados por serem inconsistentes com questões de facto, visto que as afirmações factuais não podem isoladamente implicar afirmações normativas. Pelo mesmo motivo, o significado valorativo de uma afirmação não é implicado somente pelo seu significado descritivo. Segue-se que os nossos princípios morais não podem ter uma justificação última em questões de facto. Em última instância, adotar um princípio moral é uma questão de compromisso pessoal.

presença, metafísica da Ver METAFÍSICA DA PRESENÇA.

presente especioso Um curto intervalo temporal, no qual parece que se tem experiência direta de todos os momentos; uma duração que parece um agora.

presentismo 1 A teoria de que toda a realidade se limita ao momento presente: as entidades do passado e do futuro não são reais e nada são além de construções lógicas ou ficções. O presentismo implica uma TEORIA A, mas a segunda não implica a primeira. Alguns defensores da teoria A admitem na sua ontologia a realidade das entidades do passado, e outros também admitem entidades do futuro. 2 Indiferença ou ignorância sobre o passado.

Nota: Cícero deplorou-o: «Não saber o que aconteceu antes do nosso próprio nascimento é ser sempre uma criança».

pré-socráticos Ver FILOSOFIA PRÉ-SOCRÁTICA.

pressuposição s. Podemos distinguir *p* pressupõe *q* de *p implica q* como se segue: se *q* é uma condição necessária para a verdade de *p*, apenas, dizemos que *p implica q*. Se *q* é uma condição necessária para a verdade ou para a falsidade de *p*, dizemos que *p pressupõe q*. Este é o modo como P. F. Strawson explicou a distinção no seu livro de introdução à teoria da lógica *Introduction to Logical Theory* (1952). Para ilustrar o que está em causa: considere-se «Jack bate na mulher» e «Jack não bate na mulher». A questão de saber qual das duas afirmações é verdadeira não se coloca se Jack não tiver esposa. Cada uma das afirmações pressupõe que Jack tem mulher. Isto contradiz a análise de Russell, segundo a qual cada uma das afirmações implica que Jack tem mulher e, visto que Jack não tem mulher, cada uma das afirmações implica uma falsidade e, por esta razão, são falsas.

pretend /prɪ'tɛnd/ ing. fingir. *v.* Em uso antigo: afirmar, defender – sem qualquer conotação de insinceridade ou engano.

Price, H(enry) **H**(abberley) /praɪs/ (1899-1985) Professor de Filosofia em Oxford 1935-1959. Em *Perception* (1932) e em obras posteriores deu uma explicação empirista do conhecimento do mundo externo por meio de uma teoria dos dados sensíveis. Price também teve um interesse ativo em parapsicologia. Algumas obras principais: *Hume's Theory of the External World* (1940) e *Essays in the Philosophy of Religion* (1972).

Price, Richard /praɪs/ (1723-1791) Ministro presbiteriano, publicou obras sobre a probabilidade e seguros de vida, que rapidamente foram aplicadas. Foi um político radical, cujos textos de apoio às revoluções norte-americana (1776) e francesa (1789) foram amplamente lidos. Como filósofo moral, *Review of the Principal Questions and Difficulties in Morals* (1758) foi a mais importante defesa do racionalismo ético em resposta às objeções levantadas pelo seu amigo David Hume. Considerava que o conceito de obrigação era básico na moralidade, objetivo e *a priori*, ou seja, não se baseando na experiência sensível, mas antes apreendido por intuição racional.

Prichard, H(arold) **A**(rthur) /'prɪtʃəd/ (1871-1947) Filósofo inglês, professor em Oxford entre 1928 e 1937. Colocou em dúvida a possibilidade da «teoria moral», argumentando que a compreensão clara dos nossos deveres morais só pode basear-se numa intuição direta. Uma formulação influente desta opinião foi «Does Moral Philosophy Rest on a Mistake?», 1912, reimpresso em *Moral Obligation* (1949). Na teoria do conhecimento, rejeitou o kantismo em favor de um ponto de vista mais realista.

Priestley, Joseph /'priːstlɪ/ (1733-1804) Um defensor das ideias do Iluminismo, em oposição à ordem religiosa e política estabelecida. Começou por ser ministro presbiteriano, mas acabou por se tornar unitarista. Em 1782 publicou *History of the Corruptions of Christianity*. Foi muito bem-sucedido e muitíssimo estimado como professor em academias discordantes. Os seus escritos sobre a reforma educativa opuseram-se à ideia de um sistema educativo uniforme, defendendo um currículo modernizado, no qual a teologia e os clássicos seriam reduzidos, promovendo outros assuntos, especialmente a história, a fim de satisfazer as necessidades da sociedade. Priestley é hoje conhecido sobretudo pelos seus interesses científicos: estudou a natureza da eletricidade e foi um dos descobridores do oxigénio.

Em termos filosóficos, Priestley foi particularmente influenciado pelo associacionismo de Hartley. Considerava esta teoria superior à de Reid, entre outros contemporâneos escoceses, porque nesta última as explicações eram feitas em termos de um elevado número de crenças instintivas que, na visão de Priestley, podiam e deveriam ser explicadas em termos de associações mentais. Desenvolveu este associacionismo numa defesa tanto do materialismo quanto do determinismo. Tem sido descrito como o fundador da doutrina moderna da perfectibilidade do homem. A sua crença no progresso humano exprimiu-se nos escritos políticos, que defendiam a liberdade individual, uma completa tolerância religiosa (diferentemente de Locke, alargou-a até mesmo aos ateus e aos católicos apostólicos romanos), a democracia (*Essay on the First Principles of Government and the Nature of Liberty*, 1769) e depois, opondo-se a Burke, os ideais da Revolução Francesa.

prima facie lat. À primeira vista; antes de uma investigação mais rigorosa.

primeiro motor Na filosofia de Aristóteles: Deus, visto como causa eficiente e final do universo. JM

Principia 1 A principal obra de Newton: *Philosophiae naturalis principia mathematica* (1687) (*Princípios Matemáticos de Filosofia Natural*, 2 vols., 2008). 2 *Principia Mathematica* é o título da obra em três volumes publicada por Russell e Whitehead em 1911. O objetivo era mostrar que a matemática pode basear-se na lógica. 3 *Principia Ethica* é o título que G. E. Moore deu à obra sobre ética que publicou em 1903. Talvez tenha desejado sugerir que faria com a ética o que Newton fez com a ciência.

princípio antrópico Um princípio antrópico afirma que a existência de vida humana inteligente coloca certas restrições às teorias físicas ou metafísicas. Um princípio deste tipo foi proposto pelo físico Robert H. Dicke em 1961. Desde então, deu-se este nome a uma série de princípios diferentes: 1) princípio antrópico fraco: como os seres humanos existem hoje, as constantes básicas da física e outras características do universo físico, incluindo a sua idade, têm de ser tais que permitam tal ocorrência; 2) princípio antrópico forte: as constantes básicas da física e outras características do universo têm de permitir que a vida se desenvolva no seu seio a dada altura; 3) princípio antrópico participativo: nenhum universo (incluindo o nosso) pode existir a menos que haja observadores inteligentes conscientes. Esta variante é uma versão de idealismo filosófico mas diz-se que tem sustentação científica; 4) princípio antrópico final: a observação inteligente tem de começar a existir e uma vez ocorrida, não pode extinguir-se.

Além disso, juntamente com as premissas (sustentadas com argumentos independentes) de que só na Terra há observadores conscientes, e que o universo existente não pode autoaniquilar-se, pode-se inferir que, uma vez iniciada, a vida na Terra não pode ser destruída.

O termo «princípio antrópico» para este tipo de princípio cosmológico parece ter sido proposto pela primeira vez pelo astrofísico B. Carter em 1974.

Estas versões do princípio antrópico, e outras próximas, são obviamente discutíveis, e foram na verdade discutidas entusiasticamente por filósofos e físicos. Os seus defensores proeminentes são J. D. Barrow e F. J. Tipler. Martin Gardner é um conhecido crítico.

princípio da complementaridade Formulado pelo físico dinamarquês Niels Bohr (1885-1962) em setembro de 1927 e tornado público pela primeira vez em 1928. Estabelece que os eletrões, entre outros itens do nível subatómico, podem ser descritos quer como ondas, quer como partículas. Uma ou outra das descrições é mais apropriada, dependendo das condições, mas as duas não podem ser combinadas numa única teoria coerente.

Alguns autores usaram isto para argumentar contra os princípios da lógica clássica, como a lei da não-contradição, mas tais argumentos não parecem convincentes. O que parece daqui resultar é que os eletrões não são nem exatamente como bolas de bilhar e nem exatamente como ondas.

princípio da incerteza Um resultado em teoria quântica, estabelecido por Werner Heisenberg: num dado momento pode ser possível medir a *posição* de um eletrão com um grau de precisão muito elevado; e é possível medir o seu *momento* (no sentido físico), e, logo, a velocidade, com um grau de precisão muito elevado; mas para lá de um certo limite, não é possível medir ambos conjuntamente com um grau de precisão muito elevado.

Não raro se considera que este resultado implica a rejeição do determinismo, isto é, o princípio de que todos os acontecimentos são inteiramente determinados por causas antecedentes. Se isto *é* ou não implicado é objeto de discussão. Há um debate útil em Ernest Nagel, *The Structure of Science* 1961, capítulo X.

Nota: a relação de incerteza é por vezes designada «relação de indeterminação».

princípio da maior felicidade «A maior felicidade para o maior número» foi uma formulação usada por Bentham para explicar o seu princípio da utilidade. A sua fonte foi Helvétius ou Beccaria. A formulação familiar mais antiga é a de Hutcheson (1725): «é melhor aquela ação que alcança a maior felicidade para os maiores números; e pior a que do mesmo modo ocasiona a miséria». Bentham abandonou a expressão em textos posteriores, pois é possível maximizar a felicidade mesmo que os indivíduos felizes sejam uma pequena minoria, e é possível maximizar o número de indivíduos felizes sem maximizar a felicidade.

princípio da plenitude «Todas as possibilidades genuínas são efetivadas num momento qualquer». Este princípio remonta ao antigo platonismo e a Aristóteles, que analisou as noções modais temporalmente: o impossível é o que jamais ocorre. O estudo clássico deste princípio é o livro de Arthur Lovejoy, *The Great Chain of Being* (1936) (*A Grande Cadeia do Ser* 2005). Na sua formulação, o princípio é «Nenhuma genuína potencialidade de ser pode ficar por realizar». Uma consequência extraída do princípio é que o mundo não tem hiatos, ou seja, transições súbitas de níveis.

princípio de caridade Um princípio que recomenda uma interpretação favorável: se as elocuções de alguém podem ser entendidas de diferentes maneiras, deve-se preferir a que maximizar o número de afirmações que se revelem verdadeiras ou que convidem ao assentimento. Para Quine (*Word and Object*, 2), este princípio é uma pré-condição da possibilidade da tradução radical, *i.e.*, da tradução de uma linguagem previamente completamente desconhecida. Para Davidson («Radical Interpretation», *Inquiries into Truth and Interpretation*), é uma pré-condição da interpretação radical. Posteriormente, Davidson trocou o princípio por um novo «princípio de humanidade». Este não exige que a interpretação permita que as elocuções se revelem verdadeiras, na sua maior parte, mas somente que se revelem *razoáveis*. Em qualquer destas formulações, trata-se do princípio do benefício da dúvida. Uma formulação anterior foi feita em «Substances without substrata» de Neil Wilson, *Review of Methaphysics* 12, 1959.

princípio de Hume A proposição de que o número de *F* é idêntico com o número de *G* se, e só se, houver uma correspondência um a um entre *F* e *G*. Frege atribuiu o princípio a Hume e discute-o em *Die Grundlagen der Arithmetik* (1884) (*Fundamentos da Aritmética*, 1992), secção 63, p. 73.

princípio de verificabilidade Também chamado «princípio de verificação», uma doutrina central e característica do positivismo lógico. Pressupõe que todas as afirmações que têm (cognitivamente) significado podem ser divididas em duas classes amplas. Uma contém as afirmações que são analiticamente verdadeiras ou analiticamente falsas, isto é, verdadeiras ou falsas inteiramente em virtude do seu significado. A outra contém afirmações sintéticas. O princípio de verificabilidade formula o seguinte critério de significação dessas afirmações: para que uma afirmação sintética tenha significado (cognitivo), isto é, para ser ou verdadeira ou falsa, tem de ser possível determinar o valor de verdade da afirmação, direta ou indiretamente, por meio da experiência sensorial.

Isto é um princípio empirista antecipado pelo menos indiretamente por Hume (ver, *e.g.*, o último parágrafo da *Investigação sobre o Entendimento Humano*). Pela força deste princípio, pode-se rejeitar doutrinas centrais da religião, metafísica e ética, não como falsas, mas como absurdas (sem significado cognitivo). Quando muito, fazem sentido apenas do mesmo modo que as exclamações ou as imperativas fazem sentido; não são verdadeiras nem falsas.

Uma objeção ao princípio de verificabilidade foi a de que embora a experiência sensorial possa confirmar uma afirmação, raramente pode estabelecer conclusivamente a sua verdade, se é que alguma vez pode fazê-lo. Isto levou a uma revisão da exigência de verificabilidade: a exigência mais fraca de confirmação foi colocada em seu lugar.

Uma objeção importante diz respeito à natureza do princípio. O princípio não é analiticamente verdadeiro. Se é analiticamente falso, deve evidentemente ser rejeitado. Se é sintético, tem em si significado cognitivo se, e só se, puder ser confirmado ou refutado pela experiência sensorial. Mas isto não é possível. Assim, se aceitamos o princípio como verdadeiro, estamos comprometidos a rejeitá-lo como absurdo. Uma resposta a esta objeção é a de que o princípio não é para aceitar como verdadeiro, mas meramente como uma proposta útil, uma estipulação. Mas esta resposta tem os seus próprios problemas. As dificuldades deste tipo surgem também com outras formulações do empirismo. *Ver também* VERIFICACIONISMO.

princípio de verificação *Ver* PRINCÍPIO DE VERIFICABILIDADE.

princípio do círculo vicioso «O que quer que envolva a totalidade de uma coleção não pode ser um elemento da coleção.» Influenciado por Henri Poincaré, Bertrand Russell apresentou esta formulação do princípio, em *Principia Mathematica*. Foi concebida para bloquear a produção de paradoxos como o de Russell, do mentiroso, etc., excluindo conceitos cuja definição envolve um círculo vicioso.

princípio do fecho Concisamente: Sp = sabe-se que p. Se $Sp_1, Sp_2, \ldots, Sp_n$, e se $S(p_1, p_2, \ldots, p_n$ implica $c)$, então, Sc. Chama-se-lhe também *princípio da transmissão*.

princípio do prazer Tendência para procurar o prazer e evitar a dor. Na teoria de Freud, este princípio governa o Id, mas é pelo menos parcialmente reprimida pelo «princípio da realidade». A origem desta expressão remonta a G. Th. Fechner (1801-1887), que usou o equivalente em alemão, *Lustprinzip*, no sentido definido num artigo publicado em 1848. A teoria segundo a qual *todas* as ações são determinadas pela expectativa do prazer é denominada «hedonismo» (psicológico).

princípio maximin Uma regra de decisão. Recomenda que ao decidir entre políticas, devemos considerar apenas o pior resultado possível para cada política, e optar por aquela cujo resultado seja o menos mau.

Um exemplo simples é este: suponhamos que podemos antecipar que decidir de *uma* maneira terá como resultado um ganho de cinco unidades na pior das hipóteses, e cinquenta na melhor, e que decidir de *outra* maneira resultará num ganho de três unidades na pior das hipóteses e de quinhentas na melhor. A regra recomenda que se *maxi*mize o ganho *mín*imo, favorecendo por isso a primeira política. É adequado para um pessimista: é razoável favorecer a primeira, se nos vemos como potenciais perdedores.

Em *A Theory of Justice* (1971) (*Uma Teoria da Justiça*, 2008), John Rawls argumenta que o princípio maximin é aquele que um agente racional adotaria na «posição original», ao estabelecer uma estrutura social sem saber que lugar ocuparia nela.

Maximizar o ganho mínimo e minimizar a perda máxima é o mesmo neste contexto, e alguns autores, como John von Neumann e Robert Nozick, chamaram-lhe *princípio minimax*.

Prior, Arthur (Norman) /ˈpraɪər/ (1914-1969) Filósofo e lógico da Nova Zelândia, lecionou na Universidade de Canterbury, Nova Zelândia, na Universidade de Manchester e no Balliol College, Oxford. Prior deu contributos importantes para a lógica temporal e para a metafísica do tempo, sendo famosa a sua defesa do ponto de vista da teoria *A* segundo a qual as modalidades temporais do passado, do presente e do futuro são categorias ontológicas básicas de importância fundamental para o nosso entendimento do tempo e do mundo. A sua obra contém uma defesa sistemática e alargada de uma conceção temporal da realidade na qual os objetos materiais são construídos como contínuos tridimensionais, estando totalmente presentes em cada momento das suas existências. A perspetiva metafísica oposta, o perdurantismo (que rejeitou vigorosamente), sustenta que os objetos materiais são quadridimensionais, tendo estádios ou partes temporais diferentes em momentos diferentes do tempo, nenhuma das partes existindo em mais de um momento do tempo. A obra de Prior foi tanto filosófica quanto técnica e apresenta uma sinergia produtiva entre inovação formal e análise linguística. A linguagem natural, salienta, pode incorporar tolices e confusões, bem como sabedoria, e ninguém era mais hábil do que Prior em separar uma da outra. Era escrupuloso ao formular as opiniões dos seus adversários e apresentou muitas sugestões construtivas sobre como as suas opiniões poderiam ser formalmente desenvolvidas, usando a notação lógica polaca, que preferia. A sua obra inclui muitas referências aos pensadores da antiguidade e medievais, e ler Prior dá-nos uma sensação de continuidade e afinidade com milénios de investigação filosófica. Esta profunda erudição é usada de modo suave e combinada com uma exuberância e uma vitalidade intelectuais inspiradoras.

Obras principais: Logic and the Basis of Ethics 1949; *Time and Modality* 1957; *Past, Presente and Future* 1967; *Objects of Thought* 1971; *Papers in Logic and Ethics* 1976; *Papers on Time and Tense*, nova ed. 2003.

priors (ing. de *prior*, anterior) Usa-se frequentemente para abreviar «probabilidades *a priori*».

privacidade Na filosofia política e na jurisprudência, os autores norte-americanos usam «privacidade» num sentido especial, a saber, para referir os direitos de um indivíduo – e em particular aqueles que são supostamente reconhecidos na constituição dos Estados Unidos (especialmente na Primeira, Quarta e Quinta Emendas) – e que, consequentemente, o Supremo Tribunal dos EUA pode fazer cumprir, a fim de proteger os indivíduos da interferência do poder legislativo ou judiciário. A privacidade assim entendida pode ser definida como a soberania das decisões pessoais, um direito à autonomia individual. *Ver também* PÚBLICO E PRIVADO.

proairesis (gr. προαίρεσισ escolha, preferência) *s.* Há uma discussão importante na *Ética Nicomaqueia* de Aristóteles (3, 3 1111ª-1113ª), onde se definia este conceito como desejo, guiado por deliberação, de algo que está ao nosso alcance. Também se grafa *prohairesis*.

pró-atitude *s.* Uma atitude favorável. A palavra ganhou circulação com P. Nowell-Smith, *Ethics* (1954), mas já era usada na década de 1930.

probabilidade, teorias da A probabilidade, ao contrário da verdade, vem em graus. Ou é verdadeiro ou é falso que choverá amanhã, mas pode ser mais ou menos provável que chova. Os jogos de azar suscitaram o interesse na matemática da probabilidade – em questões como «Se a probabilidade de sair 6 num dado é de 1 em 6, qual é a probabilidade de sair dois 6 de seguida?». Por sua vez, isto levou ao desenvolvimento do cálculo de probabilidades.

Os axiomas típicos do cálculo são os seguintes, em que «$P(p)$» significa «a probabilidade de p»: 1) $0 \leq P(p) \leq 1$; 2) se p implica q, então $P(p) \leq P(q)$ (a probabilidade é pelo menos preservada na implicação); 3) $P(p \vee q) = P(p) + P(q) - P(p \wedge q)$ (a probabilidade de uma disjunção é a soma da probabilidade da cada alternativa menos a probabilidade da sua conjunção). Há várias interpretações diferentes deste cálculo formal.

Podemos conceber a probabilidade como uma medida dos graus de crença. Chama-se muitas vezes *interpretação subjetiva da probabilidade* a esta perspetiva. Nesta interpretação, a probabilidade, para mim, de chover amanhã é simplesmente o grau de crença que tenho na chuva de amanhã. Neste caso, o grau de crença não é concebido como algo medido pela força do sentimento, mas em termos de apostas. Conceder um grau de crença de 0,7 ao facto de chover amanhã é mais ou menos encarar 70 centavos como um valor justo numa aposta na qual, se chover amanhã, ganho 1 euro e, caso contrário, nada ganho.

Se interpretarmos o grau de crença em termos de apostas, podemos demonstrar que quem tiver graus de crença que violem os axiomas do cálculo de probabilidade poderá ser vítima de um LIVRO HOLANDÊS. Por exemplo, se conferir a $p \vee q$ um grau maior de crença do que a soma dos graus de crença que confere a p e a q, menos o grau de crença que confere a $p \wedge q$, haverá um conjunto de apostas em que, se pagarem o que consideram um valor justo para cada aposta, terão de perder dinheiro. Assim, caso se considere que ser vítima de um livro holandês é condição suficiente para se ter um conjunto irracional de graus de crença, os graus de crença têm de obedecer ao cálculo, *desde* que sejam racionais.

Podemos também conceber a probabilidade como uma medida do grau de sustentação que um grupo de indícios confere a uma hipótese, escrevendo-se geralmente $P(h/e)$. Deste ponto de vista, se eu disser que há 0,7 probabilidade de chover amanhã, o que quero dizer é que, relativamente aos indícios de que disponho, ou talvez relativamente a todos os indícios disponíveis, há uma probabilidade de 0,7 de chover amanhã. Considera-se neste caso que os axiomas do cálculo integram uma relatividade explícita ou implícita. Por exemplo, ao invés de «Se p implica q, então $P(p) \leq P(q)$», temos «Se p implica q, então $P(p/e) \leq P(q/e)$». Podemos ligar esta interpretação à anterior, em termos de grau de crença, como se segue: a sustentação que e confere a h é o grau de crença que alguém deveria conceder a h se e for tudo que essa pessoa sabe. É então possível, a partir disso e do argumento do livro holandês mencionado, mostrar que a noção de grau de sustentação obedece ao cálculo.

As interpretações da probabilidade em termos de frequência consideram também central uma noção relacional: apresentam explicações da probabilidade de algo ser F, dado ser G. A versão mais simples, a teoria da frequência finita, sustenta que a probabilidade de F dado G, $P(F$ dado $G) =$ o número de F que são G, dividido pelo número de G, ou seja, a frequência relativa de F entre os G. É um exercício simples em aritmética mostrar que esta interpretação satisfaz os axiomas do cálculo.

A teoria da frequência finita não pode lidar com casos nos quais não há G, e também contradiz a nossa intuição de que é possível que uma frequência finita não venha a corresponder à probabilidade real. Por exemplo, uma moeda comum M poderia, sem qualquer truque, sair duas vezes caras nas duas vezes em que foi lançada ao ar. Mas então $P(M$ sai caras dado que M é lançada) $= 0,5$ (porque M é uma moeda comum e não uma moeda viciada), e no entanto a frequência relativa de sair caras é 1. Assim, a interpretação de frequência finita tem sido amplamente ultrapassada pela interpretação de frequência relativa a longo prazo: $P(F$ dado $G) =$ o limite de que se aproximaria a frequência relativa de F entre os G, caso houvesse um número infinito de G. Esta interpretação, contudo, dá origem a algumas questões difíceis a respeito da especificação da natureza do longo prazo ao qual se faz apelo – a mais famosa das quais é condensada na observação de Keynes de que a longo prazo todos estaremos mortos.

Finalmente, há a interpretação da probabilidade como uma propriedade singular (quer dizer, não relacional) e objetiva (quer dizer, não epistémica) de acontecimentos chamados «acasos». Esta é concebida como uma propriedade teórica. É a propriedade que explica as frequências relativas, a propriedade a favor da qual as frequências relativas constituem bons indícios; e o conhecimento desta propriedade fixa o grau correto de crença a ter, sem ser em si um tipo de frequência relativa ou um grau de crença. Saber qual é a natureza dos acasos e se estamos autorizados a acreditar neles é uma questão em aberto.

Leitura: D. Gilles, *Philosophical Theories of Probability* 2000.

probabilismo *s.* 1 Na teologia moral: a opinião de que, dadas opiniões antagónicas sobre determinada questão moral, é permissível seguir qualquer opinião provável (geralmente a sustentada por um teólogo cujas opiniões se considera que têm alguma autoridade), mesmo que uma opinião oposta seja mais provável. Vários teólogos morais influentes da Igreja Católica, principalmente jesuítas e em especial nos séculos XVI e XVII, aceitaram o probabilismo neste sentido. Em *Lettres provinciales*, Pascal atacou fortemente esta doutrina, e o laxismo moral a que conduz.
2 Na epistemologia: o termo é agora usado para várias teorias do conhecimento e do método científico nas quais o conceito de probabilidade desempenha um papel central. 3 Na filosofia moral: às teorias consequencialistas segundo as quais as consequências prováveis de uma ação, e não as efetivas, são relevantes para determinar a sua correção chama-se por vezes *probabilismo*, sendo o *efetivismo* um termo contrastante. JK/dir.

problema da decisão Um procedimento de decisão determina se um objeto pertence ou não a determinada classe. O procedimento tem de ser formulado em termos de regras mecanicamente aplicáveis e tem de ser capaz de gerar, em cada caso, uma reposta definitiva num número finito de passos. À questão de haver ou não tal procedimento para uma dada classe chama-se *problema da decisão* para essa classe. Se há esse

Nota: acabou-se por distinguir cinco géneros de doutrinas, correspondendo à força da razão exigida (a primeira não é propriamente probabilismo):

Só podemos fazê-lo se for *certo* que o ato não é proibido pela lei moral	tutiorismo (ou rigorismo)
Só podemos fazê-lo *se a probabilidade* de o ato não ser proibido pela lei moral *for mais elevada* do que o contrário	probabiliorismo
Só podemos fazê-lo *se a probabilidade* de o ato não ser proibido pela lei moral *for igual* à de o ser	equiprobabilismo
Só podemos fazê-lo se for *defensável com fortes argumentos* que o ato não é proibido pela lei moral, mesmo que haja fortes argumentos contrários	probabilismo
Só podemos fazê-lo se for *defensável, ainda que com argumentos fracos (mas admitidos por um ou vários casuístas)*, que o ato não é proibido pela lei moral, mesmo que haja fortes argumentos contrários	laxismo

procedimento, diz-se que o problema da decisão para essa classe é *resolúvel*, e diz-se que a classe é *decidível*; se não há, diz-se que o problema de decisão é *insolúvel* e a classe *indecidível*. De particular interesse é o problema da decisão para a classe de fórmulas válidas num sistema lógico. O problema da decisão para a classe de fórmulas válidas do cálculo proposicional bivalente canónico é resolúvel (*e.g.*, pelo método das tabelas de verdade); o da classe de fórmulas válidas do cálculo de predicados de primeira ordem não o é. GH

problema de Adam Smith O interesse próprio desempenha um papel menor em *The Theory of Moral Sentiments* (1759) (*Teoria dos Sentimentos Morais* 1999), de Adam Smith, mas figura proeminentemente em *The Wealth of Nations*, (1776) (*A Riqueza das Nações*, 2006). Alguns autores viram um problema nesta aparente inconsistência, e o problema de Adam Smith é saber qual o melhor modo de interpretar o seu pensamento. Contra isto, argumentou-se que não há inconsistência, e que Smith sustentou coerentemente que algumas motivações emergem do interesse próprio, mas nem todas.

problema do contínuo Para formular o problema, o conceito de um conjunto potência tem de ser primeiro explicado.

Por exemplo, considere-se um conjunto com três elementos: {*a*, *b*, *c*}. Chamemos-lhe *S*. *S* tem os seguintes subconjuntos: {*a*}, {*b*}, {*c*}, {*a*, *b*}, {*a*, *c*}, {*b*, *c*} e {*a*, *b*, *c*}. O conjunto que tem estes subconjuntos como seus elementos é denominado *conjunto potência de S*.

Neste exemplo, *S* tem três membros, e o conjunto potência tem $8 = 2^3$ elementos. Em geral, se um conjunto tem *n* elementos, o seu conjunto potência tem 2^n elementos.

De igual modo, o conjunto infinito de inteiros, 1, 2, 3, ... tem o número cardinal $\aleph_0$ (alef zero), e o número cardinal do seu conjunto potência (o conjunto dos seus subconjuntos, de número infinito) escreve-se $2^{\aleph_0}$.

Pode-se mostrar pelo processo de DIAGONALIZAÇÃO que $\aleph_0 < 2^{\aleph_0}$. O problema é saber se há algum número cardinal entre ambos. Chama-se-lhe *problema do contínuo* porque $2^{\aleph_0}$ é o número cardinal do contínuo, *i.e.*, o conjunto dos números reais.

O problema generalizado do contínuo é saber se, para qualquer conjunto infinito, o seu conjunto potência é o conjunto maior seguinte. Uma descoberta importantíssima de Kurt Gödel em 1938, e de Paul Cohen, em 1963, foi que os axiomas canónicos da teoria de conjuntos não geram uma resposta afirmativa nem uma negativa ao problema.

problema do mal Há mal no mundo: acontecem coisas más às pessoas, e as pessoas fazem coisas más. É normal chamar a ambas «mal físico» (ou natural) e «mal moral», respetivamente. Há também um terceiro tipo de mal, não raro descurado nas discussões modernas. É o mal que consiste numa desproporção entre a virtude e a felicidade, entre o vício e a miséria: um mal exemplificado quando os perversos prosperam e as pessoas boas têm um destino cruel. Dada a existência de mal, «As velhas perguntas de Epicuro permanecem ainda sem resposta. Será que [Deus] quer impedir o mal, mas não é capaz de o fazer? Então é impotente. Será capaz, mas não o quer? Então é malevolente. Será que simultaneamente é capaz e quer fazê-lo? De onde vem então o mal?» (Hume, *Diálogos sobre a Religião Natural*, parte X).

À tentativa de mostrar que o problema não leva à negação da existência de Deus chama-se normalmente TEODICEIA.

O problema do mal surge não só no pensamento religioso, mas também nas teorias metafísicas, segundo as quais a realidade última tem determinadas perfeições.

problemática *s.* Sistema de conceitos inter-relacionados, uma estrutura teórica ou ideológica. Geralmente, é sinónimo de «paradigma» (no sentido de Kuhn) ou «episteme» (no sentido de Foucault). A palavra é também usada como substantivo em alemão (*Problematik*) para denotar um conjunto de problemas inter-relacionados.

problemático *adj.* 1 Na lógica tradicional: um juízo problemático representa um estado de coisas como meramente possível. Na tábua dos juízos na *Crítica da Razão Pura*, B100, de Kant, é uma das três modalidades, juntamente com apodíctico e assertórico. 2 Uso geral: duvidoso, incerto.

Proclo (410-485; gr. Πρόκλος) Filósofo neoplatónico, líder da Escola de Atenas a partir de 437. Grande parte da sua obra tem a forma de comentários a obras de Platão, nomeadamente a *Timeu* e *Parménides*, ambos de importância histórica singular. *Elementos de Teologia* e *Teologia Platónica* inclui formulações abrangentes da metafísica do platonismo tardio, apresentando um relato detalhado e subtil de como o Uno, a realidade absoluta, se relaciona com os outros níveis da realidade, até chegar à matéria, considerada o nível mais baixo. O neoplatonismo que representou era uma metafísica que tinha também um aspeto religioso (não cristão). Foi por isso que algumas décadas depois de sua morte o imperador Justiniano fechou a Escola de Atenas, que floresceu durante quase nove séculos. A sua metafísica idealista sistemática teve uma influência considerável nas filosofias do período medieval, renascentista e moderna, de Eriúgena a Schelling. HT/dir.
Leitura: L. Siorvanes, *Proclus: Neo-Platonic Philosophy and Science* 1996.

produto cartesiano Na teoria de conjuntos: o produto cartesiano de *dois* conjuntos A e B, geralmente simbolizado $\{A \times B\}$, é o conjunto de todos os pares ordenados nos quais o primeiro elemento é um elemento de A e nos quais o segundo elemento é um elemento de B. Por exemplo, seja A o conjunto {Londres, Paris} e B o conjunto {Atenas, Jerusalém, Roma}. O produto cartesiano $\{A \times B\}$ é o conjunto que consiste nos seguintes pares ordenados: {⟨Londres, Atenas⟩, ⟨Londres, Jerusalém⟩, ⟨Londres, Roma⟩, ⟨Paris, Atenas⟩, ⟨Paris, Jerusalém⟩, ⟨Paris, Roma⟩}. Neste caso $\{A \times B\}$ é diferente do produto cartesiano $\{B \times A\}$. Sejam os pares ordenados representativos de roteiros de viagem: $\{A \times B\}$ representaria o roteiro *para* estes destinos no Mediterrâneo, $\{B \times A\}$ o roteiro *a partir* deles. Outro exemplo: seja N o conjunto infinito de números naturais. $\{N \times N\}$ é o conjunto infinito {⟨1, 1⟩, ⟨1, 2⟩, ⟨1,3⟩ ... ⟨2,1⟩, ⟨2, 2⟩, ⟨2, 3⟩, ⟨n, 1⟩, ⟨n, 2⟩, ⟨n, 3⟩ ... ⟨n, n⟩, ⟨n, n+1⟩, ⟨n, n+2⟩ ... }. O produto cartesiano de *três* conjuntos, $\{A \times B\} \times C$ é o conjunto de todos os ternos ordenados em que o primeiro elemento de um terno vem de A, o segundo de B, e o terceiro de C. O produto cartesiano de n conjuntos é o conjunto de todos os n-tuplos ordenados formados de maneira similar.

proémio *s.* Prefácio, introdução. Ver também RETÓRICA.

pro et contra lat. a favor e contra.

pró-frásico Ver TEORIA PRÓ-FRÁSICA DA VERDADE.

programa forte Ver CONSTRUTIVISMO SOCIAL.

projetibilidade s. As propriedades projetáveis são as que podem ser usadas nos raciocínios indutivos: são as propriedades a respeito das quais antecipamos corretamente que os objetos não examinados se assemelharão aos examinados. Com referência ao paradoxo de Goodman, verde é uma propriedade projetável, verdul não.

Podemos dar outro tipo de exemplos. Suponhamos que queremos confirmar que todas as panteras têm bigodes. É difícil encontrar um bom exemplar de pantera: são esquivas. Assim, consideramos, ao invés, a propriedade de ser uma pantera ou um coelho. Agora é fácil ter um bom exemplar que pode ser examinado com segurança, e consideramos que todos os exemplares examinados têm bigodes. Isto dá uma forte sustentação à hipótese de que todas as panteras-ou-coelhos têm bigodes, e temos então boas razões para pensar que todas as panteras têm bigodes – embora não tenhamos examinado qualquer pantera!

Obviamente, algo está errado. Tal como acontece com o verdul, a propriedade composta (pantera-ou-coelho) não é projetável, segundo Nelson Goodman, que introduziu o conceito. O problema é encontrar critérios adequados de projetibilidade. Goodman sugere o arraigamento, ou seja, o conceito já teria de ser parte do nosso inventário conceptual. Verde, coelho, pantera estão arraigados. Os críticos têm levantado dúvidas sobre se este conservadorismo conceptual é uma resposta apropriada.

projetivismo s. Nenhuma situação é objetivamente assustadora: o facto é que em algumas situações nos sentimos aterrorizados. Isto exemplifica a ideia básica do projetivismo. Trata-se de uma teoria segundo a qual certas propriedades que atribuímos aos seus portadores não lhes pertencem realmente, sendo ao invés projeções de estados subjetivos. Uma fonte importante de inspiração foi Hume, que escreveu sobre «a propensão da mente para se espalhar pelos objetos externos» (*Tratado da Natureza Humana*, 1, 3, 14, parágrafo 24).

Na metafísica, as explicações projetivistas das propriedades morais que atribuímos às ações, pessoas ou estados de coisas têm sido propostas desde o final do século XIX, havendo uma antecipação em Hume. Uma versão aprimorada é apresentada por Simon Blackburn em *Spreading the Word* (1984).

projeto do Iluminismo Expressão que passou a ser usada em virtude do livro *After Virtue* (1981, ed. rev. 1984), de Alasdair MacIntyre (*Depois da Virtude*, 2004), que a usou para o projeto de estabelecer uma base puramente racional e não religiosa da moralidade. Desde então, tem sido usada de modo mais lato e vago.

prolegómenos (gr. προλεγόμενα algo dito antecipadamente) s. Um ensaio preliminar; um discurso introdutório. Entre as várias obras conhecidas cujos títulos incluem esta palavra temos os Prolegómenos de Grócio, que era uma introdução a *De jure belli ac pacis libri tres* (1625) (*O Direito da Guerra e da Paz*, 2 vols., 2004), e *Prolegomena zu einer jeden künftigen Metaphysik die als Wissenschaft wird auftreten können* (1783), de Kant (*Prolegómenos a Toda a Metafísica Futura*, 2008).

prolepse (gr. πρόληψις antecipação) s. 1 Na epistemologia estoica: ideias gerais que temos a disposição para formar antes da experiência. 2 Na retórica antiga: antecipação e réplica a uma objeção. 3 Na teoria literária: antecipações de vários tipos, *e.g.*, a narração num romance de acontecimentos que ocorrem depois da época em que ocorre a história.

pronoia (gr. πρόνοια previsão, providência) *s.* Na filosofia estoica: a providência divina, destino.

propedêutica (gr. πρό- antes + παιδευτικός relativo à educação) *s.* (Respeitante à) instrução preparatória. **propedêutico** *adj.*

propiciar *vb.* Aplacar, apaziguar, conciliar (principalmente os poderes divinos).

proposição (O lat. *proponere* e cognatos originalmente tinham o sentido de «apresentar») *s.* 1 Diz-se que frases diferentes exprimem a mesma proposição: *e.g.*, o francês *Il pleut* e o alemão *Es regnet* exprimem a mesma proposição que o português *Está a chover*. Diz-se comummente que as proposições são os portadores da verdade e da falsidade. Atribui-se frequentemente a verdade e falsidade a frases, mas, como observou Aristóteles (*Da Interpretação*, 17,3), muitos tipos de frases não são nem verdadeiras e nem falsas – *e.g.*, as preces. As frases usadas para ordens, perguntas, etc., também não exprimem proposições. Uma frase que exprime uma proposição é por vezes denominada «frase declarativa».

A verdade de uma proposição depende dos factos. Para certos propósitos, revelou-se conveniente e frutífero identificar uma proposição com o conjunto de mundos possíveis nos quais a proposição é verdadeira. As relações lógicas entre proposições, e operações sobre elas, podem ser então interpretadas na linguagem familiar de conjuntos: *e.g.*, a conjunção entre duas proposições torna-se a intersecção de dois conjuntos de mundos possíveis. Um problema evidente desta abordagem é que as proposições expressas por «Todas as irmãs são mulheres» e «5 + 7 = 12» seriam identificadas com o mesmo conjunto de mundos possíveis, porque ambas são verdadeiras em todos os mundos possíveis, e isto implicaria que duas frases com significados claramente diferentes exprimiriam a mesma proposição.

Quando afirmamos que uma pessoa sabe que *p*, acredita que *p*, duvida que *p*, afirma que *p*, nega que *p*, etc., a letra *p* representa uma proposição.

2 Na lógica e retórica antigas, o termo *proposição* era usado para designar a tese proposta para a qual se apresentará argumento ou demonstração. Assim, os teoremas nos *Elementos* de Euclides são denominados «proposições». Cada uma delas é inicialmente formulada, dando-se depois a demonstração. Na última linha da demonstração, ou seja, a conclusão, surge de novo a proposição, recordando-se o leitor desse facto com a abreviatura Q.E.D (lat. *quod erat demonstrandum* = o que era para demonstrar).

proposição existencial Uma proposição segundo a qual *há* (houve, haverá) tal e tal, ou que tal e tal *existe*.

proposição negativa 1 Na lógica silogística: uma proposição com a forma *Nenhum S é P* ou com a forma *Algum S não é P*. 2 Uma proposição com a forma não *p*.

proposição particular Na lógica silogística, uma proposição da forma *Algum S é P* ou da forma *Algum S não é P*.

proposição singular Uma proposição sujeito-predicado na qual o termo sujeito é um termo singular.

proposição universal 1 Uma proposição categórica com a forma *Todo o S é P*, ou com a forma *Nenhum S é P*. **2** Em lógica de predicados, uma frase prefixada por um quantificador universal. *Nota:* duas proposições universais podem ter diferentes graus de generalidade. *Todos os japoneses com um automóvel branco e um filho em idade escolar são calvos* é tão universal quanto *Todos os homens são mortais,* mas a primeira é evidentemente muitíssimo menos geral do que a segunda.

propriedade *s.* **1** Em sentido lato, uma qualidade, atributo ou característica que pertence a algo. Na linguagem, as propriedades exprimem-se por predicados. Em sentido estrito, as propriedades distinguem-se das relações: são atributos designados por predicados não relacionais. Aristóteles reservou o termo para os atributos que não são essenciais mas que pertencem a todos os membros de uma espécie (*Tópicos* 101ᵇ19-24; 102ᵃ18-23). **2** O direito de posse sobre algo; algo a respeito do qual há um direito de propriedade. **3** Nos textos do século XVII (*e.g.,* Hobbes e Locke), o termo é amiúde usado num sentido amplo que inclui tudo o que se pode dizer que pertence a alguém ou que está na sua posse. Neste sentido amplo, a propriedade de uma pessoa inclui não apenas as posses materiais, mas também a vida, liberdade, ações, trabalho, corpo, reputação, etc. Isto é com frequência mal compreendido. Chamar a estas coisas *propriedade de alguém* sugere que são especialmente próximas do indivíduo que as tem, e isto sugere que uma ação que as prejudique constitui uma incorreção, uma injúria. Mas isto *não* sugere que todas estas coisas possam ou devam ser vistas como mercadorias negociáveis.

propriedade natural *Ver* OBJETO NATURAL.

propriedades não naturais Ao rejeitar a FALÁCIA NATURALISTA, G. E. Moore argumentou que o bem intrínseco não pode ser identificado com qualquer propriedade natural de um objeto ou estado de coisas, e que tão-pouco pode ser identificada com qualquer propriedade sobrenatural ou metafísica. Mas, segundo argumentou, «bem intrínseco» certamente denota alguma qualidade, que descreveu como não natural.

Protágoras de Abdera (*c.* 485-415 a.C.; gr. Πρωταγόρας) O maior dos sofistas, professor de retórica e política. Poucas informações chegaram até nós: somente restam alguns fragmentos. Afirmou a tese de que «o homem é a medida de todas as coisas». Parece que isto sugere uma forma de relativismo. Sustentava que uma pessoa criteriosa jamais pune com o propósito de castigar, mas somente para prevenir outros crimes. As suas ideias são discutidas nos diálogos de Platão *Protágoras* e *Teeteto*.

prótase (gr. πρότασις) *s.* A antecedente de uma afirmação condicional. O termo correlato para a consequente é APÓDOSE. Aristóteles usa *prótase* com o significado de premissa.

protestantismo *s.* Na era moderna, a terceira grande forma de cristianismo, sendo as outras as igrejas Católica Romana e Ortodoxa Oriental.
Como movimento religioso, considera-se habitualmente que o protestantismo teve o seu começo em 1517 com a

publicação das 95 teses de Martinho Lutero. Estas deram expressão a certos pontos de vista teológicos, mas também criticaram práticas religiosas mais dedicadas ao lucro do que à piedade. Este foi o começo de uma sucessão de acontecimentos que levou, em muitos países na Europa, ao estabelecimento de igrejas e congregações independentemente de Roma.

As versões mais influentes da antiga teologia protestante foram as de Lutero e Calvino, que rejeitaram as instituições monásticas, o celibato clerical, o culto de santos, etc., e várias doutrinas tradicionais a respeito da autoridade das Escrituras e da Santa Sé. Duas concepções teológicas, proeminentes em S. Paulo e S. Agostinho, receberam especial ênfase: a corrupção da natureza humana e a absolvição pela fé concedida a uma pessoa como uma dádiva, livre e imerecida, de Deus.

Os pontos de vista protestantes foram avançados por alguns pensadores anteriores, principalmente por John Wyclif e Jan Hus.

protocolar, frase Ver FRASE PROTOCOLAR.

prōton pseudos (gr. πρῶτον ψεῦδος) A primeira coisa falsa; o erro inicial; o primeira passo em falso.

Proudhon, Pierre-Joseph /prudɔ̃/ (1809-1865) Antigo defensor do socialismo não centralista e antiautoritário. Na sua primeira grande obra, *Qu'est-ce que la propriété?* (1840) (*O Que é a Propriedade?*, 1997), condenou a propriedade privada: «a propriedade é um roubo». Não defendeu a propriedade do Estado, como Marx – que em *Misère de la philosophie* (1847) (*Miséria da Filosofia*, 2001) atacou a obra de Proudhon *Système des contradictions économiques, ou Philosophie de la misère* (1846) – mas foi a favor do direito de uso temporário e de formas cooperativas de controlo em pequena escala. Defendeu o federalismo mundial, a redução do papel do governo de Estado em favor de associações locais com autogestão. As associações locais seriam as unidades políticas básicas e o Estado deveria ser substituído por uma federação descentralizada com poderes limitados. Esta foi a maior diferença entre Proudhon e Marx. As ideias de Proudhon formaram a base do sindicalismo e do anarquismo, e tiveram uma influência política considerável que declinou, no entanto, após 1917. Apesar disso, antecipou certas ideias de autogestão amplamente discutidas nas décadas de 1960 e 1970, *e.g.*, que todos os empregados em grandes indústrias deveriam participar na sua gestão. A sua concepção geral da filosofia era semelhante à de Comte: a humanidade tem progredido do estádio religioso, passando pelo estádio especulativo, alcançando agora o estádio mais elevado da razão e da ciência.

Bastante curiosas, embora de influência limitada, foram as suas opiniões fortemente antifeministas. Em *La pornocratie, ou Les femmes dans les temps modernes* (1875) argumentou que a igualdade legal entre os sexos levaria à desaparição gradual do casamento, visto que a emancipação das mulheres torná-las-ia financeiramente independentes dos homens e elas não desejariam ser casadas, uma vez que já não precisariam de um marido como suporte financeiro. O resultado seria a prostituição geral.

prova 1 Argumento a favor de algo, podendo ou não ser muito forte ou quase conclusivo. 2 Indícios conclusivos a favor de algo. 3 DEMONSTRAÇÃO. Só neste sentido se trata de um termo factivo.

Nota: em «A prova do pudim está em comê-lo», a palavra «prova» significa *teste*. O mesmo acontece na frase de Bacon «Pondo a sua virtude à prova, mais minuciosamente».

prudência (gr. σοφία; lat. *prudentia*) *s*. Uma das quatro VIRTUDES CARDEAIS.

pseudo- (gr. ψευδής falso, irreal) Um elemento de formação de palavras, significando que a outra parte do composto é espúria ou enganadora. Por exemplo, a palavra *pseudoproblema* foi usada pelos positivistas lógicos ao recusar os problemas tradicionais da filosofia, como o idealismo contra o realismo ou a existência de outras mentes.

pseudo-Dionísio Autor de textos incorretamente atribuídos a DIONÍSIO, O AREOPAGITA.

psi A letra ψ do alfabeto grego. Tem vários usos como símbolo. Os fenómenos parapsicológicos são por vezes denominados «fenómenos psi».

psicanálise *s*. Sigmund Freud (1856--1939) introduziu o termo em 1896 e usou-o para designar a sua *teoria* da mente, bem como um certo *método de investigação* e um certo *método terapêutico*. O objetivo principal era lidar com as neuroses e as psicoses. Freud sustentava que a causa destas eram memórias de experiências dolorosas que tinham sido «recalcadas», confinadas ao nível inconsciente da mente individual. Ao trazê-las à consciência, poder-se-ia chegar ao alívio ou cura. O método pelo qual são trazidas à luz consiste em sessões de conversa entre o analista e o paciente nas quais a resistência do paciente é gradualmente superada.

Para Freud, as memória penosas recalcadas são sempre as mesmas (*ver* COM- PLEXO DE ÉDIPO), ou pelo menos do mesmo tipo, *i.e.*, traumas infantis relacionados com o sexo. Freud sustentava que a mente tem uma estrutura tripartida. O Id (lat., isso) consiste em instintos e pulsões, e rege-se pelo princípio do prazer. Coloca a criança numa rota de colisão com a realidade, e o Ego, regido pelo princípio de realidade, surge para controlar o Id. O Superego exerce uma função de censura. Tem a sua origem na interiorização das proibições parentais; é inconsciente, mas exprime-se por meio dos sentimentos de culpa e vergonha.

No século XX, o movimento psicanalítico, que aceita e aplica as teorias e os métodos que derivam de Freud, cresceu muito nos Estados Unidos. Desenvolveu-se em várias direções, muitas vezes sob considerável pressão, em função da tendência persistente, de Freud a Lacan, para tratar pontos de vista divergentes em termos de ortodoxia e heresia, entregando-se a cismas e excomunhões. No início, a psicanálise provocou muitas críticas hostis, que não diminuíram. Muitos críticos consideram-na uma doença, e não uma cura. A nível teórico, a principal objeção é que as suas hipóteses, se forem de todo em todo testáveis, não passam satisfatoriamente nos testes. A nível prático, a principal objeção é que o índice de sucesso deste método terapêutico é medíocre. A principal resposta a estas críticas é que se baseiam numa incompreensão do que a teoria e a prática da psicanálise visam alcançar.

A estratégia psicanalítica de «desmascarar» e ir além das aparências tem sido uma fonte poderosa de inspiração de muitas escolas de pensamento no século XX. Freud foi descrito como um dos «mestres da suspeita», juntamente com Nietzsche e Marx.

Leitura: The Cambridge Companion to Freud 1991; A. Storr, *Freud* 2001.

psicocinesia (gr. ψυχή psique, mente + κίνησις movimento) *Ver* TELECINESIA.

psicologia *s.* Investigação ou teoria dos fenómenos mentais.

No século XVIII, Christian Wolff introduziu o termo *psychologia* e fez uma distinção, amplamente acatada, entre dois tipos: empírica e racional. A partir da metade do século XIX, a psicologia empírica começou a estabelecer-se como disciplina académica autónoma. A psicologia racional era um ramo da metafísica; as suas principais questões diziam respeito à relação entre a mente e o corpo, a substancialidade da alma e a imaterialidade e incorruptibilidade (e assim imortalidade) da alma. Em *Kritik der reinen Vernunft* (1781, 1787) (*Crítica da Razão Pura*, 2008), Kant mostrou, numa subsecção da Dialética Transcendental intitulada «Os Paralogismos da Razão Pura», que as tentativas de construir uma psicologia racional vão além dos limites do conhecimento possível.

No uso corrente, a palavra «psicologia» oscila de modo instável com respeito à distinção discurso/objeto: a «psicologia de Hume» refere-se à mente de Hume ou à sua teoria da mente?

psicologia das faculdades Teoria psicológica que considera as faculdades da mente (memória, imaginação, intelecto, vontade, desejo, etc.) 1) como se fossem partes distintas da mente; ou 2) como se pudessem ser usadas como fatores genuinamente explicativos.

Esta perspetiva, atribuída a Christian Wolff, entre outros, foi rejeitada por Herder e Herbart, entre muitos outros. Os críticos insistiram no carácter integrado do indivíduo humano, argumentando que embora se possa distinguir as faculdades – claro que a memória não é o mesmo que o desejo – é um erro tratá-las como partes distintas; e para explicar uma volição pela faculdade da vontade, uma memória pela faculdade da memória, é como explicar o efeito soporífero do ópio pelo seu poder dormitivo.

psicologia popular 1 Psicologia do senso comum, isto é, o âmbito de conceitos e crenças acerca da mente que são comuns na vida quotidiana. O uso do termo neste sentido (antecipado já em 1972 por David Lewis, que escreveu sobre a «psicologia do senso comum – ciência popular em vez de ciência profissional») tornou-se comum na década de 1980 com autores como S. Stich, *From Folk Psychology to Cognitive Science: The case against belief* (1983), Paul M. Churchland, *Matter and Consciousness* (1984) (*Matéria e Consciência*, 2004), e Patricia A. Churchland, *Neurophilosophy* (1986). Rejeitam as crenças de senso comum sobre a mente por ser uma teoria radicalmente falsa, comparável a superstições falsas, que deve ser substituída por uma teoria científica. Esta perspetiva radical tem provocado um debate animado, no decorrer do qual alguns filósofos, como Stich em *Deconstructing the Mind* (1996), modificaram consideravelmente a sua posição anterior. **2** Originalmente, «psicologia popular» (etnopsicologia, do alemão *Völkerpsychologie*) não significava a teoria comum da mente, mas a teoria da mente comum, isto é, o estudo da mentalidade de um povo tal como se exprime numa língua, mitos e costumes. Esta extensão da psicologia além do individual, assim como o seu nome, devem-se a Moritz Lazarus (1824-1903). A partir de 1851, este ponto de vista ganhou aceitação em virtude dos seus textos, muitos deles em colaboração com H. Steinthal (1823--1899). Ambos eram professores em Berlim, Lazarus de Filosofia, Steinthal de Linguística. O trabalho de ambos influenciou Wilhelm Wundt, cuja *Völkerpsychologie* é um importante estudo comparativo das culturas e civilizações de um ponto de vista psicológico.

psicologia racional Investigação filosófica, ou teoria, sobre a alma e a mente; um dos ramos fundamentais da metafísica tradicional. Contrasta com a psicologia empírica, que se baseia na observação, formação de hipóteses, experimentação, etc.

psicologismo *s.* Em geral, a redução dos conceitos e pressupostos de um certo campo (religião, epistemologia, política, etc.) a conceitos, descrições e explicações psicológicas. O termo é usado mais pelos oponentes do que pelos partidários.

Em particular, a redução da lógica à psicologia. O psicologismo neste sentido é uma tentativa de explicar as leis da lógica como afirmações gerais sobre o funcionamento da mente, como proposto, *e.g.*, por John Stuart Mill no influente *System of Logic* (1843) (excertos em *A Lógica das Ciências Morais*, 1999). Esta e outras teorias psicologistas da lógica, como a de Erdmann e Sigwart, foram criticadas por Frege, *Grundlagen der Arithmetik* (1884) (*Os Fundamentos da Aritmética*, 1992) e Husserl, *Logische Untersuchungen*, I, 1900-1901 (*Investigações Lógicas*, 2008). A principal objeção é que as proposições da lógica surgem com um direito implícito ao título de verdade necessária, mas as proposições que descrevem o funcionamento da mente são, no melhor dos casos, apenas contingentemente verdadeiras.

O termo tem sido também usado para caracterizar um certo tipo de interpretação da filosofia crítica de Kant. Interpretações psicologistas de Kant sustentam que a sua teoria do conhecimento em *Kritik der reinen Vernunft* (1781, 1787) (*Crítica da Razão Pura*, 2008), com as suas doutrinas a respeito das formas *a priori* das intuições sensíveis (*i.e.*, espaço e tempo) e categorias do entendimento (doze ao todo), é um exercício em psicologia introspetiva de gabinete, que pode precisar de correção à luz de descobertas empíricas. Uma conceção da epistemologia como, em última instância, um ramo da investigação empírica está também presente em algumas teorias do conhecimento do final do século XX, *e.g.*, a «epistemologia naturalizada» de Quine.

psique *s.* (gr. ψυχή aquilo em virtude do que uma coisa é animada; a alma) Mente.

psíquica, investigação *Ver* PARAPSICOLOGIA.

psíquico *adj.* Mental; relativo à mente.

público e privado 1 No direito e jurisprudência: o direito público diz respeito às atividades das autoridades governamentais; distingue-se tradicionalmente do direito privado, que diz respeito aos direitos, e respetivas obrigações, das pessoas nas relações que têm entre si.

2 Nos textos feministas contemporâneos: a dicotomia (distinção, divisão, dualismo) público/privado dá-se entre o campo não doméstico, especialmente o político, e o doméstico. Diz-se que algumas autoras feministas «recusam a dicotomia público/privado». Isto pode ser um modo impreciso de dizer que levantam objeções à exclusão da mulher da vida pública (política, profissional, etc.), ou um modo preciso de dizer que, na opinião destas autoras, nada é privado, pertencendo tudo à esfera pública.

Pufendorf, Samuel von /ˈpuːfəndɔːf/ (1632-1694) Autor alemão que escreveu sobre política e história; professor em Heidelberga e Lund, posteriormente historiador da corte em Estocolmo e Berlim; juntamente com Grócio, fundou a tradição do direito natural moderno, na qual os direitos individuais ocupam um lugar proeminente. A sua obra principal foi *De jure naturae et gentium* Lund, 1672, 2.ª ed. rev. Frankfurt, 1684.

Esta obra contém uma teoria das entidades morais, distintas das entidades físicas e mentais, que surgem por «imposição», ou seja, por atos de volição. A sua tese de que o conceito de obrigação não faz sentido sem a autoridade daquele que impõe a lei opunha-se aos ensinamentos de Grócio, e foi por sua vez atacado por Leibniz, o seu crítico mais eminente.

A teoria do contrato social de Pufendorf, que combina elementos de Grócio e de Hobbes, opera pressupondo um estado da natureza, sem qualquer autoridade civil, no qual cada indivíduo é livre (*i.e.*, não está sob a autoridade de outros) e igual a todos os demais (em relação à autoridade). Porém, a vida neste estado é perigosa e desagradável. Portanto, há um fundamento racional para aceitar um princípio de sociabilidade, princípio central da sua teoria. Assim, os indivíduos, que têm direitos (alguns dos quais podem ser transferidos, principalmente por promessa, sendo outros inalienáveis), entram numa série de acordos para formar uma sociedade, estabelecer uma constituição e eleger um governante ou um organismo regente. Além da obrigação de obedecer à autoridade civil, em troca de garantias de segurança e proteção comum, Pufendorf também discute uma série de outros problemas que surgem numa teoria da justiça: guerra e paz, punição, casamento, transações baseadas em contrato, propriedade privada, etc.

Resumiu o conteúdo central da sua obra principal numa obra de menor dimensão, *De officio homins et civis* (1673) (*Os Deveres do Homem e do Cidadão de Acordo com as Leis do Direito Natural*, 2007), omitindo, contudo, as discussões mais teóricas a respeito das entidades morais, poderes morais, etc. Esta obra trata principalmente dos deveres de justiça, mas foi muitíssimo usada como livro introdutório de ética em geral, embora pouco tenha a dizer sobre outros tipos de deveres e virtudes. Foi um sucesso editorial: por volta do ano de 1770, havia cerca de cento e cinquenta edições e traduções, e muitas imitações. Locke e Rousseau estavam entre os muitos que recomendaram o livro como particularmente apropriado para o estudo da filosofia moral.

Putnam, Hilary (Whitehall) /ˈpʌtnəm/ (n. 1926)

Autorretrato filosófico: estudei na Universidade da Pensilvânia, em Harvard e na UCLA. No ano que passei em Harvard (1948-1949), a minha maior influência foi Quine, cujo repúdio da dicotomia analítico-sintético já era ali conhecido. Em 1949 deixei Harvard e fui para a UCLA, onde em 1951 obtive o meu doutoramento, sob a orientação de Reichenbach. A importância, para a filosofia, de tentar dar sentido à ciência é algo que aprendi a valorizar com Reichenbach, e a minha primeira coletânea de artigos exemplificou esta atividade (*Philosophical Papers, vol I: Mathematics, Matter and Method*, 1975).

Dei aulas em Northwestern (1952--1953), Princeton (1953-1961), MIT

(1961-1965) e Harvard (1965-2000), onde sou agora Professor Emérito. Também me tornei membro do Departamento de Matemática de Princeton em 1960, e posteriormente dei cursos sobre teoria de conjuntos e teoria da recursividade nas graduações dos Departamentos de Matemática em Princeton e Harvard. Encontrei a minha própria «voz» filosófica quando escrevi «The Analytic and the Synthetic» em 1957. Usando a história das «definições» de energia cinética como exemplo, sustentei que quando os conceitos científicos figuram em muitas generalizações universais diferentes, não faz sentido dividir aquelas generalizações em «analíticas» e «sintéticas».

Nas décadas de 1960 e 1970 introduzi e defendi o «funcionalismo», uma filosofia da mente que propõe que as nossas mentes são análogas aos programas (e não às *partes materiais*!) de um computador (tese que abandonei em *Representation and Reality* (1988) por conter demasiada ficção científica); uma interpretação «lógico-modal» da matemática segundo a qual a matemática não versa sobre um domínio suprassensível de «objetos matemáticos», mas sim sobre o que é possível ou impossível (ver o meu *Ethics Without Ontology*, 2004); uma interpretação, que abandonei, da mecânica quântica por via da lógica não canónica (ver a minha réplica a Redhead, em *Reading Putnam*, 1995, de Clark e Hale); e uma abordagem «externista» para a semântica segundo a qual os significados das nossas palavras não estão simplesmente no nosso cérebro, sendo antes funções da história das nossas interações com a totalidade do meio ambiente, tanto físico quanto social. (Tudo isso está reunido em *Philosophical Papers*, 2 vols. 1975.) Tratou-se de uma tentativa de desenvolver uma perspetiva filosófica que abarcasse os maiores desenvolvimentos na física, matemática, lógica e ciência da computação.

Por volta de 1975 comecei a escrever mais sobre ética e filosofia social; sobre a futilidade de tentar reduzir as noções intencionais a noções não intencionais, em *Representation and Reality* (1988) e *Threefold Cord: Mind, Body and World* (1999) (*Corda Tripla*, 2008), em que a influência de Wittgenstein é óbvia, e sobre os modos nos quais o conhecimento científico e não científico estão permeados de valores: *The Many Faces of Realism* (1987) e *The Collapse of the Fact/Value Dichotomy* (2000) (*O Colapso da Verdade*, 2008). Ao escrever sobre tópicos que iam além dos meus interesses anteriores a 1975, cometi o que vejo agora como um ponto de partida equivocado, ao defender, em *Reason, Truth and History* (1981) (*Razão, Verdade e História*, 1992), uma versão antirrealista da semântica que abandonei por volta de 1990 (veja-se a minha réplica Blackburn em *Reading Putnam*). A minha esposa, Ruth Anna Putnam, e eu publicámos também vários estudos sobre o pragmatismo norte-americano e foi com ela que aprendi a valorizar a importância da obra de Dewey e do seu papel exemplar como «filósofo público».

O meu antigo interesse em criticar o positivismo lógico e o meu mais recente interesse em ética juntam-se na minha crítica do efeito nocivo das ideias positivistas sobre a ciência da economia (*The Collapse of the Fact/Value Dichotomy*). HP

Q

Q.E.D. Abreviatura de *QUOD ERAT DEMONSTRANDUM*.

q.v. Abreviatura de *QUOD VIDE*.

quadrado da oposição Uma ilustração simples que mostra as relações lógicas entre conceitos ou entre formas proposicionais básicas. O mais conhecido é o das proposições categóricas na lógica silogística tradicional (Figura 9).

As relações são: 1) implicação (aqui também chamada «subalternidade»), simbolizada por uma seta; 2) contrariedade (as duas afirmações não podem ser ambas verdadeiras, mas podem ser ambas falsas); 3) subcontrariedade (as duas afirmações não podem ser ambas falsas, mas podem ser ambas verdadeiras); 4) contradição (das duas afirmações, uma é verdadeira e a outra falsa).

Pode-se desenhar quadrados semelhantes de modo a representar convenientemente relações entre proposições de outros tipos, como na Figura 10, por exemplo.

Este quadrado difere do anterior por ter menos relações. Isto acontece porque, ao contrário do que ocorre na lógica aristotélica, as relações de subalternidade não existem na lógica moderna; nem há diferença entre contrárias e subcontrárias: ambas são apenas negações incompletas.

O quadrado para as noções modais pode ser desenhado como na Figura 11.

Ao alargar este quadrado para um hexágono, pode-se tornar mais claras algumas relações complementares, como na Figura 12.

quadrivium (lat. encruzilhada com quatro caminhos) *Ver* ARTES LIBERAIS.

quaestio, **forma de** A forma de apresentação de muitas obras filosóficas e teológicas dos séculos XIII ao XV, incluindo a *Summa Theologiae* de Tomás de Aquino. A matéria a discutir divide-se numa série de «questões» relacionadas entre si, mas diferentes, a cada uma das quais se pode responder sim ou não. Cada questão recebe então um tratamento que obedece ao mesmo padrão (apesar de haver muitas variações, especialmente nas obras medievais tardias): o autor começa com argumentos (racionais e/ou de autoridade) a favor da resposta oposta à que irá defender; segue-se uma curta declaração, geralmente de uma autoridade, a favor da resposta favorecida, precedida das palavras *sed contra* («mas contra estas»). De seguida, o autor apresenta os seus próprios argumentos detalhados a favor da sua solução. Por fim, refuta, um por um, os argumentos com que começou, a favor da solução oposta. JM

qualia (*pl.*); *quale* (*sing.*) (lat. *qualis* de tal tipo) *s*. Uma qualidade, tal como é imediatamente sentida ou percecionada; o caráter introspetivo, fenoménico, de um estado ou acontecimento mental.

FIGURA 9 **Quadrado da oposição 1**

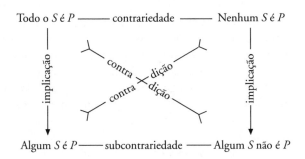

FIGURA 10 **Quadrado da oposição 2**   FIGURA 11 **Quadrado da oposição 3**

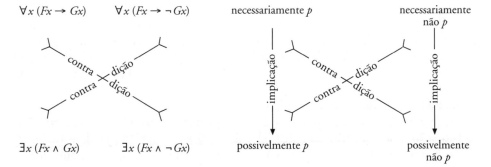

FIGURA 12 **Um quadrado da oposição alargado**

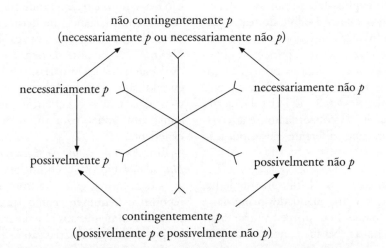

qualia (*pl.*); *quale* (*sing.*)

Exemplos de *qualia* são a dolência da dor, o cheiro do café, o sabor do ananás.

O termo foi introduzido pelos filósofos pragmatistas para denotar algo que não é privado nem público, mas neutro; mas um *quale* tem por vezes sido caracterizado de modo diferente, como algo que, ao contrário dos objetos e acontecimentos, é privado, no sentido de não poder ser objeto da experiência de mais de uma pessoa. *Percepto* e *dado dos sentidos* são aproximadamente sinónimos de *quale*.

qualidade das proposições Na lógica tradicional, a qualidade das proposições consiste em serem afirmativas ou negativas. Entre as proposições categóricas, *Todo o S é P* e *Algum S é P* são afirmativas, *Nenhum S é P* e *Algum S não é P* são negativas.

qualidade oculta Termo originalmente usado para denotar uma qualidade desconhecida que não era redutível a qualquer um dos QUATRO ELEMENTOS. A partir da Renascença, considerou-se o seu uso para propósitos explicativos um *asylum ignorantiae*: explicar um fenómeno natural em termos de uma qualidade oculta é o mesmo que não conseguir explicá-lo. Francis Bacon queixou-se que este «ídolo do teatro» faz os letrados «ter como objeto de contemplação e investigação os princípios quiescentes, *de onde*, e não os princípios ativos, *pelos quais*» (*Novum Organum* I, 66). Gassendi (*Physica* I, 4, 14) e Descartes (*Regulae* 9; 12) concordaram, e advogaram um tipo diferente de explicação científica.

qualidades *s. pl.* Na filosofia moderna, a distinção entre qualidades primárias e secundárias está em primeiro lugar associada a Locke. Na sua conceção, as *qualidades primárias* são qualidades físicas que pertencem aos objetos materiais, independentemente de qualquer observador. Exemplos de qualidades primárias são a impenetrabilidade, extensão, forma, movimento, repouso, textura e número. As *qualidades secundárias* são poderes dos objetos materiais que originam uma sensação num observador. Exemplos de qualidades secundárias são as cores, calor e frio.

A distinção de Locke derivava das ciências físicas do seu tempo (Galileu, Boyle), mas encontramos distinções do mesmo género em Aristóteles, tendo sido reintroduzidas na filosofia ocidental por Averróis.

O termo *qualidades terciárias* é usado com menos frequência, e com significados diferentes. *Ver também* QUALIDADES PRIMÁRIAS E SECUNDÁRIAS; QUALIDADES TERCIÁRIAS.

qualidades primárias e secundárias Divisão entre qualidades objetivamente presentes no mundo, totalmente independentes de qualquer mente que as percecione, e as que são subjetivas e dependem da mente, embora sejam causadas por objetos percecionados. Na antiguidade, Demócrito fez uma distinção deste tipo, e na era moderna, com o nascimento da ciência moderna, encontramo-la em Galileu, Descartes, Boyle e Newton. No entanto, há duas conceções de qualidades secundárias. Podem ser entendidas como qualidades sensoriais das quais temos experiência direta ou como um poder para produzir certas experiências.

Em *Ensaios Sobre o Entendimento Humano*, 1690 (2,8,22), Locke entende a solidez, forma, extensão, movimento, repouso e o número como qualidades primárias inerentes aos objetos externos; as qualidades secundárias são os poderes que os objetos têm para afetar os nossos sentidos e produzir as experiências de qualidades sensoriais (cor, som, etc.). Noutros autores, as qualidades secundárias são identificadas com as qualidades sensoriais das quais temos experiência direta.

O contexto para a distinção entre qualidades primárias e secundárias é uma conceção do mundo físico segundo a qual este não tem sabor, é inodoro e incolor, suscetível de ser descrito em termos de partículas e forças, sendo captado como realmente é apenas quando as reações que nos provoca não são tidas em consideração. Há alguma plausibilidade na opinião de que o mundo real é o mundo das qualidades primárias, que existiriam mesmo na nossa ausência. Mas podemos argumentar que esta opinião se limita a dar um estatuto privilegiado ao sentido do tacto. Berkeley e os fenomenalistas posteriores pressupõem, pelo contrário, que *todas* as qualidades sensíveis dependem igualmente da mente.

A distinção tem muitas facetas – a partir de Hume, os filósofos têm associado valores às qualidades secundárias – e isto permanece na ordem do dia filosófica. Na década de 1990, a discussão fez-se muitas vezes em termos do conceito de DEPENDÊNCIA DA RESPOSTA. *Ver também* QUALIDADES.

qualidades terciárias 1 O poder de um objeto para causar uma mudança noutro. O conceito, ainda que não a expressão, foi introduzido por Locke em *Ensaio Sobre o Entendimento Humano*, 2, 8, 10-25, distinguindo-se das qualidades primárias e secundárias. As qualidades terciárias são poderes, propriedades disposicionais, como o poder da *aqua regia* para dissolver o ouro, do Sol para derreter a cera ou para bronzear a pele, etc. **2** Desde o século XIX, as qualidades económicas, estéticas e outras foram por vezes denominadas terciárias, dado que se considera que a relação que mantêm com as qualidades primárias ou secundárias de um objeto é de dependência ou sobreveniência.

qualitas occulta (*sing.*); *qualitates occultae* (*pl.*) lat. QUALIDADE OCULTA.

quântica, lógica *Ver* LÓGICA QUÂNTICA.

quantidade das proposições Na lógica tradicional, a quantidade das proposições consiste em serem universais ou particulares. Entre as proposições categóricas, *Todo o S é P* e *Nenhum S é P* são universais, *Algum S é P* e *Algum S não é P* são particulares.

quantificação *s.* A aplicação de um quantificador a uma frase. Na lógica formal, isto é equivalente a ligar uma variável livre de uma frase aberta.

quantificação objetual/substitucional Há duas maneiras diferentes de explicar o que se quer dizer com o «valor de uma variável» em frases quantificadas. A primeira toma *objetos* como valores de uma variável; a segunda, *expressões linguísticas* (nomes de objetos). Mais em geral: a interpretação *objetual* considera que os valores são todos os objetos x do domínio escolhido; a interpretação *substitucional*, toda a substituição de «x» que seja gramaticalmente admissível.

Suponhamos que temos um discurso exclusivamente sobre tomates. Podemos ter frases abertas como «x é vermelho», «x é verde». Neste caso, «x» é uma variável (uma entidade linguística) e o objetualista dirá que os tomates são os valores desta variável. Assim, «$\exists x\, Fx$» é verdadeira se, e só se, «F» se aplica a um ou outro tomate, e «$\forall x\, Fx$» é verdadeira se, e só se, «*F*» se aplica a todos os tomates. (Em metafísica, substitua-se «todos os tomates» por «todos os objetos».)

Em contraste, o defensor da *quantificação substitucional* considera que o valor de uma variável é o que linguisticamente se pode colocar em lugar da variável. Foi isto essencialmente que Wittgenstein fez no *Tractatus Logico-Philosophicus*, em que «$\exists x\, Fx$» é elucidado como uma disjunção «$Fa \lor Fb \lor Fc...$», «$\forall x\, Fx$» como uma conjunção «$Fa \land Fb \land Fc...$», sendo «*a*», «*b*» e «*c*»… os *nomes* de todos os objetos.

Uma objeção à interpretação substitucional das frases quantificadas é que não temos nomes nem sequer para todos os tomates ou coelhos, e é em princípio impossível que tenhamos nomes para todos os membros de um conjunto incontável, como é o caso do dos números reais. Mas, como se vê no debate em curso, há filósofos que não consideram que esta objeção seja conclusiva. Por vezes, uma frase quantificada tem de ser interpretada substitucionalmente, como em «para toda a frase *p*, ou *p* ou não *p*»: «$\forall p\, (p \lor \neg p)$», não estando «*p*» numa posição nominal. De igual modo, «*F*» não ocupa uma posição nominal em «há uma propriedade que Sócrates e Platão não têm»: «$\exists F\, [F(\text{Sócrates}) \land \neg F(\text{Platão})]$». No primeiro caso, é preciso inserir uma frase no lugar da variável; no outro, um predicado. Mas nem a frase nem o predicado nomeiam objetos. W. V. O. Quine, que favorece a perspetiva objetual, apresenta uma introdução fácil a esta questão em «Reply to Professor Marcus» em *The Ways of Paradox* (1966). JSM

quantificação restrita *Todo o homem é mortal* pode ser representada de dois modos diferentes: 1) para todo o homem, esse homem é mortal: ($\forall x$: *x* é homem) (*x* é mortal); 2) para toda a coisa, se essa coisa é um homem, então é mortal: $\forall x$ (se *x* é um homem *x*, então *x* é mortal). No primeiro caso, o quantificador aplica-se ao domínio restrito dos homens apenas. No segundo caso, o quantificador aplica-se a domínios mais vastos, incluindo o domínio *irrestrito* de absolutamente tudo.

quantificação substitucional *Ver* QUANTIFICAÇÃO OBJETUAL SUBSTITUCIONAL.

quantificador *s.* Na linguagem comum, os quantificadores são palavras como *todo, cada, qualquer, a maior parte, muitos, alguns, nenhum*, etc. Na lógica formal, os quantificadores são operadores que transformam uma frase aberta numa frase a que se pode atribuir um valor de verdade. Por exemplo, dada a frase aberta *x é corruptível*, a aplicação de um quantificador como «para a maior parte dos *x*» terá como resultado uma fase genuína: *para a maioria dos x, x é corruptível, i.e., a maior parte das coisas são corruptíveis*.

De igual modo, «para algum *x*» ou «há pelo menos um *x* tal que» transformará a frase aberta *x é corruptível* em *para algum x, x é corruptível* ou *há pelo menos um x tal que x é corruptível, i.e., algo é corruptível*. No simbolismo comum da lógica de predicados, isto representa-se usando o quantificador existencial: $\exists x$ (corruptível *x*). E *tudo é corruptível* representa-se na lógica de predicados usando o quantificador universal: $\forall x$ (corruptível *x*).

Por várias razões, incluindo o forte interesse nos fundamentos da matemática, os lógicos modernos deram mais atenção aos quantificadores universal e existencial do que aos outros. *Ver também* QUANTIFICADOR EXISTENCIAL; QUANTIFICADOR UNIVERSAL.

quantificador existencial Um operador em lógica de predicados, que normalmente se grafa $\exists x$. Lê-se «Há um x tal que...» ou «Algum x é...» Combinar o quantificador existencial $\exists x$ com a FRASE ABERTA Fx dá origem a uma proposição existencial: $\exists x\ Fx$. *Ver também* QUANTIFICADOR.

quantificador universal Um operador em lógica de predicados, que normalmente se escreve (x) ou $\forall x$. Lê-se «Para todo o x...».

Por exemplo, $\forall x$ (Filósofo $x \rightarrow$ Sábio x) lê-se «Para todo o x, se x é um filósofo, então x é sábio» ou «Todos os filósofos são sábios».

quarto chinês, argumento do Um argumento muito debatido, inicialmente proposto por John Searle em 1980 para demonstrar que mesmo o computador mais inteligente não tem uma mente:

Imagine-se alguém que não entende chinês, colocado num quarto com um punhado de símbolos chineses e um programa de computador para responder perguntas em chinês. A informação oferecida (*input*) consiste em símbolos chineses na forma de perguntas; o produto (*output*) consiste em símbolos chineses em resposta às perguntas. Poderíamos supor que o programa é tão bom que as respostas às questões não se distinguem das de um falante chinês nativo. Mas, ainda assim, nem a pessoa dentro do quarto, nem qualquer outra parte do sistema, entende literalmente chinês (J. Searle, *A Redescoberta da Mente*, 1992).

Isto é assim porque o sistema é formal, sintático, ao passo que as mentes têm conteúdos mentais ou semânticos.

quasi-ordem Uma relação diádica REFLEXIVA e TRANSITIVA.

quaternário *adj.* De quatro lugares. *Ver* PREDICADO MONÁDICO.

quaternio terminorum lat. um quádruplo de termos. Um tipo de inferência silogística falaciosa; *e.g.*, *Algumas enfermeiras são anjos. Todos os anjos têm asas. Logo, algumas enfermeiras têm asas.*

Se a «anjo» for dado o mesmo sentido nas duas premissas, tornam-se implausíveis, mas implicam a conclusão. Se a «anjo» for dado diferentes sentidos nas duas premissas (metafórico na primeira, literal na segunda), então tornam-se plausíveis, mas não implicam a conclusão, porque o raciocínio envolve agora quatro termos, *i.e.*, *enfermeira*, *anjo*$_1$, *anjo*$_2$, *asa*.

Habitualmente, ou as premissas são plausíveis mas não implicam a conclusão, ou não são plausíveis mas implicam-na. É uma ou outra coisa, mas não ambas. A falácia consiste em supor que são ambas.

É também conhecida por *falácia dos quatro termos*. É uma falácia do equívoco.

quatro causas Aristóteles distinguiu quatro tipos de factos explicativos ou «causas»: material, formal, eficiente e final. *Ver também* ARISTÓTELES; CAUSA.

quatro elementos Na filosofia grega antiga, fogo, água, terra e ar. *Ver também* EMPÉDOCLES.

quatro humores GALENO, a autoridade em medicina até surgir a ciência moderna, distinguia quatro tipos de humores, isto é, fluidos corporais: sangue, bílis negra, bílis amarela e fleuma. Correlacionados com estes estão quatro tipos básicos de temperamento: sanguíneo, melancólico, colérico e fleumático (alegre, triste, temperamental, calmo).

Queda, a O pecado de Adão causou, ou simbolizou, a queda de um tipo de existência mais abençoada para uma vida cheia de sofrimento e esforço. Na teologia cristã, o pecado de Adão confere a culpa a todos os seres humanos. Este pecado original torna cada ser humano, desde o nascimento, merecedor da punição divina num estado futuro. A ideia de uma Queda da humanidade está presente também na tradição platónica, mas aí é representada como uma descida a partir de um modo de ser espiritual para um material, e qualquer culpa individual pode ser compreendida como fruto das transgressões da alma numa vida anterior.

querigma (gr. κήρυγμα proclamação, promulgação) *s.* A palavra é muitas vezes usada na teologia do Novo Testamento. No século XX, foi usada num sentido especial na teologia de Bultmann, que contrasta o querigma, a mensagem significativa, com o mito – relatos de valor histórico duvidoso – que agora não é essencial à fé.

questão de facto Um conceito na teoria do conhecimento de Hume, contrastando com relações de ideias. As questões de facto são contingentes, e o nosso conhecimento delas é *a posteriori*. As relações de ideias não são contingentes, e são conhecidas *a priori*.

questão em aberto, argumento da Tipo de argumento introduzido por G. E. MOORE na secção 13 de *Principia Ethica* (1903) (trad. 1999) para demonstrar uma ideia importante sobre a definição de bem: *i.e.*, que toda a definição proposta de bem está condenada a fracassar. Em síntese, podemos apresentar o argumento como se segue. Suponhamos que se diz que um tipo de coisa é um bem, como acontece, *e.g.*, no juízo de valor de que o prazer é um bem. Perguntar se isto é verdade, perguntar se o prazer é um bem, é fazer uma pergunta significativa. É fazer uma pergunta *aberta*, muito diferente de perguntar se o prazer é o prazer, pergunta que se responde a si mesma.

Suponhamos, contudo, que alguém – um filósofo, talvez – propõe esta definição de bem:

$$x \text{ é um bem} =_{df} x \text{ é prazer}$$

Nesta proposta de definição, a questão de o prazer ser ou não um bem não seria uma questão em aberto, pois reduzir-se-ia à pergunta, que se responde a si mesma, «É o prazer prazer?» Segue-se que esta proposta de definição está incorreta.

A qualquer proposta de definição similar se pode dar o mesmo tratamento usando o argumento da questão em aberto. Daqui resulta, para Moore, que nenhuma definição de bem é possível, e que o bem não pode ser identificado com qualquer objeto, ou propriedade, natural ou metafísico.

A força que o argumento tiver resulta de um simples princípio subjacente: todos os juízos de valor genuínos são sintéticos, podendo ser negados sem autocontradição.

quid lat. o quê; algo.

quididade (lat. *quidditas* o quê da coisa) *s.* O que uma coisa é, a sua essência; contrasta com a sua ECCEIDADE.

quietismo *s.* 1 Atitude religiosa de recetividade passiva à iluminação divina. O termo foi usado pela primeira vez na segunda metade do século XVII para descrever a atitude de certos místicos católicos e de alguns pietistas. **2** A tese de que o debate filosófico significativo é impossível. Uma razão para esta tese é que um debate significativo entre, por exemplo, os realistas e os antirrealistas, exigiria um ponto de vista independente exterior, que no entanto não existe. Segundo algumas interpretações de Wittgenstein, o seu ponto de vista implica o quietismo.

Nota: o uso da palavra neste sentido começou na década de 1980.

quilianismo (gr. χίλιοι mil) *s.* Milenarismo; a doutrina segundo a qual Cristo regressará e governará por mil anos.

quimera *s.* Segundo a descrição de Homero, animal com cabeça de leão, corpo de bode e cauda de serpente (ou dragão). Permaneceu como exemplo comum de um objeto fictício inexistente desde que lhe foi dado esse papel nos *Analíticos Posteriores* de Aristóteles.

Quine, Willard Van Orman /kwaɪn/ (1908-2000) Filósofo norte-americano. No decurso de estadias na Europa no início da década de 1930, a evolução de Quine foi influenciada pelos seus contactos com os lógicos polacos e com os membros do Círculo de Viena. Foi professor de Filosofia na Universidade de Harvard a partir de 1948. O objetivo principal da sua obra filosófica foi o desenvolvimento de uma teoria que se ajustasse a uma mundividência naturalista e empirista. As primeiras tentativas enfrentaram problemas; um passo importante na tentativa de Quine para os ultrapassar chegou com o artigo «Two Dogmas of Empiricism» (1951), no qual rejeitou a dicotomia analítico/sintético, e a redução de todas as afirmações dotadas de significado a afirmações sobre experiências imediatas. Um tratamento abrangente foi dado em *Word and Object* (1960) (*Palavra e Objeto*, 2010), uma obra espantosamente influente. Nela, desenvolveu um ponto de vista em grande medida materialista e extensionalista: a lógica de predicados de primeira ordem e a teoria de conjuntos fornecem um enquadramento suficiente para articular o nosso conhecimento do mundo. Entre outras obras, é de mencionar *The Ways of Paradox* (1966), *The Roots of Reference* (1974), *Quiddities* (1987), e *Pursuit of Truth* (1990).

Leitura: A. Orenstein, *W. V. Quine* 2002; *The Cambridge Companion to Quine* 2004; *The Philosophy of W. V. Quine* (LLP) (1982) 1998.

Autorretrato filosófico: a nossa assimilação de informação sobre o mundo consiste apenas na ativação das extremidades dos nossos nervos provocada por raios de luz e moléculas do nosso meio ambiente, além, talvez, de pistas cinéticas quanto aos altos e baixos no nosso caminho. Em cada ocasião, esta admissão neuronal relaciona-se por *similaridade perceptiva*, em diversos graus, com a de outras ocasiões. Os psicólogos podem testar esta relação subjetiva nos seres humanos e não só, condicionando e eliminando respostas.

Tanto nós quanto os outros animais temos a expectativa de que às admissões percetualmente similares se seguem admissões igualmente similares entre si em termos percetuais. Esta expectativa é a indução, e é a base da aprendizagem. Graças à seleção natural, que moldou os nossos padrões inatos de similaridade percetiva a favor da sobrevivência, estas expectativas revelam-se muitas vezes verdadeiras.

Muitos animais têm sinais vocais que associam a gamas diferentes de admissões neuronais, agrupadas por similaridade percetiva. As pessoas têm muitos desses sinais e eu chamo-lhes *frases observacionais*. Os exemplos são «Está frio», «Está a nevar»; e também termos como «Cão», «Mamã», «Leite», «Vermelho», que a princípio serão vistos como frases a par das outras.

Aprendemos a combinar frases observacionais em *categoriais observacionais*, que são expressões generalizadas de expectativa condicional: assim, «Quando neva, fica frio». Eis o embrião das ciências da natureza, e na verdade do método experimental. A categorial é a lei ou hipótese a testar, a cena com neve é a condição experimental do teste, e o frio é a observação prevista.

As palavras que aprendemos primeiro como frases observacionais ou como parte delas, e que transpomos para as categoriais observacionais, acabam por ser recombinadas com outras, formando as frases teóricas das ciências da natureza. Graças a esta partilha de vocabulário, várias categoriais observacionais, familiares ou não, acabam por ser logicamente implicadas por vários blocos da teoria. Encontra-se aqui o teste empírico da teoria pela experimentação. Se uma observação que obedece à primeira cláusula da categorial observacional implicada não obedece à outra, então o bloco de teoria que implicava esse categorial foi refutado. Alguma das suas frases tem de ser abolida. Habitualmente, uma delas estava sob suspeita desde o início, motivando o próprio teste.

A matemática, na medida em que for aplicada, está em continuidade com as ciências da natureza; pois as frases da matemática aplicada pertencem ao bloco de frases que implicam conjuntamente a categorial. A matemática, se aplicada, imiscui-se assim no conteúdo empírico. A proverbial necessidade da verdade matemática reside apenas na imunidade que concedemos às frases matemáticas quando escolhemos a frase a abolir de um dado bloco refutado de frases. Damos-lhes imunidade porque mudá-las provocaria demasiada reverberação na ciência.

Assim, omitindo muitos pormenores, a corrente que liga a teoria àquilo de que a teoria se ocupa no mundo é esta: conjuntos de frases teóricas implicam logicamente categoriais, que são construídas a partir de frases observacionais, que por sua vez estão condicionadas a domínios de admissão neuronal. O alfa e o ómega são frases, independentemente dos objetos que possam ser denotados pelos termos e variáveis no interior das frases. Afinal de contas, a implicação lógica relaciona as frases exclusivamente pela estrutura lógica, sem consideração pelos objetos denotados pelos seus termos; e as frases observacionais estão associadas apenas como totalidadess com as admissões neuronais, uma vez mais sem consideração pelos objetos que eventualmente se possa pensar que constituem a sua referência. Assim, os indícios que temos a favor da nossa teoria do mundo são independentes das coisas que a nossa teoria diz que há. O nosso conhecimento do mundo depende apenas das nossas admissões neuronais, das frases observacionais que a elas associamos, e da estrutura lógica da nossa teoria geral. Os objetos figuram apenas como nodos neutros nessa estrutura lógica.

A conceptualização é humana, e faz parte da linguagem. A nossa reificação até mesmo de paus e pedras faz parte dela. Perguntar o que realmente são, independentemente da nossa conceptualização, é perguntar pela verdade sem linguagem. Compete à própria ciência, no sentido mais lato, dizer-nos o que há, nos seus próprios melhores termos, e sujeitando-se à correção, à luz do progresso científico. Partículas elementares, paus, pedras, números, classes – isto é o que é denotado pelos termos da ciência e são estes os valores das suas variáveis. Não há qualquer outro sentido mais profundo de «realidade» do que o sentido em que pertence à própria ciência procurar a essência da realidade, com o seu método hipotético-dedutivo de conceptualização e experimentação, método que se corrige a si mesmo. WQ

quintessência *s.* Uma quinta essência ou elemento, além dos quatro tradicionais: fogo, terra, água, ar. Segundo Aristóteles, pertence à natureza destes quatro elementos deslocarem-se na direção ascendente ou descendente. Tudo o que é sublunar é constituído por esses elementos. O movimento natural dos corpos celestes, contudo, é circular, e portanto mais perfeito, e por isso os corpos celestes têm de ser feitos de um tipo diferente de substância, um quinto tipo. Na Idade Média, considerava-se que esta quinta--essência era uma substância celeste, necessária para explicar, *inter alia,* a transmissão da luz. O conceito era também usado na teorização alquímica.

O atual significado não filosófico da palavra na linguagem quotidiana é inteiramente diferente: é a natureza mais íntima de uma coisa, ou o seu caráter mais essencial. *Ver também* EMPÉDOCLES.

Quintiliano, Marco Fábio (*c.* 35-100) Autor da obra venerável da antiguidade sobre retórica, *Institutio oratoria*.

quod erat demonstrandum lat. o que estava por demonstrar; expressão, habitualmente abreviada para Q.E.D., tradicionalmente aposta no final de uma demonstração (*e.g.*, em Euclides) para sublinhar que a última linha da demonstração, a conclusão, é idêntica à proposição inicialmente formulada.

quodlibet lat. qualquer coisa; o que quiseres.

quod vide lat. queira ver; muitas vezes abreviado como q.v.

R

raciocinação *s.* Processo de raciocínio.

racional *adj.* Respeitante à faculdade da razão. Em filosofia, o uso desta palavra sugere frequentemente um contraste com a experiência. Dependendo do contexto, o contraste sugerido pode ser com a revelação religiosa, a experiência sensorial comum, a emoção, etc. Em contextos práticos, a racionalidade é a adaptação de meios a fins, não contrastando com a experiência sensível, a emoção, etc. Pelo contrário, pode ser definida (I. Jarvie (n. 1937), *Rationality and Relativism*, 1984, p. 21) como a capacidade de aprender com a experiência e como a capacidade de aprender como aprender com a experiência. Há que não confundir a racionalidade na escolha dos meios para um fim com o egoísmo. É possível ser racional na prossecução de fins altruístas.

racionalidade s. Ver RACIONAL.

racionalismo s. Em geral, uma teoria ou prática que se pretende baseada em princípios racionais. 1 Em filosofia, a palavra é sobretudo usada para designar um determinado tipo de teoria do conhecimento, segundo a qual o conhecimento propriamente dito nasce das operações da faculdade da razão, em vez de se basear na experiência. Descartes, Espinosa e Leibniz são considerados os principais filósofos racionalistas. O racionalismo é comummente contrastado com o EMPIRISMO. 2 Mais geralmente, no século XIX e desde então: perspetivas que dão ênfase à autoridade da razão e consciência humanas. Neste sentido, o racionalismo pode ser descrito como uma certa disposição: todos os tipos de fenómeno são atribuídos a causas naturais em vez de milagrosas, as crenças religiosas são vistas como expressão de aspirações humanas, e na moralidade o apelo último é à consciência e não a qualquer autoridade exterior divina ou humana. É neste sentido que determinadas organizações com fins secularistas se intitulavam racionalistas. Ver também RACIONALISMO CRÍTICO; RACIONALISMO ECONÓMICO; RACIONALISMO ÉTICO.

racionalismo crítico Descrição usada por Karl Popper para sua posição filosófica. O contraste implicado por «racionalismo» não é com o empirismo, mas com o irracionalismo. A posição é que o progresso da nossa procura do conhecimento é possível, sendo alcançado fazendo conjeturas audaciosas como hipóteses e sujeitando-as a testes rigorosos. Há uma assimetria no método: um resultado negativo do teste pode servir como refutação; um resultado positivo não pode servir como prova conclusiva. Esta posição sobre a aquisição de conhecimento é também anti-FUNDACIONALISTA. Em questões morais e políticas, o lugar central conferido à livre investigação e à crítica leva os racionalistas críticos a favorecerem as liberdades civis, o individualismo e o antiautoritarismo, e de maneira geral os ideais da democracia liberal.

Partidários proeminentes do racionalismo crítico são J. Agassi, H. Albert, W. W. Bartley, I. Lakatos, A. Musgrave, G. Radnitzky, E. Topitsch e J. Watkins.

racionalismo económico Termo usado desde a década de 1980, especialmente na Austrália, para duas ideias, tomadas junta ou separadamente. Uma é que considerações económicas isoladas não deveriam guiar as políticas governamentais; a outra é que os mecanismos de mercado são preferíveis à intervenção governamental. A racionalidade destas duas conjeturas tem sido sujeita a um acalorado debate.

racionalismo ético Teorias segundo as quais o conhecimento moral se baseia numa intuição racional, de maneira análoga à intuição racional de verdades matemáticas e lógicas. Há uma sugestão em Locke neste sentido. Entre os racionalistas éticos estavam Cudworth e, no século XVIII, Clarke, Wollaston, Balguy e Price; no século XX, opiniões semelhantes foram defendidas por H. Prichard e W. D. Ross, entre outros.

racionalização s. 1 Explicação racional. 2 Explicação racional espúria que uma pessoa dá da sua própria conduta. Este uso moderno, em que o termo denota uma explicação de ações concebidas para as fazer parecer mais racionais do que são, tem as suas origens na teoria psicanalítica e podemos fazê-la remontar ao artigo «Rationalization in everyday life», *Journal of Abnormal Psychology* 3 (1908), de Ernest Jones, discípulo de Freud. É neste sentido da palavra que «a razão dada para uma ação pode não passar de uma racionalização». **3** Organização de meios eficientes para dados fins: *a)* organização racional da atividade económica, com o fim de eliminar o desperdício nos processos de produção, transporte, comunicação, etc.; *b)* desenvolvimento de estruturas políticas, sociais e económicas mais eficientes. Max Weber via o capitalismo e a burocracia como estádios racionalizadores da história da sociedade humana.

Nota: num sentido neutro, diferente dos mais comuns, «racionalizar um desejo» tem sido usado com o significado de «apresentar uma razão a favor de um desejo».

racismo *s.* **1** Perspetiva baseada na ideia, em inglês por vezes chamada *racialism*, de que a humanidade está dividida em raças naturalmente distintas que podem ser classificadas em ordens de superioridade, e que atribui a outra raça qualidades inferiores ou perigosas. Esta perspetiva é frequentemente associada à ideia de que nas relações com a outra raça, a inferioridade ou o caráter perigoso desta justificam a suspensão das restrições morais habituais.

2 A prática de discriminar com base na raça, com desvantagem dos membros da outra raça.

Os racistas consideram frequentemente a outra raça como biológica, intelectual ou moralmente inferior – mas nem sempre. Os sentimentos hostis contra os judeus, os chineses, etc., surgiram por vezes a partir do medo da sua suposta superioridade racial em determinados aspetos.

radicais filosóficos Um grupo de críticos sociais e reformadores na primeira metade do século XIX, influenciados pelo utilitarismo de Bentham. Entre eles encontravam-se James Mill, o economista David Ricardo, o jurista Edwin Chadwick, e o historiador clássico George Grote.

radical (lat. *radix* raiz) *adj.* **1** Fundamental, exaustivo. Quando Bentham escreve que a nossa «constituição mental radical é inata», «radical» significa o mesmo que «fundamental». (Bentham *não* afirma que o radicalismo é inato!) **2** Favorável a mudanças importantes, especialmente sociais e políticas. Descreve-se deste modo teorias, movimentos, partidos. Em França, o radicalismo tem sido usado como termo geral para liberalismo, republicanismo e secularismo. Um representante filosófico saliente foi Alain, *e.g.*, *Eléments d'une doctrine radicale* (1925).

radical, tradução *Ver* TRADUÇÃO RADICAL.

Ramos, Pedro (1515-1572) De nome original francês Pierre de la Ramée, a sua versão latina é Petrus Ramos. Filósofo francês, primeiro decano do corpo docente não universitário que mais tarde ficou conhecido como Collège de France. Converteu-se ao protestantismo no início da década de 1560. Nesses anos passou algum tempo fora de Paris, mas, tendo regressado, foi vítima do massacre do Dia de S. Bartolomeu. Tornou-se a figura principal de um movimento que se opunha veementemente, em inúmeros livros e publicações, às doutrinas aristotélicas tradicionais, aos currículos universitários e aos métodos de organizar e transmitir a informação. A polémica investida dirigia-se indiferentemente tanto às teorias subtis da lógica escolástica como às ultrassubtis.

O ramismo teve uma influência notavelmente ubíqua, evidente em novos métodos de ensino e novos tipos de manuais, mas, filosoficamente, os estudiosos posteriores encontraram nele mais calor do que luz.

Ramsey, F(rank) **P**(lumpton) /ˈræmzɪ/ (1903-1930) Filósofo de Cambridge. Apresentou aperfeiçoamentos importantes a *Principia Mathematica* de Russell e Whitehead que foram incorporados na segunda edição. As suas teorias na filosofia da ciência e na teoria das probabilidades continuam a suscitar interesse e permaneceram influentes. Num ensaio pioneiro de 1921, propôs uma teoria «deflacionista» da verdade: «*p*» e «*p* é verdadeira» são equivalentes, e argumentou que a teoria podia ser usada para excluir teorias pragmatistas («*p* é verdadeira» significa, *grosso modo*, que a crença em *p* funciona bem) e as teorias coerentistas. Os ensaios centrais de Ramsey foram coligidos por D. H. Mellor em *Philosophical Papers* 1990.

Rand, Ayn /rænd/ (1905-1982) Escritora norte-americana de origem russa. A sua denominada *filosofia do objetivismo* condena o altruísmo e exalta o egoísmo; condena fortemente a injustiça, em especial no modo como os fracos exploram os fortes (*e.g.*, o parasitismo, que beneficia da segurança social) e enaltece a realização individual.

rasura *s.* Rasurar é riscar uma palavra escrita ou impressa. A função visa ser semelhante à das «aspas de distanciamento». Ao «rasurar», o autor distancia-se do uso da palavra. Rasurar não é o mesmo que apagar: o efeito desejado não se atinge usando a borracha ou a tinta corretora. Trata-se de um conceito usado por vezes no pensamento desconstrutivista, permitindo usar um termo cuja inteligibilidade se põe em causa, *e.g.*, «verdade», usando-o então *sous rasure*, sob rasura.

Rawls, John /rɔːlz/ (1921-2002) Filósofo da moral e da política norte-americano. Exerceu cargos de ensino em Princeton, Cornell e no Massachusetts Institute of Technology. Foi nomeado professor na Universidade de Harvard em 1962. O seu livro *A Theory of Justice*, 1971, ed. rev. 1999 (*Uma Teoria da Justiça*, 2008) é amplamente considerado a obra mais importante em teoria política publicada desde a Segunda Guerra Mundial. Todos os textos de Rawls, a começar pelos primeiros artigos na década de 1950 sobre o castigo, os fundamentos da ética e a equidade, partilham uma preocupação fundamental com questões de justiça social ou distributiva. No livro referido, Rawls procurou desenvolver as principais conclusões do seu trabalho anterior numa única defesa abrangente de uma conceção particular de justiça social: a «justiça como equidade». Ao fazê-lo, esperava apresentar uma alternativa substancial ao utilitarismo, que considerava a filosofia moral dominante. Também procurou recuperar a tradição do contrato social em teoria política, apresentando a sua própria teoria como uma defesa contratualista de princípios liberais da justiça.

Uma sociedade justa, segundo Rawls, é aquela cuja estrutura básica se ajusta aos dois princípios da «justiça como equidade». *Primeiro princípio*: toda a pessoa terá igual direito ao mais alargado sistema total de liberdades básicas compatível com um sistema semelhante para todos. *Segundo princípio*: as desigualdades sociais e económicas serão organizadas de modo que, simultaneamente:

1) sejam para o maior benefício dos menos favorecidos, condizente com o princípio das poupanças justas, e 2) estejam associadas a cargos e posições abertas a todos sob condições de justa igualdade de oportunidades.

Na terminologia de Rawls, os princípios têm uma ordem «lexical»: o primeiro princípio, que defende a liberdade individual, tem prioridade sobre o segundo, conhecido como o «princípio da diferença». Logo, as liberdades básicas como a liberdade de expressão e liberdade de culto não podem ser infringidas para melhorar a condição dos membros menos favorecidos da sociedade; todavia, dada esta restrição, as instituições devem ser concebidas para elevar o bem-estar dos menos favorecidos. A referência ao princípio das poupanças justas indica que o bem-estar das gerações futuras é também uma consideração importante: o que uma sociedade poupa, e os fardos que por esse meio impõe, são questões de justiça.

A conceção geral da justiça a que os dois princípios dão corpo, na medida em que se regem pela regra da prioridade, pode ser expressa numa frase: «Todos os bens sociais primários – liberdade e oportunidade, rendimento e saúde, e as bases da autoestima – serão distribuídos equitativamente, a menos que uma distribuição desigual de quaisquer destes bens seja vantajosa para os menos favorecidos.»

A justificação que Rawls dá para esta conclusão é o aspeto mais controverso da teoria. Argumenta que há que preferir «a justiça como equidade» a todas as outras conceções da justiça porque é a única que escolheríamos num ponto de partida hipotético chamado «posição original». Porque nessa posição não teríamos qualquer conhecimento dos nossos próprios interesses, preferências ou ligações, seríamos obrigados a escolher imparcialmente. Atrás deste «véu de ignorância», enquanto pessoas racionais, rejeitaríamos as alternativas utilitaristas, intuicionistas, perfeccionistas e egoístas, deixando a «justiça como equidade» como a única opção razoável. Além disso, adotando o critério «maximin» para fazer escolhas em condições de incerteza, classificaríamos sempre as alternativas em termos dos seus piores resultados possíveis, optando pela alternativa cujo pior resultado seja superior ao pior resultado de qualquer outra. Esta estratégia conservadora faz da «justiça como equidade» o princípio mais apelativo porque garante liberdades básicas e maximiza a condição dos menos favorecidos.

A teoria de Rawls foi amplamente criticada. Alguns, como John Harsanyi, argumentam que o método contratualista de Rawls, apropriadamente aplicado, geraria conclusões utilitaristas do género que Rawls rejeita. Outros consideraram as conclusões apelativas mas o método pouco convincente. Uma crítica mais fundamental vem de Robert Nozick que, em *Anarchy, State and Utopia* (1974) (*Anarquia, Estado e Utopia*, 2009), defende que a teoria de Rawls assenta em premissas inaceitáveis porque incapazes de reconhecer a individualidade das pessoas, e os direitos dos indivíduos à posse de si e à posse de propriedade adquirida. Partindo de um ponto de vista inteiramente diferente, autores comunitaristas como Michael Sandel em *Liberalism and the Limits of Justice* (1982) (*O Liberalismo e os Limites da Justiça*, 2005), protestaram contra o preconceito individualista da teoria de Rawls que o leva a sobrevalorizar a justiça e a descurar o valor da comunidade.

Rawls respondeu posteriormente ao desafio comunitarista reinterpretando a sua teoria como uma conceção política da justiça apropriada às democracias liberais contemporâneas, em vez de uma teoria universal. Defendeu então que a sua conceção de justiça é a que com maior probabilidade granjeará o apoio de diversos grupos, construindo assim um «consenso geral» nas sociedades pluralistas. Tem portanto maior capacidade de preservar a estabilidade e a unidade social ao longo do tempo. Uma reafirmação substancial da teoria de Rawls é apresentada no livro *Political Liberalism* (1993) (*O Liberalismo Político*, 1997), que relança a sua filosofia política como resposta à condição moderna de diversidade e pluralismo de valores. CK

Muitos dos seus artigos influentes foram publicados em *Collected Papers* 1999. *Justice as Fairness: A Restatement* 2001 examina e reconsidera as suas posições. Leitura: *The Cambridge Companion to Rawls* 2003; P. Pettit e C. Kukathas, *Rawls: Uma Teoria da Justiça e os seus Críticos* 2005.

razão de Estado Estadística, *Realpolitik*, experiência política. Os apelos à «razão de Estado» na tomada de decisões políticas sugerem que as restrições morais comuns não se aplicam. *Il Principe* (1532) (*O Príncipe*, 2008), de Maquiavel, apresenta esta perspetiva; na história da Europa, Richelieu e Bismarck são considerados os representantes típicos. O conceito está presente nos historiadores da antiguidade, *e.g.*, Tucídides, mas a expressão (primeiro como *ragione dello stato* (it.) e *raison d'état* (fr.) data do século XVI.

razões excludentes Uma razão para excluir é uma razão relevante para agir, ou para se abster de agir segundo essa razão. Por exemplo, a ordem de uma autoridade pode ser uma razão excludente, que justifica que o agente desconsidere os méritos do caso. O conceito foi introduzido por Joseph Razi, *Practical Reason and Norms* (1975) (*Razão Prática e Normas*, 2009).

realismo *s*. O significado de «realismo» varia com o contexto em que é usado. Dois sentidos importantes, que por vezes se combinam, são 1) a atitude de «obstinação», de não ser dado à especulação e à ilusão, mas mantendo uma compreensão firme do que efetivamente se passa, em suma, uma *atitude* realista; e 2) a teoria de que as entidades de uma determinada categoria existem sem depender da mente, isto é, sem depender do que acreditamos ou sentimos acerca dessas entidades – resumindo, uma *teoria* realista.

Estes usos, e alguns outros, são indicados de seguida.

1 Teoria segundo a qual as entidades de determinada categoria ou tipo existem independentemente do que pensamos. Uma consequência do realismo neste sentido é que as entidades estão aí para ser descobertas, e que a ignorância e o erro são possíveis. Por exemplo (*a-e*): *a*) *Realismo ontológico*: uma teoria acerca do que há. Os realistas aceitam a ideia de que vivemos num mundo que existe independentemente de nós e dos nossos pensamentos, e portanto que alguns factos podem estar além da nossa compreensão, no sentido de sermos incapazes de confirmar que se verificam. *sin.* realismo metafísico. *Ver também* INTERNISMO. *b*) *Realismo conceptual*: a tese de que os universais existem independente e objetivamente, não devendo a sua existência aos particulares individuais de que são atributos, nem ao facto de serem concebidos por uma mente. Com origem na teoria platónica das formas, esta teoria foi formulada na Idade Média e canonicamente contrastada com o nomi-

nalismo e o conceptualismo. Um conhecido defensor moderno desta perspetiva é Frege. Ver também UNIVERSAIS, PROBLEMA MEDIEVAL DOS. *c) Realismo científico*: a perspetiva de que a maior parte das entidades teóricas, como eletrões e *quarks*, que são postuladas numa verdadeira teoria científica para explicar fenómenos observáveis, são reais, coisas que têm existência independente. Isto opõe-se ao operacionalismo e ao instrumentalismo. Alguns autores usam «realismo científico» num sentido mais geral, para diversos tipos de realismo que estão em harmonia com uma mundividência científica. *d) Realismo modal*: a tese de que há factos modais, isto é, factos apropriadamente descritos por frases com a forma «necessariamente *p*» ou «possivelmente *p*», que são reais e independentes do nosso pensamento e linguagem. «Realismo modal» é muitas vezes usado, em especial para a teoria de David Lewis, ou para uma tese particular incluída na sua teoria, ou seja, de que os mundos possíveis são tão reais quanto o mundo efetivo. *e) Realismo moral*: I) A tese de que há factos morais independentes das nossas crenças ou atitudes. Os sinónimos ou quase sinónimos são *objetivismo moral* e *cognitivismo moral*. *Ant.* irrealismo moral, antiobjetivismo moral, não cognitivismo moral. II) A perspetiva de que há factos morais independentes da vontade de legisladores divinos ou humanos. *Ant.* voluntarismo. Por vezes *realismo moral* é usado num sentido inteiramente diferente, para uma perspetiva realista do caráter e conduta humanos.

2 *Realismo semântico*. Toda a frase declarativa tem um certo valor de verdade, verdadeiro ou falso, mesmo que não haja modo de sabermos qual deles é. Ou seja, aceita-se o princípio da bivalência. A perspetiva oposta, a que não raro se chama simplesmente «antirrealismo» e que tem em Michael Dummett um defensor eminente, rejeita o princípio da bivalência: não faz sentido falar de verdades que não têm modo de ser verificadas; não se pode afirmar de uma afirmação que é verdadeira ou falsa a menos que haja, em princípio, algum meio disponível pelo qual a sua asserção ou negação possam ser garantidas.

3 *Realismo epistemológico*: a tese de que existe um mundo independente da mente, combinada com a perspetiva de que na perceção captamos mentalmente qualidades e objetos que fazem parte do mundo. O contraste é com o idealismo, segundo o qual a realidade última é a mente, e o mundo físico exterior é uma construção dependente da mente. No início do século XX, emergiu uma série de reações explicitamente realistas contra o idealismo, por exemplo, de Moore e Alexander, na Inglaterra, mas também noutros locais: na Escandinávia, com a Escola de Uppsala, e nos Estados Unidos com os Novos Realistas e os Realistas Críticos.

4 *Realismo jurídico*: o objetivo das escolas realistas que floresceram na primeira metade do século XX foi purgar o pensamento jurídico de ideologia política e religiosa e, ao invés, desenvolver uma teoria jurídica que pudesse servir como base sólida para decisões legislativas e judiciais. Na prossecução deste objetivo, os realistas escandinavos empreenderam uma análise lógica e conceptual e uma crítica de conceitos jurídicos básicos, enquanto os realistas norte-americanos deram maior ênfase à investigação social e psicológica.

5 *Realismo político*: pode-se distinguir pelo menos três sentidos: *a)* a abordagem empírica, isenta de valores, ao estudo da política; *b)* a perspetiva de que a política é ou deve ser a arte do possível.

Os realistas deste tipo tendem a aceitar as restrições impostas pelas condições existentes e a agir dentro desse enquadramento, contrastando com os que optam por resistir; *c)* a perspetiva de que as considerações morais devem ser irrelevantes para as decisões políticas; de que só o poder e o interesse próprio contam; de que a força é a única lei.

6 Em literatura e nas artes, o realismo é um estilo que procura manter a imaginação dentro de certos limites, evitando ornamentos, para se manter fiel ao modo como as coisas realmente são, apresentando acontecimentos quotidianos nas vidas de pessoas comuns. Na ficção em prosa, Honoré de Balzac (*Illusions perdues*, 1837-1843), Gustave Flaubert (*Madame Bovary*, 1857), George Eliot (*Middlemarch*, 1871-1872), Theodor Fontane (*Effi Briest*, 1895) são dos primeiros representantes proeminentes desta tendência, e, na pintura, Courbet e Manet. O «realismo socialista» é um estilo estético e literário, sancionado por Estaline no início da década de 1930 como o único apropriado à sociedade comunista, e coercivamente imposto na União Soviética e seus satélites.

realismo crítico Uma teoria filosófica do nosso conhecimento do mundo externo que floresceu de finais do século XIX até à década de 1940. Os seus proponentes, *e.g.,* G. Dawes Hicks (1863-1941) em Cambridge e R. W. Sellars nos EUA, rejeitaram o idealismo, mas ao invés de aceitar o realismo «direto» ou «ingénuo» dos Novos Realistas, desenvolveram uma teoria segundo a qual o nosso conhecimento do mundo exterior sempre envolve um sujeito, um percepto e um objeto.

Realismo de Cornell Tipo de realismo moral e de anti-não-cognitivismo, proposto desde meados da década de 1980, principalmente por filósofos na Universidade de Cornell (Nicholas Sturgeon, Richard Boyd, David Brink, Geoffrey Sayre-McCord, etc.). Um traço característico desta abordagem é a tentativa de responder ao forte ARGUMENTO DA QUESTÃO EM ABERTO de G. E. Moore. A abordagem adota a mesma linha do argumento de Putnam da Terra Gémea a propósito de categorias naturais como o ouro. Segundo este argumento, o ouro é *Au* com o peso atómico de 197,2, e contudo a pergunta «O ouro tem o peso atómico de 197,2?» é uma questão em aberto. A essência do ouro é uma coisa; o que temos em mente sobre o significado da palavra «ouro» é outra. De igual modo, sugere-se que «bem» é idêntico a uma determinada essência E (possivelmente ainda não descoberta), e no entanto a pergunta «O bem é E?» é uma questão em aberto. Evidentemente, o mesmo se pode dizer de outros predicados morais além de «bem».

Este tipo de realismo considera também que as propriedades morais são irredutíveis a outras propriedades, ainda que sejam sobrevenientes relativamente a elas.

Realismo Escandinavo Escola de filosofia do direito que floresceu principalmente na Suécia e na Dinamarca a partir da década de 1920. Iniciando-se com A. Hägerström, o seu objetivo era eliminar pressupostos ideológicos e metafísicos da teoria e prática jurídica, por meio da análise crítica de conceitos jurídicos fundamentais. Outros representantes destacados foram V. Ludstedt, A. Ross (*Directives and Norms*, 1958) e K. Olivecrona (*Law as Fact*, ed. rev. 1971).

realismo modal A tese de que há factos modais independentes da mente.

Há diferentes realismos morais, mas a expressão «realismo moral» é maioritariamente usada com respeito à teoria de David Lewis, e em especial a sua afirmação de que os mundos possíveis são tão reais quanto o mundo efetivo. O contexto desta posição está em Leibniz, que inspirou esta conceção: «*'p'* é verdadeira se, e só se, *neste* mundo, *p*. «Necessariamente *p'* é verdadeira se, e só se, em *todos os mundos possíveis, p*. «Possivelmente *p'* é verdadeira se, e só se, em *pelo menos um mundo possível, p*.»

Há vantagens nesta análise, dado que grande parte da lógica modal pode, digamos, ser analisada em termos da lógica de «todo» e «algum», *i.e.*, da lógica de predicados. Um problema desta análise, contudo, é que se refere a *mundos possíveis*. Existem? Se não, nada foi explicado, mas se existem, parecem efetivos e não o contrário.

Segundo a versão de realismo modal de David Lewis, os mundos possíveis existem realmente. São tão reais quanto este mundo, o mundo efetivo. A única diferença entre o mundo efetivo e os outros mundos reais é que estamos no primeiro e não nos outros. Contudo, não há qualquer interação de qualquer tipo entre mundos. Um indivíduo é efetivo exatamente num mundo. Assim, quando me preocupo com o que me *poderia* ter acontecido mas não me aconteceu efetivamente, por exemplo, estou a preocupar-me com o que *realmente* aconteceu a outro indivíduo, a saber, a minha CONTRAPARTE num mundo possível.

realismo ontológico Ver REALISMO.

realismo político Ver REALISMO (5).

realismo socialista A teoria estética do marxismo-leninismo, oficialmente imposta na União Soviética em 1934, e mais tarde no bloco soviético do pós-guerra.

Exige que o artista represente a realidade no seu desenvolvimento revolucionário e eduque a classe operária no espírito do socialismo. Foi brutalmente reafirmada em 1948.

realista *s*. 1 Pessoa que aceita uma teoria realista. 2 Pessoa que adota uma atitude realista: ciente dos factos, não dado a ilusões, que não se deixa facilmente enganar pelas aparências ou que não sonha acordado.

realização múltipla O facto de algo poder ocorrer de mais de uma maneira. A expressão é usada sobretudo na filosofia da mente. Segundo o funcionalismo, por exemplo, o mesmo tipo de ocorrência mental, *e.g.*, uma dor, pode ser multiplamente realizado (pode ter diferentes realizações físicas) no sentido em que a sua base fisiológica pode diferir entre as espécies. Um exemplo (inspirado em David Lewis) é este: uma teoria diz-nos que um dado veneno mata ratos. Se há exatamente um veneno desses, a teoria tem uma única realização. Se não há qualquer veneno, a teoria é falsa. Se há mais de um, a teoria é multiplamente realizada. De igual modo, as execuções da mesma fuga de Bach em cravo, órgão ou piano contam como três realizações da mesma obra.

realização *s*. Na filosofia contemporânea da ciência e na filosofia da mente: 1 Supondo o tempo e lugar apropriados, a teoria de que «alguém aqui roubou aos ricos e distribuiu o saque pelos pobres» é tornada verdadeira por Robin dos Bosques e pelas suas atividades. Pode-se exprimir isto afirmando que Robin dos Bosques é uma realização da teoria.

Este uso emergiu por volta de 1970. A motivação assenta numa determinada perspetiva do papel das entidades teóricas na ciência. Se são consideradas postulados introduzidos para ter certas relações no seio de teorias científicas formuladas nos termos dessas entidades, é útil ter um termo para as entidades (se as há) que se encontram nas relações introduzidas como hipótese. Diz-se que são uma realização da teoria.

2 O termo tem desde então sido usado em especial na filosofia da mente. Por exemplo, segundo o FUNCIONALISMO, ter uma mente é uma questão de ter estados que se encontram num complexo de relações; tipicamente, relações causais. Os fisicistas afirmam que os estados que se encontram nestas relações são estados do cérebro, e destes estados afirma-se então que são uma realização da organização funcional relevante.

receive /rɪˈsiv/ ing. receber. *v.* No uso antigo: *aceitar*. Uma opinião recebida é uma opinião aceite pela generalidade das pessoas.

recusa *Ver* NEGAÇÃO.

redução *Ver* REDUZIR.

reductio ad absurdum Refutação de um pressuposto derivando deste uma contradição (ou uma conclusão necessariamente falsa por outra razão qualquer). Na lógica formal, a regra da *reductio ad absurdum*, chamada «regra da introdução da ¬» (introdução da negação), é que se uma contradição com a forma $q \wedge \neg q$ é derivável de um conjunto de premissas que inclui p, então $\neg p$ é derivável do conjunto de premissas que permanece depois da remoção de p.

redundância *s.* Usar mais palavras num discurso do que as necessárias; um defeito, segundo a retórica clássica. Mas nem tudo o que é supérfluo exige remoção, porque 1) determinados erros de transmissão ou interpretação de uma mensagem só são detetáveis se a mensagem contiver partes redundantes, 2) em sistemas lógicos canónicos, se A implica C, então A juntamente com qualquer fórmula B também implica C. Assim, independentemente do que se diga contra a redundância, acrescentar uma premissa redundante a uma inferência dedutivamente válida não torna a inferência inválida. O caso difere com as inferências tratadas pela LÓGICA NÃO MONOTÓNICA.

reduzir (lat. *reducere* trazer de volta) 1 Na filosofia do século XX: reduzir espécimes de X a espécimes de Y é mostrar que os espécimes de X não são senão espécimes de Y. O objetivo é explicar os espécimes de X em termos de espécimes de Y, a que se atribui um estatuto privilegiado. É não raro ao mundo físico que se dá prioridade ontológica, mas em si o reducionismo não é necessariamente materialista. É possível distinguir reduções de tipos diferentes, ainda que relacionados: *a*) Identificação de objetos com objetos, acontecimentos com acontecimentos, propriedades com propriedades. Por exemplo, os genes são apenas moléculas de ADN. Um relâmpago é apenas uma descarga elétrica. O calor é a energia cinética média dos movimentos moleculares. Outro exemplo é a identificação de ocorrências mentais com as observadas por meio de microscópios, osciloscópios, etc.; *b*) A *redução de uma teoria* é a sua explicação por outra teoria, normalmente considerada mais fundamental. Neste sentido, as leis mendelianas da genética podem ser reduzidas à biologia molecular. A «teoria» de senso comum que temos dos termómetros e das temperaturas pode ser reduzida à teoria cinética da matéria. Segundo a perspetiva reducionista chamada «individualismo metodológico», as leis estabelecidas nas ciências sociais podem ser reduzidas a leis psicológicas respeitantes ao comportamento dos indivíduos. A redução de teorias não raro pressupõe, mas não exige, que os conceitos ou entidades da teoria reduzida sejam eles próprios reduzidos; *c*) Pode-se obter exemplos de *redução semântica* substituindo afirmações acerca de factos sociais por afirmações acerca de indivíduos, como quando substituímos afirmações acerca das 1,9 crianças da família média por afirmações acerca do número de crianças de famílias genuínas. Outro exemplo é a tese empirista de que todas as afirmações com significado são equivalentes a uma construção lógica sobre termos que se referem à experiência imediata; *d*) A afirmação de que o amarelo é apenas luz de um determinado comprimento de onda pode ser usada como exemplo de *redução causal*.

A palavra *reducionismo* entrou no uso corrente em meados do século XX. Alguns autores usam-na de um modo livre para exprimir desaprovação por qualquer teoria que parece científica.

Os filósofos que são favoráveis a um certo monismo ontológico (normalmente materialista) acham convidativas as teses reducionistas, mas está-se a reconhecer em geral que há problemas consideráveis em dar a essas teses formulações coerentes e plausíveis. Para mencionar um problema apenas: nenhum conjunto complicado de factos físicos pode explicar o conceito de nível superior de «uma nação que entra em guerra», visto que entrar em guerra é algo que se pode fazer de muitos modos diferentes. E não adiantará afirmar que entrar em guerra consiste em fazer isto *ou* aquilo *ou* aquilo… (ou seja, uma disjunção de agregados de factos físicos), porque não podemos saber o que incluir na disjunção de nível inferior a menos que já compreendamos o conceito de nível superior de modo independente. De modo a superar estas dificuldades, muitos filósofos no final do século XX procuram formular teorias (*e.g.*, acerca da mente) que são monistas sem ser reducionistas. Afirma-se que as entidades de nível superior sobrevêm (SOBREVENIÊNCIA) às entidades básicas (ou são consequência delas), mas não são reduzíveis a elas.

2 Na lógica aristotélica: a validade de silogismos da segunda e terceira figuras é demonstrada por *redução* a silogismos da primeira figura, que se pressupõe serem válidos à partida. A redução direta (ἀναγωγή) assenta em princípios de *conversão*; a redução indireta (ἀπαγωγή) também usa o princípio do *antilogismo*.

3 Na fenomenologia husserliana: a redução é um procedimento que nos permite ver as coisas diretamente como são, sem quaisquer pressuposições ou preconceitos. Há dois tipos: *a*) redução eidética, que se faz prescindindo da efetividade de algo dado e ganhando assim uma «mera possibilidade». Isto é, desconsidera-se qualquer questão ou pressuposto acerca da existência real do dado, de modo a descobrir por intuição a essência por si; *b*) redução transcendental, que passa de questões de facto para a subjetividade transcendental e para a constituição do mundo, isto é, para pressupostos últimos de pensamento e realidade.

Rée, Paul (Ludwig Carl Heinrich) (1849-1901) Autor alemão que argumentou a favor de uma origem naturalista dos sentimentos e ideias morais, apoiando-se na teoria darwinista da evolução. Tanto a sua teoria ética como o seu estilo aforístico (*Psychologische Beobachtungen*, 1875; *Der Ursprung der moralischen Empfindungen*, 1877) exerceram forte influência sobre Nietzsche durante um período em que eram amigos íntimos. RSM

reencarnação *s.* Renascimento da alma num novo corpo.

referência *s.* 1 A relação entre uma expressão que refere e aquilo que é referido por essa expressão. As expressões que referem são nomes, como «Júlio César», ou descrições definidas, como «O conquistador da Gália». 2 Aquilo a que se refere uma expressão que refere.

É possível que nomes diferentes ou expressões descritivas diferentes tenham a mesma referência. «A estrela da tarde» e «A estrela da manhã» *referem* ambas o planeta Vénus, e no entanto as duas expressões não *significam* o mesmo: dizemos que o seu sentido (ou o seu significado) é diferente. Frege clarificou a distinção nestes termos no famoso artigo «Über Sinn und Bedeutung» (1892).

Em determinados contextos, a DENOTAÇÃO é quase um sinónimo de *referência*. «Estrela da tarde» *denota* o planeta Vénus. Em contraste, a CONOTAÇÃO de «Estrela da tarde» são as características que a expressão significa (*grosso modo*: corpo celeste que aparece à tarde).

A referência gera problemas: um deles é como se pode ligar os nomes (e as palavras em geral) a coisas; outro é como os nomes (*e.g.*, Pégaso) se podem ligar a coisas que não existem. Há várias teorias da referência. As teorias descritivistas, que se inspiram em Frege, consideram um nome uma abreviatura de uma DESCRIÇÃO DEFINIDA. As teorias dos aglomerados (Wittgenstein, Searle) consideram que um nome está associado a uma ou outra descrição, entre um certo número delas. A TEORIA CAUSAL DA REFERÊNCIA é uma terceira alternativa.

Alguns autores insistem numa distinção terminológica: as palavras denotam, as pessoas referem. Diríamos que a palavra «cavalo» denota esse animal, mas as pessoas referem esse animal quando usam a palavra «cavalo».

referencial Ver ATRIBUTIVO.

reflexão A reflexão apresenta-nos as operações da nossa própria mente, segundo Locke, *Ensaio sobre o Entendimento Humano*, 2, 1, 4, que a contrasta com a sensação, pela qual temos impressões sensoriais das coisas exteriores. A sensação e a reflexão são as duas fontes de todas as nossas ideias, segundo Locke.

reflexiva *adj.* Diz-se que uma relação R é *reflexiva* se, e só se, para qualquer indivíduo x, Rxx. Por exemplo, ser igual a si próprio é uma relação reflexiva.

Diz-se que uma relação R é *irreflexiva* se, e só se, para qualquer indivíduo x, não Rxx. Um exemplo é que «antepassado de» é irreflexiva; ou seja, ninguém pode ser antepassado de si próprio.

De uma relação R que nem é reflexiva nem irreflexiva diz-se que é *não reflexiva*. Um exemplo é a relação de amor. O amor por si é possível, bem como o amor por outrem: se A ama, é ainda uma questão em aberto o objeto do amor de A ser A ou outra pessoa.

Pode-se distinguir a reflexividade fraca (ou quase reflexividade) da reflexividade forte (ou estrita). R é fracamente reflexiva ou quase reflexiva se, e só se, Rxx se verifica para todo o x que está de todo na relação R. Por exemplo: x tem *o mesmo comprimento* que si próprio, mas só se x tem de todo qualquer comprimento. A reflexividade fraca significa que *Rxx* se verifica para todo o *x* num dado domínio. Em contraste, a reflexividade forte significa que *Rxx* se verifica para todo o *x* em todos os domínios. **reflexividade** *s*.

Reforma Movimento religioso do século XVI que teve por objetivo a reforma de determinadas práticas e doutrinas da Igreja Católica Romana, levando ao estabelecimento das igrejas protestantes.

Os reformadores historicamente mais importantes foram Martinho Lutero (1438-1546) e João Calvino (1509-1564). Note que o termo *reformada* só é usado para a teologia calvinista e algumas das igrejas que a seguem.

refutação *s*. Refutar uma proposição é demonstrar que é falsa. O que é verdade nunca é refutado, como Sócrates chamou a atenção no diálogo *Górgias* (473^{b}11), de Platão. O que é verdade pode ser negado, mas uma mera negação não refuta uma afirmação, pela mesma razão que uma mera asserção não equivale a uma demonstração. Um modo fácil de ver a diferença é o seguinte: para negar uma acusação, tudo o que é preciso fazer é dizer «não». Mas para a refutar é preciso algo mais.

regra de inferência Em sistemas axiomatizados de lógica, as regras de inferência indicam modos permissíveis de derivar teoremas a partir de teoremas. Nos sistemas de dedução natural, as regras de inferência indicam modos permissíveis de derivar uma conclusão a partir de pressupostos anteriores. Como exemplos pode-se mencionar o *modus ponens*, que permite a introdução de uma fórmula *B*, dadas as fórmulas *A* e *A* → *B*; e a regra de substituição uniforme, que permite substituir toda a ocorrência de uma letra proposicional «*p*» numa fórmula por outra, digamos, «*q*».

regra de ouro Mateus 7:12: «Faz aos outros o que quiseres que te façam»; «Trata os outros como gostarias que eles te tratassem». Lucas 6:31: «E como gostarias que te tratassem, trata-os também tu desse modo»; «Trata os outros como gostarias que te tratassem».

regras de formação Regras que especificam o que é contar como uma fórmula bem formada numa linguagem formal.

regulativo *Ver* CONSTITUTIVO.

Reichenbach, Hans /ˈraɪʃənbax/ (1891-1953) Filósofo alemão que ensinou em Estugarda, a partir de 1920, e foi professor em Berlim entre 1926 e 1933. Forçado ao exílio, teve cargos académicos em Istambul, de 1933 a 1938, e em Los Angeles, de 1938 a 1953. Partilhou a perspetiva empirista representada pelo Círculo de Viena, e foi diretor da revista *Erkenntnis* juntamente com Carnap e Neurath.

Inspirado pela nova física, desenvolveu um forte interesse pelos conceitos de espaço e tempo (*The Direction of Time* [1956/1999]), e pelos problemas relacionados dos fundamentos da geometria e da física. A perspetiva de Kant de que as verdades sintéticas *a priori* constituem esses fundamentos foi, segundo Reichenbach, conclusivamente refutada pela geometria moderna e pela teoria da relatividade. Propôs uma lógica para a teoria quântica com três valores (verdade, indeterminado, falso), e deu contributos importantes para a lógica da probabilidade e a indução. Muito do seu trabalho é técnico, mas sempre se preocupou em explicar a sua posição em termos não técnicos, como em *The Rise of Scientific Philosophy* (1951).

Reid, Thomas /riːd/ (1710-1796) Filósofo escocês; lecionou no King's College, Aberdeen 1751-1764; sucedeu a Adam Smith como professor de Filosofia Moral na Universidade de Glasgow, 1764-1780.

A tradição filosófica conhecida como «Filosofia Escocesa do Senso Comum», ao mesmo tempo que intimamente ligada a teorias anteriores sobre o sentido moral (cf. Francis Hutcheson), tem as suas origens diretas na crítica exaustiva que Reid fez mais ou menos a toda a filosofia moderna nas suas três obras principais: *An Inquiry into the Human Mind on the Principles of Common Sense* (1764) (ed. moderna 1997), *Essays on the Intelectual Powers of Man* (1785) (ed. moderna 1997), *Essays on the Active Powers of Man* (1788). De René Descartes, passando por Nicolas Malebranche, John Locke e George Berkeley, aos contemporâneos de Reid, as perspetivas filosóficas de como a mente humana adquire um conhecimento do mundo que permite às pessoas gerirem as suas vidas tornaram-se, do ponto de vista de Reid, cada vez mais desfasadas da compreensão comum. Na vida pessoal, na sociedade e na ciência, o género humano mostra uma capacidade para o conhecimento e para se orientar por este conhecimento. Era tarefa da filosofia explicar como é isto possível, e a filosofia, do ponto de vista de Reid, não o conseguira fazer.

Os filósofos tinham sido levados erroneamente, pelo triunfo das ciências naturais, a traçar uma analogia entre a matéria e a mente, e assim a usar os métodos destas ciências para explicar tanto as faculdades cognitivas como as faculdades ativas da mente. A própria linguagem que se usava ao falar em fenómenos mentais era «fisicista», como diríamos hoje. Afirmou-se assim que o mundo mental era composto de elementos (ideias), e a composição explicava-se em termos espaciais e mecânicos. Embora poucos filósofos fossem materialistas no sentido estrito, na sua maioria tendiam a compreender a relação entre ideias, paixões, a vontade e o comportamento em termos causais ou semicausais. Quando levada às suas últimas e absurdas conclusões, que Reid via na obra de David Hume, a filosofia moderna criara um mundo fantasmagórico das chamadas «ideias» que surgiam dos objetos de observação; o eu era um aglomerado de ideias perceccionadas; e a vontade como fonte da ação nada era senão o equilíbrio de impulsos num qualquer momento.

Esta era a compreensão que Reid tinha da filosofia moderna, a qual considerava não apenas falsa mas também perigosa. Era falsa em diversos aspetos. Reid não via quaisquer indícios empíricos para sustentar a analogia entre a mente e o corpo. Pelo contrário, é experiência comum que a representação mental do mundo exterior difere inerentemente dos fenómenos espaciais, pelo que, da sensação à ideia, o processo tem de ser compreendido noutros termos que não os da causalidade. Isto é complementarmente reforçado pelo facto óbvio de que a mente é em si muito ativa na perceção tanto de sensações externas como internas. Toda a perceção ajuíza. É igualmente desfasado da experiência sugerir que a mente perceciona apenas ideias simples, discretas, a partir das quais compõe ideias complexas. Em geral, a mente perceciona os objetos complexos imediatamente e só alcança os seus componentes mais simples através da análise.

O perigo que Reid viu na filosofia moderna era a sua tendência cética no conhecimento e, consequentemente, na moral. A sugestão de que os objetos imediatos da mente são ideias levou a uma procura vã de garantias de que as supostas ideias representassem adequadamente os seus objetos, mas todos os supostos garantes – como Deus – teriam de ser apreendidos também através de ideias. E se o eu se dissolve numa sequência de acontecimentos, pode não haver relação intrínseca entre «atos da vontade» e comportamento, e logo não há maneira de atribuir responsabilidade moral.

A característica abordagem do Senso Comum a estes problemas é chamar a atenção que os céticos como Hume são necessariamente incoerentes no seu ceticismo. No próprio viver a vida e na discussão filosófica com outras pessoas, os céticos afirmam o que as suas teorias negam ou põem em causa, nomeadamente a existência de um mundo exterior estável, de mentes alheias, da continuidade das suas próprias mentes e da sua própria capacidade para atribuir e aceitar responsabilidade pelas ações, assim como as das outras pessoas. Podemos compreender tudo isto por meio da observação empírica apropriada e pela análise filosófica da atividade da mente. O realismo de Reid estava longe de ser «ingénuo». Reid não supunha que o mundo real se revela espontaneamente à mente sóbria comum. Todas as mentes, incluindo a comum, são *ativas* na sua abordagem do mundo, e só a análise filosófica da atividade mental pode explicar como o mundo é apreendido. A principal contribuição positiva de Reid para a filosofia é uma explicação minuciosa dos diversos poderes inatos da mente, em especial os instintos; a capacidade de instantaneamente e sem raciocínio formar juízos ou moldar crenças acerca de objetos de perceção; e a capacidade de formar uma série de «primeiros princípios do senso comum». Os próprios princípios do senso comum não estão sujeitos a qualquer forma de prova; formam os pressupostos necessários de toda a restante atividade cognitiva.

Com base nisto, Reid apresentou uma teoria do livre-arbítrio e do agir racional que abrangia dois «Princípios Racionais de Ação», nomeadamente, o amor de si racional e a consideração pelo dever. A filosofia moral investiga o sistema do dever que Reid, em harmonia com a tradição do direito natural comum, dividiu em três áreas: deveres perante Deus, perante o próprio e perante outros. Delimitada por um enquadramento teleológico e por um ideal de progresso moral da humanidade, a teoria moral de Reid levou a uma tendência utópica em política. Esta última só se tornou conhecida recentemente a partir dos manuscritos de Reid, bem como o seu trabalho sobre retórica, estética e a maioria dos ramos das ciências (*Practical Ethics*, 1990; *Reid on the Animate Creation*, 1995; *Reid on Logic, Rethoric and the Fine Arts*, 2004). A Edinburgh University Press está a publicar edições críticas modernas das suas obras e correspondência.

A obra de Reid exerceu uma influência enorme em França e nos EUA na primeira metade do século XIX, embora fosse não raro eclipsada pela do seu discípulo Dugald Stewart. KHA

Leitura: The Cambridge Companion to Thomas Reid 2004.

reificação (lat. *res* coisa + *facere* fazer) s. Transformar algo numa coisa ou objeto; o erro que consiste em tratar como uma «coisa» algo que não o é. A hipóstase, que trata uma entidade abstrata como se fosse concreta, é um exemplo disto.

O uso desta palavra normalmente revela a influência da teoria hegeliano-marxista. Deve a sua circulação à obra de Georg Lukács, *História e Consciência de Classe* (Marx não usou a palavra, mas o conceito de «feiticismo da mercadoria» ocorre em *O Capital*, vol. 1). Num sentido da palavra, há reificação quando algo (um objeto ou um ser humano) é tratado, em teoria ou na prática, como um objeto ou um bem comercializável. Num outro sentido relacionado da palavra, há reificação quando algo que depende da decisão e ação humana, *e.g.*, uma instituição ou uma prática social, é tratado como se não pudesse ser afetado desse modo, mas como se de algum modo tivesse existência própria independente, como um objeto exterior.

Lukács usou este conceito na sua rejeição da sociologia. Do seu ponto de vista, a sociologia é concebida como a investigação de uma realidade social objetivamente existente – ou seja, a sociologia reifica a realidade social.

A palavra começou a ser usada de modo algo livre para determinados tipos de discurso político e social, como expressão geral de desaprovação.

Reinhold, Karl Leonhard /ˈrainhɔlt/ (1757-1823) De origem austríaca, Reinhold partiu para a Alemanha com vinte e cinco anos e converteu-se ao protestantismo. Foi professor em Iena a partir de 1787 e mais tarde em Kiel, a partir de 1794. Estabeleceu a sua reputação como filósofo por conseguir explicar muito claramente a filosofia crítica de Kant, o que permitiu inicialmente que um público esclarecido mais vasto a conhecesse. A sua própria filosofia desenvolveu-se a partir de uma base kantiana, como em *Versuch einer neuen Theorie des menschlichen Vorstellungs-vermögens* (1789).

reino dos fins Um sistema de pessoas, sendo cada uma um fim em si e uma legisladora moral de todas. Kant introduz esta metáfora em *Grundlegung zur Metaphysik der Sitten* (1785) (*Fundamentação da Metafísica dos Costumes*, 2009), capítulo 2. Em alemão é *Reich der Zwecke*, que também se pode traduzir por *domínio dos fins*.

reísmo (lat. *res* coisa(s)) s. Teoria ontológica e semântica, baseada no pressuposto de que o mundo consiste em objetos concretos individuais. As propriedades abstratas e estados de coisas não fazem parte da mobília do mundo. Esta perspetiva foi defendida por Brentano (mas rejeitada por Meinong). Um defensor influente da teoria, o filósofo polaco Tadeusz Kotarbinski, preferia o termo *concretismo*. Diferia de Brentano ao dar à teoria uma inclinação antimetafísica e materialista.

relação s. Na lógica contemporânea, as relações são tratadas como predicados de pares, triplos, quádruplos, e em geral *n*-tuplos de indivíduos. Tal como os predicados monádicos são por vezes identificados com classes de indivíduos, também os diádicos (relações entre dois indivíduos) podem ser identificados com classes de pares ordenados, e os predicados *n*-ádicos (relações entre *n* indivíduos) com classes de *n*-tuplos ordenados.

Para algumas propriedades importantes de predicados diádicos, ver também REFLEXIVA; SIMÉTRICA e TRANSITIVA.

relação ancestral No sentido comum, biológico, de «ancestral», os meus ancestrais (*i.e.*, os que têm comigo a relação de *ancestral de*) consistem nos meus pais, os pais dos meus pais, os pais dos pais dos meus pais, e assim sucessiva e indefinidamente. Do modo como o termo é usado comummente pelos lógicos, a *relação ancestral* a respeito de qualquer relação diádica *R* (comummente assinalada R^*) é a relação que está para R como *ancestral de* está para *pai de*. Ou seja, x está na relação R^* perante y se x ou está na relação R perante y, ou na relação R perante algo que está na relação R perante y, ou... Para facilitar, x conta como estando na relação R^* perante si próprio, desde que esteja na relação R perante qualquer coisa ou qualquer coisa esteja na relação R perante x. Por exemplo, no campo dos números naturais, *igual ou maior do que* é a relação ancestral de *sucessor de*. A noção de uma relação ancestral é importante em demonstrações por indução matemática. GH

relação de equivalência Uma relação TRANSITIVA, SIMÉTRICA e REFLEXIVA. A identidade é uma relação de equivalência.

relação diádica Uma relação de dois lugares como *estar à esquerda de* ou *ser o pai de*. *Ver também* PREDICADO MONÁDICO.

relações de ideias Um conceito da teoria do conhecimento de Hume, que contrasta com «questões de facto». As relações de ideias não são contingentes e o nosso conhecimento delas é *a priori*. As questões de facto são contingentes e são conhecidas *a posteriori*.

relações de indeterminação *Ver* PRINCÍPIO DA INCERTEZA.

relações de ordem ORDEM LINEAR, ORDEM PARCIAL, QUASI-ORDEM e ORDEM FRACA estão entre os diferentes tipos de relações de ordem.

relações externas/internas Usar ou não chapéu não faz qualquer diferença quanto a ser marido – pelo que a relação entre ser marido e usar chapéu é *externa*. Mas divorciar-se ou não faz diferença quanto a ser marido – pelo que a relação entre ser marido e ter esposa é *interna*. A distinção é próxima da que se faz entre propriedades essenciais e acidentais. Usar um chapéu é acidental quanto a ser marido, ser casado é essencial.

Os filósofos da tradição hegeliana, em especial Bradley e Bosanquet, argumentaram que todas as relações são internas. Essa perspetiva implica que a verdade plena acerca de um objeto individual ou pessoa será uma explicação de todas as coisas sem as quais esse indivíduo não seria o que é, ou seja, uma explicação de absolutamente tudo. A verdade é o todo, como afirmou Hegel. Esta tese foi posta em causa por Moore e Russell, entre outros anti-idealistas, no início do século XX.

relatividade linguística *Ver* WHORF.

relativismo s. Palavra que parece ter começado a ser usada no final do século XIX. Uma das primeiras ocorrências encontra-se no filósofo inglês John Grote, em 1865. Husserl usou-a nas *Investigações Lógicas* (1900), argumentando que o psicologismo implica o relativismo quanto à verdade. *Ver* RELATIVISMO CULTURAL; RELATIVISMO ÉTICO; RELATIVISMO EPISTÉMICO; RELATIVISMO QUANTO À VERDADE.

relativismo cultural Termo usado para pelo menos duas posições diferentes. A primeira não é controversa, a segunda é-o: 1) diferentes culturas têm diferentes costumes, instituições sociais, moralidades, etc.; 2) a posição de que aqueles que pertencem a uma cultura não podem formar um juízo legítimo de qualquer costume, instituição, crença, etc., que seja parte de uma cultura significativamente diferente da sua. A posição de que não há uma base não relativa («absoluta») a partir da qual se possa ajuizar, e que só se pode fazer juízos adequados a partir do interior, *i.e.*, a partir do ponto de vista da cultura sob juízo. Um dos principais representantes desta posição foi o antropólogo norte-americano Melville J. Herskovits em *Man and his Works* (1948).

Nota: «Culturalismo» é ocasionalmente usado para esta posição.

relativismo epistémico A ideia de que um conceito de conhecimento sem reservas não faz sentido, nada havendo além de várias perspetivas. A posição é sugerida no uso comum do termo «conhecimentos». É igualmente sugerido quando se fala de «conhecimento burguês», «conhecimento proletário», etc. Ao falar deste modo não se trata apenas de assinalar que pessoas diferentes sabem coisas diferentes. Trata-se antes de insistir que não há qualquer justificação cognitiva para lá da perspetiva de uma classe. Dado que *sabe-se que p* implica que «*p» é verdadeira*, o relativismo epistémico implica o relativismo alético (*i.e.*, o relativismo quanto à verdade).

relativismo ético 1 Perspetiva segundo a qual diferentes indivíduos, grupos, sociedades, culturas, diferem de facto nas suas opiniões sobre o que é bom ou mau, correto ou incorreto, quanto ao carácter e à conduta.

2 Perspetiva segundo a qual um carácter ou conduta é bom ou mau, correto ou incorreto apenas relativamente. *a*) Relativamente a *uma situação*. Isto pode significar *i*) que algumas regras podem ter exceções; as circunstâncias mudam por vezes os casos; *ou ii*) que todas as regras podem ter exceções. Isto não é incontroverso. O relativismo, neste sentido, opõe-se ao absolutismo, segundo o qual algumas regras não admitem exceções, como as regras que proíbem o incesto, a blasfémia ou o assassinato deliberado de uma pessoa inocente; *ou iii*) que diferentes regras são apropriadas em situações diferentes: a conduta de conservar a água é correta em tempos de seca. *b*) Relativamente ao *ajuizar de uma situação*. As opiniões morais só são verdadeiras ou falsas, corretas ou incorretas *i*) relativamente ao indivíduo que emite estas opiniões: a minha afirmação «*P* agiu corretamente» é verdadeira se, e somente se, for a minha opinião que *P* agiu corretamente; *ou ii*) relativamente ao grupo ou sociedade que tem estas opiniões: a minha afirmação «*P* agiu corretamente» é verdadeira se, e somente se, for a opinião do grupo ou da sociedade que *P* agiu corretamente.

Para algumas pessoas, as opiniões relativistas, tal como definidas acima, têm um certo encantamento porque parecem sustentar uma abordagem da moralidade «não preconceituosa» – não devemos julgar os outros – e parecem estar subjacentes a uma abordagem «não intervencionista» da moralidade – não se deve interferir. Mas há graves problemas no relativismo ético. Uma das objeções é paralela à objeção contra o RELATIVISMO QUANTO À VERDADE.

relativismo metafísico *Ver* RELATIVISMO QUANTO À VERDADE.

relativismo quanto à verdade A posição de que não se pode dizer que uma crença ou opinião é simplesmente verdadeira, sendo-o apenas relativamente a uma espécie, um esquema conceptual, uma prática social, um grupo social, ou uma pessoa. Ilustrando com o último tipo, sempre que uma pessoa, *X*, diz ou pensa «*p* é verdadeira», isto quer apenas dizer «*p* é verdadeira para *X*». Esta posição tem a consequência absurda de que se A acredita que *p é verdadeira* e B acredita que *p não é verdadeira*, não há qualquer contradição entre o que A e B acreditam!

relativo *adj.* Afirmar simplesmente que algo é relativo não acrescenta informação alguma, visto que tudo está numa ou noutra relação com algo mais. Havendo exceção a isto, há no máximo uma: o ABSOLUTO, que não tem relação alguma com qualquer outra coisa.

Podemos dizer que é relativo, ou condicionado, aquilo cuja existência depende de outra coisa, contrastando com aquilo que existe independentemente de tudo o mais, o absoluto ou incondicionado.

relativo ao agente Ver NEUTRO/RELATIVO AO AGENTE.

relevância, lógica da Ver LÓGICA DA RELEVÂNCIA.

relevante *s.* 1 Que tem influência na questão em debate ou no assunto em causa. Uma afirmação, uma consideração, etc., da qual se diz que é relevante, tem de ser compreendida como relevante para algo: a *relevância* é sempre relacional. *Ant.* irrelevante.

Uma conectiva frásica como a implicação *p implica q*, e a condicional correspondente *se p, então q*, exibe relevância se *p* for relevante para *q*, por exemplo, se *p* e *q* têm alguma componente ou conteúdo em comum. Diz-se que um sistema de lógica é relevante se todas as implicações lógicas válidas do sistema exibirem relevância. Isto leva a um novo sentido de «relevante»:

2 Pertencente ou pertinente a um sistema de LÓGICA DA RELEVÂNCIA. Neste sentido, *implicação relevante*, por exemplo, é a implicação válida segundo um sistema de lógica da relevância.

Por exemplo: conjunções com a forma $p \wedge \neg p$ não implicam relevantemente uma afirmação q escolhida arbitrariamente, porque q pode nada ter a ver com p, não partilhar qualquer conteúdo com p. Isto contrasta com a lógica canónica, clássica ou intuicionista, segundo a qual uma conjunção com conjuntas contraditórias implica qualquer afirmação que seja. *Ant.* canónico, clássico, não relevante. RSY

religião natural Doutrina religiosa ou teológica baseada na razão apenas; também conhecida por *teologia natural*.

A teologia natural foi contrastada por Suárez com aquilo a que chamou «teologia sobrenatural» (*Disputationes metaphysicae*, 1597, 1, 1), mas a que mais comummente se chama «religião revelada», baseada direta ou indiretamente na comunicação por parte de Deus.

Uma formulação anterior de uma teologia que não depende da revelação é a teoria estoica apresentada no *De Natura Deorum* (*Da Natureza dos Deuses*, 2004) de Cícero, cerca de 45 a.C. Muitos ingredientes da sua teoria foram adotados maioritariamente pelos teólogos cristãos, que concordavam que se podia conhecer uma parte, embora não o todo, da doutrina cristã sem qualquer revelação especial. No século XVII, uma série de autores conhecidos como DEÍSTAS argumentaram que uma religião que não ultrapasse os limites da razão contém tudo o que é essencial à religião verdadeira, e no século XVIII esta ideia tornou-se influente. A ala mais radical rejeitava a revelação; a mais popular era a perspetiva moderada, proposta em William Wollaston, *The Religion of Nature Delineated* (1722, 1724), por exemplo, de que a revelação era uma «re-edição» de verdades alcançáveis por meios naturais, útil para as mentes mais fracas mas não essencial.

A ideia de religião natural era apelativa, pois baseando-se em razões podia em princípio promover o consenso universal e pôr fim às disputas e conflitos sangrentos que grassaram durante séculos. Outra característica considerada apelativa era que podia servir como refutação do ateísmo e do materialismo.

As críticas clássicas mais importantes ao projeto são as de David Hume nos seus postumamente publicados *Dialogues concerning Natural Religion* (1779) (*Diálogos sobre a Religião Natural*, 2005) e de Immanuel Kant na sua *Kritik der reinen Vernunft* (1781, 1787) (*Crítica da Razão Pura*, 2008), na Dialética Transcendental.

A força destas críticas não foi compreendida de imediato. Foram desconsideradas por William Paley na sua *Natural Theology, or evidences of the existence and attributes of the Deity, collected from the appearances of nature* (1802), um livro que veio a ser amplamente usado como manual nas universidades inglesas no século XIX; e as objeções clássicas continuam a ser ignoradas mesmo nos nossos dias.

religião racional Crença religiosa fundada na razão apenas. Também tem o nome de RELIGIÃO NATURAL.

religião revelada Contrasta tradicionalmente com a RELIGIÃO NATURAL por ter a sua base na REVELAÇÃO.

rememoração, argumento da Um argumento a favor da preexistência da alma. *Ver* ANAMNESE.

reminiscência Rememoração. Termo tradicional para o conceito de ANAMNESE de Platão.

Renascença Um período de história intelectual, que tem início na Itália do século XIV, um pouco mais tarde noutros locais. Foi então que muito da herança cultural da época grega clássica foi redescoberto, em parte pela descoberta de manuscritos que haviam sido ignorados ou descurados durante séculos, em parte pelas traduções para latim ou línguas vernáculas. Emergiu uma nova tendência de imitar a dicção dos autores latinos clássicos, de modo a restabelecer a pureza da língua que se pensava ter sido descurada, e houve um interesse crescente não só na alquimia, na astrologia e noutras investigações de natureza oculta, mas também na investigação científica. Filósofos da renascença como Lorenzo Valla (1407-1457), Marsilio Ficino (1433-1499), Pietro Pomponazzi (1462-1525), Giovanni Pico della Mirandola (1463-1494) e Erasmo de Roterdão (*c.* 1466-1536) criticaram o ensino universitário (ou seja, escolástico), que era amplamente aristotélico e cristão, e simpatizavam ao invés com ideias menos ortodoxas, neoplatónicas, estoicas e até epicuristas. A Renascença assistiu ao estimular da vida intelectual e aos primeiros passos da ciência moderna. Mas os ataques ao logicismo árido (e ao latim não clássico dos lógicos) contribuíram para um declínio em qualidade da teoria lógica durante muitos séculos. O estilo latino revitalizado e a preocupação pela latinidade pura (em especial a ciceroniana) definiram cânones elevados, e a dificuldade de os satisfazer pode ter contribuído para o desaparecimento gradual do latim como língua comum dos letrados.

reparações navais 1 O navio com o qual Teseu, o herói semimítico da antiga Atenas, cumpriu a sua missão de salvamento foi exibido publicamente em Atenas, e à medida que ia sendo necessário substituía-se novas pranchas, tábuas, velas, cordas, etc. às antigas, até que um dia nenhuma das partes originais do navio restava. Será que este navio *reparado* é o *mesmo* navio?

A história ocorre nas *Vidas* de Plutarco (Vida de Teseu 22-23). No *De Corpore* de Hobbes (2, 2) levanta-se uma questão complementar: suponhamos que todas as velhas pranchas, tábuas, etc., eram preservadas e a dada altura combinadas para formar um navio, como o original. Será que este navio *restaurado* é o mesmo navio?

Se a resposta a ambas as perguntas for «sim», dois navios seriam numericamente o mesmo, o que é absurdo. Mas em que bases razoáveis se podia responder «não» a uma ou outra pergunta? Esta história ajuda a analisar problemas de identidade: em que consiste ser *uma e a mesma* coisa?

2 O *Argo* levava a bordo Jasão e os outros Argonautas, a sua esposa Medeia e o Velo de Ouro. Enquanto estava no mar, a nave sofreu renovações constantes, e alijavam-se as partes velhas. Isto pode ter inspirado a reflexão de Neurath, citada como divisa em *Word and Object* (1960) de Quine (*Palavra e Objeto*, 2009), de que nós (filósofos e cientistas) somos como marinheiros que têm de reconstruir o nosso navio em mar alto. *Ver* HOLISMO.

reprodução *s*. O processo (ou o resultado do processo) pelo qual os membros de uma espécie biológica dão existência a outros membros dessa espécie.

Em Marx, a noção de reprodução aplica-se primariamente aos meios ou fatores de produção em geral. Na teoria social de influência marxista o termo tem sido usado mais ou menos amplamente para o processo (ou resultado do processo) pelo qual uma sociedade se preserva. A educação, por exemplo, foi descrita como parte de um processo reprodutivo, sendo um dispositivo para fornecer uma reserva de trabalhadores industriais aquiescentes.

republicanismo *s*. Uma tradição política com antecedentes gregos e romanos, desenvolvida nos primórdios da Europa moderna, que procura realizar a liberdade e o bem comum entre cidadãos que se regem a si mesmos. Em vez de ser identificável, quer com a pura democracia, quer com a mera ausência de monarquia, historicamente uma república implica o Estado de direito, um equilíbrio entre forças sociais ou instituições diferentes – «governo misto» e cidadãos ativos que sustentam o bem comum ao exibir a virtude cívica. Isto precisa de ser inculcado por meios como a participação política, a educação cívica e a religião, o serviço civil e militar; estes procuram evitar a ameaça natural da corrupção nos indivíduos e nas instituições.

As figuras importantes do republicanismo incluem Maquiavel, Harrington e, uma vez que influenciaram as revoluções norte-americana e francesa, assim como as repúblicas subsequentemente estabelecidas, os teóricos contrastantes, Madison e Rousseau. No século XIX o republicanismo foi algo eclipsado pela tradição mais jovem do liberalismo, para o qual contribuiu com muitos elementos.

Um renascimento no final do século XX viu emergir uma diversidade de expressões republicanas, na esteira do debate filosófico entre liberais e comunitaristas e do colapso do socialismo na prática. Os seus defensores passaram do estabelecimento da coerência da tradição histórica, *e.g.*, J. G. A. Pocock, *The Machiavellian Moment* (1975), Q. Skinner, *Liberty Before Liberalism* (1998) (*Liberdade antes do Liberalismo* 1999) à rearticulação de uma teoria republicana que proponha alternativas às perspetivas liberais predominantes sobre a liberdade, que a concebem como não interferência, e da política, concebida como conflito entre interesses individuais e sectários; ao invés, coloca-se a ênfase na cidadania como algo que implica a solidariedade numa comunidade definida politicamente, e não pré-politicamente (como para os comunitaristas). Os republicanos combinam a preocupação pela liberdade e pelo bem comum, direitos e deveres, e sublinham a importância da participação cívica e política, embora possam discordar sobre se isto é valioso intrinsecamente (os republicanos «fortes» ou os «humanistas cívicos») ou como instrumento de promoção da liberdade como não dominação (republicanos «instrumentais» ou «neo-romanos»). Ideias deste tipo são articuladas em Philip Pettit, *Republicanism* (1997) e Richard Dagger, *Civic Virtues* (1997), entre outros. IH

repugnância *s*. No uso antigo, *e.g.*, Locke: incompatibilidade (lógica). A palavra é ocasionalmente usada como termo técnico. Em Anderson e Belnap, *Entailment* (1975), a *repugnância manifesta* denota conjunções de proposições atómicas com as suas negações, isto é, com a forma $p_1 \wedge \neg p_1 \wedge p_2 \wedge \neg p_2 \wedge \ldots p_n \wedge \neg p_n$.

res (lat. coisa) *s*. Na filosofia medieval, um dos TRANSCENDENTAIS.
Não é fácil definir uma noção tão geral como esta. A proposta de Avicena (*Philosophia prima*, 1, 5, 25) não deve ser desprezada: «uma coisa é aquilo acerca do qual se pode afirmar algo verdadeiro». Outra formulação plausível, cerca de mil anos depois, de Ruth Barcan Marcus (*Modalities*, 1993, p. 224) é que as coisas são o que pode apropriadamente entrar numa relação de identidade.

Rescher, Nicholas /ˈrɛʃə/ (n. 1928) Rescher partiu da sua Alemanha natal para os Estados Unidos em 1938, e é professor em Pittsburgh desde 1961. O número das suas publicações é notável, e inclui cerca de cinquenta livros, que lidam com aspetos históricos e teóricos da maior parte das áreas da filosofia e da lógica, de problemas de justiça social à lógica medieval árabe.
A teoria do conhecimento de Rescher é um tipo de pragmatismo. Rejeita a ideia de que podemos testar as nossas teorias contra uma realidade objetiva a que temos acesso direto. Difere do pragmatismo «utilitarista» original, que considera uma teoria verdadeira (ou justificada) se a sua aceitação for útil. Ao invés, o pragmatismo de Rescher é metodológico: uma teoria é considerada verdadeira (ou justificada) se for baseada na aplicação de métodos comprovadamente úteis – fazendo, por exemplo, previsões acertadas. Uma restrição adicional importante é a coerência. Devemos aceitar as perspetivas teóricas que são capazes de sobrevivência a longo prazo, e, numa perspetiva teórica, devemos aceitar como verdadeiras as proposições que em conjunto proporcionam uma mundividência coerente.

res cogitans (lat. *res* coisa; *cogitans* pensante) Algo que pensa; em Descartes, substância pensante, mente.

res extensa (lat. *res* coisa; *extensa* extensa) Algo que tem extensão espacial. Em Descartes, substância material, matéria.

retorção *Ver* ARGUMENTUM AD HOMINEM.

retórica *s.* O estudo de como usar bem a linguagem, especialmente ao dirigir-se a um auditório. Na antiguidade dividia-se em três tipos: 1) judicial, com a *justiça* em vista; 2) política/deliberativa, argumentando em termos de conveniência ou *utilidade*; 3) epidíctica, praticada em panegíricos, elegias, etc., que atribui o louvor (ou a culpa), em que o conceito crucial era a *nobreza*.

O ensino canónico reconhecia cinco partes diferentes de um discurso (ver Tabela 16).

Havia outra divisão quíntupla (não correlacionada com a da Tabela 21) das tarefas a ser praticadas pelo aluno (ver Tabela 22).

Tabela 21 **As partes do discurso**

português	grego	latim
proémio	προοίμιον	*exordium*
narração; declaração factual	διήγεσις	*narratio*
confirmação; prova	πίστις	*confirmatio*
refutação	λύσις	*refutatio*
peroração	ἐπίλογος	*peroratio*

Tabela 22 **Cinco tarefas a dominar pelo orador**

português	grego	latim
invenção; descoberta	εὕρεσις	*inventio*
disposição; organização	τάξις	*dispositio*
estilo	λέξις	*elocutio*
memória	μνήμη	*memoria*
apresentação	ὑπόκρισις	*actio*

Os escritos da antiguidade mais importantes sobre retórica são os de Aristóteles, Teofrasto, Hermágoras (século II a.C.), o autor anónimo de *Rhetorica ad Herennium*, Cícero, e Quintiliano (*c.* 35-100).

A retórica foi definida como a arte de usar *bem* a linguagem (*ars bene loquendi*), contrastando com a gramática, que foi definida como a arte de usar a linguagem *corretamente* (*ars recte loquendi*). Ambas estavam entre as sete artes liberais no currículo medieval.

retrodução *Ver* ABDUÇÃO.

revelação *s.* Anunciação; desvelamento. Na religião e na filosofia da religião, a comunicação direta, dirigida aos seres humanos, por parte de um ser divino a respeito da existência, atributos ou vontade desse ser, ou outra informação de elevada importância. Tem-se conhecimento primário do ato de comunicar e do seu conteúdo através da experiência (uma visão, uma voz, etc.), e secundário através da tradição oral ou escrita.

revisão de crenças O uso de modelos lógicos para estudar mudanças em estados de crença e em bases de dados. Os fundamentos filosóficos foram em grande parte estabelecidos por Isaac Levi na década de 1970. Em 1985, Carlos Alchourrón, Peter Gärdenfors e David Makinson publicaram um artigo apresentando o chamado «modelo AGM», que ainda domina a área.

Neste modelo, pressupõe-se que uma pessoa que tenha certas crenças acredita também em todas as suas consequências lógicas. Este estado de crença pode consequentemente ser representado por um conjunto consistente de frases (o conjunto de crenças), fechado sob a consequência, *i.e.*, toda a frase que se segue logicamente do conjunto de crenças é em si um elemento desse conjunto.

Há três tipos de mudanças de crenças na teoria AGM: contração, expansão e revisão. Na *contração*, uma frase específica é removida do conjunto de crenças. Isto exige a eliminação de outras frases também, para assegurar que o novo conjunto de crenças daí resultante não implique a frase removida. Como exemplo disto, suponhamos que descobrimos uma razão para abandonar a nossa crença de que John é um comerciante reformado. Para o fazer é preciso eliminar também a crença de que se reformou ou a crença de que tem sido um comerciante – ou ambas. Na *expansão*, uma frase especificada é incorporada no conjunto de crenças, sem remover qualquer um dos seus conteúdos anteriores. Na *revisão*, uma nova frase é incorporada no conjunto de crenças, removendo-se frases antigas, se necessário, para manter a consistência. Como exemplo de revisão, suponhamos que acreditamos que Brian tem uma vida monógama e que tem uma relação com a Annabel. Descobrimos então que tem uma relação com a Belinda. Quando revemos o nosso estado de crença para incluir a nova informação, teremos de abandonar a crença na sua monogamia ou na sua relação com a Annabel, ou ambas.

Construíram-se vários modelos matemáticos intrincados de contração e revisão. Puseram-se a descoberto conexões interessantes com outras áreas, como a lógica monotónica, a lógica das preferências e a teoria da escolha social.

Desenvolveram-se várias alternativas ao modelo AGM. Em algumas, o estado de crença é representado por uma base de crenças, um conjunto de frases que não é fechado quanto à consequência lógica. Noutros, abandona-se o pressuposto de que a revisão e a contração são univocamente determinadas pelo estado das crenças do agente e pelas políticas de mudança de crenças com as quais está comprometido. Noutros ainda, usam-se várias representações mais elaboradas que registam as justificações das crenças. Investigaram-se também operações que não as dos três tipos de mudança de crenças do modelo AGM. Uma delas é a *atualização*, na qual ocorre uma mudança no mundo e não apenas nas nossas crenças sobre o mundo. Outra é a *revisão não prioritária*, que difere da revisão normal por não se aceitar toda a nova informação. Assim, uma revisão normal do nosso conjunto atual de crenças pela frase «A Lua é feita de queijo por curar» conduzir-nos-á à crença de que a Lua é feita de queijo por curar. Na revisão não prioritária de crenças, este dado de entrada pode ser rejeitado, permanecendo o estado de crença sem qualquer mudança. SH

Leitura: Peter Gärdenfors, *Knowledge in Flux* 1988; Sven Ove Hansson, *A Textbook of Belief Dynamics* 1999.

revisionismo *s.* Teoria marxista que se desvia dos dogmas do partido comunista ortodoxo. No final do século XIX, os esforços de Eduard Bernstein (1850--1932) foram descritos desse modo, sobretudo pelos seus adversários. Argumentou que a teoria de Marx tinha pelo menos em parte sido refutada pelos desenvolvimentos entretanto ocorridos. Por exemplo, não havia indícios a favor da tese de que a crise e colapso do capitalismo eram inevitáveis ou iminentes. Concluiu que a política da classe operária já não devia ter como objetivo uma revolução violenta, antes reformas socialistas e de bem-estar social. Bebel, Kautsky, Liebknecht, Luxemburg, Zetkin e Lenine, entre outros, rejeitaram esta ideia por ser oportunismo pequeno-burguês.

Pouco depois da guerra, Estaline condenou o titismo por ser revisionista, tornando-o um crime suscetível de pena capital. Em geral, o termo foi usado pelos comunistas ortodoxos para condenar as tentativas de desenvolver uma teoria marxista que fizesse concessões a ideais reformistas e democráticos. *Ver* MARXISMO.

«Revisionismo» foi também usado noutros contextos em que se propõe uma revisão (por boas ou más razões), e em especial na historiografia. Por exemplo, chamou-se «revisionistas» aos historiadores que na década de 1960 puseram em causa a conceção corrente do papel desempenhado pelos Estados Unidos na Guerra Fria. As tentativas, comuns a determinados «antissionistas» de esquerda e a antissemitas de direita, de negar os crimes nazis, ou exonerar os criminosos, ou culpar as vítimas, são também descritas como «revisionistas».

revolução *s.* 1 No uso antigo, esta palavra preservou o seu significado literal de reviravolta, alteração, mudança, das condições políticas ou sociais, mas não necessariamente súbita, abrupta ou violenta. O sentido corrente de uma sublevação estrondosa ou efetivamente violenta desenvolveu-se depois de 1789. 2 Revolver, movimento em torno de algo. A obra de Copérnico *De revolutionibus orbium caelestium* (1543) (*As Revoluções dos Orbes Celestes*, 1996) não trata de sublevações políticas dos orbes, mas dos seus movimentos em torno do Sol.

Rickert, Heinrich /ˈrikɛrt/ (1863--1936) Filósofo alemão neokantiano, professor em Friburgo e mais tarde em Heidelberga, sucedendo a Windeband, o seu professor original. Ao passo que Kant distinguira dois domínios da razão, o teórico e o prático, Rickert, como outros neokantianos, distinguia vários. Cada um deles está ligado a um conceito valorativo distintivo fundamental. A investigação racional ou a lógica tem a verdade; a estética tem a beleza; o misticismo tem o sagrado impessoal; a ética tem a retidão moral; o erotismo tem a *felicitas*; a religião tem a santificação pessoal. Cada conceito valorativo básico gera um critério de adequação ou verdade apropriado ao seu domínio. Como indicado pelo título da sua obra mais bem conhecida, *Die Grenzen der naturwissenschaftlichen Begriffsbildung*, 1.ª ed. 1896, 5.ª ed. 1929, sustentou que os conceitos e pressupostos das ciências naturais não têm aplicação geral, concordando com Windelband e Dilthey em que há uma diferença radical entre as ciências naturais e culturais. As anteriores procuram proposições gerais, e não fazem pressupostos particulares acerca de valores. As últimas, entre elas, antes de mais, a historiografia, não têm por objetivo a generalidade. Os estudos históricos lidam com o particular, pelo que a seleção de factos é inevitável, e essa seleção não pode assentar em pressupostos valorativos. Estes não devem, todavia, ser individuais e arbitrários, mas devem ser os que podem ser reconhecidas como valores culturais comuns, e, idealmente, como os valores comuns de uma cultura universal.

Ricoeur, Paul /ʀikœʀ/ (1913-2005) Filósofo francês. As primeiras influências vieram de Kant e Hegel, Gabriel Marcel e Karl Jaspers. Também estudou com Husserl, traduziu *Ideen* para francês e publicou-o juntamente com as suas notas explicativas e comentário.

Em 1950, Ricoeur publicou a sua primeira obra importante, *Le Volontaire et l'involuntaire*, muito influenciada pelo método «eidético» de Husserl. Este método exige uma análise conceptual cuidadosa, neste caso da vontade ou do querer, que põe de lado todo o conhecimento empírico ou hipóteses, concentrando-se na estrutura conceptual do querer. A escolha deste tópico, a vontade ou a liberdade, revela a influência de Marcel. O livro empreende a refutação, ainda que indirectamente, de *L'Etre et le néant* (1943), de Sartre (*O Ser e o Nada*, 2005). A tese principal é que todo o aspeto do querer tem um correlato involuntário. A análise «eidética» da vontade revela três «momentos»: decisão, movimento voluntário e consentimento. Cada um é compreendido apenas em relação com um momento correspondente do involuntário: os motivos, o corpo como resistência e as necessidades de caráter, o inconsciente, e a própria vida representada pelo nascimento e pela morte. Isto é o contrário da noção sartriana de liberdade absoluta, que de modo algum é condicionada pelo mundo ou por qualquer outro tipo de necessidade.

A análise «eidética» husserliana de Ricoeur exigia-lhe que «colocasse entre parêntesis», ou desconsiderasse, tanto a transcendência como o mal. O mal é tratado em *Finitude et culpabilité* (1960). A primeira parte, *L'Homme failible*, lida com a questão teórica de «Como é possível o mal?», enquanto a segunda, *La Symbolique du mal*, trata da questão de como o mal se exprime e descreve. Influenciado por Kant, Ricoeur dá uma resposta transcendental à primeira pergunta: há uma desproporção no homem que deixa sempre uma «lacuna» entre as suas possibilidades e a sua realidade. Esta desproporção cria uma «fragilidade» que torna o mal possível. A nossa condição é sempre procurar mais posses, mais poder, e mais apreciação e estima. Estes desejos não são satisfeitos. Ricoeur responde à segunda pergunta afirmando que o mal exprime-se sempre simbolicamente ou metaforicamente: nódoa, fardo, estar perdido. Os mitos sobre a origem do mundo – dos quais o mito adâmico no Novo Testamento é um exemplo fundamental – são as explicações de primeira ordem de como o mal surgiu no mundo. Este estudo do simbolismo do mal redirecionou os interesses de Ricoeur de uma antropologia filosófica para a hermenêutica que caracteriza a sua filosofia entre 1960 e 1990.

No início da década de 1960, o interesse de Ricoeur em símbolos e interpretação alargou-se para incluir o simbolismo freudiano e a interpretação psicanalítica. Em *De l'interpretation: Essai sur Freud* (1965), a tese é que a «linguagem mista» de força e significado, de Freud, é apropriada ao seu objeto de estudo: como se exprime o desejo (incluindo os desejos inconscientes) na linguagem. Contra alguns críticos anglo-americanos de Freud, Ricoeur argumenta que a psicanálise não é uma ciência observacional mas sim hermenêutica.

No final da década de 1960, os interesses de Ricoeur expandiram-se dos símbolos e da interpretação psicanalítica para a hermenêutica em geral e para o problema da metáfora em particular. O seu *La Métaphore vive* (1975) (*A Metáfora Viva*, 2000), é uma enciclopédia virtual das teorias da metáfora, de Aristóteles às teorias francesas e norte-americanas mais recentes. A sua tese central é a de que o poder das metáforas reside na sua capacidade para redescrever o mundo.

O interesse de Ricoeur na produção de significado e na interpretação de textos expandiu-se uma vez mais numa obra em três volumes, *Temps et récit* (1983-1985) (*Tempo e Narrativa*, 3 vols., 1994-1997). Começa com uma análise exaustiva das aporias de S. Agostinho sobre o conceito de tempo e com a teoria poética de Aristóteles sobre a construção de narrativas, em especial a noção de «enredamento». A tese é que «o tempo se torna humano na medida em que é organizado à maneira de uma narrativa; a narrativa por sua vez tem significado na medida em que representa as características da experiência temporal». Esta tese é testada na segunda parte do primeiro volume contra as teorias da narrativa histórica. No segundo volume, Ricoeur revê algumas das principais teorias contemporâneas da narrativa ficcional, com especial atenção ao seu tratamento da temporalidade. No volume final, revê os textos sobre o tempo de filósofos como Kant, Hegel, Heidegger e Husserl. A conclusão é que nenhuma das tentativas filosóficas para descrever e explicar a temporalidade consegue superar as aporias descobertas por S. Agostinho. As narrativas são essencialmente temporais e a temporalidade só pode ser descrita e recaptada nas narrativas de história e ficção.

Soi-même come un autre (1990) regressa ao problema da identidade pessoal e da relação entre o eu e o outro. Ricoeur desenvolve uma dialética entre uma ética teleológica que tem o seu fundamento no desejo universal de «viver a vida boa com e para os outros em instituições justas», e uma moralidade de normas inspirada pelo formalismo de Kant.

Dez anos mais tarde seguiu-se outra obra magistral, *La Mémoire, l'histoire, l'oubli* (2000) (*A Memória, A História, O Esquecimento*, 2008). Consiste numa fenomenologia da memória, uma epistemologia da história e uma hermenêutica do esquecimento. A história depende em última instância da memória, especialmente na forma de arquivos, enquanto a preserva e corrige. A história é também a defesa contra o esquecimento, que tem uma interessante estrutura própria. O ensaio final dá uma análise profunda do perdão, do desculpar, da amnistia e da amnésia.

Em suma, a obra de Paul Ricoeur, que se estende por mais de sessenta anos, é difícil de categorizar. Todos os seus textos são informados pela história da filosofia, dão o devido crédito aos autores que leu e que o influenciaram, e exemplificam generosidade de espírito para com os seus adversários filosóficos bem como para com os seus guias intelectuais. O seu estilo é ver se consegue estabelecer uma dialética entre perspetivas que em geral se considera em pólos opostos. Do seu ponto de vista, a filosofia é sempre uma reflexão sobre uma experiência que já está aí: a filosofia a nada dá início e não é fundacional. A sua tarefa é ajuizar entre interpretações antagónicas – cada uma das quais se pretende absoluta. CR

Leitura: The Philosophy of Paul Ricoeur (LLP) 1995.

rigorismo *s.* Rigidez, inflexibilidade. O termo é por vezes usado para descrever a perspetiva de Kant sobre o dever moral.

risco *s.* Em linguagem não técnica, a palavra «risco» refere, muitas vezes de um modo vago, situações em que é possível mas não certo que ocorra algum acontecimento indesejável. Em contextos técnicos, a palavra tem muitos significados especializados. Os mais salientes são os seguintes: 1) Um risco pode ser um *acontecimento indesejado* que pode ocorrer ou não. Assim, o cancro do pulmão é um dos principais riscos que afetam os fumadores. 2) Um risco pode ser a *causa* de um acontecimento indesejado que pode ocorrer ou não. Assim, fumar é um dos principais riscos para a saúde na sociedade contemporânea. 3) O risco pode ser a *probabilidade* de um acontecimento indesejado que pode ocorrer ou não. O risco de que fumar diminua a longevidade de um fumador é cerca de 50%. 4) O risco pode ser a *gravidade estatisticamente esperada* de um acontecimento indesejado. Uma probabilidade de 1 em 10 000 de um acidente que matará 400 pessoas dá lugar a um risco de 0,04, medido no número de vidas perdidas. Esta definição de risco é comum na análise profissional de risco. 5) Ao afirmar que uma decisão é feita sob risco queremos dizer que é feita sob *condições de probabilidades conhecidas.* SH

Leitura: Sven Ove Hansson, «What is Philosophy of Risk?», *Theoria* 62 (1996).

rizoma (gr. ῥίζωμα raiz, sistema de raízes) *s.* 1 Uma raiz: Empédocles usou esta palavra para os quatro elementos fundamentais. 2 Uma rede desordenada de raízes. Deleuze e Guattari introduziram esta metáfora biológica por oposição a outra – a árvore de Porfírio. A última é arrumada, com um tronco, ramos e uma ordem hierárquica fixa. Em contraste, um rizoma é uma rede desarrumada com nódulos, nós, etc. O contraste simboliza estilos diferentes de pensamento e escrita. Os dois autores sublinham em especial que os rizomas diferem das estruturas. As estruturas são definíveis, os rizomas são multidimensionais e crescem de uma maneira irregular, de modo que os critérios canónicos de adequação teórica não se aplicam.

romantismo *s.* Um conjunto diversificado de ideias usado sobretudo para caracterizar as tendências na literatura, na música e nas artes visuais que alcançaram o pleno florescimento nas primeiras décadas do século XIX. Todavia, determinados conjuntos de ideias filosóficas podem também ser descritos como românticos.

Em áreas de atividade artística, o romantismo significa uma ênfase na sinceridade, originalidade, individualidade, imaginação, espontaneidade, emoção e expressão própria. Os ideais neoclássicos de harmonia e moderação foram rejeitados, bem como os ideais de racionalidade e universalidade do Iluminismo. O génio romântico é acima de tudo um espírito livre e solto. Afirmou-se que o espírito do classicismo é sereno, o do romantismo perturbado: Goethe contrastou o romantismo doentio com o classicismo saudável. A. W. Schlegel, que introduziu a palavra em palestras dadas em Viena entre 1809 e 1811, contrastava a poesia clássica, que está na posse do seu objeto, com a poesia romântica, que é uma poesia da saudade.

Outros ingredientes entram também no conjunto diversificado de ideias considerado caracteristicamente romântico. Os aspetos não racionais do pensamento e ação humanos são celebrados: a análise racional ou a investigação empírica são subordinadas a uma dependência do sentimento e da intuição não racional (só podemos conhecer a natureza comunicando com ela, e não analisando-a intelectualmente) e, em consonância com esta atitude, a filosofia da natureza substitui a ciência. Na política, o universalismo (expresso na *Ode à Alegria* de Schiller) passou a estar sob grande pressão pelo nacionalismo.

No pensamento político, uma vertente do romantismo era reacionária. O ideal de sociedade como uma associação de indivíduos que são por natureza livres e iguais foi rejeitado, a favor do ideal de uma comunidade orgânica com raízes tradicionais, em que todos sabem qual o seu lugar: em vez de um progressismo prospetivo, o medievalismo retrógrado; em vez de codificação da lei, a adesão contínua ao costume jurídico vago, a pretexto de que representa a sabedoria acumulada das gentes comuns.

Outra vertente era radical, opondo-se veementemente à repressão dos indivíduos e da individualidade causada pelas forças políticas e burocráticas, e pela convenção estabelecida na sociedade. Foram os escritores desta geração os primeiros a defender o amor livre. No extremo, havia excessivo individualismo, uma preocupação unilateral com valores privados, por oposição a valores comuns, e uma celebração do génio artístico, que supostamente estava isento das restrições da decência comum.

A articulação de ideias românticas encontra-se em Hamann, Herder, Jacobi, Friedrich Schlegel e em poetas semifilosóficos como Hölderlin, Novalis, Shelley e Coleridge. Entre os principais filósofos, Schelling era o representante mais típico, mas outros idealistas alemães e os seus seguidores noutros países adotaram estas noções, e as tendências descritas não estão de modo algum defuntas.

Rorty, Richard (McKay) (1931-2007) Doutoramento (Yale) 1956, lecionou filosofia no Wellesley College durante três anos, na Universidade de Princeton durante vinte e um anos, lecionando a partir de 1982 na Universidade da Virgínia e mais tarde na Universidade de Stanford.

Autorretrato filosófico: na década de 1960 escrevi alguns artigos sobre a natureza da filosofia e publiquei uma coletânea chamada *The Linguistic Turn: Recent Essays in Metaphilosophy* (1967). Na introdução procurei, em vão, explicar o que era tão importante no método linguístico em filosofia. Num posfácio escrito em 1990 (nova edição 1992), argumentei que a ideia de «método linguístico em filosofia» fora uma quimera, mas que deixar de falar em consciência ou experiência, e falar ao invés de linguagem, constituíra um progresso filosófico genuíno.

Nas décadas de 1960 e 1970 defendi uma solução quase materialista para o problema da mente-corpo. Procurei, numa série de artigos sobre a filosofia da mente, desenvolver e alargar o «nominalismo psicológico» que colhera em Wilfrid Sellars. A isto se seguiu no final da década de 1970 uma tentativa de combinar Sellars e Quine, de modo a formular uma crítica generalizada da noção de que o conhecimento era uma questão de representação mental ou linguística da realidade. Este antirrepresentacionalismo era a tese principal de *Philosophy and the Mirror of Nature* (1979) (*A Filosofia e o Espelho da Natureza*, 1994), um livro que argumenta que o fim do representacionalismo significava o fim da filosofia epistemologicamente centrada (mas não da própria filosofia). Ensaios que desenvolvem alguns dos pontos referidos nesse livro foram coligidos em *Consequences of Pragmatism* (1982) (*Consequências do Pragmatismo*, 1999).

Em *Contingency, Irony and Solidarity* (1989) (*Contingência, Ironia e Solidariedade*, 2007), bem como em dois volumes de artigos escritos durante a década de 1980 – *Objectivity, Relativism and Truth* (1991) (*Objetivismo, Relativismo e Verdade*, 1997) e *Essays on Heidegger and Others* (1991) (*Ensaios sobre Heidegger e Outros*, 1999), procurei juntar as doutrinas antirrepresentacionalistas comuns a James, Dewey, Davidson e Wittgenstein com algumas doutrinas semelhantes partilhadas por Nietzsche, Heidegger e Derrida. O argumento principal é que assim que pomos de lado o fundacionalismo, o representacionalismo e as querelas estéreis entre «realistas» e «antirrealistas», passamos a ver a filosofia em continuidade com a ciência, por um lado, e com a literatura, por outro. Argumentei também que as tarefas tradicionais da filosofia moral deviam ser assumidas pela literatura e pela experimentação política.

Embora frequentemente acusado de irracionalismo delirante e frivolidade sem escrúpulos pela direita política, e de insuficiente radicalismo, bem como de anticomunismo prematuro, pela esquerda política, considero que partilho as atitudes e esperanças políticas de John Dewey, bem como o seu pragmatismo. No meu trabalho filosófico posterior procurei distinguir entre o que está vivo e o que está morto no pensamento de Dewey. Escrevi também sobre questões políticas. Em 1998 publiquei outra coletânea de artigos de filosofia, *Truth and Progress* (*Verdade e Progresso*, 2005), além de um texto de intervenção intitulado *Achieving Our Country: American Leftist Thought in the Twentieth Century*. RR

Rosmini (-Serbati), **Antonio** (1797--1855) Padre italiano, educador e filósofo. Nos seus numerosos escritos filosóficos, procurou uma síntese e conciliação entre a doutrina católica e as tendências filosóficas, sociais e políticas modernas.

Ross, Alf /rɔs/ (1899-1979) Professor de Direito em Copenhaga entre 1938 e 1969, escreveu bastante nas áreas da filosofia do direito e da filosofia política. Na década de 1920 foi sobretudo influenciado por Kelsen, e na de 1930 por Hägerström, partilhando as suas afinidades anticonservadoras e democráticas e a sua perspetiva de que se deve manter a estrita observância da diferença entre a análise e a advocacia. A sua teoria definitiva dos conceitos normativos, desenvolvida mais tarde, manteve a perspetiva não cognitivista das afirmações de primeira ordem acerca de direitos e deveres jurídicos e morais originalmente desenvolvida por Hägerström, isto é, de que aquelas frases não têm valor de verdade, mas são semelhantes às imperativas ou optativas. As afirmações de segunda ordem, por outro lado, isto é, as afirmações de que determinada regra é «legítima» e aplicável no seio de uma jurisdição particular, *são* verdadeiras ou falsas: são previsões acerca do que os tribunais e mandatários irão fazer. Neste ponto, Ross mostra uma afinidade com o Realismo Americano, em *Directives and Norms* (1968), e difere marcadamente de outros realistas escandinavos. Tradução: *Direito e Justiça* 2007.

Ross, W(illiam) **D**(avid) /rɔs/ (mais tarde, Sir David) (1877-1971) De ascendência escocesa, a sua vida académica foi passada em Oxford. Teve duas áreas principais de interesse em filosofia: uma era Aristóteles. Dirigiu a tradução Oxford das obras de Aristóteles, e traduziu ele próprio a *Metafísica* e a *Ética Nicomaqueia*. Escreveu também sobre Platão, e o seu *Plato's Theory of Ideas*, 1951, é há muito considerado uma obra canónica. A sua outra área principal de interesse era a filosofia moral. Em *The Right and the Good* (1930), criticou o utilitarismo, incluindo a versão «ideal» de G. E. Moore, por reconhecer apenas um tipo de dever moral, isto é, promover um máximo de bem, não conseguindo reconhecer os outros tipos, por exemplo, o dever de compensar quaisquer lesões que se tenha causado, o dever de gratidão, o dever de cumprir as promessas, etc. Temos a inteleção direta e certa de que se trata de deveres morais. Ross chama-lhes deveres *prima facie* porque são imediatamente reconhecidos como tal. Ross depara-se então com o problema de como agir numa determinada circunstância, quando os deveres puxam em direções diferentes. A sua resposta é que o dever efetivo de alguém, o dever em sentido próprio, é aquele dever *prima facie* que tiver maior peso. É tão impossível formular uma teoria acerca de como aferir o seu peso, como uma teoria acerca de como bater uma bola num jogo de críquete, e há sempre a possibilidade de erro: como no críquete, os agentes apoiar-se-ão no seu melhor juízo, informado pela experiência. A teoria de Ross pode ser descrita como intuicionista, no sentido em que podemos discernir diretamente que deveres *prima facie* há, e pluralista, na medida em que não há *um* princípio moral básico.

Rougier, Louis /ʀuʒje/ (1889-1982) Escreveu bastante sobre epistemologia e problemas na filosofia da ciência, numa veia empirista antimetafísica. Em França foi o principal representante do positivismo jurídico (*Traité de la connaissance*, 1955, a sua obra fundamental; *La Métaphysique et le langage*, 1960). A sua influência filosófica foi limitada devido à sua postura política dúbia durante a guerra e ao clima antiempirista que prevaleceu na França do pós-guerra.

Rousseau, Jean-Jacques /ˈruːsəʊ/ (1712-1778) Filósofo da história e autor de textos sobre política, música e educação, em dado momento uma figura central do Iluminismo setecentista e o seu mais formidável crítico contemporâneo. Extremamente orgulhoso da sua cidadania da República de Genebra, declarou como despóticas outras noções de autoridade política, do governo monárquico ao parlamentar, afirmando que estes apenas representam o povo, privando-o assim de se governar a si próprio. Esta noção de soberania popular foi aceite na teoria, embora não na prática, pelos republicanos de todos os matizes no decorrer da Revolução Francesa, quando Rousseau passou a ser considerado o seu profeta e os seus restos mortais foram transferidos para o Panteão em Paris.

Em vida, Rousseau foi tão famoso quanto Voltaire e Diderot, pela sua eloquência e leque de interesses. Foi, entre outras coisas, um compositor e autor de um substancial dicionário de música, além de escrever bastante sobre botânica. *Julie, ou la nouvelle Héloïse* (1761) (*Júlia, ou a Nova Heloísa*, 2006), foi o romance mais amplamente lido do seu tempo e *Émile ou de l'éducation* (1762) (*Emílio ou da Educação*, 2004), a obra mais importante sobre educação desde a *República*, de Platão, enquanto *Les Confessions* (1782) (*Confissões*, 2007), publicada postumamente, foi a autobiografia mais importante desde a de S. Agostinho, sendo *Rêveries du promeneur solitaire* (1782) (*Os Devaneios do Caminhante Solitário*, 2007) a mais notável fonte do romantismo setecentista tardio. Durante vários anos associado aos *philosophes* de Paris, e ele próprio um dos principais colaboradores da *Encyclopédie* de Diderot, rompeu com esta vanguarda do Iluminismo a partir de meados da década de 1750 devido à sua profunda fé em Deus e ao seu deleite no espetáculo divino da Natureza, opondo-se ao que considerava o ateísmo e ceticismo dos seus contemporâneos. A primeira linha de *Émile* articula o fio condutor de toda a sua filosofia da história: «Tudo é bom quando surge das mãos do nosso Criador; tudo degenera quando moldado pelas mãos do homem.»

Discours sur les sciences et les arts (1750) coloca essa doutrina em termos da corrupção da moral devido às armadilhas da cultura, «espalhadas como grinaldas de flores em volta das correntes de ferro», pelas quais a humanidade tem sido tolhida. A antiga Esparta fora militar e politicamente vigorosa devido à ausência de sofisticação artística e científica, afirmou Rousseau, mas Atenas, o Estado mais civilizado da antiguidade, decaíra até ao despotismo devido ao excesso de luxo, que por sua vez corrompeu a república romana, mesmo enquanto gerava a grandeza progressiva do Império Romano.

No mais substancial *Discours sur l'origine et les fondements de l'inégalité parmi les hommes* (1755) (*Discurso sobre a Origem e os Fundamentos da Desigualdade entre os Homens*, 2005), desenvolveu esses tópicos em termos sociais e económicos, procurando explicar as origens da família, da propriedade privada e da agricultura, por meio de uma história conjetural do género humano. Ao criticar as teorias do direito natural modernas, que representavam os fundamentos do estado civil como algo que supera as imperfeições do estado de natureza, argumentou que o estabelecimento da propriedade e do governo tinham deformado a nossa natureza, alienando os indivíduos de si próprios e uns dos outros, tornando-os sociáveis, excitando o seu AMOUR-PROPRE em vez do seu AMOUR DE SOI. Nenhum dos principais pensadores do Iluminismo acreditava mais apaixonadamente do que Rousseau que a nossa natureza devia originalmente ter sido benigna. Nenhum estava mais convencido de que a metamorfose da nossa espécie, ao mudar-nos de simples animais semelhantes a símios, em homens ricos e pobres que se comportavam como vampiros e cordeiros, nos fizera sair de um estado naturalmente livre para uma condição de escravatura doméstica.

Em *Lettre à d'Alembert sur les spectacles* (1758) (*Carta a d'Alembert*, 1993), assim como *Essai sur l'origine des langues* (*Ensaio sobre a Origem das Línguas*, 2008) e *Considérations sur le gouvernement de Pologne*, que datam do início das décadas de 1760 e 1770, respetivamente, Rousseau argumentou que os habitantes do mundo moderno, e em particular das grandes cidades, se tinham tornado espetadores passivos de dramas políticos e religiosos, encenados por governantes astuciosos cujo objetivo era preservar o ascendente da sua autoridade secular e espiritual, ao mesmo tempo que mantinham afastados os seus súbditos. Em *Du contrat social* (1762) (*Do Contrato Social*, 2000), procurou dar nova vida aos encantos coletivos e fraternos das antigas repúblicas e à constituição de Genebra, através da doutrina da VONTADE GERAL, que ele identificava com o interesse público dos cidadãos agindo como assembleia legislativa soberana. Rousseau insistiu que tanto a liberdade moral como a civil, que considerava alcançáveis apenas em condições de relativa igualdade económica, só podia ser promovida em Estados cujos membros eram obedientes a leis que prescreviam para si próprios. Havia contudo protestos de que Rousseau não contemplava a igualdade civil para as mulheres. *Ver* SOPHIE.

Se, por razões diferentes, Kant, entre outros republicanos, seria mais tarde atraído por esses princípios, o próprio Rousseau era avesso a qualquer programa político que os pudesse tentar realizar na prática, afirmando que mesmo a liberdade de toda a humanidade não era justificação para a violência ou a revolução. Em vez de conceber um plano de instrução que pudesse promover a fraternidade, dedicou *Émile* a um esquema de educação doméstica que permitiria que os impulsos das crianças se desenvolvessem naturalmente, com tão pouca interferência por parte dos seus tutores quanto possível.

Em 1762, para escapar à perseguição das autoridades, Rousseau foi obrigado a abandonar a França, onde vivera durante a maior parte dos trinta anos anteriores, descobrindo então que foram as suas ideias religiosas e não as políticas que provocaram a censura oficial. Numa secção célebre do Livro 4 de *Émile*, «A Profissão de Fé do Vigário Saboiano», argumentara eloquentemente contra o ateísmo e o materialismo, o que, segundo pensava, lhe granjearia a aprovação de todos os verdadeiros crentes cristãos, mas descobriu que tanto as instituições católicas de França como o clero calvinista de Genebra ficaram indignados com o seu apelo a uma religião natural, despida de todas as igrejas sectárias e escrituras.

Nos últimos anos, depois de regressar a França em 1767, Rousseau deu consigo mais inclinado para a comunhão com a natureza do que com outros homens, e as páginas mais líricas de todos os seus escritos, nas suas *Reveries*, exprimem as alegrias da solidão, os arroubos de um estado selvagem natural, intocado pela humanidade.

A grande influência de Rousseau, em particular sobre os radicais políticos e românticos, deve-se em parte à eloquência do seu estilo, como foi reconhecida por Kant, que achava difícil ler Rousseau criticamente por causa da sua prosa sedutora. Ao procurar abrir o coração aos leitores, tentava estimular-lhes os impulsos generosos e inspirar-lhes a boa-fé; mas os críticos consideravam-no intoleravelmente fátuo e o responsável pelo seu próprio martírio. Ao rejeitar a doutrina do pecado original, atribuiu os males do mundo não à natureza humana mas à história humana, de modo que aos olhos dos seus partidários parecia oferecer a esperança de uma redenção terrena, por meio de uma mudança social abrangente ou da independência individual. RW

Leitura: N. Dent, *Dicionário Rousseau* 1996; T. O'Hagan, *Rousseau* 1999; R. Wokler *Rousseau* (VSI) 2001; *The Cambridge Companion to Rousseau* 2001.

Royce, Josiah /rɔɪs/ (1855-1916) Filósofo norte-americano, exerceu cargos de docência na Universidade Johns Hopkins e, a partir de 1882, na Universidade de Harvard. Na versão final do seu idealismo monista absoluto, o Absoluto era concebido como uma rede comunicativa de mentes individuais. Em virtude dos seus muitos escritos sobre religião, literatura, história e, acima de tudo, metafísica, exerceu uma influência considerável no seu tempo.

Ruggiero, Guido de *Ver* DE RUGGIERO.

Russell, Bertrand (Arthur William) /ˈrʌsəl/ 3.º conde Russell (1872-1970) Fundador, com G. E. Moore, da filosofia analítica em Inglaterra. Foi estudante e mais tarde membro do Trinity College, Cambridge, 1890-1901; professor em Cambridge entre 1910 e 1916, quando foi demitido devido ao seu pacifismo; tornou-se novamente membro do Trinity College em 1944. Teve uma carreira longa e atribulada como académico, ativista político, pedagogo, reformador social, livre-pensador e pacifista. Candidatou-se, em vão, ao parlamento, fez campanha a favor do desarmamento nuclear, foi preso, fundou uma escola progressista, envolveu-se em diversos processos em tribunal, casou-se quatro vezes, e passou de *enfant terrible* e flagelo da instituição a ser aceite como respeitável ancião da filosofia e das letras, a vencedor do Prémio Nobel (1950) e membro da Ordem de Mérito. Durante todo este tempo escreveu sempre muito, produzindo um fluxo de trabalho filosófico sério e jornalismo popular, tudo escrito com elegância e de modo cativante.

A maior das suas obras iniciais e provavelmente a sua contribuição mais duradoura para a filosofia foi na área da lógica matemática, onde a sua colaboração com A. N. Whitehead resultou na monumental e formidável *Principia Mathematica* (1910-1913), uma tentativa de reduzir a matemática à lógica. Subjacente a isto, bem como à maior parte da sua restante obra filosófica, estava o pressuposto, expresso desde logo em 1900, de que «toda a filosofia sólida deve começar com uma análise das proposições». Esta análise aparece em dois artigos muito lidos e discutidos: um de 1905, «On Denoting», que apresenta uma explicação por via de uma reformulação de como podemos sensatamente afirmar algo acerca do que não existe quando usamos aquilo a que Russell chamou DESCRIÇÕES DEFINIDAS numa frase como «O atual Rei de França é calvo»; e um artigo de 1910 que distingue entre o conhecimento que temos de algo ou de alguém, como Paris ou o presidente Clinton, que se baseia no contacto direto, e o conhecimento que se baseia apenas numa descrição, como «A capital de França» ou «O presidente dos Estados Unidos». A perspetiva do próprio Russell era a de que as únicas coisas que podemos realmente conhecer por contacto são coisas básicas como dados sensoriais, imagens mentais, pensamentos e sentimentos.

Um exemplo mais técnico desta análise é dado na sua «Teoria dos Tipos», introduzida em 1903 para resolver determinados paradoxos que Russell encontrou ao ler os matemáticos Frege e Cantor. O quebra-cabeças era que a questão, aparentemente genuína, de a classe de todas as classes que não são membros de si próprias ser ou não membro de si própria é ilegítima, porque conduz a contradições. Porquanto, se esta classe *for* membro de si própria – como um catálogo de catálogos é um catálogo, por exemplo – então não devia estar nesta classe (que é reservada às que não são membros de si próprias) e, portanto, *não é* um membro de si própria; mas se *não é* um membro de si própria – como um grupo de homens não é um homem, por exemplo – então devia estar nesta classe e, portanto, *é* um membro de si própria. A solução de Russell foi sugerir uma hierarquia de tipos de coisas, impondo limites ao que se pode sensatamente afirmar. Assim, podemos sensatamente afirmar «Russell é um filósofo famoso», por exemplo, mas não «Um grupo de homens é um filósofo famoso»; e podemos sensatamente afirmar «Um grupo de homens separou-se em partidos opostos», mas não «Russell separou-se em partidos opostos».

Porque a sua análise da linguagem em que exprimimos as nossas ideias não raro resultava numa reformulação desta linguagem para fazer sobressair aquilo que considerava a sua lógica correta, e porque pensava que podemos fazer descobertas acerca da estrutura geral do mundo a partir desta forma lógica correta que a espelharia – uma tese que em parte surgiu do pressuposto de que o significado de uma palavra é o objeto que a palavra substitui e que levou Russell a fazer uso frequente da navalha de Ockham para eliminar entidades aparentemente desnecessárias – pensava que a tarefa apropriada da análise era abandonar as expressões quotidianas e construir uma linguagem logicamente correta ideal. Foi esta perspetiva que lhe deu uma opinião tão positiva do trabalho inicial do seu famoso aluno Wittgenstein, *Tratactus Logico-Philosophicus*, que era favorável a uma linguagem ideal, e uma opinião tão má do seu trabalho posterior, *Investigações Filosóficas*, que se atinha à linguagem quotidiana. Porque também era um empirista, Russell argumentou que os valores das variáveis desta linguagem lógica que revela a estrutura seriam preenchidos pela nossa experiência. Na matemática, estes valores seriam fornecidos, por exemplo, pelo que já sabemos que significam os termos «um», «dois», «três», etc., enquanto na ciência e na vida quotidiana consistiriam naquelas coisas que podem ser conhecidas por contacto, coisas como dados sensoriais e imagens mentais. Tudo o resto, na matemática ou no conhecimento científico e quotidiano, seria construído por aquilo a que chamou «construção lógica» a partir destes dados básicos, como mostrou, no caso da matemática, em *Principia Mathematica*, e nos outros casos em obras como *Our Knowledge of the External World* (1914), *The Philosophy of Logical Atomism* (1918) e *Human Knowledge: Its Scope and Limits* (1948). O que pode ser conhecido por contacto é certo, enquanto o que só pode ser conhecido por descrição é inferido e problemático, pelo que as máximas que podem permitir-nos alcançar a certeza que Russell, como Descartes, sempre procurou deviam ser «Sempre que possível, fazer construções a partir de entidades conhecidas em vez de inferências a favor de entidades desconhecidas» e «Toda a proposição que podemos compreender tem de ser composta inteiramente a partir de constituintes com que temos contacto.»

Russell publicou muito cedo na sua carreira o que se tornou uma das mais populares introduções à filosofia para estudantes *The Problems of Philosophy* (1912) (*Os Problemas da Filosofia*, 2008), e para o final produziu um guia útil do progresso filosófico da sua vida, *My Philosophical Development* (1959). AW

A edição canónica está a ser publicada sob a orientação da MacMaster University, com o título *The Collected Papers of Bertrand Russell*. Leitura: *The Cambridge Companion to Bertrand Russell* 2003; *The Philosophy of Bertrand Russell* (LLP) 1944; A. C. Grayling *Russell* (VSI) 1996.

Ryle, Gilbert /raɪl/ (1900-1976) Professor de Filosofia em Oxford, sucessor de G. E. Moore como diretor da revista filosófica *Mind*, foi uma das figuras mais influentes na filosofia britânica nas décadas de 1950 e 1960. Um interesse inicial na natureza da filosofia e na sua técnica e métodos apropriados, baseado não só na tradição britânica de Hume, e, mais tarde, em Moore e Russell, mas também na tradição continental de Brentano, Meinong e Husserl, levou-o a ver a argumentação filosófica como análise conceptual e a procurar critérios para distinguir o sensato do sem sentido. Esta tese estava por vezes ligada a um género de geografia lógica que procurava ao mesmo tempo expor os mapas conceptuais errados de outros filósofos e cartografar as localizações corretas dos nossos conceitos comuns. Por vezes, isso foi visto como a inserção nas categorias corretas daqueles conceitos que foram vítima dos «erros categoriais» de outros filósofos. A exemplificação mais famosa disto apareceu em *The Concept of Mind* (1949), cujo principal argumento se dirigia contra a perspetiva cartesiana da mente como um tipo de entidade não física relacionada de algum modo misterioso com o corpo físico – uma perspetiva estigmatizada como o mito do «fantasma na máquina». Em seu lugar defendeu um comportamentalismo filosófico: as afirmações que usam termos mentais são como notas promissórias que podem ser amortizadas na moeda sonante dos termos físicos em afirmações acerca de comportamento e disposições comportamentais. O livro contém também uma versão de um artigo inicial influente que distinguia entre *saber fazer* algo e *saber que* tal e tal; bem como um argumento contra os dados sensoriais como objetos da perceção, e as imagens como objetos da memória e da imaginação. Foi levado a cabo um trabalho crítico semelhante em *Dilemmas* (1954) (*Dilemas*; 1993). *Collected Papers* (1971) contém ensaios redigidos ao longo de cinquenta anos. A imaginativa obra *Plato's Progress* (1966), contestou muitas opiniões aceites. Nos últimos anos, Ryle publicou uma série de artigos sobre a natureza do pensamento, coligidos postumamente em *On Thinking* (1979). AW

S

s.v. lat. *sub voce*: sob o verbete.

sabedoria *s.* Uma das quatro VIRTUDES CARDEAIS.

sabelianismo Heresia cujo nome vem de Sabélio (*fl. c.* 200-220 d.C.), que sublinhava a unidade de Deus, em oposição à doutrina trinitária de que Deus é três pessoas (numa), a qual acabou por se tornar a ortodoxa. Segundo esta heresia, que também tende para o DOCETISMO, o Pai, o Filho e o Espírito Santo não são pessoas distintas. São apenas diferentes modos de Deus, tal como o Sol é brilhante, quente e redondo. Ideias semelhantes foram defendidas por Miguel Servetus (1509-1553), que se desentendeu quer com a Inquisição Espanhola quer com Calvino, e pelo místico sueco Emanuel Swedenborg (1688-1772).

sacrificium intellectus lat. sacrifício do intelecto; silenciar a voz da razão, a favor da fé cega. Isto faz parte do dever imposto aos jesuítas que tenham feito voto de obediência, segundo Inácio de Loyola: «O que parece branco aos meus olhos é preto se a Igreja assim o decidir», e é recomendado mais geralmente como parte da submissão religiosa. Foi nesse espírito que alguns teólogos aceitaram o dogma da infalibilidade papal *ex cathedra*, declarado no Concílio do Vaticano em 1870, e a expressão foi frequentemente usada na polémica contemporânea. Pode-se renunciar submissamente à razão, em cumprimento de um dever religioso de humildade, mas os seguidores de muitos cultos e ideologias renunciam alegremente à razão, não por dever mas por inclinação.

Sade, Marquês de /sad/ (Donatien-Alphonse-François, conde de Sade)

(1740-1814) Entregou-se a várias perversões sexuais, incluindo as que envolvem provocar dor. Mentalmente desequilibrado, foi mantido em reclusão por longos períodos. Os seus romances e pequenas histórias contêm descrições pormenorizadas de uma diversidade notável de práticas sexuais. Também escreveu *La Philosophie dans le boudoir* (1793) (*A Filosofia na Alcova*, 2009).

O aparente amoralismo dos seus escritos, que celebram a procura autocomplacente irrestrita da gratificação própria, é o resultado natural de seguir ideais do Iluminismo, na perspetiva de Horkheimer e Adorno na sua *Dialektik der Aufklärung* (1947) (*Dialética do Esclarecimento*, 1985). É uma afirmação surpreendente e que não é incontroversa.

Saint-Simon, Claude-Henri de Rouvroy, Comte /sæsimɔ̃/ (1760-1825) Teorizador social e reformador francês. Apelando a descobertas científicas recentes (Cabanis, Bichat), Saint-Simon dividiu as pessoas em três tipos fundamentais: os que fazem, os que pensam e os que sentem. Os trabalhadores, gestores e administradores pertencem à primeira classe; os cientistas à segunda; os artistas, poetas, os mestres religiosos e éticos à terceira. Eram também os que propagariam a mensagem simples do amor fraterno universal que se substituiria à religião tradicional. A desconsideração por estas diferenças inatas a favor de um igualitarismo equivocado fora um grande erro; eram na verdade o fundamento de um edifício social sólido, no seio do qual todos os membros podem despender as suas energias a desenvolver o seu potencial inato, e não em conflito mútuo. A prosperidade geral seguir-se-ia então.

Quanto à organização da sociedade, Saint-Simon acreditava que um povo esclarecido desenvolveria em geral o hábito de prestar deferência àqueles em quem consegue reconhecer uma maior aptidão (como é prática entre os cientistas). O amor do domínio sobre outros evaporar-se-ia, e a energia despendida de tal modo seria redirecionada para melhor uso. A maioria das funções do Estado poderia ser desempenhada por gestores, administradores e organizadores. Assim, o poder estatal centralizado definharia e seria reduzido a um mínimo absoluto, sobretudo para impedir o crime, que seria muito raro uma vez que as suas causas – a pobreza, por exemplo – teriam sido em grande parte eliminadas. As massas não seriam mais súbditos e subordinados, mas colaboradores. Estas ideias foram apresentadas em textos a partir da década de 1820, e posteriormente desenvolvidas pelos seus discípulos S. A. Bazard (1791-1832) e B. P. Enfantin (1796-1864).

salus populi suprema lex (esto) lat. que o bem-estar do povo seja a lei suprema.

salva veritate lat. preservando a verdade. A substituição, numa frase, de uma expressão por outra *salva veritate* significa que o valor de verdade permanece o mesmo depois da mudança.

sanção *s.* Uma consequência que uma lei associa a uma ação. Em geral, desde as *Instituições* (2, 1, 10) de Justiniano, reserva-se o termo para consequências indesejadas para a pessoa que as vai receber, ou seja, castigos. Uma multa por embriaguez é uma sanção, mas uma ressaca não – a não ser metaforicamente. Bentham, todavia, usou o termo num sentido mais amplo, e distinguiu em *Introduction to the Principles of Morals and Legislation* (1789), quatro tipos de sanção (isto é, recompensas ou castigos):

física, moral (ou seja, reações populares), política e religiosa.

Sanches, Francisco (1551-1623) (ou **Sanchez**) Professor em Toulouse a partir de 1585, primeiro de Filosofia mas mais tarde promovido a uma cátedra de Medicina. A sua obra mais conhecida é a espirituosa e incisiva *Quod nihil scitur* (1581) (*Que Nada se Sabe*, 1991). Ataca o aristotelismo escolástico dominante, com a sua confiança excessiva em silogismos. O ceticismo de Sanches não é niilista mas moderado. Rejeita as afirmações de certeza: nada compreendemos inteiramente, e não temos como sustentar que as nossas proposições são infalíveis. Mas pode-se aceitar provisoriamente teorias, na medida em que pareçam plausíveis. Sanches foi nesta obra um dos primeiros a formularem uma conceção moderna de método científico.

Há que não confundir Sanches, cujos antepassados tinham fugido de Portugal, com o esclarecido jesuíta espanhol, Tomás Sanchez († 1610), conhecido sobretudo pelo *De matrimonio* (1592), um tratado de teologia moral que discute casos de consciência com minúcias explícitas.

Santayana, George (1863-1952) Espanhol de sangue e nacionalidade, considerado um filósofo norte-americano (também poeta, romancista e crítico social) visto que escreveu todas as suas muitas obras em inglês, Santayana foi uma figura notável no grande departamento de filosofia de Harvard no virar do século (como colega mais jovem de William James), e desenvolveu o seu pensamento (por vezes em reação negativa) num contexto essencialmente americano. Santayana viveu nos EUA desde os nove anos e até quase aos cinquenta anos, quando causou espanto ao demitir-se do seu cargo em Harvard, acabando por se estabelecer em Roma. Aí compôs a grande afirmação final da sua filosofia em *Scepticism and Animal Faith* (1923) e os quatro volumes de *Realms of Being* (1927-1940).

A filosofia, segundo argumentou Santayana, preocupara-se demasiado com os problemas do ceticismo; ao invés, devia partir de crenças das quais é pura desonestidade fingir duvidar, e a que com franqueza devíamos chamar conhecimento, uma vez que acreditamos serem verdadeiras e geradas de um modo fidedigno. Com base nisto, descobrimos que há quatro «domínios» (categorias) básicos do ser: matéria (o fluxo da realidade física), espírito (a consciência produzida em cérebros animais à medida que mapeiam o ambiente e organizam o comportamento – não sendo em si física, depende totalmente da atividade cerebral), essência (o sistema eterno de tipos possíveis e coisas que podem ou não passar a ato de quando em quando na matéria ou no espírito) e verdade (o caráter total do mundo, conhecido ou desconhecido).

Influente no naturalismo filosófico e no realismo crítico norte-americanos, assim como na rejeição do idealismo, é também frequente associar-se Santayana à filosofia mais característica do EUA, o pragmatismo. Mas embora concordasse que a maior parte da nossa «verdade» na prática consiste em símbolos úteis em vez de uma transcrição do que tem existência independente, insistiu que há também uma verdade mais literal da qual a ciência e a filosofia pode dar vislumbres.

A filosofia de Santayana recebe hoje menor atenção dos filósofos académicos do que lhe é devida, talvez porque o seu estilo exuberante sugere uma mera «poesia». Na verdade, desenvolveu um sistema filosófico total extraordinaria-

mente bem elaborado que abrange a ética, a epistemologia, a metafísica, a teoria da mente, etc. Quanto ao ceticismo e ao conhecimento, antecipa desenvolvimentos mais recentes, e a sua derivação dos ideais de racionalidade e espiritualidade a partir de uma ontologia puramente naturalista dificilmente foi igualada. A sua posição algo paradoxal perante o contexto católico das suas origens provocou o comentário sarcástico de Bertrand Russell, de que Santayana acreditava que não há Deus e que Maria é a sua mãe. TSP
Leitura: The Philosophy of George Santayana (LLP) (1940) 1991.

sapere aude! lat. ousa saber! Estas palavras de Horácio foram adotadas por uma Sociedade dos Amigos da Verdade, formada em Berlim em 1736. A sua constituição exigia que nada deveria ser aceite como verdadeiro sem razões adequadas. No famoso ensaio «O que é o Iluminismo?», 1784, Kant sugeriu que estas palavras podiam ser uma divisa do Iluminismo. *Ver também* ÉTICA DA CRENÇA.

sapientia lat. sabedoria, prudência *s*. Uma das VIRTUDES CARDEAIS.

Sapir-Whorf, hipótese de *Ver* WHORF.

Sartre, Jean-Paul /saRtRə/ (1905--1980) Filósofo francês, romancista, dramaturgo e crítico social, foi o principal defensor do existencialismo. No núcleo da sua filosofia estava uma poderosa noção de liberdade e um sentido intransigente da responsabilidade pessoal. Nas condições opressivas da ocupação nazi e durante os anos conturbados que se seguiram à Segunda Guerra Mundial, Sartre insistiu que as pessoas são responsáveis pelo que fazem delas próprias independentemente das condições, mesmo na guerra. Trinta anos mais tarde, afirmou numa entrevista, alguns anos antes da sua morte, que nunca deixou de acreditar que «no fim de contas, somos sempre responsáveis pelo que fizemos de nós próprios», uma ligeira revisão da divisa «o homem faz-se a si próprio». Sem dúvida, enquanto estudante de Hegel e Marx – e plenamente ciente da sua própria fragilidade física e das tragédias da guerra – Sartre tinha de estar bem ciente das muitas restrições e obstáculos à liberdade humana, mas apesar das muitas diferenças tinha em comum com Descartes uma perspetiva da consciência humana como algo distinto da realidade física. Nunca se é livre da própria «situação», diz-nos Sartre, mas é-se sempre livre de «negar» essa situação e tentar mudá-la. Ser humano, ser consciente, é ter a liberdade de imaginar, a liberdade de escolher, e a responsabilidade pela própria vida.

Na sua obra inicial, adotou a fenomenologia de Husserl e estabeleceu a base de muito do que viria depois: a sua celebração da nossa notável liberdade de imaginar o mundo como algo diferente do que é, e a sua negação de que o eu esteja «na» consciência, tão-pouco sendo idêntico a esta. As nossas perceções do mundo, segundo argumenta Sartre, são sempre permeadas pela imaginação, pelo que estamos sempre cientes de opções e alternativas. O eu, segundo sugere em *La Transcendance de l'ego* (1936), está lá fora «no mundo, como o eu de outro». O eu é um projeto contínuo no mundo, e não apenas autoconsciência enquanto tal («Penso, logo existo»). Esta defesa preliminar da liberdade e da separação do eu e da consciência proporcionam o enquadramento para o maior tratado filosófico de Sartre, *L'Etre et le néant*, 1943 (*O Ser e o Nada*, 2005).

A estrutura de *O Ser e o Nada* é claramente cartesiana, apesar da forte influência de Heidegger na altura. Por um lado, há a consciência («ser-para-si» ou *pour soi*) e, por outro, a existência das meras coisas («ser-em-si» ou *en soi*). Sartre descreve a consciência como «nada» – «não uma coisa» e com a noção de Husserl de «intencionalidade» – a ideia de que a consciência está sempre direcionada para um objeto; evita todo o discurso sobre objetos como coisas que estão «na» consciência e nega que a consciência seja ou possa ser parte da ordem causal. A consciência não é uma «coisa» e está fora da ordem causal do mundo. A consciência é um «vento que sopra de nenhures em direção ao mundo». É através do nada da consciência que a negação entra no mundo – a nossa capacidade de imaginar o mundo como diferente do que é e a necessidade inevitável de nos imaginarmos a nós próprios como diferentes do que aparentemente somos. Assim, a consciência «é sempre o que não é, e não é o que é» – um paradoxo trocista que refere o facto de estarmos sempre no processo de nos «transcendermos» a nós próprios.

Sartre define a sua ontologia em termos da oposição entre o «ser-em-si» e o «ser-para-si», e a tensão entre o facto de estarmos sempre numa situação particular definida por um conjunto de factos que podemos não ter escolhido – a nossa FACTICIDADE – e a nossa capacidade para transcender a nossa facticidade, imaginar e escolher, que constitui a nossa transcendência. Podemos dar connosco a confrontar determinados factos – falta de saúde, uma guerra, velhice, ser judeu numa sociedade antissemita – mas cabe-nos sempre decidir o que fazer destes factos e como reagir a eles. Podemos ocupar um papel social característico, como polícia ou criado, mas somos sempre algo mais; transcendemos sempre essas posições. Quando tentamos fingir que somos idênticos aos nossos papéis ou cativos das nossas situações, caímos em «má-fé». É má-fé vermo-nos a nós próprios como algo fixo e estabelecido, definido pela «natureza humana», mas é também má-fé ignorar os factos e circunstâncias sempre restritivos em que todas as escolhas têm de ser feitas. Estamos sempre a tentar definir-nos a nós próprios, mas somos sempre uma «questão em aberto», um eu ainda não feito. Assim, segundo Sartre, temos um desejo frustrado de ser Deus, de ser ao mesmo tempo em-si e para-si, definidos e livres.

Sartre define também uma terceira categoria ontológica a que chama «ser-para-outros». Não é derivativa na medida em que o nosso conhecimento dos outros não é inferido, *e.g.*, por meio de um argumento por analogia, a partir do comportamento dos outros. A experiência que temos das outras pessoas é antes de mais a experiência de *ser observado*, e não a de um espetador ou a da curiosidade. Alguém «nos apanha em flagrante», e definimo-nos nos seus termos. Em *Saint Genet* (1953), Sartre descreve o caso de Genet, que aos dez anos se converteu em ladrão ao ser apanhado pelo «olhar» de outro. Assim, também, «apanhamo-nos» uns aos outros nos juízos que fazemos: estes juízos tornam-se um ingrediente inevitável no nosso sentido de nós próprios. A nossa dependência relativamente a eles pode levar a conflitos tão básicos que na sua peça *Huis clos* (1943) (*Entre Quatro Paredes*, 2007) Sartre faz uma das suas personagens proferir a famosa frase, «O inferno são os outros.»

Depois da guerra, Sartre voltou-se cada vez mais para a política e na *Critique de la raison dialectique* (1960) (*Crítica da Razão Dialética*, 2002) defendeu o marxismo em harmonia com princípios existencialistas. Isto exigiu uma rejeição do determinismo materialista e uma explicação da solidariedade política que faltara em *O Ser e o Nada*. Sartre descobriu a possibilidade dessa solidariedade no envolvimento revolucionário, o que não surpreende. Em harmonia com os princípios revolucionários, Sartre recusou o Prémio Nobel da Literatura em 1964. RSO

Outras obras traduzidas: Esboço para uma Teoria das Emoções 2006; *A Imaginação* 2008; *O Existencialismo é um Humanismo* 2004; *As Palavras* 2005; *A Questão Judaica* 1995. Leitura: *The Cambridge Companion to Sartre* 1992; *The Philosophy of Jean-Paul Sartre* (LLP) 1981.

satisfação s. Uma relação entre uma FRASE ABERTA e objetos arbitrários num domínio. Um objeto satisfaz uma frase aberta se, e só se, a frase aberta se aplica ao objeto. Por exemplo, Sócrates satisfaz «__ é um filósofo», porque é verdade que Sócrates é um filósofo. De igual modo, o par ordenado ⟨Romeu, Julieta⟩ satisfaz «__ ama __», porque é verdade que o primeiro membro do par ama o segundo. Sucede que outros pares ordenados, inclusive ⟨Julieta, Romeu⟩ também a satisfazem.

O conceito é usado na semântica da lógica. Que uma interpretação satisfaz uma determinada fórmula (ou conjunto de fórmulas) é outro modo de afirmar que a interpretação é um modelo da fórmula (ou conjunto de fórmulas) ou, por outras palavras, que a fórmula (ou conjunto de fórmulas) é verdadeira nessa interpretação.

Tarski foi o primeiro a usar a palavra neste sentido técnico. A satisfação é uma noção auxiliar importante na sua definição da verdade em linguagens formalizadas. Para alcançar a generalidade, Tarski considerou que os objetos relacionados com uma frase aberta são membros de uma sequência infinita.

satisfazer o suficiente Ver SATISFICE.

satisfice (ing. *satisfy* satisfazer + *suffice* suficiente) v. Satisfazer o suficiente; obter um resultado suficientemente bom. Pode-se contrastar a satisfação suficiente de uma ação com a sua maximização, que procura o máximo, ou com a sua otimização, que procura o melhor.

Em décadas recentes, surgiram dúvidas acerca da tese de que em todas as tomadas de decisão racionais o agente procura o melhor resultado. Ao invés, segundo se argumenta, é não raro racional procurar satisfazer o suficiente, isto é, obter um resultado que é suficientemente bom, embora não necessariamente o melhor.

O termo foi introduzido por Herbert A. Simon, *Models of Man*, 1957.

Saussure, Ferdinand de /sosyːʀ/ (1857-1913) Linguista suíço. A sua teoria estruturalista da linguagem foi publicada postumamente a partir de notas de palestras (*Curso de Linguística Geral*, 1986). A ideia principal da teoria é que os signos linguísticos derivam o seu significado não dos objetos, entidades, ocorrências, etc., que podem significar por convenção linguística, mas das suas relações com outros signos da linguagem, da sua posição no sistema. A teoria pode ser generalizada para se aplicar ao simbolismo em geral, e até além disso, e tem sido importante para o ESTRUTURALISMO.

No limite, uma teoria estruturalista da linguagem omitiria a relação com entidades fora do sistema, dando ênfase à coerência em vez da correspondência.

Leitura: The Cambridge Companion to Saussure 2004.

Savigny, Friedrich Carl von /ˈzavɪnji/ (1779-1861) Fundador da escola histórica na filosofia do direito; professor na Universidade de Berlim entre 1810 e 1842. *Vom Beruf unserer Zeit für Gesetzgebung und Rechtswissenschaft* (1814) opôs-se aos esforços para codificar o direito positivo. A imposição artificial de um código jurídico abrangente estaria necessariamente em desarmonia com a vontade popular. Para que a lei esteja em sintonia com o sentido popular de justiça, tem de crescer organicamente por mudança gradual, do mesmo modo que a linguagem, os costumes e as tradições políticas. Savigny evidentemente não se opunha a modificações na lei, mas considerava tolo o projeto de uma codificação geral, comparável à codificação de uma língua viva. Savigny estava ciente de que à medida que a lei se torna inevitavelmente mais técnica, torna-se mais impraticável o público em geral participar diretamente no processo do desenvolvimento jurídico. Isto, todavia, não impede o acesso ao senso comum da justiça, que pode ser interpretado por meio de três fontes principais: o costume popular, as leis de longa data que foram geralmente aceites, e a opinião jurisprudencial, que normalmente seria uma interpretação fidedigna da vontade popular. Savigny é frequentemente considerado um representante da perspetiva romântica da importância do espírito nacional, em contraste com a ênfase setecentista na razão universal. Mas nos seus escritos sobre o direito positivo, que na Alemanha era o direito civil romano tradicional, pouca atenção foi dada ao sentido popular de justiça jurídica: a ênfase recaía na interpretação das fontes antigas do direito e de um sistema jurídico que, embora tradicional na Alemanha, era de origem estrangeira.

Scheler, Max /ˈʃeːlɔ/ (1874-1928) Scheler ensinou em Iena e Berlim, e em Colónia depois da guerra. Foi influenciado pela fenomenologia de Husserl. Numa obra fundamental sobre formalismo ético e ética substantiva dos valores, *Der Formalismus in der Ethik und die materiale Wertethik* (1913-1916), argumentou contra a teoria de Kant por causa do seu caráter formalista e moralista. Os valores devem ser compreendidos em analogia com as qualidades secundárias, como as cores. Scheler levou a análise mais longe do que o normal: do mesmo modo que as pessoas perdem a aptidão para discriminar as cores no crepúsculo, assim é possível que num crepúsculo cultural as pessoas se tornem cegas aos valores. A experiência do valor não é sensorial nem intelectual, mas emocional. É um erro acreditar que todo o conhecimento se baseia nos sentidos e no intelecto. Scheler segue Brentano ao atribuir intencionalidade às emoções: estas relacionam-se com algo que tem valor, do mesmo modo que uma perceção se relaciona com algo que tem uma qualidade sensorial. Os sentimentos que não têm esta intencionalidade não são experiências de valor em sentido próprio. Os estados emocionais «reativos», *e.g.*, a sede de vingança, não têm um valor imanente no sentimento. Scheler distingue tipos diferentes de emoção: os de tipo sensorial (*e.g.*, a dor); as emoções vitais, ligadas ao corpo, *e.g.*, a sensação de vitalidade ou de cansaço; as emoções mentais, *e.g.*, a tristeza, a alegria, o pesar; as emoções espirituais, *e.g.*, a beatitude ou o desespero.

Para cada um destes quatro níveis há contrastes correlacionados de conceitos valorativos básicos (ver Tabela 23).

TABELA 23 Tipos de emoções (Scheler)

sensoriais	agradável	desagradável
vitais	nobre	vil
mentais	correto;	incorreto;
	belo;	feio;
	verdadeiro	falso
espirituais	sagrado	profano

Scheler afirmou ainda que há uma classificação *a priori* destes níveis, e usa isto para explicar o valor *moral*. O nível dos sentidos corpóreos é o mais baixo, os sentimentos pessoais localizados no «coração humano» são mais elevados. O bem moral consiste em preferir o mais elevado ao mais baixo.

Scheler ligou a este enquadramento análises psicológicas de diferentes tipos de personalidade e dos seus sentidos de valores, uma abordagem em que as noções básicas de amor e ódio desempenham um papel importante.

Algumas traduções: A Posição do Homem no Cosmos 2003; *A Concepção Filosófica do Mundo* 2003; *Da Reviravolta dos Valores* 1994; *Morte e Sobrevivência* 1993.

Schelling, Friedrich Wilhelm Joseph /'ʃɛlɪŋ/ (1775-1854) Quando estudava em Tubinga, a partir de 1790, Hegel e Hölderlin faziam parte do seu grupo de amigos. Em 1798 tornou-se professor de Filosofia em Iena, pouco antes de sair Fichte, e contactou intimamente com os irmãos Schlegel, com Novalis e com outros representantes da literatura romântica. Foi o titular de cátedras em Würzburg, Erlangen e Munique (1820--1841) e aceitou um convite para reger uma cátedra em Berlim, onde na década de 1830 as autoridades se tinham vindo a preocupar com as críticas radicais ao cristianismo tradicional por parte de autores hegelianos como Bruno Bauer e D. F. Strauss, e queriam que a influência de Schelling fosse um contrapeso à destes.

Em oposição enfática ao mecanicismo e materialismo pressupostos na teorização científica, Schelling afirmou que o mundo físico e os seus processos estão impregnados de mente. A natureza é mente a caminho de se tornar consciente. A mente (ou o eu), por outro lado, é algo que na sua atividade cognitiva, racional, cria a natureza. Esta é a tese principal do seu *System der transcendentalen Idealismus* (1800). Do seu ponto de vista, nada na natureza é inteiramente inanimado. Não há diferença radical entre o orgânico e o inorgânico. A natureza é mente inconsciente; a mente é natureza consciente. As tentativas de explicar a vida em termos puramente mecanicistas, inanimados, estão condenadas: a força vital é um elemento último. Esta teoria não se ficava pelo nível programático: a filosofia da natureza de Schelling ocupa-se minuciosamente do magnetismo (do qual se afirma que é a forma geral da particularidade), do contraste entre a luz (masculina na sua essência) e o pesado e o inerte (essencialmente feminino), etc. Os autores românticos encontravam inspiração em especulações deste género, bem como em alguns cientistas, como Lorenz Oken (1774-1851), que pela primeira vez aventou a hipótese de que toda a vida orgânica surgiu de um lodo primordial.

Predomina na filosofia de Schelling a perspetiva estética. A história é concebida como um drama, aparentemente confuso, mas que se move em direção a um *dénouement* no qual o Absoluto se revela a si próprio. Os valores mais nobres não são práticos ou morais, mas artísticos. O universo é uma obra de arte; Deus é um artista. O valor central na religião é a beleza da tradição religiosa (especialmente a católica medieval); o que está mal nos críticos antirreligiosos é a sua filistina falta de apreciação estética.

Estas ideias foram incorporadas na filosofia schellingiana da identidade, na qual o contraste entre sujeito e objeto (que Schelling identifica com o contraste ideal/real, espírito/natureza, mente/ /matéria, etc.) é superado na realidade última, isto é, o Absoluto. Schelling invocou afinidades com Espinosa e com a tradição neoplatónica, representada por Giordano Bruno, nomeadamente. O absoluto manifesta-se em «potências»: do lado da natureza, as principais são a matéria, o movimento e o organismo; estes estão presentes em todos os fenómenos naturais. Do lado da mente, a intuição, o intelecto, a razão.

Mais tarde, Schelling modificou a teoria para eliminar as suas implicações panteístas e aproximá-la da religião ortodoxa. Deu maior ênfase à separação entre o mundo natural e o Absoluto. Nisto foi influenciado por Franz von Baader e pelos escritos místicos de Jacob Böhme. A diferenciação entre tudo o que é finito e individual e a unidade primordial do Absoluto tem de ser concebida como um ato espontâneo de liberdade, em última instância incompreensível por várias razões – por exemplo, esse ato não ocorre em qualquer momento, visto que o tempo e o mundo são o resultado desse ato.

Algumas traduções: Ideias para uma Filosofia da Natureza 2001; *Investigações Filosóficas sobre a Essência da Liberdade Humana* 1993.

Schiller, (Johann Cristoph) **Friedrich** (von) /'ʃɪlər/ (1759-1805) Dramaturgo, poeta, historiador e filósofo alemão. As suas peças granjearam-lhe a imortalidade literária. Num ensaio fundamental, *Über Anmuth und Würde* (1793) (*Sobre a Graça e a Dignidade*, 2008), criticou a teoria moral de Kant devido à sua ênfase unilateral na dignidade do homem, uma conceção ligada ao sentido de dever. Mas, segundo argumentou Schiller, uma pessoa que está dividida entre o dever e a inclinação encontra-se num estado de desarmonia, embora sintamos respeito por pessoas que seguem o caminho do dever. A um nível mais elevado de desenvolvimento do caráter, esta tensão interior desaparece e a moralidade torna-se uma segunda natureza; encontramos um caráter harmonioso; é gracioso e exerce em nós uma atracção imediata. Em *Über die ästhetische Erziehung des Menschen, in einer Reihe von Briefen* (1794-1795) (*Sobre a Educação Estética do Ser Humano numa série de Cartas*, 1994), discute os obstáculos que impedem o pleno desenvolvimento da verdadeira natureza humana. Há desacordo no indivíduo em que a sua natureza sensual e a sua natureza racional e moral puxam em direções diferentes. A natureza humana é também frustrada e tolhida no seu livre crescimento devido a circunstâncias externas. A divisão de funções e de trabalho leva a uma especialização excessiva e à unidimensionalidade. Cria uma mente fechada; destrói os impulsos generosos. Uma sociedade política livre, republicana, só pode existir se os seus cidadãos alcançarem uma cultura superior. Isto é possível, argumenta Schiller, mesmo em circunstâncias adversas. Por meio da arte, um indivíduo pode alcançar a harmonia e um desenvolvimento multilateral do seu potencial. Na vida estética, a natureza sensual pode ser elevada de um modo não coercivo e harmonizada com a natureza mais elevada, racional e moral, do homem; a arte permite ao indivíduo ter uma vida mais rica. Na verdade, a faculdade estética da alma é tão fundamental como a sensação e o intelecto, as duas faculdades reconhecidas por Kant. Nestes e noutros ensaios, Schiller também desenvolveu uma tipologia dos temperamentos artísticos. A sua reflexão persistente sobre a relação entre a mente e a realidade afastou-o de Kant em direção a uma teoria do conhecimento mais subjetivista.

Schiller, F(erdinand) C(anning) S(cott) /ˈʃɪlər/ (1864-1937) Filósofo britânico, lecionou em Oxford mas mudou-se mais tarde para Los Angeles. Chamou «humanismo» à sua filosofia: rejeita a ideia de um mundo objetivo que exista independentemente, e considerava a sua posição uma generalização do pragmatismo.

Schleiermacher, Friedrich (Ernst Daniel) /ˈʃlaɪərmaxər/ (1768-1834) Teólogo e pregador alemão; estudou em Halle, onde mais tarde lecionou. A partir de 1810 foi professor de Teologia na Universidade de Berlim. Na sua primeira publicação importante, *Über die Religion: Reden an die Gebildeten unter ihren Verächtern*, 1.ª ed. 1799, 3.ª ed. rev. 1821 (*Sobre a Religião*, 2000), uma série de missivas a descrentes, Schleiermacher argumentou que a religião no verdadeiro sentido é «sentimento e intuição do universo», «um sentido do infinito no finito». Esta descrição sugere que a filosofia romântica não tem de se opor ao cristianismo, ainda que se conceba de modo diferente os caminhos para o infinito. Aqui se pode detetar a influência do seu amigo Friedrich von Schlegel, uma figura destacada no movimento romântico.

Schleiermacher viria mais tarde a definir a religião como sentimento, um sentimento de dependência absoluta, um sentimento que, latente ou manifesto, está presente em todos. As doutrinas religiosas são tentativas, mais ou menos adequadas, de dar expressão a este sentido. Foi este o novo modo pelo qual Schleiermacher tentou superar a crise fundamental que a religião e a teologia enfrentavam em consequência da crítica setecentista. A fidedignidade e autoridade da revelação, das Escrituras, dos milagres e da tradição não podiam ser tomadas por garantidas; basear a religião na razão apenas se revelara algo muito problemático; e limitar a religião exclusivamente à sua mensagem moral, como Kant tentara fazer, era inadequado. A teologia não dogmática de Schleiermacher, ajustada à cultura moderna, deu a tónica a grande parte da teologia protestante. Foi só um século mais tarde, com Karl Barth e Emil Brunner, que a oposição pôde lançar uma contraofensiva.

No desenvolvimento da hermenêutica, a arte da interpretação, Schleiermacher foi considerado um inovador. Tradicionalmente, a hermenêutica lidara sobretudo com documentos religiosos e jurídicos. Schleiermacher foi mais longe: o objetivo era formular um método geral de interpretar um texto, um método para eliminar a compreensão errónea. Considerava que um aspeto importante dos textos era serem os «pensamentos exteriorizados» dos seus autores. Portanto, para interpretar um texto corretamente é necessário ir além dele e, por assim dizer, colocar-se a si próprio na pele da pessoa que está por detrás do texto. O CÍRCULO HERMENÊUTICO surge, neste exemplo, porque o texto só pode ser compreendido como parte da vida geral do autor; e a vida só pode ser compreendida pela compreensão dos seus episódios particulares, incluindo a redação do texto. Esta perspetiva psicológica da hermenêutica foi mais tarde adotada por Dilthey, mas rejeitada por Gadamer.

Schlick, Moritz /ʃlik/ (1882-1936) Nascido em Berlim, aí estudou física com Max Planck, e foi também estudante em Heidelberga e Lausana. Teve cátedras em Rostock, Kiel e, a partir de 1922, em Viena. Aí deu início e foi o principal participante do Círculo de Viena, e muitas das doutrinas centrais do positivismo lógico eram também suas, em particular o PRINCÍPIO DA VERIFICABILIDADE. Os seus interesses filosóficos incluíam a epistemologia, a filosofia da ciência e a ética. As primeiras influências provinham de Mach e Poincaré, as posteriores do *Tractatus* de Wittgenstein, e de Carnap. Numa série de artigos, coligidos com o nome *Gesammelte Aufsätze* (1938), adotou uma posição empirista forte, mas sustentou que o conhecimento empírico é acerca da forma das experiências, e não acerca do seu conteúdo incomunicável. Argumentou que a maior parte dos problemas clássicos da filosofia são pseudoproblemas, visto que todos os problemas genuínos ou são de natureza lógico-matemática ou suscetíveis de investigação científica empírica. Isto implicava que a filosofia chegara a um ponto de viragem, ou antes a um fim, com a ideia sagaz de que não tem domínio próprio. Schlick diferia, contudo, de outros positivistas lógicos ao considerar a ética uma disciplina empírica, e em *Fragen der Ethik* (1930) analisou o conceito de bem moral em termos do que é aprovado pela sociedade, algo que se pode estabelecer por meio da investigação empírica; o mesmo se aplica ao conceito do que é moralmente exigido, que pode ser analisado em termos do que é em geral desejado pela sociedade.

Schmidt, Caspar Ver STIRNER.

Schmitt, Carl /ʃmit/ (1888-1985) Teorizador jurídico e político alemão. O seu pensamento inicial foi influenciado pelas ideias católico-reacionárias que ganharam terreno depois de 1815. Durante a República de Weimar e o período nazi na Alemanha, Schmitt tornou-se conhecido como analista político perspicaz.

Com um sentido agudo para os pontos fracos na teoria liberal e democrática, Schmitt rejeitou como irrealistas tanto os ideais da democracia parlamentar como o ideal de uma ordem mundial internacional pacífica. Ao invés, a relação amigo/inimigo emergiu como a categoria básica na sua teoria política: o antagonismo é a categoria básica da política. Rejeitou como ilusória a ideia de que o conflito pode ser reduzido pelo compromisso ou pelo consenso ou que pode tornar-se não violento nas formas da concorrência económica ou da discussão pública.

As capacidades analíticas e críticas de Schmitt não foram, todavia, aplicadas de igual modo a uma crítica da ideologia e prática reacionária, fascista e nacionalista; Schmitt era seu apologista. Um sinal que se destaca é o ensaio «Der Führer schützt das Recht» 1934, publicado após campanha de assassinato de elementos da fação de Röhm. Em geral, Schmitt encarava a brutalidade nazi, a guerra de conquista e o assassínio em massa com equanimidade. Contudo, teve de facto menor reconhecimento oficial do que desejava. A sua fidelidade política e a inclinação política da maior parte da sua obra teórica não impediram uma série de politólogos do pós-guerra, tanto de esquerda como de direita, de se mostrarem favoráveis às suas ideias.

Scholz, Heinrich /ʃɔlts/ (1884-1956) Filósofo alemão, professor em Münster a partir de 1928. Foi pioneiro, na Alemanha, de uma abordagem analítica à filosofia da religião. No espírito de Leibniz, Bolzano e Frege, desenvolveu uma explicação formalizada da metafísica em *Metaphysik als strenge Wissenschaft* (1941). A meio da carreira, a lógica matemática tornou-se a sua principal área de interesse. Do seu ponto de vista, apresentado na obra póstuma *Mathesis universalis* (1961), as leis da lógica são verdades acerca da realidade conhecidas diretamente por intuição racional.

Schopenhauer, Arthur /'ʃoːpənhaʊər/ (1788-1860) Filósofo alemão, conhecido sobretudo pela sua filosofia pessimista da Vontade, que articulou em oposição ao sistema filosófico otimista de Hegel. A sua influência sobre muitos autores importantes foi notável; entre eles conta-se Leão Tolstoi, Thomas Hardy, Thomas Mann, Richard Wagner, Sigmund Freud, Friedrich Nietzsche e Ludwig Wittgenstein.

O sistema filosófico de Schopenhauer é uma síntese engenhosa de platonismo, kantismo e filosofia oriental (especialmente da tradição budista). A principal afirmação deste sistema ocorre em *Die Welt als Wille und Vorstellung*, 1818, 2.ª ed. rev. 1844 (*O Mundo como Vontade e Representação*, 2007) que se apoia na sua dissertação anterior, *Über die vierfache Wurzel des Satzes vom zureichende Grunde* (1813). Schopenhauer nunca negou qualquer afirmação que tenha feito nestas obras, nem, de resto, na sua outra obra inicial sobre a visão e as cores, *Über das Sehen und die Farben* (1815) (*Sobre a Visão e as Cores*, 2005). Assim, todas as obras subsequentes de Schopenhauer defenderam e desenvolveram complementarmente o sistema apresentado em *O Mundo como Vontade e Representação*. As suas obras tardias incluem: *Über den Willen in der Natur* (1836), re-editada com *Über die Grundlage der Moral* em *Die beiden Grundprobleme der Ethik* (1841); uma segunda edição de *O Mundo como Vontade e Representação* que incluía um segundo volume de ensaios suplementares (1844); uma edição revista e ampliada de *Über die vierfache Wurzel des Satzes vom zureichenden Grunde* (1847); e outra coletânea de ensaios, *Parerga und Paralipomena* (1851).

Schopenhauer constrói o seu sistema sobre a distinção kantiana entre o mundo numénico (a «coisa em si») e o mundo fenoménico (o mundo da nossa experiência quotidiana). O mundo fenoménico é «o mundo como representação», o mundo constituído pelas nossas mentes conscientes, que perecionam. O mundo da representação é regido, segundo Schopenhauer, pelo princípio da razão suficiente. Do seu ponto de vista, este é o princípio de que todo o objeto no mundo fenoménico é determinado pelas suas relações com todos os outros objetos. Como Kant, Schopenhauer rejeita a aplicação de tal princípio à relação entre os mundos fenoménico e numénico.

O mundo numénico é a realidade que subjaz ao mundo como representação. O nosso conhecimento cinge-se aos fenómenos, o mundo da representação, mas Schopenhauer considera possível caracterizar o númeno: é a Vontade. Os outros objetos, processos, acontecimentos, etc., no mundo são igualmente manifestações da *mesma* realidade numénica, visto que a pluralidade só se aplica ao espaço e ao tempo, isto é, ao mundo das representações. No nosso próprio caso, o númeno manifesta-se mais claramente, e manifesta-se como Vontade. Logo, é razoável afirmar que o númeno é a Vontade. Quando descobrimos isto em nós próprios, não é uma questão de introspeção comum, que só nos proporciona um conhecimento empírico do funcionamento das nossas mentes, incluindo das nossas volições. Pelo contrário, estamos bem familiarizados com o númeno através de um conhecimento *sui generis* – um tipo de experiência imediata, sem representação, em que sujeito e objeto coincidem. Qual a melhor maneira de compreender a conceção schopenhaueriana da relação entre o númeno, a nossa própria experiência interior, e o nosso conhecimento destes, é objeto de discussão.

Schopenhauer incorpora o platonismo no seu sistema na explicação que dá das categorias naturais. Apesar de todos os objetos fenoménicos serem manifestações da mesma vontade, observamos que os objetos fenoménicos pertencem a várias categorias, estando várias destas categorias numa relação definida entre si. Schopenhauer explica isto invocando as ideias (ou Formas) de Platão. As Ideias platónicas são os arquétipos eternos dos objetos particulares, transitórios, que observamos no mundo fenoménico. As Ideias platónicas servem mais ou menos de ponte entre o mundo como vontade e o mundo como representação.

Porque cada particular manifesta uma ideia particular, somos capazes, por vezes, de observar algo universal neles. A experiência estética é o contexto em que reconhecemos o universal no objeto particular. Quando contemplamos um objeto desta forma, vemo-lo como belo. Ao mesmo tempo, o sentido do eu muda, na medida em que na experiência da arte, o sentido da individualidade, com o seu sofrimento associado, é até certo ponto superado. Aproximamo-nos de uma consciência universal sem vontade. Isto sucede sobretudo com a música. É a mais pura forma de arte, e tem um estatuto especial, visto que exprime a realidade última imediatamente, sem a intervenção de universais ou formas platónicas.

Segundo Schopenhauer, esta transformação da egoidade individual é uma pausa que os seres humanos têm da tribulação da vontade. Embora a vontade seja o que essencialmente somos, é também a causa última do nosso sofrimento. A vontade produz conflito entre os indivíduos, leva-nos ilusoriamente à crença de que é importante obter o que queremos, simula continuamente novos desejos, e em geral inspira atos perversos. A vontade é a causa do nosso sofrimento e de infligirmos sofrimento. A experiência estética, em particular da música, proporciona uma suspensão ocasional, mas é passageira.

O pessimismo completo de Schopenhauer foi habilmente condensado na sua transformação da palavra *Welt* (mundo) num acrónimo: *Weh* (pranto), *Elend* (miséria), *Leid* (sofrimento), *Tod* (morte). A única salvação garantida de uma vida de sofrimento contínuo é a renúncia da vontade. Seguindo mais ou menos as Quatro Nobres Verdades do Budismo, Schopenhauer argumenta que: 1) a vida consiste em sofrimento; 2) o sofrimento é causado pelo desejo; 3) o sofrimento só pode parar através da eliminação do desejo; e 4) a vida santa é o caminho para eliminar o desejo. A fórmula de Schopenhauer para a vida santa era extremamente ascética, envolvendo a castidade absoluta, a mortificação do corpo e a pobreza. Os seus críticos observaram que nada disto ele observava na sua própria vida. Schopenhauer, todavia, aceitava o testemunho dos místicos do mundo em como essa vida é sumamente feliz.

Embora o seu sistema se concentre na miséria individual e na salvação, Schopenhauer tem também uma teoria ética. Afirmar o princípio da moralidade é fácil, declarou. Este é: «A ninguém faças mal, mas ajuda os outros tanto quanto possas». Mas encontrar uma base para a moralidade é difícil: que razão se podia ter para não seguir os próprios impulsos egoístas e antimorais? A resposta, segundo argumenta, está na metafísica: ao nível da realidade, não pode haver distinção entre eus individuais, pelo que na realidade prejudico-me a mim próprio tanto quanto prejudico outros; e se recuso ajudar outro estou a abdicar de algo de que eu próprio preciso.

A qualidade da prosa de Schopenhauer não tem igual entre os filósofos alemães, e é na verdade notável. Foi também um mestre da invetiva eloquente. Os alvos da sua ira eram muitos: entre outros, a poluição sonora, a língua francesa, a religião e os principais filósofos académicos do seu tempo – Fichte, Schelling e, acima de todos, Hegel. Por vezes, ultrapassava os limites: as suas tiradas antissemitas e misóginas não abonam a seu favor.

Schopenhauer foi surpreendentemente inovador em vários aspetos. Foi um pioneiro filosófico na adoção do voluntarismo, a perspetiva de que a vontade é o princípio metafísico fundamental que subjaz a toda a realidade. Convicto de que o conhecimento está subordinado à vontade, Schopenhauer introduziu uma conceção do inconsciente que influenciou a teoria psicanalítica freudiana. Foi o primeiro grande filósofo europeu a empreender seriamente o estudo do pensamento indiano; e a sua insistência de que as máximas morais e os princípios universais são remédios ineficazes para as tribulações da vontade é precursora de críticas mais radicais da moralidade. KHI/dir.

Algumas traduções: Fragmentos sobre a História da Filosofia 2007; *Metafísica do Belo* 2003; *Sobre o Fundamento da Moral* 2001. Leitura: *The Cambridge Companion to Schopenhauer* 1999.

Schütz, Alfred /ʃʊts/ (1899-1959) Pensador social austríaco, exilado nos Estados Unidos a partir de 1939, onde teve uma cátedra na New School of Social Research, em Nova Iorque, a partir de 1952. Foi um opositor inicial do positivismo e do comportamentalismo nas ciências naturais e humanas, e inspirou a sociologia fenomenológica, insistindo em que a base de uma análise sociológica tem de ser o modo de as pessoas verem subjetivamente o seu ambiente social, ou seja, a sua perspetiva de senso comum imediata, o que é sugerido pelo título de *Der sinnhafte Aufbau der sozialen Welt* (1932). Todavia, abandonou mais tarde o individualismo metodológico. O seu conceito de «construção social da realidade» (este é o título de uma obra, influenciada pelas suas ideias, de P. Berger e T. Luckmann, 1966) não tem de ser considerado a negação de uma realidade independente.

Schwärmerei /ʃvɛrmaˈraɪ/ (alm.) Palavra alemã normalmente traduzida por «entusiasmo» ou «fanatismo». A palavra alemã, todavia, tem fortes conotações de exaltação ou êxtase religioso, ou, em contextos mais sentimentais, paixão ou exaltação sonhadora.

Schweitzer, Albert /ˈʃvaɪtsər/ (1875--1965) Teólogo, músico, musicólogo, médico, humanitarista e filósofo alemão. Nos seus textos teológicos liberais, protestantes, re-examinou a busca, iniciada no século XVIII, pelo Jesus histórico, argumentando que o nosso conhecimento histórico desta pessoa enigmática é muito limitado. *Kulturphilosophie* (1923) trata do declínio da civilização ocidental e do problema de como pode a civilização humana sobreviver: uma condição prévia é o reconhecimento do princípio ético de *reverência pela vida*. Pode-se dar uma justificação metafísica deste princípio na medida em que a vida que deve ser respeitada não é meramente a de outro ser individual, mas também, num sentido mais profundo, uma vida da qual cada indivíduo participa conjuntamente.

scientia media lat. conhecimento intermédio (ou médio). *Ver também* MOLINA.

Searle, John /sɜːl/ (n. 1932)
Autorretrato filosófico: a maior parte do meu trabalho em filosofia foi dedicado a diferentes aspetos de uma única questão: como conciliamos aquilo que sabemos acerca do modo como o mundo é, o mundo de factos em bruto descrito pela física e pela química, com uma conceção que temos de nós próprios enquanto animais conscientes, cientes, intencionais, racionais, sociais, que executam atos de fala e têm livre-arbítrio? Trabalhei neste problema em pelo menos quatro conjuntos diferentes de questões.

1) *Significado e Atos de Fala*. O problema essencial na filosofia da linguagem é simplesmente este: quando falo, a minha boca emite uma carga acústica. Também executo atos de fala com significado, tais como fazer afirmações, promessas, perguntas, etc. Como passamos dos factos em bruto da física para os factos semânticos do ato de fala? Respondo a esta pergunta e outras relacionadas no livro *Speech Acts: An Essay in the Philosophy of Language* (1969) (*Os Actos de Fala*, 1984). Esse livro deixou sem resposta uma série de perguntas acerca da metáfora, de atos de fala indiretos, ironia, ficção, etc., que abordo num segundo livro, *Expression and Meaning: Studies in the Theory of Speech Acts* (1979) (*Expressão e Significado*, 2002).

2) *A Mente: Consciência e Intencionalidade*. Usando resultados da minha teoria dos atos de fala, abordei o problema da intencionalidade, a propriedade da mente que a faz visar objetos ou estados de coisas no mundo, ou ser acerca deles, em *Intentionality: An Essay in the Philosophy of Mind* (1983) (*Intencionalidade*, 2002). Nesta obra, trato a intencionalidade como um fenómeno biológico, natural, no mesmo sentido em que a fotossíntese e a digestão são fenómenos biológicos naturais. Isto permitiu-me apresentar, de passagem, uma solução para o problema da mente-corpo. Os estados mentais são simultaneamente *causados por* processos neurobiológicos no cérebro e *realizados nestes*. Chamo «naturalismo biológico» a esta tese, que tanto rejeita o dualismo como o materialismo. A discussão conduz naturalmente a uma análise da consciência, e escrevi diversos livros que discutem a consciência, entre eles *The Rediscovery of the Mind* (1992) (*A Redescoberta da Mente*, 2006) e *The Mystery of Counsciousness* (1997) (*O Mistério da Consciência*, 1998).

Enquanto trabalhava nestas questões, descobri quão intensamente as minhas teses estavam em desacordo com a filosofia da mente dominante. Na sua maioria, os meus contemporâneos negaram a irredutibilidade da consciência e da intencionalidade e aceitaram várias formas de «materialismo», como o comportamentalismo, o fisicismo, o funcionalismo e o computacionismo. Penso que todas estas perspetivas são falsas, e, na verdade, assentam todas no mesmo erro de aceitar as categorias cartesianas. Discuti estes tópicos em *A Redescoberta da Mente* e noutros livros, dos quais *Minds, Brains and Science* (1984) (*Mente, Cérebro e Ciência*, 2000) é talvez o mais conhecido. Também levanto estas questões em *Mind: A Brief Introduction* (2004).

3) *Realidade Social*. Pressupondo que apresentara pelo menos as linhas gerais de uma solução para os problemas que me preocupavam acerca da linguagem e da mente, passei para a realidade social e institucional. Que modo de existência têm fenómenos sociais como o dinheiro, a propriedade, o governo e o casamento, num mundo que consiste inteiramente de partículas físicas e campos de forças? Procurei resolver esta questão em *The Construction of Social Reality* (1995). Afirmo que a noção crucial na compreensão da realidade social é a de uma função de estatuto, uma função que uma pessoa ou um objeto pode desempenhar, não em virtude da sua estrutura física, mas em virtude de a sua comunidade aceitar coletivamente que tem um certo estatuto, como ser presidente ou uma nota de vinte dólares.

4) *Racionalidade*. Num livro recentemente publicado, *Rationality in Action* (2001), critico aquilo a que chamo «modelo clássico de racionalidade», segundo o qual todas as ações racionais são causadas por crenças e desejos. Proponho uma conceção alternativa que sublinha o papel do livre-arbítrio, daquilo a que chamo «o hiato», e o papel, na compreensão do comportamento racional humano, de razões para a ação que são independentes de desejos.

O meu principal objetivo na filosofia foi sempre construtivo, e não polémico. Penso que a filosofia numa era pós-cartesiana, pós-cética deve ser teórica, sistemática e abrangente. Todavia, encontrei uma série do que me parecem perspetivas falsas, e empenhei-me em determinados debates amplamente publicitados. Talvez o mais conhecido destes seja o Argumento do Quarto Chinês, em que procuro refutar as afirmações daquilo a que chamo Inteligência Artificial Forte, a tese de que ao criar o tipo correto de programa de computador estamos automaticamente a criar uma mente, que a computação é constitutiva da consciência e da intencionalidade.

Tive debates com pragmatistas, pós-modernistas, desconstrucionistas e multiculturalistas. Destes, o mais importante, creio, tem a ver com o ensino superior. Defendo uma certa conceção tradicional do ensino superior como uma questão de procurar a correção intelectual e não política. Escrevi um livro sobre a revolta estudantil, *The Campus War* (1971).

Iniciei a minha formação universitária na Universidade do Wisconsin, e com dezanove anos fui para Oxford na qualidade de bolseiro do Rhodes Trust. Recebi quase toda a minha formação filosófica em Oxford, e quando acabei a graduação tornei-me leitor em Christ Church, Oxford. Leciono em Berkeley desde 1959. JSE

secular *adj.* 1 Não religioso, mundano. 2 Aplicado a alguém que não é membro de uma ordem religiosa: o clero secular é o clero que não está vinculado por votos monásticos.

secularização *s.* 1 O abandono de pressupostos, ou práticas, religiosos. 2 Desconsagração (por exemplo, de um edifício).

secundum quid lat. num determinado aspeto; de acordo com algo, relativamente a algo. O termo contrastante é *simpliciter* (simplesmente; sem restrição; absolutamente).

Esta expressão é usada, entre outras coisas, na classificação tradicional das falácias. As falácias *secundum quid* são as que descuram uma qualificação necessária. Um género dessas falácias infere a partir de algo afirmado sem qualificativo algo que só se verifica sob determinadas condições (*a dicto simpliciter ad dictum secundum quid*). Outro género infere na direção oposta, a partir de algo que se verifica sob uma determinada condição conclui algo que se verifica sem qualificativo (*a dicto secundum quid ad dictum simpliciter*).

seguir uma regra, problema de O que as regras da lógica, direito, moralidade, etiqueta, gramática, código da estrada, jogos, etc., têm em comum é aplicar-se a um número indefinido de situações possíveis. Pensamos que é possível aprendê-las, estar ciente delas e aplicá-las. Mas há problemas com estes pressupostos naturais.

Um dos problemas é saber como aprendemos uma regra. Parece que a base disponível é um número finito de circunstâncias em que se diz que a regra tem aplicação. Mas a partir de um número finito de exemplos, é possível extrapolar para qualquer exemplo entre um número indefinido de regras gerais diferentes. Supondo, todavia, que, tendo aprendido uma regra, a sabemos, como se pode caracterizar exatamente esse conhecimento? Isto é também relevante para a distinção entre meramente agir em conformidade com uma regra, o que pode ser feito inadvertidamente, e seguir uma regra, o que é feito intencionalmente.

Estes problemas foram pela primeira vez levantados nas *Investigações Filosóficas* (1953) de Wittgenstein. Inspiraram a formulação de um novo tipo de ceticismo: o ceticismo tradicional é acerca da *verdade*; o ceticismo das regras é acerca do *significado*. Segundo uma interpretação, sustentada por Kripke num livro sobre o assunto publicado em 1982, Wittgenstein defendia que não há uma base factual que corresponda a qualquer afirmação que atribui um significado a uma palavra: as afirmações com a forma «em português, a palavra '*W*' significa *M*» não são verdadeiras nem falsas. Parece na verdade mais adequado chamar a esta perspetiva «irrealismo das regras» do que «ceticismo das regras». Esta leitura de Wittgenstein provocou um interesse renovado e estimulou um debate vívido desde o início da década de 1980, envolvendo Crispin Wright, Philip Pettit, Paul Boghossian, entre outros.

seita Em uso antigo: uma «escola» de filosofia. Hobbes escreveu (*Leviatã*, apêndice), «uma seita é um conjunto de homens que segue o mesmo mestre nas ciências», e fez a enumeração habitual das principais seitas entre os Gregos da antiguidade: académicos, peripatéticos, estoicos e epicuristas. No uso presente, chama-se «seitas» sobretudo a grupos religiosos minoritários.

Sellars, Roy Wood (1880-1973) Filósofo norte-americano que ensinou na Universidade do Michigan. Argumentou a favor de um REALISMO CRÍTICO em epistemologia, e de uma reinterpretação moderna, humanista, da religião.

Sellars, Wilfrid (1912-1989) Filósofo americano, filho de Roy Wood Sellars, durante muitos anos professor na Universidade de Pittsburgh, e autor de um ensaio muito influente, *Empiricism and the Philosophy of Mind* (1956) (*Empirismo e a Filosofia da Mente*, 2008). Neste ensaio, Sellars apresentou a doutrina do «nominalismo psicológico», nomeadamente, que «todo o estar ciente [...] é uma questão linguística». Argumentou que a tradição empirista, especialmente com a noção humiana de «impressões sensoriais» e a noção posterior de «dados dos sentidos», confundira sistematicamente o que causa uma crença com o conteúdo dessa crença. Em *Science, Perception and Reality* (1963), e *Science and Metaphysics* (1968), Sellars apresentou uma explicação parcialmente kantiana muito complexa do conhecimento e da verdade. Combinava uma perspetiva coerentista e holista da investigação com uma explicação (adaptada do *Tractatus* de Wittgenstein) das frases verdadeiras como imagens da realidade. Estes livros também apresentaram uma exploração original das relações entre raciocínio teórico, prático e moral. Sellars foi um dos poucos filósofos analíticos importantes que tinham um conhecimento extenso e minucioso da história da filosofia, e *Essays in Philosophy and Its History* (1974), contém interpretações originais de Platão, Descartes e Kant. O discípulo de Sellars, Robert Brandom, desenvolveu e alargou a sua abordagem da mente e da linguagem no livro *Making it Explicit* (1994). RR

semântica (gr. σῆμα sinal) *s*. **1** Disciplina que se ocupa da investigação do significado dos símbolos, e em especial do significado linguístico. A semântica é neste sentido amiúde contrastada com a sintaxe, que lida com estruturas, e a pragmática, que lida com o uso dos símbolos na sua relação com os locutores, ouvintes e contexto social.
2 O objeto da investigação que se acabou de mencionar.
3 Uma semântica para um sistema de lógica formal especifica-se por um conjunto de cláusulas que enunciam aquilo que conta como *interpretação* das fórmulas do sistema, enunciando o que conta como *verdade* numa interpretação, e portanto em que consiste uma fórmula ser *logicamente verdadeira*, em que consiste uma fórmula *implicar* outra, em que consiste um conjunto de fórmulas ser *inconsistente*.
O próprio sistema caracteriza-se independentemente pela sua sintaxe, especificada por um conjunto de cláusulas que enunciam o que conta como símbolo, como fórmula bem formada, como axioma, como regra de inferência.
Por exemplo, a semântica para a lógica proposicional canónica contém uma cláusula segundo a qual às variáveis proposicionais se pode atribuir um dos valores de verdade V ou F, e uma série de cláusulas que especificam como o valor de verdade de uma frase composta depende dos valores de verdade das suas componentes. A semântica para a lógica de predicados tem cláusulas adicionais de que a uma variável individual se atribui um objeto do domínio, que a uma variável proposicional monádica se atribui um conjunto de indivíduos do domínio, etc.
4 *adj*. Respeitante ao significado dos sinais e símbolos, especialmente os linguísticos (isto é, palavras e frases).

semântica lógica *Ver* SINTAXE LÓGICA.

semiologia *Ver* SEMIÓTICA.

semiótica (gr. σημεῖον sinal) *s*. **1** Nome dado por Charles Morris à investigação geral, ou teoria, do significado linguístico. Morris distinguiu três ramos, a que chamou «sintática», «semântica» e «pragmática».
2 A semiótica (ou *semiologia*) é também o nome usado para uma investigação ou teoria ainda mais geral dos signos. A área estudada inclui várias formas de

ação e comunicação; na verdade, tudo o que for suscetível de interpretação. Consequentemente, há conceções rivais quanto ao objeto desse estudo. Pode incluir a comunicação verbal e não verbal: não só a fala e a escrita, mas também os gestos, o vestuário, os projetos arquitetónicos, as obras de arte, o cinema, etc. O termo é por vezes usado para referir uma abordagem técnica particular, especialmente a que é representada pelos estruturalistas franceses.

Peirce usou a palavra «semiótica»; Saussure, «semiologia». Outros termos foram propostos mas não se tornaram firmemente estabelecidos, e.g., *signifies*. Há diferenças acentuadas entre as conceções norte-americana e francesa daquilo que se deve esperar da semiótica.

A semiótica (*la sémiotique*) é muito diferente de «o semiótico» (*le sémiotique*), que na terminologia de Lacan designa uma fase incipiente, pré-verbal, da atividade mental significante, que precede a fase simbólica, na qual se está ciente do contraste entre um sujeito que significa e um objeto que é significado. O semiótico é superado mas não eliminado, e é capaz de perturbar o simbólico.

semipelagianismo *s.* Doutrina e movimento teológico que floresceu nos séculos IV e V. O termo é usado para denotar uma posição intermédia entre a doutrina paulina-agostiniana da corrupção da natureza humana depois da Queda, e o pelagianismo muito liberal. Esta posição aceita a doutrina do pecado original e a necessidade da graça divina para a salvação, ao contrário do pelagianismo; mas, de modo a salvar a justiça de Deus, rejeita a doutrina da total incapacidade do homem para fazer algo em prol da sua salvação, doutrina que parece implicar a predestinação e o fatalismo. A partir do século VI foi condenada como herética. Muito depois, os arminianos foram acusados de semipelagianismo pelos calvinistas, os jesuítas pelos jansenistas, etc.

sempiterno *adj.* sem início nem fim.

Séneca, Lúcio Aneu (*c.* 1 a.C. – 65 d.C.) Dramaturgo, satirista e filósofo estoico, nascido em Córdoba, de ascendência italiana, e educado em Roma. A principal preocupação dos seus escritos era a ética, o que é visível em *Epistulae morales ad Lucilium* (*Cartas a Lucílio*, 2009) e nos seus ensaios morais; à lógica e a física (estoicas) foi atribuído um papel secundário, mesmo em *Naturales quaestiones*. Nos seus textos éticos apoia-se livremente não só nos ensinamentos dos estoicos, mas também nos epicuristas e nos de outras escolas. Séneca faz análises persuasivas dos problemas da vida e de como os confrontar sensatamente. Os seus escritos, com as suas representações vívidas do vício e da virtude, e o seu estilo impressionante, exerceram uma influência notável no pensamento ocidental desde a Renascença.

sensibilidade *s.* 1 Delicadeza de gosto e sentimento; impressionabilidade. 2 Faculdade de perceção sensorial. Em Kant, as coisas são-nos dadas por meio da sensibilidade: é uma faculdade recetiva, que contrasta com o intelecto, a faculdade do pensamento.

sensível *adj.* 1 Respeitante ao mundo da experiência sensível. Na filosofia de Kant, o mundo sensível é o mundo de que é possível ter conhecimento empírico, isto é, o conhecimento baseado na intuição sensível, por contraste com o mundo inteligível que, uma vez que não temos qualquer intuição racional direta, é incognoscível.

2 Que mostra bom senso ou discernimento.

sensum (*sing.*); ***sensa*** (*pl.*) lat. *s.* Algo que é objeto de sensação. Ver DADOS DOS SENTIDOS.

Sentenças Ver PEDRO LOMBARDO.

sentido e referência Duas expressões podem referir a mesma entidade, e ainda assim ter sentidos diferentes. O exemplo habitual no célebre artigo de Frege «Über Sinn und Bedeutung» (1892) são as duas expressões «a estrela da tarde» e «a estrela da manhã». Referem o mesmo objeto, isto é, o planeta Vénus, mas diferem em sentido. Esta é a razão por que a frase «A estrela da tarde é a estrela da manhã» nos dá uma informação útil, enquanto nem «A estrela da tarde é a estela da tarde» nem «A estrela da manhã é a estrela da manhã» o fazem.

Esta distinção tem muito em comum com a distinção entre conotação e denotação, e com a distinção entre intensão e extensão.

Frege sustentou que a distinção se aplica não só a descrições definidas mas também a predicados, e a nomes próprios, *e.g.*, «Alexandre, *o Grande*», «Zé Ninguém», «Cícero», etc. Esta é a razão por que a frase «Cícero é Túlio» dá informação útil a alguém cujo conhecimento do estadista e escritor romano seja incompleto. Além disso, se na frase «Cícero morreu em 43 a.C.» ao nome «Cícero» se substituir outra expressão com a mesma referência, *e.g.*, «O acusador de Catilina», a frase resultante terá o mesmo valor de verdade que a original.

Frege também aplicou a distinção a frases. Também as frases podem diferir em sentido mas ter a mesma referência. Na verdade, Frege defendeu que todas as frases verdadeiras têm a mesma referência, isto é, o «verdadeiro», e todas as falsas o «falso». Esta parte da sua teoria não granjeou muitos adeptos, mas no que respeita a termos a distinção sentido-referência passou a ser geralmente aceite.

sentido moral O sentido moral foi concebido por analogia com o nosso sentido da beleza, nos escritos de Shaftesbury (1671-1713) e Hutcheson (1694-1746). Tal como o sentido da beleza nos permite discernir a beleza num objeto e produz um tipo especial de prazer perante um objeto belo, o sentido moral permite-nos discernir a virtude quando vemos ou pensamos numa ação ou caráter, produzindo um tipo especial de prazer quando vemos ou pensamos numa ação ou caráter virtuosos.

A aprovação e o prazer são em ambos os casos desinteressados. Neste aspeto, esta conceção diferia das teorias então mais habituais, que explicavam a moralidade em termos de interesse próprio. Diferia também das explicações racionalistas do conhecimento moral em termos de uma inteleção racional imediata, análoga à intuição geométrica. Hutcheson e Hume objetaram que essas inteleções envolvem apenas «o frio assentimento do intelecto», de modo que a teoria racionalista não conseguiria explicar como poderia a inteleção moral motivar-nos a agir.

sentimento *s.* 1 Opinião. Quando Hume fala de «sentimentos sinceros», refere-se a opiniões declaradas sem disfarce. 2 Sentir, emoção.

Os dois sentidos são distintos. As opiniões são verdadeiras ou falsas, as emoções não.

Nota: *sentimental* e termos relacionados normalmente conotam determinados tipos de sentimento: os carinhosos. Consoante o contexto, a sentimentalidade pode conotar refinamento, emocionalismo, lamechice, etc.

separação das pessoas Contesta-se muitas versões de utilitarismo por supostamente não aceitarem a «separação das pessoas», por não reconhecerem as pessoas como indivíduos distintos.

O argumento é o seguinte: segundo o utilitarismo, a ação correta é a ação que tende a promover o bem, por exemplo, a máxima satisfação dos desejos. Mas, protesta-se, a teoria é indiferente à questão de saber *a quem* se satisfaz os desejos. Permite que a perda de uma pessoa seja compensada pelo ganho maior de outra, e em última instância é só o total de ganho líquido que interessa. O reconhecimento da «separação das pessoas» é necessário para colocar restrições a tais trocas.

A expressão foi introduzida por John Rawls em *Uma Teoria da Justiça*, que também deu nova vida a esta argumentação.

sequentes, cálculo de Uma formalização da lógica de primeira ordem, desenvolvida por Gentzen e intimamente associada a sistemas de dedução natural. Neste cálculo, os sequentes são expressões redigidas na forma $A_1, A_2, \ldots A_n \vdash B_1, B_2, \ldots B_m$. Ao conjunto de A chama-se *antecedente* e ao conjunto de B o *sucedente* do sequente. A interpretação pretendida do sequente é a relação de derivabilidade da *conjunção* dos A para a *disjunção* dos B. Ou seja, o sequente é válido se, e só se, a verdade de todos os A permite derivar a verdade de pelo menos um B.

Exemplos de regras no cálculo de sequentes são:

$$\frac{\Gamma \vdash \Delta}{\Gamma, A \vdash \Delta}$$

isto é, a validade do primeiro sequente implica a validade do segundo; e

$$\frac{\Gamma \vdash A \quad A \vdash \Delta}{\Gamma \vdash \Delta}$$

isto é, a validade dos primeiros dois sequentes implica a validade do último.

O uso de sequentes permitiu desenvolvimentos de poder e elegância notáveis na TEORIA DA DEMONSTRAÇÃO.

ser/dever, questão do *Ver* DUALISMO FACTO/VALOR.

serial *adj.* Uma relação R é serial se, e só se, for irreflexiva, isto é, $Rxy \rightarrow \neg(x = y)$; transitiva, isto é, $Rxy \land Ryz \rightarrow Rxz$; conectada, isto é, $Rxy \lor x = y$.

serialidade *s.* 1 O caráter de uma relação serial. 2 O caráter de uma série.

série *s.* 1 Em matemática: dada uma sequência infinita de números, a_0, a_1, a_2, a_3,..., uma série é a sequência das somas parciais dos segmentos iniciais. O primeiro membro da série é a_0, o segundo é $(a_0 + a_1)$, o terceiro é $(a_0 + a_1 + a_2)$, e assim por diante. Se os membros da série convergem para um limite, ao limite chama-se a «soma» da série; se não o fazem, diz-se que a série é divergente. 2 Em teoria social: na sociologia positivista francesa oitocentista, o termo francês *série* era usado para denotar um grupo ou categoria social. Mais tarde, Sartre usou «série» e «grupo» como termos contrastantes. Uma série é uma pluralidade de indivíduos isolados; uma coleção de indivíduos num ajuntamento temporário e contingente, que não interagem, *e.g.*, uma fila francesa para o autocarro (pelo menos segundo Sartre, *Crítica da Razão Dialética*, Livro 1, capítulo 4, secção 1). O público de uma radiodifusão é outro tipo de série, um «ajuntamento indireto». Outro tipo ainda são os compradores e vendedores individuais num mercado. Sartre contrasta séries com grupos, em que os indivíduos estão em relações de reciprocidade, cooperação, reconhecimento mútuo, e são capazes de solidariedade e ação coletiva coordenada.

série A, série B Ver TEORIA A E TEORIA B.

série B Ver TEORIA A.

sexismo s. Disposição para considerar que um sexo – o do próprio – é intelectual, moral ou biologicamente superior ao outro, e para aprovar as desigualdades que favoreçem os membros do sexo supostamente superior.

No uso comum, raramente é apelidada de «sexista» uma pessoa que considera superior o *outro* sexo. Maioritariamente, é de homens que se afirma serem sexistas. O uso da palavra neste sentido, introduzido em analogia com *racismo*, parece ter ganho aceitação com a obra de Kate Millet, *Sexual Politics* (1969). Ver também IGUALDADE SEXUAL.

Sexto Empírico (*c.* 150-225) Cético da antiguidade. O nome «Empírico» indica que Sexto era um médico que baseava a sua prática na observação clínica e não na doutrina médica tradicional. Duas das suas obras, escritas em grego, chegaram até nós: *Pyrrhonienses Hypotyposes* e *Adversus Mathematicus*. Apresentam os argumentos e conceções dos filósofos céticos e são a nossa principal fonte de conhecimento destes. Sexto descreveu o ceticismo simultaneamente como um modo de vida pelo qual se pode alcançar a *ATARAXIA*, e como uma filosofia que questiona as afirmações de conhecimento que se faz nas áreas da lógica, ciência, ética e religião. Algumas das dificuldades levantadas pelos céticos eram artificiais ou espúrias, mas a maioria permaneceu na lista de preocupações da filosofia, visto que os escritos de Sexto foram publicados em latim no século XVII.

Traduções modernas com introduções e notas úteis: Outlines of Pyrrhonism (Mates) 1996; *Against the Ethicists* (Bett) 1997; *Against the Grammarians* (Blank) 1998; *Outlines of Scepticism* (Annas e Barnes) 2000.

Shaftesbury, Anthony Ashley Cooper, terceiro conde de /ˈʃɑːftsbərɪ/ (1671-1713) Autor de discursos filosóficos sobre a beleza, a virtude e a religião, muito estimados pela sua elegância delicada. Era neto do patrono de Locke, o primeiro conde de Shaftesbury, e Locke influenciou a sua educação inicial. Shaftesbury apresentou argumentos eloquentes contra as teorias egoístas da motivação, que estavam associadas aos nomes de Epicuro e Hobbes, mas também pressupostas pela moralidade teológica prevalecente, com a sua doutrina das recompensas e castigos num estado futuro. Contra isto, Shaftesbury argumentou que temos por natureza um sentido da beleza e uma inclinação para o bem. Permitir que estas disposições naturais se desenvolvam conduz à felicidade pessoal. A moralidade é independente da religião. Foi bem conhecido pela sua tese de que a sátira e o escárnio podem servir como teste de verdade: uma crença não abandonada perante a irreverência escarninha tem maior probabilidade de ser verdadeira. As ideias de Shaftesbury, incluindo a analogia entre um sentido da beleza e um sentido do bem moral, influenciaram Hutcheson, que desenvolveu uma teoria do sentido moral. Mandeville e Berkeley (*Alciphron*,

1732) foram dos primeiros críticos importantes. As traduções alemãs das suas obras foram influentes na Alemanha novecentista, especialmente no que respeita à estética e teologia neologista. Os principais textos de Shaftesbury, incluindo *Inquiry Concerning Virtue and Merit*, foram publicados sob o título coletivo *Characteristics of Men, Manners, Opinions, Times* (1711). Desta obra há três novas edições: Cambridge University Press 1999, Oxford University Press 1999, Liberty Fund 2001.

Shelley, Percy Bysshe /'ʃɛlɪ/ (1792--1822) Shelley não foi apenas um poeta romântico; também escreveu *The Necessity of Atheism* (1811) e *A Refutation of Deism* (1814), defendendo nestes e noutros escritos as ideias radicais do Iluminismo a favor da liberdade individual e da justiça social. Não aceitava todavia o materialismo, optando ao invés por um idealismo em sintonia com a filosofia romântica, segundo a qual, num nível mais profundo, todas as mentes são parte de uma mente universal infinita.

Sidgwick, Henry /'sɪdʒwɪk/ (1838--1900) Membro do Trinity College e a partir de 1883 professor de Filosofia Moral em Cambridge. Motivado pelo problema de como encontrar um fundamento para uma moralidade independente da religião, Sidgwick apresentou, em *Methods of Ethics* (1874; 7.ª ed. rev. 1907), análises incisivas de princípios básicos que podem ser adotados no nosso pensamento moral: egoísmo, intuicionismo e utilitarismo. O resultado final desta discussão cuidadosa é que aceitamos princípios básicos que chocam entre si. Por exemplo, o universalismo moral, implicado pelo utilitarismo, pode exigir uma abnegação irrazoável, contrariamente ao egoísmo, aqui compreendido como uma preocupação natural pelo nosso próprio bem-estar. Resta-nos esperar que não acabem por colidir na prática, mas não há garantias. O tratamento que Sidgwick dá ao utilitarismo é o ponto de partida das discussões atuais acerca desta teoria moral.

Sidgwick interessava-se pela investigação científica de fenómenos paranormais e foi membro fundador da Society for Psychical Research.

Leitura: J. Schneewind, *Sidgwick's Ethics and Victorian Moral Philosophy* 1976.

Sigério de Brabante (*c.* 1240-1285) Está entre os pensadores mais radicais que se interessaram pela tradição aristotélica transmitida por autores islâmicos e judeus, em especial Averróis. A controvérsia surgiu em especial a respeito de duas doutrinas atribuídas a Aristóteles mas não facilmente compatíveis com o cristianismo: que o mundo não tem início no tempo; e que há um intelecto humano unitário, logo, não há imortalidade individual da alma. Sigério foi acusado de defender uma doutrina da «verdade dupla» – uma religiosa e outra filosófica. Um dos seus críticos foi Tomás de Aquino, em *Sobre a Unidade do Intelecto contra os Averroístas* (1270).

significado cognitivo Termo usado em certas teorias do significado para a informação (verdadeira ou falsa) transmitida por meio de uma asserção. O significado cognitivo contrasta, por exemplo, com o SIGNIFICADO EMOTIVO de uma expressão linguística.

significado emotivo Uma explicação do significado de vários termos e predicados na linguagem será incompleta se nada for dito sobre os tons que podem colorir determinada expressão. Por exemplo, para explicar o significado de um termo ofensivo como «fala-barato» não basta apresentar o seu sentido e referência. Esta explicação dará apenas o significado *descritivo* (factual, proposicional) do termo. Para explicar adequadamente o seu significado, o facto de ser um termo ofensivo tem de ser também mencionado. Ou seja, este termo tem um significado emotivo.

Este contraste entre dois tipos de significado foi proposto por C. L. Stevenson no capítulo 3 de *Ethics and Language* (1944). Segundo esta teoria, o significado de uma expressão pode ser analisado em termos do seu poder para provocar (em circunstâncias normais e *ceteris paribus*) uma reação no ouvinte. O significado descritivo de uma expressão é o seu poder para produzir uma ideia ou crença no ouvinte. O significado emotivo de uma expressão é o seu poder para produzir um sentimento ou uma atitude no ouvinte. Deste modo, o significado emotivo de uma expressão ofensiva é o poder desta expressão para produzir um sentimento de aversão, hostilidade ou algo similar no ouvinte.

O conceito de significado emotivo foi usado para esclarecer o significado de termos éticos.

silepse (gr. σύν- com + λῆψις uma tomada) *s*. **1** Em retórica: uma figura de estilo em que uma palavra é associada a duas (ou mais) outras palavras, mas em sentidos diferentes, como em «A Joana abriu a porta e o seu coração ao pobre rapaz», ou «O Pedro apanhou a sua pasta e um táxi». *sin*. zeugma. **2** Em gramática: o uso de uma palavra que está associada mas não em concordância gramatical com duas (ou mais) outras palavras, como em «Nem ele nem nós estamos satisfeitos». **3** Na semiótica recente: uma explicação apresentada segundo um princípio que não o da sequência temporal (*e.g.*, uma descrição do cenário das férias de verão durante a infância).

silogismo *s*. **1** Um argumento em que uma conclusão se segue de diversas premissas. Esta definição de Aristóteles (*Analíticos Anteriores* 24^b 18-20) sugere: *a*) que os silogismos são argumentos *válidos*; *b*) que têm *duas ou mais* premissas; *c*) que *nenhuma* das premissas é *redundante*.

Apesar de esta definição não colocar qualquer restrição à forma que as premissas ou conclusão de um silogismo podem assumir, Aristóteles dedicou bastante atenção aos silogismos que contêm proposições CATEGÓRICAS apenas. Estes são conhecidos como «silogismos categóricos». Todos os silogismos categóricos são redutíveis a uma ou outra das seguintes formas de silogismo *perfeito*. (As letras *S*, *M* e *P* são variáveis para *termos*, isto é, expressões semelhantes a substantivos, que referem um tipo de coisa.):

1) $\dfrac{\text{Todo o } S \text{ é um } M \quad \text{Todo o } M \text{ é um } P}{\text{Todo o } S \text{ é um } P}$

2) $\dfrac{\text{Todo o } S \text{ é um } M \quad \text{Nenhum } M \text{ é um } P}{\text{Nenhum } S \text{ é um } P}$

3) $\dfrac{\text{Algum } S \text{ é um } M \quad \text{Todo o } M \text{ é um } P}{\text{Algum } S \text{ é um } P}$

4) $\dfrac{\text{Algum } S \text{ é um } M \quad \text{Nenhum } M \text{ é um } P}{\text{Algum } S \text{ não é um } P}$

Todos os silogismos categóricos se subsumem numa de três *figuras* como mostra a Tabela 24.

TABELA 24 **As três figuras**

I	II	II
S-M M-P	S-M P-M	M-S M-P
S-P	S-P	S-P

Na primeira figura o termo médio, isto é, o termo comum às duas premissas, é o predicado de uma premissa e o sujeito de outra premissa. Na segunda, o termo médio é o predicado em ambas as premissas. Na terceira figura, o termo médio é o sujeito em ambas as premissas.

Em cada figura há diferentes *modos*, na medida em que há quatro tipos diferentes de proposição categórica em que os termos *S, M* e *P* podem entrar. Assim, os quatro silogismos atrás pertencem todos à mesma figura, mas a modos diferentes.

Aristóteles mostrou que todos os silogismos na segunda e terceira figuras podem ser reduzidos a um ou outro dos quatro silogismos da primeira figura. Mostrou também que na primeira figura há dois silogismos que podem ser reduzidos a um ou outro dos restantes dois. Se se pressupõe que os últimos são formas válidas de argumento, as reduções demonstram que todos os outros silogismos também o são.

A maneira de Aristóteles distinguir as figuras não tem em consideração a ordem das duas premissas. Se esta for tomada em conta, obtém-se quatro figuras. À quarta (ver Tabela 25) chama-se figura galeniana, visto que foi tradicionalmente atribuída a Galeno – incorretamente, segundo Łukasiewicz.

TABELA 25 **As quatro figuras**

I	II	III	IV
M-P S-M	P-M S-M	M-P M-S	P-M M-S
S-P	S-P	S-P	S-P

Na terminologia de Aristóteles, todo o silogismo é uma inferência válida. Mais tarde, a palavra «silogismo» foi usada em sentidos mais amplos:

2 Um argumento, válido ou inválido, que contém proposições categóricas apenas, e que tem *duas ou mais premissas*.

3 Um argumento, válido ou inválido, que contém proposições categorias apenas, e que tem *exatamente duas* premissas.

4 Há também argumentos chamados «silogismos» em que as premissas não são proposições categóricas. Este é o caso especialmente dos dois tipos seguintes de argumento válido (note-se que *p*, *q* e *r* são variáveis para afirmações e não para termos):

Um *silogismo disjuntivo* é um argumento com a seguinte forma:

$$\frac{p \text{ ou } q \qquad \text{não } p}{q}$$

Um *silogismo hipotético* é um argumento com a seguinte forma:

$$\frac{\text{Se } p, \text{ então } q \qquad \text{Se } q, \text{ então } r}{\text{Se } p, \text{ então } r}$$

5 Um *silogismo modal* é um silogismo em que uma premissa ou conclusão é uma proposição modal.

6 Um *silogismo prático* é frequentemente considerado um silogismo em que a conclusão é uma proposição acerca do que se deve fazer. Mas argumentou-se, especialmente G. E. M. Anscombe, que um silogismo prático é aquele em que a conclusão é uma ação ou decisão, e que esta é a autêntica conceção aristotélica.
PTH

silogismo condicional No passado, esta expressão era usada para as formas válidas de argumentos de duas premissas e com exatamente uma premissa condicional, *i.e.*, MODUS PONENS e MODUS TOLLENS.

silogismo disjuntivo Inferência *partindo* de uma disjunção e da negação do primeiro disjunto *para* concluir o segundo disjunto. O nome tradicional era *modus tollendo ponens* (modo de afirmar negando). Eis o padrão:

$$\frac{A \text{ ou } B \quad \text{Não } A}{B}$$

Nota: uma inferência com a forma «*p* ou *q* ou *r*; mas não *p*; logo, *q* ou *r*; mas não *q*; logo, *r*» é uma sequência de dois silogismos disjuntivos. Crísipo afirmou que até os cães são capazes de tal raciocínio: um cão de caça está em perseguição cerrada por um caminho que a dada altura se ramifica em três direções. A presa está fora do campo de visão. Tendo farejado a primeira e a segunda ramificações sem sentir o mínimo odor, o cão seguirá pela terceira ramificação *sem a farejar primeiro*. Por causa deste exemplo, ficou este tipo de inferência também conhecido como «silogismo do cão».

silogismo hipotético Uma inferência com a seguinte forma:

$$\frac{\text{Se } p, \text{ então } q \quad \text{Se } q, \text{ então } r}{\text{Se } p, \text{ então } r}$$

Na lógica tradicional, tanto o MODUS PONENDO PONENS como o MODUS TOLLENDO TOLLENS contêm uma afirmação condicional, chamando-se-lhe por isso às vezes silogismos hipotéticos (ou condicionais). Este uso já não é comum.

simbólico *s.* Uma das três ordens psicológicas (o imaginário, o simbólico, o real) na teoria psicanalítica de Lacan.

símbolo *s.* 1 Um objeto ou uma forma, que se considera representar outra coisa. 2 Uma afirmação tradicional de fé religiosa; um credo.

símbolos lógicos Ver p. xx.

simétrica *adj.* Uma relação *R* entre dois elementos x e y é *simétrica* se, e só se, *Rxy* implica *Ryx*. Por exemplo, a relação *ser casado com* é simétrica, porque se *A* for casado com *B* então *B* é casado com *A*.

Uma relação *R* entre dois elementos *x* e *y* é *assimétrica* se, e só se, *Rxy* implica não *Ryx*. Por exemplo, a relação *mais velho do que* é assimétrica, porque se *A* é mais velho do que *B* então não se dá o caso de *B* ser mais velho do que *A*.

Uma relação *R* entre dois elementos é *não simétrica* se, e só se, *Rxy* não implica *Ryx* e não implica não *Ryx*, por outras palavras, nem é simétrica nem assimétrica. Por exemplo, *ama* é não simétrica, porque se *A* amar *B* não podemos inferir que *B* ama *A*, nem que *B* não ama *A*.

Uma relação *R* entre dois elementos *x* e *y* é *antissimétrica* se, e só se, *Rxy* e *Ryx* conjuntamente implicam que *x* e *y* são idênticos. Um exemplo é a relação *não é maior do que* entre dois números. As duas afirmações «*A* não é maior do que *B*» e «*B* não é maior do que *A*» implicam conjuntamente que *A* = *B*.

simpatia (gr. σύν- com + πάθος sentimento) *s.* 1 Preocupação benévola; deleite perante felicidade e dor perante o sofrimento dos outros. 2 A disposição para ter os mesmos sentimentos que observamos nos outros. Somos, como sugere Shaftesbury, suscetíveis a um tipo de contágio emocional.

Hume considera que a simpatia é produzida por um exercício da imaginação. Em *A Treatise on Human Nature*, 1739, 2, 1, 11 (*Tratado da Natureza Humana*, 2002), explica que ao observar, por exemplo, um sentimento de alegria noutra pessoa, temos uma ideia da alegria nessa pessoa. Ter apenas essa ideia não seria simpatia; mas há determinados mecanismos quase universais da mente que em casos como estes conferem vivacidade à ideia e assim a convertem numa impressão. (Na teoria de Hume, as ideias e as impressões não diferem em conteúdo, apenas em força e vivacidade.) Ou seja, há uma propensão quase universal para partilhar a alegria, pelo menos em algum grau. Isto é a simpatia: sentir e pensar em sintonia com os sentimentos e opiniões que observamos nos outros. É próximo daquilo a que hoje chamaríamos «empatia», a projeção imaginada de si próprio nas circunstâncias de outra pessoa, que resulta em ter experiência dos sentimentos que essa pessoa supostamente sente.

Em *The Theory of Moral Sentiments*, 1, 1, 1 (*Teoria dos Sentimentos Morais*, 1999), Adam Smith tem um conceito semelhante: «não raro retiramos dor da dor de outros». Mas esta explicação, em termos de uma mudança imaginária de situação, parece diferente da de Hume.

Simplício de Cilícia (*fl.* 530 a.C.; gr. Σιμπλίκιος) Filósofo neoplatónico, ligado à Academia de Atenas até ao seu encerramento em 529. Nos seus comentários sobre Aristóteles e Epicteto, ao mesmo tempo académicos e edificantes, procurou mostrar a consonância dos escritos daqueles com a doutrina (neo)platónica. Os seus textos exerceram uma marcada influência no pensamento medieval e renascentista.

simpliciter lat. simplesmente, sem qualificação, por si próprio.

simplificação *s.* Uma inferência que parte de uma conjunção e conclui uma conjunta:

$$\frac{p \wedge q}{p} \qquad \frac{p \wedge q}{q}$$

Nos sistemas de dedução natural, à regra que permite esta inferência é normal chamar-se «eliminação de ∧» (E∧).

sinal de asserção O «MARTELO», ⊢, foi introduzido por Frege para simbolizar que o pensamento que se exprime numa frase é afirmado como verdadeiro.

Na notação lógica formal canónica, ⊢ *A* indica que *A* é um teorema do sistema em causa, e *B* ⊢ *A* indica que *A* é deduzível de *B*.

sincategoremáticas *adj.* As expressões que são partes de uma frase que não referem, tais como *todo, algum, exceto, se, somente*, etc. JM

sincretismo *s.* A tendência, especialmente em religião, para combinar elementos de diferentes sistemas de crença.

sincrónico (gr. σύν- com + χρόνος tempo) *adj.* Respeitante ao que se verifica num só momento, sem referência à passagem do tempo. O termo ganhou aceitação através de Ferdinand de SAUSSURE, que o usou para distinguir dois tipos de investigação linguística: uma preocupada com a evolução da linguagem, a outra com a sua estrutura. *Ant.* DIACRÓNICO.

sindérese *s.* Na filosofia medieval: a apreensão imediata dos princípios do correto e do incorreto. O conceito conquistou o seu lugar como tópico central no pensamento medieval com as *Senten-*

ças de Pedro Lombardo. As distinções entre *sindérese* e *conscientia* (consciência) foram feitas de diversos modos. Normalmente *sindérese* era compreendida como uma apreensão sagaz dos princípios gerais e fundamentais da ação correta, e *conscientia*, por contraste, era a faculdade de aplicar princípios morais em deliberações: era possível a consciência errar.

A palavra grega que está na sua origem (συνείδησις) ocorre no comentário de S. Jerónimo (*c.* 340-420) ao livro de Ezequiel, para designar a centelha de consciência que permanece mesmo num pecador como Caim. A palavra em Jerónimo foi posteriormente mal transcrita como *synteresis* (= preservação; observância de uma lei ou princípio) ou *synderesis*. No século XIII o erro enraizara-se.

sinédoque (gr. συνεκδοχή tomar, aceitar algo e tudo o que implica) *s.* Figura de estilo (um tipo de metonímia) em que uma parte é usada para significar o todo, uma espécie para significar um género, um singular para significar um plural, ou inversamente; *e.g.*, «a coroa» para significar o governo; «a lei» para significar a polícia.

sine qua non lat. sem o qual não. Uma condição *sine qua non* é uma condição necessária.

Singer, Peter /sɪŋər/ (n. 1946)
Autorretrato filosófico: a questão prática fundamental é a seguinte: «Como viver?» Dar uma resposta geral a esta questão ampla é, todavia, uma tarefa intimidante, e na sua maior parte os meus textos têm-se concentrado em questões práticas mais específicas.

Sou provavelmente mais conhecido por *Animal Liberation* (1975, 2.ª ed. rev. 1990, 3.ª ed. 2001) (*Libertação Animal*, 2008), um livro que deu nome a um movimento global. A perspetiva filosófica essencial que sustenta é simples, mas revolucionária. A espécie, em si, é irrelevante para o estatuto moral, tal como a raça ou o sexo. Logo, todos os seres com interesses têm direito a uma consideração igual: ou seja, não devemos dar aos seus interesses uma consideração menor do que damos aos interesses semelhantes dos membros da nossa própria espécie. Levada a sério, esta conclusão exige mudanças radicais em quase toda a interação que temos com os animais, incluindo a nossa alimentação, a nossa economia, as nossas relações com o ambiente natural.

Afirmar que esta ideia é revolucionária não é afirmar que seja particularmente nova. Podemos encontrar ideias semelhantes, por exemplo, em Henry Salt, *Animal's Rights*, publicada pela primeira vez em 1892. O meu contributo foi reafirmar esta perspetiva com clareza e rigor, e ilustrar que as perspetivas alternativas são baseadas no interesse próprio, seja ele nu ou disfarçado por mitos religiosos ou outros.

O meu credo mais amplo encontra-se em *Practical Ethics* (1.ª ed. 1979, 2.ª ed. 1993) (*Ética Prática*, 2002). O tratamento dado nesta obra aos animais tem o seu lugar apropriado, como uma entre várias questões éticas fundamentais. Na minha abordagem a cada questão procuro a solução que tem as melhores consequências para todos os afetados. Por «melhores consequências» entendo aquilo que satisfaz mais preferências, ponderadas segundo a importância das preferências. Assim, a minha posição ética é uma forma de utilitarismo das preferências.

Em *Practical Ethics* aplico esta ética a questões como a igualdade (quer entre seres humanos, quer entre seres humanos e animais não humanos), o aborto, a eutanásia e o infanticídio, as obrigações dos ricos para com os que vivem na pobreza, a questão dos refugiados, as nossas interações com seres não humanos e sistemas ecológicos, e a obediência à lei. Uma abordagem destas questões que não seja especista e seja consequencialista conduz a conclusões impressionantes. Apresenta uma explicação claramente definida da razão por que o aborto é eticamente justificável e uma condenação igualmente clara da nossa incapacidade de partilhar a nossa riqueza com pessoas que se encontram em necessidade desesperada.

Algumas das minhas conclusões foram consideradas chocantes, e não só no que diz respeito aos animais. Na Alemanha, a minha defesa da eutanásia ativa para recém-nascidos com deficiências muito graves gerou uma enorme controvérsia. Discuti pela primeira vez este assunto em *Practical Ethics*; mais tarde, como coautor, com Helga Kuhse, em *Should the Baby Live?* (1985); e depois disso em *Rethinking Life and Death* (1995). Talvez seja simplesmente de esperar, contudo, que haja uma oposição emocional a uma ética que contesta a até hoje geralmente aceite superioridade ética dos seres humanos, e a conceção tradicional da santidade da vida humana.

Em 1999 fui nomeado para a cátedra Ira W. DeCamp de Bioética na Universidade de Princeton. Aqui, o contacto com colegas na política e nas relações internacionais estimulou-me a pensar acerca das questões éticas envolvidas na mudança climática causada pelo homem, na globalização económica, na intervenção humanitária, e no desenvolvimento de instituições globais. Também regressei ao meu interesse inicial pelas nossas obrigações perante as pessoas mais pobres do mundo. Todos estes tópicos são tratados em *One World: The Ethics of Globalization* (2002) (*Um Só Mundo*, 2004). O descontentamento perante as posições éticas apresentadas pelo presidente George W. Bush, e um desejo de elevar o nível da discussão acerca destas posições éticas, levou a outro livro que lidou com problemas na ordem do dia: *The President of Good and Evil: The Ethics of George W. Bush* (2004).

Entretanto, mantive os meus interesses permanentes na natureza da ética. O trabalho recente envolvendo neuroimagens de sujeitos confrontados com dilemas morais parece-me sustentar a conclusão a favor da qual argumentei em *The Expanding Circle* (1981), segundo a qual algumas das nossas intuições morais têm uma base evolutiva. Isto não é, como aí argumentei, uma razão para as aceitar. Pelo contrário, pode ser uma razão para as desconstruir. Quero dar continuidade a esta linha de pensamento na minha investigação futura. PS

Sinn *s.* alm. significado; sentido (de uma expressão linguística).

sinónimo *s.* Duas expressões linguísticas que pertencem à mesma língua e têm o mesmo significado são sinónimas. Normalmente é de palavras e partes de frases que se afirma serem sinónimas, em vez de frases inteiras. A duas expressões com o mesmo significado mas que pertencem a línguas naturais diferentes – como *Junggeselle* e *solteiro* – não é costume chamar «sinónimas». **sinónimo** *adj.* **sinonímia** *s.*

sintática *s.* O estudo da sintaxe de uma língua. Charles Morris usou este termo, juntamente com «semântica» e «pragmática». A palavra é hoje raramente usada e em alternativa prefere-se *sintaxe*.

sintaxe (gr. σύντιαξις pôr em ordem) *s*. **1** A sintaxe de uma língua natural consiste nas regras que regem a formação e estrutura das frases nessa língua, mas usa-se a palavra também para o estudo dessas regras. **2** A sintaxe de um sistema de lógica formal consiste nas *regras de formação*, que especificam o que conta como fórmula bem formada no sistema. Todavia, considera-se também que outro tipo de regras pertencem à sintaxe de uma linguagem formal: num sistema axiomático, as *regras de transformação* ou regras de inferência que especificam como se pode derivar novos teoremas; num sistema de dedução natural, as regras de inferência que especificam o que conta como sequente correto; num sistema baseado em árvores lógicas, as regras que especificam que conjuntos de fórmulas contam como inconsistentes. Estas regras podem em princípio ser formuladas sem qualquer consideração pelo significado atribuído à fórmula, se algum o for.

Mais uma vez, *sintaxe* pode também referir-se ao estudo das propriedades de um sistema especificadas por essas regras, e neste sentido a sintaxe é um ramo da metalógica.

Num sentido relacionado, a sintaxe de uma frase é a sua estrutura gramatical.

sintaxe lógica; semântica lógica A sintaxe de um sistema formal consiste nas regras que especificam o que conta como fórmula bem formada e o que conta como frase, juntamente com as regras de transição, que especificam como se pode manipular fórmulas para obter outras fórmulas. Por exemplo, $p \to q$ é uma fórmula bem formada, mas $pq \to$ não o é. E dada a fórmula $p \land q$ podemos transitar para a fórmula p.

A semântica de um sistema formal consiste nas regras que especificam quando uma fórmula ou frase conta como verdadeira (ou verdadeira numa dada interpretação). Por exemplo, $p \to q$ é sempre verdadeira, exceto quando p é verdadeira e q falsa.

síntese (gr. σύνθεσις colocar, pôr em conjunto) *s*. Uma combinação de partes distintas num todo unificado.

sintético *adj*. *Ver* ANALÍTICO.

sistema (gr. σύστημα um todo composto de partes) *s*. **1** Um todo organizado, estruturado. **2** Teoria. O uso da palavra neste sentido era comum no passado, e encontra-se, por exemplo, em Locke, Hume e Adam Smith.

sistema axiomático Coleção de fórmulas especificadas como algo que consiste em todas e apenas as que podem ser derivadas de um dado conjunto de fórmulas (os *axiomas* do sistema) por meio de um número finito de aplicações de determinadas regras (as regras de transformação do sistema). As fórmulas que deste modo se pode derivar são conhecidas como *teoremas* do sistema. Exige-se 1) que os axiomas sejam formulados de tal modo que se possa determinar efetivamente de qualquer fórmula que esta é ou não um axioma; e 2) que as regras de transformação sejam formuladas de tal modo que se possa determinar efetivamente de qualquer suposta aplicação daquelas se é ou não uma aplicação genuína.

Os axiomas nos sistemas axiomáticos da lógica são também teoremas, visto que podem ser (trivialmente) derivados de si próprios.

A solidez e completude são duas propriedades importantes que os sistemas axiomáticos podem ter. Suponhamos que temos 1) uma dada classe de fórmulas, 2) um critério de validade que divide estas fórmulas em válidas e inválidas, e 3) um sistema axiomático cujos teoremas pertencem à classe dada. Então, se todos os teoremas desse sistema são válidos por aquele critério, diz-se que o sistema é *sólido* (a respeito desse critério); e se todas as fórmulas válidas por esse critério são teoremas desse sistema, diz-se que o sistema é *completo* (a respeito desse critério). Se o sistema é simultaneamente sólido e completo (a respeito do critério) diz-se que proporciona uma *axiomatização* das fórmulas válidas por esse critério. GH

sistema formal Um sistema de lógica formal usa uma linguagem formal. A linguagem é constituída pelos seus *símbolos primitivos*, e por *regras de formação* que especificam o que conta como uma fórmula bem formada.

Há dois tipos de sistemas de lógica formal: sistemas axiomáticos e sistemas de dedução natural. Um sistema axiomático consiste num subconjunto das fórmulas bem formadas. Os elementos deste subconjunto são os axiomas e teoremas do sistema. Os axiomas são especificados à partida. Os teoremas são derivados de axiomas por meio de uma aplicação de *regras de transformação* especificadas para o sistema. (A um axioma também se pode chamar «teorema», visto que pode ser derivado de si próprio.)

Tal sistema pode ser visto como um conjunto de símbolos sem significado e sequências de símbolos, com regras que indicam como gerar novas sequências a partir das que são dadas. Uma interpretação de um sistema formal de lógica consiste em atribuir significados aos símbolos e às fórmulas bem formadas. Os sistemas formais normalmente visam uma interpretação que torne os seus teoremas afirmações verdadeiras necessárias. Esta conceção de sistema formal parece ter sido articulada claramente pela primeira vez por Gottlob Frege (1848-1925).

Um sistema de dedução natural caracteriza-se por símbolos primitivos, regras de formação e regras básicas de inferência; mas não há axiomas. A interpretação visada é que as aplicações das regras básicas podem ser compreendidas como inferências válidas, e as conclusões que não dependem de quaisquer pressupostos são afirmações necessariamente verdadeiras.

Nem todos os sistemas formais são sistemas de lógica. Por exemplo, em *Grundlagen der Geometrie* (1899) (*Fundamentos da Geometria* 2003), Hilbert apresentou um sistema formal em que a interpretação gera teoremas geométricos.

sistemático *adj.* 1 Organizado, estruturado; por contraste com misturado, desordenado, aleatório. 2 Teórico. Neste sentido, contrasta frequentemente com *histórico*. Um tratamento sistemático de um objeto de estudo proporciona uma teoria; um tratamento histórico colocará o objeto de estudo no seu contexto histórico.

sistologia *s.* A investigação ou teoria dos itens em geral. Inclui o estudo das coisas que existem (ontologia) bem como das coisas que não existem mas (na terminologia de Meinong) subsistem. O conceito e a palavra devem-se a Richard Sylvan.

sizígia (gr. Συξυγία) *s.* Juntar duas premissas, num silogismo, para retirar uma conclusão.

Skinner, B(urrhus) **F**(rederick) /ˈskɪnər/ (1904-1990) Psicólogo comportamental norte-americano que lecionou nas universidades do Minnesota, Indiana e Harvard entre 1948 e 1974. Foi pioneiro na área do ensino programado. Em *Walden 2* (1948; trad. 1978), Skinner afirmou que as técnicas de reforço psicológico, que são, afinal, praticadas em todos os esforços educativos, podem ser usadas sistematicamente para criar uma sociedade melhor. Esta tese, de que idealmente os seres humanos – em prol do bem-estar comum – devem ser sujeitos a programas de modificação do comportamento por psicólogos especialistas, provocou uma controvérsia animada. *Beyond Freedom and Dignity* (1971) (*Para Além da Liberdade e da Dignidade*, 2000), rejeita a tese tradicional de que os seres humanos podem ser autónomos e que podem ser considerados responsáveis pelas suas ações. «Uma análise científica desloca quer a responsabilidade quer a consecução para o ambiente.» Outros livros: *Science and Human Behavior* (1953) (*Ciência e Comportamento Humano*, 2003) e *About Behaviorism* (1974) (*Sobre o Behaviorismo*, 1995).

Smart, J(ohn) J(amieson) C(arswell)
/smɑrt/ (n. 1920)
Autorretrato filosófico: depois de estudar nas universidades de Glasgow e Oxford, tornei-me professor de Filosofia na Universidade de Adelaide, e posteriormente na Universidade Nacional da Austrália. O primeiro artigo que publiquei foi sobre o tempo, e ao longo dos anos escrevi bastante acerca do espaço, do tempo e do espaço-tempo, e também sobre a assimetria temporal do mundo. Estes escritos destacam o contraste entre aquilo a que podemos chamar a conceção «strawsoniana-aristotélica» de que os objetos são tridimensionais e persistem ao longo do tempo e a perspetiva tetradimensional e espácio-temporal sobre o mundo, que é evidentemente implicada pelas teorias especial e geral da relatividade, entendidas em termos realistas. Gosto de ver o mundo em termos espinosistas, *sub specie aeternitatis*, eliminando do discurso metafísico as flexões temporais e outros indexicais, assim como noções antropocêntricas como as de qualidades secundárias, ou pelo menos integrando-as numa mundividência fisicista.

Em Oxford fui muito influenciado por Gilbert Ryle e naturalmente atraído pela abordagem comportamentalista e disposicional da filosofia da mente proposta por Ryle. Isto eliminava o mistério mas, talvez ao contrário de Ryle, parecia-me que se devia olhar para a cibernética e para a psicologia neurofisiológica para explicar o comportamento. Ryle teve dificuldade em dar uma explicação convincente das sensações percetivas e das imagens mentais, de modo a não parecerem meras disposições, mas processos efetivos. Isto foi muito discutido entre mim e U. T. Place e C. B. Martin, dois colegas filosoficamente perspicazes da Universidade de Adelaide. Procurei refutar de um ponto de vista ryliano a teoria identitativa das sensações e processos cerebrais que Place estava a desenvolver, mas depressa descobri que não podia ser refutada e, dado que tinha afinidades com esta tese, tenho argumentado desde então a favor de uma teoria fisicista da mente. Mais tarde, D. M. Armstrong e David Lewis revelaram-se aliados valiosos. Defendi também o realismo na filosofia da ciência, argumentando que se o instrumentalismo ou fenomenalismo estivessem corretos teria de haver coincidências cósmicas. Todavia, defendi também a tese de que as leis da natureza são regularidades, mas procurei distinguir dois géneros de coincidências cósmicas – as simples (boas) e as complicadas (más).

Smart, J(ohn) **J**(amieson) **C**(arswell)

Em ética argumentei energicamente a favor de um utilitarismo dos atos conjugado com uma metaética (*grosso modo*) não cognitivista, uma tese metaética a favor da qual também argumentei. Em filosofia da lógica, Quine exerceu extrema influência, com uma explicação da possibilidade apenas em termos de consistência (no sentido da lógica de predicados de primeira ordem) com pressupostos de fundo contextualmente acordados. Esta desconfiança metafísica da modalidade e das contrafactuais levou a uma rejeição da causalidade e de teorias causais do tempo. Também me interessei pelas teorias da verdade de Davidson e procurei defender o realismo metafísico contra filósofos como Putnam e Dummett. No método filosófico, a minha tese é que a plausibilidade à luz da ciência total é um critério apropriado da verdade metafísica.

Publicações: Philosophy and Scientific Realism 1963; «An Outline of a System of Utilitarian Ethics», J. J. C. Smart e Bernard Williams, *Utilitarianism: For and Against* 1973; *Ethics, Persuasion and Truth* 1984; *Essays Metaphysical and Moral* 1987; *Our Place in the Universe* 1989.

Smith, Adam /smɪθ/ (1723-1790) Formado na Universidade de Glasgow, por Francis Hutcheson, e no Balliol College, Oxford; professor em Glasgow entre 1751 e 1764. Passou cerca de dez anos a estudar e a escrever *The Wealth of Nations* (1776) (*A Riqueza das Nações*, 2006).

Smith é geralmente considerado o fundador da economia política. Isto só em parte é verdade. Primeiro, houve muita economia política antes de Smith, ainda que nada tão metódico, abrangente e filosoficamente sofisticado quanto *A Riqueza das Nações*. Segundo, Smith era de facto um filósofo que procurou construir um sistema geral das ciências morais e sociais, de que a economia política era apenas uma parte. Os fundamentos filosóficos foram enunciados em *The Theory of Moral Sentiments* (1759) (*Teoria dos Sentimentos Morais*, 1999), mas uma parte importante da teoria do direito e do governo nunca foi concluída de um modo que satisfizesse Smith, que queimou o manuscrito antes de morrer. Consequentemente, a ligação entre as duas principais obras publicadas só pode ser parcialmente reconstruída com base em dois conjuntos de notas de estudantes das suas «Lectures on Jurisprudence» em Glasgow (1762-1763? e 1764).

A base da filosofia moral de Smith é uma teoria social da personalidade moral. Smith rejeita a ideia de Hutcheson, entre outros, de que a ação moral depende de um sentido moral especial, dando ao invés explicações baseadas em aspetos empiricamente comprováveis da mente. Aceita a tese do seu grande amigo, David Hume, ao rejeitar a sugestão de Samuel Clarke, entre outros, de que o juízo e a motivação moral são formas de inferência racional; e ignora noções religiosas sobre a consciência como uma infusão pela divindade ou em resposta à mesma. Para Smith, a formação do eu moral começa com os outros. Ao explicar isto, invocou noções dialógicas e dramáticas de grande sofisticação.

Tanto a inclinação como a necessidade levam as pessoas a interagir; a interação depende da observação e reconhecimento dos outros e da sua situação, e isto é facilitado pela tendência universal de nos colocarmos compreensivamente na posição do outro, «comparando» as reações. O estar ciente de ser o objeto de observação e avaliação de outras pessoas geralmente leva o indivíduo a antecipar este processo por auto-observação e autoavaliação; as pessoas interiorizam o espetador. Logo, não raro o espetador interno irá induzir esse ajuste de comportamento como de contrário seria exigido pelos espetadores externos de modo a satisfazer a inclinação para, ou necessidade de, um acordo ou conformidade. Este processo de ajuste mútuo por meio da procura abrangente de uma perspetiva comum evidentemente fracassa muitas vezes, e leva à procura de um juízo ideal que transcenda as várias limitações de conhecimento, a inclinação, etc., dos que estão efetivamente envolvidos. Uma vez iniciado um diálogo com semelhante ideal de espetador imparcial, temos consciência moral.

Os aspetos de personalidade e as ações que as pessoas aprovam e desaprovam noutros e em si próprias variam de uma cultura e período para outros. Uma tarefa principal da filosofia é, por isso, olhar para a humanidade histórica e comparativamente. Mas isto revelará a existência de uma esfera da reação humana na qual muito há de comum entre toda a humanidade, nomeadamente a aprovação e a reprovação *morais* (por oposição a, digamos, reações religiosas ou estéticas a outros). O filósofo moral é assim capaz de identificar uma série de virtudes e vícios básicos, cuja tonalidade e composição variam significativamente, mas que são ainda assim universalmente reconhecíveis e comparáveis.

Na esfera da moral, um elemento tem um estatuto especial. Quando o espetador, seja o efetivo ou o imparcial imaginado, entram compreensivamente na situação de um agente, o resultado é a aprovação ou reprovação do juízo e ação do agente. Quando o agente procura promover o bem ou o bem-estar de alguém, do próprio ou de outrem, a aprovação ou reprovação do espetador tenderá a variar de uma pessoa para a outra; pois embora tenhamos tendência a concordar sobre o que é bom em geral, temos muita dificuldade em concordar quanto ao que é bom para pessoas concretas em situações específicas. Por contraste, as pessoas tendem a concordar sobre o que é danoso, não só em geral mas também em casos específicos. A virtude negativa de evitar o dano é a *justiça*, e a justiça é o fundamento do direito e a matéria da jurisprudência. Os atributos e ações que são protegidos quando as pessoas são justas, isto é, se abstêm de lesar, são os seus direitos. O conceito de direitos depende assim do conceito de personalidade, e o último varia inevitavelmente de um estádio da sociedade para o seguinte. Smith rejeita a ideia de um estado de natureza; a vida humana é vida social e portanto haverá sempre reconhecimento de direitos a algum tipo de personalidade social, física e moral.

Do ponto de vista de Smith, podemos dividir a humanidade em quatro estádios gerais de desenvolvimento social, segundo a extensão do conceito de pessoas e, consequentemente, o âmbito dos direitos reconhecidos. Entre os caçadores-recoletores nada mais se reconhece além do que imediatamente sustenta a pessoa física e moral, isto é, comida, abrigo, liberdade pessoal e reconhecimento social («reputação», como lhe chama Smith). Extensões dramáticas da pessoa são produzidas por «pastores» (nómadas) com o reconhecimento da propriedade na comida e nos instrumentos muito além do que é necessário para cada indivíduo e para os que estão na sua dependência imediata; e, de novo, com o reconhecimento da propriedade sobre a terra no estádio agrícola. A extensão mais abstrata do conceito de personalidade dá-se na sociedade comercial, com o desenvolvimento pleno de titularidades contratuais (incluindo o dinheiro pelo trabalho) e a propriedade de bens puramente simbólicos (papel-moeda, créditos) como parte do que uma pessoa é. Cada um destes desenvolvimentos exige o reforço do governo para proteger os novos direitos, e quando isto é eficaz, a procura das pessoas para satisfazer as suas necessidades formará o sistema de trocas que é o objeto de estudo da economia política.

A crítica das práticas morais e jurídicas, na perspetiva de Smith, tem de ser interna a um dado estádio da sociedade; porém, essa crítica tem alguns aspetos universais, nomeadamente a exigência formal de imparcialidade (que equivale à universalidade) e, em segundo lugar, o primado de evitar o dano. As preocupações históricas e críticas de Smith estão assim intimamente ligadas.

Smith também contribuiu para a retórica, a teoria da linguagem, a estética, a história e a filosofia da ciência, entre outras áreas. KHA

A edição canónica é «The Glasgow Edition», publicada pela Oxford University Press em capa dura, e em livro brochado pelo Liberty Fund. Outras leituras: Charles L. Griswold, Jr., *Adam Smith and the Virtues of Enlightenment* 1999; Ian Simpson Ross, *The Life of Adam Smith* 1995.

Smuts, Jan /smʊts/ (1870-1950) Estadista e filósofo sul-africano. *Ver* HOLISMO.

sobre-homem *Ver* SUPER-HOMEM.

sobrenatural *adj. s.* Os seres sobrenaturais existem para lá da natureza, sendo «natureza» compreendida num sentido amplo, para incluir a totalidade do espaço e do tempo, e tudo o que existe nesse enquadramento, isto é, a totalidade do universo físico. É em especial no contexto da crença religiosa que o conceito de sobrenatural tem sido usado.

Se os cientistas (ou os que não são cientistas) descobrem um novo tipo de onda, uma nova força, um fenómeno estranho numa galáxia remota, o próprio facto de poder ser descoberto torna-o um fenómeno natural que pode a seu tempo ser descrito pelos manuais de ciência. Os seres sobrenaturais não correm o risco de a sua existência ser revelada pela observação científica ou quotidiana.

sobrenaturalismo *s.* Doutrina que pressupõe a existência de entidades sobrenaturais.

sobreveniência (lat. *super* + *venire* vir) *s.* Ou superveniência: uma relação de dependência entre propriedades em níveis diferentes que nem é lógica nem causal.

Em geral, se as propriedades *subvenientes*, as que ocorrem num nível inferior, são as mesmas, então as propriedades correlacionadas num nível superior, as *sobrevenientes*, não podem diferir. No entanto as propriedades sobrevenientes não podem ser definidas em termos das subvenientes ou de algum modo reduzidas a estas.

O conceito de sobreveniência foi originalmente articulado por G. E. Moore em «The Conception of Intrinsic Value», *Philosophical Studies* (1922). Moore defendeu que o valor intrínseco sobrevém às propriedades naturais na medida em que 1) não é idêntico a quaisquer propriedades naturais, e 2) duas coisas que têm as mesmas propriedades naturais não podem diferir em valor intrínseco.

Moore não usou a palavra «sobreveniência», mas esta foi usada nesse sentido em Oxford na década de 1940 (por exemplo, por Ryle no seu artigo na *Philosophy*, 1946) e o seu uso estabeleceu-se com R. M. Hare, *The Language of Morals* (1952) (*A Linguagem da Moral* 1996). Do seu ponto de vista, as relações de sobreveniência verificam-se em geral entre predicados descritivos e valorativos, embora os predicados valorativos não possam ser definidos apenas em termos dos descritivos.

Donald Davidson mais tarde usou o conceito de sobreveniência para explicar a relação entre acontecimentos mentais e físicos: «não pode haver dois acontecimentos semelhantes em todos os aspetos físicos mas que difiram em alguns aspetos mentais» («Mental Events», *Essays on Actions and Events*, 1980).

Subsequentemente, foram reconhecidas várias distinções. Jaegwon Kim, em «Concepts of Supervenience», *Philosophy and Phenomenological Research* 45 (1984-1985), começou por distinguir dois tipos de sobreveniência, fraca e forte. *S* sobrevém *fracamente* a *B* («*B*» de base) significa que se duas coisas têm as mesmas propriedades *B*, têm de ter as mesmas propriedades *S*. Por exemplo, se a bondade moral de S. Francisco é sobreveniente a ter determinadas disposições, então qualquer outra pessoa que tenha as mesmas disposições é também moralmente boa. Mas num mundo possível «moralmente morto» (isto é, em que nenhum conceito moral se aplica) podia haver essas disposições mas nenhuma bondade moral. Isto é excluído se *S* sobrevém *fortemente* a *B*. Nesse caso, se um indivíduo num mundo possível tiver dessas disposições e um indivíduo noutro mundo possível também as tiver, então têm também a mesma propriedade sobreveniente da bondade moral. Nesta argumentação, fizeram-se distinções complementares entre conceitos de sobreveniência.

Os filósofos da última metade do século XX que tendem para o materialismo consideraram úteis os conceitos de sobreveniência. As análises em termos de sobreveniência possibilitam admitir um âmbito de conceitos sem ter de admitir a existência real de entidades imateriais ou domínios de ser não naturais. Assim, factos/valores, corpo/mente, indivíduos/ /coletivos e outras categorias contrastantes são consideradas pares de âmbitos conceptuais subveniente/sobreveniente.

socialismo *s.* Uma teoria e movimento que defende a propriedade pública dos meios de produção mais importantes.

sociedade aberta O conceito é esboçado, em contraste com uma *sociedade fechada*, por Henri Bergson em *Les Deux Sources de la morale et de la religion* (1932) (*As Duas Fontes da Moral e da Religião*, 2005). As sociedades fechadas, como os espíritos fechados, sistemas fechados de direito ou religiões fechadas, são estáticas; as abertas são dinâmicas. Os membros de uma sociedade fechada são determinados por ligações de grupo, na forma de tribalismo ou patriotismo, excluindo-se os forasteiros. Em contraste, uma sociedade aberta aceita o ideal do universalismo moral. A distinção foi adotada por Karl Popper no influente *The Open Society and its Enemies* (1945, 5.ª ed. rev. 1966) (*A Sociedade Aberta e os seus Inimigos*, 1998).

sociedade civil Até ao século XIX o termo foi usado como sinónimo para a sociedade política ou o Estado. Hegel introduziu uma distinção terminológica: a sociedade civil é uma formação social intermediária entre a família e o Estado.

sociedade fechada *Ver* SOCIEDADE ABERTA.

sociedade pós-industrial O termo foi usado pela primeira vez por Daniel Bell, numa conferência realizada em Boston em 1962, intitulada «The post-industrial society: a speculative view of the United States in 1985». Este uso tornou-se geral a partir do seu livro *The Coming of Post-Industrial Society* (1973). A transformação contínua da sociedade industrial levará a uma sociedade com as seguintes características: 1) a oferta de serviços é predominante (saúde, educação, administração pública), e a produção de bens materiais na agricultura e nas manufacturas já não absorverá maioritariamente a força de trabalho; 2) uma nova divisão do trabalho confere um papel central aos técnicos e profissionais; 3) uma influência mais imediata da teoria sobre a sociedade; 4) uma projeção de longo prazo da mudança tecnológica e do seu impacto social; 5) métodos científicos de tomada de decisão, em vez de métodos intuitivos baseados em tradições morais e culturais.

socinianismo *s.* Doutrina e movimento religioso que recebeu o nome da pessoa que lhe deu origem, o teólogo protestante italiano Faustus Socinus ou Fausto Sozzini (1539-1604). Desvia-se de formas ortodoxas de catolicismo e protestantismo. A doutrina tradicional da expiação, no sentido de que Cristo, pelo seu sofrimento, apaziguou a ira de Deus, é rejeitada. Também rejeitada é a doutrina da divindade de Cristo. Este é considerado um ser humano sem pecado, nomeado por Deus para ser um mestre e um modelo de perfeição. O estudo da sua vida e ensinamentos, e das Escrituras, levarão o crente ao arrependimento e à salvação. Sujeito à perseguição em muitos países, o socinianismo encontrou refúgio na Polónia, onde tinha o seu centro em Rakow, e na Lituânia, até ser proscrito em 1658. A sua influência levou ao desenvolvimento do UNITARISMO.

sociobiologia *s.* O estudo da base biológica do comportamento social. Grande parte deste estudo centra-se nos organismos não humanos, *e.g.*, as formigas e as abelhas, mas alguns sociobiólogos também procuram 1) explicar fenómenos sociais humanos através de processos de seleção natural; 2) reduzir a teoria cultural e social à teoria biológica; 3) estabelecer um tipo de naturalismo ético. Atraiu atenções devido aos escritos de E. O. Wilson: *Sociobiology* (1975); *On Human Nature* (1978); (com C. J. Lumsden) *Genes, Mind and Culture* (1981). Estes textos provocaram um debate aceso acerca das alegadas ou efetivas implicações morais e políticas da teoria. Veja-se, entre outros, Peter Singer, *The Expanding Circle* (1981); Roger Trigg, *The Shaping of Man* (1982). Ullica Segerstråle, *Defenders of the Truth* (2001), inclui uma explicação dos debates e uma bibliografia abrangente.

sociologia *s.* O estudo científico de grupos humanos e sociedades.
Nota: a palavra foi criada por Auguste Comte, que «lamentava o seu caráter híbrido», e John Stuart Mill, em *System of Logic* (1843), chamou à nova palavra um «barbarismo conveniente» devido à combinação grosseira de elementos verbais do latim (sócio-) e do grego (-logia).

sociologia do conhecimento Investigação ou teoria do conhecimento humano, considerada como fenómeno social. Muitas teorias com esta designação têm uma tendência relativista, afirmando, por exemplo, que as pretensões à validade objetiva são ilusórias, que todas as afirmações de conhecimento são em última análise nada mais do que reflexos da posição social de uma classe social ou expressões dos seus interesses de classe; ou que o conhecimento nada é senão o que grupos de interesse poderosos numa sociedade definem como tal; mas é evidentemente possível investigar sistemas de crenças numa sociedade mesmo sem estes pressupostos particulares.

Sócrates (469-399 a.C.; gr. Σωκράτης) Sócrates, o cidadão de Atenas, «fez a filosofia descer do céu para a Terra», deslocando-a das teorias acerca da natureza para a investigação ética. Sócrates partilhava com os sofistas seus contemporâneos uma preocupação por questões práticas e em particular pela educação; mas punha em causa as afirmações extravagantes de alguns sofistas, segundo as quais estes podiam ensinar a virtude. O próprio Sócrates prestou uma atenção especial a questões de educação moral e caráter moral, e parece ter sustentado que a procura do desenvolvimento moral era a tarefa humana mais importante.

Embora nada tenha escrito, os seus seguidores fizeram dele sujeito de um género literário único, o diálogo socrático. Por isso, Sócrates é ao mesmo tempo o mais conhecido e o menos conhecido dos filósofos da antiguidade: podemos ver como procedia e entrever a sua personalidade, mas sempre através dos olhos de outrem. Vemos claramente que para Sócrates a filosofia não era apenas um conjunto de doutrinas mas um modo de vida. Vivendo em concordância com princípios filosóficos, não tinha tempo para ganhar a vida por si e, ao contrário dos sofistas que neste respeito haviam rompido com a tradição grega, recusava aceitar pagamento pelo que ensinava – na verdade, negava ser um professor. Desconcertado por uma afirmação da sacerdotisa em Delfos segundo a qual ninguém era mais sábio do que Sócrates, sentiu-se obrigado a descobrir o significado da afirmação. Ao questionar homens que tinham a reputação de sábios, começou a ver que era mais sábio, porque ao contrário deles não afirmava saber aquilo que não sabia. Sócrates passou assim a considerar o seu estudo dos indivíduos uma missão divina. Foi também inspirado por uma voz divina que o avisava contra as más ações. Sócrates acabou por dar a vida pelos seus princípios quando, ao ser julgado por uma acusação de impiedade e de corromper a juventude de Atenas, se recusou a renunciar ao seu modo de vida.

As principais fontes de informação sobre as ideias de Sócrates são 1) os diálogos de Platão, em particular os seus primeiros diálogos, que representam Sócrates em conversas ficcionadas que, não obstante, parecem refletir o seu método e ideias; 2) as obras socráticas de Xenofonte; 3) a comédia de Aristófanes *As Nuvens*, que representa Sócrates como um charlatão que pertence à tradição dos sofistas e dos filósofos pré-socráticos; e 4) as observações de Aristóteles acerca de Sócrates. Vários outros socráticos além de Platão e Xenofonte escreveram diálogos socráticos que se perderam. Das nossas fontes, Platão parece dar dele a melhor imagem, tanto pelo seu retrato vívido do caráter de Sócrates como pela sua profundidade filosófica. As diferenças entre as doutrinas e métodos de Sócrates (e em particular as suas atitudes sociais) e as que Platão exprime nas suas obras da maturidade parecem indicar que Platão não está meramente a produzir um alter-ego no caráter de Sócrates.

O mais característico de Sócrates não é um conjunto de doutrinas mas um *método* de investigação. Habitualmente, Sócrates pretende do seu interlocutor uma definição de uma dada virtude. Quando o interlocutor propõe uma definição que satisfaça os seus requisitos, Sócrates faz perguntas que nem sempre estão obviamente ligadas à definição. Então, Sócrates gera tipicamente uma contradição a partir das respostas do interlocutor, tomando-as como base para rejeitar a definição. Este processo de análise, conhecido como *elenchus* (refutação), testa a coerência das opiniões do interlocutor e, segundo defende Sócrates, o seu caráter. Sócrates afirma desconhecer as respostas às perguntas que coloca, procurando antes a verdade, juntamente com o interlocutor. Nas suas conversas, Sócrates usa de forma notória a ironia, incluindo uma ironia complexa em que aquilo que afirma é ao mesmo tempo inverídico, num sentido superficial e verdadeiro num sentido mais profundo.

Contra este cenário de questionamento há um fundo de doutrinas e pressupostos que animam o método socrático. Sócrates permite-nos vislumbrar as suas próprias teses como afirmações desconcertantes, não raro denominadas *paradoxos socráticos*. A sua perspetiva mais importante é a de que a virtude é conhecimento, uma afirmação que Sócrates frequentemente sugere ao invocar a «analogia dos ofícios», comparando as virtudes a ofícios como o treino de cavalos ou a navegação, isto é, práticas que produzem fidedignamente resultados benéficos através de um processo racional. Mas ao contrário de um ofício, a virtude não é ensinável. Sócrates também defende que ninguém faz o mal intencionalmente, que ninguém pode fazer mal a um homem bom, que é pior fazer o mal do que sofrê-lo, que a virtude é necessária e suficiente para a felicidade, e que todas as virtudes são de algum modo uma só. Embora Sócrates por norma não argumente a favor das suas teses, parece esperar que as posições divergentes venham a mostrar-se indefensáveis por meio do *elenchus*, isto é, o seu processo de interrogação. Em todo o caso, não tem uma teoria ética positiva baseada pelo menos em parte numa psicologia moral. Sócrates parece desafiar o intérprete a descobrir as ligações tácitas entre as suas doutrinas paradoxais.

Numa interpretação possível, Sócrates carece efetivamente de conhecimento filosófico, mas tem um conhecimento parcial com base no *elenchus*. Este conhecimento é suficiente para a virtude, pois ao revelar aquilo que não sabemos mostra-nos que não há razão para valorizar seja o que for senão os bens da alma – isto é, os bons estados da alma, em vez dos bens do corpo, como a beleza, ou os bens exteriores, como a riqueza. Procuramos naturalmente o que é melhor, e, assim, quando nos apercebemos do que é verdadeiramente melhor não temos vontade de conseguir bens exteriores por meios perversos. Tão-pouco pode alguém lesar-nos, pois o único dano genuíno é o dano às nossas almas, que estão em nosso poder. Assim, o conhecimento elênctico leva-nos a fazer juízos de valor corretos, logo, a agir corretamente. Não obstante, tal conhecimento não é mais forte do que a mais recente refutação de uma tese falsa, pelo que o filósofo tem literalmente de aprender juntamente com o seu interlocutor. Consequentemente, a virtude, por si só, não é ensinável no sentido tradicional de ensino; e as diversas virtudes que normalmente consideramos aptidões distintas, como a coragem, o autocontrolo e a piedade, são na realidade manifestações de um só conhecimento do bem e do mal.

Ao afastar-se das investigações naturais dos filósofos pré-socráticos e ao desafiar a pretensão dos sofistas em ensinar a virtude, Sócrates direcionou a filosofia para a ética. Exigiu argumentação rigorosa e uma análise incansável de princípios básicos, e pela primeira vez apresentou a filosofia como um diálogo a levar a cabo num contexto social, em vez de uma investigação e reflexão solitárias. Antes de mais, Sócrates insistiu em abordar problemas sociais imediatos, que para ele giravam em torno da necessidade de uma educação moral efetiva. Inspirou as grandes escolas das gerações seguintes – a Academia de Platão, com a sua derivada, o Liceu de Aristóteles, onde as perguntas éticas sugeriam respostas metafísicas; os cínicos (que alegavam descender do socrático Antístenes), que consideravam Sócrates um rebelde contra as convenções; os estoicos (que alegavam descender dos cínicos), que viam em Sócrates o sábio exemplar; e os céticos, que viam em Sócrates um questionador sem quaisquer respostas. Para todos, Sócrates dava corpo ao ideal de que a filosofia não era apenas uma doutrina teórica mas um modo de vida – na verdade, a própria vida boa. DG

Leitura: C. C. W. Taylor, *Socrates* (VSI) 1998; G. Vlastos, *Socrates, Ironist and Moral Philosopher* 1991; T. Brickhouse e Nicholas D. Smith, *Plato's Socrates* 1994.

sofisma *s.* 1 Um argumento que parece válido mas não é. Aristóteles estudou essas falácias em *De sophisticis elenchis*. Sempre atraíram a atenção dos filósofos e dos lógicos mas foram, em particular, objeto de estudo intenso na segunda metade do século XII, quando o termo foi usado num sentido não depreciativo para vários paradoxos que eram a base de exercícios nas disputas. 2 Raciocínio plausível, falacioso e desonesto. JM/dir.

sofisma preguiçoso *Ver* ARGUMENTO PREGUIÇOSO.

sofista (gr. σοφιστής uma pessoa sábia, cultivada; um perito) *s.* Na Grécia antiga, um professor das disciplinas de estudo mais avançadas, *e.g.*, gramática, retórica, direito.

Foi com os sofistas (e Sócrates) que a filosofia passou do estudo da natureza para o estudo do homem. Trouxeram para primeiro plano o contraste entre natureza (φύσις) e convenção (νόμος). A ideia de que muitas das coisas que damos como garantidas por serem naturais e, logo, além do nosso controlo, incluindo a nossa moralidade, os costumes e as leis, são na verdade convencionais, tem implicações radicais óbvias.

As atividades destes peritos podiam ter um efeito perturbador nos limites estreitos das cidades-estado gregas. Os sofistas – professores itinerantes, especialmente de retórica (a arte da persuasão) – eram estrangeiros que se empenhavam numa nova forma de empreendimento, baseada na iniciativa privada, e os seus ensinamentos podiam fazer diferença na vida política. As reações adversas contra eles assemelham-se talvez às de uma sociedade tradicional na qual são introduzidas subitamente técnicas de publicidade modernas.

Platão atacou muitas das suas teorias e atividades, e esta é a origem da conotação pejorativa associada a *sofista* e cognatos. Embora mostre respeito por alguns, como Protágoras e Górgias, Platão desaprovava em geral os sofistas por duas razões principais. Uma era por cobrarem honorários pelos seus serviços; a outra era porque ensinavam sofística:

como levar a melhor numa discussão, de uma maneira ou doutra, independentemente dos méritos reais da argumentação. Num espírito semelhante, Aristóteles escreveu (*De sophisticis elenchis* 1, 1, 165ª22) que um sofista é uma pessoa que retira ganhos pecuniários por parecer sábia sem efetivamente ser sábia.

No século XIX, George Grote argumentou que a má reputação geral dos sofistas tinha inspiração política, devido à aversão aristocrática que Platão sentia pelo universalismo moral e pelas afinidades democráticas de muitos sofistas; desde então, outros argumentaram no mesmo sentido, *e.g.*, Popper, *A Sociedade Aberta e os seus Inimigos* (1945). O conflito entre os sofistas e os seus inimigos foi interpretado como um precursor do conflito entre o igualitarismo democrático e vários tipos de elitismo político: aristocrático, conservador e até fascista. Esta interpretação e avaliação foram objeto de uma animada controvérsia.

Leitura: J. Dillon e T. Gergel (orgs.), *The Greek Sophists* 2003.

sofisticação *s.* 1 Refinamento; complexidade; sabedoria mundana. 2 Adulteração; uso de sofismas, etc. Este sentido depreciador mais antigo está hoje obsoleto.

sofística *s.* 1 O movimento dos SOFISTAS. 2 SOFISMA.

Sofronisco (gr. Σωφρονίσκος) Escultor, pai de Sócrates.

solidarismo Na filosofia social e política, a tese de que é possível uma síntese harmoniosa entre os direitos inalienáveis dos indivíduos e as exigências legítimas impostas aos indivíduos pela sociedade, e que se deve procurar esta síntese como um fim desejável. O solidarismo seria uma terceira via, preferível ao liberalismo e ao socialismo. Promove a solidariedade, o que pode significar a interdependência no seio de um grupo, nação, classe, etc., ou um sentimento de afinidade com outras pessoas e a disponibilidade para as apoiar e ajudar.

O conceito emergiu na filosofia moral e política francesa do século XIX. Durkheim exerceu uma forte influência, e tornou-se central no início do século XX. Entre os defensores do solidarismo destacam-se, entre outros, L. Bourgeois (Prémio Nobel da Paz, 1920: o seu *La Solidarité*, 1896, foi um *best-seller*), C. Bouglé, F. Buisson, L. Duguit e H. Marion. Segundo René Worms (*Philosophie des sciences sociales*, 1920), a solidariedade seria o princípio fundamental para uma nova moralidade emancipada da religião e da superstição. O conceito seria tão central para a ética como o conceito de valor o é para a economia. Entre estes autores, havia uma perspetiva comum de que este ideal moral, em contraste com os tradicionais, tinha uma base científica nas descobertas alcançadas nas novas ciências sociais, especialmente na sociologia. A este respeito, há uma semelhança com as teorias marxistas, que também reclamam uma base científica para o que é considerado um fim desejável.

Desde então, a noção de solidariedade, e a palavra, caíram em desuso mas foram recuperadas nos escritos de Rorty e Habermas (*The Inclusion of the Other*, 1998; *A Inclusão do Outro*, 2002), para significar aspetos da universalidade, igualdade e reciprocidade na moral.

solipsismo (lat. *solus* só + *ipse* o próprio) *s.* 1 Em ontologia: a tese de que nada existe exceto o próprio eu e os conteúdos da sua consciência. 2 Em epistemologia: a perspetiva de que nada pode ser conhecido exceto o próprio eu e os conteúdos da sua consciência.

Num sentido mais antigo, o solipsismo significa egoísmo, a tese de que nada há para valorizar exceto os prazeres e interesses do próprio. Este uso ocorre, por exemplo, em Kant, na *Crítica da Razão Prática* 3, secção 3. A invenção da palavra e o seu uso neste sentido remontam a uma obra satírica antijesuíta da década de 1650. Esta acusava os jesuítas de procurar sem quaisquer escrúpulos o interesse próprio, isto é, acusava-os daquilo a que hoje se chama «egoísmo». Mas «egoísmo» significava até ao século XIX aquilo a que no uso presente se chama «solipsismo». Parece que as duas palavras permutaram os seus significados no decorrer do século XIX.

Sólon (c. 640-558 a.C.; gr. Σόλων) O sábio legislador da antiga Atenas.

somático (gr. σῶμα corpo) *adj.* Corpóreo; respeitante ao corpo humano.

só no caso Alguns filósofos e lógicos usam a expressão para dizer *se, e somente se* (ou *se, e só se*). Por exemplo, «uma conjunção é verdadeira só no caso de (= se e somente se) todos os seus membros serem verdadeiros».

sophia (gr. σοφία) Excelência intelectual, sabedoria *s.*

Sophie A jovem destinada a tornar-se na dedicada esposa de Émile na obra de Rousseau *Émile ou de l'éducation* (1762) (*Emílio ou da Educação*, 2004). O sexismo ostensivo de Rousseau causou consternação mesmo no seu tempo. Mary Wollstonecraft foi uma importante voz de protesto feminista, mas já quatro anos antes Rousseau fora criticado por Mme de Staël (1766-1817) nas suas *Cartas sobre as Obras e Carácter de J. J. Rousseau*. Voltou a atrair imensa atenção hostil na filosofia feminista de finais do século XX.

sōphrosynē (gr. σωφροσύνη autocontrolo, sensatez) *s.* Também traduzido como *moderação* e *temperança s.* Uma das quatro VIRTUDES CARDEAIS. *Ver também* TEMPERANÇA.

Sorge (alm. cuidado; preocupação; pesar) *s.* Conceito crucial no pensamento de Heidegger. É usado em oposição à ideia de que a nossa relação com o mundo é de contemplação desinteressada, e faz sobressair três elementos básicos de um *Dasein* individual: 1) a contingência da existência individual (isto é, a possibilidade da morte) de que nos tornamos cientes através da *Angst* (ansiedade, terror); 2) *Geworfenheit* (o estar lançado), isto é, a simples contingência da nossa própria existência; 3) declínio, decadência.

sorites (gr. σωρίτης um amontoado, de σωρός um monte) *s.* Uma sequência de silogismos ou, mais geralmente, uma sequência de argumentos em que a conclusão (tácita) de um é uma premissa no seguinte. *Ver* PARADOXO SORITES.

soteriologia (gr. σωτήρ salvador) *s.* Doutrina (teológica) da salvação.

Soto, Domingo de (1494-1560) Dominicano espanhol, mais conhecido como autor de um tratado importante e amplamente usado *De justitia et jure* (1556). Lecionou em Salamanca. A sua perspetiva geral era tomista, embora aceitasse algumas das teorias de Duns Escoto. Foi um dos primeiros elementos importantes da contrarreforma, argumentando contra a doutrina protestante da graça.

Spencer, Herbert /ˈspɛnsə/ (1820-1903) Filósofo inglês, iniciador de uma filosofia evolucionista geral, um anticonservador em religião e política.

Desde a sua juventude, os interesses de Spencer orientavam-se para a ciência e a engenharia (inventou um taquímetro), ao invés das humanidades, e a sua formação não incluiu as línguas clássicas. Em contraste com outros intelectuais contemporâneos, não perdeu a fé – nunca a teve. Combinando um intelecto poderoso com um estilo lúcido, foi um jornalista de sucesso na imprensa de referência: escreveu para muitas revistas, entre as quais a *Westminster Review*, um importante periódico liberal e radical, na altura dirigido por George Eliot (Mary Ann Evans), e foi durante vários anos, em meados do século, editor executivo adjunto da *Economist*.

No início da década de 1850 anunciou um plano de vinte anos para publicar uma série de obras sob o título geral *System of Synthetic Philosophy*. Os volumes foram na sua maior parte efetivamente publicados, embora tenha levado mais tempo do que o planeado.

Em *First Principles*, Spencer argumenta que a realidade última é incognoscível. Não podemos conhecer a natureza última daquilo que se nos manifesta (secção 35). Só as suas manifestações, de que temos experiência como relações de Matéria, Movimento e força, podem ser conhecidas. Estas são apenas símbolos da realidade desconhecida. Spencer critica uma série de teorias religiosas e metafísicas, entre as quais o teísmo, que pressupõe que algo da realidade última pode ser conhecido.

As ciências procuram estabelecer leis gerais com base na observação de dados particulares. O método da ciência é em primeiro lugar a indução. A tarefa da filosofia é alcançar uma síntese, estabelecer uma teoria geral, para a qual as leis descobertas pelas ciências formam uma base. Esta teoria filosófica pode formular as leis e princípios mais gerais do universo. A tentativa de Spencer desenvolver um sistema filosófico abrangente apoiava-se no pressuposto de que as ciências já tinham progredido o suficiente para tornar possível essa síntese.

Na sua teoria, a caracterização geral da mudança é dada pela Lei da Evolução. Spencer formula esta lei em termos de complexidade e integração. A evolução consiste na mudança a partir de um estado de simplicidade, homogeneidade, uniformidade, para um estado de maior complexidade, heterogeneidade, diversidade, em que as diferentes partes se combinam e interagem no seio de um todo integrado. Pode-se encontrar exemplos nas ciências físicas, biológicas, psicológicas e sociais. Todo o processo evolutivo é uma mudança a partir da homogeneidade para a heterogeneidade integrada. Isto aplica-se, por exemplo, à evolução a partir de uma semente para uma planta. À medida que a semente se desenvolve, partes diferentes da planta começam a existir, e assim também uma «divisão do trabalho» entre essas partes. De igual modo, a evolução social consiste numa mudança a partir de uma sociedade primitiva homogénea para uma sociedade complexa avançada, em que partes diferentes do todo social desempenham funções diferentes.

Ocorrem todavia mudanças na direção oposta: há muitos exemplos de declínio, desintegração, morte, etc. Nesses casos, as partes de um complexo não são apropriadamente integradas, e dispersam-se.

Em muitos contextos, Spencer parece adotar a tese de que a mudança, por exemplo a evolução biológica, o desenvolvimento psicológico ou o progresso social, têm, por necessidade natural, de passar por vários estádios evolutivos, de modo que a intervenção exterior é inútil ou nociva. Esta é uma das razões por que Spencer se opôs vigorosamente à intervenção governamental para regular o comércio, às medidas de assistência social, etc. O título do seu livro, *The Man versus the State* (1884), é revelador. A teoria política de Spencer afirma energicamente os direitos dos indivíduos contra os governos; mas é também uma fonte de inspiração para o darwinismo social.

Nota: novas edições surgiram em resposta a um renovado interesse nas suas ideias sobre ética e política: *Political Writings* 1993; *The Man versus the State* 1982; *The Principles of Ethics* 1978.

Spengler, Oswald /ˈʃpɛŋlər/ (1880-1936) A obra que lhe deu fama, *Der Untergang des Abendlandes: Umriss einer Morphologie der Weltgeschichte* (1918-1922), é uma profecia sombria da ruína da civilização ocidental conhecida, e tornou-se um sucesso de vendas galopante. Spengler descreveu vários aspetos e proezas das grandes civilizações ao longo da história (pelas suas contas, houve oito), definindo para cada uma delas um estilo particular ou essência. Mas nenhuma civilização é imortal: cada uma tem um período de vida de mais ou menos um milénio. Quanto à civilização europeia ou ocidental, os sintomas de declínio que precedem um colapso iminente são inequívocos: o poder generalizado do dinheiro; o domínio dos meios de comunicação populares, especialmente a imprensa sensacionalista; o ecletismo e a ausência de génio original em todas as áreas de atividade cultural e intelectual – tudo isto são sinais claramente discerníveis de decadência.

As generalizações indiscriminadas pelas quais se diagnostica e compara civilizações mostraram-se mais uma vez uma receita para o sucesso popular com *A Study of History*, de Arnold Toynbee.

sse *conj.* Uma abreviatura, usada principalmente pelos lógicos, para «se, e somente se» ou «se, e só se».

Em definições na matemática, lógica, etc., «se, e somente se» ou «sse» é frequentemente usada para unir o *definiendum* e o *definiens*; mas por convenção tácita nestas disciplinas «se» tem sido frequentemente usado em definições, ao invés de «se, e somente se».

stasis (gr. στάσις uma imobilização, um ponto de paragem) *pl.* **staseis** 1 Em retórica: uma questão, isto é, um ponto acerca do qual há discordância. Na tradição (Hermágoras, Cícero, Hermógenes), distinguiu-se quatro tipos de *stasis* em disputas legais:

stasis de *facto* – o ato ocorreu de todo?
stasis de *qualidade* – houve justificação para o ato?
stasis de *descrição* – como se define o ato?
stasis de *transferência* – será este o lugar apropriado para julgar o ato?

status quo Forma abreviada da expressão latina *status quo ante* o mesmo estado, a mesma condição que antes. Um defensor do *status quo* quer deixar as coisas como estão; um adversário do *status quo* quer a mudança.

Stebbing, (Lizzie) Susan (1885-1943) Depois dos estudos em Cambridge, onde o lógico W. E. Johnson e G. E. Moore a influenciaram sobremaneira, ensinou filosofia no Bedford College em Londres a partir de 1915, onde se tornou professora em 1933. Os seus escritos, inspirados pelos ideais da clareza e racionalidade, incluem *A Modern Introduction to Logic*, 2.ª ed. 1933. *Philosophy and the Physicists* (1937) critica as mistificações filosóficas de alguns cientistas eminentes.

Stegmüller, Wolfgang /'ʃtekmylər/ (1923-1991) Filósofo austríaco-alemão, professor em Munique a partir de 1958. Desempenhou um papel importante na Alemanha como representante da filosofia analítica. Na filosofia da ciência, o seu trabalho foi inicialmente inspirado por Carnap e Hempel, mas no início da década de 1970 adotou um novo ponto de vista, influenciado em parte por Thomas Kuhn: as teorias científicas não devem ser consideradas conjuntos de afirmações, antes estruturas de um tipo distintivo (*The Sutrcturalist View of Theories*, 1979). As muitas edições do seu *Hauptströmungen der Gegenwartsphilosophie* (*A Filosofia Contemporânea*, 1976), que passou de um volume em 1952 para quatro entre 1987 e 1989, foram de grande importância para a revitalização da filosofia da ciência e da filosofia analítica em geral na Alemanha e na Áustria do pós-guerra.

Stein, Edith /ʃtaɪn/ (1891-1942) Uma das primeiras seguidoras da fenomenologia de Husserl, e a sua primeira assistente em Friburgo. No período 1914-1922 analisou a empatia e o seu lugar no nosso conhecimento da mente, e.g., *Zum Problem der Einfühlung* (1917), e apresentou numa obra posterior uma análise da distinção entre causalidade e motivação, e da diferença entre a psicologia e as humanidades. De origem judaica, Stein converteu-se ao catolicismo romano em 1922 e tornou-se freira carmelita em 1933. Numa importante obra posterior sobre ontologia, *Endliches und Ewiges Sein* (1935-1936), tentou combinar a fenomenologia e o tomismo.

Steiner, Rudolf /'steiner/ (1861-1925) Pensador e teosofista alemão, nascido num local que pertencia então à Hungria e é hoje parte da Croácia. Ocupou uma posição proeminente no movimento teosófico no início do século, mas afastou-se para desenvolver um sistema de pensamento alternativo, e uma cultura mental e corporal, a que chamou «antroposofia». O seu centro organizacional em Dornach (perto de Basileia) na Suíça chama-se «Goetheanum», uma indicação clara da forte influência da filosofia da natureza de Goethe em Steiner, que rejeitava a ciência mecanicista e materialista predominante, que considerava, na melhor das hipóteses, unilateral e desprovida de um suplemento mais orgânico e espiritual. O conhecimento genuíno, pensava Steiner, tem de incluir sempre elementos intuitivos e estéticos. Embora o sistema antroposófico de Steiner esteja repleto de mistificações esotéricas e ocultas, alguns observadores imparciais encontraram nas suas ideias muito de valor para a educação (incluindo a ênfase no desenvolvimento do potencial estético e criativo das crianças), praticada nas chamadas escolas Waldorf ou Steiner. O objetivo é auxiliar e encorajar um desenvolvimento multifacetado e harmonioso do potencial do indivíduo.

Stephen, James Fitz /'stivən/ (1829-1894) Autor de retratos populares de filósofos eminentes em *Horae sabbaticae* (1892). Continuou a ser conhecido por causa da discussão crítica, no seu *Liberty, Equality, Fraternity* (2.ª ed. rev. 1874) 1993, das obras de John Stuart Mill, *On Liberty* e *Utilitarianism*. As suas objeções a Mill são importantes; mas também o são as objeções que por sua vez foram dirigidas contra a sua própria posição alternativa. A principal inspiração da sua filosofia política e moral veio de Hobbes.

Embora Stephen não tenha rejeitado por completo o utilitarismo de Mill, havia diferenças consideráveis entre ambos. Por exemplo, Stephen defendia que Mill, ao discutir a punição, não tomara em consideração o facto de o desejo de retaliação ser uma parte normal e insuscetível de ser erradicada da natureza humana. Insistiu também, como Wilhelm von Humboldt e muitos outros pensadores oitocentistas, mas em clara oposição a Mill, que sem a guerra uma nação afundar-se-ia num pântano de corrupção e decadência. Na teoria da moralidade, defendeu que esta não faria sentido sem a crença na providência divina e num estado futuro. Aceitou a doutrina cristã e sustentou que Deus é o objeto apropriado da fé e da oração. Sobre a questão de como a existência do mal é compatível com as perfeições de Deus, Stephen argumentou que, de um modo que não conseguimos compreender plenamente, Deus, embora perfeitamente bom, não pode ser concebido como «disposto a promover a felicidade do género humano em absoluto».

Stevenson, Charles L(eslie) /ˈstivənsən/ (1908-1979) Filósofo americano, professor na Universidade de Yale entre 1939 e 1946 e na Universidade do Michigan, em Ann Arbor, entre 1946 e 1977. Stevenson desenvolveu uma teoria do SIGNIFICADO EMOTIVO que usou para uma teoria da DEFINIÇÃO PERSUASIVA. *Ethics and Language* (1944) apresentou uma articulação completa e rigorosa da teoria emotivista (EMOTIVISMO) da ética, com a sua distinção nítida entre os usos cognitivos da linguagem (para enunciar factos e apresentar razões) e usos não cognitivos (para exprimir atitudes e exercer influência). O aspeto saliente é que a linguagem da ética é sobretudo do último tipo: uma afirmação ética exprime tipicamente emoções e atitudes, e é usada para influenciar aqueles a quem é dirigida. Isto não exclui, todavia, que ambos os tipos de significado, emotivo e factual, possam estar simultaneamente presentes numa afirmação.

Stewart, Dugald /ˈstjuət/ (1753-1828) formado na Universidade de Edimburgo, onde começou por lecionar matemática e onde mais tarde se tornou professor de Filosofia Moral, entre 1785 e 1810, sucedendo a Adam Ferguson.

Embora desgostando do termo «senso comum» em filosofia, Stewart via-se, e com razão, como herdeiro de Reid, quanto à sua perspetiva filosófica básica; mas era um filósofo eclético que também foi muito influenciado por outros, em especial Adam Smith. Mais do que Reid, Stewart promoveu a ideia de que se podia desenvolver indutivamente uma ciência das «leis fundamentais da crença humana» – do mesmo modo que as ciências naturais. Stewart retirou conclusões historicistas a partir da ideia de perfectibilidade dos seres humanos, em contraste com as inclinações utopistas de Reid, e podemos considerar que a sua filosofia da mente faz parte de uma defesa geral contra o radicalismo político no contexto das reações britânicas à Revolução Francesa.

Stewart foi muitíssimo influente no seu próprio tempo, graças às suas palestras populares e às suas numerosas obras – e à notoriedade de muitos dos seus alunos: os fundadores da *Edinburgh Review*, literatos tão diferentes como Sir

Walter Scott e James Mill, luminárias estrangeiras como Benjamin Constant, e muitos mais. Stewart foi também imensamente popular em França e na América durante um par de gerações. O efeito combinado da sua filosofia e da de Reid levou à ideia de uma «escola do senso comum», frequentemente conhecida apenas como «a escola escocesa». KHA

Leitura: Gordon MacIntyre, *Dugald Stewart* 2003.

Stirner, Max /ˈʃtɪrnər/ (1806-1856) Pseudónimo de Johann Kaspar Schmidt. Jornalista e professor em Berlim, defensor de um individualismo extremamente radical em *Der Enzige und sein Eigentum* (1845) (*O Único e a sua Propriedade*, 2004). Só o eu individual existe, e a sua forma básica de atividade é apropriativa; tudo é feito e deve ser feito apenas em função do próprio, mesmo às custas de outros eus, que têm de cuidar de si próprios. A sustentar a teoria está uma perspetiva histórica abrangente de tipo hegeliano mas com um conteúdo anti-hegeliano. A posterior *Geschichte der Reaktion* (1852) ataca severamente a ordem social e política estabelecida, mas é principalmente uma compilação de extratos de outros autores (Burke, Comte, etc.). Há uma polémica extensa contra Stirner em *A Ideologia Alemã*, de Marx e Engels.

Stoa (gr. στοά) *Ver* ESTOICISMO.

Strauss, David Friedrich /ʃtraʊs/ (1808-1874) Teólogo e filósofo alemão. *Das Leben Jesu kritisch bearbeitet* (1835-1836) argumentou que o nosso conhecimento histórico de Jesus é muitíssimo incerto. Os evangelhos e a tradição que deles emana devem ser vistos como uma expressão do espírito de uma comunidade religiosa em determinado momento. Isto não o impede, todavia, de ter também relevância pessoal e ética para outras épocas e circunstâncias. Com esta obra, na qual o sobrenaturalismo religioso é completamente rejeitado e o cristianismo considerado ao mesmo nível que a poesia ou o mito, Strauss ganhou má fama entre os ortodoxos, e fama entre os radicais e liberais. O seu pensamento inicial, influenciado por uma abordagem hegeliana da história, ganhou gradualmente uma direção positivista e materialista.

Strauss, Leo /ʃtraʊs/ (1899-1973) Pensador político e historiador intelectual judaico de origem alemã, em exílio nos EUA a partir de 1938, professor de Ciência Política na Universidade de Chicago entre 1949 e 1968. Crítico eloquente da mediocridade e de várias manifestações de cultura popular, deplorando a perda de interesse nas realizações culturais e intelectuais. Na sua perspetiva, exposta em *Natural Right and History* (1952) (*Direito Natural e História*, 2009), o pensamento político da era moderna, de Maquiavel, Hobbes e Locke, entre outros, incluindo os que se lhes seguiram, reduzira gradualmente as dimensões morais da vida política, primeiro a uma ética mínima, claramente exemplificada em Hobbes, e a dada altura a uma eliminação completa, como em teorias da política mais recentes. Estas teorias modernas, algumas positivistas, algumas historicistas, inspiradas em Hegel, têm em comum a recusa em ajuizar. Contra isto, Strauss favorecia uma teoria política moralmente enriquecida, como na teoria clássica do direito natural, do tipo representado por Tomás de Aquino. Como historiador intelectual, Strauss insistiu em que os textos fossem lidos ingenuamente, tomados pelos seus méritos, com respeito (embora não necessariamente assentimento) pelas suas próprias pretensões à verdade, mas também defendeu, em *Persecution and the Art of Writing* (1952; 1988), que grande parte da mensagem real dos textos políticos clássicos é esotérica, oculta nas entrelinhas – uma tese que é ainda hoje muitíssimo controversa. Muitos teóricos da política americanos de propensão mais conservadora foram influenciados pelas suas ideias, a tal ponto que se pode considerar que formam uma escola.

Strawson, (Sir) P(eter) F(rederick) /ˈstrɔːsən/ (1919-2006) Filósofo inglês, membro de University College, Oxford, a partir de 1948, membro do Magdalen College e sucessor de Ryle como professor de Filosofia entre 1968 e 1987. É um dos principais representantes da filosofia analítica e linguística de Oxford na era do pós-guerra. No artigo «Truth» (1950) argumentou que usamos «verdadeiro» para exprimir o nosso aval a uma afirmação, em oposição à teoria da verdade como correspondência. Noutro, «On Referring» (1950), desenvolveu uma crítica importante à teoria das descrições de Russell. Segundo Russell, as afirmações acerca do (inexistente) atual Rei de França – *e.g.*, «O atual Rei de França é calvo» – são falsas, porque podem ser analisadas como conjunções em que uma conjunta – isto é, «alguém é atualmente o Rei de França» – é falsa. Opondo-se-lhe, Strawson insistiu que a lógica russelliana não faz jus à linguagem comum: as afirmações da linguagem comum acerca do atual Rei de França pressupõem a sua existência, mas não podemos identificar PRESSUPOSIÇÃO (como faz Russell) com implicação.

Em *Individuals* (1959) e *The Bounds of Sense* (1966) (o último apresenta uma teoria de inspiração kantiana), Strawson distingue entre a metafísica revisionista e o seu próprio projeto de uma metafísica descritiva, uma análise das categorias básicas e estruturas linguísticas que empregamos no nosso pensamento acerca do mundo e nas descrições que fazemos dele. De modo a falar e pensar acerca do mundo da maneira como o fazemos, temos de pressupor que o mundo contém particulares básicos: os objetos materiais formam uma categoria básica, as pessoas outra. São básicas porque são identificáveis e re-identificáveis; é assim que diferem dos particulares que pertencem a outras categorias: acontecimentos, estados de coisas. Outra categoria básica é a de entidades abstratas, universais.

As ideias de Strawson têm uma inclinação antirreducionista. Argumenta, por exemplo, que a nossa conceção do que é ser pessoa é uma subcategoria irredutível de particulares básicos, e opõe-se tanto às tentativas de analisar particulares como meros aglomerados de propriedades como às teorias que só atribuem realidade aos particulares. *Logico-Linguistic Papers* (2004) e *Subject and Predicate in Logic and Grammar* (2004) são re-edições dos seus escritos, com revisões.

Traduções: Ceticismo e Naturalismo 2008; *Análise e Metafísica* 2002. Leitura: *The Philosophy of P. F. Strawson* (LLP) 1998.

Suárez, Francisco (1548-1617) Cognome latino: *Doctor Eximius*. Nascido em Espanha, Suárez passou a maior parte da sua vida, aparte os cinco anos em Roma, na península Ibérica, lecionando em Coimbra entre 1597 e 1616. Morreu em Lisboa. Tornou-se jesuíta com a idade de 16 anos e é ainda considerado o principal teólogo jesuíta.

Prodigiosamente erudito, tinha um conhecimento exaustivo dos teólogos medievais e dos Padres da Igreja. Era também um autor caracteristicamente moderno, na medida em que lidava com as questões uma de cada vez, sistemática e exaustivamente; isto contrasta com a escrita académica da Idade Média que, dominada por comentários, não era fundamentalmente sistemática nem exaustiva. Outra característica moderna em Suárez é a integração que faz do que é analítico e do que é histórico; mais uma vez, a consideração sistemática da história de uma questão não existia na Idade Média. *Disputationes Metaphysicae* (1597) foi o primeiro tratamento sistemático da metafísica que não seguia a sequência de tópicos de Aristóteles; devido à sua organização e à sua natureza sistemática, viria a preparar o terreno para todo um género de escrita metafísica que se prolongou praticamente até ao fim do século XVIII. Leibniz e Wolff estão entre os que foram muito influenciados por Suárez.

Sobre a questão de como harmonizar a presciência divina com a liberdade humana, Suárez propôs uma teoria do «conhecimento médio» semelhante à de Molina.

Na filosofia do direito, a sua principal obra foi *De legibus ac Deo legislatore* (1612) (uma obra à qual uma década mais tarde Grócio viria a reconhecer estar em dívida). Suárez em parte adotou e em parte modificou as perspetivas de Tomás de Aquino, e chegou por vezes a opor-se-lhes. Manteve a importante divisão dos quatro tipos de lei: eterna, divina, natural e humana. Argumentou que a análise da lei (um preceito da razão orientado para o bem comum) empreendida por Tomás era incompleta por ser demasiado intelectualista e omitir o conceito de obrigação, que por sua vez pressupõe o conceito de um ato ou vontade (legislativa). GW

subalternas *s.* Na lógica silogística, há duas leis das subalternas. *Todo o S é P* implica *Algum S é P*, e *Nenhum S é P* implica *Algum S não é P*. Em cada uma destas duas implicações à primeira afirmação pode-se chamar *sobrealterna* e à segunda *subalterna*. As implicações não são válidas se admitirmos classes vazias.

subconjunto impróprio; parte imprópria *P* é um *subconjunto impróprio* de *T* se, e somente se, *P* e *T* têm os mesmos elementos. *P* é uma *parte imprópria* de um todo *T* se, e somente se, *P* é idêntica a *T*. O conceito contrasta com parte ou subconjunto *próprio*, em que *P* está contido em *T* mas não coincide com *T*.

subconjunto próprio *S* é um subconjunto próprio de um conjunto *T* se, e somente se, há pelo menos um membro de *T* não é membro de *S*.

subconsciente *s. adj.* Alguns autores usam este termo como sinónimo de *inconsciente*, outros num sentido mais especial, referindo-se a conteúdos mentais de que só estamos vagamente cientes.

subcontrárias *s.* Duas proposições categóricas que não podem ser simultaneamente falsas mas podem ser simultaneamente verdadeiras são subcontrárias. Esta relação lógica verifica-se entre proposições particulares afirmativas e negativas, desde que se exclua classes vazias: *Algum S é P* e *Algum S não é P*. Contudo, se nenhum *S* existir, ambas serão falsas.

Mais geralmente, a duas proposições que não podem ser simultaneamente falsas mas podem ser simultaneamente verdadeiras podemos chamar «subcontrárias». **subcontrariedade** *s.*

subdeterminação *s.* Este conceito é sobretudo usado no estudo da relação entre uma teoria e os indícios empíricos a seu favor. Se *T* estiver subdeterminado por *I*, *T* é compatível com *I* mas não é implicado por este. Podemos afirmar que as teorias que têm boa sustentação empírica mas que usam conceitos teóricos diferentes estão subdeterminadas pelos indícios empíricos, e o mesmo podemos dizer de teorias com boa sustentação empírica que não usam conceitos diferentes mas são ainda assim incompatíveis. Na medida em que as teorias estiverem subdeterminadas pelos indícios empíricos que as sustentam, surge a questão de saber que outra base poderá haver para preferir uma teoria a outra. Este é um problema central em filosofia da ciência.

subjetivismo *s.* **1** Em epistemologia: a tese de que a mente nada pode conhecer senão ela própria e os seus conteúdos. Isto dá lugar à questão de ser ou não possível em algum sentido o conhecimento de um mundo exterior.
2 Em ontologia: a tese de que a realidade fundamental é um sujeito (isto é, uma mente consciente).
3 Em ética: a tese de que o valor de verdade das afirmações valorativas depende da existência de determinadas opiniões ou atitudes. Por exemplo, um tipo de teoria ética subjetivista é aquele que defende que um estado de coisas é desejável se, e só se, for desejado por um sujeito (por mim próprio, ou uma maioria, ou um organismo soberano numa sociedade, etc.) O subjetivismo neste sentido é um tipo de NATURALISMO ÉTICO.
«Subjetivismo» é por vezes usada num sentido completamente diferente, como sinónimo de NÃO COGNITIVISMO.

subjetivo *adj.* **1** Uma experiência subjetiva é introspetiva, isto é, é a experiência direta que um sujeito tem de si próprio, por contraste com a experiência que tem das coisas e dos estados exteriores ao sujeito. **2** Mais em geral, subjetivo é o que pertence a qualquer sujeito concebido como um eu, uma mente.
3 Noutro sentido, semelhante ao anterior, mas mais restrito, subjetivo é o que pertence a um sujeito, ou a uma série deles, mas não necessariamente a todos.
4 O que é subjetivo é uma mera questão de gosto ou preferência pessoal; que não tem verdade ou legitimidade; arbitrário.
Toma-se frequentemente por garantido ser legítimo criticar uma crença ou opinião por ser «subjetiva»; mas isso depende do que significa. Nos *primeiros dois* sentidos anteriores, a crítica equivale apenas a afirmar que alguém defende a opinião, o que não é grande objeção. No *terceiro* sentido, equivale a afirmar que nem toda a gente concorda, o que tão-pouco é uma objeção séria. No *quarto* sentido há efetivamente uma objeção, mas para ser eficaz terá evidentemente de ser sustentada por razões.

sublação *s.* Uma palavra especificamente concebida para traduzir a *Aufhebung* [superação] de Hegel: o superar do contraste entre uma tese e a sua antítese na síntese de ambas. A palavra alemã sugere «cancelamento», «elevação», «suplantação».

sublapsarismo *s.* INFRALAPSARISMO.

sublimação *s.* **1** Em química: a transformação direta de uma substância a partir do estado sólido para o estado gasoso. **2** Em psicanálise: a transformação de um impulso sexual reprimido numa demanda mais elevada (intelectual, artística, ética, religiosa).

sublime *s. adj.* Esplendor admirável (de um caráter pessoal, de uma obra de arte, da natureza), que na estética setecentista (Burke, Kant) contrastava com a beleza. O tratamento clássico ocorre em *Sobre o Sublime*, uma obra do primeiro século. Longinus é comummente dado como seu autor.

subliminar *adj.* Abaixo do limiar da perceção consciente.

subsistir *vb.* Esta palavra é usada como tradução de *bestehen* em Meinong para significar um modo de ser que, segundo a sua teoria dos objetos, pertence a coisas inexistentes ou abstratas e a estados de coisas que podem não obstante ser objetos de pensamento. Montanhas de ouro, unicórnios, números e proposições são exemplos de entidades que subsistem apesar de não existirem.

sub specie aeternitatis lat. sob o aspeto da eternidade. A expressão é de Espinosa, que a usa na *Ética* para caracterizar a forma mais elevada de conhecimento, a que chama «conhecimento intuitivo», no qual as coisas são vistas a partir da perspetiva da intemporalidade ou da eternidade.

substância (lat. *substantia*. O equivalente, proposto originalmente por Séneca, da palavra grega ὑπόστᾰσις) *s.* A primeira das categorias de Aristóteles. As substâncias primeiras são indivíduos, este homem ou aquele cavalo; as substâncias segundas são espécies — as classes de indivíduos de um determinado tipo (*e.g.*, homem, cavalo, burro) — e géneros, as classes de espécies, *e.g.*, animal. As primeiras podem *existir por si próprias*, o que contrasta com as qualidades, relações, etc., que têm de ter substâncias que as instanciem.

Uma característica distintiva das substâncias é a de *poderem ter propriedades contrárias*. É o mesmo cavalo que é jovem e velho; um animal pode ser um gato ou um cão. Uma característica complementar é a de serem *sujeitos lógicos*: pode-se-lhes atribuir propriedades, relações, etc., mas elas próprias não podem ser atributos de outra coisa.

Na era moderna, o conceito filosófico de substância é antes de mais o conceito daquilo que de nada mais precisa para existir: substância é aquilo que tem existência independente. Neste sentido primário, Descartes defende que só pode haver uma substância: Deus. Mas num sentido secundário, defende que há duas substâncias (criadas): a mente e a matéria. Pode-se-lhes chamar «substâncias» porque, aparte o facto de serem criadas por Deus, têm existência independente. Para Espinosa, só pode haver uma substância. Pode-se chamar «Deus» ou «Natureza» — cada uma destas palavras significa algo que concebemos como tendo existência independente. A mente e a matéria são os dois aspetos, a que Espinosa chama «atributos», sob os quais conseguimos ter conhecimento do que há. Leibniz pressupõe uma multiplicidade de substâncias individuais criadas, mónadas, cada uma das quais independente de todas as outras. JM

substantivo incontável Também conhecidos como «termos de massa», são termos como «água», «ouro», etc., que contrastam com *substantivos contáveis*, como «lago» ou «pulseira». Um substantivo contável denota um indivíduo, o que não acontece com um substantivo incontável. Os substantivos contáveis têm formas singulares e plurais, mas os incontáveis só os têm derivadamente. Por exemplo, podemos falar, e bem, de várias maçãs, porque o substantivo é contável, mas só derivadamente falamos de águas, querendo dizer porções de água. Na lógica de predicados comum, pode-se colocar substantivos contáveis no lugar das variáveis de indivíduos, mas não substantivos incontáveis, que exigem uma teoria lógica diferente. dir./DM

substituição, regra da Regra de inferência em sistemas formais: 1) Uma regra que permite a substituição uniforme de uma variável proposicional por qualquer fórmula, e de uma variável nominal por qualquer termo. (Há uma regra semelhante, mais complexa, para variáveis predicativas.) As substituições deste tipo numa fórmula válida preservam a validade; numa implicação preservam a implicação; num conjunto inconsistente preservam a inconsistência; 2) Uma regra de substituição de expressões equivalentes: considere-se uma fórmula *A* que contém uma subfórmula *X*, e seja *B* o mesmo que *A*, exceto que *B* contém *Y* quando *A* contém *X*. Então, se *X* e *Y* forem equivalentes, também *A* e *B* o são.

A regra semelhante para nomes é que se pode substituir um nome por outro se tiverem a mesma extensão. Para predicados, a regra é que um predicado pode substituir outro predicado, se tiverem a mesma extensão.

subveniência *Ver* SOBREVENIÊNCIA.

sucedente *s.* A expressão do lado direito de um sequente no cálculo de sequentes de Gentzen.

sui generis lat. do seu próprio género (distintivo).

sui juris lat. de (ou no) seu próprio direito; ser legalmente responsável por si próprio: ser capaz de agir com eficácia jurídica e ser legalmente responsável pelas próprias ações. *Ant. alieni juris*, isto é, estar sob a autoridade legal de outrem (*e.g.*, um familiar, um marido).

sujeito *s.* A origem desta palavra e dos seus cognatos é a palavra latina *subjectum* (algo colocado por baixo), que foi introduzida como equivalente do grego *hypokeimenon* e transmite a ideia de uma estrutura térrea, um substrato; o significado original da palavra é, por isso, muito próximo do de «substância». Esta palavra, assim como os seus cognatos, é usada com sentidos muito diferentes, dos quais apenas alguns, poucos, são aqui registados. 1 Numa frase, o termo sujeito denota o portador de uma propriedade e o predicado exprime a propriedade. O sujeito é aquilo acerca do qual se afirma algo. 2 Noutros contextos, sujeito e objeto são as noções correlacionadas: *a*) na filosofia antiga e medieval, os significados de «sujeito» e «substância» eram o mesmo ou intimamente relacionados: trata-se de algo que existe efetivamente lá fora, por exemplo, uma árvore. Em contraste, ao que se apresenta à mente, a árvore como conteúdo mental, chamava-se «objeto». Por exemplo, Montaigne escreveu (*Ensaios* 2, 12) que julgar pelas aparências é julgar «por algo que não o sujeito» (isto é, algo que não o que efetivamente está aí, algo que não aquilo a que chamamos «o objeto»). Este uso mais antigo encontra-se também em Descartes; *b*) na filosofia moderna, o significado deste par tornou-se mais ou menos no inverso. Se pensamos no eu ou na mente como algo que «subjaz» às suas diversas perceções, pensamentos, sentimentos, etc., ou seja, algo que pensa, sente, perceciona, está ciente de, etc., é natural usar «sujeito» para significar o eu ou a mente, e «objeto» para aquilo que se apresenta à mente. Este sentido de «sujeito» (uma mente individual ou um indivíduo com uma mente) estabeleceu-se no século XVIII. Segundo L. W. Beck, *Early German Philosophy* (1969), é a Baumgarten que devemos esta inversão, que deu a «subjetivo» e «objetivo» significados opostos aos seus significados anteriores. *Ver também* OBJETO.

Summa contra Gentiles; Summa Theologiae *Ver* TOMÁS DE AQUINO.

summum bonum lat. o bem supremo.

super *prep.* lat. acima, sobre.

superação Ir além. Muitos prefixos apontam numa direção. Desde o início da década de 1980, *pós-* tem sido extremamente popular («pós-feminismo», «pós-industrialismo», «pós-capitalismo», etc.). Quem é propenso a usar este prefixo não deve esquecer o hífen: se o omite o espetador inocente que veja as palavras «pós modernista» poderá pensar que se trata de uma pós-graduação modernista. Em meados da década de 1990 os serviços noticiosos relataram a proclamação de um líder da moda intelectual de que *pós-* deixava de estar na moda, estando ele agora a desenvolver uma *trans*política, uma *trans*estética, uma *trans*economia, etc. Dez anos mais tarde, outro autor em voga anunciava a chegada de um novo conceito de *ultra*política. Mas a procura de prefixos da moda não tem de parar no «para além de»: pode, por exemplo, ascender a «hiper-» e «super-», que correntemente ocupam um estatuto humilde nos centros comerciais suburbanos.

superalterna *s.* Uma proposição categórica que implica outra proposição categórica. *Ver* SUBALTERNA.

superego *s.* Na teoria psicanalítica (o termo foi introduzido por Freud em 1923), a parte interiorizada, censória e repressiva da mente. Desenvolve-se a partir da necessidade de suprimir o desejo de todo o rapazinho em seduzir a mãe. Esta necessidade surge como consequência da aceitação da autoridade do pai. Mas o superego é gerado não só pelo complexo de Édipo, mas também em geral pelas influências sociais e educativas da criança. Manifesta-se na consciência, na vergonha e na culpa, e controla os desejos e impulsos do Ego (constituído pela adaptação ao mundo exterior) e ajuda o Ego a reprimir partes do Id (os impulsos instintivos que, entregues a si próprios, levam ao conflito com o mundo físico e social exterior).

supererrogatório (lat. *superērogātōrius*, *super* + *rogare* pedir) *adj.* Um ato que vai além do que o dever exige. A realização de um ato supererrogatório é boa mas não exigida; não o realizar não é um mal moral. Segundo determinadas teorias morais, é impossível haver atos supererrogatórios. Na sua maioria, os utilitaristas (consequencialistas) defendem que é o nosso dever agir da melhor maneira. Qualquer outra ação é contrária ao dever, e logo moralmente má. Kant também concebe o dever de tal forma que exclui a possibilidade de atos supererrogatórios. **supererrogação** *s.*

super-homem *s.* Do alemão *Übermensch*, um tipo novo e melhor de ser humano, anunciado em *Assim Falava Zaratustra* de Nietzsche. Alguns tradutores de Nietzsche preferem *sobre-homem*.

Superior, Crítica *Ver* CRÍTICA SUPERIOR.

superlativo (lat. *super* + *latus* transportado, trazido.) *adj. s.* Ao mais elevado grau; algo do mais elevado grau.

Em gramática, os superlativos de adjetivos e advérbios exprimem-se normalmente com a palavra «mais» («o mais inteligente», superlativo relativo ou comparativo) ou com o sufixo -íssimo («inteligentíssimo», superlativo absoluto).

Nota: «Entidades superlativas» foi um termo usado (no início da década de 1990) para entidades cuja existência não tem de ser postulada, ou seja, entidades ontologicamente redundantes ou supérfluas (como o «fantasma na máquina» de Ryle) que podem ser eliminadas pela navalha de Ockham. A viabilidade do uso da palavra neste sentido novo é questionável.

superstição *s.* Falsa religião; crença em fantasmas, demónios, poderes secretos, etc., frequentemente combinados com práticas concebidas para os manipular ou influenciar.

supervaloração *s.* Uma supervaloração é um modo de atribuir valores de verdade a frases de uma linguagem formal que admite a possibilidade de as frases serem nem verdadeiras nem falsas. Permite assim violações do princípio de bivalência, mas aceita como verdades lógicas as mesmas frases que se aceita na semântica canónica (por exemplo, a lei do terceiro excluído).

Para dar um exemplo, consideremos o problema dos contingentes futuros. De modo a determinar o valor de verdade da afirmação «Haverá uma batalha naval amanhã», na supervaloração considera-se os vários modos em que o futuro se pode desenrolar. Uma possibilidade é a de o futuro tornar verdadeira a afirmação – pode haver uma batalha naval amanhã; outra possibilidade é a de o futuro tornar falsa a afirmação. Na ausência de uma só atribuição de valor de verdade (Verdadeiro ou Falso), atribui-se à afirmação um valor que nem é Verdadeiro nem Falso numa supervaloração. Por outro lado, independentemente de como o futuro se desenrolar, será sempre verdade que há ou não há uma batalha naval amanhã; consequentemente, atribuir-se-á à afirmação «Ou haverá uma batalha naval amanhã ou não haverá» o valor Verdadeiro numa supervaloração, como sucederia na valoração clássica canónica.

As supervalorações, originalmente descritas por Bas van Fraassen em «Singular terms, truth-value gaps, and free logic», *Journal of Philosophy* 63 (1966), parecem adequadas para representar formalmente a posição de Aristóteles sobre os contingentes futuros. Outras áreas em que podem ter aplicação: na vagueza e nas violações de pressuposições (*e.g.*, uma frase como «O atual Rei de França é calvo», que pressupõe, incorretamente, que há um Rei de França atual). DH

suposição *s.* 1 No uso contemporâneo: uma proposição que é pressuposta mas não afirmada no contexto de um fragmento de raciocínio. 2 Na lógica medieval: a *suppositio* de um termo (literalmente, aquilo que é «colocado em baixo») é aquilo a que o termo se aplica, a sua extensão ou denotação, por contraste com a *significatio* (intensão ou conotação). Mas *suppositio* foi também usado para explicar a distinção uso//menção: a suposição *material* é a própria palavra, a *formal* é o significado da palavra.

supra *adj.* lat. acima, sobre.

supralapsarismo (lat. *s. supra* + *lapsus* um deslize, uma queda) *s.* A tese de que antes da Queda Deus já decidiu quem salvar e quem condenar. *Ver também* INFRALAPSARISMO.

surrealismo (fr. *sur* acima) *s.* Movimento estético nas artes criativas. Lançou um desafio radical às convenções estabelecidas bem como aos cânones ou normas do sentido e da coerência em gramática, lógica, representações pictóricas, etc., não raro em arroubos da imaginação. O efeito artístico era procurado com técnicas aparentemente bizarras, incoerentes ou alucinatórias.

Esta tendência foi iniciada com um manifesto publicado em 1924 pelo escritor francês André Breton. Entre os seus primeiros representantes notáveis, muitos dos quais vinham do dadaísmo, contava-se o escritor francês Louis Aragon; uma série de pintores, como o espanhol Salvador Dali, o belga René Magritte e o alemão Max Ernst; e realizadores, *e.g.*, Luis Buñuel. A sua influência sobre as artes criativas no século XX foi considerável.

Ocasionalmente, o surrealismo foi também interpretado como portador de uma mensagem ética de libertação e responsabilidade pessoal.

A palavra foi criada por Guillaume Apollinaire, que deu o subtítulo «drame surréaliste» a *Les Mamelles de Tirésias* (1917).

suum lat. o que é do próprio. Cf. *meum* meu; *tuum* teu; etc. *pron.*

suum cuique tribuere lat. a cada um o que é seu; isto é, o que lhe pertence ou o que lhe é devido. Um dos três PRECEITOS DE JUSTIÇA clássicos.

Swedenborg, Emanuel /ˈsvedənbɔrj/ (1688-1772) Engenheiro de minas, inventor, cientista e filósofo da ciência de grande aptidão, e autor prolífico nestas áreas. Depois de uma crise religiosa em meados da década de 1740, escreveu um vasto número de obras religiosas, entre as quais as mais conhecidas são *De Caelo et Ejus Mirabilibus et de inferno, ex Auditis et Visis* (1758) (*O Céu e o Inferno*, 2005), *Arcana Cœlestia, quae in Scriptura Sacra seu Verbo Domini sunt, detecta* (8 vols.; 1749-1756) (*Arcanos Celestes*, 1999) e *Vera Christiana Religio, continens Universam Theologiam Novae Ecclesiae* (1771) (*A Verdadeira Religião Cristã*, 1964). Acreditava que por outorga especial a sua mente fora aberta ao outro mundo para que pudesse obter conhecimento deste e dos espíritos que aí habitam e comunicar este conhecimento. Encontrou indícios para sustentar as suas ideias religiosas através de interpretações alegóricas precisas que dão uma equivalência espiritual ao que as Escrituras apresentam de uma forma mais grosseira. As principais pressuposições por trás deste modo de interpretação são as seguintes: 1) compreendidas literalmente, muito das Escrituras é falso e 2) as Escrituras não podem ser falsas. A sua doutrina é um género não ortodoxo de cristianismo, e os seus acólitos estão organizados na Igreja da Nova Jerusalém. Autores destacados como William Blake, August Strindberg e W. B. Yeats foram influenciados pelas suas ideias visionárias, como o foi a família de Henry e William James. Na filosofia, o seu nome é ainda conhecido sobretudo porque *Arcana* fez com que Kant escrevesse *Träume eines Geistersehers* (1766).

T

tabela de verdade Exibição em forma tabelar do valor de verdade de uma afirmação ou fórmula composta, dado o valor de verdade das suas componentes.

tableau Ver ÁRVORES LÓGICAS.

tábua de Carnéades Após sofrer um naufrágio e encontrando-se em perigo de morte, o que fará o justo se, sendo mais forte, puder empurrar alguém mais fraco do que ele de uma tábua, salvando-se assim a si mesmo? Caso se apodere da tábua, age justamente? Se não o fizer, não age insensatamente? Numa situação como esta pareceria insensato agir conforme a justiça, e este, e muitos outros casos, sugeririam que o sábio não é necessariamente justo, e o justo não é necessariamente sábio.
Carnéades discutiu este exemplo, segundo Lactâncio (século IV), *Divinarum Institutionum*, 5, 16, 10.

tabula rasa lat. tábua rasa; quadro em branco. O estado da mente humana ao nascer, segundo os estoicos da antiguidade e os empiristas modernos, *e.g.*, Locke, que atualizou a imagética, usando a expressão «papel em branco».

Tales (*fl.* 585 a.C.; gr. Θαλῆς) Famoso por ser o primeiro filósofo, afirma-se que Tales de Mileto fez da água a ἀρχή ou fonte material de todas as coisas. Fazia parte de todas as diferentes listas dos Sete Sábios da Grécia, descrito como matemático, engenheiro, astrónomo e estadista. Mesmo os Gregos da antiguidade tinham pouca informação fidedigna sobre Tales, mas transmitiram a sua perspetiva de que a Terra flutua sobre a água como uma jangada, e que os magnetos têm alma. Estas ideias fornecem explicações potenciais de acontecimentos naturais. Foi assim o primeiro pensador a tentar fornecer explicações naturalistas de fenómenos naturais. A tradição filosófica a que deu início foi prosseguida por Anaximandro e Anaxímenes que, como Tales, eram de Mileto. DG

tardio Fase final de algo que se sabe ter chegado ao fim, *e.g.*, «Idade Média tardia», ou fase final de algo que se sabe estar a chegar ao fim, *e.g.*, «década tardia». Expressões como «capitalismo tardio» e «modernidade tardia», usadas pela primeira vez na teoria marxista, sugerem que se sabe que o seu fim está por um fio. *Ver* HISTORICISMO.

Tarski, Alfred /ˈtarskɪ/ (1902-1983) (sobrenome original: Tajtelbaum) Lógico polaco, lecionou em Varsóvia 1925--1939 e na Universidade da Califórnia em Berkeley 1942-1968. Os seus feitos em lógica, apreciados universalmente, são na sua maior parte de natureza bastante técnica, mas especialmente a sua discussão da verdade em «The concept of truth in formalized languages» (1933) e «The semantic conception of truth» (1944) atraíram mais atenção filosófica.

Tarski argumentou que uma condição para qualquer teoria adequada da verdade é que essa teoria deva gerar teoremas deste género: « 'A neve é branca' em português é verdadeira se, e só se, a neve for branca»; «'La neige est blanche' em francês é verdadeira se, e só se, a neve for branca»; etc. Chama-se «frases V» às frases desta forma. Estas não são em si a teoria da verdade, mas uma teoria adequada da verdade deve implicá-las. A teoria que Tarski efetivamente propôs não pode ser aqui delineada. O seu interesse filosófico relaciona-se em primeiro lugar com o estudo das linguagens formalizadas. Outros filósofos, sobretudo Donald DAVIDSON, adaptaram a abordagem de Tarski para a aplicar às linguagens naturais. *Ver também* FRASE V.

Leitura: A. Feferman e S. Feferman, *Alfred Tarski* 2004.

tartaruga de Aquiles *Ver* ZENÃO DE ELEIA.

tautologia (gr. τὸ αὐτό λέγω dizer o mesmo) *s.* 1 Na gramática: um pleonasmo, redundância de expressão, repetição desnecessária, como em «descer para baixo», «democracia do povo», «dicotomização binária». 2 Na lógica proposicional: uma fórmula que toma o valor *verdadeiro* em todas as atribuições de valores de verdade às suas expressões atómicas. Um exemplo simples é a fórmula tautológica $p \vee \neg p$. Também se pode chamar *tautologia* a uma afirmação da linguagem comum que exemplifica uma fórmula tautológica. Assim, diz-se que «Está a chover ou não está a chover» é uma tautologia, dado que exemplifica $p \vee \neg p$. Todas as tautologias são verdades necessárias, mas a ideia de que todas as verdades necessárias são tautologias é objeto de sérias dúvidas. 3 Aos teoremas da lógica proposicional $(p \wedge p) \equiv p$ e $(p \vee p) \equiv p$ chama-se por vezes *leis da tautologia*.

taxonomia *s.* 1 Um sistema de classificação; a divisão sistemática em classes. 2 Investigação ou teoria sobre os princípios e métodos de classificação.

Taylor, A(lfred) **E**(dward) /'teɪlər/ (1869-1945) Filósofo britânico, lecionou em Montreal, St. Andrews e Edimburgo. Os seus interesses principais eram a religião, metafísica e ética; era próximo de Bradley, e defendia teses em grande medida idealistas, como se pode ver em *Elements of Metaphysics* (1903). Apresentou um argumento moral a favor da existência de Deus em *The Faith of a Moralist* (1930), tema retomado em *Does God Exist?* (1945). *Plato: The Man and His Work* (1926; 1960) contém uma exposição dos diálogos de Platão; escreveu também um comentário importante sobre o *Timeu* de Platão.

Taylor, Charles /'teɪlər/ (n. 1931) Filósofo canadiano que regeu cátedras em Oxford e na Universidade de McGill (Montreal); autor de *Hegel* (1975). Em *Sources of the Self* 1989 (*As Fontes do Self*, 1997) e *The Ethics of Authenticity* (1992), (*A Ética da Autenticidade*, 2009) argumenta contra o fracasso do pensamento moral e político moderno para reconhecer como os indivíduos estão integrados em contextos culturais e sociais, desenvolvendo uma perspetiva COMUNITARISTA. Salientando a importância das linguagens mais subtis da poesia e da religião, opõe-se ao empobrecimento da mundividência presente no materialismo filosófico e no desconstrucionismo «pós-moderno». Taylor vê o eu como um agente, habilitado e orientado pelas versões do bem pelas quais pauta a sua vida. Quem somos enquanto eus define-se assim essencialmente pelo que é para nós significativo. Taylor põe em causa a linguagem tida como «normativamente neutra» de muita da filosofia pós-Iluminismo, argumentando que oculta uma ligação a bens muito valorizados, como a autonomia e a razão distanciada.

A sua obra filosófica mais recente, que se reflete em *Modern Social Imaginaries* (2004), por exemplo, aponta para conceções substanciais do eu enquanto agente moral e agente da avaliação como um aspeto irredutível do modo como temos experiência do mundo e como compreendemos as nossas vidas. ST/dir.

taylorismo s. A teoria e prática da organização da produção industrial para maximizar a eficiência, normalizando produtos, introduzindo a especialização das tarefas laborais, etc. Um método importante para melhorar a eficiência são os estudos sobre o tempo e o movimento. Batizado em nome de Frederick Winslow Taylor (1856-1915), geralmente considerado o pioneiro da administração científica.

technē (gr. τέχνη perícia, arte, ofício, saber como) s. A posse de tal perícia permite-nos *produzir* algo, e é possível ter esse saber-como com base na experiência, ainda que se ignore os princípios gerais. Aristóteles contrasta a *technē* com a *epistēmē*, o saber *que* algo é de certo modo, e *por que razão* o é.

tecnocracia s. Sistema político dominado por burocracias governamentais e privadas, cujas políticas visam a eficiência tecnológica. James Burnham, Kenneth Galbraith, Daniel Bell, *et al.*, defenderam que as sociedades modernas se adequam cada vez mais a esta descrição, e que a importância das estruturas políticas tradicionais e corpos (democracia; parlamentos) está em declínio. O termo começou a ser usado na década de 1920.

Teilhard de Chardin, Pierre /tɛjaʀ de ʃaʀdɛ̃/ (1881-1955) Paleontólogo francês, jesuíta e filósofo. Influenciado pela filosofia bergosoniana, visava harmonizar uma teoria da evolução cósmica (e não apenas biológica) com o pensamento cristão. Propôs que do mesmo modo que podemos conceber conjuntamente os organismos vivos na Terra como uma entidade, a biosfera, também se pode dizer que o fenómeno da atividade mental autoconsciente forma conjuntamente uma noosfera, como que um estrato de pensamento. No processo evolutivo contínuo, a diversidade e os conflitos no interior de cada esfera serão substituídos por uma cada vez maior integração, e no fim – no ponto Ómega – as mentes conscientes individuais ficarão submergidas, do mesmo modo que as células no corpo, num todo consciente integrado, fundindo-se todas na consciência cósmica divina.

Os seus dirigentes religiosos consideraram que as suas ideias, conhecidas sobretudo por via de *Le Phénomène humain* (1955) (*O Fenómeno Humano* 1995), não eram ortodoxas, e o mesmo pensaram os cientistas, mas por razões diferentes: P. B. Medawar, por exemplo, exprimiu as suas apreensões numa famosa recensão na revista *Mind* 70 (1961) (reimpressa em *The Art of the Soluble*, 1967 e *Pluto's Republic*, 1982).

teísmo (gr. θεός deus) s. A crença de que há um Deus, um ser pessoal com todas as perfeições (poder perfeito, conhecimento perfeito, bondade perfeita, justiça perfeita, etc.); criador do mundo, manifesta-se nele e interage com ele, mas é contudo inteiramente diferente e separado do mundo; um ser que é o único objeto apropriado de culto e obediência. O teísmo é comum ao judaísmo, cristianismo e islamismo.

O teísmo contrasta com várias perspetivas: 1) a perspetiva de que existe *um* Deus é rejeitada pelo *politeísmo*, que declara haver vários deuses; por contraste, diz-se também que as religiões ocidentais tradicionais são *monoteístas*; 2) a perspetiva de que Deus é um ser *pessoal* é rejeitada por alguns sistemas filosóficos por ser antropomórfica, que concebem Deus ao invés como um ser absoluto não pessoal; 3) a perspetiva de que Deus é *distinto do mundo* é rejeitada pelo *panteísmo*, que identifica Deus com o mundo; 4) a perspetiva de que Deus *interage* com o mundo é rejeitada pelo *deísmo*, que atribui a Deus um papel decisivo na origem do mundo, mas nenhum na sua manutenção; 5) a negação da existência de qualquer ser divino chama-se *ateísmo;* 6) a suspensão da crença sobre a questão de saber se o teísmo é verdadeiro chama-se *agnosticismo*.

Muitos dos argumentos a favor da existência de Deus (*teleológicos, cosmológicos, ontológicos, morais,* etc.) visam estabelecer o teísmo.

Nota: só no século XIX «teísmo» e «deísmo» adquiriram os seus sentidos correntes, indicados acima. Quando o «teísmo» começou a ser usado filosoficamente, com Cudworth, era definido como aquilo a que hoje chamamos *deísmo*. As definições de Kant (*Crítica da Razão Pura* A631, B659) eram também diferentes. Kant distinguia o deísmo, *i.e.*, a teologia transcendental, que só pretende ter conhecimento de um ser original por meio da razão pura, do teísmo, *i.e.*, a teologia natural, que pretende ter conhecimento de tal ser também por meio de conceitos tomados de empréstimo da natureza.

tele- Elemento de formação derivado do grego τέλε, que sugere distância, estar longe, como em *telégrafo*. Não confundir com TELOS.

telecinesia (gr. τέλε- + κίνησις movimento) *s.* Movimentar um corpo material (que não o nosso) por um ato mental sem qualquer intermediário físico; tipo de fenómeno investigado pela parapsicologia. Alegados casos de telecinesia (*e.g.*, fazer um vaso de flores voar de uma janela) revelaram-se fraudulentos ou, quanto muito, inverificados. **telecinético** *adj. Sin.* psicocinesia, psicocinese.

teleologia *s.* 1 Teoria que descreve ou explica em termos de propósitos. 2 O propósito de um organismo ou sistema natural.
Nota: em 1728, Christian Wolff, talvez o primeiro a usar a palavra, definiu o seu significado em termos de investigação ou teoria dos fins ou causas finais na natureza.

teleológico (gr. τέλος propósito) *adj.* Relativo ou dotado de propósito. A palavra foi introduzida por Christian Wolff.

telepatia *s.* A transmissão de pensamentos ou experiências de uma mente para outra por meios sobrenaturais, e não por meios comuns como a observação, audição, leitura, inferência, empatia, etc.
As alegações de comunicação extrassensorial são extremamente dúbias, ocorrendo coincidências notáveis na sua ausência.

Nota: a palavra foi concebida por F. W. H. Myers, uma importante figura da INVESTIGAÇÃO PSÍQUICA, em 1882.

Telésio, Bernardino (1509-1588) Filósofo italiano antiaristotélico, que advogava uma abordagem naturalista da investigação científica, e uma ética fundada no impulso básico de autopreservação.

teletransporte *s.* «Viajar» por meios eletrónicos.

Numa história, proposta como experiência mental, um leitor ótico regista o estado exato de todas as células do meu corpo e destrói-as, mas transmite a informação via rádio para um recetor (localizado nos antípodas, ou em Marte), que usa essa informação, juntamente com matéria nova, para criar uma réplica perfeita. O resultado do processo é exatamente como teria sido se eu viajasse fisicamente à velocidade das ondas de rádio.

Esta experiência mental foi concebida por Derek Parfit no capítulo 10 de *Reasons and Persons* (1984), no decurso da sua exploração do conceito de identidade pessoal ao longo do tempo. O teletransporte transmite-*me* para o ponto de chegada, como outros meios de transporte? E quem sou eu (ou quem somos), se o leitor ótico funcionar como descrevemos, mas sem destruir coisa alguma?

telos (gr. τέλος ponto último, objetivo, intuito, propósito de uma atividade) *s.* Estado de coisas completo, final; «aquilo em função do qual se faz algo» (Aristóteles, *Física*, Livro 2, 3 194^b 33).

tematizar *vb.* Tornar algo um tema de investigação ou discussão. A palavra é uma importação recente do alemão *thematisieren*.

temperamento (lat. *temperamentum* mistura apropriada) *s.* 1 Mistura bem proporcionada ou equilíbrio de ingredientes. 2 Na medicina tradicional hipocrático-galénica: uma certa combinação dos quatro humores cardinais (fluidos corporais) que supostamente determinaria o carácter físico e mental de uma pessoa; consoante a preponderância de um ou outro fluido, o temperamento seria sanguíneo, fleumático, melancólico ou colérico. 3 Estado de espírito característico ou disposição de uma pessoa. 4 Excitabilidade; suscetibilidade. 5 Na música, a maneira de afinar um instrumento com um tom fixo (órgãos, pianos, etc.): o *temperamento puro* fornece alguns intervalos puros, mas não soa bem em todas as claves; *temperamento igual* oferece versatilidade às custas da pureza, dividindo a escala em 12 semitons iguais.

temperança (gr. σωφροσύνη; lat. *temperantia*) *s.* Uma das quatro VIRTUDES CARDEAIS: o controlo dos nossos apetites e desejos. Chama-se-lhe também *autocontrolo* ou *moderação*. Aristóteles (*Ética Nicomaqueia*) limita a aplicação do termo ao controlo dos apetites do corpo.

tempo *Ver* TEORIA *A*; PERDURANTISMO.

temporal *adj.* 1 Que diz respeito à vida presente neste mundo, em contraste com a vida eterna (depois da morte). 2 Secular, em contraste com o eclesiástico. 3 Dizendo respeito ao tempo.

tensão *s.* Não é um termo técnico em filosofia, mas é por vezes usado como eufemismo delicado quando uma teoria é criticada por ser autocontraditória ou inconsistente.

teocracia (gr. θεός deus + -κράτος poder, força, poderio) *s.* **1** Forma de governo na qual Deus é reconhecido como o governante civil supremo, cujas leis são interpretadas por sacerdotes, entre outros dignitários. **2** Forma de governo por autoridades eclesiásticas que pretendem executar uma incumbência divina. Só se chama *teocrática* a uma forma de governo se a incumbência divina for reivindicada por uma autoridade eclesiástica. A teoria monárquica do direito divino dos reis não é teocrática, nem a teoria democrática do direito sagrado ou divino do povo de se governar a si mesmo. **3** Um estado ou comunidade sob tal forma de governo.
Nota: Theokratia é um termo concebido pelo historiador judeu do século I Flávio Josefo (*Contra Apion* II, 16), para designar a governação por deuses ou por um deus, fazendo analogia com «aristocracia» e «democracia».

teodiceia (gr. θεός deus + δίκη retidão, justiça) *s.* Explicação de como a bondade, justiça, sabedoria e poder perfeitos de Deus, entre outras perfeições, são compatíveis com a existência de mal no mundo: isto é, uma teoria que visa resolver o problema do mal.
O equivalente francês da palavra foi criado por Leibniz e usado no título do seu *Essais de théodicée sur la bonté de Dieu, la liberté de l'homme et l'origine du mal* (1710).
Kant rescreveu um ensaio argumentando que todas as teodiceias filosóficas estão condenadas a fracassar (1793), mas mais de dois séculos depois há um debate filosófico vivo sobre esta questão.
Em francês, o termo é por vezes usado imprecisamente para falar da teologia natural ou racional em geral. *Ver* RELIGIÃO NATURAL.

teofania (gr. θεοφάνεια) *s.* Manifestação de Deus ou de um deus a um homem, por uma aparição efetiva.

Teofrasto (*c.* 372-287 a.C.; gr. Θεόφραστος) Grande erudito, discípulo e colega de Aristóteles, e o seu sucessor como diretor da escola peripatética. Os seus escritos, dos quais a maior parte se perdeu, contêm objeções incisivas à metafísica de Aristóteles. Chegaram até nós dois tratados de botânica, juntamente com vários textos científicos breves, tal como alguns esboços de carácter que inspiraram autores posteriores, nomeadamente La Bruyère.

teogonia (gr. θεογονία nascimento de deuses) *s.* **1** Origem dos deuses. **2** Genealogia dos deuses, *i.e.*, uma descrição da sua ascendência, como na *Teogonia* (*c.* 800 a.C.) de Hesíodo.

teologia *s.* **1** Investigação, ou descrição e explicação sistemática, dos ensinamentos e práticas que constituem uma tradição religiosa ou uma doutrina, baseada na aceitação geral da sua legitimidade. Neste sentido, existe uma teologia cristã, judaica, etc. **2** A teologia natural, que se chama também *racional*, não parte de pressupostos religiosos, tentando ao invés estabelecer uma doutrina de Deus com base apenas na razão e na experiência, sem apelar à revelação.

teologia apofática TEOLOGIA NEGATIVA. Uma teologia que sublinha as limitações do intelecto humano e a impossibilidade de afirmarmos coisa alguma acerca de Deus exceto o que não é. O termo é usado em especial, mas não exclusivamente, para uma tradição religiosa que tem as suas raízes no mundo helenístico, com ingredientes místicos e neoplatónicos. *Ant.* teologia catafática.

teologia dialética Surgiu em reação contra as tendências racionalistas e liberais na teologia protestante. Uma ideia central, derivada de Kierkegaard, é que a diferença entre Deus e o homem é tão grande que as restrições habituais ao discurso racional (não contradição, etc.) só podem ter aplicação limitada: o próprio núcleo da fé contém o paradoxo, visto que a tensão entre a existência humana finita e o ser divino infinito não pode ser racionalmente resolvida. A primeira formulação principal a representar este ponto de vista foi o comentário de Karl Barth (1886-1968), *A Epístola aos Romanos* (1919). Emil Brunner (1889-1966) e Friedrich Gogarten (1887-1967) estavam entre os principais representantes desta tendência, que também influenciou Rudolf Bultmann (1884-1976).

teologia moral Ensinamentos morais que em última análise se fundam na doutrina religiosa, contrastando com a filosofia moral, independente de quaisquer pressupostos religiosos. A teologia moral tem sido especialmente cultivada na Igreja Católica Romana, aceitando-se tradicionalmente que S. Tomás de Aquino e S. Alfonso de Liguori (1696-1787) são as autoridades principais. *Ver também* CASUÍSTICA; MORALISTA.

teologia natural *Ver* RELIGIÃO NATURAL.

teologia negativa A perspetiva de que todas as proposições afirmativas acerca da natureza de Deus são falsas: Deus só pode ser compreendido através de proposições acerca do que não é. Numa formulação do Padre da Igreja do século IV, Gregório de Nissa: Deus não pode ser compreendido pelo nome, nem por qualquer pensamento, nem por qualquer conceção. É indescritível, inexprimível e acima de todo o significado. *Sin.* TEOLOGIA APOFÁTICA.

teológico, utilitarismo *Ver* UTILITARISMO TEOLÓGICO.

teomaquia (gr. ϑεο- deus + μάχη batalha) *s.* Batalha com os deuses, ou entre eles.

teorema *s.* Uma fórmula ou proposição que pode ser demonstrada num sistema de lógica, matemática, geometria, etc.

Nos sistemas axiomatizados de lógica, os axiomas distinguem-se dos teoremas, chamando-se *teses* a ambos; mas por vezes usa-se também «teorema» de modo a incluir os axiomas.

teorema da dedução Em sistemas de lógica formal, um teorema da dedução é a contraparte de transformar um argumento válido numa condicional, de modo que a conclusão do argumento se transforma na consequente da condicional. Considere-se, *e.g.*: «Todos os crentes se salvam; João é um crente; logo, João salva-se.» É um argumento válido. Logo, o argumento seguinte também é válido: «Todos os crentes se salvam; logo, se João é um crente, João salva-se.» E o seguinte é uma verdade necessária: «Se todos os crentes se salvam, e se João é um crente, então João salva-se.»

De igual modo, para muitos sistemas de lógica proposicional que incluem um operador para a condicional, pode-se demonstrar um teorema da dedução. É um metateorema, um teorema *acerca* das demonstrações e teoremas do sistema. Afirma que se no sistema se pode derivar uma fórmula B a partir de fórmulas bem formadas $A_1, A_2, ..., A_n$, então podemos derivar $A_n \rightarrow B$ a partir de $A_1, A_2, ..., A_{n-1}$; e podemos derivar

$A_{n-1} \to (A_n \to B)$ de $A_1, A_2, \ldots, A_{n-2}$; e assim por diante; e $A_1 \to (A_2 \to (\ldots \to (A_n \to B) \ldots))$ é um teorema. *Ver também* DEMONSTRAÇÃO CONDICIONAL.

teorema de Arrow Um importante teorema da impossibilidade a respeito da escolha coletiva. Os membros individuais do público têm as suas preferências individuais, e quando estas estão agregadas obtém-se aquilo que o público no seu todo prefere. Esta pressuposição parece suficientemente plausível. Sem ela, o ideal de um governo que respeita as preferências dos governados parece impossível. Mas há dificuldades inesperadas: foram reveladas pela primeira vez no PARADOXO DA VOTAÇÃO de Condorcet, que pode ser generalizado da seguinte maneira.

Dado um número de opções, pressupomos que as preferências são *transitivas*. Ou seja, se há preferência pela opção A sobre a B, e pela B sobre a C, então há preferência de A sobre C. Pressupomos também que as preferências são *completas*. Ou seja, para quaisquer duas opções, ou há preferência por uma delas sobre a outra, ou têm as duas igual classificação. Pressupomos também que há três ou mais partes envolvidas. Com base nestes pressupostos, o teorema de impossibilidade de Arrow (demonstrado em 1951; aperfeiçoado em 1963, batizado segundo o seu descobridor, o economista norte-americano Kenneth J. Arrow [n. 1921]) mostra que não há método de agregação que garanta que as seguintes condições se verificam: 1) cada configuração possível de preferências individuais determinará uma preferência coletiva; 2) se pelo menos um indivíduo prefere A a B e ninguém prefere B a A, então a preferência coletiva classificará A acima de B; 3) a classificação coletiva de duas alternativas A e B será determinada pelas preferências dos indivíduos a respeito de A e B, e será independente das suas preferências quanto a C, D, E, etc. Se $A, \ldots, E$, por exemplo, são candidatos numa eleição, e um deles desiste depois de os votos estarem nas urnas, as preferências relativas para os outros candidatos não sofrerão alterações; 4) o modo como a preferência coletiva é determinada é não ditatorial, ou seja, as preferências de um indivíduo não determinarão necessariamente a preferência coletiva.

teorema de Bayes /beɪz/ Um teorema da teoria das probabilidades batizado em honra do reverendo Thomas Bayes (1702-1761). Na sua forma mais simples, diz que a probabilidade de A dado B é igual à probabilidade de A multiplicada pela probabilidade de B dado A (a «plausibilidade» de B), dividida pela probabilidade de B. É do interesse de alguns filósofos (os «bayesianos») porque lhes parece que explica como os indícios confirmam as hipóteses. Seja A a hipótese e B os indícios. O grau em que a hipótese é confirmada pelos indícios (*i.e.*, a probabilidade de A dado B) é dado pela «probabilidade antecedente» da hipótese (*i.e.*, a probabilidade de A) multiplicada pela «plausibilidade» dos indícios, dividida pela «probabilidade antecedente» dos indícios (*i.e.*, a probabilidade de B). Os bayesianos defendem que isto capta muitas intuições sobre o que são bons indícios a favor de uma hipótese. Indícios que de qualquer modo são muito prováveis (muito prováveis na ausência da hipótese em que estamos interessados) não confirmam grande coisa. Para ser confirmado por alguns indícios, uma hipótese tem de tornar esses indícios prováveis. A principal objeção às teorias bayesianas da confirmação diz respeito à dificuldade de atribuir valores precisos diferentes de zero às «probabilidades antecedentes» dos indícios e, especialmente, da hipótese. AM

teorema de Church A proposição de que o conjunto de teoremas do cálculo de predicados de primeira ordem não é recursivo, demonstrada por Church em 1936. Isto é equivalente à proposição, demonstrada por Turing no mesmo ano, de que não há uma MÁQUINA DE TURING capaz de responder a todas as perguntas da forma «É a fórmula *p* um teorema no cálculo de predicados de primeira ordem?» Em conjunção com a TESE DE CHURCH, o teorema implica que o cálculo de predicados de primeira ordem não é decidível, *i.e.*, que não há um método efetivo para responder a todas as perguntas da forma anterior num número finito de passos. (Mas alguns fragmentos do cálculo de predicados são decidíveis.) Esta foi a primeira resposta negativa importante para um PROBLEMA DA DECISÃO; logo outras se seguiram. O teorema implica que há limites ao que se pode fazer com os computadores existentes, visto que para cada computador há uma máquina de Turing pelo menos igualmente poderosa. JCD

teorema de Gödel Teorema matemático demonstrado por Kurt Gödel (1906-1978) no seu artigo de 1931 intitulado «Über formal unentscheidbare Sätze der *Principia Mathematica* und verwandter Systeme». O teorema assere que toda a aritmética formal é incompleta no sentido de haver uma frase (na linguagem do cálculo de predicados de primeira ordem) que expressa uma verdade aritmética e contudo não é demonstrável no sistema.

Um sistema formal consiste num conjunto de axiomas e numa série de regras que permitem derivar teoremas partindo dos primeiros de uma maneira puramente formal, *i.e.*, sem referir o significado. A única exigência é que as definições do conjunto de axiomas e das regras sejam *efetivas*. Por outras palavras, tem de haver um procedimento mecânico exequível para decidir o que pertence ao conjunto e um procedimento semelhante para decidir em qualquer caso particular se as regras foram corretamente aplicadas. A classe de fórmulas deriváveis em tal sistema é então efetivamente enumerável: é em princípio possível fazer um computador que irá gerar todas as fórmulas deriváveis, e só essas, conseguindo fazê-lo em cada caso numa quantidade finita de tempo. Gödel inventou um método pelo qual, dado qualquer sistema consistente deste género, se pode encontrar uma frase aritmeticamente verdadeira que não pode ser derivada nesse sistema.

A demonstração de Gödel pôs fim à esperança acalentada por Hilbert, entre outros formalistas, de que a classe de verdades aritméticas pode ser circunscrita de maneira puramente sintática e que a noção de verdade aritmética poderia portanto ser suplantada pela de derivabilidade num sistema formal. PTI

teorema de Löwenheim-Skolem Teorema segundo o qual qualquer conjunto de afirmações de uma linguagem de primeira ordem que tenha um modelo infinito tem também um modelo numeravelmente infinito.

Uma aplicação do teorema é à teoria de conjuntos, que é uma teoria numa linguagem de primeira ordem.

teoria (gr. θεωρία visão; especulação; contemplação) *s.* Um conjunto de proposições que fornecem princípios de análise ou explicação de um dado tópico. Mesmo uma só proposição se pode considerar uma teoria.

Em filosofia, os contrastes entre teoria/prática, razão teórica/razão prática, etc., são muitas vezes concebidos como contrastes entre passividade e atividade: quem conhece teoricamente contempla passivamente, sendo um recetáculo de sustento mental; o agente prático faz coisas ativamente.

Nesta perspetiva tradicional, uma teoria no sentido estrito não poderia propor valores ou normas. No uso atual, contudo, a teoria ética, a teoria moral, a teoria política, e a teoria social são muitas vezes entendidas como empreendimentos distintamente normativos, que ultrapassam os limites da descrição e da explicação, visando formular critérios para a vida boa, para a boa conduta e para uma sociedade boa, juntamente com recomendações sobre como podemos introduzir melhorias.

Nota: desde a década de 1980, «teoria» é usado em alguns contextos académicos (sobretudo em estudos literários e culturais) não como conceito geral, mas como um tipo específico de teoria, inspirada em pensadores como Lacan, Foucault e Derrida, habitualmente com tendências favoráveis ao relativismo com respeito ao conhecimento e à interpretação, combinando-se muitas vezes com sentimentos esquerdistas ou anti-«elitistas». No início do século XXI, contudo, alguns dos seus mais proeminentes representantes começaram a distanciar-se da «teoria».

teoria *A* e teoria *B* Os acontecimentos (ou momentos do tempo) podem ser caracterizados de dois modos distintos mas relacionados. Por um lado podem ser caracterizados como pretéritos, presentes ou futuros, o que normalmente se indica nas linguagens naturais pela flexão temporal dos verbos [como o português] ou por modificadores adverbiais auxiliares. Em alternativa, os acontecimentos podem ser descritos como anteriores a, simultâneos a, ou posteriores a outros. Os filósofos dividem-se sobre se é ou não fundamental exprimir factos temporais de maneira flexionada. Quem considera que as noções flexionadas associadas ao passado, presente e futuro são fundamentos irredutíveis da temporalidade e das nossas conceções de facto temporal defende a teoria *A*. Quem defende esta teoria nega que o passado, presente e futuro sejam igualmente reais e sustenta que o futuro não está fixo e determinado como o passado. Quem deseja eliminar todo o discurso sobre passado, presente e futuro a favor de uma ordenação não flexionada dos acontecimentos defende a teoria *B*. Esta sustenta que o passado, o presente e o futuro são igualmente reais. Estas classificações resultam da análise do tempo e da mudança desenvolvida por J. M. E. McTaggart, em que os acontecimentos são ordenados por meio de uma série *A* flexionada ou uma série *B* não flexionada.

O passado, o presente e o futuro figuram de modos muito diferentes na deliberação e reflexão. Recordamos o passado e antecipamos o futuro, por exemplo, mas não conversamente. A teoria *B* sustenta que o facto de sabermos muito menos sobre o futuro reflete simplesmente uma diferença epistemológica entre o futuro e o passado: o futuro não é menos real do que o passado; simplesmente sabemos menos sobre ele. Este ponto de vista é amplamente sustentado por pensadores com inclinação científica. É frequente afirmar que as teorias físicas como a relatividade especial dão à teoria *B* uma base persuasiva.

A teoria *A* por outro lado defende que uma explicação satisfatória do tempo tem de reconhecer uma diferença metafísica fundamental entre o passado, o presente e o futuro. Descreve-se frequentemente a diferença entre a teoria *A* e a *B* como uma disputa sobre o passar do tempo ou o «devir». Os defensores da teoria *B* defendem que esta noção dá corpo a uma grave confusão acerca do tempo, enquanto muitos defensores da teoria *A* argumentam que ao rejeitar o «devir» temporal, a teoria *B* rejeita a característica mais vital e distintiva do tempo. É comum (embora não universal) identificar o ponto de vista da teoria *A* com a crença na passagem do tempo.

É também comum (embora não universal) que quem defende a teoria *B* seja tetradimensionalista ou PERDURACIONISTA, *i.e.*, que acredite que os objetos estão estendidos no tempo e no espaço e portanto têm partes temporais e espaciais. Chama-se por vezes a isto uma ontologia do corte temporal.

O debate entre a teoria *A* e a teoria *B* é a continuação de uma disputa metafísica que remonta aos filósofos gregos da antiguidade Heraclito e Parménides. Parménides pensava que a realidade é intemporal e imutável. Heraclito, por contraste, acreditava que o mundo é um processo de mudança incessante, fluxo e decomposição. A realidade para Heraclito é dinâmica e efémera. Na verdade, o mundo é tão fugaz, segundo Heraclito, que é impossível entrar duas vezes no mesmo rio. As questões metafísicas que continuam a dividir a teoria *A* e a *B* dizem respeito à realidade do passado, à realidade do futuro, e ao estatuto ontológico do presente. WG

Leitura: A. N. Prior, *Papers on Time and Tense*, nova edição, 2003; D. H. Mellor, *Real Time II* 1998.

teoria causal da perceção Teoria segundo a qual uma expressão da forma «*S* tem uma experiência sensorial de *O*» implica que a experiência sensorial de *S* foi causada por *O*.

teoria causal da referência Teoria segundo a qual os nomes (e também outras expressões referenciais) se relacionam com o que nomeiam se, e somente se, houver uma relação causal que ligue ambos. Deste ponto de vista, os nomes não são, como Frege e Russell pensavam, descrições definidas abreviadas. Ao invés, a relação entre um nome e o que é nomeado é estabelecida por um ato de nomear, um «batismo», por assim dizer, que forma o ponto de partida de uma cadeia causal. A teoria foi proposta por Saul Kripke, Keith Donnellan e Hilary Putnam na década de 1970, e tem sido aplicada a nomes próprios e a termos para categorias naturais (água, ouro, tubarão). *Naming, Necessity, and Natural Kinds* (1977), org. por Stephen P. Schwartz, contém exposições lúcidas e discussões da teoria.

teoria causal do conhecimento Segundo esta teoria, *S* sabe que *p* se, e somente se: 1) *p* for verdadeira; 2) *S* acredita que *p*; 3) *S* tem justificação para acreditar que *p*. A teoria acrescenta a isto algo que irá garantir, contra os exemplos propostos por Gettier (PROBLEMA DE GETTIER), que as três condições não sejam satisfeitas apenas por feliz coincidência. O que acrescenta é a condição de que *p* cause a crença de *S* de que *p*.

O filósofo norte-americano Alvin Goldman apresentou uma formulação moderna da teoria em *Journal of Philosophy* 64 (1967).

Teoria Crítica A abordagem teórica da ESCOLA DE FRANKFURT, especialmente de Adorno e Horkheimer, assim designada por este último, que a contrasta programaticamente com a teoria tradicional, que toma as ciências naturais como paradigma. A teoria crítica sustenta que na esfera social e humana não há, como nas ciências naturais, uma base racional dada de verdades eternas; pelo contrário, uma forma racional de existência social é algo ainda não existente, um projeto a ser realizado. Enquanto a teoria tradicional é desinteressada, a teoria crítica é determinada pelo interesse na emancipação humana e, deste modo, comprometida com a procura de mudanças sociais radicais.

Leitura: Fred Rush (org.), *Teoria Crítica* 2008.

teoria da decisão O estudo de escolhas entre ações alternativas. A disciplina desenvolveu-se desde meados do século XX com contributos de economistas, filósofos, estatísticos, psicólogos e cientistas sociais. Enquanto os cientistas empíricos usam a teoria da decisão para fins descritivos, os filósofos centraram-se nos aspetos normativos.

Na teoria normativa da decisão pressupõe-se que os objetivos éticos, entre outros, já foram fixados. As questões normativas que restam para a teoria da decisão dizem respeito à consecução de objetivos. Isto inclui questões sobre como agir em condições de incerteza e ausência de informação, coordenação de decisões ao longo do tempo, e a agregação de escolhas ou preferências individuais nos procedimentos de decisão social.

A representação canónica de um problema de decisão é uma matriz de decisão. A seguinte matriz de decisão representa a decisão de trazer ou não um guarda-chuva:

	Chove	Não chove
Com guarda-chuva	Roupa seca, mala pesada	Roupa seca, mala pesada
Sem guarda-chuva	Roupa molhada, mala leve	Roupa seca, mala leve

A coluna da esquerda representa as (opções) *alternativas* que estão em aberto para quem toma a decisão. A linha do topo representa os fatores para lá do controlo de quem toma a decisão, resumidos aqui como dois *estados da natureza*. Para cada par de uma alternativa e um estado da natureza há um *resultado*. Se se pode atribuir um valor (ou UTILIDADE) a cada resultado, pode-se substituir a matriz acima por uma matriz de utilidade, do seguinte modo:

	Chove	Não chove
Com guarda-chuva	16	16
Sem guarda-chuva	0	20

Uma matriz de decisão apresenta alguns dos factos pertinentes numa decisão. Não nos diz por si que decisão tomar. Para orientar uma decisão, precisamos também de uma regra de decisão a aplicar à matriz de decisão.

A mais importante regra de decisão é a maximização da utilidade esperada. Além da informação dada na matriz da utilidade, esta regra de decisão exige informação acerca das probabilidades dos estados da natureza. No exemplo anterior, se a probabilidade de chover for superior a 0,20, esta regra recomendará que levemos o guarda-chuva. Se for inferior a 0,20, a regra recomenda que não o façamos.

Outras regras de decisão, como o PRINCÍPIO MAXIMIN, podem ser aplicadas na ausência de probabilidades conhecidas. No exemplo anterior, esta regra recomendará que levemos o guarda-chuva independentemente da probabilidade de chover (ou pelo menos para todas as probabilidades de chover que não sejam zero).

Diz-se que uma decisão tem lugar sob risco se as probabilidades são conhecidas, e sob incerteza se não o são. No último caso, a maximização da utilidade esperada não é operacional, mas a regra maximin ainda pode ser usada.

Uma preocupação fundamental da moderna teoria da decisão é que algumas decisões são instáveis. O próprio facto de tal decisão ter sido tomada dá uma razão suficiente para não ter sido tomada. O exemplo mais conhecido encontra-se no PARADOXO DE NEWCOMB. Outro exemplo, comummente referido como «a morte em Damasco», foi dado por Gibbard e Harper. Neste exemplo, a Morte usa uma agenda baseada em previsões altamente fidedignas que especificam o lugar em que uma pessoa estará no momento que foi escolhido para a sua morte. A pessoa só escapa à morte se as previsões estiverem incorrectas. Uma pessoa sabe que a Morte marcou um encontro com ela no dia seguinte. Suponhamos que vai a Damasco. Então, como a Morte prevê quase infalivelmente, a sua própria decisão é um forte indício de que Damasco é o lugar escolhido para o seu encontro com a Morte. Portanto, devia estar noutro local, mas o mesmo argumento aplica-se onde quer que escolha ir.

A teoria da decisão social (teoria da escolha social) lida com decisões tomadas por duas ou mais pessoas, que podem ter objectivos ou pontos de vista conflituantes sobre como se deve alcançar os objectivos. O tópico mais importante na teoria da decisão social é a agregação de preferências (escolhas) individuais. Este estudo deu lugar a PARADOXOS DA VOTAÇÃO e a resultados de impossibilidade como o TEOREMA DE ARROW. SH

Leitura: Peter Gärdenfors e Nils-Eric Sahlin (orgs.), *Decision, Probability and Utility: Selected Readings* 1988.

teoria da demonstração Ramo importante da lógica moderna fundado por David Hilbert (1862-1943) como ferramenta para realizar o seu programa de fundamentação da matemática. Hilbert desejava justificar a matemática clássica estabelecendo a sua consistência. De modo mais preciso, identificou uma parte finitista da matemática, que trata somente de objetos e processos finitos, e procurou mostrar por meios finitistas disponíveis nessa matemática que o uso de princípios transfinitos jamais poderia levar a resultados que contradissessem a parte finitista da matemática. Pensava que isto deveria ser possível formalizando a matemática, estudando então as demonstrações do sistema formal resultante. Esta expectativa foi aparentemente desfeita quando Gödel mostrou, no chamado «segundo teorema da incompletude», que a consistência de um sistema jamais pode ser demonstrada pelo uso apenas de princípios que ocorrem no sistema; ora, todos os meios finitistas que Hilbert tinha em mente ocorriam no sistema cuja consistência ele desejava provar.

No entanto, anos depois do resultado de Gödel, Gerhard Gentzen conseguiu demonstrar a consistência da aritmética elementar por meio do uso de princípios que iam além dos disponíveis naquele sistema, mas que, apesar disso, tinham um carácter finitista. Grande parte da teoria da demonstração tem consistido em alargar o resultado de Gentzen a sistemas matemáticos mais fortes, o que exigiu a invenção de princípios finitistas ainda mais fortes, mas não foi possível estabelecer a consistência da análise matemática completa desta maneira.

A consistência do resultado de Gentzen depende de determinadas intuições gerais sobre a natureza das demonstrações, o que para muitos lógicos pareceu mais interessante do que as suas aplicações na realização de um programa modificado de Hilbert. Isto levou à emergência da conceção de uma *teoria geral da demonstração*, na qual várias propriedades das demonstrações são estudadas em si mesmas, ou em função do seu interesse filosófico geral. Em especial, o modo de analisar provas proposto por Gentzen, que resultou em dois novos tipos de sistemas lógicos, a saber, os sistemas de DEDUÇÃO NATURAL e o cálculo de SEQUENTES, tem suscitado grande atenção. De interesse particular é o resultado de que as demonstrações nesses sistemas podem ser escritas numa determinada forma normal, que pode ser aproximadamente caracterizada dizendo que as demonstrações normais não fazem um certo tipo de desvios. Este resultado, que tem vários corolários importantes, tem sido alargado a várias lógicas nas últimas décadas. Alguns dos resultados têm uma especial importância na lógica intuicionista e harmonizam-se bem com ideias semânticas segundo as quais o significado de uma frase se explica em termos do que conta como demonstração dessa frase. DPR

teoria da prospeção Uma teoria da tomada de decisão humana, desenvolvida por Daniel Kahneman e Amos Tversky por volta de 1980. A teoria da prospeção é estritamente descritiva, não fazendo afirmações normativas. Divide o processo de tomada de decisão em duas fases. Na primeira, a *fase de edição*, os ganhos e as perdas nas diferentes opções são identificados e comparados com um ponto de referência neutro (geralmente, mas não sempre, a situação do ativo corrente). Na segunda, a *fase de avaliação*, as opções editadas são avaliadas de acordo com duas funções. A *função do valor* atribui a cada resultado um número que reflete o valor subjetivo do ganho ou perda associado a esse resultado. A outra função atribui a cada probabilidade (de resultados) um *peso de decisão*. O peso de decisão desvia-se pouco da probabilidade na faixa mediana das probabilidades, mas muito mais nas áreas próximas dos pontos terminais 0 e 1. Isto corresponde à nossa tendência para tratar o aumento de 95 para 100 por cento de hipóteses de receber um milhão de euros como mais valioso do que um aumento de 50 para 55 por cento de hipóteses de receber a mesma quantia.

Segundo a teoria da prospeção, maximizamos a função do valor, avaliada segundo a função do peso de decisão, ao invés de maximizar a UTILIDADE esperada. Alguns dos principais desvios da utilidade esperada que têm sido exibidos em experiências psicológicas concordam com as previsões da teoria da prospeção.

Como exemplo, suponha que num programa de televisão lhe oferecem uma lotaria com 40 por cento de hipóteses de perder 100 000 euros e 60 por cento de hipóteses de ganhar o mesmo montante. Segundo a teoria da utilidade esperada, deveria aceitar a lotaria. A teoria da prospeção explica por que razão a rejeitamos. O valor negativo que a função do valor atribui à perda de certa quantia excede o valor positivo que atribui ao ganho da mesma quantia. SH

Leitura: Amos Tversky e Daniel Kahneman «Rational Choice and the Framing of Decisions», *Journal of Business* 59 (1986), pp. 251-278.

teoria das catástrofes Teoria matemática desenvolvida na década de 1960 pelo matemático francês René Thom. Apresenta uma caracterização matemática sistemática dos tipos básicos de mudanças ou saltos súbitos.

teoria da verdade *Ver* VERDADE.

teoria da vontade *Ver* VOLUNTARISMO.

teoria do caos Ramo da física matemática que lida com sistemas que apresentam uma sensibilidade exponencial a mudanças muito pequenas nos estados iniciais. O clima é um sistema deste tipo: o voo normalmente inócuo de uma borboleta pode, se as condições iniciais mudarem apenas um pouco, originar um tornado. Embora os sistemas sejam determinísticos, as equações dos movimentos geram sequências que variam da mais alta regularidade até às que são indistintas dos resultados de um processo aleatório. James Clark Maxwell, Jacques Hadamard, Pierre Duhem e Henri Poincaré foram dos primeiros a ver a possibilidade matemática e importância física destes sistemas, mas só com o advento dos computadores modernos as suas propriedades puderam ser exploradas, fazendo experiências numéricas. A teoria do caos tem sido usada para modelar sistemas diversos, como lasers, reações químicas, crescimento de populações de animais selvagens, propagação de epidemias, padrões de tempo, e até fenómenos sociais como os preços de bens de consumo e o comportamento dos mercados de capitais. Não é ainda claro em que medida o caos matemático existe na natureza e, em particular, se os resultados da mecânica quântica são caóticos.

teoria do conhecimento *Ver* EPISTEMOLOGIA.

teoria do erro Teoria segundo a qual todas as afirmações num dado sector são erradas.

O termo tem sido aplicado com mais frequência à posição de que todas as afirmações morais são falsas. O argumento central a favor desta posição baseia-se em duas premissas. A primeira é que nas afirmações morais se diz que uma propriedade moral objetiva pertence a uma ação ou a um estado de coisas. Por exemplo, a afirmação de que é moralmente obrigatório manter uma promessa afirma que há uma propriedade de obrigatoriedade moral que pertence ao ato de manter uma promessa. A segunda premissa é que não há propriedades morais objetivas.

John Mackie é o mais conhecido defensor desta perspetiva, que se encontra em «The Refutation of Morals», *The Australasian Journal of Psychology and Philosophy* 23 (1964), e *Ethics: Inventing Right and Wrong* (1977).

teoria dos jogos O estudo das interações humanas em situações em que o resultado obtido por cada participante depende tanto das estratégias que ele próprio escolheu como das dos outros participantes. Isto inclui o xadrez, jogos de cartas e passatempos semelhantes, mas também práticas na vida económica e política a que não se chama «jogos» no discurso quotidiano. O trabalho de John von Neumann na década de 1930 foi um ponto de partida importantíssimo para o desenvolvimento da teoria dos jogos.

Os jogos mais simples de analisar são os que têm apenas duas pessoas e são de soma zero. Trata-se de jogos nos quais um dos jogadores ganha exatamente o que o outro perder. É o que ocorre habitualmente quando duas pessoas jogam às cartas a dinheiro. Nesses jogos, é sempre racional escolher jogar de maneira a maximizar o mínimo possível de gastos. A «solução» do jogo consiste em ambos os jogadores aplicarem esta estratégia.

Na sua maioria, os jogos não são de soma zero. Os jogos que correspondem ao comportamento económico podem ter resultados totais diferentes, e o mesmo se aplica ao conhecido DILEMA DOS PRISIONEIROS. Há várias soluções para jogos que não sejam de soma zero. A mais influente é o equilíbrio de Nash. Se os jogadores escolheram uma combinação de estratégias tal que nenhum tenha a ganhar mudando unilateralmente de estratégia, então chegaram a um equilíbrio de Nash.

Um jogo é cooperativo se os jogadores puderem efetivamente comprometer-se com acordos sobre as estratégias que irão escolher. Os jogos cooperativos permitem pagamentos laterais, *i.e.*, acordos para partilhar ganhos. Os jogos cooperativos têm soluções diferentes dos que não são cooperativos.

A teoria dos jogos revelou-se um instrumento útil em economia. Em filosofia, teve uma profunda influência na análise da interação humana. Uma das hipóteses a que deu origem é que as regras morais podem emergir espontaneamente das interações de egoístas racionais. Contudo, a teoria dos jogos tem também limitações. Nem todas as interações humanas têm estruturas adequadas à representação em termos de jogos. SH

Leitura: R. D. Luce e H. Raiffa, *Games and Decisions* 1957; M. D. Resnik, *Choices: An Introduction to Decision Theory* 1987.

teoria dos números Ramo da matemática que estuda as propriedades dos inteiros (*e.g.*, fatorizações, partições, equações diofantinas).

teoria dos tipos Teoria lógica, originalmente proposta por Russell nos primeiros anos do século XX. A ideia central é eliminar certos tipos de afirmações por estarem mal formadas, sendo portanto destituídas de significado.

O pressuposto básico da teoria é que os elementos de um conjunto, e o próprio conjunto, se situam em níveis diferentes. No nível mais inferior, os elementos são indivíduos. No seguinte, temos conjuntos de indivíduos; no seguinte, conjuntos de conjuntos de indivíduos; etc. Todos os itens de um dado nível pertencem ao mesmo tipo.

A ideia geral é que todos os níveis (exceto o térreo) são habitados por conjuntos que *têm* elementos do nível inferior seguinte, e que *são* elementos de conjuntos do nível superior seguinte.

Segue-se desta restrição que não pode haver um conjunto de todos os conjuntos, e não pode haver qualquer conjunto que seja membro de si mesmo. As afirmações que implicam o contrário estão mal formadas. Assim, o paradoxo de Russell, que pressupõe que um conjunto pode ser membro de si mesmo, não surge. Contudo, há características problemáticas nesta teoria dos tipos e, em desenvolvimentos posteriores, tentou-se evitar o paradoxo de outras maneiras.

Nota: de uma linguagem na qual se eliminam transgressões do tipo mencionado diz-se por vezes que «contém» uma teoria dos tipos.

teoria ética *Ver* FILOSOFIA MORAL; TEORIA.

teoria identitativa da mente Teoria segundo a qual os estados e acontecimentos mentais, como sonhar, acreditar, esperar, temer, sentir dor, etc., são idênticos a certos estados ou processos do sistema nervoso central.

Isto não quer dizer que uma declaração sobre uma crença tenha o mesmo significado que uma declaração sobre, digamos, um estado cerebral. A tese é que duas declarações como estas se referem ao mesmo fenómeno, muito embora tenham diferentes significados, do mesmo modo que «Relampejou» e «Houve uma descarga elétrica» podem referir-se ao mesmo acontecimento e contudo diferir em significado.

Note-se que foi por meio de investigação científica que o conhecido fenómeno do relâmpejo ficou conhecido como descarga elétrica. De igual modo, a teoria identitativa da mente sustenta que as identidades entre os acontecimentos mentais, como a experiência de dor, e processos no sistema nervoso central podem ser descobertas por meio de investigação científica.

A teoria foi proposta no ensaio seminal de U. T. Place «Is consciousness a brain process?» (1956). Os seus representantes mais conhecidos são J. J. C. Smart e David Armstrong.

Uma versão da teoria é a teoria da identidade tipo-tipo: cada tipo de estado mental é idêntico a um tipo de estado corpóreo (primariamente neurofisiológico). Por exemplo, a dor é idêntica à estimulação de fibras C. Noutras versões, como o monismo anómalo de Davidson, rejeita-se esta ideia, propondo-se ao invés que cada espécime (*i.e.*, caso particular) de um estado mental é idêntico a um espécime de um estado corpóreo.

Há duas linhas principais de objeção a esta teoria. Uma, defendida, entre outros, por Kripke, rejeita a adoção da noção de identidade contingente, neste caso entre ocorrências mentais e corpóreos. A outra, defendida por Kathleen Wilkes, entre outros, é que há grandes dificuldades na especificação do que deve contar como item mental: como sabe alguém se dois pensamentos são idênticos ou diferentes? No curso de um debate incessante, alguns materialistas simpatizantes da teoria chegaram a considerar o funcionalismo uma alternativa plausível. *Sin.* teoria da identidade mente-cérebro; materialismo de estados centrais.

teoria moral *Ver* FILOSOFIA MORAL; TEORIA.

teoria pró-frásica da verdade A doutrina de que, em português comum, «é verdade» e «isso é verdade» se relacionam com as frases do mesmo modo que os pronomes se relacionam com os nomes (ou com os quantificadores). Uma representante importante desta doutrina é Dorothy Grover (n. 1936) em *A Prosentential Theory of Truth* (1992).

teoria pura do direito Uma teoria da natureza do direito positivo, proposta por Hans Kelsen no início da década de 1920. As suas principais teses são: 1) todas as leis são ou podem ser reduzidas a uma regra que relaciona um tipo de ação com uma sanção; 2) a relação entre lei e sanção é normativa, expressa por uma frase normativa; esta normatividade é uma categoria em si, irredutível a conceitos psicológicos ou sociológicos; 3) a legitimidade legal de uma regra depende da legitimidade de sua origem. A legitimidade da origem tem de depender de uma norma legal de nível superior, e esta regressão só pode terminar postulando normas básicas (*e.g.*, uma constituição escrita) cuja legitimidade não é derivada; 4) uma regra legalmente legítima não precisa de ser moralmente legítima.

A teoria é denominada «pura» porque não contém misturas indevidas com a ética, a psicologia, ou as ciências sociais.

teorias da coerência 1 Segundo as teorias *da verdade* como coerência uma afirmação é verdadeira se é coerente com uma classe designada de afirmações.

A relação de coerência é especificada de diferentes maneiras, mas presume-se geralmente que envolve mais do que a simples compatibilidade. No limite, alguns idealistas têm até insistido que a relação entre duas afirmações quaisquer tem de ser de mútua implicação. Outros explicam a coerência em termos de uma sustentação mútua mais fraca que a implicação. Não são apenas as explicações da coerência que variam; há também diferentes opiniões sobre a classe designada de afirmações. Como distinguir uma classe de afirmações verdadeiras de um conto de fadas internamente consistente? Uma característica que pode ser vista como apelativa nas teorias da verdade como coerência é que superam os problemas que surgem quando se tenta explicar a «correspondência com os factos», o conceito central da sua rival, a teoria da verdade como correspondência.

Como outras das chamadas «teorias da verdade», as da coerência podem ser interpretadas de diferentes maneiras: como teorias *epistemológicas*, que apresentam apenas um critério de verdade, ou como teorias *metafísicas*, que explicam a natureza da verdade.

2 Segundo as teorias da *justificação de crenças* em termos de coerência, propostas na epistemologia do século XX, uma crença está justificada caso se ajuste a um conjunto de crenças, apropriadamente especificado. Aqui há também diferentes explicações da natureza do ajuste. *Ver também* HOLISMO (na filosofia da ciência).

A principal alternativa às teorias da coerência é o FUNDACIONALISMO.

teosofia *s.* Um dos primeiros usos da palavra aplicava-se aos ensinamentos de Amónio Sacas (160-242), que lecionava em Alexandria, tendo influenciado Plotino profundamente. Uma tese central era a da unidade essencial subjacente a religiões e filosofias rivais. A alegoria e o mito desempenhavam um papel importante nos ensinamentos esotéricos desta escola: e o entendimento sagaz deles obtido permitiria ao homem elevar-se moral e espiritualmente, acedendo a formas superiores do ser.

Mais tarde, o termo designava, mais geralmente, uma sabedoria superior sobre matérias divinas e espirituais, alcançada pelo menos em parte por meio da experiência mística. Os escritos de Jacob Böhme ou Emanuel Swedenborg são teosóficos neste sentido.

Desde finais do século XIX, a palavra é sobretudo usada para a mistura ecléctica de ideias derivadas do hinduísmo, budismo e gnosticismo, presentes nos escritos de Helena Blavatsky (1831-1891), promovidos pela Sociedade Teosófica, por si fundada em 1875.

teratologia (gr. τέρας monstro) *s.* **1** O estudo de monstruosidades e anormalidades. **2** Uma colectânea de contos sobre criaturas fantásticas.

terceiro excluído, lei do Este é o princípio de que, para qualquer proposição *p*, *p* ou não *p*; isto é, que nada há de intermédio, ou «terceiro», entre algo ser de tal modo e esse mesmo algo não ser de tal modo. Não se deve confundir esta lei com a lei da não-contradição: não sucede que simultaneamente *p* e não *p*. Em versões «ortodoxas» ou «clássicas» da lógica proposicional, ambas as leis são teoremas; mas há sistemas (*e.g.*, o cálculo proposicional intuicionista) em que se pode demonstrar a última mas não a primeira.

Tão-pouco se deve confundir lei do terceiro excluído com a lei da bivalência, que é um princípio metodológico de acordo com o qual há dois e só dois valores de verdade, «verdadeiro» e «falso», e que todas as proposições têm precisamente um deles. A relação exata entre a lei do terceiro excluído e a lei da bivalência tem sido objeto de considerável controvérsia. GH

terceiro homem, argumento do Uma objeção à teoria das formas de Platão, desenvolvida pela primeira vez pela personagem Parménides no diálogo homónimo de Platão, mas a que Aristóteles deu a configuração mais conhecida.

Segundo a teoria, uma forma é algo que todas as coisas com determinada característica têm em comum. Assim, a beleza é algo que todas as coisas belas têm em comum. A forma da «homenidade» é algo que todos os homens têm em comum. Mas as formas são também concebidas como paradigmas ideais: a forma da beleza é superlativamente bela e por isso tem algo em comum com as outras coisas belas. De igual modo, a forma do homem tem algo em comum com os outros homens. Esse elemento comum é outra forma ainda, um «terceiro homem». De modo semelhante, obtemos um quarto e quinto homens, e na verdade uma série infinita deles.

teriomorfismo (gr. θηρίον animal selvagem) *s.* Atribuição de características animais a seres que não são animais. A representação de deuses na forma animal, como no Egito da antiguidade, é teriomórfica.

terminus ad quem lat. O ponto derradeiro até ao qual. Uma fronteira no tempo, delimitando a última ocorrência possível de um certo acontecimento.

terminus ad quo lat. O ponto derradeiro a partir do qual. Uma fronteira no tempo, delimitando a primeira ocorrência possível de um certo acontecimento.

termo (lat. *terminus* fronteira, ponto derradeiro) *s.* **1** Chamava-se originalmente *termos* ao sujeito e ao predicado de uma proposição categórica – porque eram os pontos derradeiros da frase. **2** Na lógica contemporânea, «termo» ou «termo singular» é usado como sinónimo de «nome» ou «expressão referencial». Numa frase, os termos nomeiam ou referem algo, em contraste com os predicados, que exprimem uma propriedade ou relação disso que é nomeado ou referido pelo termo ou termos. A frase «Sócrates é sábio» contém o termo «Sócrates» e o predicado «sábio». A frase «O professor de Platão é sábio» contém o mesmo predicado e o termo «O professor de Platão». Podemos considerar, depois de análise, que a frase «Sócrates era o professor de Platão» contém dois termos e um predicado diádico.

termo de massa *Ver* SUBSTANTIVO INCONTÁVEL.

termo maior O termo num silogismo categórico que é o predicado da conclusão (Aristóteles, *Analíticos Anteriores*).

termo médio O termo comum às duas premissas num silogismo categórico.

termo menor Num silogismo categórico, o termo sujeito da conclusão.

termo singular Um nome de um indivíduo ou, mais geralmente, uma expressão usada para denotar um só indivíduo.

Os nomes próprios, como «Sócrates», são termos singulares. Outras expressões cuja função é referir exatamente um indivíduo também têm a mesma designação: por exemplo, demonstrativos como «este filósofo» e descrições definidas como «o professor de Platão».

Nota: um termo geral (como «satélite natural da Terra») pode denotar um só indivíduo, mas nem por isso é um termo singular. Um termo singular tem como *função linguística* denotar um só indivíduo. Um termo geral denota seja o que for que obedeça ao termo, podendo ser um ou mais indivíduos.

ternário *adj.* de três lugares; triádico. *Ver também* PREDICADO MONÁDICO.

Terra Gémea Usamos a palavra «água» para selecionar um tipo de substância que associamos a certas características distintivas: ser um líquido sem odor nem cor que cai do céu e enche os oceanos, por exemplo.

Uma sugestão natural é que a palavra «água» é uma abreviatura de algo como a seguinte descrição definida: «o líquido sem odor nem cor que chove do céu na forma de chuva e enche os oceanos».

Com a sua parábola da Terra Gémea, Hilary Putnam formulou uma objeção importante a esta posição. A Terra Gémea é muito parecida com a Terra; em particular, tem um líquido sem odor nem cor que cai do céu e enche os oceanos. A grande diferença é que a substância sem odor nem cor que faz tudo isso não é H_2O, como no nosso mundo, antes XYZ, um composto líquido completamente diferente, apesar das suas similaridades superficiais com H_2O.

Muito resumidamente, o que Putnam tem em mente é que se «água» fosse uma descrição definida abreviada, a Terra Gémea teria água, e é claro que não tem água. Putnam sugere que devemos pensar no termo «água» – e nos termos para categorias naturais em geral – não como uma abreviatura de longas descrições definidas, mas como nomes da categoria comum a certos exemplares que desempenharam um papel especial na introdução do termo categorial natural. A Terra Gémea não tem água porque não tem a substância em comum com os exemplares que *nós* usámos para introduzir o termo «água». FJA

tertium comparationis lat. o terceiro elemento de uma comparação; aquilo relativamente ao qual se comparam duas coisas.

tertium non datur lat. não há terceiro. Isto é uma maneira de dizer, em latim, que duas alternativas esgotam o possível. Na lógica, o teorema $p \vee \neg p$, conhecido como *lei do terceiro excluído*, declara que não há uma terceira possibilidade além de p e não p.

tertium quid lat. um terceiro.

Tertuliano (*c.* 160-220) Nome latino completo: *Quintus Septimus Florens Tertullianus*. O primeiro grande Padre da Igreja a escrever em latim. Nascido em Cartago, formou-se em retórica e direito. Foi para Roma, onde se converteu ao cristianismo (*c.* 196). Depois de regressar a Cartago, reagiu contra o que considerava a mundanidade da Igreja, tornando-se líder do movimento ascético montanista, advogando num dos seus numerosos escritos, *inter alia*, uma moralidade sexual estrita, insistindo no uso de véu em público das jovens, opondo-se ao casamento, etc. Os seus trabalhos apologéticos contêm formulações impressionantes e memoráveis: «Que tem Atenas a ver com Jerusalém?» e, sobre a encarnação, «tenho a certeza porque é impossível». Nos escritos filosóficos, *e.g.*, *Adversus Hermogenem* (Contra Hermógenes), argumentou contra a teoria de que a matéria é eterna, defendendo a doutrina da criação. O tratado *De Anima* (Sobre a alma) está em concordância com a doutrina cristã canónica ao rejeitar as doutrinas platónicas e gnósticas da preexistência e reincarnação da alma. Não era hostil a toda a filosofia pagã, e via muito de valor na versão de Séneca do estoicismo, mas resistia à «helenização» do cristianismo.

tese (gr. θέσις posição; postular) *s.* Uma proposição. Especialmente: **1** Um axioma ou teorema num sistema formal. **2** Uma proposição apresentada para ser demonstrada, ou para ser tida em consideração. **3** Nos tempos medievais, tornou-se prática universitária comum que um candidato a um grau defenda uma tese ou várias em debates públicos. Daqui surgiu um novo sentido da palavra: uma dissertação (por vezes de dimensão considerável) apresentada para obter um grau académico.

tese da prioridade Em filosofia moral: a tese de que, na deliberação e avaliação, as considerações morais são as que têm precedência sobre considerações de quaisquer outros tipos.

tese de Church Diz-se que um método matemático é efetivo se puder ser colocado na forma de uma lista de instruções que podem ser seguidas por um escriturário humano obedientemente perfeitamente confiável, que trabalha até o procedimento acabar, é totalmente destituído de discernimento e inventividade, e não é ajudado por qualquer maquinaria exceto papel e caneta. Em 1936 Church avançou a tese de que sempre que houver um método efetivo para calcular os valores de uma função para números inteiros positivos, então a função é recursiva. Também em 1936 Turing avançou a tese um pouco mais ampla, mas de maneira geral equivalente, que qualquer método matemático efetivo pode ser conduzido por uma máquina de Turing. A tese não pode ser provada formalmente, visto que não há meios de afastar a possibilidade de alguém apresentar no futuro um método que não possa ser conduzido por uma máquina de Turing, mas que a comunidade matemática concorde que é efetivo. Poucos, mesmo assim, duvidam da verdade da tese. JCD

Teses sobre Feuerbach Conjunto de onze comentários breves sobre a filosofia materialista de Ludwig Feuerbach, que é criticado por negligenciar a prática. A décima primeira tese é muitas vezes citada: «Os filósofos interpretaram o mundo de diferentes maneiras; mas o que importa é mudá-lo». Foram redigidas por Marx em meados da década de 1840 e publicadas pela primeira vez por Engels em 1888.

Teseu *Ver* REPARAÇÃO DE NAVIOS.

tético *adj.* Na filosofia de Fichte, um juízo tético («postulado») afirma que algo é autoidêntico (e não que é idêntico ou diferente de outra coisa). O ato pelo qual o eu se postula a si mesmo é um juízo tético: afirma a autoidentidade mas também a existência.

tetracotomia *s.* Divisão em quatro partes.

tetradimensionalismo Termo ocasionalmente usado em ontologia para a perspetiva de que os objetos materiais comuns persistem: isto é, têm partes temporais em cada momento em que existem, e num momento particular, o que está presente é um segmento temporal ou uma parte temporal do objeto como um todo. Esta perspetiva está intimamente relacionada com o PERDURACIONISMO, se é que não é a mesma coisa. Em contraste, os tridimensionalistas (ou duracionistas) afirmam que os objetos materiais estão totalmente presentes em cada momento em que existem. WG

textualismo *s.* **1** Tendência para pôr apenas o texto em foco, negligenciando o seu contexto social ou histórico. Isto é um obstáculo a uma compreensão adequada da maior parte dos textos sobre sociedade e política, mas também da maior parte dos textos filosóficos. **2** A perspetiva de que é impossível ir além do texto. O termo foi polemicamente usado por Richard Rorty contra quem nega que podemos ir além dos textos, chegando à realidade – uma tese análoga à conceção do século XIX de que não podemos ir além das ideias, chegando à realidade. A sua crítica visa os teorizadores «pós-estruturalistas» como Paul de Man, Derrida e Foucault.

Theophrastus Redivivus lat. Teofrasto trazido de volta à vida. Este é o título, aludindo ao discípulo de Aristóteles, de uma obra que apresenta uma inspeção abrangente dos argumentos a favor do ateísmo e dos pensadores do passado que os propuseram. O aparecimento mais antigo conhecido desta obra, da autoria de um autor anónimo, talvez francês, foi 1659. Durante quase um século, teve ampla circulação, mas clandestinamente, na forma de manuscrito. A primeira edição crítica foi publicada em Florença em 1981.

Thoreau, Henry David /'θɔːrəʊ, θɔː'rəʊ/ (1817-1862) Juntamente com Emerson, o mais conhecido dos «transcendentalistas de Nova Inglaterra». Intelectual de invulgar cultura abrangente, Thoreau foi acima de tudo um defensor de valores como a espontaneidade criativa, que desabrocha melhor em comunhão solitária com a natureza, e o anarquismo individualista é a mensagem de *Walden or Life in the Woods* (1854) (*Walden ou a Vida nos Bosques*, 2009). O influente ensaio «Civil Disobedience» (1849) (*A Desobediência Civil*, 2005) é uma asserção enfática da autoridade da nossa consciência contra o Estado.

til *s.* O símbolo ~. É um símbolo da negação proposicional: podemos ler ~*p* como *não se dá o caso de que p*.
Nota: também se usa o ângulo: ¬.

Tillich, Paul /'tiliç/ (1886-1965) Teólogo protestante alemão, exilado nos EUA a partir de 1933, onde lecionou no Seminário Teológico da União em Nova Iorque, em Harvard e em Chicago. A sua teologia filosófica vê a religião como um «cuidado último». Os conceitos centrais do cristianismo são interpretados como símbolos que fornecem os termos para as respostas a questões de importância última para uma pessoa. Numa cultura, as coisas que realmente importam para um indivíduo acabam por se exprimir em formas culturais diferentes – arte, direito, comunidade, etc., nenhuma das quais é diretamente religiosa, mas cada uma das quais pode conter elementos de cuidado fundamental. Um sucesso de vendas popular inspirado por Tillich é J. A. T. Robinson, *Honest to God* (1963). Entre os inúmeros escritos de Tillich encontramos *Systematic Theology* (1951--1963/1973-1976 (*Teologia Sistemática*, 2005), em três volumes, dos quais o primeiro é o mais filosófico, e *Morality and Beyond* (1963, 1995).

Timão de Flio (*c.* 320-230 a.C.; gr. Τίμων) Seguidor de Pirro; satirizou filósofos como Platão, Aristóteles e Arcesilau, em prol da causa do ceticismo pirrónico. Era um autor satírico com verve, mas só nos chegaram fragmentos da sua prolífica produção.

timarquia *Ver* TIMOCRACIA.

timocracia (gr. τιμή preço, valor, honra + -κρατία poder governativo) *s.* 1 Em Aristóteles: uma sociedade na qual a posse da propriedade determina o envolvimento do cidadão no governo, assim como outros direitos e obrigações cívicas (*Política*, Livro 4). 2 Em Platão: uma sociedade governada pelos mais honrados e na qual os governantes são motivados pelo amor da honra (*República*, 545^b). *Sin.* timarquia.

timologia *s.* 1 Teoria do valor, axiologia. 2 Um tipo de teoria geral do valor, ou um seu ramo.
O termo, que não se usa hoje em dia, foi introduzido em 1902 por Kreibig, discípulo de Brentano, e foi usado por Meinong em *Über emotionale Präsentation* (1916) para distinguir a teoria do valor económico e ético da teoria do valor em três outras áreas: lógica, estética e hedonística. John Laird usou o termo para a sua axiologia objetivista em *The Idea of Value* (1929).

Tindal, Matthew (*c.* 1657-1733) Descrevia-se como «deísta cristão». Defendeu o seu deísmo em inúmeros panfletos e livros, dos quais o mais importante é *Christianity as Old as Creation* (1730). Como o título implica, nada do que é revelado por Moisés, os profetas, Jesus, etc., acrescenta seja o que for que afete a substância daquilo em que um cristão deve acreditar. Como o subtítulo da obra explicava, o Evangelho é apenas uma *re-edição* de verdades que poderiam ser apreendidas antes de terem aparecido, dado que todas as doutrinas religiosas legítimas podem basear-se apenas na razão, independentemente de qualquer revelação. Por serem contrárias à razão, atacou também partes da Bíblia, com fundamentos morais, e muitas doutrinas e práticas tradicionais das igrejas.

tipo *Ver* ESPÉCIME/TIPO.

tiquismo (gr. τύχη acaso; coincidência) *s.* A doutrina de que há um acaso genuíno ou espontâneo no mundo. C. S. Peirce criou o termo para denominar a sua tese de que há acontecimentos aleatórios no mundo. As leis da natureza são prováveis e imprecisas. Também acreditava, contudo, que as leis se aproximam de uma maior fixidez, de modo que a natureza como um todo se está a tornar gradualmente mais regular e uniforme.

tirania (gr. τύραννος tirano) O governo opressivo de uma pessoa (um *tirano*). Na *República* de Platão, Livro 8, este regime é descrito como algo que surge naturalmente de tendências inerentes na democracia. Na *Política*, de Aristóteles, Livro 5, é a forma degenerada de monarquia, condenada na sua *Ética Nicomaqueia*, Livro 8, 1160^b. O significado original da palavra era provavelmente «rei». Na Grécia da antiguidade, os usurpadores denominados *tiranos* não eram todos opressores.

Toland, John /ˈtəʊlənd/ (1670-1722) Deísta irlandês, conhecido sobretudo como autor de *Christianity not Mysterious* (1696), obra em que argumentava que toda a crença verdadeira está em harmonia com os limites da razão, não os ultrapassando, ao contrário dos mistérios. Nas suas obras sobre a religião aproximou-se do panteísmo (e criou o termo), manifestando dúvidas sobre o cânone bíblico e a verdade literal da Bíblia. É provável que tenha sido influenciado por Espinosa. Numa das *Letters to Serena*, argumentou que o movimento é essencial à matéria, uma perspetiva que impossibilita os argumentos a favor da existência de um ser que inicialmente põe a matéria inerte em movimento.

tolerância, paradoxo da Se os intolerantes forem tolerados, poderão prevalecer e acabar com a tolerância. Mas se não forem tolerados, já acabámos com a tolerância.

tolerância, princípio da Se a lógica e a matemática se baseiam, em última análise, em convenções, não se pode dizer que um certo sistema seja correto e outro incorreto. A nossa preferência por um sistema em detrimento de outro tem de se basear noutras considerações, e como acontece com as convenções de outras áreas (jogos, boas maneiras, etiqueta) há espaço para a tolerância. Esta era a perspetiva de Carnap, que batizou o princípio.

Tomás de Aquino (*c.* 1225-1274) Cognome latino: *Doctor Angelicus*. Nasceu numa família aristocrata em Roccasecca, no Sul de Itália. Em adolescente, estudou Aristóteles na Universidade de Nápoles e depois, contra os desejos da sua família, tornou-se frade dominicano. Depois de estudar com Alberto Magno em Colónia, Tomás foi para a Universidade de Paris. O resto da sua carreira dividiu-se entre Paris e Itália.

A sua obra mais conhecida é a *Suma Teológica* (1266-1273), uma tentativa, sem êxito na altura, de substituir as *Sentenças* de Pedro Lombardo como manual canónico para estudantes de teologia. Entre os seus escritos encontra-se o seu próprio comentário às *Sentenças*, que data do início da sua carreira docente; uma *suma* anterior (*Suma Contra os Gentios*; o título traduzido completo é: Sobre a verdade da fé católica contra os erros dos descrentes); disputas sobre a verdade, a alma, o poder e o mal; comentários sobre a Bíblia; e comentários sobre Aristóteles que, como os de Averróis, foram concebidos para expor detalhadamente os argumentos do filósofo grego.

O pensamento de Tomás de Aquino é frequentemente apresentado em termos do seu aristotelismo. Os teólogos de meados do século XIII, como Alexandre de Hales, Roberto Grosseteste e S. Boaventura, prefeririam seguir Agostinho – embora estivessem familiarizados com uma ampla seleção das obras de Aristóteles – e, até certo ponto, Avicena, contrastando com os contemporâneos de Tomás de Aquino na Faculdade de Artes, como Sigério de Brabante e Boécio de Dácia, que tentaram (com a orientação de Averróis) seguir Aristóteles com total fidelidade. Supostamente, Tomás de Aquino enveredou pelo caminho intermédio a estes extremos e conseguiu uma «síntese» entre o aristotelismo e o cristianismo; mas esta descrição é enganadora em dois aspetos importantes. Tomás era inteiramente um teólogo cristão, para quem a doutrina revelada da fé não podia ser um mero elemento a combinar com outros à escolha. Ao mesmo tempo, conhecia Aristóteles mais profunda e amplamente do que qualquer dos mestres de artes, e foi capaz de adotar o que considerou serem posições aristotélicas em muitas áreas importantes da epistemologia, ética e metafísica – em parte pelo menos porque os estudiosos contemporâneos viriam a considerar anacrónica, apesar da sua precisão e perspicácia, a sua leitura de Aristóteles. Para Tomás de Aquino, Aristóteles era um teísta firme (embora defendesse que o universo é eterno) e um defensor da imortalidade da alma individual.

Como teólogo perfeitamente ciente das afirmações da filosofia, Tomás de Aquino teve necessidade de perguntar por que razão – se todo o tipo de ser é considerado por um ou outro dos ramos da filosofia – haverá qualquer necessidade de um assunto adicional, a teologia. A sua resposta reflete o propósito duplo que atribuía à revelação divina. Por um lado, Deus revela certas coisas (*e.g.*, a sua existência, unidade, omnipotência e eternidade) que o homem também pode descobrir usando a sua razão (dada por Deus). Tal revelação é exigida porque sem ela apenas algumas, poucas, pessoas compreenderiam estas verdades, e ainda assim talvez só misturadas com erro. Por outro lado, a revelação divina dá a conhecer verdades (como a trindade divina) que a razão humana nunca pode descobrir sem ajuda. O teólogo, como o próprio Tomás de Aquino, empenha-se consequentemente numa empresa mista. Por vezes a sua investigação é a mesma que a de um filósofo puramente racional, e, nestes casos, procura não raro fornecer uma demonstração racional do que ele e outros cristãos já sabem por revelação. Noutros momentos, Tomás constrói o seu raciocínio sobre premissas dadas por revelação, que tomam o lugar das verdades evidentes, sobre as quais Aristóteles insistia que cada ramo do conhecimento tem de se basear.

Esta empresa mista confirma os dois princípios fundamentais de Tomás de Aquino sobre a relação entre fé e razão. O primeiro é que a razão, corretamente usada, nunca descobrirá seja o que for de contrário à fé, visto que tanto a razão como a fé captam a verdade. Se do raciocínio resulta uma conclusão incompatível com o cristianismo, aquele tem de conter algum erro. O segundo princípio é o de que há questões em que a argumentação racional não pode provar a posição sustentada pela revelação, nem sequer refutar a posição contrária à que é exigida pela fé, embora seja sempre possível (primeiro princípio) mostrar que quaisquer argumentos contra a posição cristã são em si inconclusivos. Por exemplo, os cristãos sabem que o mundo não é eterno. Alguns dos contemporâneos de Tomás de Aquino, como S. Boaventura, acreditavam que (usando argumentos que remontam a S. João Filópono) podiam *demonstrá-lo*. Tomás de Aquino considerava que nenhum destes argumentos era conclusivo, embora tão-pouco o fossem quaisquer dos argumentos concebidos para demonstrar que o mundo é eterno. Que o mundo teve um início é algo que os cristãos têm de aceitar por fé apenas.

As célebres CINCO VIAS de Tomás de Aquino – cinco argumentos para mostrar a existência de Deus – são um exemplo claro do seu trabalho como filósofo puramente racional, sem usar premissas reveladas. Tomás de Aquino rejeita a possibilidade de demonstrar a existência de Deus somente considerando o tipo de ser que este é (como Anselmo procurara fazer no seu argumento ontológico) e procura ao invés mostrar que tem de haver um Deus considerando o universo criado.

Também na sua ontologia Tomás de Aquino parece raciocinar de um modo que estaria aberto a um filósofo não cristão. Distingue entre o ser (*essentia*, «essência») de uma coisa – o que uma coisa é como existente: um homem, um cavalo, uma pedra – e o facto de esta coisa ser, o facto da sua existência. Insiste na distinção real entre essência e existência: este homem ou esta pedra podiam não ter existido; nada há relativamente ao género de coisa de que se trata que signifique que essa coisa tem efetivamente de ser. Com Deus, todavia, dá-se algo diferente. Neste caso, e só neste caso, a essência e a existência identificam-se: o que Deus é, é para ser. Em termos da distinção aristotélica entre ato e potência, Deus é puro ato. Tudo isto parece um exemplo de análise metafísica racional. Contudo, alguns estudiosos alegaram que no seu cerne está uma verdade revelada e não uma verdade evidente em si: o Deus do Génesis que se nomeia a si mesmo «Eu sou», introduzindo assim uma noção ontológica de Deus como puro ser, distante da ideia aristotélica do Primeiro Motor ou do intelecto que se contempla a si próprio.

A epistemologia e a filosofia da mente de Tomás de Aquino estão muito mais claramente assentes em premissas reveladas, ainda que as elabore com uma lógica subtil e faça amplo uso de Aristóteles. Na verdade, à primeira vista esta parte do pensamento de Tomás de Aquino é marcadamente aristotélica. Como Aristóteles, Tomás de Aquino apresenta a cognição intelectual como um processo em que o intelecto é informado pela forma da coisa percecionada. A forma é o que faz de uma coisa percecionada o género de coisa que é. Além disso, ele defendia (por contraste com contemporâneos e antecessores como Alexandre de Hales e S. Boaventura) que o «intelecto ativo» – a capacidade de discernir estas formas essenciais nas impressões dos sentidos – é algo que pertence a cada homem individualmente. O homem não depende da iluminação divina para cada ato de compreensão. Contudo, a sua conceção do procedimento complexo de formar uma proposição, construir um argumento e chegar à verdade depende de encarar o pensamento humano como a forma inferior de cognição intelectual – uma versão imperfeita do modo como os anjos chegam infalivelmente e sem esforço à verdade.

Também o pensamento ético de Tomás de Aquino usa terminologia e ideias aristotélicas, mas acaba por ser muito diferente do de Aristóteles. Reserva um lugar importante para as virtudes aristotélicas, como a coragem e a temperança. Mas o conhecimento prático não é para Tomás de Aquino conhecimento de meios apenas, ao contrário de Aristóteles. Tal como o intelecto é feito de modo a compreender os princípios fundamentais evidentes em si mesmos dos ramos do conhecimento teórico, também a razão prática compreende infalivelmente os princípios fundamentais da ação, a lei natural. A consciência pode errar nos seus raciocínios baseados nestas premissas, mas não acerca das próprias premissas. Mais uma vez, ao contrário de Aristóteles, quando estuda o comportamento humano, Tomás de Aquino não se vê perante o fenómeno simples: o homem. Os homens que o rodeiam perderam, por causa do pecado original, algo da sua capacidade de agir bem segundo a sua razão. Para alguns destes homens os seus poderes de agir foram restabelecidos pelo dom livre e imerecido da graça de Deus. Aristóteles, como pagão que viveu muito antes da chegada de Cristo, nada sabia disto e assim, apesar de toda a sua sabedoria, baseou-se numa conceção simplista da natureza humana.

Muitas vezes, Tomás de Aquino é distinguido pelos historiadores do pensamento político como o primeiro pensador medieval a valorizar positivamente o Estado, sublinhando (segundo Aristóteles) a natureza do homem como animal social, cujas capacidades só se desenvolvem ao máximo numa comunidade política. É verdade que ele foi um dos primeiros autores medievais a explorarem a *Política* de Aristóteles; havia porém uma tradição, que remontava pelo menos a Abelardo, que considerava os Estados – especialmente os da antiguidade – de um modo idealizado. Seja como for, a teoria política era marginal aos interesses de Tomás. JM

Método de citação da Suma Teológica: nome da parte, número da questão, número do artigo, número da resposta. Das três partes principais, a segunda subdivide-se em: 1ª (*prima* = a primeira parte); 1ª2ᵃᵉ (*prima secundae* = a primeira divisão da segunda parte); 2ª2ᵃᵉ (*secunda secundae* = a segunda divisão da segunda parte); 3ª (*tertia* = a terceira parte).

Traduções: *Tratado da Pedra Filosofal e Tratado sobre a Arte* 2000; *O Ente e a Essência* 2001; *Opúsculos Filosóficos de S. Tomás de Aquino* 2009. Outras leituras: B. Davies, *The Thought of Thomas Aquinas* 2002; *The Cambridge Companion to Aquinas* 1993.

Tomásio, Christian (1655-1728) Filósofo alemão ecléctico e jurista, lecionou primeiro em Leipzig e a partir de 1960 em Halle. Atacou a filosofia universitária tradicional por ser pedante, dogmática e aristotélica, e favoreceu uma filosofia moral que fosse útil. De harmonia com isto estava a sua promoção do vernáculo: foi o primeiro a lecionar em alemão, ao invés de latim, e na década de 1690 publicou quatro manuais em alemão: de lógica introdutória e aplicada e de ética introdutória e aplicada. Inspirado por Grócio e Pufendorf, dedicou-se a desenvolver uma teoria do direito natural com base racional, sem apelar à revelação (ainda que em consonância com ela), em duas obras importantes, primeiro em 1688, e depois em *Fundamenta iuris naturae et gentium* (1705). Neste último, argumentou contra a perspetiva tradicional de que a nossa razão consegue reger a vontade. Propôs também que os preceitos do direito natural não são como as ordens de um superior, antes como o conselho de um pai sábio interessado no nosso bem-estar. Estes preceitos dividem-se em três categorias: 1) o *honestum*, *i.e.*, os deveres e virtudes que concernem a nós mesmos; 2) o *decorum*, *i.e.*, o que é apropriado e adequado ao lidar com os outros; 3) e *justum*, *i.e.*, os deveres perfeitos relativos aos outros. Cada um deles tem um princípio básico: 1) podes em segurança fazer a ti mesmo o que quererias que os outros te fizessem; 2) faz aos outros o que quererias que te fizessem; 3) não faças aos outros o que não quererias que te fizessem (ou, numa formulação alternativa: respeita os direitos dos outros). O seu pietismo conheceu um fervor especial no período de 1694-1705, havendo até um elemento teosófico em *Versuch vom Wesen des Geistes* (1699). A sua oposição à tortura judicial e às ações judiciais contra a bruxaria, assim como a defesa de uma ampla tolerância religiosa, são algumas das razões pelas quais é considerado a primeira grande figura do Iluminismo alemão.

tomismo *s.* A filosofia que tem no pensamento de Tomás de Aquino a sua fonte de autoridade. Às versões modernizadas chama-se muitas vezes *neotomismo*.

Tönnies, Ferdinand /ˈtœnis/ (1855--1936) Filósofo e sociólogo alemão, lecionou na universidade de Kiel de 1881 a 1933. Foi um dos principais especialistas de Hobbes, e via a teoria social deste como um esboço de um novo tipo de sociedade impessoal e competitiva de indivíduos isolados, em contraste com a sociedade tradicional, impregnada de valores comunitários. Este contraste desempenhou um papel central na sua própria teoria social. *Ver também* GEMEINSCHAFT.

Tópicos Uma das obras de Aristóteles, parte do *Organon*. Poderá ter sido concebido como manual para sessões de debate, mas também contém material de lógica, *e.g.*, regras para fazer definições adequadas.

topologia (gr. τόπος lugar) *s.* **1** *Topologia de conjuntos de pontos:* ramo da matemática que estuda limites, continuidade e outras propriedades matemáticas de conjuntos de pontos. **2** *Topologia algébrica:* ramo da geometria que estuda propriedades que permanecem invariantes na presença de alongamentos constantes, encurvamento, torção, etc.

tópos s. sing. gr. τόπος tópico recorrente; um tema estabelecido numa dada tradição intelectual ou literária. *Topoi pl.*

totalitarismo *s.* O controlo total de todos os aspetos da vida que têm importância política efetiva ou potencial. O termo foi usado pela primeira vez na década de 1920 pelos fascistas italianos para designar os seus próprios desígnios políticos, aplicando-se mais tarde ao nazismo e ao comunismo soviético. A palavra começou a ser usada pejorativamente na década de 1940.

tout court /tu kuːʀ/ fr. simplesmente; sem outras adjetivações.

toxina, enigma da Tudo o que tem de fazer antes da meia-noite, para receber uma avultada recompensa de um benfeitor rico, é *formar a intenção* de beber um veneno às 10:00 horas da manhã seguinte. O veneno irá provocar dores e ficará mal disposto, mas apenas por um dia, e sem efeitos secundários. Assim, poderá receber a recompensa – e ficar com ela – mesmo que no dia seguinte não tome o veneno, nem em qualquer outro dia! Na verdade, o seu benfeitor não insiste nisso: não tem de fazer o que efetivamente tem a intenção de fazer.

Isto não é de modo algum tão fácil quanto parece, segundo Gregory S. Kavka (1947-1994), que inventou o enigma e o apresentou na revista *Analysis* 43 (1983). Kavka queria esclarecer o conceito de intenção mostrando que há uma diferença importante entre decidir executar uma ação e decidir formar uma intenção. A sua conclusão é que «as intenções só em parte são voluntárias: não podemos ter todas as intenções que queremos, tal como não podemos acreditar em tudo o que queremos acreditar».

Toynbee, Arnold (Joseph) /ˈtɔɪnbiː/ (1889-1975) Historiador inglês, autor de *A Study of History*, uma narrativa grandiosa e impressionante da origem, ascensão, declínio e queda das vinte e uma civilizações que, do seu ponto de vista, se podem identificar na história humana. Toynbee tentou também estabelecer leis explicativas gerais derivadas desta base. Houve quem objetasse que este método indutivo não é promissor, e que não há um critério claro do que conta como civilização. Os historiadores profissionais ficaram apenas moderadamente impressionados, apontando inexatidões ou erros nesta obra de conceção grandiosa. Toynbee não tinha em grande conta certas tradições e culturas, o que provocou também controvérsia.

A obra, em dez volumes (1934-1954), foi complementada com dois volumes adicionais com reconsiderações e respostas aos críticos. Há uma versão abreviada em dois volumes (1946; 1957) e outra num só volume (1972) (*Um Estudo da História*, 1987).

tractariano *adj.* 1 Respeitante aos princípios ou doutrinas de vários altos dignitários da Igreja de Inglaterra (de *Tracts of the Times*, uma série de panfletos da autoria do cardeal John Henry Newman, entre outros, publicados em Oxford 1833-1841).
2 Respeitante ao *Tractatus Logico-Philosophicus*, de Wittgenstein.

Tractatus Theologico-Politicus lat. tratado teológico-político. *Ver* ESPINOSA.

tradução *Ver* INTERPRETAÇÃO.

tradução radical «Tradução da língua de um povo até aí intocado», Quine, *Word and Object* (1960) (*Palavra e Objeto*, 2010), p. 28; isto é, em que se desconhece por completo a língua, em que não se conhece de antemão quaisquer instruções ou pistas, e em que não há intérpretes bilingues.
Um tradutor ou intérprete radical (isto é, que tem de começar inteiramente a partir do zero) conhecerá apenas determinados factos «externos», e tem o problema de que significado ou conteúdo atribuir às palavras da pessoa que fala na língua completamente estranha.
Esse tradutor reunirá informação linguística de modo a compilar um dicionário bilingue (e, presumivelmente, uma gramática também). Um dado pode ser a observação de que quando passa um coelho a saltar, o informante aponta nessa direção e articula o som «gavagai». Isto é um indício a favor da hipótese de que «gavagai» significa o mesmo que «coelho», mas esse indício pode também ser uma base para muitas outras hipóteses possíveis acerca do significado do som. Generalizando, pode-se argumentar que muitos dicionários e gramáticas inteiramente diferentes podem estar em perfeita adequação com os dados observados (cujo número é sempre finito), de modo que nunca estamos em posição de afirmar que uma tradução é *a* tradução correta. Esta é a tese, defendida por Quine, da indeterminação da tradução.

transcendental *adj.*, *s.* 1 Na filosofia medieval, os transcendentais são aquelas entidades que transcendem a fronteira entre quaisquer duas categorias (no sentido aristotélico) sendo assim co-extensionais com o ser (*ens*). Considerava-se habitualmente que os transcendentais eram os seguintes: um (*unum*), bem (*bonum*), verdadeiro (*verum*) e autoidentidade; alguns pensadores acrescentaram os seguintes: beleza (*pulchrum*), algo (*aliquid*) e coisa (*res*). 2 Kant distinguiu vincadamente o transcendental do transcendente, e desde então as duas palavras são habitualmente diferenciadas na escrita filosófica. Na *Kritik der reinen Vernunft* (1781, 1787) (*Crítica da Razão Pura*, 2008), de Kant, o transcendental é o que pertence às condições necessárias, *a priori*, do conhecimento. A filosofia transcendental é para Kant uma investigação sobre os pressupostos necessários do conhecimento, e o resultado da investigação é uma teoria do âmbito e legitimidade objetiva do conhecimento humano.

transcendentalismo *s.* Nome dado às perspetivas bastante heterogéneas de vários pensadores e autores da Nova Inglaterra (EUA), cuja obra foi influenciada pela ascensão do romantismo na filosofia e na poesia (Goethe, Novalis, Cousin; Wordsworth, Coleridge, Carlyle). Muitos deles eram unitários ou humanistas seculares; muitos advogavam reformas sociais radicais. Os nomes mais importantes eram Ralph Waldo Emerson (1803--1882) e Henry Thoreau (1817-1862). Rejeitavam o materialismo moderno e viam nos fenómenos da natureza a mensagem de uma verdade espiritual mais elevada.

transcendente *adj.* **1** O significado geral da palavra é «ir além de» ou «estar além de». É usado em muitos contextos. Por exemplo, na filosofia medieval afirma-se que Deus se transcende quando cria o mundo.
2 A palavra é usada em particular e frequentemente no sentido de estar além dos limites de qualquer experiência possível; além dos limites do mundo da experiência.

Segundo Kant, não pode haver *conhecimento* de algo transcendente. Muitos representantes do positivismo do século XIX concordam com esta ideia, ainda que por razões diferentes da de Kant. Uma expressão famosa da perspetiva dos positivistas é a divisa de Du Bois-Reymond, *Ignorabimus* (lat. continuaremos a ignorar, nomeadamente a natureza última da realidade): a ciência só pode descrever os fenómenos mas não pode explicá-los adequadamente. A teoria de Spencer de O Incognoscível é outro exemplo. Este agnosticismo é rejeitado por filósofos que sustentam que temos outros modos de conhecer além dos sensoriais, e que o que está além do mundo da experiência não tem de ser incognoscível.

A questão de saber se *há* algo transcendente, para lá do mundo da experiência, é respondida negativamente pelos materialistas desde o século XVIII. Uma resposta negativa foi também dada por alguns dos filósofos do século XX que deram à filosofia uma viragem linguística. O argumento é que têm de ocorrer certas condições para que as expressões que usamos na nossa linguagem tenham sentido; estas condições não são satisfeitas por asserções de que algo transcendente, *e.g.*, Deus, existe; logo, tais asserções não têm sentido; dado que não têm sentido, não podem ser verdadeiras. Segundo as condições que os empiristas afirmam serem necessárias, só as expressões cujo significado pode ser reduzido à experiência sensorial têm sentido. Um exemplo claro desta abordagem é o positivismo lógico de Carnap, Schlick, Ayer, etc. O resultado é que nenhuma asserção que implique a existência de algo transcendente pode ser verdadeira.

Uma argumentação a favor da posição oposta é que o mundo material, a natureza, o mundo da experiência, o mundo suscetível de investigação científica, não pode, em última análise, ser autossuficiente nem autoexplicativo, tendo ao invés de se pressupor que, na sua totalidade, depende de outra coisa qualquer que, por definição, tem de ser transcendente. *Ant.* IMANENTE.

transcender *vb.* Ir além de, estar além de.

transitiva *adj.* **1** Um exemplo de uma relação *transitiva* é a relação «maior que»: se A é maior que B e B é maior que C, então A é maior que C. Em geral, diz-se que uma relação é *transitiva* se, e só se, para quaisquer indivíduos x, y, z do domínio relevante, Rxy e Ryz implica Rxz.

Em contraste, diz-se que uma relação R é *intransitiva* se, e só se, para quaisquer indivíduos x, y, z do domínio relevante, Rxy e Ryz implica *não* Rxz. Um exemplo é a relação «pai de»: se A é o pai de *B* e *B* o pai de *C*, então *A* não é o pai de *C*.

Diz-se que uma relação *R* que não é transitiva nem intransitiva é *não transitiva*, i.e., *Rxy* e *Ryz* não implica *Rxz* nem implica *não Rxz*. Um exemplo é o amor: se *A* ama *B* e *B* ama *C*, não podemos inferir que *A* ama *C* nem não ama.

2 Na gramática, os verbos transitivos contrastam com os intransitivos. Os primeiros requerem de um objeto, como *S ama O*. Os intransitivos não têm objeto, como *S caiu, S miou*. Os verbos transitivos permitem uma construção passiva equivalente, *O é amado por S*, mas os intransitivos não o permitem.

transparência/opacidade Se «*X* é *Y*» for uma afirmação verdadeira de identidade, no sentido em que «*X*» e «*Y*» denotam precisamente o mesmo objeto, poderá parecer que a substituição de um pelo outro em qualquer afirmação está condenada a não mudar o valor de verdade dessa afirmação. Contudo, parece haver muitas exceções. Por exemplo, o Taj Mahal é o mausoléu de Mumtaz Mahal, mas substituir «o Taj Mahal» por «o mausoléu de Mumtaz Mahal» em «O João pensa que o Taj Mahal fica em Agra» pode muito bem transformar uma afirmação verdadeira numa falsa, pois o João pode pensar que o Taj Mahal é em Agra mas que Mumtaz Mahal está sepultado noutro lado. Diz-se que uma afirmação fornece um contexto *referencialmente opaco*, para uma dada expressão, quando o seu valor de verdade pode mudar, ao substituir uma expressão referencial por outra que refere a mesma coisa. Se o seu valor de verdade não pode mudar desta maneira, diz-se que fornece um contexto *transparente* para essa expressão, que se diz então que ocorre nela de um modo *puramente referencial*.

O uso do termo «opaco» deriva do ensaio «Reference and Modality» de W. V. O. Quine, incluído em *From a Logical Point of View* (1953). A questão de saber que contextos são referencialmente opacos, e porquê, tem sido muito discutida desde então, e foi também vigorosamente debatida, com uma terminologia diferente, pelos lógicos medievais. GH

transposição s. Na lógica proposicional: também denominada *contraposição*, este termo significa que negamos *e* trocamos de lugar as duas frases componentes de uma condicional. Assim, por transposição, $p \to q$ torna-se $\neg q \to \neg p$. Em sistemas canónicos, a primeira implica a segunda. A segunda também implica a primeira, dado que os sistemas canónicos permitem a eliminação da dupla negação. Assim, os dois padrões inferenciais são válidos:

Se *p*, então *q*	Se não *q*, então não *p*
Se não *q*, então não *p*	Se *p*, então *q*

transubstanciação s. A doutrina, defendida logo no século IX pelo beneditino Paschasius Radbertus, que considera que as palavras de Jesus «este é o meu corpo» (Marcos 14:22-25; Mateus 26:26-29; Lucas 22:15-20) querem dizer que na Eucaristia as propriedades do pão e do vinho permanecem mas a substância é substituída pela de Cristo. Isto contrasta vincadamente com a explicação aristotélica comum da mudança, segundo a qual a substância permanece mas adquire novas propriedades. A doutrina da transubstanciação tornou-se estabelecida no catolicismo romano a partir do IV Concílio de Latrão (1215). A formulação clássica foi dada por Tomás de Aquino. Foi reafirmada pelo Concílio de Trento (1545--1563), numa resolução de 1551, e uma vez mais numa encíclica papal de 1965. Durante a Reforma foi muito debatida, acabando por ser rejeitada pelos anglicanos, que nos séculos XVII e XVIII a salientavam muitas vezes como uma diferença decisiva entre anglicanos e católicos.

Trasímaco (gr. Θρασύμαχος) Sofista do século IV a.C. que surge como personagem no Livro 1 do diálogo *A República*, de Platão, representando um imoralismo que desconsidera os limites morais na procura do interesse próprio: se os fortes podem beneficiar da exploração dos fracos, seria uma tolice da parte deles não o fazerem.

Tratados de Bridgewater Uma série de oito obras publicadas em 1833-1836, generosamente financiadas por uma doação do 8.º conde de Bridgewater (1756--1829), com o propósito de demonstrar o poder, sabedoria e bondade de Deus, tal como este se manifesta na Criação, à luz das descobertas científicas mais recentes. Quatro dos autores eram teólogos, quatro eram cientistas. Entre eles encontrava-se Thomas Chalmers (eclesiástico e filantropo escocês), P. M. Roget (mais conhecido pelo seu dicionário de sinónimos) e William Whewell. Todos os tratados se venderam bem e foram várias vezes reimpressos. Charles Babbage, que concebeu a máquina de calcular, produziu um «Nono Tratado de Bridgewater», sem subsídio, no qual pôs em causa o argumento de Hume contra os milagres.

Trendelenburg, Adolf /trɛnˈdɛːlənbʊrk/ (1802-1872) Filósofo alemão, professor em Berlim a partir de 1833, conhecido sobretudo por reabilitar a filosofia aristotélica e por se opor a Hegel.

tricotomia *s.* Divisão em três partes. *Nota lexical:* este composto de raízes gregas não surge no grego da antiguidade, emergindo, ao invés, no neolatim formal por volta de 1600, tendo sido usado desde então.

tridimensionalismo *Ver* PERDURANTISMO.

trilema de Epicuro Formulado nos *Diálogos sobre a Religião Natural* de David Hume, parte 10: «As velhas questões de Epicuro permanecem sem resposta. A divindade quer evitar o mal, mas não é capaz disso? Então é impotente. É capaz, mas não quer evitá-lo? Então é malévola. É capaz de evitá-lo e quer evitá-lo? De onde, então, provém o mal?». *Ver* TEODICEIA.
Nota: segundo Bayle, para Malebranche Deus é sábio, mas não benevolente; para Plutarco, Deus é benevolente, mas não omnipotente; para S. Paulo, Deus é omnipotente, mas não é sábio e nem benevolente.

trilema de Fries Um argumento antifundacionalista (também conhecido como «trilema de Münchhausen») formulado por Jakob Friedrich Fries (1773--1846): qualquer argumento que se proponha estabelecer uma base última tem de ser imperfeito, visto que tem de levar a uma *regressão* infinita ou a um *círculo* logicamente vicioso. Mas pressupor um fundamento último sem argumentação é *arbitrário*.

trilema de Münchhausen /ˈmynxˌhaʊzən/ Este trilema (três opções mutuamente exclusivas e conjuntamente exaustivas, todas desagradáveis) foi concebido para mostrar que não pode haver um fundamento último do conhecimento humano. Toda a tese fundacional ou dá início a uma regressão infinita, ou é uma petição de princípio, ou impede arbitrariamente que se faça mais perguntas. A conclusão é antifundacionalista: não há um ponto de Arquimedes. O trilema foi batizado por Hans Albert em *Traktat über kritishe Vernunft* (1968) (*Tratado da Razão Crítica* 1976). Faz alusão a uma coletânea de histórias extravagantes de finais do século XVIII, as memórias semifictícias do barão de Münchhausen, que descreve uma cavalgada em que ficou em dificuldades mas se salvou, a si e ao cavalo, segurando o cavalo firmemente com as pernas e puxando ambos, cavalo e cavaleiro, pelos seus próprios cabelos.

Também conhecido como *trilema de Fries*.

trinitarismo *s.* A doutrina cristã de que Deus é um ser pessoal, consistindo de uma trindade feita de *três* pessoas: o Pai, o Filho e o Espírito Santo.

Os cristãos tiveram muitas vezes problemas em apreender esta doutrina. É muitas vezes descrita como um «mistério» que os seres humanos não podem esperar compreender por completo, tendo antes de a aceitar por fé. Quem subscreve o *unitarismo* rejeita-a, não sendo igualmente aceite no SOCINIANISMO nem no ARIANISMO. Os aderentes da doutrina tentaram diferentes maneiras de compreender a natureza da pessoalidade e da relação entre as três pessoas, o que conduziu ao desenvolvimento de teorias filosóficas que são interessantes em si. Muitas destas tentativas foram rejeitadas como heréticas, tanto pela Igreja Católica como por algumas das mais importantes igrejas protestantes.

tripé *s.* Banco com três pés; em especial o da Pítia, a sacerdotisa em Delfos, na Grécia da antiguidade, de onde proferia as suas sentenças oraculares.

tripos /ˈtraɪpɒs/ Exames finais na Universidade de Cambridge.

triteísmo *s.* Doutrina de que há três deuses, uma forma herética de trinitarismo.

trivium lat. Encruzilhada com três caminhos; lugar-comum. *s. Ver* ARTES LIBERAIS.

trocaptual s. Um trocadilho conceptual. Os trocaptuais são cultivados especialmente por Derrida e outros praticantes da DESCONSTRUÇÃO. Exemplos: 1) *Herstory* (trocadilho com *history*); 2) DIFFÉRANCE; 3) «Intersexão» (que pode sugerir intersecção, interação entre os sexos, androginia, etc.); 4) «*Des tours de Babel*» (usado por Derrida para jogar com a polissemia de «*des*» (dos, das), «*tours*» (torres, turnos, tropo, movimento) e quando a frase é falada há também *détour, détours* (desvio(s), subterfúgio(s)), etc., etc.).

Ao passo que os trocadilhos de salão da era vitoriana – algumas vezes insípidos ou perfeitamente tolos – se destinavam à diversão despreocupada, não se deve pensar o mesmo dos trocaptuais. Os desconstrucionistas visam realizar um propósito, subvertendo a racionalidade arrumadinha e mantendo o nosso pensamento num estado de suspensão instável.

A palavra é um neologismo criado na teoria da literatura pelo norte-americano Gregory Ulmer (n. 1944).

trófico (gr. τροφή nutrição) *adj.* Relativo à nutrição.

trólei, problema do Um trólei é um comboio ou trem elétrico urbano, também conhecido apenas por «elétrico». O problema do trólei é muito discutido em ética aplicada: o maquinista de um elétrico só pode optar entre uma ou outra de duas linhas; cinco homens estão a trabalhar numa delas, e um homem na outra; qualquer pessoa que esteja na linha do elétrico será inevitavelmente morta. Neste caso, parece correto optar pelo mal menor, e sacrificar uma vida inocente em vez de cinco. Suponhamos agora, por contraste, que em vez de um elétrico prestes a atropelar cinco vítimas inocentes, uma multidão fanática se prepara para matar cinco reféns inocentes – seria correto, para os salvar, incriminar e condenar uma pessoa inocente?

O exemplo foi apresentado por Philippa Foot no artigo «The problem of abortion and the doctrine of double effect» (1967), reimpresso no livro *Virtues and Vices*.

trópico *Ver* NÊUSTICO.

tropo (gr. τρόπος desvio; estilo) *s*. 1 Na retórica e gramática: um tipo figurativo, não literal, de uso das palavras, que obtém o efeito desejado afastando-se do significado comum das palavras usadas. A hipérbole, a ironia, a lítotes, a metáfora, a metonímia, o símile e a sinédoque são tropos. 2 Os argumentos principais a favor do ceticismo avançados por Enesidemo e Agripa, entre outros céticos da antiguidade, chamavam-se *tropos*. 3 Na ontologia contemporânea: particulares abstratos. Um exemplo seria a vermelhidão de uma dada superfície vermelha, ou a sabedoria de uma pessoa particular, como Sócrates. Estas entidades habitam uma posição particular no espaço e no tempo, mas apesar de monopolizarem tal posição não são concretas: são abstratas no sentido em que quase sempre surgem em agregados, só podendo ser apreendidas por meio da abstração. Segundo a teoria ontológica proposta por D. C. Williams, que também deu ao termo este novo significado, em «On the Elements of Being», *Review of Metaphysics* 7 (1953), os constituintes últimos da realidade são tropos, uma teoria formulada no começo do século XX por G. F. Stout, «The Nature of Universals and Propositions», *Proceedings of the British Academy* 10, 1921-1922. Esta ontologia foi desde então desenvolvida por Keith Campbell, *Abstract Particulars* 1990.

truísmo *s*. Uma frase obviamente verdadeira.

Tugendhat, Ernst /ˈtuːɡənthat/ (n. 1930) Professor de Filosofia em Heidelberga 1966-1975, depois em Starnberg, e em Berlim a partir de 1980. As suas primeiras publicações tinham forte influência de Husserl e Heidegger. Uma temporada na Universidade de Michigan em meados da década de 1960, e um estudo atento do Wittgenstein tardio, deu ao seu pensamento uma direção nova, linguística: o foco da filosofia não deveria já ser a realidade, como na antiguidade, nem a consciência, como na era moderna; ao invés, a linguagem deveria ser o centro da atenção filosófica. Tugendhat passou de uma análise mentalista dos atos e intenções para uma análise semântica das proposições. Aproximou-a mais, contudo, dos grandes temas da filosofia tradicional do que a maior parte dos filósofos anglófonos, como se pode ver em *Traditional and Analytical Philosophy* (1982). Ao mesmo tempo, mostrou desconfiança quanto à metafísica da consciência e da autoconsciência, que floresceu na tradição idealista alemã (Fichte, Schelling, Hegel, etc.). Assim, *Selbstwusstsein und Selbstbestimmung* (1979) usa técnicas da filosofia analítica para resolver ou dissolver muitos dos seus problemas. Este desenvolvimento filosófico é também um afastamento da ontologia e da epistemologia, dando maior ênfase a problemas da ética. Segundo Tugendhat, a autoconsciência emerge do desenvolvimento de conceitos éticos: o dever moral e o nosso sentido de eu são constituídos concorrentemente. Mas a moralidade é socialmente determinada, e uma fundação mais absoluta para a ética não está disponível: Tugendhat rejeita quer os fundamentos transcendentais tradicionais da ética, quer os modernos, como os de Habermas. BC

Algumas obras: Propedêutica Lógico-Semântica 2005; *A Filosofia entre Nós* 2005; *Lições Introdutórias à Filosofia Analítica da Linguagem* 2006; *Lições sobre Ética* 1997.

tuísmo *s.* altruísmo. (Usado hoje em dia apenas em NÃO TUÍSMO).

tu quoque lat. tu também. Forma concisa de dizer que a pessoa que está a fazer uma objeção também é vulnerável à objeção apresentada. *Ver também* ARGUMENTUM AD HOMINEM.

Turing, Alan Mathison (1912-1954) Deu contributos importantes para a matemática, criptoanálise, lógica, filosofia e biologia. É conhecido sobretudo devido ao trabalho pioneiro que desenvolveu em áreas da ciência da computação e da ciência cognitiva. Tendo passado a integrar o King's College de Cambridge em 1935, foi recrutado para trabalhar no esforço de guerra em 1939, trabalhando como criptoanalista, conseguindo decifrar os códigos alemães. Depois da guerra continuou a sua investigação no Laboratório Nacional de Física, onde concebeu um dos primeiros computadores eletrónicos, e na Universidade de Manchester.

A «máquina de Turing», que descreveu em 1936, foi o conceito de máquina computacional no qual se baseiam todos os computadores digitais posteriores com armazenamento de programas. Uma máquina de Turing consiste numa fita potencialmente infinita que tem uma só sequência de símbolos discretos (*e.g.*, diádicos), sendo lida digitalmente por um dispositivo de leitura e gravação que se move da esquerda para a direita, lendo um símbolo de cada vez, apagando e escrevendo símbolos na fita, sob o controlo de um programa. Turing demonstrou que se pode programar uma só máquina, conhecida como *máquina universal*, para simular qualquer outra máquina de Turing, e argumentou que qualquer método matemático efetivo pode ser levado a cabo por esta máquina universal (*ver* TESE DE CHURCH; TEOREMA DE CHURCH). Alargou a sua noção de computabilidade com a noção de máquinas O, ou «máquinas oráculo» (1939), que executam computações em símbolos discretos mas não podem ser simuladas por uma máquina de Turing universal. O seu trabalho pioneiro em inteligência computacional incluiu algoritmos de xadrez, a ideia de que «a atividade intelectual consiste [...] na procura», e (antecipando o CONEXIONISMO moderno) simulações em «papel» de «máquinas não organizadas» – redes de elementos como neurónios, conectados entre si de modo largamente aleatório e que aprendem por meio de um processo de «treino». Turing propôs que o cérebro é uma máquina de computação digital, sugerindo que quando nascemos o córtex é uma máquina não organizada que, por meio do «treino», se transforma numa máquina organizada, uma «máquina universal ou algo como isso». Argumentou, na revista *Mind* 59 (1950), que a questão «Podem as máquinas pensar?» pode ser substituída por «Pode uma máquina jogar o jogo da imitação satisfatoriamente?» Este jogo é hoje conhecido como «teste de Turing»: um jogador humano tenta distinguir entre um computador e outro ser humano com base nas suas respostas verbais, não necessariamente verídicas, a perguntas. A sugestão é que um computador que jogue o jogo satisfatoriamente emula o intelecto humano. JCD

Leitura: A. Hodges, *Alan Turing: The Enigma* 2000.

turp /tɜːp/ (ing.) *s.* Uma unidade de desvalor, por analogia com «útil» ou «hedon», que é uma unidade de valor nos cálculos hedonistas.

Twardowski, Kazimierz /tvarˈdɔvski/ (1866-1938) Depois de estudar sob a orientação de Brentano em Viena, Twardowski regeu uma cátedra em Lwów, de 1905 a 1930. Já na década de 1890, a sua análise dos atos mentais e do seu conteúdo levou-o a rejeitar o psicologismo. As suas análises exploraram a geografia conceptual dos nossos conceitos mentais; rejeitou as teorias materialistas, e defendeu uma teoria antirrelativista do conhecimento. As suas posições têm muito em comum, no espírito e no conteúdo, com a tradição analítica britânica, de Moore a Ryle, sendo geralmente considerado o fundador da filosofia analítica polaca. A insistência de Twardowski na clareza e a sua antipatia pela especulação nebulosa deu o tom a grande parte da filosofia polaca do século XX.

U

Übermensch /ˈyːbɛrmɛnʃ/ *Ver* SUPER--HOMEM.

ubiedade (lat. *ubi* onde) *s.* Localização, o estar num lugar.

ubiquidade (lat. *ubique* em todo o lado) *s.* A propriedade de estar em todo o lado ao mesmo tempo. Comummente considerada um atributo divino.

Ueberweg, Fridrich /ˈyːbərveːk/ (1826-1871) Professor em Königsberg a partir de 1862, diretor executivo da primeira grande obra de referência enciclopédica para a história da filosofia. O seu nome permaneceu nas muitas edições revistas subsequentes, que também contêm bastante informação bibliográfica.

último teorema de Fermat /fɛʀma/ Uma proposição em teoria dos números, proposta por Pierre de Fermat (1601--1665) na margem de um livro onde o espaço era insuficiente para a demonstração que afirmava ter. Afirma que se $n > 2$, então não há inteiros positivos x,

y, z tais que $x^n + y^n = z^n$. Nenhuma demonstração ou refutação se conheceu até ao final de Junho de 1993, quando o matemático de Cambridge Andrew Wiles, numa palestra na Universidade de Princeton, apresentou uma demonstração. Depois de uma revisão, resultante de trabalho conjunto de Wiles e do matemático de Cambridge Richard Taylor, e depois de um período de análise, é agora consensual que a demonstração é conclusiva.

Unamuno, Miguel de (1864-1936) Poeta espanhol, filósofo e homem de letras. Professor de Grego em Salamanca a partir de 1891. *Del Sentimiento Trágico de la Vida* (1913) (*O Sentido Trágico da Vida*, 1996) e *La Agonía del Cristianismo* (1931) (*A Agonia do Cristianismo*, 1991) têm afinidades com o pensamento existencialista.

unidade da ciência Ideal dos positivistas lógicos, defendido particularmente por Otto Neurath. Pensavam ou esperavam que todas as diferentes ciências pudessem ser unificadas numa vasta hierarquia, em que as leis características de qualquer ciência seriam explicáveis a partir das leis da ciência precedente nessa hierarquia. Assim, a física subatómica explicaria a física atómica, a física atómica explicaria a física molecular, a física molecular explicaria a química e a bioquímica, e assim por diante até a hierarquia incluir até mesmo ciências como a biologia, a economia ou a antropologia. Está também associado à doutrina de que todas as ciências partilham os mesmos métodos – a tese da «unidade de método». AM

unio mystica lat. união mística, isto é, com o divino, alcançada na contemplação religiosa.

unitarismo s. Movimento religioso e sistema de crenças na tradição cristã, que surgiu depois da reforma protestante. Rejeita o dogma da trindade: comum às suas vertentes é a insistência na unicidade de Deus e a negação da divindade de Cristo e do Espírito Santo. A atitude positiva perante a racionalidade e a tolerância em questões de doutrina é também característica. As dúvidas sobre a autenticidade do trinitarismo ortodoxo foram levantadas por Miguel Servetus, Fausto Sozzini (ou Faustus Socinus), Hugo Grócio, John Milton, Samuel Clarke, Richard Price, Joseph Priestley, etc., mas foi só no século XVIII que as congregações e igrejas claramente identificáveis como unitárias começaram a existir nos países anglófonos.

universais, problema medieval dos Por «problema dos universais» os historiadores da filosofia entendem a questão de os universais serem coisas ou meramente palavras. Por exemplo, todos os homens pertencem à espécie Homem, e «homem» é um termo universal (por oposição a «Sócrates» ou «este homem», que são palavras que referem um indivíduo). Será esta espécie num certo sentido uma coisa, unitária e no entanto comum a todos os homens (a perspetiva dos realistas), ou serão os universais palavras apenas (como defendem os nominalistas)? Platão não só considerava que os universais são reais: argumentou que só estes existem verdadeiramente. Embora rejeitasse esta noção dos universais platónicos ou «Ideias», Aristóteles analisou os indivíduos como algo que consiste numa forma, que os faz ser o género de coisa que são (um homem ou um cão ou uma pedra), e em matéria. Estas formas são universais, e o conhecimento intelectual é baseado no poder da mente para abstraí-las dos indivíduos.

Tanto a posição de Platão como a de Aristóteles são, portanto, realistas. Foi só no século XII que as perspetivas nominalistas começaram a ser apresentadas. Provavelmente tiveram origem numa certa abordagem da exegese do *Isagoge* de Porfírio e das *Categorias* de Aristóteles. Em vez de ler estas obras como se fossem acerca de coisas, alguns intérpretes, entre os quais provavelmente Roscelino (*c*. 1045-1120), começaram a tratá-las como discussões de palavras. Os capítulos de Porfírio sobre os géneros e as espécies seriam portanto interpretados, como o resto do seu tratado, como discussões de palavras. Um aluno de Roscelino, Abelardo, rejeitou esta abordagem *exceto* no caso dos universais (espécies e géneros). Na sua obra, tornou-se um princípio filosófico e não meramente interpretativo. Não duvidou um só momento que a hierarquia aristotélica e porfiriana das espécies e dos géneros descrevesse corretamente a estrutura do mundo. Mas insistiu que nenhuma coisa é universal. Todas as coisas são individuais, mas há palavras (como «homem» e «pedra») que são inventadas de modo a serem predicáveis de muitas coisas do mesmo género. Abelardo também deixou claro que quando afirma que as palavras são universais não se refere às palavras no sentido físico (vibrações do ar), mas às palavras como portadoras de significado. Procurou introduzir um novo termo técnico para referir as palavras neste sentido – *sermo* (*pl. sermones*) («discurso») – mas os seus contemporâneos parecem ter preferido o termo mais comum *nomen* (*pl. nomina*) («nome»), e é provavelmente daqui que deriva a descrição «nominalistas» (*nominales*).

O nominalismo de Abelardo e dos seus seguidores nunca foi mais do que a posição de uma fação filosófica no século XII. No século XIII, à medida que os escritos de Aristóteles sobre a alma e a metafísica se tornaram conhecidos, o nominalismo praticamente desapareceu. Com Aristóteles por guia, pensadores como Tomás de Aquino, Duns Escoto e os seus contemporâneos elaboraram várias formas sofisticadas de realismo. Reconheceram os universais como realmente existentes; se não o fizessem, toda a teoria da cognição intelectual, fundada na de Aristóteles, ter-se-ia desmoronado. Mas não pensavam que, por exemplo, a espécie Homem, pela qual sou um homem, é uma entidade realmente distinta de mim – ao invés, só pode ser distinguida de mim pela razão ou (como Escoto argumentou) «formalmente».

No início do século XIV, todavia, o nominalismo foi recuperado por Guilherme de Ockham. Em harmonia com a posição nominalista, Ockham rejeitou a ideia aristotélica de que o conhecimento intelectual resultava de as nossas mentes serem informadas por universais («espécies inteligíveis») derivados de objetos percecionados. Invertendo a ordem nas explicações tomista e escotista da cognição, Ockham argumentou que o nosso conhecimento do mundo exterior *começa* com uma apreensão dos indivíduos. O nominalismo de Ockham era partilhado por outro pensador influente do século XIV, João BURIDANO, e foi desenvolvido em várias direções diferentes por filósofos medievais posteriores. JM

universal *s*. Um universal é algo partilhado por objetos particulares diferentes. Por exemplo, uma roda, um prato e um anel são todos circulares. O que têm em comum, a circularidade, é um universal. Diz-se que os objetos circulares são *instâncias* do universal, que o *instanciam*, que o *exemplificam* ou que *participam* do mesmo. *Ver também* ARMS-

TRONG; TROPO; UNIVERSAIS, PROBLEMA MEDIEVAL DOS.

universal concreto Na filosofia idealista, como a de Bradley, um universal é algo que une diferentes indivíduos. Bradley distinguiu, todavia, dois tipos de universais: abstratos e concretos. Um universal abstrato, *grosso modo* um conceito como *cavalo*, não tem existência individual, mas aplica-se a cavalos que a têm, e neste sentido proporciona a unidade na diversidade. Um universal concreto é ele próprio algo que tem existência individual, *e.g.* uma sociedade: mais uma vez há a unidade na diversidade. A mera classe ou coleção de todas as pessoas e outras coisas que estão presentes numa sociedade não é ela própria um existente individual; uma sociedade é.

universalismo *s.* 1 Em ética: a perspetiva de que todos os seres humanos são moralmente iguais no sentido de que a pertença a uma dada tribo, classe, casta, nação, raça, etc., em si, nem justifica a consideração especial nem desculpa a falta de consideração. *Ant.* particularismo.
2 Em teologia: a perspetiva de que no fim dos tempos todos serão salvos e haverá um «restabelecer de todas as coisas» – *ver* APOCATÁSTASE. Esta perspetiva foi defendida por Orígenes (*c.* 185-254) e por muitos pensadores religiosos desde então, incluindo Schleiermacher (1768--1834). O universalismo neste sentido é contrário à ortodoxia tradicional, segundo a qual a salvação não é para todos: alguns não serão salvos, sofrendo antes a condenação eterna num inferno perpétuo – vividamente descrito por James Joyce, *A Portrait of the Artist as a Young Man*, 1916 (*Um Retrato do Artista quando Jovem*, 2006).

universalizabilidade *s.* Na filosofia moral de Kant, o princípio da moralidade, também chamado «Imperativo Categórico», pode ser descrito como um princípio de universalizabilidade. Pode ser formulado do seguinte modo: «Que o princípio da tua ação seja tal que sejas ao mesmo tempo capaz de querer que seja uma regra universal de conduta.»
Kant usou isto como critério negativo: um ato que não satisfaz este princípio não é moralmente correto. Em particular, não é correto fazer exceções e «desvios» a nosso próprio favor.
R. M. Hare analisa as afirmações morais como algo que tem significado prescritivo. Isto é, fornecem respostas para questões sobre o que se deve fazer. São universalizáveis, e é isto o que as distingue de outras afirmações que têm significado prescritivo. Afirmar que uma pessoa deve *moralmente* fazer algo implica que qualquer pessoa em circunstâncias semelhantes deve fazê-lo.

unívoco *adj.* (Palavras) com um só significado, sem ambiguidade.

uso/menção Compare-se: «Qual é o significado da vida?» com «Qual é o significado da 'vida'?» Estas são duas perguntas completamente diferentes. Na primeira a palavra «vida» é *usada*, na segunda é *mencionada*.
De igual modo *usamos* a palavra «cão» para nos referirmos à espécie canina ou a membros desta espécie, como na frase: «O cão é uma alimária pulguenta que ladra», mas *mencionamos* a palavra «cão» para nos referirmos à própria palavra: «Em português corrente, 'cão' é usada para referir uma alimária pulguenta que ladra.»
O exemplo é inspirado por uma «dissertação» humorística pelo satirista alemão Kurt Tucholsky. A sua afirmação de

que se encontra em Leibniz não foi verificada.

Tipicamente, uma palavra que é *mencionada* é colocada entre aspas; por vezes, em vez disso, é colocada em itálico ou sublinhada.

Nota: Quine pode ter sido o primeiro a usar este par de termos para assinalar a distinção, em 1940. Ver o seu *Quiddities*, 1987.

utilidade Segundo alguns teorizadores da moral, todos os valores podem ser reduzidos a uma única entidade, a *utilidade*. Diferentes variantes desta perspetiva identificam a utilidade com a felicidade, a preferência, a satisfação, o bem-estar ou uma combinação destes. Pressupõe-se que a utilidade é mensurável com uma medida numérica que tem as mesmas propriedades matemáticas que as nossas medidas de extensão e peso. Deste modo, a teoria moral pode dedicar-se à maximização de uma única entidade cujo papel na ética é comparável ao do dinheiro na maior parte da teoria económica.

O conceito de utilidade mostrou-se útil em diversas disciplinas além da filosofia moral. Na teoria dos jogos e da teoria da decisão, pressupõe-se normalmente que os resultados têm valores numéricos com a estrutura de utilidades. Na economia teórica, aumenta-se a generalidade baseando a análise na utilidade em vez de em valores monetários.

A utilidade está sobretudo associada à maximização das regras de decisão. Logo, a teoria moral utilitarista postula que os indivíduos devem maximizar a utilidade resultante das suas ações. Alguns críticos do utilitarismo sustentam que isto é uma exigência demasiado severa. Segundo as abordagens da utilidade com base na satisfação suficiente (*ver* SATISFICE), não nos é exigido que escolhamos a melhor opção, mas apenas uma que seja suficientemente boa.

Em teoria da decisão, as ações são frequentemente avaliadas em termos da sua utilidade esperada. A utilidade esperada de uma ação é uma média, ponderada em termos de probabilidades, das utilidades destes resultados possíveis. Logo, se uma ação tiver 0,3 de probabilidade de levar a um resultado com a utilidade 10 e 0,7 de probabilidade de levar a um resultado com utilidade 20, então a utilidade esperada dessa ação é 0,3 × 10 + + 0,7 × 20 = 17. A regra decisória de *maximizar a utilidade esperada* (MUE) prescreve que devemos escolher uma das opções que tem a maior utilidade esperada. Argumentos como o PARADOXO DE ALLAIS mostram que esta regra decisória está longe de não ser problemática. É ainda assim usada com considerável sucesso em muitas aplicações económicas. SH

utilidade esperada *Ver* UTILIDADE.

utilitária *adj.* Uma pessoa, ideia, etc., utilitária é alguém insensível a valores artísticos, humanistas, etc., valorizando exclusivamente valores crassos, grosseiros ou materialistas. Não confundir com UTILITARISTA. DM

utilitarismo *s.* Teoria moral segundo a qual uma ação é correta se, e só se, estiver conforme ao princípio da utilidade. Bentham formulou o princípio da utilidade como parte dessa teoria em *Introduction to the Principles of Morals and Legislation* (1789). Uma ação é conforme ao princípio da utilidade se, e só se, a sua realização produzir mais prazer ou felicidade, ou se prevenir uma maior quantidade de dor ou infelicidade, do que qualquer alternativa. Em vez de «prazer» e «felicidade», a palavra «bem-

-estar» é também apropriada: o valor das consequências de uma ação é determinado apenas pelo bem-estar dos indivíduos.

Um aspeto característico da teoria de Bentham é a ideia de que a correção de uma ação depende *inteiramente* do valor das suas consequências. É por isto que a teoria é também descrita como consequencialista. A teoria de Bentham difere de outros géneros de utilitarismo (ou consequencialismo) por 1) pressupor que o cânone do valor é o prazer e a ausência de dor, 2) por ser uma teoria utilitarista dos atos (UTILITARISMO DOS ATOS), e 3) por pressupor a maximização, ou seja, que uma ação não é correta a menos que tenda para o resultado ótimo.

A perspetiva de que o utilitarismo é incapaz de acomodar quaisquer valores exceto os crassos, grosseiros ou materialistas está errada.

Desde a década de 1960, muitos autores usaram *consequencialismo* em vez de *utilitarismo* para a perspetiva de que a correção de uma ação depende *inteiramente* do valor das suas consequências. Muitos autores hoje restringem a palavra «utilitarismo» para denotar certos *tipos* de consequencialismo, especialmente o de Bentham e o de Mill. Correntemente, há diversidade terminológica, e os géneros de utilitarismo mencionados são também descritos como géneros de CONSEQUENCIALISMO.

utilitarismo das atitudes *Ver* UTILITARISMO INDIRETO.

utilitarismo das preferências Uma teoria moral de acordo com a qual o bem consiste na satisfação das preferências da população, e a correção de uma ação depende direta ou indiretamente do facto de tal ação ser produtora dessa satisfação. Como noutros tipos de consequencialismo, a teoria envolve variantes de satisfação do suficiente (*ver* SATISFICE) e de maximização. As últimas são as mais comuns: quanto mais as pessoas receberem o que querem, tanto melhor. *Sin.* consequencialismo das preferências.

utilitarismo das regras *s.* Em vez de olhar para o valor das consequências de *um ato particular*, o utilitarismo das regras determina a correção de um ato através de um método diferente. Primeiro, encontra-se a melhor regra de conduta. Isto é feito descobrindo o valor das consequências de *seguir uma regra particular*. A regra de seguir aquilo que tem as melhores consequências gerais é a melhor regra. Segundo, a ação correta é a que está em conformidade com a melhor regra. Entre os primeiros defensores conta-se John Austin (*The Province of Jurisprudence*, 1832) e John Stuart Mill (*Utilitarismo*, 1861).

Um dos problemas do utilitarismo das regras é o seguinte: convida-nos a considerar o valor das consequências de seguir *em geral* uma regra particular. Suponhamos que as consequências de seguir em geral a regra *R* são ótimas. Podemos afirmar que *R* é a melhor regra, e que todos devem seguir essa regra. Mas como se deve agir no caso de não ser provável que as pessoas em geral sigam essa regra? Para exemplificar: suponhamos que para todos os países a melhor regra de trânsito é conduzir pela direita. Segundo o utilitarismo das regras, devo conduzir pela direita. Suponhamos que estou no Reino Unido e sei que as pessoas em geral conduzem pela esquerda... Será que devo *realmente* conduzir pela direita?

Outro problema é que as melhores regras não seriam simples. A melhor regra para cumprir promessas teria a seguinte forma: «Cumpre sempre as tuas promessas, exceto...» (em que a lista e exceções seria muito longa). Isto levou o filósofo norte-americano David Lyons a argumentar, em *Forms and Limits of Utilitarianism* (1965), que uma formulação plausível do utilitarismo das regras o faria recomendar as mesmas ações que o utilitarismo dos atos, pelo que os dois tipos são «extensionalmente equivalentes», não havendo diferença prática entre os dois. Atualmente, as formulações do utilitarismo das regras parecem em geral ter perdido popularidade, mas há tentativas de as reabilitar.

utilitarismo dos atos *s.* Segundo o utilitarismo dos atos, é o valor das consequências do *ato particular* que conta para se determinar se o ato é ou não correto. A teoria de Bentham é um utilitarismo dos atos, e também a de J. J. C. Smart.

Uma objeção ao utilitarismo dos atos é a de que parece demasiado permissivo, capaz de justificar qualquer crime e até de o tornar moralmente obrigatório, desde que o valor das consequências do ato particular seja suficientemente elevado. Outra objeção é que o utilitarismo dos atos parece melhor em teoria do que na prática, visto que dificilmente temos o tempo e o conhecimento para prever as consequências de um ato, determinar o seu valor e fazer comparações com atos alternativos possíveis.

Hoje em dia os utilitaristas dos atos pensam que se pode responder a estas objeções. Outros desenvolveram alternativas ao utilitarismo dos atos, *e.g.*, o UTILITARISMO DAS REGRAS, e outras formas de utilitarismo indireto (UTILITARISMO INDIRETO).

Para a variação terminológica entre «utilitarismo» e «consequencialismo», *ver* CONSEQUENCIALISMO.

utilitarismo hedonista Teoria utilitarista que pressupõe que a correção de uma ação depende inteiramente da quantidade de *prazer* que tende a produzir e da quantidade de dor que tende a obstar. O utilitarismo de Bentham é hedonista. Embora descreva o bem não só como prazer, mas também como felicidade, benefício, vantagem, etc., trata estes conceitos como mais ou menos sinónimos, e parece considerar que são redutíveis ao prazer. O utilitarismo de John Stuart Mill, também descrito como hedonista, difere do de Bentham de um modo importante, na medida em que considera alguns prazeres mais elevados do que outros, pelo que ao ponderar os valores das consequências de uma ação, tem de se ter em conta não só a quantidade mas também a qualidade do prazer. Isto complica o cálculo, ou pode até torná-lo impossível.

utilitarismo ideal Teoria utilitarista que nega que o único objetivo da preocupação moral seja maximizar o prazer ou a felicidade. Na versão de G. E. Moore de utilitarismo ideal, em *Principia Ethica* 1903 (trad. 1999), são as experiências estéticas e as relações de amizade que têm valor intrínseco, e logo devem ser procuradas e estimuladas, enquanto a consciência da dor, ódio ou desprezo pelo que é bom e belo, e o amor, admiração ou fruição do que é mau ou feio são as três coisas que têm desvalor intrínseco e logo devem ser evitadas e impedidas.

Foi Hastings Rashdall (1858-1924) em *The Theory of Good and Evil* (1907), que usou pela primeira vez «utilitarismo ideal» para um utilitarismo não hedonista deste tipo.

utilitarismo indireto Tipo de utilitarismo que reconhece a maior probabilidade de um agente agir corretamente desenvolvendo atitudes, hábitos e princípios corretos, e agindo segundo estes, do que procurando calcular o valor das consequências antes de decidir agir. Este utilitarismo indireto tem esta designação porque só indiretamente se refere às ações. *Ver também* UTILITARISMO RESTRITIVO.

utilitarismo negativo/positivo O utilitarismo positivo recomenda que se promova a maximização do valor intrínseco; o negativo, que se reduza ou minimize o desvalor intrínseco. À primeira vista, o tipo negativo pode parecer uma recomendação razoável e mais modesta. Mas um modo de minimizar o sofrimento humano é acabar com o sofrimento de todos os seres humanos, matando-os. Esta linha de ação é normalmente considerada inaceitável. Isto levou a que se procurasse reformular o utilitarismo negativo, ou a rejeitá-lo.

utilitarismo restritivo O utilitarismo restritivo é a perspetiva que maximiza objetivamente o valor provável. Assim, ao *avaliar* a decisão de um agente, este é o critério de correção que deve ser aplicado. Mas não se segue que ao *deliberar*, o agente deva empreender um cálculo de modo a entrever como maximizar objetivamente o valor provável; isso pode na verdade ser contraproducente. A decisão correta pode ser alcançada com mais segurança não a procurando conscientemente. Ao invés, um agente no qual determinadas atitudes e traços de carácter se desenvolveram (por exemplo, uma inclinação imediata para a honestidade e a equidade), e que age segundo o seu carácter, pode tomar a decisão correta, com maior probabilidade do que um agente que perpetuamente se empenha em deliberações casuísticas. *Sin.* utilitarismo indireto.

utilitarismo restrito *Ver* UTILITARISMO DAS REGRAS.

utilitarismo teológico Os tipos teológicos e não teológicos de utilitarismo concordam quanto à explicação da *correção* de uma ação: a correção depende inteiramente do valor das suas consequências. Mas há uma diferença a respeito da noção de *dever moral*.

Embora o nosso conhecimento de Deus seja muito limitado, sabemos que é perfeitamente benevolente, pelo que não pode haver dúvida de que deseja o máximo de felicidade para as suas criaturas. Podemos pressupor com segurança que deseja que ajamos sempre de modo a promover este fim. Para nós, o seu desejo é uma ordem, e as ações ordenadas por Deus são os nossos deveres. Deste modo, os utilitaristas teológicos (Paley, Austin) podem explicar por que fazer o que é correto é um dever. Ao considerar que não pode haver dever sem uma ordem, concordam com Bentham e com muitos autores anteriores de teologia e jurisprudência. O utilitarismo do próprio Bentham não é teológico e logo não tem lugar para uma noção de *dever moral*, mas apenas para as noções de *correto, incorreto, ter de não fazer*, e outras deste tipo.

utilitarista 1 *s.* Uma pessoa cuja teoria ou prática se harmoniza com o utilitarismo. 2 *adj.* Respeitante ao utilitarismo.

Nota: Dickens, no seu romance *Hard Times*, 1854, usou a palavra para descrever o carácter, atitude e conduta do Sr. Gradgrind. Tal uso compreende-se melhor como um exemplo de liberdade artística. A perspetiva de que o utilitarismo exclui valores que não os que se relacionam com a propriedade material está errada. *Ver* UTILITÁRIO; UTILITARISMO.

Utopia (gr. οὐ + τόπος lugar nenhum e εὖ + τόπος lugar bom) Palavra criada por Thomas More como parte do título do seu livro *De optimae rei publicae statu deque nova insula utopia* (1516) (*Utopia*, 2009), que descreve minuciosamente uma sociedade com estruturas políticas ideais e um modo de vida ideal. A palavra tem desde então sido usada para denotar condições sociais e políticas ideais, e os textos que descrevem essas condições. Outras obras do mesmo género, no início do período moderno, foram *Civitas solis* (1623) (*A Cidade do Sol*, 2004) de CAMPANELLA e *New Atlantis* (1624) de Bacon (*Nova Atlântida*, 2008). *Ver também* DISTOPIA.

V

vago *adj*. Em que linha do espetro o vermelho se torna rosa, ou laranja? Quantos cabelos podem permanecer na cabeça de uma pessoa calva? Nenhuma resposta precisa parece possível: daí afirmar-se que expressões como *vermelho* e *calvo* são *vagas*.

A *vagueza* é de grande interesse filosófico porque parece inconsistente com a perspetiva de que toda a proposição é verdadeira ou falsa. Suponhamos que alguns cabelos permanecem no crânio de Jack. Será verdade que é calvo? Será falso?

Uma expressão pode não ser específica sem ser vaga. Por exemplo, «cão» pode denotar caninos de várias linhagens. Isto não tem de causar qualquer dificuldade em determinar se um animal particular é ou não um cão. Além disso, uma expressão pode ser ambígua sem ser vaga. Por exemplo, «doutor» pode designar uma pessoa com um doutoramento ou alguém que exerce medicina. Depois de desambiguar o termo não tem de haver qualquer dificuldade em determinar se uma pessoa particular é um doutor.

O uso de expressões vagas não tem de ser um erro. Aristóteles observou corretamente que «é indicador de uma pessoa culta procurar a precisão [...] exatamente na medida em que a natureza do assunto o permitir» (*Ética Nicomaqueia* 1, 3 1094^{b}23). *Ver também* SORITES.

Vaihinger, Hans /ˈfaɪŋər/ (1852-1933) Professor em Halle entre 1882 e 1906, fundador da Sociedade Kantiana na Alemanha e da revista *Kant-Studien* (1894-). Inspirado pela perspetiva de Kant de que as Ideias da Razão têm um uso regulador mas não constitutivo, de modo que, por exemplo, fazemos investigação psicológica *como se* houvesse no núcleo um eu imaterial (embora não possa haver conhecimento de semelhante coisa), Vaihinger desenvolveu na sua obra *Die Philosophie des Als-Ob* (1911) um ficcionalismo geral: valores, ideais, teorias científicas e conceitos são ficções, muitas delas autoinconsistentes ou em todo o caso sem qualquer base objetiva. Podemos reconhecer isto e ao mesmo tempo reconhecer que essas ficções nos prestam um bom serviço.

validade *s.* 1 Um *argumento válido* (ou uma inferência válida) é aquele em que a conclusão se segue das premissas. Uma condição necessária da validade é a de ser impossível as premissas serem verdadeiras e a conclusão falsa. Isto significa que os argumentos ou inferências válidos preservam a verdade. Na lógica moderna, essa preservação da verdade é normalmente também aceite como condição suficiente da validade. Mas a LÓGICA DA RELEVÂNCIA acrescenta condições complementares.

A validade (de argumentos e inferências) não é o mesmo que a verdade. Estando P no lugar da(s) premissa(s) do argumento, e C no lugar da conclusão, o argumento tem a forma «P, logo C». Diz-se que o argumento é válido ou inválido, mas não se pode dizer que é verdadeiro ou falso. São as proposições que o constituem, incluindo a(s) sua(s) premissa(s) e conclusão, que são verdadeiras ou falsas.

2 Uma *fórmula válida* num sistema lógico é uma fórmula que é verdadeira sob todas as interpretações; uma verdade lógica. Ou seja, toda a substituição apropriada e uniforme das suas variáveis gera uma frase verdadeira. Assim, $p \to (q \to p)$ é uma fórmula válida, visto que o resultado de substituir p por uma dada frase e q por uma dada frase é inevitavelmente uma frase verdadeira. E para todo o universo não vazio, $\forall x\, Fx \to \exists x\, Fx$ é uma fórmula válida, visto que o resultado de substituir F por um dado predicado é inevitavelmente uma frase verdadeira.

Em contextos que não a lógica e a análise de argumentos, o uso é mais flexível, de modo que se pode afirmar que os princípios e as teorias são válidos ou inválidos, mas também se pode afirmar que são verdadeiros ou falsos.

Valla, Lorenzo (1407-1457) Humanista da Renascença. Os seus diálogos filosóficos procuram combinar princípios cristãos e epicuristas. Um diálogo sobre o livre-arbítrio, mais tarde discutido por Leibniz, trata a questão de como a liberdade humana de escolha é compatível com a presciência de Deus. Valla foi um dos principais autores a atacar a lógica escolástica, acusando-a de se preocupar desnecessariamente com ninharias e de ser escrita num latim ao mesmo tempo artificial e bárbaro.

valoração *s.* 1 Atribuir um valor económico a uma mercadoria, propriedade imóvel, um serviço, etc. 2 Um juízo de valor, que afirma de um objeto ou de estado de coisas que é bom, mau ou indiferente.

3 Em lógica: uma valoração de uma fórmula consiste em *a)* atribuir «valores» (isto é, um valor de verdade ou algo que é denotado) às variáveis atómicas da fórmula e *b)* calcular o valor da própria fórmula, aplicando as regras estabelecidas na semântica para esse sistema.

Na lógica proposicional canónica, as variáveis atómicas são as variáveis proposicionais $p, q, r\ldots$ Uma linha numa tabela de verdade atribui um «valor»: Verdadeiro ou Falso, a cada uma delas. O valor de verdade de toda a fórmula é obtido pelas regras estabelecidas na semântica para esse sistema, por exemplo a regra de que $\neg A$ tem o valor Falso se, e só se, A tem o valor Verdadeiro; $A \wedge B$ tem o valor Verdadeiro se, e só se, A tem o valor Verdadeiro e B tem o valor Verdadeiro, etc.

Na lógica de predicados de primeira ordem há também variáveis individuais, $x, y, z\ldots$ Os «valores» destas são indivíduos de um dado domínio (na perspetiva objetual) ou nomes (na perspetiva substitucional). Mais uma vez, as regras estabelecidas na semântica para o sistema tornam possível calcular o valor de verdade de toda a fórmula.

À atribuição de valores às variáveis e ao cálculo do valor da fórmula chama-se também uma «interpretação» da fórmula. Se para toda a interpretação a fórmula é verdadeira, diz-se que esta é válida.

À semântica de um sistema formal chama-se por vezes a «valoração» desse sistema.

valorizar *vb*. Definir ou manter um preço de base, isto é, um preço mínimo de uma mercadoria. Este uso original do termo, no contexto da troca mercantil, data do século XIX; pode acarretar a sugestão de uma fixação de preços.

No final do século XX francês, *valoriser* chegou a ser usado no sentido geral de atribuir um valor elevado, um valor positivo, a algo. O seu significado é então o mesmo que «valorar», «avaliar favoravelmente». Mas é também usado de modo neutro no mesmo sentido que «avaliar». Alguns autores usam hoje «valorizar» com estes sentidos.

variável *s*. Em lógica formal, uma expressão que representa um membro não especificado de um conjunto. Por exemplo, na lógica proposicional, as letras *p, q, r*, etc., são convencionalmente usadas como variáveis proposicionais, representando uma ou outra proposição. Na lógica de predicados, *x, y, z* são convencionalmente usadas como variáveis individuais, representando um ou outro indivíduo.

Por contraste, as constantes são expressões com um significado especificado. Por exemplo, em lógica proposicional, conectivas como ¬ (negação) e ∧ (conjunção) são constantes.

Em lógica de predicados, diz-se que uma variável está *ligada* se está no âmbito do seu quantificador, e *livre* se não está ligada. Na expressão Rxy (x está na relação R com y), não há quantificador, pelo que tanto x como y são variáveis livres. Na expressão $\forall x\, Rxy$ (tudo está na relação R com y), x está ligada e y livre. Na expressão $\forall x\, \exists y\, Rxy$ (tudo está na relação R com algo), tanto x como y estão ligadas.

variável ligada Em lógica de predicados: uma variável que se encontra sob o âmbito de um quantificador. Por exemplo, em $\forall x\, \exists y\, Fxy$, tanto x como y estão ligadas. Em $\exists y\, Fxy$, x não está ligada, *i.e.*, x é uma variável livre. *Ver também* VARIÁVEL LIVRE.

variável livre Uma variável no âmbito de um quantificador que contém essa variável está *ligada*; uma variável que não está no âmbito de tal quantificador é *livre*.

Exemplos: na expressão Fx (cuja leitura pretendida é «x tem a propriedade F»), x é uma variável livre, mas na expressão $\forall x\, Fx$ (cuja leitura pretendida é «para todo o x, x tem a propriedade F», ou seja, «tudo é F»), x é uma variável ligada.

Na expressão $\exists y\, Rxy$ (cuja leitura pretendida é «há algo com o qual x está na relação R»), x é uma variável livre, mas na expressão $\exists y\, \forall x\, Rxy$ (cuja leitura pretendida é «há algo com o qual tudo está na relação R»), x é uma variável ligada.

Vattimo, Gianni (n. 1936) Professor de filosofia na Universidade de Turim desde 1982, um dos principais representantes do pensamento «pós-moderno» em Itália. De importância para o seu próprio pensamento é o de Nietzsche (*Introduzione a Nietzsche*, 1985; *Introdução a Nietzsche*, 1990) e Heidegger. O seu estilo de escrita é menos enigmático do que o dos seus homólogos franceses. Vattimo usa um conceito de «pensamento fraco» e «ontologia fraca», *e.g. La fine della modernità* 1985 (*O Fim da Modernidade*, 2002). Opõe-se à procura de alicerces estáveis para o conhecimento e à estrita asserção de uma teoria metafísica, típica de um pensamento modernista, não impondo mas antes refletindo o mundo dado na experiência de um modo apropriado ao mundo «pós-moderno». Uma característica importante deste mundo é o papel central da comunicação social, que afetou o sentido de realidade das pessoas. Além disso, a multiplicidade e a diversidade caracterizam este mundo: não há um núcleo central da realidade ou autoridade. Nos meios de comunicação social, podemos «mudar de canal» à vontade; na linguagem consideramos os dialetos e a linguagem canónica como igualmente legítimas; na história, abandonamos o mito de uma corrente de progresso histórico, etc. A desorientação gerada por isto é libertadora; ajuda-nos na procura da emancipação (*Nihilism and Emancipation*, 2004).

verdade *s.* «O que é a verdade?» perguntou Pilatos, mas não é num dicionário que se pode esperar encontrar a resposta. A verdade que mais interessa aos filósofos é um atributo de crenças, opiniões, teorias, doutrinas, afirmações, etc. O contraste apropriado é com *falsidade*. Noutros sentidos da palavra, o contraste apropriado é com o falsificado, o espúrio, o insincero, o desleal, etc. *Ver também* VERDADE LÓGICA.

verdade, teorias da A teoria mais velha é a da correspondência. Uma das primeiras formulações de Aristóteles está na *Metafísica*, 1077[b] 26: «dizer do que é que é, ou do que não é que não é, é verdadeiro». As versões contemporâneas parafraseiam isto como «'p' é verdadeira se, e só se, p». Entre os dois períodos, preferia-se habitualmente sustentar que algo é verdadeiro se correspondia a qualquer outra coisa. A controvérsia sobre a teoria tem em geral sido tripartida: 1) O que é verdadeiro? É uma crença, uma proposição, uma afirmação, uma frase, ou o quê? 2) E a que corresponde isso? A um estado de coisas, a uma situação, a uma realidade, a um facto ou ao quê? 3) O que é exatamente a relação a que se chama «correspondência» entre o que é verdadeiro e o que o faz verdadeiro?

A Teoria da Coerência foi uma alternativa proposta originalmente pelos grandes metafísicos racionalistas construtores de sistemas, como Leibniz, Espinosa, Hegel e Bradley, mas também defendida numa forma algo diferente por positivistas lógicos como Neurath e Hempel, que usavam a matemática como modelo. Segundo a Teoria da Coerência, a verdade de uma proposição consiste nessa proposição fazer parte de um sistema abrangente no qual (segundo algumas teorias idealistas) implica todas as outras proposições, ou (segundo certas teorias positivistas) é consistente com todas as outras proposições. Para os racionalistas, o sistema constitui a totalidade da realidade; para alguns positivistas lógicos, é o sistema que os cientistas contemporâneos aceitam.

O século XIX produziu a Teoria Pragmatista dos filósofos norte-americanos C. S. Peirce e William James, segundo a qual uma ideia (isto é, uma opinião, crença ou afirmação) é verdadeira se funcionar, se a sua aceitação trouxer sucesso.

O século XX viu a introdução, primeiro, da Teoria do Supérfluo (ou da Redundância), a que também se chama *deflacionismo* ou *minimalismo*, que se deve a Frege e Ramsey, e que sustenta

que dizer *que tal e tal é verdadeiro* é nada mais dizer senão *que tal e tal* – a palavra «verdadeiro» é supérflua; segundo, da Teoria Semântica de Tarski, sugerida sobretudo para linguagens artificiais, e que salienta a equivalência «'*p*' é verdadeira se, e só se, *p*», na qual o primeiro *p* é um nome da frase e o segundo *p* é a própria frase; e, terceiro, do que se poderia chamar «teorias não descritivistas», que argumentam que dizer que algo é verdadeiro não é dizer coisa alguma sobre esse algo, mas antes avaliá-lo, elogiá-lo, aceitá-lo ou concedê-lo. AW
Leitura: R. L. Kirkham, *Teorias da Verdade*, 2004.

verdade dupla O ponto de vista de que uma mesma afirmação pode ser verdadeira em filosofia e falsa em teologia (ou ao contrário), por vezes erradamente atribuída a Boécio de Dácia. Poucos pensadores a subscreveram, se é que alguns o fizeram, mas muitos foram acusados de a sustentar. JM/dir.

verdade lógica A afirmação «Ou está a chover ou não», para usar um exemplo, é *logicamente verdadeira* porque tem a forma «*p* ou não *p*», que é um princípio válido da lógica. Em geral, uma afirmação *A* é logicamente verdadeira se, e só se, *A* for um caso de substituição de um princípio válido da lógica. Segue-se que se uma afirmação for logicamente verdadeira, é necessariamente verdadeira.
Por outro lado, para usar um exemplo, a afirmação «não ocorre que ou está a chover ou não» é *logicamente falsa* porque tem a forma «Não (*p* ou não *p*)» que é a negação de um princípio válido da lógica (sendo na verdade equivalente à contradição «*p* e não *p*»). Em geral, uma afirmação *A* é logicamente falsa se, e só se, *A* for um caso de substituição da negação de um princípio válido da lógica. Segue-se que se uma afirmação é logicamente falsa, é necessariamente falsa.

As afirmações contingentes não são logicamente verdadeiras nem logicamente falsas. Mas serão todas as afirmações não contingentes logicamente verdadeiras ou logicamente falsas? Exemplos como *Todas as sogras são mulheres* sugerem que não.
Nota: em autores mais antigos, *e.g.*, Pufendorf, *The Law of Nature and Nations* (1672) 4, 1, 8, e antes dele Lípsio, *Manuductio ad stoicam philosophiam* (1604) 2,6, há um uso que contrasta a verdade lógica (*veritas logica*) com a verdade ética (*veritas ethica*). Neste sentido, uma afirmação logicamente verdadeira apresenta os factos tal como são; uma afirmação eticamente verdadeira é uma afirmação feita sinceramente. Uma afirmação logicamente falsa representa incorrectamente os factos; uma afirmação eticamente falsa representa incorrectamente o que o locutor pensa. Este uso é hoje obsoleto.

verdul *Ver* PARADOXO DE GOODMAN.

veridador O que faz uma frase (afirmação, proposição ou crença, etc.) verdadeira ser verdadeira. Tome-se a frase «Sócrates bebeu a cicuta». Um ponto de partida razoável é considerar que se esta frase for verdadeira, há algo que a faz verdadeira; nomeadamente, Sócrates ter bebido cicuta. Caso Sócrates não a tivesse bebido, a frase seria falsa.
A noção de veridação tem pelo menos duas vantagens: 1) não compromete a discussão desde o início com a ideia de que as verdades correspondem a factos, ao mesmo tempo que se insiste que algo terá de ser responsável pela sua verdade; e 2) torna mais difícil confundir metafísica com epistemologia, pois perguntar pelo veridador de uma verdade é claramente diferente de perguntar pelo que

nos permite saber que é verdadeira, o que poderá afastar tentações verificacionistas. A primeira dificuldade que qualquer teoria da veridação enfrenta é haver verdades cujos veridadores, se existem, não são óbvios, como é o caso de «Não há quadrados redondos». ARMSTRONG defendeu em *A World of States of Affairs* (1997) a tese forte de que há um veridador para toda a verdade. DM

verídico *adj.* Que não é ilusório. A palavra é usada para perceções sensoriais em que as coisas são percecionadas tal como na realidade são.

verificabilidade *Ver* PRINCÍPIO DE VERIFICABILIDADE.

verificação *s.* Determinar que uma proposição (uma teoria, uma opinião, etc.) é verdadeira.

verificacionismo *s.* Como teoria do significado e da verdade, o verificacionismo, normalmente associado ao nome de Michael Dummett, é a perspetiva de que aceitar uma afirmação como verdadeira é ter bases apropriadas para a sustentar. No caso da matemática, aceitamos uma afirmação como verdadeira se, e só se, pensamos que há uma demonstração. Noutros tipos de investigação, podemos não ter uma demonstração estrita, mas outras formas de justificação desempenham uma função semelhante. Geralmente, as afirmações que aceitamos como verdadeiras são as que temos alguma justificação para sustentar. Pode suceder tanto uma dada afirmação *p* como a sua negação, *não p*, carecerem de asseribilidade justificada. A conjetura de Goldbach é um exemplo óbvio. Se a verdade for compreendida em termos de asseribilidade justificada, haverá afirmações que nem aceitamos como verdadeiras nem rejeitamos como falsas, uma vez que nem num caso nem no outro há sustentação. Logo, segundo esta perspetiva verificacionista, a lei da BIVALÊNCIA não tem aplicação geral. *Ver também* ANTIRREALISMO.

verificável *adj.* Suscetível de verificação.

vérité de fait; vérité de raison /vɛʀitə də fɛ; ʀɛzɔ̃/ fr. verdade de facto/verdade de razão. Este par de termos foi usado por Leibniz para distinguir entre verdades contingentes acerca de matérias de facto e as verdades necessárias da matemática e da lógica.

verofuncional *Ver* FUNÇÃO DE VERDADE.

verosimilhança *s.* Proximidade da verdade.

Duas teorias rivais podem ser simultaneamente imperfeitas e no entanto uma pode ser racionalmente preferível à outra no sentido de estar mais próxima da verdade. Pelo que as mudanças na ciência podem significar progresso, na medida em que aprendemos com os nossos erros e nos aproximamos da verdade. Esta é a perspetiva de Karl Popper; num artigo publicado em 1960, e depois em *Conjectures and Refutations* (1963) (*Conjecturas e Refutações*, 2003), e noutros escritos, Popper propôs uma análise precisa da verosimilhança, ou seja, de como explicitar as condições sob as quais uma proposição está mais próxima da verdade do que outra. É de notar que a análise de Popper não é em termos de graus de verdade, e faz uma distinção marcada entre a verosimilhança e a probabilidade. A sua teoria provocou um debate aceso, no qual Imre Lakatos, Pavel Tichý, Graham Oddie e outros levantaram importantes objeções.

Verstehen /fɛrˈʃteːən/ alm. compreensão *s*. Dilthey definiu *Verstehen* como o procedimento pelo qual inferimos algo interno a partir de sinais externos. É um modo indireto de conhecer, que contrasta com a abordagem direta da ciência empírica. Não se deve identificar *Verstehen* com empatia, contudo, mas antes com a compreensão de significados, valores e propósitos. Max Weber, influenciado por Dilthey e Rickert, argumentou que, especialmente nas ciências sociais, só a explicação causal omitiria aspetos cruciais: de modo a apreender o sentido do que se passa, é necessária a compreensão.

verum sequitur ad quodlibet lat. o verdadeiro segue-se de qualquer coisa. Este é o princípio de que uma proposição logicamente verdadeira pode ser validamente derivada de qualquer premissa. Como o EX FALSO QUODLIBET, este princípio faz parte dos sistemas de lógica canónicos, mas é rejeitado na lógica da relevância.

véu da aparência Conceção importante em muitas filosofias: o mundo real, a realidade, não é o mundo como nos aparece; o véu da aparência esconde-nos a realidade. Foi Schopenhauer quem importou esta metáfora (o véu de Maia) do pensamento indiano. O mundo da individualidade e da multiplicidade é em última instância uma ilusão. Se o véu pode ser de todo afastado e se se pode obter a verdadeira perspicácia, será por meio da reflexão metafísica ou da experiência mística.

vicissitude (lat. *vicissim* à vez) *s*. Uma alteração, uma mudança (de sorte). A palavra não está relacionada com «vício», «vicioso» ou «viciar», e não significa infelicidade. As vicissitudes da vida são para melhor, para pior, ou nenhuma destas.

Vico, Giambattista (1688-1744) Professor na Universidade de Nápoles a partir de 1699. Começou por ser cartesiano, mas ficou insatisfeito com a desvalorização do conhecimento social e histórico implícita na ênfase cartesiana nas «ideias claras e distintas», que favorece as ciências exatas. Argumentou que as partes das ciências exatas que geram determinado conhecimento são apenas as que *nós* construímos. Este princípio, de que só podemos conhecer o que fazemos, conhecido como a teoria *verumfactum*, dá margem para o conhecimento histórico. Vico pode na verdade ser considerado o fundador da filosofia da história como ramo da investigação filosófica, graças a *La scienza nuova* 1725, eds. rev. 1730 e 1744 (*A Ciência Nova*, 2005). O título completo é *Principi di una scienza nuova d'intorno ala commune nature dele nazioni*. Apresenta o que Vico considerava as leis gerais para o desenvolvimento das línguas, leis, religiões, e a ascensão e declínio das nações, sendo que tudo é em última análise determinado pela providência divina em função de propósitos que não podemos compreender inteiramente.
Leitura: Leon Pompa, *Vico*, 1990; Mark Lilla, *G. B. Vico*, 1994; Isaiah Berlin, *Three Critics of the Enlightenment* 2000.

viragem linguística Expressão usada para caracterizar a mudança que teve lugar na filosofia, a partir de alguns dos seguidores de Brentano, de Wittgenstein e do Círculo de Viena, alargando-se depois em força à filosofia anglófona, a partir da década de 1940. A mudança significava que uma atenção escrupulosa à linguagem (incluindo a linguagem comum, as linguagens naturais, as linguagens formais e as linguagens ideais, desembaraçadas de imperfeições) veio a ser vista como a maneira de resolver velhos e novos problemas da filosofia.

Nota: a expressão foi usada por Gustav Bergmann em 1953 num artigo reimpresso em *The Metaphysics of Logical Positivism* (1967), e por Richard Rorty (org.), *The Linguistic Turn* (1967) 1992.

virtual *adj.* Potencial (em contraste com «efetivo»). Em geral, ao que é potencial mas não efetivo chama-se «virtual», especialmente se a sua passagem a ato é iminente ou muito provável. *Ver também* EMINENTE.

virtude *s.* 1 Num sentido geral, uma virtude é uma qualidade ou um poder. A virtude dormitiva da morfina é a qualidade ou poder que tem de pôr as pessoas a dormir.

2 Num sentido mais específico, uma virtude é uma excelência, uma boa qualidade numa pessoa. Na *Ética Nicomaqueia*, 2, 6, 1107ª 1ss, Aristóteles define a virtude como uma disposição organizada da mente que determina a escolha e consiste essencialmente em observar o meio relativo a nós, um meio racionalmente determinado, ou seja, como um homem de sabedoria prática determinaria. (A sabedoria prática é o bom senso na conduta da própria vida em geral.)

Aristóteles enumera, nos livros 3 a 5, da *Ética Nicomaqueia,* uma série de VIRTUDES INTELECTUAIS e uma série de virtudes morais. *Ver* Tabela 26.

TABELA 26 **As virtudes morais na** *Ética Nicomaqueia*

VÍCIO (excesso):	VIRTUDE (meio):	VÍCIO (defeito):
temeridade; θρασύτης	bravura, valentia, coragem; ἀνδρεία	covardia; δειλία
licenciosidade; ἀκολασία	autocontrolo (a respeito dos prazeres físicos); temperança; σωφροσύνη	insensibilidade; ἀναισθησία
prodigalidade; ἀσωτία	generosidade, liberalidade (a respeito de dinheiro e outros dons); ἐλευθεριότης	avareza; ἀνελευθερία
vulgaridade; βαναυσία (ou δαπανηρία)	magnificência (liberalidade em grande escala); μεγαλοπρέπεια	mesquinhez; μικροπρέπεια
vaidade; χαυνότης	autoestima, o sentido adequado do nosso próprio valor; μεγαλοψυχία	humildade, modéstia; μικροψυχία
ambição; φιλοτιμία	(a virtude sem nome de ter alguma ambição mas moderadamente)	falta de ambição; ἀφιλοτιμία
irascibilidade; ὀργιλότης	amabilidade; ser bem-humorado, ser capaz de controlar a própria ira; πραότης	ser incapaz de ira, passividade; ἀοργησία (ἀναλγησία)
fanfarronice; ἀλαζονεία	sinceridade; ἀλήθεια	autodepreciação; εἰρωνεία
lisonja; κολακεία	amizade; φιλία	insociabilidade; δυσκολία
bufonaria; βωμολοχία	espirituosidade; εὐτραπελία	rusticidade; ἀγροικία
injustiça; ἀδικία	justiça; δικαιοσύνη	injustiça; ἀδικία

Intimamente relacionados com estas, Aristóteles distingue sentimentos (em vez de aspectos de carácter)

timidez; κατάπληξις	respeito; αἰδώς	impudor; ἀναισχυντία
inveja; φθόνος	justa indignação; νέμεσις	satisfação malévola; ἐπιχαιρεκακία

virtude

Uma enumeração e discussão mais recente das boas qualidades pessoais é dada por Hume na *Investigação Sobre os Princípios da Moral* (1751). Ver também ARETÊ e VIRTUDES CARDEAIS.

virtudes cardeais (lat. *cardo* uma charneira) A lista das quatro virtudes cardeais clássicas, apresentadas na *República* de Platão, está na Tabela 27. S. Ambrósio (339-397), usando Cícero como fonte imediata, assimilou-as à doutrina cristã, e parece ter sido o primeiro a usar a palavra (latim: *cardinalis*) para estas quatro virtudes centrais (no comentário sobre Lucas, capítulo 6). Na filosofia medieval, as três virtudes teológicas da fé, esperança e caridade foram acrescentadas a esta lista.

TABELA 26 **As quatro virtudes cardeais**

português	latim	grego
justiça	*iustitia*	δικαιοσύνη
sabedoria (ou prudência)	*sapientia* (ou *prudentia*)	φρόνησις
coragem	*fortitudo*	ανδρεία
temperança (ou autocontrole, moderação)	*temperantia*	σωφροσύνη

virtudes intelectuais As excelências intelectuais distinguem-se das excelências de caráter, as «virtudes morais», na *Ética Nicomaqueia*, Livro 6, de Aristóteles. Há quatro faculdades intelectuais principais que podemos empregar melhor ou pior: επιστήμη (conhecimento «científico» do que não é contingente, adquirido por demonstração); νοῦς (inteligência; razão intuitiva); φρόνησις (sabedoria prática, a capacidade para deliberar bem em questões acerca do bem--estar); e τέχνη (destreza, arte). A σοφία (sabedoria, excelência teórica) combina a επιστήμη e a νοῦς. Há, pois, cinco virtudes intelectuais.

virtudes sociais As virtudes praticadas em ações que afetam outras pessoas. A justiça e a benevolência são virtudes sociais. Muitas teorias morais consideram que todas as virtudes são sociais: as preocupações morais envolvem outras pessoas. A perspetiva de que há virtudes não morais encontra-se em Aristóteles e Hume. Este último inclui também a prudência e a serenidade.

virtudes teológicas Fé, esperança e caridade (I Coríntios 13).

vitalismo s. A perspetiva de que a compreensão da vida exige um princípio explicativo completamente diferente dos usados nas ciências naturais: além das substâncias e forças reconhecidas nas ciências físicas há uma força vital especial. Esta perspetiva emergiu pela primeira vez em França e na Alemanha em reação às teorias mecanicistas de La Metrie e outros, e foi adotada pelos partidários da FILOSOFIA DA NATUREZA do romantismo alemão. No século XX Driesch chamou «enteléquia» a esta força vital, e Bergson chamou-lhe *élan vital* (impulso vital). O vitalismo não é hoje aceite nas ciências biológicas.

Völkerpsychologie /ˈfœlkərpsyçologi:/ alm. etnopsicologia s. Investigação ou teoria das manifestações intelectuais e culturais de uma sociedade. Este termo é também o título de uma obra importante de Wilhelm Wundt (1832-1920). Do seu ponto de vista, a vida mental de um indivíduo não pode ser plenamente compreendida a menos que a consideremos em relação com a linguagem, a arte, o mito, o costume, as tradições, as instituições sociais e políticas, etc., do povo a que esse indivíduo pertence. Estas são minuciosamente investigadas nos dez volumes da sua obra, publicada em 1900-1920. Antes de Wundt, o termo fora usado desde meados do século XIX. Vico, Lazarus, Steinthal e Glogay podem ser considerados precursores de Wundt neste tipo de investigação.

volonté générale; volonté de tous /vɔlɔ̃te ʒeneʀal; də tus/ fr. vontade geral; vontade de todos. Dois conceitos contrastantes em *O Contrato Social* (1726), de Rousseau. A vontade geral, destilada das vontades particulares dos cidadãos, é sempre correta. A vontade de todos, por contraste, pode estar errada e quando está deve ser desconsiderada. A vontade geral é sempre direcionada para o que é genuinamente do interesse dos cidadãos. A vontade de todos, por contraste, é direcionada para aquilo a que os cidadãos podem dar preferência mesmo que não sirva os seus interesses.

Voltaire, François Marie Arouet de /vɔltɛːʀ/ (1694-1778) Dramaturgo, historiador, polemista e *philosophe* francês. A sua verve brilhante e a sua paixão pela justiça fizeram-no talvez o mais influente de todos os autores do Iluminismo francês. Durante uma estadia em Inglaterra, entre 1726 e 1729, encontrou condições sociais e políticas que se comparavam favoravelmente com a monarquia absoluta francesa, onde vingava o cada vez maior empobrecimento, a uniformidade religiosa coerciva e a censura estrita. Em *Lettres philosophiques sur les Anglais* (também intituladas *Letters on the English*, na versão inglesa de Voltaire), publicadas em tradução inglesa em 1733 e no original francês um ano mais tarde (*Cartas Filosóficas*, 2007), Voltaire fez uma apresentação apelativa da filosofia empirista (Locke), do constitucionalismo político e do deísmo, que floresciam na Inglaterra. *Eléments de la philosophie de Newton* (1738) (*Elementos da Filosofia de Newton*, 1996) contribuiu para a rejeição em França da física cartesiana a favor da de Newton. O seu curto romance clássico *Candide, ou l'Optimisme* (1759) (*Cândido, ou o Optimismo*, 2006), que ainda hoje é bastante lido, trata os problemas do mal, e contém muitas alusões satíricas à tese otimista da *Teodiceia* de Leibniz, segundo a qual nenhum mundo podia ser melhor do que o nosso. Em Abril desse ano, Hume escreveu a Adam Smith: «Voltaire publicou recentemente uma pequena obra intitulada *Candide, ou l'optimisme*. Está cheia de vivacidade e impiedade e é na verdade uma sátira à providência, a pretexto de criticar o sistema leibniziano.» Ao contrário de alguns dos *philosophes* mais radicais, Voltaire não rejeitou todas as crenças religiosas, mas foi um eloquente defensor da tolerância, e intransigente na sua campanha contra as superstições grosseiras, as perseguições brutais e as injustiças que eram cometidas, inspiradas ou consentidas pela Igreja Católica romana: contra esta, Voltaire criou a famosa divisa *Ecrasez l'infame*.

voluntarismo (lat. *voluntas* vontade) Termo usado para várias teorias em que a vontade é um conceito central. Por exemplo: 1 Voluntarismo teológico moral: que a vontade arbitrária de Deus determina o que é moralmente bom ou mau. Esta perspetiva é também conhecida como Teoria dos Mandamentos Divinos; outro nome ainda é «positivismo teológico moral». 2 Em filosofia do direito e filosofia moral: a perspetiva de que as obrigações (legais ou morais) só podem surgir para uma pessoa por meio de uma iniciativa voluntária, tipicamente através de uma promessa voluntariamente feita pela pessoa. Em filosofia moral, esta perspetiva encontra-se, por exemplo, em R. P. Wolff (*In Defense of Anarchism* 1970, ed. rev. 1998) e R. Nozick (*Anarchy, State and Utopia*, 1974; *Anarquia, Estado e Utopia*, 2009), mas é antecipada na teoria Moderna do Direito Natural a partir de meados do século XVII. 3 A teoria de que a lei do estado é a vontade do legislador soberano e deriva a força vinculativa que tem desse facto. Esta perspetiva é também conhecida como a *teoria da vontade*; outro nome ainda é «positivismo jurídico».

vontade de poder 1 Um conceito importante na filosofia de Nietzsche. 2 O título de um livro que Nietzsche planeou mas subsequentemente decidiu não escrever. 3 O título de um livro póstumo que contém uma coletânea de notas manuscritas não publicadas por Nietzsche. Os organizadores (a sua irmã Elizabeth Förster-Nietzsche e o seu admirador H. Köselitz, que usava o pseudónimo Peter Gast) afirmaram duvidosamente que este volume representava o conteúdo do livro que Nietzsche em tempos planeara escrever. Na verdade, muitas das notas provavelmente exprimem ideias que ocorreram a Nietzsche mas que rejeitou depois de reflexão complementar ou considerou inadequadas para publicação.

vontade geral Um conceito de Rousseau, *Contrat Social* (1762) (*O Contrato Social* 2009). Na sua teoria ultrademocrática, os cidadãos tomam decisões legislativas por deliberação coletiva, da qual resulta a expressão da vontade geral (*la volonté générale*). Não pode haver recurso contra ela, dado que a soberania assenta inalienavelmente nos cidadãos. A vontade geral visa, pela sua própria natureza, o bem comum e por isso não é afetada por interesses particulares que lhes seriam contrários. A vontade geral não pode errar – é infalível. Contra a objeção de que os cidadãos reunidos em assembleia podem legislar sem sabedoria nem justiça, a resposta de Rousseau é que tal decisão não é produzida pela vontade geral, mas apenas pela vontade de todos (*la volonté de tous*) que, como a maior parte das coisas humanas, é falível.

von Wright *Ver* WRIGHT.

vulgar *adj.* comum; comummente aceite; popular. A palavra é hoje usada pejorativamente, sobretudo em inglês, mas foi muitas vezes usada sem matizes depreciativos por autores anglófonos nos séculos XVIII e XIX.

Por exemplo, a «psicologia vulgar da alma» de Cudworth é a perspetiva comum dos fenómenos mentais, isto é, aquilo a que alguns autores hoje chamam «psicologia popular». Os «sistemas vulgares da moralidade» de Hume são as teorias morais geralmente aceites no seu tempo. De igual modo, «o vulgo» eram as pessoas comuns, e a expressão não era necessariamente depreciativa.

Waismann, Friedrich /ˈvaɪsman/ (1896-1959) Membro do Círculo de Viena e assistente de Morris Schlick. Foi para o exílio, ensinou durante um breve período em Cambridge, e depois de 1939 em Oxford. Era próximo de Wittgenstein e chegou a ser considerado um representante da «filosofia linguística», abandonando gradualmente alguns dos dogmas do positivismo lógico, incluindo a distinção estrita entre afirmações analíticas e sintéticas (*The Principles of Linguistic Philosophy* 1965, 1994). Contra as versões fenomenalistas do positivismo lógico, Waismann desenvolveu um novo argumento, ao introduzir o conceito de «textura aberta»: as afirmações acerca de objetos materiais nunca podem ser idênticas a um conjunto de afirmações acerca de dados sensoriais, pois o objeto pode surpreender-nos ao exibir uma nova característica inesperada, de que antes não se teve experiência.

Watson, John B(roadus) /ˈwɑtsən/ (1878-1958) Professor de psicologia na Universidade Johns Hopkins até 1920. Cedo na sua carreira científica, investigou experimentalmente o comportamento e a aprendizagem dos animais, chegando à perspetiva de que a mente não pode ser um objeto apropriado de investigação científica: a psicologia científica tem de ser um estudo de comportamento observável. Chamou COMPORTAMENTALISMO a esta perspetiva. O método garantiria que a investigação psicológica faria o que esperamos obter da investigação científica: será objetiva, e permitir-nos-á prever e controlar o comportamento. Além disso Watson, mais do que os comportamentalistas, defendeu a perspetiva de que todo o comportamento é analisável como complexos de estímulos e reações. A sua principal obra foi *Behaviorism* (1925; 1998).

Weber, Max /ˈveːbɛr/ (1864-1920) Um dos principais protagonistas da vida intelectual e política da Alemanha de Wilhelm. Regeu cátedras em Friburgo, Heidelberga e Munique, mas uma doença nervosa interrompeu a sua carreira académica; não obstante, participou influentemente num âmbito vasto de debates académicos e políticos. A sua obra tem exercido uma influência duradoura no pensamento político moderno e no desenvolvimento da sociologia.

A maior parte da sua escrita académica concentra-se no desenvolvimento e importância da racionalização de todas as esferas da vida que Weber considerava um aspeto distintivo da vida do Ocidente moderno. O desenvolvimento do capitalismo racional moderno em particular dependeu da acumulação de riqueza para investimento, o qual por sua vez exigia um impulso para acumular muito além do que se podia exigir pelo consumo pessoal. Em *Die protestantische Ethik und der Geist des Kapi-*

talismus (1904-1905) (*A Ética Protestante e o Espírito do Capitalismo*, 2008) fez remontar o desenvolvimento inicial deste impulso à prática de um ascetismo mundano, promovido por algumas igrejas protestantes, que tratavam o trabalho metódico como uma vocação e limitavam a fruição do produto deste trabalho. A isto se seguiu os estudos das principais religiões do mundo em que Weber explorou o fracasso das civilizações não ocidentais em desenvolver um espírito capitalista equivalente.

Outro aspeto desta notória singularidade do Ocidente moderno dizia respeito a um modo distintivamente racional de legitimação do poder político. Por contraste com formas de governo que assentam num apelo à tradição ou à lealdade para com um líder carismático, Weber afirmou que o Ocidente desenvolvera uma forma de governo baseada na racionalidade de regras impessoais e procedimentos: os administradores são nomeados com base na competência e não no apadrinhamento, e a validade da lei era ajuizada pela correção processual da forma como havia sido instituída e não pelo seu conteúdo substantivo. Consequentemente, os governos ocidentais alcançaram um grau historicamente inédito de eficiência administrativa.

A racionalização no seu sentido mais amplo tinha, segundo Weber, provocado um sentido de «desencantamento do mundo» (*Entzauberung der Welt*), com a rejeição de costumes tradicionais e sistemas de crença a favor de uma mundividência científica moderna. No seu aspeto sociopolítico, a racionalização levou a um mundo que valorizava mais a racionalidade instrumental como um fim em si, independentemente dos fins substantivos que se podia esperar que servisse. A própria burocracia governamental era um exemplo: ao passo que podia ter sido desenvolvida para complementar os fins do governo, tendia a adquirir um poder e uma inércia que resistia ao controlo político e suprimia a inovação social. Weber defendeu que os princípios políticos eram em última análise uma questão de decisão e compromisso, sem qualquer fundamento possível na razão ou na história. Em harmonia com este ponto de vista, argumentou a favor da ISENÇÃO VALORATIVA da investigação académica. Este é um dos tópicos das notáveis palestras *Politik als Beruf* (1919) e *Wissenschaft als Beruf* (1918), reunidas na tradução portuguesa no volume *Ciência e Política: Duas Vocações*, 2004.

Weber, todavia, encarava a vida em termos de uma luta entre indivíduos poderosos, grupos e nações – neste último caso, em especial no período moderno. Para que a Alemanha fosse bem-sucedida nesta luta, teria de ter líderes políticos simultaneamente capazes de superar o conservadorismo da burocracia e de mobilizar o apoio em torno da prossecução dos objetivos nacionais. Weber defendia portanto um sistema político liberal, não devido a qualquer crença nos direitos do indivíduo, mas como um meio de representar valores rivais e garantir um ajuste funcional entre estes. Favorecia também a democracia popular como um meio de desenvolver líderes políticos carismáticos, capazes de definir objetivos nacionais e de gerar o apoio popular necessário para restringir o poder da burocracia e impor-lhe a sua própria vontade, na prossecução daqueles objetivos. BHI

Leitura: *The Cambridge Companion to Weber* 2000.

Weil, Simone /vej (fr.); vaɪl (alm.)/ (1909-1943) De origem judia parisiense razoavelmente abastada, foi orientada nos seus estudos filosóficos por Alain. Na década de 1930 converteu-se, primeiro ao sindicalismo de esquerda – abandonou o seu cargo no ensino num *lycée* para se tornar operária fabril – e, depois de uma experiência mística em 1938, ao cristianismo. Tomou ativamente parte a favor do governo contra os rebeldes na guerra civil espanhola e mais tarde com as forças francesas livres contra os Alemães e os seus colaboradores.

Os seus escritos têm dois temas principais: um sociopolítico, o outro religioso. Na crítica da sociedade moderna e das suas ideologias, rejeitou o culto quase místico do trabalho produtivo que se entrevia na ideologia comunista e objetou ao ideal da «revolução», como algo que na verdade se limitou a tomar o lugar da fé tradicional para se tornar um sucedâneo do «ópio do povo». Por outro lado, também condenou os efeitos desumanizadores e destrutivos para a alma dos modos capitalistas de produção e consumo. Havia também, a seu ver, uma grave ameaça a valores humanos importantes colocada pelo crescente poder do Estado e de outras estruturas burocráticas. Este crescimento começara séculos antes em França, e tornara-se verdadeiramente excessivo com o desenvolvimento da tecnologia.

Devido à sua base essencial na competição e no conflito, a civilização moderna não se prestava a satisfazer necessidades humanas básicas: ordem, liberdade, obediência, responsabilidade, igualdade, hierarquia, honra, castigo, liberdade de pensamento, segurança, propriedade, verdade. Note-se que Weil descreveu estes itens como necessidades, e não como direitos – um conceito que, do seu ponto de vista, serve para legitimar e consolidar o conflito. Um remédio para o desenraizamento, a alienação e a fragmentação psicológica dos indivíduos encontra-se no poder integrativo e reparador do trabalho genuíno e significativo. Estas perspetivas foram apresentadas não como meras declarações, mas sustentadas pela argumentação.

Nos escritos religiosos, que sublinham a importância da tranquilidade, da humildade, da obediência ao amor divino, Weil foi influenciada pelas tradições místicas neoplatónicas, cristãs e judaicas.

Algumas das seleções postumamente publicadas das suas obras são *La Pésanteur et la Grace* 1947 (*A Gravidade e a Graça* 1993); *L'Enracinement* 1949 (*O Enraizamento* 2001); e *Oppression et liberté* 1955 (*Opressão e Liberdade* 2001).

Weltanschauung /ˈvɛltanʃaʊʊŋ/ alm. mundividência; visão do mundo *s.* Uma perspetiva filosófica abrangente acerca do mundo e do lugar do homem neste.

Weltschmerz /ˈvɛltʃmɛrts/ alm. «dor do mundo», sofrimento cósmico *s.* Estado de espírito pesaroso, desânimo generalizado, que surge de um sentido de desilusão perante o mundo.

Wesen /ˈvɛːzən/ alm. essência, natureza; um ser *s.*

Westermarck, Edward /ˈvɛstɛrmark/ (1862-1939) Antropólogo social e filósofo moral, nascido na Finlândia, de origem sueca. Fez o seu trabalho de campo em Marrocos na década de 1890, e mais tarde exerceu cargos académicos em sociologia e filosofia, em Londres, Helsínquia e Åbo. O mais interessante, de um ponto de vista filosófico, são os capítulos iniciais de *The Origin and Development of the Moral Ideas* (1906) e *Ethical Relativity* (1932). Westermarck atacou as teorias objetivistas da ética, argumentando que as qualidades morais que atribuímos a ações e estados de coisas têm de ser compreendidas como projeções de estados subjetivos, isto é, emoções. Em algumas passagens parece que Westermarck considerou que as afirmações éticas são afirmações factuais acerca da nossa suscetibilidade a reagir a uma situação com uma determinada emoção, sendo assim verdadeiras ou falsas, mas há também sugestões de uma TEORIA DO ERRO e algumas afirmações sugerem o NÃO COGNITIVISMO, mais radical, que Hägerström haveria de formular inequivocamente em 1911. Como muitos outros antiobjetivistas em ética, Westermarck rejeitou os objetivismos éticos, como o cristão e o kantiano, não só numa base teórica mas também numa base moral: com uma ideia sagaz sobre a natureza subjetiva da ética, as pessoas seriam menos propensas à condenação moralista, e tornar-se-ia mais abertas mentalmente e mais tolerantes.

wff Abreviatura inglesa de *well-formed formula:* FÓRMULA BEM FORMADA.

Whewell, William /ˈhjuːəl/ (1794-1866) Membro e, a partir de 1841, diretor do Trinity College, Cambridge. Foi um polímato: traduziu Goethe e Schiller; atacou o radicalismo político de utilitaristas e liberais; escreveu sobre ética, teologia natural, arquitetura gótica e reforma universitária. Os seus princípios filosóficos foram um dos principais alvos no ataque de John Stuart Mill ao intuicionismo. A sua fama deve-se antes de mais à sua atividade como físico e como historiador e filósofo da ciência pioneiro. Influenciado por Kant, afirmou que a geometria e as leis fundamentais da mecânica (newtoniana) são verdades necessárias. *Philosophy of the Inductive Sciences* (1840), que se seguiu à magistral *History of the Inductive Sciences* (1837), apresentou uma formulação inicial da perspetiva de que a própria ciência avança por meio do método hipotético-dedutivo, e não por meio de meras induções. Também argumentou que um caminho de progresso da ciência é através da incorporação de diversas leis conhecidas de diferentes áreas numa só teoria, mais abrangente, como as leis de Galileu e Kepler foram ambas incorporadas na teoria de Newton. Whewell chamou a isto «consiliência de induções» e afirmou que de nenhuma teoria que a tivesse alcançado se descobriu subsequentemente ser falsa. AM/dir.

Whichcote, Benjamin /ˈwɪtʃkɔt/ (1609-1683) A força motriz espiritual dos platónicos de Cambridge, teologicamente tolerante, exerceu uma influência considerável por meio de palestras e sermões. Nada escreveu para publicação e o que foi publicado baseia-se nos seus manuscritos e notas tiradas pelos seus ouvintes. O principal impulso da sua filosofia ética era racionalista: a luz da razão pode discernir o bem ou o mal, a correção ou a incorreção, pertinentes a uma ação ou estado de coisas. O voluntarismo moral teológico, ou seja, a perspetiva de as regras da moralidade serem apenas as ordens de um ser muitíssimo poderoso, estava em desvantagem.

Whitehead, Alfred North /ˈwaɪthɛd/ (1861-1947) Matemático e filósofo inglês, tornou-se em 1884 membro do Trinity College, Cambridge, onde foi professor de Bertrand Russell. Mais tarde, Whitehead e Russell escreveram conjuntamente *Principia Mathematica* (1910-1913). No período entre 1910 e 1924 Whitehead lecionou em Londres e dedicou-se sobretudo à filosofia da ciência, escrevendo *Science and the Modern World* (1925) (*A Ciência e o Mundo Moderno*, 2006). Em 1924 aceitou uma cátedra de Filosofia na Universidade de Harvard, onde desenvolveu a sua metafísica (*Process and Reality*, 1929). Rejeita o conceito metafísico tradicional de uma substância a favor do processo: aquilo a que chamamos uma coisa nada é senão uma recorrente confluência de acontecimentos ou processos.

Traduções: Simbolismo: O Seu Significado e Efeito 1987; *A Função da Razão* 1988; *O Conceito de Natureza* 1994. Leitura: *The Philosophy of Alfred North Whitehead* (LLP) 1941.

Whorf, Benjamin Lee /wɔːf/ (1897--1941) Linguista eminente e investigador das línguas asteca, maia e outras; em parte autodidata, estudou mais tarde com o linguista Edward Sapir (1884--1939) e deu um contributo importante para a articulação do «princípio de relatividade linguística» deste último, comummente conhecido como «hipótese de Sapir-Whorf»: a estrutura da nossa linguagem tem uma influência decisiva no modo como compreendemos a realidade e nos comportamos relativamente a ela. Diferentes gramáticas produzem mundividências diferentes: a metafísica depende da sintaxe. A sustentação de Whorf para esta tese foi desenvolvida numa série de textos, coligidos em *Language, Thought and Reality* (org. John B. Carroll), 1956, comparando as línguas europeias modernas e a língua indígena, especialmente a dos índios hopis da América do Norte. Por exemplo, enquanto nós e a nossa gramática estruturamos o nosso universo nas formas do espaço e do tempo e consideramos o tempo linear, a língua e a metafísica hopi não incluem um equivalente da nossa conceção do tempo, tendo antes como base uma dicotomia entre o manifesto (o presente e o passado revelados aos sentidos) e o não manifesto (o mental e o futuro).

Houvera antecipações. Hamann insistira em que o *a priori* é linguístico, e não transcendental. Wilhelm von Humboldt foi um dos primeiros defensores de uma teoria partilhada por muitos linguistas do século XIX, segundo a qual a gramática determina ou pelo menos influencia fortemente a metafísica; observou-se frequentemente, por exemplo, como as nossas estruturas sujeito/predicado andam a par de uma metafísica da substância e do acidente. «Se Aristóteles falasse chinês ou dacota, teria de adotar uma lógica completamente diferente ou em todo o caso uma teoria das categorias completamente diferente» (Fritz Mauthner, *Kritik der Sprache*, 1902, vol. 3, p. 4). A investigação de Whorf tinha o objetivo de articular a tese com maior precisão e dar-lhe uma base empírica segura. A hipótese de Sapir-Whorf tem, todavia, sido objeto de muito debate, e hoje poucos a aceitariam sem reservas.

Williams, Sir Bernard (Arthur Owen) /ˈwɪlyəmz/ (1920-2003) Formou-se em Clássicas e Filosofia no Balliol College, Oxford. Foi eleito membro do All Souls College em 1951, tornando-se depois membro e tutor do New College. Saiu do New College para o University College London, como leitor de Filosofia em 1959. Foi eleito professor de Filosofia em Bedford College London, e depois passou para Cambridge e para o King's College como Professor Knightbridge de Filosofia Moral em 1967. Em 1979 tornou-se reitor do King's. Em 1987 emigrou para Berkeley, regressando a Oxford e à cátedra White de Filosofia Moral em 1990.

As obras de Williams incluem uma coletânea de artigos, *Problems of the Self* (1973), *Descartes: The Project of Pure Inquiry* (1978), *Moral Luck* 1981, *Ethics and the Limits of Philosophy* (1985), *Shame and Necessity* (1993), *Making Sense of Humanity* (1995) e *Truth and Truthfulness* (2002). A sua metade de *Utilitarianism: For and Against* (1973), onde se opôs ao utilitarismo de J. J. C. SMART, abriu uma frente inteiramente nova nas discussões desta filosofia moral e é um dos seus escritos mais conhecidos. Nos últimos anos ficou fascinado por Nietzsche, e publicou uma edição de *A Gaia Ciência*.

Embora o ponto de partida dos escritos de Williams fosse a filosofia moral, as suas contribuições foram mais latas. Os seus escritos abrangem tudo o que se encontra entre a filosofia da verdade – central no seu primeiro livro sobre Descartes e um tema revisitado no seu último livro – e os tópicos amplamente humanistas do pensamento grego ou da teoria política. O seu intelecto veloz e penetrante desanima qualquer sumário rápido do seu pensamento, em especial na medida em que, como outros filósofos de Oxford da sua geração, mostrava uma constante hostilidade perante simples sistemas «redutores» ou maquinarias mentais monolíticas ou axiomáticas. A sua própria prática exemplificava essa hostilidade, esclarecendo muitos tópicos diferentes de muitas formas diferentes. *Grosso modo*, Williams tinha uma preocupação aristotélica com os contornos efetivos da existência humana, embora se preocupasse muito mais com a panóplia completa da diversidade humana. Os seus escritos mais influentes incluem obras sobre a identidade pessoal, a liberdade e a responsabilidade, a natureza da vontade, e a pluralidade de valores que têm de ser ajustados e equilibrados no raciocínio prático quotidiano. SB

Traduções: Moral 2005; *Platão* 2000.

Windelband, Wilhelm /ˈvɪndəlbant/ (1848-1915) Filósofo neokantiano alemão, que se destacou também como historiador da filosofia. Tendo lecionado em várias universidades, tornou-se professor em Heidelberga em 1903. Do seu ponto de vista, Kant desenvolvera a sua filosofia crítica tendo em mente apenas as ciências. Isto era excessivamente restrito. A filosofia crítica deveria desenvolver-se como uma teoria geral dos princípios valorativos organizadores que subjazem, respetivamente, à teoria, à prática e à experiência estética. Windelband também sublinhou, na sua *Geschichte und Naturwissenschaft* (1894), publicada em *Präludien*, uma coletânea dos seus ensaios, o carácter específico da investigação cultural e histórica, que é IDIOGRÁFICA e inteiramente diferente, no seu objetivo, da teoria científica, que é NOMOTÉTICA. Esta distinção importante dá-se entre formas de investigação e não necessariamente entre objetos de investigação diferentes.

Wisdom, (Arthur) **John** (Terence Dibben) /ˈwizdəm/ (1904-1993) Filósofo inglês, lecionou em Cambridge a partir de 1943 e aí se tornou professor de Filosofia em 1952; um representante importante da filosofia analítica e linguística. *Other Minds* 1952, apresenta uma subtil análise e refutação das dúvidas céticas quanto às afirmações de conhecimento em geral e quanto às outras mentes em particular. Muito da sua obra, fortemente influenciada por Wittgenstein, é metafilosófica: uma reflexão sobre a razão por que os filósofos tendem a dizer coisas muito estranhas, e sobre a natureza da análise e da apreensão sagaz em filosofia. Outras coletâneas de artigos seus são *Philosophy and Psycho-Analysis* (1953) e *Paradox and Discovery* (1965).

without /wɪðˈaʊt/ ing. *prep.* Em uso antigo: fora de, exterior a. Hobbes contrasta os corpos fora de nós com os nossos próprios corpos, Locke coloca a questão de como os corpos fora de nós podem de algum modo afetar os nossos sentidos e em Berkeley o contraste é entre aquilo que existe na mente apenas e o que existe sem esta.

Wittgenstein, Ludwig (Josef Johann) /ˈvɪtgənʃtaɪn/ (1889-1951) Estudou engenharia em Berlim e Manchester, interessou-se pelos fundamentos filosóficos da matemática, foi para Cambridge em 1911 para trabalhar com Bertrand Russell, serviu no exército austríaco durante a Primeira Guerra Mundial, e desenvolveu uma teoria da linguagem e da lógica que publicou, primeiro em alemão, *Logisch-Philosophische Abhandlung* (1921), e, com a inclusão de uma tradução inglesa, como *Tractatus Logico--Philosophicus* (traduções inglesas: C. K. Ogden, 1922; D. F. Pears & B. F. McGuiness, 1961, 1974). Abandonou então a filosofia, a que não regressou antes do fim da década de 1920, quando discutiu a sua teoria com alguns dos filósofos do Círculo de Viena. Voltou a Cambridge em 1929, e depois da aposentação de Moore foi aí professor de Filosofia entre 1939 e 1947. Neste período posterior, desenvolveu uma segunda filosofia, muito diferente, que apareceu pela primeira vez no livro póstumo, *Philosophische Untersuchungen,* traduzido para inglês por G. E. M. Anscombe, 1953, 1969. Esta obra tem desde então sido seguida por muitos volumes extraídos de notas que Wittgenstein não preparara para publicação.

O seu primeiro livro é abertamente enigmático e o significado genuíno dos seus escritos posteriores é ainda mais difícil de sondar, embora tenham sido apreciados por pessoas sem qualquer formação filosófica. Toda a sua obra tem a marca do génio, mas isso não é suficiente para explicar o paradoxo de um filósofo que escreve esotericamente poder transmitir algo a leitores que não estão familiarizados com os problemas de que trata. Parte da explicação é que Wittgenstein evidentemente critica uma tradição filosófica que remonta à antiguidade. Esse é um modo de tratar o passado que pode hoje encontrar-se em muitas outras disciplinas, e assim, mesmo quando o conjunto de doutrinas que Wittgenstein se ocupa a desmontar não foi identificado, pode ainda ser lido com simpatia e com uma compreensão intuitiva.

O seu objetivo no *Tractatus* foi desenvolver uma teoria que mostrasse como a linguagem consegue fazer o que pode fazer, e que também demonstrasse os limites da sua capacidade. Como a linguagem exprime o pensamento, esta tarefa pode ser considerada como uma investigação dos limites do pensamento, uma variante linguística da primeira Crítica de Kant. No seu aspeto construtivo, produziu duas teses: as proposições da linguagem factual são imagens, e as proposições da lógica são tautologias. O seu efeito negativo foi colocar o discurso moral, religioso e estético, e mesmo a teorização filosófica, fora dos limites da linguagem.

Quando Wittgenstein escreveu acerca dos «limites da linguagem», queria dizer «os limites da linguagem factual», e assim a sua conclusão negativa podia ser lida de duas maneiras opostas. Podia ser considerada uma exaltação do discurso factual e científico, com uma desvalorização implícita de todos os outros usos da linguagem, incluindo o discurso filosófico: foi assim que os filósofos do Círculo de Viena o entenderam. Mas há também outra interpretação, menos iconoclasta: os outros tipos de discurso são meramente banidos do domínio da factualidade e a sugestão não é a ideia de que não desempenham qualquer papel nas nossas vidas mas somente que não devem ser vistos como tentativas mal sucedidas de chegar à factualidade. A primeira interpretação é positivista e a segunda é contrária ao cientismo.

Se a filosofia não for factual, é questionável se aquilo que o *Tractatus* oferece é realmente uma *teoria* da linguagem. Wittgenstein sempre esteve ciente da posição marginal da filosofia. Não tinha objeto de estudo próprio e estava bem longe, nas fronteiras de outros modos de pensamento que têm os seus próprios objetos de estudo. Era uma crítica do pensamento feita por meio de uma crítica da linguagem, e a sua conclusão mais impressionante foi que os grandes sistemas filosóficos do passado não eram realmente teorias de todo, mas apenas modos diversos de representar o mundo, como estilos de pintura. Porque então não era ela própria apenas mais um modo de representar o mundo, sem qualquer autoridade para determinar o estatuto dos seus rivais?

O desafio que o *Tractatus* lançou a si próprio permaneceu sem resposta até ao início da década de 1930, quando Wittgenstein desenvolveu um novo método filosófico e uma nova perspetiva sobre os seus resultados. Seja qual for o estatuto preciso da «teoria» do *Tractatus*, esta apresentou certamente uma explicação única e uniforme da essência da linguagem. Na sua obra posterior este resultado é rejeitado, bem como o método pelo qual o alcançou. Wittgenstein via agora a linguagem como uma mistura de muitas práticas diferentes, irredutíveis a um único padrão básico. O carácter de cada prática ou «jogo de linguagem» não é algo escondido, à espera de ser revelado pela análise lógica, mas algo que está à vista na superfície. É simplesmente determinado pelo que fazemos com as nossas palavras e pelas circunstâncias a que adaptamos o uso que lhes damos.

Wittgenstein passara a ver a sua tarefa como a descrição de todo este material *sem qualquer tentativa de teorizar acerca do mesmo*; isto deu aos seus resultados uma base factual comum. Mas agora a questão era saber o que os tornava filosóficos e não um contributo para a antropologia social. A sua resposta consistia numa aplicação da principal ideia da psicologia freudiana à história do pensamento. Uma teoria filosófica, segundo Wittgenstein, é uma interpretação errónea daquilo que nós próprios fazemos com as palavras. Cedemos à tentação de assimilar um jogo de linguagem a outro e cometemos um erro teórico que não tem efeito na nossa prática mas que é muito profundo e obstinado. Efetivamente, vemos a nossa própria prática do modo errado. Consequentemente, nunca basta afirmar apenas que nos enganámos. Temos de ceder sem reservas à tendência errónea e esta irá então neutralizar-se a si própria pela sua própria absurdidade evidente.

O novo método produziu resultados importantes em várias áreas. É mais fácil dar valor ao seu efeito na filosofia da linguagem; as estruturas simples identificadas pelas teorias clássicas foram substituídas por descrições minuciosas da interminável diversidade das nossas práticas linguísticas. O novo método também aspirava a transformar a filosofia da matemática e a filosofia da mente, com consequências de grande alcance em epistemologia e ontologia. Estes desenvolvimentos são mais difíceis de caracterizar brevemente.

Na filosofia da matemática, Wittgenstein opôs-se à ideia de que descobrimos verdades objetivas. Qualquer sistema que parecemos descobrir é em última análise uma das nossas próprias construções; a aparência de objetividade independente é apenas um efeito dos procedimentos que nos surgem naturalmente e são depois reforçados pelo treino rigoroso.

A filosofia da mente, que na sua obra inicial tinha permanecido latente, em breve ocupou o primeiro plano. Houve várias razões para este desenvolvimento. Wittgenstein sempre fora fascinado pelo solipsismo e o seu tratamento terapêutico do mesmo, que é superficial no *Tractatus*, é elaborado em grande detalhe na sua obra tardia. Mas a sua investigação do significado também o fez regressar à filosofia da mente porque qualquer descrição sóbria dos nossos usos das palavras tem de ter em conta as nossas intenções. O nosso êxito em levar a cabo as nossas intenções precisa de critérios, e Wittgenstein argumentou que no mundo privado do solipsista, de sensações desligadas do mundo físico, nenhum critério estaria disponível.

Isto foi muito mais do que uma crítica do solipsismo, porque as filosofias da perceção tradicionais pressupõem que podemos começar a partir de uma posição original em que somos capazes de descrever as nossas sensações numa linguagem que não sustentada por quaisquer conexões com o nosso ambiente físico ou com outras pessoas que falem a mesma língua nesse ambiente. Se Wittgenstein tiver razão, todo este modo de desenvolver a epistemologia e a ontologia deve ser rejeitado.

A sua reorganização das prioridades tradicionais é a sua grande façanha filosófica. O homem é a medida de todas as coisas, mas os seus critérios dependem do mundo a que se aplicam. DPE

Traduções: Tratado Lógico-Filosófico e *Investigações Filosóficas* 2008; *Últimos Escritos sobre a Filosofia da Psicologia* 2007; *Anotações sobre as Cores* 2009; *Cadernos 1914-1916* 2004; *Cultura e Valor* 2000; *O Livro Azul* 2008; *O Livro Castanho* 1992; *Da Certeza* 2010.

Leitura: P.M.S. Hacker, *Wittgenstein* 2000; A. C. Grayling, *Wittgenstein* 2002; *Dicionário Wittgentein* 1998; *The Cambridge Companion to Wittgenstein* 1996.

Wolff, Christian /vɔlf/ (1679-1754) Filósofo racionalista do Iluminismo, alemão, professor em Halle a partir de 1706. A sua dissertação de doutoramento, apresentada em Leipzig em 1703 com o título «Filosofia prática universal, apresentada matematicamente», atraiu o interesse de Leibniz e os dois corresponderam-se até à morte deste último em 1716. A oposição ao seu racionalismo por parte dos colegas pietistas levou à expulsão por decreto real em 1723. Passou então a lecionar em Marburgo entre 1723 e 1740, quando o novo rei, Frederico II, o reconduziu a Halle. Wolff adquiriu uma reputação notável: foi membro da maior parte das academias ilustradas e tinha um grande número de seguidores. Foi um escritor prolífico: num vasto conjunto de volumes (1713-1725), que abrangiam praticamente todos os ramos da filosofia, Wolff «ensinou a filosofia a falar alemão». Baseavam-se nas suas palestras em Halle, uma universidade nova onde, à maneira moderna, as palestras eram apresentadas em alemão. Um conjunto maior (1728--1755), de estilo menos popular, apresentava o seu sistema em latim. Estes textos foram publicados em muitas edições e traduções e tornaram-no o mais influente filósofo académico do século XVIII. Wolff estabeleceu a *Gründlichkeit* (exaustividade e precisão) como uma virtude filosófica importante, e a sua influência neste aspeto deu à filosofia alemã um sabor diferente do da mistura francesa de elegância e superficialidade. As teorias filosóficas de Wolff não eram a rigor originais, mas a sua sistematização dos diversos ramos da filosofia foi amplamente adotada e determinou a estrutura de muitas teorias posteriores, incluindo a de Kant.

Wollaston, William /ˈwʊləstən/ (1660-1724) Filósofo inglês, autor de *The Religion of Nature Delineated* (1722), que defende uma religião e uma ética baseadas apenas na razão. A sua religião natural assenta em argumentos do desígnio para provar a existência de um ser divino. Deu um viés especial ao seu racionalismo ético – a perspetiva de que a nossa razão nos dá uma apreensão sagaz direta da correção ou incorreção de tipos de ações – assimilando a prática de ações incorretas à afirmação de falsidades. Isto foi criticado por Hutcheson na secção 3 de *Illustrations on the Moral Sense* (1728), e por Hume em *A Treatise on Human Nature*; 1740, 3, 1, 1 (*Tratado da Natureza Humana*, 2002).

Wollstonecraft, Mary /ˈwʊlstənkrɑːft/ (1759-1797) Filósofa social, romancista, tradutora e jornalista inglesa. Os seus diários de viagem revelam uma observadora perspicaz das condições sociais e políticas. Foi a primeira a responder à condenação da revolução francesa de Burke, em *A Vindication of the Rights of Men* (1790). Escreveu também *Thoughts on the Education of Daughters* (1787), e a obra que lhe deu fama duradoira, *A Vindication of the Rights of Woman* (1792). O seu argumento principal, apresentado com paixão e cogência, defende a igualdade sexual. Deu ênfase especial à educação, protestando contra um sistema que mantinha as mulheres num estado de ignorância. Casou com William Godwin, que publicou as suas obras e escreveu um memorial sobre ela.

Wright, Georg Henrik von /fɔn ˈvrigt/ (1916-2003) Filósofo finlandês, professor de Filosofia em Helsínquia entre 1946 e 1961, em Cambridge (onde sucedeu a Wittgenstein) entre 1948 e 1951, membro da Academia da Finlândia desde 1961. Uma das personagens cruciais incumbida da edição póstuma dos textos de Wittgenstein, von Wright também se tornou conhecido como um importante filósofo por mérito próprio. Escreveu sobre a lógica da indução e deu início aos desenvolvimentos modernos da lógica deôntica e da lógica da preferência (*The Logic of Preference*, 1963). *The Varieties of Goodness* (1963) apresenta uma análise conceptual abrangente. *Explanation and Understanding* (1971), defende que os métodos da ciência natural diferem significativamente dos das humanidades. Na sua análise do conceito de causalidade, argumentou que os nossos conceitos quotidianos e científicos de conexões causais entre acontecimentos dependem de um conceito mais básico daquilo em que consiste um agente humano agir (*Causality and Determinism*, 1974). Em textos posteriores, alguns dos quais estão reunidos em *The Tree of Knowledge and Other Essays* (1993), von Wright deu mais ênfase do que é comum entre os filósofos analíticos aos valores humanistas e às limitações da ciência e da tecnologia. Através dos seus textos sobre literatura, cultura e

sociedade, adquiriu um estatuto de intelectual público proeminente, em especial na Finlândia e na Suécia.
Leitura: The Philosophy of Georg Henrik von Wright (LLP) 1989.

Wyclif, John /ˈwɪklɪf/ (*c.* 1328-1384) Teólogo escolástico, filósofo e escritor prolífico, Wyclif estudara em Oxford, onde cedo se tornou um professor popular e, em 1360, diretor do Balliol College. Inspirou o primeiro movimento herético em Inglaterra, os lolardos, e foram os seus apoiantes quem pela primeira vez prepararam uma versão inglesa da bíblia (suprimida por decreto episcopal em 1408).

As perspetivas teológicas de Wyclif tinham implicações políticas controversas. Argumentou que o domínio, seja secular ou eclesiástico, só podia ser apropriadamente exercido se o senhor que o exercia, fosse temporal ou espiritual, se encontrasse num estado de graça. Isto também se aplicava à posse de propriedade eclesiástica e à administração de sacramentos. Logo, podia ser permissível o poder secular tomar controlo da propriedade eclesiástica. Wyclif também atraiu a hostilidade da instituição ortodoxa devido à sua rejeição implícita da doutrina da transubstanciação. Foi levado a esta perspetiva pela leitura de Platão e de Agostinho: os universais existem antes e independentemente dos particulares. Na Boémia, Jan Hus adotou muitas das ideias teológicas e políticas de Wyclif. YP/dir.

X, Y, Z

Xenócrates (396-314 a.C.; gr. Ξενοκράτησ) Sucedeu a Espêusipo em 339 como diretor da Academia de Platão. Dele se afirma que fez uma interpretação pitagórica da teoria das Formas, e que deu origem à divisão clássica na investigação filosófica em lógica (ou dialética), física e ética.

Xenófanes (*c.* 570-475 a.C.; gr. Ξενοφάνης) Filósofo da antiguidade grega, natural de Cólofon na Jónia, criticou as perspetivas tradicionais sobre os deuses e desenvolveu uma teologia racional para as substituir.

Exilado da sua terra natal, Xenófanes viajou na Sicília recitando a sua poesia, na qual discutia a teologia, a filosofia natural e o conhecimento humano. O conhecimento humano não pode alcançar a verdade segura, mas equivale apenas à opinião. Não obstante, os mortais podem chegar a uma melhor compreensão através da procura da verdade. Ao contrário de outros filósofos do seu tempo, Xenófanes reconheceu que as teorias, incluindo a sua própria, eram conjeturais e sujeitas à dúvida, mesmo que deem corpo ao melhor raciocínio possível acerca do assunto.

Na filosofia da natureza, Xenófanes torna ilimitada a fronteira entre a Terra e o céu, em que a Terra se prolonga para baixo interminavelmente. Um novo Sol começa a existir todos os dias e avança interminavelmente. Tudo vem a ser a partir da terra e da água, que a dado momento cobriam a Terra – como se pode ver pelos fósseis de criaturas marinhas que foram descobertos em terra – enquanto noutro momento a terra predomina sobre a água, num ciclo cósmico.

Xenófanes abriu um novo caminho ao pôr em causa de modo radical a religião antropomórfica tradicional, defendendo um conceito de um novo Deus transcendente. Assim, acusa os poetas épicos de fazerem deuses imorais, e os seres humanos em geral de fazerem os deuses à sua imagem:

«Mas os mortais pensam que os deuses nascem,
e têm roupas, voz e forma como eles.
Mas se o gado e os cavalos e os leões com mãos
pudessem desenhar e fazer obras como os homens,
desenhariam as formas dos deuses e conceberiam os corpos
tal como os tem cada um deles». (frg. 15)

«Dizem os africanos que os deuses têm nariz achatado e são negros,
os trácios que têm olhos azuis e cabelo ruivo». (frg. 16)

Mas na realidade há um Deus, diferente dos seres humanos em corpo e mente, que, permanecendo imóvel, causa a mudança pelo pensamento apenas. E todo ele vê, pensa e ouve. DG

Xenofonte (*c.* 430-354 a.C.; gr. Ξενοφῶν) Apresenta nas suas *Memorabilia* e na sua *Apologia* uma imagem de Sócrates bastante diferente da de Platão, e apresenta-o num Banquete humorístico. Também escreveu obras sobre economia doméstica, política, história, etc. É notável a sua *Cyropaedia* (*A Educação de Ciro*), que apresenta a educação de Ciro, o imperador persa, como exemplo digno de seguir.

Zaratustra Fundador de uma religião chamada *zoroastrismo*, segundo o nome do seu fundador, que foi traduzido para grego como Zoroastro. A essa religião chama-se também masdeísmo, de Ahura Mazda, a divindade suprema, e na Índia, parsismo, visto que os seus seguidores aí eram persas, levados ao exílio pela perseguição muçulmana. A principal doutrina do *Zend-Avesta*, o livro sagrado desta fé, é dualista: há uma oposição entre o bem e o mal, a luz e as trevas, espírito e matéria, e uma luta constante entre eles; o homem é livre de decidir entre estes e é exortado a fazer a escolha correta: a justiça, a pureza, o amor pela boa criação (plantas, animais, os outros seres humanos). Depois da ressurreição, os justos vão para o céu e os perversos para o abismo negro.

É normal afirmar-se que Zaratustra viveu no início do século VI a.C., mas recentemente opiniões fidedignas colocam-no antes de 1000 a.C.: segundo alguns, provavelmente por volta de 1200 a.C.; segundo outros, algumas centenas de anos antes.

Zeitgeist (alm. tempo + *Geist* espírito) s. O espírito de uma época, a mentalidade predominante de um período de tempo particular, especialmente na sua expressão artística, literária, filosófica, etc.

Zen Um género de budismo segundo o qual vários métodos, em parte práticos, em parte meditativos, permitirão ao discípulo alcançar um «despertar súbito» para um tipo mais elevando de apreensão sagaz. Esta tradição de budismo é principalmente japonesa; é até certo ponto antinomista (*ver* ANTINOMISMO) e anti-intelectual, pelo menos em algumas versões popularizadas, e isto pode em parte explicar a atração que exerce no Ocidente. Há quem a assemelhe, entre os filósofos japoneses, aos ensinamentos de Heidegger.

Zenão de Cítio (*c*. 332-265 a.C.; gr. Ζήνων) Fundador do estoicismo. Ensinava no pórtico pintado (ποικίλη στοά) junto ao mercado central em Atenas, e esta é a razão por que se chamou «estoica» à tradição por ele iniciada. Defendia que a paz de espírito não seria alcançada pela ἐποχή cética (suspensão do juízo), nem pela aceitação da perspetiva epicurista de que o mundo não tem propósito e é regido pelo acaso. Ao invés, o que é preciso é elevar-se à apreensão sagaz da razão, objetivamente existente, que estrutura toda a realidade. Com tal compreensão é possível alcançar a APATIA, a libertação da sujeição às próprias paixões.

Zenão de Eleia (*fl. c.* 450 a.C.; gr. Ζήνων) Filósofo da antiguidade grega, defendeu a teoria do seu mestre Parménides, argumentando contra o movimento e contra a pluralidade. Fê-lo, provavelmente, num só livro. Só alguns, poucos, fragmentos restam e a nossa principal fonte secundária é a *Física* de Aristóteles, Livro 6, cap. 9.

Contra a pluralidade, Zenão sustentou que o pressuposto de que há muitas coisas leva a conclusões contraditórias, por exemplo, a conclusões como a de que as coisas são ao mesmo tempo limitadas e ilimitadas numericamente. Pois por um lado há exatamente as coisas que há, mas por outro lado, entre quaisquer duas coisas haverá sempre uma terceira. Além disso, se há muitas coisas, estas têm de ser ao mesmo tempo tão pequenas a ponto de não ter tamanho, e tão grandes a ponto de serem ilimitadas.

Zenão também argumentou contra o movimento em quatro argumentos famosos: 1) segundo o argumento da «pista de corridas» (ou da «dicotomia»), nunca podemos cortar a meta, porque primeiro há que chegar a um ponto a meio caminho da pista, depois a um ponto a meio da segunda metade, depois um ponto a meio do restante, e assim sucessivamente, daí resultando que nunca chegaremos à meta final; 2) Aquiles, o mais rápido dos homens, corre contra a tartaruga, o mais lento dos quadrúpedes. Aquiles dá à tartaruga uma margem de avanço, mas nunca pode alcançar a tartaruga, porque tem sempre de chegar a um ponto que a tartaruga acabou de deixar para trás; 3) o argumento da «flecha» diz que todo o corpo está em repouso quando ocupa a posição em que está, mas em cada instante uma flecha voadora ocupa a posição na qual está; logo está sempre em repouso; 4) o argumento das «filas em movimento» (ou do «estádio») usa problemas acerca do movimento relativo de três filas de corpos, duas das quais se movem em direções contrárias, para gerar a consequência absurda de que as mesmas filas se movem a velocidades diferentes.

A teoria de Parménides que Zenão se empenhou em defender tem a implicação óbvia de que não se pode confiar nos nossos sentidos, e outros argumentos de Zenão foram também concebidos para estabelecer esse aspeto. Um deles, o PARADOXO DO MILHO, é que se trinta e seis litros de milho fazem ruído ao cair, então a queda de um só grão tem também de fazer ruído. Mas não o faz – e isto mostra que não se pode confiar no nosso sentido de audição. Pode-se, todavia, dar uma interpretação diferente a este paradoxo.

Platão e outras fontes antigas entenderam em geral que Zenão defendia a teoria de Parménides segundo a qual a realidade é uma e imutável, contra as alegações de que essa teoria tinha consequências impossíveis. Aos críticos de

Parménides Zenão responde que os pressupostos da pluralidade e do movimento têm consequências absurdas. Os argumentos de Zenão contra a divisibilidade infinita parecem ter influenciado os atomistas na construção da sua teoria. O seu uso de argumentos destrutivos inspirou alguns sofistas a praticar a argumentação a favor dos dois lados de um debate, e levou a que Aristóteles chamasse «pai da dialética» a Zenão. Aristóteles usou os argumentos de Zenão, que não estão de modo algum obsoletos, para aperfeiçoar as suas próprias teorias sobre o espaço, o tempo e a mudança.

Leitura: W. C. Salmon (org.), *Zeno's Paradoxes*, 1970. G. Vlastos, «Zeno of Elea», *Encyclopedia of Philosophy*, 1.ª ed., org. P. Edwards, 1967.

zetético (gr. ξητεῖν procurar, investigar) *adj. s.* Indagar, investigar. Os céticos da antiguidade consideravam que era isto que os distinguia dos dogmáticos. Ocasionalmente, a palavra é usada como sinónimo de «cético».

zeugma (gr. ξεῦγμα jugo) *s.* **1** Construção na qual uma palavra é associada a outras duas, embora só apropriadamente a uma delas, como em «travar a guerra e a paz». **2** Em retórica: figura de estilo em que uma palavra é associada a duas outras, com sentidos diferentes, como quando um autor protestante do século XVIII se queixou de que as criadas católicas tentam os rapazes «a abraçá-las juntamente com a sua religião». Também usada como sinónimo de SILEPSE.

zumbi Um morto-vivo: um ser sem mente mas que se comporta exatamente como se a tivesse. Neste sentido, o termo é usado por alguns filósofos da mente ao explorar a relação entre a mente e o corpo, assim como a adequação do FISICISMO. «Os zumbis não têm qualquer experiência FENOMÉNICA. Se picarmos um zumbi filosófico, ele irá sangrar e dizer «Ai!» — mas não sentirá qualquer dor.» (Dean W. Zimmerman, «Dispatches from the Zombie Wars», *Times Literary Supplement,* 28 de Abril de 2006.)

Nota: a concepção original de zumbi, assim como a palavra, tem origem em certas superstições africanas tradicionais, dizendo respeito a um demónio ou deus que se apropria do corpo de uma pessoa (viva ou morta).